2020 EDITION

민사실무 핵심 요건사실

오창수 지음

머리말

민사실무 핵심 요건사실

2009년 우리나라에 새로운 법조인양성 시스템으로 '법학전문대학원'(이하 '로스쿨'이라 함) 체제가 도입된 지 11년이 되었다. 로스쿨 1기부터 9기까지 로스쿨은 1만 4,337명의 신(新) 법조인을 배출하였다. 전국 25개 로스쿨의 입학정원 2,000명 중 매년 1,600명 내외의 신규 변호사가 배출되고 있는데 2020년 제9회 변호사시험에서는 1,768명이 합격하였다.

2017. 12. 31.부로 사법시험이 폐지되면서 로스쿨 체제는 자리를 잡아가고 있다. 그런데 변호사시험(이하 '변시'라 함) 합격률이 낮아지면서 로스쿨이 변시 학원화하고 있다. 50% 내외의 변시 합격률로 이른바 '변시 낭인', '오탈자'가 생겨나고 로스쿨제도에 대한 비판의 목소리가 곳곳에서 들리고 있다. 그럼에도 불구하고 로스쿨생들은 3년이라는 짧은 시간 내에서 법조인으로서 기본적인 역량을 갖추기 위해 불철주야 공부에 매진하고 있다. 로스쿨 체제는 처음으로 법학공부를 하는 학생들을 3년 만에 변호사로 만들어야 하는 단기 속성 시스템이다. 제한된 시간 내에서 선택과 집중을 통하여 법조의 길을 체득하도록 하여야 한다.

민사법 어느 과목 중요하지 않은 과목이 없으나, 요건사실론은 민사실체법과 절차법을 연결하는 가교역할을 하면서 민사소송에서 당사자의 공격방어방법과 주장·증명의 골격을 이룬다. 민사소송의 소제기 단계에서부터 쟁점정리, 증거조사 및 판결문 작성 단계에 이르기까지 그 바탕에는 요건사실이 깔려 있다.

저자는 이미 로스쿨생들과 새내기 변호사들을 위하여 민법의 편제순에 따라 요건사실과 증명책임에 관한 다양한 사례와 판례들을 망라한 『민사실무 요건사실과 증명책임』(2018 개정판)이라는 교재를 출간한 바 있다. 방대한 양의 이 교재와는 별도로 로스쿨생들이 변호사시험의 민사 사례형 및 기록형에 대비할 수 있도록 핸드북 형태로 각종 민사 소송유형에 따른 청구취지, 청구원인 및 주요 항변 등을 정리하여 본서를 펴낸다. 로스쿨생들이 요건사실론 습득을 통하여 민사법의 외연을 확대하고 내면을 심화할 수 있기를 기대한다.

본서를 펴냄에 있어서도 다시 도서출판 학연의 이인규 박사님의 신세를 많이 지게 되어 거듭 감사의 말씀을 올린다. '구슬이 서 말이라도 꿰어야 보배'라고 깔끔한 형태로 책을 만들어준 도서출판 학연의 편집자 여러분께도 감사를 드린다.

본서 초교 교정에는 제주대학교 법학전문대학원 양진희, 이용준 원생이 수고를 하여 주었다. 이들에게도 고마움을 전한다.

2020. 8. 10.
제주바다가 보이는 아라벌 연구실에서
오 창 수

목 차

민사실무 핵심 요건사실

제1장	요건사실론 서설	1
제2장	강제이행과 의사표시 청구	18
제3장	부동산 인도·철거·퇴거 청구	44
제4장	소유권이전등기 청구	62
제5장	등기말소 청구	104
제6장	소유권확인소송	116
제7장	공유물분할청구와 공유관계소송	127
제8장	채무불이행 손해배상청구소송	143
제9장	채권자대위소송	178
제10장	채권자취소소송	203
제11장	계약금반환·위약금 청구	240
제12장	양수금·채무인수금 청구	275
제13장	매매대금·물품대금 청구	293
제14장	대여금 청구	300
제15장	보증채무금 청구	305
제16장	구상금 청구	310
제17장	임대차 소송	313
제18장	공사대금청구 소송	342
제19장	부당이득금반환 청구소송	345
제20장	일반 불법행위 소송	356
제21장	특수 불법행위 소송	362
제22장	가족법상의 소송	366

제23장 집행 관련 소송 ·· 385
제24장 채무부존재확인 ··· 425
제25장 특별소송 ··· 427

부록 / 각종 항변의 소송상 취급 ·· 433
   [1] 항변권과 소송상의 항변 ·· 433
   [2] 본안전 항변 ·· 438
   [3] 변제(충당) 항변의 소송상 취급 ·· 470
   [4] 소멸시효 항변의 소송상 취급 ·· 481
   [5] 상계 항변의 소송상 취급 ·· 536
   [6] 동시이행 항변의 소송상 취급 ·· 572
   [7] 한정승인 항변의 소송상 취급 ·· 588

판례색인 ··· 595

민사실무 핵심 요건사실

제1장 요건사실론 서설

1 민사실체법과 절차법의 가교

(1) 민법과 상법 등 민사실체법 규정은 궁극적으로 민사분쟁 해결기준으로서 민사재판에 적용되기 위해 존재한다. 따라서 민사실체법을 공부함에 있어서는 그것이 민사재판에 어떻게 적용되는가에 관한 관념을 인식하여야 한다. 민사실체법과 절차법을 연결하는 가교역할을 하는 관념이 바로 요건사실론과 증명책임론이다.

(2) 민사실체법과 절차법은 민사분쟁의 해결도구로서 동일한 목표를 가지고 민사소송이라는 동일한 공간 속에서 유기적으로 기능할 수밖에 없고, 그 유기적 기능을 가능하게 하는 준거가 바로 요건사실이다. 특히 <u>법률요건과 법률효과는 실체법의 기둥이고, 청구와 공격방어방법은 소송법의 대들보이다</u>. 이 양자가 민사법의 우주(공간)이다. 즉, 실체법상의 법률요건으로부터 법률효과인 권리의무가 발생하고 그것이 **소송상 청구**의 내용이 되어 **심판의 대상**이 되며, 공격방어방법은 소송자료가 된다.

2 법률요건과 법률효과

가. 법률관계 = 권리의무관계

우리들의 많은 생활관계 중에서 법이 관여할만한 가치가 있는 현상(사실)만을 법률요건으로 포섭하여 거기에 일정한 법률효과를 부여할 때 그들 사이의 관계가 **법률관계**가 된다. 결국 법의 규율을 받는 사람과 사람의 생활관계를 법률관계라 하고, 법률관계는 **권리의무관계**로 나타난다. 민사법이 부여하는 중심적 법률효과가 권리와 의무이다.

나. 법률요건과 법률효과

(1) **법률요건과 법률효과** : 사람들의 생활관계가 변화하는 것처럼 법률관계도 발생, 변경 소멸이라는 과정을 통해 끊임없이 변동한다. 이러한 법률관계의 변동의 원인이 되는 것을 '**법률요건**'이라 하고, 그 결과가 되는 것을 '**법률효과**'라고 한다. 법률요건은 일정한 법률효과를 발생하게 하는 사실의 총체를 말하고, 이러한 법률요건을 구성하는 개개의 사실을 '**법률사실**'이라고 한다. 법이 관여할만한 가치가 있는 사실만이 법률요건으로 포섭되는 법률사실이 된다.

$$\boxed{\text{법률요건} \Rightarrow \text{법률효과}}$$

(2) **법률사실** : 법률사실은 사람의 정신작용을 요소로 하는 **용태**와 사람의 정신작용을 요소로 하지 않는 **사건**으로 구분된다. 용태는 의사가 외부에 표현되는 외부적 용태와 마음속의 의식 즉 내부적 용태로 나누어지고, 외부적 용태는 적법행위와 위법행위로 나누어진다. 적법행위에는 의사표시와 준법률행위가 있고, 위법행위에는 채무불이행과 불법행위가 있다. 여기서 중요한 것이 의사표시인데, 하나 또는 여러 개의 의사표시를 요소로 하는 법률요건을 **법률행위**라고 한다. 요건사실은 하나 또는 여러 개의 법률사실로 구성되고 여기에서 중요한 것이 법률행위이다. 법률행위는 권리의무의 발생·변경·소멸이라는 법률효과 발생의 가장 중요한 법률요건이다. 이중에서 계약이라는 법률요건에서 대부분의 권리의무가 발생한다. 계약에는 민법상의 전형계약뿐만 아니라 사회의 수요에 의해 발생하는 각종 비전형계약들이 있다.

(3) **법률효과** : 법률효과가 발생하기 위하여 법이 요구하는 조건이 법률요건이다. 민사법이나 형사법이나 대개 법률요건을 조건적 명제로서 추상적으로 표현하고 있다. 민사법의 경우 법률효과는 권리의무의 발생, 행사, 소멸에 관한 것이 대부분이다. 법률효과 발생의 가장 중요한 법률요건이 법률행위다. 법률요건은 소송법상으로 청구원인이 되거나 아니면 공격방어방법이 된다. 법률요건은 단일한 현상이나 사실만을 그 내용으로 하기도 하고, 복수의 현상이나 사실과 결합하여 하나의 법률요건을 구성하기도 한다. 법률효과는 1개의 법률규정에 의해 발생하기도 하고, 여러 개의 법률규정의 결합에 의해 발생하기도 한다. 후자의 경우 복수의 법률규정이 요구하는 법률요건을 전부 충족하여야 한다. 대리인에 의해 매매계약에 체결된 경우 매매의 요건사실과 대리의 요건사실을 전부 충족하여야만 매매의 법률효과가 발생하고, 소유권에 기한 물권적 청구권으로서의 반환청구권의 경우 소유권취득의 요건사실과 반환청구권의 요건사실을 전부 충족하여야 그 법률효과가 발생한다.

다. 사례

민법에서 법률요건과 법률효과를 규정하고 있는 예를 보면, 매매의 법률요건에 관한 제563조와 그 법률효과를 규정한 제568조, 소비대차의 법률요건에 관한 제598조와 그 법률효과에 관한 제603조 제1항을 들 수 있다.

우선 매매에 관한 민법규정을 살펴보자. 제563조는 매매의 법률요건에 관하여, 제568조는 매매의 법률효과에 관하여 규정하고 있다.

> ☞ **제563조(매매의 의의)** 매매는 당사자 일방이 재산권을 상대방에게 이전할 것을 약정하고 상대방이 그 대금을 지급할 것을 약정함으로써 그 효력이 생긴다.
> ☞ **제568조(매매의 효력)**
> ① 매도인은 매수인에 대하여 매매의 목적이 된 권리를 이전하여야 하며 매수인은 매도인에게 그 대금을 지급하여야 한다.
> ② 전항의 쌍방의무는 특별한 약정이나 관습이 없으면 동시에 이행하여야 한다.

민법은 매매약정(매매계약체결)이라는 **법률요건**으로 해서 매매의 효력이라는 **법률효과**를 부여하고 있다. 매도인의 재산권이전의 약정과 매수인의 매매대금지급 약정의 합치가 **매매**라고 하는 하나의 법률요건이 되고(諾成契約), 이 법률요건을 구성하는 재산권이전의 약정과 매매대금지급 약정이 **법률사실**이 된다. 이 법률요건이 충족되면 매도인의 목적이 된 권리의 이전의무와 매수인의 대금지급의무라고 하는 **법률효과**가 생긴다.

다음으로 소비대차에 관한 민법 규정을 보자.

> ☞ 제598조(소비대차의 의의) 소비대차는 당사자 일방이 금전 기타 대체물의 소유권을 상대방에게 이전할 것을 약정하고 상대방은 그와 같은 종류, 품질 및 수량으로 반환할 것을 약정함으로써 그 효력이 생긴다.
> ☞ 제600조(이자계산의 시기) 이자있는 소비대차는 차주가 목적물의 인도를 받은 때로부터 이자를 계산하여야 하며 차주가 그 책임 있는 사유로 수령을 지체할 때에는 대주가 이행을 제공한 때로부터 이자를 계산하여야 한다.
> ☞ 제603조(반환시기) ① 차주는 약정시기에 차용물과 같은 종류, 품질 및 수량의 물건을 반환하여야 한다.
> ② 반환시기의 약정이 없는 때에는 대주는 상당한 기간을 정하여 반환을 최고하여야 한다. 그러나 차주는 언제든지 반환할 수 있다.

민법 제598조는 소비대차의 **법률요건**을, 제603조 제1항은 소비대차의 **법률효과**를 규정하고 있다. 제600조는 이자약정 있는 소비대차의 법률효과를 규정하고 있다.

3 요건사실의 의의 및 기능

가. 법률요건과 요건사실, 주요사실의 개념

(1) 민사소송절차에서 심판의 대상 즉 소송물은 **당사자처분권주의**에 따라 원고의 의사에 의하여 특정되고 한정되며, 법원은 **변론주의**에 따라 당사자가 신청한 사항에 대하여 신청 범위 내에서만 판단하여야 한다. 법원은 변론종결시를 기준으로 원고가 주장하는 당해 소송물인 권리 또는 법률관계가 존재한다고 인정되면 원고 청구를 인용하고, 원고의 주장사실이 인정되지 않으면 원고의 청구를 기각한다. 즉 요건사실의 증명 여하에 따라 원고 주장의 당부를 가리게 된다.

(2) 당사자는 변론에서 사실상 및 법률상 주장, 증명을 통하여 본안의 청구를 뒷받침하기 위한 재판자료를 제출하는데, 원고가 자기의 청구를 뒷받침하기 위하여 제출하는 일체의 재판자료를 **공격방법**이라 하고, 피고가 원고의 청구를 배척하기 위해 제출하는 일체의 자료를 **방어방법**이라 하며, 이들을 합하여 **공격방어방법**이라고 한다.

(3) 실체법규에서 정하고 있는 요건사실은 추상적인 것이므로 실제의 소송에서 원고는 구체적으로 이를 특정할 필요가 있다. 요건사실의 특정을 위해서는 개개의 소송에서 증명대상으로서의 적격성과 동종의 다른 사실과의 구분가능성, 상대방의 방어권보장 등을 고려하여 시적 인자를 특정하고 주체, 객체, 사실의 태양 등을 조합하여 특정할 필요가 있다.

(4) **법률요건**은 일정한 법률효과가 발생하기 위하여 법규가 요구하는 요건으로서 법규는 이를

구체적·개별적 사건과 관계없이 추상적 명제로 기술하고 있고, **요건사실**은 일정한 법률효과를 발생시키는 법률요건에 해당하는 유형적, 추상적 사실을 말한다. 즉, **요건사실**은 법률관계의 발생·변경·소멸·저지 등 각 법률효과가 생기는 요건으로 각 실체법규에 규정되어 있는 법률요건에 해당하는 사실을 말한다. 그러나 요건사실은 특정한 시공간에서 현실적으로 존재하는 것이 아니고, 법규가 정하는 법률효과가 발생하기 위해서는 조건으로서 요구되고 있는 요건사실에 부합하는 현상인 **주요사실**이 구체적, 현실적, 역사적으로 존재하여야 한다.

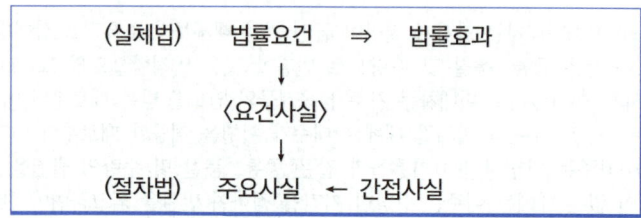

법률요건은 실체법에 규정된 실체법상의 개념이고, **주요사실**은 민사소송에서 당사자가 반드시 주장·증명하여야 하고, 법원의 심리대상이 되는 소송법상의 개념이다. **요건사실**은 실체법상의 법률요건을 충족할 수 있는 구체적 사실로 소송에서 민사실체법과 절차법을 연결하는 가교(架橋)개념으로서 존재의의를 가진다고 볼 수 있다.

(5) 요건사실과 주요사실이 일치하는 경우가 많으나, 엄격히 말하면 양자는 다른 개념이다. 즉 요건사실이란 추상적인 법규의 요건을 가리키는 것으로서 통상의 개념에서 말하는 사실이 아니라 법적 개념으로서의 사실이다. 예컨대, 매매계약에 관하여 민법 제568조가 정한 **요건사실**은 '재산권 이전의 약정'과 '대금지급의 약정'이고, **주요사실**은 '매도인 甲이 매수인 乙에게 2020. 2. 1. 별지목록 기재 부동산을 대금 1억 원에 매도하였다'라는 사실이 된다.

(6) 소송에서 어떠한 법규의 적용을 바라는 당사자는 그 법규의 요건에 해당하는 구체적 사실의 존재를 증명하게 되는데, 이 경우에 법규가 들고 있는 요건으로서의 추상적 사실(요건사실)은 사고의 소산으로서의 추상적 존재임에 반하여 당사자가 증명하려고 하는 구체적 사실(주요사실)은 경험적 소산으로서 현실적 존재이며 사실적, 경험적 개념이다. 위 양자는 서로 다른 차원의 세계에 속하는 개념이다. 주요사실은 법원에 현저하거나 상대방이 다투지 않는 경우를 제외하고는 언제나 증거에 의하여 인정하여야 한다. 그러나 실제로 요건사실이 불확정개념으로 되어 있는 경우 요건사실과 주요사실이 중첩되는 경우가 많고, 실제 소송에서 요건사실은 주요사실로 연결될 수밖에 없다. 이에 따라 실무는 대체로 요건사실과 주요사실을 동일한 것으로 보고 있고, 판례도 요건사실과 주요사실을 동일시하는 경우가 많다.

(7) '사실'은 직접 주장·증명의 대상이 되나, '평가'는 그 기초가 되는 구체적 사실이 주장·증명의 대상이 될 뿐, 그 자체가 주장·증명의 대상이 되는 것은 아니다. 평가에 해당하는 법률판단의 잘못은 상고이유가 되나, 사실인정의 잘못은 자유심증주의를 벗어나지 않는 한 적

법한 상고이유로 삼을 수 없다.
(8) 요컨대, 요건사실이란 법률요건에 해당하는 사실로 법률요건이 사실적, 구체적 개념으로 이루어진 경우에는 그 자체로서 요건사실이 될 수 있으나, 법률요건이 평가적, 규범적 사실을 내포하는 경우에는 당해 법률요건을 충족할 수 있는 근거가 되는 구체적 사실을 요건사실로 볼 것이다. 심리의 대상과 방어의 대상을 명백하게 특정하여 변론주의의 가치를 충실히 실현할 수 있도록 평가적, 규범적 요건사실의 경우에도 그 평가·판단의 근거가 되는 구체적 사실을 요건사실로 보아야 한다. 평가적, 규범적 요건에서의 구체적 근거사실의 비정형성으로 말미암아 다양한 사실 중 어느 범위까지 주요사실로 보아야 할 것인지 기준을 정하기 쉽지 않으나, 이러한 어려움은 쟁점정리, 석명권 행사 등 소송지휘권의 충실한 행사를 통해서 극복할 수 있다.
(9) **청구원인사실**은 특정한 소송에서 원고가 권리의 존재를 뒷받침하는 근거로서 주장하는 사실로 요건사실에 해당하는 구체적 사실이 청구원인사실의 토대가 된다.

나. 요건사실의 종류

(1) **권리근거사실** : 권리 또는 법률관계의 발생을 근거지우는 요건사실을 말한다. 이것은 원고가 청구원인으로 주장·증명하여야 한다.
(2) **권리장애사실** : 권리근거규정의 법률효과의 발생을 방해하는 규정의 요건사실을 말한다. 반사회질서, 폭리행위로 무효를 주장하거나 착오, 사기·강박을 이유로 취소를 주장하는 경우와 같이 권리근거사실의 존재가 인정될 때 피고가 항변으로 주장·증명하여야 할 사항이다.
(3) **권리소멸사실** : 권리근거규정의 법률효과인 권리가 발생한 다음에 이를 소멸, 종료시키는 규정의 요건사실을 말한다. 변제, 시효소멸 등의 권리소멸사실은 피고가 항변으로 주장·증명하여야 할 사항이다.
(4) **권리행사저지사실** : 권리근거규정의 법률효과인 권리가 발생한 다음에 그 권리의 행사를 저지 또는 배제하는 규정의 요건사실을 말한다. 동시이행의 항변권, 유치권 항변 등 권리행사저지사실도 피고가 항변으로 주장·증명하여야 할 사항이다.

다. 요건사실의 기능

(1) **민사실체법과 민사절차법의 가교** : 요건사실론은 민사실체법과 민사절차법을 연결하는 가교역할을 하고 민사법 체계의 핵심을 이룬다.
(2) **사실인정의 전제** : 법원은 변론종결시를 기준으로 법규를 대전제로 하고 법률요건에 해당하는 구체적 사실을 소전제로 하여 법규가 정한 법률효과의 발생, 장애, 소멸을 구체적으로 판단하는 3단 논법에 따라 소송물인 권리 또는 법률관계의 존부를 판단한다.[1] 민사소송에서 법적 판단의

---

[1] 예컨대, "돈을 빌렸으면 갚을 의무가 있다"는 민법 제603조 제1항을 대전제로 "甲이 乙에게 돈 1,000만원을 빌려주었다."는 사실(소전제)이 확정되면, 법원은 "乙은 甲에게 돈 1,000만 원을 지급할 의무가 있다"는 권리(법률관계)의

전제인 요건사실에 다툼이 있으면 그 사실의 존부를 확정해야 하는데 사실의 존부에 대한 판단을 사실인정이라고 한다. 결국 요건사실론은 사실인정의 전제가 된다. 처분권주의, 변론주의, 자유심증주의가 사실인정의 주요 토대가 된다. 사실인정의 기본은 상식을 바탕으로 한 경험칙의 적용이다.

(3) 소송활동의 지표 : 요건사실은 민사소송에서 당사자의 공격방어방법과 주장·증명의 핵심이 되며, 소제기 단계로부터 쟁점정리, 증거조사, 판결문작성 단계에 이르기까지 전 과정에 걸쳐 충실한 심리를 통하여 분쟁을 적정하고 신속하게 해결하는 기능을 한다. 민사판결은 원고의 청구원인 → 피고의 항변 → 원고의 재항변 → 피고의 재재항변 등으로 논리적, 계층적 구조로 이루어져 있다. 요건사실은 민사소송의 골격이고 공격방어의 구조 그 자체이다. 민사소송 실무에 종사하기 위하여는 요건사실론에 따라 정리된 주장·증명책임의 분배 구조를 이해하여야 한다. 요건사실론은 소송이라는 배가 정의의 항구(재판)에 도달하기 위한 나침반이다.

4 사실의 주장책임(사실자료의 제출책임)

가. 주장책임

(1) 의의 : 변론주의가 적용되는 민사소송에서 주요사실은 당사자가 변론에서 주장하여야 하고, 당사자에 의하여 주장되지 않은 사실은 판결의 기초로 삼을 수 없다. **변론주의**는 소송자료(사실자료와 증거자료)의 수집·제출의 책임을 당사자에게 맡기고, 법원은 당사자가 제출한 소송자료만을 토대로 재판을 하도록 하는 원칙을 말한다. 변론주의 하에서는 판결의 기초가 되는 소전제인 주요사실은 당사자가 주장하고 이를 뒷받침하는 증거도 당사자가 신청하여야 한다. 따라서 당사자가 자기에게 유리한 사실을 주장하지 않으면 그 사실은 존재하지 않는 것으로 취급되어 불이익한 판단을 받게 되고, 당사자가 승소하기 위하여 필요한 사실을 주장하지 않으면 변론주의 때문에 패소하게 되는 위험부담을 (객관적) **주장책임**이라고 한다. 주장책임은 요건사실에 관하여만 적용되고 법률효과나 법적 평가에 관하여는 적용되지 않는다.

(2) 분배 : 주장책임은 그 사실을 주장하면 승소할 수 있는 당사자가 부담하나, 어느 당사자가 변론에서 주장하였으면 되고 반드시 주장책임을 지는 당사자가 진술하여야 하는 것은 아니다(주장공통의 원칙). 즉, 반드시 주장책임을 지는 당사자가 진술하여야 하는 것은 아니고 소송에서 쌍방 당사자 간에 제출된 소송자료를 통하여 심리가 됨으로써 그 주장의 존재를 인정하더라도 상대방에게 불의의 타격을 줄 우려가 없는 경우에는 그 주장이 있는 것으로 보아 이를 재판의 기초로 삼을 수 있다. 주장책임의 분배는 증명책임의 분배와 대부분 일치한다.

존부 선언을 하는 것이 민사재판의 3단 논법 추론방식이다.

(3) 사실자료와 증거자료의 구별 : 주요사실에 대해서만 주장책임이 인정되고 간접사실과 보조사실에는 그 적용이 없다. 주요사실이란 법률효과를 발생시키는 법규의 직접 요건사실을 의미한다. 사실자료와 증거자료는 구별된다.

나. 공격방어방법의 단계별 구조

(1) **공격방어방법** : 당사자는 변론에서 사실상의 주장과 법률상의 주장을 하게 된다. 사실상의 주장을 뒷받침할 증거의 제출도 필요하다. 법률판단은 법원의 직책이지만 구 소송물이론을 따르는 실무에서는 구체적 법률상의 주장도 필요하다. 원고나 피고가 자신의 청구를 뒷받침하기 위해 또는 상대방의 청구를 배척하기 위하여 제출하는 주장 등 일체의 재판자료를 **공격방어방법**이라고 한다.

사실에 관한 주장은 청구원인 → 항변 → 재항변 → 재재항변 → 재재재항변 등의 단계별 구조로 이루어진다. 이러한 구조는 고정적인 것이 아니라 당사자와 소송물에 따라 변동될 수 있다. 예컨대, 甲이 乙을 상대로 매매계약을 취소했다는 이유로 기지급 매매대금의 반환을 구하는 경우 소송물은 부당이득반환청구권이 되고, 甲이 사기에 의한 의사표시로 취소한다는 주장은 매매계약체결사실과 함께 청구원인으로 공격방법이 되고, 乙이 매매대금을 반환하였다고 하는 주장은 방어방법이 된다.

(2) **항변과 부인**

① 항변 : 상대방이 주장하는 권리근거사실은 인정하면서 이와 반대효과를 생기게 하는 별개의 요건사실 즉, 권리장애사실, 권리행사저지사실, 권리소멸사실을 주장함으로써 상대방의 주장을 배척하게 하려는 공격방어방법을 말한다. 항변사실은 항변을 제출하는 자가 증명하여야 한다.

② 부인 : 원고가 주장하는 요건사실의 존재를 부인하는 내용의 사실주장을 말한다. 이 경우 원고가 권리근거사실의 요건사실을 증명하여야 한다. 간접부인의 경우에도 증명책임은 원고에게 있다.

(3) **항변과 재항변, 재재항변**

① 재항변 : 상대방이 항변으로 주장한 요건사실 자체는 인정하면서 이와 반대의 효과를 생기게 하는 별개의 요건사실을 주장함으로써 상대방의 주장을 배척하게 하려는 공격방어방법을 말한다. 이 경우의 증명책임은 재항변을 주장하는 자가 부담한다.

② 재재항변 : 상대방이 재항변으로 주장한 요건사실 자체는 인정하면서 이와 반대의 효과를 생기게 하는 별개의 요건사실을 주장함으로써 상대방의 재항변을 배척하게 하려는 공격방어방법을 말한다. 이 경우의 증명책임은 재재항변을 주장하는 자가 부담한다.

(4) **판단** : 원고는 청구원인으로 요건사실을 토대로 어떠한 법률효과를 발생시키는 법률요건에 해당하는 구체적 사실을 주장하여야 한다. 청구원인 사실에 대하여 다툼이 없거나 증명이 없다면 더 이상 항변사실에 대하여 판단할 필요가 없다. 항변과 재항변, 재항변과 재재항변

의 관계도 마찬가지다. 위와 같이 부인의 경우에는 부인당한 사실에 대한 증명책임이 원고에게 있지만, 항변의 경우에는 항변사실의 증명책임이 항변을 제출한 자에게 있다. 판결이유의 설시에 있어서도 원고의 청구가 인용된 때에는 항변을 배척하는 판단이 필요하고 그렇지 않으면 판단누락의 위법을 면치 못하나, 부인은 간접부인을 포함하여 이를 배척하는 판단은 필요하지 않다.

〈기초사실〉
甲은 2020. 2. 1. 乙과 乙 소유의 X 토지에 관하여 매매대금을 1억 원으로 하는 매매계약을 체결하면서 계약금 1,000만 원은 계약 당일 지급하고, 중도금 4,000만 원은 2. 15. 잔금 5,000만 원은 2. 28. 소유권이전등기 소요서류와 상환으로 지급하기로 약정하였다. 甲은 2020. 6. 1. 乙을 상대로 소유권이전등기절차이행청구의 소를 제기하였다.

〈문1〉 甲과 乙의 매매계약과 관련하여 법률요건과 법률사실 및 법률효과는 무엇인가?
〈문2〉 甲이 제기한 소송의 소송물과 요건사실, 주요사실, 공격방어방법은 무엇인가?
〈문3〉 甲이 제기한 소송의 청구취지와 청구원인을 기재하시오.(X 토지를 '별지목록 기재 부동산'으로 표시할 것).
〈문4〉 乙은 위 소송에서 다음과 같은 주장을 하였다. 乙의 주장은 부인인가, 항변인가?
  4-1. 乙이 2020. 2. 1. 甲에게 토지를 매도한 사실이 있으나, 매도한 토지는 X 토지가 아니고 Y 토지라고 주장한 경우
  4-2. 乙이 甲에게 X 토지를 매도한 것은 乙이 아니고 乙의 대리인임을 사칭한 A가 제멋대로 팔아넘긴 것이라고 주장한 경우
  4-3. 乙이 甲의 주장과 같이 매매계약을 체결하기는 하였으나, 폭력배를 동원한 甲의 강요와 협박에 의하여 어쩔 수 없이 계약을 체결한 것이니 위 매매는 반사회질서 법률행위로서 무효라고 주장한 경우
  4-4. 乙이 甲의 주장과 같이 매매계약을 체결하기는 하였으나, 甲과 乙 사이에 2020. 3. 1. 위 매매를 없었던 일로 하기로 합의하였으니 甲의 청구는 이유 없다고 주장한 경우
  4-5. 乙이 甲의 주장과 같이 매매계약을 체결하기는 하였으나, 乙이 甲과 매매계약을 체결하기 전에 이미 X 토지를 丙에게 팔았는데, 乙과 丙의 매매가 해제되는 것을 조건으로 甲에게 매도한 것으로 아직까지 丙과의 매매를 해제하지 못했으므로 甲의 청구에 응할 수 없다고 주장하는 경우

〈문1〉 법률요건과 법률사실 및 법률효과
(1) 민법 제563조는 매매의 법률요건에 관하여, 제568조는 매매의 법률효과에 관하여 규정하고 있다. 민법은 매매약정(매매계약체결)이라는 **법률요건**으로 해서 매매의 효력이라는 **법률효과**를 부여하고 있다.
(2) 사례에서 乙(매도인)의 X 토지 소유권이전의 약정과 甲(매수인)의 매매대금 지급 약정의 합치가 매매라고 하는 하나의 **법률요건**이 되고, 이 법률요건을 구성하는 소유권이전의 약정과 매매대금 지급 약

정이 **법률사실**이 된다.
(3) 이 법률요건이 충족되면 甲과 乙에게 다음과 같은 **권리의무의 발생**이라고 하는 **법률효과**가 생긴다. 즉, 甲은 乙에게 X 부동산의 소유권이전청구권이, 乙은 甲에게 매매대금지급청구권이 생기고, 한편 이에 대응하여 乙은 甲에게 X 토지의 소유권이전의무가, 甲은 乙에게 매매대금지급의무가 생긴다. 법률효과로 규정되어 있지는 않으나 인도를 요하는 재산권의 경우 인도청구권의 발생이 긍정되고, 가압류나 근저당권설정등기를 인수하지 않는 경우의 위 가압류나 근저당권설정등기의 제거청구권도 발생한다.

〈문2〉 소송물, 요건사실, 주요사실, 공격방어방법
(1) **소송물** : 2020. 2. 1. 매매를 원인으로 한 소유권이전등기청구권
(2) **요건사실** : 2020. 2. 1. 매매계약체결사실
(3) **주요사실** : 甲과 乙이 2020. 2. 1. X 토지에 관하여 매매대금을 1억 원으로 한 매매계약을 체결한 사실(甲의 乙에 대한 매매대금지급 의사표시 + 乙의 甲에 대한 재산권이전의 의사표시의 합치)
(4) **공격방법** : 위 소송물을 대상으로 甲이 제출하는 매매계약체결사실(권리근거사실)에 대한 주장과 증명
(5) **방어방법** : 乙이 위 매매계약이 반사회질서 법률행위에 해당하여 **무효**라고 주장하거나 사기 또는 착오에 해당하여 **취소**한다, 또는 甲의 채무불이행을 이유로 계약을 **해제**하였다는 등(권리장애사실, 권리소멸사실, 권리행사저지사실)의 주장과 증명

〈문3〉 청구취지와 청구원인
(1) **청구취지** : 피고는 원고에게 별지목록 기재 부동산에 관하여 2020. 2. 1. 매매를 원인으로 한 소유권이전등기절차를 이행하라(소송비용 생략).
(2) **청구원인** : 원고와 피고는 2020. 2. 1. 별지목록 기재 부동산에 관하여 매매대금을 1억 원으로 정하여 부동산매매계약을 체결하였다(사실상의 주장).
그렇다면, 피고는 원고에게 별지목록 기재 부동산에 관하여 2020. 2. 1. 매매를 원인으로 한 소유권이전등기절차를 이행할 의무가 있다(법률상의 주장).

〈문4〉 부인과 항변
4-1. 甲이 乙을 상대로 매매를 원인으로 한 소유권이전등기청구소송에서 **주요사실**은 甲이 2020. 2. 1. 乙과 X 토지에 관하여 매매대금을 1억 원으로 한 매매계약을 체결한 사실이다. 乙이 매매목적물이 X 토지가 아니라 Y 토지라고 주장한 것은 **부인**에 해당한다. 甲이 X 토지에 관하여 매매계약을 체결한 사실을 증명하여야 한다.
4-2. 乙이 乙의 대리인임을 사칭한 A가 매매계약을 체결한 것이라고 주장한 것은 乙이 甲과 매매계약을 체결한 사실이 없다고 주장한 것으로 **부인**에 해당한다. 甲이 권리근거사실인 A의 대리권 존재사실을 증명하여야 한다.
4-3. 乙이 매매계약이 반사회질서 법률행위로서 무효라고 주장하는 것은 **권리장애사실**에 관한 주장으로 **항변**에 해당하고 乙이 이를 증명하여야 한다.
4-4. 乙이 2020. 3. 1. 매매계약을 없던 일로 하기로 합의했다는 주장은 합의해제에 관한 주장이고 이는 **권리소멸사실**에 대한 주장으로 **항변**에 해당하고 乙이 이를 증명하여야 한다.
4-5. 乙이 丙과의 매매계약이 해제되는 것을 조건으로 甲과의 매매계약을 체결한 것이라고 주장한 것은 정지조건에 해당되어 **권리행사저지사실**에 대한 주장으로 **항변**에 해당하고 乙이 이를 증명하여야 한다.

5 주요사실과 간접사실

가. 주요사실과 간접사실

주요사실은 법률요건을 충족하는 구체적, 역사적 법률사실을 말한다. 법률효과의 발생을 위해서는 법규에서 요구하는 법률요건을 충족하고 이에 부합하는 구체적 사실만 존재하면 그것으로 족하다. 주요사실에 해당하지 않는 현상이나 사실은 간접사실로서 주요사실의 존부를 추인(推認)하는 데에 도움을 주는 경위나 내력 등에 관한 것이다. 즉 간접사실은 주요사실의 존부를 경험칙상 추인케 하는 사실이다. 증거의 증거능력 또는 증명력에 관한 판단자료를 가리키는 보조사실은 간접사실과 같은 차원에서 다루어진다.

나. 간접사실에 의한 주요사실의 추인

주요사실을 인정할 직접증거가 없는 경우에도 간접사실을 소전제로 하고 경험칙을 대전제로 하는 3단논법에 의하여 추인할 수 있다. 실무상 주요사실을 직접 증명하기 어려운 경우 간접사실에 의한 추인의 방법으로 주요사실을 증명하는 예가 많다. 주요사실을 직접 증명하는 방법이 충분한 경우에도 확실한 심증형성을 위하여 주요사실과 관련되는 간접사실을 주장·증명하는 예가 많다. 간접사실만으로 주요사실을 추인하기에 경험칙상 부족하다면 경험칙에 어긋난 추인에 의한 것으로서 채증법칙을 위반하여 위법한 것이 된다. 증거관계가 명백하여 곧바로 주요사실을 인정할 수 있는 경우에는 굳이 간접사실에 의한 주요사실의 추인과정을 거칠 필요가 없다.

간접사실은 주요사실을 인정하기 위한 수단인 점에서 증거자료와 같은 작용을 하는 것이기 때문에 당사자가 변론에서 이를 주장하지 않더라도 법관이 자유심증에 의한 판단으로 자유로이 인정할 수 있고 간접사실의 자백에 구속되지도 않는다.

민사변호사실무에서는 법관의 심증형성을 위하여 소장이나 준비서면에서 간접사실도 적시함으로써 직접증거의 증명력을 보강하고 이를 뒷받침하는 기능을 하는 경우가 있다.

주요사실이 선의·악의, 소유의 의사 등과 같은 내부적 용태인 경우 이를 직접 인정하는 것은 어려우므로 간접사실을 인정한 다음 인정된 간접사실에 의하여 주요사실을 추인하는 방법을 취하게 된다.

다. 주요사실과 간접사실 구별의 실익

변론주의는 주요사실에만 적용되고 간접사실에는 적용되지 않는다. 주요사실은 법률효과 발생에 직접 필요한 중요한 요건이므로 이에 대하여는 변론주의를 엄격하게 적용하여 당사자의 이익을 보호하고, 법률효과 발생에 직접 연결되지 않는 간접사실이나 보조사실에 대하여는 변론주의를 완화하여 법원의 자유심증을 보다 폭넓게 인정하고자 하는 데에 있다.

(1) **주장책임** : 주요사실은 당사자의 주장을 요하나 간접사실은 당사자의 주장이 없어도 법원이 판결의 기초로 삼을 수 있다.

(2) **자백** : 주요사실에 대하여만 적용되고 간접사실에 대하여는 적용이 없다. 다만 판례는 서증의 진정성립에 관한 자백은 보조사실에 관한 자백이나 자백의 구속력을 인정한다.

(3) **증명책임** : 주요사실에 대하여만 적용되고 간접사실에 대하여는 적용이 없다.

(4) **상고이유 · 재심사유가 되는 판단유탈이 되는 사실** : 주요사실에 한하고 간접사실은 법원이 이를 판단하지 않아도 판단누락이 되지 않는다.

라. 주요사실과 간접사실 구별의 기준

실체법규가 법률요건을 규정하고 있는 경우에는 법률요건에 부합하는 것만이 주요사실이 되고, 그 주요사실에 대한 주장·증명책임은 당해 법률효과로써 이익을 얻을 자가 진다. 예컨대, 매매계약에 관하여 민법은 '재산권이전의 의사표시'와 '그에 대한 대금지급의 의사표시'를 법률요건으로 기술하고 있으므로 위 두 요건에 관한 구체적 사실은 주요사실이 되나, 매매계약 경위에 관한 사실은 법규가 요구하고 있지 않고 단지 위 두 요소의 존부를 추인케 하는 것에 불과하므로 간접사실이 된다.

또 소멸시효의 경우에는 권리를 행사할 수 있는 때부터 시효가 진행한다는 등으로 기산점을 규정하고 있으나(제166조), 취득시효의 경우에는 시효기간만을 규정할 뿐 기산점이 법률요건인지는 규정하고 있지 않다(제245조 참조). → 판례는 소멸시효의 기산점을 주요사실로 보나, 취득시효의 기산점을 간접사실로 본다.[2]

6 요건사실과 증명책임

가. 요건사실의 확정과 증명책임

(1) 변론주의가 지배하는 민사소송에서는 권리의 발생, 소멸이라고 하는 법률효과의 판단에 직접 필요한 요건사실 내지 주요사실은 당사자의 주장을 통하여 소송에 현출되어야 법원이 이를 재판의 기초로 삼을 수 있다(주장책임). 법률효과 자체에 대하여는 당사자의 주장이 없어도 그 요건사실이 법원에 현출된 이상 법원은 당해 법률효과의 발생여부에 대하여 판단할 수 있다.

(2) 민사소송에서의 권리의 존부판단을 위해서는 항상 '**당사자의 주장**'과 '**증명**'이 문제된다. 주장에 관한 자료를 **소송자료**라 하고, 증명에 관한 자료를 **증거자료**라고 한다. 주장책임은 변론주의에 특유한 것으로 직권탐지주의에서는 적용되지 않는 점이 증명책임과 다르다. 甲이 요건사실 A, B, C 중 A, B만 주장하는 경우 주장 자체로 이유 없는 것이 되고, A, B, C 모두 주장하였으나 A, B는 증명되고 C는 증명하지 못한 경우(예컨대 민법 제126조의 표현대리를 주장하면서 기본대리권을 증명하지 못한 경우) C의 증명부족으로 법률효과는 발생할 수 없고,

---

[2] 점유취득시효의 주요사실은 '20년간 당해 부동산 점유'이고, 점유개시사실은 간접사실이므로 점유자가 1990. 2. 1.부터 점유했다고 주장하여도 법원은 소송자료에 의해 1998. 10. 1.부터 점유했다고 인정할 수 있다. 반면에 소멸시효의 경우에는 당사자가 주장한 시효기산점에 법원이 구속된다.

甲의 주장은 받아들여지지 않는다.

(3) 민사실체법은 증명과 관계없이 법률요건과 법률효과를 규정하고 있다. 그러나 법원은 그 법률요건에 해당하는 사실이 증명된 경우에 한하여 그 사실이 있는 것으로 취급하고 이에 따라 그에 기초한 법률효과의 발생을 인정한다. 요건사실은 실체법상의 법률효과의 발생의 전제가 되는 것으로 민사소송에서 증명되어야 할 사실이다. 구체적인 재판에서 당사자는 권리의무의 발생·변경·소멸 등 자신이 주장하는 법률효과가 재판에서 받아들여지기 위하여 필요한 요건이 되는 사실 즉 요건사실을 증명할 책임이 있다. 구체적인 재판에서 요건사실을 증명하는 방법은 그 사안에서 당해 요건사실에 해당하는 구체적 사실 즉 **주요사실**을 직접 증명하는 방법과 요건사실을 추인할 수 있는 사실들 즉 **간접사실**을 증명하는 두 가지 방법이 있다.

(4) 민사소송에서 어떤 요건사실의 존부가 불명인 경우 그 요건사실의 존재를 전제로 하는 법률효과의 발생이 인정되지 않아 일방 당사자가 입게 되는 불이익 또는 위험을 **증명책임**이라고 한다. 증명책임은 요건사실에 관한 증명이 없거나 불충분한 경우에 어느 당사자에게 그에 따른 불이익을 줄 것인지를 다루고 있으므로 요건사실과 증명책임은 불가분의 관계에 있다. 증명책임에는 증거조사과정에서 증명책임을 부담하는 자가 패소를 면하기 위하여 증거를 제출할 행위책임인 주관적 증명책임과 심리의 최종단계에서 증거조사를 다해도 진위불명으로 당해 사실이 존재하지 않는 것으로 취급됨으로써 불리한 법적 판단을 받을 위험 내지 불이익인 객관적 증명책임이 있으나 주로 후자가 문제된다.

〈증명책임 사례〉 원고가 피고에 대하여 대여금청구를 하였다.
(1) 대여사실이 인정되거나 대여하지 않은 사실(대여사실과 양립할 수 없는 증여사실 등)이 인정되는 경우 → 증명책임이 문제되지 않는다.
(2) 대여 여부가 불분명한 경우 → 대여사실에 대한 증명책임이 원고에게 있기 때문에 원고에게 불이익하게 판단하여 원고의 청구를 기각한다.
(3) 피고가 변제하였다고 주장하는 경우 변제여부가 불분명한 경우 → 변제는 대여금청구에 대한 항변으로 이에 대한 증명책임은 피고에게 있으므로 피고에게 불리하게 변제하지 않은 사실이 인정된 경우와 같이 피고의 항변이 배척되고 원고의 청구를 인용한다.

나. 증명책임의 분배

(1) 권리의 발생은 실체법에서 정한 법률요건인 사실의 존재가 확정되면 인정되고, 일반적으로 권리의 발생이 인정되면 그 권리는 소멸요건에 해당하는 사실이 인정되지 않는 한 존재하는 것으로 취급된다. 따라서 원고는 자기가 주장하는 어떤 권리가 있다고 하기 위하여는 그 권리의 근거가 되는 사실을 증명해야 하고, 피고는 원고의 권리를 부정하기 위해 그 권리의 발생에 장애가 있는 사실, 권리행사를 저지할 수 있는 사실을 증명하거나 그 권리가 발생한 후 소멸한 사실을 증명하여야 한다. 이것이 통설의 입장인 법률요건분류설 중 규범설의 입장이다.

(2) 통설인 규범설에 따르면 권리를 주장하는 당사자는 그 권리를 발생시키는 요건사실(권리근거규정의 요건사실 = 권리발생사실)에 대하여 증명책임을 지고, 권리불발생사실이나 권리소멸(멸각)사실, 권리행사저지사실 등 반대규정의 요건사실(항변사실)에 대하여는 권리주장자의 상대방이 이를 주장하고 증명하도록 하고 있다. 이들은 모두 그 주장자에게 유리한 법규의 요건사실이기 때문이다. 통상 권리를 주장하는 원고가 권리발생사실에 대하여 증명책임을 부담하고, 이를 다투는 피고가 권리의 장애, 멸각, 저지사실에 대하여 증명책임을 부담하는 것이 일반적이다. 그러나 채무부존재확인소송과 같은 소극적 확인소송에 있어서는, 채무자인 원고가 먼저 청구를 특정하여 채무발생원인사실을 부정하는 주장을 하면 채권자인 피고가 권리관계의 요건사실에 관하여 주장·증명책임을 부담한다.

다. 증명책임의 전환과 완화

(1) **법률상의 추정과 증명책임의 전환** : 법률상 추정의 경우 증명책임이 있는 자는 추정사실을 직접 증명할 수도 있으나, 그보다도 증명이 쉬운 전제사실의 증명으로 이에 갈음할 수 있다. 민법 제30조의 동시사망의 추정과 같이 A사실(전제사실)이 있을 때에는 B사실(추정사실)이 있는 것으로 추정한다는 규정을 **법률상의 사실추정**이라고 하고, 민법 제830조와 같이 'A사실이 있을 때에는 B의 권리가 있는 것으로 추정한다'고 규정된 경우를 **법률상의 권리추정**이라고 한다. 이 경우 추정규정에 의해 혜택을 입는 당사자는 A사실을 증명함으로써 B의 권리가 존재하는 것으로 추정되고, 상대방으로서는 이 추정을 깨기 위하여 B의 권리가 부존재하다는 사실을 본증으로 적극적으로 증명하지 않으면 안 된다. 판례는 **등기의 추정력**을 인정하여 법률상의 권리추정으로 본다.

(2) **잠정적 진실과 의사추정** : 민법 제197조 제1항에 의한 점유의 성질의 추정과 같이 전제사실이 없이 어떤 사실을 추정하는 것을 **잠정적 진실**이라고 한다. 잠정적 진실은 추정사실의 부존재의 증명책임을 상대방에게 전환시키는 간접적 표현에 불과한 것으로 본다. 민법 제398조 제4항은 "위약금의 약정은 손해배상액의 예정으로 추정한다"고 규정하고 있다. 이와 같이 법률의 규정이 의사표시의 효과가 불분명한 경우에 의사표시의 내용을 추정하는 것을 **의사추정**이라고 한다. 이는 법률행위의 해석규정이라고 할 것인데 법률상의 추정과 마찬가지로 증명책임이 전환된 것으로 본다. 따라서 위약금이 손해배상액의 예정이 아닌 위약벌로 해석되기 위하여는 이를 주장하는 측에서 위약벌로 해석하여야 하는 특별한 사정을 증명하여야 한다.

(3) **공문서의 진정성립 추정 및 그 증명력** : 공문서는 그 진정성립이 추정됨과 아울러 그 기재 내용의 증명력 역시 진실에 반한다는 등의 특별한 사정이 없는 한 함부로 배척할 수 없다. 민사소송법 제356조, 제358조가 규정하는 문서의 진정의 추정은 실체법상의 법률효과와 달리 소송상의 증거법칙이다.

사문서에 날인된 작성명의인의 인영이 그의 인장에 의하여 현출된 것이라면 특별한 사정이 없는 한 그 인영의 진정성립, 즉 날인행위가 작성명의인의 의사에 기한 것임이 사실상 추정되고(인영의 진정성립, 1단계 추정), 일단 인영의 진정성립이 추정되면 민사소송법 제358조에 의하여 그 문서전체의 진정성립이 추정된다(2단계 추정). 날인행위가 작성명의인의 의사에 기한 것이라는 추정은 **사실상의 추정**이므로 인영의 진정성립을 다투는 자가 **반증**을 들어 인영의 날인행위가 작성명의인의 의사에 기한 것임에 관하여 법원으로 하여금 의심을 품게 할 수 있는 사정을 증명하면 그 진정성립의 추정은 깨어진다. 위와 같은 사실상 추정은 날인행위가 작성명의인 이외의 자에 의하여 이루어진 것임이 밝혀진 경우에는 깨어지는 것이므로, 문서제출자는 그 날인행위가 작성명의인으로부터 위임받은 정당한 권원에 의한 것이라는 사실까지 증명할 책임이 있다.

(4) **사실상의 추정** : 당사자 일방이 증명책임을 지는 주요사실을 증명하지 않고, 그러한 사실의 전제가 되는 간접사실을 증명하였을 때 법원이 경험칙을 적용하여 주요사실을 추인하는 것이고, 이는 법관의 심증형성에 관한 문제로 증명정도를 완화해주는 작용을 하지만 증명책임의 분배와는 관련이 없다(따라서 사실상의 추정은 반증으로 추정력이 번복된다). 사실상의 추정의 경우에는 증명의 필요가 전환된다고 할 수 있어도 증명책임이 전환되는 것은 아니다. 간접사실과 양립가능한 별개의 간접반증사실을 증명함으로써 주요사실의 추인을 방해하는 것이 간접반증이다.

(5) **현대형 소송과 증명책임의 완화** : 공해(환경)소송, 의료소송, 제조물책임소송 등 이른바 현대형 소송에 있어서는 증거의 편재로 피해자나 소비자가 가해자의 고의 또는 과실 및 인과관계에 관하여 증명을 하는 것은 사실상 불가능한 경우가 많다. 이러한 경우 증명책임을 완화하거나 전환함으로써 피해자의 구제를 도모하려고 한다. 판례는 공해 내지 환경소송에서 간접반증이론에 따라 피해자와 가해자의 증명책임을 분담시키고 있다.

7 민사재판실무와 요건사실

가. 민사소송에서의 당사자와 법원의 역할

(1) 민사소송에서 원고는 '**청구취지**'로 소송의 대상인 권리(법률효과)를 특정함과 아울러 '**청구원인**'에서 그와 같은 권리의 발생에 필요한 요건(법률요건)을 주장·증명하여야 한다.

(2) **피고**는 위와 같은 원고의 주장을 **부인**하고 증명을 방해하거나, 원고가 주장한 법률요건이 인정됨을 전제로 그 권리의 발생, 존속, 행사에 장애가 될 사유(항변사유)를 주장·증명하여 원고의 청구를 물리칠 수 있다.

(3) 소가 제기되면 **법원**은 먼저 원고가 구하는 청구권(소송물)이 무엇인지 특정하고, 그 청구권의 발생근거로 주장된 법률행위 또는 법률의 규정을 통해 그 발생에 필요한 **법률요건**을 특정한 다음, 그 법률요건에 해당하는 **요건사실** 및 요건사실을 충족하는 **주요사실**이 무엇인지를 파악하고, 그 각 요건사실 및 주요사실에 대한 피고의 답변태도를 통해 **요증사실**을 가린 뒤, **증거조사**에 들어간다. 이때 사실관계 중 어떤 사항을 요건사실 또는 주요사실로 볼 것인지는 1차적으로 원고의 책임 하에 정리해서 주장할 것이고(변론주의), 2차적으로 법원이 해당

법률요건과의 관계에서 이를 가려낸 뒤 이를 주된 심리의 대상으로 삼아야 할 것이되, 이 과정에서 주장에 불완전, 모순, 불분명한 점이 있으면 석명을 통해 명백히 하여야 한다(소송지휘권에 따른 직권진행주의).

(4) **역할분담** : **법원**은 원고와 피고의 위와 같은 소송수행이 신의성실의 원칙에 입각하여 적정, 공평, 신속, 경제의 이상에 부합하게 소송절차가 진행될 수 있도록 소송을 지휘할 권한과 책임을 지게 된다. 소송심리에 있어서 **당사자**는 당사자처분권주의와 변론주의에 따라 소송물의 특정과 소송자료의 제출을 담당하고, **법원**은 직권주의에 따라 절차의 진행과 재판을 담당하는 역할분담이 이루어진다. 변론주의원칙상 법원은 당사자가 제출한 소송자료만으로 재판하여야 하고, 당사자가 주장·증명하지 않으면 법원은 다른 자료를 통하여 확인되더라도 이를 인정할 수 없다.

나. 민사재판과 요건사실

(1) 민사실체법의 규정은 대체로 일정한 법률요건에 해당하는 사실이 충족되면 일정한 법률효과가 발생하는 형식으로 규정되어 있으므로 구체적인 재판에서 당사자는 권리의무의 발생·변경·소멸 등 자신이 주장하는 법률효과가 재판에서 받아들여지기 위하여 필요한 요건이 되는 사실 즉 요건사실을 주장·증명할 책임이 있다. 그 책임을 다하지 못할 경우(상대방에 의하여 요건사실의 부존재가 증명되거나, 요건사실의 존부가 불명하게 된 경우) 그의 법률적 주장이 받아들여질 수 없음은 자명하다. 여기서 어느 법률효과에 대한 당사자의 주장이 받아들여지기 위하여 그가 증명책임을 부담하는 범위, 즉 요건사실의 범위와 기준이 중요하게 된다.

(2) 요건사실론과 증명책임은 민사소송이라는 배가 판결이라는 정의의 항구에 도달하기 위한 민사실무의 나침반이다. 소장이나 판결문을 작성할 때 그 토대가 되는 것이 요건사실이고, 민사실체법과 절차법을 연결하는 가교역할을 하는 것이 바로 요건사실이다. 요건사실을 토대로 청구원인-항변-재항변-재재항변의 단계로 민사소송의 심리구조가 형성된다.

(3) 민사실무에 종사하여야 할 변호사들은 요건사실론에 대한 확고한 체계를 습득해야 한다. 민사실체법과 절차법은 민사분쟁의 해결도구로서 민사소송이라는 공간에서 유기적 연관기능을 수행해야 하고, 민사변호사는 요건사실론적 사고방식을 체화하고 있어야 한다.

이하에서 주요 소송 유형별 청구취지와 청구원인, 주요 항변을 요건사실을 토대로 간단하게 정리해 보기로 한다.[3]

---

[3] 상세한 내용은 오창수, 「민사실무 요건사실과 증명책임(2018 개정판)」, 제주대학교 출판부(2017); 서울중앙지방법원, 「민사집중심리재판부 사건유형별 업무매뉴얼(참여관)」, 2010; 안철상·조병구·정기상, 「실무중심 요건사실 민사소송, 제2판(개정)」, 유로, 2019; 사법연수원, 「2020년도 법학전문대학원 민사재판실무」, 2020 등 참조 바람.

[참고 1] 채권·채무의 중첩과 청구취지

중첩관계의 유형	성립하는 경우	중첩의 표시	청구취지
연대관계	수인의 연대채무 주채무자와 연대보증인 수인의 연대보증 또는 보증연대 수인이 상행위로 채무부담 채무자의 부탁을 받고 중첩적으로 채무를 인수한 경우	연대하여	피고들은 연대하여 원고에게 ~ 지급하라. 피고는 연대하여 원고들에게 ~ 지급하라.
부진정연대, 불가분관계, 기타	수인이 공동으로 부당이득 공유자의 공동임대로 보증금반환채무를 부담하는 경우 공동불법행위자의 손해배상채무 주채무자와 단순보증인 채무자의 부탁을 받지 않고 중첩적으로 채무를 인수한 경우	공동하여	피고들은 공동하여 원고에게 ~ 지급하라. 피고는 원고들에게 공동하여 ~ 지급하라.
합동관계	수인이 어음·수표채무를 지는 경우	합동하여	피고들은 합동하여 ~ 지급하라.
조합관계	수인이 조합체로서 채권채무 등을 가지는 경우	합유적으로	피고는 원고들에게 합유적으로 (각자) ~ 지급하라(인도하라). 피고들은 합유적으로 원고에게 ~ 지급하라(인도하라).

[참고 2] 금전채무와 피고들의 관계

(1) **독립채무** : 피고들은 원고에게 각 1,000만 원을 지급하라.(피고 1인당 1,000만 원)
(2) **분할채무** : 피고들은 원고에게 1,000만 원을 지급하라.(1,000만 원/피고 수)
(3) **연대채무** : 피고들은 **연대하여** 원고에게 1,000만 원을 지급하라.(어느 한 사람 1,000만 원, 합계 1,000만 원)
(4) **불가분채무 또는 부진정연대채무** : 피고들은 **공동하여** 원고에게 1,000만 원을 지급하라.(어느 한 사람 1,000만 원 합계 1,000만 원)
(5) **합동채무** : 피고들은 **합동하여** 원고에게 1,000만 원을 지급하라.(어느 한 사람 1,000만 원, 합계 1,000만 원)

[참고 3] 기본적인 청구취지

법률효과(권리의무)			청 구 취 지	비고
작위 채무	주는 채무	금전지급	피고는 원고에게 1억 원을 지급하라.	
		물건인도	피고는 원고에게 별지목록 기재 부동산을 인도하라.	특정물 인도
	하는 채무	의사진술	피고는 원고에게 별지목록 기재 부동산에 관하여 2020. 4. 1. 매매를 원인으로 한 소유권이전등기절차를 이행하라. 피고는 원고에게 별지목록 기재 채권을 양도하라. 피고는 원고에게 2020. 4. 1. 체결한 별지목록 기재 부동산의 매매계약에 관하여 토지거래허가신청절차를 이행하라.	의사표시
			피고는 원고에게 별지목록 기재 부동산에 관하여 제주지방법원 2020. 4. 1. 접수 1234호로 마친 소유권이전등기의 말소등기에 대하여 승낙의 의사표시를 하라.	의사통지
			피고는 소외 A(610408-1234567, 제주시 제대로 23)에게 별지목록 기재 채권을 2020. 2. 1. 원고에게 양도한 취지의 통지를 하라.	관념통지
		사실행위	피고는 원고에게 2020. 4. 1. 14:00부터 18:00까지 제주대학교 아라뮤즈홀에서 피아노 연주를 하라.	
부작위 채무	단순부작위		피고는 제주시 제대로 45 지상에 건축 중인 주택건축공사를 하여서는 아니 된다.	건축공사 금지청구
	수인의무		피고는 별지목록 기재 토지 중 별지도면 표시 1, 2, 3, 4, 1의 각점을 순차 연결한 선내 부분 100㎡에 대한 원고의 통행을 방해하는 일체의 행위를 하여서는 아니 된다.	원고 행위의 수인

제2장 강제이행과 의사표시 청구

☞ 〈문제의 출발〉 채무자가 채무의 내용에 좇은 이행을 하지 않는 경우 채권자는 어떠한 조건 아래서 어떠한 법적 조치를 취할 수 있는가?

1 강제이행과 강제이행청구권

가. 강제이행의 의의[1]

(1) 물권의 경우에는 일정한 물건으로부터 발생하는 각종의 이익이 물권을 가진 사람에게 이미 배타적으로 할당되어 있는데 대하여 채권의 경우에는 채무자에 대하여 그 이익을 자신에게 귀속되도록 움직일 것을 요구할 수 있을 뿐이다. 물권법은 재화귀속법이고 채권법은 재화운동법이다.[2]

(2) **강제이행**은 실체법상의 개념이고, (강제)**집행**은 절차법상의 개념이다. 채권자가 가지는 강제이행을 할 수 있는 법적 힘을 **집행력**이라고 한다. 강제집행법은 기능적으로 채권법의 연장이다.

나. 강제이행청구권

(1) 채권자가 채무의 내용 그 자체를 실현하기 위하여 채권자에게 보장되는 것이 이행청구권이고(訴求力) 이에 의하여 채무의 내용을 강제적으로 실현하는 것이 강제집행제도이다(强制執行力).

(2) 채권자는 채무자가 의무를 스스로 이행하지 않는 경우 우선 소를 제기하여 국가(법원)로부터 채권의 존재를 확인받고, 집행권원(확정판결 등)에 기하여 역시 집행기관(집행법원이나 집행관)의 힘으로 그 내용을 실현하는 것이 원칙이다. 자력구제는 예외적으로만 인정된다(민법 제209조).

---

[1] 채무불이행의 효과로서의 강제이행과 강제이행청구권에 관한 상세한 설명은 양창수/김재형, 「민법 계약법(제2판)」, 박영사(2015), p.427 이하 참조.
[2] "물권과 채권은 법의 세계에 있어서 말하자면 소재와 힘과 같은 것이다. 즉, 물권은 법세계의 靜態的 요소이고 채권은 動態的 요소이다. 채권은 자기의 死滅의 萌芽를 자기 속에 지니고 있다. 다시 말하면 채권은 이행하는 즉시 그 목적을 달성하게 되는 것이다. 물권 특히 소유권은 영속적인 상태를 지향하고 있다. 물권은 행사됨으로써 계속 존속하는 것이다. 그 때문에 주로 물권에 기초하는 한 그것은 靜態的 성격을 가지지만 채권이 주요한 기초를 이루는 경우는 動態的 성격을 가진다." - Gustav Radbruch, 『RECHTSPHILOSOPHIE』

(3) 채권자의 강제이행청구권은 객관적인 채무불이행이 있으면 인정되고, 채무자의 귀책사유 유무를 불문한다. 강제이행이 허용되려면 채무의 이행이 불능이어서는 안 된다.
(4) 강제이행청구와 손해배상청구는 별개이다.

2 강제이행과 소의 유형

가. 이행의 소

(1) 원고의 이행청구권에 기하여 피고에 대해 **의무이행명령**을 할 것을 요구하는 소(이행청구권의 확정 + 이행명령) ※ 이행명령 ⇒ 집행권원 ⇒ 강제집행
(2) **실체법상의 청구권**이 그 바탕이 되어야 한다. 청구권이면 금전의 지급, 물건의 인도, 의사표시, 작위, 부작위 또는 인용(忍容) 등 그 어느 것을 내용으로 하여도 무방하다.
(3) 이행의무의 내용을 구체적으로 명확히 기재할 것. 다만 인용된 청구권의 종류나 그 법적 성질 또는 발생원인까지는 기재하지 않는다.
(4) 이행의 소의 당사자적격 문제는 본안심리에 흡수된다.[3]
(5) **장래이행의 소** : 변론종결시를 기준으로 이행기가 장래에 도래하는 이행청구권에 관한 소 → '미리 청구할 필요'가 있는 경우에 허용(민소법 제251조)[4]

[참고] 이행의 소에 대응하는 보전처분과 강제집행방법

① 금전청구 : 가압류 → 금전집행(강제경매 : 압류 → 현금화 → 배당)
② 물건인도청구 : 다툼의 대상에 관한 가처분(점유이전금지가처분) → 인도집행
③ 의사표시청구 : 다툼의 대상에 관한 가처분(처분금지가처분) → 판결확정으로 자동집행
④ 작위·부작위청구 : 임시의 지위를 정하는 가처분 → 대체집행, 간접강제

나. 확인의 소

(1) 현재 존재하고 있는 다툼 있는 권리·법률관계의 존부확정을 구하는 소 → 특정한 법률관계의 존부나 유·무효의 확인으로써 현존하는 법률관계에 관한 분쟁을 유효적절하게 해결할 수 있는 것이어야 한다.[5]

---

[3] 당사자적격은 실체법상의 권리와 무관하게 소송법적으로 정하여지는 개념이고, 본안적격은 원고가 주장된 권리 또는 법률관계의 귀속자인가의 문제로 실체법에 따라 결정되는 개념이다. 당사자적격이 흠결되면 소 각하를 하게 되고, 본안적격을 흠결할 경우 청구기각을 하게 된다.
[4] 차임 상당의 장래의 부당이득반환청구 등 장래의 이행을 청구하는 소는 미리 청구할 필요가 있는 경우에 한하여 제기할 수 있는바, 여기서 미리 청구할 필요가 있는 경우라 함은 이행기가 도래하지 않았거나 조건 미성취의 청구권에 있어서는 채무자가 미리부터 채무의 존재를 다투기 때문에 이행기가 도래되거나 조건이 성취되었을 때에 임의의 이행을 기대할 수 없는 경우를 말한다(대법원 2004.01.15. 선고 2002다3891 판결).
[5] 법률효과 발생에 보조적 수단에 불과한 대리권, 취소권, 철회권, 취소권, 해지권 등의 확인청구나 과거의 법률관계에 관한 확인청구는 확인의 이익이 없어 원칙적으로 허용되지 아니한다.

(2) 적극적 확인의 소(소유권확인의 소 등)와 소극적 확인의 소(채무부존재확인의 소)
(3) 채권의 존재, 채무의 부존재확인을 구하는 경우에는 채권의 목적, 범위뿐만 아니라 발생원인까지도 명백히 기재하여야 한다.
(4) **대상적격** : 권리 또는 법률관계 ※ 예외 : 증서의 진정여부를 확인하는 소(민소법 제250조)
(5) 이행의 소가 가능한 경우 특별한 사정이 없는 한 확인의 소를 구할 소의 이익 없다(확인의 소의 보충성).6)
(6) 확인의 주체는 법원이므로(이행의 소에서 이행의 주체가 피고인 것과 다르다) 청구취지는 "피고는 ~를 확인하라"가 될 수 없고, 법률효과 발생의 대상인 권리·법률관계와 그 법률효과를 특정하고, " ~를 확인한다"는 형식이 된다.
(7) 확인의 소에서 당사자적격의 문제는 확인의 소의 이익 문제로 흡수된다.
[참고] 확인의 소에 대응하는 보전처분 → 임시의 지위를 정하기 위한 가처분

다. 형성의 소

(1) 판결에 의한 법률관계의 변동을 요구하는 소, 형성소권을 바탕으로 하는 소, 명문의 규정으로 허용되는 경우에만 인정된다.7)
(2) **법률관계의 발생·변경·소멸 등 창설적 효과** : 법원이 형성의 주체가 되어 일정한 권리·법률관계에 관하여 법률효과를 선언하므로 확인의 소와 같이 청구취지는 법률효과 발생의 대상인 권리·법률관계와 그 법률효과를 특정하고, "~한다." 등으로 이를 선언하는 문구를 기재한다.
(3) 종류
① 실체법상의 형성의 소 : 가사소송, 회사관계소송, 항고소송, 선거무효·당선무효소송, 위헌제청, 헌법소원 등.
② 소송법·집행법상의 형성의 소 : 재심, 준재심, 정기금판결에 대한 변경의 소, 중재판정취소의 소, 제권판결에 대한 불복의 소, 청구이의의 소, 제3자이의의 소, 배당이의의 소 등.
③ 형식적 형성의 소 : 토지경계확정의 소(건물경계확정의 소는 불허 → 소유권확인의 소), 아버지결정의 소, 공유물분할청구, 법정지상권상의 지료결정청구 등.
④ 장래 형성의 소와 소급적 형성의 소
▶ 장래의 형성의 소 : **사해행위취소의 소, 이혼청구, 혼인취소, 인지청구**8), 회사설립무효, 합병

---

6) 확인의 소에는 권리보호 요건으로서 확인의 이익이 있어야 하고, 그 확인의 이익은 원고의 권리 또는 법률상의 지위에 현존하는 불안·위험이 있고 그 불안·위험을 제거함에는 피고를 상대로 확인판결을 받는 것이 가장 유효적절한 수단일 때에만 인정된다. 따라서 이행을 청구하는 소를 제기할 수 있는데도 불구하고 확인의소를 제기하는 것은 분쟁의 종국적인 해결방법이 아니어서 확인의 이익이 없다(대법원 2015.07.23. 선고 2014다45140 판결 등 참조).
7) 법적 근거가 없는 법인의 이사해임청구의 소 내지 이러한 해임청구권을 피보전권리로 하는 직무집행정지가처분 등은 불허. 비법인사단의 총회결의 취소를 구하는 소도 마찬가지.
8) 이시윤 교수는 인지청구를 장래의 형성의 소로 보고 있으나(신민사소송법[제13판], 박영사, 2019, p.209), 인지청구의

무효, 사원의 제명선고청구
▶ 소급적 형성의 소 : 혼인무효, 협의이혼의 무효확인청구, **친생부인**, 주주총회결의취소의 소, 재심 및 준재심, 제권판결에 대한 불복의 소, 중재판정취소의 소, 행정소송, 형벌법규에 관한 위헌제청

[참고] **형성의 소에 대응하는 보전처분** → 다툼의 대상에 관한 가처분, 임시의 지위를 정하기 위한 가처분

3 비금전집행 개요

민사집행법은 금전채권에 기초한 강제집행으로 **강제경매**(압류-현금화-배당)를 규정하고, 금전채권 외의 채권에 기초한 강제집행방법으로 **직접강제 · 대체집행 · 간접강제**를 규정하고 있다.

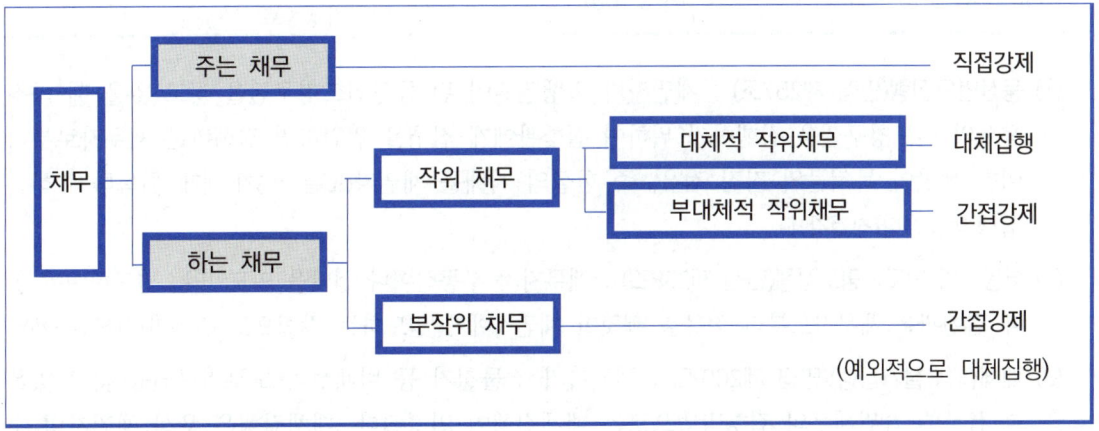

① 직접강제 : 국가기관이 유형의 실력을 행사하여 채무자의 의사에 반하여 채권의 내용을 강제적으로 실현하는 집행방법. 금전채무 및 물건의 인도채무와 같은 **주는 채무**(유체물의 인도를 목적으로 한 것)에 적합한 집행방법.
② 대체집행 : 채무자의 비용부담으로 채권자 또는 제3자로 하여금 채무자에 갈음하여 채무의 내용을 실현하는 집행방법. **하는 채무**(채무자에게 일정한 작위 등을 구하는 것) 중 대체적 작위 · 부작위채무에 적합한 집행방법.
③ 간접강제 : 채무자가 임의로 이행하지 않는 경우 채무자에게 배상금의 지급을 명하거나 채무자를 구금하는 등의 수단을 써서 채무자에게 심리적 압박을 가함으로써 그 채권의 내용을 실현하는 집행방법. 하는 채무 중 부대체적 작위 · 부작위채무에 적합한 집행방법.
④ 하는 채무 중 **의사표시채무**는 판결확정으로 곧 의사표시를 한 것으로 보고 집행이 완료되고 별도의 집행 불요.

인용판결이 확정되면 자녀의 출생시에 소급하여 친자관계가 발생하므로(민법 제860조) 의문이다.

[참고] 비금전집행의 비교9)

집행의 종류	집행기관	집행방법	비 고
인도채무 (인도·명도집행)	집행관	명도최고, 채무자의 점유 빼앗아 채권자 이전	부동산 내의 동산 : 채무자 인도 → 동거친족·고용인 인도 → 선임된 보관업자 보관 → 매각처리·공탁
대체적 작위채무 (대체집행)	제1심 판결법원	채무자심문 + 수권결정	사실상 집행관 집행
부대체적작위채무·부작위채무 (중지 등 집행)	제1심 판결법원	채무자심문 + 배상금 등 간접강제결정	배상금 불이행시는 금전집행의 방법 집행→ 집행재산 없을 때 무대책
의사표시의무 (등기 등 집행)	집행기관 없음	판결확정시 집행종료 (자동집행)	조건부집행권원·동시이행의 집행권원은 집행문 부여 대상, 집행문 부여시 집행종료

(1) 동산인도집행(민집 제257조) : 채권자가 집행권원이 된 동산인도청구권을 갖고 있을 때 특정 동산의 인도청구권을 집행하기 위하여 집행관에게 집행을 위임하면 집행관은 채무자로부터 이를 **빼앗아** 목적물의 직접 점유, 즉 현실의 지배를 채권자(또는 제3자)에게 취득하게 하는 집행방법이다(직접강제).

(2) 부동산의 인도·명도집행(민집 제258조) : 채무자가 부동산이나 선박을 인도 또는 명도하여야 할 때 집행관은 채무자로부터 점유를 빼앗아 채권자에게 인도하는 방법으로 집행한다(직접강제).

(3) 대체집행(철거집행)(민집 제260조) : 채권자가 건물철거 등 비개성적 노무청구권을 갖고 있을 때 **代替的 작위채무**의 집행방법으로는 대체집행이 인정된다. 대체집행은 우선 채권자의 수권결정신청에 의하여 제1심 **수소법원**(판사의 직분이다)은 **채무자를 심문하고**, 수권결정신청이 이유 없으면 이를 기각하고, 이유 있으면 채무자의 비용으로 채무자 이외의 제3자(주로 집행관)로 하여금 대체적 작위(철거 등)를 실시할 수 있는 권능을 채권자에게 수여하는 결정, 즉 **수권결정**(대체집행결정)을 하게 된다. 수권결정을 얻은 채권자는 **작위실시자인 집행관**에게 위임하여 집행관이 인부를 고용하여 집행권원의 내용인 작위(철거)를 실시한다. 부작위채무에 대하여는 대체집행을 할 수 없고 간접강제에 의하는 것이 원칙이나 그 부작위의무 위반결과의 제각(除却)과 위반행위의 반복을 방지하기 위한 장래에 대한 적당한 처분은 대체집행에 의한다.

(4) 간접강제(민집 제261조) : 하는 채무 중 대체집행이 불가능한 **不代替的 作爲債務**(사실상 채무자가 아니면 할 수 없는 채무 등)나 부작위채무에 대하여는 제1심 수소법원에 간접강제신청을 하면, 법원은 집행권원상에 명하여진 부대체적 작위의무 및 이를 이행하여야 할 상당한 기간을 명시하고, 채무자가 그 기간 내에 이행하지 아니하면 그 지연기간에 응하여 또는 즉시 **일정 금액의 배상금**을 지급할 것을 명한다(예고결정, 제261조).10) 채권자는 그 이행 기간을 경

---
9) 이시윤, 「신민사집행법(제7개정판)」, 박영사(2016), p.490 참조.

과하면 그 간접강제결정에서 명한 배상금에 대하여는 간접강제결정을 집행권원으로 하여 집행문을 부여받아 집행할 수 있다.

4 의사표시채무의 이행과 집행[11]

가. 의사표시의 간주

(1) 의사표시를 할 것을 채무자에게 명한 판결이 확정되거나 그와 같은 효력이 있는 화해[12]·인낙 또는 조정조서가 성립된 때에는 그 재판이 확정된 때 또는 그 조서가 성립된 때에 의사표시를 한 것으로 본다. 대표적인 것이 등기신청에 관한 의사의 진술을 구하는 경우이다.

(2) 의사표시를 명하는 판결에서는 **가집행**을 붙일 수 없다.[13] 여기서의 판결은 확정판결을 의미한다. 판결이 확정되면 그것으로 집행이 끝나고 집행기관에 의한 별도의 집행절차가 필요 없다. 의사진술을 명하는 집행권원은 채무자가 임의로 채무를 이행하면 그 효력을 상실한다. 예컨대 소유권이전등기를 명한 판결이 확정되면 확정시에 의사표시가 된 것으로 간주하기 때문에 집행문의 부여도 필요 없고 집행기관이 관여할 여지도 없다. 따라서 이에 대한 집행정지나 청구이의의 소, 제3자이의의 소는 더 이상 허용될 수 없다.[14]

(3) 그렇다고 하더라도 위와 같은 판결은 형성판결이 아니라 **이행판결**이기 때문에 판결확정시에 민법 제187조에 따라 부동산물권을 취득하는 것은 아니고, 제186조에 따라 등기이전 시점이 소유권이전 시점이 된다.[15] 따라서 소유권이전등기를 명하는 승소판결이 확정된 경우에

---

10) 부대체적 채무인 부작위채무에 대한 강제집행은 간접강제만 가능하고, 간접강제결정은 판결절차에서 먼저 집행권원이 성립한 후에 채권자의 별도의 신청에 따라 채무자에 대한 필요적 심문을 거쳐 채무를 불이행하는 때에 일정한 배상을 하도록 명하는 것이 원칙이다. 따라서 부작위채무에 관한 집행권원 성립을 위한 판결절차에서 장차 채무자가 그 채무를 불이행할 경우에 대비하여 간접강제를 하는 것은 부작위채무에 관한 소송절차의 변론종결 당시에서 보아 부작위채무를 명하는 집행권원이 성립하더라도 채무자가 이를 단기간 내에 위반할 개연성이 있고, 또한 그 판결절차에서 민사집행법 제261조에 의하여 명할 적정한 배상액을 산정할 수 있는 경우라야 한다(대법원 2014.05.29. 선고 2011다31225 판결).

11) ☞ 민사집행법 제263조(의사표시의무의 집행)
① 채무자가 권리관계의 성립을 인낙한 때에는 그 조서로, 의사의 진술을 명한 판결이 확정된 때에는 그 판결로 권리관계의 성립을 인낙하거나 의사를 진술한 것으로 본다.
② 반대의무가 이행된 뒤에 권리관계의 성립을 인낙하거나 의사를 진술할 것인 경우에는 제30조와 제32조의 규정에 따라 집행문을 내어 준 때에 그 효력이 생긴다.

12) 화해조서의 화해조항에 "...본건 건물의 소유권지분 10분의 3을 양도한다"고 되어 있지 소유권이전등기절차를 이행한다고 되어 있지 아니하다면, 위 화해조서가 소유권(지분)이전등기의 의사진술을 한 것이라고 보기는 어렵고, 그렇다면 이 화해조서를 가지고 소유권(지분)이전등기의 집행을 할 수는 없으므로 위 화해조서의 존재에도 불구하고 위 소유권(지분)이전등기의 소송을 제기할 이익이 있다(대법원 1991.06.25. 선고 91다11476 판결).

13) ZPO §895는 의사의 진술을 명한 판결에도 가집행선고를 할 수 있게 하였다. 이시윤, 「신민사집행법(제7개정판)」, p.513 참조.

14) 강제집행정지결정으로 의사진술 간주의 효과를 저지할 수 없다. 따라서 등기관은 강제집행정지결정에 구애됨이 없이 등기신청을 받아들여야 한다. 대법원 1979.05.22. 자 77마427 결정 : 조건부 의사진술을 명하는 재판은, 그 조건이 성취되어 집행문이 부여될 때 의사를 진술한 것과 동일한 효력이 발생하고, 집행기관이 관여하는 현실적인 강제집행절차가 존재할 수 없으므로, 강제집행의 정지도 있을 수 없으니, 등기공무원은 강제집행정지결정에 구애됨이 없이 등기신청을 받아들여 등기기입을 할 수 있다.

15) 매매 등 법률행위를 원인으로 한 소유권이전등기절차 이행의 소에서의 원고 승소판결은 부동산물권취득이라는

도 제3자에게 소유권이 이전되면 그 제3자가 유효하게 소유권을 취득하며 그 판결은 집행불능이 된다.16)

(4) 의사의 진술이 제3자에 대하여 행할 것일 때 확정판결을 제3자에게 송부하거나 제시해야 목적을 달성한다.

나. 의사표시 간주의 시기

(1) 단순한 의사표시의무의 경우

① 민사집행법 제263조 제2항과 같이 반대의무의 이행 등과 같은 조건이 부가된 것이 아니라 단순하게 의사의 표시를 명하는 경우에 판결 확정시(또는 조서성립시)에 의사표시가 있는 것으로 간주된다.

② 의사표시간주의 효과가 생긴 후에 등기권리자의 지위가 승계된 경우에는 부동산등기법의 규정에 따라 등기절차를 이행할 수 있을 뿐이고 원칙적으로 승계집행문이 부여될 수 없다.17)

(2) 의사표시의무가 조건 등에 걸린 경우

① 채무자의 의사표시가 채권자의 반대의무의 선이행, 불확정기한의 도래, 정지조건의 성취에 걸려있는 경우18) : 그 증명책임이 있는 채권자가 조건성취 등을 증명하고 재판장 또는 사법보좌관의 명령에 따라 조건성취집행문을 부여받았을 때.19) 조건부 등기이행판결에 조건성취집행문을 부여받지 않고 한 등기는 원인무효가 된다.

형성적 효력이 없어 민법 제187조 소정의 판결에 해당하지 않으므로 승소판결에 따른 소유권이전등기 경료시까지는 부동산의 소유권을 취득한다고 볼 수 없다(대법원 1982.10.12. 선고 82다129 판결).
16) 이를 방지하기 위하여 소유권이전등기소송 전에 당해 부동산에 대하여 처분금지가처분을 해놓는다.
17) 대법원 2017.12.28. 자 2017그100 결정 : 민사집행법 제263조 제1항은 의사표시의무의 집행에 관하여 '의사의 진술을 명한 판결이 확정된 때에는 그 판결로 의사를 진술한 것으로 본다.'고 정하고 있다. 민사집행법 제263조 제2항과 같이 반대의무의 이행 등과 같은 조건이 부가된 것이 아니라 단순하게 의사의 표시를 명하는 경우에 판결확정 시에 의사표시가 있는 것으로 간주된다. 의사표시 간주의 효과가 생긴 후에 등기권리자의 지위가 승계된 경우에는 아래와 같이 부동산등기법의 규정에 따라 등기절차를 이행할 수 있을 뿐이고 원칙적으로 승계집행문이 부여될 수 없다. 〈사례〉A는 이 사건 토지의 공유 지분에 관해 B회사를 상대로 하여 매매계약을 원인으로 한 소유권이전등기절차의 이행을 명하는 판결을 받았고, 위 판결은 그대로 확정되었다. 그 후 C와 D가 A로부터 이 사건 토지에 있는 구분건물의 소유권을 이전받았으며, 다시 특별항고인들이 C와 D로부터 위 구분건물의 소유권을 이전받았다. 이러한 경우 특별항고인들은 두 가지 방법으로 이 사건 토지의 공유 지분에 관한 소유권이전등기를 신청할 수 있다. 첫째, 부동산등기법 제60조에 따라 위 구분건물을 신축한 분양자인 B회사와 공동으로 소유권이전등기를 신청하거나, 또는 B회사에 대하여 소유권이전등기절차의 이행을 명하는 판결을 얻어 단독으로 소유권이전등기를 신청하는 것이다. 둘째, ① 부동산등기법 제28조와 제23조 제4항에 따라 이 사건 구분건물의 양도인인 C와 D 그 전의 양도인인 A를 순차 대위하여 이 사건 판결에 기초한 A의 B회사에 대한 소유권이전등기를 신청하여 A 명의의 소유권이전등기를 마친 다음, 다시 ② A에서 C와 D를 거쳐 특별항고인들 앞으로 소유권이전등기를 신청하는 것인데, 이들과 공동으로 소유권이전등기를 신청하거나, 또는 이들에 대하여 소유권이전등기절차의 이행을 명하는 판결을 얻어 단독으로 소유권이전등기를 신청해야 한다(대법원 2017.12.28. 자 2017그100 결정).
18) 예컨대, 주무관청의 허가를 받으면 소유권이전등기절차를 이행하라는 판결의 경우.
19) 채권자가 문서로 필요한 증명을 하였거나 제출하였는데도 법원사무관 등이 조건성취집행문을 부여하지 아니한 경우 채권자는 집행문부여에 대한 이의의 소를 제기할 수밖에 없다. 이 경우 집행문부여의 소 인용판결이 확정되면 그 사람에게 의사표시가 된 것으로 본다.

② **채무자의 의사표시가 반대의무와 동시이행관계가 있는 경우**[20] : 채권자가 반대의무의 이행 또는 그 제공이 있는 것을 증명하는 문서를 제출하고 **집행문을 부여받았을 때**(제263조 제2항).[21] 원래 반대의무의 이행은 집행개시요건이나, 의사표시채무에 있어서는 반대의무의 이행이 집행문부여의 요건이 되는 예외적 취급을 한다.

③ **채무자의 의사표시가 채무자가 증명책임이 있는 사실의 부존재에 걸려있는 경우**[22] : 조건성취집행문을 부여받았을 때[23]

④ **의사표시 가운데 제3자에 대한 의사표시인 경우**[24] : 채권자가 확정판결 등 집행권원의 정본이나 등본을 제시 또는 송부한 때.

다. 등기신청행위와 의사표시 이행청구

(1) 민법은 "채무가 법률행위를 목적으로 한 때"라고 정하고 있으나(제389조 제2항) 넓게 해석하여 원래의 의사표시를 할 채무 외에도 등기(또는 등록)신청행위와 같은 관청에 대한 공법상의 의사표시도 포함되는 것으로 본다.

(2) 관념의 통지나 의사의 통지와 같은 준법률행위에도 준용되어 채권양도의 통지 또는 주주총회소집의 통지 등을 할 채무도 이 방법에 의하여 강제이행을 구할 수 있다. 아래에서 보는 바와 같이 채권양수인은 채권양도의 통지를 하지 않는 양도인을 상대로 "채권양도절차를 이

---

20) 예컨대, 집행권원에 실권약관이 붙어 있는 경우 또는 피고는 원고로부터 잔대금을 지급받음과 동시에 원고에게 소유권이전등기절차를 이행하라는 판결의 경우
21) 집행권원상의 의사표시를 하여야 하는 채무가 반대급부 이행 등 조건이 붙은 경우에는 채권자가 조건 등의 성취를 증명하여 재판장의 명령에 의하여 집행문을 받아야만 의사표시 의제의 효과가 발생한다. 따라서 반대급부 이행 등 조건이 성취되지 않았는데도 등기신청의 의사표시를 명하는 판결 등 집행권원에 집행문이 잘못 부여된 경우에는 그 집행문부여는 무효이나, 이러한 집행문부여로써 강제집행이 종료되고 더 이상의 집행 문제는 남지 않는다는 점을 고려하면 집행문부여에 대한 이의신청이나 집행문부여에 대한 이의의 소를 제기할 이익이 없으므로, 채무자로서는 집행문부여에 의하여 의제되는 등기신청에 관한 의사표시가 무효라는 것을 주장하거나 그에 기초하여 이루어진 등기의 말소 또는 회복을 구하는 소를 제기하여야 한다(대법원 2012.03.15. 선고 2011다73021 판결). 〈사례〉 토지 2/5 지분 소유권자인 甲이 나머지 3/5 지분 소유권자인 乙을 상대로 제기한 공유물분할청구 소송에서 '乙은 甲에게서 매매대금을 지급받음과 동시에 甲에게 3/5 지분에 관하여 소유권이전등기절차를 이행한다.'는 내용의 조정을 갈음하는 결정이 확정되었는데, 甲이 乙에게 반대의무를 이행하지 않았고 재판장의 명령이 없었음에도 위 결정 정본에 집행문이 부여되어 甲 명의로 乙 지분에 관한 이전등기가 경료되고, 이후 이를 기초로 丙 등 명의로 소유권일부이전등기 등이 경료된 사안에서, 甲이 위 결정에 기하여 乙의 3/5 지분에 관하여 소유권이전등기절차를 마치기 위하여는 동시이행관계에 있는 자신의 반대의무인 금전지급채무가 이행되었음을 증명하여 집행문을 부여받아야 하는데, 甲의 금전지급채무가 이행되지도 않았음에도 발급된 집행문부여는 그 자체가 무효이고 그에 따른 乙의 3/5 지분 이전에 관한 의사진술의 효과도 발생하지 아니하므로, 위 결정에 기하여 3/5 지분에 관하여 甲 앞으로 경료된 등기는 원인 없는 등기로서 무효이고 원인 무효인 위 등기를 기초로 마쳐진 丙 등 명의의 등기들도 모두 무효라는 이유로, 丙 등은 乙에게 乙 지분에 관하여 마쳐진 등기의 말소등기절차를 이행할 의무가 있다고 본 원심판단을 정당하다고 한 사례.
22) 예컨대, 채무자가 일정한 시기까지 채무를 지급하지 아니하면 채권담보의 의미에서 채권자 앞으로 소유권이전등기절차를 이행할 뜻의 화해를 한 경우
23) 조건성취를 증명책임분배의 원칙에 걸맞지 않게 채권자가 조건성취를 증명하도록 하는 점에서 문제가 있다. 이시윤, p.516.
24) 채권양도 및 채권양도통지의 소의 경우 예컨대 은행차명계좌의 예금채권을 실명자 앞으로 옮기기 위하여 피차명자 상대로 실명자에게 채권양도 및 은행에 대한 채권양도통지의 소의 경우 그 승소판결과 확정증명을 제3채무자인 은행에게 제시하거나 통지하여야 한다.

행하라."는 내용의 확정판결을 받고 이 판결정본을 채무자에게 제시하면 적법하게 채권양도 통지를 한 것으로 보게 된다.
(3) 등기청구 이외에도 토지거래허가신청절차의 협력의무의 이행, 등록명의변경·건축주명의변경청구, 부재자재산관리인의 권한초과행위에 대한 허가신청절차의 이행청구, 등기인수청구, 채권양도통지·최고 등 준법률행위 등도 민사집행법 제263조의 대상이 된다.25)
(4) 실무상 '의사표시'를 갈음하는 재판에 의한 채무의 강제이행은 매우 중요한 분쟁해결 수단으로 기능하고 있다. 그러나 채무자의 의사표시라고 하여도 어음·수표행위(기명날인이 요건이다)와 같이 채무자 자신의 사실적인 행위가 요구되는 경우에는 재판에 의하여 의사표시를 갈음할 수 없고, 이 경우에는 간접강제에 의할 수밖에 없다.26)

〈사례 1〉 甲은 乙과 2020. 4. 1. 乙 소유의 별지목록 기재 부동산에 관하여 매매대금 1억 원으로 하는 부동산매매계약을 체결하고 매매대금을 지급하였으나 乙이 소유권이전등기를 넘겨주지 않고 있다.
〈사례 2〉 甲 소유의 별지목록 기재 부동산에 관하여 乙이 등기서류를 위조하여 乙 명의로 소유권이전등기를 마쳤다.

〈포인트〉
(1) 등기권리자와 등기의무자의 공동신청주의27) 하에서 **등기청구권**은 특정인이 상대방에게 등기절차에 협력하도록 청구할 수 있는 실체법상의 권리(등기절차협력청구권)이다. **등기권리자**와 등기의무자는 등기절차법상의 개념이고, **등기청구권자**는 실체법상의 개념이다.28) 〈사례1〉에서 甲이 등기권리자이고 乙이 등기의무자이다. 등기신청은 등기권리자와 등기의무자의 공동신청으로 등기소에 직접 출석하든지, 전자신청의 방법으로 할 수 있다.29) 대부분의 거래에서는 변호사나 법무사를 등기신청대리인으로 선임하여 등기절차를 마친다. 등기신청을 하는 경우 신청정보와 첨부정보를 등기소에 제공하여야 하는데 중요한 것이 등기원인으로서의 검인계약서(실거래가격도 기재됨)와 등기필정보(종전의 등기권리증 또는 등기필증)이다.
(2) 〈사례 1〉에서 매수인 甲의 소유권이전등기청구권(창설적 등기청구권)은 **채권적 청구권**이고, 〈사례 2〉에서 부실등기를 현재의 물권관계에 부합하도록 정정하거나 원상회복으로 행해지는 등기는 **물권적 청구권**(방해배제청구권)으로서의 등기정정청구권이다.
(3) 〈사례 1〉에서 甲이 乙을 상대로 "소유권이전등기절차를 이행하라"는 내용의 확정판결을 받으면 이로써 乙의 소유권이전등기신청이 행해진 것으로 보게 되므로 공동신청주의 하에서도 甲은 이 판결을 가지고 더 이상 乙의 협력을 요하지 않고 단독으로 등기신청을 할 수 있게 된다. 〈사례 2〉에서 甲은 乙을 상대로 "소유권이전등기의 말소등기절차를 이행하라"는 확정판결을 받고 甲이 단독으로 말소등기신청을 할 수 있다.30)
(4) 등기의무와 같은 의사의 진술을 명하는 집행권원은 채무자가 임의로 그 등기의무를 이행하면 그 집행권원의 효력은 상실한다.31)

---

25) 소취하 합의에 기한 소취하청구는 민사집행법 제263조의 대상이 되지 않는다. 이시윤, p.487.
26) 양창수/김재형, p.436.
27) ☞ 부동산등기법 제23조(등기신청인)
　① 등기는 법률에 다른 규정이 없는 경우에는 등기권리자와 등기의무자가 공동으로 신청한다.

[참고] 등기 관련 기초적인 청구취지 기재례

① 단순이전등기청구 : 피고는 원고에게 별지목록 기재 부동산에 관하여 2020. 5. 1. 매매를 원인으로 한 소유권이전등기절차를 이행하라.
② 매매대금지급과의 동시이행을 구하는 경우 : 피고는 원고로부터 1억 원을 지급받음과 동시에 원고에게 별지목록 기재 부동산에 관하여 2020. 5. 1. 매매를 원인으로 한 소유권이전등기절차를 이행하라.[32]
③ 소유권이전등기청구권이 가압류된 경우 : 피고는 별지목록 기재 부동산에 관하여 원고와 소외 A 사이의 서울중앙지방법원 등기국 2020. 6. 5. 자 2020카합1234 소유권이전등기청구권 가압류결정에 의한 집행이 해제되면 원고에게 2020. 5. 1. 매매를 원인으로 한 소유권이전등기절차를 이행하라.
④ 가등기에 기한 본등기청구 : 피고는 원고에게 별지목록 기재 부동산에 관하여 제주지방법원 2019. 7. 1. 접수 제2345호로 마친 가등기에 기하여 2020. 6. 1. 매매(또는 매매예약 완결)를 원인으로 한 소유권이전등기절차(또는 소유권이전의 본등기절차)를 이행하라.
⑤ 단순말소등기청구 : 피고는 원고에게 별지목록 기재 부동산에 관하여 서울중앙지방법원 등기국 2020. 5. 15. 접수 제3456호로 마친 소유권이전(보존)등기의 말소등기절차를 이행하라.[33]
⑥ 대위에 의한 말소등기청구
　1. 별지목록 기재 부동산에 관하여
　　가. 피고 甲에게[34]
　　　(1) 피고 丁은 제주지방법원 2020. 6. 1. 접수 제3456호로 마친 소유권이전등기의,
　　　(2) 피고 丙은 제주지방법원 2020. 4. 1. 접수 제2345호로 마친 소유권이전등기의,
　　　(3) 피고 乙은 제주지방법원 2020. 2. 1. 접수 제1234호로 마친 소유권이전등기의,

　② <u>소유권보존등기 또는 소유권보존등기의 말소등기</u>는 등기명의인으로 될 자 또는 등기명의인이 단독으로 신청한다.
　③ 상속, 법인의 합병, 그 밖에 대법원규칙으로 정하는 포괄승계에 따른 등기는 등기권리자가 단독으로 신청한다.
　④ <u>판결에 의한 등기는 승소한 등기권리자 또는 등기의무자가 단독으로 신청한다.</u>
　⑤ <u>부동산표시의 변경이나 경정의 등기</u>는 소유권의 등기명의인이 단독으로 신청한다.
　⑥ <u>등기명의인표시의 변경이나 경정의 등기</u>는 해당 권리의 등기명의인이 단독으로 신청한다.
28) X 부동산은 甲의 소유인데 乙 앞으로 소유권이전등기가 되어 있는 경우, 이때 甲이 이 부동산을 丙에게 매도한 경우 甲은 丙에게 매매를 원인으로 한 소유권이전등기를 마쳐주어야 할 실체법상의 의무자이나 등기의무자는 아니다. 乙은 실체법상의 소유자는 아니지만 등기의무자이다. X 부동산이 甲으로부터 丙에게 소유권이전등기가 되었다면 그 등기를 말소함에 있어 등기권리자는 甲이 아닌 乙이고, 등기의무자는 丙이다.
29) 부동산등기법 제24조 및 부동산등기규칙 제43조, 제46조 참조.
30) 판결에서 승소한 등기권리자에 의하여 등기관에게 내어 검인된 확정판결정본, 판결확정증명서를 첨부하여 단독으로 신청하며 등기부에 등재한다. 이는 등기관의 사후적 사무처리일 뿐 집행기관이 관여하는 본래의 집행이 아니다. 소유권이전등기를 신청할 때 등기원인을 증명하는 서면이 집행력 있는 판결서 또는 판결과 같은 효력을 갖는 조서인 때에는 판결서 등에 검인을 받아 제출하여야 한다(부동산등기 특별조치법 제3조 제2항).
31) 대법원 1989.10.24. 선고 89다카10552 판결 : 등기의무와 같은 의사의 진술을 명하는 채무명의(집행권원)는 채무자가 임의로 그 등기의무를 이행하여 등기가 경료되면 그 효력을 상실한다고 할 것이므로 그 후 다른 사정에 의하여 다시금 그 채무명의에 기하여 동일한 등기가 경료되었더라도 이는 실효된 채무명의에 기한 것으로서 무효의 등기라고 할 것이다.
대법원 1990.02.27. 선고 89다카25776 판결 : 원고와 피고 사이에 원고가 피고에게 이 사건 부동산의 2분의 1지분에 한하여서만 부동산소유권이전등기를 하여 주기로 하는 내용의 소송상 화해가 이루어진 후 원고가 피고의 소송행위를 사실상 처리하는 소외인의 요구대로 제3자 명의로 소유권이전등기를 경료하여 주었다면 위 등기는 위 소송상 화해의 이행을 위하여 한 것이라고 보아야 하므로 그 후 이 사건 부동산의 나머지 2분의 1지분에 관하여 피고 앞으로 이루어진 등기는 이미 실효된 화해조서에 의하여 된 것이라고 볼 수밖에 없다.
32) 단순이행 청구에 대하여 동시이행판결을 하는 경우에는 판결주문에 반드시 '원고의 나머지 청구를 기각한다.'는

각 말소등기절차를 이행하고,
나. 피고 甲은 원고에게 2020. 1. 5. 매매를 원인으로 한 소유권이전등기절차를 이행하라.
⑦ 진정명의회복을 원인으로 한 소유권이전등기청구 : 피고는 원고에게 별지목록 기재 부동산에 관하여 진정명의회복을 원인으로 한 소유권이전등기절차를 이행하라.
⑧ 원인무효에 의한 근저당권설정등기말소청구 : 피고는 원고에게 별지목록 기재 부동산에 관하여 제주지방법원 2020. 4. 7. 접수 제1234호로 마친 근저당권설정등기의 말소등기절차를 이행하라.
⑨ 후발적 실효사유에 의한 근저당권설정등기말소청구 : 피고는 원고에게 별지목록 기재 부동산에 관하여 제주지방법원 2020. 4. 1. 접수 제1234호로 마친 근저당권설정등기에 대하여 2020. 4. 30. **해지(변제)**를 원인으로 한 말소등기절차를 이행하라.
⑩ 말소등기회복청구 : 피고는 원고에게 별지목록 기재 부동산에 관하여 제주지방법원 2020. 4. 7. 접수 제1234호로 말소된 같은 법원 2020. 1. 10. 접수 제2341호 소유권이전등기(또는 근저당권설정등기)의 회복등기절차를 이행하라.
⑪ 말소승낙의 의사표시청구 : 피고는 원고에게 별지목록 기재 부동산에 관하여 제주지방법원 2020. 4. 1. 접수 제1234호로 마친 소유권이전등기의 말소등기에 대하여 승낙의 의사표시를 하라.35)
⑫ 등기인수(수취)청구 : 피고는 원고로부터 별지목록 기재 부동산에 관하여 2020. 9. 1. 매매를 원인으로 한 소유권이전등기신청절차를 인수(수취)하라.36)

표시를 하여야 한다.
33) 말소등기의 주문에서는 목적 부동산과 말소의 대상이 되는 등기를 표시하여야 하고, 등기의 표시를 위하여는 그 등기의 관할등기소, 접수연월일, 접수번호, 등기번호만으로써 족하고, 그 밖에 등기원인, 내용까지 표시할 필요는 없다.
34) 채권자대위권을 행사하여 말소등기를 청구하는 경우 이행상대방은 피대위자로 특정하여야 한다.
35) 〈참고 1〉 부동산등기법 제52조 단서 제5호는 "등기상 이해관계 있는 제3자의 승낙이 없는 경우에는 권리의 변경이나 경정의 등기를 부기등기로 할 수 없다."라고 규정하고 있는데, 이때 등기상 이해관계 있는 제3자란 기존 등기에 권리변경등기나 경정등기를 허용함으로써 손해를 입게 될 위험성이 있는 등기명의인을 의미하고, 손해를 입게 될 위험성은 등기의 형식에 의하여 판단하며 실질적으로 손해를 입을 염려가 있는지는 고려의 대상이 되지 아니한다. 따라서 등기명의인이 아닌 사람은 권리변경등기나 경정등기에 관하여 등기상 이해관계 있는 제3자에 해당하지 않음이 명백하고, 권리변경등기나 경정등기를 부기등기로 하기 위하여 등기명의인이 아닌 사람의 승낙을 받아야 할 필요는 없으므로, 등기명의인이 아닌 사람을 상대로 권리변경등기나 경정등기에 대한 승낙의 의사표시를 청구하는 소는 당사자적격이 없는 사람을 상대로 한 부적법한 소이다(대법원 2015.12.10. 선고 2014다87878 판결).
〈참고 2〉 부동산에 관하여 근저당권설정등기가 마쳐졌다가 등기가 위조된 관계서류에 기하여 아무런 원인 없이 말소되었다는 사정만으로는 곧바로 근저당권이 소멸하는 것은 아니지만, 부동산이 경매절차에서 매각되면 매각부동산에 존재하였던 저당권은 당연히 소멸하는 것이므로(민사집행법 제91조 제2항, 제268조 참조) 근저당권설정등기가 원인 없이 말소된 이후에 근저당목적물인 부동산에 관하여 다른 근저당권자 등 권리자의 신청에 따라 경매절차가 진행되어 매각허가결정이 확정되고 매수인이 매각대금을 완납하였다면, 원인 없이 말소된 근저당권도 소멸한다. 따라서 원인 없이 말소된 근저당권설정등기의 회복등기절차 이행과 회복등기에 대한 승낙의 의사표시를 구하는 소송 도중에 근저당목적물인 부동산에 관하여 경매절차가 진행되어 매각허가결정이 확정되고 매수인이 매각대금을 완납하였다면 매각부동산에 설정된 근저당권은 당연히 소멸하므로, 더 이상 원인 없이 말소된 근저당권설정등기의 회복등기절차 이행이나 회복등기에 대한 승낙의 의사표시를 구할 법률상 이익이 없게 된다(대법원 2014.12.11. 선고 2013다28025 판결).
〈참고 3〉 부동산 강제경매개시결정 기입등기는 채권자나 채무자가 직접 등기공무원에게 이를 신청하여 행할 수는 없고 반드시 법원의 촉탁에 의하여 행하여지는데, 이와 같이 당사자가 신청할 수 없는 강제경매개시결정 기입등기가 법원의 촉탁에 의하여 말소된 경우에는 그 회복등기도 법원의 촉탁에 의하여 행하여져야 하므로, 이 경우 강제경매 신청채권자가 말소된 강제경매개시결정 기입등기의 회복등기절차의 이행을 소구할 이익은 없고, 다만

5 의사표시 청구 유형

　의사표시청구 중 대종을 이루는 것이 등기신청에 관한 의사의 진술을 구하는 경우이지만 재산권의 명의변경에 관한 의사의 진술을 구하거나 행정상 편의나 사업상 목적을 위한 장부상의 명의변경에 관한 협력의무의 이행을 구하는 소로서 구하는 경우가 많다.
　→ 등재된 권리의 양도나 명의변경이 허용되어 있는 경우 양도의사의 진술을 구하는 소로서 허용된다.

가. 채권양도

> 〈기초사실〉 甲이 2020. 6. 1. 乙에 대하여 갖고 있는 대여금 채권 1억 원을 丙에게 양도하였으나 甲이 乙에게 채권양도통지를 하지 않은 경우
> ☞ 청구취지 : 피고(甲)는 소외 乙(610408-1234567, 제주시 제대로 23)에게 별지목록 기재 채권을 2020. 6. 1. 원고(丙)에게 양도하였다는 취지의 통지를 하라.

(1) 의사진술의 상대방이 원고가 아닌 제3자의 경우 확정판결을 제3자(채무자)에게 송부하거나 제시하여야 한다.
(2) 채권을 양수하기는 하였으나 아직 양도인에 의한 통지 또는 채무자의 승낙이라는 대항요건을 갖추지 못하였다면 채권양수인은 현재는 채무자와 사이에 아무런 법률관계가 없어 채무자에 대하여 아무런 권리주장을 할 수 없기 때문에 <u>채무자에 대하여 채권양도인으로부터 양도통지를 받은 다음 채무를 이행하라는 청구는 장래이행의 소로서의 요건을 갖추지 못하여 부적법하다.</u>[37]
(3) 소유권이전등기의무의 목적 부동산이 수용되어 그 소유권이전등기의무가 이행불능이 된 경우, 등기청구권자는 등기의무자에게 **대상청구권**의 행사로써 등기의무자가 지급받은 수용보상금의 반환을 구하거나 또는 등기의무자가 취득한 **수용보상금청구권의** 양도를 구할 수 있을 뿐 그 수용보상금청구권 자체가 등기청구권자에게 귀속되는 것은 아니다.[38]
　　〈사례〉 甲이 乙 소유의 토지를 시효취득하였으나, 乙 소유 토지가 수용됨으로써 수용보상금이 공탁된 경우

　강제경매개시결정 기입등기가 말소될 당시 그 부동산에 관하여 소유권이전등기를 경료하고 있는 사람은 법원이 강제경매개시결정 기입등기의 회복을 촉탁함에 있어서 등기상 이해관계가 있는 제3자에 해당하므로, 강제경매신청채권자로서는 그 사람을 상대로 하여 법원의 촉탁에 의한 강제경매개시결정 기입등기의 회복절차에 대한 승낙청구의 소를 제기할 수는 있다(대법원 2019.05.16. 선고 2015다253573 판결).
36) 등기권리자뿐만 아니라 등기의무자도 상대방을 피고로 하여 등기를 신청할 것을 명하는 확정판결을 얻어서 이 판결에 기해 단독으로 등기를 신청할 수 있다(부동산등기법 제23조 제4항). 이 경우 판결은 피고의 등기신청의사에 갈음하는 동시에 등기원인을 증명하는 신청정보기능을 하여 원고는 단독으로 등기신청이 가능하다.
37) 대법원 1992.08.18. 선고 90다9452 판결. 〈참고〉 대항요건을 갖추지 못하여 채무자에게 대항하지 못한다고 하더라도 채권의 양수인이 채무자를 상대로 재판상의 청구를 하였다면 이는 소멸시효 중단사유인 재판상의 청구에 해당한다(대법원 2005.11.10. 선고 2005다41818 판결).
38) 대법원 1996.10.29. 선고 95다56910 판결.

나. 공동명의예금반환청구

<기초사실> A와 B가 공동명의로 K은행에 예금을 한 경우 A 단독으로 K은행을 상대로 예금반환청구를 하는 경우
☞ **청구취지** : 피고 B는 원고와 피고 K은행에 대한 별지기재 예금채권에 관하여 공동반환절차에 협력하라. 피고 K은행은 원고에게 별지기재 예금을 지급하라.

(1) 은행에 공동명의로 하는 예금은 여러 가지 다양한 원인과 약정 하에 개설되는 것일 것이므로, 그 예금채권의 법적 성질이나 예금주가 누구라고 보아야 할 것인가는 일률적으로 정의할 수 없다. 만일 동업자들이 **동업자금**을 공동명의로 예금한 경우라면 채권의 준합유관계에 있어 합유의 성질상 은행에 대한 예금반환청구가 **필수적 공동소송**에 해당한다고 볼 것이나, 공동명의 예금채권자들 중 1인이 전부를 출연하거나 또는 각자가 분담하여 출연한 돈을 **동업 이외의 특정목적**을 위하여 공동명의로 예치해 둠으로써 그 목적이 달성되기 전에는 공동명의 예금채권자 자신의 예금에 대하여도 혼자서는 인출할 수 없도록 방지, 감시하고자 하는 목적으로 공동명의로 예금을 개설한 경우에는 그 예금에 관한 관리처분권까지 공동명의 예금채권자 전원에게 공동으로 귀속된다고 볼 수 없을 것이므로, 이러한 경우에는 은행에 대한 예금반환청구가 민사소송법상의 필수적 공동소송에 해당한다고 할 수는 없을 것이다. 다만 뒤의 경우가 소송법상으로는 필수적 공동소송에 해당하지는 아니한다고 하더라도 공동명의 예금채권자는 그 예금을 개설할 때에는 은행과의 사이에 예금채권자들이 공동하여 예금반환청구를 하기로 한 약정에는 당연히 구속되는 것이므로, 그 예금채권자 중 1인이 은행을 상대로 자신의 예금의 반환을 청구함에 있어서는 다른 공동명의 예금채권자와 공동으로 그 반환을 청구하는 절차를 밟아야만 은행으로부터 예금을 반환받을 수 있음은 물론이나, 이는 소송요건과는 별개의 문제라고 보아야 할 것이다. 이 경우 만일 다른 공동명의 예금채권자가 그 공동반환청구절차에 협력하지 않을 때에는, 예금주는 먼저 그 사람을 상대로 제소하여 예금주 단독으로 하는 반환청구에 관하여 승낙의 의사표시를 하라는 등 공동반환절차에 협력하라는 취지의 판결을 얻은 다음 이 판결을 은행에 제시함으로써 예금을 반환받을 수 있다고 할 것이고, 이와 같은 방식에 의하여 약정에 의한 공동반환청구의 요건이 충족되었음에도 불구하고 은행이 정당한 이유 없이 예금의 반환을 거절하는 경우에는 그 예금주가 은행을 상대로 단독으로 예금의 반환을 소구할 수밖에 없을 것이고, 미리 청구할 필요가 있을 때에는 다른 공동명의 예금채권자와 은행을 공동피고로 하여 위와 같은 취지의 제소를 할 수도 있다고 보아야 할 것이다.[39]

(2) 금융실명법 제3조에 의하면, 금융기관은 거래자의 실지명의에 의하여 금융거래를 하여야 하므로 금융기관으로서는 특별한 사정이 없는 한 실명확인을 한 예금명의자를 거래자로 보아 그와 예금계약을 체결할 의도라고 보아야 하고, 공동명의예금계약의 경우에도 금융기관으로서는 특별한 사정이 없는 한 공동명의자 전부를 거래자로 보아 예금계약을 체결할 의도라고 보아야

---
[39] 대법원 1994.04.26. 선고 93다31825 판결.

할 것이므로 공동명의자 중 일부만이 금원을 출연하였다 하더라도 출연자만이 공동명의예금의 예금주라고 할 수는 없다.

한편, 공동명의예금의 인출방법은 공동명의자와 금융기관 사이의 공동명의예금계약의 내용에 따라 결정되는 것인데, 공동명의예금계약의 내용은 공동명의자 전원의 인감증명이 날인된 예금청구서에 의하는 한 공동명의자 중 1인이 단독으로 예금청구를 할 수 있다는 것이므로, 이러한 경우 공동명의자 중 1인은 다른 공동명의자의 동의를 받아 단독으로 예금을 청구할 수 있고, 다른 공동명의자와 금융기관을 공동 피고로 하여 다른 공동명의자에 대하여는 **단독 예금청구에 관한 동의를**, 금융기관에 대하여는 **다른 공동명의자에 대한 승소를 전제로 한 예금청구를** 소구할 수 있다고 할 것이다. 또한 공동명의자 중 1인이 다른 공동명의자 전원의 동의를 받은 이상 공동명의예금 전액을 청구할 수 있는 것이므로, 금융기관이 공동명의자들 사이의 내부적 지분을 들어 정당한 예금청구를 거절할 수는 없다.40)

다. 예금주 명의신탁의 경우 명의신탁해지

〈기초사실〉 A는 실명확인을 거쳐 그의 처인 B 명의로 K은행에 예금계좌를 개설하고 자신의 금원을 입금하여 B의 이름으로 예금거래를 해왔다. A의 채권자 甲이 A의 권리를 대위행사하는 경우
☞ 청구취지 : 피고 B는 소외 A에게 별지목록 기재 예금반환채권을 양도하고, 소외 K은행에게 위 양도하였다는 통지를 하라.

(1) 금융실명제 시행 이후 예금주 명의를 신탁한 경우, 명의수탁자는 명의신탁자와의 관계에 있어서 상대방과의 계약에 의하여 취득한 권리를 명의신탁자에게 이전하여 줄 의무를 지는 것이고, 금융실명법상의 실명거래의무규정은 **단속규정**일 뿐 효력규정이 아니라는 점에 비추어 볼 때, 출연자와 예금주인 명의인 사이의 **명의신탁약정상** 명의인은 출연자의 요구가 있을 경우에는 금융기관에 대한 예금반환채권을 출연자에게 양도할 의무가 있다고 보아야 할 것이어서 출연자는 명의신탁을 해지하면서 명의인에 대하여 금융기관에 대한 예금채권의 양도를 청구하고 아울러 금융기관에 대한 양도통지를 할 것을 청구할 수 있다.41)
(2) 금융실명법 시행 이후 예금주 명의의 신탁이 이루어진 다음 출연자가 사망함에 따라 금융기관이 출연자의 공동상속인들 중 전부 또는 일부에게 예금채권을 유효하게 변제하였다면, 그 변제된 예금은 출연자와 예금명의자의 **명의신탁약정상** 예금명의자에 대한 관계에서는 출연자의 공동상속인들에게 귀속되었다고 봄이 상당하다 할 것이므로, 이러한 경우 예금명의자는 예금을 수령한 공동상속인들의 전부 또는 일부를 상대로 예금 상당액의 부당이득반환을 구할 수 없다고 할 것이다. 또한 명의신탁관계는 반드시 신탁자와 수탁자 간의 **명시적 계약**에 의하여서만 성립되는 것이 아니라 **묵시적 합의**에 의하여서도 성립될 수 있는 것이다.42)

---
40) 대법원 2001.06.12. 선고 2000다70989 판결.
41) 대법원 2001.01.05. 선고 2000다49091 판결. 본 판결의 평석으로는 오창수, "금융실명제 하에서의 예금주 명의 신탁과 출연자와 명의자와의 관계", 「판례연구 제15집(상)」, 서울지방변호사회(2001), P.110 이하 참조.
42) 대법원 2012.02.23. 선고 2011다86720 판결.

〈사례〉 A는 甲회사의 서울사무소장으로 근무하면서 약속어음과 당좌수표를 위조 발행하는 등으로 횡령하여 甲회사는 A에 대하여 60억 원 상당의 손해배상채권이 있다. A는 금융실명제 시행 후에 실명확인을 거쳐 그의 처자인 B, C명의로 I증권(주) 압구정지점에 예탁금계좌를 개설한 후 자신의 금원을 입금하여 B, C명의로 주식거래를 하여왔다.

甲회사는 이 사건 예탁금계좌는 A가 피고들인 B, C명의를 빌려 개설한 것이므로 A와 피고들 사이의 약정상 계좌의 명의인인 피고들은 출연자인 A의 요구가 있을 때에는 위 예탁금계좌에 보유하고 있는 주식 및 예수금에 대한 반환청구권을 A에게 양도할 의무가 있다고 주장하고, 피고들은 위 각 계좌에 입금된 금원은 피고들의 자금이고, A가 출연했다고 하더라도 이는 A가 피고들에게 증여한 것이라고 주장한다.

〈포인트〉 금융실명제 시행 이후 예금주 명의를 신탁한 경우, 명의수탁자는 명의신탁자와의 관계에 있어서 상대방과의 계약에 의하여 취득한 권리를 명의신탁자에게 이전하여 줄 의무를 지는 것이고, 금융실명법상의 실명거래의무규정은 단속규정일 뿐 효력규정이 아니라는 점에 비추어 볼 때, 출연자와 예금주 명의인 사이의 명의신탁약정상 명의인은 출연자의 요구가 있을 경우에는 금융기관에 대한 예금반환채권을 출연자에게 양도할 의무가 있다고 보아야 할 것이어서 출연자는 명의신탁을 해지하면서 명의인에 대하여 금융기관에 대한 예금채권의 양도를 청구하고 아울러 금융기관에 대한 양도통지를 할 것을 청구할 수 있다. 그리고 명의신탁관계는 반드시 신탁자와 수탁자 간의 명시적 계약에 의하여서만 성립되는 것이 아니라 묵시적 합의에 의하여서도 성립될 수 있다.[43]

라. 수분양자 명의변경절차이행청구

☞ **청구취지** : 피고는 원고에게 별지 목록 기재 부동산에 관하여 2020. 5. 1. 매매를 원인으로 한 A 아파트 수분양자대장상의 수분양자명의변경절차를 이행하라.

(1) 수분양권을 매매목적물로 하는 매매계약의 주목적은 매수인으로 하여금 수분양권에 기한 목적물의 소유권을 취득하게 하는 데에 있으므로, 매도인은 매수인으로 하여금 수분양권에 기한 목적물의 소유권을 취득하게 할 의무가 있으나, 분양자 측에서 수분양자 명의변경을 허용하여 매수인 앞으로 수분양권자 명의변경을 함으로써 매매계약의 목적을 달성할 수 있는 경우에는 매도인으로서는 수분양권자의 명의변경절차를 이행하면 그 의무를 다한 것이 된다.[44]

(2) 무허가건물대장상의 명의변경을 구하는 소는 원칙적으로 소의 이익이 없다.[45] 다만, 무허가건

---

[43] 대법원 2001.01.05. 선고 2000다49091 판결.
[44] 따라서 매도인이 명의변경에 필요한 서류 등을 구비한 후 매수인에게 수분양권자 명의변경절차의 인수를 최고하였음에도 매수인이 정당한 이유 없이 그 인수를 거절하였다면, 그 이후에 목적물의 보존을 위하여 발생한 비용은 매수인이 부담하여야 할 것이다(대법원 2012.12.26. 선고 2010다49892 판결).
[45] 무허가건물대장은 무허가건물의 정비에 관한 행정상의 사무처리의 편의를 위하여 작성 비치된 대장으로서 그 대장에의 기재에 의하여 무허가건물에 관한 권리의 변동이 초래되거나 공시되는 효과가 생기는 것이라 할 수 없으므로 무허가건물에 관하여 그 무허가건물대장상의 명의변경을 구하는 소는 그 이익이 없다(대법원 1992.02.14. 선고 91다29347 판결).

물대장이 건물의 물권변동을 공시하는 법률상의 등록원부가 아니라고 하더라도 그 건물주 명의 기재의 말소를 구하는 청구가 일률적으로 법률상 소의 이익이 없다고 볼 것은 아니고 개별적 사건에 있어 구체적 사정을 고려하여 이를 판단하여야 한다.46)

마. 건축주명의변경절차이행청구

> ☞ 청구취지 : 피고들은 원고에게 별지 기재 증축등신고서 및 신고필증 상의 피고들의 건축주 명의를 원고로 변경하는 절차를 이행하라.

(1) 건축허가는 대물적 성질을 갖는 것으로서 허가대상 건축물에 대한 권리변동에 수반하여 자유로이 양도할 수 있고, 그에 따라 <u>건축허가의 효과는 허가대상 건축물에 대한 권리변동에 수반하여 이전된다</u>. 이에 비추어 보면 구 건축법 시행규칙 제11조의 규정은 단순히 행정관청의 사무집행의 편의를 위한 것에 지나지 아니한 것이 아니라, 허가대상 건축물의 양수인에게 건축주의 명의변경을 신고할 수 있는 공법상의 권리를 인정함과 아울러 행정관청에는 그 신고를 수리할 의무를 지게 한 것으로 봄이 타당하므로, 허가대상 건축물의 양수인이 구 건축법 시행규칙에 규정되어 있는 <u>형식적 요건을 갖추어 행정관청에 적법하게 건축주의 명의변경을 신고한 때에는 행정관청은 그 신고를 수리하여야지 실체적인 이유를 내세워 그 신고의 수리를 거부할 수는 없다</u>.47)

(2) 건축허가는 시장·군수 등의 행정관청이 건축행정상 목적을 수행하기 위하여 수허가자에게 일반적으로 행정관청의 허가 없이는 건축행위를 하여서는 안 된다는 상대적 금지를 관계 법규에 적합한 일정한 경우에 해제함으로써 일정한 건축행위를 하도록 회복시켜 주는 행정처분일 뿐 허가받은 자에게 새로운 사법적인 권리나 능력을 부여하는 것이 아니다. 건축허가서는 허가된 건물에 관한 실체적 권리의 득실변경의 공시방법이 아니며 그 추정력도 없으므로 건축허가서에 건축주로 기재된 자가 그 소유권을 취득하는 것은 아니며, 건축 중인 건물의 소유자와 건축허가의 건축주가 반드시 일치되어야 하는 것도 아니다.48) 그렇지만 행정관청으로부터 허가를 받거나 행정관청에 신고(이하 이러한 허가와 신고를 합하여 '허가 등'이라 한다)를 하고 건축이 이루어지는 경우에, **건축 중인 건물의 양수인**은 진행 중인 건축공사를 계속하기 위해 허가 등에 관한 건축주 명의를 변경할 필요가 있고, 준공검사 후 건축물관리대장에 소유자로 등록하여 양수인 명의로 소유권보존등기를 신청하기 위해서도 **건축주 명의를 변경할 필요**가 있는데, 이를 위해서 양수인은 건축법 시행규칙 제11조 제1항 등 건축 관계 법령에 따라 건축관계자변경신고서에 변경 전 건축주의 명의변경동의서 등을 첨부하여 제출하여야 하므로, 건축 중인 건물

---

46) 지방자치단체의 조례가 무허가건물대장에 등재된 건물에 대하여 공익사업에 따른 철거시 철거보상금을 지급하도록 규정하고 있고 종전에도 관할 동사무소가 무허가건물에 관하여 무허가건물대장상 건물주 명의의 말소를 명하는 확정판결에 따라 업무를 처리한 경우, 무허가건물대장상 건물주 명의의 말소를 구하는 청구가 소의 이익이 있다고 본 사례(대법원 1998.06.26. 선고 97다48937 판결).
47) 대법원 2014.10.15. 선고 2014두37658 판결 등 참조.
48) 대법원 2010.01.28. 선고 2009다66990 판결.

을 양도한 자가 건축주 명의변경에 동의하지 아니한 경우에 양수인으로서는 그 의사표시에 갈음하는 판결을 받을 필요가 있다.[49]

(3) 허가 등에 관한 건축주 명의가 수인으로 되어 있을 경우에, 그 허가 등은 해당 건축물의 건축이라는 단일한 목적을 달성하기 위하여 이루어지고 그 허가 등을 받은 지위의 분할청구는 불가능하다는 법률적 성격 등에 비추어 보면, 공동건축주 명의변경에 대하여는 변경 전 건축주 전원으로부터 동의를 얻어야 한다. 다만 그 명의변경에 관한 동의의 표시는 변경 전 건축주 전원이 참여한 단일한 절차나 서면에 의하여 표시될 필요는 없고 변경 전 건축주별로 동의의 의사를 표시하는 방식도 허용되므로, 동의의 의사표시에 갈음하는 판결도 반드시 변경 전 건축주 전원을 공동피고로 하여 받을 필요는 없으며 부동의하는 건축주별로 피고로 삼아 그 판결을 받을 수 있다고 봄이 타당하다.[50]

(4) 매매계약에 기한 소유권이전등기청구권의 소멸시효기간 만료 전에 매매계약을 원인으로 건축주명의변경을 구하는 소를 제기한 사안에서, 매매계약에 기한 소유권이전등기청구권의 시효중단 사유인 재판상 청구는 권리자가 소송이라는 형식을 통하여 권리를 주장하면 족하고 반드시 그 권리가 소송물이 되어 기판력이 발생할 것을 요하지 않으므로, 소유권이전등기청구권이 발생한 기본적 법률관계에 해당하는 매매계약을 기초로 하여 건축주명의변경을 구하는 소도 소멸시효를 중단시키는 재판상 청구에 포함된다고 한 사례.[51]

바. 영업허가 및 설립자 등 명의변경절차이행청구

☞ **청구취지** : 피고는 원고에게 2017. 1. 21. 자 서울 서초구청장 허가 제777호로 된 영업소재지 서울 서초구(상세지번 생략), 영업소명칭(생략), 영업의 종류 공중목욕장업의 영업허가명의에 관하여 2020. 1. 14. 양도로 인한 대표자명의변경절차를 이행하라.

(1) 식품위생법과 같은법 시행규칙의 여러 관계 규정을 종합하여 고려하면, 임차인이 임대인으로부터 종래 다방 용도로 사용되어 왔던 임대인 소유인 건물의 지하 부분을 임차함에 있어 임대차기간 중에 임차인 명의로 다방영업허가를 받아 다방업을 경영하되 임대차기간 만료시에는 그 허가명의를 임대인 명의로 변경하여 주기로 약정하고 다방영업허가를 받아 다방업을 영위하다가 임대차기간이 만료되어 임대인에게 건물 부분을 명도한 경우, 이는 임차인이 그 영업을 양도한 때에 준한다고 봄이 상당하여 임대인이 다방의 영업자의 지위를 승계하는 경우라고 할 것이므로, 임차인은 임대인에게 다방영업허가명의의 변경절차를 이행할 의무가 있고, 임대인은 이를 소구할 수 있다.[52]

(2) 학원의 수인가자의 지위를 양도받은 자가 그 설립자 변경으로 인한 변경인가를 받기 위하여는 양도인의 인가행정청에 대한 변경인가신청의 의사표시를 요한다고 할 것이며 양도인이 그러한

---

49) 대법원 1989.05.09. 선고 88다카6754 판결, 대법원 2009.03.12. 선고 2006다28454 판결 등 참조.
50) 대법원 2015.09.10. 선고 2012다23863 판결.
51) 대법원 2011.07.14. 선고 2011다19737 판결.
52) 대법원 1997.04.25. 선고 95다19591 판결.

신청의 의사표시를 거부할 때에는 양수인은 그 의사표시에 갈음하는 판결을 청구할 권리보호의 이익이 있다고 할 것이고 행정청이 반드시 그러한 변경인가를 하여야 하는 것은 아니라거나 또는 행정청으로부터 그러한 변경인가신청이 거부될 가능성이 있다는 점만으로 권리보호의 이익이 부정될 수는 없으므로 학원인가에 관한 설립자 명의변경절차의 이행을 구하는 소는 적법하다.53)

(3) 화물자동차 운송사업자는 관할관청에 대한 신고만으로 화물자동차 운송사업의 전부 또는 일부를 특별한 제한 없이 양도·양수할 수 있는 점, 양도·양수 신고서를 받은 양수인의 관할관청이 양도인의 관할관청 등에 양도·양수 사실을 통지함으로써 양도·양수 신고서 수리에 따른 업무가 관련 기관의 유기적 협조를 통하여 처리될 수 있는 점 등을 종합하면, 화물자동차 운송사업자 상호 간에 각자가 보유하고 있는 화물자동차 운송사업을 상호 이전하기로 하는 내용으로 체결된 교환계약의 이행을 위한 양도·양수 신고가 위와 같은 관련 법령에서 허용되지 않는다고 볼 것은 아니다.54)

(4) 수분양권을 매매목적물로 하는 매매계약의 주목적은 매수인으로 하여금 수분양권에 기한 목적물의 소유권을 취득하게 하는 데에 있으므로, 매도인은 매수인으로 하여금 수분양권에 기한 목적물의 소유권을 취득하게 할 의무가 있으나, 분양자 측에서 수분양권자 명의변경을 허용하여 매수인 앞으로 수분양권자 명의변경을 함으로써 매매계약의 목적을 달성할 수 있는 경우에는 매도인으로서는 수분양권자의 명의변경절차를 이행하면 그 의무를 다한 것이 된다.55)

(5) 소유권이전등기청구권의 압류나 가압류는 등기청구권의 목적물인 부동산 자체의 처분을 금지하는 대물적 효력은 없고 채무자가 제3채무자에게서 현실로 급부를 추심하는 것을 금지하는 것뿐이므로 채무자는 제3채무자를 상대로 이행을 구하는 소송을 제기할 수 있고 법원은 가압류가 되어 있음을 이유로 이를 배척할 수 없으나, 소유권이전등기를 명하는 판결은 의사의 진술을 명하는 판결이어서 이것이 확정되면 채무자는 일방적으로 이전등기를 신청할 수 있고 제3채무자는 이를 저지할 방법이 없으므로, <u>가압류의 해제를 조건으로 하지 않는 한 법원은 이를 인용하여서는 안 되며</u>, 가처분이 있는 경우에도 이와 마찬가지이다. 그런데 <u>체비지대장상 소유자명의변경을 명하는 판결은 의사의 진술을 명하는 판결이고</u>, 구 토지구획정리사업법(2000. 1. 28. 법률 제6242호로 폐지, 이하 '구 토지구획정리사업법'이라 한다)이 적용되는 체비지에 대하여는 양도합의와 체비지대장에 등재라는 요건을 갖추면 물권유사의 배타적 사용·수익권을 취득하고 이를 제3자에게 처분할 수 있을 뿐 아니라 그 후 환지처분공고가 있으면 익일에 최종적으로 체비지를 점유하거나 체비지대장에 등재된 자가 소유권을 원시적으로 취득하게 되

---

53) 대법원 1992.04.14. 선고 91다39986 판결.
54) 대법원 2014.05.16. 선고 2013다52233 판결. 이 사건 교환계약에 따른 원고의 화물자동차 운송사업 양도·양수 신고가 가능한 이상 이 사건 교환계약에 따른 피고의 채무, 즉 위와 같은 원고의 양도·양수 신고에 협력할 채무의 이행이 불능이라고 볼 수는 없다고 판시한 사례.
55) 따라서 매도인이 명의변경에 필요한 서류 등을 구비한 후 매수인에게 수분양권자 명의변경절차의 인수를 최고하였음에도 매수인이 정당한 이유 없이 그 인수를 거절하였다면, 그 이후에 목적물의 보존을 위하여 발생한 비용은 매수인이 부담하여야 할 것이다(대법원 2012.12.26. 선고 2010다49892 판결).

는 점에서 체비지대장상 소유자명의변경은 부동산소유권이전등기와 효력에서 유사하며, 소유권이전등기청구권에 대한 압류나 가압류, 가처분은 채무자와 제3채무자에게 그 결정을 송달하는 외에 등기부상 이를 공시하는 방법이 없으므로 그것이 등기된 부동산에 관한 것인지 체비지대장에만 등재된 부동산에 관한 것인지에 따라 달리 취급할 이유도 없다. 그렇다면 소유권이전등기청구권의 압류나 가압류 등에 관한 앞서의 법리는 구 토지구획정리사업법이 적용되는 체비지대장상의 소유자명의변경절차에도 마찬가지로 적용된다고 할 것인데, 소유권이전등기청구권의 가압류 등에 의한 변제금지의 효력은 사업시행자가 가압류된 체비지에 대한 체비지대장상 소유자 명의를 양수인 앞으로 변경하는 것에도 미치므로, 위 가압류 등의 해제 없이는 법원은 곧바로 체비지대장상 소유자명의변경절차의 이행을 명할 수 없다.56)

사. 토지거래허가 및 주무관청의 허가신청절차이행청구 등

☞ **청구취지** : 피고는 원고에게 2020. 4. 1. 체결한 별지목록 기재 부동산의 매매계약에 관하여 토지거래허가신청절차를 이행하라.

(1) 토지거래허가구역 내의 토지에 대하여 거래계약이 체결된 경우에 계약을 체결한 당사자 사이에 있어서는 그 계약이 효력 있는 것으로 완성될 수 있도록 서로 협력할 의무가 있음이 당연하므로, 계약의 쌍방 당사자는 공동으로 관할 관청의 허가를 신청할 의무가 있고, 이러한 의무에 위배하여 허가신청절차에 협력하지 않는 당사자에 대하여 상대방은 협력의무의 이행을 소송으로써 구할 이익이 있다.57)
→ 토지거래허가신청에 협력하지 않는 매도인에 대한 매수인의 허가신청절차의 협력의무이행의 청구는 허용하면서 이에 병합하여 함께 앞으로 토지거래허가를 받을 것을 조건으로 한 소유권이전등기청구는 불허.
→ 토지거래계약 허가구역 내의 토지에 관하여 관할관청의 허가를 받을 것을 전제로 한 매매계약은 법률상 미완성의 법률행위로서 허가받기 전의 상태에서는 아무런 효력이 없어, 그 매수인이 매도인을 상대로 하여 권리의 이전 또는 설정에 관한 어떠한 이행청구도 할 수 없고, 이행청구를 허용하지 않는 취지에 비추어 볼 때 그 매매계약에 기한 소유권이전등기청구권 또는 토지거래계약에 관한 허가를 받을 것을 조건으로 한 소유권이전등기청구권을 피보전권리로 한 부동산처분금지가처분신청 또한 허용되지 않는다.58) → 허가신청절차협력청구권을 피보전권리로 한 가처분 허용.

(2) 재단법인이 명의신탁을 받은 부동산이 주무관청의 허가를 얻어 재단법인의 정관에서 정한 기본재산에 편입되어 정관 기재사항의 일부가 된 경우라고 하더라도, 그 부동산을 기본재산에서

---

56) 대법원 2011.08.18. 선고 2009다60077 판결.
57) 대법원 1991.12.24. 선고 90다12243 전원합의체 판결. 토지거래허가제를 규율하는 법률이 종래의 국토이용관리법과 국토의 계획 및 이용에 관한 법률을 거쳐 2017. 1. 20.부터 부동산거래신고 등에 관한 법률(2016. 1. 19. 법률 제13797호) 제4장에서 규율하고 있다.
58) 대법원 2010.08.26. 자 2010마818 결정.

제외하는 정관변경에 관하여 주무관청의 허가를 받으면 명의신탁자는 그 부동산을 반환받을 수 있으므로, 명의신탁자가 명의신탁을 해지한 경우에 명의수탁자인 재단법인으로서는 명의신탁 부동산의 반환에 관하여 주무관청의 허가를 신청할 의무를 부담하고, 명의수탁자가 이러한 의무를 이행하지 않는 경우에는 명의신탁자로서는 명의수탁자를 상대로 민법 제389조 제2항에 의하여 허가신청의 의사표시에 갈음하는 재판을 청구하고, 이와 병합하여 주무관청의 처분허가를 조건으로 하는 소유권이전등기절차 이행청구소송을 제기할 수 있다. 그리고, 허가신청의 의사표시에 갈음하는 재판에 관한 확정판결을 받아 판결정본이나 등본을 주무관청에 제출한 경우에는 민사집행법 제263조에 따라 그 재단법인이 직접 처분허가신청을 한 것으로 의제되므로, 주무관청으로서는 재단법인 내부의 적법한 의사형성 여부를 심사하기 위한 자료인 이사회의록 사본 등이 제출되지 아니하더라도 그 허가를 거부할 수 없다.[59]

(3) 학교법인에게 명의신탁한 부동산에 대해서 관할청의 허가가 있으면 명의신탁자는 이를 반환받을 수 있으므로 명의신탁자가 명의신탁을 해지한 경우에는 명의수탁자인 학교법인으로서는 관할청에 대하여 명의신탁 부동산 반환에 관하여 관할청의 허가를 신청할 의무를 부담하고, 명의수탁자가 이러한 의무를 이행하지 않는 경우에는 명의신탁자로서는 민법 제389조 제2항에 의하여 허가신청의 의사표시에 갈음하는 재판을 청구할 수 있으며, 관할청이 반드시 허가를 하여야 하는 것은 아니라는 이유만으로 그와 같은 재판의 청구가 권리보호의 이익이 없는 것이라고 할 수 없다.

명의신탁자가 관할청의 처분허가를 조건으로 하는 소유권이전등기절차이행의 소를 위 허가신청절차이행의 소와 병합하여 제기하는 것이 가능하다고 하더라도, 두 개의 청구를 병합하여 제소할 것인가 아닌가는 명의신탁자가 임의로 선택할 수 있고, 명의신탁자가 먼저 소유권이전등기절차이행의 판결을 받은 다음이나 또는 위의 소와 병합하여서만 허가신청절차이행의 소를 제기할 수 있다고 보아야 할 아무런 근거가 없다.[60]

아. 배당절차와 부당이득의 반환

☞ 청구취지 : 피고는 서울중앙지방법원 2020타경8290 임의경매 사건에서 귀원이 같은 피고에게 배당한 금 1억 원의 배당금출급청구채권을 양도하고 채무자인 소외 대한민국(소관 귀원 세입세출외 현금출납공무원)에게 위 채권양도의 통지 절차를 이행하라.

(1) 집행권원에 기한 금전채권에 대한 강제집행의 일환으로 채권압류 및 전부명령이 확정된 후 그 집행권원상의 집행채권이 소멸한 것으로 판명된 경우에는 그 소멸한 부분에 관하여는 집행채권자가 집행채무자에 대한 관계에서 부당이득을 한 셈이 되므로, 집행채권자는 그가 위 전부명령에 따라 전부받은 채권 중 실제로 추심한 금전 부분에 관하여는 그 상당액을, 추심하지 아니한 부분에 관하여는 그 채권 자체를 집행채무자에게 양도하는 방법으로 반환하여야 한다.[61]

---

59) 대법원 2012.08.30. 선고 2010다52072 판결.
60) 대법원 1995.05.09. 선고 93다62478 판결.

(2) 부당이득이 성립되는 경우 그 부당이득의 반환은 법률상 원인 없이 취득한 이익을 반환하여 원상으로 회복하는 것을 말하므로, 법률상 원인 없이 제3자에 대한 채권을 취득한 경우, 만약 채권의 이득자가 이미 그 채권을 변제받은 때에는 그 변제받은 금액이 이득이 되어 이를 반환하여야 할 것이나, 아직 그 채권을 현실적으로 추심하지 못한 경우에는 손실자는 채권의 이득자에 대하여 그 채권의 반환을 구하여야 하고 그 채권 가액에 해당하는 금전의 반환을 구할 수는 없다.62)

(3) 부당이득이 성립되는 경우 그 부당이득의 반환은 법률상 원인 없이 이득한 것을 반환하여 원상으로 회복하는 것을 말하므로, 법률상 원인 없이 제3자에 대한 채권을 취득한 경우, 만약 채권의 이득자가 이미 그 채권을 변제받은 때에는 그 변제받은 금액이 이득이 되어 이를 반환하여야 할 것이나, 아직 그 채권을 현실적으로 추심하지 못한 경우에는 손실자는 채권의 이득자에 대하여 그 채권의 반환을 구하여야 하고 그 채권 가액에 해당하는 금전의 반환을 구할 수는 없으며, 이는 결국 부당이득한 채권의 양도와 그 채권양도의 통지를 그 채권의 채무자에게 하여 줄 것을 청구하는 형태가 된다.63)

자. 사해행위취소 원상회복으로서의 배당금지급채권의 양도

> ☞ **청구취지** : 피고는 서울중앙지방법원 2020타경2766 부동산임의경매 사건에서의 배당금지급청구권에 관하여 소외 A에게 이 사건 판결확정일자 채권양도의 의사표시를 하고, 소외 대한민국(소관 : 서울중앙지방법원)에게 그 취지의 통지를 하라.

(1) 근저당권설정계약을 사해행위로서 취소하는 경우 경매절차가 진행되어 타인이 소유권을 취득하고 근저당권설정등기가 말소되었다면 원물반환이 불가능하므로 가액배상의 방법으로 원상회복을 명할 것인바, 이미 배당이 종료되어 수익자가 배당금을 수령한 경우에는 수익자로 하여금 배당금을 반환하도록 명하여야 한다.

(2) 배당표가 확정되었으나 채권자의 배당금지급금지가처분으로 인하여 수익자가 배당금을 현실적으로 지급받지 못한 경우에는 배당금지급채권의 양도와 그 채권양도의 통지를 명할 것이나, 채권자가 배당기일에 출석하여 수익자의 배당 부분에 대하여 이의를 하였다면 그 채권자는 사해행위취소의 소를 제기함과 아울러 그 원상회복으로서 배당이의의 소를 제기할 수 있고, 이 경우 법원으로서는 배당이의의 소를 제기한 당해 채권자 이외의 다른 채권자의 존재를 고려할

---

61) 대법원 2010.12.23. 선고 2009다37725 판결.
62) 대법원 2001.03.13. 선고 99다26948 판결. 대법원 2013.04.26. 자 2009마1932 결정 : 부당이득의 반환은 법률상 원인 없이 취득한 이익을 반환하여 원상으로 회복하는 것을 말하므로, 배당절차에서 작성된 배당표가 잘못되어 배당을 받아야 할 채권자가 배당을 받지 못하고 배당을 받을 수 없는 사람이 배당받는 것으로 되어 있을 경우, 배당금이 실제 지급되었다면 배당금 상당의 금전지급을 구하는 부당이득반환청구를 할 수 있지만 아직 배당금이 지급되지 아니한 때에는 배당금지급청구권의 양도에 의한 부당이득의 반환을 구하여야지 그 채권 가액에 해당하는 금전의 지급을 구할 수는 없고, 그 경우 집행의 보전은 가압류에 의할 것이 아니라 배당금지급금지가처분의 방법으로 하여야 한다.
63) 대법원 2017.07.18. 선고 2017다218796 판결.

필요 없이 그 채권자의 채권이 만족을 받지 못한 한도에서만 근저당권설정계약을 취소하고 그 한도에서만 수익자의 배당액을 삭제하여 당해 채권자의 배당액으로 경정하여야 한다.[64]

<기초사실> 甲이 乙에게 1억 원을 대여하였는데, 乙이 채무초과상태에서 자신의 유일한 부동산이던 별지목록 기재 부동산에 관하여 甥姪인 丙과의 사이에 채권최고액 2억 원, 순위번호 2번의 근저당권설정계약을 체결하고, 丙에게 제주지방법원 2018. 2. 1. 접수 제3456호로 채권최고액 2억 원의 근저당권설정등기를 마쳐주었다. 당시 위 부동산에는 순위번호 1번의 근저당권(근저당권자 A, 채권최고액 5,000만 원)이 설정되어 있었다. 丙이 위 근저당권을 설정받을 당시 乙에게는 다른 재산이 전혀 없었고, 위 부동산의 시가는 2억 5,000만원이었다.

위 부동산의 1번 근저당권자인 A의 임의경매신청으로 경매절차가 진행되어 2019. 4. 1. 1억 8,500만 원에 B에게 매각되었다. 위 매각대금 중 경매비용을 제외한 1억 8,000만 원은 A에게 5,000만원, 2순위 근저당권자인 丙에게 1억 3,000만 원이 각 배당되어 배당표가 확정되었다. 丙이 위 배당금을 받아가지 못한 상태에서 甲은 丙과 乙이 짜고 허위로 근저당권을 설정한 것으로 판단하고 乙의 위 배당금지급청구권에 대하여 지급금지가처분결정을 받았다.

<청구취지>
1. 소외 乙과 피고 丙 사이에 별지목록 기재 부동산에 관하여 2018. 2. 1. 체결된 근저당권설정계약을 취소한다.
2. 피고 丙은 제주지방법원 2019타경2766 부동산임의경매 사건에서의 배당금지급청구권에 관하여 소외 乙에게 이 사건 판결확정일자 채권양도의 의사표시를 하고, 소외 대한민국(소관 : 제주지방법원)에게 그 취지의 통지를 하라.

<청구원인>
1. 사해행위
　가. 소외 乙은 채무초과상태이던 2018. 2. 1. 자신의 유일한 부동산이던 별지목록 기재 부동산에 관하여 피고 丙과 사이에 각 채권최고액 2억 원, 순위번호 2번의 근저당권설정계약을 체결하고, 피고 丙에게 제주지방법원 2018. 2. 1. 접수 제3456호로 채권최고액 2억 원의 근저당권설정등기를 마쳐주었습니다.
　나. 위 근저당권설정계약 당시 별지목록 기재 부동산의 가액은 2억 5,000만 원이었고, 위 부동산 설정된 각 1번 근저당권의 피담보채권액은 5,000만 원이었으므로, 별지목록 기재 부동산의 가액 중 2억 원은 원고를 비롯한 일반채권자들의 공동담보가액으로 남아 있었습니다.
　다. 이와 같은 상태에서 별지목록 기재 부동산에 관하여 체결된 소외 乙의 위 2018. 2. 1.자 근저당권설정계약은 앞서 본 바와 같은 채권을 가진 원고를 비롯한 일반채권자들을 해하는 사해행위이므로 전부 취소되어야 합니다.
2. 원상회복의 방법 및 범위
　가. 한편 별지목록 기재 부동산은 제주지방법원 2019타경2766호로 경매개시되어 2019. 4. 1. 소외 B에게 1억 8,500만 원에 매각되었고, 그 매각대금 중 경매비용을 공제한 나머지 대금 중 1억 3,500

---

[64] 대법원 2011.02.10. 선고 2010다90708 판결.

> 만 원이 피고 丙에게 배당되어 있습니다.
> 나. 따라서 앞서 본 바와 같이 사해행위의 취소에 따라 피고 丙은 위 배당금청구채권을 소외 乙에게 양도하여야 하고, 그에 따른 통지를 할 의무가 있습니다.[65]

차. 기타

(1) 구 파견근로자보호 등에 관한 법률(이하 '파견법'이라고 한다)(2006. 12. 21. 법률 제8076호로 개정되기 전의 것, 이하 같다)은 제6조 제3항 본문으로 "사용사업주가 2년을 초과하여 계속적으로 파견근로자를 사용하는 경우에는 2년의 기간이 만료된 날의 다음 날부터 파견근로자를 고용한 것으로 본다."라는 내용의 규정을 두어(이하 '직접고용간주 규정'이라고 한다) 사용사업주가 파견기간 제한을 위반한 경우 곧바로 사용사업주와 파견근로자 사이에 직접고용관계 성립이 간주되도록 하였다. 그런데 이후 개정된 파견법은 직접고용간주 규정을 대체하여 제6조의2 제1항에서 "사용사업주가 2년을 초과하여 계속적으로 파견근로자를 사용하는 경우 해당 파견근로자를 직접 고용하여야 한다."는 취지로 규정하고 있다(이하 '직접고용의무 규정'이라고 한다). 따라서 개정된 파견법하에서 파견기간 제한을 위반한 사용사업주는 직접고용의무 규정에 의하여 파견근로자를 직접 고용할 의무가 있으므로, 파견근로자는 사용사업주가 직접고용의무를 이행하지 아니하는 경우 사용사업주를 상대로 고용 의사표시를 갈음하는 판결을 구할 사법상의 권리가 있고, 그 판결이 확정되면 사용사업주와 파견근로자 사이에 직접고용관계가 성립한다. 또한 파견근로자는 이와 아울러 사용사업주의 직접고용의무 불이행에 대하여 직접고용관계가 성립할 때까지의 임금 상당 손해배상금을 청구할 수 있다.[66]
(2) 토지의 지적도상 경계선에 따른 면적과 토지대장에 표시된 면적이 불일치할 경우, 지적도상 경계선에 따른 면적을 기준으로 토지대장의 면적 표시를 정정하더라도 해당 토지의 지적도상 경계선이 변경되지 않으므로 위와 같은 정정은 측량·수로조사 및 지적에 관한 법률 제

---

[65] 수익자가 경매절차에서 채무자와의 사해행위로 취득한 근저당권에 기하여 배당에 참가하여 배당표는 확정되었으나 채권자의 배당금 지급금지가처분으로 인하여 배당금을 현실적으로 지급받지 못한 경우, 채권자취소권의 행사에 따른 원상회복의 방법은 수익자에게 바로 배당금의 지급을 명할 것이 아니라 수익자가 취득한 배당금지급청구권을 채무자에게 반환하는 방법으로 이루어져야 하고, 이는 결국 배당금지급채권의 양도와 그 채권양도의 통지를 배당금지급채권의 채무자에게 하여 줄 것을 청구하는 형태가 될 것이다(대법원 1997. 10. 10. 선고 97다8687 판결).
[66] 대법원 2015. 11. 26. 선고 2013다14965 판결. 직접고용간주 규정이나 직접고용의무 규정은 사용사업주가 파견기간의 제한을 위반하여 계속적으로 파견근로자를 사용하는 행위에 대하여 행정적 감독이나 처벌과는 별도로 사용사업주와 파견근로자 사이의 사법관계에서도 직접고용관계의 성립을 간주하거나 사용사업주에게 직접고용의무를 부과함으로써 근로자파견의 상용화·장기화를 방지하면서 파견근로자의 고용안정을 도모할 목적에서 사용사업주와 파견근로자 사이에 발생하는 법률관계 및 이에 따른 법적 효과를 설정하는 것으로서(대법원 2008. 09. 18. 선고 2007두22320 전원합의체 판결 참조), 그 내용이 파견사업주와는 직접적인 관련이 없고, 그 적용 요건으로 파견기간 중 파견사업주의 동일성을 요구하고 있지도 아니하므로, 사용사업주가 파견기간의 제한을 위반하여 해당 파견근로자로 하여금 대상 업무를 계속 수행하도록 한 경우에는, 특별한 사정이 없는 한 그 파견기간 중 파견사업주가 변경되었다는 이유만으로 직접고용간주 규정이나 직접고용의무 규정의 적용을 배제할 수는 없다고 봄이 타당하다.

84조 제3항의 '인접 토지의 경계가 변경되는 경우'에 해당하지 않는다. 이런 경우 해당 토지소유자는 위와 같은 정정을 위하여 인접 토지소유자의 승낙서 등을 제출할 필요가 없으므로 인접 토지소유자에게 위와 같은 정정에 대한 승낙의 의사표시를 소구할 법률상의 이익이 없다. 설령 인접 토지소유자가 토지대장의 면적 표시에 잘못이 없고 오히려 지적도상 경계선이 잘못된 것이라고 주장하고 있어 지적소관청이 위와 같은 정정을 거부하고 있다고 하더라도 해당 토지소유자로서는 토지대장의 면적 표시가 잘못되었음을 밝히기 위한 사실상의 필요에서 인접 토지소유자를 상대로 경계확정의 소, 토지소유권확인의 소 등을 제기할 수는 있겠지만, 위와 같이 주장 자체로 인접 토지소유자의 승낙서 등이 필요 없는 정정에 대하여 승낙의 의사표시를 구하는 소를 제기할 수는 없다.67)

(3) 유언집행자가 자필 유언증서상 유언자의 자서와 날인의 진정성을 다투는 상속인들에 대하여 '유언 내용에 따른 등기신청에 이의가 없다'는 진술을 구하는 소는, 등기관이 자필 유언증서상 유언자의 자서 및 날인의 진정성에 관하여 심사하는 데 필요한 증명자료를 소로써 구하는 것에 불과하고, 민법 제389조 제2항에서 규정하는 '채무가 법률행위를 목적으로 한 때에 채무자의 의사표시에 갈음할 재판을 청구하는 경우'에 해당한다고 볼 수 없다. 따라서 위와 같은 소는 권리보호의 이익이 없어 부적법하다. 또한, 유언집행자가 제기한 위와 같은 소를 유증을 원인으로 하는 소유권이전등기에 대하여 상속인들의 승낙을 구하는 것으로 본다 하더라도, 포괄유증의 성립이나 효력발생에 상속인들의 승낙은 불필요하고, 부동산등기법 관련 법령에서 유증을 원인으로 하는 소유권이전등기에 대하여 상속인들의 승낙이 필요하다는 규정을 두고 있지도 아니하므로, 이는 부동산등기법 관련 법령에 따라 유증을 원인으로 하는 소유권이전등기를 마치는 데 있어 필요하지 아니한 제3자의 승낙을 소구하는 것에 불과하여 권리보호의 이익이 없어서 역시 부적법하다. 유언집행자로서는, 자필 유언증서상 유언자의 자서와 날인의 진정성을 다투는 상속인들이 유언 내용에 따른 등기신청에 관하여 이의가 없다는 진술서의 작성을 거절하는 경우에는 그 진술을 소로써 구할 것이 아니라, 상속인들을 상대로 유언효력확인의 소나 포괄적 수증자 지위 확인의 소 등을 제기하여 승소 확정판결을 받은 다음, 이를 부동산등기규칙 제46조 제1항 제1호 및 제5호의 첨부정보로 제출하여 유증을 원인으로 하는 소유권이전등기를 신청할 수 있다.68)

(4) 광업법상 공동광업권자들은 조합계약을 한 것으로 간주되고 그들의 지분이 인정되며 그 지분은 다른 공동광업권자의 동의를 얻어 양도 또는 저당권의 목적으로 할 수 있기로 되어 있으나 등록에 의하여서만 효력을 발생할 수 있는 광업권의 지분이전에 관한 등록을 할 수 있는 규정이 없는 만큼 그 지분양도의 경우에는 종전의 광업권자의 전원으로부터 양도 후 공동광업권자가 될 전원에 대한 광업권자체의 이전등록을 하여야 한다.69)

(5) 부재자 재산관리인에 의한 부재자 소유의 부동산 매매행위에 대한 법원의 허가결정은 그 허

---

67) 대법원 2014.05.16. 선고 2011다52291 판결.
68) 대법원 2014.02.13. 선고 2011다74277 판결.
69) 대법원 1968.09.30. 선고 68다1496 판결.

가를 받은 재산에 대한 장래의 처분행위뿐만 아니라 기왕의 매매를 추인하는 방법으로도 할 수 있고, 부재자 재산관리인의 권한초과행위에 대한 법원의 사후허가는 사인의 법률행위에 대하여 법원이 후견적·감독적 입장에서 하는 비쟁송적인 것으로서 그 허가 여부는 전적으로 법원의 권한에 속하는 것이기는 하나 그 신청절차는 소의 제기 또는 그에 준하는 신청과는 달리 그 의사표시의 진술만 있으면 채무자의 적극적인 협력이나 계속적인 행위가 없더라도 그 목적을 달성할 수 있는 것이므로, 비록 그 허가신청이 소송행위로서 공법상의 청구권에 해당하더라도 부재자 재산관리인이 권한초과행위에 대하여 허가신청절차를 이행하기로 약정하고도 그 이행을 태만히 할 경우에는 상대방은 위 약정에 기하여 그 절차의 이행을 소구할 수 있고, 이러한 의사 진술을 명하는 판결이 확정되면 민사집행법 제263조 제1항에 의하여 허가신청의 진술이 있는 것으로 간주된다.[70]

(6) 공공건설임대주택 임차권 양도의 동의를 받으려는 임차인은 임대사업자가 임차권 양수인의 주택소유 여부를 확인할 수 있도록 임차권 양수인의 이름 및 주민등록번호 등 양수인을 특정할 수 있는 정보가 기재된 자료를 제출하여야 하고, 임대사업자는 그 자료에 기하여 구 임대주택법령이 정하는 절차에 따라 임차권 양수인의 주택소유 여부를 확인한 후 임차권 양수인이 주택소유자로 확인되는 등 특별한 문제가 없는 한 임차인의 임차권 양도 요구를 받아들여야 할 의무가 있다고 보아야 한다. 이 경우 임대사업자가 임차인의 임차권 양도에 대한 동의 요구를 거절하기 위해서는 임차인이 제출한 자료에 기해 임차권 양수인의 주택소유 여부를 확인하여 임차권 양수인이 주택을 소유하는 사정을 증명하지 않으면 안 된다.[71]

☞ 주문 : 피고는 원고가 소외인[(생년월일), (주소)]에게 (주소)의 임차권을 양도함에 대하여 동의의 의사표시를 하라.

(7) 甲이 자신 소유의 토지에 신축한 건물의 급수공사를 위하여 관할 지방자치단체에 급수공사 시행을 신청하였는데, 지방자치단체가 수도급수 조례 등에 근거하여 급수공사 시 경유하여야 하는 乙 소유 토지의 사용승낙서 제출을 요구하며 신청을 반려하자, 甲이 민법 제218조의 수도 등 시설권을 근거로 을을 상대로 '乙 소유 토지 중 수도 등 시설공사에 필요한 토지 사용을 승낙한다'는 진술을 구하는 소를 제기한 사안에서, 위 소는 시설공사를 하는 데 필요한 증명자료를 소로써 구하는 것에 불과하고 민법 제389조 제2항에서 정한 '채무가 법률행위를 목적으로 한 때에 채무자의 의사표시에 갈음할 재판을 청구하는 경우'에 해당한다고 볼 수 없으므로 권리보호의 이익을 인정할 수 없어 부적법하고, 이 경우 갑은 자신에게 乙 소유 토지 중 수도 등 시설공사에 필요한 부분에 관하여 민법 제218조의 수도 등 시설권이 있다는 확인을 구하는 소 등을 제기하여 승소판결을 받은 다음 이를 甲의 사용권한을 증명하는 자료로 제출하여 지방자치단체에 급수공사의 시행을 신청하면 된다고 한 사례.[72]

(8) 「공간정보의 구축 및 관리 등에 관한 법률」(이하 '공간정보법'이라 한다) 제84조 제1항은 '토지

---

[70] 대법원 2000.12.26. 선고 99다19278 판결.
[71] 대법원 2019.04.03. 선고 2015다250413 판결.
[72] 대법원 2016.12.15. 선고 2015다247325 판결.

소유자는 지적공부의 등록사항에 잘못이 있음을 발견하면 지적소관청에 그 정정을 신청할 수 있다'고 규정하고, 같은 조 제3항은 '제1항에 따른 정정으로 인접 토지의 경계가 변경되는 경우에는 인접 토지소유자의 승낙서나 인접 토지소유자가 승낙하지 아니하는 경우에는 이에 대항할 수 있는 확정판결서 정본을 지적소관청에 제출하여야 한다'고 규정하고 있다. 이와 같은 공간정보법의 규정에 의하면 자신의 소유가 아닌 토지에 관하여 지적공부의 등록사항 정정신청을 할 수 없으므로 그 토지의 소유자를 상대로 그 토지의 경계 정정에 대한 승낙의 의사표시를 구하는 소는 권리보호의 이익이 없어 부적법하다. 또한 자신 소유 토지의 경계 정정에 따라 그 경계가 변경되는 인접 토지소유자가 아닌 사람을 상대로 자신 소유 토지의 경계 정정에 대한 승낙의 의사표시를 구하는 소 역시 권리보호의 이익이 없어 부적법하다.73)

(9) 토지 소유자 등이 사업시행자의 일시 사용에 대하여 정당한 사유 없이 동의를 거부하는 경우, 사업시행자는 해당 토지의 소유자 등을 상대로 <u>동의의 의사표시를 구하는 소</u>를 제기할 수 있다. 이와 같은 토지의 일시 사용에 대한 동의의 의사표시를 할 의무는 국토계획법에서 특별히 인정한 공법상의 의무이므로, 그 의무의 존부를 다투는 소송은 '공법상의 법률관계에 관한 소송으로서 그 법률관계의 한쪽 당사자를 피고로 하는 소송', 즉 행정소송법 제3조 제2호에서 규정한 당사자소송이라고 보아야 한다. 행정소송법 제39조는, "당사자소송은 국가·공공단체 그 밖의 권리주체를 피고로 한다."라고 규정하고 있다. 이것은 당사자소송의 경우 항고소송과 달리 '행정청'이 아닌 '권리주체'에게 피고적격이 있음을 규정하는 것일 뿐, 피고적격이 인정되는 권리주체를 행정주체로 한정한다는 취지가 아니므로, 이 규정을 들어 사인을 피고로 하는 당사자소송을 제기할 수 없다고 볼 것은 아니다(대법원 2017.04.28. 선고 2013다1211 판결 등 참조).

그리고 당사자소송에 대하여는 행정소송법 제8조 제2항에 따라 민사집행법상 가처분에 관한 규정이 준용되므로(대법원 2015.08.21. 자 2015무26 결정 참조), 사업시행자는 민사집행법 제300조 제2항에 따라 현저한 손해를 피하기 위해 필요한 경우 '임시의 지위를 정하기 위한 가처분'을 통하여 공익사업을 신속하고 원활하게 수행할 수 있음을 밝혀 둔다.74)

---

73) 대법원 2016.06.28. 선고 2016다1793 판결. 어떤 토지가 지적공부에 1필지의 토지로 등록되면 그 토지의 소재, 지번, 지목, 지적 및 경계는 특별한 사정이 없는 한 그 등록으로써 특정되고 그 소유권의 범위는 현실의 경계와 관계없이 공부상의 경계에 의하여 확정되는 것이 원칙이다. 다만 지적도를 작성함에 있어서 그 기점을 잘못 선택하는 등 기술적인 착오로 말미암아 지적도상의 경계선이 진실한 경계선과 다르게 작성되었다거나 당사자들이 사실상의 경계대로 토지를 매매할 의사를 가지고 거래를 한 경우 등과 같은 특별한 사정이 있는 경우에 한하여 그 토지의 경계는 실제의 경계에 의하여야 한다. 한편 물권의 객체인 토지 1필지의 공간적 범위를 특정하는 것은 지적도나 임야도의 경계이지 등기부의 표제부나 임야대장·토지대장에 등재된 면적이 아니므로, 부동산등기부의 표제부에 토지의 면적이 실제와 다르게 등재되어 있다 하여도 이러한 등기는 해당 토지를 표상하는 등기로서 유효하다. 또한 부동산등기부의 표시에 따라 지번과 지적을 표시하고 1필지의 토지를 양도하였으나 그 양도된 토지의 실측상 지적이 등기부에 표시된 것보다 넓은 경우 등기부상 지적을 넘는 토지 부분은 양도된 지번과 일체를 이루는 것으로서 양수인의 소유에 속한다.
74) 대법원 2019.09.09. 선고 2016다262550 판결.

제3장 부동산 인도·철거·퇴거 청구

민사실무 핵심 요건사실

〈소송형태 요약〉
☞ 원고 소유의 건물을 피고가 불법점유하고 있음을 들어 그 회복을 구하는 소 → **건물인도청구**
☞ 원고 소유의 토지에 피고가 건물을 소유하면서 점유하고 있어 건물의 철거와 토지의 인도를 구하는 소 → **건물철거·토지인도청구**[1]
☞ 원고 소유의 토지에 피고가 건물을 임차하여 점유하고 있어 그 점유의 회복을 구하는 소 → **건물퇴거청구**
☞ 부대청구 : 원고가 점유자를 상대로 불법점유 이후 인도완료일까지 차임 상당의 사용이익반환을 구하는 소 → 차임 상당의 **손해배상** 또는 **부당이득반환청구**

1 소송물

(1) **부동산인도청구** : 소유권에 기한 소유물반환청구권(제213조)[2]
(2) **건물철거청구** : 소유권에 기한 방해배제청구권(제214조)[3]
(3) **부동산퇴거청구** : 소유권에 기한 방해배제청구권(제214조)
(4) **사용이익반환청구** : 부당이득반환청구권(제741조) 또는 불법행위로 인한 손해배상청구권(제750조)

---

1) 토지인도청구의 경우 토지소유자가 인도청구만을 구하여 승소한 경우에도 토지의 인도를 명한 집행권원의 효력은 그 지상에 건립된 건물이나 식재된 수목 등의 인도에까지 미치지 아니하므로 그 지상에 건립된 건물의 철거나 (건물로부터의) 퇴거, 수목의 수거, 분묘의 굴이(掘移) 등까지 추가로 구하여야 한다.
2) 점유자가 아닌 점유보조자를 상대로 한 인도나 철거청구는 기각된다.
3) 소유권에 기한 방해배제청구권에 있어서 '**방해**'라 함은 현재에도 지속되고 있는 침해를 의미하고, 법익 침해가 과거에 일어나서 이미 종결된 경우에 해당하는 '**손해**'의 개념과는 다르다 할 것이어서, 소유권에 기한 방해배제청구권은 방해결과의 제거를 내용으로 하는 것이 되어서는 아니 되며(이는 손해배상의 영역에 해당한다 할 것이다) 현재 계속되고 있는 방해의 원인을 제거하는 것을 내용으로 한다(대법원 2003.03.28. 선고 2003다5917 판결).

2 청구취지

(1) 부동산인도청구

☞ 피고는 원고에게 별지 목록 기재 부동산을 인도하라.4)

〈부동산 일부만 인도를 구하는 경우〉 ☞ 피고는 원고에게 별지 목록 기재 부동산 중 별지 도면 표시 1,2,3,4,5,1의 각 점을 순차로 연결한 선내(가)부분 100㎡를 인도하라.

(2) 건물철거·토지인도청구

☞ 피고는 원고에게 별지 제2목록 기재 건물을 철거하고, 별지 제1목록 기재 토지를 인도하라.

(3) 건물퇴거청구

☞ 피고는 원고에게 별지 목록 기재 건물에서 퇴거하라.

(4) 부대청구(사용이익반환청구)

☞ 피고는 원고에게 2018. 10. 1.부터 위 부동산 인도완료일까지 월 1,000,000원의 비율로 계산한 돈을 지급하라.

3 청구원인(요건사실)

가. 부동산인도청구

❶ 원고의 (부동산) 소유5) : 원고가 목적물의 소유권을 취득한 구체적 사실(사실심 변론종결시 기준)6) ← 등기의 추정력(법률상 추정7)) 원용8)
❷ 피고의 (부동산) 점유9) : 원고의 소유권을 현실적으로 방해하는 직접 점유사실10)

---

4) 〈토지인도〉 토지대상 상 표시에 따라 지번, 지목(토지의 종류), 면적을 표시, 〈건물인도 또는 철거〉 등기부상 표시에 따라 대지의 지번(지목, 토지면적의 표시 불요) 및 건물의 구조(~조~지붕), 층수, 용도(주택, 창고 등), 건축면적 등을 기재, 무허가건물의 경우 현황(목적물의 구조, 층수, 면적 등)을 정확히 표시하여야 한다.
5) 등기를 갖추지 않은 부동산매수인은 소유물반환청구권 행사 불가(매도인의 소유물반환청구권 대위행사 가능), 공유자나 합유자도 보존행위로 소유물반환청구권 행사 가능. 소유권을 상실한 전소유자는 물권적 청구권 행사 불가). 〈참고〉 대법원 2016.07.29. 선고 2016다214483,214490 판결 : 미등기 무허가건물의 양수인이라도 그 소유권이전등기를 마치지 않는 한 그 건물의 소유권을 취득할 수 없고, 소유권에 준하는 관습상의 물권이 있다고도 할 수 없으므로, 미등기 무허가건물의 양수인은 소유권에 기한 방해제거청구를 할 수 없다. '주거권'은 소유권·점유권 등 물권과 같이 방해제거청구의 권원이 된다고 볼 수 없다. 점유권에 기한 방해제거청구의 소가 방해 행위가 종료된 날로부터 1년이 경과한 이후에 제기되었다면, 그러한 소는 제척기간이 경과한 후에 제기된 것으로서 부적법하다.
6) 소유권을 선결문제로 하는 소송에 있어서 피고가 원고 주장의 소유권을 인정하는 진술은 그 소전제가 되는 소유권의 내용을 이루는 사실에 대한 진술로 볼 수 있으므로 재판상 자백이라 할 것이나, 이는 사실에 대한 법적 추론의 결과에 대하여 의문의 여지가 없는 단순한 법개념에 대한 자백의 경우에 한하여 인정되는 것이고, 추론의 결과에 대한 다툼이 있을 수 있는 경우에는 이른바 권리의 자백으로서 법원이 이에 기속을 받을 이유는 없다(대법원 2007. 05.11. 선고 2006다6836 판결).
7) 등기원인의 무효를 주장하면서 원고의 소유사실을 다투는 것은 피고가 주장·증명하여야 할 항변사유이다.
8) 원고는 원고명의로 소유권이전등기가 마쳐진 등기사항증명서를 제출함으로써 등기의 추정력을 원용하여 당해 토지가 원고 소유인 사실을 쉽게 증명할 수 있다.
9) 불법하게 점유하고 있다는 것은 요건사실이 아니고 오히려 적법하게 점유하고 있다는 사실이 피고의 항변사실이

나. 건물철거청구

> ❶ 원고의 토지 소유
> ❷ 피고의 지상건물 소유[11] : 건물소유자의 건물점유와 관계없이 <u>건물소유자의 건물소유</u>를 주장·증명함으로써(건물 부분의 대지 점유사실이 당연히 인정됨) 족함.

다. 부동산 퇴거청구

> ❶ 원고의 토지 소유
> ❷ 피고의 제3자 소유인 건물의 점유[12] : 건물소유자에 대하여는 퇴거를 구할 수 없고, 건물임차권이 대항력을 가진다고 하여 토지소유자의 퇴거청구에 대항할 수 없다.[13]

라. 부대청구(사용이익반환청구)

(1) 불법점유를 원인으로 한 손해배상청구

> 차임 상당 손해가 발생한 사실

다(제213조 단서).
10) 불법점유를 이유로 한 인도청구의 경우에는 <u>직접점유자를 상대로 하여야 하고, 간접점유자를 상대로 한 인도청구는 주장자체로 이유 없다</u>(계약에 기한 청구는 간접점유자도 가능).
11) 원칙적으로 건물소유자가 피고가 될 것이나, 그로부터 건물을 매수한 자 등 사실상의 처분권자도 피고가 될 수 있다. 〈주의〉 미등기 무허가건물 양수인은 사실상의 처분권자로서 철거청구의 상대방인 <u>피고가 될 수 있으나, 여전히 건물의 소유권이 없으므로 원래의 소유자인 양도인을 대위하지 않고서는 원고로서 소유권을 주장할 수 없다.</u>
12) 건물의 소유자 아닌 단순한 점유자가 대지인 토지를 점유하고 있는 경우 비점유설에 따라 <u>건물점유자에 대하여는 대지인도를 구하지 않는다.</u> 〈참고〉 사회통념상 건물은 그 부지를 떠나서는 존재할 수 없으므로 건물의 부지가 된 토지는 건물의 소유자가 점유하는 것이고, 이 경우 건물의 소유자가 현실적으로 건물이나 그 부지를 점거하고 있지 않다 하더라도 건물의 소유를 위하여 그 부지를 점유한다고 보아야 한다. 한편 미등기건물을 양수하여 건물에 관한 사실상의 처분권을 보유하게 됨으로써 건물부지 역시 아울러 점유하고 있다고 볼 수 있는 등의 특별한 사정이 없는 한 건물의 소유명의자가 아닌 자는 실제 건물을 점유하고 있다 하더라도 <u>그 부지를 점유하는 자로 볼 수 없다</u>(대법원 2009.09.10. 선고 2009다28462 판결).
13) 건물이 그 존립을 위한 토지사용권을 갖추지 못하여 토지의 소유자가 건물의 소유자에 대하여 당해 건물의 철거 및 그 대지의 인도를 청구할 수 있는 경우에라도 건물소유자가 아닌 사람이 건물을 점유하고 있다면 토지소유자는 그 건물 점유를 제거하지 아니하는 한 위의 건물 철거 등을 실행할 수 없다. 따라서 그때 토지소유권은 위와 같은 점유에 의하여 그 원만한 실현을 방해당하고 있다고 할 것이므로, 토지소유자는 <u>자신의 소유권에 기한 방해배제로서 건물점유자에 대하여 건물로부터의 퇴출을 청구할 수 있다.</u> 그리고 이는 건물점유자가 건물소유자로부터의 임차인으로서 그 건물임차권이 이른바 대항력을 가진다고 해서 달라지지 아니한다. **건물임차권의 대항력은** 기본적으로 **건물**에 관한 것이고 토지를 목적으로 하는 것이 아니므로 이로써 토지소유권을 제약할 수 없고, 토지에 있는 건물에 대하여 대항력 있는 임차권이 존재한다고 하여도 이를 토지소유자에 대하여 대항할 수 있는 토지사용권이라고 할 수는 없다. 바꾸어 말하면, **건물**에 관한 임차권이 대항력을 갖춘 후에 그 대지의 소유권을 취득한 사람은 민법 제622조 제1항이나 주택임대차보호법 제3조 제1항 등에서 그 임차권의 대항을 받는 것으로 정하여진 '제3자'에 해당한다고 할 수 없다(대법원 2010.08.19. 선고 2010다43801 판결).

(2) 차임 상당의 부당이득반환청구[14]

> ❶ 피고의 이익 : 실질적 이익[15]
> ❷ 원고의 손해 : 원고가 목적물에 관하여 가지는 사용수익권의 침해
> ❸ 수익과 손해 사이의 인과관계의 존재[16]
> ❹ 이득액[17] : 통상 차임 상당액[18]

〈실무상의 소송전개 과정과 청구권 경합〉

甲이 乙에게 X 건물을 임대하였다가 임대차종료를 이유로 乙을 상대로 X 건물의 반환청구소송을 제기한 경우 甲은 소유권에 기한 반환청구권을 청구원인으로 삼았다가 乙이 임대차관계의 존속에 기한 '점유할 권리'를 주장하게 되면 **임대차관계의 종료 여부의 심리로 넘어간다.**

1. 임대차계약이 종료된 경우 소유권에 기한 청구(소유물반환청구권)와 임대차계약종료에 기한 청구(계약상 반환청구권)는 어떠한 관계에 있는가?
2. 부당이득을 이유로 하는 원상회복청구로서 반환청구권과의 관계는?
3. 물권적 청구권과 불법행위에 기한 손해배상청구권은 경합하는가?[19]

4 주요 항변[20]

가. 건물인도청구

(1) 적법한 권원(지상권, 전세권, 임차권 등 권리의 발생사실)에 의한 점유 항변

⇨ 원고의 재항변 : 임대차종료, 매매계약 해제

---

14) 타인 소유의 토지 위에 권한 없이 건물을 소유하고 있는 자는 그 자체로 특별한 사정이 없는 한 법률상 원인 없이 타인의 재산으로 토지의 차임에 상당하는 이익을 얻고 그로 인하여 타인에게 동액 상당의 손해를 주고 있다고 보아야 하고, 이 경우에는 피고의 지상건물 소유사실 외에 별도로 토지의 사용·수익 사실을 증명할 필요가 없다. 수익과 손해 사이의 인과관계도 손해사실과 이득사실만 인정되면 사실상 추정되므로 이 부분도 별도의 증명이 필요 없다.
15) 임차인이 임대차계약 종료 이후에도 동시이행의 항변권을 행사하는 방법으로 목적물의 반환을 거부하기 위하여 임대차건물 부분을 계속 점유기는 하였으나 이를 본래의 임대차계약상의 목적에 따라 사용·수익하지 아니하여 **실질적인 이득을 얻은 바 없는 경우**에는 그로 인하여 임대인에게 손해가 발생하였다고 하더라도 임차인의 부당이득반환의무는 성립되지 아니한다(대법원 2008.04.10. 선고 2007다76986,76993 판결).
16) 타인 소유의 토지 위에 권한 없이 건물이나 공작물 등을 소유하고 있는 사람은 그 자체로서 특별한 사정이 없는 한 법률상 원인 없이 타인의 재산으로 토지의 차임에 상당하는 이익을 얻고, 이로 인하여 타인에게 동액 상당의 손해를 주고 있다고 보아야 한다(대법원 2019.08.30. 선고 2017다213180 판결).
17) 부당이득은 현존하는 것으로 추정되므로 수익자인 피고가 항변으로 현존하지 않음을 주장·증명하여야 한다.
18) 약정차임이 있는 경우에는 그 약정차임 상당액, 약정차임이 없는 경우에는 감정에 의하여 인정되는 차임 상당액.
19) 이들 각 권리는 실체법상 권리 또는 법률관계가 다르므로 구이론에 의하면 별개의 소송물이고 청구권경합에 해당한다.
20) 공통적으로 피고는 원고의 부동산 소유에 관한 등기의 추정력을 복멸시키는 사실이나 원고가 변론종결 당시에 부동산의 소유권을 상실한 사실을 항변으로 주장할 수 있다.

(2) 유치권 항변[21]

⇨ 원고의 **재항변** : 선의의 점유자는 과실을 취득하면 필요비 상환청구권이 없다는 재항변(민법 제203조 제1항 단서, 제201조 제1항)

(3) 매각되어 인도된 물건의 항변[22]

나. 건물철거·토지인도청구

(1) 점유를 정당화할 법률상 원인의 존재[23]

① 법정지상권 성립의 항변

☞ 민법 제366조의 법정지상권
* 저당권설정 당시 토지상에 건물이 존재한 사실
* 저당권설정 당시 토지와 건물의 소유자가 동일한 사실
* 토지나 건물에 설정된 저당권의 실행으로 토지 및 건물의 소유권이 각 분리된 사실

☞ 관습상의 법정지상권
* 토지와 건물이 동일인 소유에 속하였던 사실[24]
* 매매 기타 적법한 원인으로 소유자가 달라진 사실

---

[21] 피고는 전 소유자와의 임대차에 기하여 점유 중에 유익비 등을 지출하였으니, 전 소유자에 대하여 민법 제626조에 의한 유익비 등 상환청구를 할 수 있을 뿐, 원고에게는 민법 제203조에 의한 유익비 등 상환청구를 할 수 없으나, 전 소유자에 대한 유익비상환청구권을 위하여 현 소유자인 원고에게 유치권 항변을 할 수 있다.

[22] 토지의 매수인이 아직 소유권이전등기를 경료받지 아니하였다 하여도 매매계약의 이행으로 그 토지를 인도받은 때에는 매매계약의 효력으로서 이를 점유·사용할 권리가 생기게 된 것으로 보아야 하고, 또 매수인으로부터 위 토지를 다시 매수한 자는 위와 같은 토지의 점유·사용권을 취득한 것으로 봄이 상당하므로 매도인은 매수인으로부터 다시 위 토지를 매수한 자에 대하여 토지 소유권에 기한 물권적청구권을 행사할 수 없다(대법원 1998.06.26. 선고 97다42823 판결).

[23] 점유자는 민법 제200조의 점유의 추정력을 원용하여 소유자에게 대항할 수 없다. 점유자의 권리추정의 규정은 특별한 사정이 없는 한 등기에 표상되어 있는 부동산물권에 대하여는 적용되지 않는다(대법원 1970.07.24. 선고 70다729 판결).

[24] 토지 또는 그 지상 건물의 소유권이 강제경매로 인하여 그 절차상의 매수인에게 이전되는 경우에는 그 매수인이 소유권을 취득하는 매각대금의 완납시가 아니라 강제경매개시결정으로 **압류의 효력이 발생하는 때를 기준으로** 토지와 지상 건물이 동일인에게 속하였는지에 따라 관습상 법정지상권의 성립 여부를 가려야 하고, 강제경매의 목적이 된 토지 또는 그 지상 건물에 대하여 강제경매개시결정 이전에 **가압류가** 되어 있다가 그 가압류가 강제경매개시결정으로 인하여 본압류로 이행되어 경매절차가 진행된 경우에는 애초 가압류의 효력이 발생한 때를 기준으로 토지와 그 지상 건물이 동일인에 속하였는지에 따라 관습상 법정지상권의 성립 여부를 판단하여야 한다. 나아가 강제경매의 목적이 된 토지 또는 그 지상 건물에 관하여 강제경매를 위한 압류나 그 압류에 선행한 가압류가 있기 이전에 **저당권이** 설정되어 있다가 그 후 강제경매로 인해 그 저당권이 소멸하는 경우에는, 그 저당권 설정 이후의 특정 시점을 기준으로 토지와 그 지상 건물이 동일인의 소유에 속하였는지에 따라 관습상 법정지상권의 성립 여부를 판단하게 되면, 저당권자로서는 저당권 설정 당시를 기준으로 그 토지나 지상 건물의 담보가치를 평가하였음에도 저당권 설정 이후에 토지나 그 지상 건물의 소유자가 변경되었다는 외부의 우연한 사정으로 인하여 자신이 당초에 파악하고 있던 것보다 부당하게 높아지거나 떨어진 가치를 가진 담보를 취득하게 되는 예상하지 못한 이익을 얻거나 손해를 입게 되므로, **그 저당권 설정 당시를 기준으로 토지와 그 지상 건물이 동일인에게 속하였는지에 따라 관습상 법정지상권의 성립 여부를 판단하여야 한다**(대법원 2013.04.11. 선고 2009다62059 판결).

② 점유취득시효완성의 항변

⇨ 원고의 **재항변**(취득시효 중단, 점유자의 시효이익 포기, 피고 매수 대지 면적이 등기부상 면적을 상당히 초과하여 피고의 점유는 권원의 성질상 타주점유에 해당한다는 항변)

(2) 원고의 사용수익권 포기 항변

(3) **권리남용, 신의칙위반의 항변**[25] : 법정지상권을 가진 건물소유자로부터 건물을 양수하면서 지상권까지 양도 받기로 한 자에 대한 대지소유자의 건물철거청구 불허[26]

다. 부대청구 〈**부당이득반환청구**[27]〉

(1) **법률상 원인의 존재** : 급부부당이득과 침해부당이득의 구별[28]

(2) **선의 점유자는 사용료 상당액을 반환할 필요 없음** : 민법 제201조 제1항은 제748조 제1항의 특칙[29]

(3) **사용·수익권의 포기(지자체의 도로 사용 관련)**[30] : 토지소유자가 그 소유 토지를 도로, 수도시

---

25) 신의칙위반이나 권리남용항변이 인정되는 경우에도 피고에게 점유권원이 생기는 것은 아니므로 원칙적으로 피고는 부동산의 점유에 따른 부당이득반환의무를 부담한다.

26) 법정지상권을 가진 건물소유자로부터 건물을 양수하면서 법정지상권까지 양도받기로 한 자는 채권자대위의 법리에 따라 전건물소유자 및 대지소유자에 대하여 차례로 지상권의 설정등기 및 이전등기절차이행을 구할 수 있다 할 것이므로 이러한 법정지상권을 취득할 지위에 있는 자에 대하여 대지소유자가 소유권에 기하여 건물철거를 구함은 지상권의 부담을 용인하고 그 설정등기절차를 이행할 의무 있는 자가 그 권리자를 상대로 한 청구라 할 것이어서 신의성실의 원칙상 허용될 수 없다(대법원 1985.04.09. 선고 84다카1131,1132 전원합의체 판결).

27) 토지인도시까지 장래이행의 소로 미리 청구할 필요가 있는 것으로 보아 그 청구가 인정된다.

28) 민법 제741조는 "법률상 원인 없이 타인의 재산 또는 노무로 인하여 이익을 얻고 이로 인하여 타인에게 손해를 가한 자는 그 이익을 반환하여야 한다."라고 정하고 있다. 당사자 일방이 자신의 의사에 따라 일정한 급부를 한 다음 급부가 법률상 원인 없음을 이유로 반환을 청구하는 이른바 **급부부당이득**의 경우에는 법률상 원인이 없다는 점에 대한 증명책임은 부당이득반환을 주장하는 사람에게 있다. 이 경우 부당이득의 반환을 구하는 자는 급부행위의 원인이 된 사실의 존재와 함께 그 사유가 무효, 취소, 해제 등으로 소멸되어 법률상 원인이 없게 되었음을 주장·증명하여야 하고, 급부행위의 원인이 될 만한 사유가 처음부터 없었음을 이유로 하는 이른바 착오 송금과 같은 경우에는 착오로 송금하였다는 점 등을 주장·증명하여야 한다. 이는 타인의 재산권 등을 침해하여 이익을 얻었음을 이유로 부당이득반환을 구하는 이른바 **침해부당이득**의 경우에는 부당이득반환 청구의 상대방이 이익을 보유할 정당한 권원이 있다는 점을 증명할 책임이 있는 것과 구별된다(대법원 2018.01.24. 선고 2017다37324 판결).

29) 민법 제201조 제1항에 의하면, 선의의 점유자는 점유물의 과실을 취득한다고 규정되어 있고, 민법 제197조 제1항에 의하면, 점유는 선의인 것으로 추정되도록 규정되어 있으나, 같은 조 제2항에는 선의의 점유자라도 본권에 관한 소에 패소한 때에는 그 소가 제기된 때로부터 악의의 점유자로 본다고 규정되어 있는바, 위 민법 제197조 제2항의 취지와 부당이득반환에 관한 민법 제749조 제2항의 취지 등에 비추어 볼 때, 여기서의 **본권에 관한 소**에는 소유권에 기하여 점유물의 인도나 명도를 구하는 소송은 물론 부당점유자를 상대로 점유로 인한 부당이득의 반환을 구하는 소송도 포함된다(대법원 2002.11.22. 선고 2001다6213 판결).

30) 소유자가 소유권의 핵심적 권능에 속하는 **사용·수익의 권능**을 대세적으로 포기하는 것은 특별한 사정이 없는 한 허용되지 않는다. 이를 허용하면 결국 처분권능만이 남는 새로운 유형의 소유권을 창출하는 것이어서 민법이 정한 물권법정주의에 반하기 때문이다. 따라서 사유지가 일반 공중의 교통을 위한 도로로 사용되고 있는 경우, 토지 소유자가 스스로 토지의 일부를 도로 부지로 무상 제공하더라도 특별한 사정이 없는 한 이는 대세적으로 사용·수익권을 포기한 것이라기보다는 토지 소유자가 도로 부지로 무상 제공받은 사람들에 대한 관계에서 **채권적으로 사용·수익권을 포기**하거나 일시적으로 소유권을 행사하지 않겠다고 양해한 것이라고 보아야 한다. 이때 토지 소유자가 사용·수익권을 포기한 것으로 의사해석을 하는 데에는, 그가 토지를 소유하게 된 경위와 보유기간, 나머지 토지들을 분할하여 매도한 경위와 규모, 도로로 사용되는 토지 부분의 위치나 성상, 인근 토지들과의

설의 매설 부지 등 일반 공중을 위한 용도로 제공한 경우 소유자가 토지를 공공의 사용에 제공한 경위 등 여러 사정을 종합적으로 고찰하고, 토지소유자의 소유권 보장과 공공의 이익 사이의 비교형량을 한 결과, 토지소유자가 그 소유 토지에 대한 독점적·배타적 사용·수익권을 포기한 것으로 볼 수 있다면, 토지소유자는 그 토지 부분에 대하여 독점적이고 배타적인 사용·수익권을 행사할 수 없다. 그리고 원소유자의 독점적·배타적 사용·수익권 행사가 제한되는 토지의 소유권을 특정승계한 자는, 특별한 사정이 없는 한 그와 같은 사용·수익의 제한이라는 부담이 있다는 사정을 용인하거나 적어도 그러한 사정이 있음을 알고서 그 토지의 소유권을 취득하였다고 봄이 타당하므로, 그러한 특정승계인도 그 토지 부분에 대하여 독점적이고 배타적인 사용·수익권을 행사할 수 없다.[31] 그러나 이러한 토지소유자의 독점적·배타적 사용·수익권 행사 제한의 법리는 토지가 도로, 수도시설의 매설 부지 등 일반 공중을 위한 용도로 제공된 경우에 적용되는 것이어서, 토지가 건물의 부지 등 지상 건물의 소유자들만을 위한 용도로 제공된 경우에는 적용되지 않는다. 따라서 토지소유자가 그 소유 토지를 건물의 부지로 제공하여 지상 건물소유자들이 이를 무상으로 사용하도록 허락하였다고 하더라도, 그러한 법률관계가 물권의 설정 등으로 특정승계인에게 대항할 수 있는 것이 아니라면 채권적인 것에 불과하여 특정승계인이 그러한 채권적 법률관계를 승계하였다는 등의 특별한 사정이 없는 한 특정승계인의 그 토지에 대한 소유권 행사가 제한된다고 볼 수 없다.[32]

[참고] 점유이전금지가처분과 점유의 이전

① 특정물의 인도를 구하면서 점유이전금지가처분 집행을 하면 당사자항정의 효력이 인정된다. 가처분채무자를 피고로 인도청구 등의 본안소송을 제기한 경우 점유이전금지가처분은 그 목적물의 점유이전을 금지하는 것으로서, 그럼에도 불구하고 점유가 이전되었을 때에는 가처분채무자는 가처분채권자에 대한 관계에 있어서 여전히 그 점유자의 지위에 있는 것일 뿐 목적물의 처분을 금지 또는 제한하는 것은 아니고,[33] 가처분채무자가 가처분채권자 아닌 제3자에 대한 관계에서도 점유자의 지위에 있다고 볼 수는 없다.[34]
② 가처분 이후에 매매나 임대차 등에 기하여 가처분채무자로부터 점유를 이전받은 제3자에 대하여 가처분채권자가 가처분 자체의 효력으로 직접 퇴거를 강제할 수는 없고, 가처분채권자로서는 본안판결의 집행단계에서 승계집행문을 부여받아서 그 제3자의 점유를 배제할 수 있을 뿐이다.[35]

관계, 주위 환경 등 여러 사정과 아울러 분할·매도된 나머지 토지들의 효과적인 사용·수익을 위하여 토지가 기여하고 있는 정도 등을 종합적으로 고찰하여 신중하게 판단해야 한다(대법원 2017.06.19. 선고 2017다211528, 211535 판결).
31) 대법원 2019.01.24. 선고 2016다264556 전원합의체 판결 참조.
32) 대법원 2019.11.14. 선고 2015다211685 판결.
33) 대법원 1987.11.24. 선고 87다카257,258 판결. 피고가 타인의 토지 위에 건립된 건물을 A에게 매도하고 퇴거하였다면 점유이전금지가처분에도 불구하고 그것을 매수하여 점유하고 있는 A가 이에 대하여 법률상, 사실상 처분할 수 있는 자라 할 것이고 피고는 이를 처분할 수 있는 지위에 있지 아니하므로 타인의 토지 위에 건립된 건물부분을 철거할 의무가 없다. → 목적물의 처분을 금지하기 위해서는 처분금지가처분으로.

〈사례연습〉 주문과 이유
〈주문〉
1. 피고 A는 원고에게
   가. 부천시 원미동 382-1 대 171.9㎡ 중 별지도면 표시 14, 15, 16, 17, 14의 각 점을 순차 연결한 선내 (가)부분 지상 목조 및 시멘트블록조 슬레이트 및 함석지붕 단층 점포 92.5㎡를 철거하고, 위 대지를 인도하고,
   나. 2,719,000원 및 2019. 6. 1.부터 위 가항 기재 대지의 인도완료일까지 월 457,000원의 비율로 계산한 돈을 지급하라.
2. 피고 B는 원고에게 위 제1의 가항 기재 건물에서 퇴거하라.
3. 원고의 피고 C에 대한 청구를 기각한다.
4. 소송비용은 원고와 피고 A 및 피고 B의 사이에서는 위 피고들이, 원고와 피고 C 사이에서는 원고가 각 부담한다.
5. 위 제1, 2항은 각 가집행할 수 있다.

〈이유〉
1. 건물철거 및 대지인도청구에 관하여
   가. 청구원인에 대한 판단
      (1) 부천시 원미동 382-1 대 171.9㎡(이하 '이 사건 대지'라 함)는 원래 피고 A의 소유였으나 이 사건 대지에 설정된 근저당권의 실행으로 원고와 소외 D가 공동으로 매수하여 2018. 11. 12. 매각대금을 완납함으로써 원고와 위 D의 공유가 되었다.
      (2) 피고 A는 위 대지상에 아무런 권원 없이 주문 제1의 가항 기재 건물(이하 '이 사건 건물'이라 함)을 소유하면서 위 대지를 점유함으로써36) 원고의 이 사건 대지 소유권 행사를 방해하고 있다.
      (3) 그렇다면 특별한 사정이 없는 한 피고 A는 공유자의 1인으로서 공유물의 보존행위로 소유권에 기한 방해배제청구권 및 소유물반환청구권을 행사하는 원고에게 이 사건 건물을 철거하고 이 사건 대지를 인도할 의무가 있다.
   나. 피고 A의 항변에 대한 판단
      (1) 피고 A는 이 사건 대지에 대하여 이 사건 건물을 위한 법정지상권을 취득하였으므로 원고의 청구에 응할 수 없다고 항변한다.
      (2) 민법 제366조의 법정지상권은 저당권의 설정당시부터 저당권의 목적이 되는 토지 위에

---

34) 대법원 1996.06.07. 자 96마27 결정.
35) 대법원 1999.03.23. 선고 98다59118 판결. 어떤 부동산에 대하여 점유이전금지가처분이 집행된 이후에 제3자가 가처분채무자의 점유를 침탈하는 등의 방법으로 가처분채무자를 통하지 아니하고 부동산에 대한 점유를 취득한 것이라면, 설령 점유를 취득할 당시에 점유이전금지가처분이 집행된 사실을 알고 있었다고 하더라도, 실제로는 가처분채무자로부터 점유를 승계받고도 점유이전금지가처분의 효력이 미치는 것을 회피하기 위하여 채무자와 통모하여 점유를 침탈한 것처럼 가장하였다는 등의 특별한 사정이 없는 한 제3자를 민사집행법 제31조 제1항에서 정한 '채무자의 승계인'이라고 할 수는 없다(대법원 2015.01.29. 선고 2012다111630 판결).

건물이 존재할 경우에 한하여 인정되며, 건물 없는 토지에 관하여 저당권이 설정된 후 저당권설정자가 그 위에 건물을 신축하였다가 담보권 실행을 위한 경매로 인하여 그 토지와 지상건물이 소유자를 달리하였을 경우에는 민법 제366조의 법정지상권이 인정되지 아니한다. 나아가 관습상의 법정지상권은 담보권실행을 위한 경매로 토지와 건물의 소유자가 달라질 경우에는 인정되지 아니한다.

  (3) 원고는 이 사건 대지에 관한 소외 E 명의의 근저당권이 실행됨으로써 이 사건 대지를 매각절차에서 취득하였고, 위 근저당권의 설정당시인 2007. 11.경에는 위 대지상에 이 사건 건물이 존재하지 아니하였으며, 피고 A가 이 사건 건물을 신축한 것은 그 이후인 2008. 6.경이므로 피고 A는 민법 제366조 또는 관습상의 법정지상권을 취득할 수가 없다.

  (4) 따라서 피고 A의 항변은 이유 없다.

2. 건물퇴거청구에 관하여

  (1) 피고 B는 이 사건 건물을 피고 A로부터 임차하여 '오라갈비'라는 상호로 식당을 운영하고 있다.

  (2) 피고 B의 이 사건 건물의 점유·사용으로 인하여 원고의 대지 소유권이 방해되고 있는 것이므로 피고 B는 소유권에 기한 방해배제를 구하는 원고에게 이 사건 건물에서 퇴거할 의무가 있다.

  (3) 피고 B가 이 사건 건물의 임차인으로서 그 건물 임차권이 이른바 대항력을 가진다고 해서 달라지지 아니한다. 건물임차권의 대항력은 기본적으로 건물에 관한 것이고 토지를 목적으로 하는 것이 아니므로 이로써 토지소유권을 제약할 수 없고, 토지에 있는 건물에 대하여 대항력 있는 임차권이 존재한다고 하여도 이를 토지소유자에 대하여 대항할 수 있는 토지사용권이라고 할 수 없다.

  (4) 증인 F의 증언에 변론 전체의 취지를 종합하면 피고 C는 위 '오라갈비' 식당의 종업원에 불과하여 이 사건 건물의 점유자가 아니므로 피고 C가 이 사건 건물의 점유자임을 전제로 이 사건 건물에서의 퇴거를 구하는 원고의 청구는 더 나아가 살펴볼 필요 없이 이유 없다.[37]

3. 부당이득반환청구에 관하여

  (1) 피고 A는 이 사건 대지를 점유·사용함으로써 이 사건 대지에 대한 사용이익을 얻고 이로 인하여 원고에게 같은 금액 상당의 손해를 가하고 있다 할 것이다.

  (2) 따라서 피고 A는 원고에게 이 사건 대지에 대한 사용이익 중 공유지분에 해당하는 1/2지분 상당의 부당이득을 반환할 의무가 있다.

  (3) 나아가 피고 A가 반환하여야 할 부당이득의 액수에 관하여 보건대, 통상의 경우 부동산의 점유·사용으로 인한 이득액은 그 부동산의 차임 상당액이라고 할 것인바, 감정인 홍범수의 차임감정결과 및 변론 전체의 취지를 종합하면, 2018. 12. 1.부터 2019. 4. 30.까지의 이 사건 대지의 차임 상당액은 4,524,000원이고, 2019. 5.의 월 차임 상당액은 914,000원이며, 그 후에도 위 차임이 같은 금액일 것으로 추인된다.

  (4) 결국 피고 A가 반환하여야 할 부당이득의 액수는 원고의 소유권 취득 후 원고가 구하는 2018. 12. 1.부터 이 사건 변론종결일에 가까운 2019. 5. 1. 현재까지 이 사건 대지의 차임

상당액 2,719,000원(5,438,000원 × 1/2) 및 2019. 6. 1.부터 매월 457,000원(914,000원 × 1/2)의 비율에 의한 금원(돈)이 된다.

4. 결론

그렇다면 원고의 피고 A, B에 대한 각 청구는 이유 있어 이를 인용하고, 피고 C에 대한 청구는 이유 없어 주문과 같이 판결한다.

〈별지 도면 생략〉

[참고 1] 물권적 청구권 관련 기초사례

〈기초사실 1〉

甲 소유의 X 토지 위에 乙이 甲의 동의나 사용승낙을 받지 않고 X 토지 위에 Y 건물을 신축하여 이 건물을 점유하고 있다.(각 문제는 상호 독립적임)

1. Y 건물의 소유권자는 누구인가?[38]
2. 甲은 A로부터 X 토지를 매수하고 대금을 전부 지급하였으나, 소유권이전등기를 넘겨오지 않은 상태이다. 甲은 등기만 넘겨오지 않았지 X 토지의 사실상의 소유자라는 이유로 乙을 상대로 Y 건물의 철거와 X 토지의 인도를 구할 수 있는가?[39]
3. A가 X 토지에 관하여 K은행 앞으로 건물의 소유를 목적으로 하는 지상권을 설정한 경우에 A는 乙을 상대로 건물철거 및 토지인도와 임료 상당의 손해배상을 청구할 수 있는가?[40]
4. 甲이 A로부터 X 토지를 매수하여 소유권이전등기를 마친 경우 甲은 乙을 상대로 어떠한 권리를 행사할 수 있는가?[41] X 토지의 소유자가 甲과 B 공동소유인 경우 甲 단독으로 위와 같은 권리를 행사할 수 있는가?[42]
5. X 토지는 甲과 乙의 공유이다. X 토지에 관하여 甲은 1/3의, 乙은 2/3의 각 공유지분을 가지고 있다. 乙이 X 토지에 임의로 Y 건물을 신축한 경우 甲은 Y 건물의 철거를 구할 수 있는가? 甲은 乙을 상대로 Y 건물의 인도를 구할 수 있는가?[43]
6. 甲은 乙을 상대로 건물철거 및 토지인도 등의 청구소송을 제기하여 소송계속 중에 X 토지를 C에게 매도하고 C 앞으로 소유권이전등기를 넘겨주었다. 이 경우에도 甲이 乙을 상대로 토지인도 등을 구할 수 있는가?[44]
7. 乙은 Y 건물을 전소유자인 D로부터 매수하였으나 미등기건물이라 乙 앞으로 소유권이전등기를 마치지 못하고 있다. 이 경우 甲은 누구를 상대로 건물철거와 토지인도를 구할 수 있는가?[45]
8. 乙은 Y 건물을 甲의 동의 없이 건축하고 미등기인 채로 丙에게 대금 1억 원에 매도하고 그 대금을 다 받은 후 丙에게 위 건물을 인도하여 주었다. 丙은 Y 건물의 일부를 丁에게 임대하여 丁이 Y 건물에서

---

36) 사회통념상 건물은 그 부지를 떠나서는 존재할 수 없는 것이고, 건물의 소유자는 <u>현실로 건물이나 그 대지를 점거하고 있지 않더라도</u>(현실적인 점유에 상관없이) 그 건물의 소유를 위하여 그 부지를 점유한다고 보아야 한다(대법원 1991.06.25. 선고 91다10329 판결). 따라서 건물에 대하여 철거를 구하는 토지소유자는 상대방이 자신의 토지에 건물을 소유한 사실을 증명하면 그 대지의 점유사실까지 증명하는 것이 된다.

37) 회사의 직원 등 점유보조자는 물권적 청구의 상대방이 될 수 없다는 것이 판례이다. 점유보조자는 점유를 하는 것이 아니고 그 회사가 점유를 하고 있는 것으로 보기 때문이다.

사업자등록을 하고 음식점 영업을 하고 있고, 종업원인 戊가 위 음식점에서 사장인 丁 대신 영업을 하고 있다. 甲은 누구를 상대로 어떠한 권리를 행사할 수 있는가?46)

9. X 토지에 대한 매각절차가 진행되어 E가 매각허가결정을 받아 매각대금을 완납한 후 Y 건물 임차인 丁을 상대로 X 토지의 인도완료일까지 X 토지의 점유·사용으로 인한 부당이득반환청구를 할 수 있는가?47)

10. Y 건물을 신축한 건축업자 F는 건축주 乙로부터 공사대금을 받지 못하자 Y 건물을 점유하여 유치권을 행사하고 있다. 甲의 X 토지 소유권에 기한 건물철거청구에 대하여 E는 유치권항변을 할 수 있는가?48)

11. 甲은 X 토지에 관하여 己와 매매계약을 체결하고 잔금을 받기 전에 己에게 X 토지를 인도해주었다. 己는 X 토지를 庚에게 매도하고 庚에게 X 토지를 인도해주었다. 甲은 庚을 상대로 X 토지 소유권에 기한 토지인도와 점유기간 동안의 임료상당의 부당이득반환을 구할 수 있는가?49)

12. 甲 소유의 X 토지를 己가 매수하여 그 토지에 대한 소유권이전등기를 마치지 않은 상태에서 己가 X 토지 지상에 Z 건물을 건축하고 그 건물을 辛에게 매도하여 辛이 그 건물을 점유·사용하고 있다. 甲이 X 토지의 소유권에 기하여 辛을 상대로 Y 건물의 철거를 구할 수 있는가?50) 甲이 辛을 상대로 Y 건물의 철거를 구하려면 어떻게 해야 하는가?51)

13. 甲은 己에게 X 토지를 매수하면서 己로부터 X 토지에 건물을 신축할 수 있도록 협조해달라는 부탁을 받고 이를 받아들여 己로부터 중도금을 지급받으면서 己에게 X 토지에 관한 사용승낙서를 작성하여 주고 己에게 X 토지를 인도하여주었다. 己가 X 토지에 Z 건물을 신축한 후 甲은 잔금을 지급하지 않고 있는 己를 상대로 Z 건물의 철거를 구할 수 있는가?52)

---

38) 乙이 자신의 비용으로 건물을 신축함으로써 신축건물의 소유권을 원시취득하는 것이고 그 건물이 토지에 부합하는 것은 아니다. Y 건물의 소유권자는 乙이다.
39) 甲이 A에게 매매대금을 전부 지급하고 소유권이전등기 소요서류를 교부받은 경우에도 甲 앞으로 소유권이전등기가 마쳐져 있지 않으면(A 명의로 등기가 남아 있으면) 甲이 사실상의 소유자라고 해도 소유권자가 될 수 없고 여전히 A가 소유자이다. 甲은 X 토지의 소유권에 기한 물권적 청구권을 행사할 수 없다(甲은 소유권자인 A를 대위하여 물권적 청구권을 대위행사할 수는 있다).
40) A가 X 토지에 대하여 지상권을 설정하여도 소유자인 A는 그 토지를 불법으로 점유하는 자에게 대하여 방해배제를 구할 수 있는 물권적 청구권이 있다. 다만, 이 사건 토지에 대하여는 K은행 앞으로 건물소유를 목적으로 지상권이 설정되어 그것이 존속하는 한 A는 그 대지소유자라 하여도 그 소유권행사에 제한을 받아 그 대지를 사용수익할 수 없고 특별한 사정이 없는 한 A는 임료 상당의 손해금을 청구할 수 없다.
41) 甲은 X 토지의 소유권에 기하여 Y 건물의 **철거**(소유물방해제거청구권)와 X 토지의 **인도**(소유물반환청구권)를 구할 수 있고, 불법점유 이후 인도완료일까지 차임 상당의 손해배상 또는 부당이득반환청구권을 행사하여 **사용이익반환**을 구할 수 있다.
42) 甲은 공유물의 보존행위로 단독으로 乙을 상대로 건물철거와 토지인도 등 물권적 청구권을 행사할 수 있으나, X 토지에 대한 사용이익 중 공유지분에 해당하는 1/2지분 상당의 부당이득반환만을 구할 수 있다.
43) 乙이 과반수 지분을 가지고 있는 경우 공유물의 관리방법으로 공유물을 배타적으로 사용·수익하기로 정할 수 있으므로 소수지분권자인 甲으로서는 乙이 점유하는 Y 건물의 인도를 구할 수 없다. 토지의 공유자는 각자의 지분비율에 따라 토지 전체를 사용·수익할 수 있으나, 그 구체적인 사용·수익방법에 관하여 공유자들 사이에 지분 과반수의 합의가 없는 이상 1인이 특정부분을 배타적으로 점유·사용할 수 없다. 따라서 공유자 중 일부가 특정부분을 배타적으로 점유·사용하고 있다면 그들은 비록 그 특정부분의 면적이 자신들의 지분 비율에 상당하는 면적 범위 내라고 하더라도 다른 공유자들 중 지분은 있으나 사용·수익은 전혀 하지 않는 공유자에 대해서는 그 공유자의 지분에 상응하는 부당이득반환의무가 있다. 과반수 지분권자로부터 특정 부분의 사용수익을 허락받은 제3자의 점유는 과반수 지분권자의 공유물관리권에 터잡은 적법한 점유이므로 이 경우 부당이득이 성립하지

제3장 부동산 인도·철거·퇴거 청구 55

〈기초사실 2〉
　甲은 X 토지의 소유자로서 X 토지 위에 Y 건물을 신축하였다. 甲은 미등기 상태의 Y 건물에 관하여 乙과 임대차계약을 체결하고 乙은 Y 건물을 인도받아 사업자등록을 하고 Y 건물에서 음식점영업을 하고 있다.
　한편, 丙은 甲으로부터 X 토지와 Y 건물을 매수하여 매매대금을 전부 지급한 후 X 토지에 대하여만 소유권이전등기를 마치고 Y 건물은 미등기인 관계로 그 등기를 마치지 못하였다. 丙에 대한 채권자 丁이 丙에 대한 집행권원을 토대로 X 토지에 대하여 강제경매를 신청하여 매각절차에서 丁이 X 토지를 매수하였다.
1. 丁은 丙을 상대로 X 토지의 소유자임을 주장하면서 X 토지의 인도와 Y 건물의 철거를 구할 수 있는가?[53]
2. 丁은 상가건물 임대차보호법상의 대항력을 갖춘 乙을 상대로 Y 건물로부터의 퇴거를 구할 수 있는가?[54]

않는다.
44) 甲이 소제기 후 변론종결 전에 부동산의 소유권을 제3자인 C에게 이전한 경우에는 불법점유자를 상대로 토지인도를 구할 권원을 상실한다. C는 甲이 제기한 소송에 **승계참가**를 할 수 있고, 甲은 **소송탈퇴**를 할 수 있으나(민소법 제81조) 이런 소송법상의 효과가 발생하는 것은 甲이 이 사건 토지의 소유권을 상실한 실체법상의 효과 때문이다.
45) 무허가 또는 미등기건물을 그 소유권의 원시취득자로부터 양도받아 점유 중에 있는 자는 비록 소유권취득등기를 하지 못하였다고 하더라도 그 권리의 범위 내에서는 점유 중인 건물을 법률상 또는 사실상 처분할 수 있는 지위에 있으므로 그 건물의 존재로 불법점유를 당하고 있는 토지소유자 甲은 위와 같은 건물점유자 乙에게 그 철거를 구할 수 있다.
46) 甲은 Y 건물을 법률상 또는 사실상 처분할 수 있는 지위에 있는 丙을 피고로 **건물철거** 및 **토지인도**를 구해야 하고, 임차인 丁을 상대로 소유권방해제거청구권으로 Y 건물에서의 **퇴거**를 구해야 한다. 임차인 丁은 자신의 임차권을 토지소유자인 甲에게는 대항할 수 없다. 종업원인 戊는 단순한 점유보조자에 불과하고 점유자에 해당하지 않으므로 피고적격자가 될 수 없다. 乙을 피고로 건물철거와 대지인도를 구할 수도 있으나, 이 경우에는 丙이 Y 건물을 점유하고 있으므로 丙도 공동피고로 해야 한다. 양창수, "타인의 토지 위에 있는 건물", 「민법산고」, 박영사(1998), p.133 참조.
47) 丁이 Y 건물을 임차하여 점유하고 있더라도 丁을 X 토지의 점유자로 볼 수는 없으므로 丁을 X 토지의 점유자임을 전제로 한 甲의 주장은 더 나아가 살필 필요 없이 이유 없다.
48) E는 Y 건물에 대한 공사대금채권자로서 건물이 아닌 X 토지 소유권자 甲에게는 유치권으로 대항할 수 없다. 유치권자의 유치권능이 미치는 것은 그의 채권과 **견련관계**가 있는 목적물에 한하고, 건물에 관한 채권에 기하여 유치권이 있다고 하여도 그 대지를 유치할 권한은 없다.
49) 己가 X 토지의 매수인으로 아직 소유권이전등기를 경료받지 아니하였다 하여도 매매계약의 이행으로 그 토지를 인도받은 때에는 甲과 己 간의 매매계약의 효력으로서 이를 점유·사용할 권리가 생기게 된 것으로 보아야 하고, 또 매수인으로부터 위 토지를 다시 매수한 자(庚)는 위와 같은 토지의 점유·사용권을 취득한 것으로 봄이 상당하므로 매도인은 매수인으로부터 다시 위 토지를 매수한 자(庚)에 대하여 토지 소유권에 기한 물권적 청구권을 행사하거나 그 점유·사용을 법률상 원인이 없는 이익이라고 하여 부당이득반환청구를 할 수는 없다(대법원 2016.07.07. 선고 2014다2662 판결).
50) 토지의 매수인이 아직 소유권이전등기를 경료받지 아니하였다 하여도 매매계약의 이행으로 그 토지를 인도받은 때에는 매매계약의 효력으로서 이를 점유·사용할 권리가 생기게 된 것으로 보아야 하고 또 매수인이 그 토지 위에 건축한 건물을 취득한 자는 그 토지에 대한 매수인의 위와 같은 점유·사용권까지 아울러 취득한 것으로 봄이 상당하므로 매도인(甲)은 매매계약의 이행으로서 인도한 토지 위에 매수인이 건축한 건물을 취득한 자(辛)에 대하여 토지소유권에 기한 물권적 청구권을 행사할 수 없다(대법원 1988.04.25. 선고 87다카1682 판결). 결국 甲은 辛을 상대로 Z 건물의 철거를 구할 수 없다.
51) 甲이 X 토지의 온전한 소유권을 행사하려면 계약해제 등으로 甲과 己 사이의 X 토지에 대한 매매계약의 효력을 상실시켜야 한다. 매매계약이 적법하게 해제되면 매수인은 그 목적물을 점유할 권원을 상실하므로 매매계약해제 사실이 甲의 재항변사유가 된다.

[참고 2] 소유물반환관계에 따른 부수적 이해의 조정

> 〈기초사실 1〉 A는 이 사건 건물을 처인 원고(甲) 명의로 취득한 다음 이를 이용하여 甲 명의로 냉장창고업을 시작하면서 그 아들인 B에게 위 사업과 관련한 실무를 담당하게 하였고, B는 위 사업을 운영하다가 위 건물 중 일부를 각 피고 乙, 피고 丙에게 임대하였다. 이에 피고 乙은 2007. 10. 9.부터, 피고 丙은 2008. 6. 1.부터 위 건물의 각 일부씩을 점유·사용하여 오던 중 위 건물이 임의경매 절차에 의하여 2010. 3. 16. 매수인인 C 명의로 소유권이전등기가 마쳐졌다.
> 이후 甲은 피고들의 이 사건 건물에 대한 각 점유가 B의 무권대리에 의한 임대차계약에 기인한 것으로서 원고에 대하여는 법률상 원인이 없는 것이므로 피고들은 각 해당 점유 부분을 명도 및 인도하고 그 점유 부분에 상응하는 부당이득을 반환할 의무가 있다는 주장을 하며 이 사건 소송을 제기하였다.

〈원심〉은 원고의 주장에 대하여 우선 **명도 및 인도청구**에 대하여는 원고가 소유권을 상실하였음을 이유로 이를 기각하고, **부당이득반환청구**에 대하여는, 피고들은 민법 제197조 제1항에 의하여 선의로 점유한 것으로 추정되고 민법 제201조 제1항에 의하면, 선의의 점유자는 점유물의 과실을 취득할 권리가 있는 것인데, 피고들의 이 사건 부동산에 대한 각 해당 부분 점유가 악의의 점유임을 인정할 증거가 없다는 이유로 원고의 위 주장을 배척하였다.

그러나 〈대법원〉은 다음과 같은 이유로 원심을 파기환송하였다.[55]

"민법 제201조 제1항에 의하면, 선의의 점유자는 점유물의 과실을 취득한다고 규정되어 있고, 민법 제197조 제1항에 의하면, 점유는 선의인 것으로 추정되도록 규정되어 있으나, 같은 조 제2항에는 선의의 점유자라도 본권에 관한 소에 패소한 때에는 그 소가 제기된 때로부터 악의의 점유자로 본다고 규정되어 있는바, 위 민법 제197조 제2항의 취지와 부당이득반환에 관한 민법 제749조 제2항의 취지 등에 비추어 볼 때, 여기서의 본권에 관한 소에는 소유권에 기하여 점유물의 인도나 명도를 구하는 소송은 물론 부당점유자를 상대로 점유로 인한 부당이득의 반환을 구하는 소송도 포함된다."

---

52) 甲의 사용승낙은 이 사건 매매계약이 유효하게 존속함을 전제로 한 부수적인 약정이라 할 것이고, 주된 계약인 이 사건 매매계약이 근의 잔금미지급을 이유로 적법하게 해제되었다면 위 사용승낙약정도 또한 실효되었다 할 것이고, 결국 甲은 X 토지의 소유권에 기하여 Z 건물의 철거를 구할 수 있다.
53) 〈참고판례〉 관습상의 법정지상권은 동일인의 소유이던 토지와 그 지상건물이 매매 기타 원인으로 인하여 각각 소유자를 달리하게 되었으나 그 건물을 철거한다는 등의 특약이 없으면 건물 소유자로 하여금 토지를 계속 사용하게 하려는 것이 당사자의 의사라고 보아 인정되는 것이므로 토지의 점유·사용에 관하여 당사자 사이에 약정이 있는 것으로 볼 수 있거나 토지 소유자가 건물의 처분권까지 함께 취득한 경우에는 관습상의 법정지상권을 인정할 까닭이 없다 할 것이어서, 미등기건물을 그 대지와 함께 매도하였다면 비록 매수인에게 그 대지에 관하여만 소유권이전등기가 경료되고 건물에 관하여는 등기가 경료되지 아니하여 형식적으로 대지와 건물이 그 소유 명의자를 달리하게 되었다 하더라도 매도인에게 관습상의 법정지상권을 인정할 이유가 없다(대법원 2002.06.20. 선고 2002다9660 전원합의체 판결).
54) 〈참고판례〉 건물임차권의 대항력은 기본적으로 건물에 관한 것이고 토지를 목적으로 하는 것이 아니므로 이로써 토지소유권을 제약할 수 없고, 토지에 있는 건물에 대하여 대항력 있는 임차권이 존재한다고 하여도 이를 토지소유자에 대하여 대항할 수 있는 토지사용권이라고 할 수는 없다. 바꾸어 말하면, 건물에 관한 임차권이 대항력을 갖춘 후에 그 대지의 소유권을 취득한 사람은 민법 제622조 제1항이나 주택임대차보호법 제3조 제1항 등에서 그 임차권의 대항을 받는 것으로 정하여진 '제3자'에 해당한다고 할 수 없다(대법원 2010.08.19. 선고 2010다43801 판결).
55) 대법원 2002.11.22. 선고 2001다6213 판결.

원고가 소유권에 기하여 피고를 상대로 부동산의 불법점유를 이유로 한 부동산반환청구 및 점유기간 동안의 부당이득반환청구를 한 경우, 부당이득반환청구에 민법 제201조 제1항, 제197조 제1항을 적용함에 있어서는, 비록 소유권에 기한 부동산반환청구가 변론종결 전에 소유권이 상실되었음을 이유로 배척된다고 하더라도, 법원으로서는 소유권 상실 이전 기간의 부당이득반환청구와 관련하여 원고의 소유권의 존부와 피고의 점유 권원의 유무 등을 가려서 그 청구의 당부를 판단하고, 원고의 부당이득 주장이 이유 있는 것으로 판단된다면 민법 제201조 제1항, 제197조 제1항에도 불구하고 적어도 그 소제기일부터는 피고의 점유를 악의로 의제하여 피고에 대하여 부당이득의 반환을 명하여야 한다.

그럼에도 원심은 피고들이 이 사건 부동산을 점유할 권원이 있는지 여부에 대하여는 아무런 판단을 하지 아니한 채 바로 피고들의 명시적인 주장도 없는 민법 제201조 제1항, 제197조 제1항을 적용하여 피고들의 과실수취권을 인정하였을 뿐 아니라, 위 민법 규정들의 적용에 있어서도 원고의 소유권에 기한 부당이득반환청구의 당부에 대하여 아무런 심리·판단을 하지 아니한 채 만연히 소제기일 이후의 부당이득반환에 대하여도 원고 청구기각의 판결을 하였으니, 이는 민법 제201조 제1항, 제197조 제1항, 제2항에 관한 법리를 오해하여 심리를 다하지 아니한 위법을 저지른 것이라 할 것이다."

> 〈기초사실 2〉 원고는 2010. 6. 22. 이 사건 자동차에 관하여 소유권이전등록을 마쳤다. 원고의 처 A는 2013. 10. 27. 자동차를 팔아준다는 중고자동차매매상사에 근무하던 B에게 속아 이 사건 자동차 및 차량 열쇠와 자동차등록증을 인도하였으나 인감증명, 도장, 위임장은 주지 않았다. B는 나머지 서류를 꾸며 '우리모터스'라는 상호로 자동차매매업체를 운영하던 C에게 팔았고, C는 2013. 10. 28. 이 사건 자동차에 관하여 소유권이전등록을 마친 후, C의 장인인 피고는 2014. 2. 3. 이 사건 자동차에 관하여 소유권이전등록을 마치고 이 사건 자동차를 점유하고 있다. 뒤늦게 이 사실을 알게 된 원고는 "이 자동차 매매는 무효이므로 자동차 소유권 이전등록을 해달라"며 피고를 상대로 소송을 냈고 1심에서 승소했다. 피고는 자신은 선의의 점유자라며 항소했고, 원고는 이에 맞서 자동차 소유권이전등록 외에도 "2014. 2.부터 현재까지 무단으로 사용한 자동차에 대한 사용료로 1일당 2만5000원씩 지급하라"고 피고의 이 사건 자동차의 점유·사용으로 인한 부당이득 반환 등을 구하는 청구를 추가하였다.

〈원심〉은 C 명의의 이 사건 자동차에 관한 소유권이전등록은 진정성립을 인정할 증거가 없는 자동차양도증명서에 기초하여 이루어진 것이고, 달리 원고와 C 사이에 이 사건 자동차에 관한 매매계약이 체결된 바도 없으므로, 이 사건 자동차에 관한 C 명의의 소유권이전등록 및 이에 기초하여 이루어진 피고 명의의 소유권이전등록은 모두 원인무효이고, 따라서 피고는 원고에게 진정명의 회복을 원인으로 이 사건 자동차에 관하여 소유권이전등록절차를 이행하고 위 자동차를 인도할 의무가 있다고 판단하고, 이 사건 자동차의 인도집행 불능에 대비하여 대상청구를 구하는 원고의 청구를 배척하였다.

원심은, 이 사건 자동차의 소유자임을 전제로 한 원고의 이 사건 자동차인도청구 등을 받아들였으나, 사용료를 줄 필요는 없다고 판결했다. 재판부는 "점유자는 소유의 의사로 선의, 평온 및 공연하게 점유한 것으로 추정되고 점유자가 점유물에 대해 행사하는 권리는 적법하게 보유한 것으로 추정된다."며 "선의의 점유자는 점유물의 과실을 취득할 수 있는데, B가 고의 또는 과실로 위법하게 이 사건 자동차를 점유하고 있다거나 B가 악의의 점유자임을 인정할만한 증거가 없다."고 밝혔다.

그러나 〈대법원〉은 다음과 같은 이유로 원심 가운데 부당이득반환청구 부분을 파기환송하였다.56)
"대상청구권은 이행불능의 효과로서 채권자의 전보배상청구권, 계약해제권과 별도로 해석상 인정되는 권리인데, 이 사건 자동차의 인도청구는 원고가 소유자임을 전제로 한 소유물반환청구권으로서 물권적 청구권의 성질을 가지므로, 채권적 청구권의 이행불능의 효과로서 인정되는 대상청구권은 인정될 여지가 없다.

선의의 점유자는 점유물의 과실을 취득하고(민법 제201조 제1항), 점유자는 선의로 점유한 것으로 추정되지만(제197조 제1항), 선의의 점유자라도 본권에 관한 소에서 패소한 때에는 그 소가 제기된 때부터 악의의 점유자로 본다(제197조 제2항). 같은 취지에서 선의의 수익자가 패소한 때에는 그 소를 제기한 때부터 악의의 수익자로 간주되고(제749조 제2항), 악의의 수익자는 그 받은 이익에 이자를 붙여 반환하고 손해가 있으면 이를 배상하여야 한다(제748조 제2항). 여기에서 '패소한 때'라고 함은 점유자 또는 수익자가 종국판결에 의하여 패소 확정되는 것을 뜻하지만, 이는 악의의 점유자 또는 수익자로 보는 효과가 그때 발생한다는 것뿐이고 점유자 등의 패소판결이 확정되기 전에는 이를 전제로 하는 청구를 하지 못한다는 의미가 아니다. 그러므로 소유자가 점유자 등을 상대로 물건의 반환과 아울러 그 권원 없는 사용으로 얻은 이익의 반환을 청구하면서 물건의 반환청구가 인용될 것을 전제로 하여 그에 관한 소송이 계속된 때 이후의 기간에 대한 사용이익의 반환을 청구하는 것은 허용된다."

> 〈기초사실 3〉 원고 소유의 토지에 대한 소유권이전등기가 적법한 원인 없이 타인에게 넘어가고 그 후 여러 사람을 쳐져 1976. 12. 20. 피고(서울특별시) 앞으로 증여를 원인으로 한 소유권이전등기가 마쳐졌다. 그 이전에 피고의 등기상 전자인 A가 위 토지를 대지로 지목변경하여 여러 필지로 분할하고 이 사건 도로를 위 분할된 토지들에게 출입하는 통로로 사용하기 위하여 도로로 지목변경한 다음 피고의 허가를 얻어 거기에다 하수관을 묻고 포장을 한 것을 피고가 A로부터 기부채납을 받은 것이다.
> 원고는 후에 이 사실을 알고 1979. 9. 8. 피고를 포함한 등기명의자들을 상대로 소유권이전등기말소청구의 소를 제기하였고, 1983. 3. 20. 원고승소판결을 받아 이 판결에 기하여 원고 명의로 소유명의를 환원하였다.
> 원고는 1985. 6. 12. 피고를 상대로 1980. 7. 1.부터 1985. 6. 30.까지의 기간에 대한 이 사건 도로의 임료상당액을 구하는 부당이득반환청구의 소를 제기하였다.

〈원심〉은 이 사건 도로에 대한 피고 명의의 소유권이전등기가 원인무효라는 이유로 말소된 이상 적어도 위 소유권이전등기말소의 소가 제기된 1979. 8. 8.부터는 악의 수익자로서 권한 없이 원고 소유의 토지를 도로로 점유·사용함으로써 그 사용기간 동안 법률상 원인 없이 이 사건 도로

---

56) 대법원 2016.07.29. 선고 2016다220044 판결.

의 미불용지로서의 임료상당액의 이익을 얻고 이로 인하여 원고에게 그 금액 상당의 손해를 가하였다고 판시하여 원고의 청구를 인용하였다.

〈대법원〉은 민법 제749조 제2항 소정의 '그 소'라 함은 부당이득을 이유로 그 반환을 구하는 소를 가리키지만 한편 민법 제197조 제2항의 규정에 의하여 토지소유권이전등기의 말소청구소송의 패소자는 승소자가 위 소송을 제기한 때로부터 위 토지에 대한 악의의 점유자로 간주된다고 판시하고 피고의 상고를 기각하였다.[57]

"민법 제749조 제2항에 의하면, 선의의 수익자가 패소한 때에는 그 소를 제기한 때부터 악의의 수익자로 본다고 규정하고 있는바 여기에 '그 소'라 함은 부당이득을 이유로 그 반환을 구하는 소를 가리킨다 함은 소론과 같다(당원 1974.07.16. 선고 74다525 판결 참조).

그러나 민법 제197조에 의하면, 점유자는 선의로 점유한 것으로 추정되지만(동조 제1항) 선의의 점유자라도 본권에 관한 소에서 패소한 때에는 그 소가 제기된 때로부터 악의의 점유자로 본다고 규정하고 있으므로(동조 제2항) 원심이 적법히 확정한 바와 같이 원고가 이 사건 토지는 원고의 소유이고 피고명의의 소유권이전등기는 원인무효의 등기라 하여 피고를 상대로 1979. 9. 8. 이 사건 토지에 관한 피고명의의 소유권이전등기의 말소청구소송을 제기한 끝에 그 소송사건이 피고의 패소로 확정되었다면 피고는 민법 제197조 제2항의 규정에 의하여 원고의 위의 소유권이전등기말소 청구소송제기시인 1979. 9. 8.부터는 이 사건 토지에 대한 악의의 점유자로 간주된다 할 것이니 원심이 같은 취지에서 피고에 대하여 위 말소청구소송제기 및 이후로서 원고가 구하는 1980. 7. 1.부터 이 사건 토지의 점유로 인한 부당이득의 반환을 명한 조처는 정당하고, 거기에 민법 제749조 제2항의 법리를 오해하였다거나 심리를 다하지 아니하여 판결에 영향을 미친 위법이 있다 할 수 없다."

[참고 3] 본권의 소에서 패소한 점유자의 사용이익반환의무

민법 제201조 제1항에 따라 선의의 점유자는 그가 수취한 과실을 반환할 의무가 없다. 여기의 과실에는 천연과실 외에 법정과실도 포함된다. 점유물 **사용이익**도 반환하지 않아도 된다. 따라서 소유권에 기한 점유물 반환청구의 경우 점유자의 선의 여부는 중요하지 않으나, 점유자가 수취한 과실 내지 사용이익 반환의 경우 점유자의 선의 여부가 중요한 의미가 있다. 그런데 점유자의 선의는 추정되므로(제197조 제1항), 그 반환을 청구하는 자가 점유자의 악의를 주장·증명해야 한다. 그런데 민법 제197조 제2항은 그 예외를 인정하여 반환청구자가 본권의 소에서 승소하면(점유자가 패소하면) 그 소가 제기된 이후에 점유물의 사용이익을 포함하여 점유자가 수취한 과실의 반환을 청구할 수 있도록 하고 있다.

대법원은 위 사건에서 민법 제749조 제2항에 따라 부당이득에 있어서 수익자가 패소하면 악의 의제가 되는 소송은 부당이득반환청구소송에 한정한다고 보면서 민법 제197조 제2항을 적용으로 악의의제가 되는 시점을 이 사건 소송 이전에 있었던 소유권이전등기말소청구소송이 제기된 때인 1997. 9. 8.로 소급시키고 있다. 이에 따라 1980. 7. 1.부터의 기간에 대한 피고의 부당이득반환을 구하는 원고의 청구를 전부 인용하고 있다.

---

57) 대법원 1987.01.20. 선고 86다카1372 판결.

그렇다면 원고가 부당이득반환을 청구하고 있는데 법원이 부당이득에 관한 민법 제749조 제2항을 적용하지 않고 점유에 관한 규정인 민법 제201조 제2항을 적용할 수 있는가? 판례는 위 양자는 일종의 **법조경합관계**로 보고 피고가 원고 소유의 물건을 점유·사용한 경우에 원고가 그 사용으로 인한 부당이득반환을 청구한 경우 제201조 제1항을 우선 적용하여 피고가 선의인 점유기간에 대하여 현존이익(제748조 제1항)에 대해서조차 반환의무가 없고, 악의인 점유기간에 대해서만 그 사용이익의 반환의무가 있는 것으로 새긴다.

결국 원고가 피고를 상대로 무효인 등기의 말소를 구하는 소를 제기하여 승소판결을 받고, 나아가 피고가 그 부동산을 점유·사용하였음을 이유로 그 사용이익의 반환을 구하는 소를 제기한 경우 피고는 위 소가 제기된 때로부터의 점유기간에 대한 사용이익 전부를 반환하여야 한다. 피고는 이 소송에서 제748조 제1항에 따라 반환의 범위가 현존이익에 한정된다거나, 제201조 제1항에 따라 선의의 점유자임을 이유로 반환의무가 없다고 하는 주장은 허용되지 않는다.

[참고 4] 쌍무계약의 청산과 부당이득반환

계약에 기하여 타인으로부터 물건을 받아 선의로 점유하다가 그 계약이 해제되거나 계약이 무효·취소된 경우의 반환문제를 살펴보자.

계약이 해제된 경우 선의의 점유자에 대한 제201조 제1항, 계약해제 후 원상회복에 관한 제548조, 선의의 부당이득자에 대한 제748조 제1항이 모두 적용될 여지가 있으나, **계약법의 우월성**이라는 관점에서 볼 때 계약해제에 관한 제548조가 우선적으로 적용되고 그 범위 내에서 제210조나 제748조는 적용되지 않는 것으로 본다.58) 판례 역시 같은 입장이다.

"**계약이 해제되면** 그 효력이 소급적으로 소멸함에 따라 그 계약상 의무에 기하여 실행된 급부는 원상회복을 위하여 부당이득으로 반환되어야 한다(민법 제548조 제1항 본문, 대법원 2008.02.14. 선고 2006다37982 판결 등 참조). 그리고 계약해제의 효과로서 원상회복의무를 규정하는 민법 제548조 제1항 본문은 부당이득에 관한 특별규정의 성격을 가지는 것으로서, 그 이익 반환의 범위는 <u>이익의 현존 여부나 청구인의 선의·악의를 불문하고 특단의 사유가 없는 한 받은 이익의 전부이다</u>(대법원 1997.12.09. 선고 96다47586 판결 등 참조)."59)

계약이 해제된 것이 아니라 무효 또는 취소된 때에는 계약해제를 규율하는 제548조가 적용될 여지가 없고, 제201조가 제748조 제1항의 특칙으로 보아 제201조가 우선적으로 적용되는 것으로 본다.60) 판례는 다음과 같이 판시한다.

"**매매계약이 무효인 때**의 매도인의 매매대금 반환 의무는 성질상 부당이득 반환 의무로서 그 반환 범위에 관하여는 <u>민법 제748조가 적용된다 할 것이고 명문의 규정이 없는 이상 그에 관한 특칙인 민법 제548조 제2항이 당연히 유추적용 또는 준용된다고 할 수 없다</u>."61)

---

58) 양창수/권영준, 권리의 변동과 구제[제2판], p.454.
59) 대법원 2014.03.13. 선고 2013다34143 판결.
60) 양창수 교수는 계약법의 보충규범으로서의 급부부당이득에 관하여 규정하는 제748조 제1항이 우선적으로 적용되는 것이 타당하다고 한다(양창수/권영준, 앞의 책, p.455 참조).
61) 대법원 1997.09.26. 선고 96다54997 판결.

"쌍무계약이 취소된 경우 선의의 매수인에게 민법 제201조가 적용되어 과실취득권이 인정되는 이상 선의의 매도인에게도 민법 제587조의 유추적용에 의하여 대금의 운용이익 내지 법정이자의 반환을 부정함이 형평에 맞다."62)

[참고 5] 점유와 사용

타인 물건을 권한 없이 점유한다는 이유만으로 당연히 차임 상당의 부당이득반환청구가 허용되는 것은 아니다. 점유와 사용은 동시에 일어나는 사태가 아니다. 타인의 토지를 무단으로 통행하는 것과 같이 점유 없는 사용도 있고, 타인의 토지에 벽을 둘러놓고 남의 출입을 막는 것과 같이 사용하지 않으면서 점유할 수도 있다.

차임 상당의 부당이득은 사용 또는 수익을 전제로 하여 인정되는 것이므로 사용 등이 없이 점유만 하는 경우에는 인정될 수 없다. 권한 없는 '점유'로 인한 부당이득이 인정되는 사례는 대부분 피고가 원고의 물건을 점유하면서 사용하는 사실관계에 대한 것이다. 이른바 침해부당이득의 경우 점유를 부당이득의 대상으로 보지 않으나, 급부부당이득의 경우 점유가 부당이득반환의 대상이 될 수 있다.

최근 대법원은 사실심의 재판 실무에서 장래의 부당이득금의 계속적·반복적 지급을 명하는 판결의 주문에 '원고의 소유권 상실일까지'라는 표시가 광범위하게 사용되고 있으나, '원고의 소유권 상실일까지'라는 기재는 이행판결의 주문 표시로서 바람직하지 않다고 판시하면서 그 이유를 다음과 같이 밝히고 있다.63)

① '원고의 소유권 상실일까지'라는 기재는 집행문 부여기관, 집행문 부여 명령권자, 집행기관의 조사·판단에 맡길 수 없고, 수소법원이 판단해야 할 사항인 소유권 변동 여부를 수소법원이 아닌 다른 기관의 판단에 맡기는 형태의 주문이다.

② '원고의 소유권 상실일까지'라는 기재는 확정된 이행판결의 집행력에 영향을 미칠 수 없는 무의미한 기재이다.

③ '원고의 소유권 상실일'은 장래의 부당이득반환의무의 '임의 이행' 여부와는 직접적인 관련이 없으므로, 이를 기재하지 않더라도 장래의 이행을 명하는 판결에 관한 법리에 어긋나지 않는다.

따라서 앞으로는 장래의 부당이득금의 계속적·반복적 지급을 명하는 장래이행의 소를 제기할 경우 청구취지는 "피고는 원고들에게 1,000만 원 및 이에 대한 소장 부본 송달 다음날부터 다 갚는 날까지 연 12%의 비율로 계산한 돈을 지급하고, 2019. 12. 2.부터 원고의 이 사건 토지에 대한 피고의 점유상실일까지 연 100만 원의 비율로 계산한 돈을 지급하라."는 형태가 될 것이다(종전에는 '이 사건 토지에 대한 소유권상실일 또는 피고의 점유상실일 중 먼저 도래하는 날까지'라고 기재하고 있었다).

---

62) 대법원 1993.05.14. 선고 92다45025 판결.
63) 대법원 2019.02.14. 선고 2015다244432 판결.

제4장 소유권이전등기 청구[1]

1 매매를 원인으로 한 소유권이전등기청구

〈기초사실〉 원고는 2020. 4. 1. 피고와 별지목록 기재 부동산에 관하여 매매대금을 1억 원으로 하는 부동산매매계약을 체결하고 계약금 1,000만 원은 계약당일, 중도금 4,000만 원은 4. 15. 잔금 5,000만 원은 4. 30. 소유권이전등기 소요서류와 상환으로 지급하기로 약정하였다.

가. 청구취지

☞ 피고는 원고에게 별지 목록 기재 부동산에 관하여 2020. 4. 1. 매매를 원인으로 한 소유권이전등기절차를 이행하라.[2]

☞ **부동산 중 일부에 관한 이전등기청구**[3] : 피고는 원고에게 별지 목록 기재 부동산 중 별지 도면 표시 1,2,3,4,5,1의 각 점을 순차로 연결한 선내 ㉮ 부분 150㎡에 관하여 2020. 4. 1. 매매를 원인으로 한 소유권이전등기절차를 이행하라.[4]

☞ **피고가 공동상속인인 경우** : 원고에게, 별지 목록 기재 부동산 중 피고 A는 3/5 지분에 관하여, 피고 B는 2/5 지분에 관하여[5] 각 2020. 4. 1. 매매를 원인으로 한 소유권이전등기절차를 이행하라.

---

1) 의사의 진술을 명하는 판결의 경우 상세는 본서 [2] 강제이행과 의사표시청구 참조. 소유권이전등기 외에 소유권보존등기절차의 이행을 구하는 경우 소의 이익이 없어 각하된다(미등기부동산의 경우 등기권리자 단독으로 소유권보존등기신청이 가능하다).
2) 이전등기청구의 경우에는 등기의 종류와 내용, 등기원인과 연월일을 명시해야 한다. 등기원인은 처분권주의원칙상 당사자가 주장한 내용에 구속된다. 말소등기청구의 경우 등기원인의 기재를 하지 않는 것과 구별된다.
3) 토지 일부 매수인이 임의로 토지 전부에 관한 등기를 마친 경우 매수하지 않은 부분에 관한 등기는 무효이다. 1필지의 토지 중 일부를 매도하면서 토지가 등기부상 분할되어 있지 아니하였던 관계로 전부에 관하여 매도인으로부터 매수인에게 소유권이전등기가 경료된 경우, 매도인이 매수인에게 매도하지 아니하였던 토지 부분에 관하여는 특별한 사정이 없는 한 두 사람 사이에 명의신탁관계가 성립된 것으로 본다(대법원 2010.02.11. 선고 2009다40264 판결).
4) 1필의 토지 일부에 대한 이전등기청구의 경우 매수인은 승소 확정판결 후 매도인의 등기신청권을 대위행사하여 얼마든지 단독으로 분필등기를 마칠 수 있으므로 매도인을 상대로 소유권이전등기청구를 하는 것에 추가하여 분필등기를 청구하는 것은 소의 이익이 없어 부적법하다.
5) 피고별로 상속분을 특정해야 한다.

☞ **매매대금지급과의 동시이행을 구하는 경우**[6] : 피고는 원고로부터 1억 원을 지급받음과 동시에 원고에게 별지목록 기재 부동산에 관하여 2020. 4. 1. 매매를 원인으로 한 소유권이전등기절차를 이행하라.

☞ **채권자대위권을 행사하는 경우**[7] : 별지목록 기재 부동산에 관하여
1. 피고 A는 피고 B에게 2020. 2. 1. 매매를 원인으로 한,
2. 피고 B는 원고에게 2020. 7. 1. 매매를 원인으로 한
각 소유권이전등기절차를 이행하라.

나. 요건사실

❶ **매매계약 체결 사실**[8] : 원고(매수 당사자)는 2020. 4. 1.(계약일시) 피고(매도 당사자)와 별지목록 기재 부동산(목적물)에 관하여 매매대금을 1억 원(매매대금)으로 하는 부동산매매계약을 체결한 사실[9]

☞ **매매예약**을 체결한 경우 그 예약은 일방예약으로 추정되므로 원고로서는 매도인과의 매매예약체결사실과 매매예약완결의 의사표시를 한 사실을 주장·증명함으로써 매매예약체결사실을 대신할 수 있다.[10]

☞ **채권자대위권에 기한 소유권이전등기청구** : 乙은 2020. 2. 1. 丙으로부터 X 토지를 1억 원에 매수하고, 甲은 2020. 4. 1. 乙로부터 X 토지를 1억 2,000만 원에 매수한 경우, 甲은 乙에 대하여 2020. 4. 1. 매매를 원인으로 한 소유권이전등기절차이행청구권이 있고, 甲은 이 청구권을 보전하기 위하여 乙의 丙에 대하여 2020. 2. 1. 매매를 원인으로 한 소유권이전등기절차이행청구의 소를 제기할 수 있다.

〈청구취지〉 피고 丙은 乙(-   , 주소   )에게 X 토지에 관하여 2020. 2. 1. 매매를 원인으로 한 소유권이전등기절차를 이행하라.

---

6) 원고가 처음부터 동시이행판결을 구하는 경우 또는 피고의 동시이행항변이 정당하다고 인정되는 경우 원고가 반대의 의사표시를 하지 않는 한 원고의 청구를 기각하지 않고 동시이행판결을 선고한다. 원고의 단순이행청구에 대하여 동시이행판결을 하는 경우에는 '원고의 나머지 청구를 기각한다.'는 주문이 필요하다.
7) A → B → 원고에게 순차 매도했으나 등기명의가 A에게 있는 경우 각 매매당사자 전원에게 중간생략등기의 합의가 없는 한 원고는 B, A를 상대로 순차로 각 이전등기절차의 이행을 구할 수 있다(통상공동소송, 별소도 가능). 피대위자인 채무자가 피고로 되지 않은 경우에는 채무자를 특정하여야 한다. ☞ 피고는 소외 A(661123-1023456, 주소 : 서울 이하 생략)에게 별지 목록 기재 부동산에 관하여 2020. 4. 1. 매매를 원인으로 한 소유권 이전등기절차를 이행하라.
8) 등기청구권을 발생시키는 매매, 증여, 명의신탁해지, 대물변제 약정, 매매예약완결권 행사 등의 개별적 요건사실을 주장·증명하여야 한다.
9) 매매경위, 장소, 목적물이 매도인 소유라는 사실은 요건사실이 아니고, 대금지급사실도 피고가 동시이행항변을 할 경우 재항변사실이므로 요건사실이 아니다.
10) 매매예약완결의 의사표시는 소장부본의 송달로도 할 수 있다.

다. 주요 항변

(1) 동시이행 항변

대금잔액이 있음(반대의무의 발생사실)을 주장·증명만 하면 됨.11)12)

⇨ (원고의) **재항변** : 반대의무의 이행기가 도래하지 않은 사실 또는 잔금의 지급 또는 이행제공의 계속을 주장·증명

※ 동시이행할 원고의 채무(잔금지급채무)에 관하여 반소가 제기되어 본소청구(소유권이전등기청구)와 반소청구(잔금지급청구)가 모두 인용되는 경우에는 본소와 반소 양쪽 주문에 모두 동시이행의 내용을 표시하여야 각 청구에 기판력이 생긴다.

> 〈주문 예시〉
> 1. 본소피고(반소원고)는 본소원고(반소피고)로부터 5,000만 원을 지급받음과 동시에 본소원고(반소피고)에게 별지목록 기재 부동산에 관하여 2020. 4. 1. 매매를 원인으로 한 소유권이전등기절차를 이행하라.
> 2. 본소원고(반소피고)는 본소피고(반소원고)로부터 별지목록 기재 부동산에 관하여 2020. 4. 1. 매매를 원인으로 한 소유권이전등기절차를 이행받음과 동시에 본소피고(반소원고)에게 5,000만 원을 지급하라.
> 3. 본소원고(반소피고)의 나머지 본소청구와 본소피고(반소원고)의 나머지 반소청구를 각 기각한다.

(2) (가)압류 항변 :

원고의 소유권이전등기청구권을 제3자가 (가)압류하였다는 항변13)

→ 가압류결정 집행 해제조건부 이전등기청구로 청구변경

☞ **변경된 청구취지** : 피고는 별지목록 기재 부동산에 관하여 원고와 소외 A 사이의 서울중앙지방법원등기국 2020. 4. 15.자 2020카합1234 소유권이전등기청구권 가압류결정에 의한 집행이 해제되면 원고에게 2020. 4. 1. 매매를 원인으로 한 소유권이전등기절차를 이행하라.

(3) (대금 미지급을 원인으로 한) 계약해제 항변

> ❶ 이전등기의무의 이행제공을 계속하였다는 사실(원고가 채무이행을 지체한 사실)14)
> ❷ 상당한 기간을 정해 최고한 사실(채무자가 미리 이행하지 아니할 의사를 표시하거나 최고 불요 특약 있으면 최고사실 필요 없음)
> ❸ 잔금을 지급받지 못한 사실
> ❹ 해제통지를 한 사실(해제의 의사표시가 상대방에게 도달한 사실)

---

11) 청구원인 단계에서 매매계약체결사실이 주장되어 있는 경우라면 반대의무 발생사실을 별도로 주장할 필요는 없고 동시이행항변권을 행사한다는 의사표시만 있으면 족하다.
12) 부동산 매수인이 선이행하여야 할 중도금의 지급을 하지 아니한 채 잔금지급기일을 경과한 경우에는 다른 약정이 없는 한 매수인의 미지급 중도금과 이에 대한 그 지급기일 다음날부터 잔금 지급기일까지의 지연손해금 및 잔금지급의무는 매도인의 소유권이전등기의무 등과 동시이행관계에 있다.
13) 매매 목적물이 가압류·가처분되었다는 항변은 할 수 없다.
14) 매도인이 매수인이 잔금지급을 하지 않아 잔금지급을 최고하여 7일 이내에 잔금이행이 없으면 매매계약은 해제된다고 통고하였으며 다시 내용증명으로 해제통보를 하였다고 하더라도 매도인이 목적 부동산에 관한 소유권이전에 필요한 서류를 이행 제공하였다는 점을 주장·증명하지 않는 이상 계약해제의 효과가 발생하지 않는다.

⇨ **원고의 재항변** : 채무불이행에 귀책사유가 없었던 사실, 채무이행이 불가능한 사실, 피고가 해제권을 행사하기 전에 원고가 채무내용에 좇은 이행을 한 사실 등

[참고]
(1) 매매대금채권이 가압류된 사실은 채무자의 귀책사유에 대한 유효한 항변이 될 수 없다.15)
(2) 채무자가 공탁에 의해 채무를 면하려면 채무액 **전부**를 공탁하여야 한다.16)
(3) 농지매매의 경우 농지취득자격 구비여부는 청구인용 여부에 영향을 줄 수 없다.17)
(4) 토지거래허가구역 내에서의 토지거래계약의 경우 허가를 구비하기 전에는 이전등기를 구할 수는 없으나, 토지거래허가신청절차의 이행을 구할 수 있다.

2 취득시효완성으로 인한 소유권이전등기청구18)

〈시효주장 형태〉
☞ 점유취득시효 완성 시 점유자가 〈원고〉가 되어 소유권이전등기를 구하는 경우 → '시효완성 당시의 점유자'(원고)가 '시효완성 당시의 소유자'(피고)를 상대로 청구하여야 한다(채권적 청구권).19)
☞ 토지소유자의 토지인도청구에 대하여 점유자가 〈피고〉가 되어 **취득시효항변**을 하거나(실체관계부합 항변), 반소로 **취득시효완성**을 원인으로 소유권이전등기를 청구하는 경우

가. 청구취지

☞ 피고는 원고에게 별지 목록 기재 부동산에 관하여 2018. 4. 1. 취득시효완성을 원인으로 한 소유권이전등기절차를 이행하라.
☞ **토지 일부에 대한 시효취득의 경우** : 피고는 원고에게 별지 목록 기재 토지 중 별지 도면 표

---

15) **채권의 가압류**는 제3채무자에 대하여 채무자에게 지급하는 것을 금지하는 데 그칠 뿐 채무 그 자체를 면하게 하는 것이 아니고, 가압류가 있다 하여도 그 채권의 이행기가 도래한 때에는 제3채무자는 그 지체책임을 면할 수 없다(대법원 2004.07.09. 선고 2004다16181 판결). 채권가압류가 있는 경우 제3채무자는 민법 제487조 또는 민사집행법 제291조, 제248조 제1항의 규정에 의하여 공탁을 함으로써 이중변제의 위험에서 벗어날 수 있다.
16) **일부공탁**은 그 부분에 관하여서도 효력이 생기지 않으나, 채권자가 공탁금을 채권의 일부에 충당한다는 유보의 의사표시를 하고 이를 수령한 때에는 그 공탁금은 채권의 일부의 변제에 충당되고, 그 경우 유보의 의사표시는 반드시 명시적으로 하여야 하는 것은 아니다(대법원 2014.08.20. 선고 2014다30650 판결).
17) 농지법 제8조 제1항 소정의 농지취득자격증명은 농지를 취득하는 자가 그 소유권에 관한 등기를 신청할 때에 첨부하여야 할 서류로서(농지법 제8조 제4항), 농지를 취득하는 자에게 농지취득의 자격이 있다는 것을 증명하는 것일 뿐 농지취득의 원인이 되는 법률행위의 효력을 발생시키는 요건은 아니라고 할 것이므로 농지에 관한 소유권이전등기청구소송에서 비록 원고가 사실심 변론종결시까지 농지취득자격증명을 발급받지 못하였다고 하더라도 피고는 자신의 소유권이전등기의무가 이행불능임을 내세워 원고의 청구를 거부할 수 없다(대법원 2006.01.27. 선고 2005다59871 판결).
18) 소유권 이외의 물권 역시 기간만 다를 뿐 채권과 마찬가지로 소멸시효에 걸리고(민법 제162조 제2항) 소유권도 취득시효 완성에 따라 소멸할 수 있다(대법원 2018.07.19. 선고 2018다22008 전원합의체 판결).
19) 원고가 자신이 토지를 점유하기 전에 취득시효가 완성되었다고 주장하면서 **직접** 자기에게 취득시효완성 원인으로 한 소유권이전등기청구를 한 경우 → **청구기각**(주장 자체로 이유 없음) 〈전 점유자 대위 청구로〉

시 1,2,3,4,1의 각 점을 순차로 연결한 선내 (가)부분 100㎡에 관하여 2018. 4. 1. 취득시효완성을 원인으로 한 소유권이전등기절차를 이행하라.

나. 청구원인(요건사실)

〈점유취득시효〉
● 당해 부동산을 20년간 점유한 사실[20]

☞ 원고는 1995. 4. 1.경 이 사건 토지를 점유하였고, 현재까지 이 사건 토지를 점유하였으므로 20년간 계속하여 이 사건 토지를 점유하였던 것으로 추정되고(민법 제198조), 또한 원고의 점유는 소유의 의사로 평온, 공연하게 점유한 것으로 추정된다(민법 제197조).[21]

☞ 부동산 소유명의자의 점유는 취득시효의 기초가 되는 점유라고 할 수 없고, 다만 그 상태에서 다른 사람 명의로 소유권이전등기가 되는 등으로 소유권의 변동이 있는 때에 비로소 취득시효의 요건인 점유가 개시된다.[22]

〈등기부취득시효〉
❶ 특정한 부동산에 관하여 10년간 소유자로 등기되어 있는 사실[23]
❷ 과실 없이 점유를 개시한 사실(이미 등기가 되었기 때문에 별도의 등기청구권 문제는 발생하지 않음)[24]

---

20) 자주·평온·공연점유 및 점유계속은 추정되므로 **당해 부동산을 20년간 점유한 사실만 주장·증명하면 되고**, 상대방이 항변으로 그 반대의 점유 즉, 他主, 폭력, 또는 隱祕점유에 대한 주장책임을 부담한다. 대법원 2000.03. 16. 선고 97다37661 전원합의체 판결 : 토지의 매수인이 매매계약에 의하여 목적 토지의 점유를 취득한 경우 설사 그것이 타인의 토지의 매매에 해당하여 그에 의하여 곧바로 소유권을 취득할 수 없다고 하더라도 그것만으로 매수인이 점유권원의 성질상 소유의 의사가 없는 것으로 보이는 권원에 바탕을 두고 점유를 취득한 사실이 증명되었다고 단정할 수 없을 뿐만 아니라, 매도인에게 처분권한이 없다는 것을 잘 알면서 이를 매수하였다는 등의 다른 특별한 사정이 입증되지 않는 한, 그 사실만으로 바로 그 매수인의 점유가 소유의 의사가 있는 점유라는 추정이 깨어지는 것이라고 할 수 없고, 민법 제197조 제1항이 규정하고 있는 점유자에게 추정되는 소유의 의사는 사실상 소유할 의사가 있는 것으로 충분한 것이지 반드시 등기를 수반하여야 하는 것은 아니므로 등기를 수반하지 아니한 점유임이 밝혀졌다고 하여 이 사실만 가지고 바로 점유권원의 성질상 소유의 의사가 결여된 타주점유라고 할 수 없다.
21) 물건의 점유자는 소유의 의사로 점유한 것으로 추정된다(민법 제197조 제1항). 따라서 점유자가 취득시효를 주장하는 경우 스스로 소유의 의사를 증명할 책임은 없고, 그 점유자의 점유가 소유의 의사가 없는 점유임을 주장하여 **취득시효의 성립을 부정하는 자에게 그 증명책임이 있다**(대법원 2017.12.22. 선고 2017다360,377 판결).
22) 대법원 2016.10.27. 선고 2016다224596 판결.
23) 민법 제245조 제2항이 정한 등기부취득시효의 요건인 '부동산의 소유자로 등기한 자'에서 말하는 등기는 적법·유효한 등기일 필요는 없고 무효의 등기라도 관계없다(대법원 2015.02.12. 선고 2013다215515 판결).
24) 등기부취득시효가 인정되려면 점유의 개시에 과실이 없어야 하는데, 무과실에 관한 증명책임은 시효취득을 주장하는 사람에게 있다. 부동산을 매수하는 사람으로서는 매도인에게 그 부동산을 처분할 권한이 있는지 여부를 조사하여야 하므로, 이를 조사하였더라면 매도인에게 처분권한이 없음을 알 수 있었음에도 불구하고 그러한 조사를 하지 않고 매수하였다면 그 부동산의 점유에 대하여 과실이 있다고 보아야 한다. 매도인이 등기부상의 소유명의자와 동일인인 경우에는 일반적으로는 등기부의 기재가 유효한 것으로 믿고 매수한 사람에게 과실이 있다고 할 수 없을 것이다. 그러나 만일 등기부의 기재 또는 다른 사정에 의하여 매도인의 처분권한에 대하여 의심할 만한 사정이 있거나, 매도인과 매수인의 관계 등에 비추어 매수인이 매도인에게 처분권한이 있는지 여부를 조사하였더라면 별다른 사정이 없는 한 그 처분권한이 없음을 쉽게 알 수 있었을 것으로 보이는 경우에는, 매수인이

[참고]
(1) 점유취득시효완성을 원인으로 한 소유권이전등기청구의 상대방 : 시효완성 당시의 소유자 → 시효완성 당시의 소유권보존등기 또는 이전등기가 무효인 경우 시효취득자는 소유자를 대위하여 위 무효등기의 말소를 구하고 다시 위 소유자를 상대로 취득시효완성을 이유로 한 소유권이전등기를 구해야 함.[25]
(2) 점유개시의 기산점은 시효의 기초가 되는 점유로 간접사실 : 원칙적으로 고정시설, 예외적으로 권리변동이 없는 경우에만 역산설[26]
→ 원고는 점유기간의 기산점을 임의로 선택할 수 없고 현실적으로 점유를 개시한 시점을 확정하여 그때부터 20년의 기간을 기산하여야 함.
→ 점유기간의 기산점에 대한 자백은 법원이나 당사자를 구속하지 않음(소멸시효 기산점과 다름).
(3) 전 점유자의 점유기간만으로는 시효가 완성되지 않는 경우 점유의 승계와 점유개시 시기 선택권[27] : 점유가 순차로 승계된 경우 원고는 자기의 점유만을 주장하거나 또는 자기의 점유와 전 점유자의 점유를 아울러 주장할 수 있는 선택권이 있으나, 그러한 경우에도 점유의 개시시기를 전 점유자의 점유기간 중의 임의시점을 택하여 주장할 수 없음.[28]
(4) 20년 점유사실의 증명 : 원고가 20년간 계속하여 점유하여 온 사실을 증명할 수도 있고, 특정

매도인 명의로 된 등기를 믿고 매수하였다 하여 그것만으로 과실이 없다고 할 수 없다(대법원 2017.12.13. 선고 2016다248424 판결).

[25] 점유취득시효완성을 원인으로 한 소유권이전등기청구는 시효완성 당시의 소유자를 상대로 하여야 하므로 시효완성 당시의 소유권보존등기 또는 이전등기가 무효라면 원칙적으로 그 등기명의인은 시효취득을 원인으로 한 소유권이전등기청구의 상대방이 될 수 없고, 이 경우 시효취득자는 소유자를 대위하여 위 무효등기의 말소를 구하고 다시 위 소유자를 상대로 취득시효완성을 이유로 한 소유권이전등기를 구하여야 한다(대법원 2005.05.26. 선고 2002다43417 판결). 다만 시효취득자가 사정명의인 또는 그 상속인을 찾을 수 없어 취득시효완성을 원인으로 하는 소유권이전등기에 의하여 소유권을 취득하는 것이 사실상 불가능하게 된 경우, 시효취득자는 취득시효완성 당시 진정한 소유자는 아니지만 소유권보존등기명의를 가지고 있는 자에 대하여 직접 취득시효완성을 원인으로 하는 소유권이전등기를 청구할 수 있다.

[26] 취득시효 기간의 계산에 있어 그 점유 개시의 기산일은 임의로 선택할 수 없으나, 소유자에 변경이 없는 경우에는 취득시효 완성을 주장할 수 있는 시점에서 보아 그 기간이 경과된 사실만 확정되면 된다(대법원 1998.04.14. 선고 97다44089 판결).

[27] 전 점유자의 점유를 승계한 자는 그 점유 자체와 하자만을 승계하는 것이지 그 점유로 인한 법률효과까지 승계하는 것은 아니므로 부동산을 취득시효기간 만료 당시의 점유자로부터 양수하여 점유를 승계한 현 점유자는 자신의 전 점유자에 대한 소유권이전등기청구권을 보전하기 위하여 전 점유자의 소유자에 대한 소유권이전등기청구권을 대위행사할 수 있을 뿐, 전 점유자의 취득시효 완성의 효과를 주장하여 직접 자기에게 소유권이전등기를 청구할 권원은 없다(대법원 1995.03.28. 선고 93다47745 전원합의체 판결).

[28] 취득시효의 기초가 되는 점유가 법정기간 이상으로 계속되는 경우, 취득시효는 그 기초가 되는 점유가 개시된 때를 기산점으로 하여야 하고 취득시효를 주장하는 사람이 임의로 기산일을 선택할 수는 없으나, 점유가 순차 승계된 경우에 있어서는 취득시효의 완성을 주장하는 자는 자기의 점유만을 주장하거나 또는 자기의 점유와 전 점유자의 점유를 아울러 주장할 수 있는 선택권이 있으며, 전 점유자의 점유를 아울러 주장하는 경우에도 어느 단계의 점유자의 점유까지를 아울러 주장할 것인가도 이를 주장하는 사람에게 선택권이 있고, 다만 전 점유자의 점유를 아울러 주장하는 경우에는 그 점유의 개시시기를 어느 점유자의 점유기간 중의 임의의 시점으로 선택할 수 없는 것인바, 이와 같은 법리는 반드시 소유자의 변동이 없는 경우에만 적용되는 것으로 볼 수 없다(대법원 1998.04.10. 선고 97다56822 판결).

시점에서의 점유와 그로부터 20년 후의 특정시점에서의 점유만을 증명하고 그 사이의 점유는 민법 제198조에 의하여 점유계속을 추정받을 수 있음.
(5) 상속에 의해 점유권을 취득한 경우[29]

다. 주요 항변

(1) 타주점유 및 타주점유로의 전환 : 임대차, 명의수탁자, 악의의 무단점유[30] 등 권원의 성질상 소유자로 볼 수 없는 특별한 사유와 경험칙상 소유자로 볼 수 없는 특별한 사유[31]
→ 타주점유사실 자체가 주요사실이고, 점유의 권원이나 외형적·객관적 사정은 간접사실.[32]
→ 무단점유의 경우 점유개시 당시에 소유권취득의 원인이 될 수 있는 법률행위 기타 법률요건의 부존재(객관적 요건) + 점유자가 그와 같은 법률행위나 법률요건이 없다는 사실을

---

[29] 상속에 의하여 점유권을 취득한 경우에는 상속인이 새로운 권원에 의하여 자기 고유의 점유를 시작하지 않는 한 피상속인의 점유를 떠나 자기만의 점유를 주장할 수 없고, 선대의 점유가 타주점유인 경우 선대로부터 상속에 의하여 점유를 승계한 자의 점유도 그 성질 내지 태양을 달리하는 것이 아니어서 특단의 사정이 없는 한 그 점유가 자주점유로 될 수 없고, 그 점유가 자주점유가 되기 위하여는 점유자가 소유자에 대하여 소유의 의사가 있는 것을 표시하거나 새로운 권원에 의하여 다시 소유의 의사로써 점유를 시작하여야 한다(대법원 2008.07.10. 선고 2007다12364 판결).

[30] 대법원 2019.07.10. 선고 2018다299099 판결 : 부동산의 점유권원의 성질이 분명하지 않을 때에는 민법 제197조 제1항에 의하여 점유자는 소유의 의사로 점유한 것으로 추정되고, 점유자가 스스로 매매 또는 증여와 같이 자주점유의 권원을 주장하였으나 이것이 인정되지 않는 경우에도 그러한 사유만으로 자주점유의 추정이 번복된다거나 그 점유가 타주점유로 되는 것이 아니다. 또한 점유자의 점유가 소유의 의사 있는 자주점유인지 아니면 소유의 의사 없는 타주점유인지의 여부는 점유 취득의 원인이 된 권원의 성질이나 점유와 관계있는 모든 사정에 의하여 외형적·객관적으로 결정되어야 하기 때문에 점유자가 성질상 소유의 의사가 없는 것으로 보이는 권원에 바탕을 두고 점유를 취득한 사실이 증명되었거나, 점유자가 타인의 소유권을 배제하여 자기의 소유물처럼 배타적 지배를 하려는 의사를 가지고 점유하는 것으로 볼 수 없는 객관적 사정, 즉 점유자가 진정한 소유자라면 통상 취하지 아니할 태도를 나타내거나 소유자라면 당연히 취했을 것으로 보이는 행동을 취하지 아니한 경우 등 외형적·객관적으로 보아 점유자가 타인의 소유권을 배척하고 점유할 의사를 갖고 있지 아니하였던 것이라고 볼 만한 사정이 증명된 경우에 한하여 그 추정은 깨어지는 것이다. 한편 공유토지는 공유자 1인이 그 전부를 점유하고 있다고 하여도 다른 특별한 사정이 없다면 그 권원의 성질상 다른 공유자의 지분비율의 범위 내에서는 타주점유라고 볼 수밖에 없지만, 공유자들이 분할 전 토지의 전체면적 중 각 점유 부분을 구분소유하게 된다고 믿고서 그 각 점유 부분의 대략적인 면적에 해당하는 만큼의 지분에 관하여 소유권이전등기를 경료받은 경우에는, 등기부상 공유자들이 각 토지의 일부 공유자로 되어 있다고 하더라도 그들의 점유가 권원의 성질상 타주점유라고 할 수는 없다.

[31] 예컨대, 피고의 아버지인 A가 1998. 5. 1.경부터 이 사건 토지를 점유하여 오다가 2014. 6. 1. 사망하자 피고가 그 점유를 승계하여 현재까지 이를 계속 점유하고 있는 경우, A가 1998. 5. 1.경 원고와 사이에 이 사건 토지를 A가 무상으로 사용하되 원고가 요구할 때에는 언제든지 원상복구하기로 약정하고 원고로부터 이 사건 토지를 인도받았다면, 이는 점유자가 점유권원의 성질상 소유의 의사가 없는 것으로 보이는 권원에 바탕을 두고 점유를 취득한 경우에 해당하고, 상속인은 피상속인의 점유의 권원의 성질을 그대로 승계하는 것이므로 이로써 위 자주점유의 추정은 깨어진 것으로 볼 수 있다.

[32] 토지의 점유자가 소유자를 상대로 매매를 원인으로 한 소유권이전등기청구소송을 제기하였다가 패소하고 그 판결이 확정된 경우(대법원 2009.12.10. 선고 2006다19177 판결), 점유의 시초에 자신의 토지에 인접한 타인 소유의 토지를 자신 소유 토지의 일부로 알고서 점유하게 된 자는 나중에 그 토지가 자신 소유의 토지가 아니라는 점을 알게 되었다거나 지적측량 결과 경계 침범 사실이 밝혀지고 그로 인해 상호분쟁이 있었다고 하더라도 그러한 사정만으로 그 점유가 타주점유로 전환되는 것은 아니다(대법원 2013.09.13. 선고 2013다43666,43673 판결). 그러나 부동산을 다른 사람에게 매도하여 그 인도의무를 지고 있는 매도인의 점유는 특별한 사정이 없는 한 타주점유로 변경된다(대법원 2004.09.24. 선고 2004다27273 판결).

잘 알고 있어야 함(주관적 요건)〈객관적 요건에 의하여 주관적 요건이 추정되지 않음〉33)
→ 처분권한 없는 자 또는 무효인 법률행위에 기하여 점유를 취득한 악의의 점유자도 악의의 무단점유자와 같이 취급함.
→ 매매 대상 토지의 실제면적이 공부상 면적을 상당히 초과하는 경우 그 초과부분에 대한 점유34)

(2) 점유의 중단35) · 상실 주장36)
(3) 강폭(평온성이 없었다) · 은비(공연성이 없었다)의 점유
(4) 취득시효 중단 항변(제247조 제2항)37) : 재판상 청구,38) 가처분,39) 승인

---

33) 대법원 2019.10.31. 선고 2019다213368,213375 판결. 점유자는 소유의 의사로 선의, 평온 및 공연하게 점유한 것으로 추정되므로(민법 제197조 제1항), 점유자가 취득시효를 주장할 때 자신이 소유의 의사로 점유하였음을 증명할 책임은 없고, 오히려 점유가 소유의 의사로 이루어진 것이 아님을 주장하여 점유자의 취득시효의 성립을 부정하려는 사람이 증명책임을 부담하는 것이 원칙이다. 그런데 점유자의 점유가 소유의 의사 있는 자주점유인지는 점유자의 내심의 의사에 의하여 결정할 것은 아니고 점유취득의 원인이 된 권원의 성질이나 점유와 관계있는 모든 사정에 비추어 외형적·객관적으로 결정하여야 할 문제이므로, 점유자가 점유 개시 당시에 소유권 취득의 원인이 될 수 있는 법률행위 기타 법률요건이 없이 그와 같은 법률요건이 없다는 사실을 잘 알면서 다른 사람 소유의 부동산을 무단으로 점유한 것이라면 특별한 사정이 없는 한 점유자는 타인의 소유권을 배척하고 점유할 의사를 갖고 있지 않다고 보아야 하고, 이로써 소유의 의사가 있는 점유라는 추정은 깨어진 것이다(대법원 2000.03.16. 선고 97다37661 전원합의체 판결). 이러한 법리는 국가나 지방자치단체가 점유하는 경우에도 적용된다. 국가나 지방자치단체가 자신의 부담이나 기부의 채납 등 국유재산법 또는 지방재정법 등에 정한 공공용 재산의 취득절차를 밟거나 소유자들의 사용승낙을 받는 등 토지를 점유할 수 있는 일정한 권원 없이 사유토지를 점유·사용하였다면 특별한 사정이 없는 한 자주점유의 추정은 깨어진다. 다만 국가나 지방자치단체가 취득시효의 완성을 주장하는 토지의 취득절차에 관한 서류를 제출하지 못하고 있다 하더라도 점유의 경위와 용도 등을 감안할 때 국가나 지방자치단체가 점유 개시 당시 공공용 재산의 취득절차를 거쳐서 적법하게 소유권을 취득하였을 가능성을 배제할 수 없다고 보이는 경우에는 국가나 지방자치단체가 소유권 취득의 법률요건이 없이 그러한 사정을 잘 알면서 무단점유한 것임이 증명되었다고 보기 어려우므로 자주점유의 추정은 깨어지지 않는다고 보는 것이 옳다(대법원 2017.09.07. 선고 2017다228342 판결; 대법원 2019.10.17. 선고 2019다236620 판결).

34) 통상 부동산을 매수하려는 사람은 매매계약을 체결하기 전에 그 등기부등본이나 지적공부 등에 의하여 소유관계 및 면적 등을 확인한 다음 매매계약을 체결하므로 매매대상 토지의 면적이 공부상 면적을 상당히 초과하는 경우에는 계약 당사자들이 이러한 사실을 알고 있었다고 보는 것이 상당하며, 그러한 경우에는 매도인이 그 초과 부분에 대한 소유권을 취득하여 이전하여 주기로 약정하는 등의 특별한 사정이 없는 한 그 초과 부분은 단순한 점용권의 매매로 보아야 할 것이므로 그 점유는 권원의 성질상 타주점유에 해당하고, 이러한 법리는 1필의 토지의 일부를 특정하여 매수하면서 편의상 그 전체에 관하여 공유지분등기를 마쳐두었는데, 그 실제 점유 면적이 등기부상 지분비율에 따라 환산한 면적을 상당히 초과하는 경우에도 마찬가지로 적용된다(대법원 2011.09.08. 선고 2010다35367 판결).

35) 원고가 20년간의 계속 점유사실 자체를 직접 증명한 경우에는 점유 중단에 관한 피고의 주장은 부인에 불과하나, 원고가 청구원인 단계에서 양 시점 사이의 점유를 증명하여 민법 제198조에 의한 점유의 계속을 추정받는 경우 그 사이 점유가 중단 또는 상실되었다는 사실은 상대방이 주장·증명책임을 지는 항변사유가 된다.

36) 부동산을 20년간 소유의 의사로 평온·공연하게 점유한 자는 민법 제245조 제1항에 의하여 점유부동산에 관하여 소유자에 대한 소유권이전등기청구권을 취득하고, 점유자가 취득시효기간의 만료로 일단 소유권이전등기청구권을 취득한 이상, 그 후 점유를 상실하였다고 하더라도 이를 시효이익의 포기로 볼 수 있는 경우가 아닌 한, 이미 취득한 소유권이전등기청구권은 소멸하지 않는다(대법원 1995.03.28. 선고 93다47745 전원합의체 판결; 대법원 2017.08.18. 선고 2015다234657 판결).

37) 민법 제247조 제2항은 '소멸시효의 중단에 관한 규정은 점유로 인한 부동산소유권의 시효취득기간에 준용한다.'고 규정하고, 민법 제168조 제2호는 소멸시효 중단사유로 '압류 또는 가압류, 가처분'을 규정하고 있다. 점유로 인한 부동산소유권의 시효취득에 있어 취득시효의 중단사유는 종래의 점유상태의 계속을 파괴하는 것으로 인정될 수 있는 사유이어야 하는데, 민법 제168조 제2호에서 정하는 '압류 또는 가압류'는 금전채권의 강제집행을

(5) 취득시효이익 포기 항변 : 점유자가 시효완성사실을 알면서 그 이익을 포기한 경우40)
  → 시효취득자의 매수제의만으로 시효이익의 포기로 되지 않는다.
  → 취득시효 완성 후 소유자가 점유자를 상대로 한 소송에서 점유자가 시효취득주장을 하지 아니하여 소유자가 승소한 경우 시효이익 포기로 볼 수 없다.41)
(6) 취득시효 완성 후 전 소유자로부터 소유권이전등기를 넘겨받은 사실 ← 이전등기시점을 새로운 기산점으로 삼아도 다시 취득시효기간이 완성된 사실(재항변)
(7) 이행불능 항변 : 취득시효 완성 후 그에 따른 이전등기를 하지 전에 제3자 명의로 소유권등기가 마쳐진 경우 그 소유권이전등기가 당연무효가 아닌 한 소유명의자의 소유권이전등기의무는 이행불능이 된다.
  → 원고는 제3자 명의의 소유권이전등기의 무효사실 또는 그 후 취득시효 완성 당시의 소유자에게 소유권이 회복되었다는 등의 사료로 **재항변** 가능.
(8) 시효소멸 항변 : 점유 상실시부터 10년 내 행사42)
(9) 국유재산 항변43)
(10) 기타 친일재산, 집합건물의 공용부분은 시효취득의 대상이 될 수 없으나,44) 분묘기지권은

위한 수단이거나 그 보전수단에 불과하여 취득시효기간의 완성 전에 부동산에 압류 또는 가압류 조치가 이루어졌다고 하더라도 이로써 종래의 점유상태의 계속이 파괴되었다고는 할 수 없으므로 이는 취득시효의 중단사유가 될 수 없다(대법원 2019.04.03. 선고 2018다296878 판결).

38) 소유권의 시효취득에 준용되는 시효중단 사유인 민법 제168조, 제170조에 규정된 재판상의 청구라 함은, 시효취득의 대상인 목적물의 인도 내지는 소유권존부 확인이나 소유권에 관한 등기청구 소송은 말할 것도 없고, 소유권 침해의 경우에 그 소유권을 기초로 하는 방해배제 및 손해배상 혹은 부당이득반환 청구 소송도 이에 포함된다(대법원 1995.10.13. 선고 95다33047 판결). 점유자의 취득시효 완성 후 소유자가 토지에 대한 권리를 주장하는 소를 제기하여 승소판결을 받은 사실이 있다고 하더라도 그 판결에 의하여 시효중단의 효력이 발생할 여지는 없고, 점유자가 그 소송에서 그 토지에 대한 시효취득을 주장하지 않았다고 하여 시효이익을 포기한 것이라고도 볼 수 없으며 그 토지에 대한 점유자의 점유가 평온, 공연한 점유가 아니게 되는 것도 아니다(대법원 1996.10.29. 선고 96다23573,23580 판결).

39) 토지인도청구권을 보전하기 위하여 점유자를 상대로 점유이전금지가처분을 한 것은 유효한 시효중단사유가 된다. 가압류의 집행보전의 효력이 존속하는 동안 가압류에 의한 시효중단의 효력이 계속된다.

40) 시효이익의 포기는 시효의 완성으로 인하여 생기는 법률상의 이익을 받지 않겠다는 적극적이고 일방적인 의사표시로서, 취득시효 이익의 포기와 같은 상대방 있는 단독행위는 그 의사표시로 인하여 권리에 직접적인 영향을 받는 상대방에게 도달하는 때에 효력이 발생하고, 시효이익 포기의 의사표시가 존재하는지의 판단은 표시된 행위나 의사표시의 내용과 동기 및 경위, 당사자가 의사표시 등에 의하여 달성하려고 하는 목적과 진정한 의도 등을 종합적으로 고찰하여 사회정의와 형평의 이념에 맞도록 논리와 경험의 법칙, 그리고 사회일반의 상식에 따라 객관적이고 합리적으로 이루어져야 한다(대법원 2013.09.13. 선고 2013다43666,43673 판결).

41) 대법원 1996.10.29. 선고 96다23573,23580 판결.

42) 토지에 대한 취득시효 완성으로 인한 소유권이전등기청구권은 그 토지에 대한 점유가 계속되는 한 시효로 소멸하지 아니하고, 그 후 점유를 상실하였다고 하더라도 이를 시효이익의 포기로 볼 수 있는 경우가 아닌 한 이미 취득한 소유권이전등기청구권은 바로 소멸되는 것은 아니나, 취득시효가 완성된 점유자가 점유를 상실한 경우 취득시효 완성으로 인한 소유권이전등기청구권의 소멸시효는 이와 별개의 문제로서, 그 점유자가 점유를 상실한 때로부터 10년간 등기청구권을 행사하지 아니하면 소멸시효가 완성한다(대법원 1996.03.08. 선고 95다34866,34873 판결).

43) 국유재산법 제7조 제2항 : 행정재산은 민법 제245조에도 불구하고 시효취득의 대상되지 아니한다.

44) 집합건물의 공용부분은 구분소유자 전원의 공유에 속하고, 전유부분으로 변경되지 않는 한 구분소유권의 목적이 될 수 없다. 공용부분을 전유부분으로 변경하기 위해서는 집합건물법 제15조에 따른 구분소유자들의 집회결의와 그 공용부분의 변경으로 특별한 영향을 받게 되는 구분소유자의 승낙을 얻어야 한다. 그런데 이러한 적법한 절차

시효취득의 대상이 될 수 있다.
(11) 집합건물 구분소유자들의 대지소유권의 시효취득[45]

[참고]
(1) 취득시효 기산점은 당사자가 임의로 선택할 수 없는 간접사실임.
(2) 취득시효에 관한 판례법의 5원칙 및 2차 점유취득시효에 관한 대법원 전원합의체판결을 숙지할 것.
(3) 무단점유와 자주점유의 추정에 관한 판례의 변화를 주시할 것.
(4) 취득시효완성으로 인한 소유권이전등기청구권의 양도[46]
(5) 취득시효 완성 후 제3자 앞으로 경료된 소유권이전등기가 원인무효인 경우[47]
(6) 제3자의 등기부취득시효가 완성되어 원소유자에게 손해가 발생한 경우[48]

에 따른 전유부분으로의 변경 없이 공용부분에 대하여 취득시효의 완성을 인정하여 그 부분에 대한 소유권 취득을 인정한다면 전유부분과 분리하여 공용부분의 처분을 허용하고 일정 기간의 점유로 인하여 공용부분이 전유부분으로 변경되는 결과가 되어 집합건물법의 취지에 어긋나게 된다. 따라서 집합건물의 공용부분은 취득시효에 의한 소유권 취득의 대상이 될 수 없다(대법원 2019.10.17. 선고 2016다32841,32858 판결).

45) 1동의 건물의 구분소유자들은 그 전유부분을 구분소유하면서 공용부분을 공유하므로 특별한 사정이 없는 한 그 건물의 대지 전체를 공동으로 점유한다고 할 것이다. 이는 집합건물의 대지에 관한 점유취득시효에서 말하는 '점유'에도 적용되므로, 20년간 소유의 의사로 평온, 공연하게 집합건물을 구분소유한 사람은 등기함으로써 그 대지의 소유권을 취득할 수 있다. 이와 같이 점유취득시효가 완성된 경우에 집합건물의 구분소유자들이 취득하는 대지의 소유권은 전유부분을 소유하기 위한 대지사용권에 해당한다(대법원 2017.01.25. 선고 2012다72469 판결).

46) 매매로 인한 소유권이전등기청구권의 양도는 특별한 사정이 없는 이상 양도가 제한되고 양도에 채무자의 승낙이나 동의를 요한다고 할 것이므로 통상의 채권양도와 달리 양도인의 채무자에 대한 통지만으로는 채무자에 대한 대항력이 생기지 않으며 반드시 채무자의 동의나 승낙을 받아야 대항력이 생긴다. 그러나 취득시효완성으로 인한 소유권이전등기청구권은 채권자와 채무자 사이에 아무런 계약관계나 신뢰관계가 없고, 그에 따라 채권자가 채무자에게 반대급부로 부담하여야 하는 의무도 없다. 따라서 취득시효완성으로 인한 소유권이전등기청구권의 양도의 경우에는 매매로 인한 소유권이전등기청구권에 관한 양도제한의 법리가 적용되지 않는다(대법원 2018.07. 12. 선고 2015다36167 판결). 원고가 채권양도에 관한 모든 요건사실을 주장하였고, 이에 관하여 민사소송법 제150조에 따른 자백간주의 효력이 발생한 이상 소유권이전등기청구권의 양수라는 법률효과가 인정된다.

47) 취득시효 완성 후 제3자 앞으로 경료된 소유권이전등기가 원인무효인 경우 취득시효 완성을 원인으로 한 소유권이전등기청구권을 가진 자는 취득시효 완성 당시의 소유자를 대위하여 제3자 명의 등기의 말소를 구할 수 있다. 한편 취득시효 완성을 원인으로 하는 소유권이전등기청구권을 피보전권리로 하는 부동산처분금지가처분 등기가 마쳐진 후에 가처분채권자가 가처분채무자를 상대로 가처분의 피보전권리에 기한 소유권이전등기를 청구함과 아울러 가처분 등기 후 가처분채무자로부터 소유권이전등기를 넘겨받은 제3자를 상대로 가처분채무자와 제3자 사이의 법률행위가 원인무효라는 사유를 들어 가처분채무자를 대위하여 제3자 명의 소유권이전등기의 말소를 청구하는 경우, 가처분채권자가 채무자를 상대로 본안의 승소판결을 받아 확정되면 가처분에 저촉되는 처분행위의 효력을 부정할 수 있다고 하여, 그러한 사정만으로 위와 같은 제3자에 대한 청구가 소의 이익이 없어 부적법하다고 볼 수는 없다. 가처분채권자가 대위 행사하는 가처분채무자의 위 제3자에 대한 말소청구권은 가처분 자체의 효력과는 관련이 없을 뿐만 아니라, 가처분은 실체법상의 권리관계와 무관하게 효력이 상실될 수도 있어, 가처분채권자의 입장에서는 가처분의 효력을 원용하는 외에 별도로 가처분채무자를 대위하여 제3자 명의 등기의 말소를 구할 실익도 있기 때문이다(대법원 2017.12.05. 선고 2017다237339 판결).

48) 국가가 구 농지개혁법(1994. 12. 22. 법률 제4817호 농지법 부칙 제2조 제1호로 폐지)에 따라 농지를 매수하였으나 분배하지 않아 원소유자의 소유로 환원된 경우에 국가는 이를 임의로 처분할 수 없고 원소유자에게 반환해야 한다. 만일 이러한 의무를 부담하는 국가의 담당공무원이 농지가 원소유자의 소유로 환원되었음을 제대로 확인하지 않은 채 제3자에게 농지를 처분한 다음 소유권보존등기를 하고 소유권이전등기를 해줌으로써 제3자의 등기부취득시효가 완성되어 원소유자에게 손해를 입혔다면, 이는 특별한 사정이 없는 한 국가배상법 제2조 제1항에

→ 피고로부터 매매 등의 방법으로 부동산에 대한 권리가 순차적으로 이전되어 최종적으로 소유권이전등기를 마친 제3자가 시효취득을 원인으로 부동산에 대한 소유권을 취득함에 따라 당초 부동산의 소유자인 원고가 소유권을 상실하게 되면, 비록 피고 명의의 소유권이전등기가 원인무효라고 하더라도 원고에게 피고 명의의 소유권이전등기의 말소를 청구할 수 있는 권원이 없으므로, 원고는 피고에 대하여 소유권에 기한 등기말소청구를 할 수 없다.[49]

라. 재항변

(1) 소유의 의사를 표시하였다.
(2) 새로운 권원에 기하여 점유하였다.
(3) 시효중단사유 소멸(소 취하, 청구기각 등)
(4) 제3자 명의의 소유권이전등기가 무효
(5) 일반재산이다.
(6) 공용폐지되었다.

[참고] 취득시효에 관한 판례법의 5원칙[50]

① 제1원칙 : 甲의 부동산을 乙이 시효취득한 경우 甲·乙은 물권변동의 당사자이므로 乙은 등기 없이 甲에 대하여 시효취득을 주장할 수 있다.[51] 이 경우 소유자에 변동이 없는 경우 현재로부터 역산하여 20년 이상 점유한 사실만 인정되면 족하다(역산설). 甲은 乙에 대하여 자기의 소유권을 주장하여 부동산의 인도나 지상건물의 철거 등 물권적 청구권을 행사할 수 없고, 부당이득, 손해배상청구도 할 수 없으며, 소유권확인의 소를 제기해도 승소할 수 없다.[52]

② 제2원칙 : 乙의 취득시효가 진행되는 중에 그 부동산이 甲으로부터 丙에게 양도되어 그 후에 乙의 시효가 완성된 경우에도, 丙은 乙의 시효취득에 의해 소유권을 상실하게 된다는 의미에서 시효취득의 당사자라고 볼 수 있으므로 乙은 등기 없이 丙에게 시효취득을 주장할 수 있다. 등기로서 시효의 진행이 중단되는 것은 아니다. 따라서 丙에게의 양도가 **시효완성 전**이면 乙은 丙에게 시효취득을 주장할 수 있으나, **시효완성 후**이면 乙은 丙에게 시효취득을 주장할 수 없다(점유자의 입장).

③ 제3원칙 : 乙의 시효기간이 만료된 후에 그 부동산이 甲으로부터 丙에게 양도된 경우에는 甲으로부터 乙, 丙에게 2중 양도된 경우와 같이 다루어 乙은 등기를 하지 아니하면 丙에 대하여 시효취득을 주장할 수 없다. 시효완성 후에 소유권의 변동이 있는 경우에는 제3취득자는 선의, 악의 여부에 불문하고 점유자에 우선한다. 따라서 시효완성이라는 우연한 사정에 따라 제3취득자의 보호를 달리하게 된다.[53]

④ 제4원칙 : 시효의 기산점은 시효의 기초되는 사실이 개시되는 때로 하여야 하는 것으로서 점유가 시효

서 정한 공무원의 고의 또는 과실에 의한 위법행위에 해당한다(대법원 2019.10.31. 선고 2016다243306 판결).
49) 대법원 2019.07.10. 선고 2015다249352 판결.
50) 부동산의 원소유자를 甲(소유명의자)으로, 취득시효의 요건을 갖추고 있는 점유자를 乙(시효취득자)로, 甲으로부터 그 부동산을 양도받은 자를 丙(제3취득자)이라 한다.
51) 부동산의 점유로 인한 시효취득은 소유권의 원시취득의 일종이고 또한 법률의 규정에 의한 소유권취득임에도

기간을 초과하는 경우에 있어서도 점유자는 기산점을 임의로 선택할 수 없는 것이므로(고정시설) 제3원칙의 적용에 있어 乙이 시효기간의 기산점을 뒤로 하여 丙에게 양도된 후에 취득시효가 완성된 것으로 주장하는 것은 허용되지 않는다.
⑤ **제5원칙** : 제3원칙의 적용을 받는 경우에 있어서도 丙의 이전등기 후 乙이 다시 시효취득에 필요한 기간에 걸쳐 점유를 계속한다면 丙에 대하여 시효취득을 주장할 수 있다.

☞ **점유취득시효 완성 후 제3자 명의의 소유권이전등기가 마쳐진 경우**, 그 소유권 변동시를 새로운 기산점으로 삼아 2차 취득시효의 완성을 주장할 수 있는지 여부[54]
→ 점유자로서는 제3자 앞으로의 소유권 변동시를 새로운 점유취득시효의 기산점으로 삼아 2차의 취득시효의 완성을 주장할 수 있음.
→ 취득시효기간이 경과하기 전에 등기부상의 소유명의자가 변경된다고 하더라도 그 사유만으로는 점유자의 종래의 사실상태의 계속을 파괴한 것이라고 볼 수 없어 취득시효를 중단할 사유가 되지 못하고, 시효완성자는 새로운 소유명의자에게 시효취득을 주장할 수 있음.
→ 새로이 2차의 취득시효가 개시되어 그 취득시효기간이 경과하기 전에 등기부상의 소유명의자가 다시 변경된 경우에도 마찬가지로 적용됨.

민법 제245조 제1항이 등기함으로써 소유권을 취득한다고 규정하고 있어서 점유취득시효 완성의 효과로서 소유자에 대한 이전등기청구권이 발생함에 불과하나 이 경우에도 소유자가 시효취득자에 대하여 소유권을 주장하여 부동산의 인도를 구하는 것이 허용되지 않는 등 시효취득자의 소유권이전등기청구권은 법률행위에 기한 채권적 권리보다 강하게 보호받는다(대법원 2005.05.26. 선고 2002다43417 판결).
52) 부동산에 대한 취득시효가 완성되면 점유자는 소유명의자에 대하여 취득시효완성을 원인으로 한 소유권이전등기절차의 이행을 청구할 수 있고 소유명의자는 이에 응할 의무가 있으므로, 비록 점유자가 그 부동산에 관하여 그 명의로 소유권이전등기를 경료하지 아니하여 아직 소유권을 취득하지 못하였다고 하더라도 소유명의자는 점유자에 대하여 부동산의 점유로 인한 부당이득반환청구를 할 수 없다(대법원 2018.06.28. 선고 2017다255344 판결).
53) 대법원 2016.02.18. 선고 2014다61814 판결 : 점유로 인한 소유권취득시효가 완성된 점유자는 그 취득시효 완성 당시의 소유자에 대하여 시효취득을 원인으로 한 소유권이전등기청구권을 가지는 것이므로 이를 등기하지 아니하고 있는 사이에 먼저 소유권이전등기를 마쳐 그 부동산 소유권을 취득한 제3자에 대하여는 취득시효 완성으로 대항할 수 없다(대법원 1991.04.09. 선고 89다카1305 판결 등 참조). 그러나 이로 인하여 점유자가 취득시효 완성 당시의 소유자에 대한 소유권이전등기청구권을 상실하는 것은 아니고 단지 소유자의 점유자에 대한 소유권이전등기의무가 이행불능이 되는 것뿐이므로, 그 후 어떠한 사유로 취득시효 완성 당시의 소유자에게로 소유권이 회복되었다면 원칙적으로 점유자는 소유자에게 취득시효 완성을 주장할 수 있다
54) 대법원 2009.09.10. 선고 2006다609 판결 ; 부동산에 대한 점유취득시효가 완성된 후 취득시효완성을 원인으로 한 소유권이전등기를 하지 않고 있는 사이에 그 부동산에 관하여 제3자 명의의 소유권이전등기가 경료된 경우라 하더라도 당초의 점유자가 계속 점유하고 있고 소유자가 변동된 시점을 기산점으로 삼아도 다시 취득시효의 점유기간이 경과한 경우에는 점유자로서는 제3자 앞으로의 소유권 변동시를 새로운 점유취득시효의 기산점으로 삼아 2차의 취득시효의 완성을 주장할 수 있다. 그리고 취득시효기간이 경과하기 전에 등기부상의 소유명의자가 변경된다고 하더라도 그 사유만으로는 점유자의 종래의 사실상태의 계속을 파괴한 것이라고 볼 수 없어 취득시효를 중단할 사유가 되지 못하므로, 새로운 소유명의자는 취득시효완성 당시 권리의무 변동의 당사자로서 취득시효완성으로 인한 불이익을 받게 된다 할 것이어서 시효완성자는 그 소유명의자에게 시효취득을 주장할 수 있는바, 이러한 법리는 위와 같이 새로이 2차의 취득시효가 개시되어 그 취득시효기간이 경과하기 전에 등기부상의 소유명의자가 다시 변경된 경우에도 마찬가지로 적용된다고 봄이 상당하다(대법원 2009.07.16. 선고 2007다15172,15189 전원합의체 판결 참조).

3 가등기에 기한 본등기 청구

가. 청구취지

☞ 피고는 원고에게 별지 목록 기재 부동산에 관하여 서울중앙지방법원 등기국 2019. 10. 1. 접수 제1234호로 마친 가등기에 기하여 2020. 5. 1. 매매(또는 매매예약완결)을 원인으로 한 소유권이전등기절차를 이행하라.55)

나. 요건사실

〈청구권보전(순위보전)의 가등기〉
❶ 매매예약 체결
❷ 가등기 경료
❸ 매매예약 완결의 의사표시 도달

〈담보가등기〉
❶ 돈을 대여56)한 사실
❷ 대물변제예약을 한 사실 : 변제하지 아니하면 부동산을 대물로 받기로 약정한 사실
❸ 위 약정에 따라 가등기한 사실
❹ (변제기 후) 대물변제예약 완결의 의사표시 및 그 의사표시가 도달한 사실
❺ 청산절차를 마친 사실 : 위 예약 당시를 기준으로 볼 때 부동산 가액이 위 대여원리금을 초과하는 경우 원고가 변제기 후 청산금평가액을 피고에게 도달시킨 사실 + 그 도달일로부터 2개월(청산기간)이 경과한 사실

다. 주요 항변

(1) 청산금지급과의 동시이행의 항변
(2) 대물변제예약의 무효·취소 항변
(3) 대물변제예약 해제 항변
(4) 매매예약완결권 제척기간 도과, 변제, 소멸시효 항변 등

[참고]
(1) 수인의 채권자가 각기 그 채권을 담보하기 위하여 채무자와 채무자 소유의 부동산에 관하여 수인의 채권자를 공동매수인으로 하는 1개의 매매예약을 체결하고 그에 따라 수인의 채권자 공동명의로 그 부동산에 가등기를 마친 경우

---

55) 등기의 종류와 등기원인을 기재한다(가등기는 관할등기소, 접수일자, 접수번호 순으로 기재)
56) 가등기담보법은 소비대차(준소비대차)에만 적용되고, 예약 당시 재산 가액이 차용원리금에 미달하는 경우 적용되지 아니한다. 공사대금, 매매대금, 약정금 등의 경우에는 적용이 없다.

→ 수인의 채권자가 공동으로 매매예약완결권을 가지는 관계인지 아니면 채권자 각자의 지분별로 별개의 독립적인 매매예약완결권을 가지는 관계인지는 매매예약의 내용에 따라야 하고, 매매예약에서 그러한 내용을 명시적으로 정하지 않은 경우에는 수인의 채권자가 공동으로 매매예약을 체결하게 된 동기 및 경위, 그 매매예약에 의하여 달성하려는 담보의 목적, 담보 관련 권리를 공동 행사하려는 의사의 유무, 채권자별 구체적인 지분권의 표시 여부 및 그 지분권 비율과 피담보채권 비율의 일치 여부, 가등기담보권 설정의 관행 등을 종합적으로 고려하여 판단하여야 한다.57)
(2) 공동명의로 담보가등기를 마친 수인의 채권자가 각자의 지분별로 별개의 독립적인 매매예약완결권을 가지는 경우
→ 채권자 중 1인은 단독으로 자신의 지분에 관하여 청산절차를 이행한 후 소유권이전의 본등기절차이행청구를 할 수 있다.
(3) 하나의 가등기에 관하여 여러 사람의 가등기권자가 있는 경우에, 가등기권자 모두가 공동의 이름으로 본등기를 신청하거나, 그 중 일부의 가등기권자가 자기의 가등기지분에 관하여 본등기를 신청할 수 있지만, 일부의 가등기권자가 공유물보존행위에 준하여 가등기 전부에 관한 본등기를 신청할 수는 없다. 공동가등기권자 중 일부의 가등기권자가 자기의 지분만에 관하여 본등기를 신청할 때에는 신청서에 그 뜻을 기재하여야 하고 등기기록에도 그 뜻을 기록하여야 한다.58)
→ 가등기권자가 복수인 경우 필수적 공동소송이 아니다.

---

57) 채권자들이 각자의 지분별로 별개의 독립적인 매매예약완결권을 갖는 것으로 인정되는 경우 채권자 중 1인은 단독으로 자신의 지분에 관하여 매매예약완결권을 행사할 수 있고 이에 따라 단독으로 자신의 지분에 관하여 가등기에 기한 본등기절차이행을 청구할 수 있다(대법원 2012.02.016. 선고 2010다82530 전원합의체 판결).
58) 가등기에 관한 업무처리지침[제정 2011. 10. 12.(등기예규 제1408호, 시행 2011.10.13)] 4.마.(1)

[補論] 매매를 원인으로 한 소유권이전등기청구 기초사례 연습

〈기초사실〉 甲은 2020. 4. 1. K 공인중개사의 중개로 乙과 乙 소유의 X 토지와 지상 Y 건물(이하 X 토지와 Y 건물을 합하여 '이 사건 부동산'이라 함)에 관하여 매매대금을 1억 원으로 하는 매매계약을 체결하면서 계약금 1,000만 원은 계약 당일 지급하고, 중도금 4,000만 원은 4. 15. 잔금 5,000만 원은 4. 30. 소유권이전등기 소요서류와 상환으로 지급하기로 약정하였다. 다음 각 문제에 답하시오(각 문제는 독립적임)

문1.
1-1. 甲과 乙의 매매계약과 관련하여 법률요건과 법률사실 및 법률효과는 무엇인가?
1-2. 甲의 대금지급의무와 乙의 소유권이전의무는 언제 발생하고 언제 소멸하는가?
1-3. 甲과 乙의 위 매매계약체결 후 누가 언제까지 부동산거래신고를 하여야 하는가?
1-4. 甲은 언제부터 언제까지 소유권이전등기신청을 하여야 하는가?

문2.
2-1. 甲이 매매계약에 기하여 乙로부터 소유권을 이전받기 위하여 갖추어야 할 요건은?
2-2. 甲이 소유권이전에 협조하지 않는 乙로부터 소유권이전등기를 받기 위하여는 어떻게 해야 하는가?
2-3. 甲이 乙 소유의 이 사건 부동산에 관하여 등기서류를 위조하여 甲 앞으로 소유권이전등기를 마친 경우 乙은 어떠한 방법으로 본인의 등기를 회복할 수 있는가?

문3. 甲이 乙을 상대로 소유권이전등기절차이행청구의 소를 제기하였다.
3-1. 甲이 제기한 소송의 소송물과 요건사실, 주요사실, 공격방어방법은 무엇인가?
3-2. 甲의 청구취지와 청구원인을 기재하시오.
3-3. 乙은 甲의 주장에 대하여 어떠한 답변을 할 수 있는가? 구체적 답변사실을 기재하고, 증명책임에 관하여도 언급하시오.
3-4. 乙이 동시이행의 항변, 계약해제의 항변을 할 경우의 항변사실을 기재하시오.
3-5. 乙이 甲에게 소유권이전등기를 명하는 판결이 확정되었음에도 불구하고 乙이 이 사건 부동산에 관하여 丙 앞으로 소유권이전등기를 마친 경우에는 어떻게 되는가?
3-6. 乙이 甲에게 소유권이전등기를 명하는 판결이 확정된 경우 甲은 언제까지 乙로부터 甲 앞으로 소유권이전등기절차를 마쳐야 하는가? 확정판결의 기판력과 실체법상의 권리는 어떠한 관계가 있는가?

문4. 乙이 甲을 상대로 매매대금청구의 소를 제기하였다.
4-1. 乙이 제기한 소송의 소송물과 요건사실은 무엇인가?

4-2. 乙이 지연손해금청구를 하는 경우의 소송물과 요건사실은 무엇인가?
4-3. 위 경우의 청구취지, 주요 항변을 기재하시오.

문5.
5-1. 甲이 위 매매계약을 원인으로 乙에게 소유권이전을 구한 경우 乙은 어떻게 해야 하는가? 乙이 위 매매계약을 원인으로 甲에게 매매대금지급을 구한 경우 甲은 어떻게 해야 하는가?
5-2. 甲이 乙을 상대로 제기한 소유권이전등기절차이행청구의 소에서 법원은 甲의 대금지급채무와 乙의 소유권이전채무는 동시이행의 관계에 있으므로 乙은 甲으로부터 매매대금을 지급받음과 동시에 소유권이전등기절차를 이행하라는 판결을 할 수 있는가?
5-3. 甲과 乙이 위 매매계약을 체결하면서 甲이 부가가치세를 부담하기로 약정하였다. 甲이 대금 전액 1억 원을 乙에게 지급하고 소유권이전등기청구를 한 경우 乙은 甲의 부가가치세 미지급을 이유로 甲에 대한 소유권이전등기의무를 거절할 수 있는가?
5-4. 乙은 잔금기일에 甲으로부터 잔금을 다 지급받고 소유권이전등기에 필요한 모든 서류를 갖추어 甲에게 교부하였다. 그런데 甲은 乙로부터 교부받은 인감증명의 유효기간(3개월)을 넘기고 말았다. 乙은 甲이 소유권이전등기를 넘겨받지 못한 것은 甲의 책임이므로 乙은 더 이상 소유권이전등기를 해줄 수 없다고 주장할 수 있는가?
5-5. 甲은 乙로부터 소유권이전을 받기 전에 매매대금을 전액 乙에게 지급하였다. 甲은 乙로부터 소유권이전채무를 이행받기 전에 위 매매대금의 반환을 구할 수 있는가?
5-6. 甲이 乙을 상대로 대금완납을 청구원인으로 하여 무조건의 소유권이전등기청구를 하였으나 대금 중 미지급금이 남아 있는 경우는 어떻게 하는가?

문6. 乙은 2020. 6. 1. 甲을 상대로 매매잔대금청구의 소를 제기하여 소송계속 중이다.
6-1. 이 소송에서 甲이 乙로부터 소유권이전등기를 받지 못했으므로 매매잔대금을 지급할 수 없다고 주장한 경우 법원의 조치는? 판결주문을 설시하시오.
6-2. 乙에 대하여 1억 원의 대여금채권을 가진 채권자 A가 2020. 6. 5. 위 대여금채권을 피보전채권으로 하여 乙의 甲에 대한 매매대금채권에 대하여 가압류결정을 받고, 2020. 6. 10. 위 가압류를 본압류로 전이하는 채권압류 및 추심명령을 받았으며, 이는 甲에게 송달되어 2020. 6. 20. 확정되었다. 甲은 위 소송에서 위 채권압류 및 추심명령이 확정된 사실을 주장하고 확정증명원을 증거로 제출하였다. 법원은 乙의 청구에 대하여 어떠한 판결을 하여야 하는가?
6-3. A가 위 추심명령을 근거로 2020. 6. 25. 甲을 상대로 추심의 소를 제기한 경우 위 추심의 소는 적법한가?

문7.
7-1. 甲은 乙에 대한 매매로 인한 소유권이전등기청구권을 丙에게 양도하고 乙에게 양도사실을 통지하였다. 丙은 乙을 상대로 채권양도를 원인으로 한 소유권이전등기절차의 이행을 청구할

수 있는가?
7-2. 甲은 乙에 대한 취득시효완성을 원인으로 한 소유권이전등기청구권을 丙에게 양도하고 乙에게 양도사실을 통지하였다. 丙은 乙을 상대로 채권양도를 원인으로 한 소유권이전등기절차의 이행을 청구할 수 있는가?

문8. 甲의 채권자 A가 甲의 乙에 대한 소유권이전등기청구권을 가압류하였다.
8-1. 甲이 乙을 상대로 매매를 원인으로 한 소유권이전등기절차의 이행을 구할 수 있는가? 甲이 무조건 소유권이전등기절차의 이행을 구하는 경우 법원의 판단은?
8-2. 甲과 乙은 위 매매계약 자체를 해제할 수 있는가?
8-3. 乙이 위 가압류결정을 무시하고 甲에게 소유권이전등기를 이행하고 甲이 다시 제3자 B에게 소유권이전등기를 마쳐준 경우 A는 B를 상대로 그 등기의 말소를 구할 수 있는가?
8-4. 甲이 乙을 상대로 제기한 소유권이전등기청구소송에서 乙이 응소하지 아니하여 甲이 무변론 승소확정판결에 따라 甲 앞으로 소유권이전등기를 마치고 제3자 B에게 목적 부동산을 처분하였다. 가압류권자 A의 구제방법은?
8-5. 위 가압류가 있기 전에 B가 소유권이전등기청구권을 보전하기 위하여 "채무자는 소유권이전등기청구권을 양도하거나 기타 일체의 처분행위를 하여서는 아니 된다. 제3채무자는 채무자에게 소유권이전등기절차를 이행하여서는 아니 된다."는 소유권이전등기청구권 처분금지가 처분결정이 되어 있었다. 위 가압류와 가처분의 우열은 어떻게 되는가?

문9.
9-1. 甲은 A에 대하여 5,000만 원의 대여금채권이 있다. 乙은 甲에 대하여 위 부동산 잔금채권 5,000만 원을 자동채권으로 하여 甲의 A에 대한 채권과 상계할 수 있는가?
9-2. 甲은 乙에 대하여 9,000만 원의 물품대금채권이 있다. 乙은 甲에 대하여 가지는 이 사건 매매계약에 기한 중도금 및 잔금채권 9,000만 원을 자동채권으로 하여 甲의 乙에 대한 물품대금채권과 상계할 수 있는가?

문10. Y 건물에는 임차인 丙이 거주하고 있다.
10-1. 乙에게 매매대금을 전액 지급한 甲이 丙을 상대로 Y 건물의 인도를 구할 수 있는가?
10-2. 甲은 丙을 상대로 불법행위를 이유로 하는 손해배상이나 丙이 Y 건물의 사용으로 얻은 이익을 부당이득으로 반환을 구할 수 있는가? 丙이 대항력을 갖춘 임차인인 경우는 어떠한가?

문11. 乙이 甲에 대한 매매대금채권을 丙에게 양도하여 甲에게 양도통지를 하였는데 丙이 甲을 상대로 양수금청구를 하였다.
11-11. 甲은 丙의 양수금청구에 대항할 수 있는가?
11-12. 乙의 채권자인 丁이 乙의 甲에 대한 매매대금채권에 대하여 압류 및 전부명령을 받고 전부

명령이 확정되었다. 甲은 丁의 전부금청구에 대항할 수 있는가?

문12. 이 사건 매매목적 부동산에 저당권이 설정되어 있거나 가압류·가처분등기가 되어 있는 경우 甲은 위 저당권설정등기나 가압류·가처분등기가 말소되지 않았음을 이유로 乙에게 매매대금 지급을 거절할 수 있는가?

문13. 甲이 乙에게 계약금 1,000만원을 지급하고 중도금 4,000만원을 지급하지 못한 상태에서 잔금 5,000만원 지급기일이 도래하였다. 甲은 중도금을 지급하지 못한 데에 대한 이행지체책임을 지는가?

문14. 甲은 乙로부터 A 부동산에 관하여 매매를 원인으로 하는 소유권이전등기절차를 이행 받음과 동시에 丙에게 B 부동산에 관하여 같은 날 매매를 원인으로 하는 소유권이전등기절차를 이행하라는 확정판결이 있는 경우 乙이 반대의무의 이행을 하지 않더라도 甲은 丙에게 B부동산에 대한 소유권이전등기를 이행할 의무가 있다는 주장을 할 수 있는가?

문15. 甲은 乙과 부동산매매계약을 체결하였으나 마침 그 부동산에 관하여 제3자 앞으로 원인무효인 소유권이전등기가 현존하고 있으므로 甲은 자신의 잔금채무를 이행하더라도 소유권이전등기를 이행 받을 수 있을지 여부가 상당히 불안하다며 대금지급을 지체하였다. 그러나 乙은 계약상 甲의 잔대금지급채무가 선이행의무로 되어 있고 각 분할잔금 지급기일로부터 30일 이상 지체하였을 때에는 최고 없이 계약을 해제할 수 있다는 특약을 내세워 甲에게 매매계약을 해제할 수 있는가?

문16.

16-1. 甲이 乙의 대리인인 A로부터 X 부동산을 매수하기로 하는 매매계약을 체결한 후 乙에 대하여 X 부동산에 관한 소유권이전등기절차의 이행을 구하자 乙은 A에게 X 부동산의 매도에 관한 대리권을 수여한 사실이 없다고 다투고 있다. A의 대리권의 존재사실에 대하여는 누가 증명책임을 부담하는가?

16-2. 甲이 乙의 대리인 A로부터 X 부동산을 매수하여 甲 명의로 소유권이전등기를 마치자 乙이 甲을 상대로 소유권이전등기말소를 구하면서 A에게 X 부동산의 매도에 관한 대리권을 수여한 사실이 없다고 다투는 경우는 어떠한가?

문17. 乙은 2020. 6. 1. 甲을 상대로 甲의 중도금 및 잔금 미지급을 이유로 매매대금 9,000만 원의 지급을 구하는 소를 제기하였다. 甲은 乙에게 매매대금을 전액 지급하였다고 주장하면서 乙의 청구를 적극 다투는 한편, 예비적으로 乙에 대한 4,000만 원의 별도의 대여금채권을 자동채권으로 하여 乙의 청구채권과 대등액에서 상계한다고 항변하였다.

17-1. 乙이 소를 취하한 경우 甲이 행사한 상계권의 사법상 효과는 어떻게 되는가? 甲은 별소로 乙을 상대로 4,000만 원의 대여금청구를 할 수 있는가?

17-2. 법원은 사건을 조정에 회부하여, 甲과 乙 사이에 "① 甲은 乙에게 2020. 7. 1.까지 5,000만 원을 지급하고 위 돈의 지급을 지체할 경우 연 12%의 비율에 의한 지연손해금을 가산하여 지급한다. ② 乙은 위 ①항의 돈을 지급받음과 동시에 甲에게 X 토지와 Y 건물에 관한 소유권이전등기절차를 이행한다. ③ 소송비용 및 조정비용은 각자 부담한다. ④ 乙은 나머지 청구를 포기한다."는 내용의 조정이 성립되었다. 위 조정에 따라 甲은 2020. 7. 1. 乙에게 5,000만 원을 지급하였다.

그 후 甲은 乙을 상대로 위 상계항변에 제공된 4,000만 원의 대여금청구의 소를 제기하였다. 乙은 "甲의 위 대여금채권은 이미 전소에서 상계의 의사표시로 소멸하였다."고 항변할 수 있는가?

문18. 甲은 잔금 미지급 상태에서 乙로부터 X 토지를 인도받았다.

18-1. 甲이 丙과 X 토지에 관한 매매계약을 체결하고 X 토지를 丙에게 인도하였다. 乙은 X 토지의 소유권에 기하여 丙을 상대로 X 토지의 인도와 X 토지의 점유사용에 따른 부당이득반환청구를 할 수 있는가?

18-2. 甲이 乙로부터 X 토지를 매수하여 그 토지에 대한 소유권이전등기를 마치지 않은 상태에서 甲이 그 지상에 Y 건물을 건축하고 그 건물을 丁에게 매도하여 丁이 그 건물을 점유사용하고 있다. 乙이 X 토지의 소유권에 기하여 丁을 상대로 Y 건물의 철거를 구할 수 있는가?

문19. 甲이 乙과 매매계약을 체결한 X 토지는 '부동산거래신고 등에 관한 법률'상 토지거래허가구역 내에 있는 토지이다. 甲과 乙은 토지거래허가를 받지 않았다.

19-1. 甲은 乙을 상대로 위 토지의 소유권이전등기절차의 이행을 구할 수 있는가?

19-2. 甲은 乙을 상대로 토지거래허가를 받을 것을 조건으로 소유권이전등기절차의 이행을 구할 수 있는가?

19-3. 甲은 소유권이전등기청구권 또는 토지거래계약에 관한 허가를 받을 것을 조건으로 한 소유권이전등기청구권을 피보전권리로 한 부동산처분금지가처분신청을 할 수 있는가?

19-4. 甲이 乙과 체결한 매매계약의 효력을 보전하기 위하여 甲이 취할 수 있는 방법은?

문20. 甲이 乙과 매매계약을 체결한 X 토지는 농지법상의 농지이다.

20-1. 甲이 농지취득자격증명을 얻지 않고 乙을 상대로 위 토지의 소유권이전등기절차의 이행을 구할 수 있는가?

20-2. 甲은 乙을 대위하여 농지취득자격증명발급신청을 할 수 있는가?

문21. 甲은 乙과 乙 소유의 X 부동산에 관한 매매계약을 체결하면서 등기명의만은 甲과 丙의 명의신탁약정에 따라 丙 앞으로 이전하였다. 丙은 위 부동산을 丁에게 매도하여 丁 앞으로 소유권이전등기가 마쳐졌다. 甲과 乙, 丙, 丁의 법률관계는?

문22. 乙은 약정된 기일에 甲으로부터 이 사건 매매계약에 따른 매매대금을 전액 지급받고 이 사건 부동산을 甲에게 인도하여 주었다. 그런데 甲은 소유권이전등기를 넘겨가지 않고 있다. 乙은 이 사건 부동산으로 인해 종합부동산세와 재산세 등 세금을 부담하게 되는 등으로 법상 불이익을 받고 있다. 乙은 어떠한 방법으로 이러한 법상 불이익에서 벗어날 수 있는가? 乙이 제소하는 경우의 청구취지도 기재하시오.

문23. 甲이 乙을 피고로 하여 소유권이전등기청구의 소를 제기하자 乙은 잔금지급과의 동시이행항변을 하면서 甲을 상대로 5,000만 원의 잔금지급을 구하는 반소를 제기하였다. 사실관계가 전부 인정될 경우 법원의 판결주문(소송비용 생략)은?

문24. 乙은 매매대금을 다 받기 전에 甲의 요청으로 甲 앞으로 먼저 소유권이전등기를 마쳐주었다. 그럼에도 불구하고 甲이 매매대금을 지급하지 아니하자 乙은 미지급매매대금채권을 피담보채권으로 하여 甲이나 甲으로부터 소유권을 취득한 제3자에게 유치권을 행사할 수 있는가?

문25. 甲은 乙로부터 이 사건 X 토지를 매수하고 계약금 1,000만 원과 중도금 4,000만 원을 지급하고 잔금 5,000만 원이 남아있는 상태에서 위 토지를 丙에게 2억 원에 전매하고 계약금 2,000만 원을 지급받았으나, 중도금 8,000만 원과 잔금 1억 원이 남아있는 상태이다. 丙으로서는 위 부동산이 절대 필요한 상황이다.
丙이 위 토지를 확실하게 취득하기 위하여는 어떻게 하여야 하는가?

〈해 설〉

문1.

1-1. 법률요건과 법률사실 및 법률효과

(1) 민법 제563조는 매매의 법률요건에 관하여, 제568조는 매매의 법률효과에 관하여 규정하고 있다. 민법은 매매약정(매매계약체결)이라는 **법률요건**으로 해서 매매의 효력이라는 **법률효과**를 부여하고 있다.

> ☞ 제563조(매매의 의의) 매매는 당사자 일방이 재산권을 상대방에게 이전할 것을 <u>약정하고</u> 상대방이 그 대금을 지급할 것을 <u>약정함으로써 그 효력이 생긴다</u>.
>
> ☞ 제568조(매매의 효력)
> ① <u>매도인은 매수인에 대하여 매매의 목적이 된 권리를 이전하여야 하며 매수인은 매도인에게 그 대금을 지급하여야 한다.</u>
> ② 전항의 쌍방의무는 특별한 약정이나 관습이 없으면 동시에 이행하여야 한다.

(2) 사례에서 乙(매도인)의 X 토지 <u>소유권이전의 약정</u>과 甲(매수인)의 <u>매매대금 지급 약정</u>의 합치가 매매라고 하는 하나의 **법률요건**이 되고(諾成契約), 이 법률요건을 구성하는 소유권이전의 약정과 매매대금 지급 약정이 **법률사실**이 된다.

(3) 이 법률요건이 충족되면 甲과 乙에게 다음과 같은 권리의무의 발생이라고 하는 **법률효과**가 생긴다. 즉, 甲은 乙에게 X 부동산의 소유권이전청구권이, 乙은 甲에게 매매대금지급청구권이 생기고, 한편 이에 대응하여 乙은 甲에게 X 토지의 소유권이전의무가, 甲은 乙에게 매매대금지급의무가 생긴다.59)

1-2. 매매계약의 성립과 효력

(1) 토지와 건물은 별개의 부동산이므로 甲과 乙은 <u>X 토지와 Y 건물 2개의 물건에 대한 매매계약</u>을 체결한 것이다. 매매는 당사자 일방이 재산권을 상대방에게 이전할 것을 약정하고 상대방이 그 대금을 지급할 것을 약정함으로써 그 효력이 발생하는 **雙務契約**60)이고 **諾成契約**이다(제563조).61) 매매계약은 매도인이 재산권을 이전하는 것과 매수인이 그 대가로서 대금

---

59) 법률효과로 규정되어 있지는 않으나 <u>인도를 요하는 재산권의 경우 인도청구권의 발생이 긍정되고</u>, 가압류나 근저당권설정등기를 인수하지 않는 경우의 위 가압류나 근저당권설정등기의 제거청구권도 발생한다.
60) 甲이 매매대금지급채무를 부담한 것은 乙에 대한 소유권이전채권을 취득하기 위한 것이고, 乙이 소유권이전채무를 부담한 것은 甲에 대한 매매대금채권을 얻기 위한 것이다. 이와 같이 "다른 것을 받기 위하여 이것을 준다(give and take)"는 **對價關係**(목적적, 주관적 의존관계)에 있는 채권채무를 발생시키는 계약을 쌍무계약이라고 한다. 이에 반하여 대가를 받지 아니하고 재산을 넘겨주기로 하는 증여계약은 증여자만이 일방적으로 채무를 부담하는 **片務契約**이다. 쌍무계약관계에 있는 채무에 대하여는 서로 **동시이행항변권**이 인정되고, 이러한 관계에 있는 채무가 채무자의 책임 없는 사유로 이행불능으로 소멸한 경우 '**위험부담**'의 문제가 생긴다.
61) 거래의 실제에서 대부분 **계약서**가 작성되고, **계약금**이 수수된다고 해도, 계약서를 작성하지 않았다고 해서 또는 계약금이 없다고 해서 계약이 성립하지 않는 것은 아니다. 그러나 계약서는 계약의 성립을 증명하는 중요한 **처분문서**가 된다. 이러한 처분문서의 '진정성립'이 증명되면 특별한 사정이 없는 한 계약서의 기재대로 계약이 체결된 것으로 사실인정을 하게 되므로(처분문서의 증명력) 계약서는 재판에서 중요한 '서증'이 된다.

을 지급하는 것에 관하여 쌍방 당사자의 합의가 이루어짐으로써 성립하고, 그 경우 매매목적물과 대금은 반드시 그 계약체결 당시에 구체적으로 특정할 필요는 없고 이를 사후에라도 구체적으로 특정할 수 있는 방법과 기준이 정하여져 있으면 족하다.62)

(2) 사례에서 甲과 乙 사이의 매매계약의 유효한 성립(매매계약의 체결)과 동시에 甲의 대금지급의무가 발생하고, 乙의 소유권이전의무가 발생한다. 甲의 대금지급의무가 乙이 X 토지와 Y 건물의 소유권을 이전하거나 이전의 제공을 하여야 비로소 발생하는 것이 아니다. 그러나 쌍무계약에 있어서 일방 당사자의 자기 채무에 관한 이행의 제공을 엄격하게 요구하면 오히려 불성실한 상대 당사자에게 구실을 주는 것이 될 수도 있으므로 일방 당사자가 하여야 할 이행제공의 정도는 그 시기와 구체적인 상황에 따라 신의성실의 원칙에 어긋나지 않게 합리적으로 정하여야 하고, 따라서 매수인이 잔대금의 지급준비가 되어 있지 아니하여 소유권이전등기서류를 수령할 준비를 안 한 경우에는 매도인으로서도 그에 상응한 이행의 준비를 하면 족하다.63)

(3) 甲과 乙의 매매계약에 따라 甲이 乙에게 매매대금을 지급하고, 乙이 甲에서 소유권과 점유를 넘겨주면 각자의 채무는 **변제**에 의하여 소멸한다.64) 채무자의 이행행위에 의하여 채권의 내용이 실현되는 것이 변제이고, 변제는 채권의 대표적인 소멸원인이다. 채무자의 변제제공에도 채권자가 이를 수령하지 않으면 변제공탁을 통하여 채무로부터 해방될 수 있다.

1-3. 부동산거래신고의무

(1) 부동산거래신고 등에 관한 법률65)에 의하면 부동산거래를 투명하게 하기 위하여 거래 당사자는 부동산에 관한 매매계약을 체결한 경우 부동산의 실제 가격 등을 포함하여 거래사실을 거래계약의 체결일부터 30일 이내에 그 부동산 소재지를 관할하는 시장·군수에게 공동으로 신고하도록 하고 있다(종전 60일에서 2020. 2. 21.부터 30일로 단축되었다).66)

---

62) 대법원 1986.02.11. 선고 84다카2454 판결.
63) 대법원 2015.12.10. 선고 2015다229006 판결.
64) 민법상 채권의 소멸원인으로는 변제 이외에 공탁, 상계, 更改, 면제, 혼동이 있다.
65) '공인중개사의 업무 및 부동산거래신고'에 관한 법률이 2014. 1. 28. '공인중개사법'과 '부동산거래신고 등에 관한 법률'로 분리되었다.
66) **부동산거래신고 등에 관한 법률 제3조**(부동산 거래의 신고)
① 거래당사자는 다음 각 호의 어느 하나에 해당하는 계약을 체결한 경우 그 실제 거래가격 등 대통령령으로 정하는 사항을 거래계약의 체결일부터 30일 이내에 그 권리의 대상인 부동산등(권리에 관한 계약의 경우에는 그 권리의 대상인 부동산을 말한다)의 소재지를 관할하는 시장(구가 설치되지 아니한 시의 시장 및 특별자치시장과 특별자치도 행정시의 시장을 말한다)·군수 또는 구청장(이하 "신고관청"이라 한다)에게 공동으로 신고하여야 한다. 다만, 거래당사자 중 일방이 국가, 지방자치단체, 대통령령으로 정하는 자의 경우(이하 "국가등"이라 한다)에는 국가등이 신고를 하여야 한다.〈개정 2019. 8. 20.〉
1. 부동산의 매매계약
2. (이하 생략)
② 제1항에도 불구하고 거래당사자 중 일방이 신고를 거부하는 경우에는 국토교통부령으로 정하는 바에 따라 단독으로 신고할 수 있다.
③ 「공인중개사법」 제2조 제4호에 따른 개업공인중개사(이하 "개업공인중개사"라 한다)가 같은 법 제26조 제1항에 따라 거래계약서를 작성·교부한 경우에는 제1항에도 불구하고 해당 개업공인중개사가 같은 항에 따른 신고를

(2) 개업공인중개사가 거래계약서를 작성·교부한 경우에는 공인중개사가 반드시 신고를 하여야 하고, 거래 당사자 간 직거래인 경우에는 매도인과 매수인이 공동으로 신고하여야 한다. 거짓신고행위에 대하여는 과태료의 제재가 있다.

1-4. 소유권이전등기신청
(1) 부동산등기특별조치법 제2조에 의하면 부동산의 소유권이전을 내용으로 하는 계약을 체결한 자는 계약의 당사자가 서로 대가적인 채무를 부담하는 경우에는 반대급부의 이행이 완료된 날 또는 계약당사자의 일방만이 채무를 부담하는 경우에는 그 계약의 효력이 발생한 날부터 60일 이내에 소유권이전등기를 신청하여야 하고(다만, 그 계약이 취소·해제되거나 무효인 경우에는 그러하지 아니하다), 이에 위반한 경우 과태료의 제재가 있다(동법 제11조).
(2) 부동산실명법 제10조가 장기미등기자에 특례규정을 두어 계약당사자가 서로 대가적인 채무를 부담하는 경우에는 반대급부의 이행이 사실상 완료된 날 또는 계약당사자의 어느 한쪽만이 채무를 부담하는 경우에는 그 계약의 효력이 발생한 날부터 3년 이내에 소유권이전등기를 신청하지 아니한 등기권리자에게 이행강제금의 제재를 두고 있다.

문2.
2-1. 매매계약에 기한 소유권이전의 요건
(1) 매매계약이 유효한 것이어야 한다. 甲과 乙의 매매계약이 무효, 취소, 해제되는 등으로 효력을 상실한 경우 매수인 앞으로 소유권이전등기가 마쳐졌다고 해도 소유권이 매수인에게 이전되지 않는다.
(2) 매수인 앞으로 소유권이전등기가 마쳐지거나 매수인에게 물건이 인도되어야 한다.[67]
(3) 매도인이 그 목적물의 소유권을 가지고 있어야 한다. 전자의 무권리라는 흠은 치유되지 않는다.[68] 매도인 乙에게 소유권이 없으면 매수인 甲 앞으로 소유권이전등기가 마쳐졌어도 매수인은 소유권을 취득할 수 없다.[69]

하여야 한다. 이 경우 공동으로 중개를 한 경우에는 해당 개업공인중개사가 공동으로 신고하여야 한다.
④ 제3항에도 불구하고 개업공인중개사 중 일방이 신고를 거부한 경우에는 제2항을 준용한다. 〈신설 2019. 8. 20.〉
⑤ 제1항부터 제4항까지에 따라 신고를 받은 신고관청은 그 신고 내용을 확인한 후 신고인에게 신고필증을 지체 없이 발급하여야 한다. 〈개정 2019. 8. 20.〉
⑥ 부동산등의 매수인은 신고인이 제5항에 따른 신고필증을 발급받은 때에 「부동산등기 특별조치법」 제3조 제1항에 따른 검인을 받은 것으로 본다. 〈개정 2019. 8. 20.〉
⑦ 제1항부터 제6항까지에 따른 신고의 절차와 그 밖에 필요한 사항은 국토교통부령으로 정한다.
67) 매수인이 매도인 명의의 관계서류를 위조하여 매수인 앞으로 이전등기를 마친 경우 실체관계에 부합하는 등기의 문제가 생길 수 있다.
68) 소유자나 채권자 아닌 사람이 제3자에게 타인의 소유물 또는 채권을 양도(처분)하더라도 그 양도는 효력이 없다. 동산의 선의취득을 제외하고 부동산에 관한 무권리자의 처분은 무효이다.
69) 우리 법제상 부동산등기에 공신력이 인정되지 않는다. 부동산등기부에 소유자로 등기되어 있는 사람을 소유자로 믿고 그로부터 부동산을 매수하고 소유권이전등기를 마쳤다고 하더라도 그가 실제로 소유자가 아니라면 매수인은 소유권을 취득하지 못한다.

2-2. 의사표시 이행청구

(1) 의사표시를 할 것을 채무자에게 명한 판결이 확정되거나 그와 같은 효력이 있는 화해·인낙 또는 조정조서가 성립된 때에는 그 재판이 확정된 때 또는 그 조서가 성립된 때에 의사표시를 한 것으로 본다(민집 제263조 제1항).

(2) 민법은 "채무가 법률행위를 목적으로 한 때에는 채무자의 의사표시에 갈음할 재판을 청구할 수 있고"라고 정하고 있으나(제389조 제2항) 넓게 해석하여 원래의 의사표시를 할 채무 외에도 등기(또는 등록)신청행위와 같은 관청에 대한 공법상의 의사표시도 포함되는 것으로 본다.[70] 乙이 甲 앞으로의 소유권이전등기신청에 협력하지 않을 경우 甲은 乙의 등기신청의사에 갈음할 판결을 받아야 하고, 그 판결을 얻는 소송이 소유권이전등기절차이행 청구소송이다.

(3) 등기권리자와 등기의무자의 공동신청주의(부동산등기법 제23조 제1항) 하에서 **등기청구권**은 특정인이 상대방에게 등기절차에 협력하도록 청구할 수 있는 실체법상의 권리(등기절차협력청구권)이다. 등기권리자와 등기의무자는 등기절차법상의 개념이고, 등기청구권자는 실체법상의 개념이다. 사례에서 甲이 등기권리자이고 乙이 등기의무자이다. 등기신청은 등기권리자와 등기의무자의 공동신청으로 등기소에 직접 출석하든지, 전자신청의 방법으로 할 수 있다.[71] 대부분의 거래에서는 변호사나 법무사를 등기신청대리인으로 선임하여 등기절차를 마친다. 등기신청을 하는 경우 신청정보와 첨부정보를 등기소에 제공하여야 하는데 중요한 것이 등기원인으로서의 검인계약서(실거래가격도 기재됨)와 등기필정보(종전의 등기권리증 또는 등기필증)이다.

(4) 사례에서 매수인 甲의 소유권이전등기청구권(창설적 등기청구권)은 채권적 청구권이고, 甲이 乙을 상대로 "소유권이전등기절차를 이행하라"는 내용의 확정판결을 받으면 이로써 乙의 소유권이전등기신청이 행해진 것으로 보게 되므로 공동신청주의 하에서도 甲은 이 판결을 가지고 더 이상 乙의 협력을 요하지 않고 단독으로 등기신청을 할 수 있게 된다.

2-3. 소유권이전등기말소절차 이행청구

(1) 부실등기를 현재의 물권관계에 부합하도록 정정하거나 원상회복으로 행해지는 등기는 물권적 청구권(방해배제청구권)으로서의 등기정정청구권이다.

(2) 사례에서 乙은 甲을 상대로 "소유권이전등기의 말소등기절차를 이행하라"는 확정판결을 받고 단독으로 甲 명의의 소유권이전등기의 말소등기신청을 할 수 있다.

문3. 소유권이전등기청구

3-1. 소송물, 요건사실, 공격방어방법

(1) **소송물** : 2020. 4. 1. 매매를 원인으로 한 소유권이전등기청구권
(2) **요건사실** : 2020. 4. 1. 매매계약체결사실

---

[70] 실무상 '의사표시'에 갈음하는 재판에 의한 채무의 강제이행은 매우 중요한 분쟁해결 수단으로 기능하고 있다.
[71] 부동산등기법 제24조 및 부동산등기규칙 제43조, 제46조 참조

(3) **주요사실** : 甲과 乙이 2020. 4. 1. X 토지에 관하여 매매대금을 1억 원으로 한 매매계약을 체결한 사실(甲의 乙에 대한 매매대금지급 의사표시 + 乙의 甲에 대한 재산권이전의 의사표시의 합치)
(4) **공격방법** : 위 소송물을 대상으로 甲이 제출하는 매매계약체결사실(권리근거사실)에 대한 주장과 증명
(5) **방어방법** : 乙이 위 매매계약이 반사회질서 법률행위에 해당하여 무효라고 주장하거나 사기 또는 착오에 해당하여 취소한다, 또는 甲의 채무불이행을 이유로 계약을 해제하였다는 등의 주장과 증명(권리장애사실, 권리소멸사실, 권리행사저지사실)

3-2. 청구취지와 청구원인

(1) **청구취지** : 피고는 원고에게 별지목록 기재 부동산에 관하여 2020. 4. 1. 매매를 원인으로 한 소유권이전등기절차를 이행하라.
(2) **청구원인** : 원고와 피고는 2020. 4. 1. 별지목록 기재 부동산에 관하여 매매대금을 1억 원으로 정하여 부동산매매계약을 체결하였다(사실상의 주장).
그렇다면, 피고는 원고에게 별지목록 기재 부동산에 관하여 2020. 4. 1. 매매를 원인으로 한 소유권이전등기절차를 이행할 의무가 있다(법률상의 주장).

3-3. 피고의 답변

(1) **부인** : 피고는 원고와 매매계약을 체결한 사실이 없다.
〈증명책임〉 피고가 부인하면 매매계약체결사실에 관하여 원고가 증명책임을 부담한다.
(2) **부지** : 원고의 주장사실을 알지 못한다(모른다).
〈증명책임〉 부지는 부인으로 추정하나(민소법 제150조 제2항) 자기가 관여한 것으로 주장된 행위에 대하여 원칙적으로 부지라는 답변은 허용되지 않는다. 원고의 증명책임.
(3) **자백** : 피고는 원고와 매매계약을 체결한 사실이 있다.
〈증명책임〉 재판상 자백은 불요증사실로서 법원은 당사자의 자백에 구속되어 사실인정을 한다. 증명책임이 기능하지 않음.
(4) **침묵** : 원고의 주장사실을 명백히 다투지 아니하는 것
〈증명책임〉 변론전체의 취지로 보아 다툰 것으로 인정될 경우를 제외하고 자백한 것으로 간주된다(민소법 제150조 제1항). 증명책임은 위 (3)과 같음.

3-4. 乙의 항변

(1) **동시이행항변** : 피고는 원고로부터 매매대금 전액을 지급받을 때까지 소유권이전등기를 해 줄 수 없다.
(2) **계약해제의 항변** : 피고는 원고에게 상당한 기간을 정하여 잔금지급을 최고하였음에도 불구하고 잔금을 지급받지 못하였으므로 계약을 해제하였다.

3-5. 집행불능의 판결

(1) 乙에게 甲 앞으로 소유권이전등기를 명하는 판결은 형성판결이 아니라 **이행판결**이기 때문에 판결확정시에 민법 제187조에 따라 부동산물권을 취득하는 것은 아니고, 제186조에 따라 등기이전시점이 소유권이전시점이 된다.[72] 따라서 소유권이전등기를 명하는 승소판결이 확정된 경우에도 제3자에게 소유권이 이전되면 그 제3자가 유효하게 소유권을 취득하며 그 판결은 집행불능이 된다.[73] 이 경우에는 甲은 乙을 상대로 손해배상청구를 할 수 있다.

(2) 丙 앞으로 소유권이전등기가 丙이 乙의 배임행위에 적극 가담하여 반사회질서의 법률행위로 무효에 해당하여 丙 명의의 등기가 원인무효의 등기가 될 수 있다.

3-6. 확정판결의 기판력의 존속기간

(1) 하나의 판결이 확정되면 기판력이 생긴다. 그런데 기판력의 존속기간이라는 것이 정해져 있지 않다. 기판력은 시효에 의해 소멸하지도 않는 영구히 존속하는 것이다. 예컨대 甲이 乙을 상대로 매매를 원인으로 한 소유권이전등기절차의 이행을 구하는 소를 제기하여 승소확정판결을 받은 경우 甲은 이 판결을 가지고 언제까지 소유권이전등기를 마쳐야 하는지 정해진 기간이라는 것이 없다. 당사자의 권리관계의 변동이 없는 한 甲은 10년 아니 20년이 지나서도 이 판결을 가지고 甲 앞으로 이전등기를 마칠 수 있다.

(2) 그렇다고 하여 확정판결에 포함된 채권자의 실체법상의 권리가 소멸시효의 대상이 될 수 없다는 것은 아니다. 확정판결에 의한 채권도 10년의 시효기간의 경과로 소멸한다. 그렇다고 하여 이 확정판결의 기판력도 함께 소멸하는 것은 아니다. 기판력과 실체법상의 권리는 별개의 것이다.

문4. 매매대금 청구

4-1. 매매대금청구의 소송물과 요건사실

(1) 소송물 : 매매대금청구권
(2) 요건사실 : 2020. 4. 1. 매매계약체결사실[74]

4-2. 지연손해금청구의 소송물과 요건사실

(1) 소송물 : 이행지체로 인한 손해배상청구권
(2) 요건사실 : 2020. 4. 1. 매매계약체결사실 + 대금지급기한의 도래 + 소유권이전등기의무의

---

[72] 매매 등 법률행위를 원인으로 한 소유권이전등기절차 이행의 소에서의 원고 승소판결은 부동산물권취득이라는 형성적 효력이 없어 민법 제187조 소정의 판결에 해당하지 않으므로 승소판결에 따른 소유권이전등기 경료시까지는 부동산의 소유권을 취득한다고 볼 수 없다(대법원 1982.10.12. 선고 82다129 판결).

[73] 이를 방지하기 위하여 소유권이전등기소송 전에 당해 부동산에 대하여 처분금지가처분을 해놓는다.

[74] 원고가 매매대금만을 청구하는 경우에는 매매계약체결사실만 주장·증명하면 되고 대금지급기한의 도래, 매도인이 자신의 반대채무를 이행한 사실은 매수인의 동시이행의 항변에 대한 재항변의 요건사실이므로 이를 청구원인 단계에서 주장·증명할 사항은 아니다.

　　　　　　이행 또는 이행제공 + 손해의 발생 및 범위[75]

4-3.
(1) 청구취지

피고는 원고에게 9,000만 원 및 그 중 4,000만 원에 대하여는 2020. 4. 16.부터, 5,000만 원에 대하여는 2020. 5. 1.부터 각 이 사건 소장부본 송달일까지는 연 5%, 그 다음날부터 다 갚는 날까지는 연 12%의 각 비율에 의한 돈을 지급하라.

(2) 甲의 주요 항변 :
① 동시이행의 항변
② 계약해제항변
- 법정해제 : 이행지체, 이행불능, 이행거절, 하자담보책임, 사정변경 등.
- 약정해제(해제권유보)
- 합의해제
③ 계약의 무효, 취소 항변
- 반사회질서 법률행위
- 불공정한 법률행위
- 착오로 인한 의사표시
- 사기·강박에 의한 의사표시

문5. 동시이행항변권

5-1. 권리저지항변

(1) 매매계약과 같은 하나의 쌍무계약에서 상대방이 그 채무이행을 제공할 때까지 자기의 채무이행을 거절할 수 있는 동시이행의 항변권이 인정된다(제536조). 동시이행의 항변권은 상대방의 성실한 채무이행에 대한 가장 효과적인 압력수단이면서 상대방의 채무불이행 등에 대비하여 자신의 피해를 최소화할 수 있는 안전장치이다.

(2) 채무자의 이행제공이 있으면 채무자는 이행지체책임을 지지 않고 채권자는 동시이행항변권을 행사할 수 없다. 채권자가 채무자의 이행제공에 응하여 채권의 실현을 위한 협력을 하지 아니하거나 할 수 없는 경우에는 채권자지체(수령지체)에 빠진다.

(3) 사례에서 甲이 매매대금의 이행제공을 하지 않고 소유권이전등기를 청구하면 乙은 대금지급과의 동시이행의 항변권을 행사하여 소유권이전등기를 거절할 수 있고, 乙이 소유권이전등기의 이행제공을 하지 않고 대금지급을 청구하면 甲은 소유권이전과의 동시이행항변권을 행

---

75) 원고가 매매대금에 지연손해금을 함께 청구하는 경우에는 매매계약체결사실 외에 동시이행관계에 있는 자신의 채무인 소유권이전등기의무의 이행 또는 이행제공 사실을 주장·증명하여야 한다. 이와 같은 동시이행항변권의 이행지체 저지효는 이행지체책임이 없다고 주장하는 자가 반드시 동시이행의 항변권을 행사하여야만 발생하는 것이 아니다. 이행기가 도래한 날의 24시가 경과함으로써 비로소 이행지체가 성립한다.

사하여 그 대금지급을 거절할 수 있다. 이러한 동시이행의 항변권은 상대방의 청구권을 전제로 그 채무 부담 자체는 인정하면서 그 실현을 저지하는 내용의 항변권이고, 특히 상대방이 그 채무의 이행을 제공할 때까지 일시적으로 그 실현을 저지할 수 있는 연기적 항변권이다. 이 동시이행의 항변권은 변론주의원칙상 채무자(피고)가 소송상 행사해야 비로소 상대방의 청구권의 실현을 저지시킬 수 있다.

5-2. 변론주의와 동시이행의 항변(청구저지효)
(1) 매매를 원인으로 한 소유권이전등기청구의 소에서 매수인이 매매계약 사실을 주장, 증명하면, 특단의 사정이 없는 한, 매도인은 소유권이전등기의무가 있게 된다.
(2) 매도인이 매매잔금을 수령한 바 없다면 동시이행의 항변을 제기하여야 하는 것이고 법원은 매도인의 이와 같은 항변이 있을 때에 비로소 매수인의 매매대금지급 사실의 유무를 심리하여 매수인이 매매대금을 지급하지 않았다면 매도인에 대하여 매수인으로부터 매매대금을 지급받음과 동시에 소유권이전등기절차를 이행하라는 동시(상환)이행판결을 하게 된다.

5-3. 조세부담약정과 동시이행
부동산 매매계약에 있어 매수인이 부가가치세를 부담하기로 약정한 경우, 부가가치세를 매매대금과 별도로 지급하기로 했다는 등의 특별한 사정이 없는 한 부가가치세를 포함한 매매대금 전부와 부동산의 소유권이전등기의무가 동시이행의 관계에 있다.[76]

5-4. 매도인의 소유권이전의무
(1) 매매계약이 성립되면 매도인 乙은 매수인 甲에게 매매목적물의 소유권(점유 포함)을 이전해주어야 할 채무를 부담한다. 甲이 매매대금 전액을 乙에게 지급하였다고 하더라도 甲 앞으로 소유권이전등기를 마쳐야 甲이 비로소 X 토지와 Y 건물의 소유권을 취득하게 된다(제186조).
(2) 등기신청은 등기권리자와 등기의무자의 공동신청으로 등기소에 직접 출석하든지, 전자신청의 방법으로 할 수 있다(부동산등기법 제24조). 대부분의 거래에서는 변호사나 법무사를 등기신청대리인으로 선임하여 등기절차를 마친다. 등기신청을 하는 경우 신청정보와 첨부정보를 등기소에 제공하여야 하는데 중요한 것이 등기원인으로서의 검인계약서(실거래가격도 기재됨)와 등기필정보(종전의 등기권리증 또는 등기필증)이다.[77] 여기서 등기신청을 하면서 제출되어야 하는 인감증명은 발행일부터 3개월 이내의 것에 한정된다.[78]
(3) 부동산소유권의 이전을 내용으로 하는 채무의 경우에는 채무자가 이행행위에 의하여 채권자

---

[76] 대법원 2006.02.24. 선고 2005다58656,58663 판결.
[77] 등기필정보는 등기를 마치게 되면 등기관으로부터 등기가 마쳐졌음을 통지받은 것으로 그 후 다시 소유권이전등기를 신청하는 경우 이 등기필정보가 필요하다.
[78] ☞ **부동산등기규칙 제62조(인감증명 등의 유효기간)** 등기신청서에 첨부하는 인감증명, 법인등기사항증명서, 주민등록표등본·초본, 가족관계등록사항별증명서 및 건축물대장·토지대장·임야대장 등본은 발행일부터 **3개월 이내**의 것이어야 한다.

가 현실적으로 소유권을 취득한 결과가 발생하여야만 그 채무가 변제로 소멸된다. 甲에게 소유권이 이전되지 아니한 이상 乙은 여전히 甲에 대하여 소유권이전의 채무를 부담한다.[79]

5-5. 동시이행항변권의 불행사와 반환청구
채무자가 동시이행항변권을 행사하지 아니하고 채권자의 청구대로 이행한 경우 그는 자신이 채무를 적법하게 이행한 것이므로 그 반환을 구할 수 없다.

5-6. 무조건 소유권이전등기청구와 잔금미지급
(1) 매매계약 체결과 대금완납을 청구원인으로 하여 (무조건) 소유권이전등기를 구하는 청구취지에는 대금 중 미지급금이 있을 때에는 위 금원의 수령과 상환으로 소유권이전등기를 구하는 취지도 포함되어 있다.[80]
(2) 매수인이 단순히 소유권이전등기청구만을 하고 매도인이 동시이행의 항변을 한 경우 법원이 대금수령과 상환으로 소유권이전등기절차를 이행할 것을 명하는 것은 그 청구 중에 대금지급과 상환으로 소유권이전등기를 받겠다는 취지가 포함된 경우에 한하므로 그 청구가 반대급부 의무가 없다는 취지임이 분명한 경우에는 청구를 기각하여야 한다.[81]

문6. 동시이행, 추심명령 등 매수인의 항변사유

6-1. 소송에서 각 당사자는 상대방이 동시이행의 항변권을 행사하지 않는 한 자신의 이행청구권을 아무 제한 없이 행사하고 관철할 수 있으며, 피고가 항변권을 행사하면 원고가 피고의 선이행의무를 증명하지 못하는 한 법원은 원고에 대하여 **상환(동시)이행판결**을 하게 된다.[82] 동시이행 관계에 있는 반대의무의 이행 또는 이행제공은 원칙적으로 집행문부여의 요건이 아니고 집행개시 요건이다(민사집행법 제41조 제1항).

6-2. 채권에 대한 압류 및 추심명령이 있으면 제3채무자에 대한 이행의 소는 추심채권자만이 제기할 수 있고 채무자는 피압류채권에 대한 이행소송을 제기할 당사자적격을 상실한다.[83] A가 소구채권인 매매대금채권에 대하여 압류 및 추심명령을 받았으므로 A가 위 채권에 대한 추심권능을 갖게 되고 乙은 원고적격을 상실한다. 법원은 원고적격 흠결을 이유로 乙의 소를 각하하여야 한다.

6-3. 채무자가 제3채무자를 상대로 제기한 이행의 소가 법원에 계속되어 있는 경우에도 압류채권자는 제3채무자를 상대로 압류된 채권의 이행을 청구하는 추심의 소를 제기할 수 있고, 제3채무

---
79) 양창수, 「민법입문(제7판)」, 박영사(2018), p.29 참조.
80) 대법원 1979.10.10. 선고 79다1508 판결.
81) 대법원 1980.02.26. 선고 80다56 판결. 따라서 그러한 명시적 의사표시가 없는 경우에는 원고의 단순이행청구에는 동시이행을 구하는 취지도 포함된 것으로 본다.
82) 〈주문 예시〉 피고(甲)는 원고(乙)로부터 별지목록 기재 부동산에 관하여 2020. 4. 1. 매매를 원인으로 한 소유권이전등기절차를 이행 받음과 동시에 원고(乙)에게 5,000만 원을 지급하라. 원고의 나머지 청구를 기각한다.
83) 대법원 2000.04.11. 선고 99다23888 판결.

자를 상대로 압류채권자가 제기한 추심의 소는 채무자가 제기한 이행의 소에 대한 관계에서 민사소송법 제259조가 금지하는 중복된 소제기에 해당하지 않는다.[84] 판례에 의하면 A가 추심명령을 근거로 甲을 상대로 제기한 추심의 소는 중복제소에 해당하지 않으며 적법하다.

문7. 소유권이전등기청구권의 양도

7-1. 부동산의 매매로 인한 소유권이전등기청구권은 물권의 이전을 목적으로 하는 매매의 효과로서 매도인이 부담하는 재산권이전의무의 한 내용을 이루는 것이고, 매도인이 물권행위의 성립요건을 갖추도록 의무를 부담하는 경우에 발생하는 채권적 청구권으로 그 이행과정에 신뢰관계가 따르므로, 소유권이전등기청구권을 매수인으로부터 양도받은 양수인은 매도인이 그 양도에 대하여 동의하지 않고 있다면 매도인에 대하여 채권양도를 원인으로 하여 소유권이전등기절차의 이행을 청구할 수 없고, 따라서 매매로 인한 소유권이전등기청구권은 특별한 사정이 없는 이상 그 권리의 성질상 양도가 제한되고 그 양도에 채무자의 승낙이나 동의를 요한다고 할 것이므로 통상의 채권양도와 달리 양도인의 채무자에 대한 통지만으로는 채무자에 대한 대항력이 생기지 않으며 반드시 채무자의 동의나 승낙을 받아야 대항력이 생긴다.[85]

丙이 위 매매계약상의 매수인의 지위를 양수하지 않은 이상 매수인 甲으로부터 채권으로서의 소유권이전등기청구권을 양도받은 것만으로써는 丙이 乙에 대하여 그 목적 부동산의 매수인임을 주장할 수 없는 것이고, 이와 같은 매수인의 지위를 양수함에 있어서는 계약의 상대방인 매도인 乙과의 합의(승낙)가 있어야 한다.[86]

7-2. 취득시효완성으로 인한 소유권이전등기청구권은 채권자와 채무자 사이에 아무런 계약관계나 신뢰관계가 없고, 그에 따라 채권자가 채무자에게 반대급부로 부담하여야 하는 의무도 없다. 따라서 취득시효완성으로 인한 소유권이전등기청구권의 양도의 경우에는 매매로 인한 소유권이전등기청구권에 관한 양도제한의 법리가 적용되지 않는다.[87]

문8. 소유권이전등기청구권에 대한 (가)압류

8-1. 소유권이전등기청구권에 대한 압류나 가압류는 채권에 대한 것이지 등기청구권의 목적물인 부동산에 대한 것이 아니고, 채무자와 제3채무자에게 그 결정을 송달하는 외에 현행법상 등기부에 이를 공시하는 방법이 없는 것으로서, 당해 채권자와 채무자 및 제3채무자 사이에만 효력이 있을 뿐 압류나 가압류와 관계가 없는 제3자에 대하여는 압류나 가압류의 처분금지적 효력을 주장할 수 없게 되므로, 소유권이전등기청구권의 압류나 가압류는 청구권의 목적물인 부동산 자체의 처분을 금지하는 대물적 효력은 없고, 또한 채권에 대한 가압류가 있더라도 이는 채무자가 제3채무자로부터 현실로 급부를 추심하는 것만을 금지하는 것이므로 채무자는 제3채무자를 상대로 그

---

84) 대법원 2013.12.18. 선고 2013다202120 전원합의체 판결.
85) 대법원 2005.03.10. 선고 2004다67653 판결.
86) 대법원 2018.07.12. 선고 2015다36167 판결.
87) 대법원 2018.07.12. 선고 2015다36167 판결.

이행을 구하는 소송을 제기할 수 있고 법원은 가압류가 되어 있음을 이유로 이를 배척할 수는 없는 것이지만, 소유권이전등기를 명하는 판결은 의사의 진술을 명하는 판결로서 이것이 확정되면 채무자는 일방적으로 이전등기를 신청할 수 있고 제3채무자는 이를 저지할 방법이 없게 되므로 위와 같이 볼 수는 없고 이와 같은 경우에는 가압류의 해제를 조건으로 하지 않는 한 법원은 이를 인용하여서는 안 되는 것이며, 가처분이 있는 경우도 이와 마찬가지로 그 가처분의 해제를 조건으로 하여야만 소유권이전등기절차의 이행을 명할 수 있다.[88]

☞ **주문** : 피고는 별지목록 기재 부동산에 관하여 원고와 소외 A 사이의 서울중앙지방법원 2020. 4. 20.자 2020카합1234 소유권이전등기청구권 가압류결정에 의한 집행이 해제되면 원고에게 2020. 4. 1. 매매를 원인으로 한 소유권이전등기절차를 이행하라.[89]

8-2. 소유권이전등기청구권의 가압류나 압류가 행하여지면 제3채무자로서는 채무자에게 등기이전행위를 하여서는 아니 되고, 그와 같은 행위로 채권자에게 대항할 수 없다 할 것이나, 가압류나 압류에 의하여 그 채권의 발생원인인 법률관계에 대한 채무자와 제3채무자의 처분까지도 구속되는 것은 아니므로 기본적 계약관계인 매매계약 자체를 해제할 수 있다.[90]

8-3. 부동산소유권이전등기청구권을 가압류하였다 하더라도, 어떠한 경로로 제3채무자로부터 채무자 명의로 소유권이전등기가 마쳐졌다면 채권자는 그 부동산 자체를 가압류하거나 압류하면 족하고 그 등기를 말소할 필요는 없다.[91] 소유권이전등기청구권의 압류는 청구권의 목적물인 부동산 자체의 처분을 금지하는 대물적 효력은 없어서 제3채무자나 채무자로부터 이전등기를 경료한 제3자에 대하여는 취득한 등기가 원인무효라고 주장하여 말소를 청구할 수 없고, 제3채무자가 압류결정을 무시하고 이전등기를 이행하고 채무자가 다시 제3자에게 이전등기를 경료하여 준 결과 채권자에게 손해를 입힌 때에는 불법행위를 구성하고 그에 따른 배상책임을 지게 된다.[92]

8-4. 소유권이전등기를 명하는 판결은 의사의 진술을 명하는 판결로서 이것이 확정되면 채무자는 일방적으로 이전등기를 신청할 수 있고 제3채무자는 이를 저지할 방법이 없으므로, 소유권이전등기청구권이 가압류된 경우에는 변제금지의 효력이 미치고 있는 제3채무자로서는 일반채권이 가압류된 경우와는 달리 채무자 또는 그 채무자를 대위한 자로부터 제기된 소유권이전등기 청구소송에 응소하여 그 소유권이전등기청구권이 가압류된 사실을 주장하고 자신이 송달받은 가압류결정을 제출하는 방법으로 입증하여야 할 의무가 있다고 할 것이고, 만일 제3채무자가 고의 또는 과실로 위 소유권이전등기 청구소송에 응소하지 아니한 결과 자백간주에 의한 판결이 선고되어 확

---

88) 대법원 1999.02.09. 선고 98다42615 판결.
89) 법원이 원고에 대하여 가압류의 해제를 조건으로 하여 이전등기를 구하는지 여부에 관하여 석명의무가 있는 것은 아니므로 원고가 무조건의 이행을 구하는 경우 청구기각판결이 선고될 수 있으므로 주의를 요한다.
90) 대법원 2000.04.11. 선고 99다51685 판결.
91) 대법원 1998.05.29. 선고 96다11648 판결.
92) 대법원 2007.09.21. 선고 2005다44886 판결.

정됨에 따라 채무자에게 소유권이전등기가 경료되고 다시 제3자에게 처분된 결과 채권자가 손해를 입었다면, 이러한 경우는 제3채무자가 채무자에게 임의로 소유권이전등기를 경료하여 준 것과 마찬가지로 불법행위를 구성한다.[93]

8-5. 소유권이전등기청구권에 대한 가압류가 있기 전에 가처분이 있었다고 하여도 가처분이 뒤에 이루어진 가압류에 우선하는 효력이 없으므로 가압류는 가처분채권자의 관계에서도 유효할 뿐만 아니라, 가압류 상호간에도 그 결정이 이루어진 선후에 따라 뒤에 이루어진 가압류에 대하여 처분금지적 효력을 주장할 수는 없다.[94]

문9. 상계의 가부

9-1.
(1) 상계라 함은 채권자와 채무자가 서로 상대방에 대하여 동종의 채권을 가지고 있는 경우에 그 채권을 대등액에 있어서 소멸시키는 채무자의 일방적 의사표시를 말한다. 乙이 甲에 대하여 5,000만원의 매매잔금채권이 있는데 甲이 乙에게 5,000만원의 대여금채권을 가지고 있고, 양 채권이 모두 변제기에 있는 경우 甲은 일방적으로 상계의 의사표시를 함으로써 자신의 乙에 대한 채권이 5,000만원의 범위에서 소멸되는 반면으로 자신의 乙에 대한 매매잔금채무도 그 범위에서 소멸되는 것이다. 위와 같이 상계의 의사표시를 하는 당사자가 가지는 채권을 자동채권(능동채권), 상대방이 가지는 채권을 수동채권이라고 한다.
(2) 그러나 상대방이 제3자에 대하여 가지는 채권과는 상계할 수 없다.[95] 사례에서 乙은 甲에 대한 잔금채권을 자동채권으로 하여 甲의 A에 대한 대여금채권과 상계할 수 없다.

9-2.
(1) 항변권이 붙어있는 채권을 자동채권으로 하는 상계는 허용되지 않는다. 항변권이 붙어 있는 채권을 자동채권으로 하여 다른 채무(수동채권)와의 상계를 허용한다면 상계자 일방의 의사표시에 의하여 상대방의 항변권 행사의 기회를 상실시키는 결과가 되므로 그러한 상계는 허용될 수 없다.

---

93) 대법원 1999.06.11. 선고 98다22963 판결.
94) 대법원 1999.02.09. 선고 98다42615 판결.
95) 상계는 당사자 쌍방이 서로 같은 종류를 목적으로 한 채무를 부담한 경우에 서로 같은 종류의 급부를 현실로 이행하는 대신 어느 일방 당사자의 의사표시로 그 대등액에 관하여 채권과 채무를 동시에 소멸시키는 것이고, 이러한 상계제도의 취지는 서로 대립하는 두 당사자 사이의 채권·채무를 간이한 방법으로 원활하고 공평하게 처리하려는 데 있으므로, <u>수동채권으로 될 수 있는 채권은 상대방이 상계자에 대하여 가지는 채권이어야 하고, 상대방이 제3자에 대하여 가지는 채권과는 상계할 수 없다</u>고 보아야 한다. 그렇지 않고 만약 상대방이 제3자에 대하여 가지는 채권을 수동채권으로 하여 상계할 수 있다고 한다면, 이는 상계의 당사자가 아닌 상대방과 제3자 사이의 채권채무관계에서 상대방이 제3자에게서 채무의 본지에 따른 현실급부를 받을 이익을 침해하게 될 뿐 아니라, 상대방의 채권자들 사이에서 상계자만 독점적인 만족을 얻게 되는 불합리한 결과를 초래하게 되므로, 상계의 담보적 기능과 관련하여 법적으로 보호받을 수 있는 당사자의 합리적 기대가 이러한 경우에까지 미친다고 볼 수는 없다(대법원 2011.04.28. 선고 2010다101394 판결).

(2) 자동채권에 동시이행의 항변권이 붙어 있는 경우에는 채무자가 반대의무의 이행을 하여 동시이행의 항변권을 소멸시켰다는 사실은 상계항변을 하는 채무자가 주장·증명을 하여야 한다.
(3) 자동채권에 항변권이 붙어있다는 **재항변**에 대하여 채무자는 반대채무의 이행 또는 이행제공을 하였거나, 채권자가 그 항변권을 포기하였다는 **재재항변**을 할 수 있다.

문10. 매수인의 법적 지위

10-1. 甲이 매매대금을 전액 乙에게 지급한 경우에도 甲 앞으로 소유권이전등기를 넘겨오지 않은 이상 소유권자가 될 수 없고 甲은 丙을 상대로 소유권에 기해 소유물반환청구권의 행사로서 Y 건물의 인도를 구할 수 없다. 채권자의 지위에 있는 甲은 채권침해를 이유로 丙을 상대로 불법행위를 이유로 손해배상청구도 할 수 없고, 丙이 Y 건물의 사용이익을 부당이득으로 얻고 있더라도 부당이득반환도 구할 수 없다. 甲은 채권자의 지위에서 채무자인 乙의 채무불이행책임만을 물을 수 있다.

10-2. 그러나 甲이 소유권을 취득한 경우에는 丙을 상대로 소유권에 기해 Y 건물의 인도를 구할 수 있고, 甲이 자신의 소유물을 사용하지 못함으로 입은 차임 상당의 손해의 배상을 불법행위를 이유로 구할 수도 있고, 丙이 얻고 있는 Y 건물의 사용이익인 차임 상당의 부당이득반환을 구할 수도 있다. 물론 丙이 주택임대차보호법이나 상가건물 임대차보호법상의 대항력을 취득한 임차인이라면 甲이 원래의 임대인이었던 乙이 부담하였을 의무 예컨대 보증금반환채무를 부담하게 된다.

문11. 채권양도 및 전부명령과 채무자의 항변

11-1. 채권양도가 있더라도 채무가 동일성을 유지하는 한 甲은 丙에 대하여 동시이행의 항변권을 주장할 수 있다. 甲의 丙에 대한 채무와 乙의 甲에 대한 채무는 동시이행의 관계에 있으므로 甲은 乙의 소유권이전채무와의 동시이행을 주장하여 丙의 양수금청구를 거절할 수 있다.

11-2. 전부명령으로 채권자가 변경되더라도 채무가 동일성을 유지하는 한 甲의 동시이행의 항변권은 존속한다.

문12. 완전한 소유권이전등기의무

(1) 부동산의 매매계약이 체결된 경우에는 매도인의 소유권이전등기의무, 인도의무와 매수인의 잔대금 지급의무는 동시이행의 관계에 있는 것이 원칙이고, 이 경우 매도인은 특별한 사정이 없는 한 제한이나 부담이 없는 완전한 소유권이전등기의무를 지는 것이므로 매매목적 부동산에 지상권이 설정되어 있고 가압류등기가 되어 있는 경우에는 비록 매매가액에 비하여 소액인 금원의 변제로써 언제든지 말소할 수 있는 것이라 할지라도 매도인은 이와 같은 등기를 말소하여 완전한 소유권이전등기를 해 주어야 한다.[96]

---

[96] 대법원 2000.11.28. 선고 2000다8533 판결 : 매매목적 부동산에 가압류등기 등이 되어 있는 경우에는 매도인은

(2) 매매목적물인 부동산에 근저당권설정등기나 가압류등기가 있는 경우에 매도인으로서는 위 근저당권설정등기나 가압류등기를 말소하여 완전한 소유권이전등기를 해 주어야 할 의무를 부담한다고 할 것이지만, 매매목적물인 부동산에 대한 근저당권설정등기나 가압류등기가 말소되지 아니하였다고 하여 바로 매도인의 소유권이전등기의무가 이행불능으로 되었다고 할 수 없고, 매도인이 미리 이행하지 아니할 의사를 표시한 경우가 아닌 한, 매수인이 매도인에게 상당한 기간을 정하여 그 이행을 최고하고 그 기간 내에 이행하지 아니한 때에 한하여 계약을 해제할 수 있다.[97]

(3) 매매계약에서 대가적 의미가 있는 매도인의 소유권이전의무와 매수인의 대금지급의무는 다른 약정이 없는 한 동시이행의 관계에 있으며, 또한 설령 어느 의무가 선이행의무라고 하더라도 이행기가 도과된 경우에는 이행기 도과에 불구하고 여전히 선이행하기로 약정하는 등의 특별한 사정이 없는 한 그 의무를 포함하여 매도인과 매수인 쌍방의 의무는 동시이행관계에 놓이게 된다. 이러한 법률관계는 매매목적물에 대하여 가압류 또는 처분금지가처분 집행 등이 되어 있거나 매도인의 소유권이전등기청구권에 대하여 가압류나 처분금지가처분 등이 되어 있어, 매매계약에 따른 소유권이전의무를 이행하기 위하여 그 가압류·가처분 집행 등을 해제할 필요가 있는 경우에, 그 집행 등의 해제의무에 관하여도 마찬가지로 적용된다.[98] 이 경우에는 소유권이전등기청구권의 가압류나 가처분을 해제하여 완전한 소유권이전등기를 경료하여 주는 것까지 동시이행관계에 있는 것으로 봄이 상당하고, 위 가압류가 해제되지 않는 이상 매수인은 매매잔대금의 지급을 거절할 수 있다.[99]

(4) 매도인의 소유권이전등기청구권이 가압류되어 있거나 처분금지가처분이 있는 경우에는 그 가압류 또는 가처분의 해제를 조건으로 하여서만 소유권이전등기절차의 이행을 명받을 수 있는 것이어서, 매도인은 그 가압류 또는 가처분을 해제하지 아니하고서는 매도인 명의의 소유권이전등기를 마칠 수 없고, 따라서 매수인 명의의 소유권이전등기도 경료하여 줄 수 없다고 할 것이므로, 매도인이 그 가압류 또는 가처분 집행을 모두 해제할 수 없는 무자력의 상태에 있다고 인정되는 경우에는 매수인이 매도인의 소유권이전등기의무가 이행불능임을 이유로 매매계약을 해제할 수 있다.[100]

문13. 선이행의무 있는 중도금이행지체와 지체시기

(1) 매수인이 선이행의무 있는 중도금을 지급하지 않았다 하더라도 계약이 해제되지 않은 상태에서 잔금 지급일이 도래하여 그 때까지 중도금과 잔금이 지급되지 아니하고 잔대금과 동시이행관계에 있는 매도인의 소유권이전등기 소요서류가 제공된 바 없이 그 기일이 도과하였

이와 같은 등기도 말소하여 완전한 소유권이전등기를 해 주어야 하는 것이고, 따라서 가압류등기 등이 있는 부동산의 매매계약에 있어서는 매도인의 소유권이전등기 의무와 아울러 가압류등기의 말소의무도 매수인의 대금지급의무와 동시이행 관계에 있다.

97) 대법원 2003.05.13. 선고 2000다50688 판결.
98) 대법원 2013.06.13. 선고 2011다73472 판결.
99) 대법원 2001.07.27. 선고 2001다27784 판결.
100) 대법원 2006.06.16. 선고 2005다39211 판결.

다만, 다른 특별한 사정이 없는 한, 매수인의 중도금 및 잔금의 지급과 매도인의 소유권이전등기 소요서류의 제공은 동시이행관계에 있다 할 것이어서 그 때부터는 매수인은 중도금을 지급하지 아니한 데 대한 이행지체의 책임을 지지 아니한다.[101]

(2) 매수인의 〈미지급 중도금 + 미지급 중도금에 대한 중도금지급일 다음날부터 잔금지급일까지의 지연손해금(미지급 중도금 × 약정 지연손해금율 또는 연 5%·6%의 민·상사 법정이율 × 기간) + 잔금〉지급의무와 매도인의 소유권이전등기 및 인도의무가 동시이행관계에 놓이게 된다.

문14. 상환이행판결과 기판력

(1) 상환이행판결이 확정된 경우 동시이행관계에 있는 반대채권의 존재 및 액수 등에 대하여서는 기판력이 생길 여지가 없으나, 위 <u>동시이행의 조건이 붙어 있다는 점에 관하여는 기판력이 미친다</u>.[102]

(2) 사례에서 乙이 반대의무의 이행을 하지 않더라도 甲은 丙에게 B부동산에 대한 소유권이전등기를 이행할 의무가 있는 것이라고 하는 주장은 위 확정판결의 기판력에 저촉되는 것이다.[103]

문15. 불안의 항변권

(1) 부동산매매계약에서 매수인이 잔금채무를 이행하더라도 매도인이 소유권이전등기의무를 이행하지 않을 것을 미리 명백히 표시하였고, 뿐만 아니라 그 부동산에 관하여 이미 제3자 앞으로 소유권이전등기가 경료되어 있지만 그 등기가 원인무효의 등기이어서 매도인이 다시 그 등기의 말소를 한 뒤 매수인에게 이전하여 줄 수 있으므로 매도인의 위 등기이전의무가 이행불능 상태에 빠졌다고 할 수 없다.

(2) 그러나 그와 같은 등기가 현존하고 있는 이상 매수인의 입장에서는 자신의 잔금채무를 이행하더라도 소유권이전등기를 이행받을 수 있을지 여부가 상당히 불안한 지위에 있다고 할 수밖에 없는 등 특별한 사정이 있는 경우, 매도인이 매수인의 잔대금 지급의무의 불이행을 이유로 계약을 해제하려면, 비록 매수인의 잔대금 지급의무가 선이행의무이고 매수인의 분할 잔대금 지급의무의 불이행시 각 지급기일로부터 30일 이상 지체하였을 때에는 최고 없이 계약을 해제할 수 있다는 특약이 체결되어 있었다고 하더라도, 공평과 신의성실의 원칙상 부동산에 관한 소유권이전등기의 명의를 회복하여 이를 매수인에게 언제든지 현실적으로 이전

---

[101] 대법원 2002.03.29. 선고 2000다577 판결.
[102] 대법원 1996.07.12. 선고 96다19017 판결 : 제소전화해의 내용이 채권자 등은 대여금 채권의 원본 및 이자의 지급과 상환으로 채무자에게 부동산에 관한 가등기의 말소등기절차를 이행할 것을 명하고, 채무자는 가등기담보 등에 관한 법률 소정의 청산금 지급과 상환으로 채권자 등에게 가등기에 기한 소유권이전 본등기절차를 이행할 것과 그 부동산의 인도를 명하고 있는 경우, 그 제소전화해는 가등기말소절차 이행이나 소유권이전의 본등기절차 이행을 대여금 또는 청산금의 지급을 그 조건으로 하고 있는 데 불과하여 그 기판력은 가등기말소나 소유권이전의 본등기절차 이행을 명한 화해내용이 대여금 또는 청산금 지급의 상환이 조건으로 붙어 있다는 점에 미치는 데 불과하고, 상환이행을 명한 반대채권의 존부나 그 수액에 기판력이 미치는 것이 아니다.
[103] 대법원 1975.05.27. 선고 74다2074 판결.

하여 줄 수 있는 준비를 완료하고 그 뜻을 상대방에게 통지하여 그 수령을 최고한 다음에야, 비로소 계약을 해제할 수 있다.[104]

문16. 대리권의 증명책임

16-1. 권리근거사실은 이를 주장하는 자가 증명하여야 하므로 甲이 乙에 대하여 X 부동산에 관한 소유권이전등기절차의 이행을 구하기 위하여는 乙이 A에게 대리권을 수여한 사실을 증명하여야 한다. 이 경우 乙이 A에게 대리권을 수여한 사실이 없다는 주장은 부인에 해당한다.

16-2. 그러나 乙이 甲을 상대로 소유권이전등기의 말소를 구하는 경우에는 A에게 X 부동산의 매도에 관한 대리권이 없다는 사실을 乙이 증명하여야 한다. 이 경우에는 등기가 적법하게 마쳐진 것으로 추정되고, 이러한 등기의 추정력은 법률상 추정에 해당하여 증명책임을 전환시키기 때문이다.[105]

17. 상계권의 소송상 행사의 법적 성질

17-1. 소송상의 공격방어방법으로 실체법상의 형성권을 행사했다가 소의 취하, 부적법 각하되는 경우 당초에 발생한 형성권의 사법상 효과가 어떻게 되는지에 관하여[106] 판례는 해제권과 달리 상계권 행사의 경우 수동채권의 존재에 대한 법원의 실질적인 판단이 이루어지지 아니한 경우에는 그 소송절차에서 행하여진 소송상 상계항변의 사법상 효과도 발생하지 않는다고 한다. 甲은 별소로 乙을 상대로 4,000만 원 대여금청구의 소를 제기하는데 아무런 장애가 없다.

17-2. 판례[107]에 의하면 전소에서 조정이 성립되어 甲의 상계의사표시에 관한 수동채권(매매대금채권)의 존부에 대하여 법원의 실질적인 판단이 이루어지지 않았으므로, 반대채권(재동채권)인 甲의 대여금채권이 소멸하지 않았다고 보게 된다. 따라서 乙의 항변은 받아들여질 수 없다. 다만 전소의 조정조서에서 상계항변의 자동채권(대여금채권)에 관한 권리관계가 특정되거나 소송물이 되었다면 예외.

---

104) 대법원 1995.06.29. 선고 94다22071 판결.
105) 소유권이전등기가 전 등기명의인의 직접적인 처분행위에 의한 것이 아니라 제3자가 그 처분행위에 개입된 경우 현 등기명의인이 그 제3자가 전 등기명의인의 대리인이라고 주장하더라도 현 소유명의인의 등기가 적법히 이루어진 것으로 추정되므로, 그 등기가 원인무효임을 이유로 그 말소를 청구하는 전 소유명의인으로서는 반대사실, 즉 그 제3자에게 전 소유명의인을 대리할 권한이 없었다든가 또는 제3자가 전 소유명의인의 등기서류를 위조하는 등 등기절차가 적법하게 진행되지 아니한 것으로 의심할 만한 사정이 있다는 등의 무효사실에 대한 증명책임을 진다(대법원 2009.09.24. 선고 2009다37831 판결).
106) 학설은 병존설에 의하면 당초에 발생한 사법상의 효과가 그대로 유지되고, 양성설에 의하면 당초에 발생한 사법상의 효과가 소멸하고, 소송행위설에 의하면 처음부터 사법상의 효과가 발생한 바 없는 것으로 보게 된다. 기본적으로 병존설의 입장을 취하면서 상계권의 행사에 있어서 소취하, 부적법 각하 등으로 실체판단을 받지 못한 경우에는 사법상의 효과가 발생하지 않는 것으로 보는 신병존설이 판례의 입장으로 이해한다.
107) 대법원 2013.03.28. 선고 2011다3329 판결.

문18. 매각되어 인도된 물건의 항변(매수인의 점유사용권)

18-1. 토지의 매수인이 아직 소유권이전등기를 경료받지 아니하였다 하여도 매매계약의 이행으로 그 토지를 인도받은 때에는 매매계약의 효력으로서 이를 점유·사용할 권리가 생기게 된 것으로 보아야 하고, 또 매수인으로부터 위 토지를 다시 매수한 자는 위와 같은 토지의 점유사용권을 취득한 것으로 봄이 상당하므로 매도인은 매수인으로부터 다시 위 토지를 매수한 자에 대하여 토지 소유권에 기한 물권적 청구권을 행사하거나 그 점유·사용을 법률상 원인이 없는 이익이라고 하여 부당이득반환청구를 할 수는 없다고 할 것인바, 이러한 법리는 대물변제 약정에 의하여 매매와 같이 부동산의 소유권을 이전받게 되는 자가 이미 당해 부동산을 점유·사용하고 있거나, 그로부터 다시 이를 임차하여 점유·사용하고 있는 경우에도 마찬가지로 적용된다.[108]

18-2. 토지의 매수인이 아직 소유권이전등기를 경료받지 아니하였다 하여도 매매계약의 이행으로 그 토지를 인도받은 때에는 매매계약의 효력으로서 이를 점유·사용할 권리가 생기게 된 것으로 보아야 하고 또 매수인이 그 토지 위에 건축한 건물을 취득한 자는 그 토지에 대한 매수인의 위와 같은 점유사용권까지 아울러 취득한 것으로 봄이 상당하므로 매도인은 매매계약의 이행으로서 인도한 토지 위에 매수인이 건축한 건물을 취득한 자에 대하여 토지소유권에 기한 물권적 청구권을 행사할 수 없다.[109]

토지의 매매에 수반하여 토지소유자가 매수인으로부터 토지대금을 다 받기 전에 그 토지위에 건물을 신축할 수 있도록 토지사용을 승낙하였다 하더라도 특별한 사정이 없는 한 매매당사자 사이에 그 토지에 관한 지상권 설정의 합의까지도 있었던 것이라고 할 수 없다 할 것이므로 그 매매계약이 적법하게 해제된 경우에는 토지매수인은 비록 당초에 토지사용 승낙을 받아 그 토지 위에 건물을 신축 중이었다 하더라도 그 토지를 신축건물의 부지로 점유할 권원을 상실하게 되는 것이고 또 당초에 건물과 그 대지가 동일인의 소유였다가 경매 등의 사유로 소유자를 달리하게 되는 경우가 아닌 이상 관습에 의한 법정지상권도 성립되지 아니한다.[110]

결국 乙이 丙을 상대로 건물철거청구를 하려면 계약해제 등으로 甲과의 사이에 맺어진 매매계약의 구속력에 벗어나야 하고, 그 매매계약에 기한 매도인으로서의 지위가 계속되는 동안에는 그러한 청구를 할 수 없다.[111]

---

108) 대법원 2001.12.11. 선고 2001다45355 판결. 대법원 2016.07.07. 선고 2014다2662 판결 : 토지의 매수인이 아직 소유권이전등기를 마치지 않았더라도 매매계약의 이행으로 토지를 인도받은 때에는 매매계약의 효력으로서 이를 점유·사용할 권리가 있으므로, 매도인이 매수인에 대하여 그 점유·사용을 법률상 원인이 없는 이익이라고 하여 부당이득반환청구를 할 수는 없다. 이러한 법리는 대물변제 약정 등에 의하여 매매와 같이 부동산의 소유권을 이전받게 되는 사람이 이미 부동산을 점유·사용하고 있는 경우에도 마찬가지로 적용된다.
109) 대법원 1988.04.25. 선고 87다카1682 판결.
110) 대법원 1988.06.28. 선고 87다카2895 판결.
111) 〈생각할 문제〉 丙이 채권적 지위만 甲으로부터 이전받았는데 토지소유자인 乙에게 물권적 대항을 할 수 있는가? 丙이 Y 건물 매매계약의 당사자가 아닌 乙에 대하여 X 토지의 점유사용권을 주장할 수 있는 근거는 무엇인가?

문19. 토지거래허가를 받지 아니한 매매계약의 효력
-대법원 1991.12.24. 선고 90다12243 전원합의체 판결

19-1. 토지의 소유권 등 권리를 이전 또는 설정하는 내용의 거래계약은 관할 관청의 허가를 받아야만 그 효력이 발생하고 허가를 받기 전에는 물권적 효력은 물론 채권적 효력도 발생하지 아니하여 무효라고 보아야 할 것인바, 다만 허가를 받기 전의 거래계약이 처음부터 허가를 배제하거나 잠탈하는 내용의 계약일 경우에는 확정적으로 무효로서 유효화될 여지가 없으나 이와 달리 허가받을 것을 전제로 한 거래계약(허가를 배제하거나 잠탈하는 내용의 계약이 아닌 계약은 여기에 해당하는 것으로 본다)일 경우에는 허가를 받을 때까지는 법률상 미완성의 법률행위로서 소유권 등 권리의 이전 또는 설정에 관한 거래의 효력이 전혀 발생하지 않음은 위의 확정적 무효의 경우와 다를 바 없지만, 일단 허가를 받으면 그 계약은 소급하여 유효한 계약이 되고 이와 달리 불허가가 된 때에는 무효로 확정되므로 허가를 받기까지는 <u>유동적 무효의 상태에 있다고 보는 것이 타당하므로 허가받을 것을 전제로 한 거래계약은 허가받기 전의 상태에서는 거래계약의 채권적 효력도 전혀 발생하지 않으므로 권리의 이전 또는 설정에 관한 어떠한 내용의 이행청구도 할 수 없으나</u> 일단 허가를 받으면 그 계약은 소급해서 유효화되므로 허가 후에 새로이 거래계약을 체결할 필요는 없다.

허가구역 내의 토지에 대하여 거래계약이 체결된 경우에 계약을 체결한 당사자 사이에 있어서는 그 계약이 효력 있는 것으로 완성될 수 있도록 서로 협력할 의무가 있음이 당연하므로, 계약의 쌍방 당사자는 공동으로 관할 관청의 허가를 신청할 의무가 있고, 이러한 의무에 위배하여 허가신청절차에 협력하지 않는 당사자에 대하여 상대방은 협력의무의 이행을 소송으로써 구할 이익이 있다.

19-2. 허가조건부 허가가 있을 것을 조건으로 하여 소유권이전등기절차의 이행을 구할 수도 없다.

19-3. 토지거래계약 허가구역 내의 토지에 관하여 관할관청의 허가를 받을 것을 전제로 한 매매계약은 법률상 미완성의 법률행위로서 허가받기 전의 상태에서는 아무런 효력이 없어, 그 매수인이 매도인을 상대로 하여 권리의 이전 또는 설정에 관한 어떠한 이행청구도 할 수 없고, 이행청구를 허용하지 않는 취지에 비추어 볼 때 그 매매계약에 기한 소유권이전등기청구권 또는 토지거래계약에 관한 허가를 받을 것을 조건으로 한 소유권이전등기청구권을 피보전권리로 한 부동산처분금지가처분신청 또한 허용되지 않는다.[112]

19-4. 피보전권리를 토지거래허가신청절차이행청구권으로 한 경우에는 처분금지가처분이 허용된다.

문20. 농지취득자격과 소유권이전등기
20-1. 농지법 제8조 제1항 소정의 **농지취득자격증명**은 농지를 취득하는 자가 그 소유권에 관한

---

112) 대법원 2010.08.26. 자 2010마818 결정.

등기를 신청할 때에 첨부하여야 할 서류로서(농지법 제8조 제4항), 농지를 취득하는 자에게 농지취득의 자격이 있다는 것을 증명하는 것일 뿐 농지취득의 원인이 되는 법률행위(매매 등)의 효력을 발생시키는 요건은 아니다. 농지에 대한 소유권이전등기절차이행의 소송에서, 비록 원고가 사실심 변론종결시까지 농지취득자격증명을 발급받지 못하였다고 하더라도 민사소송절차의 종료 후 얼마든지 농지취득자격증명을 발급받아 농지의 소유권을 취득할 수 있으므로, 원고가 농지취득자격증명을 발급받은 바 없다는 이유로 그 청구가 배척되지는 않는다.[113]

20-2. 농지를 취득하려는 자가 농지에 관하여 소유권이전등기를 마쳤다고 하더라도 농지취득자격증명을 발급받지 못한 이상 그 소유권을 취득하지 못하고, 농지에 관한 경매절차에서 농지취득자격증명의 발급은 매각허가요건에 해당한다. 농지를 취득하려는 자가 농지에 대한 매매계약을 체결하는 등으로 농지에 관한 소유권이전등기청구권을 취득하였다면, 농지취득자격증명 발급신청권을 보유하게 된다. 이러한 농지취득자격증명 발급신청권은 채권자대위권의 행사대상이 될 수 있다.[114]

문21. 제3자간 등기명의신탁의 법률관계

(1) 부동산실명법에 의하면, 이른바 3자간 등기명의신탁의 경우 명의신탁약정과 그에 의한 등기가 무효로 되고 그 결과 명의신탁된 부동산은 매도인 소유로 복귀하므로, 매도인은 명의수탁자에게 무효인 그 명의 등기의 말소를 구할 수 있고, 한편 법에서 정한 유예기간 경과 후에도 매도인과 명의신탁자 사이의 매매계약은 여전히 유효하므로, **명의신탁자는 매도인에 대하여 매매계약에 기한 소유권이전등기를 청구할 수 있고, 그 소유권이전등기청구권을 보전하기 위하여 매도인을 대위하여 명의수탁자에게 무효인 그 명의 등기의 말소를 구할 수 있다.**

(2) 그런데 명의수탁자가 신탁부동산을 임의로 처분하거나 강제수용이나 공공용지 협의취득 등을 원인으로 제3취득자 명의로 이전등기가 마쳐진 경우, 특별한 사정이 없는 한 그 제3취득자는 유효하게 소유권을 취득하게 되므로(법 제4조 제3항), 그로 인하여 매도인의 명의신탁자에 대한 소유권이전등기의무는 이행불능으로 되고 그 결과 명의신탁자는 신탁부동산의 소유권을 이전받을 권리를 상실하는 손해를 입게 되는 반면, 명의수탁자는 신탁부동산의 처분대금이나 보상금을 취득하는 이익을 얻게 되므로, 명의수탁자는 명의신탁자에게 그 이익을 부당이득으로 반환할 의무가 있다.[115]

문22. 등기인수(수취)청구권

부동산등기법 제23조는 등기는 등기권리자와 등기의무자가 공동으로 신청하여야 함을 원칙으로 하면서도(제1항), '판결에 의한 등기는 승소한 등기권리자 또는 **등기의무자만으로**' 신청할 수 있

---

[113] 대법원 1998.02.27. 선고 97다49251 판결.
[114] 대법원 2018.07.11. 선고 2014두36518 판결.
[115] 대법원 2011.09.08. 선고 2009다49193,49209 판결.

도록 규정하고 있는바(제4항), 위 법조에서 승소한 등기권리자 외에 등기의무자도 단독으로 등기를 신청할 수 있게 한 것은, 통상의 채권채무 관계에서는 채권자가 수령을 지체하는 경우 채무자는 공탁 등에 의한 방법으로 채무부담에서 벗어날 수 있으나 등기에 관한 채권채무 관계에 있어서는 이러한 방법을 사용할 수 없으므로, 등기의무자가 자기 명의로 있어서는 안 될 등기가 자기 명의로 있음으로 인하여 사회생활상 또는 법상 불이익을 입을 우려가 있는 경우에는 소의 방법으로 등기권리자를 상대로 등기를 인수받아 갈 것을 구하고 그 판결을 받아 등기를 강제로 실현할 수 있도록 한 것이다.[116]

☞ **청구취지** : 피고는 원고에게 별지목록 기재 부동산에 관하여 2020. 4. 1. 소유권이전등기신청절차를 인수(또는 수취)하라.

문23. 판결주문

동시이행할 원고의 채무(잔금지급채무)에 관하여 **반소가 제기되어** 본소청구(소유권이전등기청구)와 반소청구(잔금지급청구)가 모두 인용되는 경우에는 **본소와 반소 양쪽 주문에 모두 동시이행의 내용을 표시하여야** 각 청구에 기판력이 생긴다.

☞ **주문 예시**

1. 본소피고(반소원고)는 본소원고(반소피고)로부터 5,000만 원을 지급받음과 동시에 본소원고(반소피고)에게 별지목록 기재 부동산에 관하여 2020. 4. 1. 매매를 원인으로 한 소유권이전등기절차를 이행하라.

2. 본소원고(반소피고)는 본소피고(반소원고)로부터 별지목록 기재 부동산에 관하여 2020. 4. 1. 매매를 원인으로 한 소유권이전등기절차를 이행받음과 동시에 본소피고(반소원고)에게 5,000만 원을 지급하라.

3. 본소원고(반소피고)의 나머지 본소청구와 본소피고(반소원고)의 나머지 반소청구를 각 기각한다.

문24. 소유권이전등기의무의 선이행과 유치권

(1) 부동산 매도인이 매매대금을 다 지급받지 아니한 상태에서 매수인에게 소유권이전등기를 마쳐주어 목적물의 소유권을 매수인에게 이전한 경우에는, 매도인의 목적물인도의무에 관하여 동시이행의 항변권 외에 물권적 권리인 유치권까지 인정할 것은 아니다. 왜냐하면 법률행위로 인한 부동산물권변동의 요건으로 등기를 요구함으로써 물권관계의 명확화 및 거래의 안전·원활을 꾀하는 우리 민법의 기본정신에 비추어 볼 때, 만일 이를 인정한다면 매도인은 등기에 의하여 매수인에게 소유권을 이전하였음에도 매수인 또는 그의 처분에 기하여 소유권을 취득한 제3자에 대하여 소유권에 속하는 대세적인 점유의 권능을 여전히 보유하게 되는 결과가 되어 부당하기 때문이다.

(2) 또한 매도인으로서는 자신이 원래 가지는 동시이행의 항변권을 행사하지 아니하고 자신의

---

[116] 대법원 2001.02.09. 선고 2000다60708 판결.

소유권이전의무를 선이행함으로써 매수인에게 소유권을 넘겨 준 것이므로 그에 필연적으로 부수하는 위험은 스스로 감수하여야 한다. 따라서 매도인이 부동산을 점유하고 있고 소유권을 이전받은 매수인에게서 매매대금 일부를 지급받지 못하고 있다고 하여 매매대금채권을 피담보채권으로 매수인이나 그에게서 부동산 소유권을 취득한 제3자를 상대로 유치권을 주장할 수 없다.117)

문25. 丙의 소유권 취득 확보 방안

(1) 丙이 이 사건 X 토지의 소유권을 취득하기 위하여는 乙 → 甲으로의 소유권이전과 甲 → 丙으로의 소유권이전에 각각 법적 장애상태가 없어야 한다. 丙은 甲 앞으로 소유권이전을 확보할 수 있는 방안으로 丙의 甲에 대한 소유권이전등기청구권을 보전하기 위하여 甲의 乙에 대한 소유권이전등기청구권을 대위행사할 수 있다(채권자대위권).

(2) 우선 丙은 乙이 위 토지를 제3자에게 처분하거나 乙의 채권자가 위 토지에 대하여 가압류·가처분이나 압류 등 (보전)집행을 하는 것을 막아야 한다. 丙은 甲을 대위하여 乙을 상대로 처분금지가처분을 신청할 수 있다. 이 처분금지가처분이 집행되면(처분금지가처분 기입등기 경료) 그 순위보전의 효력 또는 처분금지의 효력에 의하여 乙의 제3자에 대한 처분이나 乙의 채권자의 가압류나 가처분, 압류 등을 저지할 수 있다.118) 이 처분금지가처분 집행이 되더라도 가처분권리자는 丙이 아니라 甲이고, 따라서 乙에서 甲으로의 소유권이전이 있으면 그 목적은 달성되고 甲의 제3자에 대한 처분은 유효한 것이 된다.

(3) 丙이 甲을 대위하여 乙을 상대로 소유권이전등기청구의 소를 제기하면 乙은 甲에 대하여 가지는 대항사유(잔금채무와의 동시이행항변권 등)를 주장할 수 있다. 乙의 동시이행항변이 인정되어 상환이행판결이 확정된 경우 반대채무의 이행은 집행문부여의 요건이 아니라 집행개시요건이므로 丙은 늦어도 집행이 개시될 때까지는 반대채무, 즉 甲의 乙에 대한 잔금채무를 이행하고 이를 증명하여 甲 앞으로 소유권이전등기를 집행할 수 있다. 丙이 乙을 상대로 채권자대위소송을 제기한 경우 甲이 丙으로부터 그 대위권행사의 통지를 받거나 그 소송제기 사실을 안 경우에는 甲은 그 대위의 대상인 그의 권리(피대위채권)인 乙에 대한 소유권이전등기청구권을 포기하거나 이를 제3자에게 양도하는 등 '처분'하지 못한다(제405조 제2항). 다만 제한되는 것은 피대위자인 甲의 '처분'뿐이므로 제3채무자 乙이 甲에게 채무를 이행하여 甲의 권리를 소멸시키는 것은 비록 그 변제에 甲의 수령이 요구되는 경우에도 허용된다.

(4) 丙은 乙이 甲의 잔금채무불이행 등을 이유로 甲과의 매매계약을 해제하여 계약의 구속력에서 빠져나가는 것을 막아야 한다. 丙은 甲의 乙에 대한 계약상의 의무(잔금채무)를 이행하여 乙의 甲에 대한 소유권이전채무를 확보할 수 있다. 丙은 甲의 乙에 대한 채무를 변제할 이해

---

117) 대법원 2012.01.12. 자 2011마2380 결정.
118) 甲과 乙 사이에 체결된 매매계약에 기하여 乙이 甲에 대하여 소유권이전등기를 경료할 의무를 부담하나, 그 외에 甲에게 소유권이전등기청구권 보전을 위한 가등기를 경료하여 줄 의무까지 있다고 보기는 어렵다. 甲이 乙에 대하여 특약에 기한 가등기청구권을 가지지 않는 이상 丙이 甲을 대위하여 丙을 상대로 가등기를 할 것을 청구하거나 가등기처분을 신청할 수 없다.

관계(제469조 제2항) 또는 정당한 이익(제482조 제1항)이 있는 제3자로서 甲의 의사 여하를 불문하고 '제3자의 변제'(제469조 제1항)로서 甲의 乙에 대한 잔금채무를 이행할 수 있다.

(5) 丙이 위 잔금채무를 이행하면 그는 사무관리 또는 부당이득의 규정에 따라 甲에 대하여 구상권을 가지고, 또 변제자대위(제482조 제1항) 규정에 따라 당연히 乙을 대위하여 乙의 甲에 대한 잔금채권을 취득한다(乙이 甲으로부터 잔금채권을 위한 담보를 취득하였다면 그 담보에 관한 권리도 대위담보권으로 아울러 취득한다). 丙이 취득한 구상권과 변제자대위로 인한 원채권(대위채권과 대위담보권)은 별개의 권리로 병존한다. 丙은 甲에 대한 이들 채권 중 하나를 자동채권으로 하여 甲의 丙에 대한 대금채권과 상계할 수 있다. 이에 의하여 甲의 丙에 대한 나머지 채권도 그 한도에서 소멸한다.

(6) 丙이 甲으로부터 X 토지를 매수하고 계약금만 지급한 상태에서 甲이 계약을 해제하는 것을 막기 위하여는 丙은 '이행에 착수'하여 甲의 해제권을 소멸시켜야 한다. 이 때 이행의 착수는 丙이 제3자의 변제로 취득하는 권리로 甲의 대금채권과 상계함으로써도 가능하고, 나머지 대금을 지급함으로써도 가능하다. 그러한 나머지 대금의 지급은 이행기일이 되기 전에도 할 수 있고, 또 제565조에서 정하는 해제권을 배제함에는 대금 일부의 지급으로도 족하다.

(7) 乙의 임의의 이행이나 丙이 甲의 소유권이전등기청구권을 대위행사하여 이 사건 토지의 소유권이전등기가 甲 앞으로 마쳐진 경우에는 丙은 甲의 제3자에 대한 처분이나 甲의 채권자의 압류 등을 막기 위하여 처분금지가처분신청을 할 수 있다. 이때 가처분권리자는 丙이 된다. 甲 앞으로 소유권이전등기가 마쳐지지 않은 상태에서 丙이 甲의 乙에 대한 소유권이전등기청구권에 대하여 처분금지가처분을 하더라도 청구권의 목적인 부동산 자체의 처분을 금지하는 대물적 효력은 없고, 제3채무자나 채무자로부터 소유권이전등기를 넘겨받은 제3자에 대하여는 취득한 등기가 무효라고 주장하여 그 말소를 청구할 수 없다. 丙은 甲 앞으로 처분금지가처분이 되어 있는 상태에서 甲을 대위하여 乙을 상대로 甲으로의 소유권이전등기를 청구함과 동시에 甲을 상대로 자신에의 소유권이전등기를 청구하는 소를 제기하여 그 승소판결에 기하여 乙로부터 甲에의 이전등기와 동시에 甲으로부터 丙에의 이전등기를 등기관에게 신청함으로써 위 양 등기 사이에 제3자의 권리가 등기되는 것을 막을 수밖에 없다.

(8) 丙이 甲으로부터 소유권을 취득하지 못하는 경우 丙은 甲을 상대로 본래의 이행청구권 외에 손해배상청구권 기타 **채무불이행책임**을 물을 수 있다. 甲의 미등기전매를 '타인의 물건의 매매'(제570조)로 보는 경우 丙은 甲과의 매매계약을 해제하고 나아가 그가 선의이면 甲에 대하여 손해배상을 청구할 수 있다. 丙은 이러한 권리의 확보를 위하여 甲의 재산에 대하여 가압류 등 **보전처분**을 할 수 있다.

제5장 등기말소 청구

1 소유권에 기한 방해배제청구로서의 각종 등기말소청구 개관

(1) 등기부상 진실한 소유자의 소유권에 방해가 되는 不實登記가 존재하는 경우에 부동산소유자가 타인 명의로 마쳐진 소유권이전등기가 원인무효임을 주장하며 그 말소를 구할 경우 그 **소송물**은 소유권이전등기의 말소등기청구권으로서 소유권에 기한 방해배제청구권(민법 제214조)으로서의 성격을 갖는다.

(2) 말소등기청구사건의 소송물은 당해 등기의 말소등기청구권이고, 그 동일성 식별의 표준이 되는 청구원인, 즉 말소등기청구권의 발생원인은 당해 '**등기원인의 무효**'라고 할 것이며, 등기원인의 무효를 뒷받침하는 개개의 사유는 독립된 공격방어방법에 불과하여 별개의 청구원인을 구성하는 것으로 볼 수 없다.
   → 소송물 동일, 기판력 저촉1)
   → 계약해지, 피담보채무 전부 소멸 등 원인무효가 아닌 **후발적 실효사유**에 의한 말소등기청구권은 개별 사유마다 별개의 소송물이 된다.

(3) 말소등기란 어떤 등기의 등기사항 전부가 원시적 또는 후발적으로 실체관계와 불일치하게 된 경우 당해 등기 전부를 법률적으로 소멸시킬 목적으로 행하여지는 등기를 말하므로, 이미 말소되어 있는 등기에 대하여는 그 말소를 구할 법률상 이익이 없다.2)

(4) 말소등기는 기존 등기가 원시적 또는 후발적 원인에 의하여 부적법하게 이루어진 경우 이를 소멸시킬 목적으로 행하여지는 등기를 말하고, 말소회복등기는 실질관계에 대응하는 어떤 등기가 부적법하게 말소된 경우 이를 회복함으로써 처음부터 말소가 없었던 것과 같은 효력을 보유하게 할 목적으로 행해지는 등기를 말한다.3)

(5) 말소등기절차이행청구의 소는 그 등기명의자를 상대로 제기하여야 하고, 등기명의자가 아닌 자는 그러한 소의 피고적격이 없다.

---

1) 모두 전소의 변론종결 전에 발생한 사유라면 전소와 후소는 그 소송물이 동일하여 후소에서의 주장사유들은 전소의 **확정판결의 기판력**에 저촉되어 허용될 수 없다(대법원 2009.01.15. 선고 2007다51703 판결). 다만 확정판결의 기판력은 그 소송물이었던 말소등기청구권의 존부에만 미치는 것이고 그 기본인 부동산 소유권 자체의 존부에는 미치지 아니한다.
2) 대법원 2009.02.26. 선고 2006다72802 판결 : 소유권이전등기의 말소등기절차의 이행을 구하는 소송 도중에 그 소유권이전등기가 다른 사유에 기하여 이미 말소된 경우에는 더 이상 말소를 구할 법률상 이익이 없다(소각하).
3) 부동산등기법 제57조, 제59조, 부동산등기규칙 제116조, 제118조 참조.

→ 등기명의인이 허무인 또는 실체가 없는 단체인 때에는 그와 같은 허무인 또는 실체가 없는 단체 명의로 실제 등기행위를 한 자에 대하여 소유권에 기한 방해배제로서 등기행위자를 표상하는 허무인 또는 실체가 없는 단체 명의 등기의 말소를 구할 수 있다.[4]

(6) 진정한 등기명의의 회복을 위한 소유권이전등기청구 : 이미 자기 앞으로 소유권을 표상하는 등기가 되어 있었거나 법률에 의하여 소유권을 취득한 자가 진정한 등기명의를 회복하기 위한 방법으로 **현재의 등기명의인을 상대로** 그 등기의 말소를 구하는 것에 갈음하여 허용됨.[5]
  → 말소등기에 갈음하여 허용되는 진정명의회복을 원인으로 한 소유권이전등기청구권과 무효등기의 말소청구권은 어느 것이나 진정한 소유자의 등기명의를 회복하기 위한 것으로서 실질적으로 그 목적이 동일하고 두 청구권 모두 소유권에 기한 방해배제청구권으로서 그 법적근거와 성질이 동일하므로 그 소송물은 실질상 동일한 것으로 보아야 함.
  → 기판력 저촉(청구기각)
  → 공유자는 진정명의회복을 원인으로 각 공유자별 지분에 따른 이전등기를 구할 수 있음.

(7) 중복보존등기나 중복이전등기 → 선순위 등기가 원인무효이거나 직권말소될 경우에 해당하지 아니하는 한, 후순위 등기는 실체적 권리관계에 부합하는지에 관계없이 무효[6]

(8) 법원의 촉탁에 의하여 행해지는 등기의 말소를 구할 수 없음.[7]

2 소유권보존등기말소청구

(1) 청구취지

☞ 피고는 원고에게 별지 목록 기재 부동산에 관하여 서울중앙지방법원등기국 2019. 10. 1. 접수 제 1234호로 마친 소유권보존등기의 말소등기절차를 이행하라.

(2) 요건사실

> ❶ 원고의 소유[8]
> ❷ 피고 명의의 소유권보존등기가 마쳐진 사실[9]
> [특별조치법[10]] 허위의 보증서, 확인서에 의하여 등기가 마쳐진 사실

---

4) 대법원 2019.05.30. 선고 2015다47105 판결.
5) 현재의 등기명의인이 아닌 자는 피고적격이 없음(대법원 2017.12.05. 선고 2015다240645 판결).
6) 대법원 2011.07.14. 선고 2010다107064 판결; 대법원 2013.03.14. 선고 2011다48711 판결.
7) 부동산 **강제경매개시결정 기입등기**는 채권자나 채무자가 직접 등기공무원에게 이를 신청하여 행할 수는 없고 반드시 법원의 촉탁에 의하여 행하여지는데, 이와 같이 당사자가 신청할 수 없는 강제경매개시결정 기입등기가 법원의 촉탁에 의하여 말소된 경우에는 그 회복등기도 법원의 촉탁에 의하여 행하여져야 하므로, 이 경우 **강제경매 신청채권자가** 말소된 강제경매개시결정 기입등기의 회복등기절차의 이행을 소구할 이익은 없고, 다만 강제경매개시결정 기입등기가 말소될 당시 그 부동산에 관하여 소유권이전등기를 경료하고 있는 사람은 법원이 강제경매개시결정 기입등기의 회복을 촉탁함에 있어서 등기상 이해관계가 있는 제3자에 해당하므로, 강제경매 신청채권자로서는 그 사람을 상대로 하여 법원의 촉탁에 의한 강제경매개시결정 기입등기의 회복절차에 대한 승낙청구의 소를 제기할 수는 있다(대법원 2019.05.16. 선고 2015다253573 판결).
8) 원고가 피고에 대하여 피고 명의로 마쳐진 소유권보존등기의 말소를 구하려면 먼저 원고에게 그 말소를 청구할

> ☞ 중복보존등기의 말소청구
> ❶ 원고 명의의 소유권보존등기가 되어 있는 사실
> ❷ 동일 부동산에 관하여 피고 명의의 보존등기가 별도로 존재하는 사실
> ❸ 원고 명의의 보존등기가 이루어진 후에 피고 명의의 보존등기가 이루어진 사실

3 소유권이전등기말소청구

(1) 청구취지

☞ 단순말소

피고는 원고에게 별지 목록 기재 부동산에 관하여 서울중앙지방법원등기국 2020. 2. 1. 접수 제2345호로 마친 소유권이전등기의 말소등기 절차를 이행하라.11)

☞ 부동산 중 일부 말소

피고는 원고에게 별지 목록 기재 부동산 중 별지 도면 표시 1,2,3,4,5,1의 각 점을 순차로 연결한 선내 ㉮ 부분 150㎡에 관하여 서울중앙지방법원등기국 2020. 2. 1. 접수 제2343호로 마친 소유권이전등기의 말소등기절차를 이행하라.

☞ 순차로 경료된 여러 등기의 말소등기

수 있는 권원이 있음을 적극적으로 주장·증명하여야 하며, 만일 원고에게 이러한 권원이 있음이 인정되지 않는다면 설사 피고 명의의 소유권보존등기가 말소되어야 할 무효의 등기라고 하더라도 원고의 청구를 인용할 수 없다할 것인바, **부동산의 공유자의 1인은 당해 부동산에 관하여 제3자 명의로 원인무효의 소유권이전등기가 경료되어 있는 경우** 공유물에 관한 보존행위로서 제3자에 대하여 그 등기 전부의 말소를 구할 수 있으나, 공유자가 다른 공유자의 지분권을 대외적으로 주장하는 것을 공유물의 멸실·훼손을 방지하고 공유물의 현상을 유지하는 사실적·법률적 행위인 공유물의 보존행위에 속한다고 할 수 없으므로, **자신의 소유지분을 침해하는 지분 범위를 초과하는 부분에 대하여 공유물에 관한 보존행위로서 무효라고 주장하면서 그 부분 등기의 말소를 구할 수는 없다**(대법원 2010.01.14. 선고 2009다67429 판결).

9) 소유권보존등기의 추정력은 소유권이전등기의 그것보다 약하여 권리변동에 대하여는 미치지 아니하므로 원시취득자(사정받은 자)가 따로 있음을 원고가 주장·증명한 경우에 그 추정력은 깨진다. 부동산 소유권 보존 등기가 경료되어 있는 이상 그 보존등기 명의자에게 소유권이 있음이 추정된다 하더라도 그 보존등기 명의자가 보존등기하기 이전의 소유자로부터 부동산을 양수한 것이라고 주장하고 전 소유자는 양도사실을 부인하는 경우에는 그 보존등기의 추정력은 깨어지고 그 보존등기 명의자 측에서 그 양수사실을 입증할 책임이 있다(대법원 1982.09.14. 선고 82다카707 판결).

10) 수차례 '특조법'으로 불리는 '부동산소유권이전등기 등에 관한 특별조치법'이 한시법으로 시행된 바 있고, 최근에도 2020. 8. 5.부터 2년간 효력을 갖는 '부동산소유권이전등기 등에 관한 특별조치법'(2020. 2. 4. 법률 제16913호)이 공포되었다. 위 특별조치법 제16조 제1항에 의하면 허위의 방법으로 확인서를 발급받거나, 행사할 목적으로 확인서를 위조 또는 변조하거나, 허위의 보증서를 작성하거나, 위 문서를 행사한 자에 대해 형사처벌(1년 이상 10년 이하의 징역 또는 1000만원 이상 1억원 이하의 벌금)을 하고 있다. 위와 같은 '특조법'에 의한 등기는 현재 토지를 점유하고 있는 사실상의 소유자가 당해 토지 소재지의 리, 동에 거주하는 자 또는 일정기간 거주하는 자로 위촉된 보증인의 보증서와 구, 시, 군의 장이 위 보증서를 첨부하여 확인서 발급을 신청 받아 그것을 일정기간 공고한 후 발급한 확인서를 등기원인 서면으로 하여 등기신청을 허용하는 것으로 결국 보증인의 보증서만에 의하여 쉽게 등기가 이루어짐으로써 이른바 **부실등기**가 발생할 가능성이 많았다.

11) 말소등기의 청구취지/주문에서는 목적 부동산과 말소의 대상이 되는 등기를 표시하여야 하고, 등기의 표시를 위하여는 그 등기의 관할등기소, 접수연월일, 접수번호, 등기번호만으로써 족하고, 그 밖에 등기원인, 내용까지 표시할 필요는 없다. 등기부에는 말소등기를 명하는 판결 자체가 등기원인으로 기재된다.

1. 원고[12]에게, 별지목록 기재 부동산에 관하여
가. 피고 乙은 서울중앙지방법원등기국 2020. 4. 1. 접수 제2345호로 마친 소유권이전등기의,
나. 피고 甲은 서울중앙지방법원등기국 2020. 2. 1. 접수 제1234호로 마친 소유권이전등기의,
각 말소등기절차를 이행하라.

☞ **대위에 의한 말소등기의 경우**[13]
1. 별지목록 기재 부동산에 관하여
가. 피고 甲에게[14]
(1) 피고 丙은 서울중앙지방법원등기국 2020. 4. 1. 접수 제234호로 마친 소유권이전등기의,
(2) 피고 乙은 서울중앙지방법원등기국 2020. 2. 1. 접수 제123호로 마친 소유권이전등기의,
각 말소등기절차를 이행하고,
나. 피고 甲은 원고에게 2020. 1. 5. 매매를 원인으로 한 소유권이전등기절차를 이행하라.

☞ **진정명의회복을 원인으로 한 소유권이전등기청구**[15]
피고는 원고에게 별지목록 기재 부동산에 관하여 진정명의회복을 원인으로 한 소유권이전등기절차를 이행하라.

(2) 요건사실

> ❶ 원고의 소유[16]
> ❷ 피고 명의의 소유권이전등기가 마쳐진 사실[17]
> ❸ 원인 무효(등기원인서류가 위조 또는 등기원인인 매매가 무효·취소·해제)의 등기인 사실[18]
> [특별조치법] 허위의 보증서, 확인서에 의하여 등기가 마쳐진 사실[19][20]

---

12) 말소등기청구의 이행상대방은 모두 '원고'이다. 대위에 의한 이전등기청구의 경우 이행상대방이 채무자인 경우와 구별.
13) 원고가 피고 甲으로부터 부동산을 매수하였으나, 소유권이전등기를 마치지 않은 상태에서 피고 乙이 정당한 원인 없이(등기소요서류를 위조하여 또는 피고 甲의 이중매매에 적극 가담함으로써 매매계약을 체결하여) 피고 乙 앞으로 등기를 마친 후, 피고 丙에게 등기이전이 된 경우 〈참고〉 원고가 A로부터 매수하였으나, 이전등기를 마치지 않은 사이에 B가 A를 상대로 하여 받은 확정판결(또는 제소전화해)에 기하여 B 앞으로 소유권이전등기를 마친 경우 확정판결의 기판력에 저촉되어 원고는 A를 대위하여 B를 상대로 소유권이전등기의 말소를 구할 수 없다.
14) 채권자대위권을 행사하여 말소등기를 청구하는 경우 이행상대방은 피대위자로 특정하여야 하는 것이 원칙이다.
15) 진정한 등기명의 회복을 위한 소유권이전등기청구는 이미 자기 앞으로 소유권을 표상하는 등기가 되어 있었거나 법률에 의하여 소유권을 취득한 자가 진정한 등기명의를 회복하기 위한 방법으로 현재의 등기명의인을 상대로 그 등기의 말소를 구하는 것에 갈음하여 허용되는 것으로서 그 법적 성질은 소유권에 기한 방해배제청구권이므로, 진정한 등기명의의 회복을 위한 소유권이전등기청구권을 행사하기 위하여는 그 상대방인 현재의 등기명의자에 대하여 진정한 소유자로서 그 소유권을 주장할 수 있어야 할 것이다(대법원 2009.04.09. 선고 2006다30921 판결).
16) 원고는 법률의 규정에 의한 소유권취득사실, 소유자로 등기된 사실, 피상속인의 등기사실 및 원고의 상속사실 등의 주장·증명으로 원고 소유사실의 주장·증명을 요한다.
17) 소유권이전등기의 추정력은 권리변동(등기원인)에 대하여도 미치므로 그 등기원인이 처음부터 없었다거나 처음에는 있었으나 나중에 소급하여 소멸되었다는 사정을 증명하여야만 추정력이 깨지고 원인무효의 등기가 될 수 있다.
18) 피고 명의의 소유권이전등기는 적법하게 마쳐진 것으로 법률상 추정되기 때문에(등기의 추정력) 원고는 반대사실은 등기원인의 무효사실 또는 등기절차의 위법사실까지 주장·증명하여야 한다. 등기의 추정력은 권리의 적법추정, 등기원인의 적법추정, 등기절차의 적법추정에 대하여 미친다.

☞ 甲 소유의 토지를 乙이 서류를 위조하여 乙 명의로 소유권이전등기를 마치거나, 소외인이 甲으로부터 매도권한을 수여받지 않았음에도 甲 명의의 위임장을 위조하여 甲의 대리인으로 행세하면서 직접 甲 명의로 乙에게 매도한 후 매매계약서, 甲 명의의 위임장 등 소유권이전등기에 필요한 서류를 위조하여 乙 명의로 소유권이전등기를 마쳐준 경우

→ 乙 명의의 소유권이전등기는 **적법한 원인**이 없을 뿐만 아니라 **적법한 절차**를 거치지 아니한 것으로서 특별한 사정이 없는 한 무효의 등기이고, 乙은 甲에게 위 소유권이전등기의 말소등기절차를 이행하고 이 사건 토지를 인도할 의무가 있다.

〈사례〉 甲이 乙을 상대로 X 토지에 관한 乙 명의의 소유권이전등기의 말소를 구하는 소를 제기하여 승소확정판결을 받고 그 집행으로 乙 명의의 소유권이전등기가 말소되었다. 甲은 X 토지를 丙에게 매도하여 丙 명의로 소유권이전등기가 마쳐졌다(X 토지에 대한 경매절차가 진행되어 丙이 매각절차에서 X 토지를 매수하였다). 후에 乙이 위 확정판결에 대하여 추완항소를 제기하여 위 판결이 취소되고 甲의 청구가 기각되어 그 판결이 확정되었다. 乙은 丙 명의의 소유권이전등기의 말소를 구할 수 있는가?[21]

---

19) 대법원 2013.12.26. 선고 2013다21512 판결 : 구 부동산소유권 이전등기 등에 관한 특별조치법(실효, 이하 '특별조치법')에 따라 마쳐진 등기는 실체적 권리관계에 부합하는 등기로 추정되고, 특별조치법 소정의 보증서나 확인서가 허위 또는 위조된 것이라거나 그 밖의 사유로 적법하게 등기된 것이 아니라는 입증이 없는 한 그 소유권보존등기나 이전등기의 추정력은 번복되지 않는다. 여기서 허위의 보증서나 확인서라 함은 권리변동의 원인에 관한 실체적 기재 내용이 진실에 부합하지 않는 보증서나 확인서를 뜻하는 것으로서, 특별조치법에 따라 등기를 마친 자가 보증서나 확인서에 기재된 취득원인이 사실과 다름을 인정하더라도 그가 다른 취득원인에 따라 권리를 취득하였음을 주장하는 때에는, 특별조치법의 적용을 받을 수 없는 시점의 취득원인 일자를 내세우는 경우와 같이 그 주장 자체에서 특별조치법에 따른 등기를 마칠 수 없음이 명백하거나 그 주장하는 내용이 구체성이 전혀 없다든지 그 자체로서 허구임이 명백한 경우 등 특별한 사정이 없는 한 위의 사유만으로 특별조치법에 따라 마쳐진 등기의 추정력이 깨어진다고 볼 수는 없으나, 그 밖의 자료에 의하여 새로이 주장된 취득원인 사실에 관하여도 진실이 아님을 의심할 만큼 증명되었다면 그 등기의 추정력이 깨어진다고 할 것이다(대법원 2001.11.22. 선고 2000다71388,71395 전원합의체 판결).
20) 특별조치법에 의한 소유권이전등기는 실체적 권리관계에 부합하는 등기로 추정되지만 그 소유권이전등기도 전 등기명의인으로부터 소유권을 승계취득하였음을 원인으로 하는 것이고 보증서 및 확인서 역시 그 승계취득사실을 보증 내지 확인하는 것이므로 그 전 등기명의인이 무권리자이기 때문에 그로부터의 소유권이전등기가 원인무효로서 말소되어야 할 경우라면, 등기의 추정력은 번복된다. 같은 취지에서 소유권보존등기의 추정력은 그 등기가 특별조치법에 의하여 마쳐진 것이 아닌 한 등기명의인 이외의 자가 해당 토지를 사정받은 것으로 밝혀지면 깨어지는 것이어서, 등기명의인이 구체적으로 실체관계에 부합한다거나 승계취득사실을 주장·증명하지 못하는 한 등기는 원인무효이므로, 이와 같이 원인무효인 소유권보존등기를 기초로 마친 소유권이전등기는 그것이 특별조치법에 의하여 이루어진 등기라고 하더라도 원인무효이다(대법원 2018.01.25. 선고 2017다260117 판결).
21) 위 말소등기의 등기원인인 乙 명의의 소유권이전등기의 말소를 명하는 확정판결은 추완항소에 의한 판결확정으로 소급하여 취소되었고, 결국 위 소유권이전등기가 말소된 것은 등기원인 없이 이루어진 것이 되어 실체적으로 위 소유권이전등기를 가지고 있던 乙이 등기 내용대로 소유권을 가지고 있다 할 것이고, 위 말소등기를 한 甲은 아무런 권리도 취득하지 못하므로 丙이 그로부터 X 토지에 관한 소유권이전등기를 넘겨받았다고 하더라도 이는 무권리자로부터 취득한 무효의 등기라 할 것이어서 丙은 위 실체적 권리자인 乙에 대하여 말소등기절차를 이행할 의무가 있다(丙이 매각절차에 의해 소유권이전등기를 넘겨받은 경우도 동일하다).

4 등기말소청구에 대한 주요 항변

가. 본안전 항변

(1) 당사자적격

① 순차적으로 소유권이전등기가 마쳐졌는데 피고가 어느 한 등기명의자도 아닌 경우

→ 부적법 각하(등기명의자만 피고적격을 가짐)

☞ 甲이 乙 명의의 소유권이전등기는 丙이 등기관계서류를 위조하여 마친 것으로 무효라고 주장하면서 丙을 피고로 하여 위 등기의 말소를 구하는 경우

→ 등기명의자가 아닌 丙을 피고로 한 소유권이전등기말소절차의 이행을 구하는 소는 당사자적격이 없는 자를 상대로 한 부적법한 소(각하)

② 비법인사단의 구성원 개인(또는 대표자)이 총유재산의 보존을 위한 소제기

→ 부적법 각하(총유재산에 관한 소송은 필수적 공동소송 또는 사원총회를 거쳐 비법인사단 명의로만 가능)

(2) 소의 이익

① 소송 도중에 피고 명의의 소유권이전등기가 다른 사유에 의해 이미 말소된 경우

→ 부적법 각하(소의 목적이 달성되어 더 이상 말소를 구할 법률상 이익이 없음)

② 순차적으로 소유권이전등기가 마쳐졌는데 후행등기의 말소등기절차이행청구가 패소 확정된 경우

→ 각하사유가 아님(소의 적법여부와는 관련이 없음)[22]

☞ 甲이 원인 없이 마쳐진 乙 명의의 소유권이전등기의 말소와 순차경료된 丙 명의의 소유권이전등기의 말소를 구하였으나, 丙의 등기부취득시효항변이 받아들여져 丙에 대한 등기말소청구가 이유 없어 기각된 경우

→ 최종명의자인 丙에 대한 등기말소청구가 이유 없게 된다고 하더라도 중간등기명의자인 乙에 대하여 등기말소를 구할 소의 이익이 없다고 할 수 없으므로 甲의 乙에 대한 말소등기청구의 소는 적법.

→ 丙의 취득시효완성으로 甲의 소유권상실 항변에 해당하여 甲의 청구는 기각된다.[23] → 甲은

---

[22] 순차로 경료된 등기들의 말소를 청구하는 소송은 권리관계의 합일적인 확정을 필요로 하는 필수적 공동소송이 아니라 통상공동소송이며, 이와 같은 통상공동소송에서는 공동당사자들 상호간의 공격방어방법의 차이에 따라 모순되는 결론이 발생할 수 있고, 이는 변론주의를 원칙으로 하는 소송제도 아래서는 부득이한 일로서 판결의 이유모순이나 이유불비가 된다고 할 수 없으며, 이 경우 후순위 등기에 대한 말소청구가 패소 확정됨으로써 그 전순위 등기의 말소등기 실행이 결과적으로 불가능하게 되더라도, 그 전순위 등기의 말소를 구할 소의 이익이 없다고는 할 수 없다(대법원 2008.06.12. 선고 2007다36445 판결).

[23] 원고가 피고에 대하여 피고 명의로 마쳐진 소유권이전등기의 말소를 구하려면 먼저 원고에게 말소를 청구할 수 있는 권원이 있음을 적극적으로 주장·증명하여야 하고, 만일 원고에게 그러한 권원이 있음이 인정되지 않는다면 설령 피고 명의의 소유권이전등기가 말소되어야 할 무효의 등기라고 하더라도 원고의 청구를 인용할 수는 없다. 피고로부터 매매 등의 방법으로 부동산에 대한 권리가 순차적으로 이전되어 최종적으로 소유권이전등기를 마친 제3자가 시효취득을 원인으로 부동산에 대한 소유권을 취득함에 따라 당초 부동산의 소유자인 원고가 소유권을 상실하게 되면, 비록 피고 명의의 소유권이전등기가 원인무효라고 하더라도 원고에게 피고 명의의 소유권이전등기의 말소를 청구할 수 있는 권원이 없으므로, 원고는 피고에 대하여 소유권에 기한 등기말소청구를 할 수 없다(대법원 2019.07.10. 선고 2015다249352 판결).

乙을 상대로 소유권상실로 인한 손해배상청구로[24]

나. 본안의 항변

(1) **등기기록상 등기원인의 유효** : 등기절차에 흠이 있더라도 등기원인 자체가 존재하는 경우(원고가 주장하는 무효사유와 양립하는 별개의 유효사유)
→ 무권리자 또는 무권대리인에 의한 처분을 무효사유로 주장하는 경우 추인의 항변 등.[25]

(2) **실체관계 부합 항변**(당사자 사이에 사실상 물권변동이 생긴 것과 같은 상태)

① 증여에 의하여 부동산권리를 취득하였으나 등기원인을 매매로 기재한 경우[26]
② 중간생략등기에 관한 합의가 없었더라도 당사자 사이에 적법한 원인행위가 성립되어 중간생략등기가 이루어진 경우[27]
③ 이른바 3자간 등기명의신탁에서 명의수탁자가 명의신탁자 앞으로 소유권이전등기를 마쳐준 경우.[28]
④ 실질관계의 소멸로 무효로 된 등기의 유용합의가 이루어지기 전에 등기상 이해관계가 있는 제3자가 생기지 않은 경우[29]
⑤ 기타, 표현대리, 취득시효가 완성된 경우, 실질적 소유자인 명의신탁자로부터 부동산을 매수

---

[24] 소유자가 자신의 소유권에 기하여 실체관계에 부합하지 아니하는 등기의 명의인을 상대로 그 등기말소나 진정명의회복 등을 청구하는 경우에, 그 권리는 물권적 청구권으로서의 방해배제청구권(민법 제214조)의 성질을 가진다. 그러므로 소유자가 그 후에 소유권을 상실함으로써 이제 등기말소 등을 청구할 수 없게 되었다면, 이를 위와 같은 청구권의 실현이 객관적으로 불능이 되었다고 파악하여 등기말소 등 의무자에 대하여 그 권리의 이행불능을 이유로 민법 제390조상의 손해배상청구권을 가진다고 말할 수 없다. 위 법규정에서 정하는 채무불이행을 이유로 하는 손해배상청구권은 계약 또는 법률에 기하여 이미 성립하여 있는 채권관계에서 본래의 채권이 동일성을 유지하면서 그 내용이 확장되거나 변경된 것으로서 발생한다. 그러나 위와 같은 등기말소청구권 등의 물권적 청구권은 그 권리자인 소유자가 소유권을 상실하면 이제 그 발생의 기반이 아예 없게 되어 더 이상 그 존재 자체가 인정되지 아니하는 것이다. 이러한 법리는 선행소송에서 소유권보존등기의 말소등기청구가 확정되었다고 하더라도 그 청구권의 법적 성질이 채권적 청구권으로 바뀌지 아니하므로 마찬가지이다(대법원 2012.05.17. 선고 2010다28604 전원합의체 판결).

[25] 법률행위에 따라 권리가 이전되려면 권리자 또는 처분권한이 있는 자의 처분행위가 있어야 한다. 무권리자가 타인의 권리를 처분한 경우에는 특별한 사정이 없는 한 권리가 이전되지 않는다. 그러나 이러한 경우에 권리자가 무권리자의 처분을 추인하는 것도 자신의 법률관계를 스스로의 의사에 따라 형성할 수 있다는 사적 자치의 원칙에 따라 허용된다. 이러한 추인은 무권리자의 처분이 있음을 알고 해야 하고, 명시적으로 또는 묵시적으로 할 수 있으며, 그 의사표시는 무권리자나 그 상대방 어느 쪽에 해도 무방하다. 권리자가 무권리자의 처분을 추인하면 무권대리에 대해 본인이 추인을 한 경우와 당사자들 사이의 이익상황이 유사하므로, 무권대리의 추인에 관한 민법 제130조, 제133조 등을 무권리자의 추인에 유추 적용할 수 있다. 따라서 무권리자의 처분이 계약으로 이루어진 경우에 권리자가 이를 추인하면 원칙적으로 계약의 효과가 계약을 체결했을 때에 소급하여 권리자에게 귀속된다고 보아야 한다(대법원 2017.06.08. 선고 2017다3499 판결).

[26] 대법원 1980.07.22. 선고 80다791 판결. 등기가 실체관계에 부합한다고 하는 것은 그 등기절차에 어떤 하자가 있다고 하더라도 진실한 권리관계와 합치된다는 것을 말하며, 그 등기원인이 매매로서 매매대금이 전부 지급되지 아니하였다면, 그 대금완불 전에 미리 소유권이전등기를 하기로 하는 특약이 없는 한, 그 등기로써 실체관계에 부합한다고 할 수는 없다(대법원 1994.06.28. 선고 93다55777 판결).

[27] 대법원 2005.09.29. 선고 2003다40651 판결.
[28] 대법원 2004.06.25. 선고 2004다6764 판결.
[29] 대법원 2009.02.26. 선고 2006다72802 판결.

한 경우 등
(3) 무효등기의 유용 항변
(4) 원고 명의의 등기의 원인무효사유30) : 사망자 명의로 경료된 등기31)
(5) 중복보존등기의 말소청구에 대한 항변 : 먼저 이루어진 소유권보존등기가 원인무효인 사실

5 말소등기회복청구

(1) 청구취지

☞ 피고는 원고에게 별지 목록 기재 부동산에 관하여 서울중앙지방법원등기국 2019. 10. 1. 접수 제1234호로 말소된 같은 법원 2017. 1. 10. 접수 제2341호 소유권이전등기(또는 근저당권설정등기)의 회복등기절차를 이행하라.

(2) 요건사실

> ❶ 원고 명의의 등기가 말소된 사실
> ❷ 말소원인이 없었거나 무효·취소된 사실32)

(3) 주요항변 : 실체관계 부합 항변

[참고]
(1) 피고는 회복등기의 등기의무자(등기가 말소됨으로써 등기부상 이익을 본 사람)가 되어야 함.
→ 불법하게 말소된 것을 이유로 한 근저당권설정등기 회복등기청구는 그 등기말소 당시의 소유자를 상대로 하여야 함.
(2) 말소등기 후에 등기부상 이해관계 있는 제3자가 생긴 경우 그 제3자도 함께 피고로 하여 회복등기에 대한 승낙의 의사표시를 하라는 내용의 청구를 하여야만 회복등기의 목적을 달성할 수 있음.33)

---

30) 원고가 부동산의 소유권에 기한 물권적 방해배제청구권 행사의 일환으로서 위 부동산에 관하여 피고들 명의로 마쳐진 소유권이전등기의 말소를 구하려면 먼저 원고에게 그 말소를 청구할 수 있는 권원이 있음을 적극적으로 주장·입증하여야 하며, 만일 원고에게 그러한 권원이 있음이 인정되지 않는다면 설사 피고들 명의의 소유권이전등기가 말소되어야 할 무효의 등기라고 하더라도 원고의 청구를 인용할 수는 없다 할 것이고, 이러한 법리는 피고들 명의의 소유권이전등기가 원고 명의의 소유권이전등기로부터 전전하여 경료된 것으로서 선행하는 원고 명의의 소유권이전등기의 유효함을 전제로 하여야만 그 효력을 주장할 수 있는 경우라 하여 달리 볼 것은 아니다(대법원 2005.09.28. 선고 2004다50044 판결).
31) 사망자 명의의 신청으로 이루어진 이전등기는 원인무효의 등기로서 등기의 추정력을 인정할 여지가 없으므로 등기의 유효를 주장하는 자가 현재의 실체관계와 부합함을 증명할 책임이 있다(대법원 2017.12.22. 선고 2017다360377 판결).
32) 원고 명의의 소유권이전등기가 형식적으로 확정된 판결에 의하여 말소되었으나 그 후 위 판결이 취소되어 결국 위 이전등기가 부적법하게 말소된 것이므로 원고는 여전히 이 사건 토지의 소유자로 추정되고, 따라서 그 등기의 효력을 다투는 피고들이 그 무효사유를 주장·입증하여야 한다(대법원 1999.09.17. 선고 98다63018 판결).
33) 부동산등기법 제171조에 의하면 등기의 말소를 신청하는 경우에 그 말소에 대하여 등기상 이해관계 있는 제3자가 있는 때에는 신청서에 그 승낙서 또는 이에 대항할 수 있는 재판의 등본을 첨부하도록 규정하고 있으므로,

(3) 등기관의 직권이나 법원의 촉탁에 의하여 기입된 등기의 말소등기나 말소된 등기의 회복등기는 등기관의 직권이나 법원의 촉탁에 의하여 행하여져야 하므로 그 등기명의인을 상대로 말소등기나 회복등기를 구하는 소 → 소의 이익이 없어 부적법 각하

6 말소승낙의 의사표시를 구하는 소

(1) 청구취지

☞ 피고는 원고에게 별지 목록 기재 부동산에 관하여 서울중앙지방법원등기국 2019. 4. 12. 접수 제1234호로 마친 소유권이전등기의 말소등기에 대하여 승낙의 의사표시를 하라.

(2) 청구원인

> ❶ 피고 명의의 등기가 마쳐진 사실
> ❷ 말소원인이 있는 등기에 터잡아 등기상 이해관계 있는 제3자인 피고 명의의 등기가 마쳐진 사실

(3) 주요 항변 : 취득시효 항변

7 (근)저당권설정등기 말소청구(가등기 말소청구도 이에 준함)

(1) 청구취지

☞ 원인무효에 의한 말소청구

피고는 원고에게 별지목록 기재 부동산에 관하여 서울중앙지방법원등기국 2020. 2. 7. 접수 제1234호로 마친 근저당권설정등기의 말소등기절차를 이행하라.

☞ 후발적 실효사유에 의한 말소청구

피고는 원고에게 별지 목록 기재 부동산에 관하여 서울중앙지방법원등기국 2018. 4. 12. 접수 제1234호로 마친 근저당권설정등기에 대하여 2020. 4. 10. 해지(변제)를 원인으로 한 말소등기절차를 이행하라.

☞ 선이행이나 동시이행으로 말소청구를 하는 경우

피고는 원고로부터 1억 원을 지급받은 다음(지급받음과 동시에) 원고에게 별지목록 기재 부동산에 관하여 서울중앙지방법원등기국 2018. 4. 12. 접수 제1234호로 마친 근저당권설정등기의 말소등기절차를 이행하라.

이해관계 있는 제3자의 승낙서 등을 첨부하지 아니한 채 말소등기가 이루어진 경우 그 말소등기는 제3자에 대한 관계에 있어서는 무효라고 해석할 것이나, 다만 제3자에게 그 말소등기에 관하여 실체법상의 승낙의무가 있는 때에는 승낙서 등이 첨부되지 아니한 채 말소등기가 경료되었다고 하여도 그 말소등기는 실체적 법률관계에 합치되는 것이어서 제3자에 대한 관계에 있어서도 유효하다(대법원 1996.08.20. 선고 94다58988 판결).

(2) 요건사실

☞ 원인무효에 의한 말소청구(소유권에 기한 말소청구)
❶ 원고 '소유'인 사실
❷ 피고 명의의 등기가 마친 사실
❸ [원인무효형] 등기원인서류 위조, 등기원인의 무효·취소·해제
[후발적 실효형] 피담보채무가 변제된 사실 또는 피담보채무가 없는 상황에서 근저당권이 해지된 사실

☞ 후발적 실효사유에 의한 말소청구(담보계약에 기한 말소청구)
❶ 원·피고 사이에 근저당권 설정계약이 체결된 사실
❷ 그에 기하여 근저당권 설정등기가 마쳐진 사실
❸ 근저당권의 피담보채무가 확정된 사실
  * 기본계약에 결산기가 정해진 경우 결산기의 합의 및 그 도래사실
  * 결산기가 없는 경우 근저당권자가 해지의 의사표시를 한 사실
  * 근저당권자(또는 후순위근저당권자)가 경매를 신청한 사실[34]
❹ 그 피담보채무가 소멸(변제 등)된 사실[35]

(3) 주요 항변
① 등기유용 합의 항변 : 합의시까지 등기기록상 이해관계 있는 제3자가 생기지 않은 경우에 유효
② (원인무효형) 실체관계 부합 항변
③ (후발적실효형) 변제액이 피담보채무원리금 전액에 미달한다는 주장

[참고 1]
(1) (근)저당권이전의 부기등기 : 주등기인 근저당권설정등기의 말소만 구하면 되고 그 부기등기는 별도로 말소를 구하지 않더라도 주등기의 말소에 따라 직권으로 말소됨.
→ 근저당권설정등기의 말소등기청구는 양수인만을 상대로 하면 족하고 양도인은 그 말소등기청구에 있어서 피고 적격이 없음.
→ 근저당권설정자 또는 그로부터 소유권을 이전받은 제3취득자는 피담보채무가 소멸된 경우 또는 근저당권설정등기가 당초부터 원인무효인 경우 등에 근저당권의 현재의 명의인인 양수인을 상대로 주등기인 근저당권설정등기의 말소를 구할 수 있으나, 근저당권자로부터 양수인 앞으로의 근저당권 이전이 무효라는 사유를 내세워 양수인을 상대로 근저당권설정등기의 말소를 구할 수는 없음.
→ 저당권 등 제한물권이나 가등기상 권리가 이전되는 경우 그 이전의 원인만이 무효 또는 취소되는 경우 → 부기등기만이 말소대상이 됨.

---

34) 근저당권자가 스스로 경매를 신청한 경우 경매신청시에 피담보채무가 확정되나, 후순위근저당권자가 경매를 신청한 경우 근저당권의 소멸시기(매각대금 완납시)에 피담보채무가 확정된다.
35) 근저당권설정자가 채무자인 경우 채무자는 채권최고액과는 상관없이 확정된 피담보채무액 전액을 변제하고 근저당권설정등기의 말소를 구할 수 있으나, 근저당권설정자가 물상보증인인 경우에는 채권최고액만을 변제하고 근저당권설정등기의 말소를 구할 수 있다.

(2) 근저당권설정 후 소유자가 변경된 경우 원인무효형은 현재 소유자에게만 원고적격이 있으나, 후발적 실효형은 현재의 소유자(소유권에 기하여)뿐만 아니라 근저당권설정자인 **종전 소유자**(근저당권설정계약의 당사자로서)도 근저당권자에게 피담보채무의 소멸을 이유로 그 근저당권설정등기의 말소를 구할 수 있음.

(3) **저당부동산의 제3취득자**는 채권최고액 범위 내에서 그 확정된 피담보채무를 변제하고 근저당권의 소멸을 청구할 수 있으나, **후순위 근저당권자**는 선순위 근저당권의 소멸을 청구할 수 없음.

(4) 근저당권설정자가 채무자인 경우 채무자는 채권최고액과는 상관없이 확정된 피담보채무 전액을 변제하고 근저당권설정등기의 말소를 구할 수 있으나, **물상보증인**은 채권최고액만을 변제하고 근저당권설정등기의 말소를 구할 수 있음.

(5) 근저당권설정등기말소청구와 함께 제기된 피담보채무부존재확인의 소
 → 확인의 이익 없음.

(6) 근저당권설정계약에 기한 말소청구(채권적 말소등기청구권)와 소유권에 기한 방해배제청구권으로서의 말소청구(물권적 말소등기청구권)는 소송물이 다름.
 → 소유권에 기한 방해배제청구권의 행사로서 말소등기청구를 한 전소 확정판결의 기판력은 근저당권설정계약에 기한 원상회복으로 말소등기청구를 하는 후소에 미치지 않음.

(7) 강제집행정지신청이 기각되는 등의 사유로 근저당권설정등기말소소송 계속 중 부동산이 매각되어 근저당권설정등기가 말소된 경우 → 소의 이익 없음.

(8) 채권자와 근저당권자가 다른 경우(=불가분적 채권관계에 있는 경우) : 어머니가 채무자에 대한 채권을 담보하기 위하여 아들인 피고의 이름으로 채무자의 처 소유 부동산에 근저당권설정등기를 마쳐두었으나, 채무자의 처에 대한 또 다른 채권자인 원고가 피고 명의 등기가 채권자와 등기명의자가 불일치하여 담보물권의 부수성에 반한다는 이유로 무효임을 주장하면서 그 말소를 구한 경우 → 근저당권설정등기상 근저당권자가 다른 사람과 함께 채무자로부터 유효하게 채권을 변제받을 수 있고 채무자도 그들 중 누구에게든 채무를 유효하게 변제할 수 있는 관계, 가령 채권자와 채무자가 불가분적 채권자의 관계에 있다고 볼 수 있는 경우에는 그러한 근저당권설정등기도 유효함.[36]

[참고 2] (근)저당권설정(이전)등기청구의 경우

☞ (저당권설정등기) 피고는 원고에게 별지목록 기재 부동산에 관하여 2020. 4. 1. 저당권설정계약을 원인으로 한 채권액 1억 원, 채무자 A(주소 : 서울 이하 생략), 변제기 2021. 3. 31. 이자 연 10%, 이자지급시기 매월 말일의 저당권설정등기절차를 이행하라.

☞ (근저당권설정등기) 피고는 원고에게 별지목록 기재 부동산에 관하여 2020. 4. 1. 근저당권설정계약을 원인으로 한 채권최고액 1억 원, 채무자 A(주소 : 서울 이하 생략)의 근저당권설정등기절차를 이행하라.

☞ (근저당권이전등기) 피고는 원고에게 별지목록 기재 부동산에 관하여 서울중앙지방법원 등기

---

[36] 대법원 2020.07.09. 선고 2019다212594 판결; 대법원 2001.03.15. 선고 99다48948 전원합의체 판결 등 참조.

국 2020. 4. 1. 접수 제1234호로 마친 근저당권에 대하여 2020. 7. 1. 확정채권양도를 원인으로 한 근저당권이전등기절차를 이행하라.

[참고 3] 최종등기명의자에 대한 말소등기청구가 기각된 경우
   ☞ A → (소유권이전등기) B → (소유권이전등기) C → C의 취득시효 항변이 인용되어 C에 대한 말소등기청구가 기각된 경우

① 순차로 마쳐진 소유권이전등기에 관하여 각 말소등기절차의 이행을 청구하는 소송은 통상공동소송이므로 그중 어느 한 등기명의자만을 상대로 말소를 구할 수 있고, 최종 등기명의자에게 등기말소를 구할 수 있는지와 관계없이 중간의 등기명의자에게 등기말소를 구할 소의 이익이 있다.37) → C부분 기각되더라도 B에 대한 소의 이익 있음.

② 선등기명의자의 소유권이전등기가 원인무효라고 하더라도 그 이후의 최종 등기명의자가 등기부시효취득의 항변을 제출하여 법원에서 그것이 받아들여진 경우, 그 전의 등기명의자들이 최종 등기명의자의 시효취득 사실을 원용하여 원소유자의 소유권 상실을 주장하고 있다면 원소유자의 소유권에 기한 등기말소청구는 배척될 수밖에 없다.38) → B가 C의 취득시효 항변 원용하면 B에 대한 청구기각.

③ 소유자가 자신의 소유권에 기하여 실체관계에 부합하지 아니하는 등기의 명의인을 상대로 그 등기말소나 진정명의회복 등을 청구하는 경우에, 그 권리는 물권적 청구권으로서의 방해배제청구권(민법 제214조)의 성질을 가진다. 그러므로 소유자가 그 후에 소유권을 상실함으로써 이제 등기말소 등을 청구할 수 없게 되었다면, 이를 위와 같은 청구권의 실현이 객관적으로 불능이 되었다고 파악하여 등기말소 등 의무자에 대하여 그 권리의 이행불능을 이유로 민법 제390조상의 손해배상청구권을 가진다고 말할 수 없다. 위 법규정에서 정하는 채무불이행을 이유로 하는 손해배상청구권은 계약 또는 법률에 기하여 이미 성립하여 있는 채권관계에서 본래의 채권이 동일성을 유지하면서 그 내용이 확장되거나 변경된 것으로서 발생한다. 그러나 위와 같은 <u>등기말소청구권 등의 물권적 청구권은 그 권리자인 소유자가 소유권을 상실하면 이제 그 발생의 기반이 아예 없게 되어 더 이상 그 존재 자체가 인정되지 아니하는 것이다.</u> 이러한 법리는 선행소송에서 소유권보존등기의 말소등기청구가 확정되었다고 하더라도 그 청구권의 법적 성질이 채권적 청구권으로 바뀌지 아니하므로 마찬가지이다.39)

---

37) 대법원 2017.09.12. 선고 2015다242849 판결.
38) 대법원 1995.03.03. 선고 94다7348 판결. 결국 B가 자백간주된 경우와 C의 취득시효 항변 원용시 결론이 달라진다.
39) 대법원 2012.05.17. 선고 2010다28604 전원합의체 판결. 국가 명의로 소유권보존등기가 경료된 토지의 일부 지분에 관하여 B 등 명의의 소유권이전등기가 경료되었는데, A가 등기말소를 구하는 소를 제기하여 국가는 A에게 원인무효인 등기의 말소등기절차를 이행할 의무가 있고 B 등 명의의 소유권이전등기는 등기부취득시효 완성을 이유로 유효하다는 취지의 판결이 확정되자, A가 국가를 상대로 손해배상을 구한 사안에서, B 등의 등기부취득시효 완성으로 토지에 관한 소유권을 상실한 A가 불법행위를 이유로 소유권 상실로 인한 손해배상을 청구할 수 있음은 별론으로 하고, 애초 국가의 등기말소의무 이행불능으로 인한 채무불이행책임을 논할 여지는 없고, 또한 토지의 소유권 상실로 인한 손해배상을 구하는 A의 청구에 대하여 당사자가 주장하지 아니한 소유권보존등기 말소등기절차 이행의무의 이행불능으로 인한 손해배상책임을 인정할 수 없음에도, 이와 달리 손해배상책임을 인정한 원심판결에 법리오해와 처분권주의 위반의 위법이 있다고 한 사례.

제6장 소유권확인소송

1 미등기토지에 대한 소유권보존등기

가. 소유권보존등기의 방법

(1) 미등기 토지에 대하여 판결로써 자기의 소유권을 증명하면 소유권보존등기를 할 수 있다.[1]

(2) 토지대장에 자기나 피상속인 소유로 등록된 경우 → 토지대장에 기하여 보존등기 가능. 이 경우 토지대장에는 인적사항(주소, 주민등록번호)이 완벽하게 기재되어 있어야 함.

(3) 토지대장에 인적사항이 기재되어 있지 않거나 불충분한 경우 → 확정판결(부동산등기법 제65조 제2호)에 의하여 보존등기 가능. 판결은 확인판결, 형성판결, 이행판결 모두 가능(화해조서 등 확정판결에 준하는 것도 포함). 이미 제3자 앞으로 소유권보존등기가 되어 있을 경우에는 제3자를 상대로 소유권보존등기말소청구의 소를 제기하여 그 승소확정판결에 기하여 소유권보존등기도 가능함

나. 소유권보존등기를 하기 위한 판결의 상대방

(1) 토지(임야)대장에 최초의 소유자로 등록되어 있는 자 또는 그 상속인 그 밖의 포괄승계인

(2) 미등기토지의 지적공부상 "국(國)"으로부터 이전등록을 받은 자

(3) 토지(임야)대장의 소유자란이 공란으로 되어 있거나 소유자 표시에 누락이 있어 소유자를 특정할 수 없는 경우 → 대한민국(시장·군수는 국가로부터 기관위임을 받은 자에 불과하여 소유권확인청구의 정당한 당사자가 될 수 없음)

다. 증명사항

(1) 원고 또는 원고의 피상속인이 원시취득 하였거나 소유권이전등기를 마쳐서 소유권을 승계취

---

[1] **부동산등기법 제65조(소유권보존등기의 신청인)** 미등기의 토지 또는 건물에 관한 소유권보존등기는 다음 각 호의 어느 하나에 해당하는 자가 신청할 수 있다.
  1. 토지대장, 임야대장 또는 건축물대장에 최초의 소유자로 등록되어 있는 자 또는 그 상속인, 그 밖의 포괄승계인
  2. 확정판결에 의하여 자기의 소유권을 증명하는 자
  3. 수용으로 인하여 소유권을 취득하였음을 증명하는 자
  4. 특별자치도지사, 시장, 군수 또는 구청장(자치구의 구청장을 말한다)의 확인에 의하여 자기의 소유권을 증명하는 자(건물의 경우로 한정한다)

득한 사실을 증명하여야 함.
(2) **사정(査定)의 경우** : 계쟁 부동산에 사정명의인이 존재하고, 그 사정명의인이 원고 측의 피상속인과 동일인이라는 사실, 원고가 사정명의인의 권리를 상속받은 사실을 증명하여야 함(공동상속인은 다른 공동상속인의 지분에 대하여서도 공유자의 보존행위로서 소유권확인 또는 소유권보존등기의 말소를 구할 수 있음).

라. 소유권증명방법

(1) **토지(임야)조사부(원시취득)** : 사정에 대한 권리추정력 → 국가기록원에 사실조회 또는 정보공개청구를 하여 증거확보 가능. 그러나 토지(임야)조사부가 멸실되어 존재하지 않는 토지(임야)도 많음.
(2) **보안림편입조서(임야의 원시취득 또는 승계취득)** : 소유권 추정력 있음.
(3) 1975. 12. 31. 지적법 개정 전의 구 지적법 시행 당시 복구된 토지대장 → 이 자체로는 권리변동이 추정력이 없음.
(4) 양여증서, 임야지번조서, 임야세명기장, 지세명기장, 사망사업설계서에 편철된 임야지적조서 → 이 자체로는 권리변동이 추정력이 없음.
(5) 토지(임야)조사부 외의 증거들은 권리추정력이 약하므로 다른 증거를 추가로 제출할 필요가 있음.

2 미등기토지에 관한 소유권확인의 소

(1) 미등기토지에 대한 소유권확인의 소에서 원고는 대상 토지가 자신의 소유인 것으로 확인판결을 받으면 소유권보존등기를 할 수 있고, 자신의 권리구제에 유효적절한 수단이 되므로 소의 이익이 있다.[2]
(2) 소유권확인청구의 소송물은 소유권 자체의 존부이므로, 전소에서 원고가 소유권을 주장하였다가 패소 판결이 확정되었다고 하더라도, 전소 변론종결 후에 소유권을 새로이 취득하였다면 전소의 기판력이 소유권확인을 구하는 후소에 미칠 수 없는데, 상속재산분할협의가 전소 변론종결 후에 이루어졌다면 비록 상속재산분할의 효력이 상속이 개시된 때로 소급한다 하더라도, 상속재산분할협의에 의한 소유권 취득은 전소 변론종결 후에 발생한 사유에 해당한다. 따라서 전소에서 원고가 단독상속인이라고 주장하여 소유권확인을 구하였으나 공동상속인에 해당한다는 이유로 상속분에 해당하는 부분에 대해서만 원고의 청구를 인용하고 나머지 청구를 기각하는 판결이 선고되어 확정되었다면, 전소의 기판력은 전소 변론종결 후에 상속재산분할협의에 의해 원고가 소유권을 취득한 나머지 상속분에 관한 소유권확인을 구하

---

[2] 부동산등기법 제130조에 비추어 볼 때 원고들이 이 사건 부동산에 관한 소유권보존등기를 함에 있어 토지대장등본 또는 임야대장등본에 의하여 소유자임을 증명할 수 없다면, 판결에 의하여 그 소유권을 증명하여 소유권보존등기를 할 수밖에 없는 것이고, 더욱이나 그 대장소관청인 국가기관이 원고들의 소유를 다투고 있다면, 이와 같은 판결을 얻기 위한 소송은 국가를 상대로 제기할 수 있다(대법원 2001.07.10. 선고 99다34390 판결).

는 후소에는 미치지 않는다.3)

(3) 토지대장이나 임야대장에 전혀 소유자 기재가 없는 경우, 토지대장이나 임야대장에 소유자 기재가 있으나 주소 기재가 없거나 허황된 주소가 기재된 등으로 그 명의자가 누구인지 알 수 없는 경우, 국가가 대장상의 등록명의자 소유를 부인하면서 국가 소유를 주장하는 경우에는 국가를 상대로 소유권확인의 소를 제기할 수 있다.4)5)

☞ 사인 상대의 소유권확인청구 : 미등기상태이나 토지대장에 타인 명의로 등재되어 있는 경우. → 이미 타인 명의로 잘못된 소유권보존등기나 이전등기가 된 경우에는 그 등기명의자를 상대로 말소등기청구나 이전등기청구를 해야 하고 소유권확인청구는 소의 이익이 없다.

☞ 국가 상대의 소유권확인청구6)7) :

① 토지대장이나 임야대장에 전혀 소유자 기재가 없는 경우

② 토지대장이나 임야대장에 소유자 기재가 있으나 소유자의 주소가 없거나 허황된 주소가 기재된 등으로 그 명의자가 누구인지 알 수 없는 경우

---

3) 대법원 2011.06.30. 선고 2011다24340 판결.
4) 국가를 상대로 한 토지소유권확인청구는 그 토지가 미등기이고 토지대장이나 임야대장에 등록명의자가 없거나 등록명의자가 누구인지 알 수 없는 경우, 미등기 토지에 대한 토지대장이나 임야대장의 소유자에 관한 기재에 권리추정력이 인정되지 아니하는 경우, 그 밖에 국가가 등기 또는 등록된 제3자의 소유를 부인하면서 계속 국가 소유를 주장하는 등 특별한 사정이 있는 경우에 한하여 그 확인의 이익이 있다. 한편 등기명의인의 표시경정은 등기부에 기재되어 있는 등기명의인의 성명, 주소 또는 주민등록번호 등에 착오나 빠진 부분이 있는 경우에 그 명의인으로 기재되어 있는 사람의 동일성을 변함이 없이 이를 정정하는 것을 말한다. 따라서 토지에 관하여 등기가 되어 있는 경우에, 등기부상 명의인의 기재가 실제와 일치하지 아니한다 하더라도 인격의 동일성이 인정된다면 등기명의인의 표시경정등기가 가능하며, 국가를 상대로 실제 소유에 대하여 확인을 구할 이익이 없다(대법원 2016. 10.27. 선고 2015다230815 판결).
5) 확인의 소는 분쟁 당사자 사이에 현재의 권리 또는 법률관계에 관하여 즉시 확정할 이익이 있는 경우에 허용되는 것이므로, 소유권을 다투고 있지 않은 국가를 상대로 소유권확인을 구하기 위하여는 그 판결을 받음으로써 원고의 법률상 지위의 불안을 제거함에 실효성이 있다고 할 수 있는 특별한 사정이 있어야 할 것인바, 건물의 경우 가옥대장이나 건축물관리대장의 비치·관리업무는 당해 지방자치단체의 고유사무로서 국가사무라고 할 수도 없는데다가 당해 건물의 소유권에 관하여 국가가 이를 특별히 다투고 있지도 아니하다면, 국가는 그 소유권 귀속에 관한 직접 분쟁의 당사자가 아니어서 이를 확인해 주어야 할 지위에 있지 않으므로, 국가를 상대로 미등기 건물의 소유권 확인을 구하는 것은 그 확인의 이익이 없어 부적법하다. 미등기 건물에 관하여 국가를 상대로 한 소유권확인판결을 받는다고 하더라도 그 판결은 부동산등기법 제131조 제2호에 해당하는 판결이라고 볼 수 없어 이를 근거로 소유권보존등기를 신청할 수 없다(대법원 1999.05.28. 선고 99다2188 판결).
6) 국가가 미등기 토지를 20년간 점유하여 취득시효가 완성된 경우, 그 미등기 토지의 소유자로서는 국가에게 이를 원인으로 하여 소유권이전등기절차를 이행하여 줄 의무를 부담하고 있는 관계로 국가에 대하여 그 소유권을 행사할 지위에 있다고 보기 어렵고, 또 그가 소유권확인판결을 받는다고 하여 이러한 지위에 변동이 생기는 것도 아니라고 할 것이므로, 이와 같은 사정 하에서는 그 소유자가 굳이 국가를 상대로 토지에 대한 소유권의 확인을 구하는 것은 무용, 무의미하다고 볼 수밖에 없어 확인판결을 받을 법률상 이익이 있다고 할 수 없다(대법원 2008.05.15. 선고 2008다13432 판결).
7) 토지의 일부에 대한 소유권의 귀속에 관하여 다툼이 있는 경우에 적극적으로 그 부분에 대한 자기의 소유권확인을 구하지 아니하고 소극적으로 상대방 소유권의 부존재 확인을 구하는 것은, 원고에게 내세울 소유권이 없더라도 피고의 소유권이 부인되면 그로써 원고의 법적 지위의 불안이 제거되어 분쟁이 해결될 수 있는 경우가 아닌 한 그 소유권의 귀속에 관한 분쟁을 근본적으로 해결하는 즉시확정의 방법이 되지 못하며, 또한 그러한 판결만으로는 그 토지의 일부에 대한 자기의 소유권이 확인되지 아니하여 소유권자로서 지적도의 경계에 대한 정정을 신청할 수도 없으므로, 확인의 이익이 없다(대법원 2016.05.24. 선고 2012다87898 판결).

③ 국가가 토지대장이나 임야대장상의 등록명의자 소유를 부인하면서 국가 소유를 주장하는 경우

(4) 확인청구의 상대방은 토지대장 보관기관인 지자체가 아니라 **국가**가 된다. 지적관리사무는 국가 사무이고, 시장, 군수, 구청장은 국가로부터 기관위임을 받아 토지대장 등 지적공부를 관리하는 것에 불과하기 때문이다(측량·수로조사 및 지적에 관한 법률 제2조 제18, 19호, 제64조, 제69조 참조).

(5) 미등기토지에 대한 소유권확인의 소는 토지대장이나 임야대장에 타인 명의로 소유권등록이 된 때에는 그 등록된 자(단, 최초의 소유자로 등록된 자여야 하고 소유권이전등록이 된 자는 제외된다) 또는 그 상속인을 상대로 제기하여야 한다.[8]

(6) 공간정보의 구축 및 관리 등에 관한 법률 제87조 제4호에 의하면 채권자는 자기의 채권을 보전하기 위하여 채무자인 토지소유자가 위 법에 따라 하여야 하는 신청을 대위할 수 있으나, 같은 법 제84조에 따른 지적공부의 등록사항 정정은 대위하여 신청할 수 없다. 토지대장상의 소유자 표시 중 주소 기재의 일부가 누락된 경우는 등록명의자가 누구인지 알 수 없는 경우에 해당하여 토지대장에 의하여 소유권보존등기를 신청할 수 없고, 토지대장상 토지소유자의 채권자는 토지소유자를 대위하여 토지대장상 등록사항을 정정할 수 없으므로, 토지대장상 토지소유자의 채권자는 소유권보존등기의 신청을 위하여 토지소유자를 대위하여 국가를 상대로 소유권확인을 구할 이익이 있다고 보아야 한다.[9]

(7) **미등기 건물에 대한 소유권확인청구의 상대방** : 건축물대장에 최초의 소유자로 등록되어 있는 자 또는 그 상속인, 그 밖의 포괄승계인, 건축허가권자인 시장·군수·구청장이 속하는 시·군·구여야 하고 국가나 건축허가명의인 또는 건축주는 상대방이 될 수 없다.

(8) **건축물대장이 생성되어 있지 않은 건물**에 대하여 소유권보존등기를 마칠 목적으로 제기한 소유권확인청구의 소는 확인의 이익이 없다.[10]

---

8) 대법원 2019.05.16. 선고 2018다242246 판결. 국가를 상대로 한 토지소유권확인청구는 그 토지가 미등기이고 토지대장이나 임야대장상에 등록명의자가 없거나 등록명의자가 누구인지 알 수 없을 때와 그 밖에 국가가 등기 또는 등록명의인인 제3자의 소유를 부인하면서 계속 국가소유를 주장하는 등 특별한 사정이 있는 경우에 한하여 그 확인의 이익이 있다. 또한, **소유권보존등기**는 토지대장등본 또는 임야대장등본에 의하여 자기 또는 피상속인이 토지대장 또는 임야대장에 소유자로서 등록되어 있는 것을 증명하는 자(부동산등기법 제130조 제1호), 판결에 의하여 자기의 소유권을 증명하는 자(같은 법 제130조 제2호), 수용으로 소유권을 취득한 자(같은 법 제130조 제3호)가 신청할 수 있는데, 대장(토지대장, 임야대장)등본에 의하여 자기 또는 피상속인이 대장에 소유자로서 등록되어 있는 것을 증명하는 자는 대장에 최초의 소유자로 등록되어 있는 자 및 그 자를 포괄승계한 자이며, 대장상 소유권이전등록을 받았다 하더라도 물권변동에 관한 형식주의를 취하고 있는 현행 민법상 소유권을 취득했다고 할 수 없고, 따라서 대장상 소유권이전등록을 받은 자는 자기 앞으로 바로 보존등기를 신청할 수는 없으며, 대장상 최초의 소유명의인 앞으로 보존등기를 한 다음 이전등기를 하여야 한다(대법원 2009.10.15. 선고 2009다48633 판결).
9) 대법원 2019.05.16. 선고 2018다242246 판결.
10) 대법원 2011.11.10. 선고 2009다93428 판결. 건축물대장이 생성되지 않은 건물에 대해서는 소유권확인판결을 받는다고 하더라도 그 판결은 부동산등기법 제65조 제2호에 해당하는 판결이라고 볼 수 없어 이를 근거로 건물의 소유권보존등기를 신청할 수 없다.

[참고] 부동산등기법 제65조제2호의 "판결"의 의미[11]

> 가. 소유권을 증명하는 판결에 있어서의 상대방 : 법 제65조 제2호의 소유권을 증명하는 "판결"(판결과 동일한 효력이 있는 화해조서, 제소전화해조서, 인낙조서, 조정조서를 포함한다. 이하같다)은 다음 각 호에 해당하는 자를 대상으로 한 것이어야 한다.
> (1) 토지(임야)대장 또는 건축물대장상에 최초의 소유자로 등록되어 있는 자 또는 그 상속인, 그 밖의 포괄승계인(대장상 소유자 표시에 일부 오류가 있어 대장상 소유자 표시를 정정등록한 경우의 정정등록된 소유명의인을 포함한다).
> (2) 삭제(2011. 10. 12. 제1427호)
> (3) 미등기토지의 지적공부상 "국"으로부터 소유권이전등록 받은 자
> (4) 토지(임야)대장상의 소유자 표시란이 공란으로 되어 있거나 소유자표시에 일부 누락이 있어 대장상의 소유자를 특정할 수 없는 경우에는 국가
> 나. 판결의 종류 : 소유권을 증명하는 판결은 보존등기신청인의 소유임을 확정하는 내용의 것이어야 한다. 그러나 그 판결은 소유권확인판결에 한하는 것은 아니며, 형성판결이나 이행판결이라도 그 이유중에서 보존등기신청인의 소유임을 확정하는 내용의 것이면 이에 해당한다.
> 다. 위 판결에 해당하는 경우의 예시
> 다음 각 호의 판결은 법 제65조제2호의 판결에 해당한다.
> (1) 당해 부동산이 보존등기 신청인의 소유임을 이유로 소유권보존등기의 말소를 명한 판결
> (2) 토지대장상 공유인 미등기토지에 대한 공유물분할의 판결. 다만 이 경우에는 공유물분할의 판결에 따라 토지의 분필절차를 먼저 거친 후에 보존등기를 신청하여야 한다.
> 라. 위 판결에 해당하지 않는 경우의 예시
> 다음 각 호의 판결은 법 제65조제2호의 판결에 해당하지 않는다.
> (1) 매수인이 매도인을 상대로 토지의 소유권이전등기를 구하는 소송에서 매도인이 매수인에게 매매를 원인으로 한 소유권이전등기절차를 이행하고 당해 토지가 매도인의 소유임을 확인한다는 내용의 화해조서
> (2) 건물에 대하여 국가를 상대로 한 소유권확인판결
> (3) 건물에 대하여 건축허가명의인(또는 건축주)을 상대로 한 소유권확인판결

<기초사실> 甲은 2016. 1. 12. 乙에게 1억 원을 변제기 2017. 1. 11. 이자 연 5%로 정하여 대여하였는데 乙은 2017. 1. 11. 이전까지의 이자는 변제하여 왔으나, 변제기 이후부터 지금까지 아무런 소식이 없는 상태이다.

한편, 乙의 父 A(1931. 4. 6.생)는 제주시 애월읍 소길리 산 123 임 1,000㎡(이하 '이 사건 임야')를 소유, 경작하여 왔는데 2011. 4. 15. 사망하였고, 乙은 A의 단독상속인이다. 위 임야는 乙의 祖父인 B(1891. 3. 1.생)가 일정시대에 그 명의로 査定을 받아 1948년경 이를 유일한 자식인 아들 A에게 증여한 것인데, 아직 소유권보존등기가 마쳐져 있지 않다.

---

[11] 미등기부동산의 소유권보존등기 신청인에 관한 업무처리지침 개정 2013. 2. 22. [등기예규 제1483호, 시행 2013. 2. 22.)]

> 이 사건 임야의 임야대장에는 C 명의로 소유권등록이 되어 있는데, C는 1981. 2. 5. 사망하였고, D가 C의 유일한 상속인이다.
> 乙은 甲의 강제집행을 우려하여 이 사건 임야 대한 아무런 조치를 취하지 않고 있다. 乙은 현재 그 부친으로부터 상속받은 이 사건 임야 외에는 아무런 재산이 없는데, 위 임야가 미등기 상태라 甲은 가압류조차 할 수 없는 상태이다.
> 甲이 乙로부터 대여금을 반환받고 乙의 재산에 대하여 강제집행을 하기 위하여 필요한 소를 제기하려고 한다.
> 甲은 누구를 상대로 어떠한 소를 제기할 것인가?12) 청구취지도 기재하시오(소송비용, 가집행 생략)

☞ 청구취지 :

1. 피고 乙은 원고에게 1억 원 및 이에 대한 2017. 1. 12.부터 이 사건 소장부본 송달일까지는 연 5%, 그 다음날부터 다 갚는 날까지는 연 12%의 각 비율에 의한 돈을 지급하라.

2. 원고와 피고 D 사이에서 제주시 애월읍 소길리 산 123 임 1,000㎡가 피고 乙의 소유임을 확인한다.

[참고] 사정명의인이 B로 되어 있는 토지를 A가 매수 또는 시효취득을 하였으나 소유권이전등기를 마치지 못한 경우 A의 소유권취득 방법

① A는 B 또는 그 상속인을 대위하여 소유권확인청구
② B를 상대로 소유권이전등기청구
③ 위 각 승소 확정판결에 기하여 B 명의의 소유권보존등기와 이에 기한 A 명의의 소유권이전등기
④ A가 B에 대한 금전채권자일 경우에도 위 ①의 대위확인청구소송을 제기하여(이 경우는 B의 무자력이 요건), B 명의로 보존등기 후 집행 가능.
⑤ 민법 시행(1960.1.1.) 전에 법률행위로 부동산을 승계취득하였다고 하더라도 그 시행일로부터 6년 내에 소유권이전등기를 하지 않았으면 물권변동의 효력이 상실됨(법률 제471호 민법 부칙 제10조). → 이 경우에 법률행위의 상대방을 대위하여 소유권확인 후 소유권이전등기를 받아야 함(단 시효소멸에 주의).

---

12) 미등기 토지에 대하여 채무자 소유의 확인을 구하는 것으로 보존행위에 해당할 뿐만 아니라 이미 이행기 도래. 乙을 대위하여 소유권확인청구의 소 제기. 원고는 위와 같이 피고 乙에 대하여 대여금반환채권이 있다. 그런데 피고 乙은 현재 이 사건 임야를 제외하고는 원고에 대한 위 채무를 변제할 자력(책임재산)이 없음에도, 원고의 강제집행을 우려하여 이 사건 임야에 대한 소유권확인청구권을 행사하지 않고 있으므로 원고는 피고 乙을 대위하여 피고 D에게 이 사건 임야가 피고 乙의 소유임의 확인을 구할 이익이 있다.

〈확인의 소 관련 포인트〉
1. 건축물대장이 생성되지 않은 건물에 대한 소유권확인의 소를 제기할 수 있는가?
2. 건축물대장을 비치·관리하고 있는 지방자치단체를 상대로 건물 소유권확인의 소를 제기할 수 있는가?
3. 토지소유자와 국가 사이에 토지소유권에 다툼이 없어도 국가를 상대로 소유권확인의 소를 제기할 수 있는가?
4. 국가가 미등기 토지를 20년간 점유하여 취득시효가 완성된 경우, 그 미등기 토지의 소유자가 국가를 상대로 토지에 대한 소유권의 확인을 구할 수 있는가?
5. 군사분계선 이북지역에 있는 토지의 소유권확인을 구할 수 있는가?
6. 무허가건물대장상 기재건물의 소유권확인을 구할 수 있는가?
7. 어떠한 경우에 국가가 아닌 사인을 상대로 미등기토지에 대한 소유권확인의 소를 제기할 수 있는가?
8. 공정증서에 대한 청구이의의 소를 제기하지 않고 공정증서의 작성원인이 된 채무에 관하여 채무부존재확인의 소를 제기할 수 있는가?
9. 가등기 이후 가압류등기를 마친 가압류 채권자가 이 사건 가등기가 담보 목적 가등기임의 확인을 구하는 소를 제기할 수 있는가?
10. 정당한 공탁금수령권자이면서도 공탁공무원으로부터 공탁금의 출급을 거부당한 자는 그 법률상 지위의 불안·위험을 제거하기 위하여 누구를 상대방으로 하여 그 공탁금출급권의 확인을 구하는 소송을 제기할 수 있는가?
11. 피고가 원고의 권리관계를 다투어 원고가 확인의 소를 제기하였고 당해 소송에서 피고가 권리관계를 다툰 바 있다가 항소심에 이르러 피고가 권리관계를 다투지 않는 경우에 확인의 이익이 있는가?

〈해 설〉

1. 구 부동산등기법(2011. 4. 12. 법률 제10580호로 전부 개정되기 전의 것, 이하 '구법'이라 한다) 제131조 제2호에서 판결 또는 그 밖의 시·구·읍·면의 장의 서면에 의하여 자기의 소유권을 증명하는 자가 소유권보존등기를 신청할 수 있다고 규정한 것은 건축물대장이 생성되어 있으나 다른 사람이 소유자로 등록되어 있는 경우 또는 건축물대장의 소유자 표시란이 공란으로 되어 있거나 소유자 표시에 일부 누락이 있어 소유자를 확정할 수 없는 등의 경우에 건물 소유자임을 주장하는 자가 판결이나 위 서면에 의하여 소유권을 증명하여 소유권보존등기를 신청할 수 있다는 취지이지, 아예 건축물대장이 생성되어 있지 않은 건물에 대하여 처음부터 판결 내지 위 서면에 의하여 소유권을 증명하여 소유권보존등기를 신청할 수 있다는 의미는 아니라고 해석하는 것이 타당하다. 위와 같이 제한적으로 해석하지 않는다면, 사용승인을 받지 못한 건물에 대하여 구법 제134조에서 정한 처분제한의 등기를 하는 경우에는 사용승인을 받지 않은 사실이 등기부에 기재되어 공시되는 반면, 구법 제131조에 의한 소유권보존등기를 하는 경우에는 사용승인을 받지 않은 사실을 등기부에 적을 수 없어 등기부상으로는 적법한 건물과 동일한 외관을 가지게 되어 건축법상 규제에 대한 탈법행위를 방조하는 결과가 된다. 결국 건축물대장이 생성되지 않은 건물에 대해서는 소유권확인판결을 받는다고 하더라도 그 판결은 구법 제131조 제2호에 해당하는 판결이라고 볼 수 없어 이를 근거로 건물의 소유권보존등기를 신청할 수 없

다. 따라서 건축물대장이 생성되지 않은 건물에 대하여 구법 제131조 제2호에 따라 소유권보존등기를 마칠 목적으로 제기한 소유권확인청구의 소는 당사자의 법률상 지위의 불안 제거에 별다른 실효성이 없는 것으로서 확인의 이익이 없어 부적법하다(대법원 2011.11.10. 선고 2009다93428 판결).

2. 건축물대장의 소유자표시란이 공란이거나 소유자표시에 일부 누락이 있어 대장상의 소유자를 확정할 수 없는 미등기 건물에 관하여 소유권확인의 소를 제기하기 위하여는 건축물대장의 비치·관리업무의 소관청은 지방자치단체를 상대로 하여야 한다. 다만, 건축물대장이 작성되지 않은 건물에 대하여 소유권보존등기를 마칠 목적으로 제기하는 소유권확인의 소는 확인의 이익이 없어 부적법(위 대법원 2009다93428 판결).
    ☞ 확인의 소는 분쟁 당사자 사이에 현재의 권리 또는 법률관계에 관하여 즉시 확정할 이익이 있는 경우에 허용되는 것이므로, 소유권을 다투고 있지 않은 국가를 상대로 소유권확인을 구하기 위하여는 그 판결을 받음으로써 원고의 법률상 지위의 불안을 제거함에 실효성이 있다고 할 수 있는 특별한 사정이 있어야 할 것인바, 건물의 경우 가옥대장이나 건축물관리대장의 비치·관리업무는 당해 지방자치단체의 고유사무로서 국가사무라고 할 수도 없는데다가 당해 건물의 소유권에 관하여 국가가 이를 특별히 다투고 있지도 아니하다면, 국가는 그 소유권 귀속에 관한 직접 분쟁의 당사자가 아니어서 이를 확인해 주어야 할 지위에 있지 않으므로, 국가를 상대로 미등기 건물의 소유권 확인을 구하는 것은 그 확인의 이익이 없어 부적법하다. 미등기 건물에 관하여 국가를 상대로 한 소유권확인판결을 받는다고 하더라도 그 판결은 부동산등기법 제131조 제2호에 해당하는 판결이라고 볼 수 없어 이를 근거로 소유권보존등기를 신청할 수 없다(대법원 1999.05.28. 선고 99다2188 판결).

3. 멸실 임야대장 복구시 소유자란이 공백이 되어 토지 소유자임을 임야대장으로 증명할 수 없는 경우에는, 부동산등기법 제130조에 의하면 판결에 의하여 소유자임을 증명하고 보존등기를 할 수 밖에 없으니 보존등기를 위한 소유권 증명 때문에 토지 소유자가 국가를 상대로 제기한 소유권 확인의 소는, 가사 관계당사자 간에 다툼이 없다 할지라도, 확인의 이익이 있다(대법원 1979.04.10. 선고 78다2399 판결).

4. 국가가 미등기 토지를 20년간 점유하여 취득시효가 완성된 경우, 그 미등기 토지의 소유자로서는 국가에게 이를 원인으로 하여 소유권이전등기절차를 이행하여 줄 의무를 부담하고 있는 관계로 국가에 대하여 그 소유권을 행사할 지위에 있다고 보기 어렵고, 또 그가 소유권확인판결을 받는다고 하여 이러한 지위에 변동이 생기는 것도 아니라고 할 것이므로, 이와 같은 사정 하에서는 그 소유자가 굳이 국가를 상대로 토지에 대한 소유권의 확인을 구하는 것은 무용, 무의미하다고 볼 수밖에 없어 확인판결을 받을 법률상 이익이 있다고 할 수 없다(대법원 2008.05.15. 선고 2008다13432 판결).

5. 민사소송에서 당사자가 소송물로 하는 권리 또는 법률관계의 목적인 물건은 특정되어야 하고, 소송물이 특정되지 아니한 때에는 법원이 심리·판단할 대상과 재판의 효력범위가 특정되지 않게 되므로, 토지소유권확인소송의 소송물인 대상 토지가 특정되었는지 여부는 소송요건으로서 법원의 직권조사사항에 속한다(대법원 2011.03.10. 선고 2010다87641 판결).
〈사례〉 지적공부가 모두 멸실되었다가 그 지적이 일단 복구되었으나, 그 후 군사분계선 이북에 소재한 토지임을 이유로 지적공부가 폐쇄된 토지에 관하여 소유권보존등기를 경료할 수 있는지 여부가 문제된 사안에서, 우선 위 토지가 군사분계선 이북에 소재하는지 여부를 명확히 하여야 하고, 만약 위 토지가 현황의 확인이 불가능한 군사분계선 이북 지역에 있다고 한다면 위와 같은 경위로 폐쇄된 지적공부상에 기재된 토지 등의 지적만으로는 대상 토지의 지번·지목·경계 또는 좌표와 면적이 모두 일치하는지 여부를 확인할 방법이 없어 대상 토지가 특정되었다거나 나아가 이를 전제로 그 소유권보존등기의 경료가 가능한 토지라고 하기 어렵다고 한 사례.

6. 무허가건물이 원고의 소유임을 다투지는 아니하지만 위 건물을 표상하는 무허가건물대장상 기재건물이 피고의 소유라고 다투고 있는 이상 원고의 무허가건물대장상 기재건물의 소유권에 관한 위험이나 불안이 현존한다 할 것이고, 한편 무허가건물대장은 무허가건물의 정비에 관한 행정상의 사무처리의 편의를 위하여 작성 비치된 대장으로서 건물의 물권변동을 공시하는 법률상의 등록원부가 아니지만 달리 무허가건물에 관한 물권변동을 공시할 수 있는 법률상의 등록원부가 없는 이상 무허가건물을 표상하는 무허가건물대장상 기재건물의 소유권에 관한 다툼이 있는 경우 그 확인을 구하는 청구는 판결에 의하여 즉시 확정할 법률상의 이익이 있다(대법원 1993.06.11. 선고 93다6034 판결).

7. 미등기이나 토지대장에 타인 명의로 등재되어 있으면 그 타인을 상대로 미등기토지에 대한 소유권확인판결을 받아 자기 명의로 소유권보존등기를 할 수 있다. 이미 타인 명의로 소유권보존등기나 이전등기가 마쳐진 경우에는 그 말소등기를 청구해야 하고 소유권확인청구는 원칙적으로 소의 이익이 없다.

8. 청구이의의 소는 집행권원이 가지는 집행력의 배제를 목적으로 하는 것으로서 판결이 확정되더라도 당해 집행권원의 원인이 된 실체법상 권리관계에 기판력이 미치지 않는다. 따라서 채무자가 채권자에 대하여 채무부담행위를 하고 그에 관하여 강제집행승낙문구가 기재된 공정증서를 작성하여 준 후, 공정증서에 대한 청구이의의 소를 제기하지 않고 공정증서의 작성원인이 된 채무에 관하여 채무부존재확인의 소를 제기한 경우, 그 목적이 오로지 공정증서의 집행력 배제에 있는 것이 아닌 이상 청구이의의 소를 제기할 수 있다는 사정만으로 채무부존재확인소송이 확인의 이익이 없어 부적법하다고 할 것은 아니다(대법원 2013.05.09. 선고 2012다108863 판결).

9. 확인의 소는 원고의 권리 또는 법률상의 지위에 현존하는 불안·위험이 있고, 확인판결을 받는 것이 그 분쟁을 근본적으로 해결하는 가장 유효·적절한 수단일 때에 허용된다. 부동산등기법 제92조 제1항은 '등기관은 가등기에 의한 본등기를 하였을 때에는 가등기 이후에 된 등기로서 가등기에 의하여 보전되는 권리를 침해하는 등기를 직권으로 말소하여야 한다'고 규정하고 있다. 따라서 가등기가 담보 목적인지 여부와 상관없이 그 본등기가 이루어지면 가등기 후의 가압류등기는 말소될 수밖에 없다. 즉 이 사건 가등기에 의한 본등기로 인하여 원고의 위 가압류등기가 직권으로 말소되는지 여부가 이 사건 가등기가 순위보전을 위한 가등기인지 담보가등기인지 여부에 따라 결정되는 것이 아니므로, 원고의 법률상 지위에 현존하는 불안·위험이 존재한다고 볼 수 없다. 또한 만약 이 사건 가등기가 담보가등기임에도 불구하고 가등기권자가 청산절차를 거치지 않은 채 본등기를 마친다면, 원고로서는 소유자를 대위하여 그 본등기의 말소를 구할 수 있고 그에 따라 위 가압류등기도 회복시킬 수 있을 것이므로, 담보가등기라는 확인의 판결을 받는 것 외에 달리 구제수단이 없다고 보기도 어렵다(대법원 2017.06.29. 선고 2014다30803 판결).
   〈사례〉 이 사건 가등기 이후 이 사건 부동산에 관하여 가압류 등기를 마친 채권자가 이 사건 가등기가 담보 목적 가등기임을 확인을 구한 사안에서 이 사건 가등기에 의한 본등기로 인하여 원고의 가압류등기가 직권으로 말소되는지 여부가 이 사건 가등기가 순위보전을 위한 가등기인지 담보가등기인지 여부에 따라 결정되는 것이 아니고, 이 사건 가등기가 담보 목적 가등기 임에도 청산절차를 거치지 않은 채 가등기권자가 본등기를 마친다면, 원고로서는 소유자를 대위하여 그 본등기의 말소를 구할 수 있고, 그에 따라 원고의 가압류등기도 회복시킬 수 있다는 이유로, 이 부분 청구를 인용한 원심을 확인의 이익에 관한 법리 오해를 이유로 파기, 환송한 사안임.

10. 보상금을 받을 자가 주소불명으로 인하여 그 보상금을 수령할 수 없는 때에 해당함을 이유로 하여 공익사업을 위한 토지 등의 취득 및 보상에 관한 법률 제40조 제2항 제1호의 규정에 따라 사업시행자가 보상금을 공탁한 경우에 있어서는, 변제공탁제도가 본질적으로는 사인 간의 법률관계를 조정하기 위한 것이라는 점, 공탁공무원은 형식적 심사권을 가질 뿐이므로 피공탁자와 정당한 보상금수령권자라고 주장하는 자 사이의 동일성 등에 관하여 종국적인 판단을 할 수 없고, 이는 공탁공무원의 처분에 대한 이의나 그에 대한 불복을 통해서도 해결될 수 없는 점, 누가 정당한 공탁금수령권자인지는 공탁자가 가장 잘 알고 있는 것으로 볼 것인 점, 피공탁자 또는 정당한 공탁금수령권자라고 하더라도 직접 국가를 상대로 하여 민사소송으로써 그 공탁금의 지급을 구하는 것은 원칙적으로 허용되지 아니하는 점 등에 비추어 볼 때, 정당한 공탁금수령권자이면서도 공탁공무원으로부터 공탁금의 출급을 거부당한 자는 그 법률상 지위의 불안·위험을 제거하기 위하여 공탁자인 사업시행자를 상대방으로 하여 그 공탁금출급권의 확인을 구하는 소송을 제기할 이익이 있다(대법원 2007.02.09. 선고 2006다68650 판결).
   〈참고〉 피공탁자가 제3자를 상대로 한 공탁금출급청구권확인청구나 피공탁자가 아닌 제3자가 피공탁자를 상대로 하여 공탁금출급청구권확인청구는 확인의 이익이 없다. 다만 상대적 불확지 공탁의 경우 피공탁자 중 1인을 채무자로 하여 그의 공탁금출급청구권에 대하여 채권압류 및 추심명령을 받은 추심채권자가 다른 피공탁자를 상대로 한 공탁금출급청구권확인청구는 확인의 이익이 있다. 절대적 불확지공탁의 경우 피공탁자인 사망자의 상속인은 공탁자를 상대방으로 하여 공탁금출급청구권확인을 구하는 것은 확인의 이익이 있다(대법원 2007.02.09. 선고 2006다68650,68667 판결).

11. 권리관계에 대하여 당사자 사이에 아무런 다툼이 없어 법적 불안이 없으면 원칙적으로 확인의 이익이 없다고 할 것이나, 피고가 권리관계를 다투어 원고가 확인의 소를 제기하였고 당해 소송에서 피고가 권리관계를 다툰 바 있다면 특별한 사정이 없는 한 항소심에 이르러 피고가 권리관계를 다투지 않는다는 사유만으로 확인의 이익이 없다고 할 수 없다(대법원 2009.01.15. 선고 2008다74130 판결)

민사실무 핵심 요건사실

제7장 공유물분할청구와 공유관계소송

1 공유물분할청구

가. 청구취지

(1) 현물분할을 구하는 경우

☞ **청구취지** : 제주시 아라동 산 100 임야 100㎡ 중 별지 도면 표시 1,2,3,4,1의 각 점을 수차로 연결한 선내 (가)부분 30㎡는 원고의 소유로, 3,4,5,6,3의 각 점을 순차로 연결한 선내 (나)부분 70㎡는 피고의 소유로 각 분할한다.

(2) 대금분할을 구하는 경우

☞ **청구취지** : 별지 목록 기재 각 부동산을 경매에 부쳐 그 대금에서 경매비용을 공제한 나머지 금액을 원고와 피고에게 각 1/2의 비율로 분배한다.

(3) 가격보상에 의한 현물분할을 구하는 경우

☞ **청구취지** : 1. 별지 목록 기재 부동산을 분할하여 피고의 소유로 한다.
2. 피고는 원고에게 1억 원 및 이에 대한 이 판결확정일 다음날 부터 다 갚는 날까지 연 5%의 비율로 계산한 돈을 지급하라.

나. 요건사실

❶ 원고와 피고들이 공유하고 있는 사실

[참고]
(1) 공유물 분할청구의 소는 공유자 사이의 기존의 공유관계를 폐기하고 각자의 단독 소유권을 취득하게 하는 <u>형성의 소</u>로서 공유자 사이의 권리관계를 정하는 창설적 판결을 구하는 것이므로 <u>그 판결 전에는 공유물은 아직 분할되지 않고 따라서 분할물의 급부를 청구할 권리는 발생하지 않으며 분할판결의 확정으로 각자의 취득부분에 대하여 비로소 단독소유권이 창설되는 것이므로 미리 그 부분에 대한 소유권 확인의 청구도 할 수 없다.</u>[1]
(2) <u>고유필수적 공동소송</u> → 분할을 청구하는 공유자가 원고가 되어 다른 나머지 공유자 전부가 공동피고로 되어야 함.[2]

(3) 공유물분할청구의 소와 병합하여 분할판결이 날 경우에 대비하여 소유권(지분권)이전등기를 구하는 청구 불허.
   → 장래 취득할 부동산의 전부 또는 특정 부분에 대한 소유권 등의 권리를 피보전권리로 하여 다른 공유자의 공유지분에 대한 처분금지가처분은 가능[3]
(4) **형식적 형성의 소**
   → 당사자는 분할의 방법이나 내용을 구체적으로 특정하여 공유물분할을 청구할 필요 없이 단순히 공유물분할을 구하는 취지를 청구하면 충분함.
   → 법원은 재량에 의하여 합리적 방법으로 분할방법을 선택할 수 있으나, 청구하는 공유자의 공유관계는 반드시 해소하여야 함.[4]
   → 현물분할이 원칙이나 경매에 의한 가격(대금)분할도 가능.[5]
(5) 극히 예외적인 경우가 아니라면 금전채권자는 부동산에 관한 공유물분할청구권을 대위행사할 수 없다.[6]
(6) 공유지분에 저당권이 설정된 후 공유물이 분할된 경우 그 저당권의 처리[7]

---

1) 대법원 1969.12.29. 선고 68다2425 판결.
2) 공유물분할청구의 소는 분할을 청구하는 공유자가 원고가 되어 다른 공유자 전부를 공동피고로 하여야 하는 **고유필수적 공동소송**이고, 공동소송인과 상대방 사이에 판결의 합일확정을 필요로 하는 고유필수적 공동소송에서는 공동소송인 중 일부가 제기한 상소는 다른 공동소송인에게도 효력이 미치므로 공동소송인 전원에 대한 관계에서 판결의 확정이 차단되고 소송은 전체로서 상소심에 이심된다. 따라서 공유물분할 판결은 공유자 전원에 대하여 상소기간이 만료되기 전에는 확정되지 않고, 일부 공유자에 대하여 상소기간이 만료되었다고 하더라도 그 공유자에 대한 판결 부분이 분리·확정되는 것은 아니다(대법원 2017.09.21. 선고 2017다233931 판결).
3) 가처분의 피보전권리는 가처분 신청 당시 확정적으로 발생한 것이어야 하는 것은 아니고 이미 그 발생의 기초가 존재하는 한 장래에 발생할 권리도 가처분의 피보전권리가 될 수 있다. 따라서 부동산의 공유자는 공유물분할청구의 소를 본안으로 제기하기에 앞서 장래에 그 판결이 확정됨으로써 취득할 부동산의 전부 또는 특정 부분에 대한 소유권 등의 권리를 피보전권리로 하여 다른 공유자의 공유지분에 대한 처분금지가처분도 할 수 있다(대법원 2013.06.14. 자 2013마396 결정).
4) 공유물분할청구의 소는 형성의 소로서 법원은 공유물분할을 청구하는 원고가 구하는 방법에 구애받지 않고 재량에 따라 합리적 방법으로 분할을 명할 수 있으므로, 여러 사람이 공유하는 물건을 현물분할하는 경우에는 분할청구자의 지분 한도 안에서 현물분할을 하고 분할을 원하지 않는 나머지 공유자는 공유로 남게 하는 방법도 허용되나, 그렇다고 하더라도 공유물분할을 청구한 공유자의 지분 한도 안에서는 공유물을 현물 또는 경매·분할함으로써 공유관계를 해소하고 단독소유권을 인정하여야지, 분할청구자들이 그들 사이의 공유관계의 유지를 원하고 있지 아니한데도 분할청구자들과 상대방 사이의 공유관계만 해소한 채 분할청구자들을 여전히 공유로 남기는 방식으로 현물분할을 하는 것은 허용될 수 없다(대법원 2015.07.23. 선고 2014다88888 판결). 그러나 분할청구자가 상대방들을 공유로 남기는 방식의 현물분할을 청구하고 있다고 하여, 상대방들이 그들 사이만의 공유관계의 유지를 원하고 있지 아니한데도 상대방들을 여전히 공유로 남기는 방식으로 현물분할을 하여서는 아니 된다(대법원 2015.03.26. 선고 2014다233428 판결).
5) 재판에 의하여 공유물을 분할하는 경우에 **현물로 분할**하는 것이 원칙이나, 현물로 분할할 수 없거나 현물로 분할하게 되면 그 가액이 현저히 감손될 염려가 있는 때에는 공유물의 경매를 명하여 **대금분할**을 할 수 있다. 여기에서 '현물로 분할할 수 없다'는 요건은 물리적으로 분할이 불가능한 경우는 물론, 공유물의 성질, 위치나 면적, 이용상황, 분할 후의 사용가치 등에 비추어 현물분할을 하는 것이 곤란하거나 부적당한 경우를 포함한다. 그리고 '**현물로 분할을 하게 되면 현저히 그 가액이 감손될 염려가 있는 경우**'에는 공유자의 한 사람이라도 현물분할에 의하여 단독으로 소유하게 될 부분의 가액이 분할 전의 소유지분 가액보다 현저하게 감손될 염려가 있는 경우도 포함된다(대법원 2015.12.10. 선고 2013다56297 판결).
6) 대법원 2020.05.21. 선고 2018다879 전원합의체 판결.
7) 부동산의 일부 공유지분에 관하여 저당권이 설정된 후 그 부동산이 분할된 경우, 그 저당권은 분할된 각 부동산

다. 주요 항변

(1) 본안전 항변 : 분할합의의 항변 → 권리보호이익이 없으므로 각하됨.

(2) 주요 항변 :

① 분할금지의 항변

=> (원고의) **재항변** : ① 그 후 공유자 전원이 분할하기로 하였다는 재항변

② 공유자의 파산선고

② 분할합의 항변 → 공유물분할소송 불가(제기된 공유물분할소송 각하)[8]

→ 합의에 따른 지분이전등기절차이행 또는 대금지급소송으로

[참고]
(1) 당사자 전부가 합의하지 않는 한 임의조정 불가 → 조정에 일부만 동의한 경우 공유자 전원에 대한 강제조정으로
(2) 공유물분할의 소송절차 또는 조정절차에서 공유자 사이에 공유토지에 관한 현물분할의 협의가 성립하여 조정이 성립한 경우, 물권변동의 효력 발생 시기 → 공유자들이 협의한 바에 따라 토지의 분필절차를 마친 후 각 단독소유로 하기로 한 부분에 관하여 다른 공유자의 공유지분을 이전받아 등기를 마침으로써 비로소 그 부분에 대한 소유권 취득.[9]
(3) 구분소유적 공유관계(상호 명의신탁관계) → 명의신탁해지를 원인으로 한 지분이전등기절차의 이행을 구할 수 있을 뿐 이에 갈음하여 공유물분할청구를 할 수 없음.
(4) 상속재산분할[10] → 가정법원의 전속관할
(5) 단독소유를 공유로 또는 공유를 단독소유로 하는 경정등기는 허용될 수 없음.[11]

위에 종전의 지분비율대로 존속하고, 분할된 각 부동산은 그 저당권의 공동담보가 된다. 한편 저당권이 설정된 1필의 토지가 전체 집합건물에 대한 대지권의 목적인 토지가 되었을 경우에는 종전의 저당목적물에 대한 담보적 효력은 그대로 유지된다고 보아야 하므로 그 저당권은 개개의 전유부분에 대한 각 대지권 위에 분화되어 존속하고, 각 대지권은 그 저당권의 공동담보가 된다고 봄이 상당하다. 따라서 집합건물이 성립하기 전 집합건물의 대지에 대하여 저당권이 설정되었다가 집합건물이 성립한 후 어느 하나의 전유부분 건물에 대하여 경매가 이루어져 경매 대가를 먼저 배당하는 경우에는 저당권자는 매각대금 중 대지권에 해당하는 경매 대가에 대하여 우선변제받을 권리가 있고 그 경우 공동저당 중 이른바 이시배당에 관하여 규정하고 있는 민법 제368조 제2항의 법리에 따라 저당권의 피담보채권액 전부를 변제받을 수 있다고 보아야 한다(대법원 2012.03.29. 선고 2011다74932 판결).

8) 민법 제269조 제1항에 의하여 공유물의 분할은 당사자 사이의 협의에 따라 이루어지는 것이 원칙이고, 공유자 사이에 협의가 성립하지 아니한 때에 한하여 공유자는 법원에 공유물의 분할을 청구할 수 있게 되므로, 공유자 사이에 분할에 관한 협의가 성립한 경우에는 이미 제기한 공유물분할의 소를 유지하는 것은 허용되지 않는다(대법원 1995.01.12. 선고 94다30348,30355 판결 등 참조).

9) 공유물분할의 소가 제기되어 소송 계속 중에 당사자들 사이에 공유물분할의 협의가 성립한 경우에 재판에 의한 공유물분할을 구하는 공유물분할의 소는 소의 이익을 잃게 되는 것이나, 다만 공유물분할의 소와 관계된 실체법상의 권리관계, 즉 지분에 관한 권리관계는 당사자가 자유롭게 처분할 수 있는 것이므로, 공유물분할의 소송 계속 중 당사자들 사이에 공유물분할의 협의가 성립할 가능성이 있는 경우에는 수소법원이 조정회부결정을 하고 직접 또는 조정전담판사나 조정위원회로 하여금 당사자들 사이에 조정이 성립하게 함으로써 해당 분쟁을 종결지을 수 있음은 물론이다. 그러나 이와 같은 조정은 공유물분할의 소의 소송물 자체를 대상으로 하여 그 소송에서의 법원의 판단을 갈음하는 것이 아니어서 본질적으로 당사자들 사이에 협의에 의한 공유물분할이 있는 것과 다를 바 없다. 따라서 그 조정이 재판에 의한 공유물분할의 효력, 즉 법원이 당해 사건에 관한 일체의 사정들을 고려하여

[참고] 공유물분할소송(고유필수적공동소송) 기초사례

> <기초사실> 별지목록 부동산은 A, B, C, D의 공유로 되어 있다. 공유자인 A, B, C, D 사이에 공유물분할협의가 이루어지지 않아 A가 공유물분할청구의 소를 제기하였다.
>
> 1. A가 공유물분할청구를 하면서 피고를 B, C만으로 하고 D를 누락한 경우 이 소송은 어떻게 되는가? A는 누락된 D를 위 소송절차에 끌어들일 수 있는가?[12]
> 2. B는 A가 이 소를 제기하기 전에 이미 사망하였는데 이를 간과하고 소를 제기하였고, 상고심에서 D가 처음으로 B의 사망사실을 주장하자, A는 당사자표시정정의 방법으로 그 흠결을 보정할 수 있는가?[13]
> 3. A가 B, C, D를 공동피고로 하여 공유물분할청구의 소를 제기하여 소송계속 중 변론종결 전에 C가 자기의 공유지분을 E에게 이전한 경우 위 소송은 어떻게 되는가?[14]
> 4. A가 B, C, D를 공동피고로 하여 소를 제기하였는데 B만 답변서를 제출하였고, C, D는 답변서를 제출하지 아니하였다. C, D에 대하여 무변론패소판결을 할 수 있는가?[15]
> 5. A는 위 소송계속 중에 D와 합의하고 D에 대한 소를 취하할 수 있는가?[16]
> 6. 위 소송계속 중 C가 사망하였다. 위 소송절차는 어떻게 되는가?[17]
> 7. 법원은 위 사건에서 변론을 종결하고 B에 대하여만 일부판결을 하고, C, D에 대한 추가판결을 할 수 있는가?[18]
> 8. 법원은 피고들 패소판결을 선고하였다. 피고 B에게는 2020. 4. 1. 피고 C에게는 2020. 4. 10. 피고 D에게는 2020. 4. 15. 각 판결정본이 송달되었다. 언제 판결이 확정되는가?[19] A, B에 대해서는 항소기

정한 현물분할 판결이 확정됨에 따라 바로 기존의 공유관계가 폐기되고 새로운 소유관계가 창설되는 것과 같은 형성적 효력을 가진다고는 볼 수 없다. 일정한 제약 아래 예외적으로 공유물분할의 판결을 통하여 이루어지도록 하고 있는 법률관계의 변동을, 법원의 판단절차를 거치지 아니한 당사자 사이의 협의에 따라 창설적으로 발생하도록 하는 것은 비록 조정절차에 의하였다고 하더라도 허용될 수 없다고 보아야 한다. 따라서 공유물분할의 소송절차 또는 조정절차에서 공유자 사이에 공유토지에 관한 현물분할의 협의가 성립하여 그 합의사항을 조서에 기재함으로써 조정이 성립하였다고 하더라도, 그와 같은 사정만으로 재판에 의한 공유물분할의 경우와 마찬가지로 그 즉시 공유관계가 소멸하고 각 공유자에게 그 협의에 따른 새로운 법률관계가 창설되는 것은 아니라고 할 것이고, 공유자들이 협의한 바에 따라 토지의 분필절차를 마친 후 각 단독소유로 하기로 한 부분에 관하여 다른 공유자의 공유지분을 이전받아 등기를 마침으로써 비로소 그 부분에 대한 대세적 권리로서의 소유권을 취득하게 된다(대법원 2013.11.21. 선고 2011두1917 전원합의체 판결).

10) 공동상속인은 상속재산의 분할에 관하여 공동상속인 사이에 협의가 성립되지 아니하거나 협의할 수 없는 경우에 가사소송법이 정하는 바에 따라 가정법원에 상속재산분할심판을 청구할 수 있을 뿐이고, 상속재산에 속하는 개별 재산에 관하여 민법 제268조의 규정에 따라 공유물분할청구의 소를 제기하는 것은 허용되지 않는다(대법원 2015.08.13. 선고 2015다18367 판결).

11) 경정등기가 허용되기 위해서는 경정 전후의 등기에 동일성 내지 유사성이 있어야 하는데, 경정 전의 명의인과 경정 후의 명의인이 달라지는 권리자 경정등기는 등기명의인의 동일성이 인정되지 않으므로 허용되지 않는다. 따라서 단독소유를 공유로 또는 공유를 단독소유로 하는 경정등기 역시 소유자가 변경되는 결과로 되어 등기명의인의 동일성을 잃게 되므로 허용될 수 없다. 그런데 실체관계상 공유인 부동산에 관하여 단독소유로 소유권보존등기가 마쳐졌거나 단독소유인 부동산에 관하여 공유로 소유권보존등기가 마쳐진 경우에 소유권보존등기 중 진정한 권리자의 소유부분에 해당하는 일부 지분에 관한 등기명의인의 소유권보존등기는 무효이므로 이를 말소하고 그 부분에 관한 진정한 권리자의 소유권보존등기를 하여야 한다. 이 경우 진정한 권리자는 소유권보존등기의 일부말소를 소로써 구하고 법원은 그 지분에 한하여만 말소를 명할 수 있으나, 등기기술상 소유권보존등기의 일부말소는 허용되지 않으므로, 그 판결의 집행은 단독소유를 공유로 또는 공유를 단독소유로 하는 경정등기의 방식으로 이루어진다. 이와 같이 일부말소 의미의 경정등기는 등기절차 내에서만 허용될 뿐 소송절차에서는 일부말소를 구하는 외에 경정등기를 소로써 구하는 것은 허용될 수 없다(대법원 2017.08.18. 선고 2016다6309 판결).

간이 도과되었지만 아직 D에 대해서는 항소기간이 도과되지 않은 상태에서 B가 D의 남아있는 항소기간을 이용하여 자신이 항소를 제기할 수 있는가?[20]
9. 법원이 피고들 패소판결을 선고하자 B만이 항소를 제기하였다. C, D의 항소심에서의 지위는 어떻게 되는가?[21] 항소심은 패소판결에 불복하여 항소를 하지 아니한 C, D에게 유리한 판결을 할 수 있는가?[22]

---

12) 소송공동이 요구되는 고유필수적 공동소송에서 공동소송인으로 될 자를 한 사람이라도 누락한 경우 소 전부가 부적법하게 된다. 이 경우 누락된 D를 보정하는 방법으로 D를 공동소송인으로 추가하는 필수적 공동소송인의 추가적 병합(민소법 제68조), D가 위 소송의 피고 B, C측에 공동소송참가(민소법 제83조)를 할 수 있고, A가 D를 상대로 별소를 제기하여 기존 소송에 병합신청을 할 수도 있다.
13) 공유물분할청구의 소는 분할을 청구하는 공유자가 원고가 되어 다른 공유자 전부를 공동피고로 하여야 하는 필수적 공동소송으로서 공유자 전원에 대하여 판결이 합일적으로 확정되어야 하므로, 공동소송인 중 1인에 소송요건의 흠이 있으면 전 소송이 부적법하게 된다. 그리고 민사소송에서 소송당사자의 존재나 당사자능력은 소송요건에 해당하고, 이미 사망한 자를 상대로 한 소의 제기는 소송요건을 갖추지 않은 것으로서 부적법하며, 상고심에 이르러서는 당사자표시정정의 방법으로 그 흠결을 보정할 수 없다(대법원 2012.06.14. 선고 2010다105310 판결).
→ 파기자판(부적법 각하)
14) 변론종결 시까지 민사소송법 제81조에서 정한 승계참가나 민사소송법 제82조에서 정한 소송인수 등의 방식으로 그 일부 지분권을 이전받은 자(E)가 이 사건 소송의 당사자가 되었어야 함에도 그렇지 못하였다면 이 사건 소송 전부가 부적법 각하된다(대법원 2014.01.29. 선고 2013다78556 판결 참조).
15) 공동소송인 중에 한 사람의 소송행위 가운데 유리한 것은 전원에 대하여 효력이 생긴다. 공동피고 중 B만 답변서를 제출한 경우에도 답변서를 제출하지 아니한 C, D에 대하여 무변론패소판결을 선고할 수 없다.
16) 필수적 공동소송에서 불리한 것은 전원이 함께 하지 않으면 안 되고, 원고들 일부의 소취하 또는 피고들 일부에 대한 소취하는 특별한 사정이 없는 한 그 효력이 생기지 않는다(대법원 2007.08.24. 선고 2006다40980 판결).
17) 공동소송인 가운데 한 사람에 대하여 중단·중지의 원인이 발생하면 다른 공동소송인 전원에 대하여 중단·중지의 효과가 발생한다. 따라서 전 소송절차의 진행이 정지된다.
18) 고유필수적 공동소송에 대하여 본안판결을 할 때에는 공동소송인 전원에 대한 하나의 종국판결을 선고하여야 하는 것이지 공동소송인 일부에 대해서만 판결하거나 남은 공동소송인에 대해 추가판결을 하는 것은 모두 허용될 수 없다(대법원 2010.04.29. 선고 2008다50691 판결).
19) 상소기간은 각 공동상소인에게 판결정본이 송달된 때부터 개별적으로 진행한다. 공동소송인 전원에 대하여 상소기간이 만료되기까지는 판결이 확정되지 않는다. 공동소송인 중 한 사람이 상소를 제기하면 전원에 대하여 판결확정이 차단되고 전 소송에 상급심으로 이심된다. 판결정본이 가장 늦게 피고 D에게 송달된 2020. 4. 15.부터 2주가 지나야 제1심판결이 확정된다.
20) A, B에 대해서는 항소기간이 도과되었지만 아직 D에 대해서는 항소기간이 도과되지 않은 상태에서 B가 D의 남아있는 항소기간을 이용하여 B 자신이 항소를 제기할 수 없다.
21) 공동소송인과 상대방 사이에 판결의 합일확정을 필요로 하는 고유필수적 공동소송에 있어서는 공동소송인 중 일부가 제기한 상소 또는 공동소송인 중 일부에 대한 상대방의 상소는 다른 공동소송인에게도 그 효력이 미치는 것이므로 공동소송인 전원에 대한 관계에서 판결의 확정이 차단되고 그 소송은 전체로서 상소심에 이심되며, 상소심판결의 효력은 상소를 하지 아니한 공동소송인에게 미치므로 상소심으로서는 공동소송인 전원에 대하여 심리·판단하여야 한다(대법원 2011.06.24. 선고 2011다1323 판결). B의 항소는 항소를 제기하지 아니한 C, D에게도 그 효력이 미치므로 공동피고 B, C, D 전원에 대한 관계에서 판결확정이 차단되고 사건이 항소심으로 이심된다. 항소는 제기하지 않았지만 항소의 효력을 받는 C, D에서의 항소심에서의 지위는 항소인도 피항소인도 아닌 단순한 항소심당사자로만 본다.
22) 항소심은 B, C, D 전원에 대하여 전부판결을 하여야 하고 이때 불복하지 아니한 C, D에게 유리하게 변경될 수도 있고 불리하게 변경될 수도 있다. 이 경우 불이익변경금지원칙이 배제된다.

2 구분소유적 공유와 공유등기[23]

가. 구분소유적 공유관계의 해소

(1) **상호명의신탁** : 부동산의 위치와 면적을 특정하여 2인 이상이 구분소유하기로 하는 약정을 하고 그 구분소유자들의 공유로 등기하는 경우(부동산실명법 제2조 제1호 나목)[24]

(2) 토지의 경우 구분소유적 공유관계는 토지의 위치나 면적으로 특정하여 여러 사람이 구분소유하기로 하는 약정이 있어야 성립할 수 있다.[25]

(3) 구분소유적 공유관계에서 각 공유자는 자신의 특정 구분을 단독으로 처분하고 이에 해당하는 공유지분등기를 자유로이 이전할 수 있다.[26]

(4) 구분소유적 공유관계의 해소는 명의신탁해지를 원인으로 한 지분이전등기청구를 하여야 하고 공유물분할청구는 불허.[27]

(5) 1필지의 토지의 위치와 면적을 특정하여 2인 이상이 구분소유하기로 하는 약정을 하고 구분소유자의 공유로 등기하는 이른바 구분소유적 공유관계에 있어서, 1필지의 토지 중 특정 부분에 대한 구분소유적 공유관계를 표상하는 공유지분을 목적으로 하는 근저당권이 설정된 후 구분소유하고 있는 특정 부분별로 독립한 필지로 분할되고 나아가 구분소유자 상호 간에 지분이전등기를 하는 등으로 구분소유적 공유관계가 해소되더라도 그 근저당권은 종전의 구

---

[23] 상세는 김홍엽, 통합민사법, p.149 이하 참조.
[24] 대법원 2019.07.10. 선고 2017다253522 판결 : 1필의 토지의 일부를 특정하여 양도받고 편의상 그 전체에 관하여 공유지분등기를 경료한 경우에는 **상호명의신탁에 의한 수탁자의 등기로서 유효하고**, 그 특정 부분이 전전 양도되고 그에 따라 공유지분등기도 전전 경료되면 상호명의신탁한 지위도 전전 승계되어 최초의 양도인과 그 특정 부분의 최후의 양수인과의 사이에 명의신탁 관계가 성립하지만, 이러한 **구분소유적 공유관계는 부동산의 위치와 면적을 특정하여 2인 이상이 구분소유하기로 하는 약정이 있어야만 적법하게 성립할 수 있으므로, 구분소유적 공유관계를 주장하여 특정 토지 부분을 취득했다고 주장하는 사람은 구분소유약정의 대상이 되는 해당 토지의 위치뿐만 아니라 면적까지도 주장·증명해야 한다.**
[25] 구분소유적 공유관계는 어떤 토지에 관하여 그 위치와 면적을 특정하여 여러 사람이 구분소유하기로 하는 약정이 있어야만 적법하게 성립할 수 있고, 공유자들 사이에 그 공유물을 분할하기로 약정하고 그 때부터 각자의 소유로 분할된 부분을 특정하여 각자 점유·사용하여 온 경우에도 구분소유적 공유관계가 성립할 수 있지만, 공유자들 사이에서 특정 부분을 각각의 공유자들에게 배타적으로 귀속시키려는 의사의 합치가 이루어지지 아니한 경우에는 이러한 관계가 성립할 여지가 없다(대법원 2005.04.29. 선고 2004다71409 판결).
[26] 구분소유적 공유관계에서 각 공유자 상호 간에는 각자의 특정 구분부분을 자유롭게 처분함에 서로 동의하고 있다고 볼 수 있으므로, 공유자 각자는 자신의 특정 구분부분을 단독으로 처분하고 이에 해당하는 공유지분등기를 자유로이 이전할 수 있는데, 이는 공유지분등기가 내부적으로 공유자 각자의 특정 구분부분을 표상하기 때문이다. 그러나 구분소유하고 있는 특정 구분부분별로 독립한 필지로 분할되는 경우에는 특별한 사정이 없는 한 각자의 특정 구분부분에 해당하는 필지가 아닌 나머지 각 필지에 전사된 공유자 명의의 공유지분등기는 더 이상 당해 공유자의 특정 구분부분에 해당하는 필지를 표상하는 등기라고 볼 수 없고, 각 공유자 상호 간에 상호명의신탁관계만이 존속하므로, 각 공유자는 나머지 각 필지 위에 전사된 자신 명의의 공유지분에 관하여 다른 공유자에 대한 관계에서 그 공유지분을 보관하는 자의 지위에 있다(대법원 2014.12.24. 선고 2011도11084 판결).
[27] 상호명의신탁관계 내지 구분소유적 공유관계에서 건물의 특정 부분을 구분소유하는 자는 그 부분에 대하여 신탁적으로 지분등기를 가지고 있는 자를 상대로 하여 그 특정 부분에 대한 명의신탁 해지를 원인으로 한 지분이전등기절차의 이행을 구할 수 있을 뿐 그 건물 전체에 대한 공유물분할을 구할 수는 없다(대법원 2010.05.27. 선고 2006다84171 판결).

분소유적 공유지분의 비율대로 분할된 토지들 전부의 위에 그대로 존속하는 것이고, 근저당권설정자의 단독소유로 분할된 토지에 당연히 집중되는 것은 아니다.[28] → 공유지분에 저당권이 설정된 후 공유물이 분할된 경우와 동일.

나. 공유물의 사용·수익

(1) 공유자는 공유물 전부를 지분비율로 사용·수익할 수 있고(민법 제263조), 공유물의 관리에 관한 사항은 공유자 지분의 과반수로써 결정된다(제265조).[29]

(2) 공유물의 사용·수익·관리에 관한 공유자 사이의 특약은 유효하며 그 특정승계인에 대해서도 승계된다.[30] → 특별한 사정이 있는 경우 승계 불가.[31]

(3) 공유지분 포기는 상대방 있는 단독행위[32]

다. 공유 부동산의 점유사용과 부당이득

(1) 토지의 공유자는 각자의 지분 비율에 따라 토지 전체를 사용·수익할 수 있지만, 그 구체적인 사용·수익 방법에 관하여 공유자들 사이에 지분 과반수의 합의가 없는 이상, 1인이 특정 부분을 배타적으로 점유·사용할 수 없는 것이므로, 공유자 중의 일부가 특정 부분을 배타적으로 점유·사용하고 있다면, 그들은 비록 그 특정 부분의 면적이 자신들의 지분 비율

---

[28] 대법원 2014.06.26. 선고 2012다25944 판결.
[29] 대법원 2019.05.30. 선고 2016다245562 판결 : 공유자 사이에 공유물을 사용·수익할 구체적인 방법을 정하는 것은 공유물의 관리에 관한 사항으로서 공유자의 지분의 과반수로써 결정하여야 할 것이고, 과반수 지분의 공유자는 다른 공유자와 사이에 미리 공유물의 관리방법에 관한 협의가 없었다 하더라도 공유물의 관리에 관한 사항을 단독으로 결정할 수 있으므로, 과반수 지분의 공유자가 그 공유물의 특정 부분을 배타적으로 사용·수익하기로 정하는 것은 공유물의 관리방법으로서 적법하다. 그리고 공유자가 공유물을 타인에게 임대하는 행위 및 그 임대차계약을 해지하는 행위는 공유물의 관리행위에 해당하므로 민법 제265조 본문에 의하여 공유자의 지분의 과반수로써 결정하여야 한다.
[30] 공유자 간의 공유물에 대한 사용수익·관리에 관한 특약은 공유자의 특정승계인에 대하여도 당연히 승계된다고 할 것이나, 민법 제265조는 "공유물의 관리에 관한 사항은 공유자의 지분의 과반수로써 결정한다."라고 규정하고 있으므로, 위와 같은 특약 후에 공유자에 변경이 있고 특약을 변경할 만한 사정이 있는 경우에는 공유자의 지분의 과반수의 결정으로 기존 특약을 변경할 수 있다(대법원 2005.05.12. 선고 2005다1827 판결).
[31] 그 특약이 지분권자로서의 사용·수익권을 사실상 포기하는 등으로 공유지분권의 본질적 부분을 침해하는 경우에는 특정승계인이 그러한 사실을 알고도 공유지분권을 취득하였다는 등의 특별한 사정이 없다면 특정승계인에게 당연히 승계된다고 볼 수 없다. 그리고 위와 같은 특약의 존재 및 그 특약을 알면서 공유지분권을 취득하였다는 등의 특별한 사정이 있는지에 관하여는 구체적인 공유물의 사용·수익·관리의 현황, 이에 이르게 된 경위 및 공유자들의 의사, 현황대로 사용·수익된 기간, 공유지분권의 취득 경위 및 그 과정에서 특약 등의 존재가 드러나 있었거나 이를 쉽게 알 수 있었는지 여부 등 여러 사정을 종합하여 판단하여야 한다(대법원 2013.03.14. 선고 2011다58701 판결).
[32] 민법 제267조는 "공유자가 그 지분을 포기하거나 상속인 없이 사망한 때에는 그 지분은 다른 공유자에게 각 지분의 비율로 귀속한다."라고 규정하고 있다. 여기서 공유지분의 포기는 법률행위로서 상대방 있는 단독행위에 해당하므로, 부동산 공유자의 공유지분 포기의 의사표시가 다른 공유자에게 도달하더라도 이로써 곧바로 공유지분 포기에 따른 물권변동의 효력이 발생하는 것은 아니고, 다른 공유자는 자신에게 귀속될 공유지분에 관하여 소유권이전등기청구권을 취득하며, 이후 민법 제186조에 의하여 등기를 하여야 공유지분 포기에 따른 물권변동의 효력이 발생한다. 그리고 부동산 공유자의 공유지분 포기에 따른 등기는 해당 지분에 관하여 다른 공유자 앞으로 소유권이전등기를 하는 형태가 되어야 한다(대법원 2016.10.27. 선고 2015다52978 판결).

에 상당하는 면적 범위 내라고 할지라도, 다른 공유자들 중 지분은 있으나 사용·수익은 전혀 하지 않고 있는 자에 대하여는 그 자의 지분에 상응하는 부당이득을 하고 있다고 보아야 할 것인바, 이는 모든 공유자는 공유물 전부를 지분의 비율로 사용·수익할 권리가 있기 때문이다.33)

(2) 여러 사람이 공동으로 법률상 원인 없이 타인의 재산을 사용한 경우의 부당이득의 반환채무는 특별한 사정이 없는 한 불가분적 이득의 반환으로서 **불가분채무**이고, 불가분채무는 각 채무자가 채무 전부를 이행할 의무가 있으며, 1인의 채무이행으로 다른 채무자도 그 의무를 면하게 된다.34)

(3) 구분소유자 중 일부가 정당한 권원 없이 집합건물의 복도, 계단 등과 같은 공용부분을 배타적으로 점유·사용함으로써 이익을 얻고, 그로 인하여 다른 구분소유자들이 해당 공용부분을 사용할 수 없게 되었다면, 공용부분을 무단점유한 구분소유자는 특별한 사정이 없는 한 해당 공용부분을 점유·사용함으로써 얻은 이익을 부당이득으로 반환할 의무가 있다. 해당 공용부분이 구조상 이를 별개 용도로 사용하거나 다른 목적으로 임대할 수 있는 대상이 아니더라도, 무단점유로 인하여 다른 구분소유자들이 해당 공용부분을 사용·수익할 권리가 침해되었고 이는 그 자체로 민법 제741조에서 정한 손해로 볼 수 있다. 이러한 법리는 구분소유자가 아닌 제3자가 집합건물의 공용부분을 정당한 권원 없이 배타적으로 점유·사용하는 경우에도 마찬가지로 적용된다.35)

3 공유관계소송

가. 능동소송 : 공유자가 다른 공유자 또는 제3자를 상대로 하는 소송

(1) 원칙적으로 공유자는 각자 지분권을 단독행사할 수 있고 공유자 전원이 소를 제기하는 경우에도 **통상공동소송**이 된다.
  → 각 공유자는 **공유물의 보존행위**로서 또는 자신의 지분 범위 내에서 건물철거나 등기말소청구(진정명의회복을 원인으로 한 소유권이전등기청구) 등 **방해배제청구의 소나 공유물인도청구의 소**를 제기할 수 있다.
  → 다만 공유물의 불법점유로 인한 차임상당의 부당이득금청구나 손해배상청구는 **각 지분의 범위 내에서 단독으로** 제기할 수 있다.

(2) 그러나 공유물 자체의 처분이나 변경은 공유자 전원이 하거나 전원의 동의를 얻어야 하므로

---

33) 대법원 2001.12.11. 선고 2000다13948 판결.
34) 대법원 2001.12.11. 선고 2000다13948 판결.
35) 대법원 2020.05.21. 선고 2017다220744 전원합의체 판결. 이와 달리 집합건물의 복도, 계단 등과 같은 공용부분은 구조상 이를 점포로 사용하는 등 별개의 용도로 사용하거나 그와 같은 목적으로 임대할 수 있는 대상이 아니므로 특별한 사정이 없는 한 구분소유자 중 일부나 제3자가 정당한 권원 없이 이를 점유·사용하였더라도 이로 인하여 다른 구분소유자에게 차임 상당의 이익을 상실하는 손해가 발생하였다고 볼 수 없다고 하여 부당이득이 성립하지 않는다고 판시한 대법원 1998.02.10. 선고 96다42277,96다42284 판결, 대법원 2005.06.24. 선고 2004다30279 판결, 대법원 2014.07.24. 선고 2014다202608 판결 등을 비롯하여 같은 취지의 대법원판결들은 이 판결의 견해에 배치되는 범위에서 이를 모두 변경되었다.

(민법 제264조) 이를 목적으로 하는 소송은 공유자 전원이 당사자가 되어야 하는 **고유필수적 공동소송**이다.
- → 상속재산분할청구와 공동상속인이 다른 공동상속인을 상대로 어떤 재산이 상속재산임의 확인을 구하는 소는 필수적 공동소송이다.
- → 제3자가 공유물 전체에 대한 소유관계를 다투는 경우 공유물 전체에 대한 소유권확인청구는 이를 다투는 제3자를 상대로 공유자 모두가 하여야 하며 공유자 일부만이 그 관계를 대외적으로 주장할 수 없다.36)
- → 공유자의 경계확정의 소와 공유물분할청구의 소도 필수적 공동소송이다(다만 부동산의 특정부분을 매수하여 매수부분대로 공유물을 분할하는 경우에는 필수적 공동소송이 아니다).37)

(3) A, B, C 공유등기가 마쳐진 부동산에 관하여 공유자 중 1인인 C 명의의 소유권이전등기가 마쳐진 경우
- → 그 공유등기가 공유이든 구분소유적 공유이든 다른 공유자(A, B)들 지분 범위 내에서는 무효이고 단독명의로 등기를 마친 공유자(C)는 지분 범위 내에서 실체관계에 부합하는 등기이다.
- → A는 C를 상대로 **공유물의 보존행위**로서 그 공유물에 관한 원인무효의 등기 전부(A, B의 지분 전부)의 말소를 구할 수 있고,38) 공유물에 마쳐진 원인무효의 등기에 관하여 다른 공유자들(A, B)에게 해당 지분비율로 진정명의회복을 원인으로 한 소유권이전등기청구를 할 수 있다.

---

36) 공유자의 지분은 다른 공유자의 지분에 의하여 일정한 비율로 제한을 받는 것을 제외하고는 독립한 소유권과 같은 것으로 공유자는 그 지분을 부인하는 제3자에 대하여 각자 그 지분권을 주장하여 지분의 확인을 소구하여야 하는 것이고, 공유자 일부가 제3자를 상대로 타 공유자의 지분의 확인을 구하는 것은 타인의 권리관계의 확인을 구하는 소에 해당한다고 보아야 할 것이므로 그 타인 간의 권리관계가 자기의 권리관계에 영향을 미치는 경우에 한하여 확인의 이익이 있다고 할 것이며, 공유물 전체에 대한 소유관계 확인도 이를 다투는 제3자를 상대로 공유자 전원이 하여야 하는 것이지 공유자 일부만이 그 관계를 대외적으로 주장할 수 있는 것이 아니므로, 이 사건에 있어서와 같이 아무런 특별한 사정이 없이 타 공유자의 지분의 확인을 구하는 것은 확인의 이익이 없다고 하겠다. 공유자가 다른 공유자의 지분권을 대외적으로 주장하는 것을 공유물의 멸실·훼손을 방지하고 공유물의 현상을 유지하는 사실적·법률적 행위인 공유물의 보존행위에 속한다고도 할 수 없다(대법원 1994.11.11. 선고 94다35008 판결).
37) 그 외 이주자택지 공급대상자가 사망하여 공동상속인들이 청약권을 공동으로 상속하는 경우에는 위 청약권에 기하여 청약의 의사표시를 하고, 그에 대한 승낙의 의사표시를 구하는 소송, 수인을 조합원으로 하는 동업체에서 부동산을 매수하여 그 부동산 전체에 대하여 소유권이전등기청구를 하는 경우도 필수적 공동소송이다.
38) 대법원 2017.12.13. 선고 2016다248424 판결. 부동산의 공유자 중 1인은 당해 부동산에 관하여 무효의 소유권이전등기가 경료되어 있는 경우에 민법 제265조 단서에서 정하는 공유물에 관한 보존행위로서 자신의 공유지분을 넘어서 그 무효인 등기 전부의 말소를 청구할 수 있다. 따라서 공동상속에 의하여 여러 사람의 공유로 된 부동산에 관하여 공동상속인 중 1인이 피상속인과의 사이에 행하여졌다는 매매 등 효력 없는 계약을 원인으로 하여 공유물 전부에 관하여 소유권이전등기를 경료한 경우에도, 다른 상속인은 공유물에 관한 보존행위로서 등기명의인의 상속분을 제외한 나머지 공유지분 전부에 관하여 그 소유권이전등기의 말소등기절차를 이행할 것을 청구할 수 있다. 한편 공유물의 보존행위는 공유물의 멸실·훼손을 방지하고 그 현상을 유지하기 위하여 하는 사실적 법률적 행위로서 이러한 공유물의 보존행위를 각 공유자가 단독으로 할 수 있도록 한 취지는 그 보존행위가 긴급을 요하는 경우가 많고 다른 공유자에게도 이익이 되는 것이 보통이기 때문이므로, 어느 공유자가 보존권을 행사하는 때에 그 행사의 결과가 다른 공유자의 이해와 충돌될 때에는 그 행사는 보존행위로 될 수 없다고 보아야 한다(대법원 2015.01.29. 선고 2014다49425 판결).

→ A는 자신의 공유지분이 아닌 나머지 다른 공유자 B의 공유지분을 침해하는 원인무효의 등기가 마쳐졌다는 이유로 공유물의 보존행위로서 그 말소를 구할 수 없다.

(4) A, B, C 공유등기가 마쳐진 토지에 관하여 공유자 중 1인인 C가 다른 공유자의 동의 없이 단독으로 소유권이전등기를 마치고 그 위에 건물을 신축한 경우

① C의 위 특정부분 점유가 구분소유적 공유관계에 기한 경우

→ C는 내부관계에 있어서는 특정부분에 한하여 소유권을 취득하여 이를 배타적으로 사용·수익할 수 있고 다른 구분소유자의 방해행위에 대하여는 소유권에 근거하여 그 배제를 구할 수 있다.39)

→ C가 위 특정 토지 부분에 건물을 신축한 행위는 정당하고, 다른 공유자(A)는 공유물의 보존행위로서 위 건물의 철거를 구할 수 없고, 위 건물의 양수인에 대하여도 그 건물의 철거를 구할 수 없으며, 그 건물의 임차인에 대한 퇴거청구도 허용되지 않는다.

② C의 위 특정부분 점유가 공유관계에 기한 경우

→ 공유물의 관리에 관한 사항은 공유자의 지분의 과반수로써 결정하고(민법 제265조), C가 과반수 지분권자가 아니라면 C의 위 특정 부분 점유가 허용되지 않는다.

→ 과반수 지분권자가 그 공유물의 특정 부분을 배타적으로 사용·수익하기로 정하는 것은 **공유물의 관리방법**으로서 적법하다.40)

→ 소수지분을 소유하고 있는 공유자나 그 소수지분에 관한 소유권이전등기청구권을 가지고 있는 사람이라 할지라도 다른 공유자와의 협의 없이는 공유물을 배타적으로 점유하여 사용·수익할 수 없으므로, 다른 공유자는 자신이 소유하고 있는 지분이 과반수에 미달되더라도 협의 없이 공유물을 점유하고 있는 소수지분 공유자에 대하여 공유물의 보존행위

---

39) 1필지의 토지 중 일부를 특정하여 매수하고 다만 그 소유권이전등기는 그 필지 전체에 관하여 공유지분권이전등기를 한 경우에는 그 특정부분 이외의 부분에 관한 등기는 **상호 명의신탁**을 하고 있는 것으로서, 그 지분권자는 **내부관계**에 있어서는 특정부분에 한하여 소유권을 취득하고 이를 배타적으로 사용, 수익할 수 있고, 다른 구분소유자의 방해행위에 대하여는 소유권에 터잡아 그 배제를 구할 수 있으나, **외부관계**에 있어서는 1필지 전체에 관하여 공유관계가 성립되고 공유자로서의 권리만을 주장할 수 있는 것이므로, 제3자의 방해행위가 있는 경우에는 자기의 구분소유 부분뿐 아니라 전체토지에 대하여 공유물의 보존행위로서 그 배제를 구할 수 있다(대법원 1994.02.08. 선고 93다42986 판결).

40) 공유자 사이에 공유물을 사용·수익할 구체적인 방법을 정하는 것은 공유물의 관리에 관한 사항으로서 공유자의 지분의 과반수로써 결정하여야 할 것이고, 과반수 지분의 공유자는 다른 공유자와 사이에 미리 공유물의 관리방법에 관한 협의가 없었다 하더라도 공유물의 관리에 관한 사항을 단독으로 결정할 수 있으므로, 과반수 지분의 공유자가 그 공유물의 특정 부분을 배타적으로 사용·수익하기로 정하는 것은 공유물의 관리방법으로서 적법하다고 할 것이므로, 과반수 지분의 공유자로부터 사용·수익을 허락받은 점유자에 대하여 소수 지분의 공유자는 그 점유자가 사용·수익하는 건물의 철거나 퇴거 등 점유배제를 구할 수 없다. 과반수 지분의 공유자는 공유자와 사이에 미리 공유물의 관리방법에 관하여 협의가 없었다 하더라도 공유물의 관리에 관한 사항을 단독으로 결정할 수 있으므로 과반수 지분의 공유자는 그 공유물의 관리방법으로서 그 공유토지의 특정된 한 부분을 배타적으로 사용·수익할 수 있으나, 그로 말미암아 지분은 있으되 그 특정 부분의 사용·수익을 전혀 하지 못하여 손해를 입고 있는 소수지분권자에 대하여 그 지분에 상응하는 임료 상당의 부당이득을 하고 있다 할 것이므로 이를 반환할 의무가 있다 할 것이나, 그 과반수 지분의 공유자로부터 다시 그 특정 부분의 사용·수익을 허락받은 제3자의 점유는 다수지분권자의 공유물관리권에 터잡은 적법한 점유이므로 그 제3자는 소수지분권자에 대하여도 그 점유로 인하여 법률상 원인 없이 이득을 얻고 있다고는 볼 수 없다(대법원 2002.05.14. 선고 2002다9738 판결).

로서 공유물의 인도를 청구할 수 있다.[41]
→ 물건을 공유자 양인이 각 1/2 지분씩 균분하여 공유하고 있는 경우 1/2 지분권자로서는 다른 1/2 지분권자와의 협의 없이는 이를 배타적으로 독점 사용할 수 없고, 나머지 지분권자는 공유물 보존행위로서 그 배타적 사용의 배제, 즉 그 지상 건물의 철거와 토지의 인도 등 점유배제를 구할 권리가 있다.[42]
→ **과반수 지분권자**라 하더라도 그 사용·수익의 내용이 공유물의 기본의 모습에 본질적인 변화를 일으켜 **관리** 아닌 **처분**이나 **변경**의 정도에 이르는 것이어서는 아니 된다.[43] 공유물의 처분이나 변경의 경우 A는 공유물의 보존행위로 C가 건축한 건물에 대하여 방해배제를 구할 수 있다.[44]
→ C로부터 건물을 매수한 자는 건물의 사실상·법률상 처분을 할 수 있는 사람으로서 건물 철거의무가 있으나 퇴거의무는 없다.

〈사례〉 원고와 피고는 모두 이 사건 토지의 공유자로서 과반수 미만의 지분을 가진 소수지분권자이다. 피고는 다른 공유자와 협의 없이 이 사건 토지에 소나무를 심어 토지를 독점하고 있다. 원고는 이러한 피고를 상대로, 소나무의 수거와 이 사건 토지의 인도 등을 청구하였다.
1심과 원심은, 원고가 공유물의 보존행위로서 공유 토지에 대한 방해배제 와 인도를 청구할 수 있다고 보아 원고의 청구를 모두 받아들였음. 피고는 이에 불복하여 상고를 제기하였다.
사안의 쟁점은 공유 토지의 소수지분권자인 피고가 다른 공유자와 협의 없이 공유 토지를 독점하는 경우, 다른 소수지분권자인 원고가 토지의 인도와 방해배제를 청구할 수 있는지 여부이다.

〈대법원 2020.05.21. 선고 2018다287522 전원합의체 판결〉
(1) 소수지분권자인 원고가 보존행위를 이유로 피고에게 공유 토지를 인도하라고 청구할 수는 없음(기존 판례 변경) ➡ 토지인도 청구 부분 파기환송 (인도청구가 인용될 것을 전제로 인도일까지 부당이득금 지급을 명한 부분도 함께 파기함)
(2) 원고는 공유자들의 공유물에 대한 공동 점유·사용을 방해하는 피고의 행위에 대한 방해금지나 피고

---

41) 대법원 2015.11.26. 선고 2015다206584 판결.
42) 대법원 2003.11.13. 선고 2002다57935 판결.
43) **처분**이란 법률상 및 사실상의 처분을 포함하고, **변경**이란 사실상의 물리적 변경을 의미하며, 공유물의 처분·변경의 경우가 아니라면 공유물의 **관리**에 해당한다.
44) 공유자 사이에 공유물을 사용·수익할 구체적인 방법을 정하는 것은 공유물의 관리에 관한 사항으로서 공유자의 지분의 과반수로써 결정하여야 할 것이고(민법 제265조), 과반수의 지분을 가진 공유자는 다른 공유자와 사이에 미리 공유물의 관리방법에 관한 협의가 없었다 하더라도 공유물의 관리에 관한 사항을 단독으로 결정할 수 있으므로, 과반수의 지분을 가진 공유자가 그 공유물의 특정 부분을 배타적으로 사용·수익하기로 정하는 것은 공유물의 관리방법으로서 적법하며(다만 그 사용·수익의 내용이 공유물의 기존의 모습에 본질적 변화를 일으켜 '관리' 아닌 '처분'이나 '변경'의 정도에 이르는 것이어서는 안 될 것이고, 예컨대 다수지분권자라 하여 나대지에 새로이 건물을 건축한다든지 하는 것은 '관리'의 범위를 넘는 것이 될 것이다), 한편, 공유토지에 관하여 점유취득시효가 완성된 후 취득시효 완성 당시의 공유자들 일부로부터 과반수에 미치지 못하는 소수 지분을 양수 취득한 제3자는 나머지 과반수 지분에 관하여 취득시효에 의한 소유권이전등기를 경료받아 과반수 지분권자가 될 지위에 있는 시효취득자(점유자)에 대하여 지상 건물의 철거와 토지의 인도 등 점유배제를 청구할 수 없는 것이다(대법원 2001.11.27. 선고 2000다33638,33645 판결).

가 설치한 지상물의 제거 등 방해배제를 청구할 수 있음 ➡ 지상물 제거 청구 부분 상고기각
① 민법 제265조 단서가 공유자 각자가 다른 공유자와 협의하지 않고 보존행위를 할 수 있게 한 것은, 공유물의 멸실·훼손을 방지하고 그 현상을 유지 하기 위한 보존행위가 다른 공유자에게도 이익이 되기 때문임. 그런데 원고가 피고를 상대로 공유물의 인도를 청구하는 것은 공유자인 피고의 이해와 충돌하여 모든 공유자에게 이익이 되는 보존행위라고 볼 수 없음.
② 민법 제263조에 따르면 모든 공유자는 공유물 전부를 지분 비율로 사용·수익할 수 있고 이는 피고도 마찬가지임. 피고가 공유물을 독점하는 것은 위법하지만, 피고는 적어도 자신의 지분 범위에서는 공유물을 사용·수익할 권한이 있음. 그런데 원고의 인도 청구를 허용하면, 피고의 점유를 전부 빼앗아 피고의 '지분 비율에 따른 사용·수익권'까지 근거 없이 박탈함.
③ 원고의 인도 청구를 허용하면 피고를 배제하고 원고가 공유물을 단독으로 점유하게 되어 '일부 소수지분권자가 다른 공유자를 배제하고 공유물을 독점'하는 기존의 위법한 상태와 다르지 않음. 이는 분쟁의 종국적 해결을 위해 판결과 집행이 달성해야 할 적법한 상태라고 할 수 없음.
④ 기존 대법원 판례가 인도 청구를 보존행위로 허용한 것은, 소수지분권자가 자의적으로 공유물을 독점하는 위법한 상태를 시정하기 위한 실효적인 구제수단으로 보았기 때문임. 그런데 원고는 방해배제 청구를 통해 이러한 위법상태를 충분히 시정할 수 있음.
⑤ 공유자들 사이에 공유물 관리에 관한 정함이 없더라도 공유자는 공유물을 다른 공유자들과 공동으로 점유·사용할 수 있고, 피고가 이를 방해한다면 원고는 공유지분권에 기하여 민법 제214조에 따른 방해배제를 청구할 수 있음.
⑥ 이처럼 종래와 같이 피고로부터 공유물의 점유를 빼앗아 원고에게 인도하는 방법에 의하지 않더라도, 원고는 피고의 위법한 점유와 방해 상태를 제거하고 공유물이 그 본래의 취지에 맞게 공유자 전원의 공동 사용·수익에 제공되도록 할 수 있음.45)

나. 수동소송 : 제3자가 공유자들을 상대로 하는 소송
(1) 공유물분할청구, 공유토지 경계확정청구 외에는 필수적 공동소송을 거의 인정하지 않는다.
→ 소유권확인 및 등기말소청구나 이전등기청구는 공유자 전원을 피고로 하는 필수적 공동소송이 아니다.
→ 공유부동산에 관하여 시효완성을 원인으로 하는 소유권이전등기청구는 공유자 전원을 피고로 하여야 하는 필수적 공동소송이 아니다.
(2) 공유물의 반환과 공유건물의 철거소송은 필수적 공동소송이 아니고 **통상공동소송**이다. 각 공유자는 자신의 지분 비율의 범위 내에서 반환 또는 철거의무를 진다.46) 판례는 그러한 청구를 공유자 각자에 대하여 그의 지분권 한도 내에서 인도 또는 철거를 구하는 것으로 본다.47)

---

45) 이와 달리 공유물의 소수지분권자가 다른 소수지분권자를 상대로 공유물의 보존행위로서 인도를 청구할 수 있다고 한 선례(대법원 1994.03.22. 선고 93다9392,93다9408 전원합의체 판결 등)는 이 판결의 견해에 배치되는 범위에서 모두 변경되었음.
46) 판례는 이 경우 공유자 1인에 대하여만 제소하여 그에 대한 승소판결로는 판결의 목적을 달성할 수 없다고 하더라도 그렇다고 1인에 대한 제소가 소의 이익이 없는 것은 아니라고 하고 있다.

<사례> 甲 소유의 X 토지 위에 乙, 丙, 丁이 Y건물을 신축하여 이 건물을 공유하고 있다. 甲이 乙만을 피고로 하여 X 토지의 소유권에 기하여 Y 건물의 철거를 구할 수 있는가?48)

4 공유물의 보존행위

(1) 지분을 소유하고 있는 공유자나 그 지분에 관한 소유권이전등기청구권을 가지고 있는 자라고 할지라도 다른 공유자와의 협의 없이는 공유물을 배타적으로 점유하여 사용 수익할 수 없는 것이므로, 다른 공유권자는 자신이 소유하고 있는 지분이 과반수에 미달되더라도 공유물을 점유하고 있는 자에 대하여 공유물의 보존행위로서 공유물의 인도나 명도를 청구할 수 있다.49)

(2) 토지나 건물에 관하여 지분을 소유하고 있는 공유자나 그 지분에 관한 소유권이전등기청구권을 가지고 있는 자라고 할지라도 다른 공유자와의 협의 없이는 공유물을 배타적으로 점유하여 사용·수익할 수 없는 것이므로, 다른 공유권자는 자신이 소유하고 있는 지분이 과반수에 미달되더라도 공유물을 점유하고 있는 자에 대하여 공유물의 보존행위로서 공유물의 인도를 청구할 수 있다.50)

(3) 공유물의 보존행위는 공유물의 멸실·훼손을 방지하고 그 현상을 유지하기 위하여 하는 사실적, 법률적 행위이다. 민법 제265조 단서가 이러한 공유물의 보존행위를 각 공유자가 단독으로 할 수 있도록 한 취지는 그 보존행위가 긴급을 요하는 경우가 많고 다른 공유자에게도 이익이 되는 것이 보통이기 때문이다.

집합건물법은 집합건물의 존립에 필수적인 공용부분과 대지의 원활하고 적정한 유지·관리, 집합건물 내 공동생활을 둘러싼 구분소유자 상호 간의 이해관계 조절을 위하여 민법상 공유에 대한 여러 특별규정을 두고 있다. 구분소유관계가 성립되면 구분소유자 전원을 구성원으로 하여 건물과 대지 등의 관리를 목적으로 하는 집합건물의 **관리단**이 당연 설립된다(제23

---

47) 판례는 공동상속인들의 건물철거의무는 그 성질상 **불가분채무**라고 할 것이고 각자 그 지분의 한도 내에서 건물 전체에 대한 철거의무를 지는 것으로 보고 있다(대법원 1980.06.24. 선고 80다756 판결).
48) 판례는 타인 소유 토지 위에 설치되어 있는 공작물을 철거할 의무가 있는 수인을 상대로 그 공작물의 철거를 구하는 소송은 필수적 공동소송이 아니라 통상공동소송으로 보고 있으므로(대법원 1993.02.23. 선고 92다49218 판결) 판례에 의하면 甲이 乙만을 피고로 하여 X 토지의 소유권에 기하여 Y 건물의 철거를 구하는 것도 가능하다. 그러나 판례에 대하여는 Y 건물 전체를 대상으로 하면서 어떻게 乙의 지분권(1/3)만큼 철거하라는 청구가 가능한 것인지 의문이고, 공유물 전체의 처분이나 변경을 구하는 소송으로 보아야 할 것이라는 비판이 있다. 판례는 철거의 대상이 공유자의 지분권이 아니라 하나의 건물이라는 점을 간과한 것이고 이 경우에는 필수적 공동소송의 형태로 乙, 丙, 丁을 공동피고로 삼아야 할 것이 아닌가?
49) 대법원 1994.03.22. 선고 93다9392,93다9408 전원합의체 판결.
50) 대법원 2014.05.16. 선고 2012다43324 판결. 공유 토지의 소수지분권자인 甲 등이, 다른 소수지분권자들과의 토지임대차계약에 기하여 지상의 건물을 소유함으로써 토지를 배타적으로 점유·사용하고 있는 乙 주식회사로부터 건물을 임차하여 점유·사용하고 있는 丙 등을 상대로 각 점유 부분으로부터의 퇴거를 구한 사안에서, 甲 등은 乙 회사를 상대로 공유물의 보존행위로서 건물 철거 및 토지 인도를 구할 수 있고, 丙 등을 상대로 각 점유 부분으로부터의 퇴거도 구할 수 있다고 한 사례.

조). 구분소유자가 10인 이상인 경우 관리단을 대표하고 관리행위를 할 **관리인**을 선임해야 하고(제24조), 공용부분의 보존·관리 및 변경을 위한 행위 등은 관리인의 권한과 의무에 속한다(제25조 제1항). 구분소유자는 구분소유자 공동의 이익에 어긋나는 행위를 해서는 안 되고(제5조 제1항), 구분소유자가 그러한 행위를 한 경우 관리인은 그 행위의 정지 등을 청구할 수 있으며 이를 위한 소송 제기는 관리단집회의 결의를 거쳐야 한다(제43조 제1항, 제2항). 따라서 집합건물의 공용부분과 대지의 관리 업무는 기본적으로 구분소유자들로 구성된 관리단과 이를 대표하는 관리인에게 있다. 집합건물법 제16조 제1항은 <u>공용부분과 대지의 관리에 관한 사항은 관리단의 통상의 집회결의로써 결정한다고 정하면서 그 단서에 "다만 보존행위는 각 공유자가 할 수 있다."</u>라고 정하고 있고, 같은 법 제19조는 구분소유자가 공유하는 건물의 대지 및 공용부분 외의 부속시설에 관하여 제16조를 준용하고 있다. 집합건물법 제16조 제1항의 취지는 <u>집합건물의 공용부분과 대지의 현상을 유지하기 위한 보존행위는 관리행위와 구별하여 공유자인 구분소유자가 단독으로 행사할 수 있도록 한 것</u>이다. 앞서 본 민법 제265조 단서의 취지, 집합건물법의 입법 취지와 관련 규정을 종합하여 보면, 구분소유자가 공용부분과 대지에 대해 그 지분권에 기하여 권리를 행사할 때 이것이 <u>다른 구분소유자들의 이익에 어긋날 수 있는 경우</u>에는 각 구분소유자가 개별적으로 할 수 있는 보존행위라고 볼 수 없고 집합건물법 제16조 제1항 본문에 따라 관리단의 결의를 거쳐야 하는 관리행위라고 보아야 한다.[51]

(4) 집합건물법에 정한 집합건물의 구분소유자들이 집합건물의 대지를 공유하고 있는 경우, 각 구분소유자는 별도의 규약이 존재하는 등의 특별한 사정이 없는 한 그 대지를 배타적으로 점유·사용할 수 없다. 따라서 집합건물의 구분소유자는 집합건물의 대지 일부를 배타적으로 점유하는 다른 구분소유자에 대하여 보존행위로서 그 부분 대지의 인도를 구할 수 있다.[52]

---

[51] 대법원 2019.10.17. 선고 2015다221033 판결. 도시가스사업자인 甲 주식회사가 아파트 건축 시 시행사로부터 무상의 사용승낙을 얻어 아파트 대지 위에 가스정압시설을 설치하였고, 그 후 甲 회사를 인수한 乙 주식회사가 위 시설을 통해 위 아파트와 인근 지역에 도시가스를 공급하고 있는데, 위 아파트의 구분소유자인 丙이 乙 회사를 상대로 위 시설의 철거와 부지의 인도를 구하는 소를 제기하면서 관리단집회의 결의를 거치지 않은 사안에서, 丙의 청구는 보존행위가 아니라 아파트 대지의 관리를 위한 행위로서 집합건물법 제16조 제1항 본문에 따라 아파트 관리단집회의 결의를 거쳐야 하는데도 이를 거치지 않아 허용될 수 없다고 한 사례.

[52] 대법원 2013.06.27. 선고 2012다114813 판결. 집합건물의 구분소유자인 甲 등이 건물 1층 외벽에 자신들 소유의 점포에 잇대어 건물 또는 구조물을 임의로 축조하여 집합건물의 대지인 토지 일부를 그 건물 또는 구조물의 부지로 사용함으로써 이를 배타적으로 점유하고 있는 사안에서, 집합건물의 다른 구분소유자인 乙 등이 甲 등에 대하여 보존행위로서 그 토지 부분의 인도를 구할 수 있음에도, 이와 달리 본 원심판결에 법리오해 등의 위법이 있다고 한 사례.

[참고] 공동소유와 소송관계

공동소유물	관리처분권의 주체	소송수행권의 행사	필수적 공동소송 여부
공유물	지분권의 범위에서 각 공유자 (민법 제263조)	각 지분권자 단독행사	통상공동소송
합유물	합유자(조합원) 전원53) (민법 제272조, 제273조)	합유자 전원의 공동행사54)	필수적 공동소송55)
총유물	비법인사단/ 구성원 전원	사원총회 결의에 의한 대표자 행사/구성원 전원의 공동행사56)	대표자 단독수행이면 단일소송/구성원 전원 수행이면 필수적 공동소송

☞ 합유관계소송 중 필수적 공동소송57)이 아니고, **합유자 각자가 소를 제기할 수 있는 경우**
① 합유물에 관하여 경료된 원인무효의 소유권이전등기의 말소를 구하는 소송(합유물에 관한 보존행위)58)59)
② 조합의 채권자가 조합원에 대하여 조합재산에 의한 공동책임을 묻는 것이 아니라 **각 조합원의 개인적 책임에 기하여 조합원 각자를 상대로 그 이행을 구하는 소를 제기한 경우**
③ **현실적으로 점유하고 있는 합유자만을 상대로 명도청구를 하는 경우**

---

53) 부동산의 합유자 중 일부가 사망한 경우 합유자 사이에 특별한 약정이 없는 한 사망한 합유자의 상속인은 합유자로서의 지위를 승계하지 못하므로, 해당 부동산은 잔존 합유자가 2인 이상일 경우에는 잔존 합유자의 합유로 귀속되고 잔존 합유자가 1인인 경우에는 잔존 합유자의 단독소유로 귀속된다(대법원 1996.12.10. 선고 96다23238 판결).
54) 조합이 동업약정에 따라 부동산을 매수하여 이를 조합재산으로 할 경우 조합원 전원이 매도인을 상대로 이전등기청구소송을 제기하여야 하고, 제3자가 조합소유 부동산을 매수한 경우에도 조합원 전원을 피고로 하여 이전등기청구소송을 제기하여야 한다. 이들 소송은 **고유필수적 공동소송**의 형태가 된다.
55) 조합재산, 공동이행방식의 공동수급체의 공사대금채권, 공동광업권, 여러 사람의 수탁자에 의한 신탁재산에 관한 소송, 공유지식재산권, 공동명의의 허가권·면허권 등에 관한 소송, 손실보상금액청구의 소, 수인의 유언집행자 전원에게 유증의무의 이행을 구하는 소송, 수인의 파산관재인, 회생회사관리인이 하는 소송, 같은 선정자단에서 선출된 여러 사람의 선정당사자가 수행하는 소송은 고유필수적 공동소송이다.
56) 구성원의 지분이 인정되지 않는 **비법인사단**의 총유재산에 관한 소송은 사단 자체의 명의로 하거나 그 구성원 전원이 필수적 공동소송으로 제기하여야 한다.
57) 합유로 소유권이전등기가 된 부동산에 관하여 명의신탁 해지를 원인으로 한 소유권이전등기절차의 이행을 구하는 소송은 조합재산인 합유물의 처분에 관한 소송으로서 합유자 전원을 피고로 하여야 할 뿐 아니라 합유자 전원에 대하여 합일적으로 확정되어야 하는 고유필수적 공동소송에 해당하며, 그 명의신탁 해지를 구하는 당사자가 합유자 중의 1인이라는 사유만으로 달리 볼 것은 아니다(대법원 2015.09.10. 선고 2014다73794,73800 판결).
58) **합유재산을 합유자 1인의 단독소유로 소유권보존등기를 한 경우**에는 소유권보존등기가 실질관계에 부합하지 않는 원인무효의 등기이므로, 다른 합유자는 등기명의인 합유자를 상대로 소유권보존등기 말소청구의 소를 제기하는 등의 방법으로 원인무효의 등기를 말소시킨 다음 새로이 합유의 소유권보존등기를 신청할 수 있다(대법원 2017.08.18. 선고 2016다6309 판결).
59) 민법상 조합인 공동수급체가 경쟁입찰에 참가하였다가 다른 경쟁업체가 낙찰자로 선정된 경우, 그 공동수급체의 구성원 중 1인이 그 낙찰자 선정이 무효임을 주장하며 무효확인의 소를 제기하는 것은 그 공동수급체가 경쟁입찰과 관련하여 갖는 법적 지위 내지 법률상 보호받는 이익이 침해될 우려가 있어 그 현상을 유지하기 위하여 하는 소송행위이므로 이는 합유재산의 보존행위에 해당한다(대법원 2013.11.28. 선고 2011다80449 판결).

☞ 총유관계소송 중 총유물의 보존행위에 관한 소송도 사원총회의 결의를 거쳐 사단 명의로 제소하거나 그 구성원 전원이 당사자가 되어 필수적 공동소송의 형태로 제기하여야 한다.[60] → 총유물 자체의 관리·처분이 따르지 아니하는 채무부담행위는 이를 총유물의 관리·처분행위라고 볼 수 없다.[61]

---

[60] 대법원 2005.09.15. 선고 2004다44971 전원합의체 판결 : 민법 제276조 제1항은 "총유물의 관리 및 처분은 사원총회의 결의에 의한다.", 같은 조 제2항은 "각 사원은 정관 기타의 규약에 좇아 총유물을 사용·수익할 수 있다."라고 규정하고 있을 뿐 공유나 합유의 경우처럼 보존행위는 그 구성원 각자가 할 수 있다는 민법 제265조 단서 또는 민법 제272조 단서와 같은 규정을 두고 있지 아니한바, 이는 법인 아닌 사단의 소유형태인 총유가 공유나 합유에 비하여 단체성이 강하고 구성원 개인들의 총유재산에 대한 지분권이 인정되지 아니하는 데에서 나온 당연한 귀결이라고 할 것이다. 따라서 총유재산에 관한 소송은 법인 아닌 사단이 그 명의로 사원총회의 결의를 거쳐 하거나 또는 그 구성원 전원이 당사자가 되어 필수적 공동소송의 형태로 할 수 있을 뿐 그 사단의 구성원은 설령 그가 사단의 대표자라거나 사원총회의 결의를 거쳤다 하더라도 그 소송의 당사자가 될 수 없고, 이러한 법리는 총유재산의 보존행위로서 소를 제기하는 경우에도 마찬가지라 할 것이다.

[61] 민법 제275조, 제276조 제1항은 총유물의 관리 및 처분에 관하여는 정관이나 규약에 정한 바가 있으면 그에 의하되 정관이나 규약에서 정한 바가 없으면 사원총회의 결의에 의하도록 규정하고 있으므로, 이러한 절차를 거치지 아니한 총유물의 관리·처분행위는 무효라 할 것이고, 이 법리는 민법 제278조에 의하여 소유권 이외의 재산권에 대하여 준용되고 있다. 그런데 위 법조에서 말하는 총유물의 관리 및 처분이라 함은 총유물 자체에 관한 이용·개량행위나 법률적·사실적 처분행위를 의미하므로 총유물 자체의 관리·처분이 따르지 아니하는 채무부담행위는 이를 총유물의 관리·처분행위라고 볼 수 없다(대법원 2014.02.13. 선고 2012다112299,112305 판결).

제8장 채무불이행 손해배상청구소송

민사실무 핵심 요건사실

〈채무불이행책임 개관〉

채무불이행 유형	귀책사유 유무	채무불이행책임	
이행불능	귀책사유 있음	손해배상(전보배상)	
		해제(최고 불요)	
	귀책사유 없음	위험부담	
기타의 채무불이행	귀책사유 있음	손해배상	지연배상
			전보배상
		해제(원칙으로 최고 요)	
	귀책사유 없음		
담보책임			

1 소송물 : 채무불이행책임과 불법행위책임

(1) 채무불이행에 기한 손해배상청구와 불법행위에 기한 손해배상청구는 별개의 소송물이다. 두 개의 소송물이 동일한 사실관계를 토대로 하는 경우에도 청구원인이 서로 다르다면 별개의 소송물이다.[1]

(2) 재산적 손해로 인한 배상청구와 정신적 손해로 인한 배상청구는 각각 소송물을 달리하는 별개의 청구이므로 소송당사자로서는 그 금액을 각각 특정하여 청구하여야 하고, 법원으로서도 그 내역을 밝혀 각 청구의 당부에 관하여 판단하여야 한다.[2]

(3) 원본채권, 이자채권, 지연손해금채권은 전혀 별개의 채권으로 별개의 소송물이다.[3]

---

1) 대법원 2008.09.11. 선고 2005다9760 판결 : 원고들은 원심변론종결 당시까지 피고들이 301동 및 302동 아파트 건물과 물탱크 등의 신축을 통하여 이 사건 아파트에 대한 일조를 차단한 것에 관하여 이 사건 아파트의 소유자 내지 거주자인 선정자들에게 불법행위책임을 부담한다고 주장하면서 그로 인한 손해배상을 청구하였을 뿐이고, 이와는 별도로 피고들이 이 사건 아파트에 관한 분양계약을 위반하였음을 이유로 한 손해배상을 청구하지는 않았다. 그런데도 원심은 이 사건 아파트에 대한 일조방해를 이유로 한 불법행위 손해배상청구를 배척한 다음, 그 판시와 같이 분양계약 위반 등을 원인으로 하여 피고들에게 손해배상지급을 명하는 판결을 선고하였는바, 이러한 원심의 조치는 당사자가 신청하지 아니한 사항을 판결한 것이므로 민사소송법 제203조에 위배된다.
2) 대법원 2006.09.22. 선고 2006다32569 판결.
3) 대법원 2013.10.31. 선고 2013다59050 판결 : 금전채무불이행의 경우에 발생하는 원본채권과 지연손해금채권은

(4) 채권자가 동일한 채무자에 대하여 수개의 손해배상채권을 가지고 있다고 하더라도 그 손해배상채권들이 발생시기와 발생원인 등을 달리하는 별개의 채권인 이상 이는 별개의 소송물에 해당하고, 그 손해배상채권들은 각각 소멸시효의 기산일이나 채무자가 주장할 수 있는 항변들이 다를 수도 있으므로, 이를 소로써 구하는 채권자로서는 손해배상채권별로 청구금액을 특정하여야 하며, 법원도 이에 따라 손해배상채권별로 인용금액을 특정하여야 하고, 이러한 법리는 채권자가 수개의 손해배상채권들 중 일부만을 청구하고 있는 경우에도 마찬가지이다.4)

(5) 채권자가 동일한 목적을 달성하기 위하여 복수의 채권을 갖고 있는 경우, 채권자로서는 그 선택에 따라 권리를 행사할 수 있되, 그 중 어느 하나의 청구를 한 것만으로는 다른 채권 그 자체를 행사한 것으로 볼 수는 없으므로, 특별한 사정이 없는 한 그 다른 채권에 대한 소멸시효 중단의 효력은 없다.5)

2 이행지체

가. 이행지체로 인한 손해배상(지연배상) 청구

(1) 청구원인

> ☞ 요건사실
> ① 계약의 체결에 따른 채무자의 채무의 존재
> ② 위 채무의 이행기 도래
> ③ 채권자가 자신의 채무에 대한 이행(의 제공)을 계속한 사실
> ④ 채무자가 채무를 이행하지 않음으로써 채권자에게 일정한 손해가 발생한 사실

(1) 이행지체 등 이행불능 이외의 채무불이행의 경우 채권자가 채무자의 채무 이행이 없는 점을 증명하여야 한다(채권자설). 손해의 발생사실과 그 손해배상액에 관하여는 손해배상을 구하는 채권자가 주장·증명하여야 한다.

(2) 채무불이행으로 인한 손해배상청구의 경우 그 불이행의 귀책사유에 관한 증명책임은 채무자

별개의 소송물이므로, 불이익변경에 해당하는지 여부는 원금과 지연손해금 부분을 각각 따로 비교하여 판단하여야 하는 것이고, 별개의 소송물을 합산한 전체 금액을 기준으로 판단하여서는 아니 된다.
4) 또한 민사소송에 있어서 청구의 취지는 그 내용 및 범위를 명확히 알아볼 수 있도록 구체적으로 특정되어야 하고, 이의 특정 여부는 직권조사사항이라고 할 것이므로 청구취지가 특정되지 않은 경우에는 법원은 피고의 이의 여부에 불구하고 직권으로 그 보정을 명하고, 이에 응하지 않을 때에는 소를 각하하여야 한다(대법원 2011.04.14. 선고 2008다14633 판결).
5) 대법원 2011.02.10. 선고 2010다81285 판결 : 甲이 乙을 상대로 부당이득반환청구의 소를 제기함으로써 甲의 乙에 대한 채무불이행으로 인한 손해배상청구권의 소멸시효가 중단되는지 여부가 문제된 사안에서, 부당이득반환청구의 소 제기로 채무불이행으로 인한 손해배상청구권의 소멸시효가 중단되었다고 본 원심판결을 파기한 사례. 대법원 2002.06.14. 선고 2002다11441 판결 : 원고가 피고를 상대로 상법 제399조에 기한 손해배상청구의 소를 제기하였다고 하여 이로써 원고의 피고에 대한 일반 불법행위로 인한 손해배상청구권의 소멸시효가 중단될 수는 없다.

에게 있고, 채무자가 귀책사유의 부존재를 항변으로 주장·증명하여야 한다.

(2) 항변
① 채무자가 자신의 채무에 대한 이행(의 제공)을 한 사실
② 채무자에게 귀책사유가 없다는 사실

나. 채무의 종류별 이행지체의 시기

(1) 확정기한이 있는 경우 : 확정기한의 다음날부터 지체책임
① '기한이 도래한 때로부터' → 기한이 도과함으로써 지체책임을 진다.[6]
② 기한의 이익을 상실한 경우 : 채권자로부터 이행청구를 받은 다음날부터 지체책임.
③ 정지조건부 기한이익 상실 특약이 있는 경우 : 특약에서 정한 기한이익 상실사유가 발생한 때부터 지체책임.[7]
④ 동시이행관계에 있는 경우 : 상대방으로부터 이행제공을 받았음에도 자기의 채무를 이행하지 않을 때 지체책임.[8] 채무자가 동시이행의 항변권을 가지고 있는 등으로 채무이행을 거절할 수 있는 사유가 있는 경우에는 채무자는 지체책임을 지지 않는다(동시이행항변권의 당연효).[9]

(2) 불확정기한이 있는 경우 : 채무자가 그 기한이 도래하였음을 안 다음날부터 지체책임
① 채무자가 기한의 도래를 알지 못한 경우에도 채권자로부터 이행의 최고를 받았다면 그 최고 수령일 다음날부터 지체책임.
② 당사자가 불확정한 사실이 발생한 때를 이행기로 정한 경우 : 그 사실이 발생한 때는 물론 그 사실의 발생이 불가능하게 된 때에도 이행기는 도래한 것으로 본다.[10]
③ 불확정기한과 정지조건의 구별 : 법률행위에 부관이 붙은 경우, 부관에 표시된 사실이 발생하지 아니하면 채무를 이행하지 아니하여도 된다고 보아야 하는 때에는 정지조건으로 정한 것

---

6) 대법원 1988.11.08. 선고 88다3253 판결 : 채무이행의 확정기한이 있는 경우에는 그 기한이 도래한 다음날부터 이행지체의 책임을 지고 기한의 정함이 없는 경우에는 그 이행의 청구를 받은 다음날로부터 이행지체의 책임을 진다.
7) 대법원 1999.07.09. 선고 99다15184 판결 : 채권자의 별도의 의사표시가 없더라도 바로 이행기가 도래한 것과 같은 효과를 발생케 하는 이른바 정지조건부 기한이익 상실의 특약을 하였을 경우에는 그 특약에 정한 기한의 이익 상실사유가 발생함과 동시에 기한의 이익을 상실케 하는 채권자의 의사표시가 없더라도 이행기 도래의 효과가 발생하고, 채무자는 특별한 사정이 없는 한 그 때부터 이행지체의 상태에 놓이게 된다.
8) 대법원 2007.06.15. 선고 2007다4196 판결 : 쌍무계약인 부동산 매매계약에서 매도인이 매수인에게 지체의 책임을 지워 매매계약을 해제하려면 매수인이 이행기일에 잔대금을 지급하지 아니한 사실만으로는 부족하고, 매도인이 소유권이전등기신청에 필요한 일체의 서류를 상대방이 수리할 수 있을 정도로 준비하여 그 뜻을 상대방에게 통지하여 수령을 최고함으로써 이를 제공하여야 하는 것이 원칙이고, 또 상당한 기간을 정하여 상대방의 잔대금채무이행을 최고한 후 매수인이 이에 응하지 아니한 사실이 있어야 하는 것인데, 매수인이 계약의 이행에 비협조적인 태도를 취하면서 잔대금의 지급을 미루는 등 소유권이전등기서류를 수령할 준비를 아니한 경우에는 매도인으로서도 부동산매도용 인감증명서를 발급받아 놓고 인감도장과 등기권리증 등을 준비하여 잔대금수령과 동시에 법무사 등에게 위임하여 소유권이전등기신청행위에 필요한 서류를 작성할 수 있도록 준비하였다면 이행의 제공은 이로써 충분하다고 할 것이다.
9) 따라서 채권자가 채무자의 동시이행의 항변권을 상실시켰다는 점을 주장·증명하여야 한다. 채무자는 실제로 채무를 소멸시키지 않더라도 채무의 이행을 제공하면 그 이후로는 지체책임을 지지 않는다.
10) 대법원 2006.09.28. 선고 2006다24353 판결

으로 보아야 하고, 표시된 사실이 발생한 때는 물론이고 반대로 발생하지 아니하는 것이 확정된 때에도 그 채무를 이행하여야 한다고 보는 것이 타당한 경우에는 표시된 사실의 발생 여부가 확정되는 것을 불확정기한으로 정한 것으로 보아야 한다.11)12)

(3) 기한의 정함이 없는 경우 : 채권자로부터 이행청구를 받은 다음날부터 지체책임

① 반환시기의 약정이 없는 소비대차 : 최고를 받은 때로부터 상당한 기간이 경과한 다음날부터 지체책임(제603조 제2항).13)

② 연대채무자가 공동피고인 경우 소장부본 송달일이 다른 경우 : 먼저 소장부본 송달이 송달된 연대채무자를 기준으로 그 다음날부터 다른 연대채무자도 지체책임을 진다(제416조, 이행청구의 절대적 효력).14)

③ 지명채권이 양도된 경우 : 채무자에 대한 대항요건이 갖추어질 때까지 채권양수인은 채무자에게 대항할 수 없으므로, 이행기의 정함이 없는 채권을 양수한 채권양수인이 채무자를 상대로 그 이행을 구하는 소를 제기하고 그 소송 계속 중 채무자에 대한 채권양도통지가 이루어진 경우에는 특별한 사정이 없는 한 채무자는 그 채권양도통지가 도달된 다음날부터 이행지체의 책임을 진다.15)

④ 부당이득반환의무는 이행기한의 정함이 없는 채무이므로 그 채무자는 이행청구를 받은 때에 비로소 지체책임을 진다.16)

(4) 이행청구 시기와 이행지체 시기 : 확정기한이 있는 채무의 경우 채권자가 이행청구를 할 수 있는 시기와 채무자가 이행지체에 빠지는 시기가 일치하나, 불확정기한 있는 채무의 경우 채권자는 그 기한이 도래한 후 언제라도 이행청구를 할 수 있으나, 채무자가 기한이 도래하였음을 안 때 비로소 이행지체가 된다. 기한이 없는 채무의 경우에는 채권자는 언제라도 이행청구를 할 수 있으나 채권자가 실제로 이행청구를 하지 아니하면 언제까지나 이행지체가 되지 않는다.

---

11) 대법원 2011.04.28. 선고 2010다89036 판결 : 아파트 신축·분양 사업의 분양수입금 인출배분에 관하여 공사도급변경약정에서 시행사의 선투입비 및 일반관리비 채권을 2순위로 지급하기로 하면서, 위 선투입비는 아파트 분양 실계약률에 따라 계약률 50%시 45억 원, 최초 계약일로부터 6개월 이내에 계약률 75%시 35억 원, 12개월 이내에 계약률 95%시 10억 원을 각각 지급하기로 한 사안에서, 선투입비는 위 사업이 실패하게 되면 시행사가 위험을 부담하여야 하는 것이었던 점 등에 비추어 위 시행사의 선투입비 채권은 일정 기간 내에 일정 분양률이 충족되는 것을 정지조건으로 최대 90억 원까지 2순위로 지급받기로 약정된 것으로 보아야 한다고 한 사례.
12) 대법원 2003.08.19. 선고 2003다24215 판결 : 정리회사 A건설 주식회사의 관리인 B가 원고에 대하여 2000. 12. 4.부터 2000. 12. 8.까지 희망퇴직신청을 하는 경우에는 회사정리계획 인가결정일로부터 1개월 이내에 평균임금 3개월분의 퇴직위로금을 지급하겠다는 의사표시는 회사정리계획인가를 조건으로 정한 것이 아니라 불확정한 사실의 도래를 변제기로 정한 것이고, 따라서 회사정리절차가 폐지되어 정리계획인가를 받을 수 없는 것으로 확정되었으므로 그 때에 기한이 도래하였다고 판단한 사례.
13) 실무상 기한의 정함이 없는 금전채무의 경우 채권자는 소를 제기하면서 소장부본 송달일 다음날부터 지체책임을 물어 법정 지연이자의 지급을 구하는 경우가 많다.
14) 실무상 소장부본 최종 송달 익일로 지연손해금의 기산일을 정리하는 경우가 많다.
15) 대법원 2014.04.10. 선고 2012다29557 판결.
16) 대법원 2017.03.30. 선고 2016다253297 판결.

[참고] 조건과 불확정기한의 구별

> 조건은 법률행위 효력의 발생 또는 소멸을 장래의 불확실한 사실의 성부에 의존하게 하는 법률행위의 부관이다. 반면 장래의 사실이더라도 그것이 장래 반드시 실현되는 사실이면 실현되는 시기가 비록 확정되지 않더라도 이는 기한으로 보아야 한다. 법률행위에 붙은 부관이 조건인지 기한인지가 명확하지 않은 경우 법률행위의 해석을 통해서 이를 결정해야 한다. 부관에 표시된 사실이 발생하지 않으면 채무를 이행하지 않아도 된다고 보는 것이 합리적인 경우에는 조건으로 보아야 한다. 그러나 부관에 표시된 사실이 발생한 때에는 물론이고 반대로 발생하지 않는 것이 확정된 때에도 채무를 이행하여야 한다고 보는 것이 합리적인 경우에는 표시된 사실의 발생 여부가 확정되는 것을 불확정기한으로 정한 것으로 보아야 한다. 이러한 부관이 화해계약의 일부를 이루고 있는 경우에도 마찬가지이다.[17]

[참고] 사건유형별 이행지체의 시기 및 법정이자의 발생시기

> ① **채무불이행으로 인한 손해배상청구** : 채권자로부터 이행청구를 받은 다음날부터 지체책임.
> ② **물품대금 청구** : 목적물을 인도받은 날부터 법정이자(지연손해금)를 지급할 의무가 있음(민법 제587조 3문). 다만, 인도일 이후 대금지급기한이 정해져 있는 경우 인도일부터 그 기한이 도래할 때까지는 법정이자가 발생하지 않음.
> ③ **구상금 청구** : 불가분채무자, 연대채무자, 보증인, 물상보증인, 공동불법행위자의 구상권은 기한의 정함이 없는 채무로 이행최고를 받은 다음날부터 지체책임. 구상액은 공동면책일 이후의 법정이자와 피할 수 없는 비용 기타 손해배상도 포함(민법 제425조 제2항). 구상권자는 면책일부터 피고가 구상금채무의 이행최고를 받은 날까지는 법정이자, 그 다음날부터 완제일까지는 지연손해금을 청구할 수 있음.
> ④ **임료지급청구** : 매월 말일 다음날부터 지체책임
> ⑤ **임차보증금반환청구** : 임차목적물 반환채무와의 동시이행항변을 할 수 있는 한 지체책임을 지지 않음.
> ⑥ **고용계약 보수(임금) 및 퇴직금 청구** : 보수(임금)청구 - 약정지급일 다음날 또는 노무종료일 다음날부터 지체책임, 퇴직금청구 - 퇴직한 다음날부터 지체책임[18]
> ⑦ **공사대금(도급계약의 보수) 청구** : 목적물을 인도한 다음날 또는 일을 완성한 다음날부터 지체책임. 다만 하자보수에 갈음한 손해배상청구액에 상응하는 공사대금채무에 대하여는 지체책임이 발생하지 않음.
> ⑧ **중개료, 수임료, 진료비 등 청구** : 특약이 없으면 위임사무 완료 다음날부터 지체책임.

---

17) 대법원 2018.06.28. 선고 2018다201702 판결. 甲이 乙 주식회사를 상대로 물품대금의 지급을 구하는 소를 제기하고, 乙 회사는 甲을 상대로 채무부존재확인 등을 구하는 소를 제기하였는데, 소송 계속 중 甲과 乙 회사가, 甲은 乙 회사의 채무자인 丙 주식회사 등으로부터 미지급 물품대금 액수에 해당하는 금액을 지급받고, 乙 회사에 대한 나머지 청구를 포기하며, 이후 어떠한 이의도 제기하지 않기로 하는 등의 합의를 하면서 '모든 합의사항의 이행은 甲이 제3채무자들로부터 위 금액을 모두 지급받은 후 효력이 발생한다'라고 정한 사안에서, '甲이 丙 회사 등으로부터 위 금액을 모두 지급받는다'는 사실이 발생해야 나머지 청구 포기와 부제소 특약이 포함된 합의서의 이행의무가 성립한다고 볼 수 있는데, 甲이 위 돈을 지급받는다는 것은 장래 발생 여부가 불확실한 사실로서 조건으로 볼 여지가 있고, 甲이 乙 회사 등으로부터 미지급 물품대금 액수에 해당하는 금액을 변제받을 것이 확실시되었다는 등의 특별한 사정이 없는 상태에서 乙 회사에 대한 물품대금 채권을 포기할 아무런 이유가 없다는 점에서도 위 합의는 정지조건부 합의로 볼 여지가 크며, 위 합의가 화해계약의 성격을 가진다고 하여 달리 볼 이유가 없는데도, 위 합의를 甲에게 부과된 이행의무의 기한을 정한 것으로 본 원심판단에 법리오해의 잘못이 있다고 한 사례.

⑨ **예금반환청구** : 반환청구 받은 다음날부터 지체책임.
⑩ **부당이득반환청구** : 기한의 정함이 없는 채무로서 이행최고를 받은 다음날부터 지체책임. 악의의 수익자는 그 받은 이익에 법정이자를 붙여 반환책임(민법 제748조 제2항). 수익자는 이행청구를 받은 때부터 법정이자에 대한 지체책임.19)
⑪ **불법행위로 인한 손해배상청구** : 불법행위시부터 지체책임. 지연손해금의 기산일은 불법행위 성립 당일이고, 별도의 최고가 요구되지 않음.
⑫ **약속어음금 및 수표금 청구** : 지급제시기간 내에 적법한 지급제시가 있었던 경우 - 만기일(당일 포함) 이후의 법정이자(어음), 지급제시일(당일) 이후의 법정이자(수표) 연6%.

다. 이행지체와 전보배상

(1) 이행지체의 경우 채권자는 채무자에게 채무의 이행을 청구할 수 있고, 그 지체로 인하여 발생한 손해의 배상(지연배상)을 청구할 수도 있다. 금전채무의 이행지체에 있어서 손해배상액은 법정이율에 의하고, 채권자는 법정이율을 초과하는 약정이율을 주장·증명하여 이에 따른 손해배상을 구할 수 있다.20)

(2) 이행지체의 경우 채권자가 상당한 기간을 정하여 이행을 최고하여도 그 기간 내에 이행하지 않거나, 지체 후의 이행이 채권자에게 이익이 없는 때에는 채권자는 수령을 거절하고 이행에 갈음한 손해배상(전보배상)을 청구할 수 있다. 위 전보배상의 요건사실은 전보배상을 구하는 채권자가 주장·증명하여야 한다.21)

---

18) 근로기준법 내지 근로자퇴직급여보장법이 적용되는 경우에는 임금 내지 퇴직금 지급사유 발생일(퇴직금의 경우 퇴직일)로부터 14일이 경과한 다음날(15일째 날)부터 연 20%의 법정지연손해금 지급의무가 있다.
19) 〈참고〉계약해제에 따른 원상회복의무 ① 원금 : 이행최고를 받은 다음날부터 지체책임. 다만 동시이행항변을 할 수 있는 지체책임 지지 않는다. ② 법정이자 : 계약이 해제된 경우 금전이 급부되었다면 받은 날부터 법정이자 가산하여 반환하여야 한다(민법 제548조 제2항) - 민법 제748조의 특칙. 따라서 자기 채무의 이행을 제공하여 이행을 최고하여 지체에 빠뜨리면 금전을 받은 날부터 최고도달일까지는 법정이자를, 최고도달일 다음날부터 완제일까지는 지연손해금을 지급할 의무가 있다.
계약이 해제된 경우가 아니라 계약이 무효이거나 취소된 경우 매도인의 매매대금반환의무는 성질상 부당이득반환의무로서 그 반환범위에 관하여는 민법 제749조가 적용되고 명문의 규정이 없는 이상 그에 관한 특칙인 민법 제548조 제2항이 당연히 유추적용 또는 준용되는 것으로 볼 수 없다.
20) 금전채무 불이행에 관한 특칙을 규정한 민법 제397조는 그 이행지체가 있으면 지연이자 부분만큼의 손해가 있는 것으로 의제하려는 데에 그 취지가 있는 것이므로 지연이자를 청구하는 채권자는 그 만큼의 손해가 있었다는 것을 증명할 필요가 없는 것이나, 그렇다고 하더라도 채권자가 금전채무의 불이행을 원인으로 손해배상을 구할 때에 지연이자 상당의 손해가 발생하였다는 취지의 주장은 하여야 하는 것이지 주장조차 하지 아니하여 그 손해를 청구하고 있다고 볼 수 없는 경우까지 지연이자 부분만큼의 손해를 인용해 줄 수는 없는 것이다(대법원 2000.02.11. 선고 99다49644 판결).
21) 〈참고〉지연배상과 전보배상 : 이행지체로 인하여 발생한 손해의 배상을 遲延賠償(지연손해금)이라고 한다. 이 경우에는 원래의 이행청구권을 가지면서 그와 아울러 이행지체로 인한 손해의 배상을 받는 것이다. 이러한 지연배상청구권은 이행청구권의 연장으로서의 성질을 갖는다. 이행지체의 경우에도 일정한 경우에는 전보배상을 선택할 수 있다(제395조). 채무의 이행이 불능인 경우 채권자는 강제이행청구권을 가지지 못한다. 그 이행불능에 채무자에게 귀책사유가 있어서 가지게 되는 손해배상청구권은 채무의 이행에 갈음하는 손해배상 즉 塡補賠償이 된다.

3 이행불능

가. 이행불능으로 인한 손해배상(전보배상) 청구

(1) 청구원인

> ☞ 요건사실
> ① 계약의 체결에 따른 채무자의 채무의 존재
> ② 위 채무의 이행이 불가능하게 된 사실
> ③ 이행불능에 따라 채권자에게 일정한 손해가 발생한 사실

(2) 항변 : 채무자에게 귀책사유가 없다는 사실

(3) 이행불능과 귀책사유

① 계약 체결 후에 채무의 이행이 불가능하게 된 경우에는 채권자가 그 이행을 청구하지 못하고 채무불이행을 이유로 손해배상을 청구하거나 계약을 해제할 수 있다. 그러나 계약 당시에 이미 채무의 이행이 불가능했다면 특별한 사정이 없는 한 채권자가 그 이행을 구하는 것은 허용되지 않고, 민법 제535조에서 정한 계약체결상의 과실책임을 추궁하는 등으로 권리를 구제받을 수밖에 없다. 채무의 이행이 불가능하다는 것은 절대적·물리적으로 불가능한 경우만이 아니라 사회생활상 경험칙이나 거래상의 관념에 비추어 볼 때 채권자가 채무자의 이행의 실현을 기대할 수 없는 경우도 포함한다. 이는 채무를 이행하는 행위가 법률로 금지되어 그 행위의 실현이 법률상 불가능한 경우에도 마찬가지이다.[22]

② 원시적 불능의 경우 그 이행불능에 대하여 채무자에게 귀책사유가 있었는가를 불문하고 계약이 무효가 되나, 후발적 불능의 경우 계약이 애초부터 무효가 되지 않으며 귀책사유의 유무에 따라 '채무불이행을 원인으로 하는 책임'(채무불이행책임)이 발생할 뿐이다. 이 경우 채무자는 자신에게 그 이행불능에 대하여 고의 또는 과실이 없음을 증명하지 못하는 이상 채무불이행책임을 부담한다. → 손해배상(전보배상), 해제(최고 불요)

③ 채무의 이행이 채무자에게 귀책사유 없이 불능하게 되면 그 채무는 소멸하여 채무자는 그 채무로부터 해방된다.[23] → 위험부담의 문제(제537조)로.

(4) 부동산의 이중양도와 이행불능

① 매수인에게 부동산의 소유권이전등기를 해줄 의무를 지는 매도인이 그 부동산에 관하여 다른 사람에게 이전등기를 마쳐 준 때에는 매도인이 그 부동산의 소유권에 관한 등기를 회복하여 매수인에게 이전등기해 줄 수 있는 특별한 사정이 없어야 비로소 매수인에 대한 소유권이전등기의무가 이행불능의 상태에 이르렀다고 할 수 있다.[24]

---

[22] 대법원 2017.08.29. 선고 2016다212524 판결.
[23] 다만, 채무자에게 귀책사유 있는 이행지체 중에 그 채무의 이행이 불가능하게 된 경우에는 이행불능 자체에 대한 채무자의 귀책사유가 요구되지 않고 채무자는 이행불능의 책임을 부담한다(제392조).
[24] 대법원 2010.04.29. 선고 2009다99129 판결.

② 부동산의 명의수탁자가 명의신탁이 해지된 후 그 명의신탁자 명의로 신탁해지에 따른 등기의 회복이 있기 전에 그 부동산을 제3자에게 매도하여 그에 따른 소유권이전등기가 제3자 명의로 경료된 경우에는 특별한 사정이 없는 한 위의 제3자는 명의신탁자에 앞서 보호되어야 할 것이므로 명의수탁자가 명의신탁자에 대하여 부담하고 있는 소유권이전등기의무는 이행불능상태에 있는 것이라고 보아야 할 것이고, 이러한 경우 이행불능으로 보지 않을 수 있는 특수사정의 유무에 관하여는 변론주의의 원칙상 당사자의 주장이 있어야 비로소 심판의 대상이 되는 것이다.[25]

③ 제3자 앞으로 소유권이전등기가 되어 피고의 소유권이전등기의무가 이행불능이라는 주장은 법원의 직권조사사항이 아니고 피고의 항변사항이다.

④ 주요사실에 대한 당사자의 불리한 진술인 자백이 성립하는 대상은 사실에 한하는 것이고 이러한 사실에 대한 법적 판단 내지 평가는 자백의 대상이 되지 아니한다 할 것인데, 이행불능에 관한 주장은 법률적 효과에 관한 진술을 한 것에 불과하고 사실에 관한 진술을 한 것이라고는 볼 수 없으므로 법원은 이에 구속되지 아니한다.[26]

⑤ 매매목적물에 대하여 가압류 또는 처분금지가처분 집행이 되어 있다고 하여 매매에 따른 소유권이전등기가 불가능한 것은 아니며, 이러한 법리는 가압류 또는 가처분집행의 대상이 매매목적물 자체가 아니라 매도인이 매매목적물의 원소유자에 대하여 가지는 소유권이전등기청구권 또는 분양권인 경우에도 마찬가지다. 그러나 매도인의 소유권이전등기청구권이 가압류되어 있거나 처분금지가처분이 있는 경우에는 그 가압류 또는 가처분의 해제를 조건으로 하여서만 소유권이전등기절차의 이행을 명받을 수 있는 것이어서, 매도인은 그 가압류 또는 가처분을 해제하지 아니하고서는 매도인 명의의 소유권이전등기를 마칠 수 없고, 따라서 매수인 명의의 소유권이전등기도 경료하여 줄 수 없다고 할 것이므로, 매도인이 그 가압류 또는 가처분 집행을 모두 해제할 수 없는 무자력의 상태에 있다고 인정되는 경우에는 매수인이 매도인의 소유권이전등기의무가 이행불능임을 이유로 매매계약을 해제할 수 있다.[27]

나. 이행불능으로 인한 대상청구

(1) 청구원인

> ☞ 요건사실
> ① 계약의 체결에 따른 채무자의 채무의 존재
> ② 위 채무의 이행이 불가능하게 된 사실
> ③ 채무자가 본래의 급부에 갈음하는 이득(대상)을 얻은 사실
> ④ 이행불능의 원인과 대상의 취득 간에 상당인과관계가 있는 사실

---

25) 대법원 1982.12.28. 선고 82다카984 판결.
26) 대법원 2009.04.09. 선고 2008다93384 판결.
27) 대법원 2006.06.16. 선고 2005다39211 판결.

(2) 항변(동시이행의 항변)

① 공평이 요구되는 대립하는 쌍방의 채무가 존재한다는 사실
② 채권자의 채무가 이행기에 도래한 사실

(3) 대상(代償)청구권

① 우리 민법은 이행불능의 효과로서 채권자의 전보배상청구권과 계약해제권 외에 별도로 대상청구권을 규정하고 있지 않으나 해석상 대상청구권을 부정할 이유가 없다.[28] 대상청구권은 급부가 불능으로 된 경우에 채무자가 그 이행불능을 원인으로 하여 취득한 이득(대상)의 이전을 구할 수 있는 채권자의 권리를 말한다.[29]

② 매매의 목적물이 화재로 소실됨으로써 채무자인 매도인의 매매목적물에 대한 인도의무가 이행불능이 되었다면, 채권자인 매수인은 화재사고로 매도인이 지급받게 되는 화재보험금, 화재공제금에 대하여 대상청구권을 행사할 수 있다.[30]

③ 채무자가 수령하게 되는 보상금이나 그 청구권에 대하여 채권자가 대상청구권을 가지는 경우에도 채권자는 채무자에 대하여 그가 지급받은 보상금의 반환을 청구하거나 채무자로부터 보상청구권을 양도받아 보상금을 지급받아야 할 것이나, 어떤 사유로 채권자가 직접 자신의 명의로 대상청구의 대상이 되는 보상금을 지급받았다고 하더라도 이로써 채무자에 대한 관계에서 바로 부당이득이 되는 것은 아니라고 보아야 할 것이다.[31]

④ 대상청구권은 공평의 관념에 입각하여 인정되는 권리로서 이행불능에 채무자의 귀책사유가 있을 것을 요하지 않는다.

⑤ 이행불능의 다른 효과와 달리 채무자는 쌍무계약에 따른 자신의 반대급부 이행의무를 그대로 부담하므로 채무자로서는 채권자의 대상청구에 대하여 동시이행의 항변권을 행사할 수 있다.

⑥ 불완전이행으로 손해가 발생한 경우 채무불이행책임 외에 담보책임(제580조)이 경합할 수 있다.[32]

---

[28] 대법원 2012.06.28. 선고 2010다71431 판결
[29] 소유권이전등기의무의 목적 부동산이 수용되어 그 소유권이전등기의무가 이행불능이 된 경우, 등기청구권자는 등기의무자에게 대상청구권의 행사로써 등기의무자가 지급받은 수용보상금의 반환을 구하거나 또는 등기의무자가 취득한 수용보상금청구권의 양도를 구할 수 있을 뿐 그 수용보상금청구권 자체가 등기청구권자에게 귀속되는 것은 아니다(대법원 1996.10.29. 선고 95다56910 판결).
[30] 대법원 2016.10.27. 선고 2013다7769 판결.
[31] 대법원 2002.02.08. 선고 99다23901 판결.
[32] 대법원 2004.07.22. 선고 2002다51586 판결 : 토지 매도인이 성토작업을 기화로 다량의 폐기물을 은밀히 매립하고 그 위에 토사를 덮은 다음 도시계획사업을 시행하는 공공사업시행자와 사이에서 정상적인 토지임을 전제로 협의취득절차를 진행하여 이를 매도함으로써 매수자로 하여금 그 토지의 폐기물처리비용 상당의 손해를 입게 하였다면 매도인은 이른바 불완전이행으로서 채무불이행으로 인한 손해배상책임을 부담하고, 이는 하자 있는 토지의 매매로 인한 민법 제580조 소정의 하자담보책임과 경합적으로 인정된다고 한 사례.

4 불완전이행 : 안전배려의무

가. 불완전이행

(1) 채무자의 주된 급부는 행하여지기는 하였으나 그것이 채무의 내용에 좇은 이행이 되지 못하는 경우.[33]

(2) 불완전이행이 행해진 경우 채권자는 채무자에 대하여 채무의 내용에 좇은 이행 즉 완전급부를 청구할 수 있다. 다른 요건을 갖추어 전보배상을 청구하거나 계약을 해제할 수 있다.

나. 안전배려의무

(1) 공중접객업인 숙박업을 경영하는 자가 투숙객과 체결하는 숙박계약은 숙박업자가 고객에게 숙박을 할 수 있는 객실을 제공하여 고객으로 하여금 이를 사용할 수 있도록 하고 고객으로부터 그 대가를 받는 일종의 일시사용을 위한 임대차계약으로서, 고객에게 위험이 없는 안전하고 편안한 객실 및 관련시설을 제공함으로써 고객의 안전을 배려하여야 할 보호의무를 부담하며 이러한 의무는 숙박계약의 특수성을 고려하여 신의칙상 인정되는 부수적인 의무로서 숙박업자가 이를 위반하여 고객의 생명, 신체를 침해하여 손해를 입힌 경우 불완전이행으로 인한 채무불이행책임을 부담한다. 이 경우 피해자로서는 구체적 보호의무의 존재와 그 위반 사실을 주장·입증하여야 하며 숙박업자로서는 통상의 채무불이행에 있어서와 마찬가지로 그 채무불이행에 관하여 자기에게 과실이 없음을 주장·입증하지 못하는 한 그 책임을 면할 수는 없다.[34]

(2) 사용자는 근로계약에 수반되는 신의칙상의 부수적 의무로서 피용자가 노무를 제공하는 과정에서 생명, 신체, 건강을 해치는 일이 없도록 인적·물적 환경을 정비하는 등 필요한 조치를 강구하여야 할 보호의무를 부담하고, 이러한 보호의무를 위반함으로써 피용자가 손해를 입은 경우 이를 배상할 책임이 있으나, 보호의무 위반을 이유로 사용자에게 손해배상책임을 인정하기 위하여는 특별한 사정이 없는 한 그 사고가 피용자의 업무와 관련성을 가지고 있을 뿐만 아니라 또한 그 사고가 통상 발생할 수 있다고 하는 것이 예측되거나 예측할 수 있는 경우라야 할 것이고, 그 예측가능성은 사고가 발생한 때와 장소, 사고가 발생한 경위 기타 여러 사정을 고려하여 판단하여야 한다.[35]

(3) 기획여행업자는 통상 여행 일반은 물론 목적지의 자연적·사회적 조건에 관하여 전문적 지식을 가진 자로서 우월적 지위에서 행선지나 여행시설의 이용 등에 관한 계약 내용을 일방

---

33) 매도인이 성토작업을 기화로 다량의 폐기물을 은밀히 매립하고 그 위에 토사를 덮은 다음 도시계획사업을 시행하는 공공사업시행자와 사이에서 정상적인 토지임을 전제로 협의취득절차를 진행하여 이를 매도함으로써 매수자로 하여금 그 토지의 폐기물처리비용 상당의 손해를 입게 하였다면 매도인은 이른바 불완전이행으로서 채무불이행으로 인한 손해배상책임을 부담하고, 이는 하자 있는 토지의 매매로 인한 민법 제580조 소정의 하자담보책임과 경합적으로 인정된다(대법원 2004.07.22. 선고 2002다51586 판결).
34) 대법원 2000.11.24. 선고 2000다38718,38725 판결.
35) 대법원 2006.09.28. 선고 2004다44506 판결.

적으로 결정하는 반면, 여행자는 그 안전성을 신뢰하고 기획여행업자가 제시하는 조건에 따라 여행계약을 체결하는 것이 일반적이다. 이러한 점을 감안할 때, 기획여행업자는 여행자의 생명·신체·재산 등의 안전을 확보하기 위하여 여행목적지·여행일정·여행행정·여행서비스기관의 선택 등에 관하여 미리 충분히 조사·검토하여 여행계약 내용의 실시 도중에 여행자가 부딪칠지 모르는 위험을 미리 제거할 수단을 강구하거나, 여행자에게 그 뜻을 고지함으로써 여행자 스스로 그 위험을 수용할지 여부에 관하여 선택할 기회를 주는 등의 합리적 조치를 취할 신의칙상의 안전배려의무를 부담하며, 기획여행업자가 사용한 여행약관에서 그 여행업자의 여행자에 대한 책임의 내용 및 범위 등에 관하여 규정하고 있다면 이는 위와 같은 안전배려의무를 구체적으로 명시한 것으로 보아야 한다.

(4) 운동경기에 참가하는 자는 자신의 행동으로 인하여 다른 경기자 등이 다칠 수도 있으므로, 경기규칙을 준수하면서 다른 경기자 등의 생명이나 신체 안전을 확보하여야 할 신의칙상 주의의무인 안전배려의무를 부담한다. 그런데 권투나 태권도 등과 같이 상대선수에 대한 가격이 주로 이루어지는 형태의 운동경기나 다수 선수들이 한 영역에서 신체적 접촉을 통하여 승부를 이끌어내는 축구나 농구와 같은 형태의 운동경기는 신체접촉에 수반되는 경기 자체에 내재된 부상 위험이 있고, 그 경기에 참가하는 자는 예상할 수 있는 범위 내에서 위험을 어느 정도 감수하고 경기에 참가하는 것이므로, 이러한 유형의 운동경기에 참가한 자가 앞서 본 주의의무를 다하였는지는 해당 경기의 종류와 위험성, 당시 경기진행 상황, 관련 당사자들의 경기규칙 준수 여부, 위반한 경기규칙이 있는 경우 규칙의 성질과 위반 정도, 부상 부위와 정도 등 제반 사정을 종합적으로 고려하여 판단하되, 그 행위가 사회적 상당성의 범위를 벗어나지 않았다면 이에 대하여 손해배상책임을 물을 수 없다.36)

5 손해배상의 범위

[참고] 손해배상제도의 민법 체계상 위치37)

> 1. 권리침해에 대한 구제수단
> (1) **물권적 청구권** : 소유물반환청구권(제213조), 소유물방해제거청구권, 방해예방청구권(제214조). 소유권이 객관적으로 침해되고 있다는 사정만에 기하여 상대방의 과실 유무나, 소유자의 손해 여부에 불구하고 소유자는 침해자에 대하여 물권적 청구권을 행사할 수 있다. 물권적 청구권의 대상은 대상에 대한 배타적 지배가 그 내용인 권리, 즉, 물권, 지식재산권, 인격적 법익 등이 침해된 경우에만 부여된다.
> (2) **손해배상청구권** : 불법행위로 인한 손해배상청구권은 가해자에게 고의 또는 과실이 있어야 하고, 피해자에게 손해가 있어야 한다. 손해배상은 권리 또는 법익의 침해에 대하여 장차 그러한 침해가 일어나지 않도록 그 원인을 제거하는 것이 아니라 원칙적으로 과거의 침해행위로 피해자에게 발생한 손해를 메꾸어 주는 것을 내용으로 한다. 채무불이행으로 인한 손해배상청구권은 채무자의 귀책사유가 부인

---

36) 대법원 2011.12.8. 선고 2011다66849,66856 판결.
37) 양창수/김재형, 「민법Ⅰ 계약법」,(제2판), p.437 이하 참조.

되지 않는 한 일반적으로 인정된다. 손해배상청구권은 권리침해에 대하여 권리내용의 실질적인 실현을 추구하는 기능을 한다.
(3) 부당이득반환청구권 : 침해이득반환청구권은 손해배상청구권과 같이 권리침해 자체를 배제하는 것은 아니고 권리침해로 인하여 발생한 부당한 재산이동을 교정하는 것이다. 그러나 손해배상청구권과 달리 침해자의 고의 또는 과실이 요구되지 않고, 권리 또는 법익의 주체에게 생긴 손해를 메꾸어 주는 것이 아니라 침해자가 얻은 이익의 반환을 내용으로 한다.

2. 채권관계의 전개과정에서의 손해배상청구권
(1) 채무자가 채무를 이행하지 아니할 때에는 채권자는 채무자에게 그 채무불이행에 대한 귀책사유가 있는지 여부를 불문하고 강제이행을 청구할 수 있고, 채무불이행으로 말미암아 채권자가 입은 손해는 채무자가 자신에게 귀책사유가 없음을 증명하지 못하는 한 채무자에 의하여 배상되어야 한다.
(2) 채무의 이행이 불가능한 경우에는 강제이행은 무의미하고, 채권자는 이행에 갈음하는 손해배상(전보배상)으로 자신의 이익을 확보할 수밖에 없다. 물론 이때에 채무자가 자신에게 귀책사유가 없음을 증명하면 채권자는 그러한 내용의 손해배상청구를 할 수 없으며 결국 이 경우 채권은 소멸하고 채무자는 채무를 면한다. 다만 그 채권이 쌍무계약으로부터 발생한 것인 때에는 위험부담의 문제가 생긴다.
(3) 채무이행이 가능한 경우에도 채권자가 원래의 급부를 취득하는 데 더 이상 관심이 없거나 그에 이익을 가지지 않을 경우 채권자는 원래의 급부의 수령을 거절하고 이행에 갈음한 손해배상을 청구할 수도 있다(제395조).

가. 손해배상 일반론

(1) 채무불이행책임의 본체는 손해배상과 계약해제이다. 손해는 권리 또는 법익에 받은 불이익으로 피해자의 현재의 재산 상태와 가해원인이 없었다면 존재하였을 그의 가정적인 재산 상태의 차액을 말한다(차액설).

(2) 손해배상법의 원칙
① 전보원칙 : 손해배상법은 피해자에게 생긴 법익상의 불이익을 메꾸어 주는 것을 목표로 한다.
② 배상의 범위는 원칙적으로 통상의 손해를 그 한도로 한다(제한배상주의).
③ 금전배상주의(제394조)

(3) 손해배상문제에 대한 사고의 단계
① 채무불이행으로 인하여 채권자에게 손해가 발생하였음이 인정되어야 한다(손해가 있는지 여부, 채무불이행과 손해발생 사이의 인과관계).
② 배상되어야 할 손해의 범위가 획정되어야 한다.
③ 구체적 손해의 범위(손해액)는 금전으로 환산·평가되어야 한다.

나. 손해배상의 범위

(1) 통상손해
① 민법 제393조 제1항의 통상손해는 특별한 사정이 없는 한 그 종류의 채무불이행이 있으면

사회일반의 거래관념 또는 경험칙에 비추어 통상 발생하는 것으로 생각되는 범위의 손해를 말하고, 제2항의 특별한 사정으로 인한 손해는 당사자들의 개별적, 구체적 사정에 따른 손해를 말한다.
② 매매계약의 이행불능으로 인한 전보배상책임의 범위는 이행불능 당시의 매매목적물의 시가 상당액이 통상의 손해에 해당한다.
③ 물건의 인도의무의 이행지체를 이유로 한 손해배상의 경우 일반적으로 그 물건을 사용·수익함으로써 얻을 수 있는 이익 즉, 그 물건의 임료상당액이 통상의 손해이다.
④ 불법행위로 인하여 물건이 훼손·멸실된 경우 그로 인한 손해는 원칙적으로 훼손·멸실 당시의 수리비나 교환가격을 통상의 손해로 보아야 하되, 건물이 훼손되어 수리가 불가능한 경우에는 그 상태로 사용이 가능하다면 그로 인한 교환가치의 감소분이, 사용이 불가능하다면 그 건물의 교환가치가 통상의 손해일 것이고, 수리가 가능한 경우에는 그 수리에 소요되는 수리비가 통상의 손해일 것이나, 훼손된 건물을 원상으로 회복시키는 데 소요되는 수리비가 건물의 교환가치를 초과하는 경우에는 그 손해액은 형평의 원칙상 그 건물의 교환가치 범위 내로 제한되어야 한다.38)
⑤ 영업용 차량이 사고로 인하여 파손되어 그 유상교체나 수리를 위하여 필요한 기간 동안 그 차량에 의한 영업을 할 수 없었던 경우에는 영업을 계속했더라면 얻을 수 있었던 수익상실은 통상의 손해로 인정되어야 한다.39)
⑥ 사고로 자동차의 골격 부위가 파손되는 등 중대한 손상이 발생했다면 이에 따른 자동차 시세하락 손해(격락손해)는 통상손해로 본다.40)

(2) 특별한 사정으로 인한 손해

① 채무불이행자 또는 불법행위자는 특별한 사정의 존재를 알았거나 알 수 있었으면 그러한 특별사정으로 인한 손해를 배상하여야 할 의무가 있는 것이고, 그러한 특별한 사정에 의하여 발생한 손해의 액수까지 알았거나 알 수 있었어야 하는 것은 아니다41)
② 토지 매도인의 소유권이전등기의무가 이행불능상태에 이른 경우, 매도인이 매수인에게 배상하여야 할 통상의 손해배상액은 그 토지의 채무불이행 당시의 교환가격이나, 만약 그 매도인이 매매 당시 매수인이 이를 매수하여 그 위에 건물을 신축할 것이라는 사정을 이미 알고 있었고 매도인의 채무불이행으로 인하여 매수인이 신축한 건물이 철거될 운명에 이르렀다면, 그 손해는 적어도 특별한 사정으로 인한 것이고, 나아가 매도인은 이러한 사정을 알고 있었으므로 위 손해를 배상할 의무가 있다.42)

---

38) 대법원 1999.01.26. 선고 97다39520 판결.
39) 대법원 1990.08.14. 선고 90다카7569 판결.
40) 대법원 2016다2488062 판결 : 격락손해를 통상손해로 보게 되면 별다른 증명 없이도 가해 차량의 보험사로부터 보상을 받을 수 있지만, 특별손해로 보게 되면 가해 차량 운전자가 사고 당시 피해 차량에 격락손해가 발생할 것이라는 점을 예견가능했다는 것이 증명돼야만 배상을 받을 수 있다(법률신문 2017. 6. 1.자).
41) 대법원 2007.06.28. 선고 2007다12173 판결.
42) 대법원 1992.08.14. 선고 92다2028 판결.

③ 일반적으로 계약상 채무불이행으로 인하여 재산적 손해가 발생한 경우, 그로 인하여 계약 당사자가 받은 정신적인 고통은 재산적 손해에 대한 배상이 이루어짐으로써 회복된다고 보아야 할 것이므로, 재산적 손해의 배상만으로는 회복될 수 없는 정신적 고통을 입었다는 특별한 사정이 있고, 상대방이 이와 같은 사정을 알았거나 알 수 있었을 경우에 한하여 정신적 고통에 대한 위자료를 인정할 수 있다.[43]

(3) 통상손해와 특별사정으로 인한 손해(특별손해)구별기준

① 통상손해의 경우 채권자는 채무불이행사실과 손해발생 사이의 자연적 인과관계의 존재와 손해의 존재만을 증명하면 된다. 그런데, 특별사정 손해는 채무자 내지 가해자에 의한 예견가능성이 있었는지에 대한 증명이 요구된다. 통상손해와 특별손해의 구별이 애매한 경우에는 특별사정손해로 파악하는 것이 합리적이다. 구체적으로 거래당사자의 직업(상인인지 여부), 거래의 형태, 목적물의 종류(상품, 부동산 등), 양 등의 사정을 종합하여 그러한 손해발생을 예견하기가 용이한 지의 여부에 의해 특별손해 여부가 결정되어야 할 것이다.

② 특별손해는 채무불이행에 의해 보통의 경우에는 발생하지 않을 우연적 손해라 할 수 있다. 특별손해의 경우 예견의 대상이 되는 것은 특별한 '사정'이지 특별한 사정에 따른 '손해'가 아니다. 그 '예견가능성'의 판단기준 시기에 대해 판례는 '채무불이행시'를 기준으로 그 예견가능성 유무를 판단한다.

6 과실상계와 손익상계

가. 과실상계

> ☞ 요건사실 : 채권자의 과실이 채무불이행에 관하여 있을 것

(1) 채무불이행에 관하여 채권자에게 과실이 있는 경우 손해배상책임의 유무 및 배상액을 정함에 있어 이를 참작하는 것. 과실상계에서 말하는 '과실'은 약한 의미의 부주의를 말한다. 과실상계사유의 존부에 관하여 직권으로 심리·판단하여야 하고 당사자의 주장을 기다릴 것이 아니다.

(2) 일개의 손해배상청구권 중 일부가 소송상 청구되어 있는 경우에 과실상계를 함에 있어서는 손해의 전액에서 과실비율에 의한 감액을 하고 그 잔액이 청구액을 초과하지 않을 경우에는 그 잔액을 인용할 것이고 잔액이 청구액을 초과할 경우에는 청구의 전액을 인용하는 것으로 해석하여야 할 것이며, 이와 같이 풀이하는 것이 일부청구를 하는 당사자의 통상적 의사라고 할 것이고, 이러한 방식에 따라 원고의 청구를 인용한다고 하여도 처분권주의에 위배되는 것이라고 할 수는 없다.[44]

---

[43] 대법원 2007.12.13. 선고 2007다18959 판결.
[44] 대법원 2008.12.24. 선고 2008다51649 판결. 채무자가 채권자에 대하여 채무불이행으로 인한 손해배상책임을 지는 경우 채권자에게도 채무불이행에 관한 과실이 있다면 특별한 사정이 없는 한 법원으로서는 채무자의 손해

나. 손익상계

(1) 채무불이행이나 불법행위 등이 채권자 또는 피해자에게 손해를 생기게 하는 동시에 이익을 가져다 준 경우에는 공평의 관념상 그 이익은 당사자의 주장을 기다리지 아니하고 손해를 산정함에 있어서 공제되어야만 하는 것이다.[45]

(2) 손해배상액의 산정에 있어 손익상계가 허용되기 위해서는 손해배상책임의 원인이 되는 행위로 인하여 피해자가 새로운 이득을 얻었을 뿐만 아니라 그 이득은 배상의무자가 배상하여야 할 손해의 범위에 대응하는 것이어야 한다.[46]

(3) 교통사고의 피해자가 가해자가 가입한 자동차보험회사로부터 치료비를 지급받은 경우 그 치료비 중 피해자의 과실비율에 상당하는 부분은 가해자의 손해배상액에서 공제되어야 한다.[47]

(4) 채무자가 채권자에 대하여 채무불이행으로 인한 손해배상책임을 지는 경우에 있어서 채권자에게 과실이 있거나 손해부담의 공평을 기하기 위한 필요가 있는 때에는 채무자의 책임을 제한할 수 있고, 다만 고의로 채무불이행을 야기한 채무자가 채권자의 부주의를 이유로 자신의 책임을 감하여 달라고 주장하는 것은 원칙적으로 허용될 수 없으나, 이는 채무자로 하여금 채무불이행으로 인한 이익을 최종적으로 보유하게 하는 것이 공평의 이념이나 신의칙에 반하는 결과를 초래하기 때문이므로, 위와 같은 결과가 초래되지 않는 경우에는 과실상계나 공평의 원칙에 기한 책임의 제한은 얼마든지 가능하다.[48]

7 손익상계와 과실상계의 순서

(1) 채권자에게 손익상계사유가 있는 경우에는 먼저 과실상계를 한 후에 손익상계를 하여야 한다.[49]

(2) 산업재해보상보험법 또는 국민건강보험법에 따라 보험급여를 받은 피해자가 제3자에 대하여 손해배상청구를 할 경우 그 손해발생에 피해자의 과실이 경합된 때에는 먼저 산정된 손해액에서 과실상계를 한 다음 거기에서 보험급여를 공제하여야 하는바, 피해자 스스로 보험급여를 공제하고 손해배상청구를 한 경우에도 위 과실상계의 대상이 되는 손해액에는 보험급여가 포함되어야 한다.[50]

배상책임의 범위를 정할 때 이를 참작하여야 하지만, **예외적으로** 고의에 의한 채무불이행으로서 채무자가 계약 체결 당시 채권자가 계약 내용의 중요 부분에 관하여 착오에 빠진 사실을 알면서도 이를 이용하거나 이에 적극 편승하여 계약을 체결하고 그 결과 채무자가 부당한 이익을 취득하게 되는 경우 등과 같이 채무자로 하여금 채무불이행으로 인한 이익을 최종적으로 보유하게 하는 것이 공평의 이념이나 신의칙에 반하는 결과를 초래하는 경우에는 채권자의 과실에 터 잡은 채무자의 과실상계 주장을 허용하여서는 안 된다(대법원 2014.07.24. 선고 2010다58315 판결).

45) 대법원 2009.12.10. 선고 2009다54706 판결.
46) 대법원 2011.04.28. 선고 2009다98652 판결.
47) 대법원 2002.09.04. 선고 2001다80778 판결.
48) 대법원 2008.05.15. 선고 2007다37721 판결.
49) 대법원 2008.05.15. 선고 2007다37721 판결.

> 〈참고판례〉 손해보험의 보험사고에 관하여 동시에 불법행위나 채무불이행에 기한 손해배상책임을 지는 제3자가 있어 피보험자가 그를 상대로 손해배상청구를 하는 경우에, 피보험자가 손해보험계약에 따라 보험자로부터 수령한 보험금은 보험계약자가 스스로 보험사고의 발생에 대비하여 그 때까지 보험자에게 납입한 보험료의 대가적 성질을 지니는 것으로서 제3자의 손해배상책임과는 별개의 것이므로 이를 그의 손해배상책임액에서 공제할 것이 아니다.
> 따라서 위와 같은 피보험자는 보험자로부터 수령한 보험금으로 전보되지 않고 남은 손해에 관하여 제3자를 상대로 그의 배상책임(다만 과실상계 등에 의하여 제한된 범위내의 책임이다. 이하 같다)을 이행할 것을 청구할 수 있는바, 전체 손해액에서 보험금으로 전보되지 않고 남은 손해액이 제3자의 손해배상책임액보다 많을 경우에는 제3자에 대하여 그의 손해배상책임액 전부를 이행할 것을 청구할 수 있고, 위 남은 손해액이 제3자의 손해배상책임액보다 적을 경우에는 그 남은 손해액의 배상을 청구할 수 있다. 후자의 경우에 제3자의 손해배상책임액과 위 남은 손해액의 차액 상당액은 보험자대위에 의하여 보험자가 제3자에게 이를 청구할 수 있다(상법 제682조).[51]

〈쟁점〉 손해보험의 보험사고에 관하여 동시에 불법행위나 채무불이행에 기한 손해배상책임을 지는 제3자가 있어 피보험자가 그를 상대로 손해배상청구를 하는 경우에 피보험자가 손해보험계약에 따라 보험자로부터 수령한 보험금을 제3자의 손해배상책임액에서 공제할 것인지 여부

〈예〉 A가 B의 불법행위로 100만 원의 손해를 입고 A가 가입한 손해보험의 보험자로부터 60만 원의 보험금을 받은 후 B에게 나머지 40만 원의 손해배상청구를 하였는데, 과실상계에 의하여 B의 책임이 70%로 제한되어 B의 손해배상책임액이 70만 원으로 인정되는 경우, A는 ① B의 손해배상책임액 범위 내에서 보험금으로 전보되지 아니한 나머지 40만 원의 배상을 청구할 수 있는지, ② B의 손해배상책임액에서 보험금을 공제한 10만 원(= 70만 원 - 60만 원)의 배상을 청구할 수 있는지의 문제에 관하여 대법원 전원합의체 판결은 ①의 견해를 따랐음.

---

50) 대법원 2010.07.15. 선고 2010다2428 판결.
51) 대법원 2015.01.12. 선고 2014다46211 전원합의체 판결은 손해보험의 보험사고에 관하여 동시에 채무불이행에 기한 손해배상책임을 지는 제3자가 있어 그의 피보험자에 대한 손해배상액을 산정할 경우에 과실상계 등에 의하여 제한된 그의 손해배상책임액에서 위 보험금을 공제하여야 한다는 취지로 판시한 대법원 2009.04.09. 선고 2008다27721 판결 등은 이 판결의 견해에 배치되는 범위 내에서 변경하였다.

⟨補論⟩ 반사회적 이중양도와 실체법, 절차법의 제 문제

1 부동산 이중매매 緒論

민사거래에서 반사회적 이중매매 내지 이중양도의 사례를 종종 만날 수 있다. 예컨대, 甲이 자기 소유의 토지를 乙에게 매도하였으나 乙 앞으로 소유권이전등기가 마쳐지기 전에 다시 丙에게 매도하는 경우와 같이 부동산 매도인이 순차적으로 제1매수인 乙에 이어 제2의 매수인 丙과 별개의 매매계약을 체결하는 것을 부동산의 이중매매라고 한다. 부동산 가격이 상승하는 상황에서 이러한 사태가 발생할 개연성이 높다. 알고 보면 매도인이나 매수인이나 모두 이기적인 인간들이다. 매도인은 돈을 많이 주는 사람에게 부동산을 팔기를 원하고 매수인은 원래의 계약대로 부동산을 취득하여 값을 올려 되팔기(전매)를 원할 수도 있다.

부동산 이중매매의 경우 민사법의 영역뿐만 아니라 형사법의 영역에서도 배임죄와 관련하여 문제가 되나,[1] 여기서는 민사적 영역 그 중에서도 실체법과 절차법의 관점 특히 기판력과 관계에서

---

[1] 주지하는 바와 같이 대법원 전원합의체판결은 부동산 매도인이 중도금을 받은 이후의 단계에서 이중매매를 한 경우 배임죄가 된다는 입장이나 동산 이중매매의 경우에는 배임죄가 되지 않는다는 입장이다.
⟨부동산 이중매매의 경우⟩ 부동산 매매계약에서 계약금만 지급된 단계에서는 어느 당사자나 계약금을 포기하거나 그 배액을 상환함으로써 자유롭게 계약의 구속력에서 벗어날 수 있다. 그러나 중도금이 지급되는 등 계약이 본격적으로 이행되는 단계에 이른 때에는 계약이 취소되거나 해제되지 않는 한 매도인은 매수인에게 부동산의 소유권을 이전해 줄 의무에서 벗어날 수 없다. 따라서 이러한 단계에 이른 때에 매도인은 매수인에 대하여 매수인의 재산보전에 협력하여 재산적 이익을 보호·관리할 신임관계에 있게 된다. 그때부터 매도인은 배임죄에서 말하는 '타인의 사무를 처리하는 자'에 해당한다고 보아야 한다. 그러한 지위에 있는 매도인이 매수인에게 계약 내용에 따라 부동산의 소유권을 이전해 주기 전에 그 부동산을 제3자에게 처분하고 제3자 앞으로 그 처분에 따른 등기를 마쳐 준 행위는 매수인의 부동산 취득 또는 보전에 지장을 초래하는 행위이다. 이는 매수인과의 신임관계를 저버리는 행위로서 배임죄가 성립한다(대법원 2018.05.17. 선고 2017도4027 전원합의체 판결).
⟨동산 이중매매의 경우⟩ 매매와 같이 당사자 일방이 재산권을 상대방에게 이전할 것을 약정하고 상대방이 그 대금을 지급할 것을 약정함으로써 그 효력이 생기는 계약의 경우(민법 제563조), 쌍방이 그 계약의 내용에 좇은 이행을 하여야 할 채무는 특별한 사정이 없는 한 '자기의 사무'에 해당하는 것이 원칙이다. 매매의 목적물이 동산일 경우, 매도인은 매수인에게 계약에 정한 바에 따라 그 목적물인 동산을 인도함으로써 계약의 이행을 완료하게 되고 그때 매수인은 매매목적물에 대한 권리를 취득하게 되는 것이므로, 매도인에게 자기의 사무인 동산인도채무 외에 별도로 매수인의 재산의 보호 내지 관리 행위에 협력할 의무가 있다고 할 수 없다. 동산매매계약에서의 매도인은 매수인에 대하여 그의 사무를 처리하는 지위에 있지 아니하므로, 매도인이 목적물을 매수인에게 인도하지 아니하고 이를 타에 처분하였다 하더라도 형법상 배임죄가 성립하는 것은 아니다(대법원 2011.01.20. 선고 2008도10479 전원합의체 판결).
⟨부동산 이중저당의 경우⟩ 채무자가 금전채무를 담보하기 위한 저당권설정계약에 따라 채권자에게 그 소유의 부동산에 관하여 저당권을 설정할 의무를 부담하게 되었다고 하더라도, 이를 들어 채무자가 통상의 계약에서 이루어지는 이익대립관계를 넘어서 채권자와의 신임관계에 기초하여 채권자의 사무를 맡아 처리하는 것으로 볼 수 없다. 채무자가 저당권설정계약에 따라 채권자에 대하여 부담하는 저당권을 설정할 의무는 계약에 따라 부담하게 된 채무자 자신의 의무이다. 채무자가 위와 같은 의무를 이행하는 것은 채무자 자신의 사무에 해당할 뿐이므로, 채무자를 채권자에 대한 관계에서 '타인의 사무를 처리하는 자'라고 할 수 없다. 따라서 채무자가 제3자에게 먼저 담보물에 관한 저당권을 설정하거나 담보물을 양도하는 등으로 담보가치를 감소 또는 상실시켜 채권자의 채권실현에 위험을 초래하더라도 배임죄가 성립한다고 할 수 없다. 위와 같은 법리는, 채무자가 금전채무에 대한 담보로 부동산에 관하여 양도담보설정계약을 체결하고 이에 따라 채권자에게 소유권이전등기를 해 줄 의무가 있음에도 제3자에게 그 부동산을 처분한 경우에도 적용된다(대법원 2020.06.18. 선고 2019도14340 전원합의체 판결).

당사자 사이의 법률관계를 살펴보기로 한다.2)

판례는 부동산 이중매매의 경우 제2매수인이 매도인의 이중매매라고 하는 배임행위에 적극가담한 경우에는 제2의 매도행위는 사회질서 위반이 되어 이를 무효로 보고 있다. 적극가담의 형태는 제2매수인이 앞서 있었던 제1의 매매를 알고 있었고, 아울러 제2매수인이 매도인에게 이중매매를 할 것을 여러 가지 이유를 들어 적극 권유 내지 교사한 경우이다. 따라서 제2매수인이 단순히 제1매매가 이미 있었다는 사실은 안 것만 가지고는 무효가 되지 않는다.

"어떠한 부동산에 관하여 소유자가 양도의 원인이 되는 매매 기타의 계약을 하여 일단 소유권 양도의 의무를 짐에도 다시 제3자에게 매도하는 등으로 같은 부동산에 관하여 소유권 양도의 의무를 이중으로 부담하고 나아가 그 의무의 이행으로, 그러나 제1의 양도채권자에 대한 양도의무에 반하여, 소유권의 이전에 관한 등기를 그 제3자 앞으로 경료함으로써 이를 처분한 경우에, 소유자의 그러한 제2의 소유권양도의무를 발생시키는 원인이 되는 매매 등의 계약이 소유자의 위와 같은 의무위반행위를 유발시키는 계기가 된다는 것만을 이유로 이를 공서양속에 반하여 무효라고 할 것이 아님은 물론이다.

그것이 공서양속에 반한다고 하려면, 다른 특별한 사정이 없는 한 상대방에게도 그러한 무효의 제재, 보다 실질적으로 말하면 나아가 그가 의도한 권리취득 자체의 좌절을 정당화할 만한 책임귀속사유가 있어야 한다. 제2의 양도채권자에게 그와 같은 사유가 있는지를 판단함에 있어서는, 그가 당해 계약의 성립과 내용에 어떠한 방식으로 관여하였는지(당원의 많은 재판례가 이 문제와 관련하여 제시한 '소유자의 배임행위에 적극 가담하였는지' 여부라는 기준은 대체로 이를 의미한다)를 일차적으로 고려할 것이고, 나아가 계약에 이른 경위, 약정된 대가 등 계약내용의 상당성 또는 특수성, 그와 소유자의 인적 관계 또는 종전의 거래상태, 부동산의 종류 및 용도, 제1양도채권자의 점유 여부 및 그 기간의 장단과 같은 이용현황, 관련 법규정의 취지·내용 등과 같이 법률행위가 공서양속에 반하는지 여부의 판단에서 일반적으로 참작되는 제반 사정을 여기서도 종합적으로 살펴보아야 할 것이다.

그리고 법률행위로 인한 부동산물권변동에 등기를 요구하는 민법 제186조의 입법취지 등에 비추어 보면, 제2의 양도채권자가 소유자가 같은 부동산에 대하여 이미 다른 사람에 대하여 소유권 양도의무를 지고 있음을 그 채권 발생의 원인이 되는 계약 당시에 알고 있었다는 것만으로 당연히

---

2) 제3자의 채권침해의 경우 대부분의 학설은 채권의 상대성을 인정하면서도 제3자에 의하여 채권의 실현이 침해 또는 방해되는 경우가 발생하는 것을 인정하고 이때에는 위법성이 있는 경우 한정적으로 불법행위가 성립한다고 본다. 판례는 제3자에 의한 채권침해가 불법행위로 인정되는 경우 그 위법성 판단기준을 마련하여 불법행위 성립 요건의 법리를 확고히 하고 있다. "일반적으로 채권에 대하여는 배타적 효력이 부인되고 채권자 상호간 및 채권자와 제3자 사이에 자유경쟁이 허용되는 것이어서 제3자에 의하여 채권이 침해되었다는 사실만으로 바로 불법행위로 되지는 않는 것이지만, 거래에 있어서의 자유경쟁의 원칙은 법질서가 허용하는 범위 내에서의 공정하고 건전한 경쟁을 전제로 하는 것이므로, 제3자가 채권자를 해한다는 사정을 알면서도 법규에 위반하거나 선량한 풍속 또는 사회질서에 위반하는 등 위법한 행위를 함으로써 채권자의 이익을 침해하였다면 이로써 불법행위가 성립한다고 하지 않을 수 없고, 여기에서 채권침해의 위법성은 침해되는 채권의 내용, 침해행위의 태양, 침해자의 고의 내지 해의의 유무 등을 참작하여 구체적, 개별적으로 판단하되, 거래자유 보장의 필요성, 경제·사회정책적 요인을 포함한 공공의 이익, 당사자 사이의 이익균형 등을 종합적으로 고려하여야 한다."(대법원 2003.03.14. 선고 2000다32437 판결)

위와 같은 책임귀속이 정당화될 수는 없다."3)

부동산 이중매매(양도)의 반사회성 요건을 엄격히 판단하려는 판례의 취지는 충분히 이해된다. 배임행위 적극가담의 이중매매는 절대적 무효이므로 제2매수인이 부동산을 제3자에게 이전한 경우에도 제1매수인은 등기의 말소를 구할 수 있게 되어 거래안전에 위협이 되고 과연 등기를 태만히 한 제1매수인을 과도하게 보호하는 것이 적절한지는 의문이 있다.4)

한편, 판례는 제1매수인은 아직 목적물의 소유권을 취득하지 못하였으므로 직접 제2매수인의 이전등기에 대한 말소를 구할 수 없고 매도인을 대위하여서만 그 말소를 구할 수 있고, 제2매수인의 등기가 원인무효로 된 경우 제2매수인으로부터 목적물을 전득한 자는 그가 선의인 때에도 등기의 공신력이 인정되지 않는 이상 보호받지 못한다고 한다.

"매도인의 매수인에 대한 배임행위에 가담하여 증여를 받아 이를 원인으로 소유권이전등기를 경료한 수증자에 대하여 매수인은 매도인을 대위하여 위 등기의 말소를 청구할 수는 있으나 직접 청구할 수는 없다는 것은 형식주의 아래서의 등기청구권의 성질에 비추어 당연하다."5)

"부동산의 매수인이 매도인의 배임행위에 적극 가담하여 그 매매계약이 반사회적 법률행위에 해당하는 경우에는 매매계약은 절대적으로 무효이므로, 당해 부동산을 매수인으로부터 다시 취득한 제3자는 설사 매수인이 당해 부동산의 소유권을 유효하게 취득한 것으로 믿었다고 하더라도 매매계약이 유효하다고 주장할 수 없는 것이며, 이러한 법리는 담보권설정계약에서도 마찬가지라 할 것이다."6)

2 부동산 이중매매의 법률관계

다음과 같은 사례를 통하여 부동산 이중매매에서 생길 수 있는 실체법 및 절차법상의 제반 문제점을 스크린 해보자. 부동산 이중매매의 경우 매도인과 제1매수인과의 관계, 매도인과 제2매수인과의 관계, 제1매수인과 제2매수인과의 관계를 정확하게 포착할 필요가 있다.

〈사례 1〉 甲은 2020. 2. 1. 매도인 乙과 乙 소유의 X 토지에 관하여 매매대금을 1억 원으로 한 부동산매매계약(이하 '제1 매매계약')을 체결한 후 매매대금의 계약금과 중도금을 지급하고 위 토지를 인도받았다. 이 상태에서 부동산가격이 폭등하자 乙은 2020. 3. 1. 다시 丙과 위 토지에 관한 매매계약(이하 '제2 매매계약')을 체결하였다.
1. 제1 매매계약의 매수인 甲과 제2 매매계약의 매수인 丙의 매도인 乙에 대한 지위는 어떠한가? 乙은 일방적으로 甲에게 제1매매계약을 해제한다고 문자메시지로 통보하였다면 乙의 甲에 대한 해제통보는 유효한가?

---

3) 대법원 2009.09.10. 선고 2009다23283 판결.
4) 제1매수인으로서는 매도인에 대한 처분금지가처분 등을 통하여 자신의 권리를 확보해둘 필요가 있다.
5) 대법원 1983.04.26. 선고 83다카57 판결.
6) 대법원 2008.03.27. 선고 2007다82875 판결.

위와 같은 이중매매의 상태에서 乙은 甲에 대하여 이행불능 또는 이행지체의 채무불이행책임을 지는가? 불법행위책임을 지는가? 甲은 乙에 대하여 대상청구권을 행사할 수 있는가?
2. 丙이 먼저 X 토지에 관하여 소유권이전등기를 마친 후 甲을 상대로 X 토지의 인도를 구한 경우 甲은 어떻게 해야 하는가? 甲이 乙을 상대로 제1 매매계약에 기한 소유권이전등기청구의 소를 제기한 경우는 어떠한가?
3. 甲은 2020. 4. 1. 乙을 상대로 X 토지에 관하여 2020. 2. 1. 매매를 원인으로 하는 소유권이전등기절차이행청구의 소를 제기하였다. 이 소송에서 2020. 5. 15. 변론이 종결되고 같은 해 6. 1. 甲 승소판결이 선고되어 그 판결이 6. 20. 확정되었다. 그런데 丙이 같은 해 6. 25. 乙로부터 X 토지를 매수하기로 계약하고 같은 해 7. 5. X 토지에 관하여 자신의 명의로 위 매매를 원인으로 하는 소유권이전등기를 마쳤다.
甲은 위 확정판결을 집행권원으로 하여 丙을 상대로 X 토지에 관한 소유권이전등기를 할 수 있는가?
4. 甲이 乙을 상대로 제기한 소유권이전등기절차 이행청구소송(이하 '전소')에서 승소 확정판결을 받아 이를 집행권원으로 하여 甲 앞으로 X 토지에 관하여 소유권이전등기를 마쳤다.
乙이 甲을 상대로 **주위적으로는** "2020. 2. 1.자 매매계약이 사회질서에 위반된 법률행위(민법 제103조)에 해당하므로 甲의 소유권이전등기는 원인무효이다"라고 주장하면서 소유권이전등기말소를 구하고, **예비적으로는** 위 매매계약이 유효인 경우 매매잔대금 5,000만 원의 지급을 구하는 소(이하 '후소')를 제기하였다.
이에 대하여 甲이 "乙의 청구는 모두 확정판결 기판력에 저촉된다."고 주장하였다면 법원은 위와 같은 甲의 주장에 관하여 어떻게 판단하여야 할 것인가?
5. 丙은 乙이 甲과 제1매매계약을 체결하고 계약금과 중도금을 지급받은 사실을 알면서 모든 문제는 자기가 알아서 책임을 질 테니 X 토지를 자기에게 팔라고 적극 권유하여 乙과 제2매매계약을 체결하고 丙 앞으로 소유권이전등기를 마쳤다.
그 후 丙은 丁과 매매계약을 체결하고 丁 앞으로 X 토지에 관하여 소유권이전등기를 마쳤다. 甲은 누구를 상대로 어떠한 권리를 행사할 수 있는가?
6. 제2매매계약이 반사회질서의 법률행위로서 무효라고 한다면 이에 기하여 이루어진 丙 명의의 소유권이전등기는 불법원인급여(민법 제746조)에 해당하여 乙은 丙에게 위 등기의 말소를 구할 수 없고 따라서 甲도 乙을 대위할 수 없는 것이 아닌가?
7. 제2매매계약에 기하여 丙 앞으로 X 토지의 소유권이전등기가 마쳐졌다. 甲은 丙을 상대로 소유권이전등기의 말소를 구하면서 청구원인으로 丙이 乙의 이중매매를 적극 권유하여 甲과 乙의 매매계약을 **이행불능** 상태에 빠뜨림으로써 甲으로 하여금 계약금 상당의 손해를 입게 하였으므로 丙은 乙과 연대하여 甲에게 손해배상의무가 있다고 주장하였다.
丙이 적법한 기일통지서를 송달받고서도 변론기일에 출석하지 않고 답변서 기타 준비서면도 제출하지 아니하였다.

법원은 민사소송법 제150조의 규정에 따라 丙이 甲의 주장사실을 모두 자백한 것으로 보고 甲의 청구를 인용할 수 있는가?
8. 丙이 乙을 상대로 소유권이전등기절차이행청구의 소를 제기하고 乙이 이를 다투지 않음으로써(인낙 또는 무변론판결) 丙 승소의 확정판결에 기하여 丙 명의의 소유권이전등기가 마쳐진 경우 甲은 丙 명의의 등기의 말소를 구할 수 있는가?
丙과 乙 사이에 재판상화해(제소전 화해 또는 소송상 화해)에 의하여 丙 명의의 소유권이전등기가 마쳐진 경우는 어떠한가?
9. 甲이 乙과 丙의 제2매매계약을 사해행위라고 하여 사해행위취소와 원상회복으로 丙 명의의 소유권이전등기의 말소를 구할 수 있는가?
10. 반사회적 이중매매의 경우 甲이 직접 丙을 상대로 丙 명의의 등기의 말소를 구할 수 있는 방안은 무엇인가?
11. 丙이 乙을 상대로 제기한 소유권이전등기소송에 甲이 丙을 상대로는 소유권이전등기청구권 확인을, 乙을 상대로는 소유권이전등기를 구하는 독립당사자참가를 할 수 있는가?

〈포인트〉

1.
(1) 제1매매계약 후 체결된 제2매매계약도 그 자체로서는 유효하다. 이중매매 내지 이중양도는 자유경쟁의 소산으로 원칙적으로 유효하다. 甲과 丙은 모두 乙에 대하여 각 매매계약에 기하여 X 부동산의 소유권을 자기에게 이전해줄 것을 청구할 수 있는 **채권자의 지위**에 있다. 乙도 甲과 丙에 대하여 각 계약에서 정한 매매대금의 지급을 청구할 수 있는 채권이 있다.
(2) 乙의 **계약해제**와 관련하여 해제권은 합의해제나, 약정해제, 법정해제의 사유가 있어야 한다. 甲과 乙 사이에 합의해제나 해제권을 발생시키는 특약이 없었고, 계약금이 수수된 경우 해약금으로 추정되어 그에 기한 해제권이 발생할 수는 있으나(민법 제565조 제1항) 그것도 당사자 일방이 이행에 착수할 때까지만 가능하므로 사례에서와 같이 甲이 乙에게 중도금까지 지급한 이상 乙은 더 이상 甲을 상대로 매매계약을 해제할 수도 없고 乙의 해제통보는 무효이다. 乙의 해제통보와 무관하게 甲과 乙 사이의 매매계약은 여전히 유효하다.
(3) **이행불능**은 채권성립 후 채무자에게 책임 있는 사유로 이행할 수 없게 된 것을 말하고,[7] 이행불능의 요건이 갖추어진 경우 채권자는 채무자에 대하여 **손해배상**을 청구할 수 있고, 계약에 기하여 발생한 채무가 이행불능으로 된 때에는 채권자는 계약을 **해제**할 수 있다(민법 제546조). 그 외에 대상청구권의 요건이 구비되면 대상청구권도 행사할 수 있다. **이행지체**는 채무의 이행기가 되었고 또 그 이행이 가능함에도 불구하고 채무자의 책임 있는 사유로 이행하지 않고 있는 것이고,[8] 이행지체가 성립한다고 하여 본래의 채무가 소멸하거나 손해배상채무로 변경되는 것은 아니며 그 채무는 그대로 존속한다. 이행지체의 효과는 **손해배상청구권**(지연배상)과 해제권의 발생이다.
(4) 이중매매의 사례에서 乙이 甲에게 X 토지의 소유권을 이전해주는 것이 불가능하지 않고 乙에게 이행불능책임은 발생하지 않는다. 이행불능이 성립하지 않기 때문에 **대상청구권**이 발생할 여지도 없다. 그러나 乙은 甲에게 소유권이전등기절차의 이행을 지체하고 있었다. 乙이 甲에게 소유권이전등기를 하

는 것이 불가능하지도 않다. 다만 乙은 甲의 잔금지급과의 **동시이행항변권**을 행사하여 **이행지체의 저지효**를 거둘 수 있다.
(5) 甲이 잔금지급을 하거나 변제공탁을 하였음에도 불구하고(이행이나 이행제공) 乙이 소유권이전등기의무를 해태한 경우 甲을 乙을 상대로 본래의 채무인 X 토지의 소유권이전등기절차의 이행을 구할 수 있다. 아울러 甲은 乙에게 상당한 기간을 정하여 X 토지의 소유권이전등기절차의 이행을 최고할 수 있고 그럼에도 불구하고 乙이 그 기간 내에 이행하지 않으면 甲은 민법 제544조에 따라 乙과 체결한 매매계약을 **해제**하고 원상회복으로 기지급 대금의 반환 및 특약이 있으면 위약금청구를 할 수도 있다.
(6) 단지 이중매매의 상태에 있는 한 甲이 매도인 乙을 상대로 불법행위책임을 묻기 어려우나, 乙이 X 토지를 丙에게 이중으로 매도하고 丙에게 소유권을 이전해준 상태라면 불법행위의 요건도 갖춘 것이 되고, 이 경우 甲은 乙을 상대로 불법행위를 이유로 한 손해배상청구와 채무불이행을 이유로 한 손해배상청구도 할 수 있는데 양자의 관계는 이른바 청구권경합관계에 있다.

2.

(1) 乙이 甲에게 부동산을 매도하였다고 하여 丙에게 소유권을 양도할 수 없는 것은 아니다. 丙이 먼저 소유권이전등기를 마치면 丙이 X 부동산에 관한 소유권을 취득한다. 丙이 매매대금을 전부 지급하였는지, 乙이 甲에게 위 부동산을 인도해주었는지는 아무런 문제가 되지 않는다.
(2) 丙은 X 부동산의 소유자로서 甲을 상대로 소유권에 기한 물권적 청구권의 행사로서 위 부동산의 인도와 소유권의 침해를 원인으로 하는 손해배상 등을 청구할 수 있다. 丙이 소유권을 유효하게 취득하면 乙의 甲에 대한 소유권이전채무는 **이행불능**이 되고, 甲이 乙을 상대로 소유권이전등기청구소송을 제기해도 그 이행불능을 이유로 甲의 청구는 기각된다. 甲은 乙을 상대로 채무불이행을 이유로 손해배상책임을 묻거나 계약을 해제할 수밖에 없다.
(3) 판례는 "부동산매매에 있어서 매도인이 목적물을 타인에게 이미 매도하여 그 타인에게 소유권이전등기를 하여줄 의무가 있음에도 불구하고 제3자에게 다시 양도하여 소유권이전등기를 경유한 때에는 **특별한 사정**이 없는 한 매도인이 그 타인에게 부담하고 있는 소유권이전등기의무는 **이행불능**의 상태에 있다"고 본다.9) 여기서 **특별한 사정**이란 제2매수인 명의의 소유권이전등기가 말소되거나 또는 제2매수인으로부터 그 소유명의가 다시 매도인 앞으로 이전(회복)될 만한 사정을 말한다.10)
(4) 결국 ① 甲은 乙을 상대로 이행을 갈음하는 **손해배상(전보배상)**청구를 할 수 있다. 손해배상액은 이행불능 당시(乙이 丙 앞으로 소유권이전등기를 해준 시점)의 시가를 기준으로 한다. 그 이후에 가격이 상승하였으면 상당인과관계가 있는 범위에서 가격상승분도 포함된다. 그리고 ② 甲은 乙과 매매계약을 **해제**할 수 있다. 甲이 매매계약을 해제하면 甲과 乙 사이의 제1매매계약은 소급하여 무효로 되고(직접효과설), 원상회복으로 甲은 乙에 대하여 기지급대금의 반환을 구할 수 있다. 아울러 ③ 甲을 乙을 상대로 **대상청구권**을 행사하여 乙이 丙으로부터 받은 매매대금을 자신에게 지급하라고 청구할 수 있다.11)

3.

(1) 丙의 실체법적 지위를 보면 丙은 매매를 원인으로 X 토지에 관하여 등기를 마친 자로서 특별한 사정이 없는 한 적법한 소유권자이다.

(2) 丙의 소송법적 지위를 보면 丙은 이 사건 변론종결일 이후에 계쟁물인 X 토지의 소유권을 취득한 자인바, 민소법 제218조 제1항이 규정하는 변론종결 후의 승계인으로서 전소 확정판결의 기판력이 미치는 자에 해당하는지 여부가 문제된다.
(3) 판례는 甲이 乙을 상대로 제기한 이 사건 소송의 소송물이 **채권적 청구권**인 경우 그 계쟁물 양수인은 기판력이 미치는 변론종결 후의 승계인에 해당하지 않는 것으로 본다(실질설). 현행법상 기판력과 집행력의 범위는 원칙적으로 일치하는 것으로 본다.
(4) 판례에 따르면 이 사건 소송의 소송물은 매매를 원인으로 한 소유권이전등기청구권으로 **채권적 청구권**이므로 丙에 대하여는 기판력(집행력)이 미치지 않는다고 볼 것이고, 결국 甲은 이 사건 소송의 확정판결을 집행권원으로 하여 丙에 대하여 소유권이전등기를 강제집행할 수 없다(승계집행문 부여신청에 대한 불허가).

4.
(1) 전소판결의 기판력은 "甲은 乙에 대하여 전소의 사실심 변론종결일 당시에 X 토지에 관하여 2020. 2. 1. 매매를 원인으로 하는 소유권이전등기청구권을 가지고 있었다."는 점에 미친다. 후소 청구가 기판력에 저촉되는지 여부를 주위적 청구와 예비적 청구로 나누어 본다.
(2) **주위적 청구**(소유권이전등기말소청구)의 경우 전소와 후소는 원·피고가 바뀌었을 뿐 당사자가 동일하고, 후소는 전소에서 확정된 법률관계와 모순되는 법률관계를 소송물로 하고 있으며, 후소의 청구원인은 전소의 사실심 변론종결일 이전에 존재했고 행사할 수 있었던 방어방법이다. 따라서 후소 청구는 전소의 기판력에 저촉된다.
(3) **예비적 청구**(잔금청구)의 경우 전소와 후소는 원·피고가 바뀌었을 뿐 **당사자**가 동일하고, 후소의 **소송물**은 전소의 소송물과 다르고, 전소에서 확정된 법률관계가 후소의 소송물인 법률관계와 모순되거나 후소의 **선결문제**로 되는 경우도 아니다. 그리고 잔금채권이 전소의 사실심 변론종결일 이전에 존재하고 행사할 수 있었다 하더라도 기판력에 의하여 차단되는 권리도 아니다. 乙이 전소에서 잔금채권에 기하여 **동시이행의 항변**을 하였다 하더라도 그에 대한 법원의 판단은 판결이유에서 판단되는 사항에 불과하므로 기판력이 발생하지 않고, 동시이행의 항변을 하지 않았다 하더라도 잔금채권은 실체법상 독립한 권리로서 차단효의 적용대상이 아니다. 따라서 후소의 예비적 청구는 전소의 기판력에 저촉되지 않는다.
(4) **기판력 저촉**은 위법사유(재심사유)이므로 법원은 甲의 주장 여부에 불구하고 직권으로 심리하여 기판력 저촉 여부를 판단하여야 한다. 기판력 저촉의 효과에 관하여는 판례의 모순금지설에 의하면 법원은 전소에서 패소판결을 선고받은 자가 기판력에 저촉되는 소를 제기한 경우 후소청구를 기각하여야 한다고 본다.
(5) 결국 법원은 乙의 주위적 청구에 대해서는 기판력에 저촉됨을 이유로 청구기각 판결을 선고하고, 예비적 청구는 기판력에 저촉되지 않으므로 통상의 심리절차에 따라 잔금채권이 존재하는지 여부를 심리, 판단하면 된다. 후자의 경우 전소에서 잔금채권에 기한 동시이행의 항변이 받아들여졌다 하더라도 후소에서 乙의 청구를 인용함에 지장이 없고, 전소 판결이유에서 설시된 사유는 후소에서 유력한 증거자료로 쓰일 수 있다.

5.
(1) 판례는 丙이 비록 그 소유자인 乙로부터 소유권이전등기를 마친 경우에도 丙의 乙에 대한 배임행위에 적극 가담하여 乙로부터 위 부동산을 매수하는 계약을 체결하였다면 그 매매계약은 乙의 범죄행위를 유발하거나 조장하는 것으로서 **사회질서에 반하여 무효**라고 한다.12) 이와 같은 무효인 매매계약에 기하여는 비록 소유권이전등기가 되었어도 소유권이 丙 앞으로 이전되지 않는다. 이 경우에는 甲이 乙에 대한 소유권이전등기청구권을 보전하기 위하여 乙을 대위하여 丙에 대하여 그 소유권이전등기의 말소를 구할 수 있다.13)

(2) 부동산의 제2매수인 丙이 매도인 乙의 배임행위에 적극 가담하여 제2매매계약이 반사회적 법률행위에 해당하는 경우에는 제2매매계약은 **절대적으로 무효**이므로, 당해 부동산을 제2매수인으로부터 다시 취득한 제3자 丁은 설사 제2매수인이 당해 부동산의 소유권을 유효하게 취득한 것으로 믿었다고 하더라도 제2매매계약이 유효하다고 주장할 수 없다.14) 등기에 공신력이 인정되지 않는 우리 법제에서 제2매수인으로부터 전득한 제3자는 선·악을 불문하고 보호받지 못하고 전득자 명의의 등기는 무효가 된다.15) 아울러 부동산 이중매매에 제2매수인이 적극 가담한 경우 제1매수인의 매도인에 대한 채권을 침해하는 것이므로 이는 불법행위에 해당하여 제1매수인은 제2매수인에 대하여 손해배상을 청구할 수 있다.16)

6.
(1) 민법 제746조에 의하면 불법원인급여는 반환청구를 하지 못한다.17) 부당이득의 반환청구가 금지되는 사유로 제746조가 규정하는 **불법원인**이라 함은 그 원인되는 행위가 선량한 풍속 기타 사회질서에 위반하는 경우를 말하는 것으로서, 법률의 금지에 위반하는 경우라 할지라도 그것이 선량한 풍속 기타 사회질서에 위반하지 않는 경우에는 이에 해당하지 않는다고 보는 견해가 있다. 그러나 판례는 이 경우의 불법을 선량한 풍속 기타 사회질서에 위반하는 것으로 보고 있다. 그렇다면 乙과 丙의 급부는 사회질서에 반하지만 선량한 풍속 위반이라고는 볼 수 없는 것이 아닌가? 불법의 요건을 갖추지 못한 것으로 보게 되면 불법원인급여가 아니게 되어 이들 급부의 반환청구가 제746조에 의하여 당연히 금지되는 것은 아니고 제742조에 따르게 된다. 판례에 따르면 乙과 丙의 급부는 불법원인급여에 해당하여 모두 반환청구를 할 수 없다고 보게 될 것이다.

(2) 위와 같은 불법원인급에 관한 판례의 기본적 입장을 고수한다면 제2매수인 앞으로의 이전등기는 민법 제746조의 불법원인급여 해당하므로 매도인은 매수인에 대하여 위 등기의 말소를 구할 수 없다고 하여야 할 것이고, 그렇다면 제1매수인이 대위하여야 할 매도인의 제2매수인에 대한 등기말소청구권이 존재하지 않는 점에서 부당한 점이 있다. 이러한 이론상의 부당함을 감수하고서라도 이중매매를 무효로 한 취지를 실현하고자 한 해석이 등장하는 이유이다.18)

(3) 반사회적 이중매매는 다른 반사회질서의 법률행위와 그 軌를 달리하므로 반사회적 이중매매는 매도인과 제2매수인 사이에서는 불법원인급여에 해당하지 않는다고 보는 견해가 유력하다.19) 이에 대하여는 이영준 교수의 다음과 같은 설명이 설득력을 얻고 있다. "민법 제746조가 부당이득반환청구를 배제하는 이유는 출연을 출연자와 수취자 중 어느 일방에 머무르게 하는 것이 법질서에 반하여 현상을 고정하려는 데에 있는 것이므로, 출연이 원래 귀속되어야 할 제3자에게 자동적으로 귀속되는 경우에는 제746조의 적용이 없다. 즉 매도인과 제1매수인 사이에는 제746조가 적용될 여지가 없고 매도인과 제2

매수인 사이에서만 제746조가 적용된다. 따라서 제1매수인은 매도인의 부당이득반환청구권을 대위행사하여 제2매수인을 상대로 소유권이전등기의 말소를 청구함과 동시에 매도인에게 소유권이전등기를 청구할 수 있다."20)
(4) 이중매매를 반사회질서의 법률행위로 보는 것은 매도인을 보호하기 위한 것이 아니라 제1매수인을 보호하기 위한 것이므로 반사회적 이중매매에 있어서는 다른 반사회적 법률행위와 달리 이를 무효라고 주장할 수 있는 것은 제1매수인 뿐이며 매도인 단독으로는 이를 주장할 수 없고, 제2매수인은 제1매수인이 목적물에 관한 권리를 이전해갈 수 있도록 협력할 의무가 있다.21)
(5) 반사회적 이중매매의 경우 제1매수인은 제2매수인에 대하여 불법행위를 이유로 손해배상청구를 할 수도 있다.

7.
(1) 이 사건 매매계약이 이행불능으로 되어 甲에게 계약금 상당의 손해가 발생하였다는 甲의 주장은 법률적 효과에 관한 진술에 불과하고 사실에 관한 진술을 한 것이라고 볼 수 없어 자백간주의 대상이 될 수 없다.
(2) 법원으로서는 이 사건 매매계약이 이행불능으로 되는지, 甲에게 어떠한 손해가 발생하는지를 살펴보아야 한다.

8.
(1) 乙이 丙 명의의 소유권이전등기의 말소를 청구하는 것은 확정판결의 기판력에 저촉되어 허용될 수 없고, 甲이 乙을 대위하여 위와 같은 청구를 하는 것 역시 기판력에 저촉되어 허용될 수 없다.22) 부동산을 매수한 자가 소유권이전등기를 하지 아니하고 있던 중 제3자가 같은 부동산을 자기가 매수한 것임을 이유로 하여 매도인을 상대로 제소하여 소유권이전등기절차이행의 확정판결을 받아 소유권이전등기를 경료한 경우에는 위의 확정판결이 당연무효거나 또는 그것이 재심의 소에 의하여 취소되기 전에는 매수인은 매도인에 대한 소유권이전등기청구권을 보전하기 위하여 매도인을 대위하여 위 확정판결의 기판력에 저촉되는 제3자 명의의 소유권이전등기의 말소청구를 할 수 없고 매도인의 매수인에 대한 소유권이전등기의무는 이행불능이다.23) 재판상 화해의 경우도 마찬가지다.
(2) 乙과 丙 사이의 제2매매계약이 공서양속에 반하여 무효라는 것만으로 위 확정판결이 당연무효거나 재심사유에 해당한다고 하기도 어렵다. 甲이 乙을 대위하는 경우 甲은 丙 명의의 등기의 말소를 구할 수 없다는 결과가 된다.24)

9.
(1) 소유권이전등기청구권과 같은 특정물에 관한 채권은 사해행위취소권의 피보전채권이 되지 못한다. 채권자의 채권이 이중매매로 인한 손해배상채권이라 하여도 이는 사해행위 이전에 발생한 채권이 아니므로 이중매매의 경우에는 사해행위취소권이 인정되지 않는다. 설사 甲이 채권자취소권을 행사할 수 있다고 하여도 채권자취소권을 행사한 결과 부동산의 등기명의가 乙에게 복귀된 경우 甲이 乙을 상대로 원래의 채권을 행사하여 소유권이전등기를 청구할 수 있다는 것은 총채권자를 위하여 채무자의 재산을 보전한다는 채권자취소권제도와 맞지 않는다.

(2) 판례도 같은 입장이다. 부동산을 양도받아 소유권이전등기청구권을 가지고 있는 자가 양도인이 제3자에게 이를 이중으로 양도하여 소유권이전등기를 경료하여 줌으로써 취득하는 부동산 가액 상당의 손해배상채권은 이중양도행위에 대한 사해행위취소권을 행사할 수 있는 위와 같은 피보전채권에 해당한다고 할 수 없다고 할 것이다. 또한 채권자취소권을 특정물에 대한 소유권이전등기청구권을 보전하기 위하여 행사하는 것은 허용되지 않으므로 부동산의 제1매수인은 자신의 소유권이전등기청구권 보전을 위하여 매도인과 제3자 사이에서 이루어진 이중양도행위에 대하여 채권자취소권을 행사할 수 없다.[25]

(3) 결국 甲은 채무자인 乙의 자력 유무를 불문하고 채권자취소권을 행사할 수 없다.

10.

(1) 부동산을 매수한 자가 소유권이전등기를 하지 않고 있는 사이에 제3자가 매도인을 상대로 제소하여 그 부동산에 대한 소유권이전등기절차이행의 확정판결을 받아 소유권이전등기를 경료한 경우 위 확정판결이 당연무효이거나 재심의 소에 의하여 그 판결이 취소되기 전에는 매수인은 매도인에 대한 소유권이전등기청구권을 보전하기 위하여 매도인을 대위하여 제3자 명의의 소유권이전등기에 대한 말소를 구할 수 없으나 이는 매수인이 위 확정판결의 기판력이 미치는 매도인의 권리를 행사하는 경우에 그 기판력에 저촉되는 주장을 할 수 없다는 취지에 불과하고 매수인이 위 확정판결의 기판력에 미치는 매도인을 대위하지 아니한 경우에까지 확정판결에 저촉되는 주장을 할 수 없다는 취지는 아니다.[26] 즉, 甲이 위 확정된 소유권이전등기절차이행판결의 기판력이 미치는 당사자인 乙의 권리를 대위 행사하는 것이 아니라 제3자의 지위에서는 확정판결의 내용과 저촉되는 주장을 하더라도 기판력에 저촉되지 아니한다.

(2) 판례는 丙이 甲을 상대로 소유권에 기한 건물철거청구를 한 경우 전소 확정판결의 기판력이 미치지 아니하는 甲의 항변을 받아들여 확정판결에 기하여 이루어진 丙 명의의 소유권이전등기가 무효라고 판단할 수 있고,[27] 이로 인하여 乙이 소유권이전등기 명의를 가지고 있음에도 불구하고 소유권의 행사를 제한받는 결과가 되더라도 이는 확정판결의 기판력이 미치는 범위를 제한하는 민사소송법 제216조, 제218조의 규정에 의하여 파생되는 것으로써 소유권의 법리에 배치되는 위법한 결론이라 할 수 없다고 하고 있다.

(3) 결국 丙이 甲을 상대로 소유권을 행사하여 이중양도의 목적인 X 토지의 인도를 구할 때에는 甲이 乙과 丙의 매매계약이 무효이므로 丙이 소유자가 아니라고 주장하여 丙의 청구에 대항할 수는 있으나, 甲이 적극적으로 丙 명의의 소유권이전등기의 말소를 구하는 것은 乙과 丙 사이의 전소 확정판결의 기판력에 저촉되므로 허용될 수 없다는 결론이 된다.

(4) 부동산이중매매에서와 같이 제2매수인(丙)이 매도인(乙)을 상대로 하여 소유권이전등기청구의 소를 제기하여 승소확정판결을 받아 소유권이전등기를 마쳐버린 경우, 기판력저촉의 문제를 피하기 위하여는 제1매수인(甲)이 매도인을 대위하지 않고 직접 제2매수인을 상대로 그 등기의 말소를 구할 수 있는 방법이 모색되어야 할 것이다. 위 사례에서 丙이 X 토지에 관한 乙과 甲의 매매계약의 존재를 알면서도 乙의 배임행위에 적극가담하여 乙과 또다시 X 토지에 관하여 매매계약을 체결하고, 확정판결에 기하여 丙 명의로 소유권이전등기를 마친 것은 甲에 대한 불법행위에 해당하므로 丙은 甲에 대한 관계에서 원상회복의무 즉 부동산을 이중양도가 있기 전의 상태로 회복시킬 의무가 있다고 보아, 甲은 이를 이

유로 乙을 대위함이 없이 원상회복으로 직접 丙에 대하여 丙 명의의 소유권이전등기의 말소를 구할 수 있는 방안을 모색할 수 있다.
(5) 반사회적 부동산 이중매매의 경우 제2 매수인의 매도인의 배임행위에 적극가담한 경우 **제1매수인에 대한 불법행위의 성립**을 인정할 수 있고, 그 효과로서 **제2매수인의 원상회복의무**를 부담하게 한다면28) 제1매수인은 직접 제2매수인에 대하여 목적물의 반환을 청구할 수 있지만 이러한 청구권은 채권적인 것에 불과하므로 제2매수인으로부터의 전득자에 대하여는 그가 선의인 한 대항하지 못하는 것으로 새긴다.29) 우리 민법은 손해배상의 방법에 관하여 금전배상을 원칙으로 하고 있어서(민법 제763조, 제394조) 명문규정 없이 원상회복의무를 인정할 수 있을지 문제되나, 해석상 이를 인정하는 것이 법률에 반한다고 할 수는 없을 것이다.30)

11.
(1) 독립당사자참가는 소송의 목적의 전부나 일부가 자기의 권리임을 주장하거나, 소송의 결과에 의하여 권리침해를 받을 것을 주장하는 제3자가 당사자로서 소송에 참가하여 3당사자 사이에 서로 대립하는 권리 또는 법률관계를 하나의 판결로써 서로 모순 없이 일시에 해결하려는 것이므로, 독립당사자참가인은 우선 참가하려는 소송의 당사자 양쪽 또는 한쪽을 상대방으로 하여 원고의 본소청구와 양립할 수 없는 청구를 하여야 하고, 그 청구는 소의 이익을 갖추는 외에 그 주장 자체에 의하여 성립할 수 있음을 요한다.31)
(2) 甲의 乙에 대한 제1 매매계약에 기한 소유권이전등기청구권과 丙의 乙에 대한 제2 매매계약에 기한 소유권이전등기청구권은 법률상 양립가능하므로 제1매수인 甲의 권리주장참가는 허용되지 않는다. 이는 甲의 계약과 丙의 계약이 별개의 매매계약인 경우이다. 이 경우 甲과 丙은 모두 乙에 대하여 소유권이전등기청구권을 가지고 있으므로 주장 자체로 양립될 수 있는 경우이고 甲의 독립참가는 부적법하다. 이 경우 甲과 丙은 乙로부터 먼저 이전등기를 받는 자가 소유권을 취득하고 다른 당사자는 乙에 대하여 손해배상 등의 문제로 해결할 수밖에 없다.32)
(3) 다만, 본소청구의 당사자인 丙과 乙이 본소를 통하여 제1매수인인 甲을 해할 의사가 있다고 객관적으로 인정되고, 그 소송의 결과 제1매수인의 권리 또는 법률상 지위가 침해될 우려가 있다고 인정되는 경우 제1매수인 甲의 **사해방지참가**가 허용된다.33) 부동산이중매매의 경우 한쪽 매수인은 피참가소송이 사해소송임을 주장하여 사해방지참가를 할 수 있음에 그치고 권리주장참가는 이론적으로 두 청구권이 양립 가능하여 참가요건을 갖추지 못할 뿐 아니라 실제상으로도 이와 같은 참가로서는 분쟁을 한꺼번에 해결할 수 없으므로 부적법하여 허용될 수 없다.
(4) 그러나 乙과 丙 사이에 체결한 매매계약의 매수인이 丙이라고 주장하면서 소유권이전등기청구를 하고 있는데 甲이 진정한 매수인이라고 주장하면서 참가하는 경우(별개의 계약이 아니라 하나의 계약인 경우) 甲의 청구와 丙의 청구는 양립할 수 없으므로 이 경우 甲의 독립참가는 적법하다.34) 주장 자체에 의해 甲이 주장하는 권리와 丙이 주장하는 권리가 양립할 수 없는 관계에 있으면 비록 본안에 들어가 심리한 결과 甲이 진정한 매수인이 아니라고 판단되더라도 이는 참가인의 청구가 이유 없는 사유가 될 뿐 참가신청이 부적법하게 되는 것은 아니다.
(5) 한편, 甲이 乙과 丙 간의 매매계약의 무효·해제를 주장하거나 자기가 계약의 주체라고 하며 진정한 이전등기청구권자는 甲 자기만이라고 주장하는 경우는 주장 자체로 양립되지 않는 경우이므로 甲의

> 독립참가는 적법하다.
> (6) 甲은 乙과 丙 간의 매매계약은 반사회질서의 계약으로 무효라고 주장하면서 진정한 소유권이전등기청구권자는 丙이 아니라 자신이라고 주장하는 경우에는 甲의 주장과 丙의 주장이 양립 불가능하므로 독립참가가 허용된다. 이때에 甲은 丙만을 상대로 이전등기를 구하는 편면참가를 할 수 있다.

7) **이행불능의 요건사실**은 ① 계약의 체결에 따른 채무자의 채무의 존재, ② 위 채무의 이행이 불가능하게 된 사실, ③ 이행불능에 따라 채권자에게 일정한 손해가 발생한 사실이다.
8) **이행지체의 요건사실**은 ① 계약의 체결에 따른 채무자의 채무의 존재, ② 위 채무의 이행기 도래, ③ 채권자가 자신의 채무에 대한 이행(의 제공)을 계속한 사실, ④ 채무자가 채무를 이행하지 않음으로써 채권자에게 일정한 손해가 발생한 사실이다.
9) 대법원 1983.03.22. 선고 80다1416 판결.
10) 乙과 丙의 매매가 반사회적 이중매매의 경우 甲이 채권자대위권행사로 丙 명의의 등기를 말소하고 이를 다시 甲 앞으로 이전등기를 할 수 있으므로 乙의 甲에 대한 채무는 사회통념이 비추어 아직 이행불능이 된 것이 아니라는 견해(지원림)도 있고, 乙의 甲에 대한 소유권이전의무는 사회통념상 불능이라고 하여야 하고 甲은 乙에 대하여 이행불능을 이유로 손해배상을 청구할 수도 있고, 그렇지 않고 丙 명의의 등기를 말소한 뒤에 甲 명의로 등기를 할 수도 있다는 견해(송덕수)도 있다.
11) 논란이 있을 수 있으나 그 청구의 범위는 乙이 받은 돈 전부가 될 것이다.
12) 이중매매를 사회질서에 반하는 법률행위로서 무효라고 하기 위하여는, 제2매수인이 이중매매 사실을 아는 것만으로는 부족하고, 나아가 매도인의 배임행위(또는 배신행위)를 유인, 교사하거나 이에 협력하는 등 적극적으로 가담하는 것이 필요하며, 그와 같은 사유가 있는지를 판단할 때에는 이중매매계약에 이른 경위, 약정된 대가 등 계약 내용의 상당성 또는 특수성 및 양도인과 제2매수인의 관계 등을 종합적으로 살펴보아야 한다(대법원 2009.09.10. 선고 2009다23283 판결 등 참조). 그리고 이러한 법리는 이중으로 임대차계약을 체결한 경우에도 그대로 적용될 수 있다(대법원 2013.06.27. 선고 2011다5813 판결).
13) 의사주의를 취하는 일본 민법의 경우 제1매수인은 자기의 소유권에 기하여 직접 제2매수인에게 소유권이전등기의 말소를 구할 수 있으나, 등기주의(형식주의)를 취하는 우리 민법 하에서는 부동산의 이중매매가 반사회질서의 법률행위로서 무효라고 하여도 등기를 하지 않은 제1매수인은 아직 소유권자가 될 수 없으므로 직접 제2매수인에 대하여 그 명의의 소유권이전등기의 말소를 구할 수는 없고 단지 매도인을 대위하여서만 제2매수인에게 이를 청구할 수 있을 뿐이다. 따라서 원고의 청구가 불분명한 경우 법원은 제1매수인의 청구가 대위하여 청구하는 것인지, 직접 청구하는 것인지 석명하여야 한다(대법원 1983.04.26. 선고 83다카57 판결).
14) 대법원 2008.03.27. 선고 2007다82875 판결.
15) 부동산의 이중매매가 반사회적 법률행위에 해당하는 경우에는 이중매매계약은 절대적으로 무효이므로, 당해 부동산을 제2매수인으로부터 다시 취득한 제3자는 설사 제2매수인이 당해 부동산의 소유권을 유효하게 취득한 것으로 믿었더라도 이중매매계약이 유효하다고 주장할 수 없다(대법원 1996.10.25. 선고 96다29151 판결).
16) 제2매수인이 매도인의 배임행위에 적극 가담한 경우에는 제1매수인에 대한 불법행위의 성립을 인정하고, 그 효과로서 제2매수인에게 제1매수인에 대한 관계에서 원상회복의무, 즉 부동산을 이중양도가 있기 전의 상태로 회복시킬 의무를 부담시키는 것으로 보는 견해로는 양창수/김재형, 「계약법(제2판)」, p.670~671 참조. 이 견해에 의하면 제2매수인으로부터의 전득자에 대하여는 그가 선의인 한 대항하지 못한다.
17) 민법 제746조는 단지 부당이득제도만을 제한하는 것이 아니라 제103조와 함께 사법의 기본이념으로서, 결국 사회적 타당성이 없는 행위를 한 사람은 스스로 불법한 행위를 주장하여 복구를 그 형식 여하에 불구하고 소구할 수 없다는 이상을 표현한 것이므로, 급여를 한 사람은 그 원인행위가 법률상 무효라 하여 상대방에게 부당이득반환청구를 할 수 없음은 물론 급여한 물건의 소유권은 여전히 자기에게 있다고 하여 소유권에 기한 반환청구도 할 수 없고 따라서 그 반사적 효과로서 급여한 물건의 소유권은 급여를 받은 상대방에게 귀속된다(대법원 1979.11.13. 선고 79다483 전원합의체 판결).
18) 송덕수 교수는 민법 제746조의 '불법'을 선량한 풍속 위반이라고 새기고 이중매매가 사회질서에 반하여 무효인 경우에는 특별한 사정이 없는 한 불법원인급여는 아니라고 본다. 따라서 매도인과 제2매수인은 민법 제742조에 따라 모두 그들이 계약이 무효임을 모르고 급부한 경우에는 급부한 것의 반환을 구할 수 있다. 따라서 사례에서 乙은 丙에 대하여 X 토지의 소유권이전등기말소청구권을 가지고 반면에 丙도 乙에 대하여 X 토지의 매매대금의 반환청구를 할 수 있다. 甲은 乙의 이 말소등기청구권을 대위하여 丙 명의의 소유권이전등기를 말소하고 그 후에

3 부동산 이중양도와 기판력

그러면 반사회적 이중양도와 확정판결의 기판력의 관계에 초점을 맞추어 다음 사례를 검토해보기로 한다.

〈사례 2〉 A는 X 토지를 소유하고 있다가 1980년경 B에게 이를 매도하고 B는 다시 1990. 4. 경 甲에게 매도하여 그 이래 甲이 위 토지에 건물을 지어 점유하고 있다. 그런데 A가 1995. 7. 21. 사망하여 그의 단독상속인인 C가 A를 상속하였다. 乙은 甲이 X 토지를 매수하여 점유 중인 사실을 잘 알고 있으면서 C로부터 X 토지를 매수한 후 2009. 7. 1. C를 상대로 매매를 원인으로 한 소유권이전등기청

는 자신이 乙에 대하여 가지고 있는 등기청구권을 행사하여 자신의 명의로 소유권이전등기를 하여 소유권을 완전하게 취득할 수 있다고 설명한다(송덕수, 신민법사례연습 제5판, p.29).
19) 불법원인급여로 보는 경우에는 소유권이 급여를 받은 상대방에게 귀속하기 때문에 소유권에 기한 말소등기청구권도 허용되지 아니한다. 김홍엽, 「통합민사법」, p.383 참조.
20) 이영준, 민법총칙, 개정증보판, p.267~268 참조.
21) 윤진수, "부동산의 이중양도와 원상회복", 『민법논고Ⅰ』, p.323 참조.
22) 제1매수인이 전소 확정판결에 의하여 제2매수인 앞으로 마쳐진 소유권이전등기를 말소하라는 후소의 청구는 소송물은 다르나 양 청구는 모순관계(반대관계)에 있으므로 기판력에 저촉되고, 이 경우 후소법원은 청구기각판결을 하여야 한다(모순금지설). 김홍엽, 「통합민사법」, p.388 참조.
23) 대법원 1975.08.19. 선고 74다2229 판결.
24) 이와 관련된 후속문제에 관하여는 〈사례 2〉 참조.
25) 대법원 1999.04.27. 선고 98다56690 판결.
26) 대법원 1999.02.24. 선고 97다46955 판결 등.
27) 대법원 1988.02.23. 선고 87다카777 판결.
28) 손해배상의 방법에 관하여 원상회복을 원칙으로 하고 있는 독일민법에서는 이중매매가 BGB 제826조에 의한 불법행위의 문제로 처리되고 있다고 한다. 윤진수, 전게서, p.330
29) 윤진수, 전게서, p.329~333 참조.
30) 상세는 윤진수, 전게서, p.331 이하 등 참조.
31) 대법원 2007.08.23. 선고 2005다43081,43098 판결.
32) 이 경우 甲과 丙이 모두 매매목적인 X 부동산에 대하여 처분금지가처분신청을 한 경우 가처분이 경합할 수 있다. 다만 후행 가처분은 선행 가처분의 피보전권리의 실현을 방해하지 않는 한도에서 유효할 뿐이다. 선행 가처분권자가 먼저 소유권이전등기를 마친 때에는 후행 가처분권자는 자신의 가처분의 효력으로 선행 가처분권자에게 대항할 수 없다.
33) 김홍엽, 「통합민사법」, p.389 참조.
34) 자기의 권리 또는 법률상의 지위가 타인으로부터 부인당하거나 또는 그와 저촉되는 주장을 당함으로써 위협을 받거나 방해를 받는 경우에는 그 타인을 상대로 그 권리 또는 법률관계의 확인을 구할 이익이 있다고 할 것인바, 이 사건에 있어서와 같이 원고는 피고와의 사이에 체결된 매매계약의 매수당사자가 원고라고 주장하면서 그 소유권이전등기절차 이행을 구하고 있고 이에 대하여 참가인은 자기가 그 매수당사자라고 주장하는 경우에는 참가인은 원고에 의하여 자기의 권리 또는 법률상의 지위를 부인당하고 있다고 할 것이고, 그 불안을 제거하기 위하여 매수인으로서의 권리의무가 참가인에 있다는 확인의 소를 제기하는 것이 유효적절한 수단이라고 보여지므로 결국 참가인이 피고에 대하여 그 소유권이전등기절차의 이행을 구함과 동시에 원고에 대하여 이 사건 확인의 소를 구한 것은 확인의 이익이 있는 적법한 것이라고 할 것이다(아울러 이 사건에 있어서 원고의 피고에 대한 소유권이전등기청구권과 참가인의 피고에 대한 소유권이전등기청구권은, 당사자참가가 인정되지 아니하는 2중매매 등 통상의 경우와는 달리 하나의 계약에 기초한 것으로서 어느 한쪽의 이전등기청구권이 인정되면 다른 한쪽의 이전등기청구권은 인정될 수 없는 것이므로 그 각 청구가 서로 양립할 수 없는 관계에 있음은 물론이고, 이는 하나의 판결로써 모순 없이 일시에 해결할 수 있는 경우에 해당한다고 할 것이므로 이 사건 당사자참가는 적법하다고 아니할 수 없다)(대법원 1988.03.08. 선고 86다148(본소),149(반소),150(참가),86다카762(본소),763(반소),764(참가) 판결).

구의 소를 제기하여 승소 확정판결을 받고(이하 이 판결을 '전소판결'이라 함) 2010. 4. 1. 위 확정판결에 기하여 상속에 의한 소유권이전등기를 마친 C로부터 乙명의로 소유권이전등기를 마쳤다.
　甲은 K변호사를 소송대리인으로 선임하여 B와 C를 대위하여 乙을 상대로 C와 乙의 매매계약은 반사회질서의 법률행위로서 무효라는 이유로 乙명의의 소유권이전등기의 말소를 구하는 소를 제기하였다. 이에 대하여 乙은 甲을 상대로 소유권에 기한 방해배제청구권의 행사로 X 토지상에 건립된 甲 소유의 건물의 철거 및 X 토지의 인도를 구하는 반소를 제기하였다.
　제1심 법원은 甲의 본소청구에 대하여는 乙이 C를 상대로 하여 받은 확정판결이 당연무효이거나 재심의 소에 의하여 취소되지 않는 한 甲으로서는 C를 대위하여 乙명의의 소유권이전등기의 말소를 구할 수는 없다고 판시하여 甲의 본소청구를 기각하는 한편, 乙의 반소청구에 대하여는 C가 乙에게 X 토지를 매도한 것은 B를 거쳐 甲에게 소유권이전등기를 경료할 의무가 있는 자의 배임행위이고, 또한 乙이 甲이 X 토지를 매수하여 점유하고 있음을 알면서도 C에게 매도를 요청한 행위는 배임행위에 적극 가담한 것이므로 결국 乙과 C의 X 토지 매매계약은 반사회적 법률행위에 해당하여 무효라고 판단하여 乙의 반소청구도 기각하였고, 이 판결은 항소 및 상고기각을 거쳐 확정되었다(이하 이 판결을 '후소판결'이라 함).
　후소 확정판결에 의하면 甲으로서는 확정판결의 기판력 때문에 자신의 명의로 X 토지에 대한 소유권을 이전받을 방법이 없고, 乙도 甲을 상대로 X 토지에 대한 소유권을 행사할 수 없는 처지이다. 甲이 乙을 상대로 소유권이전등기의 말소 또는 진정명의회복을 원인으로 소유권이전등기청구를 할 수 있는가?
　甲이 X 토지의 소유권을 확보할 수 있는 방안을 제시하고 그 근거를 설시하시오.

1. 문제의 소재
이 사건은 부동산의 이중양도에서 제1양수인이 X 토지의 소유권을 확보할 수 있는 방안 내지는 구제수단을 묻고 있다. 그런데 전소와 후소 확정판결 때문에 甲은 자신의 명의로 X 토지에 대한 소유권을 이전받을 수 없는 상황이다.
여기서 甲이 전소와 후소의 확정판결의 기판력에 저촉되지 않으면서 소유권을 확보할 수 있는 방법들을 검토하고 가장 타당한 방안을 제시해 본다.

2. 소유권이전등기말소청구
(1) 판결이 형식적으로 확정되면 그 내용에 따른 기판력이 생기므로 소유권이전등기절차를 명하는 확정판결에 의하여 소유권이전등기가 마쳐진 경우에 다시 원인무효임을 내세워 그 말소등기절차의 이행을 청구함은 확정된 이전등기청구권을 부인하는 것이어서 기판력에 저촉된다고 할 것이다(대법원 1996.02.09. 선고 94다61649 판결 등).
(2) 부동산의 소유자에 대하여 소유권이전등기를 청구할 지위에 있기는 하지만 아직 그 소유권이전등기를 경료하지 않은 상태에서, 제3자가 부동산의 소유자를 상대로 그 부동산에 관한 소유권이전등기절차 이행의 확정판결을 받아 소유권이전등기를 경료한 경우, 그 확정판결이 당연무효이거나 재심의 소에 의하여 취소되지 않는 한, 종전의 소유권이전등기청구권을 가지는 자가 부동산의 소유자에 대한 소유

권이전등기청구권을 보전하기 위하여 부동산의 소유자를 대위하여 제3자 명의의 소유권이전등기가 원인무효임을 내세워 그 등기의 말소를 구하는 것은 확정판결의 기판력에 저촉되므로 허용될 수 없다(대법원 2000.07.06. 선고 2000다11584 판결 등).
(3) 위 사례에서 乙이 C를 상대로 하여 X 토지에 관한 소유권이전등기청구의 소를 제기하여 승소확정판결을 받고 그 확정판결에 기하여 乙명의로 소유권이전등기를 마친 때에는 C가 반대로 그 소유권이전등기가 원인무효라고 하여 말소를 구하는 것은 위 확정판결의 기판력과 모순되므로 허용될 수 없고, 아울러 甲이 C를 대위하여 乙명의의 소유권이전등기의 말소를 구하는 것도 역시 기판력에 저촉된다.

3. 진정명의회복을 원인으로 한 소유권이전등기청구
(1) 위 사례에서 甲이 乙을 상대로 진정명의회복을 위한 소유권이전등기청구를 할 수 있는지를 검토해 본다. 진정한 등기명의의 회복을 위한 소유권이전등기청구는 이미 자기 앞으로 소유권을 표상하는 등기가 되어 있었거나 법률에 의하여 소유권을 취득한 자가 진정한 등기명의를 회복하기 위한 방법으로 현재의 등기명의인을 상대로 그 등기의 말소를 구하는 것에 갈음하여 허용되는 것으로서 그 법적 성질은 소유권에 기한 방해배제청구권이므로, 진정한 등기명의의 회복을 위한 소유권이전등기청구권을 행사하기 위하여는 그 상대방인 현재의 등기명의자에 대하여 진정한 소유자로서 그 소유권을 주장할 수 있어야 할 것이다(대법원 2009.04.09. 선고 2006다30921 판결).
(2) 말소등기에 갈음하여 허용되는 진정명의회복을 원인으로 한 소유권이전등기청구권과 무효등기의 말소등기청구권은 어느 것이나 진정한 소유자의 등기명의를 회복하기 위한 것으로서 실질적으로 그 목적이 동일하고, 두 청구권 모두 소유권에 기한 방해배제청구권으로서 그 법적 근거와 성질이 동일하므로, 비록 전자는 이전등기, 후자는 말소등기의 형식을 취하고 있다고 하더라도 그 소송물은 실질상 동일한 것으로 보아야 할 것이다(대법원 2001.09.20. 선고 99다37894 전원합의체 판결 참조).
(3) 결국 甲이 乙을 상대로 진정명의회복을 위한 소유권이전등기청구는 전소확정판결에 기하여 경료된 소유권이전등기의 말소등기청구에 갈음하여 청구하는 것으로서 실질적으로는 말소등기청구와 소송물이 동일하다고 할 것이므로, 전소판결의 기판력은 진정명의회복을 원인으로 한 소유권이전등기청구에도 역시 미친다고 볼 것이므로(대법원 2002.12.06. 선고 2002다44014 판결) 이 방법 역시 가능하지 않다.

4. 확정판결의 기판력의 저촉을 피할 수 있는 방안
(1) 부동산을 매수한 자가 소유권이전등기를 하지 않고 있는 사이에 제3자가 매도인을 상대로 제소하여 그 부동산에 대한 소유권이전등기절차이행의 확정판결을 받아 소유권이전등기를 경료한 경우 위 확정판결이 당연무효이거나 재심의 소에 의하여 그 판결이 취소되기 전에는 매수인은 매도인에 대한 소유권이전등기청구권을 보전하기 위하여 매도인을 대위하여 제3자 명의의 소유권이전등기에 대한 말소를 구할 수 없으나 이는 매수인이 위 확정판결의 기판력이 미치는 매도인의 권리를 행사하는 경우에 그 기판력에 저촉되는 주장을 할 수 없다는 취지에 불과하고 매수인이 위 확정판결의 기판력에 미치는 매도인을 대위하지 아니한 경우까지 확정판결에 저촉되는 주장을 할 수 없다는 취지는 아니다(대법원 1999.02.24. 선고 97다46955 판결 등).
(2) 따라서 위 사례에서 甲은 자신에 대한 매도인인 B 및 B에 대한 매도인인 A의 상속인인 C를 순차대위하여 C 및 B에 대하여 순차 소유권이전등기청구의 소를 제기할 수 있으나, 甲이 A의 상속인 C를 대위

하여 C로부터 乙 앞으로 마쳐진 소유권이전등기의 말소를 구하는 소는 C와 乙 사이의 위 전소 확정판결의 기판력에 저촉된다고 할 것이고, 결국 甲으로서는 위 확정판결의 기판력으로 말미암아 X 토지에 대한 소유명의를 이전받기 어려운 상황이 된다.
(3) 그러나 甲이 위 확정된 소유권이전등기절차이행판결의 기판력이 미치는 당사자인 A의 상속인의 권리를 대위 행사하는 것이 아니라 제3자의 지위에서는 확정판결의 내용과 저촉되는 주장을 하더라도 기판력에 저촉되지 아니한다.
(4) 판례는 乙이 甲을 상대로 소유권에 기한 건물철거청구를 한 경우 전소 확정판결의 기판력이 미치지 아니하는 甲의 항변을 받아들여 확정판결에 기하여 이루어진 乙명의의 소유권이전등기가 무효라고 판단할 수 있고(대법원 1988.02.23. 선고 87다카777 판결 참조), 이로 인하여 乙이 소유권이전등기 명의를 가지고 있음에도 불구하고 소유권의 행사를 제한받는 결과가 되더라도 이는 확정판결의 기판력이 미치는 범위를 제한하는 민사소송법 제216조, 제218조의 규정에 의하여 파생되는 것으로써 소유권의 법리에 배치되는 위법한 결론이라 할 수 없다고 하고 있다.
(5) 결국 乙이 甲을 상대로 소유권을 행사하여 이중양도의 목적 토지의 인도를 구할 때에는 甲이 乙과 C의 매매계약이 무효이므로 乙이 소유자가 아니라고 주장하여 乙의 청구에 대항할 수는 있으나, 甲이 적극적으로 乙명의의 소유권이전등기의 말소를 구하는 것은 C와 乙 사이의 전소 확정판결의 기판력에 저촉되므로 허용될 수 없다는 결론이 된다.

5. 甲의 구제방법 모색 - 1 : 불법행위로 인한 원상회복으로서의 등기말소청구와 사해행위취소
(1) 부동산 이중양도에 있어서 제2양수인이 확정판결을 받아 소유권이전등기를 마친 경우에 제1양수인 보호의 관점에서 어려움이 생기는 것은, 제1양수인이 양도인을 대위하여야 한다는 구조를 유지하는 한 피할 수 없는 문제이다.
(2) 부동산이중매매에서와 같이 제2양수인(乙)이 양도인을 상대로 하여 소유권이전등기청구의 소를 제기하여 승소확정판결을 받아 소유권이전등기를 마쳐버린 경우, 기판력 저촉의 문제를 피하기 위하여는 제1양수인(B) 내지 그 승계인(甲)이 양도인을 대위하지 않고 직접 제2양수인에게 그 등기의 말소를 구할 수 있는 방법이 모색되어야 할 것이다.
(3) 위 사례에서 乙이 X 토지에 관한 A로부터의 제1양수인 B 내지 그 승계인인 甲의 존재를 알면서도 A의 상속인인 C와 또다시 X 토지에 관하여 매매계약을 체결하고, 확정판결에 기하여 乙명의로 소유권이전등기를 마친 것은 甲에 대한 불법행위에 해당하므로 甲은 이를 이유로 C를 대위함이 없이 직접 乙에 대하여 乙명의의 소유권이전등기의 말소를 구할 수 있다는 견해가 있다.[35] 그러나 이러한 입장은 판례에 의하여 확립된 견해가 아니다. 위 입론에 의하면 甲으로서는 B에 대한 소유권이전등기청구권을 보전하기 위하여 B, C를 순차 대위하여 乙에 대하여 乙명의의 위와 같은 소유권이전등기의 말소를 구한 다음, 위 등기가 말소되면, C 및 B를 상대로 순차 소유권이전등기청구를 함으로써 소유권을 취득할 수 있다고 새기고 있다.
(4) 제1양수인의 제2양수인에 대한 직접적 청구권을 인정하기 위하여 제1양수인이 양도인과 제2양수인 사이의 제2양도행위가 자신을 해하는 사해행위라고 하여 채권자취소권에 기하여 이를 취소하는 방법을 생각할 수 있으나, 이는 원래의 채권자취소제도의 취지에도 어긋날 뿐만 아니라, 채권자취소권행사의 효과는 모든 채권자의 이익을 위하여 그 효력이 있다고 규정하고 있는 민법 제407조의 규정과는

모순되므로 현행법의 해석론으로는 인정할 수 없다.

6. 甲의 구제방법 모색 - 2 : 점유취득시효완성으로 인한 소유권이전등기청구
(1) 종래의 판례에 따르면 乙 명의의 소유권이전등기가 C에 대한 확정판결에 기하여 이루어진 경우에는, 제2양수인인 乙이 제1양수인인 甲을 상대로 소유권을 행사하여 이중양도의 목적인 토지의 인도를 구할 때에는, 甲이 제2양수인과 양도인 사이의 양도계약이 무효이므로 乙이 소유자가 아니라고 주장하여 乙의 청구에 대하여 방어할 수 있지만, 甲이 적극적으로 乙 명의의 소유권이전등기의 말소를 청구하는 것은 양도인과 乙 사이의 확정판결의 기판력에 저촉되므로 허용될 수 없다고 하게 되며, 결국 乙이 甲을 상대로 하여 소유권을 행사하지는 못하지만, 甲 또한 자신 명의로 소유권을 옮겨올 수 있는 방법이 없다면, 결국 당사자 사이의 분쟁은 종국적으로 해결되지 못하는 결과가 된다. 따라서 이러한 경우에 당사자 사이의 분쟁을 종국적으로 해결할 수 있는 방법을 모색할 필요가 있다. 판례에 따르면 甲으로서는 A의 상속인을 대위하여 乙명의의 소유권이전등기의 말소를 구할 수 없고, 무효인 등기명의자인 乙을 상대로 취득시효완성을 원인으로 한 소유권이전등기청구를 할 수 있는지 검토할 필요가 있다.

(2) 종래의 판례에 의하면 민법 제245조 제1항의 부동산의 점유로 인한 시효취득자는 등기하기 전에는 취득시효완성 당시의 소유자에 대하여 소유권이전등기청구권을 가질 뿐이고,36) 만일 취득시효완성 당시의 소유자로부터 제3자 명의로 원인무효의 등기가 경료되었다면, 시효취득자는 취득시효 완성 당시의 소유자에 대하여 가지는 소유권이전등기청구권을 피보전채권으로 하여 소유자를 대위하여 위 제3자 앞으로 이루어진 원인무효인 등기의 말소를 구하고 아울러 위 소유자에게 취득시효완성을 원인으로 한 소유권이전등기를 구할 수 있으나,37) 시효취득자가 무효인 등기명의자에 대하여 직접 시효취득을 원인으로 한 소유권이전등기를 청구할 수는 없다.38) 또 부동산의 점유자가 취득시효 완성을 원인으로 한 소유권이전등기를 하지 않고 있는 사이에 제3자가 등기명의인을 상대로 제소하여 그 부동산에 대한 소유권이전등기절차이행의 확정판결을 받아 소유권이전등기를 한 경우에는 위 확정판결이 당연무효이거나 재심의 소에 의하여 취소되지 않는 한 부동산 점유자는 위 원래의 등기명의인에 대한 소유권이전등기청구권을 보전하기 위하여 동인을 대위하여 위 확정판결의 기판력에 저촉되는 제3자 명의의 소유권이전등기의 말소를 구할 수 없다.39) 한편 판례는 취득시효 완성 당시 그 부동산의 등기부상 소유명의자의 등기가 무효라 하더라도, 그 등기명의자가 진정한 소유자를 상대로 제기한 소유권이전등기 청구소송의 기판력 있는 확정판결에 의하여 소유권이전등기를 경료한 경우에는 점유자가 그 무효인 등기부상 소유명의자를 상대로 직접 취득시효 완성을 이유로 하는 소유권이전등기를 청구할 수 있다고 하고 있어40) 시효취득자가 무효인 등기명의자에 대하여 직접 시효취득을 원인으로 한 소유권이전등기를 청구할 수는 없다고 한 판례와는 어떠한 관계에 있는지, 이들 판례와는 상충되는 것은 아닌지 문제된다.

(3) 취득시효완성으로 인한 소유권이전등기청구의 경우 그 등기청구권자는 점유자(시효취득자)이고 그 상대방은 점유취득시효 완성당시의 소유자가 된다. 어떤 부동산에 관하여 원인무효의 소유권이전등기가 경료되어 있을 때에는 그 원인무효의 등기명의자는 그 원인무효의 등기의 말소등기청구의 상대방이 될 수 있을 뿐, 직접 그가 시효취득완성을 원인으로 하는 소유권이전등기청구의 상대방이 될 수 없는 것이 원칙이다.41) 그런데 판례에 따르면 甲으로서는 A의 상속인을 대위하여 乙명의의 소유권이전등기

의 말소를 구할 수 없고, 무효인 등기명의자인 乙을 상대로 소유권이전등기를 구할 필요성이 있다.
(4) 판례는 부동산의 점유로 인한 시효취득자는 취득시효 완성 당시의 소유자에 대하여 소유권이전등기를 청구할 수 있다고 할 것인바, 취득시효 완성 당시 그 부동산의 등기부상 소유명의자의 등기가 원인무효의 흠결이 있다 하더라도 그 등기명의 소유자가 진정한 소유자를 상대로 제기한 소유권이전등기 청구소송의 기판력 있는 확정판결에 의하여 소유권이전등기를 경료하였던 것이고, 따라서 시효취득자가 진정한 소유자를 대위하여 등기부상 소유자를 상대로 위 등기의 말소를 구하는 것은 위 판결의 기판력 때문에 극히 어려운 것이고, 그 등기명의를 둔 채 진정한 소유자를 상대로 시효취득을 원인으로 한 이전등기를 구하여 판결을 받더라도 위 등기가 말소되지 않는 한 그 판결이 이행될 수 없는 것이라면 특별한 사정이 없는 한 시효취득자는 그 등기부상 소유명의자를 상대로 취득시효를 원인으로 한 소유권이전등기를 청구할 수 있다고 한다.[42] 판례는 이러한 특별한 사정을 중시하여, 이러한 경우에만 예외적으로 무효인 소유권등기명의자인 乙를 상대로 한 소유권이전등기청구가 허용된다고 한 것이다.[43]
(5) 따라서 위 사례에서 乙의 X 토지의 매수행위가 A의 상속인의 이중매매라는 배임행위에 적극 가담한 것으로서 사회질서에 반하여 무효인 사실을 인정할 수 있으나, 乙이 A의 상속인을 상대로 X 토지에 대한 소유권이전등기 청구소송을 제기하여 승소확정판결을 받아 그 소유권이전등기를 경료한 이상 乙은 甲에게 X 토지에 관하여 1990. 4.부터 20년이 경과한 2010. 4. 30. 취득시효 완성을 원인으로 한 소유권이전등기절차를 이행할 의무가 있다고 할 것이다.
(6) 乙과 C 사이의 매매가 공서양속에 반하여 무효라면, C가 乙을 상대로 소유권이전등기의 말소를 청구하는 것은 불법원인급여의 반환을 청구하는 것에 해당하므로 허용되지 않고, 따라서 판례[44]의 취지에 따라 이 사건 토지의 소유권은 乙에게 귀속하며, 따라서 甲으로서는 乙을 상대로 하여 취득시효 완성을 원인으로 하는 소유권이전등기청구를 할 수 있다는 견해가 있다. 그러나 부동산 이중양도에 대하여 불법원인급여의 이론을 적용할 때 양도인 내지 제1양수인이 그 급부의 반환을 청구할 수 있는 근거를 명확하게 밝히지 않고 있고, 이러한 주장은 그 적용범위가 제1양수인 내지 그 승계인의 점유취득시효가 완성된 경우로만 제한될 뿐이라는 비판이 있다. 일반적으로 반사회적 이중양도의 경우 제1양수인을 보호하기 위하여 매도인과 제2양수인 사이에서는 불법원인급여에 해당하는 것으로 보지 않는다.
(7) 한편, 판례는 점유취득시효완성을 원인으로 한 소유권이전등기청구는 시효완성 당시의 소유자를 상대로 하여야 하므로 시효완성 당시의 소유권보존등기 또는 이전등기가 무효라면 원칙적으로 그 등기명의인은 시효취득을 원인으로 한 소유권이전등기청구의 상대방이 될 수 없고, 이 경우 시효취득자는 소유자를 대위하여 위 무효등기의 말소를 구하고 다시 위 소유자를 상대로 취득시효완성을 이유로 한 소유권이전등기를 구하여야 한다고 한 것이 있으나,[45] 이는 시효완성 당시의 소유자 앞으로의 소유권이전등기가 확정판결에 기하여 경료된 사안이 아니므로 이 사건에 원용할 수 없다.

7. 결 어
결국 甲의 소유권확보방안으로 고려될 수 있는 것들 중 乙을 상대로 취득시효완성을 원인으로 한 소유권이전등기청구의 소를 제기하는 방안이 가장 적실성이 있다고 할 수 있다.

---

35) 윤진수, "무효인 제2양수인 명의의 소유권이전등기가 확정판결에 의하여 이루어진 경우 제1양수인 내지 그 승계인의 구제방법", 「민사판례연구」 22권 참조.

36) 민법 제245조 제1항이 규정하고 있는 20년의 점유취득시효기간이 완성된 경우에도 점유자는 그것만으로 당연히 소유권을 취득하지는 못한다. 점유자가 가지는 소유권이전등기청구권은 채권적 청구권이다. 취득시효로 인한 소유권취득이 법률의 규정에 의한 물권변동임에도 불구하고 민법 제187조의 유일한 예외로 등기를 해야 하고, 원시취득임에도 불구하고 보존등기가 아닌 이전등기의 방식에 의한다.
37) 대법원 1993.09.14. 선고 93다12268 판결 등 다수
38) 대법원 1997.04.22. 선고 97다3408 판결 등 다수. 취득시효완성으로 인한 권리변동의 당사자는 시효취득자와 취득시효완성 당시의 진정한 소유자이고, 실체관계와 부합하지 않는 원인무효인 등기의 등기부상 소유명의자는 권리변동의 당사자가 될 수 없는 것이므로, 시효이익의 포기는 달리 특별한 사정이 없는 한 시효취득자가 취득시효완성 당시의 진정한 소유자에 대하여 하여야 그 효력이 발생하는 것이지, 원인무효인 등기의 등기부 상 소유명의자에게 그와 같은 의사를 표시하였다고 하여 그 효력이 발생하는 것은 아니다.
39) 대법원 1992.05.22. 선고 92다3892 판결 등.
40) 대법원 1999.07.09. 선고 98다29875 판결
41) 취득시효 완성을 이유로 소유권이전등기를 하는 것도 그 등기에 의하여 원래의 소유자의 소유권이 상실되는 반면, 점유자가 소유권을 취득하게 된다는 점에서 종전의 소유자가 하는 일종의 처분행위라고 볼 수 있는데, 소유자가 아니지만 무효인 등기명의만을 가지고 있는 자는 이러한 처분행위를 할 수 있는 권한을 가지지 못하는 것이고, 이러한 무효인 등기명의자에 의하여 점유자 명의로 이전등기가 이루어지더라도 그 이전등기는 처분권한이 없는 자에 의하여 이루어진 것이므로 점유자가 소유권을 취득하는 효력을 가질 수 없기 때문이다.
42) 이 경우 등기명의자인 피고가 원고를 상대로 그 등기를 근거로 건물의 철거를 구하여 왔으면서도, 이제 진정한 권리를 취득한 원고가 그 이전등기를 구하자 스스로 자신의 등기를 무효라고 내세워 진정한 권리취득을 방해하는 것은 허용될 수 없다(대법원 1999.07.09. 선고 98다29575 판결).
43) 이에 대한 비판으로는 윤진수, "무효인 제2양수인 명의의 소유권이전등기가 확정판결에 의하여 이루어진 경우 제1양수인 내지 그 승계인의 구제방법", 「민사판례연구[XXⅢ]」, p.11이하 참조.
44) 대법원 1979.11.13. 선고 79다483 전원합의체 판결.
45) 대법원 2007.07.26. 선고 2006다64573 판결 : 원심은 이 사건 토지는 원래 A에게 사정된 토지로서 이 사건 토지에 관한 B 명의의 소유권보존등기는 그 추정력이 번복되어 원인무효이고 이에 터잡은 피고 명의의 소유권이전등기 역시 원인무효이지만, 토지조사부에 A의 주소나 본적 등의 기재가 없어 A나 그 상속인을 찾을 수 없으므로, 이 사건의 경우에는 원고는 진정한 소유자가 아니지만 소유명의를 가지고 있는 피고에 대하여 직접 취득시효완성을 원인으로 하는 소유권이전등기를 청구할 수 있다고 판단하였으나, 대법원은 원심 판시와 같이 이 사건 토지는 A에게 사정된 토지임이 명백하므로, 원고로서는 시효완성 당시의 소유자가 아닌 무효의 등기명의자인 피고에게 취득시효 완성을 원인으로 하는 소유권이전등기를 청구할 수는 없다 할 것이고, 이는 토지조사부에 A의 주소나 본적 등의 기재가 없어 A나 그 상속인을 찾기 어렵다고 하여 달리 볼 것은 아니라고 판시하여 원심판결을 파기한 사례.
대법원 2005.05.26. 선고 2002다43417 판결 : 구 토지조사령(1912. 8. 13. 제령 제2호)에 따라 토지조사부가 작성되었으나 그 토지조사부의 소유란 부분이 훼손되어 사정명의인이 누구인지 확인할 수 없게 되었지만 누구에겐가 사정된 것은 분명하고 시효취득자가 사정명의인 또는 그 상속인을 찾을 수 없어 취득시효완성을 원인으로 하는 소유권이전등기에 의하여 소유권을 취득하는 것이 사실상 불가능하게 된 경우, 시효취득자는 취득시효완성 당시 진정한 소유자는 아니지만 소유권보존등기명의를 가지고 있는 자에 대하여 직접 취득시효완성을 원인으로 하는 소유권이전등기를 청구할 수 있다고 한 사례.

제9장 채권자대위소송

1 청구취지

가. 채권자가 채무자의 소유권이전등기청구권을 대위행사하는 경우

〈기초사실〉 丙은 2020. 2. 1. 乙에게, 乙은 2020. 5. 1. 甲에게 별지목록 기재 부동산을 매도하였다.

(1) 채무자(乙)를 피고로 하지 않는 경우[1]
☞ **청구취지** : 피고는 소외 乙(주민등록번호, 주소 기재)에게[2] 별지 목록 기재 부동산에 관하여 2020. 2. 1. 매매를 원인으로 한 소유권이전등기절차를 이행하라.
☞ **청구원인**
❶ 乙이 피고로부터 부동산 등을 매수한 사실
❷ 그 후 원고가 乙로부터 그 부동산을 매수한 사실

(2) 채무자(乙)를 피고로 한 경우
☞ **청구취지**
   1. 별지 목록 기재 부동산에 관하여,
      가. 피고 丙은 피고 乙에게 2020. 2. 1. 매매를 원인으로 한,
      나. 피고 乙은 원고에게 2020. 5. 1. 매매를 원인으로 한 각 소유권이전등기절차를 이행하라.

(3) 소유권이전등기청구권이 가압류된 경우

〈추가된 사실관계〉 A가 2020. 4. 15. 청구금액을 1,000만 원으로 하여 서울중앙지방법원 2020카단1234로 乙의 丙에 대한 소유권이전등기청구권 가압류결정을 얻고 그 결정이 2020. 4. 20. 乙 및 丙에게 송달되었다(乙과 丙을 공동피고로 한 경우).

---

1) 채권자는 제3채무자에게 자신에게로 소유권이전등기를 구할 법률상 근거가 없다.
2) 소유권이전등기청구권을 대위하여 청구하는 경우에는 **채무자 앞으로의 이행만을 청구할 수 있고**, 청구취지나 주문에서 채무자는 당사자에 준하여 특정되어야 한다.

☞ **청구취지**
1. 별지 목록 기재 부동산에 관하여,
   가. 피고 丙은 피고 乙에게, 피고 乙과 소외 A 사이의 서울중앙지방법원 2020카단1234 소유권이전등기청구권 가압류결정에 의한 집행이 해제되면 2020. 2. 1. 매매를 원인으로 한,
   나. 피고 乙은 원고에게 2020. 5. 1. 매매를 원인으로 한 각 소유권이전등기절차를 이행하라.

> 〈사례〉 乙이 2019. 10. 1. 丙으로부터 별지목록 기재 부동산을 1억 원에 매수하였으나, 잔금 중 1,000만 원이 남아있는 상태에서 乙은 2020. 5. 1. 甲에게 위 부동산에 대한 소유권을 이전하기로 약정하고, 대금 중 9,000만 원은 乙이 甲에 재직하다가 甲에게 끼친 손해액 중 9,000만 원과 상계하여, 乙이 甲에게 지급한 것으로 보기로 약정하였다. 丙도 甲과 乙의 약정에 동의하였다. 그런데 A회사가 2020. 6. 1. 청구금액을 1,000만 원으로 하여 서울중앙지방법원 2020카단2416호로 乙의 丙에 대한 소유권이전등기청구권 가압류결정을 얻고 그 결정이 2020. 6. 5. 乙및 丙에게 송달되었다.
> 甲이 위 부동산의 소유권을 취득하기 위하여는 어떠한 내용의 소를 제기하여야 하는가? 청구취지를 기재하시오.3)

나. 채권자에게 직접 이행할 것을 구하는 경우4)

> 〈기초사실〉 甲은 乙에게 1억 원의 대여금채권이 있는데, 乙은 2020. 4. 1. 丙에게 별지목록 기재 부동산을 매도하고 1억 원의 매매대금채권을 가지고 있다. 乙은 위 매매대금채권 이외에는 재산이 없다.

☞ **청구취지** : 피고는 원고에게5) 1억 원 및 이에 대한 2020. 4. 1.부터 이 사건 소장부본 송달일까지는 연 5%의, 그 다음날부터 다 갚는 날까지는 연 12%의 각 비율에 의한 돈을 지급하라.

☞ **청구원인**
❶ 원고가 乙에게 금전을 대여한 사실
❷ 乙이 피고에게 부동산을 1억 원에 매도한 사실

---

3) ☞ **청구취지**
별지 목록 부동산에 관하여,
1. 피고 丙은 피고 乙에게, 피고 乙과 소외 A 주식회사 사이의 서울중앙지방법원 2020카단2416 소유권이전등기청구권 가압류결정에 의한 집행이 해제되면, 피고 乙로부터 10,000,000원을 지급받음과 동시에, 2019. 10. 1. 매매를 원인으로 한 소유권이전등기절차를 이행하고,
2. 피고 乙은 원고에게 2020. 5. 1. 양도약정을 원인으로 한 소유권이전등기절차를 이행하라.
4) 동산이나 부동산의 인도청구, 금전지급을 구하는 청구와 같이 변제의 수령을 요하는 경우, 등기말소청구와 같이 이행의 상대방이 별다른 의미를 갖지 못하는 경우에는 채권자(원고)에게 이행할 것을 청구할 수 있다.
5) 채권자가 채무자의 제3채무자에 대한 금전채권을 대위행사하는 경우, 채무자에게 그 반환의무의 이행을 청구할 수도 있으나, 직접 채권자에게 이행하도록 청구할 수도 있다. 이와 같이 채권자대위권을 행사하는 채권자에게 변제수령의 권한을 인정하더라도 그것이 채권자 평등의 원칙에 어긋난다거나 제3채무자를 이중 변제의 위험에 빠뜨리게 하는 것이라고 할 수 없다(대법원 2005.04.15. 선고 2004다70024 판결).

❸ 乙은 위 매매대금채권 이외에는 원고의 대여금채권을 위한 책임재산이 없는 사실(무자력한 사실)
❹ 乙이 자신의 권리를 행사하지 않은 사실(대위요건)
❺ 원고의 乙에 대한 채권이 이행기에 도래한 사실

2 요건사실6)

❶ 채권자의 채무자에 대한 피보전채권의 존재 → 부적법 각하
❷ 피보전채권의 변제기 도래 → 부적법 각하
❸ 채권자가 자신의 채권을 보전할 필요성이 있을 것 → 부적법 각하
❹ 피대위채권의 존재 ← (소송물) → 청구기각
❺ 피대위채권에 대한 채무자의 권리불행사 → 부적법 각하

[참고] 대위소송의 요건 검토사항

(1) 피보전채권의 존재
   ① 피보전채권이 없는 경우 → 당사자적격 흠결로 소 각하(법원의 직권조사사항)7)
   ② 채권자가 채무자를 상대로 피보전채권에 기한 이행청구의 소를 제기하여
      ☞ **패소판결**이 확정된 경우 → 채권자대위소송은 그 요건을 갖추지 못하여 부적법 각하8)
      ☞ **승소판결**이 확정된 경우(채무자의 인낙 포함) → 제3채무자는 피보전채권의 존재를 다툴 수 없음.9) : 확정판결의 증명효
   ③ 피보전채권의 변제기도래 : 보존행위시에는 요건이 아니고, 법원의 허가를 얻은 경우에는 변제기 미도래시에도 대위권행사 가능.
   ④ 국가는 조세채권의 보전을 위하여 납세의무자의 제3자에 대한 채권을 대위행사 가능10)
(2) 보전의 필요성
   ① 피보전채권이 **금전채권**인 경우 → 사실심 변론종결 당시를 기준으로 **채무자의 무자력** 요건 구비요.11) 무자력 요건을 갖추면 금전채권 보전을 위하여 특정채권을 대위행사하는 것도 가능.
〈예외〉적으로 다음의 경우에는 **무자력 요건 불요**12)
→ 임차보증금반환청구권의 보전을 위한 인도청구권의 대위행사13)
→ 수임인이 민법 제688조 제3항에 의한 대변제청구권을 보전하기 위하여 채무자인 위임인의 채권 대위행사
→ 강제집행정지를 위한 보증공탁금반환청구권을 전부받은 자의 담보제공자를 대위한 담보취소신청
→ 유실물의 실제습득자의 대위에 의한 보상금청구
→ 금전채권자가 채무자를 대위하여 상속등기를 하는 경우
→ 의료인이 치료비청구권을 보전하기 위하여 환자의 국가에 대한 국가배상청구권을 대위행사하는 경우

---

6) 판례는 이 중 ❶, ❷, ❸, ❺를 당사자적격에 관계되는 소송요건으로 파악하고, ❹는 실체법적인 요건사실로 본안판단의 문제로 파악한다.
7) 채권자대위소송에서 대위에 의하여 보전될 채권자의 채무자에 대한 권리(피보전채권)가 부존재할 경우 당사자적격

② 피보전채권이 **특정채권**인 경우 → 무자력 요건 불요.
　　다만, Ⓐ 채권자가 보전하려는 권리와 대위하여 행사하려는 채무자의 권리가 밀접하게 관련되어 있고 Ⓑ 채권자가 채무자의 권리를 대위하여 행사하지 않으면 자기 채권의 완전한 만족을 얻을 수 없게 될 위험이 있어 채무자의 권리를 대위하여 행사하는 것이 자기 채권의 현실적 이행을 유효·적절하게 확보하기 위하여 필요한 경우〈채권자의 입장〉, Ⓒ 채권자대위권의 행사가 채무자의 자유로운 재산관리행위에 대한 부당한 간섭이 된다는 등의 특별한 사정이 없는 한〈채무자의 입장〉 채권자는 채무자의 권리를 대위하여 행사할 수 있음.14)15)
③ 피보전채권이 특정채권이라 하여 반드시 순차 매도 또는 임대차에 있어 소유권이전등기청구권이나 인도청구권 등의 보전을 위한 경우에만 한하여 채권자대위권이 인정되는 것은 아니고, **물권적 청구권**을 피보전권리로 하는 채권자대위권도 인정됨.16)
④ 다른 권리구제수단이 있었다는 사정이 채권자대위권의 행사요건인 채권보전의 필요성을 부정할 사유가 될 수 없다.17)

(3) **채무자의 권리 불행사**
　채무자가 권리를 행사한 경우에는 승소판결이든 패소판결이든 불문하고, 당사자적격의 흠결로 소 각하18)

(4) **피대위채권의 존재(소송물)**
① 심리 결과 피대위채권이 인정되지 않는 경우 → **청구기각**
② 제3채무자 제소로 채무자 패소판결이 이미 확정된 경우 → **기판력** 문제로 보아 **청구기각**19)

을 상실하고, 이와 같은 당사자적격의 존부는 소송요건으로서 법원의 직권조사사항이기는 하나, 그 피보전채권에 대한 주장·증명책임이 채권자대위권을 행사하려는 자에게 있으므로, 사실심 법원은 원고가 피보전채권으로 주장하지 아니한 권리에 대하여서까지 피보전채권이 될 수 있는지 여부를 판단할 필요가 없다(대법원 2014.10.27. 선고 2013다25217 판결).

8) 채권자가 채무자를 상대로 소유권이전등기절차이행의 소를 제기하여 패소의 확정판결을 받게 되면 채권자는 채무자의 제3자에 대한 권리를 행사하는 채권자대위소송에서 그 확정판결의 기판력으로 말미암아 더 이상 채무자에 대하여 동일한 청구원인으로 소유권이전등기청구를 할 수 없으므로 그러한 권리를 보전하기 위한 채권자대위소송은 그 요건을 갖추지 못하여 부적법하다(대법원 2003.05.13. 선고 2002다64148 판결).

9) **대법원 2019.01.31. 선고 2017다228618 판결** : 채권자대위권을 행사하는 경우, 채권자가 채무자를 상대로 보전되는 청구권에 기한 이행청구의 소를 제기하여 승소판결을 선고받고 판결이 확정되었다면, 특별한 사정이 없는 한 그 청구권의 발생원인이 되는 사실관계가 제3채무자에 대한 관계에서도 증명되었다고 볼 수 있다. 그러나 그 청구권의 취득이, 채권자로 하여금 채무자를 대신하여 소송행위를 하게 하는 것을 주목적으로 이루어진 경우와 같이, 강행법규에 위반되어 무효라고 볼 수 있는 경우 등에는 위 확정판결에도 불구하고 채권자대위소송의 제3채무자에 대한 관계에서는 피보전권리가 존재하지 아니한다고 보아야 한다. 이는 위 확정판결 또는 그와 같은 효력이 있는 재판상 화해조서 등이 재심이나 준재심으로 취소되지 아니하여 채권자와 채무자 사이에서는 그 판결이나 화해가 무효라는 주장을 할 수 없는 경우라 하더라도 마찬가지이다.

10) 대법원 2019.04.11. 선고 2017다269862 판결.

11) 무자력 요건이 구비되지 아니한 경우 채권자는 채권자대위소송을 제기할 수 없고, 압류 및 추심명령 등을 통해 구제받아야 한다

12) 분양계약을 해제한 수분양자가 분양대금 반환채권을 보전하기 위해 분양자를 대위하여 그로부터 분양수입금 등의 자금관리를 위탁받은 수탁자를 상대로 사업비 지출 요청권을 행사하는 경우(대법원 2014.12.11. 선고 2013다71784 판결).

13) 임대차보증금반환채권을 양수한 채권자가 그 이행을 청구하기 위하여 임차인의 가옥명도가 선 이행되어야 할 필요가 있어서 그 명도를 구하는 경우에는 그 채권의 보전과 채무자인 임대인의 자력유무는 관계가 없는 일이므

[참고] 채권자대위권의 대상이 될 수 있는 권리(대위할 권리)[20] 검토

① 농지취득자격증명 발급신청권[21] → ○
② 이혼으로 인한 재산분할청구권 → ×(재산분할에 관한 협의나 심판이 있으면 예외)
③ 유류분반환청구권[22] → 원칙 ×
④ 상소 및 재심[23] → ×
⑤ 청구이의 소 → ○
⑥ 집행문부여에 대한 이의의 소 → ○
⑦ 가압류 → ○
⑧ 가압류결정에 대한 본안제소명령의 신청권이나 제소기간 도과 또는 사정변경에 의한 가압류·가처분의 취소신청권[24] → ○
⑨ 가압류이의 → ×
⑩ 처분금지가처분 → ○
⑪ 임대차계약,[25] 조합계약[26] 및 보험계약 등 해지권 → ○
⑫ 소멸시효 완성 주장[27] → ○
⑬ 계약의 청약이나 승낙[28] → ×
⑭ 상계권[29] → 원칙 ○
⑮ 채권자취소권[30] → ○
⑯ 토지거래허가신청절차 협력의무이행청구권[31] → ○
⑰ 공유물분할청구권[32] → 원칙 ×

로 무자력을 요건으로 한다고 할 수 없다(대법원 1989.04.25. 선고 88다카4253,4260 판결).
14) 대법원 2017.07.11. 선고 2014다89355 판결. 원고들이 보전하려는 원고들의 소외인에 대한 대여금채권과 대위하여 행사하려는 소외인의 이 사건 매매약정 해제로 인한 원상회복청구채권은 밀접하게 관련되어 있고, 원고들이 소외인의 권리를 대위하여 행사하는 것이 원고들의 채권의 현실적 이행을 유효·적절하게 확보하기 위하여 필요한 경우이므로, 소외인의 자유로운 재산관리행위에 대한 부당한 간섭이 된다는 등의 특별한 사정이 없는 한 원고들은 소외인의 권리를 대위하여 행사할 수 있다고 볼 여지가 크다.
15) 매수인이 토지거래허가 신청절차의 협력의무 이행청구권을 보전하기 위하여 매도인의 권리를 대위하여 행사하는 것도 허용된다고 할 수 있지만, 위에서 본 법리에 따라 그 보전의 필요성이 인정되어야 한다(대법원 2013.06.13. 선고 2011다83820 판결).
16) 대법원 2007.05.10. 선고 2006다82700,82717 판결.
17) 토지 소유권에 근거하여 그 토지상 건물의 임차인들을 상대로 건물에서의 퇴거를 청구할 수 있었더라도 퇴거청구와 건물의 임대인을 대위하여 임차인들에게 임대차계약의 해지를 통고하고 건물의 인도를 구하는 청구는 그 요건과 효과를 달리하는 것이므로, 위와 같은 퇴거청구를 할 수 있었다는 사정이 채권자대위권의 행사요건인 채권보전의 필요성을 부정할 사유가 될 수 없다(대법원 2007.05.10. 선고 2006다82700,82717 판결).
18) 대법원 2018.10.25. 선고 2018다210539 판결 : 채권자대위권은 채무자가 스스로 제3채무자에 대한 권리를 행사하지 아니하는 경우에 한하여 채권자가 자기의 채권을 보전하기 위하여 행사할 수 있는 것이어서, 채권자가 대위권을 행사할 당시에 이미 채무자가 그 권리를 재판상 행사하였을 때에는 채권자는 채무자를 대위하여 채무자의 권리를 행사할 수 없다. 그런데 비법인사단이 사원총회의 결의 없이 제기한 소는 소제기에 관한 특별수권을 결하여 부적법하고, 그 경우 소제기에 관한 비법인사단의 의사결정이 있었다고 할 수 없다. 따라서 비법인사단인 채무자 명의로 제3채무자를 상대로 한 소가 제기되었으나 사원총회의 결의 없이 총유재산에 관한 소가 제기되었다는 이유로 각하판결을 받고 그 판결이 확정된 경우에는 채무자가 스스로 제3채무자에 대한 권리를 행사한 것으로 볼 수 없다.
19) 단, 채무자가 제기한 소송에서 채무자 패소판결이 확정된 경우에는 소 각하 사유가 되는 것에 주의.
20) 실체법상의 권리와 소송법상의 권리가 대위할 채권이 될 수 있으나 다음 사항 주의!

21) 농지를 취득하려는 자가 농지에 대한 매매계약을 체결하는 등으로 농지에 관한 소유권이전등기청구권을 취득하였다면, 농지취득자격증명 발급신청권을 보유하게 된다. 이러한 농지취득자격증명 발급신청권은 채권자대위권의 행사대상이 될 수 있다(대법원 2018.07.11. 선고 2014두36518 판결).
22) 유류분반환청구권은 그 행사 여부가 유류분권리자의 인격적 이익을 위하여 그의 자유로운 의사결정에 전적으로 맡겨진 권리로서 행사상의 일신전속성을 가진다고 보아야 하므로, 유류분권리자에게 그 권리행사의 확정적 의사가 있다고 인정되는 경우가 아니라면 채권자대위권의 목적이 될 수 없다(대법원 2010.05.27. 선고 2009다93992 판결). 상속회복청구권도 행사상의 일신전속권으로 상속인의 채권자가 상속인이 가지는 상속회복청구권을 대위 행사할 수 없다.
23) 채권을 보전하기 위하여 대위행사가 필요한 경우는 실체법상 권리뿐만 아니라 소송법상 권리에 대하여서도 대위가 허용되나, 채무자와 제3채무자 사이의 소송이 계속된 이후의 소송수행과 관련한 개개의 소송상 행위는 그 권리의 행사를 소송당사자인 채무자의 의사에 맡기는 것이 타당하므로 채권자대위가 허용될 수 없다. 같은 취지에서 볼 때 상소의 제기와 마찬가지로 종전 재심대상판결에 대하여 불복하여 종전 소송절차의 재개, 속행 및 재심판을 구하는 재심의 소 제기는 채권자대위권의 목적이 될 수 없다(대법원 2012.12.27. 선고 2012다75239 판결).
24) 가압류결정이나 가처분결정에 대한 이의신청은 그 결정에 대한 소송법상의 불복방법으로서, 이미 개시된 가압류·가처분의 소송절차에서 그 소송을 수행하기 위한 절차상의 권리에 지나지 않는 것이므로, 그 소송절차의 주체인 소송당사자(또는 그의 일반승계인이나 소송에 참가한 특정승계인)만이 그 권리를 행사할 수 있다고 보아야 할 것이다. 그러나 민사집행법 제301조에 의하여 가처분절차에도 준용되는 같은 법 제287조 제1항에 따라 가압류·가처분결정에 대한 본안의 제소명령을 신청할 수 있는 권리나 같은 조 제2항 및 제3항에 따라 제소기간의 도과에 의한 가압류·가처분의 취소를 신청할 수 있는 권리 또는 같은 법 제288조 제1항에 따라 사정변경에 따른 가압류·가처분의 취소를 신청할 수 있는 권리는 가압류·가처분신청에 기한 소송을 수행하기 위한 소송절차상의 개개의 권리가 아니라 가압류·가처분신청에 기한 소송절차와는 별개의 독립된 소송절차를 개시하게 하는 권리라고 할 것이므로, 이는 채권자대위권의 목적이 될 수 있는 권리라고 봄이 상당하다(대법원 2011.09.21. 자 2011마1258 결정).
25) 토지 소유권에 근거하여 그 토지상 건물의 임차인들을 상대로 건물에서의 퇴거를 청구할 수 있었더라도 퇴거청구와 건물의 임대인을 대위하여 임차인들에게 임대차계약의 해지를 통고하고 건물의 인도를 구하는 청구는 그 요건과 효과를 달리하는 것이므로, 위와 같은 퇴거청구를 할 수 있었다는 사정이 채권자대위권의 행사요건인 채권보전의 필요성을 부정할 사유가 될 수 없다(대법원 2007.05.10. 선고 2006다82700,82717 판결).
26) 조합원이 조합을 탈퇴할 권리는 그 성질상 조합계약의 해지권으로서 그의 일반재산을 구성하는 재산권의 일종이라 할 것이고 채권자대위가 허용되지 않는 일신전속적 권리라고는 할 수 없다. 따라서 채무자의 재산인 조합원 지분을 압류한 채권자는, 당해 채무자가 속한 조합에 존속기간이 정하여져 있다거나 기타 채무자 본인의 조합탈퇴가 허용되지 아니하는 것과 같은 특별한 사유가 있지 않은 한, 채권자대위권에 의하여 채무자의 조합 탈퇴의 의사표시를 대위행사할 수 있다 할 것이고, 일반적으로 조합원이 조합을 탈퇴하면 조합목적의 수행에 지장을 초래할 것이라는 사정만으로는 이를 불허할 사유가 되지 아니한다(대법원 2007.11.30. 자 2005마1130 결정).
27) 소멸시효가 완성된 경우 채무자에 대한 일반 채권자는 채권자의 지위에서 독자적으로 소멸시효의 주장을 할 수는 없지만 자기의 채권을 보전하기 위하여 필요한 한도 내에서 채무자를 대위하여 소멸시효 주장을 할 수 있다(대법원 2012.05.10. 선고 2011다109500 판결).
28) 계약의 청약이나 승낙과 같이 비록 행사상의 일신전속권은 아니지만 이를 행사하면 그로써 새로운 권리의무관계가 발생하는 등으로 권리자 본인이 그로 인한 법률관계 형성의 결정 권한을 가지도록 할 필요가 있는 경우에는, 채무자에게 이미 그 권리행사의 확정적 의사가 있다고 인정되는 등 특별한 사정이 없는 한, 그 권리는 채권자대위권의 목적이 될 수 없다고 봄이 상당하다. 그리고 이는 일반채권자의 책임재산의 보전을 위한 경우뿐만 아니라 특정채권의 보전이나 실현을 위하여 채권자대위권을 행사하고자 하는 경우에 있어서도 마찬가지라고 할 것이다(대법원 2012.03.29. 선고 2011다100527 판결).
29) 채무자가 제3자에 대하여 갖는 상계권도 채권자대위권의 목적이 될 수 있지만, 채권자대위권을 행사하기 위해서는 원칙적으로 채권의 존재 및 보전의 필요성, 기한의 도래 등의 요건을 충족하여야 함에 비추어, 어느 부진정연대채무자가 현실적으로 자신의 부담부분을 초과하는 출재를 하여 채무를 소멸시킴으로써 다른 부진정연대채무자에 대하여 구상권을 취득한 상태에 이르지 아니한 채 단지 장래에 출재를 할 경우 취득할 수 있는 다른 부진정연대채무자에 대한 구상권을 보전하기 위하여 다른 부진정연대채무자가 채권자에게 갖는 상계권을 대위 행사하는 것은 허용되지 아니한다(대법원 2010.08.26. 선고 2009다95769 판결).
30) 채권자취소권도 채권자가 채무자를 대위하여 행사하는 것이 가능하다고 할 것인바, 민법 제404조 소정의 채권자

3 주요 항변

가. 본안전 항변

(1) 피보전채권의 소멸 : 발생원인이 무효이거나 변제를 주장할 수 있으나,33) 소멸시효 완성은 주장 못함.34) 소각하 사유.
(2) 채무자가 이미 권리를 재판상이나 재판 외에서 행사하였거나 행사하고 있는 사실

나. 본안의 항변

(1) 피고(제3채무자)의 A(채무자)에 대한 일반적인 항변35)

대위권은 채권자가 자신의 채권을 보전하기 위하여 채무자의 권리를 자신의 이름으로 행사할 수 있는 권리라 할 것이므로, 채권자가 채무자의 채권자취소권을 대위행사하는 경우, 제소기간은 대위의 목적으로 되는 권리의 채권자인 채무자를 기준으로 하여 그 준수 여부를 가려야 할 것이고, 따라서 채무자가 취소원인을 안 날로부터 1년, 법률행위가 있은 날로부터 5년 내라면 채권자취소의 소를 제기할 수 있다고 할 것이다(대법원 2001.12.27. 선고 2000다73049 판결).

31) 매수인이 매도인에 대하여 가지는 토지거래허가신청 절차의 협력의무의 이행청구권도 채권자대위권의 행사에 의하여 보전될 수 있는 채권에 해당한다(대법원 1995.09.05. 선고 95다22917 판결).

32) 대법원 2020.05.21. 선고 2018다879 전원합의체 판결 : 채권자가 자신의 '금전채권'을 보전하기 위하여 채무자를 대위하여 '부동산에 관한' 공유물분할청구권을 행사하는 것은, 책임재산의 보전과 직접적인 관련이 없어 채권의 현실적 이행을 유효·적절하게 확보하기 위하여 필요하다고 보기 어렵고 채무자의 자유로운 재산관리행위에 대한 부당한 간섭이 되므로 보전의 필요성을 인정할 수 없다. 또한 특정 분할방법을 전제하고 있지 않는 공유물분할청구권의 성격 등에 비추어 볼 때 그 대위행사를 허용하면 여러 법적 문제들이 발생한다. 따라서 극히 예외적인 경우가 아니라면 금전채권자는 부동산에 관한 공유물분할청구권을 대위행사할 수 없다고 보아야 한다. 이는 채무자의 공유지분이 다른 공유자들의 공유지분과 함께 근저당권을 공동으로 담보하고 있고, 근저당권의 피담보채권이 채무자의 공유지분 가치를 초과하여 채무자의 공유지분만을 경매하면 남을 가망이 없어 민사집행법 제102조에 따라 경매절차가 취소될 수밖에 없는 반면, 공유물분할의 방법으로 공유부동산 전부를 경매하면 민법 제368조 제1항에 따라 각 공유지분의 경매대가에 비례해서 공동근저당권의 피담보채권을 분담하게 되어 채무자의 공유지분 경매대가에서 근저당권의 피담보채권 분담액을 변제하고 남을 가망이 있는 경우에도 마찬가지이다.

33) 채권자가 채권자대위소송을 제기한 경우, 제3채무자는 채무자가 채권자에 대하여 가지는 항변권이나 형성권 등과 같이 권리자에 의한 행사를 필요로 하는 사유를 들어 채권자의 채무자에 대한 권리가 인정되는지 여부를 다툴 수 없지만, 채권자의 채무자에 대한 권리의 발생원인이 된 법률행위가 무효라거나 위 권리가 변제 등으로 소멸하였다는 등의 사실을 주장하여 채권자의 채무자에 대한 권리가 인정되는지 여부를 다투는 것은 가능하고, 이 경우 법원은 제3채무자의 주장을 고려하여 채권자의 채무자에 대한 권리가 인정되는지 여부에 관하여 직권으로 심리·판단하여야 한다(대법원 2015.09.10. 선고 2013다55300 판결).

34) 채권의 소멸시효가 완성된 경우 이를 원용할 수 있는 자는 원칙적으로 시효이익을 직접 받는 자뿐이다. '권리항변'으로서 유치권, 소멸시효와 같이 채무자에게 행사여부가 귀속된 항변은 제3채무자가 주장할 수 없으나, 피보전채권의 무효나 변제와 같이 '사실항변'으로서 항변권의 행사여부에 권리자의 의사표시가 존재할 필요가 없는 경우에는 제3채무자가 이를 다툴 수 있다는 것인 판례이다. 다만, 소멸시효가 완성된 경우에, 채무자에 대한 일반 채권자는 자기의 채권을 보전하기 위하여 필요한 한도 내에서 채무자를 대위하여 소멸시효 주장을 할 수 있을 뿐, 채권자의 지위에서 독자적으로 소멸시효의 주장을 할 수 없으므로, 채무자가 소멸시효의 이익을 받을 수 있는 권리를 이미 처분하여 대위권행사의 대상이 존재하지 않는 경우에는 채권자는 채권자대위에 의하여 시효이익을 원용할 수 없다(대법원 2014.05.16. 선고 2012다20604 판결).

35) 채무자가 채권자대위권행사의 통지를 받은 후에 채무를 불이행함으로써 통지 전에 체결된 약정에 따라 매매계약이 자동적으로 해제되거나, 채권자대위권행사의 통지를 받은 후에 채무자의 채무불이행을 이유로 제3채무자가 매매계약을 해제한 경우 제3채무자는 계약해제로써 대위권을 행사하는 채권자에게 대항할 수 있다. 다만 형식적으로는 채무자의 채무불이행을 이유로 한 계약해제인 것처럼 보이지만 실질적으로는 채무자와 제3채무자 사이

(2) 채권자대위권은 채무자의 제3채무자에 대한 권리를 행사하는 것이므로, **제3채무자**는 채무자에 대해 가지는 모든 항변사유로써 채권자에게 대항할 수 있으나, **채권자**는 채무자가 주장할 수 있는 사유의 범위 내에서 주장할 수 있을 뿐이고, 자기와 제3채무자 사이의 독자적인 사정에 기한 사유를 주장할 수는 없다.36)

[참고] 채권자대위대송에서 소 각하 사유와 청구기각 사유

사 유	유 형	근 거
소 각하	피보전채권의 부존재	당사자적격 흠결
	보전의 필요성 부존재	채권자대위권 행사의 근거 상실
	채무자가 피대위권리를 행사한 경우	당사자적격 흠결
	피보전채권의 이행기 미도래	당사자적격 흠결
청구기각	피대위채권의 부존재	본안판단
	피대위채권의 이행기 미도래	
	제3채무자의 채무자에 대한 항변사유 존재	

4 채권자대위소송의 쟁점

(1) 제3자의 소송담당(당사자적격)

① 채권자가 '자기의 이름으로' 채권자대위소송을 제기한 경우 채권자가 제3자의 소송담당으로 당사자가 된다. ← 채권자가 스스로 원고가 되어 채무자의 제3채무자에 대한 권리를 행사할 소송수행권능

② 채권자대위권을 행사하는 경우 채권자와 채무자는 일종의 **법정위임**의 관계에 있으므로 채권자는 민법 제688조를 준용하여 채무자에게 그 비용의 상환을 청구할 수 있다.37)

③ 채권자대위소송 계속 중 대위채권자가 사망한 경우에는 일반 원·피고 당사자가 사망한 경우와 같이 처리된다.

(2) 의무이행의 상대방

▶ **원칙** : 제3채무자로 하여금 **채무자에게** 그 의무를 이행하도록 청구
▶ **예외** : **채권자**(원고)에게 이행할 것을 청구할 수 있는 경우

의 합의에 따라 계약을 해제한 것으로 볼 수 있거나, 채무자와 제3채무자가 단지 대위채권자에게 대항할 수 있도록 채무자의 채무불이행을 이유로 하는 계약해제인 것처럼 외관을 갖춘 것이라는 등의 특별한 사정이 있는 경우에는 채무자가 피대위채권을 처분한 것으로 보아 제3채무자는 계약해제로써 대위권을 행사하는 채권자에게 대항할 수 없다(대법원 2012.05.17. 선고 2011다87235 전원합의체 판결).

36) 대법원 2019.05.16. 선고 2015다253573 판결.
37) 그 비용상환청구권은 강제집행을 직접 목적으로 하여 지출된 집행비용이라고는 볼 수 없으므로 지급명령신청에 의하여 지급을 구할 수 있다(대법원 1996.08.21. 자 96그8 결정).

① 동산이나 부동산의 인도청구, 금전지급을 구하는 청구와 같이 변제의 수령을 요하는 경우[38]
② 등기말소청구와 같이 이행의 상대방이 별다른 의미를 갖지 못하는 경우
▶ 소유권이전등기청구권을 대위하여 청구하는 경우에는 채무자 앞으로의 이행만을 청구할 수 있고, 청구취지나 주문에서 채무자는 당사자에 준하여 특정되어야 한다.

(3) 소송물
① 채무자가 제3채무자에 대하여 가지는 피대위권리(채권)가 소송물 → 피대위권리의 변경은 소송물(청구)의 변경
② 피보전권리의 변경은 소송물(청구)의 변경이 아니라 공격방법의 변경

(4) 변론주의와 처분권주의
① 채권자 자신의 권리에 기한 **직접** 청구와 채권자대위권에 기한 **대위청구**는 법률효과에 관한 요건사실이 다르다.
　→ 등기명의자에 대하여 **직접** 말소등기청구권을 갖는다는 것과 진정한 소유자의 등기말소청구권을 **대위행사하여** 등기명의자에 대하여 말소를 구한다는 것은 청구원인이 다르다.
　→ 점유자가 소유명의자에 대하여 **직접** 취득시효 완성으로 인한 소유권이전등기청구권을 갖는다는 것과 점유자가 전 점유자를 **대위하여** 그가 소유명의자에 대하여 가지는 소유권이전등기청구권을 대위행사한다는 것은 그 청구원인이 다르다.
② 원고가 자신의 권리에 기한 직접 청구만을 하고 있을 뿐임에도 채권자대위권 행사에 기한 청구로 판단할 수 없다. → 채권자대위권에 기한 소유권이전등기청구를 하고 있음에도 직접 소유권이전등기절차를 이행하라고 판결하는 것은 처분권주의 위배.[39]
③ **단독** 소유임을 전제로 점포 명도를 구하는 경우, **공유자**로서 공유물보존행위에 기한 청구인지 또는 전 소유자를 **대위하여** 청구하는 것인지에 관한 **석명의무**는 없다.
④ 토지 소유권에 근거하여 그 토지상 건물의 임차인들을 상대로 건물에서의 퇴거를 청구할 수 있었더라도 퇴거청구와 건물의 임대인을 대위하여 임차인들에게 임대차계약의 해지를 통고하고 건물의 인도를 구하는 청구는 그 요건과 효과를 달리한다.
⑤ 채권자대위에 의한 보험금청구와 보험자에 대한 제3자의 직접청구는 선택적 병합[40]

---

[38] 채권자가 자기의 금전채권을 보전하기 위하여 채무자의 금전채권을 대위행사하는 경우 제3채무자로 하여금 채무자에게 그 지급의무를 이행하도록 청구할 수도 있지만, 직접 대위채권자 자신에게 이행하도록 청구할 수도 있는데, 채권자대위소송에서 제3채무자로 하여금 직접 대위채권자에게 금전의 지급을 명하는 판결이 확정되더라도, 대위의 목적인 권리, 즉 채무자의 제3채무자에 대한 피대위채권이 그 판결의 집행채권으로서 존재하는 것이고 대위채권자는 채무자를 대위하여 피대위채권에 대한 변제를 수령하게 될 뿐 자신의 채권에 대한 변제로서 수령하게 되는 것이 아니므로 그 피대위채권이 변제 등으로 소멸하기 전이라면 채무자의 다른 채권자는 이에 대하여 압류 또는 가압류, 처분금지가처분을 할 수 있다(대법원 2016.09.28. 선고 2016다205915 판결).
[39] 원고가 甲을 대위하여 피고는 甲에게 건물의 소유권이전등기절차를 이행할 것을 구함에 대하여 피고는 직접 원고에게 소유권이전등기절차를 이행하라고 판결함으로써 처분권주의에 위배하였다고 하여 원심판결을 파기한 사례(대법원 1990.11.13. 선고 89다카12602 판결).
[40] 원고들의 청구원인 중 제3자 직접청구에 관하여만 판단하여 그 청구를 기각하였을 뿐, 채권자대위에 의한 보험금청구에 관하여는 아무런 판단을 하지 아니한 채, 원고들의 피고에 대한 청구를 모두 기각한 원심판결에는 선택적 병합에 관한 법리를 오해하여 원고들의 피고에 대한 위 채권자대위에 의한 보험금청구에 관하여 판단을 누락

⑥ **보전의 필요성에 관한 석명의무**(법적 관점시사의무) → 채권자대위소송의 소송수행과정이나 심리과정을 살펴볼 때, 원고가 부주의 또는 오해로 망인으로부터 상속하였다고 주장한 소유권이전등기청구권 중 자신의 지분을 초과한 부분에 관하여 보전의 필요성이 인정되지 않는다는 법률상의 관점을 간과하였다고 보이는 경우 법원은 위와 같은 보전의 필요성 등의 문제를 재판의 기초로 삼기 위하여는 원고로 하여금 이러한 법률적인 관점에 관하여 변론을 하게하고, 필요한 경우 청구취지 등을 변경할 기회를 주었어야 할 것이다.41)

(5) 채권자대위소송과 소송참가
① 채무자의 대위소송 참가 → **공동소송적 보조참가**
② 채무자가 채권자의 피보전채권의 존재를 다투면서 대위소송 참가 → **권리주장참가**
③ 다른 채권자의 대위소송 참가 → **공동소송참가**

(6) 중복제소
① 채권자대위소송이 제기된 후에 **채무자가** 같은 내용의 후소를 제기하는 경우 → 채무자가 대위소송의 계속사실을 알든, 모르든 이를 묻지 않고(채무자의 절차보장이 허용되므로) **중복제소**로서 금지42)
② 채무자가 자신의 권리에 관한 소송을 하고 있는 경우에 **채권자가** 채권자대위소송을 제기하는 경우 → 중복제소
③ 어느 채권자가 채무자를 대위하여 제3채무자를 상대로 제기한 채권자대위소송이 법원에 계속 중 **다른 채권자가** 같은 채무자를 대위하여 제3채무자를 피고로 하여 동일한 소송물에 관하여 소송을 제기한 경우 → 중복제소

(7) 기판력
① 채권자가 제3채무자를 상대로 채권자대위소송을 제기하고 판단을 받은 경우 → 어떠한 사유로 인하였던 적어도 채무자가 채권자대위소송이 제기된 사실을 알았을 경우(채무자의 절차보장을 위하여)에 비로소 그 판결의 효력(기판력)이 채무자에게 미친다.
② 피보전채권의 부존재로 소각하판결을 받은 경우 → 그 판결의 기판력은 채권자가 채무자를 상대로 피보전채권의 이행을 구하는 소송에 미치지 않는다.

한 위법이 있다(대법원 2017.10.26. 선고 2015다42599 판결).
41) 채무자 소유의 부동산을 시효취득한 채권자의 공동상속인이 채무자에 대한 소유권이전등기청구권을 피보전채권으로 하여 제3채무자를 상대로 채무자의 제3채무자에 대한 소유권이전등기의 말소등기청구권을 대위행사하는 경우, 공동상속인은 자신의 지분 범위 내에서만 채무자의 제3채무자에 대한 소유권이전등기의 말소등기청구권을 대위행사할 수 있고, 지분을 초과하는 부분에 관하여는 채무자를 대위할 보전의 필요성이 없다(대법원 2014.10.27. 선고 2013다25217 판결). 〈사례〉 甲이 乙의 丙에 대한 점유취득시효를 원인으로 한 소유권이전등기청구권 중 일부 지분을 상속받았다고 주장하면서 丁을 상대로 丙의 丁에 대한 소유권이전등기의 말소등기청구권을 대위하여 전부 말소를 구한 사안에서, 甲의 상속지분을 넘는 부분에 관하여는 보전의 필요성이 없다는 점을 지적하거나 甲이 주장한 상속지분이 증거에 의하여 인정되는 상속지분과 일치하지 아니함에도 아무런 석명을 하지 아니한 채 甲이 주장하는 지분을 초과하는 부분에 관하여 보전의 필요성이 없다는 이유로 소를 각하한 원심판결에 석명의무를 다하지 아니하여 심리를 제대로 하지 않은 잘못이 있다고 한 사례.
42) 중복소송에 있어서 전소의 계속 여부는 법원에 현저한 사실로서 불요증사실이다.

(8) 재소금지

판례는 채권자대위권에 의한 소송이 제기된 사실을 피대위자(채무자)가 **알게 된 이상**, 위 대위소송에 관한 종국판결이 있은 후 그 소가 취하된 때에는 피대위자도 재소금지규정의 적용을 받아 위 대위소송과 동일한 소를 제기하지 못한다(재소금지)는 입장이다.

(9) 시효중단

① 채권자대위권 행사의 효과는 채무자에게 귀속되는 것이므로 채권자대위소송의 제기로 인한 소멸시효 중단의 효과 역시 채무자에게 생긴다.43)
② 원고가 채권자대위권에 기해 청구를 하다가 당해 피대위채권 자체를 양수하여 양수금청구로 소를 교환적으로 변경한 경우, 당초의 채권자대위소송으로 인한 시효중단의 효력이 소멸하지 않는다.44)

(10) 채무자의 채무와 제3채무자의 채무의 관계

채권자대위소송에서 대위채권자가 제3채무자를 상대로 직접 이행을 청구할 수 있다고 하여 채무자의 대위채권자에 대한 채무와 제3채무자의 채무자에 대한 채무가 동일한 경제적 목적을 가지고 있다거나 서로 중첩되는 부분에 관하여 일방의 채무가 변제 등으로 소멸할 경우 타방의 채무도 소멸하는 관계에 있다고 볼 수 없으므로 위 각 채무는 연대채무 또는 부진정연대의 관계에 있다고 볼 수 없다.45)

(11) 채권자대위소송과 대위채권의 변제수령권

① 제3채무자로 하여금 직접 대위채권자에게 금전의 지급을 명하는 판결이 확정된 경우에도 피대위채권이 그 판결의 집행채권으로 존재한다. 이 경우 대위채권자는 채무자를 위하여 피대위채권에 대한 변제를 수령하게 될 뿐 자신의 채권에 대한 변제로 수령하는 것이 아니다. 이

---

43) 채권자 甲이 채무자 乙을 대위하여 丙을 상대로 부동산에 관하여 부당이득반환을 원인으로 한 소유권이전등기절차 이행을 구하는 소를 제기하였다가 피보전권리가 인정되지 않는다는 이유로 소각하판결을 선고받아 확정되었고, 그로부터 3개월 남짓 경과한 후에 다른 채권자 丁이 乙을 대위하여 丙을 상대로 같은 내용의 소를 제기하였다가 丙과 사이에 피보전권리가 존재하지 않는다는 취지의 조정이 성립되었는데, 또 다른 채권자인 戊가 조정성립일로부터 10여 일이 경과한 후에 乙을 대위하여 丙을 상대로 같은 내용의 소를 다시 제기한 사안에서, 채무자 乙의 丙에 대한 위 부동산에 관한 부당이득반환을 원인으로 한 소유권이전등기청구권의 소멸시효는 甲, 丁, 戊의 순차적인 채권자대위소송에 따라 최초의 재판상 청구인 甲의 채권자대위소송 제기로 중단되었다고 본 사례 (대법원 2011.10.13. 선고 2010다80930 판결).
44) 원고가 채권자대위권에 기해 청구를 하다가 당해 피대위채권 자체를 양수하여 양수금청구로 소를 변경한 사안에서, 이는 청구원인의 교환적 변경으로서 채권자대위권에 기한 구 청구는 취하된 것으로 보아야 하나, 그 채권자대위소송의 소송물은 채무자의 제3채무자에 대한 계약금반환청구권인데 위 양수금청구는 원고가 위 계약금반환청구권 자체를 양수하였다는 것이어서 Ⓐ 양 청구는 동일한 소송물에 관한 권리의무의 특정승계가 있을 뿐 그 소송물은 동일한 점, Ⓑ 시효중단의 효력은 특정승계인에게도 미치는 점, Ⓒ 계속 중인 소송에 소송목적인 권리 또는 의무의 전부나 일부를 승계한 특정승계인이 소송참가하거나 소송인수한 경우에는 소송이 법원에 처음 계속된 때에 소급하여 시효중단의 효력이 생기는 점, Ⓓ 원고는 위 계약금반환채권을 채권자대위권에 기해 행사하다가 다시 이를 양수받아 직접 행사한 것이어서 위 계약금반환채권과 관련하여 원고를 '권리 위에 잠자는 자'로 볼 수 없는 점 등에 비추어 볼 때, 당초의 채권자대위소송으로 인한 시효중단의 효력이 소멸하지 않는다고 본 사례 (대법원 2010.06.24. 선고 2010다17284 판결).
45) 대법원 2014.07.10. 선고 2012다89832 판결.

경우에도 이로 인하여 피대위채권이 대위채권자에게 이전되거나 귀속되는 것은 아니다.
② 그 피대위채권이 변제 등으로 소멸하기 전이라면 채무자의 다른 채권자는 이에 대하여 압류 또는 가압류, 처분금지가처분을 할 수 있다.
③ 대위채권자의 제3채무자에 대한 위와 같은 추심권능 내지 변제수령권능은 그 자체로서 독립적으로 처분하여 현금화할 수 있는 것은 아니므로 이러한 추심권능 내지 변제수령권능에 대한 압류명령은 무효.
④ 채권자대위소송에서 확정판결에 따라 대위채권자가 제3채무자로부터 지급받을 채권에 대한 압류명령 등도 무효.

(12) 채권자대위소송 계속 중 채무자의 파산
① 파산채권자가 제기한 채권자대위소송이 채무자에 대한 파산선고 당시 법원에 계속되어 있는 때에는 그 소송절차는 중단되고 파산관재인이 이를 수계할 수 있다.46)
② 소송의 당사자 아닌 채무자가 파산선고를 받은 때에 파산채권자가 제기한 채권자대위소송은 중단되고 파산관재인이나 상대방이 이를 수계할 수 있다.47)

---

46) 채권자대위소송에서 원고는 채무자에 대한 자신의 권리를 보전하기 위하여 채무자를 대위하여 자신의 명의로 채무자의 제3채무자에 대한 권리를 행사하는 것이므로, 그 지위는 채무자 자신이 원고인 경우와 마찬가지라고 볼 수 있다. 그런데 소송의 당사자가 파산선고를 받은 때에 파산재단에 관한 소송절차는 중단되고(민소법 제239조), 파산채권자는 파산절차에 의하지 아니하고는 파산채권을 행사할 수 없게 된다(법 제424조). 그리고 채무자가 파산선고 당시에 가진 모든 재산은 파산재단에 속하게 되고, 채무자는 파산재단을 관리 및 처분하는 권한을 상실하며 그 관리 및 처분권은 파산관재인에게 속하게 되므로(법 제382조 제1항, 제384조), 채무자에 대한 파산선고로 채권자가 대위하고 있던 채무자의 제3자에 대한 권리의 관리 및 처분권 또한 파산관재인에게 속하게 된다.
한편 채무자회생법은 채권자취소소송의 계속 중에 소송의 당사자 아닌 채무자가 파산선고를 받은 때에는 소송절차는 중단되고 파산관재인이 이를 수계할 수 있다고 규정하고 있는데(법 제406조, 제347조 제1항), 채권자대위소송도 그 목적이 채무자의 책임재산 보전에 있고 채무자에 대하여 파산이 선고되면 그 소송 결과는 파산재단의 증감에 직결된다는 점은 채권자취소소송에서와 같다. 이와 같은 채권자대위소송의 구조, 채무자회생법의 관련 규정 취지 등에 비추어 보면, 민법 제404조의 규정에 의하여 파산채권자가 제기한 채권자대위소송이 채무자에 대한 파산선고 당시 법원에 계속되어 있는 때에는 다른 특별한 사정이 없는 한 민사소송법 제239조, 채무자회생법 제406조, 제347조 제1항을 유추 적용하여 그 소송절차는 중단되고 파산관재인이 이를 수계할 수 있다(대법원 2013.03.28. 선고 2012다100746 판결).
47) 대법원 2019.03.06. 자 2017마5292 결정 : 채무자회생법은 소송의 당사자 아닌 채무자가 파산선고를 받은 때에 파산채권자가 제기한 채권자취소소송은 중단되고 파산관재인이나 상대방이 이를 수계할 수 있다고 정하고 있다(제406조, 제347조). 이러한 규정은 파산채권자가 제기한 채권자대위소송에도 유추적용된다. 그 이유는 파산선고로 파산재단에 관한 관리·처분권은 파산관재인에게 속하고, 파산채권자가 제기한 채권자취소소송과 채권자대위소송의 목적이 모두 채무자의 책임재산 보전에 있기 때문이다.

[참고] 채권자대위소송과 채권자취소소송의 비교[48]

	채권자대위소송	채권자취소소송
피보전채권	금전채권·특정채권	금전채권
피보전채권의 부존재	소송요건(소송담당자적격의 흠) - 소각하	본안적격의 흠 - 청구기각
권리행사 기간	시효기간 내 - 항변사항	제소기간 내 - 직권조사사항
권리행사 방법	재판상·재판 외 행사	재판상 행사
다른 채권자소송의 경합	중복소송(단 함께 제기된 경우는 유사필수적 공동소송)	중복소송 아님
증명책임	요건사실에 대해 채권자	선의-수익자·전득자
채무자에 기판력	채무자 알았을 때 기판력(피보전권리 부존재로 각하판결 제외)	채무자 또는 채무자와 수익자 간에 미치지 않음
재심소송	채권자대위의 재심소송 안됨	사해재심제도 (상법, 행소법) 있음

〈기초사례 연습 1〉

甲은 乙에 대하여 1억 원의 대여금채권이 있는데 乙이 이행기 이후에도 변제를 하지 아니하여 乙이 丙에 대하여 갖고 있는 1억 원의 물품대금채권이 있는 것을 알고 乙을 대위하여 丙을 상대로 물품대금청구의 소(이하 '이 사건 소송'이라고 한다)를 제기하고 이 사실을 乙에게 통지하였다.

1. 甲이 제기한 채권자대위소송에 채무자 乙은 피보전채권의 존재를 다투어 어떠한 형태로 참가할 수 있는가? 乙이 채권자 甲을 돕기 위하여 소송에 참가한 경우는 어떻게 되는가?
2. 甲이 이 사건 소송을 제기하기 전에 甲이 乙을 상대로 대여금청구의 소를 제기하였다가 청구기각판결을 받고 이 판결이 확정된 경우 법원은 이 사건 소송에서 어떠한 판단을 할 것인가?
3. 甲이 이 사건 소송에서 청구기각판결을 받고 이 판결이 확정된 경우 乙은 丙을 상대로 같은 채무의 이행을 구하는 소를 제기할 수 있는가?
4. 甲은 이 사건 채권자대위소송에서 피보전채권의 부존재로 소각하판결을 받고 이 판결이 확정되었다. 그 후 甲이 乙을 상대로 1억 원의 대여금청구의 소를 제기한 경우 이 소는 어떻게 처리되는가?
5. 甲이 소를 제기하기 전에 乙이 먼저 丙을 상대로 물품대금청구소송을 제기하여 기각판결을 받고 이 판결이 확정된 경우 甲이 후에 丙을 상대로 제기한 채권자대위소송은 어떻게 되는가?
6. 甲이 채권자대위소송을 제기하여 소송이 계속 중인 경우, 甲이 채권자대위소송에서 확정판결을 받은 경우, 乙의 다른 채권자 丁이 자기의 채권을 보전하기 위하여 丙을 상대로 甲과 같은 소송을 제기한 경우 丁의 소는 적법한가?

---

[48] 이시윤, 「신민사소송법(제9판)」, p.658 참조

7. 甲이 乙을 상대로 피보전채권인 대여금청구의 소를 제기하여 승소확정판결을 받았다. 甲이 제3자 무자 丙을 상대로 피대위채권의 이행소송을 제기한 경우 丙은 피대위채권이 아닌 피보전채권의 존재를 다툴 수 있는가?

1. 채권자대위소송에 채무자의 참가
   (1) 채권자대위소송에 채무자는 채권자의 채무자에 대한 피보전채권의 존재를 다투어 독립참가를 할 수 있다. 이 경우 중복제소의 문제는 생기지 않는다. 채권자대위소송에 채권자라고 주장하는 甲을 상대로 피보전채권의 부존재확인을 구하는 편면참가를 함으로써 중복제소의 문제를 피할 수 있다. → 권리주장참가
   (2) 법원의 심리결과 채권자의 피보전채권이 인정되면 당사자참가는 당사자적격의 흠으로 독립당사자참가를 각하하여야 하고, 피보전채권이 인정되지 않으면 채무자의 독립참가신청은 적법한 것이 된다.49)
   (3) 채권자대위소송계속 중 채무자가 채권자를 돕기 위하여 참가를 한 경우 채무자는 공동소송적 보조참가인이 된다. 채무자가 대위소송계속 사실을 알고 참가하므로 당사자적격이 없다(대위소송계속 사실을 아는 이상 그 권리를 처분하지 못하고 따라서 소송수행권을 가지지 아니한다).

2. 피보전채권의 패소확정판결과 채권자대위소송
   (1) 판례는 채권자가 채무자를 상대로 채권자대위권의 피보전채권에 기한 이행청구의 소를 제기하여 패소판결이 확정된 경우 보전의 필요성이 없어 당사자적격의 흠결로 소 각하한다(기판력 저촉 아님).50)
   (2) 기판력은 소송법적 효과를 가지는 것이지 실체법적 효과를 가지는 것은 아니므로 전소에서 피보전채권과 관련한 패소판결이 있었다 하더라도 피보전채권이 소멸하는 것은 아니다. 따라서 피보전채권의 부존재가 아니라 보전의 필요성 흠결로 각하된다.
   (3) 甲이 乙을 상대로 대여금청구의 소를 제기하였다가 패소확정판결을 받았으므로 甲은 더 이상 위 패소확정판결의 기판력으로 인해 乙을 상대로 대여금청구를 할 수 없고 결국 甲은 채권자대위권을 행사함으로써 위 소유권이전등기청구권을 보전할 필요성이 없게 되어 소각하판결을 해야 한다.51)

3. 채권자대위소송의 기판력이 채무자에게 미치는가?
   (1) 채권자가 채권자대위권을 행사하는 방법으로 제3채무자를 상대로 소송을 제기하고 판단을 받은 경우에는 채권자가 채무자에 대하여 민법 제405조 제1항에 의한 보존행위 이외의 권리행사의 통지 또는 민소법 제84조에 의한 소송고지 혹은 비송사건절차법 제84조 제1항에 의한 재판상 대위의 허가를 고지하는 방법 등을 위시하여 어떠한 사유로 인하였던 적어도 채권자대위권에 의한 소송이 제기된 사실을 채무자가 알았을 경우에 비로소 그 판결의 효력이 채무자에게 미친다.52)
   (2) 이때 채무자에게도 기판력이 미친다는 의미는 채권자대위소송의 소송물인 피대위채권의 존부에 관하여 채무자에게도 기판력이 인정된다는 것이고, 채권자대위소송의 소송요건인 피보전채권의 존부에 관하여 당해 소송의 당사자가 아닌 채무자에게 기판력이 인정된다는 것은 아니다.

4. 피보전채권의 부존재로 소각하판결을 받은 경우
   (1) 기판력의 시적 범위(표준시)는 사실심 변론종결시이이고, 소각하 판결의 기판력의 객관적 범위는 소송요건이 흠결되었다는 판단에 미친다. 따라서 사안의 경우, 甲이 제기한 채권자대위소송 사실심 변론종결시에 피보전채권이 부존재했다는 점에 대해 기판력이 미친다.
   (2) 채권자대위권에 의한 소송이 제기된 사실을 채무자가 알았을 때에는 그 판결의 효력이 채무자에게 미친다고 보아야 한다. 이때 채무자에게도 기판력이 미친다는 의미는 채권자대위소송의 소송물인 피대위채권의 존부에 관하여 채무자에게도 기판력이 인정된다는 것이고, 채권자대위소송의 소송요건인 피보전채권의 존부에 관하여 당해 소송의 당사자가 아닌 채무자에게 기판력이 인정된다는 것은 아니다. 따라서 채권자가 채권자대위권을 행사하는 방법으로 제3채무자를 상대로 소송을 제기하였다가 채무자를 대위할 피보전채권이 인정되지 않는다는 이유로 소각하 판결을 받아 확정된 경우 그 판결의 기판력이 채권자가 채무자를 상대로 피보전채권의 이행을 구하는 소송에 미치는 것은 아니다.53)
   (3) 후소의 乙은 전소인 채권자대위소송의 기판력을 받는 자가 아니므로 전소 판결의 기판력은 후소에 미칠 수 없다. 후소의 소송절차에서 법원은 甲의 주장·증명에 따라 청구인용 여부 판단을 해야 한다.

5. 채무자의 제3채무에 대한 소송에서의 기판력이 채권자에게 미치는가?
   (1) 채권자가 채무자를 대위하여 제3자를 상대로 제기한 소송과 이미 판결확정이 되어 있는 채무자와 그 제3자 간의 기존소송이 당사자만 다를 뿐 실질적으로 동일내용의 소송이라면, 채무자가 받은 판결이 당연무효이거나 재심에 의해 취소되지 않는 한 채무자 자신이 받은 확정판결의 효력이 채권자 대위권 행사에 의한 소송에 미친다.54)
   (2) 甲이 丙을 상대로 제기한 채권자대위소송의 물품대금청구는 기각된다(판례의 모순금지설).

6. 채권자대위소송의 기판력이 다른 채권자에게 미치는가?
   (1) 채권자대위소송 계속 중에 제기된 다른 채권자의 대위소송은 채무자가 그 대위소송을 알았느냐의 여부와 관계없이 중복된 소제기 금지의 원칙에 해당하여 각하를 면치 못한다.55)
   (2) 어느 채권자가 채권자대위권을 행사하는 방법으로 제3채무자를 상대로 소송을 제기하여 판결을 받은 경우, 어떠한 사유로든 채무자가 채권자대위소송이 제기된 사실을 알았을 경우에 한하여 그 판결의 효력이 채무자에게 미치므로, 이러한 경우에는 그 후 다른 채권자가 동일한 소송물에 대하여 채권자대위권에 기한 소를 제기하면 전소의 기판력을 받게 된다고 할 것이지만, 채무자가 전소인 채권자대위소송이 제기된 사실을 알지 못하였을 경우에는 전소의 기판력이 다른 채권자가 제기한 후소인 채권자대위소송에 미치지 않는다.56) 실제로 채무자는 여러 가지 경로를 통하여 제3채무자를 상대로 한 대위소송의 존재를 알기 쉬운데 대해 채권자들 가운데서 소를 제기하지 않은 다른 공동채권자들은 이를 잘 모르는 상태에서 대위판결의 기판력을 받게 되어 불측의 손해를 입을 가능성이 크다.
   (3) 甲과 丁이 공동원고가 되어 丙을 상대로 채권자대위소송을 제기할 수 있고, 이 경우 다수의 채권자들은 유사필수적 공동소송인의 관계에 있다.57)
   (4) 사례에서 丁이 甲과 공동원고가 될 수도 없고 중복제소나 기판력 저촉으로 별소를 제기할 수 없는

상황이라면 丁은 甲이 제기한 채권자대위소송 계속 중에 **공동소송참가**의 방식으로 자기의 권리주장을 하는 것이 바람직하다. 판례는 채권자대위소송이 계속 중인 상황에서 다른 채권자가 동일한 채무자를 대위하여 채권자대위권을 행사하면서 공동소송참가신청을 할 경우, 양 청구의 소송물이 동일하다면 민사소송법 제83조 제1항이 요구하는 '소송목적이 한쪽 당사자와 제3자에게 합일적으로 확정되어야 할 경우'에 해당하므로 참가신청은 적법하다고 한다.58) 공동채권자중 어느 한사람이 채권자대위권을 행사하였을 경우에 다른 공동채권자는 채무자가 채권자대위권행사를 안 경우에 한정하여 이전 확정판결의 기판력을 받는 이상 다른 공동채권자는 공동소송참가를 할 때에 채무자에게 소송고지 등의 방법으로 이를 알려야 하여야할 것이다.

7. 제3채무자의 항변
채권자대위권을 행사하는 경우 채권자가 채무자를 상대하여 그 보전되는 청구권에 기한 이행청구의 소를 제기하여 승소판결을 선고받고 그 판결이 확정되면 제3채무자는 그 청구권의 존재를 다툴 수 없다.59)

---

49) 김홍엽, p.1066~1077 참조.
50) 채권자가 채무자를 상대로 소유권이전등기절차이행의 소를 제기하여 패소의 확정판결을 받게 되면 채권자는 채무자의 제3자에 대한 권리를 행사하는 채권자대위소송에서 그 확정판결의 기판력으로 말미암아 더 이상 채무자에 대하여 동일한 청구원인으로 소유권이전등기청구를 할 수 없으므로 그러한 권리를 보전하기 위한 채권자대위소송은 그 요건을 갖추지 못하여 부적법하다(대법원 2003.05.13. 선고 2002다64148 판결).
51) 채권자가 채권자대위권의 법리에 의하여 채무자에 대한 채권을 보전하기 위하여 채무자의 제3자에 대한 권리를 대위행사하기 위하여는 채무자에 대한 채권을 보전할 필요가 있어야 할 것이고, 그러한 보전의 필요성이 인정되지 아니하는 경우에는 소가 부적법하므로 법원으로서는 이를 각하하여야 할 것인바, 만일 채권자가 채무자를 상대로 소를 제기하였으나 패소의 확정판결을 받은 종전 소유권이전등기절차 이행 소송의 청구원인이 채권자대위소송에 있어 피보전권리의 권원과 동일하다면 채권자로서는 위 종전 확정판결의 **기판력으로 말미암아 더 이상 채무자에 대하여** 위 확정판결과 동일한 청구원인으로는 소유권이전등기청구를 할 수 없게 되었고, 가사 채권자가 채권자대위소송에서 승소하여 제3자 명의의 소유권이전등기가 말소된다 하여도 채권자가 채무자에 대하여 동일한 청구원인으로 다시 소유권이전등기절차의 이행을 구할 수 있는 것도 아니므로, 채권자로서는 채무자의 제3자에 대한 권리를 대위행사함으로써 위 소유권이전등기청구권을 **보전할 필요가 없게 되었다고** 할 것이어서 채권자의 채권자대위소송은 부적법한 것으로서 각하되어야 한다(대법원 2002.05.10. 선고 2000다55171 판결).
52) 정동윤/유병현/김경욱, p.77. 이시윤, p.667은 채무자가 소송계속 사실을 알게 되어 채권자의 소송수행을 현실적으로 협조·견제할 수 있는 경우로 보아야 한다고 한다. 판례의 입장에 대하여는 판결의 효력은 당사자 이외의 제3자에게는 미치지 않음을 근거로 하거나 채권자는 소송담당이 아님을 근거로 채무자에게 미치지 않는다는 견해(호문혁, p.741~742)가 있다.
53) 대법원 2014.01.23. 선고 2011다108095 판결
54) 이를 기판력이라기보다는 채권자와 채무자간의 실체법상의 의존관계에 의한 반사효로 보기도 하고(이시윤, p.644), 이 경우 이미 채무자가 채권을 행사하였으므로 채권자대위권의 법률요건의 불비에 해당하여 법원은 채권자의 대위권이 인정되지 않는다는 이유로 청구를 기각하는 것이 옳다는 견해가 있다(호문혁, p.743).
55) 대법원 1994.02.08. 선고 93다53092 판결.
56) 대법원 1994.08.12. 선고 93다52808 판결. 이시윤, p.645는 이 경우 甲이 받은 판결이 乙에게 **반사효가 미치는** 것으로 본다. 호문혁, p.742는 甲·丙 사이의 판결의 효력이 그 소송과는 아무런 관계가 없는 다른 채권자인 丁에게까지 미친다고 보는 것은 아무런 법적 근거도 없이 제3자의 소송가능성을 박탈하는 것이어서 부당하다고 한다.
57) 대법원 1991.12.27. 선고 91다23486 판결.
58) 이때 양 청구의 소송물이 동일한지는 채권자들이 각기 대위행사하는 피대위채권이 동일한지에 따라 결정되고, 채권자들이 각기 자신을 이행 상대방으로 하여 금전의 지급을 청구하였더라도 채권자들이 채무자를 대위하여

<기초사례 연습 2>

乙은 2018. 2. 1. 丙으로부터 X 토지를 1억 원에 매수한 후 소유권이전등기를 마치지 않고 있다가 2019. 5. 1. X 토지를 2억 원에 甲에게 전매하였다. 甲은 乙에게 X 토지에 관한 소유권이전등기절차의 이행을 요구하였으나 丙으로부터 소유권이전등기를 넘겨받지 못했다는 이유로 거절당했다.

甲은 2020. 4. 1. 乙과 丙을 상대로 丙에 대하여는 2018. 2. 1. 매매를 원인으로, 乙에 대하여는 2019. 5. 1. 매매를 원인으로 X 토지에 대하여 각 소유권이전등기절차를 이행하라는 소(이하 '이 사건 소')를 제기하였고, 그 소장부본은 그 무렵 乙과 丙에게 송달되었다.

이 소송에서 乙은 현재 X 토지의 소유명의인이 아닌 자신을 상대로 한 소유권이전등기청구는 실현이 불가능하므로 소의 이익이 없거나 당사자적격이 없는 자를 상대로 한 소로서 부적법하고, 그렇지 않다 하더라도 甲이 매매대금을 지급하지 아니하여 甲과 乙의 매매계약은 2019. 8. 1. 적법하게 해제되었으므로 甲의 청구는 이유 없다고 주장하였다.

법원의 본안심리 결과 甲이 乙에게 매매대금을 지급하지 아니하여 乙이 甲에게 甲과 乙 사이의 매매계약의 해제를 통고하여 甲과 乙 사이의 매매계약이 적법하게 해제된 사실이 인정된 경우 법원은 어떻게 판단할 것인가?

1. 결론 : 원고 甲의 피고 乙에 대한 청구를 기각하고, 피고 丙에 대한 소를 각하한다.
2. 근거
   (1) 문제의 핵심 : 甲의 乙에 대한 소송은 매매를 원인으로 한 소유권이전등기청구로서 이행의 소에 해당하는바, 이 경우 이행의 소의 피고적격이 문제되고, 甲의 丙에 대한 소송은 甲이 乙을 대위한 소유권이전등기청구로서 피보전채권이 해제로 소멸한 경우 법원이 어떠한 재판을 해야 하는지가 문제의 핵심이다.
   (2) 소유권이전등기청구소송에서 당사자적격 : 당사자적격은 특정의 소송에서 정당한 당사자로서 소송을 수행하고 본안판결을 받기에 적합한 자격을 말한다. 이행의 소에서 원고적격은 소송물인 이행청구권이 자신에게 있음을 주장하는 사람에게 있고, 피고적격은 그로부터 이행의무자로 주장된 사람에게 있다.
   (3) 채권자대위소송에서 피보전채권이 존재하지 않는 경우 : 판례는 채권자대위소송을 '채권자가 스스로 원고가 되어 채무자의 제3채무자에 대한 권리를 행사하는 것'으로 파악한다(법정소송담당). 따라서 채권자대위소송에서 피보전채권이 인정되지 아니할 경우 채권자 스스로 원고가 되어 채무자의 제3채무자에 대한 권리를 행사할 당사자적격이 없게 되므로 그 대위소송은 부적법하여 각하할 수밖에 없다.
   (4) 결어(사안의 해결)
     ① 甲의 乙에 대한 청구에 관한 판단 : 乙은 소의 이익이 없거나 당사자적격이 없는 자를 상대로 한 소로서 부적법하다고 주장하고 있으나, 이행의 소의 피고적격은 이행의무자로 주장된 자에게 있으므로 乙에게 피고적격이 있다. 법원은 본안심리의 결과에 따라 甲과 乙 사이의 매매계약이 해제되었음을 이유로 甲의 청구를 기각하여야 한다.
     ② 甲의 丙에 대한 청구에 관한 판단 : 甲은 乙을 대위하여 丙을 상대로 소유권이전등기절차이행청구의 소를 제기하였는바, 피보전채권은 甲과 乙 사이의 매매계약에 기초한 소유권이전등기청구

권인데, 위 매매계약이 해제되었으므로 피보전채권이 존재하지 않게 되어 법원은 당사자적격이 없음을 이유로 甲의 소를 각하하여야 한다.

〈기초사례 연습 3〉

甲은 乙에 대하여 1억 원의 대여금채권이 있는데 乙이 이행기 이후에도 변제를 하지 아니하여 乙이 丙에 대하여 갖고 있는 1억 원의 물품대금채권이 있는 것을 알고 乙을 대위하여 丙을 상대로 물품대금청구의 소를 제기하였다.

1. 乙은 甲으로 소송고지를 받아 위 대위소송 계속사실을 알게 되었다. 乙의 다른 채권자 丁이 자기의 채권을 보전하기 위하여 丙을 상대로 甲과 같은 소송을 제기한 경우 丁의 소는 적법한가?
2. 甲이 위 소송에서 청구기각판결을 받고 이 판결이 확정되었다. 乙의 다른 채권자 丁이 자기의 채권을 보전하기 위하여 丙을 상대로 같은 소송을 제기할 수 있는가?
3. 乙의 채권자 甲과 丁이 공동원고가 되어 丙을 상대로 채권자대위소송을 제기할 수 있는가?
4. 甲과 丁이 공동원고가 되어 丙을 상대로 채권자대위소송을 제기하였다. 甲의 乙에 대한 피보전채권의 존재가 인정되나, 丁의 乙에 대한 피보전채권이 인정되지 않는 경우에 법원의 조치는? 甲이 소를 취하하면 丁의 소는 어떻게 되는가?

〈문 1〉 판례는 채권자대위소송이 이미 법원에 계속 중에 있을 때 같은 채무자의 다른 채권자가 동일한 소송물에 대하여 채권자대위권에 기한 소를 제기한 경우 시간적으로 나중에 계속하게 된 소송은 중복제소금지의 원칙에 위배하여 제기된 부적법한 소송이 된다.[60] 따라서 판례에 따르면 丁이 乙을 대위하여 丙을 상대로 제기한 소는 채무자인 乙이 채권자대위소송의 계속사실을 알았는지 여부에 관계없이 부적법 각하를 면할 수 없다. 그러나 채무자가 채권자대위소송을 하는 것을 알았을 때 다시 다른 채권자가 제기한 채권자대위소송이 중복소송이 된다고 보는 것이 채권자대위소송에 관한 기존판례와의 조화를 이루는 것이 될 것이다. 호문혁 교수는 다른 채권자가 각기 다른 대위권을 행사하는 경우에는 소송물이 다르며 중복제소가 아니라고 하나, 채권자대위소송의 소송물은 피대위채권의 존재인 점에서 수긍하기 어렵다.

〈문 2〉 어느 채권자가 채권자대위권을 행사하는 방법으로 제3채무자를 상대로 소송을 제기하여 판결을 받은 경우, 어떠한 사유로든 채무자가 채권자대위소송이 제기된 사실을 알았을 경우에 한하여 그 판결의 효력이 채무자에게 미치므로, 이러한 경우에는 그 후 다른 채권자가 동일한 소송물에 대하여 채권자대위권에 기한 소를 제기하면 전소의 기판력을 받게 된다고 할 것이지만, 채무자가 전소인 채권자대위소송이

변제를 수령하게 될 뿐 자신의 채권에 대한 변제로서 수령하게 되는 것이 아니므로 이러한 채권자들의 청구가 서로 소송물이 다르다고 할 수 없다. 여기서 원고가 일부 청구임을 명시하여 피대위채권의 일부만을 청구한 것으로 볼 수 있는 경우에는 참가인의 청구금액이 원고의 청구금액을 초과하지 아니하는 한 참가인의 청구가 원고의 청구와 소송물이 동일하여 중복된다고 할 수 있으므로 소송목적이 원고와 참가인에게 합일적으로 확정되어야 할 필요성을 인정할 수 있어 참가인의 공동소송참가신청을 적법한 것으로 보아야 한다(대법원 2015.07.23. 선고 2013다30301,30325 판결).

59) 대법원 2014.07.10. 선고 2013다74769 판결. 이 판결에 대하여 피보전채권의 청구는 채권자・채무자 당사자 간의 소송관계라면 제3자인 제3채무자에 대한 기판력의 부당한 확장이라는 비판으로 이시윤, p.668 참조.

제기된 사실을 알지 못하였을 경우에는 전소의 기판력이 다른 채권자가 제기한 후소인 채권자대위소송에 미치지 않는다.61) 이에 대하여는 채권자대위소송의 판결의 효력이 그 소송과는 아무런 관계도 없는 다른 채권자에게까지 미친다고 보는 것은 아무런 법적 근거도 없이 제3자의 소송가능성을 박탈하는 것이 되어 부당하다는 비판이 있다.

〈문 3〉 판례는 채무자의 수인의 채권자가 공동으로 채권자대위소송을 제기하는 것은 무방하다는 입장이다. 채무자가 채권자대위권에 의한 소송이 제기된 것을 알았을 경우에는 그 확정판결의 효력은 채무자에게도 미치고, 이 경우 각 채권자대위권에 기하여 **공동하여** 채무자의 권리를 행사하는 다수의 채권자들은 **유사필수적 공동소송관계**에 있는 것으로 본다.62) 판례는 채무자가 몰랐다면 채권자들은 통상공동소송의 관계에 있다는 취지로 보인다. 이에 대하여 호문혁 교수는 수인의 채권자의 대위소송은 언제나 통상공동소송이라고 본다. 채무자가 소송계속을 알았다는 주관적 사정에 따라 수인의 채권자들의 관계가 좌우된다는 것은 있을 수 없는 일이라고 비판하고 있다.

〈문 4〉 필수적 공동소송에서 소송요건은 각 당사자별로 조사하나 조사결과 일부 당사자에게 요건불비가 있으면 고유필수적 공동소송의 경우에는 소 전부를 각하하게 되나, 유사필수적 공동소송에서는 소송요건의 불비된 당사자의, 그 당사자에 대한 소만을 분리하여 각하하게 된다. 필수적 공동소송에서 1인이 한 소송행위는 그것이 공동소송인 모두에게 이익이 되는 것일 때에는 효력이 있으나, 불이익한 소송행위는 아무런 효력이 없고 이러한 행위는 전원이 함께 하여야 한다. 그러나 유사필수적 공동소송에서는 공동소송인의 일부가 소를 취하한 경우 다른 공동소송인에게 영향이 없이 취하한 당사자에 대하여만 소송계속이 소멸된다.

〈기초사례 연습 4〉

乙은 2018. 2. 1. 丙으로부터 별지목록 기재 토지(이하 '이 사건 토지')를 매수한 후 세금문제로 소유권이전등기를 마치지 않고 있다가 2019. 5. 1. 이 사건 토지를 甲에게 매도하였다.

甲은 乙에게 위 토지에 관한 소유권이전등기절차의 이행을 요구하였으나 거절당하자 2019. 7. 1. 乙에 대한 소유권이전등기청구권을 보전하기 위하여 乙을 대위하여 丙을 상대로 처분금지가처분신청을 하여 그 결정을 받았고(서울중앙지방법원 2019카단1234), 그 무렵 그 기입등기가 마쳐졌다.

그리고 甲은 2020. 5. 1. 乙과 丙을 피고로 丙에 대하여는 乙을 대위하여 乙에게 이 사건 토지에 관하여 2018. 2. 1. 매매를 원인으로 한, 乙에 대하여는 2019. 5. 1. 매매를 원인으로 한 각 소유권이전등기절차를 이행하라는 소(이하 '이 사건 소')를 제기하였고, 그 소장부본은 그 무렵 丙에게 송달되었다.

1. 甲이 이 사건 소를 제기하기 전에 2019. 10. 1. 乙이 먼저 丙을 상대로 2018. 2. 1. 매매를 원인

---

60) 대법원 1994.02.08. 선고 93다53092 판결.
61) 대법원 1994.08.12. 선고 93다52808 판결.
62) 대법원 1991.12.27. 선고 91다23486 판결.
63) 〈**부적법**〉 甲이 이 사건 소를 제기하기 전에 이미 채무자인 乙이 제3채무자인 丙을 상대로 이 사건 소와 동일한

으로 한 소유권이전등기절차의 이행을 구하는 소를 제기하여 패소판결을 선고받고 그 판결이 2019. 12. 1. 확정된 경우 이 사건 소는 적법한가?[63]

2. 甲이 2019. 10. 1.경 乙을 상대로 이 사건 토지에 관하여 2019. 5. 1. 매매를 원인으로 한 소유권이전등기청구의 소를 제기하였다가 패소판결을 선고받고 그 판결이 2020. 2. 1. 확정되었음에도 다시 이 사건 소를 제기한 경우 이 사건 소는 적법한가?[64]

3. 乙의 채권자인 A가 2019. 12. 1. 乙의 丙에 대한 소유권이전등기청구권에 대하여 가압류결정을 받아 그 가압류결정이 같은 달 5. 乙과 丙에게 각 송달되었는데, 丙이 이 사건 소의 심리과정에서 위 가압류 때문에 乙에게 이 사건 토지에 관한 소유권이전등기절차를 이행하지 못하겠다는 항변을 한 경우 법원은 어떠한 내용의 판결을 선고하여야 하는가? 판결주문을 기재하시오.[65]

4. 乙은 甲으로부터 이 사건 소의 제기사실을 통보받은 직후인 2020. 6. 초경 법원에 丙을 상대로 이 사건 토지에 관하여 2018. 2. 1. 매매를 원인으로 한 소유권이전등기청구의 소를 제기하였다가 그 소 계속 중 乙과 丙 사이에 위 매매계약을 해제하기로 합의하고 그 소를 취하한 경우, 이 사건 소에서 丙은 乙과 자신 사이의 위 매매계약이 乙과의 합의에 의하여 해제되었음을 들어 甲에게 대항할 수 있는가?[66]

5. 乙이 甲으로부터 위 처분금지가처분결정이 있었다는 통보를 받은 직후로서 이 사건 소가 제기되기 전인 2019. 10. 1. 乙과 丙 사이의 매매계약을 해제하기로 丙과 합의한 경우 이 사건 소에서 丙은 이를 항변사유로 삼아 甲에게 대항할 수 있는가?[67]

6. 이 사건 소의 계속 중 丙이 이 사건 토지에 관하여 乙과 丙 사이에 체결된 매매계약을 인정하고 이를 원인으로 乙에게 그 소유권이전등기를 임의로 이행하려고 할 경우, 이는 채무자가 민법 제404조의 채권자대위권 행사사실을 알게 된 후에 한 처분행위에 해당하여 허용되지 않는가?[68]

7. 丙은 甲의 청구에 대하여 자신이 乙로부터 대금 일부를 지급받지 못하였다고 주장하면서 나머지 대금을 지급받을 때까지는 甲의 청구에 응할 수 없다는 할 수 있는가?[69]

내용의 소를 제기하여 패소판결을 받아 확정되었으므로 甲이 乙을 대위하여 권리를 행사할 당사자적격은 없다.

64) 〈부적법〉 甲이 乙을 상대로 한 소유권이전등기청구의 소에서 패소확정되었으므로 그 기판력으로 인하여 甲으로서는 더 이상 乙에게 소유권이전등기절차의 이행을 구할 수 없어 보전의 필요성이 없게 되었으니, 이 사건 소는 부적법하다.

65) A의 신청에 의한 가압류의 해제를 조건으로 소유권이전등기절차의 이행을 명하는 판결을 선고하여야 한다.
☞ 주문 별지목록 기재 부동산에 관하여
1. 피고 丙은 피고 乙에게 피고 乙과 소외 A 사이의 서울중앙지방법원 2019카단1234호 소유권이전등기청구권가압류결정에 의한 집행이 해제되면, 2018. 2. 1. 매매를 원인으로 한,
2. 피고 乙은 원고에게 2019. 5. 1. 매매를 원인으로 한 각 소유권이전등기절차를 이행하라.

66) 〈대항 불가〉 乙이 채권자대위소송인 이 사건 소의 제기사실을 통보받음으로써 甲의 채권자대위권의 행사사실을 알게 되었으므로 그 후에는 대위권행사의 객체가 된 丙에 대한 소유권이전등기청구권을 소멸시키는 행위, 즉 합의에 의한 매매계약의 해제를 할 수 없다. 따라서 乙이 한 매매계약의 합의해제는 甲에 대하여는 효력이 없고, 丙은 그 해제의 항변으로 甲에 대항할 수 없다.

67) 〈대항 불가〉 처분금지가처분신청을 하여 가처분결정을 받은 경우 이는 부동산에 대한 소유권이전등기청구권을 보전하기 위한 것이므로 피대위채권인 소유권이전등기청구권을 행사한 것과 같이 볼 수 있어 채무자가 그러한 대위권행사사실을 알게 된 이후에 그 부동산에 관한 매매계약을 합의해제함으로써 채권자대위권의 객체인 그 부동산소유권이전등기청구권을 소멸시켰다 하더라도 이로써 채권자에게 대항할 수 없다.

68) 〈허용〉 乙은 丙과 사이의 위 매매계약에 따른 의무이행으로 丙으로부터 소유권이전등기를 받을 수 있고 丙은

〈기초사례 연습 5〉

甲은 2020. 2. 1. 乙로부터 X 토지를 1억 원에 매수하였다. 그런데 甲 앞으로 소유권이전등기를 마치기 전인 2020. 5. 1. X 토지에 관하여 丙 명의로 2020. 4. 1. 매매를 원인으로 한 소유권이전등기가 마쳐졌다.

甲은 2020. 6. 1. 丙 명의의 소유권이전등기는 乙과 丙이 배임행위에 적극 가담하여 통모하여 마친 것이므로 원인 없는 무효의 등기라고 주장하면서 乙을 대위하여 丙을 피고로 하여 위 소유권이전등기의 말소를 구하는 소(이하 '이 사건 소송')를 제기하였다.

1. 이 사건 소송 도중에 丙은 X 토지를 다른 사람에게 임대하는 계약을 체결하였는데, 이를 알게 된 乙은 별론 중에 甲의 주장과 같이 乙과 丙 사이에 진정한 매매계약의 의사가 없이 이전등기만을 丙 앞으로 해 둔 것이라고 진술하였다. 乙의 이러한 진술은 재판상 자백으로서 효력이 있는가?
2. 피고 丙은 이 사건 소송의 제1회 변론기일에 甲의 주장과 같이 甲과 乙 사이에 2020. 2. 1. 매매계약이 체결된 사실과 乙과 丙이 통모하여 등기원인 없이 丙 앞으로 소유권이전등기가 마쳐진 사실을 모두 인정한다고 진술하였다가 제2회 변론기일에서 위 진술을 모두 번복하였다. 법원은 어떻게 판단할 것인가?
3. 甲이 乙을 대위하여 丙을 상대로 제기한 이 사건 소송에서 甲 패소판결이 선고되고 이 판결이 확정되었다. 위 대위소송 제기사실을 전혀 몰랐던 乙이 다시 丙을 상대로 위 소유권이전등기의 말소청구의 소를 제기하였다. 乙은 이 소송에서 승소할 수 있는가?
4. 甲이 제기한 이 사건 소송에서 피고 丙이 답변서를 제출하지 아니하여 甲이 무변론승소확정판결을 받았다. 위 판결에 기한 말소등기가 이루어지지 않은 상태에서 丙이 사망하여 丁이 丙의 상속인으로서 상속등기를 마쳤다. 甲은 丙에 대한 위 승소확정판결에 기하여 丙, 丁 명의의 소유권이전등기를 말소하였다. 이 경우 丁은 자신의 피상속인인 丙이 이 사건 소송 제기 당시에 이미 X 토지를 시효취득하였다고 주장하면서 甲을 상대로 취득시효완성을 원인으로 한 소유권이전등기절차이행청구의 소를 제기하였다. 丁은 이 소송에서 승소할 수 있는가?
5. 이 사건 소송에서 乙이 증인으로 출석하여 丙에게 실제로 X 토지를 매도한 바 있다고 증언하여 청구기각판결이 선고되고 이 판결이 확정되었다. 그 후 乙은 丙이 매매대금을 곧 지급하겠다고 약속하여 먼저 丙 앞으로 소유권이전등기를 마쳐준 것인데 丙이 매매대금을 지급하지 않고 있으므로 위 매매계약은 사기에 의한 의사표시로 취소한다고 주장하면서 丙을 상대로 진정명의회복을 원인으로 한 소유권이전등기청구의 소(이하 '후소')를 제기하였다. 법원의 심리결과 원고인 乙의 청구원인 주장이 모두 사실로 밝혀지고 이 사건 소송의 판결도 확정되었음이 밝혀졌다. 후소 법원은 어떠한 판결을 할 것인가?

〈문 1〉
1. **자백의 요건** : 자백은 당사자가 소송행위로써 변론기일에 상대방의 주장과 일치하는 자기에게 불리한 진술을 말한다. 따라서 당사자가 아닌 자가 다른 사건의 법정이나 수사기관 등에서 한 진술은 재판상

자백이 아니다.
2. **사안의 경우** : 甲은 乙을 대위하여 丙을 상대로 소유권이전등기말소청구의 소를 제기하였으므로 그 소송의 당사자는 甲과 丙이고, 乙은 소송의 당사자가 아니고 소외인이다. 따라서 乙이 甲의 주장과 같이 乙과 丙 사이에 진정한 매매계약의 의사 없이 X 토지에 관하여 등기명의만을 丙 앞으로 이전한 것이라는 진술은 당사자가 아닌 자의 진술로서 재판상 자백이 되지 않는다.

〈문 2〉
1. **쟁점의 정리** : 채권자대위소송에서 피보전채권 및 피대위채권의 존재에 관한 사항이 소송절차상 어떠한 취급을 받는지 그리고 이것이 자백의 대상이 되는지 문제된다.
2. **채권자대위소송의 요건사실** : 채권자대위소송의 요건사실은 피보전채권의 존재, 피보전채권의 변제기 도래, 보전의 필요성, 채무자의 권리불행사, 피대위채권의 존재이다. 판례는 이들 요건 중 피대위채권이 소송물로서 실체법적인 요건사실로 본안판단의 문제이고, 나머지는 모두 당사자적격에 관계되는 소송요건으로 파악한다.
3. **피보전채권의 존재** : 판례는 채권자대위소송에서 피보전채권이 인정되지 아니할 경우 채권자가 스스로 원고가 되어 채무자의 제3채무자에 대한 권리를 행사할 당사자적격이 없게 되므로 그 대위소송은 부적법하여 각하할 수밖에 없다고 한다. 소송법상 당사자적격에 관한 문제는 직권조사사항에 속하고 직권조사사항은 자백의 대상이 될 수 없다. 따라서 甲과 乙 사이에 2020. 2. 1. 매매계약이 체결된 사실은 피보전채권의 존재에 관한 사실로서 당사자적격에 관한 것으로 직권조사사항에 해당하여 자백의 대상이 될 수 없다.
4. **피대위채권의 존재** : 채권자대위소송의 소송물인 피대위채권에 관한 사항은 자백의 대상이 된다. 乙과 丙이 통모하여 등기원인 없이 丙 명의로 소유권이전등기가 마쳐진 사실은 피대위채권의 성립에 관한 사항으로서 재판상 자백의 대상이 된다.
5. **결어(사안의 해결)** : 피고 丙이 제1회 변론기일에 위 두 가지 사실에 관하여 자백을 하였다가 제2회 변론기일에 이를 번복하였으나, 피보전채권에 관한 것은 자백이 성립되지 않아 당사자 및 법원에 대한 구속력이 없으므로 법원은 이를 그대로 인정할 필요가 없으나, 피대위채권에 관한 것은 자백이 성립되었으므로 丙이 번복한 것만으로 그 자백이 취소된 것으로 볼 수 없고, 반진실과 착오의 요건을 갖추지 못한 이상 법원으로서는 그 사실과 다른 사실을 인정할 수 없다.

〈문 3〉
1. **채권자대위소송과 기판력** : 판례는 채권자대위소송의 경우 채무자가 어떤 사유로든 대위소송계속사실을 알았을 때에 대위소송의 기판력이 채무자에게 미친다고 한다.
2. **사안의 경우** : 乙이 채권자대위소송 계속사실을 알지 못하였던 이상 채무자인 乙에게 위 대위소송의 기판력이 미치지 않고, 乙은 丙을 상대로 X 토지에 관한 소유권이전등기말소청구의 소를 제기할 수 있다.

〈문 4〉
1. **문제의 소재** : 전소인 소유권이전등기말소청구소송의 기판력이 후소인 시효취득을 원인으로 한 소유권이전등기청구소송에 미치는가?

2. **기판력의 객관적 범위** : 기판력은 판결의 주문에 포함된 소송물인 법률관계의 존부에만 미친다. 전소의 소송물은 부동산에 대한 소유권이전등기에 대한 말소등기청구권의 존부였던 것임에 반하여 후소는 비록 동일 부동산에 관한 것이기는 하지만 점유취득시효 완성을 원인으로 하는 소유권이전등기청구권의 존부에 관한 것인 경우, 위 전후의 양 소는 그 청구취지와 청구원인이 각기 상이하여 서로 모순·저촉된다고 할 수 없으므로 전소 판결의 기판력이 후소에 미친다고 할 수 없다.70)
3. **사안의 경우** : 丁이 후소를 제기하면서 선대인 丙이 전소 소유권이전등기말소청구소송 당시에 이미 X 토지를 시효취득하였다고 주장한다고 하더라도, 전소와 후소는 청구취지와 청구원인이 달라 소송물이 동일하지 않고 선결관계 또는 모순관계에 있지도 않으므로 전소판결의 기판력이 후소에 미치지 않는다. 丁이 시효취득의 요건사실을 증명하면 이 소송에서 승소할 수 있다.

〈문 5〉
1. **문제의 소재** : 채권자대위소송의 기판력이 채무자에게 미치는지 여부 및 진정명의회복을 원인으로 한 소유권이전등기청구와 소유권이전등기말소청구의 관계가 문제된다.
2. **채권자대위소송 판결의 기판력이 채무자에게 미치는지 여부** : 판례는 채무자가 어떤 사유로는 대위소송 계속사실을 알았을 때 대위소송 판결의 기판력이 채무자에게 미친다고 한다.
3. **진정명의회복을 원인으로 한 소유권이전등기청구와 소유권이전등기말소청구의 관계** : 판례는 양자는 모두 진정한 소유자의 등기명의를 회복하기 위한 것으로 실질적으로 그 목적이 동일하고, 양자 모두 소유권에 기한 방해배제청구권으로서 그 법적 근거와 성질이 동일하므로 비록 전자는 이전등기, 후자는 말소등기의 형식을 취하고 있으나 그 소송물은 실질상 동일한 것으로 보아야 하고 따라서 소유권이전등기말소 청구소송에서 패소확정판결을 받았다면 그 기판력은 그 후 제기된 진정명의회복을 원인으로 한 소유권이전등기청구소송에도 미친다고 한다.71)
4. **결어(사안의 해결)** : 이 사건 소송에서 채무자 乙이 증인으로 출석하여 X 토지를 丙에게 매도한 바 있다고 증언함으로써 이 사건 채권자대위소송 계속사실을 알았다고 인정되므로 이 사건 소송의 기판력은 채무자인 乙에게도 미친다. 그리고 이 사건 소유권이전등기말소청구소송의 기판력은 진정명의회복을 원인으로 한 소유권이전등기청구소송에도 미친다(전소에서 통모에 의하여 마쳐진 원인무효라는 주장과 후소에서 기망을 이유로 매매계약이 취소되었으므로 원인무효라는 주장은 공격방어방법의 차이에 불과하다). 후소 법원은 확정된 전소판결과 모순·저촉되는 판단을 하지 않아야 하므로(모순금지설) 후소에서 乙의 청구를 기각하는 판결을 선고하여야 한다.

위 의무이행으로 丙에게 대항할 수 있다.
69) 제3채무자는 채무자에 대하여 가지는 모든 항변사유로 대위채권자에게 대항할 수 있으므로 丙은 乙의 잔금 미지급을 이유로 동시이행의 항변을 할 수 있다.
70) 대법원 1997.11.14. 선고 97다32239 판결.
71) 대법원 2001.09.20. 선고 99다37894 전원합의체 판결.

⟨기초사례 연습 6⟩

망 甲이 乙에 대한 소유권이전등기청구권에 기하여 乙을 대위하여 丙에 대하여 소유권이전등기말소등기절차의 이행을 구하는 소를 제기하였다가 그 소송계속 중 甲이 사망하자 망 甲의 상속인들인 A, B, C, D가 소송수계를 하여 이들이 공동원고가 되었다. 제1심은 위 소송수계인들의 청구를 기각하는 판결을 선고하였다. 이에 대하여 그 수계인들 중 A만이 항소를 제기하자 제2심은 A만을 항소인으로 다루어 소송을 진행시킨 다음 그 항소를 기각하는 판결을 선고하였다.

제2심판결은 정당한가?

☞ 채무자가 채권자대위권에 의한 소송이 제기된 것을 알았을 경우에는 그 확정판결의 효력은 채무자에게도 미친다는 것이 판례이고, 다수의 채권자가 각 채권자대위권에 기하여 공동하여 채무자의 권리를 행사하는 이 사건의 경우 소송계속 중 채무자인 乙이 채권자대위권에 의한 소송이 제기중인 것을 알았다면 그 판결의 효력은 乙에게도 미치게 되고, 따라서 甲의 소송수계인들은 유사필수적 공동소송관계에 있다. 필수적 공동소송에 있어서 공동소송인 중 1인의 소송행위는 공동소송인 전원의 이익을 위하여서만 효력이 있다고 규정하고 있으므로 공동소송인 중 일부의 상소제기는 전원의 이익에 해당된다고 할 것이어서 다른 공동소송인에 대하여도 그 효력이 미칠 것이며, 사건은 필수적 공동소송인 전원에 대하여 확정이 차단되고 상소심에 이심된다고 할 것이다.

따라서 A만이 항소를 제기하였다고 하더라도 나머지 원고들에 대하여도 항소심에 사건이 이심되는 것이며, 제2심은 필수적 공동소송관계에 있는 소송수계인들에 대하여 합일확정을 위하여 한 개의 판결을 선고하여야 할 것임에도 불구하고 A에 대하여만 절차를 진행하여 판결을 선고하였으므로 이는 필수적 공동소송에 관하여 특칙을 규정한 민사소송법 제67조 제1항의 법리를 오해한 것으로서 파기를 면치 못한다.[72]

⟨기초사례 연습 7⟩

1. 甲이 乙을 대위하여 丙에 대하여 제기한 소유권이전등기말소 청구사건에서 피보전채권인 甲의 乙에 대한 공사대금 및 대여금채권이 인정되지 않는다는 이유로 소각하판결이 선고되어 확정되었다. 甲이 乙을 상대로 공사대금 및 대여금채권의 지급을 구하는 소를 제기한 경우 위 소각하판결의 기판력에 저촉되어 허용될 수 없는가?[73]
2. 甲은 乙에 대하여 갖고 있는 매매대금채권을 丙에게 양도하였다. 甲이 乙에게 채권양도통지를 하지 않는 경우 丙은 甲을 대위하여 乙에게 채권양도통지를 할 수 있는가?
3. 甲이 乙을 대위하여 丙을 상대로 채권자대위소송을 제기하여 이 소송이 계속 중 乙이 파산선고를 받은 경우 위 채권자대위소송은 어떻게 되는가?[74]
4. 甲은 乙과 토지거래허가구역 내에 있는 토지로서 등기부 등 관계공부가 멸실되어 토지대장상 소유자미복구의 토지에 관하여 거래계약을 체결하고 계약금을 지급하였으나, 관할관청의 토지거래허가를 받지 않은 상태이다. 甲은 乙을 대위하여 국가를 상대로 위 토지가 乙의 소유임의 확인을 구할 수 있는가?[75]

---

72) 대법원 1991.12.27. 선고 91다23486 판결.
73) 대법원 2014.01.23. 선고 2011다108095 판결 참조.

5. 甲이 乙을 대위하여 丙을 상대로 채권자대위소송이 계속 중인 상황에서 다른 채권자 丁이 乙을 대위하여 채권자대위권을 행사하면서 공동소송참가신청을 한 경우 이 공동소송참가신청은 적법한가?76)
6. 乙이 丙을 상대로 제기한 이행의 소가 이미 법원에 계속되어 있는 상태에서 압류채권자 丁이 乙의 丙에 대한 채권에 대하여 압류 및 추심명령을 얻어 추심의 소를 제기한 경우 乙이 제기한 이행의 소에 대한 관계에서 중복제소에 해당하는가?77)
7. 乙은 丙에게 A에 대한 자신의 정산금채권을 양도하였는데, 乙의 채권자인 甲이 위 정산금채권의 양도가 사해행위라는 이유로 채권양도의 취소 및 원상회복으로서 A에게 채권양도가 취소되었다는 취지의 통지를 하도록 청구하는 한편, 乙을 대위하여 A에게 위 정산금채권의 지급을 구할 수 있는가?78)
8. 甲이 乙의 丙에 대한 점유취득시효를 원인으로 한 소유권이전등기청구권 중 일부 지분을 상속받았다고 주장하면서 丁을 상대로 丙의 丁에 대한 소유권이전등기의 말소등기청구권을 대위하여 전부 말소를 구할 수 있는가?79)
9. 비법인사단이 총유재산에 관한 권리를 행사하지 아니하고 있어 비법인사단의 채권자가 채권자대위권에 기하여 비법인사단의 총유재산에 관한 권리를 대위행사하는 경우에는 사원총회의 결의 등 비법인사단의 내부적인 의사결정절차를 거칠 필요가 있는가?80)
10. 乙에 대한 금전채권자인 甲은 乙을 대위하여 丙을 상대로 부당이득금의 반환을 구하는 소를 제기하였다. 법원은 丙은 甲에게 2억 원을 지급하라는 판결을 선고하였고, 그 판결은 확정되었다. 乙은 위 소송에 증인으로 출석하여 증언을 하였다.
(1) A는 乙에 대한 집행력 있는 공정증서 정본에 기초하여 乙의 丙에 대한 위 부당이득금 반환채권에 대하여 채권압류 및 전부명령을 받았고, 이 사건 압류 및 전부명령은 丙에게 송달된 후 확정되었다. A의 전부명령은 유효한가?81)
(2) B는 甲에 대한 집행력 있는 지급명령 정본에 기초하여 이 사건 판결에 따라 甲이 丙으로부터 지급받을 채권에 대하여 채권압류 및 전부명령을 받았고, 위 압류 및 전부명령은 丙에게 송달된 후 확정되었다. B의 전부명령은 유효한가?82)

---

74) 대법원 2013.03.28. 선고 2012다100746 판결 참조.
75) 대법원 1993.03.09. 선고 92다56575 판결 참조.
76) 대법원 2015.07.23. 선고 2013다30301,2013다30325 판결 참조.
77) 대법원 2013.12.18. 선고 2013다202120 전원합의체 판결 참조.
78) 대법원 2015.11.27. 선고 2012다2743 판결 참조.
79) 대법원 2014.10.27. 선고 2013다25217 판결 참조.
80) 대법원 2014.09.25. 선고 2014다211336 판결 참조.
81) 대법원 2016.08.29. 선고 2015다236547 판결 참조.
82) 대법원 2016.08.29. 선고 2015다236547 판결 참조.

제10장 채권자취소소송

민사실무 핵심 요건사실

<기초사례> 甲은 2018. 2. 1. 乙로부터 X 토지를 대금 1억 원에 매수하기로 하는 매매계약을 체결하고 대금 전액을 乙에게 지급하였다. 그런데 乙이 등기를 넘겨주지 아니하여 甲은 乙의 채무불이행을 이유로 같은 해 4. 1. 위 매매계약을 해제하였다.

乙은 甲이 위 매매계약을 해제하자 甲에 대한 매매대금반환채무를 면탈할 의도로 처남인 丙과 짜고 2018. 7. 1. 丙에게 X 토지를 1억 1,000만원에 매도하는 내용의 매매계약을 체결하고 같은 날 丙 명의로 소유권이전등기를 마쳐주었다. 丙은 2018. 10. 1. 친구인 丁에게 이 사건 토지를 매도하고 같은 날 丁 명의로 소유권이전등기를 마쳤다.

한편 甲은 매매계약을 해제한 직후인 2018. 4. 15. 위 매매대금반환채권을 피보전권리로 하여 X 토지를 가압류하였고, 같은 해 10. 15. 뒤늦게 乙이 丙에게 위와 같이 이 사건 토지를 양도한 사실을 알게 되어 乙의 재산상태를 조사한 결과 같은 해 10. 20. 乙에게는 이 사건 토지 이외에는 아무런 재산이 없음을 알게 되었다.

이에 甲은 2019. 10. 6. 乙과 丙 사이의 매매행위가 사해행위라고 주장하면서, 이를 전제로 하여, (1) 乙을 상대로 매매대금 1억 원의 반환을 구하고,

(2) 乙, 丙을 상대로 乙, 丙이 체결한 2018. 7. 1. 자 매매계약의 취소를, 丙, 丁을 상대로 이들이 체결한 2018. 10. 1.자 매매계약의 취소를 각 구하고,

(3) 丙, 丁은 乙에게 이 사건 토지에 마쳐진 위 각 소유권이전등기의 말소등기절차의 이행을 구하는 소를 제기하였다.

<문제>
1. 甲의 乙, 丙, 丁에 대한 각 소 중 부적법한 부분은?
2. 甲이 2018. 4. 1. 매매계약을 해제하지 아니하였다고 가정할 경우 甲은 자신의 乙에 대한 소유권이전등기청구권을 보전하기 위하여 乙과 丙 사이의 2018. 7. 1.자 매매계약을 사해행위를 이유로 취소할 수 있는가?
3. 甲의 이 사건 채권자취소권의 적법한 행사기간은 언제까지인가?
4. 이 사건 심리결과 위 매매계약이 적법하게 해제되지 않았음이 밝혀지자 甲이 이 사건의 심리도중인 2019. 11. 15. 피보전채권을 위'매매대금반환채권 1억 원'에서 '원고의 피고 乙에 대한 2018. 7. 5.자 대여금채권'으로 바꾸어 주장하였고, 그 주장의 대여사실이 인정된다고 가정할 경우 위와 같은 피보전채권의 교환적 변경은 제척기간의 적용을 받는가?

5. 만일, 제척기간의 제한을 받지 않는다고 가정할 경우 원고의 청구는 인용될 수 있는가?
6. 만일, 甲이 2019. 10. 6. 피고 乙과 丙만을 상대로 사해행위취소 및 원상회복을 구하는 소를 제기하였다가 2019. 12. 1. 전득자인 丁을 상대로 원상회복을 구하는 소유권이전등기 말소등기청구소송을 제기하였다면 제척기간의 적용을 받는가?
7. 위 사례에서 피고 丙, 丁이 모두 악의임을 전제로 소장을 작성하라.

1 사해행위취소소송의 이해

가. 단 2개의 조문(민법 제406조, 제407조) - 대부분의 법리가 판례에 의하여 전개

(1) 채무초과로 전체 채권에 대한 변제능력을 상실한 채무자의 재산 빼돌리기 또는 특정채권자 봐주기를 규제하기 위한 수단
(2) 채권자대위권은 원래 실현되어야 할 상태를 실현 → 거래안전에 미치는 영향이 작지만 채권자취소권은 이미 행하여진 거래를 부인 → 거래안전에 미치는 영향이 큼!
(3) 채권자취소권은 채권의 내용을 이루는 종된 권리
채권양도 → 채권자취소권 이전, 채권소멸 → 채권자취소권 소멸

나. 통합적 이해의 요구

(1) 책임재산보전에 관한 **채권법** 지식 → 대위소송과 비교
(2) 소송을 전제로 하지 않는 채권자취소권은 의미가 없으므로 소송절차에 관한 **소송법** 지식 → 소로써만 취소를 구할 수 있고, 소에 대응한 **판결**만이 사해행위를 취소할 수 있음.
(3) 저당권 등 **담보물권**에 관한 지식
(4) 강제집행의 준비제도 → 경매절차 등 **집행법**에 대한 지식
(5) 원상회복 등과 관련된 부동산등기법 지식

다. 금융제도와 채권자취소권

(1) 변제능력을 상실한 채무자들의 지능적 재산도피행위 만연 → 부실채권 양산 → 금융기관 도산 → 공적 자금 투입
(2) 법률관계 조속 확정시킬 필요 : 단기 제척기간

라. 관련제도의 비교

☞ 제839조의3(재산분할청구권 보전을 위한 사해행위취소권)
① 부부의 일방이 다른 일방의 재산분할청구권 행사를 해함을 알면서도 재산권을 목적으로 하는 법률행위를 한 때에는 다른 일방은 제406조 제1항을 준용하여 그 취소 및 원상회복을 가정법원에 청구할 수 있다.

② 제1항의 소는 제406조 제2항의 기간 내에 제기하여야 한다 ← 다류 가사소송사건[1]
☞ **민사소송법 제79조(독립당사자참가)**
① 소송목적의 전부나 일부가 자기의 권리라고 주장하거나, 소송결과에 따라 권리가 침해된다고 주장하는 제3자는 당사자의 양 쪽 또는 한 쪽을 상대방으로 하여 당사자로서 소송에 참가할 수 있다. ← 사해방지참가
② 제1항의 경우에는 제67조 및 제72조의 규정을 준용한다.
☞ **국세징수법 제30조(사해행위의 취소)** 세무공무원은 체납처분을 집행할 때 체납자가 국세의 징수를 면탈하려고 재산권을 목적으로 한 법률행위를 한 경우에는 민법 제406조 및 제407조를 준용하여 **사해행위의 취소**를 법원에 청구할 수 있다.
☞ **지방세기본법 제97조(사해행위의 취소)** 지방자치단체의 장은 체납처분을 집행할 때 체납자가 지방세의 징수를 피하기 위하여 재산권을 목적으로 한 법률행위를 한 경우에는 민법 제406조 및 제407조를 준용하여 **사해행위의 취소 및 원상회복**을 법원에 청구할 수 있다.

<기초사례 청구취지와 청구원인>

☞ **청구취지**

1. 피고 乙은 원고에게 1억 원 및 이에 대한 2018. 4. 2.부터 이 사건 소장부본 송달일까지는 연 5%의, 그 다음날부터 다 갚는 날까지는 연 12%의 각 비율로 계산한 돈을 지급하라.
2. 피고 乙과 피고 丙 사이에 별지목록 기재 토지에 관하여 2018. 7. 1. 체결된 매매계약은 이를 취소한다.
3. 피고 乙에게 별지목록 기재 토지에 관하여,
  가. 피고 丙은 제주지방법원 2018. 7. 1. 접수 제1234호 마친 소유권이전등기의,
  나. 피고 丁은 같은 법원 2018. 10. 1. 접수 제3456호로 마친 소유권이전등기의
각 말소등기절차를 이행하라.
4. 소송비용은 피고들이 부담한다.
5. 제1항은 가집행할 수 있다.
라는 판결을 구합니다.

☞ **청구원인**

1. 사실관계
(1) 원고는 2018. 2. 1. 피고 乙로부터 그 소유의 별지목록 기재 토지(이하 '이 사건 토지'라 함)를 대금 1억 원에 매수하기로 하는 부동산매매계약을 체결하고 매매대금을 전액 지급하였습니다. 그런데 피고 乙이 그 소유권이전등기를 마쳐주지 아니하여 원고는 피고 乙의 채무불이행을 이유로 같은 해 4. 1. 위 매매계약을 해제하였습니다.
(2) 원고가 위 매매계약을 해제하자 피고 乙은 원고에 대한 매매대금반환채무를 면탈할 의도로 처남인 피고 丙과 짜고 2018. 7. 1. 피고 丙에게 이 사건 토지를 1억 1,000만원에 매도하는 내용의 매매계약을 체결하고 같은 날 피고 丙 명의로 소유권이전등기를 마쳤습니다(제주지방법원 2018. 7. 1. 접수 제12345

---

[1] 이혼판결이 확정되지 않은 이상 이혼에 따른 재산분할청구권을 피보전권리로 하는 사해행위취소 또는 이를 보전하기 위한 가처분은 불허(일반 보전처분은 가능).

호).2)

(3) 피고 丙은 2018. 10. 1. 친구인 피고 丁에게 이 사건 토지를 매도하고 같은 날 피고 丁 명의로 소유권이전등기를 마쳤습니다(위 법원 2018. 10. 1. 접수 제3456호).

(4) 원고는 위 매매계약을 해제한 직후인 2018. 4. 15. 위 매매대금반환채권을 피보전권리로 하여 이 사건 토지를 가압류하였고, 같은 해 10. 15. 뒤늦게 피고 乙이 피고 丙에게 위와 같이 이 사건 토지를 양도한 사실을 알게 되어 피고 乙의 재산상태를 조사한 결과 같은 해 10. 20. 피고 乙에게는 이 사건 토지 이외에는 아무런 재산이 없음을 알게 되었습니다.

2. 매매대금의 반환3)4)

(1) 원고와 피고 乙의 이 사건 매매계약은 피고 乙의 채무불이행으로 적법하게 해제되었으므로 피고 乙은 원상회복으로 원고에게 위 매매대금을 반환할 의무가 있습니다.

(2) 그렇다면 피고 乙은 원고에게 금 1억 원 및 이에 대한 이 사건 매매계약해제 통고일 다음날인 2018. 4. 2.부터 이 사건 소장부본 송달일까지는 민법이 정한 연 5%의, 그 다음날부터 다 갚는 날까지는 소송촉진 등에 관한 특례법이 정한 연 12%의 각 비율로 계산한 지연손해금을 지급할 의무가 있습니다.

3. 사해행위취소 및 원상회복

(1) 피고 乙과 위 피고의 처남인 피고 丙의 2018. 7. 1. 자 매매계약은 피고 乙의 원고에 대한 매매대금반환채무를 면탈하기 위한 사해행위라 할 것이고, 피고 乙은 이 사건 토지 이외에는 달리 재산이 없으며, 피고 丙은 피고 乙의 처남으로서 위와 같은 사정을 잘 알면서 이 사건 토지에 관한 매매계약을 체결하고 소유권이전등기를 마친 악의취득자라 할 것입니다.

(2) 피고 丁 역시 피고 丙의 친구로서 위와 같은 사정을 잘 알면서 이 사건 토지를 취득한 악의취득자라 할 것입니다.

(3) 그렇다면 피고 丙은 사해행위인 피고 乙과의 2018. 7. 1. 자 매매계약을 취소하고,5) 원상회복으로 피고 乙에게 이 사건 토지에 마쳐진 피고 丙 명의의 소유권이전등기를 말소하여야 할 것이고, 피고 丁 역시 악의취득자로서 피고 乙에게 이 사건 토지에 마쳐진 2018. 10. 1. 자 피고 丁 명의의 소유권이전등기를 말소할 의무가 있습니다.

4. 결 론

따라서 원고는 피고 乙에게는 이 사건 매매대금의 반환을 구하고, 피고 乙과 피고 丙의 매매계약을 사해행위로 취소하며, 그 원상회복으로 피고 丙, 피고 丁은 피고 乙에게 각 마쳐진 소유권이전등기의 말소를 구하기 위하여 이 사건 청구를 합니다.

증명방법(생략)
첨부서류(생략)

2019. 10. 6.6)
원고 甲 (인)

2 청구취지

⟨기초사실⟩ 甲이 A에게 1억 원을 대여하였는데, A가 2020. 2. 1. 채무초과 상태에서 자기 소유의 유일한 X 부동산에 관하여 처남인 乙 앞으로 소유권이전등기를 마쳤으므로 그 말소를 구한다.

(1) 기본형 :

☞ 피고와 소외 A 사이에 별지목록 기재 부동산에 관하여 2020. 2. 1. 체결된 매매계약을 취소한다.

(2) 원물반환의 경우 :

☞ 피고는 소외 A에게 별지목록 기재 부동산에 관하여 서울중앙지방법원 등기국 2020. 2. 1. 접수 제1234호로 마친 소유권이전등기의 말소등기절차를 이행하라.

(3) 가액배상의 경우 :

☞ 1. 피고와 소외 A 사이에 별지 목록 기재 부동산에 관하여 2020. 2. 1. 체결된 매매계약을 1억 원의 한도 내에서 취소한다.

2. 피고는 원고에게[7] 1억 원 및 이에 대한 이 판결확정일 다음날부터 다 갚는 날까지 연 5%의

---

2) 통정허위표시도 채권자취소권의 대상이 된다(판례). 피고 乙과 처남인 피고 丙 사이의 2018. 7. 1. 자 매매계약은 통정허위표시이나 채무자가 한 법률행위로서 채권자취소의 대상이 된다.
3) 채권자취소권은 채무자의 책임재산을 보전하기 위한 것이므로 특정 채권(특정물에 대한 소유권이전등기청구권 등) 그 자체의 보전을 위한 채권자취소권은 인정되지 않는다.
4) 채무자는 사해행위취소소송의 피고적격이 없으나, 채무자를 상대로 본래 채무의 이행을 구할 수 있고, 이러한 청구를 사해행위취소의 소에 병합하여 제기하는 것도 가능하다. 원고는 피고 乙을 상대로 매매대금 1억의 반환을 구하고 있으므로 피고 乙에 대한 금원지급청구를 병합할 수 있으나, 乙이 사해행위취소소송의 피고가 되는 것은 아니다.
5) 채권자취소권은 채무자와 수익자 사이의 법률행위를 취소의 대상으로 삼아야 하고, 상대방이 전득자라고 하여도 수익자와 전득자 사이의 법률행위는 채권자취소권의 대상으로 삼을 수 없다.
6) 채권자취소권은 채권자가 취소원인을 안 날부터 1년, 법률행위 있는 날부터 5년 내에 행사하여야 한다(제척기간). 원고가 피고 乙의 매매계약 사실을 안 것은 2018. 10. 15.이지만 그것이 사해행위에 해당하는 것임을 안 것은 피고 乙에게 아무런 자력이 없음을 알게 된 날인 피고 乙의 재산상태를 조사한 2018. 10. 20.경으로 보아야 할 것이므로 이로부터 1년 이내인 2019. 10. 19.까지 사해행위취소의 소를 제기하여야 한다. 가압류를 한 시점은 문제되지 않는다.
 이 사건 심리결과 위 매매계약이 적법하게 해제되지 않았음이 밝혀지자 甲이 이 사건의 심리도중인 2019. 11. 15. 피보전채권을 위'매매대금반환채권 1억 원'에서 '원고의 피고 乙에 대한 2018. 7. 5.자 대여금채권'으로 바꾸어 주장한 경우, 위와 같은 피보전채권의 교환적 변경은 제척기간의 적용을 받지 않고, 당초 제소 당시를 기준으로 제척기간 준수여부를 판단한다. 위 사례에서 제척기간의 제한을 받지 않는다고 가정할 경우에도 원고의 청구는 인용될 수 없다. 피보전채권은 원칙적으로 사해행위가 행하여지기 전에 발생할 것임을 요하고 사례에서는 사해행위 이후인 2018. 7. 5.자 대여금채권이기 때문이다. 만일, 甲이 2019. 10. 6. 乙과 丙만을 상대로 사해행위취소 및 원상회복을 구하는 소를 제기하였다가 2019. 12. 1. 전득자인 丁을 상대로 원상회복을 구하는 소유권이전등기말소등기청구소송을 제기하였다면 제척기간을 도과한 것으로 부적법하다. 채권자가 전득자를 상대로 채권자취소권을 행사하기 위해서는 제척기간 내에 채무자와 수익자 사이의 사해행위의 취소를 소송상 공격방어방법의 주장이 아닌 법원에 소를 제기하는 방법으로 청구하여야 한다.
7) 사해행위취소로 인한 원상회복으로서 가액배상을 명하는 경우에는, 취소채권자는 직접 자기에게 가액배상금을 지

비율에 의한 돈을 지급하라.8)

(가집행선고 불가)9)

3 요건사실

❶ 피보전채권의 존재
❷ 사해행위
❸ 사해의사

[참고]
(1) **피보전채권의 존재**10) : 원고의 채무자에 대한 채권(금전채권)이 있는 사실
  → 부존재시 **청구기각**
  → 채권자가 채권자취소권을 행사할 때에는 원칙적으로 자신의 채권액을 초과하여 취소권을 행사할 수 없음.11)
  → 정지조건부채권도 피보전채권이 될 수 있음.12)
(2) **사해행위** : 채무자가 피고에게 재산을 처분한 사실
  → 취소의 대상은 채무자와 수익자 사이의 법률행위. 수익자와 전득자 사이의 법률행위 취소대상은 소의 이익이 없으므로 **부적법 각하**.
(3) **사해의사** : 채무자가 원고를 해할 의사가 있었다는 사실
  → 채권자가 채무자의 악의 증명
  → 수익자, 전득자는 자신이 선의라는 사실 증명
  → 유일한 재산의 처분이라는 등의 특별한 사정이 없는 한 채권자의 증명책임.13)

급할 것을 청구할 수 있고, 위 지급받은 가액배상금을 분배하는 방법이나 절차 등에 관한 아무런 규정이 없는 현행법 아래에서 다른 채권자들이 위 가액배상금에 대하여 배당요구를 할 수도 없으므로, 결국 채권자는 자신의 채권액을 초과하여 가액배상을 구할 수는 없다(대법원 2008.11.13. 선고 2006다1442 판결).
8) 사해행위취소소송의 가액배상청구는 장래이행을 구하는 것으로 소송촉진법 제3조가 적용되지 않아 그 지연손해금비율은 법정이율(연 5%)에 의하고, 사해행위로 인한 가액배상 지급의무는 그 전제가 되는 사해행위취소라는 형성판결이 확정될 때 비로소 발생하므로 판결확정일까지는 지연손해금은 인정되지 않는다.
9) 이미 사해행위를 취소하는 판결이 선고되고 그 판결이 확정된 다음 가액배상을 구하는 경우에는 가집행선고 가능.
10) 원칙적으로 **금전채권**에 한정되고 소유권이전등기청구권 등 특정물채권을 보전하기 위한 채권자취소권 행사 불허 → 피보전채권이 특정물채권인 경우 **청구기각**.
11) 이 때 채권자의 채권액에는 사해행위 이후 사실심 변론종결시까지 발생한 이자나 지연손해금이 포함된다(대법원 2002.04.12. 선고 2000다63912 판결).
12) 공사도급계약의 수급인인 甲 주식회사가 공사가 완공되지 못하고 중도에 계약이 해제될 경우 乙에게 일정액의 돈을 지급하여야 하는 정지조건부채무를 부담하고 있는데, 정지조건 성취 전 자신의 유일한 재산인 토지와 건물에 관하여 근저당권설정계약을 체결한 후 丙에게 근저당권설정등기를 마쳐준 사안에서, 사해행위 당시에 정지조건이 성취되지 않았다고 하더라도 정지조건부채권을 피보전권리로 하여 채권자취소권을 행사할 수 있으므로, 위 근저당권설정계약은 채권자인 乙에게 사해행위가 된다(대법원 2011.12.08. 선고 2011다55542 판결).
13) 채무자가 자기의 유일한 재산인 부동산을 매각하여 소비하기 쉬운 금전으로 바꾸는 행위는 특별한 사정이 없는 한 채권자에 대하여 사해행위가 된다고 볼 것이므로 채무자의 사해의사는 추정되고, 이를 매수한 자가 악의가 없었다는 증명책임은 수익자에게 있다. 사해행위 취소소송에서 수익자의 악의는 추정되므로 수익자가 자신의 책

4 주요 항변

가. 본안전 항변

(1) 제척기간 경과(직권조사사항) : 취소원인 있음을 안날부터 1년, 법률행위(매매계약체결일 등 채권행위) 있은 날부터 5년

→ '채권자가 취소원인을 안 날'은 채권자가 채권자취소권의 요건을 안 날, 즉 채무자가 채권자를 해함을 알면서 사해행위를 하였다는 사실을 알게 된 날을 의미.[14]

→ 취소원인을 안다는 것은 단순히 채무자의 법률행위가 있었다는 사실을 아는 것만으로는 부족하고, 그 법률행위가 채권자를 불리하게 하는 행위라는 것, 즉 그 행위에 의하여 채권의 공동담보에 부족이 생기거나 이미 부족상태에 있는 공동담보가 한층 더 부족하게 되어 채권을 완전하게 만족시킬 수 없게 된다는 것까지 알아야 함.[15]

→ 제척기간 도과에 관한 증명책임은 사해행위취소소송의 상대방에게 있음.[16]

→ 제척기간 도과시 부적법 각하

(2) 소의 이익 흠결 : 다른 채권자의 원상회복

임을 면하려면 자신의 선의를 증명할 책임이 있다. 이 경우 수익자의 선의 여부는 채무자와 수익자의 관계, 채무자와 수익자 사이의 처분행위의 내용과 그에 이르게 된 경위 및 동기, 처분행위의 거래조건이 정상적이고 이를 의심할 만한 특별한 사정이 없으며 정상적인 거래관계임을 뒷받침할 만한 객관적인 자료가 있는지, 처분행위 이후의 정황 등 여러 사정을 종합적으로 고려하여 논리칙·경험칙에 비추어 합리적으로 판단하여야 한다(대법원 2017.11.29. 선고 2017다241819 판결).

[14] 대법원 2018.07.20. 선고 2018다222747 판결. 민법 제974조, 제975조에 의하여 부양의 의무 있는 사람이 여러 사람인 경우에 그중 부양의무를 이행한 1인이 다른 부양의무자에 대하여 이미 지출한 과거 부양료의 지급을 구하는 권리는 당사자의 협의 또는 가정법원의 심판 확정에 의하여 비로소 구체적이고 독립한 재산적 권리로 성립하게 되지만, 그러한 부양료청구권의 침해를 이유로 채권자취소권을 행사하는 경우의 제척기간은 부양료청구권이 구체적인 권리로서 성립한 시기가 아니라 민법 제406조 제2항이 정한 '취소원인을 안 날' 또는 '법률행위가 있은 날'로부터 진행한다(대법원 2015.01.29. 선고 2013다79870 판결).

[15] 대법원 2018.09.13. 선고 2018다215756 판결. 채권자가 채무자의 유일한 재산에 대하여 가등기가 경료된 사실을 알고 채무자의 재산상태를 조사한 결과 다른 재산이 없음을 확인한 후 채무자의 재산에 대하여 가압류를 한 경우에는 채권자는 그 가압류 무렵에는 채무자가 채권자를 해함을 알면서 사해행위를 한 사실을 알았다고 봄이 상당하지만, 채권자가 채무자 소유의 부동산에 대한 가압류신청시 첨부한 등기부등본에 수익자 명의의 근저당권설정등기가 경료되어 있었다는 사실만으로는 채권자가 가압류신청 당시 취소원인을 알았다고 인정할 수 없다(대법원 2001.02.27. 선고 2000다44348 판결).

[16] 대법원 2018.04.10. 선고 2016다272311 판결 : 채권자취소권의 행사에서 그 제척기간의 기산점인 '채권자가 취소원인을 안 날'은 채권자가 채권자취소권의 요건을 안 날, 즉 채무자가 채권자를 해함을 알면서 사해행위를 하였다는 사실을 알게 된 날을 말한다. 이때 채권자가 취소원인을 알았다고 하기 위해서는 단순히 채무자가 재산의 처분행위를 하였다는 사실을 아는 것만으로는 부족하며, 구체적인 사해행위의 존재를 알고 나아가 채무자에게 사해의 의사가 있었다는 사실까지 알 것을 요한다. 사해행위의 객관적 사실을 알았다고 하여 취소원인을 알았다고 추정할 수는 없고, 그 제척기간의 도과에 관한 증명책임은 사해행위취소소송의 상대방에게 있다. 그리고 사해행위가 있은 후 채권자가 취소원인을 알면서 피보전채권을 양도하고 양수인이 그 채권을 보전하기 위하여 채권자취소권을 행사하는 경우에는, 그 채권의 양도인이 취소원인을 안 날을 기준으로 제척기간 도과 여부를 판단하여야 한다.

나. 본안의 항변

(1) 원고의 채권(피보전채권) 소멸 항변(시효소멸, 변제)[17]
→ 피보전채권 발생의 장애·소멸사실은 사해행위취소소송의 상대방의 항변사항
→ 수익자는 취소채권자의 채권에 대하여 소멸시효의 항변을 할 수 있음.
(2) 사해의사가 없었다는 선의의 항변(수익자·전득자의 선의)[18] ← 수익자·전득자의 악의 추정
→ 수익자의 선의 여부만이 문제되고 수익자의 선의에 과실이 있는지 여부는 문제되지 아니함.
☞ 무과실은 요건이 아님.
→ 전득자의 악의 : 전득자가 전득행위 당시 **채무자와 수익자의 법률행위의 사해성**을 인식하였는지 여부만이 문제됨.
→ 사해행위인지가 문제되는 법률행위가 대리인에 의하여 이루어진 때에는 수익자의 사해의사 또는 전득자의 사해행위에 대한 악의의 유무는 **대리인을 표준으로** 결정.
→ 판단기준시 : 수익자와 채무자의 법률행위 당시, 전득자 : 전득 당시
(3) 채무자의 자력회복 또는 채무감소로 사실심 변론종결 당시 채권자를 해하지 않게 된 사실[19]

5 사해행위취소소송의 주요 쟁점

(1) 소송물
① 사해행위취소권과 원상회복청구권(원물반환청구권과 가액배상청구권은 별개의 소송물)
② 피보전채권의 추가나 교환은 사해행위취소권과 원상회복청구권을 이유 있게 하는 공격방법에 관한 주장변경일 뿐, 소송물 또는 청구 자체를 변경하는 것이 아님.
→ 제척기간 준수 여부는 피보전채권의 추가, 교환 시점이 아니라 당초의 소제기 시점을 기

---

[17] 소멸시효를 원용할 수 있는 사람은 권리의 소멸에 의하여 직접 이익을 받는 자에 한정되는바, 사해행위취소소송의 상대방이 된 사해행위의 수익자는, 사해행위가 취소되면 사해행위에 의하여 얻은 이익을 상실하고 사해행위취소권을 행사하는 채권자의 채권이 소멸하면 그와 같은 이익의 상실을 면하는 지위에 있으므로, 그 채권의 소멸에 의하여 직접 이익을 받는 자에 해당하는 것으로 보아야 한다(대법원 2007.11.29. 선고 2007다54849 판결).
[18] 채권자가 사해행위의 취소로서 수익자를 상대로 채무자와의 법률행위의 취소를 구함과 아울러 전득자를 상대로도 전득행위의 취소를 구함에 있어서, 전득자의 악의라 함은 전득행위 당시 채무자와 수익자 사이의 법률행위가 채권자를 해한다는 사실, 즉 사해행위의 객관적 요건을 구비하였다는 것에 대한 인식을 의미한다. 한편 사해행위취소소송에 있어서 채무자의 악의의 점에 대하여는 그 취소를 주장하는 채권자에게 입증책임이 있으나 수익자 또는 전득자가 악의라는 점에 관하여는 입증책임이 채권자에게 있는 것이 아니고 수익자 또는 전득자 자신에게 선의라는 사실을 입증할 책임이 있으며, 채무자의 재산처분행위가 사해행위에 해당할 경우에 그 사해행위 또는 전득행위 당시 수익자 또는 전득자가 선의였음을 인정함에 있어서는 객관적이고도 납득할 만한 증거자료 등에 의하여야 하고, 채무자나 수익자의 일방적인 진술이나 제3자의 추측에 불과한 진술 등에만 터 잡아 그 사해행위 또는 전득행위 당시 수익자 또는 전득자가 선의였다고 선뜻 단정하여서는 아니 된다(대법원 2015.06.11. 선고 2014다237192 판결).
[19] 처분행위 당시에는 채권자를 해하는 것이었다고 하더라도 그 후 채무자가 자력을 회복하여 사해행위취소권을 행사하는 사실심의 변론종결시에는 채권자를 해하지 않게 된 경우에는 책임재산 보전의 필요성이 없어지게 되어 채권자취소권이 소멸하는 것으로 보아야 할 것인바, 그러한 사정변경이 있다는 사실은 채권자취소소송의 상대방이 증명하여야 한다(대법원 2007.11.29. 선고 2007다54849 판결).

준으로 따짐.

③ 채권자가 피보전채권을 달리하여 동일한 법률행위의 취소 및 원상회복을 구하는 채권자취소의 소를 이중으로 제기하는 경우 전소와 후소는 소송물이 동일함.[20]

(2) 소의 형태

사해행위 취소(형성의 소)+(취소를 전제로 한) 원상회복청구(이행의 소)의 병합형태[21]
① 사해행위취소만을 먼저 청구한 다음 원상회복을 나중에 청구할 수 있음.[22]
② 사해행위취소만으로 목적을 달성할 수 있는 경우에는 사해행위취소만의 청구도 가능.
③ 사해행위의 취소를 구함이 없이 원상회복만을 구할 수는 없음.
④ 수익자에 대한 사해행위취소소송과는 별도로 전득자에 대한 채권자취소권을 행사하여 원상회복을 구하는 경우[23]

(3) 관할법원

① 보통재판적 : 수익자 또는 전득자의 주소지 관할법원
② 특별재판적 : 의무이행지 소재지 법원. 예컨대 사해행위취소에 따른 원상회복으로서의 소유권이전등기 말소등기의무의 이행지는 그 등기관서 소재지 관할법원, 가액배상의 경우 원고인 채권자의 주소지 관할법원.

(4) 당사자적격

① **원고** : 채권자(목적물이 금전이나 동산인 경우, 가액배상을 하는 경우)
→ 그 이행의 상대방은 **채권자**(원고)
→ 원상회복으로 등기이전을 명하는 경우 채무자에게 등기절차의 이행을 명.
② **피고** : 수익자 또는 전득자
→ 채무자를 상대로 한 사해행위취소청구는 당사자적격이 없어 부적법 각하.[24]

---

20) 이는 전소나 후소 중 어느 하나가 승계참가신청에 의하여 이루어진 경우에도 마찬가지이다(대법원 2012.07.05. 선고 2010다80503 판결).
21) 대법원 2019.03.14. 선고 2018다277785,277792 판결 ; 사해행위취소소송은 형성의 소로서 그 판결이 확정됨으로써 비로소 권리변동의 효력이 발생하나, 민법 제406조 제1항은 채권자가 사해행위의 취소와 원상회복을 법원에 청구할 수 있다고 규정함으로써 사해행위취소청구에는 그 취소판결이 미확정인 상태에서도 그 취소의 효력을 전제로 하는 원상회복청구를 병합하여 제기할 수 있도록 허용하고 있다.
22) 사해행위 취소 청구가 민법 제406조 제2항에 정하여진 기간 안에 제기되었다면 원상회복의 청구는 그 기간이 지난 뒤에도 할 수 있다(대법원 2001.09.04. 선고 2001다14108 판결).
23) 채권자가 전득자를 상대로 민법 제406조 제1항에 의한 채권자취소권을 행사하기 위하여는 같은 조 제2항에서 정한 기간 안에 채무자와 수익자 사이의 사해행위취소를 법원에 소를 제기하는 방법으로 청구하여야 하는 것이고, 채권자가 수익자를 상대로 사해행위취소를 구하는 소를 제기하여 채무자와 수익자 사이의 법률행위를 취소하는 내용의 판결이 선고되어 확정되었더라도 판결의 효력은 그 소송의 피고가 아닌 전득자에게는 미치지 아니하므로, 채권자가 전득자에 대하여 채권자취소권을 행사하여 원상회복을 구하기 위하여는 민법 제406조 제2항에서 정한 기간 안에 별도로 전득자에 대한 관계에서 채무자와 수익자 사이의 사해행위를 취소하는 청구를 하여야 한다. 이는 기존 전득자 명의의 등기가 말소된 후 다시 새로운 전득자 명의의 등기가 경료되어 새로운 전득자에 대한 관계에서 채무자와 수익자 사이의 사해행위를 취소하는 청구를 하는 경우에도 마찬가지이다(대법원 2014.02.13. 선고 2012다204013 판결).
24) 채권자가 사해행위의 취소와 함께 책임재산의 회복을 구하는 사해행위취소의 소에 있어서는 수익자 또는 전득자

(5) 중복제소

① 같은 채권자에 의한 채권자취소소송과 중복소송
→ 동일한 채권자가 채권자취소소송 계속 중 동일한 소 제기는 중복제소
→ 동일한 채권자가 제소기간 내에 사해행위취소의 소를 제기한 후 그 소송계속 중 원상회복청구의 소를 제기한 경우 중복제소 아님
→ 채권자가 소송계속 중 피보전권리를 달리 하여 동일한 법률행위의 취소와 원상회복을 구하는 채권자취소의 소를 이중으로 제기하는 경우 소송물 동일
② 다른 채권자에 의한 채권자취소소송과 중복소송
→ 각 채권자 고유의 권리 : 중복제소 아님

(6) 제척기간 준수여부가 문제되는 경우

사 유	제척기간 준수 여부
피보전채권의 추가·변경	당초 제소 당시를 기준으로 제척기간 준수여부 판단
원상회복과 가액배상 상호 간의 청구취지 변경	당초 소 제기시에 발생한 제척기간 준수의 효과 유지
사해행위 취소와 원상회복을 별도로 청구하는 경우	사해행위 취소청구만 제척기간 안에 제기하면 족함
수익자에 대한 사해행위취소 확정판결이 있는 경우	위 확정판결과는 별개로 제척기간 안에 전득자를 상대로 소를 제기하여야 함.

(7) 권리보호이익

① 채권자취소권의 요건을 갖춘 각 채권자는 고유의 권리로서 채무자의 재산처분 행위를 취소하고 그 원상회복을 구할 수 있는 것이므로 여러 명의 채권자가 동시에 또는 시기를 달리하여 사해행위취소 및 원상회복청구의 소를 제기한 경우 이들 소가 중복제소에 해당하지 아니할 뿐만 아니라, 어느 한 채권자가 동일한 사해행위에 관하여 사해행위취소 및 원상회복청구를 하여 승소판결을 받아 그 판결이 확정되었다는 것만으로는 그 후에 제기된 다른 채권자의 동일한 청구가 권리보호의 이익이 없게 되는 것은 아니고, 그에 기하여 재산이나 가액의 회복을 마친 경우에 비로소 다른 채권자의 사해행위취소 및 원상회복청구는 그와 중첩되는 범위 내에서 권리보호의 이익이 없게 된다.25)

② 여러 명의 채권자가 사해행위취소 및 원상회복청구의 소를 제기하여 여러 개의 소송이 계속 중인 경우에는 각 소송에서 채권자의 청구에 따라 사해행위의 취소 및 원상회복을 명하는 판결을 선고하여야 하고, 수익자 또는 전득자가 가액배상을 하여야 할 경우에도 수익자 등이 반환하여야 할 가액을 채권자의 채권액에 비례하여 채권자별로 안분한 범위 내에서 반환을

에게만 피고적격이 있고 채무자에게는 피고적격이 없다(대법원 2009.01.15. 선고 2008다72394 판결).
25) 대법원 2005.11.25. 선고 2005다51457 판결.

명할 것이 아니라, 수익자 등이 반환하여야 할 가액 범위 내에서 각 채권자의 피보전채권액 전액의 반환을 명하여야 한다. 그리고 이와 같은 법리는 여러 명의 채권자들이 제기한 각 사해행위취소 및 원상회복청구의 소가 민사소송법 제141조에 의하여 병합되어 하나의 소송절차에서 심판을 받는 경우라고 하더라도 마찬가지라 할 것이다.26)

③ 채권자가 채무자의 부동산에 관한 사해행위를 이유로 수익자를 상대로 사해행위의 취소 및 원상회복을 구하는 소송을 제기한 후 소송계속 중에 사해행위가 해제 또는 해지되고 채권자가 사해행위의 취소에 의해 복귀를 구하는 재산이 벌써 채무자에게 복귀한 경우에는, 특별한 사정이 없는 한 사해행위취소소송의 목적은 이미 실현되어 더 이상 소에 의해 확보할 권리보호의 이익이 없어진다. 그리고 이러한 법리는 사해행위취소소송이 제기되기 전에 사해행위의 취소에 의해 복귀를 구하는 재산이 채무자에게 복귀한 경우에도 마찬가지로 타당하다.27)

④ 사해행위 후 목적물에 관하여 제3자가 저당권이나 지상권 등의 권리를 취득한 경우에는 수익자가 목적물을 저당권 등의 제한이 없는 상태로 회복하여 이전하여 줄 수 있다는 등의 특별한 사정이 없는 한, 채권자는 원상회복 방법으로 수익자를 상대로 가액 상당의 배상을 구할 수도 있고, 채무자 앞으로 직접 소유권이전등기절차를 이행할 것을 구할 수도 있다. 이 경우 원상회복청구권은 사실심 변론종결 당시의 채권자의 선택에 따라 원물반환과 가액배상 중 어느 하나로 확정되며, 채권자가 일단 사해행위 취소 및 원상회복으로서 원물반환 청구를 하여 승소 판결이 확정되었다면, 그 후 어떠한 사유로 원물반환의 목적을 달성할 수 없게 되었다고 하더라도 다시 원상회복청구권을 행사하여 가액배상을 청구할 수는 없으므로 그 청구는 권리보호의 이익이 없어 허용되지 않는다.28)

(8) 피보전채권

① 〈원칙〉 채권자취소권 행사는 채무 이행을 구하는 것이 아니라 총채권자를 위하여 채무자의 자력 감소를 방지하고, 일탈된 채무자의 책임재산을 회수하여 채권의 실효성을 확보하는 데 목적이 있으므로, 피보전채권이 사해행위 이전에 성립되어 있는 이상 그 액수나 범위가 구체적으로 확정되지 않은 경우라고 하더라도 채권자취소권의 피보전채권이 된다.29)

→ 채권자의 채권이 사해행위 이전에 성립되어 있는 이상 그 채권이 양도된 경우에도 그 양수인이 채권자취소권을 행사할 수 있고, 이 경우 채권양도의 대항요건을 사해행위 이후에 갖추었더라도 채권양수인이 채권자취소권을 행사하는 데 아무런 장애사유가 될 수 없다.30)

② 〈예외〉 채권자취소권에 의하여 보호될 수 있는 채권은 원칙적으로 사해행위라고 볼 수 있는 행위가 행하여지기 전에 발생된 것을 요하지만, 그 사해행위 당시에 이미 채권 성립의 **기초**

---

26) 대법원 2008.06.12. 선고 2008다8690,8706 판결.
27) 대법원 2018.06.15. 선고 2018다215763,215770 판결.
28) 대법원 2018.12.28. 선고 2017다265815 판결; 대법원 2006.12.07. 선고 2004다54978 판결.
29) 대법원 2018.06.28. 선고 2016다1045 판결.
30) 대법원 2006.06.29. 선고 2004다5822 판결.

가 되는 법률관계가 발생되어 있고, 가까운 장래에 그 법률관계에 터 잡아 채권이 성립되리라는 점에 대한 고도의 개연성이 있으며, 실제로 가까운 장래에 그 개연성이 현실화되어 채권이 성립된 경우에는 그 채권도 채권자취소권의 피보전채권이 될 수 있다.31)

→ 부동산을 양도받아 소유권이전등기청구권을 가지고 있는 자가 양도인이 제3자에게 이를 이중으로 양도하여 소유권이전등기를 경료하여 줌으로써 취득하는 부동산 가액 상당의 손해배상채권은 이중양도행위에 대한 사해행위취소권을 행사할 수 있는 피보전채권에 해당한다고 할 수 없다.

→ 채권자취소권을 특정물에 대한 소유권이전등기청구권을 보전하기 위하여 행사하는 것은 허용되지 않으므로, 부동산의 제1양수인은 자신의 소유권이전등기청구권 보전을 위하여 양도인과 제3자 사이에서 이루어진 이중양도행위에 대하여 채권자취소권을 행사할 수 없다.32)

(9) 피보전채권의 범위와 근저당권의 피담보채권

① 저당권이 설정되어 있는 부동산이 사해행위로 이전된 경우에 그 사해행위는 부동산의 가액에서 저당권의 피담보채권액을 공제한 잔액의 범위 내에서만 성립한다고 보아야 하므로, 사해행위 후 변제 등에 의하여 저당권설정등기가 말소된 경우 그 부동산의 가액에서 저당권의 피담보채무액을 공제한 잔액의 한도에서 사해행위를 취소하고 그 가액의 배상을 구할 수 있을 뿐이다.33)

② 채무자 또는 제3자 소유의 부동산에 대하여 채권자 앞으로 근저당권이 설정되어 있고, 그 부동산의 가액 및 채권최고액이 당해 채무액을 초과하여 채무 전액에 대하여 채권자에게 우선변제권이 확보되어 있다면, 그 범위 내에서는 채무자의 재산처분행위는 채권자를 해하지 아니하므로 채무자가 비록 유일한 재산을 처분하는 법률행위를 하더라도 채권자에 대하여 사해행위가 성립되지 않는다고 보아야 하고, 당해 채무액이 부동산의 가액 및 채권최고액을 초과하는 경우에는 그 담보물로부터 우선변제받을 금액을 공제한 나머지 채권액에 대하여만 채권자취소권이 인정되며, 피보전채권의 존재와 범위는 채권자취소권 행사의 한 요건에 해당하므로 이 경우 채권자취소권을 행사하는 채권자로서는 담보권의 존재에도 불구하고 자신이 주장하는 피보전채권이 우선변제권 범위 밖에 있다는 점을 주장·증명하여야 한다. 그리고 이때 우선변제받을 금액은 처분행위 당시의 담보목적물의 시가를 기준으로 산정함이 옳다.34)

---

31) 대법원 2013.04.26. 선고 2013다5855 판결. 어음채권의 추심을 의뢰받은 수임인이 위임인에 대하여 부담하는 추심금의 지급의무는 현실적으로 제3채무자로부터 이를 지급받은 경우에 구체적으로 발생하는 것일 뿐이므로, 추심의 의뢰 혹은 제3채무자에 대한 청구(지급제시)의 사실만으로는 채권자취소권의 피보전채권이 될 수 있는 구체적 권리가 발생한 것으로 볼 수 없다(대법원 2009.09.24. 선고 2009다37107 판결).
32) 대법원 1999.04.27. 선고 98다56690 판결.
33) 대법원 2002.04.12. 선고 2000다63912 판결.
34) 대법원 2014.09.04. 선고 2013다60661 판결. 채무자가 양도한 부동산에 제3자의 채무를 담보하기 위한 근저당권이 설정되어 있는 경우 그 부동산에서 일반 채권자들의 공동담보로 되는 책임재산은 채권최고액을 한도로 실제 부담하고 있는 피담보채권액을 뺀 나머지 부분이다. 따라서 근저당권의 피담보채권액과 채권최고액이 모두 부동산 가격을 초과하는 때에는 일반 채권자들의 공동담보로 되는 책임재산이 없으므로 부동산의 양도가 사해행

③ 채무자가 채권자를 해하는 처분행위를 하였더라도, 그 후에 채권자가 채무자 또는 제3자 소유의 부동산을 담보로 제공받아 우선변제권을 취득하였고 사해행위취소소송의 사실심 변론종결 시에 그 부동산의 가액 및 채권최고액이 당해 채무액을 초과하여 채무 전액에 대하여 채권자에게 우선변제권이 확보됨에 따라 그 처분행위로 인하여 채권자를 해하지 않게 되었다면, 채권자취소권에 의하여 책임재산을 보전할 필요성이 없으므로 채권자취소권은 소멸하고, 그 채무액이 부동산의 가액 및 채권최고액을 초과하는 경우에는 그 담보물로부터 우선변제받을 금액을 공제한 나머지 채권액에 대하여만 채권자취소권이 인정된다.35)

④ 부동산에 대하여 가압류등기가 먼저 되고 나서 근저당권설정등기가 마쳐진 경우에 경매절차의 배당관계에서 근저당권자는 선순위 가압류채권자에 대하여는 우선변제권을 주장할 수 없으므로 그 가압류채권자는 근저당권자와 일반 채권자의 자격에서 평등배당을 받을 수 있고, 따라서 가압류채권자는 채무자의 근저당권설정행위로 인하여 아무런 불이익을 입지 않으므로 채권자취소권을 행사할 수 없다. 그러나 채권자의 실제 채권액이 가압류 채권금액보다 많은 경우 그 초과하는 부분에 관하여는 가압류의 효력이 미치지 아니하여 그 범위 내에서는 채무자의 처분행위가 채권자들의 공동담보를 감소시키는 사해행위가 되므로 그 부분 채권을 피보전채권으로 삼아 채권자취소권을 행사할 수 있다.36)

(10) 사해행위 및 사해성의 판단 기준

① 채무자가 책임재산을 감소시키는 행위를 함으로써 일반채권자들을 위한 공동담보의 부족상태를 유발 또는 심화시킨 경우에 그 행위가 채권자취소의 대상인 사해행위에 해당하는지는, 그 목적물이 채무자의 전체 책임재산 가운데에서 차지하는 비중, 무자력의 정도, 법률행위의 경제적 목적이 가지는 정당성 및 그 실현수단인 당해 행위의 상당성, 행위의 의무성 또는 상황의 불가피성, 공동담보의 부족 위험에 대한 채무자와 수익자의 인식의 정도 등 그 행위에 나타난 여러 사정을 종합적으로 고려하여, 그 행위가 궁극적으로 일반채권자를 해하는 행위라고 볼 수 있는지 여부에 따라 최종 판단하여야 한다.37)

② 채무자의 재산처분행위가 사해행위가 되는지 여부는 처분행위 당시를 기준으로 판단하여야 한다.38)

③ 통정허위표시도 사해행위취소의 대상이 된다.39)

위에 해당하지 않는다. 채무자가 근저당권이 설정된 부동산을 처분하면서 매매대금으로 그 부동산에 대해서 다른 채권자에 우선하여 변제를 받을 수 있는 지위에 있는 근저당권자의 피담보채권액 중 일부를 변제하고 근저당권을 말소한 경우라면 특별한 사정이 없는 한 부동산 처분행위를 사해행위로 볼 수 없다(대법원 2018.04.24. 선고 2017다287891 판결).

35) 대법원 2014.07.10. 선고 2013다50763 판결.
36) 대법원 2008.02.28. 선고 2007다77446 판결.
37) 대법원 2014.03.27. 선고 2011다107818 판결.
38) 대법원 2013.06.28. 선고 2013다8564 판결. 사해성의 요건은 행위 당시는 물론 채권자가 취소권을 행사할 당시 (사해행위취소소송의 사실심 변론종결시)에도 갖추고 있어야 하므로, 처분행위 당시에는 채권자를 해하는 것이었더라도 그 후 채무자가 자력을 회복하거나 채무가 감소하여 취소권 행사시에 채권자를 해하지 않게 되었다면, 채권자취소권에 의하여 책임재산을 보전할 필요성이 없으므로 채권자취소권은 소멸한다(대법원 2009.03.26. 선고 2007다63102 판결).

☞ **유일한 재산의 적정가격 매각 등 처분행위**(소비하기 쉬운 금전으로 바꾸는 행위) → 특별한 사정이 없는 한 사해행위.
⇐ 채무자의 사해의사 추정, 수익자나 전득자의 악의 추정
☞ 채무초과 상태에서 특정 채권자에 대한 **변제, 대물변제**,40)
→ 일부 채권자와 통모하여 다른 채권자를 해할 의사를 가지고 변제를 한 경우가 아닌 한 원칙적으로 사해행위가 아님.41)
☞ 채무초과 상태에서 특정 채권자에 대한 증여, **담보제공**(근저당권설정계약),42) 전세권, 임차권의 설정
→ 원칙적으로 사해행위
→ 채권자들의 공동담보의 감소가 없는 담보제공행위는 사해행위가 아님.43)
→ 수급인의 저당권설정청구권 행사에 따라 도급인이 저당권을 설정하는 행위는 사해행위가 아님.44)
☞ **상속재산 협의분할**45) → (원래의 상속분에서 미달되는 부분에 한하여) 원칙적으로 사해행위.46)
☞ 이혼에 따른 재산분할47)
☞ **상속포기**,48) **유증의 포기**,49) 재산분할청구권의 포기50) → 사해행위가 아님.
☞ 명의수탁자의 명의신탁 부동산 처분행위 → 3자 간 등기명의신탁에서는 사해행위를 구성하지 않으나, 계약명의신탁에서는 사해행위를 구성함
☞ 명의신탁자의 명의신탁 부동산 처분행위 → 양자 간 명의신탁에서 사해행위

---

39) 채무자의 법률행위가 통정허위표시인 경우에도 채권자취소권의 대상이 되고, 한편 채권자취소권의 대상으로 된 채무자의 법률행위라도 통정허위표시의 요건을 갖춘 경우에는 무효라고 할 것이다(대법원 1998.02.27. 선고 97다50985 판결)
40) 채무초과의 상태에 있는 채무자가 적극재산을 채권자 중 일부에게 **대물변제**조로 양도하는 행위는 채무자가 특정 채권자에게 채무 본지에 따른 **변제**를 하는 경우와는 달리 원칙적으로 다른 채권자들에 대한 관계에서 사해행위가 될 수 있으나, 이러한 경우에도 사해성의 일반적인 판단 기준에 비추어 그 행위가 궁극적으로 일반채권자를 해하는 행위로 볼 수 없는 경우에는 사해행위의 성립이 부정될 수 있다(대법원 2010.09.30. 선고 2007다2718 판결).
41) 채권자가 채무의 변제를 요구하는 것은 그의 당연한 권리행사로서 다른 채권자가 존재한다는 이유로 이것이 방해받아서는 아니 되고, 채무자도 다른 채권자가 있다는 이유로 채무이행을 거절할 수는 없는 것이므로, 채무자가 채권자의 요구에 따라 채권자에 대한 기존채무의 변제를 위하여 소비대차계약을 체결하고 강제집행을 승낙하는 취지가 기재된 공정증서를 작성하여 주어 전체적으로 채무자의 책임재산이 감소하지 않는 경우에는, 그와 같은 행위로 인해 채무자의 책임재산을 특정 채권자에게 실질적으로 양도한 것과 다를 바 없는 것으로 볼 수 있는 특별한 사정이 있는 경우에 해당하지 아니하는 한, 다른 채권자를 해하는 사해행위가 된다고 볼 수 없다(대법원 2015.10.29. 선고 2012다14975 판결).
42) 이미 채무초과 상태에 빠져 있는 채무자가 그의 유일한 재산인 부동산을 채권자들 중 1인에게 채권담보로 제공하는 행위는 다른 특별한 사정이 없는 한 다른 채권자들에 대한 관계에서 채권자취소권의 대상이 되는 사해행위가 된다(대법원 2006.04.14. 선고 2006다5710 판결).
43) 대법원 2018.12.28. 선고 2018다272261 판결 : 채무초과 상태에 있는 채무자가 그 소유의 부동산을 채권자 중의 어느 한 사람에게 채권담보로 제공하는 행위는 특별한 사정이 없는 한 다른 채권자들에 대한 관계에서 사해행위에 해당한다. 그러나 채무자의 재산처분행위가 사해행위가 되려면 그 행위로 채무자의 총재산이 감소되어 채권의 공동담보가 부족한 상태를 유발 또는 심화시켜야 하는 것이므로, 채무자가 제3자로부터 자금을 차용하여 부동산을 매수하고 해당 부동산을 차용금채무에 대한 담보로 제공하거나, 채무자가 제3자로부터 부동산을 매수하여 매매대금을 지급하기 전에 소유권이전등기를 마치고 해당 부동산을 매매대금채무에 대한 담보로 제공한 경우와 같이 기존 채권자들의 공동담보가 감소되었다고 볼 수 없는 경우에는 담보제공행위를 사해행위라고 할 수 없다. 나아가 위와 같은 부동산매수행위와 담보제공행위가 한꺼번에 이루어지지 않고 단기간 내에 순차로 이루어졌다고 하더라도 다른 특별한 사정이 없는 한 일련의 행위 전후를 통하여 기존 채권자들의 공동담보에 증감이 있었다고 평가할 것도 아니므로, 담보제공행위만을 분리하여 사해행위에 해당한다고 할 수 없다.

<상속포기와 상속재산협의분할의 차이> 甲이 사망하였고, 부동산을 상속재산으로 남겼는데, 甲 상속인으로는 처 A, 성년의 아들 B가 있다. 그런데 B는 사업에 실패하여 채무초과 상태에 있다. B는 甲이 유산으로 남긴 부동산을 일부 상속받더라도 그 채권자들이 그가 받게 되는 상속재산에 대해 강제집행이 들어올 것을 대비하여 자신은 상속을 받지 않고 어머니인 A가 부동산을 전부 상속을 받기를 원하는 경우, B가 선택할 수 있는 방안은 상속을 포기하는 것과 A와 사이에 B는 상속을 받지 않고 A가 전부 상속받기로 하는 내용의 상속재산 분할협의를 하는 방안 중 하나를 선택할 수 있다.

그런데 B가 상속 포기를 한 경우에는 B의 채권자들이 B의 상속포기 사실을 문제 삼을 수 없다. 그러나 B가 A와 사이에 그와 같은 내용의 상속재산 분할협의를 한 경우에는 B의 채권자들이 B를 상대로 사해행위 취소소송을 제기함으로써, 부동산에 관한 B의 상속지분 2/5에 대해 권리행사를 할 수 있다. 따라서 채무 초과상태에 있는 상속인으로서는 상속재산 분할협의를 통해 자신의 상속 지분을 포기하고만 말 것이 아니라 민법이 정한 절차와 방식에 따라 가정법원에 상속포기 신고를 할 필요가 있다.

---

44) 대법원 2018.11.29. 선고 2015다19827 판결 : 신축건물의 도급인이 민법 제666조가 정한 수급인의 저당권설정청구권의 행사에 따라 공사대금채무의 담보로 그 건물에 저당권을 설정하는 행위는 특별한 사정이 없는 한 사해행위에 해당하지 아니한다. 신축건물의 수급인으로부터 공사대금채권을 양수받은 자의 저당권설정청구에 의하여 신축건물의 도급인이 그 건물에 저당권을 설정하는 행위 역시 다른 특별한 사정이 없는 한 사해행위에 해당하지 아니한다.

45) 이미 채무초과의 상태에 있는 채무자가 상속재산의 분할협의를 하면서 자신의 상속분에 관한 권리를 포기함으로써 일반 채권자에 대한 공동담보가 감소한 경우에는 원칙적으로 사해행위에 해당한다(대법원 2014.07.10. 선고 2012다26633 판결).

46) 상속재산의 분할협의는 상속이 개시되어 공동상속인 사이에 잠정적 공유가 된 상속재산에 대하여 그 전부 또는 일부를 각 상속인의 단독소유로 하거나 새로운 공유관계로 이행시킴으로써 상속재산의 귀속을 확정시키는 것으로 그 성질상 재산권을 목적으로 하는 법률행위이므로 사해행위취소권 행사의 대상이 될 수 있고, 한편 채무자가 자기의 유일한 재산인 부동산을 매각하여 소비하기 쉬운 금전으로 바꾸거나 타인에게 무상으로 이전하여 주는 행위는 특별한 사정이 없는 한 채권자에 대하여 사해행위가 되는 것이므로, 이미 채무초과 상태에 있는 채무자가 상속재산의 분할협의를 하면서 유일한 상속재산인 부동산에 관하여는 자신의 상속분을 포기하고 대신 소비하기 쉬운 현금을 지급받기로 하였다면, 이러한 행위는 실질적으로 채무자가 자기의 유일한 재산인 부동산을 매각하여 소비하기 쉬운 금전으로 바꾸는 것과 다르지 아니하여 특별한 사정이 없는 한 채권자에 대하여 사해행위가 된다고 할 것이며, 이와 같은 금전의 성격에 비추어 상속재산 중에 위 부동산 외에 현금이 다소 있다 하여도 마찬가지로 보아야 할 것이다(대법원 2008.03.13. 선고 2007다73765 판결).

47) 이혼에 따른 재산분할은 혼인 중 부부 쌍방의 협력으로 이룩한 공동재산의 청산이라는 성격에 경제적으로 곤궁한 상대방에 대한 부양적 성격이 가미된 제도로서, 이미 채무초과 상태에 있는 채무자가 이혼을 하면서 그 배우자에게 재산분할로 일정한 재산을 양도함으로써 일반 채권자에 대한 공동담보를 감소시키는 결과가 된다고 하더라도, 이러한 재산분할이 민법 제839조의2 제2항의 규정 취지에 따른 상당한 정도를 벗어나는 과대한 것이라고 인정할 만한 특별한 사정이 없는 한 사해행위로서 채권자에 의한 취소의 대상으로 되는 것은 아니고, 다만 상당한 정도를 벗어나는 초과 부분에 한하여 적법한 재산분할이라고 할 수 없어 취소의 대상으로 될 수 있을 것이나, 이처럼 상당한 정도를 벗어나는 과대한 재산분할이라고 볼 특별한 사정이 있다는 점에 관한 입증책임은 채권자에게 있다고 보아야 한다(대법원 2016.12.29. 선고 2016다249816 판결).

48) 상속의 포기는 민법 제406조 제1항에서 정하는 "재산권에 관한 법률행위"에 해당하지 아니하여 사해행위취소의 대상이 되지 못한다(대법원 2011.06.09. 선고 2011다29307 판결).

49) 대법원 2019.01.17. 선고 2018다260855 판결 : 유증을 받을 자는 유언자의 사망 후에 언제든지 유증을 승인 또는 포기할 수 있고, 그 효력은 유언자가 사망한 때에 소급하여 발생하므로(민법 제1074조), 채무초과 상태에 있는 채무자라도 자유롭게 유증을 받을 것을 포기할 수 있다. 또한 채무자의 유증 포기가 직접적으로 채무자의 일반재산을 감소시켜 채무자의 재산을 유증 이전의 상태보다 악화시킨다고 볼 수도 없다. 따라서 유증을 받을 자가 이를 포기하는 것은 사해행위 취소의 대상이 되지 않는다고 보는 것이 옳다.

50) 협의 또는 심판에 의하여 구체화되지 않은 재산분할청구권은 채무자의 책임재산에 해당하지 아니하고, 이를 포기하는 행위 또한 채권자취소권의 대상이 될 수 없다(대법원 2013.10.11. 선고 2013다7936 판결).

(11) 사해행위의 유형에 따른 원물반환 방법[51]

사해행위 유형	원물반환 방법
동산이전	채무자 또는 채권자에 대한 동산 인도
소유권이전등기청구권보전을 위한 가등기	매매예약의 취소 + 원상회복으로서 가등기 말소[52]
소유권이전등기	수익자 명의의 등기 말소 채무자 앞으로의 직접 소유권이전등기
근저당권설정등기	근저당권설정등기 말소[53]
상계	별도의 원상회복 불요[54]

(12) 원상회복방법

▶ 채무자 ----------→ 수익자(악의)
          (소유권)
☞ (원물반환) 수익자를 상대로 소유권이전등기의 말소등기청구
    (원물반환) 채무자 앞으로의 이전등기청구

▶ 채무자 ----------→ 수익자(악의) ----------→ 전득자(선의)
          (소유권)   (근저당권)
☞ (가액배상) 수익자를 상대로 가액배상청구
    (원물반환 허용) 채무자 앞으로의 이전등기청구(근저당권 붙은 채로)

▶ 채무자 ----------→ 수익자(악의) ----------→ 전득자(악의)
          (소유권)   (근저당권)
☞ (원물반환) 수익자, 전득자를 상대로(공동피고) 각 말소등기청구
    (가액배상) 수익자를 상대로 가액배상청구

---

51) 안철상 외2, p.179 참조.
52) 대법원 2001.06.12. 선고 99다20612 판결 : 소유권이전등기청구권보전을 위한 가등기가 사해행위로서 이루어진 경우 그 매매예약을 취소하고 원상회복으로서 가등기를 말소하면 족한 것이고(→ 가등기 자체만으로는 물권취득의 효력이 발생하지 않기 때문), 가등기 후에 저당권이 말소되었다거나 그 피담보채무가 일부 변제된 점 또는 그 가등기가 사실상 담보가등기라는 점 등은 그와 같은 원상회복의 방법에 아무런 영향을 주지 않는다.
53) 수인의 채권자 중 특정 채권자에게 채무자의 유일한 부동산에 관하여 근저당권을 설정해 주는 행위는 다른 특별한 사정이 없는 한 사해행위에 해당한다고 할 것이고, 그 특정 채권자로부터 차용한 금원의 사용처에 따라 사해행위의 범위가 달라지는 것은 아니라 할 것이며, 한편 사해행위로 경료된 근저당권설정등기가 사해행위취소소송의 변론종결시까지 존속하고 있는 경우 그 원상회복은 근저당권설정등기를 말소하는 방법에 의하여야 할 것이고, 사해행위 이전에 설정된 별개의 근저당권이 사해행위 이후에 말소되었다는 사정은 원상회복의 방법에 아무런 영향을 주지 아니한다(대법원 2007.10.11. 선고 2007다45364 판결). 채무자가 채무초과상태에서 특정채권자에게 근저당권을 설정하고 차용한 금원 중 일부로 그 이전에 존재하였던 선순위 근저당의 피담보채무를 변제하고 근저당권을 말소한 사안.
54) 대법원 2003.08.22. 선고 2001다64073 판결 ; 사해행위인 매매가 취소되는 경우에는 그 취소의 효과로 인하여 당연히 취소채권자로서는 위 매매의 효력이 유효하게 존속함을 전제로 하여 이루어진 상계의 효력, 즉 기존채무 소멸의 효과를 부정할 수 있다고 할 것이므로 별도로 채무자의 상계의 의사표시를 취소할 것도 없이 채무자의 수익자에 대한 기존의 채권이 부활하는 것으로 취급할 수 있다는 것이고, 그로써 취소채권자는 사해행위 취소의 목적을 달성하게 되는 것으로서 달리 수익자에게 반환을 명할 수익이 남아 있는 것도 아니라 할 것이니, 더 나아가 수익자에 대하여 금전채권의 이행을 별도로 직접 또는 대위의 방법에 의하여 구할 것까지는 없다.

[참고판례]
① 공유물분할은 형식적으로는 공유자 상호 간의 지분의 교환 또는 매매라고 볼 것이나 실질적으로는 공유물에 분산되어 있는 지분을 분할로 인하여 취득하는 특정 부분에 집중시켜 그 소유형태를 변경한 것에 불과하다. 그러므로 공유지분에 관하여 담보가등기를 설정하였다가 공유물분할로 단독소유가 된 부동산에 전사된 담보가등기에 관하여 사해행위를 이유로 채권자취소권을 행사할 경우에는 특별한 사정이 없는 한 공유지분에 대한 담보가등기 설정 당시를 기준으로 사해행위에 해당하는지 여부를 판단하여야 한다. 또한 공유물분할 이후 당초 공유지분에 담보가등기를 설정한 공유자의 단독소유로 귀속된 부동산에 종전의 담보가등기에 대체하는 새로운 담보가등기를 설정하고 다른 공유자의 소유로 분할된 부동산에 전사된 담보가등기는 모두 말소한 경우에 그 담보권설정자에 대한 채권자가 채권자취소권을 행사할 때에는 공유물분할 자체가 불공정하게 이루어져 사해행위에 해당한다는 등 특별한 사정이 없는 한 공유물분할이 되어 단독소유로 된 부동산에 설정된 담보가등기 설정계약의 취소와 그 담보가등기의 말소를 구하는 방법으로 할 수 있다.[55]
② 사해행위의 취소에 따른 원상회복은 원칙적으로 그 목적물 자체의 반환에 의하여야 하고, 그것이 불가능하거나 현저히 곤란한 경우에 한하여 예외적으로 가액배상에 의하여야 하는바, 근저당권설정계약 중 일부만이 사해행위에 해당하는 경우에는 그 원상회복은 근저당권설정등기의 채권최고액을 감축하는 근저당권변경등기절차의 이행을 명하는 방법에 의하여야 한다.[56]
③ 사해행위 취소로 인한 원상회복으로 부동산을 반환하는 경우에 그 사용이익이나 임료상당액도 반환해야 하는 것은 아니다.[57]
④ 사해행위 취소 및 원상회복으로 소유권이전등기의 말소를 명하는 판결을 받았으나 말소등기를 마치지 않은 경우 다른 채권자는 위 판결에 기하여 채무자를 대위하여 말소등기를 마친 경우 실체관계에 부합하는 등기로서 유효.[58]
⑤ 채무자의 법률행위가 사해행위에 해당하여 취소를 이유로 원상회복이 이루어지는 경우, 채무자가 수익자 또는 전득자에게 부당이득반환채무를 부담한다.[59]

---

55) 대법원 2016.05.27. 선고 2014다230894 판결.
56) 대법원 2006.12.07. 선고 2006다43620 판결.
57) 채권자취소권은 채무자가 채권자를 해함을 알면서 일반재산을 감소시키는 행위를 한 경우에 그 행위를 취소하여 채무자의 재산을 원상회복시킴으로써 채무자의 책임재산을 보전하기 위하여 인정된 권리로서, 사해행위의 취소 및 원상회복은 책임재산의 보전을 위하여 필요한 범위 내로 한정되어야 하므로 원래의 책임재산을 초과하는 부분까지 원상회복의 범위에 포함된다고 볼 수 없다. 따라서 부동산에 관한 법률행위가 사해행위에 해당하여 민법 제406조 제1항에 의하여 취소된 경우에 수익자 또는 전득자가 사해행위 이후 그 부동산을 직접 사용하거나 제3자에게 임대하였다고 하더라도, 당초 채권자의 공동담보를 이루는 채무자의 책임재산은 당해 부동산이었을 뿐 수익자 또는 전득자가 그 부동산을 사용함으로써 얻은 사용이익이나 임차인으로부터 받은 임료상당액까지 채무자의 책임재산이었다고 볼 수 없으므로 수익자 등이 원상회복으로서 당해 부동산을 반환하는 이외에 그 사용이익이나 임료상당액을 반환해야 하는 것은 아니다(대법원 2008.12.11. 선고 2007다69162 판결).
58) 사해행위 취소의 효력은 채무자와 수익자의 법률관계에 영향을 미치지 아니하고, 사해행위 취소로 인한 원상회복 판결의 효력도 소송의 당사자인 채권자와 수익자 또는 전득자에게만 미칠 뿐 채무자나 다른 채권자에게 미치지 아니하므로, 어느 채권자가 수익자를 상대로 사해행위 취소 및 원상회복으로 소유권이전등기의 말소를 명하는 판결을 받았으나 말소등기를 마치지 아니한 상태라면 소송의 당사자가 아닌 다른 채권자는 위 판결에 기하여 채무자를 대위하여 말소등기를 신청할 수 없다. 그럼에도 불구하고 다른 채권자의 등기신청으로 말소등기가 마쳐졌다면 등기에는 절차상의 흠이 존재한다. 그러나 채권자가 사해행위 취소의 소를 제기하여 승소한 경우 취소의 효력은 민법 제407조에 따라 모든 채권자의 이익을 위하여 미치므로 수익자는 채무자의 다른 채권자에 대하

(13) 가액배상의 범위

① 사실심 변론종결당시를 기준으로 하여 당시의 취소채권자의 채권액 범위 내에서 당시의 목적물의 가액에서 일반채권자들의 공동담보에 제공되지 아니한 부분의 가액을 공제한 금액.
→ 채권자의 피보전채권액, 목적물의 공동담보가액, 수익자·전득자가 취득한 이익 중 가장 적은 금액 한도.
② 사해행위취소소송의 경합 또는 병합 → 수익자가 반환하여야 할 가액 범위 내에서 각 채권자의 피보전채권 전액의 반환을 명함.
③ 가액배상의 상대방은 **채권자**이어야 함.
④ 채권자가 사해행위취소권을 행사하여 직접 수령한 가액배상금에 대하여 다른 채권자가 취소채권자를 상대로 채권액에 따른 안분액의 지급을 구할 수 없음.60)
⑤ 수익자가 채권자취소권을 행사하는 채권자에 대해 가지는 별개의 다른 채권을 집행하기 위하여 그에 대한 집행권원을 가지고 채권자의 수익자에 대한 가액배상채권을 압류하고 전부명령을 받는 것이 허용됨.61)

여도 사해행위의 취소로 인한 소유권이전등기의 말소등기의무를 부담하는 점, 등기절차상의 흠을 이유로 말소된 소유권이전등기가 회복되더라도 다른 채권자가 사해행위취소판결에 따라 사해행위가 취소되었다는 사정을 들어 수익자를 상대로 다시 소유권이전등기의 말소를 청구하면 수익자는 말소등기를 해 줄 수밖에 없어서 결국 말소된 소유권이전등기가 회복되기 전의 상태로 돌아가는데 이와 같은 불필요한 절차를 거치게 할 필요가 없는 점 등에 비추어 보면, 사해행위 취소 및 원상회복으로 소유권이전등기의 말소를 명한 판결의 소송당사자가 아닌 다른 채권자가 위 판결에 기하여 채무자를 대위하여 마친 말소등기는 등기절차상의 흠에도 불구하고 실체관계에 부합하는 등기로서 유효하다(대법원 2015.11.17. 선고 2013다84995 판결).

59) 채무자의 법률행위가 사해행위에 해당하여 취소를 이유로 원상회복이 이루어지는 경우, 특별한 사정이 없는 한 채무자는 수익자 또는 전득자에게 부당이득반환채무를 부담한다. 채무자의 책임재산이 위와 같이 원상회복되어 그로부터 채권자가 채권의 만족을 얻음으로써 채무자의 다른 공동채무자도 자신의 채무가 소멸하는 이익을 얻을 수 있다. 이러한 경우에 공동채무의 법적 성격이나 내용에 따라 채무자와 다른 공동채무자 사이에 구상관계가 성립하는 것은 별론으로 하고 공동채무자가 수익자나 전득자에게 직접 부당이득반환채무를 부담하는 것은 아니다. 따라서 채무자의 공동채무자가 수익자나 전득자의 가액배상의무를 대위변제한 경우에도 특별한 사정이 없는 한 수익자나 전득자에게 구상할 수 있다(대법원 2017.09.26. 선고 2015다38910 판결).

60) 사해행위의 취소와 원상회복은 모든 채권자의 이익을 위하여 그 효력이 있으므로(민법 제407조), 채권자취소권의 행사로 채무자에게 회복된 재산에 대하여 취소채권자가 우선변제권을 가지는 것이 아니라 다른 채권자도 총채권액 중 자기의 채권에 해당하는 안분액을 변제받을 수 있는 것이지만, 이는 채권의 공동담보로 회복된 채무자의 책임재산으로부터 민사집행법 등의 법률상 절차를 거쳐 다른 채권자도 안분액을 지급받을 수 있다는 것을 의미하는 것일 뿐, 다른 채권자가 이러한 법률상 절차를 거치지 아니하고 취소채권자를 상대로 하여 안분액의 지급을 직접 구할 수 있는 권리를 취득한다거나, 취소채권자에게 인도받은 재산 또는 가액배상금에 대한 분배의무가 인정된다고 볼 수는 없다. 가액배상금을 수령한 취소채권자가 이러한 분배의무를 부담하지 아니함으로 인하여 사실상 우선변제를 받는 불공평한 결과를 초래하는 경우가 생기더라도, 이러한 불공평은 채무자에 대한 파산절차 등 도산절차를 통하여 시정하거나 가액배상금의 분배절차에 관한 별도의 법률 규정을 마련하여 개선하는 것은 별론으로 하고, 현행 채권자취소 관련 규정의 해석상으로는 불가피하다(대법원 2008.06.12. 선고 2007다37837 판결).

61) 사해행위취소의 소에서 수익자가 원상회복으로서 채권자취소권을 행사하는 채권자에게 가액배상을 할 경우, 수익자 자신이 사해행위취소소송의 채무자에 대한 채권자라는 이유로 채무자에 대하여 가지는 자기의 채권과 상계하거나 채무자에게 가액배상금 명목의 돈을 지급하였다는 점을 들어 채권자취소권을 행사하는 채권자에 대해 이를 가액배상에서 공제할 것을 주장할 수 없다. 그러나 수익자가 채권자취소권을 행사하는 채권자에 대해 가지는 별개의 다른 채권을 집행하기 위하여 그에 대한 집행권원을 가지고 채권자의 수익자에 대한 가액배상채권을

⑥ 사해행위로 마쳐진 가등기가 이전된 경우 수익자에게 가액배상을 명할 수 있음.62)

[참고판례]
① 근저당권이 설정되어 있는 부동산을 증여한 행위가 사해행위에 해당하는 경우, 그 부동산이 증여된 후 근저당권설정등기가 말소되었다면, 증여계약을 취소하고 부동산의 소유권 자체를 채무자에게 환원시키는 것은 당초 일반 채권자들의 공동담보로 제공되지 아니한 부분까지 회복시키는 결과가 되어 불공평하므로, 채권자는 그 부동산의 가액에서 근저당권의 피담보채무액을 공제한 잔액의 한도 내에서 증여계약의 일부 취소와 그 가액의 배상을 청구할 수밖에 없다.
사해행위를 전부 취소하고 원상회복을 구하는 채권자의 주장 속에는 사해행위를 일부 취소하고 가액의 배상을 구하는 취지도 포함되어 있으므로, 채권자가 원상회복만을 구하는 경우에도 법원은 가액의 배상을 명할 수 있다.
근저당권이 설정되어 있는 부동산에 관하여 사해행위가 이루어진 후 근저당권이 말소되어 그 부동산의 가액에서 근저당권 피담보채무액을 공제한 나머지 금액의 한도에서 사해행위를 취소하고 가액의 배상을 명하는 경우 그 가액의 산정은 사실심 변론종결시를 기준으로 하여야 하고, 기존의 근저당권이 말소된 후 사해행위에 의하여 그 부동산에 관한 권리를 취득한 전득자에 대하여도 사실심 변론종결시의 부동산 가액에서 말소된 근저당권 피담보채무액을 공제한 금액의 한도에서 그가 취득한 이익에 대한 가액 배상을 명할 수 있다. 채권자가 채권자취소권을 행사할 때에는 원칙적으로 자신의 채권액을 초과하여 취소권을 행사할 수 없고, 이 때 채권자의 채권액에는 사해행위 이후 사실심 변론종결시까지 발생한 이자나 지연손해금이 포함된다.63)
② 저당권이 설정되어 있는 부동산이 사해행위로 양도된 경우에 사해행위는 부동산의 가액에서 저당권의 피담보채무액을 공제한 잔액의 범위 내에서만 성립한다고 보아야 하므로, 사해행위 후 변제 등에 의하여 저당권설정등기가 말소되었다면 부동산의 가액에서 저당권의 피담보채무액을 공제한 잔액의 한도에서 사해행위를 취소하고 그 가액의 배상을 구할 수 있을 뿐이다. 한편 사해행위의 취소는 취소소송의 당사자 사이에서 상대적으로 취소의 효력이 있는 것으로 당사자 이외의 제3자는 다른 특별한 사정이 없는 이상 취소로 인하여 그 법률관계에 영향을 받지 아니한다. 저당권설정행위 등이 사해행위에 해당하여 채권자가 저당권설정자를 상대로 제기한 사해행위 취소소송에서 채권자의 청구를 인용하는 판결이 선고되었다고 하더라도 이러한 사해행위 취소판결의 효력은 해당 부동산의 소유권을 이전받은 자에게 미치지 아니하므로, 저당권이 설정되어 있는 부동산이 사해행위로 양도된 경우 부동산의 가액

압류하고 전부명령을 받는 것은 허용된다. 이는 수익자의 채무자에 대한 채권을 기초로 한 상계나 임의적인 공제와는 내용과 성질이 다르다. 또한 채권자가 채무자의 제3채무자에 대한 채권을 압류하는 경우 제3채무자가 채권자 자신인 경우에도 이를 압류하는 것이 금지되지 않으므로 단지 채권자와 제3채무자가 같다고 하여 채권압류 및 전부명령이 위법하다고 볼 수 없다(대법원 2017.08.21. 자 2017마499 결정).

62) 사해행위인 매매예약에 기하여 수익자 앞으로 가등기를 마친 후 전득자 앞으로 가등기 이전의 부기등기를 마치고 나아가 가등기에 기한 본등기까지 마쳤다 하더라도, 위 부기등기는 사해행위인 매매예약에 기초한 수익자의 권리의 이전을 나타내는 것으로서 부기등기에 의하여 수익자로서의 지위가 소멸하지는 아니하며, 채권자는 수익자를 상대로 사해행위인 매매예약의 취소를 청구할 수 있다. 그리고 설령 부기등기의 결과 가등기 및 본등기에 대한 말소청구소송에서 수익자의 피고적격이 부정되는 등의 사유로 인하여 수익자의 원물반환의무인 가등기말소의무의 이행이 불가능하게 된다 하더라도 달리 볼 수 없으며, 특별한 사정이 없는 한 수익자는 가등기 및 본등기에 의하여 발생된 채권자들의 공동담보 부족에 관하여 원상회복의무로서 가액을 배상할 의무를 진다(대법원 2015.05.21. 선고 2012다952 전원합의체 판결).

에서 저당권의 피담보채무액을 공제한 잔액의 한도에서 그 양도행위를 사해행위로 취소하고 가액의 배상을 구할 수 있다는 앞서 본 법리는 저당권설정행위 등이 사해행위로 인정되어 취소된 때에도 마찬가지로 적용된다고 할 것이다.64)

③ 사해행위취소의 소에서 채무자가 수익자에게 양도한 목적물에 저당권이 설정되어 있는 경우라면 그 목적물 중에서 일반채권자들의 공동담보에 제공되는 책임재산은 피담보채권액을 공제한 나머지 부분만이라고 할 것이고 그 피담보채권액이 목적물의 가액을 초과할 때는 당해 목적물의 양도는 사해행위에 해당한다고 할 수 없다. 그런데 수 개의 부동산에 공동저당권이 설정되어 있는 경우 책임재산을 산정함에 있어 각 부동산이 부담하는 피담보채권액은 특별한 사정이 없는 한 민법 제368조의 규정 취지에 비추어 공동저당권의 목적으로 된 각 부동산의 가액에 비례하여 공동저당권의 피담보채권액을 안분한 금액이라고 보아야 한다. 그러나 그 수 개의 부동산 중 일부는 채무자의 소유이고 다른 일부는 물상보증인의 소유인 경우에는, 물상보증인이 민법 제481조, 제482조의 규정에 따른 변제자대위에 의하여 채무자 소유의 부동산에 대하여 저당권을 행사할 수 있는 지위에 있는 점 등을 고려할 때, 그 물상보증인이 채무자에 대하여 구상권을 행사할 수 없는 특별한 사정이 없는 한 채무자 소유의 부동산에 관한 피담보채권액은 공동저당권의 피담보채권액 전액으로 봄이 상당하다. 이러한 법리는 하나의 공유부동산 중 일부 지분이 채무자의 소유이고, 다른 일부 지분이 물상보증인의 소유인 경우에도 마찬가지로 적용된다.65)

(14) 사해행위로 (근)저당권설정 후 부동산경매절차가 개시되어 매각된 경우 원상회복 방법66)67)

① 피고가 현실적으로 배당금을 수령한 경우 → 근저당권설정계약 취소 + 원상회복으로서 원고에게 위 배당금을 지급할 것을 명

② 피고에 대한 배당표는 확정되었으나 원고의 배당금지급금지가처분 등에 의하여 현실적으로 배당금을 수령하지 못한 경우 → 근저당권설정계약 취소 + 원상회복으로서 배당금청구권을 양도하고, 소외 대한민국에게 위 양도통지의 의사표시를 할 것을 명

③ 피고에 대한 배당표가 작성되었으나 원고가 해당기일에 이의를 진술한 후 사해행위취소 및 배당이의의 소를 병합하여 제기하는 경우 → 근저당권설정계약 취소 + 원상회복으로서 피고

---

63) 대법원 2001.09.04. 선고 2000다66416 판결.
64) 대법원 2018.06.28. 선고 2018다214319 판결.
65) 대법원 2013.07.18. 선고 2012다5643 전원합의체 판결.
66) 채무자와 수익자 사이의 저당권설정행위가 사해행위로 인정되어 저당권설정계약이 취소되는 경우에도 당해 부동산이 이미 매각절차에 의하여 매각되어 대금이 완납되었을 때에는 매수인의 소유권취득에는 영향을 미칠 수 없으므로, 채권자취소권의 행사에 따르는 원상회복의 방법으로 매수인의 소유권이전등기를 말소할 수는 없고, 수익자가 받은 배당금을 반환하여야 한다(대법원 2001.02.27. 선고 2000다44348 판결).
67) 대법원 2018.04.10. 선고 2016다272311 판결 : 근저당권설정계약을 사해행위로 취소하는 경우 경매절차가 진행되어 타인이 소유권을 취득하고 근저당권설정등기가 말소되었다면 원물반환이 불가능하므로 가액배상의 방법으로 원상회복을 명한다. 이때 이미 배당이 종료되어 수익자가 배당금을 수령한 경우에는 수익자로 하여금 배당금을 반환하도록 명하고, 배당표가 확정되었으나 채권자의 배당금지급금지가처분으로 인하여 수익자가 배당금을 현실적으로 지급받지 못한 경우에는 배당금지급채권의 양도와 그 채권양도의 통지를 명한다. 만약 채권자가 배당기일에 출석하여 수익자의 배당 부분에 대하여 이의를 하였다면 그 채권자는 사해행위취소의 소를 제기함과 아울러 그 원상회복의 방법으로 배당이의의 소를 제기할 수 있다.

에 대한 배당액을 삭제하고 이를 원고의 배당액으로 하는 취지로 배당표 경정

(15) 상대효

① 취소판결의 기판력은 소송에 참가하지 않은 채무자에게 미치지 않고 채무자와 수익자, 수익자와 전득자 사이의 법률관계에는 아무런 영향이 없음.68)
  → 채권자가 전득자를 상대로 하여 사해행위의 취소와 함께 책임재산의 회복을 구하는 사해행위취소의 소를 제기한 경우에 그 취소의 효과는 채권자와 전득자 사이의 상대적인 관계에서만 생기는 것이고 채무자 또는 채무자와 수익자 사이의 법률관계에는 미치지 않는 것이므로, 이 경우 취소의 대상이 되는 사해행위는 채무자와 수익자 사이에서 행하여진 법률행위에 국한되고, 수익자와 전득자 사이의 법률행위는 취소의 대상이 되지 않음.69)
  → 전득자의 악의 판단에서는 전득자가 전득행위 당시 채무자와 수익자 사이의 법률행위의 사해성을 인식하였는지만이 문제가 될 뿐이고, 수익자가 채무자와 수익자 사이 법률행위의 사해성을 인식하였는지는 원칙적으로 문제가 되지 않음.70)
② 원칙적으로 사해행위의 목적물을 압류 또는 가압류한 수익자의 채권자 등 당사자 이외의 제3자는 취소로 인하여 그 법률관계에 영향을 받지 않음.71)
③ 채권자취소권의 행사로 인하여 채무자에게 회복된 재산에 대하여 취소채권자가 우선변제권을 가지는 것은 아님.
④ 수익자는 가액배상시 총채권액 중 자기의 채권에 대한 안분액의 분배를 청구하거나 채무자에 대한 자신의 채권으로 상계할 수 없음.72)

---

68) 대법원 2017.03.09. 선고 2015다217980 판결 : 사해행위의 취소는 채권자와 수익자의 관계에서 상대적으로 채무자와 수익자 사이의 법률행위를 무효로 하는 데에 그치고 채무자와 수익자 사이의 법률관계에는 영향을 미치지 아니하므로, 채무자와 수익자 사이의 부동산매매계약이 사해행위로 취소되고 그에 따른 원상회복으로 수익자 명의의 소유권이전등기가 말소되어 채무자의 등기명의가 회복되더라도, 그 부동산은 취소채권자나 민법 제407조에 따라 사해행위 취소와 원상회복의 효력을 받는 채권자와 수익자 사이에서 채무자의 책임재산으로 취급될 뿐, 채무자가 직접 그 부동산을 취득하여 권리자가 되는 것은 아니다. 따라서 채무자가 사해행위 취소로 그 등기명의를 회복한 부동산을 제3자에게 처분하더라도 이는 무권리자의 처분에 불과하여 효력이 없으므로, 채무자로부터 제3자에게 마쳐진 소유권이전등기나 이에 기초하여 순차로 마쳐진 소유권이전등기 등은 모두 원인무효의 등기로서 말소되어야 한다. 이 경우 취소채권자나 민법 제407조에 따라 사해행위 취소와 원상회복의 효력을 받는 채권자는 채무자의 책임재산으로 취급되는 그 부동산에 대한 강제집행을 위하여 위와 같은 원인무효 등기의 명의인을 상대로 그 등기의 말소를 청구할 수 있다고 보아야 한다.
69) 대법원 2004.08.30. 선고 2004다21923 판결.
70) 대법원 2012.08.17. 선고 2010다87672 판결.
71) 사해행위의 목적부동산에 수익자에 대한 채권자의 가압류등기가 경료된 후 채무자와 수익자 사이의 위 부동산에 관한 매매계약이 사해행위라는 이유로 취소되어 수익자 명의의 소유권이전등기가 말소되었다 하더라도 사해행위의 취소는 상대적 효력밖에 없어 특단의 사정이 없는 한 가압류의 효력이 당연히 소멸되는 것은 아니므로 채무자로부터 위 부동산을 전전하여 양도받은 자는 가압류의 부담이 있는 소유권을 취득하였다 할 것인바, 원심이 위 부동산에 관한 수익자 명의의 소유권이전등기가 원인무효라는 이유만으로 가압류채권자의 위 부동산에 대한 강제집행을 불허한 조치는 사해행위취소의 효력에 관한 법리를 오해한 위법이 있다(대법원 1990.10.30. 선고 89다카35421 판결).
72) 대법원 2008.12.11. 선고 2007다69162 판결.

(16) 사해행위취소소송 계속 중 채무자, 수익자 및 전득자의 파산, 회생절차

① 채무자가 채권자에 대한 사해행위를 한 경우에 채권자는 민법 제406조에 따라 채권자취소권을 행사할 수 있다. 그러나 채무자에 대한 파산선고 후에는 **파산관재인**이 파산재단을 위하여 부인권을 행사할 수 있다(채무자회생법 제391조, 제396조). 파산절차가 채무를 채권자들에게 평등하고 공정하게 변제하기 위한 집단적·포괄적 채무처리절차라는 점을 고려하여 파산선고 후에는 파산채권자가 아닌 파산관재인으로 하여금 부인권을 행사하도록 한 것이다. 따라서 파산선고 후에는 파산관재인이 총 채권자에 대한 평등변제를 목적으로 하는 부인권을 행사하여야 하고, 파산절차에 의하지 않고는 파산채권을 행사할 수 없는 파산채권자가 개별적 강제집행을 전제로 개별 채권에 대한 책임재산을 보전하기 위한 채권자취소의 소를 제기할 수 없다. 파산채권자가 파산선고 후에 제기한 채권자취소의 소가 부적법하더라도 파산관재인은 이러한 소송을 수계한 다음 청구변경의 방법으로 부인권을 행사할 수 있다고 보아야 한다. 이 경우 법원은 파산관재인이 수계한 소송이 부적법한 것이었다는 이유만으로 소송수계 후 교환적으로 변경된 부인의 소마저 부적법하다고 볼 것은 아니다. 부인의 소는 파산계속법원의 관할에 전속한다.[73] 따라서 채권자취소소송이 계속 중인 법원이 파산계속법원이 아니라면 그 법원은 관할법원인 파산계속법원에 사건을 이송하여야 한다. 파산채권자가 제기한 채권자취소소송이 항소심에 계속된 후에는 파산관재인이 소송을 수계하여 부인권을 행사하더라도 채무자회생법 제396조 제3항이 적용되지 않고 항소심법원이 소송을 심리·판단할 권한을 계속 가진다. 그러나 제1심법원에 계속 중이던 채권자취소소송을 파산관재인이 수계하여 부인의 소로 변경한 경우에는 채무자회생법 제396조 제3항이 적용된다.[74]

② 부동산에 관한 법률행위가 사해행위에 해당하는 경우에는 채무자의 책임재산을 보전하기 위하여 사해행위를 취소하고 원상회복을 명하여야 한다. 사해행위취소로 인한 원상회복은 원물반환의 방법에 의하는 것이 원칙이지만, 원물반환이 불가능하거나 현저히 곤란한 사정이 있는 때에는 원물반환에 대신하여 금전적 배상으로서의 가액배상이 허용된다.

사해행위의 수익자 또는 전득자에 대하여 회생절차가 개시되는 경우 채무자의 채권자가 사해행위의 취소와 함께 회생채무자로부터 사해행위의 목적인 재산 그 자체의 반환을 청구하는 것은 채무자회생법 제70조에 따른 환취권의 행사에 해당하여 회생절차개시의 영향을 받지 아니하므로, 채무자의 채권자는 수익자 또는 전득자의 관리인을 상대로 사해행위의 취소 및 그에 따른 원물반환을 구하는 사해행위취소의 소를 제기할 수 있다.

나아가 수익자 또는 전득자가 사해행위취소로 인한 원상회복으로서 가액배상을 하여야 함에도, 수익자 또는 전득자에 대한 회생절차개시 후 회생재단이 가액배상액 상당을 그대로 보유하는 것은 취소채권자에 대한 관계에서 법률상의 원인 없이 이익을 얻는 것이 되므로 이를 부당이득으로 반환할 의무가 있고, 이는 수익자 또는 전득자의 취소채권자에 대한 가액배상

---

[73] 채무자회생법 제396조 제3항, 제1항(2016. 12. 27. 법률 제14472호로 개정되기 전에는 '파산계속법원'이 아닌 '파산법원'이었다.
[74] 대법원 2018.06.15. 선고 2017다265129 판결.

의무와 마찬가지로 사해행위의 취소를 명하는 판결이 확정된 때에 비로소 성립한다고 보아야 한다. 따라서 설령 사해행위 자체는 수익자 또는 전득자에 대한 회생절차개시 이전에 있었더라도, 이 경우의 사해행위취소에 기한 가액배상청구권은 채무자회생법 제179조 제1항 제6호의 '부당이득으로 인하여 회생절차개시 이후 채무자에 대하여 생긴 청구권'인 공익채권에 해당한다.75)

③ 채무자 회생법 제584조, 제347조 제1항, 제406조에 의하면, 개인회생절차 개시결정이 내려진 후에는 채무자가 부인권을 행사하고, 법원은 채권자 또는 회생위원의 신청에 의하거나 직권으로 채무자에게 부인권의 행사를 명할 수 있으며, 개인회생채권자가 제기한 채권자취소소송이 개인회생절차 개시결정 당시에 계속되어 있는 때에는 그 소송절차는 수계 또는 개인회생절차의 종료에 이르기까지 중단된다. 이러한 규정 취지와 집단적 채무처리절차인 개인회생절차의 성격, 부인권의 목적 등에 비추어 보면, 개인회생절차 개시결정이 내려진 후에는 채무자가 총채권자에 대한 평등변제를 목적으로 하는 부인권을 행사하여야 하고, 개인회생채권자목록에 기재된 개인회생채권을 변제받거나 변제를 요구하는 일체의 행위를 할 수 없는 개인회생채권자가 개별적 강제집행을 전제로 하여 개개의 채권에 대한 책임재산의 보전을 목적으로 하는 채권자취소소송을 제기할 수는 없다.76)

(17) 사해행위의 취소 및 원상회복을 구하는 반소와 본소의 심리

원고가 매매계약 등 법률행위에 기하여 소유권을 취득하였음을 전제로 피고를 상대로 일정한 청구를 할 때, 피고는 원고의 소유권 취득의 원인이 된 법률행위가 사해행위로서 취소되어야 한다고 다투면서, 동시에 반소로써 그 소유권 취득의 원인이 된 법률행위가 사해행위임을 이유로 그 법률행위의 취소와 원상회복으로 원고의 소유권이전등기의 말소절차 등의 이행을 구하는 것도 가능하다. 위와 같이 원고의 본소 청구에 대하여 피고가 본소 청구를 다투면서 사해행위의 취소 및 원상회복을 구하는 반소를 적법하게 제기한 경우, 그 사해행위의 취소 여부는 반소의 청구원인임과 동시에 본소 청구에 대한 방어방법이자, 본소 청구 인용 여부의 선결문제가 될 수 있다. 그 경우 법원이 반소 청구가 이유 있다고 판단하여, 사해행위의 취소 및 원상회복을 명하는 판결을 선고하는 경우, 비록 그 반소 청구에 대한 판결이 확정되지 않았다고 하더라도, 원고의 소유권 취득의 원인이 된 법률행위가 취소되었음을 전제로 원고의 본소 청구를 심리하여 판단할 수 있다고 봄이 타당하다. 그때에는 반소 사해행위취소 판결의 확정을 기다리지 않고, 반소 사해행위취소 판결을 이유로 원고의 본소 청구를 기각할 수 있다. 본소와 반소가 같은 소송절차 내에서 함께 심리, 판단되는 이상, 반소 사해행위취소 판결의 확정 여부가 본소 청구 판단 시 불확실한 상황이라고 보기 어렵고, 그로 인해 원고에게 소송상 지나친 부담을 지운다거나, 원고의 소송상 지위가 불안정해진다고 볼 수도 없다. 오히려 이로써 반소 사해행위취소소송의 심리를 무위로 만들지 않고, 소송경제를 도모하며, 본소 청구에 대한 판결과 반소 청구에 대한 판결의 모순 저촉을 피할 수 있다.77)

---

75) 대법원 2019.04.11. 선고 2018다203715 판결.
76) 대법원 2010.09.09. 선고 2010다37141 판결.

⟨사례연습 1⟩

1. 甲은 乙에게 1억 원을 대여하면서 丙의 연대보증을 받았다. 丙은 乙의 경제적 상황이 나빠지자 甲으로부터 연대보증책임을 추궁당할 것을 우려하여 2019. 2. 1. 친구인 丁과 짜고 자신의 유일한 재산인 X 토지에 관하여 매매계약을 체결하고 丁 앞으로 같은 날짜 매매를 원인으로 한 소유권이전등기를 마쳐주었다.
한편, 甲은 乙이 변제기를 지나서도 위 채무를 변제하지 않자 연대보증인 丙의 재산관계를 알아보다가 2019. 6. 1. 丙 소유의 X 토지가 위와 같이 丁 앞으로 이전등기가 된 것을 알았다.

   1-1. 甲이 채권자취소권을 행사하여 소를 제기하려고 한다면 연대보증인의 사해의사는 어떻게 판단하고, 甲은 누구를 상대로 언제까지 제기하여야 하는가?

   1-2. 甲이 2020. 4. 1. 丁을 상대로 丙과 丁 사이의 X 토지에 관한 매매계약의 취소 및 위 토지에 관한 소유권이전등기의 말소를 구하는 소를 제기하였다. 이 소송이 계속 중인 2020. 5. 15. 丙의 또 다른 채권자인 戊가 위 소송과는 별도로 丁을 상대로 甲의 청구취지와 같은 사해행위취소의 소를 같은 법원에 제기하였다. 법원이 두 사건을 병합하여 판결을 선고하는 경우 甲과 戊가 제기한 소송의 결론(각하, 기각, 인용, 일부인용)과 논거를 제시하시오.

2. 甲은 乙로부터 X 토지를 3억 원에 매수하기로 하는 매매계약을 체결하고 잔금 1억 원이 남아 있는 상태이다. 그런데 그 후 乙은 丙으로부터 2억 원을 차용하면서 X 토지에 관하여 丙 앞으로 X 토지에 관하여 채권최고액 3억 원의 근저당권설정등기를 마쳐주었다.
甲은 2020. 5. 1. "乙과 丙이 통모하여 乙의 유일한 책임재산인 X 토지에 허위의 근저당권설정등기를 마친 것으로 사해행위에 해당한다."고 주장하면서, 乙과 丙을 피고로 乙과 丙 사이의 근저당권설정계약의 취소를 구하고 이 소송에 병합하여 乙과 丙을 상대로 원상회복으로서 근저당권설정등기의 말소를 구하는 소를 제기하였다(제척기간은 준수한 것으로 전제함).
법원은 이 소에 대하여 어떻게 판단할 것인가?

3. 甲은 10년 전에 친구인 乙에게 돈 1억 원을 변제기 1년으로 정하여 빌려주었는데 乙이 변제기가 지나도록 갚지 아니하여 5년 전에 乙을 상대로 대여금청구의 소를 제기하여 승소확정판결을 받았으나, 乙의 재산을 찾을 수 없어 강제집행을 하지 못하고 있었다. 그런데 3개월 전에 乙의 부친 A가 노환으로 사망하여 A의 유일한 상속인인 乙이 A가 살던 X 건물을 상속받았다.
이에 甲은 위 확정판결에 집행문을 부여받아 강제집행을 하려고 X 건물의 등기사항전부증명서를 발급받아 확인해보니 이미 乙 앞으로의 상속등기와 함께 乙의 아들인 丙 명의로 증여를 원인으로 한 소유권이전등기가 마쳐져 있었고, 이어서 丁 명의로 매매를 원인으로 한 소유권이전등기가 마쳐져 있었다.
甲이 사해행위취소의 소를 제기한다면 누구를 상대로 어떠한 청구를 하여야 하는가?

---

77) 대법원 2019.03.14. 선고 2018다277785,277792 판결.

4. 甲은 2017. 4. 1. 乙에 대하여 1억 원의 손해배상채권이 있다. 甲이 2019. 10. 1.경 손해배상청구를 하기 위하여 乙의 재산을 조사해보았더니 乙의 유일한 재산인 X 토지에 관하여 2017. 11. 1. 증여를 원인으로 乙의 처남인 丙 앞으로 소유권이전등기가 마쳐졌고, 이어 2015. 5. 1.자로 마쳐져 있던 채권최고액 3억 원의 A 명의의 근저당권설정등기는 2017. 12. 1. 말소되어 있었다. 甲은 2020. 4. 1. 丙을 피고로 하여 다음과 같은 청구취지로 소를 제기하였다.

☞ 청구취지 : 피고 丙에 대하여 소외 乙과 피고 丙 사이의 X 토지에 관한 2017. 11. 1.자 증여계약을 취소한다. 피고 丙은 소외 乙에게 X 토지에 관한 2017. 11. 1.자 소유권이전등기의 말소등기절차를 이행하라.
법원은 乙과 피고 丙 사이의 X 토지에 관한 2017. 11. 1.자 증여계약을 취소하고, 피고 丙에 대하여 원고에게 5,000만 원을 지급하라는 내용의 판결을 선고하였다.
위 법원 판결은 정당한가?

〈문 1-1〉
1. **문제의 포인트** : 사해행위취소의 소의 피고적격 및 제척기간
2. **사해행위취소소송의 피고적격** : 채권자가 사해행위의 취소와 함께 책임재산의 회복을 구하는 사해행위취소의 소에 있어서는 수익자 또는 전득자에게만 피고적격이 있고 채무자에게는 피고적격이 없다.
3. **연대보증인의 사해의사** : 연대보증인에게 부동산의 매도행위 당시 사해의 의사가 있었는지 여부는 연대보증인이 자신의 자산상태가 채권자에 대한 연대보증채무를 담보하는 데 부족하게 되리라는 것을 인식하였는가 하는 점에 의하여 판단하여야 한다.[78]
4. **제척기간** : 사해행위취소의 소는 채권자가 취소원인을 안 날부터 1년, 사해행위가 있을 날부터 5년 내에 제기하여야 한다. 제척기간의 기산점인 '취소원인을 안 날'이란 채무자가 채권자를 해함을 알면서 사해행위를 하였다는 사실을 한 날을 알게 된 날을 의미한다.
5. **사안의 해결** : 甲이 채권자취소권을 행사하여 사해행위취소 및 X 토지의 원상회복을 구하는 소를 제기하는 경우 수익자인 丁을 피고로 하여야 하고, 甲이 丙 소유의 X 토지가 위와 같이 丁 앞으로 이전등기가 된 것을 알게 된 2019. 6. 1.부터 1년 내인 2020. 5. 31.까지 위 소를 제기하여야 한다.

〈문 1-2〉
1. **문제의 포인트** : 채권자취소권의 요건을 갖춘 각 채권자가 동시 또는 이시에 사해행위취소 및 원상회복청구의 소를 제기한 경우 이들 소송이 중복제소에 해당하는지 여부가 문제된다.
2. **채권자취소소송과 중복소송** : 판례는 채권자취소권의 요건을 갖춘 각 채권자는 고유의 권리로서 채무자의 재산처분 행위를 취소하고 그 원상회복을 구할 수 있는 것이므로 여러 명의 채권자가 동시에 또는 시기를 달리하여 사해행위취소 및 원상회복청구의 소를 제기한 경우 이들 소가 중복제소에 해당하지 아니할 뿐만 아니라, 어느 한 채권자가 동일한 사해행위에 관하여 사해행위취소 및 원상회복청구를 하여 승소판결을 받아 그 판결이 확정되었다는 것만으로는 그 후에 제기된 다른 채권자의 동일한 청구가 권리보호의 이익이 없게 되는 것은 아니라고 한다.[79]
3. **사안의 해결** : 甲이 제기한 사해행위취소소송 계속 중에 戊가 동일한 수익자 丁을 상대로 사해행위취소

소송을 제기하더라도 戊의 소가 중복제소에 해당하거나 권리보호의 이익이 없게 되는 것은 아니다. 甲과 戊의 청구는 전부 인용된다. 다만 확정된 판결에 기하여 재산이나 가액의 회복을 마친 경우에는 다른 채권자의 사해행위취소 및 원상회복청구는 그와 중첩되는 범위 내에서 권리보호의 이익이 없게 된다.[80]

〈문 2〉
1. **문제의 포인트** : 사해행위취소의 소의 피고적격 및 피보전채권의 적격
2. **사해행위취소소송의 피고적격** : 채권자가 사해행위의 취소와 함께 책임재산의 회복을 구하는 사해행위취소의 소에 있어서는 수익자 또는 전득자에게만 피고적격이 있고 채무자에게는 피고적격이 없다.
3. **피보전채권의 적격** : 특정물에 대한 소유권이전등기청구권을 보전하기 위하여 채권자취소권을 행사하는 것은 허용되지 않으므로 부동산의 제1양수인은 자신의 소유권이전등기청구권 보전을 위하여 양도인과 제3자 사이에서 이루어진 이중양도행위에 대하여 채권자취소권을 행사할 수 없다.[81]
4. **사안의 해결** : 법원은 乙은 사해행위취소소송의 채무자로서 피고적격이 없으므로 甲의 乙에 대한 소를 각하하고, 甲의 피보전채권은 乙에 대한 소유권이전등기청구권으로서 특정물채권에 해당하므로 甲의 丙에 대한 청구를 기각하여야 한다.

〈문 3〉
1. **문제의 포인트** : 채권자 甲이 사해행위취소의 소를 제기할 때 누구를 피고로 해야 하고(피고적격), 사해행위취소와 함께 원상회복으로 어떠한 청구를 하여야 하는지가 문제된다.
2. **사해행위취소소송의 피고적격** : 채권자가 사해행위의 취소와 함께 책임재산의 회복을 구하는 사해행위취소의 소에 있어서는 수익자 또는 전득자에게만 피고적격이 있고 채무자에게는 피고적격이 없다.
3. **사해행위취소 및 원상회복청구** : 채권자의 사해행위취소 및 원상회복청구권이 인정되면 수익자 또는 전득자는 원상회복으로서 사해행위의 목적물을 채무자에게 반환할 의무를 부담하고, 원물반환이 불가능하거나 현저히 곤란한 경우에는 가액배상을 하여야 한다.[82] 사해행위의 목적물이 수익자로부터 전득자로 이전되어 그 등기까지 경료되었다면 후일 채권자가 전득자를 상대로 소송을 통하여 구제받을 수 있는지 여부에 관계없이, 수익자가 전득자로부터 목적물의 소유권을 회복하여 이를 다시 채권자에게 이전하여 줄 수 있는 특별한 사정이 있으면 모르되, 그렇지 아니한 일반의 경우에는 그로써 채권자에 대한 목적물의 원상회복의무는 법률상 이행불능의 상태에 있다고 봄이 상당하다.[83]
4. **사안의 해결** : 채권자 甲은 수익자 丙과 전득자 丁을 피고로 乙과 丙 사이의 X 건물에 관한 증여계약을 취소하고, X 건물에 관한 丙, 丁 명의의 각 소유권이전등기의 말소를 청구하거나, 전득자인 丁이 선의라면 丙만을 피고로 하여 乙과 丙 사이의 X 건물에 관한 증여계약을 취소하고, 그 가액 상당의 배상을 구하여야 한다.

〈문 4〉
1. **문제의 포인트** : 채권자 甲이 피고 丙에 대하여 사해행위취소 및 원상회복으로 원물반환청구를 하였는데, 법원이 사해행위의 일부 취소와 가액배상을 명하는 판결을 한 것이 처분권주의에 위배되는 것이 아닌지 문제된다.

2. **처분권주의와 양적 일부 인용** : 법원은 당사자가 신청하지 않은 사항에 대하여는 재판을 할 수 없고(민소법 제203조 처분권주의), 이는 원고가 심판을 구한 소송물과 별개의 소송물에 대하여 판단을 해서는 안 되며(질적 동일), 원고가 구한 심판의 양적 한도를 넘어서 원고에게 유리한 재판을 해서는 안 된다(양적 동일)는 의미를 포함한다. 원고의 신청을 전부 이용할 수 없는 경우에 분량적으로 일부를 인용하는 것은 원고의 통상의 의사와 부합되고 피고의 이익보호나 소송제도의 합리적 운영에도 부합하므로 처분권주의에 반하지 않는다.

3. **사해행위취소소송에서 원상회복청구와 가액배상청구** : 사해행위취소소송에서 사해행위를 전부 취소하고 원상회복을 구하는 채권자의 주장 속에는 사해행위를 일부 취소하고 가액의 배상을 구하는 취지도 포함되어 있으므로, 채권자가 원상회복만을 구하는 경우에도 법원은 가액의 배상을 명할 수 있다. 근저당권이 설정되어 있는 부동산을 증여한 행위가 사해행위에 해당하는 경우, 그 부동산이 증여된 후 근저당권설정등기가 말소되었다면, 증여계약을 취소하고 부동산의 소유권 자체를 채무자에게 환원시키는 것은 당초 일반 채권자들의 공동담보로 제공되지 아니한 부분까지 회복시키는 결과가 되어 불공평하므로, 채권자는 그 부동산의 가액에서 근저당권의 피담보채무액을 공제한 잔액의 한도 내에서 증여계약의 일부 취소와 그 가액의 배상을 청구할 수밖에 없다.[84]

4. **결어(사안의 해결)** : 乙이 유일한 재산인 X 토지를 처남인 丙에게 증여한 이후 기존의 근저당권설정등기가 말소되었으므로 채권자 甲으로서는 X 토지의 가액에서 근저당권의 피담보채무액을 공제한 잔액의 한도 내에서 증여계약의 일부 취소와 가액배상을 청구할 수밖에 없고, 사해행위를 전부 취소하고 원상회복을 구하는 청구에는 사해행위를 일부 취소하고 가액배상을 구하는 취지도 포함되어 있으므로 법원은 청구취지 변경 없이 위와 같은 판결을 할 수 있다. 법원의 판결은 정당하다.

---

78) 대법원 1998.04.14. 선고 97다4420 판결.
79) 대법원 2014.08.20. 선고 2014다28114 판결.
80) 수익자가 확정된 판결에 기하여 해당 채권자에게 재산이나 가액을 반환함으로써 그 채권자가 다른 채권자보다 사실상 우선변제를 받는 불공평한 결과가 초래된다고 하더라도, 그 재산이나 가액의 반환이 다른 채권자를 해할 목적으로 수익자와 해당 채권자가 통모한 행위라는 등의 특별한 사정이 없는 한 확정된 판결에 따른 반환의무를 이행하는 것이 다른 채권자의 신의에 반하는 행위라고 할 수는 없으므로, 확정된 판결에 따라 재산이나 가액의 반환을 마친 수익자가 다른 채권자의 사해행위취소 및 원상회복청구에 대하여 권리보호의 이익이 없다고 주장하는 것이 신의성실의 원칙에 위배된다고 할 수는 없다.대법원 2014.08.20. 선고 2014다28114 판결.
81) 대법원 1999.04.27. 선고 98다56690 판결. 부동산을 양도받아 소유권이전등기청구권을 가지고 있는 자가 양도인이 제3자에게 이를 이중으로 양도하여 소유권이전등기를 경료하여 줌으로써 취득하는 부동산 가액 상당의 손해배상채권은 이중양도행위에 대한 사해행위취소권을 행사할 수 있는 위와 같은 피보전채권에 해당한다고 할 수 없다
82) 사해행위의 취소에 따른 원상회복은 원칙적으로 목적물 자체의 반환으로 해야 하고, 그것이 불가능하거나 현저히 곤란한 경우에 한하여 예외적으로 가액반환으로 해야 한다. 원물반환이 불가능하거나 현저히 곤란한 경우란 원물반환이 단순히 절대적·물리적으로 불가능한 경우만을 뜻하는 것이 아니라 사회생활상 경험법칙이나 거래관념에 비추어 채권자가 수익자나 전득자로부터 이행의 실현을 기대할 수 없는 경우도 포함한다(대법원 2018.12.27. 선고 2017다290057 판결).
83) 대법원 1998.05.15. 선고 97다58316 판결.
84) 대법원 2001.09.04. 선고 2000다66416 판결.

〈사례연습 2〉
1. 채무자 A가 근저당권이 설정되어 있는 이 사건 부동산을 피고(A의 자녀, 수익자)에게 매도하는 계약을 체결한 다음 피담보채무를 변제한 뒤 근저당권을 말소하고, 이 사건 부동산을 B에게 임대한 뒤 피고에게 소유권을 이전하였다. A의 채권자 甲의 사해행위취소에 따른 가액반환 범위에 관해서 이 사건 부동산 시가에서 피담보채무액과 B와의 임대차계약에 따른 임차보증금채무도 모두 공제되어야 하는가?[85]
2. A 소유의 이 사건 부동산에 관하여 B 내지 F 명의의 근저당권이 각 설정되었는데, 피고가 A로부터 재산분할협의를 원인으로 이 사건 부동산의 소유권을 취득한 다음 이를 제3자인 G에게 매도하였고, 이러한 매도과정에서 B 내지 F 명의의 근저당권이 모두 말소되었다. 사해행위취소 및 가액배상의 범위는?[86]
3. 채무자(乙)가 수익자(丙)에게 부동산을 매도하고 소유권이전등기를 하였는데, 매매계약이 사해행위라는 이유로 취소되고 원상회복으로 丙 명의의 소유권이전등기가 말소되자, 乙이 다시 피고 A에게 부동산을 매도하여 소유권이전등기를 하고, 피고 B, C 명의의 소유권이전등기청구권가등기, 가등기의 이전등기, 가등기에 기초한 본등기가 순차로 이루어진 경우 취소채권자인 원고(甲)는 피고들을 상대로 피고들 명의의 등기의 말소를 구할 수 있는가?[87]
4. A가 2008. 8. 11. 아들인 B에게 이 사건 토지에 관하여 2008. 8. 8. 증여를 원인으로 한 소유권이전등기를, B가 2009. 4. 11. C에게 위 토지에 관하여 2009. 4. 8. 매매를 원인으로 한 소유권이전등기(이하 '이 사건 소유권이전등기')를 각 경료하였고, C가 2015. 8. 10. 사망하여 피고들이 그 재산을 상속하였다.
원고는, A와 B의 증여계약, B와 C의 매매계약이 모두 통정허위표시에 해당하여 무효라고 주장하면서, A의 채권자로서 A와 B를 순차 대위하여 피고들을 상대로 B에게 이 사건 소유권이전등기에 관한 말소등기절차를 이행하라는 청구하였다.
법원은 위 증여계약과 매매계약이 모두 무효라면 B 명의의 소유권이전등기도 원인무효이므로, 원인무효의 등기명의자인 B는 피고들에 대하여 말소등기청구권을 행사할 수 없다는 이유로 원고의 이 부분 청구를 배척하였다. 법원의 판단은 정당한가?[88]
5. 甲이 乙에게 양도한 목적물에 저당권이 설정되어 있었으나 그 피담보채권액이 목적물의 가액을 초과하고 있었다. 甲이 그 목적물을 양도하기에 앞서 자기의 출재로 피담보채무의 일부를 변제하여 잔존 피담보채권액이 목적물의 가액을 초과하지 않는 경우에도 사해행위가 성립하는가?[89]
6. 사해행위취소소송 계속 중 채무자가 파산선고를 받은 경우 사해행위취소소송은 어떻게 되는가? A는 여동생 B와 함께 이 사건 건물을 1/2 지분씩 공동소유하면서 2003. 9. 이 사건 건물 지분에 관하여 근저당권자 P은행, 채무자 A, B로 하여 근저당권을 설정하였고, 2013. 8. C에게 위 건물을 보증금 4,000만 원, 차임 월 140만 원에 임대하였다. C는 위 건물에서 PC방 영업을 하면서 사업자등록을 마치고 임대차계약서에 확정일자를 받았다.
A는 2015. 3. 11. B의 남편인 피고에게 자신의 건물 지분을 매도하는 계약을 체결하고 2015. 3. 17. 피고 앞으로 지분이전등기를 마쳤는데, 당시 건물의 지분 가액은 1억 7,000만 원이었다. 피고

는 매매계약 후인 2015. 3. 12.과 2015. 3. 13.에 근저당채무 잔액인 155,323,789원을 모두 변제하고 근저당권설정등기를 말소하였다.

원고는 채무자 A의 파산관재인으로서, A가 피고에게 이 사건 건물 지분을 매도한 것이 채무자회생법 제391조 제1호의 '파산채권자를 해하는 것을 알고 한 행위'에 해당한다는 이유로 매매계약을 부인하고 원상회복의 방법으로 가액배상을 구할 수 있는가?[90]

7. 국가가 조세채권을 피보전채권으로 하여 체납자의 법률행위를 대상으로 채권자취소권을 행사할 때에, 제척기간의 기산점과 관련하여 국가가 취소원인을 알았는지 여부는 체납자의 재산 처분에 관한 등기·등록 업무를 담당하는 다른 공무원의 인식을 기준으로 판단할 수 있는가?[91]

8. 건축 중인 건물 외에 별다른 재산이 없는 채무자가 수익자에게 책임재산인 위 건물을 양도하기 위해 수익자 앞으로 건축주명의를 변경해주기로 약정한 경우, 건축주명의변경 약정이 사해행위가 되는가?[92]

9. 무자력상태의 채무자가 소송절차를 통해 수익자에게 자신의 책임재산을 이전하기로 하여, 수익자가 제기한 소송에서 자백하는 등의 방법으로 패소판결 또는 그와 같은 취지의 화해권고결정 등을 받아 확정시키고, 이에 따라 수익자 앞으로 책임재산에 대한 소유권이전등기 등이 마쳐진 경우, 채무자와 수익자 사이의 이전합의가 사해행위가 되는가?[93]

10. A와 B는 1977년 혼인신고를 마친 법률상 부부였으나 2013. 11. 8. 협의이혼하였다. 이 사건 부동산은 본래 A 소유였는데, 2010. 1. 11. 증여를 원인으로 하여 B 앞으로 소유권이전등기가 마쳐졌다가, 이후 원고가 제기한 이 사건 관련소송 확정판결에 따라 2014. 6. 27. 위 소유권이전등기가 말소되었다. B는 2014. 7. 2. '2014. 6. 27. 재산분할'을 원인으로 다시 이 사건 부동산에 관하여 소유권이전등기를 마쳤다.

법원은 이 사건 부동산에 관한 위 2014. 7. 2.자 소유권이전행위가 정당한 재산분할의 범위 내의 것이므로 사해행위에 해당하지 않는다는 피고의 주장에 대하여, 위 소유권이전행위는 진정한 재산분할행위라기보다는 원고의 이 사건 관련소송 확정판결에 기한 강제집행을 회피하거나 면탈하고자 A와 B가 통모한 행위이므로 정당한 재산분할의 범위 내의 것인지 여부를 따질 필요도 없이 사해행위에 해당한다는 취지로 판단하였다. 법원의 판단은 정당한가?[94]

11. 甲은 1997. 7. 18. A로부터 이 사건 각 부동산을 매수하고 1997. 7. 28. 소유권이전등기를 마침으로써 그 소유권을 취득한 이래 이 사건 각 부동산을 점유하고 있다. 국가는 A에 대한 조세채권을 피보전권리로 하여 원고를 상대로 사해행위취소 등을 구하는 소송을 제기한 결과 甲과 A 사이의 매매계약을 취소하고 甲은 국가에게 위 소유권이전등기의 말소등기절차를 이행하라는 판결이 선고되어 1999. 2. 3. 확정되었다. 국가는 2010. 3. 12. 위 확정판결에 따라 위 소유권이전등기의 말소등기를 마친 다음 2010. 3. 18. 이 사건 각 부동산에 관하여 이 사건 압류등기를 마쳤다.

법원은 甲은 이 사건 각 부동산을 매수하여 점유하기 시작한 때부터 소유의 의사로 점유한 것이고 그 후 사해행위취소 소송에서 패소하여 그 판결이 확정되었다고 하더라도 점유의 성질이 바뀌었다고 볼 수 없다는 등의 이유로, 甲이 이 사건 각 부동산의 점유를 개시한 1997. 7. 28.부터

10년이 경과한 2007. 7. 28.경 등기부취득시효가 완성되었으므로, 국가의 이 사건 압류등기는 제3자의 재산을 대상으로 한 것이어서 무효라고 판단하였다. 법원의 판단은 정당한가?[95]

12. A는 자신의 X 부동산을 처인 B의 명의로 소유권이전등기를 마쳤다(이른바 부부간 명의신탁). 채무초과상태인 A가 유효한 명의신탁약정을 해지함을 전제로 신탁된 부동산을 C에게 직접 처분하면서 B에게서 곧바로 C 앞으로 소유권이전등기를 마쳐 주는 것이 사해행위에 해당하는가?[96]

〈사례연습 3〉 甲은 2018. 7. 1. 乙로부터 X 부동산을 매수하고 2019. 5. 1. 소유권이전등기를 마침으로써 그 소유권을 취득한 이래 X 부동산을 점유하고 있다. 丙은 乙에 대한 대여금채권을 보전하기 위하여 甲을 상대로 하여 甲-乙간 위 매매계약이 사해행위에 해당한다는 이유로 사해행위 취소 및 원상회복 청구소송('이 사건 소'라고 함)을 제기하였다.

1. 이 사건 소가 제기되기 전에 甲은 乙을 상대로 甲-乙간의 위 매매계약에 기한 소유권이전등기청구소송(전소)을 제기하여 그 승소 확정판결에 기하여 2019. 5. 1. 위 소유권이전등기를 마쳤다. 甲이 이 사건 소에서 위와 같은 사실을 이유로 "丙의 이 사건 소가 전소판결의 기판력에 저촉된다."고 주장하였다. 법원은 위 주장에 관하여 어떻게 판단하여야 하는가?

2. 이 사건 소가 제기되기 전에 乙에 대하여 물품대금채권을 가진 丁이 위 물품대금채권을 보전하기 위하여 甲을 상대로 하여 甲-乙간 위 매매계약이 사해행위에 해당한다는 이유로 사해행위취소 및 원상회복 청구 소송(전소)을 제기하여 청구인용 판결이 확정되었다. 甲은 이 사건 소의 변론기일에 "이 사건 소는 전소 판결의 기판력에 저촉되고, 권리보호의 이익이 없다."고 주장하였다. 이 사건 소에서 법원은 甲의 위 주장에 관하여 어떻게 판단하여야 하는가?

〈문 1〉
(1) 전소의 소송물은 甲이 乙에 대하여 가지는 X 부동산에 관한 2018. 7. 1.자 매매계약에 기한 소유권이전등기청구권이고, 전소판결의 기판력은 '전소 사실심 변론종결 당시에 甲은 乙에 대하여 위 소유권이전등기청구권을 가지고 있었다.'는 데에 미친다.
(2) 사해행위취소소송의 소송물은 채권자가 수익자(또는 전득자)에 대하여 가지는 채권자취소권이다. 채권자가 사해행위의 취소와 함께 수익자 또는 전득자로부터 책임재산의 회복을 명하는 사해행위취소의

---

85) 대법원 2018.09.13. 선고 2018다215756 판결.
86) 대법원 2018.06.28. 선고 2018다214319 판결.
87) 대법원 2017.03.09. 선고 2015다217980 판결.
88) 대법원 2017.03.30. 선고 2016다51989 판결.
89) 대법원 2017.01.12. 선고 2016다208792 판결.
90) 대법원 2017.05.30. 선고 2017다205073 판결.
91) 대법원 2017.06.15. 선고 2015다247707 판결.
92) 대법원 2017.04.27. 선고 2016다279206 판결.
93) 대법원 2017.04.07. 선고 2016다204783 판결.
94) 대법원 2016.12.29. 선고 2016다249816 판결.
95) 대법원 2016.11.25. 선고 2013다206313 판결.
96) 대법원 2016.07.29. 선고 2015다56086 판결.

판결을 받은 경우 수익자 또는 전득자가 채권자에 대하여 사해행위의 취소로 인한 원상회복 의무를 부담하게 될 뿐, 채권자와 채무자 사이에서 그 취소로 인한 법률관계가 형성되는 것은 아니다. 따라서 위와 같이 채무자와 수익자 사이의 소송절차에서 확정판결 등을 통해 마쳐진 소유권이전등기가 사해행위취소로 인한 원상회복으로써 말소된다고 하더라도, 그것이 확정판결 등의 효력에 반하거나 모순되는 것이라고는 할 수 없다(대법원 2017.04.07. 선고 2016다204783 판결).

(3) 위 사례에서 전소와 이 사건 소는 당사자가 다르고, 전소와 이 사건 소는 소송물도 다르다. 전소에서 확정된 법률관계가 후소 청구와 모순관계에 있거나 선결관계로 되지도 않는다. 그러므로 전소판결의 기판력은 후소에 미치지 않는다(대법원 2017.04.07. 선고 2016다204783 판결 참조). 법원은 甲의 기판력저촉 주장에 관하여 직권으로 조사하되, 종국판결의 이유 또는 중간판결을 통해 위와 같은 이유로 기판력에 저촉되지 않는다고 판단하면 될 것이다.

〈문 2〉

(1) 사해행위취소소송의 소송물은 채권자가 수익자(또는 전득자)에 대하여 가지는 채권자취소권이다. 기판력 저촉 여부에 관하여 丙이 제기한 사해행위취소소송의 소송물은 丙이 甲에 대하여 가지는 채권자취소권이고, 丁이 제기한 소송의 소송물은 丁이 甲에 대하여 가지는 채권자취소권으로서 소송물이 다르고, 당사자도 다르므로 丙에게는 전소 판결의 기판력이 미친다고 볼 근거가 없다(대법원 2014.08.20. 선고 2014다28114 판결 참조).

(2) 권리보호의 이익 흠결 여부에 관하여 전소판결 확정 후 원상회복이 이루어지지 않은 경우 어느 한 채권자가 동일한 처분행위에 관하여 사해행위취소 및 원상회복청구를 하여 승소판결을 받아 그 판결이 확정되었다는 것만으로는 그 후에 다른 채권자가 동일한 처분행위에 대하여 제기한 사해행위취소청구가 권리보호의 이익이 없게 되는 것은 아니다(위 2014다28114 판결 참조). 전소판결 확정에 기하여 원상회복을 마친 경우에는 확정된 판결에 기하여 재산이나 가액의 회복을 마친 경우에는 다른 채권자의 사해행위취소 및 원상회복청구는 그와 중첩되는 범위 내에서 권리보호의 이익이 없게 된다(위 2014다28114 판결 참조).

(3) 이 사건 소는 중복소송에 해당하지 않고, 전소의 승소 확정판결에 기하여 원상회복이 마쳐진 경우가 아니라면 이 사건 청구에 권리보호의 이익이 없는 것으로 볼 수도 없는바, 위와 같은 사유들은 모두 소송요건에 관한 것이므로 법원이 직권으로 조사하여 종국판결의 이유에서 또는 중간판결로 판단하면 된다. 결국 이 사건 소의 변론종결 당시를 기준으로 丁이 전소에서의 승소 확정판결에 기하여 이미 원상회복을 마쳤다는 점이 증명된다면 법원은 권리보호의 이익이 없음을 이유로 이 사건 소에 대하여 각하판결을 하여야 할 것이다.

〈사례연습 4〉 甲은 乙에 대하여 2억 원의 대여금채권이 있다. 무자력 상태의 乙은 아무런 대가 없이 기존의 채권자들 중의 1인인 丙에게 X 토지에 관하여 채권최고액 2억 원의 근저당권을 설정하였다. 甲이 丙을 상대로 이 사건 근저당권설정계약의 취소와 이 사건 근저당권설정등기의 말소를 구하는 소를 제기하였다. 법원은 원고 승소판결을 선고하였고, 이 판결은 그대로 확정되었다.
한편 이 사건 근저당권이 말소되지 않은 상태에서 근저당권자인 丙이 이 사건 근저당권실행을 위한 경매를 신청하였고, 그 매각절차에서 A가 1억 원의 매각대금을 납부하고 소유권을 취득하였다. 매각대금 1억 원(경매비용 제외)은 丙에게 배당되었다.
甲은 丙으로부터 가액반환 등으로 위 배당금을 돌려받을 수 있는가?
돌려받을 수 있다면 그 근거는 무엇인가?

〈포인트〉
(1) 원상회복청구권은 사실심 변론종결 당시의 채권자의 선택에 따라 원물반환과 가액배상 중 어느 하나로 확정되며, 채권자가 일단 사해행위 취소 및 원상회복으로서 원물반환 청구를 하여 승소 판결이 확정되었다면, 그 후 어떠한 사유로 원물반환의 목적을 달성할 수 없게 되었다고 하더라도 다시 원상회복청구권을 행사하여 가액배상을 청구할 수는 없으므로 그 청구는 권리보호의 이익이 없어 허용되지 않는다(대법원 2006.12.07. 선고 2004다54978 판결).
(2) 채권자의 사해행위취소 및 원상회복청구가 인정되면, 수익자는 원상회복으로서 사해행위의 목적물을 채무자에게 반환할 의무를 진다. 만일 원물반환이 불가능하거나 현저히 곤란한 경우에는 원상회복의무 이행으로서 사해행위 목적물의 가액 상당을 배상하여야 하는데, 여기서 원물반환이 불가능하거나 현저히 곤란한 경우는 원물반환이 단순히 절대적, 물리적으로 불가능한 경우가 아니라 사회생활상 경험법칙 또는 거래 관념에 비추어 채권자가 수익자나 전득자로부터 이행의 실현을 기대할 수 없는 경우를 말한다. 따라서 사해행위로 부동산 소유권이 이전된 후 그 부동산에 관하여 제3자가 저당권이나 지상권 등의 권리를 취득한 경우에는 수익자가 부동산을 저당권 등의 제한이 없는 상태로 회복하여 채무자에게 이전하여 줄 수 있다는 등의 특별한 사정이 없는 한 채권자는 수익자를 상대로 원물반환 대신 가액 상당의 배상을 구할 수 있지만, 그렇다고 하여 채권자가 스스로 위험이나 불이익을 감수하면서 원물반환을 구하는 것까지 허용되지 않는 것은 아니다. 채권자는 원상회복 방법으로 가액배상 대신 수익자 명의 등기의 말소를 구하거나 수익자를 상대로 채무자 앞으로 직접 소유권이전등기절차를 이행할 것을 구할 수도 있다. 이 경우 원상회복청구권은 사실심 변론종결 당시 채권자의 선택에 따라 원물반환과 가액배상 중 어느 하나로 확정된다. 채권자가 일단 사해행위취소 및 원상회복으로서 수익자 명의 등기의 말소를 청구하여 승소판결이 확정되었다면, 어떠한 사유로 수익자 명의 등기를 말소하는 것이 불가능하게 되었다고 하더라도 다시 수익자를 상대로 원상회복청구권을 행사하여 가액배상을 청구하거나 원물반환으로서 채무자 앞으로 직접 소유권이전등기절차를 이행할 것을 청구할 수는 없으므로, 그러한 청구는 권리보호의 이익이 없어 허용되지 않는다(대법원 2018.12.28. 선고 2017다265815 판결).
(3) 따라서 甲이 丙을 상대로 원물반환의 불능을 이유로 1억 원의 가액반환을 구하는 소를 제기한다면 그 청구는 권리보호의 이익이 없어 각하된다.
(4) 우리 민법이 이행불능의 효과로서 채권자의 전보배상청구권과 계약해제권 외에 별도로 대상청구권을

규정하고 있지 않으나 해석상 대상청구권을 부정할 이유는 없다. 이 사건과 같이 부동산이 임의경매절차에 의하여 A에게 매각됨으로써 확정된 이전 판결에 기한 丙의 근저당권설정등기의 말소등기절차 의무가 이행불능이 된 경우, 甲은 대상청구권의 행사로서 丙 말소될 근저당권설정등기에 기한 근저당권자로서 지급받은 배당금의 반환을 청구할 수도 있다(대법원 2012.06.28. 선고 2010다71431 판결).
(5) 결국 甲은 丙을 상대로 丙이 지급받은 배당금 1억 원에 대하여 대상청구권을 청구하면 된다.

〈사례연습 5〉 甲은 乙에게 2017. 4. 1. 1억 원을 이자 월 1%, 변제기 2018. 3. 31.로 정하여 대여하면서 丙의 연대보증을 받았다. 乙은 사업부진으로 변제기가 지나도록 위 차용원리금을 甲에게 지급하지 못하였다.
丙은 乙의 경제적 상황이 나빠지자 甲으로부터 연대보증책임을 추궁당할 것을 우려하여 2019. 2. 1. 처남인 丁과 짜고 자신의 유일한 재산인 X 토지에 관하여 매매계약을 체결하고 丁 앞으로 같은 날짜 매매를 원인으로 한 소유권이전등기를 마쳐주었다(제주지방법원 2019. 2. 1. 접수 제12345호).
한편, 甲은 乙이 변제기를 지나서도 위 채무를 변제하지 않자 연대보증인 丙의 재산관계를 알아보다가 2019. 6. 1. 丙 소유의 X 토지가 위와 같이 丁 앞으로 소유권이전등기가 마쳐진 것을 알게 되었다. 甲은 丙을 상대로 위 연대보증에 따른 채무의 이행을 구하는 지급명령을 신청하여 위 지급명령이 확정되었다.
丙의 또 다른 채권자들이 제기한 사해행위취소소송의 확정판결에 따라 丙과 丁의 매매계약이 사해행위라는 이유로 취소되고 2020. 5. 1. 그 원상회복으로 丁 명의의 소유권이전등기가 말소되자, 丙은 같은 날 戊에게 X 토지를 다시 매도하고 소유권이전등기를 마쳐주었고, 이에 기초하여 己 명의의 소유권이전등기가 차례로 이전되었다.
甲이 채무자 丙을 대위하거나 선택적으로 직접 사해행위취소의 효력이 미치는 채권자로서 戊, 己를 피고로 하여 위 戊, 己 명의의 각 소유권이전등기의 말소를 구하는 소를 제기하였다. 甲의 청구는 인용될 수 있는가?

〈포인트〉
1. 쟁점의 소재
   채권자 甲과 채무자 丙 및 원상회복된 부동산의 처분행위와 관련하여 戊와 己 사이에서 사해행위취소판결의 효력 및 사해행위취소로 원상회복된 부동산 처분행위의 효력이 문제된다.
2. 사해행위취소의 효력
(1) **상대적 효력** : 채권자가 사해행위의 취소와 함께 수익자 또는 전득자로부터 책임재산의 회복을 명하는 사해행위취소의 판결을 받은 경우 취소의 효과는 채권자와 수익자 또는 전득자 사이에만 미치므로, 수익자 또는 전득자가 채권자에 대하여 사해행위의 취소로 인한 원상회복 의무를 부담하게 될 뿐, 채권자와 채무자 사이에서 취소로 인한 법률관계가 형성되거나 취소의 효력이 소급하여 채무자의 책임재산으로 복구되는 것은 아니다(대법원 2014.06.12. 선고 2012다47548,47555 판결).
(2) **사해행위취소판결의 기판력** : 사해행위취소판결의 기판력은 그 취소권을 행사한 채권자와 그 상대방인 수익자 또는 전득자와의 상대적인 관계에서만 미칠 뿐 그 소송에 참가하지 아니한 채무자 또는 채

무자와 수익자 사이의 법률관계에는 미치지 아니한다(대법원 1988.02.23. 선고 87다카1989 판결).
(3) **사해행위취소의 효력과 민법 제407조** : 사해행위취소판결의 효력은 소송당사자에게만 미치므로 그 판결에 기한 강제집행은 당연히 취소채권자만이 할 수 있으나, 그 집행에 의하여 채무자로부터 이탈된 재산이 채무자의 책임재산으로 환원된 이후에는 취소채권자뿐만 아니라 다른 채권자도 민법 제407조에 따라 그 회복된 재산에 대하여 자신의 채무자에 대한 집행권원에 기하여 강제집행을 할 수 있다.

3. 사해행위취소로 원상회복된 부동산 처분행위의 효력
(1) 판례는 사해행위취소의 효과는 채권자와 수익자 또는 전득자 사이에만 미치므로, 채무자와 사이에서 그 취소로 인한 법률관계가 형성되거나 취소의 효력이 소급하여 채무자의 책임재산으로 회복되는 것은 아니고, 원상회복으로 수익자 명의의 소유권이전등기가 말소되어 채무자의 등기명의가 회복되더라도 채무자가 직접 그 부동산을 취득하여 권리자가 되는 것은 아니라고 한다(대법원 2017.09.21. 선고 2016다8923 판결 등).
(2) 채무자가 사해행위 취소로 그 등기명의를 회복한 부동산을 제3자에게 처분하더라도 이는 무권리자의 처분에 불과하여 효력이 없으므로, 채무자로부터 제3자에게 마쳐진 소유권이전등기나 이에 기초하여 순차로 마쳐진 소유권이전등기 등은 모두 원인무효의 등기로서 말소되어야 한다. 이 경우 취소채권자나 민법 제407조에 따라 사해행위 취소와 원상회복의 효력을 받는 채권자는 채무자의 책임재산으로 취급되는 그 부동산에 대한 강제집행을 위하여 위와 같은 원인무효 등기의 명의인을 상대로 그 등기의 말소를 청구할 수 있다(대법원 2017.03.09. 선고 2015다217980 판결).

4. 결어(사안의 해결)
채무자 丙의 책임재산으로 취급되는 별지목록 기재 부동산에 대한 강제집행을 위하여 원인무효의 등기명의인인 戊와 己를 상대로 각 소유권이전등기의 말소를 구하는 甲의 청구는 인용된다.

[참고] 대법원 2017.03.09. 선고 2015다217980 판결

(1) 사례
甲 주식회사는 A(영농조합법인)이 제주시 애월읍 모처에서 추진하던 관광단지 개발사업과 관련하여 2005년경 甲 소유의 부동산들을 현물출자하였고, 이에 따라 A는 2006. 2. 17. 甲에게 위 현물출자에 상응하는 출자금반환채무를 부담하기로 하였으며, 채무자 乙 주식회사는 A가 甲에 대하여 부담하는 위 채무를 연대보증하였다.
甲은 A를 상대로 위 연대보증에 따른 134억 원의 보증채무금의 지급을 구하는 지급명령을 신청하여 2012. 10. 3. 위 지급명령이 확정되었다.
한편, 乙은 2008. 2. 14. 丙에게 X 부동산을 매도하고 소유권이전등기를 마쳐주었는데, 그 후 乙의 채권자들이 제기한 사해행위취소소송의 확정판결에 따라 위 매매계약이 사해행위라는 이유로 취소되고, 2010. 7. 28. 그 원상회복으로 丙 명의의 소유권이전등기가 말소되자, 같은 날 丁에게 X 부동산을 다시 매도하고 소유권이전등기를 마쳐주었다. 그 후 丁 명의의 소유권이전등기에 기초하여 戊 명의로 소유권이전청구권 가등기, 戊 명의의 소유권이전등기청구권 가등기의 이전등기와 그 가등기를 기초로 한 본등기 및 己 명의로 소유권이전등기가 차례로 이전되었다.
이에 乙의 채권자인 甲이 채무자 乙을 대위하거나 선택적으로 직접 사해행위취소의 효력이 미치는 채

권자로서 丁, 戊, 己를 피고로 하여 위 각 등기들의 말소를 구하는 소를 제기하였다.

(2) 원심판결

원심은 다음과 같은 이유로 원고 패소판결을 선고하였다.

채권자대위권 행사에 관하여 : 원고는 乙의 채권자로서 乙을 대위하여 피고들을 상대로 원인무효인 위 각 등기들의 말소를 구하므로 살피건대, 채권자가 사해행위취소와 함께 수익자 또는 전득자로부터 책임재산회복을 명하는 사해행위취소판결을 받은 경우 그 취소의 효과는 채권자와 수익자나 전득자 사이에서만 미치므로, 수익자나 전득자가 채권자에 대하여 사해행위취소를 원인으로 원상회복의무를 부담하게 될 뿐, 채무자와 사이에서 그 취소로 인한 법률관계가 형성되거나 취소의 효력이 소급하여 채무자의 책임재산으로 회복되지 않는다. 이 사건 확정판결에 따라 사해행위의 수익자인 丙 명의의 소유권이전등기가 말소되어 채무자 乙 앞으로 소유권이 회복되었다고 하더라도 사해행위취소에 따라 乙과 丙 사이의 법률관계에는 영향이 없으므로 이 사건 부동산의 실질적인 소유자는 여전히 丙이고 乙은 소유자가 아니므로 원고는 피고들을 상대로 소유권이전등기의 말소를 구할 수 없다.

채권자의 직접 청구에 관하여 : 원고는 민법 제407조에 따라 사해행위취소와 원상회복의 효력을 받는 일반채권자로서 피고들을 상대로 직접 이 사건 부동산에 관한 원인무효인 등기의 말소를 구할 권리가 있다고 주장한다. 살피건대, 채권자취소와 원상회복은 모든 채권자의 이익을 위하여 효력이 있다고 한 민법 제407조는 취소채권자가 채무자의 책임재산으로 회복된 재산으로부터 우선변제를 받을 수는 없고 채무자의 재산에 강제집행절차를 통하여 배당을 받아야 하며 다른 채권자들은 그 강제집행절차에서 배당요구 같은 방법으로 취소채권자와 평등하게 배당을 받을 수 있는 권리를 갖게 된다는 뜻이다. 원인무효 등기에 대한 말소등기청구권은 소유권을 근거로 한 방해배제청구권의 성격을 가지는데, 원고는 이 사건 부동산의 소유자가 아니라 단지 그에 대한 강제집행절차에 참여할 수 있는 권리를 가진 일반채권자에 지나지 않으므로 피고들에 대한 말소등기청구권을 직접 행사할 권리를 가진다고 보기는 어렵다.

(3) 대법원판결

그러나 대법원은 다음과 같은 이유로 원심을 파기환송하였다.

"사해행위의 취소는 채권자와 수익자의 관계에서 상대적으로 채무자와 수익자 사이의 법률행위를 무효로 하는 데에 그치고 채무자와 수익자 사이의 법률관계에는 영향을 미치지 아니하므로, 채무자와 수익자 사이의 부동산매매계약이 사해행위로 취소되고 그에 따른 원상회복으로 수익자 명의의 소유권이전등기가 말소되어 채무자의 등기명의가 회복되더라도, 그 부동산은 취소채권자나 민법 제407조에 따라 사해행위취소와 원상회복의 효력을 받는 채권자와 수익자 사이에서 채무자의 책임재산으로 취급될 뿐, 채무자가 직접 그 부동산을 취득하여 권리자가 되는 것은 아니다(대법원 2015.11.17. 선고 2012다2743 판결 등 참조). 따라서 채무자가 사해행위 취소로 그 등기명의를 회복한 부동산을 제3자에게 처분하더라도 이는 무권리자의 처분에 불과하여 효력이 없으므로, 채무자로부터 제3자에게 마쳐진 소유권이전등기나 이에 기초하여 순차로 마쳐진 소유권이전등기 등은 모두 원인무효의 등기로서 말소되어야 한다. 이 경우 취소채권자나 민법 제407조에 따라 사해행위 취소와 원상회복의 효력을 받는 채권자는 채무자의 책임재산으로 취급되는 그 부동산에 대한 강제집행을 위하여 위와 같은 원인무효 등기의 명의인을 상대로 그 등기의 말소를 청구할 수 있다고 보아야 한다."[97]

(4) 판례의 검토

이 판결의 쟁점은 채무자와 수익자 사이의 부동산매매계약이 사해행위로 취소되고 그에 따른 원상회복으로 수익자 명의의 소유권이전등기가 말소되어 채무자 명의의 등기가 회복된 경우 ① 채무자가 직접 위 부동산을 취득하여 권리자가 되는지 여부, ② 채무자가 사해행위취소로 등기명의를 회복한 부동산을 제3자에게 처분한 경우 채무자로부터 제3자에게 마쳐진 소유권이전등기가 원인무효의 등기로 말소되어야 하는지 여부, ③ 이때 취소채권자나 민법 제407조에 따라 사해행위취소와 원상회복의 효력을 받는 채권자가 채무자의 책임재산으로 취급되는 부동산에 대한 강제집행을 위하여 원인무효 등기의 명의인을 상대로 그 등기의 말소를 구할 수 있는지 여부이다. 본 판결은 이 쟁점에 대한 입장을 명시적으로 밝힌 최초의 대법원판결이다.

판례의 입장은 상대적 무효설에 따라 채무자는 원상회복된 부동산의 소유명의에도 불구하고 소유자가 아니고 등기에는 공신력이 없으므로 채무자의 처분행위는 무권리자의 처분행위로 효력이 없고 이를 취득한 제3자는 권리를 취득하지 못한다는 것이다. 이 판결에 따르면 등기외관을 믿은 제3자에게 뜻하지 않은 손해를 입히거나 거래안전을 해치게 되나, 이 판결은 사해행위취소의 상대적 효력을 철저히 따른 것으로 이해할 수 있다.

위 대법원 판결에 대하여는 찬성하는 입장과 반대하는 입장으로 견해가 나뉘나 앞서 본바와 같이 이 판결에 반대한다.

사해행위취소 판결의 효력은 소송당사자인 취소채권자와 수익자(전득자) 사이에서만 미치고, '채무자에게 사해행위취소판결의 효력이 미치지 않는다'는 상대적 효력설은 '취소와 원상회복이 모든 채권자의 이익을 위하여 효력이 있다'는 민법 제407조의 채권자평등주의와 충돌한다. 가액배상의 경우에는 다른 채권자들이 채권만족을 얻을 수 있어 채권자평등의 원칙이 관철되지 못하는 문제도 있다. 상대적 무효설과 조화되지 못하는 민법 제407조를 삭제하자는 입법론도 있다.

위 대법원판결은 취소채권자가 채무자의 책임재산으로 취급되는 부동산에 대한 강제집행을 위하여 원인무효의 등기명의인을 상대로 등기의 말소를 구할 수 있다고 보고 있으나, 그 말소를 구하는 취소채권자의 권원을 명확하게 제시하지도 않고 막연하게 '강제집행을 위하여' 필요하다는 이유만을 든 것은 권리의 실체가 없는 논리의 흠결이라는 비판을 면할 수 없다. 그리고 취소채권자에게 이러한 직접적인 말소등기청구권을 부여한다면 언제까지 이러한 청구권을 행사할 수 있는지, 말소등기청구권의 성격이 물권적인 것인지 채권적인 것인지, 이러한 말소등기청구권을 취소채권자가 장기가 행사하지 않는 경우의 거래안전을 심각하게 해친다는 면에서 보더라도 대법원의 결론을 그대로 수긍할 수는 없다.

입법적 개혁이 이루어지지 않은 현재의 상황에서 사해행위취소에 따른 원상회복으로 채무자의 소유명의회복은 불가피한 면이 있고, 물권법상의 형식주의와 민사집행법과의 관계 등 법질서의 통일적 운용을 위하여 상대적 효력설의 파급효를 줄여야 한다.

사해행위취소권을 행사하는 채권자로서는 사해행위취소 및 원상회복으로 수익자 명의의 등기말소판결을 받고 등기관에게 말소등기를 신청하면서 채무자를 상대로 처분금지가처분을 함으로써 채무자의 제3자에 대한 등기명의회복 부동산에 대한 처분을 막을 수밖에 없다. 이러한 가처분을 하지 못한 상태에서 채무자가 제3자에게 등기명의를 회복한 부동산을 처분한 경우 채권자는 새로운 양수인(소유권이전등기 명의인)을 상대로 다시 사해행위취소소송을 제기하는 것이 정도이다.

---

97) 파기환송 후 원심(광주고등법원 제주제1민사부 2018.01.10. 선고 2017나10215 판결)은 이 사건 보증채무가 2011. 12.

경 출자금반환채무의 소멸에 따라 함께 소멸함에 따라 원고는 더 이상 乙에 대한 채권자의 지위에서 이 사건 부동산에 대한 강제집행을 할 수도 없으므로 이를 위하여 이 사건 각 이전등기의 말소를 구할 수 없다고 판시하여 원고의 피고들에 대한 청구를 기각한 제1판결을 유지하여 원고의 항소를 기각하였고, 이 판결은 그대로 확정되었다. 판결이유를 보면 "원고가 현물출자한 부동산 중 일부가 2006. 12.경 경매절차에서 매각됨에 따라 A의 개발사업 추진이 무산된 사실이 인정되므로, A의 원고에 대한 출자금반환채무는 2006. 12.경 그 이행기가 도래하였다고 할 것인데 그로부터 상법 제64조에서 정한 5년의 소멸시효기간인 2011. 12.이 경과함으로써 A의 원고에 대한 출자금반환채무는 시효가 완성되어 소멸하였다. 주채무에 대한 소멸시효가 완성된 경우에는 시효완성 사실 자체로서 주채무가 당연히 소멸되므로 보증채무의 부종성에 따라 보증채무 역시 당연히 소멸되는 것이어서 위와 같이 주채무인 위 출자금반환채무가 소멸함에 따라 乙의 원고에 대한 보증채무 역시 소멸하였다고 봄이 상당하다. 乙이 이 사건 지급명령에 대해 이의하지 않은 사정만으로 乙이 이 사건 보증채무의 시효소멸되었음을 알면서 그 시효이익을 포기하겠다는 의사를 표시하였다고 인정하기 부족하고, 달리 이를 인정할 증거가 없다."

제11장 계약금반환·위약금 청구

1 청구취지

☞ 피고는 원고에게 30,000,000원 및 이에 대한 2020. 5. 1.부터 이 사건 소장부본 송달일까지는 연 5%의, 그 다음날부터 다 갚는 날까지는 연 12%의 각 비율로 계산한 돈을 지급하라.

2 요건사실

가. 계약금 반환

〈요건사실〉
❶ 매매계약 체결사실
❷ 계약금 지급사실
❸ 매매계약이 취소, 해제 등으로 소멸한 사실

[참고]
(1) 매매계약이 취소, 해제 등으로 소멸한 사실
   - 매매계약이 반사회질서행위인 사실(계약의 무효)이나 기망에 의하여 체결된 것이어서 취소된 사실
   - 매도인이 계약상 채무를 불이행하여 해제한 사실
   - 합의해제한 사실
(2) 지연손해금(법정이자)의 기산일 : 계약금을 지급받은 날(당일포함)
(3) 유상계약을 체결하면서 계약금이 수수된 경우 계약금은 이를 위약금으로 하기로 하는 특약이 없는 이상 **해약금**의 성질을 가지고 있을 뿐이므로, 계약이 당사자 일방의 귀책사유로 인하여 해제되었다 하더라도 상대방은 계약불이행으로 입은 **실제 손해**만을 배상받을 수 있을 뿐 계약금이 위약금으로서 상대방에게 당연히 귀속되는 것은 아니다.[1]

---
1) 대법원 2014.12.11. 선고 2013다14569 판결.

나. 손해배상예정액의 청구

〈요건사실〉
❶ 손해배상액 예정을 약정한 사실
❷ 채무자에게 이행지체나 이행불능 등 채무불이행의 책임이 있을 것
❸ 채권자가 자신의 채무에 대한 이행 또는 이행의 제공을 계속한 사실

[참고]

(1) 채무불이행으로 인한 **손해배상 예정액의 청구**와 채무불이행으로 인한 **손해배상액의 청구**는 그 청구원인을 달리 하는 별개의 청구이므로 손해배상 예정액의 청구 가운데 채무불이행으로 인한 손해배상액의 청구가 포함되어 있다고 볼 수 없고, **채무불이행으로 인한 손해배상액의 청구**에 있어서 손해의 발생 사실과 그 손해를 금전적으로 평가한 배상액에 관하여는 손해배상을 구하는 채권자가 주장·입증하여야 하는 것이므로, 채권자가 **손해배상책임의 발생 원인 사실**에 관하여는 주장·입증을 하였더라도 **손해의 발생 사실**에 관한 주장·입증을 하지 아니하였다면 변론주의의 원칙상 법원은 당사자가 주장하지 아니한 손해의 발생 사실을 기초로 하여 손해액을 산정할 수는 없다.2)
(2) 금전채무에 관하여 이행지체에 대비한 지연손해금 비율을 따로 약정한 경우에 이는 손해배상액의 예정으로서 감액의 대상이 된다.3)
(3) 채무불이행으로 인한 손해배상액이 예정되어 있는 경우 **채권자는 채무불이행 사실만 증명하면 손해의 발생 및 그 액수를 증명하지 아니하고 예정배상액을 청구할 수 있으나**, 반면 **채무자는 채권자와 채무불이행에 있어 채무자의 귀책사유를 묻지 아니한다는 약정을 하지 아니한 이상 자신의 귀책사유가 없음을 주장·증명함으로써 위 예정배상액의 지급책임을 면할 수 있다.**4)
(4) 손해배상 예정액이 **부당하게 과다한 경우**에는 법원은 당사자의 주장이 없더라도 **직권으로** 이를 감액할 수 있다.5)
  → 법원이 손해배상의 예정액이 부당히 과다하다고 하여 감액을 한 경우에는 손해배상액의 예정에 관한 약정 중 감액 부분에 해당하는 부분은 **처음부터 무효**6)
(5) 민법 제398조에서 손해배상액의 예정에 관하여 규정한 목적은 손해의 발생사실과 손해액에 대한 입증의 곤란을 덜고 분쟁의 발생을 미리 방지하여 법률관계를 쉽게 해결할 뿐 아니라 채무자에게 심리적 경고를 함으로써 채무의 이행을 확보하려는 것이고, 한편 제2항에 규정된 손해배상예정액의 감액제도는 국가가 계약 당사자들 사이의 실질적 불평등을 제거하고 공정을 보장하기 위하여 계약의 내용에 간섭한다는 데에 그 취지가 있다. 법원이 손해배상의 예정액을 부당히 과다하다 하여 감액하려면 채권자와 채무자의 경제적 지위, 계약의 목적과 내용, 손해배상액을 예정한 경위(동기), 채무액에 대한 예정액의 비율, 예상 손해액의 크기, 당시의 거래 관행과 경제상태 등을 참작한 결과 손해배상 예정액의 지급이 경제적 약자의 지위에 있는 채무자에게 부당한 압박을 가하여 공정을 잃는 결과를 초래한다고 인정되는 경우라야 할 것이다.7)
계약 당시 손해배상액을 예정한 경우에는 다른 특약이 없는 한 채무불이행으로 인하여 입은 통상손해는 물론 특별손해까지도 예정액에 포함되고 채권자의 손해가 예정액을 초과한다 하더라도 초과부분을

따로 청구할 수 없다.[8]

(6) 법원이 손해배상의 예정액을 부당히 과다하다고 하여 감액하려면 채권자와 채무자의 경제적 지위, 계약의 목적과 내용, 손해배상액을 예정한 경위와 동기, 채무액에 대한 예정액의 비율, 예상 손해액의 크기, 당시의 거래 관행과 경제상태 등을 참작한 결과 손해배상 예정액의 지급이 경제적 약자의 지위에 있는 채무자에게 부당한 압박을 가하여 공정을 잃는 결과를 초래한다고 인정되는 경우라야 하고, 단지 예정액 자체가 크다든가 계약 체결 시부터 계약 해제 시까지의 시간적 간격이 짧다든가 하는 사유만으로는 부족하다.[9]

(7) 지체상금에 관한 약정은 수급인의 이행지체로 인한 손해배상액의 예정[10]

(8) 손해의 발생 및 확대에 채권자에게도 과실이 있는 경우[11]

다. 위약금 청구

〈요건사실〉
❶ 유효한 위약금 약정의 존재
❷ 채무불이행

---

2) 금전채무 불이행에 관한 특칙을 규정한 민법 제397조는 그 이행지체가 있으면 지연이자 부분만큼의 손해가 있는 것으로 의제하려는 데에 그 취지가 있는 것이므로 지연이자를 청구하는 채권자는 그 만큼의 손해가 있었다는 것을 증명할 필요가 없는 것이나, 그렇다고 하더라도 채권자가 금전채무의 불이행을 원인으로 손해배상을 구할 때에 지연이자 상당의 손해가 발생하였다는 취지의 주장은 하여야 하는 것이지 주장조차 하지 아니하여 그 손해를 청구하고 있다고 볼 수 없는 경우까지 지연이자 부분만큼의 손해를 인용해 줄 수는 없는 것이다(대법원 2000.02.11. 선고 99다49644 판결).
3) 대법원 2017.08.18. 선고 2017다228762 판결.
4) 대법원 2010.02.25. 선고 2009다83797 판결.
5) 손해배상의 예정액이 부당하게 과다한지의 여부 내지 그에 대한 적당한 감액의 범위를 판단하는 데 있어서는, 법원이 구체적으로 그 판단을 하는 때, 즉 사실심의 변론종결 당시를 기준으로 하여 그 사이에 발생한 위와 같은 모든 사정을 종합적으로 고려하여야 할 것이다(대법원 2009.11.26. 선고 2009다58692 판결).
6) 대법원 2004.12.10. 선고 2002다73852 판결.
7) 이 경우 실제 발생할 것으로 예상되는 손해액의 크기를 참작하여 손해배상의 예정액이 부당하게 과다한지를 판단함에 있어서는 실제 손해액을 구체적으로 심리·확정할 필요는 없으나 기록상 실제 손해액 또는 예상 손해액을 알 수 있는 경우에는 그 예정액과 대비하여 볼 필요가 있다(대법원 2014.01.16. 선고 2013다64090 판결).
8) 대법원 1993.04.23. 선고 92다41719 판결; 대법원 2012.12.27. 선고 2012다60954 판결.
9) 대법원 2019.10.31. 선고 2017다293582 판결.
10) 지체상금이 당사자의 지위, 계약의 목적과 내용, 지체상금을 예정한 동기, 공사도급액에 대한 지체상금의 비율, 지체상금의 액수, 지체의 사유, 그 당시의 거래관행 등 여러 사정에 비추어 부당히 과다하다고 인정되는 경우에는 법원이 이를 감액할 수 있다. 이때 감액사유에 대한 사실인정이나 그 비율을 정하는 것은 형평의 원칙에 비추어 현저히 불합리하다고 인정되지 않는 한 사실심 법원의 전권에 속하는 사항이다(대법원 2018.10.12. 선고 2015다256794 판결).
11) 당사자 사이의 계약에서 채무자의 채무불이행으로 인한 손해배상액이 예정되어 있는 경우, 채무불이행으로 인한 손해의 발생 및 확대에 채권자에게도 과실이 있더라도 민법 제398조 제2항에 따라 채권자의 과실을 비롯하여 채무자가 계약을 위반한 경위 등 제반 사정을 참작하여 손해배상 예정액을 감액할 수는 있을지언정 채권자의 과실을 들어 과실상계를 할 수는 없다(대법원 2016.06.10. 선고 2014다200763,200770 판결).

[참고]

(1) 지급한 계약금 배액 상환을 청구하는 경우 단순 해약금 약정으로 배액상환을 구할 수는 없고, 계약금 상당액의 위약금 약정이 있었다는 점을 주장·입증까지 요함.
(2) 손해의 발생은 위약금청구의 요건이 아니나,12) 손해배상액의 감액여부를 판단할 때 고려된다.
(3) 위약금은 민법 제398조 제4항에 의하여 손해배상액의 예정으로 추정되므로, 위약금이 위약벌로 해석되기 위해서는 특별한 사정이 주장·증명되어야 한다. 이자제한법의 최고이자율 제한에 관한 규정은 금전대차에 관한 계약상의 이자에 관하여 적용될 뿐, 계약을 위반한 사람을 제재하고 계약의 이행을 간접적으로 강제하기 위하여 정한 위약벌의 경우에는 적용될 수 없다.13)
(4) 일방적 위약금 약정의 효력14)

라. 위약벌 청구

(1) 위약벌의 약정은 채무의 이행을 확보하기 위하여 정하는 것으로서 손해배상의 예정과 다르므로 손해배상의 예정에 관한 민법 제398조 제2항을 유추 적용하여 그 액을 감액할 수 없다. 다만 의무의 강제로 얻는 채권자의 이익에 비하여 약정된 벌이 과도하게 무거울 때에는 일부 또는 전부가 공서양속에 반하여 무효로 된다.15)
(2) 위약금의 약정이 손해배상액의 예정이 아니라 위약벌이라고 주장하는 사람이 이를 증명하여야 한다.

---

12) 채무불이행으로 인한 손해배상액의 예정이 있는 경우에는 채권자는 채무불이행 사실만 증명하면 손해의 발생 및 그 액을 증명하지 아니하고 예정배상액을 청구할 수 있다(대법원 2007.08.23. 선고 2006다15755 판결).
13) 대법원 2017.11.29. 선고 2016다259769 판결. 당사자 사이에 채무불이행이 있으면 위약금을 지급하기로 하는 약정이 있는 경우에 위약금이 손해배상액의 예정인지 위약벌인지는 계약서 등 처분문서의 내용과 계약의 체결 경위 등을 종합하여 구체적 사건에서 개별적으로 판단할 의사해석의 문제이고, 위약금은 민법 제398조 제4항에 의하여 손해배상액의 예정으로 추정되지만, 당사자 사이의 위약금 약정이 채무불이행으로 인한 손해의 배상이나 전보를 위한 것이라고 보기 어려운 특별한 사정, 특히 하나의 계약에 채무불이행으로 인한 손해의 배상에 관하여 손해배상예정에 관한 조항이 따로 있다거나 실손해의 배상을 전제로 하는 조항이 있고 그와 별도로 위약금 조항을 두고 있어서 위약금 조항을 손해배상액의 예정으로 해석하게 되면 이중배상이 이루어지는 등의 사정이 있을 때에는 위약금은 위약벌로 보아야 한다(대법원 2016.07.14. 선고 2013다82944,82951 판결).
14) 계약의 일방 당사자인 피고의 귀책사유로 인하여 계약이 해제되는 경우에는 위약금 약정을 두지 않고 그 상대방인 원고의 귀책사유로 인하여 계약이 해제된 경우에 대해서만 위약금 약정을 두었다 하더라도, 그 위약금 약정이 무효로 되는지 여부는 별론으로 하고 원고에 대한 위약금 규정이 있다고 하여 공평의 원칙상 그 상대방인 피고의 귀책사유로 계약이 해제되는 경우에도 원고의 귀책사유로 인한 해제의 경우와 마찬가지로 피고에게 위약금 지급 의무가 인정되는 것은 아니므로, 이 사건 실시협약서에서 원고의 채무불이행으로 인한 위약금에 관한 규정을 두었다 하여 당연히 이를 피고의 채무불이행으로 인한 경우에도 같은 내용의 위약금 약정이 인정되어야 한다고 해석할 수는 없다(대법원 2008.02.14. 선고 2006다37892 판결).
15) 그런데 당사자가 약정한 위약벌의 액수가 과다하다는 이유로 법원이 계약의 구체적 내용에 개입하여 약정의 전부 또는 일부를 무효로 하는 것은, 사적 자치의 원칙에 대한 중대한 제약이 될 수 있고, 스스로가 한 약정을 이행하지 않겠다며 계약의 구속력에서 이탈하고자 하는 당사자를 보호하는 결과가 될 수 있으므로, 가급적 자제하여야 한다. 이러한 견지에서, 위약벌 약정이 공서양속에 반하는지를 판단할 때에는, 당사자 일방이 독점적 지위 내지 우월한 지위를 이용하여 체결한 것인지 등 당사자의 지위, 계약의 체결 경위와 내용, 위약벌 약정을 하게 된 동기와 경위, 계약 위반 과정 등을 고려하는 등 신중을 기하여야 하고, 단순히 위약벌 액수가 많다는 이유만으로 섣불리 무효라고 판단할 일은 아니다(대법원 2016.01.28. 선고 2015다239324 판결).

3 주요 항변

가. 계약금반환

(1) **계약금 몰취의 항변** : 합의해제를 원인으로 한 계약금 반환청구에 대하여, 피고는 원고(매수인)가 오히려 채무불이행하였고 그 경우 계약금을 몰취하기로 하는 위약금약정(손해배상예정액 약정)을 하였으니 계약금을 반환할 수 없다는 항변

(2) **기한유예의 항변** : 이행지체로 인한 해제를 원인으로 한 계약금반환청구에 관하여, 원고로부터 당초의 인도일을 연기(유예) 받았기에 해제가 부적법하다는 항변

(3) **원고의 계약상 채무불이행**

〈사례〉 원고는 매매계약의 내용상 중요부분에 관하여 착오(동기의 착오)가 있었다는 이유로 매매계약의 의사표시를 취소하고 이미 지급한 계약금의 반환을 구함. → 피고는 원고에게 중대한 과실이 있으므로 매매계약을 취소할 수 없다고 항변함.

〈참고〉 민법 제109조에 의한 의사표시의 취소를 구하는 경우 요건사실
① 진의(표의자가 진정으로 의도하였던 의사)와 표시의 불일치,
② 그 불일치를 표의자 자신이 알지 못하였을 것,
③ 그 착오가 법률행위 내용의 중요부분일 것(중요부분의 착오 : 주관적으로 표의자가 그러한 착오가 있었더라면 그 의사표시를 하지 않았으리라고 생각될 정도로 중요한 것이고, 객관적으로 보통일반인도 표의자의 입장에 섰더라면 그러한 의사표시를 하지 않았으리라고 생각될 정도로 중요한 것이어야 함)
→ 동기의 착오가 법률행위의 내용의 중요부분의 착오에 해당함을 이유로 표의자가 법률행위를 취소하려면, 그 동기를 당해 의사표시의 내용으로 삼을 것을 상대방에게 표시하고 의사표시의 해석상 법률행위의 내용으로 되어 있다고 인정되어야 할 것임

나. 손해배상예정액의 청구

(1) 채무자에게 귀책사유가 없다는 사실[16]
(2) 채무자가 자신의 채무에 대한 이행 또는 이행의 제공을 계속한 사실

---

16) 채무불이행으로 인한 손해배상액이 예정되어 있는 경우에는 채권자는 채무불이행 사실만 증명하면 손해의 발생 및 그 액을 증명하지 아니하고 예정배상액을 청구할 수 있고, <u>채무자는 채권자와 채무불이행에 있어 채무자의 귀책사유를 묻지 아니한다는 약정을 하지 아니한 이상 자신의 귀책사유가 없음을 주장·입증함으로써 예정배상액의 지급책임을 면할 수 있다. 그리고 채무자의 귀책사유를 묻지 아니한다는 약정의 존재 여부는 근본적으로 당사자 사이의 의사해석의 문제로서, 당사자 사이의 약정 내용과 그 약정이 이루어지게 된 동기 및 경위, 당사자가 그 약정에 의하여 달성하려고 하는 목적과 진정한 의사, 거래의 관행 등을 종합적으로 고찰하여 합리적으로 해석하여야 하지만, 당사자의 통상의 의사는 채무자의 귀책사유로 인한 채무불이행에 대해서만 손해배상액을 예정한 것으로 봄이 상당하므로, 채무자의 귀책사유를 묻지 않기로 하는 약정의 존재는 엄격하게 제한하여 인정하여야 한다</u>(대법원 2007.12.27. 선고 2006다9408 판결.) → 채무자에게 귀책사유가 없는 경우에는 특별한 약정이 없는 한 예정배상액을 청구할 수 없다.

[참고 1] 손해배상액의 예정과 위약벌의 구별
　도급계약서 및 그 계약내용에 편입된 약관에 수급인의 귀책사유로 인하여 계약이 해제된 경우에는 계약보증금이 도급인에게 귀속한다는 조항이 있을 때, 이 계약보증금이 **손해배상액의 예정**인지 위약벌인지는 도급계약서 및 약관 등을 종합하여 구체적 사건에서 개별적으로 결정할 의사해석의 문제이고, **위약금은 민법 제398조 제4항에 의하여 손해배상액의 예정으로 추정**되므로 위약금이 위약벌로 해석되기 위하여는 **특별한 사정이 주장·입증되어야** 하는바, 당사자 사이의 도급계약서에 **계약보증금 외에 지체상금도 규정**되어 있다는 점만을 이유로 하여 계약보증금을 위약벌로 보기는 어렵다.17)

[참고 2] 위약금의 법적 성질 – 이중성
　다수의 전기수용가와 사이에 체결되는 전기공급계약에 적용되는 약관 등에, 계약종별 외의 용도로 전기를 사용하면 그로 인한 전기요금 면탈금액의 2배에 해당하는 **위약금**을 부과한다고 되어 있지만, 그와 별도로 면탈한 전기요금 자체 또는 손해배상을 청구할 수 있도록 하는 규정은 없고 면탈금액에 대해서만 부가가치세 상당을 가산하도록 되어 있는 등의 사정이 있는 경우, 위 약관에 의한 위약금은 **손해배상액의 예정과 위약벌의 성질을 함께** 가지는 것으로 봄이 타당하다.18)

[참고 3] 위약벌과 사적 자치
　손해배상 예정액이 과다하면 법원은 이를 직권으로 감액할 수 있으나(민법 제398조 제2항), 이러한 직권 감액규정이 위약벌에도 유추적용될 수 있는지에 관하여 다수 학설은 민법 제398조 제2항의 유추적용을 긍정하나 판례는 이를 부정한다.
　"위약벌의 약정은 채무의 이행을 확보하기 위하여 정하는 것으로서 손해배상의 예정과 다르므로 손해배상의 예정에 관한 민법 제398조 제2항을 유추 적용하여 그 액을 감액할 수 없고, 다만 의무의 강제로 얻는 채권자의 이익에 비하여 약정된 벌이 과도하게 무거울 때에는 일부 또는 전부가 공서양속에 반하여 무효로 된다. 그런데 당사자가 약정한 위약벌의 액수가 과다하다는 이유로 법원이 계약의 구체적 내용에 개입하여 약정의 전부 또는 일부를 무효로 하는 것은, **사적 자치의 원칙에 대한 중대한 제약**이 될 수 있고, 스스로가 한 약정을 이행하지 않겠다며 계약의 구속력에서 이탈하고자 하는 당사자를 보호하는 결과가 될 수 있으므로, 가급적 자제하여야 한다. 이러한 견지에서, 위약벌 약정이 공서양속에 반하는지를 판단할 때에는, 당사자 일방이 독점적 지위 내지 우월한 지위를 이용하여 체결한 것인지 등 당사자의 지위, 계약의 체결 경위와 내용, 위약벌 약정을 하게 된 동기와 경위, 계약 위반 과정 등을 고려하는 등 신중을 기하여야 하고, 단순히 위약벌 액수가 많다는 이유만으로 섣불리 무효라고 판단할 일은 아니다."19)
　판례는 같은 위약금 약정이라도 손해배상액 예정이면 법원의 적극적인 직권 감액대상이 되나, 위약벌

---

17) 대법원 2010.06.24. 선고 2007다63997 판결.
18) 계약종별 위반으로 약관에 의하여 부담하는 **위약금** 지급채무는 전기의 공급에 따른 전기요금 채무 자체가 아니므로, 3년의 단기소멸시효가 적용되는 민법 제163조 제1호의 채권, 즉 '1년 이내의 기간으로 정한 금전의 지급을 목적으로 한 채권'에 해당하지 않는다. 그러나 '영업으로 하는 전기의 공급에 관한 행위'는 상법상 기본적 상행위에 해당하고(상법 제46조 제4호), 전기공급주체가 공법인인 경우에도 법령에 다른 규정이 없는 한 상법이 적용되므로(상법 제2조), 그러한 전기공급계약에 근거한 위약금 지급채무 역시 상행위로 인한 채권으로서 상법 제64조에 따라 5년의 소멸시효기간이 적용된다(대법원 2013.04.11. 선고 2011다112032 판결).

이면 강력한 사적 자치의 원칙에 구속되게 된다. 대부분의 대륙법계 국가에서는 계약자유의 원칙에 따라 위약벌 약정의 유효성은 인정하되 손해배상예정과 마찬가지로 직권감액을 허용한다고 한다. 일본은 종전에 손해배상 예정액에 대한 직권감액조차 불허하다가 2020. 4. 1.부터 시행되는 개정민법에서 손해배상 예정액의 감액을 불허하는 민법 제420조 제1항 후단을 삭제하였으므로 우리와 같은 문제가 생길 것으로 예상된다.

위약금에 공통적으로 요구되는 계약공정의 원리와 합리적 손해배상의 원리에 따른 위약금의 감액의 필요성과 정당성은 손해배상액 예정과 위약벌에서 달라질 이유가 없고, 위약벌에 관하여 유독 사적 자치를 강조하는 대법원의 입장은 사적 자치를 강조해야 할 영역을 잘못 고른 것이라는 일각의 지적은 타당한 것으로 생각된다.

---

19) 대법원 2016.01.28. 선고 2015다239324 판결.

⟨補論 1⟩ 채권·채무 관련 소송절차상의 제 문제[20]

1 채권의 귀속을 둘러싼 분쟁

(1) **채무자가 채무의 존재를 다투는 경우** : 진정한 채권자는 바로 채무자를 상대로 채무이행의 소를 제기하여 이행판결을 받아야 한다.
   → 참칭채권자를 상대로 채권존재확인의 소를 제기하여 확인판결을 받더라도 확인판결에는 집행력이 없으므로 채무자가 채무의 존재를 다투는 경우에는 이를 집행할 수 없다.

(2) **채무자가 채무의 존재를 다투지 않는 경우** : 일반적으로 채권은 채무자로부터 급부를 받는 권능이기 때문에 소송상으로도 채권자는 통상 채무자에 대하여 채권의 존재를 주장하고 그 급부를 구하면 되는 것이지만, 만약 하나의 채권에 관하여 2인 이상이 서로 채권자라고 주장하고 있는 경우에 있어서는 그 채권의 귀속에 관한 분쟁은 채무자와의 사이에 생기는 것이 아니라 스스로 채권자라고 주장하는 사람들 사이에 발생하는 것으로서 참칭채권자가 채무자로부터 변제를 받아버리게 되면 진정한 채권자는 그 때문에 자기의 권리가 침해될 우려가 있어 그 참칭채권자와의 사이에서 그 채권의 귀속에 관하여 즉시 확정을 받을 필요가 있고, 또 그들 사이의 분쟁을 해결하기 위하여는 그 채권의 귀속에 관한 확인판결을 받는 것이 가장 유효적절한 권리구제 수단으로 용인되어야 할 것이므로 <u>스스로 채권자라고 주장하는 어느 한 쪽이 상대방에 대하여 그 채권이 자기에게 속한다는 채권의 귀속에 관한 확인을 구하는 청구는 그 확인의 이익이 있다</u>.[21]
   → 자기의 권리 또는 법률상의 지위를 부인하는 상대방이 자기 주장과는 양립할 수 없는 제3자에 대한 권리 또는 법률관계를 주장한다고 하여 상대방 주장의 그 제3자에 대한 권리 또는 법률관계가 부존재한다는 것만의 확인을 구하는 것은, 설령 그 확인의 소에서 승소판결을 받는다고 하더라도 그 판결로 인하여 상대방에 대한 관계에서 자기의 권리가 확정되는 것도 아니고 그 판결의 효력이 제3자에게 미치는 것도 아니어서 그와 같은 부존재확인의 소는 자기의 권리 또는 법률적 지위에 현존하는 불안·위험을 해소시키기 위한 유효적절한 수단이 될 수 없으므로 확인의 이익이 없다.[22]
   → 이 경우 진정한 채권자가 참칭채권자를 상대로 참칭채권자에게 채권이 귀속하지 아니한다는 소극적 확인의 소로서 채권부존재확인의 소를 제기하여 확인판결을 받는다 하더라도 채무자로서는 진정한 채권자에게 채권이 귀속한다는데 여전히 다툼이 있을 수 있다.
   → 등기청구권자라고 주장하는 자가 소유권이전등기의무의 목적 부동산이 수용되었음을 이유로 수용 당시의 소유명의자를 상대로 수용보상금청구권이 자기에게 속한다는 채권의 귀속에 관한 확인을 구하는 경우, 그 주장사실이 인정되더라도 수용보상금청구권 자체가

---

20) 김홍엽, 통합민사법, p.234 이하 참조.
21) 대법원 2004.03.12. 선고 2003다49092 판결.
22) 압류 및 전부명령을 받은 양 당사자 중 어느 한 쪽이 상대방에 대하여 제3채무자의 상대방에 대한 전부금채무 부존재확인을 구하는 소는 확인의 이익이 없어 부적법하다고 한 사례.

등기청구권자라고 주장하는 자에게 귀속되는 것은 아니므로 그 확인청구는 주장 자체로 이유 없음이 명백하여 허용될 수 없다.[23]

→ 연예기획사 甲 주식회사가 가수 乙을 상대로 전속계약 해지에 따른 손해배상청구의 소를 제기하자, 소속사 지위 인수를 주장하는 다른 연예기획사 丙 주식회사가 甲 회사를 상대로 甲 회사와 乙 사이의 전속계약 부존재 확인을 구하며 독립당사자 참가신청을 한 사안에서, 丙 회사가 자신과 乙 사이의 전속계약 존재 확인을 구하지 않고 甲 회사와 乙 사이의 전속계약 부존재 확인을 구하는 것은 확인의 이익이 없어 부적법하다는 이유로, 丙 회사의 독립당사자 참가신청을 각하한 원심의 조치가 정당하다고 한 사례[24]

2 채무의 존재와 범위를 다투는 소

가. 채무부존재확인의 소와 확인의 이익

(1) 권리관계에 대하여 당사자 사이에 아무런 다툼이 없어 법적 불안이 없으면 원칙적으로 확인의 이익이 없다고 할 것이나, 피고가 권리관계를 다투어 원고가 확인의 소를 제기하였고 당해 소송에서 피고가 권리관계를 다툰 바 있다면 특별한 사정이 없는 한 항소심에 이르러 피고가 권리관계를 다투지 않는다는 사유만으로 확인의 이익이 없다고 할 수 없다.[25]

(2) 소송요건을 구비하여 적법하게 제기된 본소가 그 후에 상대방이 제기한 반소로 인하여 소송요건에 흠결이 생겨 다시 부적법하게 되는 것은 아니므로, 원고가 피고에 대하여 손해배상채무의 부존재확인을 구할 이익이 있어 본소로 그 확인을 구하였다면, 피고가 그 후에 그 손해배상채무의 이행을 구하는 반소를 제기하였다 하더라도 그러한 사정만으로 본소청구에 대한 확인의 이익이 소멸하여 본소가 부적법하게 된다고 볼 수는 없다.[26]

나. 채무부존재확인의 소와 처분권주의

(1) 소극적 확인소송에서 그 부존재확인을 구하는 목적인 법률관계가 가분적이고 심리한 결과 분량적으로 그 일부만이 존재하는 경우에는 그 청구 전부를 기각할 것이 아니고 존재하는 부분에 대하여만 일부 패소의 판결을 하여야 한다.[27]

(2) 원고가 상한을 표시하지 않고 일정액을 초과하는 채무의 부존재의 확인을 청구하는 사건에

---

23) 대법원 1996.10.29. 선고 95다56910 판결. 소유권이전등기의무의 목적 부동산이 수용되어 그 소유권이전등기의무가 이행불능이 된 경우, 등기청구권자는 등기의무자에게 대상청구권의 행사로써 등기의무자가 지급받은 수용보상금의 반환을 구하거나 또는 등기의무자가 취득한 수용보상금청구권의 양도를 구할 수 있을 뿐 그 수용보상금청구권 자체가 등기청구권자에게 귀속되는 것은 아니다.
24) 대법원 2012.06.28. 선고 2010다54535,54542 판결.
25) 대법원 2009.01.15. 선고 2008다74130 판결.
26) 대법원 2010.07.15. 선고 2010다2428,2435 판결. 민사소송법 제271조는 본소가 취하된 때에는 피고는 원고의 동의 없이 반소를 취하할 수 있다고 규정하고 있고, 이에 따라 원고가 반소가 제기되었다는 이유로 본소를 취하한 경우 피고가 일방적으로 반소를 취하함으로써 원고가 당초 추구한 기판력을 취득할 수 없는 사태가 발생할 수 있는 점을 고려하면, 위 법리와 같이 반소가 제기되었다는 사정만으로 본소청구에 대한 확인의 이익이 소멸한다고는 볼 수 없다.
27) 대법원 2018.06.28. 선고 2018다10081 판결.

있어서 일정액을 초과하는 채무의 존재가 인정되는 경우에는, 특단의 사정이 없는 한, 법원은 그 청구의 전부를 기각할 것이 아니라 존재하는 채무부분에 대하여 일부패소의 판결을 하여야 한다.28)

3 집행증서상 집행채권의 존재 및 범위를 다투는 경우와 채무부존재확인의 소

(1) 집행권원이 되는 집행증서는 집행력만 있고 기판력이 인정되지 않으므로 집행증서에 기재된 청구가 당초부터 불성립하거나 무효인 경우에도 청구이의의 소를 제기할 수 있다(민사집행법 제59조 제3항).
(2) 채권자는 집행증서상의 청구권에 관해서도 확인의 소나 이행의 소를 제기할 수 있다.
(3) 청구이의의 소는 집행권원이 가지는 집행력의 배제를 목적으로 하는 것으로서 청구이의의 소의 판결이 확정되더라도 당해 집행권원의 원인이 된 실체법상 권리관계에 관하여 기판력이 미치지 않으므로, 채무자가 채권자에 대하여 채무부담행위를 하고 그에 관하여 강제집행 승낙문구가 기재된 공정증서를 작성하여 주었으나, 그 공정증서에 관한 청구이의의 소를 제기하지 않고 그 공정증서의 작성원인이 된 채무에 관하여 채무부존재확인의 소를 제기한 경우 채무자의 목적이 오로지 공정증서의 집행력 배제에 있다고 할 수 없는 이상 청구이의의 소를 제기할 수 있다는 사정만으로 채무부존재확인소송이 확인의 이익이 없어 부적법하다고 볼 것은 아니다.29)

4 채권이행의 소와 채권존재확인의 소

(1) **원칙** : 확인의 소는 원고의 법적 지위가 불안·위험할 때에 그 불안·위험을 제거함에 확인판결로 판단하는 것이 가장 유효·적절한 수단인 경우에 인정되는 것이므로 이행의 소를 제기할 수 있는데도 같은 권리관계에 관하여 확인의 소를 제기하는 것은 분쟁의 종국적 해결방법이 아니어서 원칙적으로 허용되지 아니한다(확인의 소의 보충성).
   → 甲이 乙 주식회사를 상대로 자신이 주주명부상 주식의 소유자인데 위조된 주식매매계약서에 의해 타인 앞으로 명의개서가 되었다며 주주권 확인을 구한 사안에서, 甲이 乙 회사를 상대로 직접 자신이 주주임을 증명하여 명의개서절차의 이행을 구할 수 있으므로, 甲이 乙 회사를 상대로 주주권 확인을 구하는 것은 확인의 이익이 없다고 한 사례30)
   → 원고가 주장하는 채권이 그 채권액수가 확정되어 있고 이행기도 도래한 경우 피고에게 직접 그 이행을 구하는 것은 별론, 다른 특별한 사정이 없는 한 피고를 상대로 그 채권존재확인의 소를 구하는 것은 확인의 이익이 없다.
(2) **예외** : 원고는 당장 피고에게 이행의 소를 제기하기 어려운 상태에 있어 원고가 그의 권리 또는 지위의 불안을 해소시키기 위하여는 해당 채권의 존재에 대하여 확인판결을 받는 이외

---

28) 대법원 1994.01.25. 선고 93다9422 판결.
29) 대법원 2013.05.09. 선고 2012다4381 판결.
30) 대법원 2019.05.16. 선고 2016다240338 판결.

에 다른 유효·적절한 수단이 있다고 볼 수 없는 경우에는 확인의 이익이 인정된다.
→ 이 사건 교통사고 피해자들이 손해배상을 청구하지 아니하는 등의 사유로 보험금채권의 전제가 되는 손해배상액이 확정되지 아니하여 불분명한 상태이고, 피고는 이 사건 보험계약이 적법히 해지되었다고 주장하여 보험금채권의 존재 자체를 다투면서 교통사고 피해자들에게 치료비 지급을 거절하고 있으며, 원고는 이 사건 교통사고로 교통사고처리특례법위반으로 입건되어 형사절차까지 진행되고 있음을 알 수 있는바, 이와 같은 사정이라면, 원고는 당장 피고에게 보험금 지급을 청구하는 소를 제기하기 어려운 상태에 있어 원고가 그의 권리 또는 지위의 불안을 해소시키기 위하여는 보험금채권의 존재에 대하여 확인판결을 받는 이외에 다른 유효·적절한 수단이 있다고 볼 수 없으므로, 보험금채권의 존재 확인을 구하는 원고의 이 사건 청구는 확인의 이익이 있다.[31]

5 개별적 채무와 연대채무 내지 불가분채무 사이의 처분권주의

(1) 원심은, 피고들이 원고에게 반환하여야 할 동업정산금 총액이 67,254,533원이라고 판단하면서 그 동업정산금 반환채무는 분할채무라는 이유로 피고들에 대하여 각 33,627,267원(=67,254,533원 × 1/2)의 동업정산금 및 그 지연손해금의 지급을 각 명하였다. 그런데 원고는 원심에서 피고들이 원고에게 지급하여야 할 동업정산금 총액이 50,381,800원이라고 주장하면서 피고들에 대하여 연대하여 위 동업정산금 50,381,800원 및 그 지연손해금을 지급할 것을 구하였음을 알 수 있는바, 원심이 피고들에 대하여 각 지급을 명한 동업정산금의 합계액 67,254,533원은 원고가 구하는 동업정산금 50,381,800원을 초과함이 명백하므로, 이러한 원심판결에는 처분권주의를 위배함으로써 판결 결과에 영향을 미친 위법이 있다.[32]
(2) 채권자 甲이 채무자 乙을 상대로 자신의 인수대금 채권을 행사하는 청구와 제3채무자 丙을 상대로 위 채권을 피보전채권으로 하여 乙의 채권을 대위행사하는 청구를 한 사안에서, 乙의 甲에 대한 채무와 丙의 乙에 대한 채무가 연대채무 또는 부진정연대채무의 관계가 아니지만, 甲이 두 채무가 부진정연대채무 관계에 있음을 전제로 연대하여 지급할 것을 구하였는데도 乙과 丙에게 개별적 지급책임을 인정한 원심판결에는 처분권주의에 관한 법리오해의 잘못이 있다.[33]
(3) 원고가 피고들에 대하여 개별적으로 각 금원의 지급을 구하는 것일 뿐 아니라 피고들의 손해배상채무가 **부진정연대채무관계**에 있는지에 관하여 원고가 아무런 주장을 한 바 없었음에도 피고들에게 다른 공동피고와 **연대하여** 손해배상금을 지급하라고 한 것은 처분권주의, 변론주의에 관한 판례를 위반하여 판단을 그르친 것이다.[34]

---

31) 대법원 2005.07.14. 선고 2004다36215 판결.
32) 대법원 2010.01.14. 선고 2008다69169 판결.
33) 대법원 2014.07.10. 선고 2012다89832 판결.
34) 대법원 2013.05.09. 선고 2011다61646 판결.

6 가분채무와 변론의 분리 내지 일부판결

(1) 가분적 청구 가운데 수액이 확정된 부분의 청구에 대하여는 일부판결을 할 수 있다(민소법 제200조 제1항).
(2) 일부판결을 하는 경우 그 부분의 변론을 분리하는 결정을 먼저 하여야 한다. 일부판결의 경우 판결하지 않고 남겨진 나머지 부분은 그 심급에서 심리가 속행된다. → 잔부판결, 결말판결

7 가분채무와 예비적 병합

(1) 주위적 청구와 예비적 청구가 분할 가능한 것이고 주위적 청구가 일부만 인용되는 경우에 나아가서 예비적 청구를 심리할 것인지의 여부는 소송에서의 당사자 의사 해석에 달린 문제라고 할 것이므로, 주위적 청구의 일부를 특정하여 그 부분이 인용될 것을 해제조건으로 하여 그 부분에 대해서만 하는 예비적 청구도 특별히 소송절차의 안정을 해친다거나 예비적 청구의 성질에 반하는 것이 아닌 한 이를 허용하지 아니할 이유가 없다.[35]
(2) 성질상 선택적 관계에 있는 양 청구를 당사자가 주위적, 예비적 청구 병합의 형태로 제소함에 의하여 그 소송심판의 순위와 범위를 한정하여 청구하는 이른바, **부진정예비적병합** 청구의 소도 허용되는 것이며, 아울러 주위적 청구가 전부 인용되지 않을 경우에는 주위적 청구에서 인용되지 아니한 수액 범위 내에서의 예비적 청구에 대해서도 판단하여 주기를 바라는 취지로 불가분적으로 결합시켜 제소할 수도 있다.[36]
(3) 주위적 청구원인과 예비적 청구원인이 양립 가능한 경우에도 당사자가 심판의 순위를 붙여 청구를 할 합리적인 필요성이 있는 경우에는 심판의 순위를 붙여 청구할 수 있다 할 것이고, 이러한 경우 주위적 청구가 전부 인용되지 않을 경우에는 주위적 청구에서 인용되지 아니한 수액 범위 내에서의 예비적 청구에 대해서도 판단하여 주기를 바라는 취지로 불가분적으로 결합시켜 제소할 수도 있는 것이므로, 주위적 청구가 일부만 인용되는 경우에 나아가서 예비적 청구를 심리할 것인지의 여부는 소송에서의 당사자의 의사 해석에 달린 문제라 할 것이어서, 법원이 주위적 청구원인에 기한 청구의 일부를 기각하고 예비적 청구취지보다 적은 금액만을 인용할 경우에는, 원고에게 주위적 청구가 전부 인용되지 않을 경우에는 주위적 청구에서 인용되지 아니한 수액 범위 내에서의 예비적 청구에 대해서도 판단하여 주기를 바라는 취지인지 여부를 석명하여 그 결과에 따라 예비적 청구에 대한 판단 여부를 정하여야 할 것이다.[37]

---

35) 대법원 1996.02.09. 선고 94다50274 판결.
36) 대법원 2002.09.04. 선고 98다17145 판결.
37) 대법원 2002.10.25. 선고 2002다23598 판결.

8 부진정연대채무 관계에 있는 채무자들을 공동피고로 하여 제기한 이행의 소가 예비적·선택적 공동소송인지 여부

(1) 어떤 물건에 대하여 직접점유자와 간접점유자가 있는 경우 그에 대한 점유·사용으로 인한 부당이득의 반환의무는 동일한 경제적 목적을 가진 채무로서 서로 중첩되는 부분에 관하여는 일방의 채무가 변제 등으로 소멸하면 타방의 채무도 소멸하는 부진정연대채무의 관계에 있다고 할 것이다. 그와 같이 부진정연대채무의 관계에 있는 채무자들을 공동피고로 하여 이행의 소가 제기된 경우 그 공동피고에 대한 각 청구는 법률상 양립할 수 없는 것이 아니므로 그 소송은 민사소송법 제70조 제1항에서 규정한 본래 의미의 예비적·선택적 공동소송이라고 할 수 없다.

(2) 따라서 거기에는 필수적 공동소송에 관한 민사소송법 제67조는 준용되지 않는다고 할 것이어서 상소로 인한 확정차단의 효력도 상소인과 그 상대방에 대해서만 생기고 다른 공동소송인에 대한 관계에는 미치지 않는다.[38]

9 지연손해금과 소송촉진법상의 지연손해금의 이율

(1) 장래이행의 소의 경우 : 소송촉진법상의 법정이율 적용이 없다(법 제3조 제1항 단서)
(2) 현재이행의 소의 경우 : 채무자에게 그 이행의무가 있음을 선언하는 사실심판결이 선고되기 전까지 채무자가 그 이행의무의 존부나 범위에 관하여 다투는 것이 타당하다고 인정되는 경우 그 타당한 범위에서 이를 적용하지 아니한다(법 제3조 제2항).
(3) 금전채무의 이행에 있어서 동시이행관계가 있는 경우 : 상대방의 의무의 이행과 상환하여 그 지급의무가 발생하므로 이를 적용하지 아니한다.
(4) 판결이 확정되어야 효력이 발생하는 경우 : 소송촉진법상의 법정이율 적용이 없다
   → 사해행위취소의 소와 병합하여 제기한 원상회복청구의 소 : 가액배상판결을 한 경우 사해행위취소판결이 확정되어야 가액배상의무 발생
   → 이혼소송과 병합하여 제기한 재산분할청구 : 이혼판결이 확정되어야 재산분할의무 발생

10 이자, 지연손해금청구와 처분권주의

(1) 이자청구에 있어 원금, 이율, 기간의 각 기준 가운데 어느 것에서나 원고 주장의 기준을 넘어서면 처분권주의를 위배한 것이다.
(2) 금전채무불이행의 경우에 발생하는 원본채권과 지연손해금채권은 별개의 소송물이므로, 불이익변경에 해당하는지 여부는 원금과 지연손해금 부분을 각각 따로 비교하여 판단하여야 하는 것이고, 별개의 소송물을 합산한 전체 금액을 기준으로 판단하여서는 아니 된다.[39]

---
[38] 대법원 2019.10.18. 선고 2019다14943 판결.
[39] 대법원 2013.10.31. 선고 2013다59050 판결.

(3) 상인 간에서 금전소비대차가 있었음을 주장하면서 약정이자의 지급을 구하는 청구에는 약정 이자율이 인정되지 않더라도 상법 소정의 법정이자의 지급을 구하는 취지가 포함되어 있다고 보아야 한다.[40]

11 집행불능과 대상청구

(1) 본래적 급부의무(물건인도채무)의 이행을 청구함에 있어서 확정 후 그 목적물 인도집행이 불능한 경우를 대비한 손해배상청구를 구하는 청구를 병합하는 것이 허용된다.
  → 대상청구는 판결확정 후 장래 집행불능이 될 것을 대비하여 미리 청구하는 장래이행의 소이다.
  → 현재이행의 소로서 목적물인도청구에 병합하여 제기하는 장래이행의 소 : 단순병합[41]
(2) 대상청구는 목적물이 특정물인지 여부, 부대체물인지 여부를 불문한다.
(3) 대상청구는 실체법상 이행불능의 경우를 대비한 청구가 아니라 집행법상 집행불능의 경우를 대비한 청구이다. → 사실심 변론종결시까지 특정물에 대한 이행불능을 대비하여 그 전보배상으로서 구하는 손해배상청구(예비적 병합)와 구별된다.

---

40) 대법원 2007.03.15. 선고 2006다73072 판결. 대여금에 대한 약정이자의 지급 청구에는 상법 소정의 법정이자의 지급을 구하는 취지도 포함되어 있다고 보아야 하므로, 법원으로서는 이자 지급약정이 인정되지 않는다 하더라도 곧바로 위 청구를 배척할 것이 아니라 법정이자 청구에 대하여도 판단하여야 한다고 본 사례.
41) 예비적 병합과 같이 주위적 청구가 배척되는 경우를 대비하여 예비적 청구를 병합하는 것이 아니라 주위적 청구가 인용되는 경우 이와 병합하여 판단을 구하는 청구이다.

[補論 2] 계약과 요건사실에 관한 기초사례 연습

〈사례 1〉 甲은 2020. 5. 1. 乙과 甲 소유의 X 부동산에 대하여 매매대금을 1억 원으로 하는 매매계약 체결 후 乙 앞으로 소유권이전등기를 마쳤다.
다음 각 문제에 답하시오(각 문제는 독립적임)

1. 위 매매계약체결 당시 甲은 알츠하이머 치매로 정상적인 판단능력이 없는 상태였다. 甲에 대한 신체감정 결과 지능지수는 73, 사회적 연령은 6세 수준으로서 이름을 정확하게 쓰지 못하고 간단한 셈도 불가능하며, 정신지체의 범주에 속하는 지적능력을 가지고 있는 것으로 나왔다.
    1-1. 甲은 의사무능력자인 甲이 체결한 이 사건 매매계약이 무효라고 주장하면서, 乙을 상대로 소유권이전등기의 말소를 구할 수 있는가?
    1-2. 甲이 직접 변호사에게 소송대리를 위임하여 甲 명의로 소를 제기할 수 있는가?
    1-3. 乙은 이 사건 매매계약이 무효라 하더라도, 甲은 乙로부터 위 소유권이전등기를 말소 받음과 동시에 乙에게 이 사건 매매대금 1억 원을 반환하여야 한다는 주장(동시이행 항변)을 할 수 있는가?

2. 계약의 무효와 청산
    2-1. 甲과 乙의 계약이 무효가 되는 경우는 어떠한 경우인가?
    2-2. 甲과 乙의 계약이 무효가 되는 경우 무효의 뒤처리는 어떻게 되는가?

3. 계약의 취소와 청산
    3-1. 甲과 乙이 위 계약을 취소할 수 있는 사유로는 어떠한 것들이 있는가?
    3-2. 甲이 乙의 기망으로 X 부동산을 乙에게 매도하고 소유권이전등기를 넘겨주었는데 甲이 착오나 사기를 이유로 계약을 취소한 경우 법적 뒤처리는 어떻게 되는가?

4. 위 매매계약체결 당시 甲은 만 18세로 대학 1학년생이었다. 甲은 법정대리인의 동의가 없다는 이유로 위 매매계약을 취소하였다.
    4-1. 甲이 매매계약을 취소한 경우 甲과 乙의 계약관계는 어떻게 되는가?
    4-2. 甲이 乙을 상대로 소유권이전등기의 말소청구의 소를 제기한 경우 乙의 항변사유는 어떤 것들이 있는가?
    4-3. 乙이 甲로으로부터 취득한 부동산을 선의의 제3자 丙에게 매도하여 丙 앞으로 소유권이전등기를 마쳤다. 甲이 위 매매계약을 취소한 경우 丙을 상대로 소유권이전등기의 말소를 구할 수 있는가?

5. 乙은 甲으로부터 X 부동산을 살 생각이 없으면서 설마 甲이 X 부동산을 팔겠느냐 생각하고 甲에게 "1억 원에 X 부동산을 사겠다."고 말하였고, 甲은 이에 대하여 "좋다."고 말하였다. 甲과 乙 사이에 매매계약이 성립하는가?

6. 위 매매계약체결 당시 甲은 미성년자였다. A는 B와 혼인하여 甲을 출산한 후 B와 이혼하고 C와 재혼

하여 세 자녀를 두었다. A와 B는 이혼하면서 甲의 친권자 및 양육자로 B를 지정하여 B가 甲을 양육하였는데 B가 교통사고로 사망하였다. X 부동산은 B가 상속재산으로 甲에게 남긴 것이었는데 A는 甲의 친권자로서 甲 명의로 상속등기를 한 다음, 乙과 위 부동산을 1억 원에 매도하는 매매계약을 체결하고 매매대금을 수령한 후 乙 앞으로 소유권이전등기를 마쳤다. A는 위 매매대금을 재혼한 남편 C의 사업자금과 자신의 생활비 및 빚을 갚는데 소비하였다.

이러한 사실을 알게 된 甲의 할머니가 甲의 특별대리인으로서 乙을 상대로 위 소유권이전등기의 말소등기를 구할 수 있는가? 甲은 이 사건 매매계약이 친권자와 그 자 사이의 이해상반행위 또는 친권남용에 해당하는 것이므로, 특별대리인 선임 없이 행한 이해상반행위로서 무효이거나 또는 乙이 친권남용의 사정을 알았거나 알 수 있었기 때문에 무효라고 주장하고 있다.

7. 甲은 채권자로부터의 강제집행을 피하기 위하여 자신의 X 부동산을 팔 생각이 없으면서도 사촌형 乙에게 이를 매매한 것으로 하여 매매계약서를 작성하고 乙 앞으로 소유권이전등기를 마쳤다.

    7-1. 甲은 乙 앞으로 마쳐진 소유권이전등기의 말소를 구할 수 있는가?

    7-2. 甲은 X 부동산을 불법점유하고 있는 A를 상대로 소유물반환청구권이나 불법행위를 이유로 하는 손해배상청구를 할 수 있는가?

    7-3. 乙은 X 부동산이 자신의 소유로 되어 있음을 기화로 이를 丙에게 매각하여 丙 앞으로 소유권이전등기를 마치거나 丁 앞으로 근저당권을 설정하였다. 甲은 乙과의 매매계약이 허위표시로 무효임을 주장하여 丙 앞으로 마쳐진 소유권이전등기나 丁 명의의 근저당권설정등기의 말소를 구할 수 있는가?

    7-4. 丙으로부터 戊가 X 부동산을 전득한 경우 丙은 악의였으나, 戊는 선의인 경우 甲은 戊 명의의 소유권이전등기의 말소를 구할 수 있는가? 丙은 선의였으나 戊가 악의인 경우는 어떠한가?

8. 乙은 주택을 신축할 목적으로 甲 소유의 X 토지를 매수하고 계약금과 중도금으로 5,000만 원을 甲에게 지급하였다. 乙은 위 매매계약 체결 당시 중개인들이 X 토지 중 도로로 편입될 면적이 20~30평에 불과하다고 하므로, X 토지를 매수하여 그 지상에 주택을 신축할 목적으로 매수한 것인데, 매매계약체결 후 실제로 분할되어 도로로 편입된 면적이 197평에 이르러 남은 부분만으로는 당초 X 토지를 매수하려 한 목적을 달성할 수 없게 되었다. 乙은 착오를 이유로 위 매매계약을 취소하고 甲을 상대로 기지급 계약금 및 중도금의 반환을 구할 수 있는가?

9. 甲이 乙과의 매매계약을 기망을 이유로 취소한 경우 乙이 그 원상회복으로 부담하는 소유권이전등기의 말소등기절차이행의무는 언제부터 지체책임을 지는가?

10. 甲이 의사무능력의 미성년자인 경우 甲은 의사무능력을 이유로 乙과의 매매계약의 무효만을 주장할 수 있는가? 甲은 甲의 제한능력을 이유로 매매계약의 취소를 주장할 수 없는가?

11. 乙이 사기 또는 강박에 의하여 사회질서위반의 행위를 한 경우 甲의 무효와 취소의 주장은 어떠한 관계에 있는가? 제한능력자인 甲이 乙을 기망하여 매매계약을 체결한 경우에는 어떻게 되는가?

〈사례 2〉 甲은 乙과 乙 소유의 Y 건물에 대하여 매매대금을 1억 원으로 하는 매매계약을 체결하고 계약금 1,000만 원을 지급하였다.
다음 각 문제에 답하시오(각 문제는 독립적임)

1. 매매계약 체결 당시 Y 건물은 이미 불이 타 소실된 경우 위 매매계약은 어떻게 되는가?
2. 위 계약체결 후 옆집에서 난 화재로 불이 옮겨 붙어 Y 건물이 소실된 경우에는 어떻게 되는가?
3. 乙이 Y 건물을 甲에게 인도한 후에 Y 건물이 옆집에서 난 화재로 불이 옮겨 붙어 Y 건물이 연소되어 소실된 경우에는 어떻게 되는가?
4. Y 건물이 옆집에서 난 불이 옮겨 붙어 소실된 경우 乙이 대가위험, 즉 그가 채무부담(소유권이전채무)의 대가로 얻은 반대채권(매매대금채권)이 소멸할 위험은 등기시를 기준으로 이전하는가, 아니면 인도시를 기준으로 이전하는가?
5. 甲은 잔금기일에 잔금을 제공하였음에도 乙이 소유권이전등기절차의 이행을 미루다가 Y 건물이 옆집에서 난 화재로 불이 옮겨 붙어 Y 건물이 연소되어 소실된 경우에는 어떻게 되는가?
6. 乙이 甲과 매매계약을 체결하고 매매대금의 일부를 지급받고 나서 Y 건물을 丙에게 매도하는 계약을 다시 체결하고 丙 앞으로 소유권이전등기를 마쳤다. 甲은 丙 앞으로 마쳐진 소유권이전등기의 말소를 구할 수 있는가? 이 경우 甲이 청구원인으로 丙이 乙의 이중매매를 적극 권유하여 甲과 乙의 매매계약을 이행불능 상태에 빠뜨림으로써 甲으로 하여금 계약금 상당의 손해를 입게 하였으므로 丙은 乙과 연대하여 甲에게 손해배상의무가 있다고 주장하였다. 丙이 적법한 기일통지서를 송달받고서도 변론기일에 출석하지 않고 답변서 기타 준비서면도 제출하지 아니하였다. 법원은 민사소송법 제150조의 규정에 따라 丙이 甲의 주장사실을 모두 자백한 것으로 보고 甲의 청구를 인용할 수 있는가?
7. 위 6.의 사례에서 Y 건물이 수용되어 그 소유권이전등기의무가 이행불능이 되었다. 甲은 사업시행자를 상대로 Y 건물의 수용으로 인한 수용보상금의 지급을 구할 수 있는가?

〈사례 3〉 甲은 2020. 4. 1. 乙과 乙 소유의 X 부동산에 관하여 매매대금 1억 원으로 하는 부동산매매계약을 체결하였다. 甲은 乙에게 계약금 1,000만원과 중도금 4,000만원을 지급하였으나, 2020. 4. 30. 지급하기로 되어 있는 잔금 5,000만원이 남아있는 상태이다. 다음 각 문제에 답하시오(각 문제는 독립적임)

1. 乙은 부동산가격의 상승을 이유로 甲에게 매매대금을 올려줄 것을 요구하면서 소유권이전등기에 협조하지 않겠다고 하고 있다. 甲은 어떠한 권리를 소송에서 주장할 수 있는가?
2. 乙이 甲으로부터 잔금을 지급받기 전에 X 부동산을 담보로 대출을 받고 근저당권을 설정하거나, X 부동산에 가압류등기가 마쳐진 경우는 甲은 위 매매계약을 해제할 수 있는가? X 부동산에 대한 근저당권설정등기나 가압류등기가 말소되지 아니한 경우 乙의 소유권이전등기의무가 이행불능이 되는가?
3. 甲이 乙에게 계약금 1,000만원을 지급하고 잔금 조로 지급한 약속어음이 부도나자 乙은 甲에게 두 차례나 소유권이전등기에 필요한 제반 서류를 제공하고 잔금이행을 최고한 후 계약금을 변제공탁하면서 위 매매계약을 해제하였으므로 매매계약이 해제되었다고 주장하고 있다. 甲은 乙이 위 Y 건물에 입주

하고 있는 임차인들을 내보내지 아니하여 乙이 매도인으로서 그의 의무이행을 다하지 아니하여 乙의 해제는 적법하지 않다고 주장하고 있다. 甲의 잔금지급 채무불이행만을 이유로 한 乙의 매매계약의 해제는 적법한가?
4. 甲이 소장의 송달로 乙을 상대로 위 매매계약의 해제를 통지하면서 기지급 계약금과 중도금의 반환을 구하였다. 소장송달 후 甲이 위 소를 취하한 경우 해제의 의사표시도 소급적으로 소멸하는가?
5. 乙은 丙에게 X 부동산을 임대하여 丙으로부터 그 차임으로 1,000만원을 수령하고 있다. 甲은 어떠한 경우에 어떠한 방식으로 乙로부터 사용이익반환을 구할 수 있는가?
6. 甲으로부터 X 부동산을 전매한 丁의 처분금지가처분신청으로 X 부동산에 관하여 가처분등기가 마쳐졌다. 이 상태에서 甲과 乙의 매매계약이 적법하게 해제된 경우 乙은 甲에게 위 가처분등기의 말소와 계약금 및 중도금반환의 동시이행을 주장할 수 있는가?
7. 甲과 乙이 상대방에게 계약해제를 하려고 하는 경우 어떻게 해야 하는가? 계약이 해제된 경우 법적 뒤처리는 어떻게 되는가?
8. 乙은 甲의 잔금지급채무 불이행을 이유로 매매계약을 적법하게 해제하였다. 甲과 乙의 매매계약이 乙에 의해 적법하게 해제된 후 甲이 착오를 이유로 취소권을 행사할 수 있는가? 甲이 乙과의 매매계약을 적법하게 취소한 경우 乙은 甲의 잔금채무불이행을 이유로 甲과의 매매계약을 해제할 수 있는가?
9. 甲과 乙의 매매계약에 의해 乙이 잔금을 받지 않았음에도 먼저 甲 앞으로 소유권이전등기가 마쳐졌다.
    9-1. 乙이 매매계약을 해제하기 전에 甲이 X 부동산을 A에게 양도하였다. 乙은 A에게 계약해제로 대항할 수 있는가? A가 X 부동산에 대하여 소유권이전등기청구권을 보전하기 위한 가등기를 한 경우는 어떠한가?
    9-2. 乙이 매매계약을 해제하기 전에 甲의 채권자 B가 X 부동산을 가압류나 압류한 경우 乙은 계약해제를 근거로 가압류 또는 압류채권자 B에게 가압류나 압류등기의 말소를 구할 수 있는가?
    9-3. 乙은 잔대금의 지급확보를 위해 미리 甲 명의의 X 부동산에 대해 처분금지가처분등기를 한 후 甲의 채권자 B의 가압류등기가 마쳐졌다. 그 후 乙이 甲을 상대로 매매계약의 해제를 주장하면서 소유권이전등기말소청구의 소를 제기하여 기지급 대금과의 상환으로 소유권이전등기의 말소를 명하는 판결이 확정되었다. 가압류채권자 B는 민법 제548조 제1항 단서의 제3자에 해당하는가?
    9-4. 甲이 매매계약을 해제하기 전에 乙이 C에게 매매잔대금채권을 양도하였다. 甲은 C에게 계약해제로 대항할 수 있는가?
    9-5. 甲이 매매계약을 해제하기 전에 乙의 채권자 D가 乙의 甲에 대한 매매잔대금채권에 대하여 압류 및 전부명령을 받고 동 명령이 제3채무자인 甲에게 송달되었다. 甲은 D에게 계약해제로 대항할 수 있는가?
10. 甲과 乙의 매매계약에 의해 甲 앞으로 소유권이전등기가 마쳐졌다. 乙이 甲과의 매매계약을 해제하였으나, 甲 명의의 소유권이전등기가 말소되기 전에 甲으로부터 戊 앞으로 소유권이전등기가 마쳐졌다. 乙은 戊에게 계약해제로 대항할 수 있는가?
11. 잔대금 미지급 상태에서 乙이 甲에게 소유권이전등기를 하여 주면서 장차 해제 시 X 부동산의 원상회복을 확보하기 위하여 소유권이전등기청구권 보전의 가등기를 하는 경우 가등기에도 불구하고 甲이 이를 제3자에게 처분하고 소유권이전등기를 넘겨주면 후에 乙이 잔금미지급을 이유로 계약을 해제하고 가등기에 기한 본등기를 경료함으로써 X 부동산을 되찾을 수 있는가?

[답안 포인트]

〈사례 1〉
1. 의사무능력
(1) 어떤 법률행위가 그 일상적인 의미만을 이해하여서는 알기 어려운 특별한 법률적인 의미나 효과가 부여되어 있는 경우 의사능력이 인정되기 위하여는 그 행위의 일상적인 의미뿐만 아니라 법률적인 의미나 효과에 대하여도 이해할 수 있을 것을 요한다. 의사무능력을 이유로 계약의 무효를 주장하는 甲이 계약체결 당시에 의사무능력의 상태에 있었음을 개별적으로 증명하여야 한다. 甲은 이 사건 매매계약의 법률적인 의미와 그로 인하여 자신이 부담하게 될 법적인 책임을 정상적인 인식력과 예기력을 바탕으로 합리적으로 판단할 수 있는 정신적 능력을 갖추고 있었다고 볼 수 없으므로, 甲과 乙 사이의 이 사건 매매계약은 의사능력이 흠결된 상태에서 체결된 것으로서 **무효**이고, 따라서 이를 원인으로 하는 소유권이전등기도 원인무효로서 말소되어야 한다.
(2) 甲의 의사능력이 부정된다면 甲이 소송대리인을 선임하여 소를 제기할 수 없는지 문제된다. **소송능력**은 유효하게 소송행위를 하고 상대방 또는 법원으로부터 소송행위를 받을 수 있는 능력을 말한다. 의사능력이 없는 상태에 있는 사람은 **특별대리인**을 선임을 신청하여 그 특별대리인으로 하여금 소송행위를 하게 할 수 있다고 보는 것이 일반적이다. 그러나 甲이 위 매매계약 체결 당시 의사능력을 흠결한 상태라고 하더라도, 甲의 이 사건 소제기라는 소송행위는 甲 자신의 이익을 위한 것일 뿐 아니라, 자신의 권리를 위하여 변호사에게 소송에 관한 대리권을 수여한다는 것에 불과하므로 소송능력이 흠결된 것이라고는 볼 수 없다.42)
(3) 의사능력의 흠결을 이유로 법률행위가 무효가 되는 경우에도 민법 제141조가 유추 적용된다. 법률상 원인 없이 타인의 재산 또는 노무로 인하여 이익을 얻고 그로 인하여 타인에게 손해를 가한 경우, 그 취득한 것이 금전상의 이득인 때에는 그 금전은 이를 취득한 자가 소비하였는가의 여부를 불문하고 현존하는 것으로 추정되므로 위 이익이 현존하지 아니함은 이를 주장하는 자, 즉 의사무능력자 측에 증명책임이 있다.43) 따라서 <u>甲이 현존이익이 없음을 증명하지 못하는 한 甲은 乙로부터 위 소유권이전등기를 말소 받음과 동시에 乙에게 이 사건 매매대금 1억 원을 반환하여야 한다.</u>

2. 계약의 무효와 청산
(1) 계약의 무효란 계약이 성립한 당초부터 당연히 확정적으로 효력이 발생하지 아니하는 것을 말한다. 이러한 무효사유로 의사무능력, 상대방이 알거나 알 수 있는 비진의표시에 의한 법률행

---

42) 의사무능력자가 한 소송행위의 효력은 그의 정신능력의 정도, 행하여진 당해 소송행위의 성질, 효과 등 여러 가지 사정을 종합하여 개별적인 소송행위별로 결정되어야 할 것임에 비추어, 이 사건 소제기는 <u>원고 자신의 권리를 위하여 변호사에게 소송에 관한 대리권을 수여한다는 점에서 자신의 이익을 위한 것이므로, 소송행위로서 효력을 인정할 수 있다</u>(대법원 2002.10.11. 선고 2001다10113 판결).
43) 대법원 2009.01.15. 선고 2008다58367 판결.

위, 통정허위표시, 반사회질서의 법률행위, 불공정한 법률행위, 강행법규 위반 등이 있다.
(2) 계약이 무효라면 계약의 내용에 따른 법률효과 발생이 부인된다. 예컨대 위 사례에서 甲과 乙의 매매계약이 무효라면 매도인 甲의 소유권이전채무나 매수인 乙의 대금지급채무는 발생하지 않는다. 이미 이행된 부분 즉 乙이 甲에게 지급한 매매대금은 원상회복되어야 하고, 결국 甲은 민법 제741조에 따라 위 금원을 **부당이득**으로서 乙에게 반환하여야 한다.
(3) 쌍무계약이 무효로 되어 각 당사자가 서로 취득한 것을 반환하여야 할 경우, 어느 일방의 당사자에게만 먼저 그 반환의무의 이행이 강제된다면 공평과 신의칙에 위배되는 결과가 되므로 각 당사자의 반환의무는 **동시이행관계**에 있다.44) 만약에 乙 앞으로 소유권이전등기가 마쳐졌다 하더라도 원인행위인 매매계약의 무효로 처분행위 역시 무효가 되어 乙로의 소유권변동은 처음부터 일어나지 않고, 결국 乙의 소유권이전등기는 말소되어야 한다. 판례는 물권행위의 **無因論**이 아니라 **有因主義**에 입각하고 있다.

3. 계약의 취소와 청산
(1) 계약의 취소란 일단 유효하게 성립한 계약을 그 **성립과정의 장애**를 이유로 하여 소급적으로 무효로 하는 취소권자의 일방적 의사표시를 말한다. 취소할 수 있는 계약은 취소가 행하여지기까지는 유효하나, **취소에 의하여 소급적으로 무효**가 된다. 즉 계약은 처음에는 유효이나 취소권자의 취소권행사에 의해 비로소 계약은 확정적으로 무효가 된다('유동적 유효'). 이러한 취소사유로 제한능력(제5조), 착오(제109조), 사기·강박(제110조) 등이 있다. 제한능력자, 착오자, 피사기자·피강박자 및 그 대리인과 승계인 등 취소권자의 취소권은 일방적으로 현재의 법률관계를 변경할 수 있는 이른바 형성권이다.
(2) 취소된 법률행위는 **처음부터 무효**인 것으로 본다. 다만, 제한능력자는 그 행위로 인하여 받은 이익이 현존하는 한도에서 상환할 책임이 있다(제141조). 계약이 취소되면 계약의 효과는 애당초 전혀 발생하지 아니하였던 것이 되고 그 효과의 면에서 보면 무효나 취소나 별반 차이가 없다. 계약이 취소되면 계약상의 채권채무는 처음부터 발생하지 아니한 것으로 되고, 따라서 아직 이행하지 않은 채무는 더 이상 이행하지 않아도 되고, 이미 이행된 부분은 원상회복의무에 따라 제741조의 부당이득으로 반환되어야 한다. 물론 여기에도 처분행위의 **有因主義**가 적용된다.
(3) 위 사례에서 甲이 乙의 기망으로 X 부동산을 乙에게 매도하고 소유권이전등기를 넘겨주었다 하더라도 甲이 사기를 이유로 계약을 취소하면 비록 乙 앞으로 소유권이전등기가 마쳐진 경우에도 이러한 소유권이전은 처음부터 무효가 되어 甲은 소유권을 상실한 일이 없는 것이 되고 따라서 甲은 소유권에 기한 물권적 청구권(제214조)을 행사하여 등기의 회복 즉 乙 명의의 소유권이전등기의 말소를 구할 수 있다.

4. 미성년자의 계약 취소
(1) 미성년자는 권리능력은 있으나 행위능력은 없다. 미성년자도 상속이나 유증을 받을 수 있고 다

---
44) 대법원 2007.12.28. 선고 2005다38843 판결.

만 자신의 부동산을 처분함에는 법정대리인의 동의를 받아야 한다. 부동산처분행위는 권리도 얻고 의무도 부담하는 계약이기 때문이다. 법정대리인의 동의 없이 미성년자가 체결한 매매계약은 미성년자나 법정대리인이 취소할 수 있다. 甲이 취소의 의사표시를 하면 그 계약은 '처음부터 무효'로 다루어진다. 그 결과 취소되어 무효가 된 계약에 기한 이행청구를 할 수 없고, 그 계약의 이행으로 이미 이루어진 급부는 부당이득으로 반환되어야 한다. 미성년자의 법률행위가 취소된 후 당사자가 이미 행한 급부의 반환을 구하는 경우의 소송물은 **부당이득반환청구권**이다.45) 甲과 乙의 매매계약이 취소되면 甲은 乙을 상대로 소유권이전등기의 말소를 구할 수 있고, 乙은 甲을 상대로 매매대금의 반환을 구할 수 있으며, 이와 같은 쌍방의 부당이득반환채무는 **동시이행관계**에 있다. 미성년자가 피고가 된 경우 취소권 행사 전에 현존이익이 소멸하였다는 사실이 항변사실이 되고, 미성년자 측에서 현존이익이 없다는 사실에 관한 증명책임이 있다.

(2) 甲이 매매계약취소로 인한 소유권이전등기의 말소를 구한 경우 乙은 다음과 같은 항변을 할 수 있다.

　① 동시이행항변 : 쌍무계약이 취소되는 경우 쌍방의 부당이득반환채무는 동시이행관계에 있으므로 乙은 매매대금반환과의 동시이행항변을 할 수 있다.46)

　② 추인(취소권의 포기) : 취소원인 종료 후(미성년자가 성년이 된 후) 취소권자가 계약의 유효를 확정적으로 승인한 사실

　③ 법정추인 : 취소원인 종료 후 제145조의 행위를 한 사실

　④ 확답 촉구권 행사에 의한 추인간주(제15조)

　⑤ 제척기간 도과 : 추인할 수 있는 날부터 3년 경과 또는 법률행위를 한 날부터 10년 경과 후 취소의 의사표시가 도달한 사실

(3) 미성년자 등 제한능력을 이유로 한 법률행위의 취소는 선의의 제3자에게도 대항할 수 있다. 따라서 甲은 丙에게 X 부동산의 반환(등기말소나 인도 등)을 청구할 수 있다.

5. 비진의표시가 무효로 되는 경우

(1) 乙에게는 그 표시에 대응하는 실제의 의사가 없다. 그러나 甲이 乙에게 그러한 의사가 없다는 사실을 알지 못했다면 표시를 한 乙에게 책임이 있다. 따라서 乙의 의사표시는 원칙적으로 유효하고, 표시된 의사대로 매매계약이 성립하고 법률효과가 발생한다.

(2) 다만, 甲이 乙의 진의 아님을 알았거나 이를 알 수 있었을 경우에는 그 의사표시는 무효가 된다. 甲의 악의 또는 과실에 대한 증명책임은 진의 아닌 의사표시의 무효를 주장하는 자에게 있다.

---

45) 이때의 〈요건사실〉은 "매매 등의 법률행위를 한 사실 + 이에 기하여 급부를 한 사실 + 법률행위의 취소원인 사실(법률행위 당시 미성년자인 사실) + 취소권자가 취소의 의사표시를 하고 그 의사표시가 상대방에게 도달된 사실"이다.

46) 이때의 〈요건사실〉은 "취소된 쌍무계약에 기하여 피고의 채무이행으로서 급부한 것이 있다는 사실 + 동시이행항변을 행사한다는 권리주장"이다.

6. 배임적 대리행위(대리권 남용)와 비진의표시의 무효

(1) 민법 제921조의 이해상반행위란 행위의 객관적 성질상 친권자와 그 자 사이에 이해의 대립이 생길 우려가 있는 행위를 가리키는 것으로서 친권자의 의도나 그 행위의 결과 실제로 이해의 대립이 생겼는가의 여부는 묻지 아니하는 것인바, 甲의 친권자인 A가 X 부동산을 乙에게 매도한 이 사건 매매계약은 그 행위의 객관적 성질 자체로는 친권자와 그 자 사이에 이해의 대립이 생길 우려가 있는 행위에 해당하는 것이 아니므로, 이 사건 매매계약이 이해상반행위에 해당함을 전제로 하는 甲의 주장은 이유 없다.

(2) 그러나 위 이해상반행위에 해당하지는 않더라도, 법정대리인으로서의 친권자의 대리행위가 본인인 자녀의 이익을 무시하고 대리인인 친권자 또는 제3자의 이익을 위하여서만 행하여진 **대리권 남용**의 행위이고, 행위의 상대방 역시 그와 같은 배임적인 사정을 알았거나 알 수 있었을 경우에는 예외적으로 그 대리행위의 효과가 본인인 자녀에게 미치지 않는다.

(3) 판례는 "진의 아닌 의사표시가 대리인에 의하여 이루어지고 대리인의 진의가 본인의 이익이나 의사에 반하여 자기 또는 제3자의 이익을 위한 배임적인 것임을 상대방이 알았거나 알 수 있었을 경우에는 민법 제107조 제1항 단서의 유추해석상 대리인의 행위에 대하여 본인은 아무런 책임을 지지 않는다고 보아야 하고, 상대방이 대리인의 표시의사가 진의 아님을 알았거나 알 수 있었는지는 표의자인 대리인과 상대방 사이에 있었던 의사표시 형성 과정과 내용 및 그로 인하여 나타나는 효과 등을 객관적인 사정에 따라 합리적으로 판단하여야 한다. 그리고 미성년자의 법정대리인인 친권자의 법률행위에서도 마찬가지라 할 것이므로, 법정대리인인 친권자의 대리행위가 객관적으로 볼 때 미성년자 본인에게는 경제적인 손실만을 초래하는 반면, 친권자나 제3자에게는 경제적인 이익을 가져오는 행위이고 그 행위의 상대방이 이러한 사실을 알았거나 알 수 있었을 때에는 민법 제107조 제1항 단서의 규정을 유추 적용하여 행위의 효과가 자에게는 미치지 않는다고 해석함이 타당하다."고 한다.[47]

(4) 이 사건 매매계약에서는 법정대리인인 친권자가 대리권을 남용하는 사정을 거래의 상대방인 乙이 알 수 있었다고 하면, 그 매매의 효과가 본인인 甲에게 미치지 않는다. 따라서 甲에 대한

---

[47] 대법원 2011.12.22. 선고 2011다64669 판결은 이 사건 매매계약은 본인 甲의 이익을 무시하고 오로지 법정대리인 A와 제3자인 C의 이익을 위하여서만 행하여진 대리권 남용 행위로서, 증거에 의하여 인정되는 다음과 같은 사정, 즉, ① 乙 스스로의 진술에 의하더라도, 부동산중개사무실 사무원으로부터 이 사건 토지가 매물로 나왔다는 연락을 받고 토지등기부등본이나 계약서를 전혀 확인하지 아니한 채 당일 매매계약을 체결하고 바로 1억여 원에 이르는 거액의 매매대금까지 모두 지급하였다는 것인 점, ② 이 사건 토지로부터 불과 약 800m 정도 떨어진 토지는 대금 1억 5,000만 원(평당 60만 원 정도)에 매매되었는바, 이 사건 토지가 위 토지와 달리 도로변에 접하지 아니한 점을 감안하더라도, 乙이 이 사건 토지를 매수한 가격(평당 17만 원 정도)은 당시 시세에 비하여 매우 낮은 것으로 보이는 점(이 사건 토지의 당시 공시지가는 평당 15만 원 정도였다), ③ 乙은 甲의 망부 B와 같은 고향 사람으로, 위 고향은 세대수가 30여 가구에 불과한 작은 마을이고, 이 사건 매매계약 체결 당시에도 B의 모친과 乙의 모친은 위 고향에서 한 집 건너에 살고 있었던 점 등의 사정에, 법무사 사무장은 매매계약 체결 당시 乙에게 매도인이 미성년자로서 그 법정대리인인 친권자가 대리하여 계약을 체결한다고 설명하였다고 진술한 점을 보태어 보면, 乙로서는 이 사건 매매계약 당시 A가 임의로 甲의 이익이나 의사에 반하여 이 사건 토지를 매각하려 한다는 배임적인 사정을 알고 있었거나 알 수 있었다고 보아, 이 사건 매매계약은 본인 甲에게 그 효력이 미치지 않는다고 판단한 원심은 정당하다고 판시하였다.

관계에서 A와 乙 사이에 체결된 이 사건 매매계약은 무효이고, 그에 따라 마쳐진 이 사건 소유권이전등기는 역시 원인무효의 등기이므로, 乙은 甲에게 이 사건 소유권이전등기의 말소등기절차를 이행할 의무가 있다.48)

7. 허위표시와 제3자

(1) 甲과 乙 사이에는 매매계약이 있는 것과 같은 외관이 만들어졌으나 甲이나 乙에게 매매의 의사는 없다. 甲과 乙의 가장매매는 허위표시에 해당하여 무효이므로 甲은 乙을 상대로 위 매매계약이 허위표시라는 사실을 주장·증명하여 소유권이전등기의 말소를 청구할 수 있다. 甲으로부터 乙 앞으로 소유권이전을 해주는 원인이 되는 계약이 무효이면 소유권이 이전되지 않는다.

(2) X 부동산을 불법으로 점유 중인 A는 甲과 乙의 허위표시를 기초로 하여 새로이 법적인 이해관계를 맺은 제3자가 아니므로 甲은 A에 대하여 소유자로서 소유물반환청구권이나 불법행위를 이유로 하는 손해배상청구를 할 수 있다. 제3자는 당사자와 그 포괄승계인 외의 자로서 허위표시에 의하여 외형상 형성된 법률관계를 토대로 실질적으로 새로운 법률상 이해관계를 맺은 자를 의미한다. 통정허위표시에 의하여 외형상 형성된 법률관계로 생긴 채권을 가압류한 자, 통정허위표시에 의해 소유권이전등기가 된 부동산을 매수하고 등기를 마친 자 등이 이에 해당한다.49)

(3) 허위표시의 무효는 선의의 제3자에게 대항할 수 없다(제108조 제2항). "대항하지 못한다."는 말은 甲은 물론 乙도 丙이나 丁에 대하여 甲과 乙 사이의 매매가 허위표시로서 무효라고 주장할 수 없다는 말이다. 위 사례에서 乙이 이러한 사실관계를 전혀 모르는 丙에게 그 부동산을 팔고 등기명의까지 이전해 주면 丙은 유효하게 소유권을 취득하게 되고, 결국 甲은 丙으로부터 그 부동산을 되찾을 수 없다. 丁의 근저당권설정등기도 마찬가지다. 위와 같이 甲과 乙 사이의 가장매매는 무효이지만 丙, 丁 대한 관계는 甲과 乙 사이의 매매계약이 마치 유효한 것 같이 취급되는 것을 '상대적 유효'라고 한다.

---

48) 〈참고〉 주식회사의 대표이사가 그 대표권의 범위 내에서 한 행위는 설령 대표이사가 회사의 영리목적과 관계없이 자기 또는 제3자의 이익을 도모할 목적으로 그 권한을 남용한 것이라 할지라도 일단 회사의 행위로서 유효하고, 다만 그 행위의 상대방이 대표이사의 진의를 알았거나 알 수 있었을 때에는 회사에 대하여 무효가 되는 것이다(대법원 2013.07.11. 선고 2013다16473 판결).

49) 임대차보증금반환채권이 양도된 후 양수인의 채권자가 임대차보증금반환채권에 대하여 채권압류 및 추심명령을 받았는데 임대차보증금반환채권 양도계약이 허위표시로서 무효인 경우 채권자는 그로 인해 외형상 형성된 법률관계를 기초로 실질적으로 새로운 법률상 이해관계를 맺은 제3자에 해당한다(대법원 2014.04.10. 선고 2013다59753 판결).

> 〈甲이 丙을 상대로 丙 명의의 소유권이전등기의 말소를 구하는 경우〉
> ☞ 甲의 청구원인 : X 부동산은 甲의 소유이다(甲과 乙 사이의 매매는 통정허위표시로서 무효이다). + 丙 앞으로 소유권이전등기가 마쳐져 있다.
> ☞ 丙의 항변 : 丙은 甲과 乙 사이의 가장매매에 의하여 외형상 형성된 법률관계를 토대로 실질적으로 새로운 이해관계를 맺었다.
> ☞ 甲의 재항변 : 丙은 위 법률상 이해관계를 맺을 때 甲과 乙의 가장매매가 허위표시라는 사실을 알고 있었다.

(4) 허위표시의 당사자(乙)로부터 직접 부동산을 매수한 자(丙)뿐만 아니라 그로부터 다시 이를 매수한 전득자(戊)도 제3자에 포함한다. 따라서 그가 선의라면 甲은 戊를 상대로 소유권이전등기의 말소를 구할 수 없다. 丙이 선의이고 戊가 악의인 경우에도 마찬가지다.

8. 동기의 착오

(1) 동기의 착오가 법률행위의 내용 중 중요부분의 착오에 해당함을 이유로 표의자가 법률행위를 취소하려면 그 동기를 당해 의사표시의 내용으로 삼을 것을 상대방에게 표시하고 의사표시의 해석상 법률행위의 내용으로 되어 있다고 인정되면 충분하고 당사자들 사이에 별도로 그 동기를 의사표시의 내용으로 삼기로 하는 합의까지 이루어질 필요는 없지만, 그 법률행위의 내용의 착오는 보통 일반인이 표의자의 입장에 섰더라면 그와 같은 의사표시를 하지 아니하였으리라고 여겨질 정도로 그 착오가 중요한 부분에 관한 것이어야 한다.[50]

(2) 乙이 이 사건 매매계약 체결 당시에 이 사건 토지 중 20~30평 정도의 토지 이상은 분할되어 도로로 편입되지 않을 것이라고 믿은 것은 이 사건 매매계약과 관련하여 동기의 착오라고 할 것이지만, 甲과 乙 사이에 매매계약의 내용으로 표시되었다고 볼 것이고 나아가 일반인이라도 乙의 입장에서라면 이 사건 토지 중 전체 면적의 약 30%가 분할되는 것을 알았다면 이 사건 토지를 매수하지 아니하였으리라는 사정이 엿보이므로, 결국 乙은 이 사건 매매계약을 체결함에 있어 그 내용의 중요부분에 관한 착오가 있었다고 볼 것이다.[51] 따라서 乙은 甲을 상대로

---

50) 대법원 2015.05.28. 선고 2014다24327 판결. 동기의 착오는 다음과 같은 일정한 요건 아래 취소할 수 있는 의사표시의 착오로 본다. ① 그 동기를 당해 의사표시의 내용으로 삼을 것을 상대방에게 표시하고 의사표시의 해석상 법률행위의 내용으로 되어 있는 경우 ② 그 동기의 착오가 상대방에 의하여 제공되거나 유발되었다고 볼 수 있는 경우

51) 대법원 2000.05.12. 선고 2000다12259 판결. "甲은 乙은 이 사건 매매계약 체결 당시 이 사건 토지 중 일부가 도로로 편입될 부분이 있다는 사실을 알고 있었고, 도로 편입 부분이 표시된 이 사건 토지를 직접 살펴보았으므로 조금만 주의를 기울였다면 그 편입 부분을 쉽게 알 수 있었음에도 이를 제대로 확인하지 아니한 것이어서 이는 乙의 중대한 과실로 인한 착오이므로 이를 취소할 수 없는 것임에도 乙 주장을 인정한 원심판결에는 착오에 있어서 중대한 과실에 관한 법리오해의 위법이 있다고 주장하나, 이 주장은 원심에 이르기까지 제기된 바 없다가 당심에서야 비로소 제기된 것이어서 적법한 상고이유가 될 수 없을 뿐만 아니라 한편, 착오에 의한 의사표시에서 취소할 수 없는 표의자의 '중대한 과실'이라 함은 표의자의 직업, 행위의 종류, 목적 등에 비추어 보통 요구되는 주의를 현저히 결여하는 것을 의미한다고 할 것인바, 乙은 당시 정육점을 운영하고 있었는데, 편입 부분에 관하여 甲의 동생인 A를 비롯한 중개인들의 말만 믿고 착오에 빠지게 된 사실을 알 수 있는바, 乙의 직업, 그가 착오에 빠지게 된 경위 등 기록에 나타난 제반 사정에 비추어 보면, 乙이 이를 제대로 알아보지 못하였다는 점만으로

매매계약을 취소하고 기지급 계약금과 중도금의 반환을 구할 수 있다.

9. 매매계약 취소와 원상회복

(1) 매매계약이 취소된 경우에 당사자 쌍방의 원상회복의무는 동시이행의 관계에 있고, 쌍무계약에서 쌍방의 채무가 동시이행관계에 있는 경우 일방의 채무의 이행기가 도래하더라도 상대방 채무의 이행제공이 있을 때까지는 그 채무를 이행하지 않아도 이행지체의 책임을 지지 않는 것이며, 이와 같은 효과는 이행지체의 책임이 없다고 주장하는 자가 반드시 동시이행의 항변권을 행사하여야만 발생하는 것은 아니다.[52]

(2) 甲이 乙과 사이의 X 토지에 관한 매매계약을 기망을 이유로 취소함으로써 그 원상회복으로서 甲이 乙에게 X 토지에 관하여 소유권이전등기의 말소등기절차를 이행할 의무가 있고, 또한 乙은 甲에게 수령한 매매대금을 반환할 의무가 있는바, 甲과 乙 사이의 이러한 각 의무는 동시이행의 관계에 있는 것이므로, 乙은 甲으로부터 소유권이전등기의 말소등기절차를 이행받음과 동시에 위 매매대금을 반환할 의무가 있는 것이어서 甲이 乙을 이행지체에 빠뜨리기 위해서는 소유권이전등기의 말소등기에 필요한 서류 등을 현실적으로 제공할 필요까지는 없으나, 최소한 위 서류 등을 준비하여 두고 그 뜻을 乙에게 통지하여 매매대금의 반환과 아울러 이를 수령하여 갈 것을 최고함을 요한다.

10. 의사무능력과 제한능력

계약이 무효라고 해서 다른 효력불발생사유를 주장하지 못하는 것은 아니다. 예컨대 위 사례에서 甲이 의사무능력의 미성년자라면 甲은 의사무능력을 문제 삼지 않고 제한능력을 이유로 한 매매계약취소가 가능하다.

11. 무효와 취소의 경합

(1) 무효와 취소가 경합하는 경우 즉, 한 개의 법률행위가 무효로서의 요건을 구비함과 동시에 취소할 수 있는 행위의 요건도 갖추고 있는 경우 예컨대 사기 또는 강박에 의하여 사회질서위반의 행위를 한 경우에 취소권자는 무효를 주장하거나 그 행위를 취소함으로써 그 결과로 소급적 무효임을 주장하거나 그 하나를 자유롭게 선택할 수 있다(이중효).

(2) 법률행위의 무효는 단지 당사자가 의욕한 대로의 효과가 발생하지 않을 뿐 그 이외에 있어서는 여전히 그 법률행위가 개념적으로 존재하는 것이므로 위와 같은 취소를 인정한다 하더라도 논리적으로 모순되는 것은 아니다. 제한능력자가 상대방을 기망한 경우와 같이 취소의 효과에 있어서 양자에 차이가 있는 경우 2중의 취소를 인정하는 견해가 있다.

는 위 착오가 乙의 중대한 과실에 기인한 것이라고 볼 수 없고 달리 이를 인정하기에 족한 증거가 없다."
[52] 대법원 2010.10.14. 선고 2010다47438 판결.

〈사례 2〉

1. 불능의 급부를 목적으로 하는 계약
(1) 매매계약이 체결되기 전에 이미 매매목적물이 불에 타 없어진 경우는 그 계약은 무효이다. 이 경우에는 그 불능을 알았거나 알 수 있었던 사람에게 손해배상책임이 인정된다.[53] 그러나 매매계약 체결 후 목적물이 불에 타 소실된 경우에는 일단 계약은 유효하게 성립되고 귀책사유의 유무에 따라 채무불이행책임이 발생할 뿐이다.
(2) 따라서 채무불이행과 관련하여서는 **후발적 불능**만이 문제된다. 채무이행이 채무자에게 귀책사유 없는 사유로 불능하게 되면 그 채무는 소멸하여 채무자는 그 채무로부터 해방된다. 이 경우에는 **위험부담**의 문제가 뒤따른다.[54]

2. 채무자위험부담주의
(1) 매매계약이 체결되고 아직 甲에게 Y 건물이 인도되거나 등기이전이 되기 전에 옆집에서 발생한 불이 옮겨 붙어 乙에게는 아무런 잘못도 없이 Y 건물이 불에 타 소실된 경우 乙의 소유권이전채무는 그의 귀책사유 없이 이행불능이 되었으므로 乙은 그 채무로부터 해방되고 그밖에 어떤 채무불이행책임을 부담하지 않는다(귀책사유 없는 이행불능의 해방효). 이 경우 甲도 위 매매계약에 기하여 부담하기로 되어 있던 매매대금지급채무를 면하게 된다.
(2) 민법은 이행불능이 되어 소멸한 채무의 채무자는 그의 상대방에 대한 반대채권을 상실한다는 **채무자위험부담주의**를 택하고 있다.[55] 결국 사례에서 甲과 乙의 채무가 다 소멸하면 계약이 무효인 것과 같이 상대방에게 채무이행을 청구할 수 없음은 물론이고, 이미 이행한 것이 있으면 부당이득을 이유로 그 반환을 청구할 수 있다(원상회복). 따라서 乙은 甲으로부터 받은 계약금 1,000만 원을 甲에게 반환하여야 한다.

3. 목적물 인도 후의 목적물의 소실
(1) 乙이 Y 건물을 甲에게 인도하였다면 그 후에 Y 건물이 천재지변이나 옆집에서 옮겨 붙은 불로 소실된 경우에도 乙은 甲에게 대하여 매매대금의 지급을 청구할 수 있다.
(2) 채무가 다 이행되어 변제로 말미암아 소멸된 경우에는 비록 그 목적물에 어떠한 사태가 발생하였건 그것은 어디까지나 채권자인 甲의 일이고 채무자인 乙은 여전히 甲에 대하여 반대채권을 행사할 수 있다.

---

[53] 제535조(계약체결상의 과실) ① 목적이 불능한 계약을 체결할 때에 그 불능을 알았거나 알 수 있었을 자는 상대방이 그 계약의 유효를 믿었음으로 인하여 받은 손해를 배상하여야 한다. 그러나 그 배상액은 계약이 유효함으로 因하여 생길 이익액을 넘지 못한다.
② 전항의 규정은 상대방이 그 불능을 알았거나 알 수 있었을 경우에는 적용하지 아니한다.
[54] 여기서 '위험'이라고 하는 것은 자신이 부담하는 채무의 소멸로 말미암아 자기가 가지는 반대채권이 소멸할 위험, 즉 對價危險을 말한다.
[55] 제537조(채무자위험부담주의) 쌍무계약의 당사자 일방의 채무가 당사자 쌍방의 책임 없는 사유로 이행할 수 없게 된 때에는 채무자는 상대방의 이행을 청구하지 못한다.

4. 위험의 이전

(1) 사례는 '위험이전'에 관한 문제이다. 부동산매매에서 매도인은 소유권을 이전할 채무와 목적물을 인도할 채무를 부담한다. 매도인의 위험은 위 의무를 모두 이행하여야 비로소 매수인에게 이전하는가?

(2) 매수인이 등기를 이전받아 소유권을 취득함으로써 물건에 대한 법적인 지배권을 획득한다는 이유로 등기이전을 기준으로 위험이 이전된다는 견해도 있으나, 목적물을 인도받아 사용수익 등 지배가능성을 가지고 있으면서 등기를 이전받지 않았다는 이유로 자신의 지배영역 안에서 일어난 사태에도 불구하고 위험을 부담하지 않는다는 것도 문제가 있으므로 <u>소유권 취득 또는 점유 이전의 양자 중 어느 하나라도 있으면 이로써 위험은 매수인에게 이전되는 것으로 본다</u>.56)

5. 채권자지체 중의 이행불능

(1) 이행불능이 '채권자의 책임 있는 사유'에 기한 때와 '채권자지체(수령지체) 중에 당사자 쌍방의 책임 없는 사유'로 인하여 이행불능이 된 경우에는 채권자가 그 위험을 부담한다.57) 채권자지체가 발생한 사실의 증명책임은 채무자에게 있다.58)

(2) 채무자의 이행의 제공이 있었으나 채권자가 이를 수령하지 아니한 때에는 위험이 채권자에게 이전한다.

(3) 채권자의 수령지체 중에 이행불능이 된 경우에도 <u>채권자지체가 발생한 사실에 대한 증명책임은 채무자에게 있다</u>.59)

6. 이행불능

(1) 이행불능에는 물리적 불능과 법적 불능 외에 사회관념상 불능도 포함한다. 사례에서 丙이 유효하게 소유권을 취득하더라도 乙이 다시 丙으로부터 그 부동산을 매수하는 등으로 소유권을 이전받을 수 있으므로 乙의 甲에 대한 채무의 이행이 전적으로 불가능한 것은 아니나, 이 경우에도 사회관념상 乙의 甲에 대한 소유권이전채무는 **이행불능**이 되는 것으로 본다. 乙이 형사상 배임죄로 처벌받는지 여부는 논외로 하고 甲이 乙을 상대로 소유권이전등기청구의 소를 제기한 경우에도 그 이행불능을 이유로 甲의 청구는 기각을 면할 수 없다.

---

56) 양창수/김재형, 「계약법(제2판)」, p.597 등 통설.
57) 제538조(채권자귀책사유로 인한 이행불능) ① 쌍무계약의 당사자 일방의 채무가 채권자의 책임 있는 사유로 이행할 수 없게 된 때에는 채무자는 상대방의 이행을 청구할 수 있다. 채권자의 수령지체 중에 당사자 쌍방의 책임 없는 사유로 이행할 수 없게 된 때에도 같다.
② 전항의 경우에 채무자는 자기의 채무를 면함으로써 이익을 얻은 때에는 이를 채권자에게 상환하여야 한다.
58) 대법원 2016.03.24. 선고 2015다249383 판결.
59) 대법원 2016.03.24. 선고 2015다249383 판결. 또한 부동산에 대한 소유권이전등기의무에 관하여 채무자가 일단 그 이행제공을 하여 채권자가 수령지체에 빠지게 되었다고 하더라도 그 후 목적 부동산이 제3자에게 양도되어 그 소유권이전등기의무의 이행이 불능하게 되었다면, 채무자는 다른 특별한 사정이 없는 한 민법 제401조, 제390조에 따라 상대방에 대하여 자기 채무의 이행불능으로 인한 손해배상채무를 부담한다.

(2) 甲으로서는 乙을 상대로 채무불이행책임을 물어 '이행에 갈음하는 **손해배상**(塡補賠償)'을 청구하거나 매매계약을 **해제**할 수밖에 없다. 손해배상액은 이행불능 당시의 목적물의 시가 상당액이 통상의 손해액이 된다. 그러나 예외적으로 丙이 乙의 배임행위에 적극 가담하여 乙로부터 Y 건물을 매수하는 계약을 체결한 경우에는 그 매매계약은 乙의 위와 같은 범죄행위를 유발하거나 조장하는 것으로서 사회질서에 반하여 무효라는 것이 판례이다. 따라서 이와 같이 무효인 매매계약에 기하여 丙 앞으로 소유권이전등기가 마쳐진 경우에는 丙 앞으로 소유권이 이전되지 않는다.
(3) 이 사건 매매계약이 이행불능으로 되어 甲에게 계약금 상당의 손해가 발생하였다는 甲의 주장은 법률적 효과에 관한 진술에 불과하고 사실에 관한 진술을 한 것이라고 볼 수 없어 자백간주의 대상이 될 수 없다. 법원으로서는 이 사건 매매계약이 이행불능으로 되는지, 甲에게 어떠한 손해가 발생하는지를 살펴보아야 한다.

7. 대상청구권
(1) 소유권이전등기의무의 목적 부동산이 수용되어 그 소유권이전등기의무가 이행불능이 된 경우, 등기청구권자는 등기의무자에게 **대상청구권**의 행사로써 등기의무자가 지급받은 수용보상금의 반환을 구하거나 또는 등기의무자가 취득한 수용보상금청구권의 양도를 구할 수 있을 뿐 그 수용보상금청구권 자체가 등기청구권자에게 귀속되는 것은 아니다.[60]
(2) 甲이 직접 사업시행자를 상대로 보상금의 지급을 구할 수는 없다.

〈사례 3〉
1. 소송물의 특정
(1) 甲은 실체법상 두 가지 청구를 할 수 있다. 하나는 계약대로 乙을 상대로 소유권이전등기절차 이행청구를 하는 것이고, 다른 하나는 乙의 채무불이행을 이유로 계약을 해제하고 원상회복으로 기지급 계약금 및 중도금의 반환과 위약금의 지급을 구하는 것이다. 甲으로서는 소유권이전등기청구권을 주장할 수도 있고, 계약해제로 인한 원상회복청구권을 주장할 수도 있으며, 이들 중 어느 청구권을 주장할 것인지는 甲 스스로 결정하고 특정하여야 한다. 甲으로서는 소송물을 특정할 의무가 있고, 소송물이 특정되지 않으면 그 소는 부적법하다.
(2) 쌍무계약에서 해제는 주의할 점이 있다. 甲이 계약해제를 하기 위하여는 甲이 잔금기일에 잔금을 제공(변제공탁 등)하였음에도 乙이 소유권이전등기에 필요한 서류를 제공하지 아니하였다면 甲은 매수인으로서 이행을 제공한 것이 되고, 매도인 乙은 더 이상 동시이행의 항변을 할 수 없게 되고, 소유권이전채무에 대하여 이행지체에 빠지게 된다. 이 경우 甲은 乙을 상대로 상당한 기간을 정하여 그 이행을 최고하고 그 기간 내에 乙의 이행의 제공이 없으면 甲이 해제권을 취득한다. 그 후 甲이 해제권을 행사하여 乙을 상대로 매매계약해제의 의사표시를 하고 그 의

---

[60] 대법원 1996.10.29. 선고 95다56910 판결.

사 표시가 乙에게 도달하면 해제의 효과가 발생하여 매매계약은 소급적으로 효력을 잃게 된다.61)

2. 이행불능을 이유로 한 해제

(1) 매매목적물에 대하여 가압류 또는 가처분집행이 되어 있다는 것만으로는 소유권이전등기의무가 이행불능이 되는 것은 아니다. 매매목적물인 부동산에 대한 근저당권설정등기나 가압류등기가 말소되지 아니하였다고 하여 바로 매도인의 소유권이전등기의무가 이행불능이 되는 것은 아니다.

(2) 이행불능을 이유로 계약을 해제하기 위해서는 그 이행불능이 채무자의 귀책사유에 의한 경우이어야 하므로(제546조), 매도인의 매매목적물에 관한 소유권이전의무가 이행불능이 되었다고 할지라도 그 이행불능이 매수인의 귀책사유에 의한 경우에는 매수인은 그 이행불능을 이유로 계약을 해제할 수 없다. 그러나 사례의 경우 乙이 저당권이나 가압류를 말소시키지 않고 잔금의 지급을 청구한 경우 甲은 민법 제588조의 대금지급거절권이나 제536조의 동시이행의 항변권을 행사할 수 있다.

3. 부동산의 인도 및 명도의무과 매매대금채무의 동시이행

(1) 부동산매매에서는 매도인의 등기이전뿐만 아니라 목적물의 인도도 매수인의 대금지급과 동시이행의 관계에 있다. 부동산매매에 있어서는 당사자가 특히 부동산 명도책임과 관계없이 잔대금 지급기일을 정한 것이거나 다른 특약이 있는 등 특별한 사정이 없다면 매매부동산의 인도 및 명도의무도 그 잔금지급의무와 동시이행의 관계에 있다고 볼 것인데 사례에서 당사자 간에 이 사건 부동산 매매에 있어서 명도책임은 지지 않기로 한 것인지, 그 명도와는 관계없이 잔대금 지급기일을 정한 것인지에 관한 특약이 없다면 甲의 잔금지급채무와 乙의 이 사건 부동산의 명도의무는 동시이행관계에 있다고 볼 수밖에 없다.

(2) 따라서 乙이 그 명도의무를 이행 제공하고 또 이를 甲에게 통지한 후 그 이행을 수령할 것을 최고한 사실이 없다면 甲의 잔금지급 채무불이행만을 이유로 한 乙의 매매계약의 해제는 부적법하다.62)

---

61) 실무는 대체로 이행의 최고를 하면서 최고와 동시에 최고기간 내에 이행하지 않으면 다시 해제의 의사표시를 하지 않더라도 당연히 해제된다고 하는 최고기간 내의 불이행을 정지조건으로 하는 해제의 의사표시를 하는 경우가 많다. 위와 같이 최고와 해제의 의사표시라는 두 개의 행위를 하나로 결합하여 하는 경우에는 위 기간 내에 이행이 없을 때에는 위 기간경과로 인하여 그 계약은 해제된 것으로 해석한다. 〈참고판례〉 소정의 기간 내에 이행이 없으면 계약은 당연히 해제된 것으로 한다는 뜻을 포함하고 있는 이행청구는 이행청구와 동시에 그 기간 내에 이행이 없는 것을 정지조건으로 하여 미리 해제의 의사를 표시한 것으로 볼 수 있다. 동시이행관계에 있는 의무자의 일방이 상대방의 이행지체를 이유로 한 해제권을 적법하게 취득하기 위하여는 이행청구에 표시된 이행기가 "일정한 기간 내"로 정하여진 경우라면 이행을 청구한 자가 원칙으로 그 기간 중 이행제공을 계속하여야 할 것이고, "일정한 일시"등과 같이 기일로 정하여진 경우에는 그 기일에 이행제공이 있어야 한다(대법원 1992.12. 22. 선고 92다28549 판결).
62) 대법원 1980.07.08. 선고 80다725 판결. 매도인의 소유권이전등기의무는 매수인의 잔금지급의무와 동시이행관계에 있으나 매도인의 부동산인도의무는 매수인의 잔금지급의무와 동시이행관계에 있지 않다고 소개되는 대법

4. 소송과 해제권행사

(1) 소장부본이나 준비서면의 송달로 소장에 표시된 최고·해제·해지 등 실체법상의 의사표시의 효과가 생긴다. 계약의 존속과 양립할 수 없는 소장의 송달 → 해제권의 행사

(2) 소의 제기로써 계약해제권을 행사한 후 그 뒤 소를 취하한 경우에도 해제권은 형성권이므로 그 행사의 효력에는 영향이 없다.[63] 사실심의 변론종결시까지 계약의 해제·해지사유가 발생했음에도 불구하고 소송상 해제권·해지권을 행사하지 아니한 경우 그 후에는 기판력의 시적 범위에 의하여 차단된다.

5. 매매계약과 과실의 귀속

(1) 매매 후 인도 전에 생긴 과실은 원칙적으로 매도인에게 속하고, 매수인은 목적물의 인도를 받은 날로부터 대금의 이자를 지급하여야 한다(민법 제587조). 매매목적물의 인도 전이라도 매수인이 매매대금을 완납한 때에는 그 이후의 과실수취권은 매수인에게 귀속된다.[64] 예컨대, 甲이 乙로부터 X 부동산을 매수하고 그 매매대금을 전액 지급한 이후에 乙이 丙에게 Y 부동산을 임대하여 丙으로부터 그 차임으로 1,000만원을 수령하였다면 乙은 법률상 원인 없이 위 금원 상당의 이득을 얻고 이로 인하여 甲에게 동액 상당의 손해를 입혔으므로 乙은 甲에게 <u>매매대금 전액 지급일 다음날부터</u> 인도 완료일까지 위 금원상당의 부당이득을 반환하여야 한다.[65]

(2) 따라서 乙이 2020. 4. 30.까지 甲에게 X 부동산을 인도하여 주기로 약정하였음에도 불구하고, 이를 이행하지 아니하였다고 하더라도 甲이 乙에게 매매잔대금을 전부 지급하였다는 주장과 증명이 없다면 특별한 사정이 없는 한 매수인인 甲은 매도인인 乙에 대하여 매매목적물의 인도의무의 이행지체를 원인으로 한 손해배상을 청구할 수는 없다.

6. 가처분과 계약해제

(1) 부동산에 관한 매매계약을 체결한 후 매수인 앞으로 소유권이전등기를 마치기 전에 매수인으로부터 그 부동산을 다시 매수한 제3자의 처분금지가처분신청으로 매매목적부동산에 관하여 가처분등기가 이루어진 상태에서 매도인과 매수인 사이의 매매계약이 해제된 경우, 매도인만이 가처분이의 등을 신청할 수 있을 뿐 매수인은 가처분의 당사자가 아니어서 가처분이의 등에 의하여 가처분등기를 말소할 수 있는 법률상의 지위에 있지 않고, 제3자가 한 가처분을 매도인의 매수인에 대한 소유권이전등기의무의 일부이행으로 평가할 수 없어 그 가처분등기를

원 1976.04.27. 선고 76다297,298 판결은 대법원 종합법률정보에서 검색되지 않는다.
[63] 대법원 1982.05.11. 선고 80다916 판결.
[64] 대법원 1993.11.09. 선고 93다28928 판결.
[65] "민법 제587조에 의하면, 매매계약 있은 후에도 인도하지 아니한 목적물로부터 생긴 과실은 매도인에게 속하고, 매수인은 목적물의 인도를 받은 날로부터 대금의 이자를 지급하여야 한다고 규정하고 있는바, 이는 매매당사자 사이의 형평을 꾀하기 위하여 매매목적물이 인도되지 아니하더라도 매수인이 대금을 완제한 때에는 그 시점 이후의 과실은 매수인에게 귀속되지만, 매매목적물이 인도되지 아니하고 또한 매수인이 대금을 완제하지 아니한 때에는 매도인의 이행지체가 있더라도 과실은 매도인에게 귀속되는 것이므로 매수인은 인도의무의 지체로 인한 손해배상금의 지급을 구할 수 없다."(대법원 2004.04.23. 선고 2004다8210 판결)

말소하는 것이 매매계약 해제에 따른 매수인의 원상회복의무에 포함된다고 보기도 어려우므로, 위와 같은 가처분등기의 말소와 매도인의 대금반환의무는 동시이행의 관계에 있다고 할 수 없다.66)

(2) 사례에서 甲과 乙의 매매계약이 적법하게 해제된 경우 乙은 甲에게 위 가처분등기의 말소와 계약금 및 중도금반환의 동시이행을 주장할 수 없고 위 금원을 반환해야 한다.

7. 계약해제와 해제의 효과

(1) 계약의 취소가 계약의 성립과정에 어떤 흠이나 장애가 있음을 이유로 계약의 효력을 상실시키는 것이라면, 계약의 해제는 일단 성립된 계약이 이행되는 과정에서 상대방의 채무불이행을 이유로 계약의 효력을 소급적으로 소멸시키는 해제권자의 일방적 의사표시를 말한다.

(2) 당사자가 서로 합의하여 계약을 해제하는 것은 얼마든지 자유지만(이른바 약정해제) 당사자가 일방적으로 해제할 수 있는 경우는 엄격히 제한되어 있다(법정해제, 채무불이행에 의한 해제). 사례에서 甲이 매매대금을 제 기일에 지급하지 않거나 乙이 소유권이전등기절차에 협력하지 않는 것과 같은 경우에는 계약을 제대로 이행한 것이 되지 않으므로 계약해제 사유가 된다.

☞ **이행지체를 이유로 한 해제의 요건사실** : 원고가 채무의 이행을 지체한 사실 + 피고가 원고에게 상당한 기간을 정하여 이행을 최고한 사실 + 원고가 상당한 기간 내에 이행 또는 이행의 제공을 하지 아니한 사실 + 피고가 해제의 의사표시를 한 사실 및 그 의사표시가 원고에게 도달한 사실
☞ **이행불능을 이유로 한 해제의 요건사실** : 매도인의 채무이행이 불가능한 사실 + 해제의 의사표시를 한 사실

(3) 계약이 해제되면 그 효력이 소급적으로 소멸함에 따라 그 계약상 의무에 기하여 이행된 급부는 원상회복을 위하여 부당이득으로 반환되어야 한다.67) 매매계약이 해제되면 각 당사자는 그 상대방에 대하여 원상회복의 의무가 있다(제548조 제1항 본문). 따라서 이 경우에 매수인은 매도인에게 목적물을 반환할 의무는 물론이고 그 목적물을 사용하였으면 그 사용이익을 반환할 의무도 부담한다. 그러나 이러한 매수인의 사용이익 반환의무는 매매계약의 해제에 따른 원상회복 의무의 일환으로서 인정되는 것이므로 매도인이 매매계약의 이행으로서 목적물을 매수인에게 인도하여 매수인이 그 목적물을 사용한 경우에 비로소 인정될 수 있다.68)

(4) 계약이 해제되면 계약에 의한 모든 채권채무는 소급적으로 소멸한다. 이에 따라 당사자들이 아직 이행하지 않은 채무는 처음부터 존재하지 않은 것으로 되어 더 이상 이행할 필요가 없고, 이미 이행한 부분에 대하여는 원상회복의무가 발생한다. 계약해제에 따라 계약이 소급적으로 실효한 다음에도 여전히 손해가 남는다면 손해배상청구도 할 수 있다(제551조). 원상회복의무

---

66) 대법원 2009.07.09. 선고 2009다18526 판결. 乙은 위 가처분등기로 인하여 현실적으로 입은 손해의 배상을 구할 수 있을 뿐, 위 가처분등기의 말소와 상환으로 위 매매계약 해제에 따른 대금반환의무를 이행할 것을 주장할 수는 없다.
67) 대법원 2008.02.14. 선고 2006다37892 판결.
68) 대법원 2011.06.30. 선고 2009다30724 판결.

나 손해배상의무는 서로 **동시이행**의 관계에 있다. 주지하는 바와 같이 판례는 계약해제의 효과에 관하여 직접적 효과설 중 물권적 효과설을 취하고 있다.
(5) 계약이 해제되면 그 효력이 소급적으로 소멸함에 따라 이미 그 계약상 의무에 기하여 이행된 급부는 원상회복을 위하여 부당이득으로 반환되어야 하는 것이고, 이러한 원상회복의무는 해제의 상대방은 물론이고 해제한 자도 당연히 부담하게 되는 것이므로, 당사자 사이의 약정이 적법하게 해제된 것이라면 그 해제가 누구의 귀책사유로 인한 것인지의 여부에 관계없이, 원래 당사자는 그 약정에 기하여 이미 지급받은 약정금을 상대방에게 반환할 의무를 지게 되는 것이다.69)

8. 해제와 취소의 경합
(1) 매도인이 매수인의 중도금 지급채무 불이행을 이유로 매매계약을 적법하게 해제한 후라도 매수인으로서는 상대방이 한 계약해제의 효과로서 발생하는 손해배상책임을 지거나 매매계약에 따른 계약금의 반환을 받을 수 없는 불이익을 면하기 위하여 착오를 이유로 한 취소권을 행사하여 매매계약 전체를 무효로 돌리게 할 수 있다.70)
(2) 사례에서 甲이 위 매매계약을 취소하기 전에 乙이 甲의 잔금지급채무불이행을 이유로 매매계약을 적법하게 해제하였다 하더라도 甲으로서는 상대방이 한 계약해제의 효과로서 발생하는 손해배상책임을 지거나 이 사건 매매계약에 따른 계약금의 반환을 받을 수 없는 불이익을 면하기 위해서 착오를 이유로 한 취소권을 행사하여 위 매매계약 전체를 무효로 돌리게 할 수 있다.71)
(3) 계약의 해제는 계약이 유효함을 전제로 하는 것이고, 계약의 취소는 계약에 내재한 하자로 인하여 계약이 전부 무효로 돌아가는 것이므로 이미 일방에 의해 취소된 계약을 상대방이 해제할 수는 없다. 그러나 취소권자는 계약의 불이행에 따른 손해배상채무 등 불이익을 면하기 위하여 이미 계약이 적법하게 해제된 뒤에도 그 계약의 효력을 무효로 돌리게 하기 위하여 이를 취소할 수도 있는 것이다.

9. 계약해제와 제3자
계약해제시 계약은 소급하여 소멸하게 되어 해약 당사자는 각 원상회복의 의무를 부담하게 되나 이 경우 계약해제로 인한 원상회복등기 등이 이루어지기 이전에 해약당사자와 양립되지 아니하는 법률관계를 가지게 되었고 계약해제 사실을 몰랐던 제3자에 대하여는 계약해제를 주장할 수 없고, 이 경우 제3자가 악의라는 사실의 주장·입증책임은 계약해제를 주장하는 자에게 있다.72)
(1) 여기서 말하는 제3자란 일반적으로 그 해제된 계약으로부터 생긴 법률효과를 기초로 하여 해제 전에 새로운 이해관계를 가졌을 뿐 아니라 등기, 인도 등으로 완전한 권리를 취득한 자를

---
69) 대법원 1995.03.24. 선고 94다10061 판결.
70) 대법원 1996.12.06. 선고 95다24982 판결.
71) 대법원 1991.08.27. 선고 91다11308 판결.
72) 대법원 2005.06.09. 선고 2005다6341 판결.

말한다.73) 매매목적물의 양수인, 대항력을 갖춘 주택임차인, 가등기를 한 자74) 등이 이에 해당한다. A는 완전한 권리취득자이므로 乙은 A에게 계약해제로 대항할 수 없다.

(2) 판례는 가압류나 압류채권자를 종국적으로 부동산을 환가하여 만족을 얻을 수 있는 새로운 독립적 권리를 취득한 자로 보아 보호받는 제3자의 범위에 속한다고 보고 있다.75) 즉, 민법 제548조 제1항 단서에서 말하는 제3자란 일반적으로 해제된 계약으로부터 생긴 법률효과를 기초로 하여 별개의 새로운 권리를 취득한 자를 말하는 것인바, 해제된 계약에 의하여 채무자의 책임재산이 된 계약의 목적물을 가압류한 가압류채권자는 그 가압류에 의하여 당해 목적물에 대하여 잠정적으로 그 권리행사만을 제한하는 것이나 종국적으로는 이를 환가하여 그 대금으로 피보전채권의 만족을 얻을 수 있는 권리를 취득하는 것이므로 그 권리를 보전하기 위하여서는 위 조항 단서에서 말하는 제3자에는 위 가압류채권자도 포함된다.76) B가 甲과 乙 사이에 체결된 계약에 기하여 甲의 책임재산이 된 이 사건 토지를 압류하고 그 등기까지 마침으로써 이 사건 토지를 환가하여 그 대금으로 자기 채권의 만족을 얻을 수 있는 별개의 새로운 권리를 취득하였으므로, B도 제3자에 포함되는 것으로 보아야 할 것이고, 甲과 乙 사이의 계약의 효력이 실권특약이나 계약해제에 따라 소급적으로 소멸되었다는 사정을 B가 알면서 이 사건 토지를 압류하였음을 인정할 만한 자료는 기록상 나타나지 아니한다.77)

(3) 부동산처분금지가처분이 유효하게 집행된 이후 가처분채권자가 그 본안소송에서 승소판결을 선고받아 확정되면 가처분채권자는 가처분등기 후에 경료된, 그에 위반되는 등기의 말소를 단독으로 신청할 수 있고, 동일한 부동산에 대하여 가압류와 처분금지가처분이 경합하는 경우 처분의 금지라는 점에 있어서는 양자의 효력이 양립할 수 없어 가압류와 가처분의 효력 순위는 그 집행 순서에 따라 정할 수밖에 없으므로, 부동산에 대하여 가압류등기가 된 경우에, 그 가압류채무자(현 소유자)의 전 소유자가 위의 가압류 집행에 앞서 같은 부동산에 대하여 소유권이전등기의 말소청구권을 보전하기 위한 처분금지가처분등기를 경료한 다음, 채무자를 상대로 매매계약의 해제를 주장하면서 소유권이전등기 말소소송을 제기한 결과 승소판결을 받아 확정

---

73) 대법원 2007.04.26. 선고 2005다19156 판결.
74) 대법원 2014.12.11. 선고 2013다14569 판결 : 민법 제548조 제1항 단서에서 말하는 제3자는 일반적으로 해제된 계약으로부터 생긴 법률효과를 기초로 하여 해제 전에 새로운 이해관계를 가졌을 뿐만 아니라 등기, 인도 등으로 권리를 취득한 사람을 말하는 것인바, 매수인과 매매예약을 체결한 후 그에 기한 소유권이전청구권 보전을 위한 가등기를 마친 사람도 위 조항 단서에서 말하는 제3자에 포함된다.
75) 판례의 입장에 대하여는 등기의 공신력을 인정하지 않는 우리 법제 하에서 압류 또는 가압류채권자에게 해제자보다 우월한 지위를 인정하는 것은 문제가 있다는 비판이 있다. 이 견해에 의하면 계약해제로 인하여 계약은 소급적으로 소멸하고 이전된 부동산물권은 당연히 계약이 없었던 상태로 복귀한다는 물권적 효과설에 따르면 계약이 해제되면 해제자는 상대방에 대하여 채권적 청구권, 즉 부당이득반환청구권으로서의 소유권이전등기청구권이 아니라 복귀된 물권에 기하여 소유권에 기한 소유권이전등기말소청구권을 가지므로 계약해제 후 해제자는 목적물의 소유자로서 압류나 가압류등기를 한 제3자에 대하여 압류등기의 말소를 구할 수 있고, 나아가 압류등기에 기한 강제집행이 이루어지는 경우에는 소유자로서 제3자이의의 소를 제기할 수 있다고 한다. 김동훈, "계약해제에 관한 최근 판례상의 몇 가지 쟁점", 「민사법의 현대적 과제와 전망(서광민 교수 정년기념논문집)」, 두성사(2007), p.53 이하 참조.
76) 대법원 2000.01.14. 선고 99다40937 판결.
77) 대법원 2000.04.21. 선고 2000다584 판결.

되기에 이르렀다면, 위와 같은 가압류는 결국 말소될 수밖에 없고, 따라서 이러한 경우 가압류채권자는 민법 제548조 제1항 단서에서 말하는 제3자로 볼 수 없으며, 가처분채권자가 받은 본안판결이 전부 승소판결이 아닌 동시이행판결인 경우도 이와 달리 볼 이유가 없다.[78]

(4) 계약상의 채권을 양수한 자는 여기서 말하는 제3자에 해당하지 않는다. 계약이 해제된 경우 계약해제 이전에 해제로 인하여 소멸되는 채권을 양수한 자는 계약해제의 효과에 반하여 자신의 권리를 주장할 수 없음은 물론이고, 나아가 특단의 사정이 없는 한 채무자로부터 이행받은 급부를 원상회복하여야 할 의무가 있다.[79] 甲은 C에게 계약해제로 대항할 수 있다.

(5) 해제에 의하여 소멸되는 채권 그 자체를 압류 또는 전부한 채권자는 제548조 제1항 단서의 제3자에 해당하지 않는다. 소유권이전등기청구권의 가압류나 압류가 행하여지면 제3채무자로서는 채무자에게 등기이전행위를 하여서는 아니 되고, 그와 같은 행위로 채권자에게 대항할 수 없다 할 것이나, 가압류나 압류에 의하여 그 채권의 발생원인인 법률관계에 대한 채무자와 제3채무자의 처분까지도 구속되는 것은 아니므로 기본적 계약관계인 매매계약 자체를 해제할 수 있다. 甲이 乙에 대하여 가지는 소유권이전등기청구권이나 乙이 甲에 대하여 갖는 매매잔대금 채권은 매매계약의 해제로 인하여 소멸하였고, 이를 대상으로 하는 압류명령 또한 실효될 수밖에 없다. D와 같은 채권에 대한 압류권자는 제548조 제1항의 제3자에 해당하지 않는다.[80]

10. 계약목적물의 제3자 이전과 해제

(1) 판례는 해제의 효과에 관하여 소급적 소멸설을 취하면서도 거래안전의 보호를 위하여 원상회복등기가 이루어지기 전에 소유권이전등기를 마친 제3자를 우선시킨다.
(2) 계약당사자의 일방이 계약을 해제하였을 때에는 계약은 소급하여 소멸하여 해약당사자는 각 원상회복의 의무를 지게 되나 이 경우 계약해제로 인한 원상회복등기 등이 이루어지기 이전에 계약의 해제를 주장하는 자와 양립되지 아니하는 법률관계를 가지게 되었고 계약해제사실을 몰랐던 제3자에 대하여는 계약해제를 주장할 수 없다.[81]

11. 계약해제 시 목적물반환청구권의 확보를 위한 가등기

(1) 매도인이 매매대금을 모두 지급받기 전에 매수인에게 매매목적물에 관한 소유권이전등기를 경료하면서 매수인과 사이에 매매계약이 해제될 경우 매수인이 매도인에게 매매목적물에 관한

---

78) 대법원 2005.01.14. 선고 2003다33004 판결.
79) 대법원 2003.01.24. 선고 2000다22850 판결.
80) 대법원 2000.04.11. 선고 99다51685 판결. 대법원 1997.04.25. 선고 96다10867 판결 : 채권이 가압류되면 그 효력으로 채무자가 가압류채권을 처분하더라도 채권자에게 대항할 수 없고, 또 채무자는 가압류채권에 관하여 제3채무자로부터 변제를 받을 수 없으므로, 제3채무자인 임차인이 가압류채무자인 임대인에게 임차보증금 잔금을 지급한 것은 가압류결정의 효력에 의하여 가압류채권자에게 대항할 수 없으나, 임차인으로서는 임차보증금 잔금채권이 압류되어 있다고 하더라도 그 채권을 발생시킨 기본적 계약관계인 임대차계약 자체를 해지할 수 있고, 따라서 임차인과 임대인 사이의 임대차계약이 해지된 이상 그 임대차계약에 의하여 발생한 임차보증금 잔금채권은 소멸하게 되고, 이를 대상으로 한 압류 및 추심명령 또한 실효될 수밖에 없다
81) 대법원 1985.04.09. 선고 84다카130,84다카131 판결.

소유권이전등기를 하여 주기로 하는 별도의 약정을 하였다면, 매도인은 매수인에 대하여 그 약정 자체에 의한 소유권이전등기절차의 이행을 청구할 수 있고, 매도인의 이와 같은 소유권이전등기청구권 역시 소유권의 이전을 목적으로 하는 청구권이라 할 것이므로 부동산등기법 제3조 소정의 가등기에 의하여 보전될 수 있다.[82]

(2) 또한, 소유권이전등기청구권을 보전하기 위하여 가등기를 경료한 자가 그 가등기에 기하여 본등기를 경료한 경우에 가등기의 순위보전의 효력에 의하여 중간처분이 실효되는 효과를 가져오므로, 가등기가 경료된 후 비로소 상가건물 임대차보호법 소정의 대항력을 취득한 상가건물의 임차인으로서는 그 가등기에 기하여 본등기를 경료한 자에 대하여 임대차의 효력으로써 대항할 수 없다.[83]

---

82) 대법원 1982.11.23. 선고 81다카1110 판결 참조.
83) 대법원 2007.06.28. 선고 2007다25599 판결.

제12장 양수금·채무인수금 청구

민사실무 핵심 요건사실

[참고] 채권관계 당사자(채권주체)의 변경
- 채권자의 변경 → 채권양도
- 채무자의 변경 → 채무인수
- 계약당사자 지위 자체의 승계 → 계약인수

[참고] 채권귀속주체의 변경
- 채권의 동일성을 유지하면서 법률행위에 의한 채권귀속주체의 변경 → 채권양도
- 법률의 규정에 의한 채권귀속주체의 변경 → 상속, 손해배상자대위, 변제자대위
- 재판에 의한 강제적 채권귀속주체의 변경 → 전부명령

1 양수금 청구

가. 청구취지와 청구원인

<기초사실> 甲(채권양도인)은 2019. 4. 1. 乙(채무자)에게 1억 원을 변제기 2020. 3. 31.로 정하여 대여한 후, 2020. 5. 1. 위 대여금채권을 丙(채권양수인)에게 양도하고 같은 날 乙에게 그 양도사실을 통지하였다.

☞ **청구취지** : 피고는 원고에게 1억 원 및 이에 대한 2020. 4. 1.부터 이 사건 소장부본 송달일까지는 연 5%의, 그 다음날부터 다 갚는 날까지는 연 12%의 각 비율로 계산한 돈을 지급하라.

☞ **청구원인** : 소외 甲은 2019. 4. 1. 피고에게 1억 원을 변제기 2020. 3. 31.로 정하여 대여한 후, 2020. 5. 1. 원고에게 위 대여금채권을 양도하고 같은 날 피고에게 그 양도사실을 통지하여 그 통지는 같은 날. 피고에게 도달하였다.

그렇다면 피고는 원고에게 위 대여원금 1억 원 및 이에 대한 변제기 다음날인 2020. 4. 1.부터 이 사건 소장부본 송달일까지는 민법이 정한 연 5%의, 그 다음날부터 다 갚는 날까지는 소송촉진 등에 관한 특례법이 정한 연 12%의 각 비율로 계산한 지연손해금을 지급할 의무가 있다.

나. 요건사실

❶ **양도대상채권의 존재**(양도인의 피고에 대한 원래 채권의 발생원인 사실)[1]
❷ **채권양도계약의 체결**[2]
❸ **채권양도의 대항요건 구비**(채무자에 대한 채권양도의 통지 및 도달[3] 또는 채무자의 승낙)

[참고]
(1) 채무자에 대한 대항요건
   ① 통지의 주체 : 양도인
      → 양수인은 양도인의 사자나 대리인으로 통지 가능[4][5]
   ② 채권양도가 있기 전에 미리 하는 **사전 통지**는 원칙적 불허, 예외적 허용[6]
      → 채무자의 사전 승낙이 허용됨.
   ③ 채무자는 양도통지 후에 양도인에 대하여 반대채권을 취득한 때 상계가 불가하나, 동시이행관계에 있는 경우에는 상계가 허용됨.[7]
      → 채무자가 양도통지 당시 양도인에 대하여 반대채권을 가지고 있는 경우에는 제한 없이 상계가 가능.
   ④ 채무자가 이의를 보류하지 않고 승낙한 경우[8]
      → 채무자는 채권의 불성립·소멸 등의 항변을 하지 못하나 **채권의 귀속**에 관한 문제는 항변 가능.[9] 〈예외〉 채권자가 악의·중과실인 경우에는 채무자는 항변 가능
      〈예시〉 채권양도에 있어서 채무자가 이의를 보류하지 않은 승낙을 한 경우, 채무자는 양도인에게 대항할 수 있는 사유로서 양수인에게 대항할 수 없고, 이 경우 대항할 수 없는 사유는 협의의 항변권에 한하지 아니하고 넓게 채권의 성립, 존속, 행사를 저지하거나 배척하는 사유를 포함한다.
      → 채무자가 양도인에 대한 사유(이미 변제하였다는 항변)로 양수인에게 **항변**하면,
      → 양수인으로서는 채무자가 이의를 보류하지 않은 승낙을 하였다는 점을 주장·증명하여 **재항변**할 수 있고,
      → 채무자는 양도인에 대한 항변사유의 존재를 양수인이 이미 알았거나 중대한 과실로 알지 못했다는 사실을 들어 **재재항변**을 할 수 있다.
(2) 제3자에 대한 대항요건 : 확정일자[10] 있는 증서에 의한 통지 또는 승낙
   ① 채권의 이중양도에 있어서 우선순위[11]

---

1) 장래의 채권도 양도 당시 기본적 채권관계가 어느 정도 확정되어 있어 그 권리의 특정이 가능하고(채권의 특정가능성) 가까운 장래에 발생할 것임이 상당 정도 기대되는 경우(발생의 개연성)에는 이를 양도할 수 있다.
2) 지명채권(이하 단지 '채권'이라고만 한다)의 양도라 함은 채권의 귀속주체가 법률행위에 의하여 변경되는 것, 즉 법률행위에 의한 이전을 의미한다. 여기서 '**법률행위**'란 유언 외에는 통상 채권이 양도인에게서 양수인으로 이전하는 것 자체를 내용으로 하는 그들 사이의 합의(이하 '채권양도계약'이라고 한다)를 가리키고, 이는 이른바 준물권행위 또는 처분행위로서의 성질을 가진다. 그와 달리 채권양도의 의무를 발생시키는 것을 내용으로 하는 계약(이하 '양도의무계약'이라고 한다)은 채권행위 또는 의무부담행위의 일종으로서, 이는 구체적으로는 채권의 매매(민법 제579조 참조)나 증여, 채권을 대물변제로 제공하기로 하는 약정, 담보를 위하여 채권을 양도하기로 하는 합의(즉 채권양도담보계약), 채권의 추심을 위임하는 계약(지명채권이 아닌 증권적 채권에 관하여서이기는 하나, 어음법 제18조, 수표법 제23조는 어음상 또는 수표상 권리가 추심을 위하여 양도되는 방식으로서의 추심위임배서에 대하여 정한다), 신탁(다만 신탁법 제7조 참조) 등 다양한 형태를 가질 수 있다. 비록 채권양도계약과 양도의무계약은 실제의 거래에서는 한꺼번에 일체로 행하여지는 경우가 적지 않으나, 그 법적 파악에 있어서는 역시 구별되어야 하는 별개의 독립한 행위이다. 그리하여 채권양도계약에 대하여는 그 원인이 되는 개별적 채권계약의 효과에 관한 민법상의 임의규정은 다른 특별한 사정이 없는 한 적용되지 아니한다(대법원 2011.03.24. 선고 2010다100711 판결).
3) 도달이라 함은 사회통념상 상대방이 통지의 내용을 알 수 있는 객관적 상태에 놓여졌다고 인정되는 상태를 가리킨다.

② 채권양도의 원인이 되는 양도의무계약이 해지된 경우[12]
③ 채권(가)압류권자와 채권양수인 사이의 우열관계[13]

4) 민법 제450조에 의한 채권양도통지는 **양도인**이 직접 하지 아니하고 **사자**를 통하여 하거나 **대리인**으로 하여금 하게 하여도 무방하고, 채권의 양수인도 양도인으로부터 채권양도통지 권한을 위임받아 대리인으로서 그 통지를 할 수 있다. 그리고 채권양도통지 권한을 위임받은 양수인이 양도인을 대리하여 채권양도통지를 함에 있어서는 민법 제114조 제1항의 규정에 따라 양도인 본인과 대리인을 표시하여야 하는 것이므로, 양수인이 서면으로 채권양도통지를 함에 있어 대리관계의 현명을 하지 아니한 채 양수인 명의로 된 채권양도통지서를 채무자에게 발송하여 도달되었다 하더라도 이는 효력이 없다고 할 것이다. 다만, 대리에 있어 본인을 위한 것임을 표시하는 이른바 현명은 반드시 **명시적으로만** 할 필요는 없고 묵시적으로도 할 수 있는 것이고, 나아가 채권양도통지를 함에 있어 현명을 하지 아니한 경우라도 채권양도통지를 둘러싼 여러 사정에 비추어 양수인이 대리인으로서 통지한 것임을 상대방이 알았거나 알 수 있었을 때에는 **민법 제115조 단서의 규정**에 의하여 유효하다고 보아야 할 것이다(대법원 2004.02.13. 선고 2003다43490 판결). 〈사례〉 채권양도통지서 자체에 양수받은 채권의 내용이 기재되어 있고, 채권양도양수계약서가 위 통지서에 첨부되어 있으며, 채무자로서는 양수인에게 채권양도통지 권한이 위임되었는지 여부를 용이하게 알 수 있었다는 사정 등을 종합하여 무현명에 의한 채권양도통지를 민법 제115조 단서에 의해 유효하다고 사례.
5) 채권양도의 통지를 양수인이 양도인을 대리하여 행할 수 있음은 일찍부터 인정되어 온 바이지만, **대리통지**에 관하여 그 대리권이 적법하게 수여되었는지, 그리고 그 대리행위에서 현명의 요구가 준수되었는지 등을 판단함에 있어서는 양도인이 한 채권양도의 통지만이 대항요건으로서의 효력을 가지게 한 뜻이 훼손되지 아니하도록 채무자의 입장에서 양도인의 적법한 수권에 기하여 그러한 대리통지가 행하여졌음을 제반 사정에 비추어 커다란 노력 없이 확인할 수 있는지를 무겁게 고려하여야 한다. 특히 양수인에 의하여 행하여진 채권양도의 통지를 대리권의 '묵시적' 수여의 인정 및 현명원칙의 예외를 정하는 **민법 제115조 단서의 적용**이라는 **이중의 우회로**를 통하여 유효한 양도통지로 가공하여 탈바꿈시키는 것은 법의 왜곡으로서 경계하여야 한다. 채권양도의 통지가 양도인 또는 양수인 중 누구에 의하여서든 행하여지기만 하면 대항요건으로서 유효하게 되는 것은 채권양도의 통지를 양도인이 하도록 한 법의 취지를 무의미하게 할 우려가 있다(대법원 2011.02.24. 선고 2010다96911 판결).
6) **채권양도가 있기 전에 미리 하는 채권양도통지**는 채무자로 하여금 양도의 시기를 확정할 수 없는 불안한 상태에 있게 하는 결과가 되어 원칙으로 허용될 수 없다 할 것이지만 이는 채무자를 보호하기 위하여 요구되는 것이므로 사전통지가 있더라도 채무자에게 법적으로 아무런 불안정한 상황이 발생하지 않는 경우에까지 그 효력을 부인할 것은 아니라 할 것이다(대법원 2010.02.11. 선고 2009다90740 판결). 〈사례〉 채권양도인의 확정일자부 채권양도통지와 채무자의 확정일자부 채권양도승낙이 모두 있은 후에 채권양도계약이 체결된 사안에서, 실제로 채권양도계약이 체결된 날 위 채권양도의 제3자에 대한 대항력이 발생한다고 본 사례.
7) 채권양도에 의하여 채권은 그 동일성을 유지하면서 양수인에게 이전되고, 채무자는 양도통지를 받은 때까지 양도인에 대하여 생긴 사유로써 양수인에게 대항할 수 있다(민법 제451조 제2항). 따라서 채무자의 채권양도인에 대한 자동채권이 발생하는 기초가 되는 원인이 양도 전에 이미 성립하여 존재하고 그 자동채권이 수동채권인 양도채권과 동시이행의 관계에 있는 경우에는, 양도통지가 채무자에게 도달하여 채권양도의 대항요건이 갖추어진 후에 자동채권이 발생하였다고 하더라도 채무자는 동시이행의 항변권을 주장할 수 있고, 따라서 그 채권에 의한 상계로 양수인에게 대항할 수 있다. 그리고 도급계약에 의하여 완성된 목적물에 하자가 있는 경우에 도급인은 수급인에게 하자의 보수를 청구할 수 있고 그 하자의 보수에 갈음하여 또는 보수와 함께 손해배상을 청구할 수 있는데, 이들 청구권은 특별한 사정이 없는 한 민법 제667조 제3항에 따라 수급인의 공사대금채권과 동시이행관계에 있다(대법원 2015.04.09. 선고 2014다80945 판결).
8) 피고가 (이의를 보류하지 아니하고) 단순승낙을 한 사실은 원고의 **재항변**이 되고, 원고의 악의 또는 중과실은 피고의 **재재항변**이 된다.
9) 민법은 채권의 귀속에 관한 우열을 오로지 확정일자 있는 증서에 의한 통지 또는 승낙의 유무와 그 선후로써만 결정하도록 규정하고 있는데다가, 채무자의 '이의를 보류하지 아니한 승낙'은 민법 제451조 제1항 전단의 규정 자체로 보더라도 그의 양도인에 대한 항변을 상실시키는 효과밖에 없고, 채권에 관하여 권리를 주장하는 자가 여럿인 경우 그들 사이의 우열은 채무자에게도 효력이 미치므로, 위 규정의 '**양도인에게 대항할 수 있는 사유**'란 채권의 성립, 존속, 행사를 저지·배척하는 사유를 가리킬 뿐이고, 채권의 귀속(채권이 이미 타인에게 양도되었다는 사실)은 이에 포함되지 아니한다(대법원 1994.04.29. 선고 93다35551 판결).

[참고] 채권가압류와 채권양도의 우열
☞ 채권가압류 〉채권양수 : 일반적으로 채권에 대한 가압류가 있더라도 이는 가압류채무자가 제3채무자로부터 현실로 급부를 추심하는 것만을 금지하는 것이므로 가압류채무자는 제3채무자를 상대로 그 이행을 구하는 소송을 제기할 수 있고, 채권양도에 의하여 채권은 그 동일성을 잃지 않고 양도인으로부터 양수인에게 이전된다 할 것이며, 가압류된 채권도 이를 양도하는 데 아무런 제한이 없으나, 다만 가압류된 채권을 양수받은 양수인은 그러한 가압류에 의하여 권리가 제한된 상태의 채권을 양수받는다.
　→ 동일한 채권에 관하여 채권가압류결정이 제3채무자에게 송달된 후에 당해 채권을 양도받은 자가 제3채무자를 상대로 이행의 소를 제기한 경우 무조건 청구인용
　→ 채권가압류결정의 채권자가 본안소송에서 승소하는 등으로 집행권원을 취득하는 경우 가압류에 의해 권리가 제한된 상태의 채권을 양수받는 양수에 대한 채권양도는 무효
☞ 채권가압류 = 채권양수 : 채권 전액에 대하여 양수금, 전부금 또는 추심금의 이행청구를 하여 적법하게 변제받을 수 있고, 제3채무자는 이들 중 누구에게라도 그 채무 전액을 변제하면 다른 채권자에 대한 관계에서도 유효하게 면책(내부적 정산의무)
　→ 다른 채권자는 더 이상 가압류에 따른 집행절차에 참가 못함.
☞ 채권가압류 〈 채권양수 : 가압류채권자는 존재하지 않는 채권을 가압류한 셈이 되어 그 채권가압류는 효력을 발생할 수 없으므로 채무자는 양수인에게 양수금을 지급하여야 유효한 변제가 됨.

---

10) 공정증서, 확정일자 등. 확정일자 있는 증서에 의한 통지나 승낙에 있어서 '확정일자'는 채권양도에 대한 채무자의 인식의 전제가 되는 통지 또는 승낙과 관련하여 이루어지면 되므로, 채권자가 채권양도통지서에 공증인가 합동법률사무소의 확정일자 인증을 받아 이를 채무자에게 통지하였다면 확정일자 있는 증서에 의하여 채권양도를 통지하였다고 보아야 한다(대법원 2016.10.13. 선고 2014다2723 판결).
11) 채권이 이중으로 양도된 경우 양수인 상호 간의 우열은 확정일자 있는 양도통지가 채무자에게 도달한 일시 또는 확정일자 있는 승낙의 일시의 선후에 의하여 결정하여야 하고, 확정일자 있는 증서에 의하지 아니한 통지나 승낙이 있는 채권양도의 양수인은 확정일자 있는 증서에 의한 통지나 승낙이 있는 채권양도의 양수인에게 대항할 수 없다(대법원 2013.06.28. 선고 2011다83110 판결).
12) 대법원 2000.04.11. 선고 99다23888 판결. 종전의 채권자가 채권의 추심 기타 행사를 위임하여 채권을 양도하였으나 양도의 '원인'이 되는 그 위임이 해지 등으로 효력이 소멸된 경우에 이로써 채권은 양도인에게 복귀하게 되고, 나아가 양수인은 그 양도의무계약의 해지로 인하여 양도인에 대하여 부담하는 원상회복의무(이는 계약의 효력불발생에서의 원상회복의무 일반과 마찬가지로 부당이득반환의무의 성질을 가진다)의 한 내용으로 채무자에게 이를 통지할 의무를 부담한다(대법원 2011.03.24. 선고 2010다100711 판결).
13) 채권이 이중으로 양도된 경우의 양수인 상호간의 우열은 통지 또는 승낙에 붙여진 확정일자의 선후에 의하여 결정할 것이 아니라, 채권양도에 대한 채무자의 인식, 즉 확정일자 있는 양도통지가 채무자에게 도달한 일시 또는 확정일자 있는 승낙의 일시의 선후에 의하여 결정하여야 할 것이고, 이러한 법리는 채권양수인과 동일 채권에 대하여 가압류명령을 집행한 자 사이의 우열을 결정하는 경우에 있어서도 마찬가지이므로, 확정일자 있는 채권양도 통지와 가압류결정 정본의 제3채무자(채권양도의 경우는 채무자)에 대한 도달의 선후에 의하여 그 우열을 결정하여야 한다.
채권양도 통지, 가압류 또는 압류명령 등이 제3채무자에 동시에 송달되어 그들 상호간에 우열이 없는 경우에도 그 채권양수인, 가압류 또는 압류채권자는 모두 제3채무자에 대하여 완전한 대항력을 갖추었다고 할 것이므로, 그 전액에 대하여 채권양수금, 압류전부금 또는 추심금의 이행청구를 하고 적법하게 이를 변제받을 수 있고, 제3채무자로서는 이들 중 누구에게라도 그 채무 전액을 변제하면 다른 채권자에 대한 관계에서도 유효하게 면책되는 것이며, 만약 양수채권액과 가압류 또는 압류된 채권액의 합계액이 제3채무자에 대한 채권액을 초과할 때에는 그들 상호간에는 법률상의 지위가 대등하므로 공평의 원칙상 각 채권액에 안분하여 이를 내부적으로 다시 정산할 의무가 있다.
채권양도의 통지와 가압류 또는 압류명령이 제3채무자에게 동시에 송달되었다고 인정되어 채무자가 채권양수인

다. 주요 항변

(1) **본안전 항변** : 피고가 본안전 항변으로 채권양도사실을 내세워 당사자적격이 없다고 주장하는 경우 → 그와 같은 주장 속에는 원고가 채권을 양도하였기 때문에 채권자임을 전제로 한 청구는 이유가 없는 것이라는 취지의 **본안에 관한 항변** 포함.

(2) **종래 채권자에 대한 원래의 항변** : 동시이행의 항변 등 양도·승낙시까지 양도인에 대하여 대항할 수 있는 사유의 존재. 피고의 승낙방식에 의한 채권양도의 경우에는 예외.

(3) **성질상 양도를 허용할 수 없는 채권이라는 항변**
   → 부양료청구권
   → 퇴직금채권[14]
   → 협의 또는 심판에 의하여 그 구체적 내용이 형성되지 아니한 재산분할청구권[15]
   → 부동산매매로 인한 소유권이전등기청구권[16]
   → 약혼해제·이혼·파양으로 인한 각 위자료청구권.

(4) **양도금지특약 항변** : 양도금지특약[17] + 양수인의 악의 또는 중과실[18]

및 추심명령이나 전부명령을 얻은 가압류 또는 압류채권자 중 한 사람이 제기한 급부소송에서 전액 패소한 이후에도 다른 채권자가 그 송달의 선후에 관하여 다시 문제를 제기하는 경우 기판력의 이론상 제3채무자는 이중지급의 위험이 있을 수 있으므로, 동시에 송달된 경우에도 제3채무자는 송달의 선후가 불명한 경우에 준하여 채권자를 알 수 없다는 이유로 변제공탁을 함으로써 법률관계의 불안으로부터 벗어날 수 있다. 채권양도 통지와 채권가압류결정 정본이 같은 날 도달되었는데 그 선후관계에 대하여 달리 입증이 없으면 동시에 도달된 것으로 추정한다(대법원 1994.04.26. 선고 93다24223 전원합의체 판결).

14) 임금채권은 양도할 수 없으나, 사용자가 근로자에 대한 집행권원의 집행을 위하여 근로자의 자신에 대한 임금채권 중 2분의 1 상당액에 관하여 **압류 및 전부명령**을 받을 수 있다(대법원 1994.03.16. 자 93마1822,1823 결정).

15) 이혼으로 인한 재산분할청구권은 이혼을 한 당사자의 일방이 다른 일방에 대하여 재산분할을 청구할 수 있는 권리로서, 이혼이 성립한 때에 법적 효과로서 비로소 발생하며, 또한 협의 또는 심판에 의하여 구체적 내용이 형성되기 전까지는 범위 및 내용이 불명확·불확정하기 때문에 구체적으로 권리가 발생하였다고 할 수 없다. 따라서 당사자가 이혼이 성립하기 전에 이혼소송과 병합하여 재산분할의 청구를 한 경우에, 아직 발생하지 아니하였고 구체적 내용이 형성되지 아니한 재산분할청구권을 미리 양도하는 것은 성질상 허용되지 아니하며, 법원이 이혼과 동시에 재산분할로서 금전의 지급을 명하는 판결이 확정된 이후부터 채권 양도의 대상이 될 수 있다(대법원 2017.09.21. 선고 2015다61286 판결).

16) 부동산매매계약에서 매도인과 매수인은 서로 동시이행관계에 있는 일정한 의무를 부담하므로 그 이행과정에 신뢰관계가 따른다. 특히 매도인으로서는 매매대금 지급을 위한 매수인의 자력, 신용 등 매수인이 누구인지에 따라 계약유지 여부를 달리 생각할 여지가 있다. 이러한 이유로 매매로 인한 소유권이전등기청구권의 양도는 특별한 사정이 없는 이상 양도가 제한되고 그 양도에 채무자의 승낙이나 동의를 요한다고 할 것이므로 통상의 채권양도와 달리 양도인의 채무자에 대한 통지만으로는 채무자에 대한 대항력이 생기지 않으며 반드시 채무자의 동의나 승낙을 받아야 대항력이 생긴다(대법원 2001.10.09. 선고 2000다51216 판결 참조). 그러나 **취득시효완성으로 인한 소유권이전등기청구권**은 채권자와 채무자 사이에 아무런 계약관계나 신뢰관계가 없고, 그에 따라 채권자가 채무자에게 반대급부로 부담하여야 하는 의무도 없다. 따라서 취득시효완성으로 인한 소유권이전등기청구권의 양도의 경우에는 매매로 인한 소유권이전등기청구권에 관한 양도제한의 법리가 적용되지 않는다고 보아야 한다. 그렇다면 원고가 채권양도에 관한 모든 요건사실을 주장하였고, 이에 관하여 민사소송법 제150조에 따른 자백간주의 효력이 발생한 이상 소유권이전등기청구권의 양수라는 법률효과가 인정된다(대법원 2018.07.12. 선고 2015다36167 판결).

17) 양도금지의 특약이 있는 채권이더라도 **전부명령**에 의하여 전부되는 데에는 지장이 없고, 양도금지의 특약이 있는 사실에 관하여 집행채권자가 선의인가 악의인가는 전부명령의 효력에 영향을 미치지 못한다. 이와 같이 양도

→ 채무자는 제3자가 채권자로부터 채권을 양수한 경우 채권양도금지 특약의 존재를 알고 있는 양수인이나 그 특약의 존재를 알지 못함에 중대한 과실이 있는 양수인에게 그 특약으로써 대항할 수 있고, 여기서 말하는 **중과실**이란 통상인에게 요구되는 정도의 상당한 주의를 하지 않더라도 약간의 주의를 한다면 손쉽게 그 특약의 존재를 알 수 있음에도 불구하고 그러한 주의조차 기울이지 아니하여 특약의 존재를 알지 못한 것을 말함.[19]

→ 제3자의 악의 내지 중과실은 채권양도금지 특약으로 양수인에게 대항하려는 자(채무자)가 주장·증명

⇨ 피고의 사후 양도 승낙 재항변

[참고] 양도금지특약을 위반한 채권양도의 효력[20]

〈사실관계〉

① 피고가 A회사 사이에 공사 도급계약을 체결하였는데, 위 도급계약 일반조건에는 'A회사는 공사 이행목적이 아닌 다른 목적을 위해 공사대금채권을 제3자에게 양도하지 못한다'는 규정이 있었음. → 양도금지특약

② A회사가 2010. 10. 21. 공사를 완료하지 못한 상태에서 부도처리되자, 피고는 이 사건 도급계약을 해제하였음.

③ 한편, A회사는 부도 직후 하수급업체들에게 공사대금채권 중 일부를 양도하고, 피고에게 각 양도사실을 통지하였음. → 양도금지특약을 위반한 채권양도

④ 원고(A회사의 회생절차 관리인, 상고심에서 파산관재인이 소송수계)가 피고를 상대로 이 사건 소를 제기하여, 위와 같이 하수급업체들에게 양도한 공사대금채권을 포함한 공사대금의 지급을 구함.

금지특약부 채권에 대한 전부명령이 유효한 이상, 그 전부채권자로부터 다시 그 채권을 양수한 자가 그 특약의 존재를 알았거나 중대한 과실로 알지 못하였다고 하더라도 채무자는 위 특약을 근거로 삼아 채권양도의 무효를 주장할 수 없다(대법원 2003.12.11. 선고 2001다3771 판결). → 사인간의 합의에 의해 압류금지재산을 임의로 만드는 것을 불허

18) 대법원 2015.04.09. 선고 2012다118020 판결 : 당사자의 의사표시에 의한 채권양도금지 특약은 제3자가 악의인 경우는 물론 제3자가 채권양도금지 특약을 알지 못한 데에 **중대한 과실**이 있는 경우에도 채권양도금지 특약으로써 대항할 수 있고, 제3자의 악의 내지 중과실은 채권양도금지 특약으로 양수인에게 대항하려는 자가 이를 주장·증명하여야 한다. 그리고 민법 제449조 제2항 단서는 채권양도금지 특약으로써 대항할 수 없는 자를 '선의의 제3자'라고만 규정하고 있어 채권자로부터 직접 양수한 자만을 가리키는 것으로 해석할 이유는 없으므로, 악의의 양수인으로부터 다시 선의로 양수한 전득자도 위 조항에서의 선의의 제3자에 해당한다. 또한 선의의 양수인을 보호하고자 하는 위 조항의 입법 취지에 비추어 볼 때, 이러한 선의의 양수인으로부터 다시 채권을 양수한 전득자는 선의·악의를 불문하고 채권을 유효하게 취득한다.

19) 대법원 2003.01.24. 선고 2000다5336,5343 판결. 당사자 사이에 계약의 해석을 둘러싸고 별다른 이견이 없고 임대차계약서에 기재되어 있는 문언의 내용상으로 임대보증금반환채권에 관한 양도금지 특약규정의 효력을 임대차계약의 종료시나 임대목적물의 명도시까지로 제한하고 있지 아니한 경우, 처분문서의 의사해석 법리에 비추어 그 객관적 문언과 다른 내용의 해석을 할 수는 없는 것이고, 더욱이 임대차계약 체결 당시 임차인은 **임대보증금반환채권**에 관한 양도금지 특약을 감수하고 이에 동의한 것이므로 양도금지특약이 임대차계약이 종료되고 임대목적물이 명도된 때까지만 유효한 것으로 제한해석을 하지 않는다고 하여 임차인에게 가혹한 것이라고 볼 수 없고, 임대인으로서는 임대차계약이 종료되고 임대목적물이 명도된 이후라도 보증금반환채권만이 양도되어 버림으로써 최초 법률관계의 당사자가 아닌 제3자와의 법률분쟁에 휩싸이거나 복잡한 권리관계가 형성되는 것을 미리 방지하기 위하여 양도금지의 특약을 할 수 있는 것이므로, 임대인에게 양도금지 특약의 실익이 없는 것은 아니라고 할 것이다.

⑤ 이에 대하여 피고는 '공사대금채권 중 일부가 하수급업체들에게 유효하게 양도되었다'고 항변하면서 지급을 거부함.
⑥ 원심은 '이 사건 채권양도는 양도금지특약을 위반한 것이므로 무효'라고 보아 피고의 항변을 배척하였음. 이에 대하여 피고가 '하수급업체들은 양도금지특약을 알지 못했고 알지 못한 데에 중대한 과실이 없다'고 주장하면서 상고를 제기함.

〈기존판례의 법리 : 물권적 효력설〉 채권양도금지특약에 반하여 채권양도가 이루어진 경우, 그 양수인이 양도금지특약이 있음을 알았거나 중대한 과실로 알지 못하였던 경우에는 채권양도는 효력이 없게 되고, 반대로 양수인이 중대한 과실 없이 양도금지특약의 존재를 알지 못하였다면 채권양도는 유효하게 되어 채무자로서는 양수인에게 양도금지특약을 가지고 그 채무이행을 거절할 수 없게 되어 양수인의 선의, 악의 등에 따라 양수채권의 채권자가 결정되는바, 이와 같이 양도금지의 특약이 붙은 채권이 양도된 경우에 양수인의 악의 또는 중과실에 관한 입증책임은 채무자가 부담한다.21)

〈대법원의 판단〉
① **다수의견(9인)** : 양도금지특약을 한 채권은 양도성을 상실하므로 이를 위반한 채권양도는 당연히 무효이고(원칙), 다만 민법 제449조 제2항 단서에 따라 채무자는 선의의 제3자에게는 그 무효를 주장할 수 없는데(예외), 이 사건의 경우에는 채권양수인들이 양도금지특약이 있음을 알지 못한 데에 중대한 과실이 있음.22) → 상고기각
② **반대의견(4인)** : 양도금지특약은 특약 당사자만을 구속하므로 특약을 위반한 채권양도라 하더라도 원칙적으로 유효하고(원칙), 다만 민법 제449조 제2항 단서에 따라 채무자는 악의의 양수인에게는 이행거절의 항변권을 행사할 수 있는데(예외), 이 사건의 경우에는 채무자가 그 항변권을 포기하였음.23) → 파기환송 의견

(5) 2중 양도 항변 : 제3자로부터 먼저 채권양도통지, 압류 및 추심명령이나 전부명령을 받았다는 항변.

---

20) 대법원 2019.12.19. 선고 2016다24284 전원합의체 판결.
21) 대법원 2000.12.22. 선고 2000다55904 판결.
22) 〈근거〉 민법 제449조 제2항 본문에서 '양도하지 못한다'고 명시적으로 규정하고 있으므로 이를 '양도할 수 있다'고 해석할 수 없음. 양도금지특약을 위반한 채권양도는 당연히 무효이고, 다만 거래의 안전을 보호하기 위하여 단서에서 선의의 제3자에게 무효를 주장할 수 없도록 규정한 것이라고 해석하는 것이 적합한 문언해석임. 양도금지특약을 위반한 채권양도의 효력을 일응 유효하다고 인정하는 국제규범이나 외국 입법례는 대부분 제한적 범위 내에서 '해석'이 아닌 '법 규정(입법)'으로 이를 규율하고 있음에 유의하여야 함.
23) 〈근거〉 양도금지특약의 당사자는 채권자와 채무자이므로, 계약법의 기본원리상 그 약정의 효력은 그 채권자와 채무자만을 구속하는 것이 원칙임. 양도금지특약을 위반한 채권양도라 하더라도 원칙적으로 유효하다고 보는 것이 합리적임. 채권적 효력설이 양도금지특약을 위반한 채권양도의 효력에 대한 증명책임의 분배, 선의의 전득자 보호, 양도금지특약이 있는 채권에 대한 압류·전부명령의 효력 등 관련 판례를 합리적으로 설명할 수 있음. 판례는 제3자의 악의·중과실은 그 특약으로 양수인에게 대항하려는 자가 이를 주장·증명해야 한다고 보고 있으나, 이는 **채권적 효력설**에 부합하는 것임. 물권적 효력설에 따른다면 (채무자가 특약의 존재를 증명하면) 양수인이 자신의 선의·무중과실을 증명해야 할 것임. 민법 제449조 제2항 단서는 양도금지특약의 존재를 알고 있는 양수인에 대해서는 '채무자'에게 그 채무의 이행을 거절할 수 있는 '항변권'을 부여한 것으로 해석하는 것이 타당함. A회사가 양도금지특약을 위반하여 공사대금채권을 양도하였더라도, 채무자인 피고가 이를 문제 삼지 않고 있는 이상(오히려 피고는 채권양도의 유효를 주장하고 있음), 양수인인 하수급업체들이 특약의 존재를 알았는지 여부와 상관없이 공사대금채권은 하수급업체들에게 유효하게 이전되었음.

① 원고의 양도통지가 확정일자 있는 증서에 의하지 아니한 경우
  → 피고는 언제든지 항변 가능
② 원고의 양도통지가 확정일자 있는 증서에 의한 경우
  → 제3자의 채권양도통지 등이 원고의 확정일자보다 **이전**에 이루어졌음을 주장·증명하여야 함(도달시설).
③ 원고의 확정일자 있는 증서에 의한 양도통지를 다른 양도통지 등과 **동시**에 받은 경우 → 원고에게 항변할 수 없고 채무불이행에서 벗어나기 위해 채권자불확지의 변제공탁 뿐만 아니라 집행공탁 또는 혼합공탁도 가능.[24]

〈양수금소송의 청구원인-항변-재항변의 구도〉
① 甲의 양수금 청구 : A가 乙에게 돈을 대여한 사실 + A가 甲에게 위 대여금채권을 양도한 사실 + A가 乙에게 위 양도사실을 통지하거나 乙이 승낙한 사실
② 乙의 항변 : A가 丙에게 乙에 대한 채권을 양도한 사실 + 그 양도에 관한 확정일자 있는 증서에 의한 양도통지나 승낙의 도달사실
③ 甲의 재항변 : 甲에 대한 채권양도에 관한 확정일자 있는 증서에 의한 양도통지나 승낙이 丙에 대한 그것보다 먼저 또는 동시에 乙에게 도달한 사실

(6) **2차 양도와 처분권 상실** : 양도인이 지명채권을 제1양수인에게 1차로 양도한 다음 제1양수인이 그에 따라 확정일자 있는 증서에 의한 대항요건을 적법하게 갖추었다면 이로써 채권이 제1양수인에게 이전하고 양도인은 그 채권에 대한 처분권한을 상실함.
  → 그 후 양도인이 동일한 채권을 제2양수인에게 양도하였더라도 제2양수인은 그 채권을 취득할 수 없음.[25]
  → 제2차 양도계약 후 양도인과 제1양수인이 제1차 양도계약을 합의해지한 다음 제1양수인이 그 사실을 채무자에게 통지함으로써 채권이 다시 양도인에게 귀속하게 되었더라도 특별한 사정이 없는 한 양도인이 처분권한 없이 한 제2차 양도계약이 채권양도로서 유효하게 될 수는 없으므로, 그로 인하여 제2양수인이 당연히 그 채권을 취득하게 된다고 볼 수는 없음.[26]

---

24) 채권가압류명령과 채권양도통지가 동시에 제3채무자에게 송달된 경우, 제3채무자는 송달의 선후가 불명한 경우에 준하여 채권자를 알 수 없다는 이유로 **변제공탁**을 할 수도 있고(대법원 1994.04.26. 선고 93다24223 전원합의체 판결 참조), 또한 민사집행법 제291조, 제248조 제1항에 의하여 가압류에 관련된 금전채권에 대한 **집행공탁**을 할 수도 있으며, 위와 같은 사유를 들어 채권자 불확지 변제공탁과 집행공탁을 합한 **혼합공탁**을 할 수도 있다. 한편 공탁자는 자기의 책임과 판단하에 변제공탁이나 집행공탁 또는 혼합공탁을 선택하여 할 수 있으므로, 제3채무자가 그중 어느 공탁을 한 것인지는 피공탁자의 지정 여부, 공탁의 근거조문, 공탁사유, 공탁사유신고 등을 종합적·합리적으로 고려하여 판단할 것이다(대법원 2013.04.26. 선고 2009다89436 판결).
25) 이 경우 양도인이 다른 채무를 담보하기 위하여 제1차 양도계약을 한 것이더라도 대외적으로 채권이 제1양수인에게 이전되어 제1양수인이 채권을 취득하게 되므로 그 후에 이루어진 제2차 양도계약에 의하여 제2양수인이 채권을 취득하지 못하게 됨은 마찬가지이다.
26) 대법원 2016.07.14. 선고 2015다46119 판결. 지명채권의 양도란 채권의 귀속주체가 법률행위에 의하여 변경되는 것으로서 이른바 **준물권행위** 내지 **처분행위**의 성질을 가지므로, 그것이 유효하기 위하여는 양도인이 그 채권을 처분할 수 있는 권한을 가지고 있어야 한다. 처분권한 없는 자가 지명채권을 양도한 경우 특별한 사정이 없

(7) **소송신탁 목적의 채권양도 항변** : 소송행위를 하게 하는 것을 주목적으로 채권양도 등이 이루어진 경우에는 그 채권양도가 신탁법상의 신탁에 해당하지 않는다고 하여도 신탁법 제6조가 유추적용되므로 무효.27)
→ 심리결과 소제기를 주된 목적으로 한 채권양도임이 밝혀진 경우 : 원고 청구기각

(8) **채권양도계약 해제·해지 항변** : 지명채권의 양도통지를 한 후 그 양도계약이 해제된 경우에, 양도인이 그 해제를 이유로 다시 원래의 채무자에 대하여 양도채권으로 대항하려면 채권양도인이 양수인의 동의를 받거나 양수인이 채무자에게 위와 같은 해제사실을 통지하여야 한다.28)
→ 양도인은 채무자에 대한 이행청구와 **병합**하여 양수인을 상대로 채무자에 대한 채권양도 해제 등의 통지를 소구할 수 있음.
→ 채권양도인과 양수인과의 채권양도 계약이 양수인의 위약으로 해제되었고 양도인이 채무자에게 양도철회통지를 하였다고 하더라도 채무자는 이것을 채권양수인에게 대항할 수는 없음.29)
→ 채권양도 철회통지와 채권의 준점유자에 대한 변제30)

(9) **채권양도와 계약해제의 소급효** : 계약이 해제된 경우 계약해제 이전에 해제로 인하여 소멸되는 채권을 양수한 자는 계약해제의 효과에 반하여 자신의 권리를 주장할 수 없음은 물론이고, 나아가 특단의 사정이 없는 한 채무자로부터 이행받은 급부를 원상회복하여야 할 의무가 있다.31)

한 채권양도로서 효력을 가질 수 없으므로 양수인은 그 채권을 취득하지 못한다.
27) 대법원 2018.10.25. 선고 2017다272103 판결.
28) 민법 제452조는 '양도통지와 금반언'이라는 제목 아래 제1항에서 '양도인이 채무자에게 채권양도를 통지한 때에는 아직 양도하지 아니하였거나 그 양도가 무효인 경우에도 선의인 채무자는 양수인에게 대항할 수 있는 사유로 양도인에게 대항할 수 있다'고 하고, 제2항에서 '전항의 통지는 양수인의 동의가 없으면 철회하지 못한다'고 하여 채권양도가 불성립 또는 무효인 경우에 선의인 채무자를 보호하는 규정을 두고 있다. 이는 채권양도가 해제 또는 합의해제되어 소급적으로 무효가 되는 경우에도 유추적용할 수 있다고 할 것이므로, 지명채권의 양도통지를 한 후 양도계약이 해제 또는 합의해제된 경우에 채권양도인이 해제 등을 이유로 다시 원래의 채무자에 대하여 양도채권으로 대항하려면 채권양도인이 채권양수인의 동의를 받거나 채권양수인이 채무자에게 위와 같은 해제 등 사실을 통지하여야 한다. 이 경우 위와 같은 대항요건이 갖추어질 때까지 양도계약의 해제 등을 알지 못한 선의인 채무자는 해제 등의 통지가 있은 다음에도 채권양수인에 대한 반대채권에 의한 상계로써 채권양도인에게 대항할 수 있다고 봄이 타당하다(대법원 2012.11.29. 선고 2011다17953 판결).
29) 대법원 1978.06.13. 선고 78다468 판결.
30) 무효인 채권압류 및 전부명령을 받은 자에 대한 변제라도 그 채권자가 피전부채권에 관하여 무권리자라는 사실을 알지 못하거나 과실 없이 그러한 사실을 알지 못하고 변제한 때에는 그 변제는 채권의 준점유자에 대한 변제로서 유효하다(대법원 1997.03.11. 선고 96다44747 판결). 〈사례〉 채무자(乙)가 제3채무자(丙)에 대하여 가지고 있던 채권에 관하여 제3자(丁) 앞으로 대항력 있는 채권양도가 이루어진 후 乙이 丁의 승낙 없이 임의로 丙에게 채권양도철회의 통지를 한 상태에서 乙에 대한 채권자(甲)가 위 채권에 대하여 채권압류 및 전부명령을 받고 이어 甲이 제기한 전부금소송에서 丙이 패소판결을 받고 甲에게 그 금원을 지급한 경우, 법률전문가가 아닌 丙으로서는 乙의 채권양도철회통지로 인하여 채권양도가 없었던 것과 같이 되었다고 믿을 수밖에 없었고, 더욱이 甲이 제기한 전부금청구의 소에서 전부명령의 효력을 적극 다투었다가 패소판결을 선고받았다면, 丙이 甲이 유효하게 임대보증금반환채권을 전부받은 채권자인 것으로 오인한 데 대하여 과실이 있다고 볼 수 없고, 따라서 丙의 甲에 대한 변제는 유효하다고 본 사례.
31) 대법원 2003.01.24. 선고 2000다22850 판결. 민법 제548조 제1항 단서에서 규정하고 있는 제3자란 일반적으

→ 아파트 분양신청권이 전전매매된 후 최초의 매매 당사자가 계약을 합의해제한 경우, 그 분양신청권을 전전매수한 자에 대하여 매매계약의 해제를 주장할 수 있음.32)

(10) **근저당권부 채권의 양도**33) : 피담보채권을 저당권과 함께 양수한 자는 저당권이전의 부기등기를 마치고 저당권실행의 요건을 갖추고 있는 한 채권양도의 대항요건을 갖추고 있지 아니하더라도 경매신청을 할 수 있음.

① 채무자는 경매절차의 이해관계인으로서 채권양도의 대항요건을 갖추지 못하였다는 사유를 들어 경매개시결정에 대한 이의나 즉시항고절차에서 다툴 수 있고, 이 경우는 신청채권자가 대항요건을 갖추었다는 사실을 증명하여야 할 것임.

② 이러한 절차를 통하여 채권 및 근저당권의 양수인의 신청에 의하여 개시된 경매절차가 실효되지 아니한 이상 그 경매절차는 적법한 것이고, 또한 그 경매신청인은 양수채권의 변제를 받을 수도 있음.34)

③ 채권양도의 대항요건의 흠결의 경우 채권을 주장할 수 없는 채무자 이외의 제3자는 양도된 채권 자체에 관하여 양수인의 지위와 양립할 수 없는 법률상 지위를 취득한 자에 한하므로, 선순위의 근저당권부채권을 양수한 채권자보다 후순위의 근저당권자는 채권양도의 대항요건을 갖추지 아니한 경우 대항할 수 없는 제3자에 포함되지 않음.35)

라. 재판상 청구(양수금청구소송의 주요 쟁점)

(1) 채무자에 대하여 채권양도인으로부터 양도통지를 받은 다음 채무를 이행하라는 청구 → 장래이행의 소로서의 요건을 갖추지 못하여 부적법.

(2) 채권양도의 통지만으로 제척기간 준수에 필요한 권리의 재판외 행사에 해당한다고 할 수 없음.36)

(3) 대항요건을 갖추지 못하여 채무자에게 대항하지 못한다고 하더라도 채권의 양수인이 채무자

로 계약이 해제되는 경우 그 해제된 계약으로부터 생긴 법률효과를 기초로 하여 해제 전에 새로운 이해관계를 가졌을 뿐 아니라 등기·인도 등으로 완전한 권리를 취득한 자를 말하고, 계약상의 채권을 양수한 자는 여기서 말하는 제3자에 해당하지 않는다.

32) 대법원 1996.04.12. 선고 95다49882 판결. 그 분양신청권을 전전매수한 자는 설사 그가 백지 매도증서, 위임장 등 제반 서류를 소지하고 있다 하더라도 완전한 권리를 취득한 것이라고 할 수 없다.

33) 저당권부채권의 양도는 민법 제186조의 부동산물권변동에 관한 규정과 민법 제449조 내지 제452조의 채권양도에 관한 규정에 의해 규율되므로 저당권의 양도에 있어서도 물권변동의 일반원칙에 따라 저당권을 이전할 것을 목적으로 하는 물권적 합의와 등기가 있어야 저당권이 이전된다.

34) 대법원 2014.12.02. 자 2004마1412 결정.

35) 대법원 2005.06.23. 선고 2004다29279 판결.

36) 채권양도의 통지는 양도인이 채권이 양도되었다는 사실을 채무자에게 알리는 것에 그치는 행위이므로, 그것만으로 제척기간 준수에 필요한 권리의 재판 외 행사에 해당한다고 할 수 없다. 따라서 집합건물인 아파트의 입주자대표회의가 스스로 하자담보추급에 의한 손해배상청구권을 가짐을 전제로 하여 직접 아파트의 분양자를 상대로 손해배상청구소송을 제기하였다가, 소송계속 중에 정당한 권리자인 구분소유자들에게서 손해배상채권을 양도받고 분양자에게 통지가 마쳐진 후 그에 따라 소를 변경한 경우에는, 채권양도통지에 채권양도의 사실을 알리는 것 외에 이행을 청구하는 뜻이 별도로 덧붙여지거나 그 밖에 구분소유자들이 재판 외에서 권리를 행사하였다는 등 특별한 사정이 없는 한, 위 손해배상청구권은 입주자대표회의가 위와 같이 소를 변경한 시점에 비로소 행사된 것으로 보아야 한다(대법원 2012.03.22. 선고 2010다28840 전원합의체 판결).

를 상대로 재판상의 청구를 하였다면 이는 **소멸시효 중단사유인 재판상의 청구**에 해당함.37)
(4) 채권양도가 **다른 채무의 담보조**로 이루어졌으며 또한 그 **피담보채무가 변제로** 소멸되었다고 하더라도 양도채권의 채무자로서는 이를 이유로 채권양수인의 양수금 청구를 거절할 수 없음.38)
(5) 이행기의 정함이 없는 채권을 양수한 채권양수인이 채무자를 상대로 그 이행을 구하는 소를 제기하고 그 소송계속 중 채무자에 대한 채권양도통지가 이루어진 경우에는 특별한 사정이 없는 한 채무자는 그 채권양도통지가 도달된 다음 날부터 **이행지체**의 책임을 짐.
(6) 피고가 **본안전 항변**으로 채권양도사실을 내세워 당사자적격이 없다고 주장하는 경우 그와 같은 주장 속에는 원고가 채권을 양도하였기 때문에 채권자임을 전제로 한 청구는 이유가 없는 것이라는 취지의 **본안에 관한 항변**이 포함되어 있음.
(7) **가압류된 채권양수인의 양수금 청구** : 가압류된 채권도 이를 양도하는데 아무런 제한이 없음.39)
① 가압류된 채권을 양수받은 양수인은 그러한 가압류에 의하여 권리가 제한된 상태의 채권을 양수받음.
② 채권가압류결정의 채권자가 본안소송에서 승소하는 등으로 집행권원을 취득하는 경우에는 가압류에 의하여 권리가 제한된 상태의 채권을 양수받는 양수인에 대한 채권양도는 **무효**.
③ 채권이 **가압류된** 후 그 채권의 양도가 이루어지고 **채권양수인이 양수금 청구를 한 후에 위 가압류를 본압류로 전이하는 채권압류 및 추심명령이 있게 되면** 위 양수금청구의 소는 당사자적격 흠결로 **부적법 각하**.
④ 금전채권이 **가압류된** 후 그 **채권양도**가 이루어지고 채권양수인이 양수금청구를 하였는데 위 가압류를 본압류로 전이하는 **압류 및 전부명령**이 있고, 피고가 이를 항변으로 삼게 되면 위 양수금청구는 이유 없어 **기각**.

---

37) 대법원 2018.06.15. 선고 2018다10920 판결 : 민사소송법 제265조에 의하면 시효중단사유 중 하나인 '재판상의 청구'(민법 제168조 제1호, 제170조)는 소를 제기한 때 시효중단의 효력이 발생한다. 그런데 채권양도로 채권은 그 동일성을 잃지 않고 양도인으로부터 양수인에게 이전되며 이러한 법리는 채권양도의 대항요건을 갖추지 못하였다고 하더라도 마찬가지인 점, 민법 제149조의 "조건의 성취가 미정한 권리의무는 일반규정에 의하여 처분, 상속, 보존 또는 담보로 할 수 있다."라는 규정은 대항요건을 갖추지 못하여 채무자에게 대항하지 못하더라도 채권양도로 채권을 이전받은 양수인의 경우에도 그대로 준용될 수 있는 점, 채무자를 상대로 재판상 청구를 한 채권 양수인을 '권리 위에 잠자는 자'라고 할 수 없는 점 등에 비추어 보면, 비록 대항요건을 갖추지 못하여 채무자에게 대항하지 못한다고 하더라도 채권의 양수인이 채무자를 상대로 재판상 청구를 하였다면 이는 소멸시효 중단사유인 재판상 청구에 해당한다고 보아야 한다.
38) 채권양도가 다른 채무의 담보조로 이루어졌으며 또한 그 채무가 변제되었다고 하더라도, 이는 채권 양도인과 양수인 간의 문제일 뿐이고, 양도채권의 채무자는 채권 양도·양수인 간의 채무 소멸 여하에 관계없이 양도된 채무를 양수인에게 변제하여야 하는 것이므로, 설령 그 피담보채무가 변제로 소멸되었다고 하더라도 양도채권의 채무자로서는 이를 이유로 채권양수인의 양수금 청구를 거절할 수 없다(대법원 1999.11.26. 선고 99다23093 판결).
39) 채무자가 압류 또는 가압류의 대상인 채권을 양도하고 확정일자 있는 통지 등에 의한 채권양도의 대항요건을 갖추었다면, 그 후 채무자의 다른 채권자가 그 양도된 채권에 대하여 압류 또는 가압류를 하더라도 그 압류 또는 가압류 당시에 피압류채권은 이미 존재하지 않는 것과 같아 압류 또는 가압류로서의 효력이 없고, 따라서 그 다른 채권자는 압류 등에 따른 집행절차에 참여할 수 없다(대법원 2010.10.28. 선고 2010다57213,57220 판결).

(8) 채무변제 관련 채권양수인의 양수금 청구

① 채권자가 양도받은 채권을 변제받음으로써 그 범위 내에서 채무자가 면책되는 것이므로, **양도 채권의 변제**에 관하여는 기존 채무의 채무자에게 주장·증명책임 있음.[40]

② 채권양도가 채무변제에 갈음하여 이루어진 것이라 하더라도 **채권양도의 대항요건까지 갖추어야** 비로소 대물변제로서 채무소멸의 효력이 생김.[41]

③ 기존의 채권이 제3자에게 이전된 경우 이를 **채권의 양도**로 볼 것인가 또는 **경개**로 볼 것인가는 일차적으로 당사자의 의사에 의하여 결정되고, 만약 당사자의 의사가 명백하지 아니할 때에는 특별한 사정이 없는 한 일반적으로 채권의 양도로 볼 것임.

④ 사용자가 근로자의 임금 지급에 갈음하여 사용자가 제3자에 대하여 가지는 채권을 근로자에게 양도하기로 하는 약정은 **전부 무효임**이 원칙.[42]

(9) 채무자의 수익자에 대한 채권양도가 사해행위로 취소되는 경우

① 채무초과의 상태에 있는 채무자가 여러 채권자 중 일부에게만 채무의 이행과 관련하여 그 채무의 본래 목적이 아닌 다른 채권 기타 적극재산을 양도하는 행위는, 채무자가 특정 채권자에게 채무 본지에 따른 변제를 하는 경우와는 달리 원칙적으로 다른 채권자들에 대한 관계에서 사해행위가 될 수 있음.[43]

② 채권자의 채권이 사해행위 이전에 성립되어 있는 이상 그 채권이 양도된 경우에도 그 양수인이 채권자취소권을 행사할 수 있음.[44]

③ 수익자가 제3채무자로부터 아직 그 채권을 추심하지 아니한 때에는, 채권자는 사해행위취소에 따른 원상회복으로서 수익자가 제3채무자에 대하여 채권양도가 취소되었다는 취지의 통지를 하도록 청구할 수 있음.[45]

---

40) 대법원 2013.03.14. 선고 2012다106003 판결. 대법원 2013.05.09. 선고 2012다40998 판결 : 채무자가 채권자에게 채무변제와 관련하여 다른 채권을 양도하는 것은 특단의 사정이 없는 한 **채무변제를 위한 담보** 또는 **변제의 방법으로** 양도되는 것으로 추정할 것이지 채무변제에 갈음한 것으로 볼 것은 아니어서, 그 경우 채권양도만 있으면 바로 원래의 채권이 소멸한다고 볼 수는 없고 채권자가 양도받은 채권을 변제받은 때에 비로소 그 범위 내에서 채무자가 면책된다 할 것이다. 반면 채무변제에 '갈음하여' 다른 채권을 양도하기로 한 경우에는 특별한 사정이 없는 한 채권양도의 요건을 갖추어 대체급부가 이루어짐으로써 원래의 채무는 소멸하는 것이고 그 양수한 채권의 변제까지 이루어져야만 원래의 채무가 소멸한다고 할 것은 아니다.
41) 대법원 2012.10.11. 선고 2011다82995 판결.
42) 다만 당사자 쌍방이 위와 같은 무효를 알았더라면 임금의 지급에 갈음하는 것이 아니라 지급을 위하여 채권을 양도하는 것을 의욕하였으리라고 인정될 때에는 무효행위 전환의 법리(민법 제138조)에 따라 그 채권양도 약정은 '임금의 지급을 위하여 한 것'으로서 효력을 가질 수 있다(대법원 2012.03.29. 선고 2011다101308 판결).
43) 대법원 2011.10.13. 선고 2011다28045 판결. 다만 이러한 경우에도 사해성의 일반적인 판단 기준에 비추어 그 행위가 궁극적으로 일반채권자를 해하는 행위로 볼 수 없는 경우에는 사해행위의 성립이 부정될 수 있다. 채무초과 상태의 채무자 甲이 유일한 적극재산인 乙에 대한 물품대금채권을 丙 은행에 채무 변제를 위하여 양도한 사안에서, 丙 은행이 甲의 주거래은행으로서 재산 상태나 변제 자력 유무 등에 관하여 잘 알고 있었고 금융기관이 채무자에게서 다른 사인간의 채권을 양도받는 형태로 대출금을 회수하는 것은 매우 이례적인 점 등을 고려하여, 위 채권양도행위가 원칙적으로 다른 채권자에 대한 관계에서 사해행위가 될 수 있다고 한 사례(대법원 2011.03.10. 선고 2010다52416 판결).
44) 대법원 2006.06.29. 선고 2004다5822 판결. 이 경우 채권양도의 대항요건을 사해행위 이후에 갖추었더라도 채권양수인이 채권자취소권을 행사하는 데 아무런 장애사유가 될 수 없다.

④ 사해행위에 해당하는 채권양도가 채권자에 의해 취소되기 이전에 이미 채권양수인인 수익자가 제3채무자로부터 그 채권을 변제받는 등으로 양도채권이 소멸된 경우 채권자는 원상회복의 방법으로 수익자 등을 상대로 그 채권양도의 취소와 함께 변제로 수령한 금전의 지급을 가액배상의 방법으로 청구할 수 있음

⑤ 채권양도 행위가 사해행위로 인정되어 취소판결이 확정된 경우에도 취소의 효과는 사해행위 이전에 이미 채권을 압류한 다른 채권자에게는 미치지 아니함.[46]

⑥ 채권양도행위가 사해행위에 해당하지 않는 경우에 양도통지가 따로 채권자취소권 행사의 대상이 될 수는 없음.[47]

⑦ 채무자가 제3채무자에 대한 채권을 특정 채권자에게 양도하였다가 채권양도가 사해행위라는 이유로 취소판결이 확정되었으나, 채권자가 당해 채권에 대하여 채권압류 및 추심명령도 받아 둔 경우에는, 당해 채권에 대한 제3채무자의 혼합공탁에 따른 배당절차에서 채권자가 사해행위의 수익자인 당해 채권의 양수인의 자격으로는 배당받을 수 없으나, 압류 및 추심명령을 받은 채권자의 지위에서 배당받는 것은 가능.[48]

(10) 신규 보험수익자가 종전 보험수익자를 상대로 보험금채권의 양도 등을 구하는 경우[49]

① 보험수익자 변경권 행사로 인해 보험수익자가 피고에서 원고로 변경되었으면 원고는 피고에게 이 사건 보험금채권의 양도 및 그에 따른 양도통지절차의 이행을 구할 법률상의 이익이 없음(소 각하).

② 원고로서는 보험자에게 보험수익자가 피고에서 원고로 변경된 사실을 통지하면서 보험금의 지급을 청구할 수 있음.

---

45) 그런데 사해행위의 취소는 채권자와 수익자의 관계에서 상대적으로 채무자와 수익자 사이의 법률행위를 무효로 하는 데에 그치고, 채무자와 수익자 사이의 법률관계에는 영향을 미치지 아니한다. 따라서 채무자의 수익자에 대한 채권양도가 사해행위로 취소되고, 그에 따른 원상회복으로서 제3채무자에게 채권양도가 취소되었다는 취지의 통지가 이루어지더라도, 채권자와 수익자의 관계에서 그 채권이 채무자의 책임재산으로 취급될 뿐, 채무자가 직접 그 채권을 취득하여 권리자로 되는 것은 아니므로, 채권자는 채무자를 대위하여 제3채무자에게 그 채권에 관한 지급을 청구할 수 없다(대법원 2015.11.27. 선고 2012다2743 판결).
46) 대법원 2015.05.14. 선고 2014다12072 판결.
47) 대법원 2012.08.30. 선고 2011다32785,32792 판결.
48) 대법원 2014.03.27. 선고 2011다107818 판결.
49) 대법원 2020.02.27. 선고 2019다204869 판결 : 보험계약자는 보험수익자를 변경할 권리가 있다(상법 제733조 제1항). 이러한 보험수익자 변경권은 형성권으로서 보험계약자가 보험자나 보험수익자의 동의를 받지 않고 자유로이 행사할 수 있고, 그 행사에 의해 변경의 효력이 즉시 발생한다. 다만 보험계약자는 보험수익자를 변경한 후 보험자에 대하여 이를 통지하지 않으면 보험자에게 대항할 수 없다(상법 제734조 제1항). 이와 같은 보험수익자 변경권의 법적 성질과 상법규정의 해석에 비추어 보면, 보험수익자 변경은 상대방 없는 단독행위라고 봄이 타당하므로, 보험수익자 변경의 의사표시가 객관적으로 확인되는 이상 그러한 의사표시가 보험자나 보험수익자에게 도달하지 않았다고 하더라도 보험수익자 변경의 효과는 발생한다.

> **[참고]** 임대차보증금반환채권 양도[50], 추심·전부의 경우
> ① 원고(양수인, 전부·추심채권자)는 양도인을 대위하여 임대차계약해지권 행사
> ② 임대인(피고)은 임대목적물반환과의 동시이행항변, 연체차임 공제항변
> ③ 원고(양수인, 전부·추심채권자)은 임대인과 임차인을 공동피고로 하여 임대인에게는 채권양도 또는 추심·전부명령을 원인으로 임대차보증금의 지급을, 임차인에게는 임대인을 대위하여(이때 임대인의 무자력은 대위요건이 아님) 임대목적물의 인도를 구함.
> ☞ 청구취지
> 1. 피고 A(임차인)는 피고 B(임대인)에게 별지목록 기재 부동산을 인도하라.
> 2. 피고 B는 피고 A로부터 위 부동산을 인도받음과 동시에 1억 원을 지급하라.

---

50) 대법원 2017.01.25. 선고 2014다52933 판결 : 임대차보증금 반환채권을 양도하는 경우에 확정일자 있는 증서로 이를 채무자에게 통지하거나 채무자가 확정일자 있는 증서로 이를 승낙하지 아니한 이상 그 양도로써 채무자 이외의 제3자에게 대항할 수 없으며(민법 제450조 참조), 이러한 법리는 임대차계약상의 지위를 양도하는 등 임대차계약상의 권리의무를 포괄적으로 양도하는 경우에 그 권리의무의 내용을 이루고 있는 임대차보증금 반환채권의 양도 부분에 관하여도 마찬가지로 적용된다. 따라서 위 경우에 기존 임차인과 새로운 임차인 및 임대인 사이에 임대차계약상의 지위 양도 등 그 권리의무의 포괄적 양도에 관한 계약이 확정일자 있는 증서에 의하여 체결되거나, 임대차보증금 반환채권의 양도에 대한 통지·승낙이 확정일자 있는 증서에 의하여 이루어지는 등의 절차를 거치지 아니하는 한, 기존의 임대차계약에 따른 임대차보증금 반환채권에 대하여 채권가압류명령, 채권압류 및 추심명령등(이하 '채권가압류명령 등'이라 한다)을 받은 채권자 등 그 임대차보증금 반환채권에 관하여 양수인의 지위와 양립할 수 없는 법률상의 지위를 취득한 제3자에 대하여는 임대차계약상의 지위 양도 등 그 권리의무의 포괄적 양도에 포함된 임대차보증금 반환채권의 양도로써 대항할 수 없다고 보아야 한다.
한편 민법 제450조 제2항이 정하는 지명채권 양도의 제3자에 대한 대항요건은 양도된 채권이 존속하는 동안에 그 채권에 관하여 양수인의 지위와 양립할 수 없는 법률상의 지위를 취득한 제3자가 있는 경우에 적용되므로, 임대차보증금 반환채권이 양도되거나 그 임대차보증금 반환채권에 대하여 채권가압류명령 등이 이루어지기에 앞서 임대차계약의 종료 등을 원인으로 한 변제, 상계, 정산합의 등에 의하여 임대차보증금 반환채권이 이미 소멸하였다면, 이러한 채권 양도나 채권가압류명령 등은 모두 존재하지 아니하는 채권에 대한 것으로서 효력이 없고, 위와 같은 대항요건의 문제는 발생할 여지가 없다. 그렇지만 임대인이 기존의 임대차계약 후 제3자와 임대차계약을 체결하는 행위를 한 때에도, 실제로는 임차인이 기존의 임대차계약상의 지위를 제3자에게 양도하는 등 임대차계약상의 권리의무를 포괄적으로 양도하거나, 오로지 기존의 임대차보증금 반환채권을 타인에게 귀속시키는 것에 해당하는 경우가 있을 수 있다. 여기서 위 행위가 기존의 임대차계약 관계 및 임대차보증금 반환채권을 완전히 소멸시키고 제3자의 새로운 임대차보증금 반환채권을 발생시키는 것인지, 아니면 기존의 임대차계약상의 권리의무를 포괄적으로 양도하거나 기존의 임대차보증금 반환채권을 양도하는 것인지는, 위 행위를 이루고 있는 계약 내지 의사의 해석 문제에 해당한다. 따라서 위 행위가 이루어진 동기와 경위, 당사자가 그 행위에 의하여 달성하려는 목적과 진정한 의사, 거래의 관행 등을 종합적으로 고려하여 논리와 경험칙에 따라 위 행위에 담긴 의사를 해석함으로써, 그 법률관계의 성격 내지 기존의 임대차보증금 반환채권의 소멸 여부에 관하여 합리적으로 판단하여야 하며, 결국 기존의 임차인과 제3자와의 관계, 새로운 임대차계약의 체결 경위 및 기존의 임대차계약과 새로운 임대차계약의 각 내용, 새로운 임대차계약과 기존의 임대차계약의 각 보증금 액수가 같은지 여부 및 같지 않을 경우에는 그 차액의 반환 내지 지급관계, 새로운 임대차계약을 전후한 해당 부동산의 점유·사용관계, 새로운 임대차계약에 따른 월 차임의 지급관계 등의 여러 사정을 모두 종합하여 그 의사를 해석·판단하여야 할 것이다.

〈기초사례연습〉51) 甲은 2014. 2. 1. 乙로부터 乙 소유의 주택을 임대차기간 2년, 임대차보증금 1억 원에 임차하여 이곳에서 거주하고 있다. 甲은 2015. 5. 1. 丙으로부터 돈을 빌리면서 그 담보로 甲의 乙에 대한 임대차보증금반환채권을 丙에게 양도하기로 하고, 丙이 甲을 대리하여 乙에게 채권양도통지를 하였으며, 그 무렵 위 채권양도통지가 乙에게 도달하였다.

1. 丙이 乙로부터 양수금을 지급받으려면 어떻게 해야 하는가? 청구취지를 기재하시오.
2. 임대차계약에서 발생한 임대차보증금반환채권이 丙에게 양도된 경우 丙이 임대차계약 해제권을 행사할 수 있는가?
3. 甲은 丙에게 임대차보증금반환채권을 양도한 후 임차인의 지위는 그대로 보유하고 있음을 들어 임대차보증금반환채권을 소멸시키는 행위를 할 수 있는가?
4. 乙이 甲으로부터 채권양도통지를 받고, 임대차기간 종료 후 甲과 乙이 합의하여 또는 묵시적으로 임대차계약을 갱신할 수 있는가?
5. 乙은 임대차보증금반환채권의 양도를 이의를 보류하지 아니하고 승낙하였다. 乙은 甲으로부터 채권양도통지를 받기 전에 2015. 4. 1. 甲의 또 다른 채권자 丁으로부터 대항요건을 갖춘 확정일자 있는 채권양도통지를 받았다는 사실을 주장하여 丙의 양수금청구에 대항할 수 있는가?
6. 甲과 乙 사이에 '임차인은 임대인의 동의 없이는 임차권을 양도 또는 담보제공 하지 못한다.'는 약정을 하였다면, 임대차계약에 기한 임대보증금반환채권의 양도를 금지하는 것으로 볼 수 있는가?
7. 丙은 양도인인 甲의 대리인 또는 사자의 자격으로 乙에게 확정일자 있는 채권양도통지를 하였으며, 이는 2015. 9. 29. 乙에게 도달하였다. 그런데, 甲의 채권자인 丁은 甲의 乙에 대한 보증금반환채권을 압류하고 전부명령을 받았으나 동 전부명령은 채권양도통지 도달 후인 2015. 10. 1. 乙에게 도달하였다. 丙과 丁 중 누가 우선하는가?
8. 甲과 乙 사이에서 장래 임대목적물 반환시 위 원상복구비용의 보증금 명목으로 지급하기로 약정한 금액은, 乙이 반환할 임대차보증금에서 공제할 수 있는가?
9. 乙은 甲으로부터 채권양도통지를 받기 전에 2015. 4. 1. 甲의 또 다른 채권자 戊로부터 채권압류 및 추심명령 또는 전부명령을 송달받았다는 사실을 주장하여 丙의 양수금청구에 대항할 수 있는가?
10. 甲이 丙에게 위 임대차보증금반환채권을 양도(제1차 양도계약)한 후 甲이 동일한 채권을 丁에게 양도(제2차 양도계약)하고 양도사실을 내용증명으로 乙에게 통지하였다. 丙과 丁의 법률상 지위는 어떻게 되는가?

---

51) 사례해설은 오창수, 민사실무 요건사실과 증명책임, p.517~518 참조.

2 채무인수금청구

가. 요건사실

❶ 일정한 채무가 존재한다는 사실
❷ 위 채무의 인수계약체결 사실52)

나. 주요 항변
(1) 성질상 인수를 허용할 수 없는 채무라는 사실
(2) 인수인이 이해관계 없는 제3자로서 채무인수가 채무자의 의사에 반한다는 사실
(3) 전 채무자의 항변사유 존재사실

[참고] 구별 개념
① **면책적 채무인수** : 채무가 동일성을 유지하면서 그대로 인수인에게 이전되고 원래의 채무자는 그 채무를 면한다.53) → 채무자의 교체
② **중첩적(병존적) 채무인수** : 원래의 채무자가 채무를 면하지 않고 그와 더불어 제3자가 새로운 동일한 채무를 부담한다.54) 제3자를 위한 계약의 하나로 채권자가 수익자가 된다. → 채무자의 추가
③ **이행인수** : 인수인이 채무자를 대신하여 채무를 이행할 것을 약정하는 채무자와 인수인 사이의 계약. 인수인은 채권자에 대한 관계에서 아무런 직접적인 채무도 부담하지 않는다. 채권자로 하여금 새로이 인수인에 대한 채권을 취득하게 하는 병존적 채무인수와 구별되고, 기존 채무자는 면책되지 않는 점에서 면책적 채무인수와 구별된다.55)
④ **更改** : 채무가 동일성을 상실하여 구채무는 소멸하고 새로운 채무자는 이와 별개의 채무를 부담한다. 채무의 동일성이 인정되는 채무인수와 구별된다.
⑤ **계약인수** : 계약당사자의 지위가 이전되는 것.56) 종전의 계약당사자는 계약관계에서 벗어나고 이에 갈음하여 계약인수인이 새로이 그 당사자가 되어 양도인이 계약관계에 기하여 가지고 있던 권리의무를 일체로서 승계한다.57)

---

52) 채무인수계약의 당사자가 채권자, 채무자, 인수인 3면 계약인 경우 그 계약내용에 따른 채무이전효과가 별다른 제한 없이 발생하나, 채무자와 인수인 간의 계약인 경우 채권자의 승낙에 의하여 그 효력이 발생한다(민법 제454조 제1항). 채권자와 인수인 간의 계약인 경우 제3자는 채권자와의 계약으로 채무를 인수하여 채무자의 채무를 변제하게 할 수 있으나, 다만 이해관계 없는 제3자는 채무자의 의사에 반하여 채무를 인수하지 못한다(민법 제453조).
53) 채무인수의 효력이 생기기 위하여 채권자의 승낙을 요하는 것은 면책적 채무인수의 경우에 한하고, 채무인수가 면책적인가 중첩적인가 하는 것은 채무인수계약에 나타난 당사자 의사의 해석에 관한 문제이다. 채권자의 승낙에 의하여 채무인수의 효력이 생기는 경우, 채권자가 승낙을 거절하면 그 이후에는 채권자가 다시 승낙하여도 채무인수로서의 효력이 생기지 않는다(대법원 1998.11.24. 선고 98다33765 판결).
54) 채무자와 인수인의 관계는 인수인이 채무자의 부탁을 받고 채권자와 의 계약으로 채무를 인수하는 경우에는 연대채무관계에 있고, 채무자의 부탁을 받지 않고 채무를 인수한 경우에는 부진정연대채무관계에 있다(대법원 2014. 08.26. 선고 2013다49404,49411 판결). 예컨대, 보험자가 피보험자의 부탁(보험계약)으로 피보험자의 피해자에 대한 손해배상채무를 인수한 경우(상법 제724조 제2항) 보험자의 손해배상채무와 피보험자의 손해배상채무는 연대채무관계에 있다(대법원 2010.10.28. 선고 2010다53754 판결).

[참고] 병존적 채무인수와 이행인수의 구별
① 근저당채무 등 그 부동산에 결부된 부담을 인수하고 그 채무액만큼 매매대금을 공제하기로 약정하는 경우
   → 인수의 대상으로 된 채무의 책임을 구성하는 권리관계도 함께 양도된 경우이거나 채무인수인이 그 채무부담에 상응하는 대가를 얻을 때에는 특별한 사정이 없는 한 원칙적으로 이행인수가 아닌 병존적 채무인수.[58]
② 부동산의 매수인이 매매목적물에 관한 채무(근저당권의 피담보채무, 가압류채무, 가등기담보부채무, 임대차보증금반환채무 등)를 인수하는 한편 그 채무액을 매매대금에서 공제하기로 약정한 경우
   → 그 인수는 특별한 사정이 없는 한 매도인을 면책시키는 채무인수가 아니라 이행인수.[59]
③ 대항요건을 갖춘 임대차의 목적이 된 임대주택이 양도된 경우
   → 양수인은 주택의 소유권과 결합하여 임대인의 임대차계약상 권리·의무 일체를 그대로 승계하고, 그 결과 양수인이 임대차보증금반환채무를 면책적으로 인수하고, 양도인은 임대차관계에서 탈퇴하여 임차인에 대한 임대차보증금반환채무를 면하게 됨.[60]
④ 임대아파트 매수인이 매도인과 체결한 약정에 따라 매도인으로부터 '임대아파트 각 세대에 대한 임대차보증금 반환채무'와 '은행에 대한 대출금 채무'를 인수하는 대신 매매대금에서 그 금액을 공제한 나머지 금원만을 매도인에게 지급한 뒤 임대아파트 각 세대의 소유권을 이전받아 매도인의 임대사업자 지위를 승계한 경우
   → 매수인이 위 대출금 채무를 인수한 것은 이행인수가 아닌 병존적 채무인수[61]

---

55) 대법원 2015.05.29. 선고 2012다84370 판결 : 부동산의 매수인이 매매목적물에 관한 임대차보증금 반환채무 등을 인수하는 한편 그 채무액을 매매대금에서 공제하기로 약정한 경우, 그 인수는 특별한 사정이 없는 이상 매도인을 면책시키는 면책적 채무인수가 아니라 이행인수로 보아야 하고, 면책적 채무인수로 보기 위해서는 이에 대한 채권자 즉 임차인의 승낙이 있어야 한다. 채무자인 매도인이나 제3자인 매수인은 임차인에게 임대차보증금 반환채무에 대한 매도인의 면책에 관한 승낙 여부를 최고할 수 있으며, 임차인이 상당한 기간 내에 확답을 발송하지 아니한 경우에는 이를 거절한 것으로 본다(민법 제455조). 한편 임차인의 승낙은 반드시 명시적 의사표시에 의하여야 하는 것은 아니고 묵시적 의사표시에 의하여서도 가능하다. 그러나 임차인이 채무자인 임대인을 면책시키는 것은 그의 채권을 처분하는 행위이므로, 만약 임대보증금반환채권의 회수가능성 등이 의문시되는 상황이라면 임차인의 어떠한 행위를 임대차보증금반환채무의 면책적 인수에 대한 묵시적 승낙의 의사표시에 해당한다고 쉽게 단정하여서는 아니 된다.
56) 계약인수는 임대인 또는 임차인 지위양도, 영업양도에 따르는 고용계약상의 지위승계, 보험목적물의 양도에 수반한 보험계약상의 지위승계, 수분양권 양도 등 다양한 형태로 나타난다.
57) 계약당사자로서의 지위의 승계를 목적으로 하는 계약인수는 계약으로부터 발생하는 채권·채무의 이전 외에 그 계약관계로부터 생기는 해제권 등 포괄적 권리의무의 양도를 포함하는 것으로서, 계약인수가 적법하게 이루어지면 양도인은 계약관계에서 탈퇴하게 되고, 계약인수 후에는 양도인의 면책을 유보하였다는 등의 특별한 사정이 없는 한 잔류당사자와 양도인 사이에는 계약관계가 존재하지 않게 되며 그에 따른 채권채무관계도 소멸하지만, 이러한 계약인수는 양도인과 양수인 및 잔류당사자의 합의에 의한 3면 계약으로 이루어지는 것이 통상적이며 관계당사자 3인 중 2인의 합의가 선행된 경우에는 나머지 당사자가 이를 동의 내지 승낙하여야 그 효력이 생긴다(대법원 2012.05.24. 선고 2009다88303 판결).
58) 대법원 2008.03.13. 선고 2007다54627 판결.
59) 대법원 2007.09.21. 선고 2006다69479 판결.
60) 대법원 2018.06.19. 선고 2018다201610 판결.
61) 대법원 2010.05.13. 선고 2009다105222 판결.

〈기초사실〉 원고가 2010. 11. 9. 피고와 사이에 이 사건 건물에 관하여 차임 없이 임대차보증금을 3,000만 원, 임대차기간을 2011. 3. 30.로부터 12개월로 하여 임대차계약을 체결하고 임대차보증금을 피고에게 모두 지급하였고, 원고가 2012. 1. 5.경 피고에게 위 임차부분을 반환하였다. A는 2012. 1. 10. 피고로부터 이 사건 건물을 대금 1억 2,000만 원에 매수하면서 이 사건 건물의 임차인들에 대한 보증금반환의무를 인수하기로 약정하였다. 원고가 피고를 상대로 임차보증금반환을 구하자, 피고는 A가 피고로부터 이 사건 건물을 매수하면서 원고에 대한 보증금반환채무를 면책적으로 인수하였으므로, 피고는 더 이상 원고에 대하여 보증금반환채무를 부담하지 않는다고 주장한다.

〈판단〉 부동산의 매수인이 매매목적물에 관한 임대차보증금 반환채무 등을 인수하는 한편 그 채무액을 매매대금에서 공제하기로 약정한 경우, 그 인수는 특별한 사정이 없는 이상 매도인을 면책시키는 면책적 채무인수가 아니라 이행인수로 보아야 하고, 면책적 채무인수로 보기 위해서는 이에 대한 채권자 즉 임차인의 승낙이 있어야 할 것이다.

위와 같은 법리에 비추어 이 사건을 보건대, 원고가 이 사건 건물이 A에게 매도된 후인 2012. 4. 30. A에게 임대차보증금의 반환을 요구하여 그로부터 위 보증금 중 500만 원을 지급받은 사실은 당사자 사이에 다툼이 없으나, 위와 같은 사정만으로는 원고가 A가 원고에 대한 임대차보증금 반환채무를 면책적으로 인수하는 것에 대하여 승낙하였다고 인정하기 어렵고, 달리 이를 인정할 증거가 없다. 따라서 특별한 사정이 없는 한, 피고는 원고에게 위 임대차보증금 3,000만 원에서 원고가 변제받았음을 자인하는 500만 원을 공제한 2,500만 원 및 이에 대한 지연손해금을 지급할 의무가 있다.[62]

---

62) 울산지방법원 2015.09.09. 선고 2014나8158 판결.

제13장 매매대금·물품대금 청구

민사실무 핵심 요건사실

1 청구취지와 청구원인

☞ **청구취지** : 피고는 원고에게 1억 원 및 이에 대한 2020. 5. 1.부터 이 사건 소장부본 송달일까지는 연 6%의, 그 다음날부터 다 갚는 날까지는 연 12%의 각 비율에 의한 돈을 지급하라.

☞ **청구원인**

(1) 원고는 2020. 4. 1. 청과물도매상인 피고와 한라봉 판매계약을 체결하고 피고에게 2020. 4. 30.까지 1억 원 상당의 한라봉을 공급하였다.

(2) 그렇다면 피고는 원고에게 1억 원 및 이에 대한 변제기 다음날인 2020. 5. 1.부터 이 사건 소장부본송달일까지는 상법이 정한 연 6%의, 그 다음날부터 다 갚는 날까지는 소송촉진 등에 관한 특례법이 정한 연 12%의 각 비율에 의한 지연손해금을 지급할 의무가 있다.

〈기초사실〉 甲은 2020. 5. 1. 乙과 별지목록 기재 기계에 관하여 매매대금 1억 원으로 하는 매매계약을 체결하고 계약금으로 1,000만원을 지급받으면서 그 잔금은 같은 해 5. 15. 지급받기로 약정하였다. 甲은 위 기계대금을 받지 못한 상태에서 乙의 요청에 따라 같은 해 5. 31. 위 기계를 乙에게 인도하여 주었음에도 乙이 기계대금을 지급하지 아니하여 2020. 7. 1. 위 매매대금의 지급을 구하는 소를 제기하였다.

☞ **청구취지** : 피고는 원고에게 9,000만 원 및 이에 대한 2020. 6. 1.부터 이 사건 소장부본 송달일까지는 연 5%, 그 다음날부터 다 갚는 날까지는 연 12%의 각 비율에 의한 돈을 지급하라.

☞ **청구원인**

(사실상의 주장) 원고는 2020. 5. 1. 피고에게 이 사건 기계를 1억 원에 매도하면서 계약금 1,000만원을 지급받고, 그 매매잔금을 2020. 5. 15. 지급받기로 약정하였다. 원고는 2020. 5. 31. 피고에게 위 기계를 인도하였다.

(법률상의 주장) 그렇다면 피고는 원고에게 위 매매잔금 9,000만 원 및 이에 대한 위 기계인도일 다음날인 2020. 6. 1.부터 이 사건 소장부본 송달일까지는 민법이 정한 연 5%, 그 다음날부터 다 갚는 날까지는 소송촉진 등에 관한 특례법이 정한 연 12%의 각 비율에 의한 지연손해금을 지급할 의무가 있다.

2 요건사실

> **(1) 매매대금만을 청구하는 경우**
> ❶ 매매계약(물품공급계약) 체결 사실[1]
>
> **(2) 매매대금 + 이자를 함께 청구하는 경우**
> ❶ 매매계약(물품공급계약)의 체결사실
> ❷ 목적물의 인도 및 인도시기
>
> **(3) 매매대금 + 지연손해금을 함께 청구하는 경우**
> ❶ 매매계약(물품공급계약)의 체결사실
> ❷ 대금지급기한의 도래
> ❸ 소유권이전(등기)의무의 이행 또는 이행제공
> ❹ 목적물의 인도[2]
> ❺ 손해의 발생 및 범위
> 〈지연손해금의 기산일〉 지급일 약정이 있다면 (지급일 전에 인도하였더라도) 약정지급일 다음날, 지급일 약정이 없다면 물건 인도일 또는 공급일[3]

---

1) 대법원 2020.04.09. 선고 2017다20371 판결 : 매매는 당사자 일방이 재산권을 상대방에게 이전할 것을 약정하고 상대방이 그 대금을 지급할 것을 약정함으로써 그 효력이 생긴다(민법 제563조). 매매계약은 매도인이 재산권을 이전하는 것과 매수인이 대금을 지급하는 것에 관하여 쌍방 당사자가 합의함으로써 성립한다. 매매목적물과 대금은 반드시 계약 체결 당시에 구체적으로 특정할 필요는 없고, 이를 나중에라도 구체적으로 특정할 수 있는 방법과 기준이 정해져 있으면 충분하다. 당사자 사이에 계약을 체결하면서 일정한 사항에 관하여 장래의 합의를 유보한 경우에 당사자에게 계약에 구속되려는 의사가 있고 계약 내용을 나중에라도 구체적으로 특정할 수 있는 방법과 기준이 있다면 계약 체결 경위, 당사자의 인식, 조리, 경험칙 등에 비추어 당사자의 의사를 탐구하여 계약 내용을 정해야 한다. 매매대금의 확정을 장래에 유보하고 매매계약을 체결한 경우에도 이러한 법리가 적용된다. 〈사례〉 원고는 피고에게 이 사건 임야 전체를 명의신탁하였다고 하면서 피고 명의의 소유권이전등기의 말소 등을 청구하였고, 피고는 원고가 이 사건 임야 중 일부를 매도하고 나머지를 명의신탁하였다고 주장한 사례에서 소유권이전등기 당시 원고와 피고 사이에 매매목적물을 구체적으로 특정하지 않았더라도 이를 나중에 구체적으로 특정할 수 있는 방법과 기준을 정하였고, 대금에 관하여 장래에 확정하기로 유보하였는데, 이후 대금에 관한 합의가 이루어지지 않았더라도 원고가 계약을 이행하여 계약에 구속되려는 의사가 있으므로 당사자의 의사를 탐구하여 대금을 정해야 한다고 판시하고, 계약체결 당시에 매매목적물과 대금이 구체적으로 특정되지 않았더라도 매매계약이 유효하게 성립하였다고 판단하여 상고를 기각한 사례.

2) 동시이행항변권의 존재효에 따라 위법한 이행지체를 전제로 지연손해금을 구하는 경우에는 동시이행항변권의 소멸사실도 요건사실로 주장해야 한다. 대법원 1995.06.30. 선고 95다14190 판결 : 특정물의 매매에 있어서 매수인의 대금지급채무가 이행지체에 빠졌다 하더라도 그 목적물이 매수인에게 인도될 때까지는 매수인은 매매대금의 이자를 지급할 필요가 없는 것이므로, 그 목적물의 인도가 이루어지지 아니하는 한 매도인은 매수인의 대금지급의무 이행의 지체를 이유로 매매대금의 이자 상당액의 손해배상청구를 할 수 없다.

3) 민사법정이율(연 5%)에 의한 지연손해금의 지급을 주장하는 경우 별도의 사실 증명이 필요 없으나, 상사법정이율(연 6%)에 의한 지연손해금의 지급을 주장하는 경우 매매대금채무가 상행위로 발생한 사실(상법 제54조)과 당사자 일방이 상인인 사실(상법 제47조 제1항)을 주장·증명하여야 한다. 법정이율 초과의 약정이율에 의한 지연손해금의 지급을 주장하는 경우에는 지연손해금 이율에 관한 약정사실을 주장·증명하여야 한다.

[참고]
(1) 매매계약의 특정을 위해 당사자, 계약 일시, 목적물, 매매대금이 기재되어야 한다.
(2) 대금지급기한에 관한 합의는 상대방의 항변사항이다.
(3) 매매대금 완납시까지 매수인은 매도인에게 목적물인도지체를 사유로 한 손해배상청구를 할 수 없고, 매매대금 완납 후에는 인도전이라도 그때부터 매수인에게 과실수취권이 귀속된다. 목적물 인도시까지 매도인은 매매대금의 이자 또는 이자 상당의 손해배상청구를 할 수 없다.4)

3 주요 항변

(1) 동시이행 항변
⇨ 원고의 이행·이행제공 재항변

[참고] 매매계약상 대금지급단계와 동시이행관계

① **계약금** : 매매계약의 체결에 있어 그 계약에 부수하여 매수인이 매도인에게 교부하는 금전. **해약금 추정**(상대방이 이행에 착수하기 전까지 매매계약을 해제할 수 있고, 상대방은 별도의 손해배상청구를 할 수 없다). 위약금 특약을 한 경우 계약금이 **위약금의 성질**도 갖는다.
  ☞ 매수인의 선이행의무 → 매수인이 계약금 지급의무 불이행시 매도인은 계약해제가능
② **중도금** : 중도금 지급이 지체되면 이행지체에 해당. 매수인의 입장에서는 중도금을 **이행기 전에 제공**함으로써 매도인의 계약해제권을 봉쇄할 수 있다. **매도인의 입장**에서는 중도금의 이행기 전 제공은 계약해제권 행사에 영향을 주지 않는다는 특약조항을 넣음으로써 사전에 분쟁의 소지를 줄일 수 있다.
  ☞ 매수인의 선이행의무5)6) → 매수인이 중도금 지급의무 불이행시 매도인은 계약해제가능
③ **잔금** : 선이행 특약이 없는 한 매도인의 소유권이전의무와 매수인의 잔금지급의무는 **동시이행관계**.7)
  ☞ 동시이행관계 → 매수인의 〈미지급 중도금 + 미지급 중도금에 대한 중도금 지급일 다음날부터 잔금지급일까지의 지연손해금 + 잔금지급의무〉와 매도인의 〈소유권이전등기 및 인도의무〉의 동시이행8)

---

4) 민법 제587조는 "매매계약이 있은 후에도 인도하지 아니한 목적물로부터 생긴 과실은 매도인에게 속한다. 매수인은 목적물의 인도를 받은 날로부터 대금의 이자를 지급하여야 한다."라고 규정하고 있다. 그러나 매수인의 대금지급의무와 매도인의 근저당권설정등기 내지 가압류등기 말소의무가 동시이행관계에 있는 등으로 매수인이 대금지급을 거절할 정당한 사유가 있는 경우에는 매매목적물을 미리 인도받았다 하더라도 위 민법 규정에 의한 이자를 지급할 의무는 없다고 보아야 한다(대법원 2018.09.28. 선고 2016다246800 판결).
5) 특약에 의해 중도금 선이행의무가 배제될 수 있다.
6) 쌍무계약의 당사자 일방이 계약상 선이행의무를 부담하고 있는데 그와 대가관계에 있는 상대방의 채무가 아직 이행기에 이르지 아니하였지만 이행기의 이행이 현저히 불투명하게 된 경우에는 민법 제536조 제2항 및 신의칙에 의하여 그 당사자에게 반대급부의 이행이 확실하여질 때까지 선이행의무의 이행을 거절할 수 있다고 보아야 한다(대법원 1997.07.25. 선고 97다5541 판결). ← 불안의 항변권
7) 60일 이내에 관할 등기소에서 소유권이전등기절차.
8) 매수인이 선이행의무 있는 중도금을 지급하지 않았다 하더라도 계약이 해제되지 않은 상태에서 잔대금 지급일이 도래하여 그 때까지 중도금과 잔대금이 지급되지 아니하고 잔대금과 동시이행관계에 있는 매도인의 소유권이전등

(2) 매매계약의 무효·취소(제한능력, 사기, 강박, 착오 등)의 항변

(3) 소멸시효 항변

(4) 하자담보책임 항변9)

⇨ 원고의 재항변 : 피고가 악의이므로 하자담보책임을 청구할 수 없다는 재항변
(제척기간 6개월 도과 주장은 직권조사사항에 대한 촉구 의미, 재항변은 아님)

(5) 계약해제의 항변

(이행지체로 인한 해제의 경우)

① 동시이행관계에 있는 자기의 대금지급의무를 이행 또는 이행제공하고,
② 상당한 기간을 정해 원고에게 이행최고를 하였으며,
③ 그래도 해제의사를 표시할 때까지 원고가 이행의무를 이행하지 아니하였고,
④ 해제권을 행사하여 그 의사표시가 도달한 사실을 주장·증명을 하여야 함.

4 매매예약

☞ 요건사실 :
❶ 매매예약 체결
❷ 매매예약 완결의 의사표시10)

[참고]
(1) 민법 제564조가 정하고 있는 매매의 일방예약에서 예약자의 상대방이 매매예약 완결의 의사표시를 하여 매매의 효력을 생기게 하는 권리, 즉 매매예약의 완결권은 일종의 형성권으로서 당사자 사이에 행사기간을 약정한 때에는 그 기간 내에, 약정이 없는 때에는 예약이 성립한 때로부터 10년 내에 이를 행사하여야 하고, 그 기간을 지난 때에는 예약 완결권은 제척기간의 경과로 인하여 소멸한다. 한편 당사자 사이에 약정하는 예약 완결권의 행사기간에 특별한 제한은 없다.11)
(2) 수인의 채권자가 각기 채권을 담보하기 위하여 채무자와 채무자 소유의 부동산에 관하여 수인의 채권자를 공동매수인으로 하는 1개의 매매예약을 체결하고 그에 따라 수인의 채권자 공동명의로 그 부동산에 가등기를 마친 경우, 수인의 채권자가 공동으로 매매예약완결권을 가지는 관계인지 아니면 채권

기 소요서류가 제공된 바 없이 그 기일이 도과하였다면, 다른 특별한 사정이 없는 한, 매수인의 중도금 및 잔대금의 지급과 매도인의 소유권이전등기 소요서류의 제공은 동시이행관계에 있다 할 것이어서 그 때부터는 매수인은 중도금을 지급하지 아니한 데 대한 이행지체의 책임을 지지 아니한다(대법원 2002.03.29. 선고 2000다577 판결). → 잔금지급기일 경과 후에는 선이행의무였던 중도금지급의무는 동시이행관계에 편입되어 그때부터 매수인은 중도금 지급지체에 대한 이행지체책임을 지지 아니한다.

9) 상인 간의 매매일 경우에는 매매목적물을 수령한 즉시 검사하여 발견된 하자를 원고에게 통지하였다는 사실(즉시 발견할 수 없는 하자의 경우에는 6개월 내에 통지)도 주장하여야 함.
10) 이 의사표시는 반드시 소제기 전에 하여야 하는 것은 아니고 소장부본의 송달로서 예약완결의 의사표시를 할 수도 있다.

> 자 각자의 지분별로 별개의 독립적인 매매예약완결권을 가지는 관계인지는 매매예약의 내용에 따라야 하고, 매매예약에서 그러한 내용을 명시적으로 정하지 않은 경우에는 수인의 채권자가 공동으로 매매예약을 체결하게 된 동기 및 경위, 매매예약에 의하여 달성하려는 담보의 목적, 담보 관련 권리를 공동 행사하려는 의사의 유무, 채권자별 구체적인 지분권의 표시 여부 및 지분권 비율과 피담보채권 비율의 일치 여부, 가등기담보권 설정의 관행 등을 종합적으로 고려하여 판단하여야 한다. 공동명의로 담보가등기를 마친 수인의 채권자가 각자의 **지분별로 별개의 독립적인 매매예약완결권**을 가지는 경우, 채권자 중 1인은 단독으로 자신의 지분에 관하여 가등기담보 법이 정한 청산절차를 이행한 후 소유권이전의 본등기절차 이행청구를 할 수 있다.12)

4 타인의 권리 매매13)

(1) 매매계약 당시 그 토지의 소유권이 매도인에 속하지 아니함을 알고 있던 매수인은 매도인에 대하여 그 이행불능을 원인으로 손해배상을 청구할 수 없고 다만 그 이행불능이 매도인의 귀책사유로 인하여 이루어진 것인 때에 한하여 그 손해배상을 청구할 수 있는 것이므로 <u>그 이행불능이 매도인의 귀책사유로 인한 것인가는 매수인이 입증해야 한다.</u>14)

(2) 타인의 권리를 매매의 목적으로 한 경우에 있어서 그 권리를 취득하여 매수인에게 이전하여

---

11) 대법원 2017.01.25. 선고 2016다42077 판결. 〈사례〉 원고가 2002. 4. 30. 이 사건 부동산에 관하여 피고에게 2002. 4. 26.자 매매의 일방예약을 원인으로 한 이 사건 가등기를 마쳐 주고, 원고와 피고 사이에 예약완결권을 2032. 4. 25.까지 행사할 수 있도록 약정한 사안에서 원심은 피고의 예약완결권은 원고와 피고가 10년을 초과하여 약정한 위 기간까지 존속하는 것은 아니므로 피고의 예약완결권은 2002. 4. 26.부터 10년이 경과한 2012. 4. 25. 제척기간 10년의 도과로 소멸하였고, 따라서 피고는 원고에게 이 사건 부동산에 관하여 이 사건 가등기의 말소등기절차를 이행할 의무가 있다고 판단하였으나, 대법원은 원고와 피고가 예약완결권의 행사기간을 2032. 4. 25.까지 행사하기로 약정하였으므로 약정한 2032. 4. 25.이 지나야 그 예약완결권이 제척기간의 경과로 인하여 소멸한다고 할 것이어서, 이 사건 가등기가 예약완결권의 소멸을 이유로 무효라고 할 수는 없다고 판시하고 원심판결을 파기환송하였다.
12) 대법원 2012.02.16. 선고 2010다82530 전원합의체 판결. 〈사례〉 甲이 乙에게 돈을 대여하면서 담보 목적으로 乙 소유의 부동산 지분에 관하여 乙의 다른 채권자들과 공동명의로 매매예약을 체결하고 각자의 채권액 비율에 따라 지분을 특정하여 가등기를 마친 사안에서, 채권자가 각자의 지분별로 별개의 독립적인 매매예약완결권을 갖는 것으로 보아, 甲이 단독으로 담보목적물 중 자신의 지분에 관하여 매매예약완결권을 행사할 수 있고, 이에 따라 단독으로 자신의 지분에 관하여 가등기에 기한 본등기절차의 이행을 구할 수 있다고 본 원심판단을 정당하다고 한 사례.
13) ☞ 제569조(타인의 권리의 매매) 매매의 목적이 된 권리가 타인에게 속한 경우에는 매도인은 그 권리를 취득하여 매수인에게 이전하여야 한다.
☞ 제570조(동전-매도인의 담보책임) 전조의 경우에 매도인이 그 권리를 취득하여 매수인에게 이전할 수 없는 때에는 매수인은 계약을 해제할 수 있다. 그러나 매수인이 계약 당시 그 권리가 매도인에게 속하지 아니함을 안 때에는 손해배상을 청구하지 못한다.
☞ 제571조(동전-선의의 매도인의 담보책임)
① 매도인이 계약 당시에 매매의 목적이 된 권리가 자기에게 속하지 아니함을 알지 못한 경우에 그 권리를 취득하여 매수인에게 이전할 수 없는 때에는 매도인은 손해를 배상하고 계약을 해제할 수 있다.
② 전항의 경우에 매수인이 계약 당시 그 권리가 매도인에게 속하지 아니함을 안 때에는 매도인은 매수인에 대하여 그 권리를 이전할 수 없음을 통지하고 계약을 해제할 수 있다.
14) 대법원 1970.12.29. 선고 70다2449 판결.

야 할 매도인의 의무가 매도인의 귀책사유로 인하여 이행불능이 되었다면 매수인이 매도인의 담보책임에 관한 민법 제570조 단서의 규정에 의해 손해배상을 청구할 수 없다 하더라도 채무불이행 일반의 규정(민법 제546조, 제390조)에 쫓아서 계약을 해제하고 손해배상을 청구할 수 있다.15)

(3) 타인의 권리의 매매의 경우에 매도인이 그 권리를 취득하여 매수인에게 이전할 수 없는 때에는 매수인은 계약을 해제할 수 있다(민법 제570조). 이러한 해제의 효과에 관하여 특별한 규정은 없지만 일반적인 해제와 달리 해석할 이유가 없다. 따라서 위 규정에 따라 매매계약이 해제되는 경우에, 매도인은 매수인에게 매매대금과 그 받은 날부터의 이자를 반환할 의무를 부담하고, 매수인 역시 특별한 사정이 없는 한 매도인에게 목적물을 반환할 의무는 물론이고 목적물을 사용하였으면 그 사용이익을 반환할 의무도 부담한다. 그리고 이러한 결론은 매도인이 목적물의 사용권한을 취득하지 못하여 매수인으로부터 반환받은 사용이익을 궁극적으로 정당한 권리자에게 반환하여야 할 입장이라 하더라도 마찬가지이다. 다만, 매수인이 진정한 권리자인 타인에게 직접 목적물 또는 사용이익을 반환하는 등의 특별한 사정이 있는 경우에는 매수인은 적어도 그 반환 등의 한도에서는 매도인에게 목적물 및 사용이익을 반환할 의무를 부담하지 않는다고 할 것이다.16)

6 할부판매대금

가. 요건사실

> ☞ 요건사실
> ❶ 할부판매계약을 체결한 사실
> ❷ 이행기 도래와 기한이익상실의 의사표시를 한 사실
> ❸ 연체금액이 연속 2회 이상 연체하였고, 합계액이 할부가격의 1/10을 초과하는 사실

나. 주요 항변

(1) 철회항변
(2) 지급거절항변
(3) 소멸시효 항변

---

15) 이 사건 사실관계가 원심이 인정한 바와 같다면 피고의 소유권이전등기의무의 이행불능은 피고의 귀책사유로 인한 것이라고 보아야 할 것이고, 그 이행불능이 피고의 귀책사유로 인한 것인 이상 피고로서는 민법 제546조, 제390조 소정의 이행불능으로 인한 손해배상책임을 면할 수 없다고 할 것이므로 같은 취지의 원심판결은 정당하고, 거기에 소론과 같은 법리를 오해한 위법이 있다고 할 수 없다(대법원 1993.11.23. 선고 93다37328 판결).
16) 대법원 2017.05.31. 선고 2016다240 판결.

〈사례〉 다음과 같은 〈기초사실〉을 전제로 하여 아래의 각 문제에 대하여 답하시오.

〈기초사실〉 원고는 소장에 다음과 같은 내용을 기재하고 소를 제기하였다.
① 원고는 건축자재판매업을 하고 있다.
② 원고는 2020. 4. 1. 피고에게 강화유리 1,000장을 대금 1억 원에 매도하였다.
③ 원고는 계약당일 피고에게 위 강화유리 1,000장을 인도하였다.
④ 피고는 위 강화유리를 자신의 집 건축에 사용하였다.
⑤ 피고는 대금지급기일이 지나도록 원고에게 자재대금을 지급하지 않고 있다.
⑥ 원고는 피고에게 몇 차례 대금지급 독촉을 하였으나, 피고는 지금까지 그 대금을 지급하지 않고 있다.

1. 원고가 피고를 상대로 물품대금청구를 하는 경우의 요건사실, 주요사실, 간접사실을 기재하고 ① 내지 ⑥의 의미를 언급하시오.
2. 원고가 물품대금에 대한 지연손해금의 지급을 구하는 경우의 주요사실을 설시하시오.

〈포인트〉
1. 사례에서 원고의 물품대금채권 발생의 **요건사실**은 매매계약체결사실 즉, 원고가 재산권을 피고에게 이전할 것을 약정하고, 피고가 그 대금지급을 약정한 사실(제563조)이다. 이 경우 매매계약의 특정을 위하여 계약당사자, 계약일시, 목적물(물품대금)을 기재함으로써 족하다. 따라서 물품대금(원금)을 청구하는 경우의 **주요사실**은 ②뿐이다.
   ① → 원고가 매도인임을 추인케 하는 **간접사실**이다.
   ③, ④, ⑤ → 원고가 피고에게 강화유리를 판매하였음을 추인케 하는 **간접사실**이다.
   ③ → 피고가 동시이행항변을 하는 경우 이에 대한 이행 또는 이행의 제공의 재항변 사실에 해당한다.
   ⑥ → 피고가 소멸시효항변을 하는 경우 이에 대한 소멸시효중단의 재항변 사실에 해당한다.
2. 원고가 물품대금에 대한 민법 소정의 연 5%의 비율에 의한 지연손해금의 지급을 구하는 경우 원고가 피고에게 지체책임을 묻기 위하여는 자기의 채무를 이행 또는 이행의 제공을 하였다는 점을 주장·증명할 필요가 있다(존재효과설에 따라 동시이행관계가 있으면 지체책임을 지지 않는다). → ③의 사실이 주요사실이 된다.
   상법이 정한 연 6%의 비율에 의한 지연손해금의 지급을 구하는 경우에는 위 ②의 사실에 더하여 원고가 상인이라는 사실이 인정되어야 하므로 이 경우에는 ①의 사실도 주요사실이 된다.

제14장 대여금 청구

1 청구취지 및 청구원인

<기초사실> 甲은 2019. 5. 1. 乙에게 돈 1억 원을 이자 월 1%, 변제기 2020. 4. 30.으로 정하여 대여하였다.

☞ **청구취지** : 피고는 원고에게 1억 원 및 이에 대한 2020. 5. 1.부터 다 갚는 날까지는 연 12%의 각 비율에 의한 돈을 지급하라.[1]

☞ **청구원인** :

(사실주장) 원고는 2019. 5. 1. 피고에게 돈 1억 원을 이자 월 1%, 변제기 2020. 4. 30.로 정하여 대여하였다.[2]

(법률상의 주장) 그렇다면 피고는 원고에게 위 차용원금 1억 원 및 위 차용일인 2019. 5. 1.부터 다 갚는 날까지 약정이율 및 소송촉진 등에 관한 특례법이 정한 연 12%의 각 비율에 의한 약정이자 및 지연손해금을 지급할 의무가 있다.

2 소송물

(1) 대여원금 청구 : 소비대차계약에 기한 대여금반환청구권
(2) 이자 청구 : 이자계약(약정)에 기한 이자지급청구권
(3) 지연손해금 청구 : 이행지체로 인한 손해배상청구권

---

1) ☞ **이자약정이 없는 경우** : 피고는 원고에게 1억 원 및 이에 대한 2020. 5. 1.부터 이 사건 소장부본 송달일까지는 연 5%, 그 다음날부터 다 갚는 날까지는 연 12%의 각 비율에 의한 돈을 지급하라.
2) 우리 민법상의 소비대차는 일본민법과 달리 요물계약이 아니고 **낙성계약**이므로 목적물의 인도사실은 요건사실이 아니고 주장·증명할 사항이 아니나, 실무상 금전소비대차의 경우 소비대차계약체결사실과 대여금 인도사실을 합하여 "원고는 피고에게 2020. 5. 1. 1억 원을 대여한 사실"로 기재하고 있다.

3 요건사실

(1) 대여원금반환청구
❶ 금전소비대차계약의 체결사실
❷ 금전의 지급(인도)(❶ + ❷ = '대여')3)
❸ 변제기(반환시기) 도래4)

(2) 부대청구(이자청구)
❶ 원본채권의 발생
❷ 이자 약정 사실5)
❸ 목적물(금전)의 인도 및 인도 시기(이자는 금전을 인도받는 '당일'부터 발생)
〈약정이자〉 차용일 당일부터 변제기까지의 이자 : 최고이자율 연 24%6)

(3) 부대청구(지연손해금청구)
❶ 원본채권의 발생
❷ 변제기 및 그 도과(이행지체)7)
❸ 손해의 발생 및 범위(지연손해금은 변제기 '다음날'부터 발생)

〈지연손해금〉 변제기 이후의 이자 : 민사 법정이율 연 5%, 상사 법정이율 연 6%(약정이율이 없으면) 변제기 다음날부터 소장부본 송달일까지는 연 5%(상사 연 6%), 그 다음날부터 다 갚는 날까지는 소송촉진법에 의한 연 12%의 각 비율에 의한 지연손해금[약정이율이 있으면 지연손해금율도 그에 따르고, 소장부본 송달일 이후부터 다 갚는 날까지도 약정이율이 연 12% 이상 법정 제한이율(연 24%) 이하인 경우에는 이를 적용함].8)9)

---

3) 대법원 2019.07.25. 선고 2018다42538 판결 : 권리를 발생시키는 요건을 구성하는 사실은 특별한 사정이 없는 한 이를 주장하는 사람에게 증명책임이 있다. 따라서 금전을 대여하였다는 원고의 주장에 대하여 피고가 다투는 때에는 대여사실에 대한 증명책임은 이를 주장하는 원고에게 있다. 제1심에서 원고의 청구가 인용되고 기록이 폐기된 후에 추완항소가 제기된 경우라 하더라도, 이러한 사정만으로 위와 같은 증명책임이 전환되지 않는다.
4) 매매형 계약과 달리 대차형 계약에서는 반환시기가 중요한 요건사실이 된다. 〈확정기한〉 기한이 도래한 때(기한이익상실 특약의 경우는 특약약정과 그 사실의 도래), 〈불확정기간〉 기한을 정한 사실 발생, 〈기한의 정함이 없는 경우〉 상당한 기간을 정하여 반환을 최고한 사실을 주장·증명하여야 한다.
5) 이자약정 사실을 별도로 주장·증명해야 하고, 상인 간 소비대차에서는 이자 약정이 없더라도 법정이자(연 6%)를 청구할 수 있다(상법 제55조 제1항, 제54조).
6) 이자제한법의 최고이자율을 초과하는 선이자 공제 등이 있었다는 사실은 이를 다투는 자가 주장·증명하여야 한다.
7) 〈확정기한〉 기한이 도래한 다음날부터 〈불확정기간〉 채무자가 기한의 도래를 안 다음날부터 〈기한의 정함이 없는 경우〉 최고 및 상당한 기간이 지난 때부터 지체책임.
8) 민법 제397조 제1항은 본문에서 금전채무불이행의 손해배상액을 법정이율에 의하도록 하고, 단서에서 '그러나 법령의 제한에 위반하지 아니한 약정이율이 있으면 그 이율에 의한다.'고 정하고 있다. 민법 제397조 제1항 단서에서 약정이율이 있으면 이에 따르도록 한 것은 약정이율이 법정이율보다 높은 경우에 법정이율에 의한 지연손해금만으로 충분하다고 하면 채무자가 이행지체로 오히려 이익을 얻게 되는 불합리가 발생하므로, 이를 고려해서 약정이율에 의한 지연손해금을 인정한 것이다. 당사자 일방이 금전소비대차가 있음을 주장하면서 약정이율에 따

[참고] 이자, 법정이자, 지연이자의 구별

(1) **(약정)이자** : 차용일에 이자에 대한 약정이 있는 경우 차용일 **당일**부터 변제기까지 발생하는 이자. 3년의 단기시효에 걸린다(민법 제163조 제1호). 2014. 7. 15.부터 체결되는 소비대차의 경우 이자제한법상 최고이자율 연 25%에서 **2018. 2. 8.부터 연 24%**로 인하.[10] 제한초과 이자는 무효이고, 초과 이자를 지급한 경우 원본에 충당되고, 원본이 소멸한 경우 반환청구 가능하다.

(2) **법정이자** : 법에 의해 지급의무가 발생하는 것으로 (약정)이자나 지연손해금과 성질이 다르다. 법에 발생시기가 정해져 있으며 소송촉진법의 적용대상이 아니다. 연대채무자의 구상권의 법정이자, 계약해제의 경우 수령한 금전에 대한 법정이자(받은 날부터 이자 가산), 악의의 부당이득자가 반환해야 할 법정이자 등. 민사 법정이자는 연 5%, 상사 법정이자는 연 6%이고, 민사 법정이자는 10년의 소멸시효에 걸리고 상사법정이자는 5년의 소멸시효에 걸린다.

(3) **지연이자(지연손해금)** : 통상 변제기 다음날부터 발생하고,[11] 소송촉진법의 적용대상이다. 민법 제163조 제1호의 1년 단기시효의 대상이 아니고 일반 소멸시효 10년에 걸리며 상거래인 경우 소멸시효 5년에 걸린다.

(4) **소송촉진법상의 법정지연이자** : 2019. 6. 1.부터 연 15% → **연 12%**.[12] 장래이행의 소의 경우에는 소송촉진법상의 지연이자가 적용되지 않는다.[13]

3 주요 항변

〈본안전 항변〉

(1) **방소항변** : 기판력 항변, 관할위반 항변 등
(2) **채권의 압류·추심항변**[14] : 추심명령을 송달받은 사실 → (이유 있는 경우) 소 각하
(3) 채권가압류·압류 사실만으로는 항변사유가 되지 못함.[15]

른 이자의 지급을 구하는 경우, 특별한 사정이 없는 한 대여금채권의 변제기 이후의 기간에 대해서는 약정이율에 따른 지연손해금을 구하는 것으로 보아야 하고, 여기에는 약정이율이 인정되지 않는다고 하더라도 법정이율에 의한 지연손해금을 구하는 취지가 포함되어 있다고 볼 수 있다. 이는 채무자가 금전소비대차계약 공정증서의 집행력을 배제하기 위하여 제기한 청구이의의 소에서 채권자가 금전대여와 함께 약정이율에 따른 지연손해금을 주장한 경우에도 마찬가지이다(대법원 2017.09.26. 선고 2017다22407 판결).

9) 금전채무에 관하여 이행지체에 대비한 지연손해금 비율을 따로 약정한 경우에 이는 손해배상액의 예정으로서 감액의 대상이 된다(대법원 2017.08.18. 선고 2017다228762 판결).

10) 대부업법에 의한 최고이율도 2018. 2. 8부터 연 24%로 인하되었다.

11) 〈예외〉 불법행위로 인한 손해배상청구, 이행불능으로 인한 손해배상청구, 어음금청구, 동시이행의 항변권이 붙어 있는 경우 등.

12) 2019. 6. 1. 1심 법원에서 변론이 종결되지 않는 사건에도 개정 법정이율이 적용된다. 2019. 6. 1. 이후 신규로 제기되는 금전지급청구 사건들의 경우에는 변경된 연 12%의 이율이 적용된다.

13) 예컨대, 이혼으로 인한 재산분할로서 금전의 지급을 명하는 경우, 사해행위취소와 동시에 가액배상금의 지급을 명하는 경우 등.

14) 채권에 대한 압류 및 추심명령이 있으면 제3채무자에 대한 이행의 소는 추심채권자만이 제기할 수 있고 채무자는 피압류채권에 대한 이행소송을 제기할 당사자적격을 상실하므로 각하의 본안전 항변사유이다.

15) 일반적으로 채권에 대한 가압류가 있더라도 이는 가압류채무자가 제3채무자로부터 현실로 급부를 추심하는 것만을 금지하는 것이므로 가압류채무자는 제3채무자를 상대로 그 이행을 구하는 소송을 제기할 수 있고, 법원은

⟨본안의 항변⟩
(1) **변제항변** : ① 피고(차용인)가 원고(대여자)에게 일정 금원을 지급한 사실 + ② 그 급부가 채무의 변제를 위하여 지급된 사실16)
(이자에 관하여) 이자제한법 위반의 이자약정이 있는 사실
⇨ (원고의) **변제충당 재항변** : ① 동종의 다른 채권이 존재한다는 사실 + ② 지급한 급부가 총 채무를 소멸시키기에 부족한 사실 + ③ 제공한 급부의 전부 또는 일부가 합의충당, 지정충당, 법정충당 등의 방식에 의하여 다른 채무에 충당된 사실
⇨ (피고의) **재재항변** : 원고가 주장하는 동종 채무의 발생원인이 무효사유에 해당하여 그 채무가 아예 발생하지 않았다는 사실 또는 급부 이전에 이미 변제하여 소멸한 사실
(2) **변제공탁항변** : 채무 전부 변제공탁사실
(3) **상계 항변** : ① 자동채권(상계자인 피고의 채권)의 발생사실 + ② 자동채권과 수동채권이 '상계적상'에 있는 사실 + ③ 양 채권의 목적물이 동종인 사실 + ④ 상계의 의사표시 및 그 도달 사실
⇨ (원고의) **재항변** :
① 상계금지 특약 사실 ⇦ (피고의) **재재항변** : 선의의 제3자
② 채권의 성질에 의한 제한(동시이행의 항변권이 붙은 채권, 면책청구권이 붙은 채권을 자동채권으로 하는 상계금지)
③ 법률상 제한 사실(수동채권이 압류금지채권, 지급금지채권, 고의의 불법행위로 인한 채권인 사실)
④ 자동채권이 시효소멸한 사실 ⇦ (피고의) **재재항변** : 자동채권이 시효완성 전에 수동채권과 상계적상에 있었던 사실
⑤ 상계권의 남용
(4) **면책적 채무인수 항변** : 채권자의 동의로 면책적 채무인수를 한 사실
(5) **상속포기 · 한정승인 항변**17) :
(가) 일반 한정승인 ① '상속개시 있음'을 안 날로부터 3월 내 한정승인 신고 ② 가정법원의 수리심판
(나) 특별 한정승인 ① '상속채무 초과사실'을 중대한 과실 없이 알지 못하고 고려기간 도과 ② '상속채무 초과사실'을 안 날부터 3월 내 한정승인 신고 ③ 가정법원의 수리심판 ⇨ (원고의) **재항변** : 법정단순승인
(6) **채권의 압류 · 전부항변**18) : 전부명령의 송달사실 → (이유 있는 경우) **청구기각**

―――――――――――――――
가압류가 되어 있음을 이유로 이를 배척할 수 없다.
16) 피고가 돈을 전부 변제하였다고 항변하는 데 대하여 원고가 그것은 이자나 지연손해금으로 받은 것이라고 다투는 경우 그 돈을 원금변제에 충당하기로 합의한 사실(합의충당만 가능)은 피고가 항변사실로 주장 · 증명하여야 함.
17) 피고가 차용인의 상속인으로서 상속포기나 한정승인을 하였다고 주장하면서 심판서를 낸 경우, 원고가 상속포기 등의 효력을 다투지 아니하면 원고에게 상속포기시에는 피고경정을, 한정승인시에는 청구취지 정정을 하도록 한다. ☞ (정정된 청구취지) "피고는 원고에게 10,000,000원 및 이에 대한 2017. 5. 1.부터 다 갚는 날까지 연 24%에 의한 돈을 피고가 피상속인 **망 A로부터 상속받은 재산의 한도 내에서** 지급하라."
18) 채권이 압류 · 전부된 경우 피고(제3채무자)에게 전부명령 송달시에 소급하여 당연히 전부채권자에게 피전부채권

(7) 소멸시효완성 항변 : ① 원고가 특정 시점에 당해 권리를 행사할 수 있었던 사실(소멸시효의 기산점) + ② 그때부터 소멸시효기간이 도과한 사실
⇨ (원고의) **재항변** : 시효중단(재판상 청구, 압류·가압류·가처분, 승인)
⇨ (피고의) **재재항변** : 시효중단이 효력이 없는 사실(최고나 소 각하, 취하 후 6개월 내 재판상청구를 하지 않은 사실)

[참고] 피고가 소비대차계약체결사실을 부인하는 경우
① 계약서의 서명이나 날인이 피고의 것이 아니라고 답변한 경우
  → 원고가 계약서의 진정성립 증명
② 계약서의 인영이 피고의 도장에 의한 것이기는 하지만 자신이 직접 날인한 것이 아니라 제3자가 도장을 도용한 것이라고 답변한 경우
  → 자신이 아니라 제3자가 날인한 점에 관한 피고의 반증이 필요하고, 피고의 반증이 성공한 경우 원고가 제3자의 대리권의 존재 또는 표현대리에 관한 사실을 주장·증명하여야 함.
③ 서명이나 날인이 피고의 것이기는 하지만 심신미약이나 기망, 협박 등의 상태에서 이루어졌다고 답변한 경우
  → 피고가 기망 등의 사정을 증명하여야 함.

[참고]
(1) 당사자 사이에 금전을 주고받았다는 사실에 관하여 다툼이 없다고 하더라도 이를 **대여하였다는** 원고의 주장에 대하여 피고가 **다투는** 때에는 대여사실에 대하여 이를 주장하는 원고에게 증명책임이 있다.19)
(2) 민법상 소비대차는 당사자 일방이 금전 기타 대체물의 소유권을 상대방에게 이전할 것을 약정하고 상대방은 그와 같은 종류, 품질 및 수량으로 반환할 것을 약정함으로써 효력이 생기는 이른바 **낙성계약**이므로, 차주가 현실로 금전 등을 수수하거나 현실의 수수가 있은 것과 같은 경제적 이익을 취득하여야만 소비대차가 성립하는 것은 아니다. 반대로 당사자 일방이 상대방에게 현실로 금전 기타 대체물의 소유권을 이전하였다고 하더라도 <u>상대방이 같은 종류, 품질 및 수량으로 반환할 것을 약정한 경우가 아니라면 이들 사이의 법률행위를 소비대차라 할 수 없다.</u>20)

이 이전하고 동시에 집행채권 소멸의 효력이 발생하므로 본안에 관한 항변사유가 된다.
19) 대법원 2018.01.24. 선고 2017다37324 판결.
20) 대법원 2018.12.27. 선고 2015다73098 판결. 〈사례〉 甲과 乙은 중학교 선후배 사이로 약 6년간 경제생활 공동체를 이루어 함께 살면서 의류 매장을 운영하였는데, 그들 사이에 계좌이체 등을 통해 이루어진 금전거래가 공동생활관계 해소 시에 정산 후 잔존 금원을 대여금으로 하기로 예정한 것인지 문제 된 사안에서, 위 금전거래를 공동생활관계 해소 시에 정산 후 잔존 금원을 대여금으로 하기로 예정한 것이라고 보기 어려운데도, 이와 달리 본 원심판단에 법리오해 등의 잘못이 있다고 한 사례

제15장 보증채무금 청구

민사실무 핵심 요건사실

1 청구취지와 청구원인

(1) 보증인만을 피고로 한 경우

☞ **청구취지** : 피고는 원고에게 1억 원 및 이에 대한 2020. 5. 1.부터 이 사건 소장부본 송달일까지는 연 5%의, 그 다음날부터 다 갚는 날까지는 연 12%의 각 비율로 계산한 돈을 지급하라.

☞ **청구원인** :
(1) 원고는 2019. 5. 1. 소외 A에게 1억 원을 변제기 2020. 4. 30.로 정하여 대여하였다.
(2) 한편, 피고는 위 소비대차계약 당시 위 A의 원고에 대한 위 소비대차계약에 따른 대여금채무를 연대보증하였다.
(3) 그렇다면 피고는 소외 A와 연대하여 원고에게 1억 원 및 이에 대한 변제기 다음날인 2020. 5. 1.부터 이 사건 소장부본 송달일까지는 민법이 정한 연 5%의, 그 다음날부터 다 갚는 날까지는 소송촉진 등에 관한 특례법이 정한 연 12%의 각 비율에 의한 지연손해금을 지급할 의무가 있다.

(2) 주채무자와 연대보증인을 공동피고로 한 경우

☞ **청구취지** : 피고들은 연대하여 원고에게 1억 원 및 이에 대한 2020. 5. 1.부터 이 사건 소장부본 송달일까지는 연 5%의, 그 다음날부터 다 갚는 날까지는 연 12%의 각 비율로 계산한 돈을 지급하라.

(3) 주채무자, 연대보증인 동시 피고, 연대보증인은 보증한도액 있는 경우

☞ **청구취지** :
1. 원고에게,
가. 피고 A는 12,000,000원 및 그 중 10,000,000원에 대하여,
나. 피고 B는 13,000,000의 한도에서 피고 A와 연대하여 12,000,000원 및 그 중 10,000,000원에 대하여
각 2019. 4. 1.부터 2020. 3. 31. 까지는 연 5%의, 그 다음날부터 다 갚는 날까지는 연 12%의 각 비율로 계산한 돈을 각 지급하라.

2 소송물과 요건사실

가. 소송물 : 보증채무금이행청구권

나. 요건사실

> ❶ 주채무(차용금의 경우에는 금전소비대차계약의 체결과 그에 따른 금전의 지급)의 발생사실
> ❷ 보증계약의 체결사실[1]
> ❸ 보증계약이 보증인의 기명날인 또는 서명이 있는 서면으로 체결된 사실[2]

> [참고]
> (1) 민법 제428조의2 제1항 전문은 "보증은 그 의사가 보증인의 기명날인 또는 서명이 있는 서면으로 표시되어야 효력이 발생한다."라고 규정하고 있는데, '보증인의 **서명**'은 원칙적으로 보증인이 직접 자신의 이름을 쓰는 것을 의미하므로 타인이 보증인의 이름을 대신 쓰는 것은 이에 해당하지 않지만, '보증인의 **기명날인**'은 타인이 이를 대행하는 방법으로 하여도 무방하다.[3]
> (2) 민법 제428조의3은 제1항에서 "보증은 불확정한 다수의 채무에 대하여도 할 수 있다. 이 경우 보증하는 채무의 최고액을 서면으로 특정하여야 한다."라고 규정하고 있고, 제2항에서 "제1항의 경우 채무의 최고액을 제428조의2 제1항에 따른 서면으로 특정하지 아니한 보증계약은 효력이 없다."라고 규정하고 있다. 이는 불확정한 다수의 채무에 대하여 보증하는 경우 보증인이 부담하여야 할 보증채무의 액수가 당초 보증인이 예상하였거나 예상할 수 있었던 것보다 지나치게 확대될 우려가 있으므로, 보증인이 보증을 함에 있어 자신이 지게 되는 법적 부담의 한도액을 미리 명확하게 알 수 있도록 함으로써 보증인을 보호하려는 데에 입법 취지가 있다.[4]

---

1) 보증인보호를 위한 특별법은 민법 제429조 제1항에 따른 보증채무를 부담하는 경우에 적용될 뿐 타인의 채무에 대하여 그 담보물의 한도 내에서 책임을 지는 **물상보증**의 경우에는 적용되지 아니한다(대법원 2015.03.26. 선고 2014다83242 판결).
2) 2016. 2. 4. 시행 개정민법 제428조의 2(보증의 방식)
   ① 보증은 그 의사가 보증인의 기명날인 또는 서명이 있는 서면으로 표시되어야 효력이 발생한다. 다만, 보증의 의사가 전자적 형태로 표시된 경우에는 효력이 없다.
   ② 보증채무를 보증인에게 불리하게 변경하는 경우에도 제1항과 같다.
   ③ 보증인이 보증채무를 이행한 경우에는 그 한도에서 제1항과 제2항에 따른 방식의 하자를 이유로 보증의 무효를 주장할 수 없다.
3) 피고로부터 적법한 대리권을 수여받은 A 또는 그로부터 허락을 받은 B가 이 사건 계약서에 피고의 명판과 법인인감도장을 날인한 것도 '보증인의 기명날인'이 있는 경우에 해당한다.
4) 위와 같은 민법의 규정 및 입법 취지에 비추어 볼 때, 불확정한 다수의 채무에 대하여 보증하는 경우 보증채무의 최고액이 서면으로 특정되어 보증계약이 유효하다고 하기 위해서는, 보증인의 보증의사가 표시된 서면에 보증채무의 최고액이 명시적으로 기재되어 있어야 하고, 보증채무의 최고액이 명시적으로 기재되어 있지 않더라도 서면 자체로 보아 보증채무의 최고액이 얼마인지를 객관적으로 알 수 있는 등 보증채무의 최고액이 명시적으로 기재되어 있는 경우와 동일시할 수 있을 정도의 구체적인 기재가 필요하다고 봄이 타당하다(대법원 2019.03.14. 선고 2018다282473 판결).

3 주요 항변

가. 주채무와 관련된 항변

(1) 주채무자에 관한 항변(변제, 면책적 채무인수, 한정승인, 상속포기, 압류·전부, 공탁, 상계 등)
(2) 주채무의 시효소멸 항변 : 보증인은 주채무 시효소멸 원용하여 보증채무 소멸 주장 가능[5]
① 주채무자에 대한 시효중단은 보증인에게 효력이 있음.[6]
② 확정판결로 인한 주채무의 시효소멸연장은 보증인에게 효력이 없음.
③ 주채무자의 시효이익 포기는 보증인에게 효력이 없고 보증인은 여전히 시효소멸 원용 가능.
(3) 주채무자의 채권과 상계(제434조)

나. 보증채무에 특유한 항변

(1) 최고·검색의 항변권 : 주채무자에게 변제자력이 있다는 사실 + 그 집행이 용이하다는 사실 + 이 항변권 행사의 의사표시가 채권자에게 도달된 사실
  ⇨ 재항변 : 주채무자에게 최고하고 그 재산에 집행한 사실
     보증인이 체결한 보증계약이 연대보증계약이라는 사실
     보증인이 최고·검색의 항변권을 포기한 사실
(2) 이행거절권(제435조)[7]
(3) 서명·날인 위조항변 → 2단의 추정(사실상의 추정 + 문서 전체의 진성성립 추정)
(4) 기타 : 변제, 면책적 채무인수, 상속포기나 한정승인, 소멸시효, 채권의 압류·전부 항변 등

〈참고판례〉 보증인 보호를 위한 특별법(이하 '보증인보호법'이라 한다)은 보증에 관하여 민법에 대한 특례를 규정함으로써 아무런 대가 없이 호의로 이루어지는 보증인의 경제적·정신적 피해를 방지하고, 금전채무에 대한 합리적인 보증계약의 관행을 확립함으로써 신용사회 정착에 이바지함을 목적으로 한다(제1조). 보증계약을 체결할 때 보증채무 최고액을 서면으로 특정해야 하고(제4조, 제6조), 보증기간의 약정이 없는 때에는 그 기간을 3년으로 보고(제7조 제1항), 보증기간은 갱신할 수 있되 보증기간의 약정이 없는 때에는 계

---

[5] 보증채무에 대한 소멸시효가 중단되었다고 하더라도 이로써 주채무에 대한 소멸시효가 중단되는 것은 아니고, 주채무가 소멸시효 완성으로 소멸된 경우에는 보증채무도 그 채무 자체의 시효중단에 불구하고 부종성에 따라 당연히 소멸된다(대법원 2002.05.14. 선고 2000다62476 판결). 비록 주채무자가 시효이익을 포기하거나 주채무를 승인한다고 하여도 이로써 보증인에 대하여 아무런 효력이 없으므로(민법 제433조 제2항) 보증인은 여전히 주채무의 시효소멸을 원용하여 보증채무의 소멸을 항변할 수 있다.
[6] '보증인에게 그 효력이 있다'(제440조)고 함은 주채무의 시효중단을 보증인에게 주장할 수 있음은 물론이고 보증채무 자체의 시효가 중단된다는 의미이다. 주채무자에 대한 시효중단의 효력이 보증채무자인 피고에게는 미치지 않아 원고가 구하는 채권의 소멸시효가 완성되었다는 피고의 주장을 받아들이지 않은 원심의 판단은 정당하다(대법원 2019.08.29. 선고 2019다215272 판결).
[7] 보증인은 주채무자의 채권에 의한 상계권을 직접 행사하여 채권자에게 대항할 수 있으나(민법 제434조), 주채무자가 채권자에 대하여 취소권이나 해제·해지권이 있는 경우에는 이를 직접 행사할 수는 없다. 다만 주채무자가 이러한 권리를 가지는 동안에는 보증인으로서는 채권자에게 대하여 채무이행을 거절할 수 있다고 보는 것이 공평의 관념에 부합한다.

약체결 시의 보증기간을 그 기간으로 본다(제7조 제2항). 이러한 규정들의 내용과 체계, 입법 목적 등에 비추어 보면, 보증인보호법 제7조 제1항의 취지는 보증채무의 범위를 특정하여 보증인을 보호하는 것이다. 따라서 이 규정에서 정한 '보증기간'은 특별한 사정이 없는 한 보증인이 보증책임을 부담하는 주채무의 발생기간이라고 해석함이 타당하고, 보증채무의 존속기간을 의미한다고 볼 수 없다(대법원 2020.07.23. 선고 2018다42231 판결).

[참고]
(1) 피고가 보증을 한 사실이 없다고 답변한 경우
　→ 원고가 보증채무의 성립사실을 증명
(2) 보증서의 서명이나 날인이 피고의 것이 아니라고 답변한 경우
　→ 원고가 보증서의 진정성립을 증명
(3) 보증서의 서명이나 날인이 피고의 것이기는 하지만 심신미약 또는 기망착오의 상태에서 서명하였거나 제3자가 도장을 임의사용하여 위조한 것이라고 답변한 경우
　→ 피고가 이러한 사정을 증명

4 보증인의 구상권

☞ 요건사실
❶ 주채무의 발생원인이 되는 사실의 존재[8]
❷ 주채무자의 부탁으로 보증인이 되어 자신의 출재로 주채무를 소멸시킨 사실
❸ 보증인의 출재에 과실이 없는 사실
⇨ 재항변 : 보증인이 주채무자에게 출재의 전후에 면책통지를 하지 않은 사실[9]

〈참고판례〉
(1) 보증서의 보증금액은 보증인이 보증책임을 지게 될 주채무에 관한 한도액을 정한 것으로서 그 한도액에는 주채무자의 채권자에 대한 원금과 이자 및 지연손해금이 모두 포함되고 그 합계액이 보증의 한도액을 초과할 수 없지만, 보증채무는 주채무와는 별개의 채무이기 때문에 보증채무 자체의 이행지체로 인한 지연손해금은 보증의 한도액과는 별도로 부담하여야 하고, 이때

---

[8] 보증채무자가 주채무를 소멸시키는 행위는 주채무의 존재를 전제로 하므로, 보증인의 출연행위 당시 주채무가 성립되지 아니하였거나 타인의 면책행위로 이미 소멸된 경우에는 비채변제가 되어 채권자와 사이에 부당이득반환의 문제를 남길 뿐, 주채무자에 대한 구상권은 발생하지 않는다(대법원 2004.02.13. 선고 2003다43858 판결).
[9] 민법 제446조의 규정은 같은 법 제445조 제1항의 규정을 전제로 하는 것이어서 같은 법 제445조 제1항의 사전 통지를 하지 아니한 수탁보증인까지 보호하는 취지의 규정은 아니므로, 수탁보증에 있어서 주채무자가 면책행위를 하고도 그 사실을 보증인에게 통지하지 아니하고 있던 중에 보증인도 사전 통지를 하지 아니한 채 이중의 면책행위를 한 경우에는 보증인은 주채무자에 대하여 민법 제446조에 의하여 자기의 면책행위의 유효를 주장할 수 없다고 봄이 상당하고 따라서 이 경우에는 이중변제의 기본 원칙으로 돌아가 먼저 이루어진 주채무자의 면책행위가 유효하고 나중에 이루어진 보증인의 면책행위는 무효로 보아야 하므로 보증인은 민법 제446조에 기하여 주채무자에게 구상권을 행사할 수 없다(대법원 1997.10.10. 선고 95다46265 판결). → 보증인은 변제를 수령한 채권자를 상대로 이미 이행한 급부를 부당이득으로 반환청구할 수 있다(대법원 2004.12.24. 선고 2003다43858 판결).

보증채무의 연체이율에 관하여 특별한 약정이 없는 경우라면 그 거래행위의 성질에 따라 상법 또는 민법에서 정한 법정이율에 따라야 한다.[10]

(2) 보증채무는 주채무와는 별개의 독립한 채무이므로 보증채무와 주채무의 소멸시효기간은 그 채무의 성질에 따라 각각 별개로 정해진다. 그리고 주채무자에 대한 확정판결에 의하여 민법 제163조 각 호의 단기소멸시효에 해당하는 주채무의 소멸시효기간이 10년으로 연장된 상태에서 그 주채무를 보증한 경우, 특별한 사정이 없는 한 그 보증채무에 대하여는 민법 제163조 각 호의 단기소멸시효가 적용될 여지가 없고, 그 성질에 따라 보증인에 대한 채권이 민사채권인 경우에는 10년, 상사채권인 경우에는 5년의 소멸시효기간이 적용된다.[11]

(3) 채권자와 주채무자 사이의 확정판결에 의하여 주채무가 확정되어 그 소멸시효기간이 10년으로 연장되었다 할지라도 그 보증채무까지 당연히 단기소멸시효의 적용이 배제되어 10년의 소멸시효기간이 적용되는 것은 아니고, 채권자와 연대보증인 사이에 있어서 연대보증채무의 소멸시효기간은 여전히 종전의 소멸시효기간에 따른다.

(4) 보증채무에 대한 소멸시효가 중단되는 등의 사유로 완성되지 아니하였다고 하더라도 주채무에 대한 소멸시효가 완성된 경우에는 시효완성의 사실로 주채무가 소멸되므로 보증채무의 부종성에 따라 보증채무 역시 당연히 소멸되는 것이 원칙이다. 다만 보증채무의 부종성을 부정하여야 할 특별한 사정이 있는 경우에는 예외적으로 보증인은 주채무의 시효소멸을 이유로 보증채무의 소멸을 주장할 수 없으나, 특별한 사정을 인정하여 보증채무의 본질적인 속성에 해당하는 부종성을 부정하려면 보증인이 주채무의 시효소멸에도 불구하고 보증채무를 이행하겠다는 의사를 표시하거나 채권자와 그러한 내용의 약정을 하였어야 하고, 단지 보증인이 주채무의 시효소멸에 원인을 제공하였다는 것만으로는 보증채무의 부종성을 부정할 수 없다.[12]

(5) 민법 제169조는 '시효의 중단은 당사자 및 그 승계인 간에만 효력이 있다.'고 규정하고 있고, 한편 민법 제440조는 '주채무자에 대한 시효의 중단은 보증인에 대하여 그 효력이 있다.'라고 규정하고 있는바, 민법 제440조는 민법 제169조의 예외 규정으로서 이는 채권자 보호 내지 채권담보의 확보를 위하여 주채무자에 대한 시효중단의 사유가 발생하였을 때는 그 보증인에 대한 별도의 중단조치가 이루어지지 아니하여도 동시에 시효중단의 효력이 생기도록 한 것이고, 그 시효중단사유가 압류, 가압류 및 가처분이라고 하더라도 이를 보증인에게 통지하여야 비로소 시효중단의 효력이 발생하는 것은 아니다.[13]

(6) 상계는 단독행위로서 상계를 할지는 채권자의 의사에 따른 것이고 상계적상에 있는 자동채권이 있다고 하여 반드시 상계를 해야 할 것은 아니다. 채권자가 주채무자에 대하여 상계적상에 있는 자동채권을 상계하지 않았다고 하여 이를 이유로 보증채무자가 보증한 채무의 이행을 거부할 수 없으며 나아가 보증채무자의 책임이 면책되는 것도 아니다.[14]

---

10) 대법원 2016.01.28. 선고 2013다74110 판결.
11) 대법원 2014.06.12. 선고 2011다76105 판결.
12) 대법원 2018.05.15. 선고 2016다211620 판결.
13) 대법원 2005.10.27. 선고 2005다35554,35561 판결.
14) 대법원 2018.09.13. 선고 2015다209347 판결.

제16장 구상금 청구

1 청구취지

피고는 원고에게 100,000,000원 및 이에 대한 2020. 2. 1.부터 이 사건 소장부본송달일까지는 연 5%, 그 다음날부터 다 갚는 날까지는 연 12%의 각 비율로 계산한 돈을 지급하라.

2 요건사실

❶ 보증관계 등이 성립한 사실[1]
- 주채무자에게 구상하는 경우 : 피고의 금전차용사실 + 원고의 연대보증사실
- 다른 연대채무자에게 구상하는 경우 : 연대하여 금전을 차용한 사실[2]
- 다른 연대보증인에게 구상하는 경우 : 피고의 금전차용사실 + 원·피고의 연대보증사실[3]
- 다른 불법행위자에게 구상하는 경우 : 원고와 피고의 공동불법행위사실[4]
- 주채무자와 그 신용보증약정의 연대보증인에게 구상하는 경우 : 신용보증기금이 피고에게 해준 신용보증약정에 따라 은행에서 돈을 대출받은 사실 + 신용보증약정시 다른 피고가 연대보증한 사실

❷ 원고가 채권자나 피해자 등에게 채무의 전부 또는 일부를 (대위)변제한 사실
- 지연손해금의 기산일 : 변제일 당일(민법 제425조②)

3 주요 항변

(1) 사전통지결여 항변(민법 제445조①) : 피고가 연대채무자나 주채무자(다른 연대보증인은 제외) 인 경우, 다른 연대채무자나 보증인인 원고가 사전통지를 하지 아니하였음과 자기에게 채

---

[1] 구상금청구와 구상권의 범위 내에서 변제자대위(제480조, 제481조)나 보험자대위(상법 제682조)에 의하여 채권자의 채권을 대위행사하는 것과는 구별해야 한다. 구상권에는 부차책임자가 채무를 변제하고 최종의무자 또는 선순위 의무자에 대하여 행사하는 상환청구권과 부차책임자가 수인인 경우에 그들 사이에서 선후관계 또는 부담부분에 따라 그 중 한 사람이 채무를 변제하고 다른 사람에 대하여 행사하는 상환청구권이 있다.
[2] 자기 부담부분을 넘지 않은 금액을 변제하였더라도 그 변제금액에 다른 사람의 부담부분을 곱한 금액을 그 다른 사람에게 구상할 수 있다.
[3] 자기 부담부분을 넘은 금액을 채권자에게 변제(공동면책)하여야만 그 넘는 금액만큼 구상할 수 있다.
[4] 이 경우에도 자기 부담부분을 넘은 금액을 채권자에게 변제(공동면책)하여야만 그 넘는 금액만큼 구상할 수 있다.

권자에게 대항할 수 있는 상계권이나 동시이행항변권이 있음을 주장하여 원고에게 대항할 수 있음.
(2) **사후통지결여 항변(민법 제445조②)** : 피고가 연대채무자나 주채무자(다른 연대보증인은 제외)인 경우, 다른 연대채무자나 보증인인 원고가 사후통지를 하지 아니하였음과 자기도 변제하였음을 들어 원고에게 대항할 수 있음.
  => 원고는 피고가 악의로 변제하였음을 들어 재항변
(3) **사정변경을 이유로 한 보증해지 항변(계속적 채무의 경우)**

〈기초사례〉 수인의 연대보증인 중 1인인 원고가 주채무를 변제하고 다른 연대보증인을 상대로 구상금의 지급을 구함. 피고들은 원고가 이미 시효로 소멸한 주채무를 이행한 것이므로 구상권을 행사할 수 없다고 항변함(피고들은 채권자에 대하여 소멸시효완성이라는 '대항할 수 있는 사유가 있었다'는 항변).

〈구상금청구의 요건사실〉
① 주채무자의 금전차용
② 원·피고의 연대보증
③ 원고가 자기의 부담부분을 넘은 변제를 함(민법 제448조 제2항)

〈지연손해금 기산일〉 변제일(공동면책일) 당일(민법 제448조 제2항, 제425조 제2항, 성질은 법정이자)

〈참고판례〉
(1) 타인의 채무를 담보하기 위하여 그 소유의 부동산에 저당권을 설정한 물상보증인이 타인의 채무를 변제하거나 저당권의 실행으로 저당물의 소유권을 잃은 때에는 채무자에 대하여 구상권을 취득한다(민법 제370조, 제341조). 그런데 구상권 취득의 요건인 '채무의 변제'라 함은 채무의 내용인 급부가 실현되고 이로써 채권이 그 목적을 달성하여 소멸하는 것을 의미하므로, 기존 채무가 동일성을 유지하면서 인수 당시의 상태로 종래의 채무자로부터 인수인에게 이전할 뿐 기존 채무를 소멸시키는 효력이 없는 면책적 채무인수는 설령 이로 인하여 기존 채무자가 채무를 면한다고 하더라도 이를 가리켜 채무가 변제된 경우에 해당한다고 할 수 없다. 따라서 채무인수의 대가로 기존 채무자가 물상보증인에게 어떤 급부를 하기로 약정하였다는 등의 사정이 없는 한 물상보증인이 기존 채무자의 채무를 면책적으로 인수하였다는 것만으로 물상보증인이 기존 채무자에 대하여 구상권 등의 권리를 가진다고 할 수 없다.
(2) 수탁보증인의 사전구상권과 사후구상권은 종국적 목적과 사회적 효용을 같이하는 공통성을 가지고 있으나, **사후구상권**은 보증인이 채무자에 갈음하여 변제 등 자신의 출연으로 채무를 소멸시켰다고 하는 사실에 의하여 발생하는 것이고, 이에 대하여 **사전구상권**은 그 외의 민법 제442조 제1항 소정의 사유나 약정으로 정한 일정한 사실에 의하여 발생하는 등 발생원인을 달리하고 법적 성질도 달리하는 별개의 독립된 권리이므로, 사후구상권이 발생한 이후에도 사전구상권은 소멸하지 아니하고 병존하며, 다만 목적달성으로 일방이 소멸하면 타방도 소멸하는 관계에 있을 뿐이다.[5]

(3) 연대채무자가 변제 기타 자기의 출재로 공동면책을 얻은 때 다른 연대채무자의 부담부분에 대하여 구상권을 행사할 수 있고 이때 부담부분은 균등한 것으로 추정된다(민법 제425조 제1항, 제424조). 그러나 연대채무자 사이에 부담부분에 관한 특약이 있거나 특약이 없더라도 채무의 부담과 관련하여 각 채무자의 수익비율이 다르다면 그 특약 또는 비율에 따라 부담부분이 결정된다.

  이러한 법리는 민법 제411조에 따라 연대채무자의 부담부분과 구상권에 관한 규정이 준용되는 불가분채무자가 변제 기타 자기의 출재로 공동면책을 얻은 때 다른 불가분채무자를 상대로 구상권을 행사하는 경우에도 마찬가지로 적용된다. 불가분채무자 사이에 부담부분에 관한 특약이 있거나 특약이 없더라도 채무자의 수익비율이 다르다면 그 특약 또는 비율에 따라 부담부분이 결정된다. 따라서 불가분채무자가 변제 등으로 공동면책을 얻은 때 다른 채무자의 부담부분에 대하여 구상할 수 있다.[6]

---

5) 대법원 2019.02.14. 선고 2017다274703 판결.
6) 대법원 2020.07.09. 선고 2020다208195 판결. 원고와 피고가 자신들이 공유하고 있는 부동산을 매도한 후 매매계약이 해제되자 원고가 이미 지급받은 계약금을 매수인에게 반환하고 피고를 상대로 반환한 계약금 중 피고의 부담부분에 대하여 구상을 구한 사건에서, 불가분채무자 사이에 부담부분에 관한 특약이 있거나 특약이 없더라도 채무자의 수익비율이 다르다면 그 특약 또는 비율에 따라 부담부분이 결정된다고 전제한 다음 피고가 실제 지급받은 계약금을 기준으로 피고의 부담부분을 정한 원심을 수긍하여 상고를 기각한 사례

제17장 임대차 소송

민사실무 핵심 요건사실

⟨Point 1⟩ 임대차관련 법령의 비교[1]

구 분	민 법	주택임대차보호법[2]	상가건물 임대차보호법[3]
적용대상	동산, 부동산 (토지/건물) 일체	- 주거용 건물로서 - 주거에 사용되는 것(비주거용에 일부 사용해도 가능)	- 사업자등록 대상인 상가건물 - 일정 보증금액 초과 시 일부의 법규정만 적용
차임연체의 효과	2기 연체 시 계약해지 (§640, §641)	- 2기 연체 시 묵시갱신불가 (§6①) - 해지 가능	- 3기 연체 시 임대인의 갱신거절권 (§10①단) 있음 - 해지 가능

⟨Point 2⟩ 임대차 관련 소송 유형

소송유형	요건사실	주요 항변
임대차보증금반환청구 ⟨임차인→임대인(소유자, 양수인)⟩	임대차계약의 체결 임대차보증금의 지급 임대차의 종료	묵시적 갱신 공제 동시이행
임차목적물 반환청구 ⟨소유자(양수인) → 임대인⟩	임대차계약의 체결 임차목적물의 인도 임대차의 종료	매수청구권의 행사 동시이행 유치권
배당이의 ⟨임대인(의 채권자) 등 ↔ 임차인⟩	배당기일 출석 배당이의 배당순위 오류/배당채권의 불발생·소멸 사실 원고의 배당수령권 이의자의 배당액이 증가	제소기간 도과 배당수령권에 대한 장애, 소멸, 저지

---

[1] 농지임대차에 관하여는 농지법에서 규율하고 있다. 주거용이나 상가건물이 아닌 토지 등 임대차는 주택임대차보호법이나 상가건물 임대차보호법이 적용되지 않고 민법상의 임대차 관련 규정이 적용된다. **전세권**은 전세금을 지급하고 타인의 부동산을 점유하여 그 부동산의 용도에 좇아 사용·수익하며 그 부동산 전부에 대하여 후순위권리자 기타 채권자보다 전세금의 우선변제를 받을 권리를 내용으로 하는 **물권**이지만, 임대차는 당사자 일방이 상대방에게 목적물을 사용, 수익하게 할 것을 약정하고 상대방이 이에 대하여 차임을 지급할 것을 약정함으로써 그 효력이 발생하는 채권계약으로서, 주택임차인이 주택임대차보호법 제3조 제1항의 대항요건을 갖추거나 민법 제621조의 규정에 의한 주택임대차등기를 마치더라도 **채권계약이라는 기본적인 성질에 변함이 없다**(대법원 2007.06.28. 선고 2004다69741 판결).
[2] 이하에서 '주택임대차법'으로 약칭함.
[3] 이하에서 '상가임대차법'으로 약칭함.

⟨Point 3⟩ 대항력, 우선변제권, 소액임차인의 보증금 최우선변제권
1. **대항력** : 임차목적물의 양수인 등 제3자에게 임차권 주장 가능
   (1) 민법 제621조 : 임대차등기 ⇒ 등기일부터
   (2) 주택임대차법 제3조 제1항 : 인도 + 주민등록 ⇒ 전입신고한 다음날부터
   (3) 상가임대차법 제3조 제1항 : 인도 + 사업자등록 ⇒ 사업자등록신청 다음날부터
2. **우선변제권** : 경매/공매절차에서 타 채권자보다 우선하여 변제, 배당 가능
   ⇒ 주택임대차법 및 상가임대차법의 대항력 요건 + 확정일자
3. **소액임차인의 보증금 최우선변제권** : 보증금의 일정액에 미달하는 소액인 경우 일반 우선변제권 요건에 미달해도 최우선변제권 부여, 단 경매신청등기 전에 대항력 요건 갖출 것(+ 배당요구).

⟨Point 4⟩ 임대차의 종료원인에 따른 요건사실과 항변사유

종료 원인			요건사실	항변 사유
임대차기간 만료			임대차기간이 경과한 사실	· 묵시적 갱신(임대차기간 만료 후 임차인의 계속 사용·수익한 사실 + 임대인이 상당한 기간 내에 이를 알고도 이의를 제기하지 않은 사실)
임대차 계약 해지[4]	기간의 약정이 없는 임대차		· 임대차계약의 해지통고 및 도달(제635조) · 해지의 효력발생을 위한 기간 경과의 사실	· 임대차기간에 관한 약정이 있는 사실
	채무 불이행[5]	차임 연체	· 차임이 연체된 사실 · 연체된 액수가 2기[6]의 차임액에 달하는 사실 · 해지의 의사표시 및 그 도달	· 해지의 의사표시 도달 이전에 차임을 완납한 사실
		무단 양도 및 전대	· 임차권양도 또는 전대차계약이 성립한 사실 · 목적물이 양수인이나 전차인에게 인도된 사실 · 해지의 의사표시 및 도달	· 임대인이 임차권양도 및 전대에 동의한 사실 · 임차권 양도 및 전대가 배신행위에 해당하지 않는다고 볼 만한 사정이 있다는 사실

---

4) 위와 같은 해지사유 이외에도 임차인의 의사에 반한 보존행위(제625조), 멸실 등으로 사용·수익 불가(제627조 제2항), 임대차목적물의 소유권 변동, 경매절차의 개시 등을 이유로 한 해지, 해지권유보의 특약, 합의해지 등이 있다. ⟨참고판례⟩ 임대차는 당사자 일방이 상대방에게 목적물을 사용·수익하게 할 것을 약정하고 상대방이 이에 대하여 차임을 지급할 것을 약정함으로써 성립하는 것으로서 임대인이 그 목적물에 대한 소유권 기타 이를 임대할 권한이 있을 것을 성립요건으로 하고 있지 아니하므로, 임대차계약이 성립된 후 그 존속기간 중에 임대인이 임대차 목적물에 대한 소유권을 상실한 사실 그 자체만으로 바로 임대차에 직접적인 영향을 미친다고 볼 수는 없지만, 임대인이 임대차 목적물의 소유권을 제3자에게 양도하고 그 소유권을 취득한 제3자가 임차인에게 그 임대차 목적물의 인도를 요구하여 이를 인도하였다면 임대인이 임차인에게 임대차 목적물을 사용·수익케 할 의무는 이행불능이 되었다고 할 것이고, 이러한 이행불능이 일시적이라고 볼 만한 특별한 사정이 없다면 임대차는 당사자의 해지 의사표시를 기다릴 필요 없이 당연히 종료되었다고 볼 것이지, 임대인의 채무가 손해배상 채무로 변환된 상태로 채권·채무관계가 존속한다고 볼 수 없다(대법원 1996.03.08. 선고 95다15087 판결).
5) 차임연체 등 임대차계약상 채무불이행을 원인으로 한 해지의 경우에는 부속물매수청구권 및 지상물매수청구권으

⟨Point 5⟩ 임대차 관련 소송의 쟁점
1. 임대인이 목적물의 반환을 구하는 경우나 임차인이 임차보증금의 반환을 구하는 경우 그 **임대차종료의 원인사실**도 청구원인이 된다.
   ☞ **임대차계약 종료원인이 해지인 경우**
   (1) 해지권의 근거 내지 발생원인, 해지의 의사표시 및 그 도달 사실이 요건사실이 된다.
   (2) 임대인이 임차인의 **차임연체액이 2기의** 차임액에 달한다는 이유로 임대차계약을 해지하고 임차목적물의 반환을 청구한다는 주장과 **임대차기간의 약정이 없어서 바로 계약해지의 통고**를 하고 임차목적물의 반환을 청구한다는 주장은 양립할 수 있는 별개의 독립한 공격방어방법이므로, 임대인이 그중 어느 한쪽만을 주장한 경우 법원은 **처분권주의**의 원칙상 그 주장에 대하여만 판단하여야지 당사자가 주장하지도 아니한 사항에 관하여까지 주장을 촉구하거나 판단하지 못한다.
   (3) 임대차계약의 해지를 주장하면서 임차인의 차임연체를 해지사유로 내세우고 그것이 이유 없다고 하더라도 기한의 정함이 없는 임대차로서 해지통지에 따라 해지되었다는 주장은 서로 **양립가능한** 것으로서 이를 **선택적 주장**으로 볼 수 있으므로 어느 하나의 해지사유를 인용하면 다른 주장에 관하여 심리판단할 필요가 없다.
2. 임대차보증금반환채권은 **임대차종료시**에 발생하고 바로 이행기에 도달하지만 그 구체적인 반환액은 **목적물 인도시**에 확정된다.
3. 임대차보증금반환채권과 임대인의 목적물반환청구권의 **동시이행**
   (1) 임대차계약 종료원인이 무엇이든 간에 피고(임차인)는 임대차보증금을 반환받을 때까지 인도를 거절한다는 동시이행의 **항변**을 할 수 있다.
   (2) 원고(임대인)는 보증금이 연체차임 또는 같은 금액 상당의 부당이득금의 공제로 없어졌다는 **재항변**을 할 수 있다. 임대차보증금에서 차임 상당의 부당이득 공제 재항변을 하는 경우에는 **임대차 종료 이후에도 당초의 임대차계약 목적대로** 점유사용하고 있다는 사실이 재항변의 요건사실이 된다. 또는 임대차보증금의 반환의 이행 또는 이행의 제공, 소멸로 동시이행의 항변권이 소멸하였음을 주장·증명하여 **재항변**을 할 수 있다.
   (3) 임차인 측은 차임채권 등이 변제 등의 사유로 소멸한 사실을 주장·증명하여 **재재항변**을 할 수 있다.
   (4) 임대인이 전차인에 대하여 목적물의 직접 반환을 구한 경우 적법하게 전차한 전차인이라도 임대인에게 직접 전대차보증금반환채권을 취득하는 것은 아니므로 전대차보증금의 반환과 동시이행의 항변을 주장할 수는 없으나, 임차인의 임대차보증금반환채권에 기한 동시이행항변권을 **원용**할 수 있다.

로 임대인에게 대항할 수 없다.
6) 2기는 연속할 필요가 없고 연체한 차임의 합산액이 2기분에 달하면 됨. 월차임이 300만원인 경우 3월 미지급 차임 100만 원, 4월 미지급 차임 100만 원, 5월 미지급 차임이 200만 원이면 아직 차임 2기 연체가 아님. 상가건물 임차인의 차임연체액이 3기에 달하는 때에는 계약을 해지할 수 있고(2015. 5. 13. 시행 개정 상가건물 임대차보호법 제10조의8), 임대차계약 갱신 전후를 합산하여 차임연체액을 산정함.

4. 임대인의 우선변제권 행사 : **공제**〈상계와 다르다〉 변론주의 : 공제 주장
5. 임대차계약 존속 중 임대차보증금반환채무를 수동채권으로 한 상계
6. 임대차보증금반환채권이 양도되거나, 가압류·압류·전부되는 경우 임대인의 지위
7. 법률상의 원인 없이 이득하였음을 이유로 한 부당이득의 반환에 있어 **이득**이라 함은 **실질적인 이익**
8. **임대차계약 종료 후 임차인의 점유가 불법점유인지 판단하는 기준** : 임대차계약이 종료되면 임차인은 그 목적물을 반환하고 임대인은 연체차임을 공제한 나머지 보증금을 반환해야 한다. 이러한 임차인의 목적물반환의무와 임대인의 보증금반환의무는 동시이행관계에 있으므로, 임대인이 임대차보증금의 반환의무를 이행하거나 적법하게 이행제공을 하는 등으로 임차인의 동시이행항변권을 상실시키지 않은 이상, 임대차계약 종료 후 임차인이 목적물을 계속 점유하더라도 그 점유를 불법점유라고 할 수 없고 임차인은 이에 대한 손해배상의무를 지지 않는다. 그러나 임차인이 그러한 동시이행항변권을 상실하였는데도 목적물의 반환을 계속 거부하면서 점유하고 있다면, 달리 점유에 관한 적법한 권원이 인정될 수 있는 특별한 사정이 없는 한 이러한 점유는 적어도 과실에 의한 점유로서 불법행위를 구성한다.
9. 임대차종료시의 임차인의 원상회복의무

Ⅰ. 임대차보증금반환청구

1 청구취지와 청구원인

〈기초사실〉 甲은 乙과 2018. 2. 1. 乙 소유의 별지목록 기재 아파트에 관하여 임대보증금 1억 원, 계약기간 2년으로 하는 부동산임대차계약을 체결하고 위 보증금을 지급하여 위 아파트에 거주하여 왔다. 乙은 임대차가 종료되었음에도 불구하고 임대보증금을 반환하지 않고 있으므로 甲은 위 임대보증금의 반환을 구한다.

☞ **청구취지** : 피고는 원고에게 1억 원 및 이에 대한 2020. 2. 1.부터 이 사건 소장부본 송달일까지는 연 5%, 그 다음날부터 다 갚는 날까지는 연 12%의 각 비율로 계산한 돈을 지급하라.7)

☞ **청구원인** : 甲은 乙과 2017. 2. 1. 乙 소유의 별지목록 기재 아파트에 관하여 임대보증금 1억 원, 계약기간 2년으로 하는 부동산임대차계약을 체결하고 위 보증금을 지급하여 위 아파트에 거주하여 왔는데 乙은 임대차기간만료로 임대차가 종료되었음에도 불구하고 임대보증금을 반환하지 않고 있다. 甲은 2020. 1. 31. 위 아파트를 乙에게 인도하였다.
그렇다면 피고는 원고에게 금 1억 원 및 이에 대한 2020. 2. 1.부터8) 이 사건 소장부본 송달일까지는 민법 소정의 연 5%의, 그 다음날부터 다 갚는 날까지는 소송촉진 등에 관한 특례법 소정의 연 12%의 각 비율로 계산한 지연손해금을 지급할 의무가 있다.

〈임대인들이 여러 명인 경우9)〉 피고들은 공동하여 원고에게 금 1억 원 및 이에 대한 2020. 2. 1.부터 이 사건 소장부본 송달일까지는 연 5%, 그 다음날부터 다 갚는 날까지는 연 12%의 각 비율로 계산한 돈을 지급하라.
〈임대인으로부터 목적물을 양수한 제3자에게 청구하는 경우〉 원고의 임차권이 주택임대차보호법 또는 상가건물 임대차보호법상의 대항력이 있어야 함.10)

〈추가된 사실관계〉
(1) 丙이 甲으로부터 甲이 乙에 대하여 가지는 별지목록 기재 부동산에 관한 임대차계약에 기한 임대차보증금반환채권을 양도받았다.
(2) 丙은 甲이 乙에 대하여 가지는 별지목록 기재 부동산에 관한 임대차계약에 기한 임대차보증금반환채권에 대하여 압류 및 전부명령을 받고 그 명령이 제3채무자인 乙에 송달되었고, 위 전부명령이 확정되었다.
丙이 乙로부터 임대보증금을 받으려면 어떻게 해야 하는가?

☞ 채권자대위소송의 경우 :
1. 피고 甲은 피고 乙에게 별지목록 기재 부동산을 인도하라.
2. 피고 乙은 피고 甲으로부터 제1항 기재 부동산을 인도받음과 동시에 원고 丙에게 10억 원 및 이에 대하여 인도완료일 다음날부터 다 갚는 날까지 연 5%의 비율로 계산한 돈을 지급하라.

---

7) 2020. 1. 31.까지 임대목적물을 반환한 경우의 지연손해금의 지급을 구하는 경우
8) 지연손해금 기산일은 임대목적물을 반환하여 동시이행관계를 소멸시킨 다음날부터 기산된다. 임대차보증금에 대한 지연손해금은 임대인에게 목적물을 반환하여야만 구할 수 있다.
9) 공동임대인들이 피고인 경우 불가분채무. 공동임차인이 부담하는 차임지급의무는 연대채무(제161조, 제654조). 임대인이 사망한 경우 공동상속인의 임대차보증금반환채무도 법정상속분에 따라 공동상속인에 분할되어 귀속된다. 공동임차인의 임대차보증금반환청구권이 분할채권인지 불가분채권인지에 관하여 견해의 대립이 있음. 다만 공동임차인 또는 공동임대인의 경우의 계약해지의 의사표시는 전원으로부터 전원에 대하여 하여야 한다(민법 제547조 제1항). 대법원 2015.10.29. 선고 2012다5537 판결 : 여러 사람이 공동임대인으로서 임차인과 하나의 임대차계약을 체결한 경우에는 민법 제547조 제1항의 적용을 배제하는 특약이 있다는 등의 특별한 사정이 없는 한 공동임대인 전원의 해지의 의사표시에 따라 임대차계약 전부를 해지하여야 한다. 이러한 법리는 임대차계약의 체결 당시부터 공동임대인이었던 경우뿐만 아니라 임대차목적물 중 일부가 양도되어 그에 관한 임대인의 지위가 승계됨으로써 공동임대인으로 되는 경우에도 마찬가지로 적용된다.
10) 주택임대차보호법 제3조 제1항이 정한 대항요건을 갖춘 임대차의 목적이 된 임대주택의 양수인은 임대인의 지위를 승계한 것으로 본다고 규정하고 있다. 이는 법률상의 당연승계 규정으로 보아야 하므로, 임대주택이 양도된 경우에 양수인은 주택의 소유권과 결합하여 임대인의 임대차계약상 권리·의무 일체를 그대로 승계한다. 그 결과 양수인이 임대차보증금반환채무를 면책적으로 인수하고, 양도인은 임대차관계에서 탈퇴하여 임차인에 대한 임대차보증금반환채무를 면하게 된다. 이는 임차인이 임대차보증금반환채권에 질권을 설정하고 임대인이 그 질권 설정을 승낙한 후에 임대주택이 양도된 경우에도 마찬가지라고 보아야 한다. 따라서 이 경우에도 임대인은 위 법 제3조 제3항에 의해 임대차관계에서 탈퇴하고 임차인에 대한 임대차보증금반환채무를 면하게 된다(대법원 2018.06.19. 선고 2018다201610 판결).

2 요건사실

❶ 임대차계약 체결사실
❷ 임대차보증금 지급사실
❸ 임대차 종료사실 : 기간만료 또는 해지
〈보증금에 대한 지연손해금을 청구하는 경우〉 원고가 임대목적물을 반환하였다는 점도 요건사실.

3 주요 항변

가. 본안전 항변

(1) 보증금반환채권의 압류·추심항변[11]
(2) 임차보증금반환채권에 대한 질권 설정 항변

나. 본안의 항변

(1) 묵시의 갱신항변(민법 제639조, 주택임대차법 제6조)
⇦ 임대차 종료 후에도 원고가 목적물을 계속 사용·수익하였고, 종료 후 상당한 기간 내에 이의를 제기하지 아니하였다는 항변[12]
⇦ 주택·상가 건물임대차보호법 적용대상 임대차에 있어서 법정기간 내에 적법한 갱신거절 통지를 하지 아니하였다는 항변(갱신 기간은 주택은 2년, 위 법률 적용 상가는 1년, 나머지 건물은 원고의 해지통고로부터 6개월)
⇨ 원고의 **재항변** : 주택임대차의 경우 기간만료 전 6월에서 2월 사이에 이미 갱신거절의 통지를 하였다는 재항변

(2) **공제항변** : 연체차임, 관리비 약정사실, 목적물 훼손사실, 종료 후 차임상당의 부당이득 등[13]
⇦ **연체차임 공제항변** : 차임약정 사실[14]

---

11) 보증금반환채권에 대한 압류, 가압류의 경우 임차인의 청구에 대하여 즉시 이행판결을 할 수 있으나, 추심명령을 받는 등 현금화절차로 나아간 때에는 임차인은 당사자적격 상실 부적법 각하.
12) 임차인이 해지 통지 1월 경과, 상가건물 임대차보호법상의 상가는 3월 경과 후 효력
13) 임대차계약에 있어 임대차보증금은 임대차계약 종료 후 목적물을 임대인에게 명도할 때까지 발생하는, 임대차에 따른 임차인의 모든 채무를 담보하는 것으로서, 그 피담보채무 상당액은 임대차관계의 종료 후 목적물이 반환될 때에, 특별한 사정이 없는 한, 별도의 의사표시 없이 보증금에서 당연히 공제되는 것이므로, 임대인은 임대차보증금에서 그 피담보채무를 공제한 나머지만을 임차인에게 반환할 의무가 있다고 할 것이다. 그러나 이 경우 임대차보증금에서 그 피담보채무 등을 공제하려면 임대인으로서는 그 피담보채무인 연체차임, 연체관리비 등을 임대차보증금에서 공제하여야 한다는 주장을 하여야 하고 나아가 그 임대차보증금에서 공제될 차임채권, 관리비채권 등의 발생원인에 관하여 주장·입증을 하여야 하는 것이며, 다만 그 발생한 채권이 변제 등의 이유로 소멸하였는지에 관하여는 **임차인이** 주장·입증책임을 부담한다(대법원 2005.09.28. 선고 2005다8323,8330 판결).
14) 대법원 2019.04.03. 선고 2015다247745,247752 판결 : 임대차보증금은 임대차계약이 종료된 후 임차인이 목적물을 인도할 때까지 발생하는 차임 및 기타 임차인의 채무를 담보하는 것으로서, 임대차보증금이 임대인에게 교부되어 있더라도 임대인은 임대차관계가 계속되고 있는 동안에는 임대차보증금에서 연체된 차임 등을 충당할

⇐ **부당이득 공제항변** : 임대인이 목적물에 대한 사용·수익권을 가진다는 사실(임대인의 손해) + 임차인이 실질적으로 사용·수익하고 있는 사실(임차인의 이득)15)
⇨ **원고의 재항변** : 차임 등 지급사실의 주장·증명
(3) **동시이행의 항변**16) : 임차목적물 반환과의 동시이행항변 → 위 ② 공제항변과 함께 하는 경우가 많고, 우선 공제항변을 통해 확정된 금액과의 동시이행관계17)
⇨ **원고의 재항변** : 임대목적물을 인도한 사실(목적물 인도를 위해 이행제공)을 주장·증명18)
(4) **임대인 지위 양도 항변(주택임대차법 제3조 제2항, 상가임대차법 제3조 제2항)** : 피고는 원고가 대항력 있는 주택임차인 또는 상가임차인이라는 점과 목적물을 양도하여 신소유자가 임대인 지위를 승계하였다는 항변19)

것인지를 자유로이 선택할 수 있으므로, 임대차계약 종료 전에는 연체된 차임 등이 공제 등 별도의 의사표시 없이 임대차보증금에서 당연히 공제되는 것은 아니지만, 임대차계약이 종료되거나 목적물이 인도되기 전이라도 임대인은 연체된 차임 등을 임대차보증금에서 공제한다는 의사표시를 함으로써 이를 공제할 수 있다.

15) 법률상 원인 없이 이익을 얻고 이로 인하여 타인에게 손해를 가한 때에는 그 이익을 반환하여야 한다(민법 제741조), 여기에서 이익이라 함은 실질적인 이익을 의미하므로, 임대차계약관계가 소멸된 이후에 임차인이 임차건물 부분을 계속 점유하기는 하였으나 이를 본래의 임대차계약상의 목적에 따라 사용·수익하지 아니하여 실질적인 이득을 얻은 바 없는 경우에는, 그로 인하여 임대인에게 손해가 발생하였다고 하더라도 임차인의 부당이득반환의무는 성립하지 않는다. 이는 임차인의 사정으로 인하여 임차건물 부분을 사용·수익하지 못하였거나 임차인이 자신의 시설물을 반출하지 않았다고 하더라도 마찬가지이다(대법원 2018.11.29. 선고 2018다240424,240431 판결). <사례> 임대인 甲 등과 임차인 乙 사이에 체결된 임대차계약이 乙의 차임 연체를 이유로 해지된 후 을이 점포에 대한 폐업신고를 하였는데, 乙이 영업비품들을 그대로 비치하는 등 점포를 계속하여 점유하자 甲 등이 乙을 상대로 부당이득반환을 구한 사안에서, 乙이 점포에 대한 폐업신고를 한 이후에는 비록 점유를 계속하고 있었다 하더라도 본래의 임대차계약상의 목적에 따른 사용·수익을 한 것이 아니어서 실질적인 이익을 얻은 바 없으므로, 그로 인하여 甲 등에게 손해가 발생하였다 하더라도 乙의 부당이득반환의무는 성립하지 않는데도, 乙이 영업에 필요한 비품 등을 그대로 남겨둔 채 점포를 폐쇄한 사정 등을 들어 乙이 폐업신고를 한 이후에도 차임 상당의 부당이득반환의무가 성립한다고 판단한 원심판결에 법리오해의 잘못이 있다고 한 사례.
16) 임대인의 보증금반환의무와 임차인의 임대차등기말소의무는 동시이행관계가 아니다.
17) 쌍무계약에서 쌍방의 채무가 동시이행관계에 있는 경우 일방의 채무의 이행기가 도래하더라도 상대방 채무의 이행제공이 있을 때까지는 그 채무를 이행하지 않아도 이행지체의 책임을 지지 않는 것이며, 이와 같은 효과는 이행지체의 책임이 없다고 주장하는 자가 반드시 동시이행의 항변권을 행사하여야만 발생하는 것은 아니다(대법원 2010.10.14. 선고 2010다47438 판결). 부동산임대차에서 임차인이 임대인에게 지급하는 임대차보증금은 임대차관계가 종료되어 목적물을 반환하는 때까지 그 임대차관계에서 발생하는 임차인의 모든 채무를 담보하나, 임대차관계와 사실상 관련되어 있는 채무라고 하더라도, 그 임대차관계에서 당연히 발생하는 임차인의 채무가 아니라 그 임대차계약과 별도로 이루어진 약정 등에 기하여 비로소 발생하는 채무의 경우에는, 반환할 임대차보증금에서 당연히 공제할 수 있는 것은 아니다(대법원 2015.10.29. 선고 2015다32585 판결). → 장래 임대목적물 반환 시 원상복구비용의 보증금 명목으로 지급하기로 약정한 금액
18) 임차인의 임차목적물 명도의무와 임대인의 보증금 반환의무는 동시이행의 관계에 있다 하겠으므로, 임대인의 동시이행의 항변권을 소멸시키고 임대보증금 반환 지체책임을 인정하기 위해서는 임차인이 임대인에게 임차목적물의 명도의 이행제공을 하여야만 한다 할 것이고, 임차인이 임차목적물에서 퇴거하면서 그 사실을 임대인에게 알리지 아니한 경우에는 임차목적물의 명도의 이행제공이 있었다고 볼 수는 없다(대법원 2002.02.26. 선고 2001다77697 판결).
19) 주택임대차법 제3조 제3항은 같은 조 제1항이 정한 대항요건을 갖춘 임대차의 목적이 된 임대주택의 양수인은 임대인의 지위를 승계한 것으로 본다고 규정하고 있다. 이는 법률상의 **당연승계** 규정으로 보아야 하므로, 임대주택이 양도된 경우에 그 양수인은 주택의 소유권과 결합하여 임대인의 임대차 계약상의 권리·의무 일체를 그대로 승계한다. 그 결과 양수인이 임대차보증금반환채무를 면책적으로 인수하고, 양도인은 임대차관계에서 탈퇴하여 임차인에 대한 임대차보증금반환채무를 면하게 된다. 이는 임차인이 임대차보증금반환채권에 질권을 설정하고 임대인이 그 질권 설정을 승낙한 후에 임대주택이 양도된 경우에도 마찬가지라고 보아야 한다. 따라서 이

⇨ 원고의 재항변 : 다만 임차인이 상당기간 내에 이의 제기하면 임대인 지위가 승계되지 아니하고 임대차 계약 종료20)
(5) 보증금반환채권이 양도·전부되었다는 항변21)22)
⇨ 원고의 재항변 : 임대목적물을 인도한 사실을 주장·증명

[참고]
(1) 임차인의 목적물반환의무는 요건사실이 아니고 임대인의 항변사항. → 임대인의 동시이행항변에 대한 재항변사항
(2) 임차인의 보증금반환채권은 임대차 **종료시**에 발생하고 바로 이행기에 도달하나, 그 금액은 인**도시**에 확정된다.
(3) 임차인은 동시이행관계로 말미암아 건물인도시까지 차임 등을 보증금에서 공제할 것을 주장하지 못한다.
(4) 임대인의 임차인에 대한 금원(대여금 등) 청구에 대하여 임차인이 임차보증금반환채권을 자동채권으로 상계하는 것은 허용되지 않으나, 임차인의 임대차보증금반환청구에 대하여 임대인의 금전채권을 자동채권으로 상계하는 것은 허용된다.
(5) 임차인의 임대차보증금반환채권이 가압류된 상태에서 임대주택이 양도되면 양수인이 채권가압

경우에도 임대인은 구 주택임대차법 제3조 제3항에 의해 임대차관계에서 탈퇴하고 임차인에 대한 임대차보증금반환채무를 면하게 된다(대법원 2018.06.19. 선고 2018다201610 판결). 임차주택의 양수인에게 대항할 수 있는 임차권자라도 스스로 임대차관계의 승계를 원하지 아니할 때에는 승계되는 임대차관계의 구속을 면할 수 있다고 보아야 하므로, 임대차기간의 만료 전에 임대인과 합의에 의하여 임대차계약을 해지하고 임대인으로부터 임대차보증금을 반환받을 수 있으며, 이러한 경우 임차주택의 양수인은 임대인의 지위를 승계하지 아니한다(대법원 2018.12.27. 선고 2016다265689 판결).
20) 대항력 있는 주택임대차에 있어 기간만료나 당사자의 합의 등으로 임대차가 종료된 경우에도 주택임대차법 제4조 제2항에 의하여 임차인은 보증금을 반환받을 때까지 임대차관계가 존속하는 것으로 의제되므로 그러한 상태에서 임차목적물인 부동산이 양도되는 경우에는 같은 법 제3조 제2항에 의하여 양수인에게 임대차가 종료된 상태에서의 임대인으로서의 지위가 당연히 승계되고, 양수인이 임대인의 지위를 승계하는 경우에는 임대차보증금반환채무도 부동산의 소유권과 결합하여 일체로서 이전하는 것이므로 양도인의 임대인으로서의 지위나 보증금반환채무는 소멸하는 것이지만, 임차인의 보호를 위한 임대차보호법의 입법 취지에 비추어 임차인이 임대인의 지위승계를 원하지 않는 경우에는 임차인이 임차주택의 양도사실을 안 때로부터 상당한 기간 내에 이의를 제기함으로써 승계되는 임대차관계의 구속으로부터 벗어날 수 있다고 봄이 상당하고, 그와 같은 경우에는 양도인의 임차인에 대한 보증금 반환채무는 소멸하지 않는다(대법원 2002.09.04. 선고 2001다64615 판결).
21) 주택임대차보호법 제3조 제1항의 대항요건을 갖춘 임차인의 임대차보증금반환채권에 대한 압류 및 전부명령이 확정되어 임차인의 임대차보증금반환채권이 집행채권자에게 이전된 경우 제3채무자인 임대인으로서는 임차인에 대하여 부담하고 있던 채무를 집행채권자에 대하여 부담하게 될 뿐 그가 임대차목적물인 주택의 소유자로서 이를 제3자에게 매도할 권능은 그대로 보유하는 것이며, 위와 같이 소유자인 임대인이 당해 주택을 매도한 경우 주택임대차보호법 제3조 제2항에 따라 전부채권자에 대한 보증금지급의무를 면하게 되므로, 결국 임대인은 전부금지급의무를 부담하지 않는다(대법원 2005.09.09. 선고 2005다23773 판결).
22) 임차보증금을 피전부채권으로 하여 전부명령이 있을 경우에도 제3채무자인 임대인은 임차인에게 대항할 수 있는 사유로서 전부채권자에게 대항할 수 있는 것이어서 건물임대차보증금의 반환채권에 대한 전부명령의 효력이 그 송달에 의하여 발생한다고 하여도 위 보증금반환채권은 임대인의 채권이 발생하는 것을 해제조건으로 하는 것이므로 임대인의 채권을 공제한 잔액에 관하여서만 전부명령이 유효하다(대법원 1988.01.19. 선고 87다카1315 판결). 〈건물명도시까지〉

류의 제3채무자의 지위도 승계하고, 가압류권자 또한 임대주택의 양도인이 아니라 양수인에 대하여만 위 가압류의 효력을 주장할 수 있다.[23]

(6) 임대차보증금반환채권이 가압류 또는 압류된 후 임차권이 양도된 경우에 임대인이 위 임차권의 양도를 승낙하였다면 임대인과 구 임차인과의 임대차관계는 종료되어 구 임차인은 임대차관계로부터 이탈하게 되고, 구 임차인의 임대차보증금반환채권은 구 임차인과 임대인과의 임대차관계의 종료로 인하여 임대인의 임차권 양도 승낙시에 이행기에 도달하게 된다.[24]

(7) **임대차종료 후의 부당이득** : 임대인으로서는 임차인이 임차목적물을 점유하고 있는 사실뿐만 아니라 임차인이 목적물을 본래의 용법대로 사용·수익하고 있는 사실까지 주장·증명하여야 한다.

① 차임이 있는 임대차의 경우 → 임차인이 임대차 종료 후 임차목적을 계속 사용·수익한 사실이 증명되면 임차인이 차임 상당의 부당이득을 얻는 것으로 본다.

② 보증금만 있고 차임이 없는 임대차의 경우 → 보증금의 이자 상당액과 점유사용에 따른 임료 상당액이 서로 대가관계에 있으므로 보증금반환시까지의 사용수익이 부당이득이 되지 않는다.[25]

③ 임차인이 임대차계약 종료 이후에도 동시이행의 항변권을 행사하는 방법으로 목적물의 반환을 거부하기 위하여 임차건물 부분을 계속 점유하기는 하였으나 이를 본래의 임대차계약상의 목적에 따라 사용·수익하지 아니하여 실질적인 이득을 얻은 바 없는 경우 → 그로 인하여 임대인에게 손해가 발생하였다 하더라도 임차인의 부당이득반환의무는 성립되지 아니한다.[26]

(8) 임대차목적물의 멸실·훼손에 따른 손해배상[27]

---

[23] 대법원 2013.01.17. 선고 2011다49523 전원합의체 판결.
[24] 이와 같은 경우에 임대차보증금에 관한 구 임차인의 권리의무관계는 구 임차인이 임대인과 사이에 임대차보증금을 신 임차인의 채무불이행의 담보로 하기로 약정하거나 신 임차인에 대하여 임대차보증금반환채권을 양도하기로 하는 등의 특단의 사정이 없는 한 신 임차인에게 승계되지 아니하며, 구 임차인이 임대인과 사이에 임대차보증금을 신 임차인의 채무의 담보로 하기로 약정하거나 신 임차인에 대하여 임대차보증금반환채권을 양도하기로 한 때에도 그 이전에 임대차보증금반환채권이 제3자에 의하여 가압류 또는 압류되어 있는 경우에는 위와 같은 합의나 양도의 효력은 위 압류권자 등에게 대항할 수 없다. 따라서 임대인으로서는 임차권 양도 승낙시에 구 임차인에게 임대차보증금을 반환할 의무를 부담하게 되었으므로, 그 후에 신 임차인이 차임지급을 연체하는 등 새로운 채무를 부담하게 되었다고 하여 그 연체차임 등을 구 임차인에게 반환할 임대차보증금에서 공제할 수는 없다. 이와 같이 임대인이 임차권의 양도를 승낙하여 신 임차인이 구 임차인으로부터 임차목적물을 명도받았다면 구 임차인이 임대인에게 명도하여 임대인이 다시 신 임차인에게 명도하는 대신 구 임차인이 임대인의 승낙하에 직접 신 임차인에게 명도하는 것으로서 명도의무의 이행을 다한 것으로 보아야 할 것이다(대법원 1998.07.14. 선고 96다17202 판결).
[25] 대법원 1976.10.26. 선고 76다1184 판결.
[26] 대법원 2008.04.10. 선고 2007다76986,76993 판결.
[27] 대법원 2017.05.18. 선고 2012다86895,86901 전원합의체 판결 : 종래 대법원은 임차인이 임대인 소유 건물의 일부를 임차하여 사용·수익하던 중 임차 건물 부분에서 화재가 발생하여 임차 외 건물 부분까지 불에 타 그로 인해 임대인에게 재산상 손해가 발생한 경우에, 건물의 규모와 구조로 볼 때 건물 중 임차 건물 부분과 그 밖의 부분이 상호 유지·존립함에 있어서 구조상 불가분의 일체를 이루는 관계에 있다면, 임차인은 임차 건물의 보존에 관하여 선량한 관리자의 주의의무를 다하였음을 증명하지 못하는 이상 임차 건물 부분에 한하지 아니하고 건물의 유지·존립과 불가분의 일체 관계에 있는 임차 외 건물 부분이 소훼되어 임대인이 입게 된 손해도 채무불

〈사례〉 乙(임차인)은 2008. 5. 27. 甲(임대인) 소유의 이 사건 건물(2층 건물임) 1층 중 150평을 임차하여 골프용품 보관·판매를 위한 매장으로 사용하던 중, 2009. 10. 9. 건물에 화재가 발생하여 임차목적물 이외의 건물 부분까지 불에 타는 사고가 발생했다. 이 사건 화재로 인하여 이 사건 임차목적물은 골프용품 매장으로 더 이상 사용·수익할 수 없는 상태에 이르렀고, 乙은 화재 발생일로부터 얼마 지나지 않은 2009. 10.경 골프용품 매장을 이전하였다. 원고(甲)는 피고 乙을 상대로 채무불이행을 원인으로 손해배상 청구를 하였는데, 임차목적물 반환채무의 이행불능을 원인으로 하는 손해의 배상청구와 이 사건 건물 중 임차목적물이 아닌 부분에 발생한 손해의 배상청구를 하였다.

① 임대차 목적물이 화재 등으로 인하여 소멸됨으로써 임차인의 목적물 반환의무가 이행불능이 된 경우에, 임차인은 이행불능이 자기가 책임질 수 없는 사유로 인한 것이라는 증명을 다하지 못하면 목적물 반환의무의 이행불능으로 인한 손해를 배상할 책임을 지며, 화재 등의 구체적인 발생 원인이 밝혀지지 아니한 때에도 마찬가지이다.28)

② 임대인은 목적물을 임차인에게 인도하고 임대차계약 존속 중에 그 사용, 수익에 필요한 상태를 유지하게 할 의무를 부담하므로(민법 제623조), 임대차계약 존속 중에 발생한 화재가 임대인이 지배·관리하는 영역에 존재하는 하자로 인하여 발생한 것으로 추단된다면, 그 하자를 보수·제거하는 것은 임대차 목적물을 사용·수익하기에 필요한 상태로 유지하여야 하는 임대인의 의무에 속하며, 임차인이 하자를 미리 알았거나 알 수 있었다는 등의 특별한 사정이 없는 한, 임대인은 화재로 인한 목적물 반환의무의 이행불능 등에 관한 손해배상책임을 임차인에게 물을 수 없다.

③ 임차인이 임대인 소유 건물의 일부를 임차하여 사용·수익하던 중 임차 건물 부분에서 화재가 발생하여 임차 건물 부분이 아닌 건물 부분(이 '임차 외 건물 부분')까지 불에 타 그로 인해 임대인에게 재산상 손해가 발생한 경우에, 임차인이 보존·관리의무를 위반하여 화재가 발생한 원인을 제공하는 등 화재 발생과 관련된 임차인의 계약상 의무 위반이 있었음이 증명되고, 그러한 의무 위반과 임차 외 건물 부분의 손해 사이에 상당인과관계가 있으며, 임차 외 건물 부분의 손해가 그러한 의무 위반에 따른 통상의 손해에 해당하거나, 임차인이 그 사정을 알았거나 알 수 있었을 특별한 사정으로 인한 손해에 해당한다고 볼 수 있는 경우라면, 임차인은 임차 외 건물 부분의 손해에 대해서도 민법 제390조, 제393조에 따라 임대인에게 손해배상책임을 부담한다.

(9) 임대차가 종료한 경우 임차인이 반환할 임대차 목적물이 훼손되었음을 이유로 임대인이 임차인의 목적물 반환의무 불이행에 따른 손해배상을 구하는 경우 증명책임

→ 임차인은 선량한 관리자의 주의를 다하여 임대차 목적물을 보존하고, 임대차가 종료하면 임대차 목적물을 원상에 회복하여 반환할 의무를 부담한다(민법 제374조, 제654조, 제615조 참조). 채무자가 채무의 내용에 따른 이행을 하지 않은 때에는 채권자는 손해배상을 청구할 이행으로 인한 손해로 배상할 의무가 있다고 판단하여 왔다. 그러나 임차 외 건물 부분이 구조상 불가분의 일체를 이루는 관계에 있는 부분이라 하더라도, 그 부분에 발생한 손해에 대하여 임대인이 임차인을 상대로 채무불이행을 원인으로 하는 배상을 구하려면, 임차인이 보존·관리의무를 위반하여 화재가 발생한 원인을 제공하는 등 화재 발생과 관련된 임차인의 계약상 의무 위반이 있었고, 그러한 의무 위반과 임차 외 건물 부분의 손해 사이에 상당인과관계가 있으며, 임차 외 건물 부분의 손해가 의무 위반에 따라 민법 제393조에 의하여 배상하여야 할 손해의 범위 내에 있다는 점에 대하여 임대인이 주장·증명하여야 한다.

28) 이러한 법리는 임대차 종료 당시 임대차 목적물 반환의무가 이행불능 상태는 아니지만 반환된 임차 건물이 화재로 인하여 훼손되었음을 이유로 손해배상을 구하는 경우에도 동일하게 적용된다.

수 있고, 다만 채무자가 고의나 과실 없이 이행할 수 없게 되었다는 점을 증명한 때에는 책임을 지지 않는다(민법 제390조 참조).

→ 임대차가 종료한 경우 임차인이 반환할 임대차 목적물이 훼손되었음을 이유로 임대인이 임차인의 목적물 반환의무 불이행에 따른 손해배상을 구하는 경우에, 임차인은 불이행이 자기가 책임질 수 없는 사유로 발생한 것이라는 증명을 다하지 못하면 목적물 반환의무의 불이행에 따른 손해를 배상할 책임을 지고, 훼손의 구체적인 발생 원인이 밝혀지지 않은 때에도 마찬가지이다. 다만, 임대차계약 존속 중에 발생한 훼손이 임대인이 지배·관리하는 영역에 존재하는 하자로 발생한 것으로 추단된다면, 하자를 보수·제거하는 것은 임대차 목적물을 사용·수익하기에 필요한 상태로 유지하여야 하는 임대인의 의무에 속하고, 임차인이 하자를 미리 알았거나 알 수 있었다는 등의 특별한 사정이 없는 한, 임대인은 훼손으로 인한 목적물 반환의무의 불이행에 따른 손해배상책임을 임차인에게 물을 수 없다. 이러한 법리는 임대인이 훼손된 임대차 목적물에 관하여 수선의무를 부담하더라도 동일하게 적용된다.[29]

〈기초사실〉 임차인의 차임연체로 임대차가 종료되자 원고는 임차보증금의 반환 및 필요비, 유익비 등의 지급을 구함. 피고는 연체차임, 미납관리비, 원고의 목적물 반환채무 불이행으로 인하여 입은 손해액의 공제를 항변.

〈필요비 또는 유익비청구의 요건사실〉
① 임차인이 목적물에 비용을 지출한 사실(공통),
② 그 비용이 목적물의 보존에 필요한 사실(필요비),[30]
③ 그로써 임대차목적물의 객관적 가치가 증가하고, 그 가액의 증가가 현존하는 사실(유익비)

〈미납관리비 공제의 요건사실〉
관리비 지급 약정의 존재, 관리비의 발생(정액 약정이 아닐 경우)

〈목적물 반환 채무 불이행으로 입은 손해배상채권 공제〉
목적물의 하자나 훼손이 발생한 사실, 손해액(수리비 상당). 임차인은 자신에게 귀책사유(고의, 과실)가 없음을 증명하여 책임을 면할 수 있음

---

29) 대법원 2019.04.11. 선고 2018다291347 판결. 〈사례〉 임대인인 원고는 임차인인 피고와 이 사건 장비를 임대하기로 하는 임대차계약을 체결하고 이 사건 장비를 인도하였음. 이후 임대차가 종료하였는데, 원고는 피고가 반환할 이 사건 장비가 고장이 나 훼손되었음을 이유로 수리비 상당을 피고의 목적물 반환의무 불이행에 따른 손해배상으로 구한 사건에서, 원고가 피고의 사용 중 과실로 인하여 이 사건 장비에 고장이 발생하였다는 점을 증명할 책임이 있는 것이 아니라, 피고가 이 사건 장비의 고장이 자기가 책임질 수 없는 사유로 발생하였다는 점 또는 이 사건 장비의 고장이 원고가 지배·관리하는 영역에 존재하는 하자로 발생하였다는 점을 증명할 책임이 있고, 이는 원고가 고장이 난 이 사건 장비에 관하여 수선의무를 부담하더라도 마찬가지라고 판단하여 일부 파기환송한 사안임

30) **대법원 2019.11.14. 선고 2016다227694 판결** : 임대차는 타인의 물건을 빌려 사용·수익하고 그 대가로 차임을 지급하기로 하는 계약이다(민법 제618조). 임대차계약에서 임대인은 목적물을 계약존속 중 사용·수익에 필요한 상태를 유지하게 할 의무를 부담한다(민법 제623조). 임대인이 목적물을 사용·수익하게 할 의무는 임차인의 차임 지급의무와 서로 대응하는 관계에 있으므로, 임대인이 이러한 의무를 불이행하여 목적물의 사용·수익에 지장이

Ⅱ. (임대차 종료를 이유로 한) 건물인도청구

1 청구취지와 청구원인

<기초사실> 甲은 乙과 2018. 5. 1. 甲 소유의 별지목록 기재 건물에 관하여 임대보증금 1억 원, 월세 100만원, 계약기간 1년으로 하는 부동산임대차계약을 체결하였으나, 2020. 5. 1. 乙의 차임연체를 이유로 임대차계약이 해지되었으므로 임차목적물의 반환을 구하고, 아울러 인도완료시까지 차임상당의 부당이득의 반환을 구한다.

☞ 청구취지 :
[주청구] 피고는 원고에게 별지목록 기재 건물을 인도하라.
[부대청구] 피고는 원고에게 2020. 5. 1.부터 인도완료일까지 월 1,000,000원의 비율로 계산한 돈을 지급하라.

☞ 청구원인
甲은 乙과 2018. 5. 1. 甲 소유의 별지목록 기재 건물에 관하여 임대보증금 1억 원, 월차임 100만원, 계약기간 1년으로 하는 부동산임대차계약을 체결하고 乙이 위 건물에서 식료품점을 운영하다가 2020. 5. 1. 乙의 차임연체를 이유로 임대차계약이 해지되었다. 乙은 임대차가 종료된 이후에도 위 건물을 계속 점유하고 있으면서 차임상당의 부당이득을 얻고 있다.
그렇다면 피고는 원고에게 별지목록 기재 건물을 인도하고, 2020. 5. 1.부터 인도완료일까지 월 금 1,000,000원의 비율에 의한 부당이득금을 지급할 의무가 있다.

2 요건사실[31]

❶ 임대차계약의 체결 사실[32]
❷ 목적물의 인도 사실[33]
❸ 임대차의 종료 사실(해지, 기간만료)[34] : 임대차계약이 종료되어야 임대목적물의 반환을 구할 수 있으므로 임대차 종료사유를 명확히 밝혀야 함.

있으면 임차인은 지장이 있는 한도에서 차임의 지급을 거절할 수 있다. 임차인이 임차물의 보존에 관한 **필요비를 지출한 때에는 임대인에게 상환을 청구할 수 있다**(민법 제626조 제1항). 여기에서 '필요비'란 임차인이 임차물의 보존을 위하여 지출한 비용을 말한다. 임대차계약에서 임대인은 목적물을 계약존속 중 사용·수익에 필요한 상태를 유지하게 할 의무를 부담하고, 이러한 의무와 관련한 임차물의 보존을 위한 비용도 임대인이 부담해야 하므로, 임차인이 필요비를 지출하면, 임대인은 이를 상환할 의무가 있다. 임대인의 필요비상환의무는 특별한 사정이 없는 한 임차인의 차임지급의무와 서로 대응하는 관계에 있으므로, **임차인은 지출한 필요비 금액의 한도에서 차임의 지급을 거절할 수 있다**.

31) 소유권에 기한 인도청구와 달리 임대차목적물에 대한 임대인의 소유 및 임차인의 점유 사실은 요건사실이 아니다. **임대인이 소유권에 기하여 임대차목적물반환을 구하는 경우**(요건사실 : 목적물이 원고 소유인 사실 + 목적물을 피고가 점유하고 있는 사실) 그 상대방은 현실적인 점유자에 한정되고 간접점유하는 임차인을 상대로 소유권에 기한 반환청구 불가. 점유보조자에 대하여는 소유권에 기한 퇴거청구 가능. 임대인의 동의를 얻지 아니한 전차인이나 임차권의 양수인 등 원고와 임대차관계에 있지 아니한 자에 대하여는 임대차 종료사실만으로는 반환청구 불가 → 소유권에 기한 인도청구 등으로 청구원인 변경.

☞ 임대인이 임차인과의 임대차 종료를 이유로 하여 전차인에 대하여 직접 목적물의 반환을 구하는 경우의 요건사실
❶ 임대인과 임차인의 임대차계약체결사실
❷ 임대인이 임차인에게 목적물 인도사실
❸ 임차인이 임대인의 동의를 얻어 전차인과 임대차계약을 체결한 사실
❹ 임차인이 전차인에게 목적물 인도사실 + 임대차가 종료한 사실

〈부대청구 중 부당이득금 반환청구〉35) 임대차 종료 후 임대목적물 계속 사용·수익한 사실(실질적 이득)36) : 피고가 단순히 보증금반환을 위한 동시이행항변권의 행사로 단순히 점유하는데 그치지 아니하고 본래의 임대차계약상 목적에 따라 건물을 계속 사용·수익함으로써 실질적인 이득을 취하고 이로 인하여 임대인에게 손해가 발생한 사실37)

---

32) 임대차는 당사자 일방이 상대방에게 목적물을 사용·수익하게 할 것을 약정하고 상대방이 이에 대하여 차임을 지급할 것을 약정하면 되는 것으로서 나아가 임대인이 그 목적물에 대한 소유권 기타 이를 임대할 권한이 있을 것을 성립요건으로 하고 있지 아니하므로, 임대차가 종료된 경우 임대목적물이 타인 소유라고 하더라도 그 타인이 목적물의 반환청구나 차임 내지 그 해당액의 지급을 요구하는 등 특별한 사정이 없는 한 임차인은 임대인에게 그 부동산을 명도하고 임대차 종료일까지의 연체 차임을 지급할 의무가 있음은 물론, 임대차 종료일 이후부터 부동산 명도 완료일까지 그 부동산을 점유·사용함에 따른 차임 상당의 부당이득금을 반환할 의무도 있다. 이와 같은 법리는 임차인이 임차물을 전대하였다가 임대차 및 전대차가 모두 종료된 경우의 전차인에 대하여도 특별한 사정이 없는 한 그대로 적용된다. 또한 임차인이 임차물을 전대한 후 임대차계약이 종료되고 전차인이 임대인으로부터 목적물의 반환청구나 차임 내지 그 해당액의 지급요구를 받는 등의 이유로 임차인이 전차인으로 하여금 목적물을 사용·수익하게 할 수가 없게 되면, 임차인의 전대차계약에 기한 채무는 이행불능으로 되고 전차인은 이행불능으로 인한 계약 종료를 이유로 그 이후의 차임지급 및 부당이득반환 의무를 부담하지 않는다(대법원 2019.05.30. 선고 2019다202573 판결). 〈사례〉 甲 주식회사 소유의 점포에 관하여 임대차계약을 체결한 乙이 丙에게 점포를 전대하였으나 甲 회사가 무단전대를 이유로 乙에게 임대차계약 해지를 통고한 다음 丙을 상대로 점포 명도소송을 제기하였고, 그 후 丙이 甲 회사와 합의하여 위 점포에서 계속 영업을 하고 있는데, 乙이 丙을 상대로 전대차계약을 해지하고 연체차임과 전대차계약 해지 다음 날부터 점포의 인도 완료일까지 차임 상당의 부당이득 반환을 구한 사안에서, 甲 회사가 丙에게 위와 같이 목적물 반환을 청구한 이후에는 乙로서는 丙으로 하여금 점포를 사용·수익하게 할 수 없게 되었으므로 丙은 乙에게 차임이나 부당이득금을 지급할 의무가 없다고 판시한 사례.
33) 임대차가 종료하면 임차인은 원상회복으로 임대인에게 목적물을 반환하여야 하므로 임대차 종료 이후 임차인의 계속적인 점유사용 사실도 요건사실이 아니다. 임대차계약 종료로 인한 원상회복으로서 임차물의 반환을 구하는 경우 임차목적물을 직접점유하지 않는다는 이유로 그 반환을 거부할 수 없다. 임차인이 간접점유자인 경우에도 그 반환을 거부할 수 없으나, 다만 임차인이 점유를 완전히 상실하여 이를 회복할 가능성이 없다는 사실은 이행불능의 항변에 해당한다.
34) 임대차종료로 인한 임차인의 원상회복의무에는 임차인이 사용하고 있던 부동산의 점유를 임대인에게 이전하는 것은 물론 임대인이 임대 당시의 부동산 용도에 맞게 다시 사용할 수 있도록 협력할 의무도 포함한다. 따라서 임대인 또는 그 승낙을 받은 제3자가 임차건물 부분에서 다시 영업허가를 받는 데 방해가 되지 않도록 임차인은 임차건물 부분에서의 영업허가에 대하여 폐업신고절차를 이행할 의무가 있다(대법원 2008.10.09. 선고 2008다34903 판결).
35) 부대청구로 불법점유를 원인으로 한 손해배상청구시 원고에게 손해만 있으면 족하나, 피고에게 동시이행의 항변권이 없어야 함.
36) 임대차계약이 종료되지 않은 이상 여전히 임차인에게 차임청구권을 가진 임대인이 전차인 또는 양수인을 상대로 차임 상당의 손해배상청구나 부당이득반환청구를 할 수 없다.
37) 임대인이 보증금반환의무를 이행 또는 이행제공으로 지체에 빠지게 하는 등의 사유를 주장·증명하지 못하는 한 임차인의 점유는 불법점유가 아니므로 임차인은 손해배상의무를 부담하지 않는다.

❶ 피고의 수익(건물을 계속 사용·수익하여 실질적 이득을 취득)
❷ 원고의 손해
❸ 인과관계
❹ 부당이득반환채권의 범위 : 통상 차임 상당액(악의인 경우 법정이자 및 지연손해금 가산)

3 주요 항변

가. 묵시의 갱신 항변 : 임대차 종료 후에도 피고(임차인)가 목적물을 계속 사용·수익하였고, + 종료 후 상당한 기간 내에 이의를 제기 하지 아니하였다는 항변(갱신되는 기간 주택 2년, 상가 1년, 나머지 건물은 원고의 해지통고로부터 6월)

⇨ 원고의 **재항변** : 주택임대차의 경우 기간만료 전 6월에서 2월 사이에 이미 갱신 거절의 통지를 하였다는 재항변38).

⇨ 원고의 **재항변** : 차임을 2기 연체로 해지하였다는 재항변. 차임 2기 연체는 연속할 필요 없고, 원고가 차임연체사실을 증명하여야 함

> **[참고] 주택임차인의 계약갱신요구권**
> 2020. 7. 31. 공포와 동시에 시행되는 개정 주택임대차보호법(법률 제 17470호)은 임대인은 임차인이 임대차기간이 끝나기 전 일정 기간 중에 계약갱신을 요구할 경우 정당한 사유 없이 거절하지 못하도록 하고, 임차인은 계약갱신요구권을 1회에 한하여 행사할 수 있도록 하며, 갱신되는 임대차의 존속기간은 2년으로 본다(제6조의3 제1항 및 제2항 신설). 임대인이 실거주를 사유로 갱신을 거절하였음에도 불구하고 갱신 요구가 거절되지 아니하였더라면 갱신되었을 기간이 만료되기 전에 정당한 사유 없이 제3자에게 목적 주택을 임대한 경우 임대인은 갱신거절로 인하여 임차인이 입은 손해를 배상하도록 한다(제6조의3 제5항 및 제6항 신설).39)

---

38) 2020. 6. 9. 개정 주택임대차법 제6조(계약의 갱신) ① 임대인이 임대차기간이 끝나기 6개월 전부터 2개월 전까지의 기간에 임차인에게 갱신거절의 통지를 하지 아니하거나 계약조건을 변경하지 아니하면 갱신하지 아니한다는 뜻의 통지를 하지 아니한 경우에는 그 기간이 끝난 때에 전 임대차와 동일한 조건으로 다시 임대차한 것으로 본다. 임차인이 임대차기간이 끝나기 2개월 전까지 통지하지 아니한 경우에도 또한 같다.
39) 2020. 7. 31. 개정 주택임대차법 제6조의3(계약갱신 요구 등)
① 제6조에도 불구하고 임대인은 임차인이 제6조 제1항 전단의 기간 이내에 계약갱신을 요구할 경우 정당한 사유 없이 거절하지 못한다. 다만, 다음 각 호의 어느 하나에 해당하는 경우에는 그러하지 아니하다.
  1. 임차인이 2기의 차임액에 해당하는 금액에 이르도록 차임을 연체한 사실이 있는 경우
  2. 임차인이 거짓이나 그 밖의 부정한 방법으로 임차한 경우
  3. 서로 합의하여 임대인이 임차인에게 상당한 보상을 제공한 경우
  4. 임차인이 임대인의 동의 없이 목적 주택의 전부 또는 일부를 전대(轉貸)한 경우
  5. 임차인이 임차한 주택의 전부 또는 일부를 고의나 중대한 과실로 파손한 경우
  6. 임차한 주택의 전부 또는 일부가 멸실되어 임대차의 목적을 달성하지 못할 경우
  7. 임대인이 다음 각 목의 어느 하나에 해당하는 사유로 목적 주택의 전부 또는 대부분을 철거하거나 재건축 하기 위하여 목적 주택의 점유를 회복할 필요가 있는 경우
    가. 임대차계약 체결 당시 공사시기 및 소요기간 등을 포함한 철거 또는 재건축 계획을 임차인에게 구체적으로 고지하고 그 계획에 따르는 경우

나. 동시이행의 항변

(1) **임대차보증금 반환과의 동시이행 항변** : 임대차계약의 종료에 의하여 발생된 임차인의 목적물 반환의무와 임대인의 연체차임 등을 공제한 나머지 보증금의 반환의무는 동시이행의 관계에 있으므로, 임대인이 나머지 임대차보증금의 반환의무를 이행하거나 적법하게 이행제공하는 등의 사유로 임차인의 동시이행항변권을 상실시키지 아니한 이상, 임대차계약 종료 후에 임차인이 목적물을 계속 점유하더라도 그 점유를 불법점유라고 할 수 없고, 임차인으로서는 이에 대한 손해배상의무를 지지 아니한다.[40] → 반대채권 발생사실 : 임대차보증금반환청구권의 발생사실이 요건사실

⇨ 원고의 공제 **재항변** : 차임[41]등 공제 대상 채권이 '발생'한 사실 → 차임 등 공제 대상 채권이 연체된 사실은 재항변의 요건 불해당.

⇦ 피고의 **재재항변** : 차임이 변제 등으로 소멸되었다는 사실

(2) **부속물 매수청구권 행사에 따른 매매대금 지급과의 동시이행 항변**

* 건물 기타 공작물의 임차인인 사실
* 임대인의 동의를 얻어 부속물을 설치하였거나 임대인으로부터 부속물을 매수한 사실

       나. 건물이 노후·훼손 또는 일부 멸실되는 등 안전사고의 우려가 있는 경우
       다. 다른 법령에 따라 철거 또는 재건축이 이루어지는 경우
   8. 임대인(임대인의 직계존속·직계비속을 포함한다)이 목적 주택에 실제 거주하려는 경우
   9. 그 밖에 임차인이 임차인으로서의 의무를 현저히 위반하거나 임대차를 계속하기 어려운 중대한 사유가 있는 경우
② 임차인은 제1항에 따른 계약갱신요구권을 1회에 한하여 행사할 수 있다. 이 경우 갱신되는 임대차의 존속기간은 2년으로 본다.
③ 갱신되는 임대차는 전 임대차와 동일한 조건으로 다시 계약된 것으로 본다. 다만, 차임과 보증금은 제7조의 범위에서 증감할 수 있다.
④ 제1항에 따라 갱신되는 임대차의 해지에 관하여는 제6조의2를 준용한다.
⑤ 임대인이 제1항제8호의 사유로 갱신을 거절하였음에도 불구하고 갱신요구가 거절되지 아니하였더라면 갱신되었을 기간이 만료되기 전에 정당한 사유 없이 제3자에게 목적 주택을 임대한 경우 임대인은 갱신거절로 인하여 임차인이 입은 손해를 배상하여야 한다.
⑥ 제5항에 따른 손해배상액은 거절 당시 당사자 간에 손해배상액의 예정에 관한 합의가 이루어지지 않는 한 다음 각 호의 금액 중 큰 금액으로 한다.
   1. 갱신거절 당시 월차임(차임 외에 보증금이 있는 경우에는 그 보증금을 제7조의2 각 호 중 낮은 비율에 따라 월 단위의 차임으로 전환한 금액을 포함한다. 이하 "환산월차임"이라 한다)의 3개월분에 해당하는 금액
   2. 임대인이 제3자에게 임대하여 얻은 환산월차임과 갱신거절 당시 환산월차임 간 차액의 2년분에 해당하는 금액
   3. 제1항제8호의 사유로 인한 갱신거절로 인하여 임차인이 입은 손해액[본조신설 2020. 7. 31.]

40) 임대차계약의 종료에 의하여 발생된 임차인의 목적물반환의무와 임대인의 연체차임 등을 공제한 나머지 보증금의 반환의무는 동시이행의 관계에 있으므로, 임대차계약 종료 후에도 임차인이 동시이행의 항변권을 행사하여 임차건물을 계속 점유하여 온 것이라면, 임대인이 임차인에게 보증금반환의무를 이행하였다거나 현실적인 이행의 제공을 하여 임차인의 건물명도의무가 지체에 빠지는 등의 사유로 동시이행의 항변권을 상실하지 않는 이상, 임차인의 건물에 대한 점유는 불법점유라고 할 수 없으며, 따라서 임차인으로서는 이에 대한 손해배상의무도 없다(대법원 2017.10.12. 선고 2017다224630,224647 판결).
41) 임대차 존속 중에는 임대인이 임대차보증금으로 연체차임에 충당하거나 연체 차임의 지급을 청구 할 수 있으므로, 임차인은 임대차보증금의 존재를 이유로 연체차임지급을 거절할 수 없다.

* 건물의 객관적 이용가치를 증가시키는 부속물[42]이 현존한 사실
* 부속물매수청구권을 행사한 사실
⇨ 원고의 재항변 : 부속물 매수청구권을 미리 포기(배제)하는 특약이 있고, 그것이 임차인에게 불리하지 아니 하다는 재항변[43] → 임대차 종료 후의 부속물매수청구권 포기약정은 유효.

(3) **지상물매수청구권 행사**[44]**에 따른 매매대금지급과의 동시이행 항변**[45] : 임대인의 매매대금 지급의무와 임차인의 건물인도의무 + 소유권이전등기절차이행의무는 동시이행관계)[46]
→ 토지임대차에 있어서 임대인의 토지인도와 건물철거청구
⇦ 지상물매수청구권 행사(제643조, 제283조)[47]
* 지상물 소유를 목적으로 하는 토지 임대차계약체결 사실
* 임차인이 토지 지상에 지상물을 건축하여 현존하고 있는 사실
* 임차인이 임대차계약갱신을 청구하였으나 임대인이 거절한 사실[48]

---

42) 민법 제646조가 규정하는 매수청구의 대상이 되는 부속물이란 건물에 부속된 물건으로서 임차인의 소유에 속하고, 건물의 구성부분으로는 되지 아니한 것으로서 건물의 사용에 객관적인 편익을 가져오게 하는 물건이라고 할 것이므로, 부속된 물건이 오로지 임차인의 특수목적에 사용하기 위하여 부속된 것일 때에는 이에 해당하지 않으며, 당해 건물의 객관적인 사용목적은 그 건물 자체의 구조와 임대차계약 당시 당사자 사이에 합의된 사용목적, 기타 건물의 위치, 주위환경 등 제반 사정을 참작하여 정하여지는 것이다(대법원 1993.10.08. 선고 93다25738,93다25745(반소) 판결).
43) 부속물매수청구권을 미리 배제하는 특약으로서 임차인에게 불리한 것은 무효이므로 원고가 그러한 특약이 있음을 들어 재항변할 수 없다. 임차인의 차임연체 등 임차인의 채무불이행을 이유로 임대차계약이 해지된 경우에는 부속물매수청구권 부정. 〈참고〉 건물 임차인이 자신의 비용을 들여 증축한 부분을 임대인 소유로 귀속시키기로 하는 약정은 임차인이 원상회복의무를 면하는 대신 투입비용의 변상이나 권리주장을 포기하는 내용이 포함된 것으로서 특별한 사정이 없는 한 유효하므로, 그 약정이 부속물매수청구권을 포기하는 약정으로서 강행규정에 반하여 무효라고 할 수 없고 또한 그 증축 부분의 원상회복이 불가능하다고 해서 유익비의 상환을 청구할 수도 없다(대법원 1996.08.20. 선고 94다44705,44712 판결).
44) 대법원 2015.07.09. 선고 2013다43772 판결 : 민법 제643조는 건물 소유를 목적으로 하는 토지 임대차에서 임차인에게 지상물매수청구권을 인정하고 있는바, 이러한 민법 제643조의 규정은 강행규정으로서 이에 반하여 임차인에게 불리하게 맺은 약정은 효력이 없다. 그런데 임차인에게 불리한 약정인지의 여부는 그 약정 자체의 내용뿐만 아니라 약정 체결의 경위 및 그 밖의 제반 사정 등을 종합적으로 고려하여 판단할 것인바, 그러한 판단 결과 실질적으로 임차인에게 불리하다고 볼 수 없는 사정이 인정되면 위 강행규정에 저촉되지 않아 유효한 것으로 볼 것이다. 〈예〉 차임이 매우 저렴한 경우, 최초 임대차계약이 차임연체 등 임차인의 채무불이행으로 해지될 운명에 처하여 임차인이 매수청구권을 행사할 수 없는 상황에서 임대인의 은혜적인 조치로 다시 임대차계약이 체결되어 기간만료 등으로 종료된 경우 등.
45) 지상물매수청구권의 경우 부속물매수청구권과 달리 임대인의 동의를 얻어 설치한 지상물에 한해 인정되는 것은 아니지만 임차인의 차임연체, 무단전대 등 채무불이행으로 계약이 해지된 경우에는 지상물배수청구권 부정. 임차인으로부터 지상건물을 양수한 자는 적법한 토지임차권의 양수인 또는 전차인이 아닌 한 양도인인 토지임차인을 대위하여 지상물매수청구권을 행사할 수 없음.
46) 토지 임차인의 매수청구권 행사로 지상 건물에 대하여 시가에 의한 매매 유사의 법률관계가 성립된 경우에는 임차인의 건물명도 및 그 소유권이전등기의무와 토지 임대인의 건물대금지급의무는 서로 대가관계에 있는 채무가 되므로, 임차인이 임대인에게 매수청구권이 행사된 건물들에 대한 명도와 소유권이전등기를 마쳐주지 아니하였다면 임대인에게 그 매매대금에 대한 지연손해금을 구할 수 없다(대법원 1998.05.08. 선고 98다2389 판결).
47) 임차인이 매매대금의 지급을 반소로 구하지 않는 한 매수청구권행사 당시 지상물의 시가까지 주장·증명할 필요는 없으나, 원고가 피고의 지상물매수청구권 항변이 받아들여질 경우에 대비하여 예비적으로 지상물의 인도 및 소유권이전등기를 하고 있는 경우라면 피고는 이와 동시이행관계에 있는 지상물 매매대금의 범위를 정하기 위하여 지상물의 시가를 주장·증명하여야 한다.
48) 지상물매수청구권은 임대차계약 종료 후의 법률관계이므로 지상물매수청구권을 임대차계약 기간 중에 행사하였

* 임차인이 지상물매수청구권을 행사한 사실[49]

　　⇨ 법원은 건물 소유권이전등기청구와 건물인도청구로 청구취지를 변경하도록 석명의무가 있음[50]

☞ **청구취지 변경**

1. 피고는 원고로부터 1억 원[51]을 지급받음과 동시에

가. 원고에게 별지목록 기재 건물에 관하여 2020. 6. 1. 매매[52]를 원인으로 한 소유권이전등기절차를 이행하고

나. 위 건물을 인도하라.

[참고]
(1) 대지와 건물부지가 일치하는 경우 건물인도청구 외에 별도의 토지인도청구는 불필요하나, 대지와 건물부지가 일치하지 않는 경우 별도의 토지인도청구가 필요하다.
(2) 임대인의 보증금반환의무, 임차인의 토지인도의무는 동시이행관계에 있다.
　　☞ 청구취지 : 피고는 원고로부터 1억 원에서 2020. 5. 1.부터 별지목록 기재 토지의 인도완료일까지 월 300만 원의 비율에 의한 금액을 공제한 나머지 돈을 지급받음과 동시에 원고에 위 토지를 인도하라.
(3) 건물매수청구권이 인정되는 경우에도 임차인에게 토지에 대한 사용수익권이 부여된 것은 아니므로 임차인은 차임 상당의 부당이득을 반환해야 한다.

다. 유치권 항변 : 필요비·유익비 상환청구권에 기한 유치권항변

　⇦ **필요비 상환청구권에 기한 유치권 항변의 경우**

　* 임차목적물에 일정한 비용을 지출한 사실

　* 그 비용이 임차목적물의 보존에 필요한 비용인 사실(가액의 현존 여부는 따질 필요가 없다)

　⇦ **유익비 상환청구권에 기한 유치권 항변의 경우**

다만 임대차계약이 기간만료로 종료된 날에 지상물매수청구권의 효력이 발생한다.

49) 임차인이 지상물의 매수청구권을 행사한 경우에는 임대인은 그 매수를 거절하지 못한다. 즉 이 지상물매수청구권은 이른바 형성권으로서, 그 행사로 임대인·임차인 사이에 지상물에 관한 매매가 성립하게 된다. 이 규정은 강행규정이며, 이에 위반하는 것으로서 임차인에게 불리한 약정은 그 효력이 없다(민법 제652조)(대법원 1995.07.11. 선고 94다34265 전원합의체 판결).

50) 토지임대인이 그 임차인에 대하여 지상물철거 및 그 부지의 인도를 청구한 데 대하여 임차인이 적법한 지상물매수청구권을 행사하게 되면 임대인과 임차인 사이에는 그 지상물에 관한 매매가 성립하게 되므로 임대인의 청구는 이를 그대로 받아들일 수 없게 된다. 이 경우에 법원으로서는 임대인이 종전의 청구를 계속 유지할 것인지, 아니면 대금지급과 상환으로 지상물의 명도를 청구할 의사가 있는 것인지(예비적으로라도)를 석명하고 임대인이 그 석명에 응하여 소를 변경한 때에는 지상물명도의 판결을 함으로써 분쟁의 1회적 해결을 꾀하여야 한다(대법원 1995.07.11. 선고 94다34265 전원합의체 판결). 건물의 소유를 목적으로 하는 토지 임대차에 있어서, 임대차가 종료함에 따라 토지의 임차인이 임대인에 대하여 건물매수청구권을 행사할 수 있음에도 불구하고 이를 행사하지 아니한 채, 토지의 임대인이 임차인에 대하여 제기한 토지인도 및 건물철거 청구소송에서 패소하여 그 패소판결이 확정되었다고 하더라도, 그 확정판결에 의하여 건물철거가 집행되지 아니한 이상, 토지의 임차인으로서는 건물매수청구권을 행사하여 별소로써 임대인에 대하여 건물 매매대금의 지급을 구할 수 있다(대법원 1995.12.26. 선고 95다42195 판결).

51) 매매대금은 매수청구권 행사 당시의 시가 상당액이다. 동시이행으로 지연손해금 청구 불가.

52) 매매계약 성립일로 지상물매수청구권의 효력이 발생한 날이다.

* 임차목적물에 일정한 비용을 지출한 사실
* 그 비용이 임차목적물의 객관적 가치를 증가시킨 사실
* 그 가액의 증가가 현존한 사실
* 지출비용 및 현존 증가액53)

⇨ 원고의 **재항변** : 유익비 포기특약(원상복구 특약, 임대인 소유 특약)이 있다는 재항변54)

> [참고]
> 민법 제626조 제2항과 제203 제2항의 관계 : 민법 제203조 제2항에 의한 점유자의 회복자에 대한 유익비상환청구권은 점유자가 계약관계 등 적법하게 점유할 권리를 가지지 않아 소유자의 소유물반환청구에 응하여야 할 의무가 있는 경우에 성립되는 것으로서, 이 경우 점유자는 그 비용을 지출할 당시의 소유자가 누구이었는지에 관계없이 점유회복 당시의 소유자 즉, 회복자에 대하여 비용상환청구권을 행사할 수 있다. 그러나 점유자가 유익비를 지출할 당시 계약관계 등 적법한 점유의 권원을 가진 경우에 그 지출비용의 상환에 관하여는 그 계약관계를 규율하는 법조항이나 법리 등이 적용되는 것이어서, 점유자는 그 계약관계 등의 상대방에 대하여 해당 법조항이나 법리에 따른 비용상환청구권을 행사할 수 있을 뿐 계약관계 등의 상대방이 아닌 점유회복 당시의 소유자에 대하여 민법 제203조 제2항에 따른 지출비용의 상환을 구할 수는 없다. 한편 사용대차에 있어서 차주의 유익비상환청구에는 민법 제203조의 규정이 적용된다.55)

〈전대차의 법률관계〉

임차인이 **임대인의 동의**를 얻어 임차물을 전대한 경우, 임대인과 임차인 사이의 종전 임대차계약은 계속 유지되고(민법 제630조 제2항), 임차인과 전차인 사이에는 별개의 새로운 전대차계약이 성립한다. 한편 임대인과 전차인 사이에는 직접적인 법률관계가 형성되지 않지만, 임대인의 보호를 위하여 전차인이 임대인에 대하여 직접 의무를 부담한다(민법 제630조 제1항, 대법원 2017.12.28. 선고 2017다265266 판결 참조). 이 경우 전차인은 전대차계약으로 **전대인**에 대하여 부담하는 의무 이상으로 임대인에게 의무를 지지 않고 동시에 임대차계약으로 임차인이 **임대인**에 대하여 부담하는 의무 이상으로 임대인에게 의무를 지지 않는다.

전대인과 전차인은 계약자유의 원칙에 따라 전대차계약의 내용을 변경할 수 있다. 그로 인하여 민법 제630조 제1항에 따라 전차인이 임대인에 대하여 직접 부담하는 의무의 범위가 변경되더라도, 전대차계약의 내용 변경이 전대차에 동의한 임대인 보호를 목적으로 한 민법 제630조 제1항의 취지에 반하여 이루어진 것이라고 볼 특별한 사정이 없는 한 전차인은 변경된 전대차계약의 내용을 임대인에게 주장할 수 있다. 전대인과 전차인이 전대차계약상의 차임을 감액한 경우도 마찬가지이다. 또한 그 경우, 임대차종료 후

---

53) 유익비의 상환범위는 임차인이 유익비로 지출한 비용과 현존하는 증가액 중 임대인의 선택하는 바에 따라 정해지므로 임차인(피고)은 실제 지출한 비용과 현존하는 증가액 모두 주장·증명해야 한다. 필요비는 그 지출 즉시 상환을 청구할 수 있으나 유익비는 임대차 종료시에 비로소 청구할 수 있다.
54) 민법 제626조 제2항에서 임대인의 상환의무를 규정하고 있는 유익비란 임차인이 임차물의 객관적 가치를 증가시키기 위하여 투입한 비용을 말하는 것이므로, 임차인이 임차건물부분에서 간이음식점을 경영하기 위하여 부착시킨 시설물에 불과한 간판은 건물부분의 객관적 가치를 증가시키기 위한 것이라고 보기 어려울 뿐만 아니라, 그로 인한 가액의 증가가 현존하는 것도 아니어서 그 간판설치비를 유익비라 할 수 없다. 임대차계약 체결시 임차인이 임대인의 승인 하에 임차목적물인 건물부분을 개축 또는 변조할 수 있으나 임차목적물을 임대인에게 명도할 때에는 임차인이 일체 비용을 부담하여 원상복구를 하기로 약정하였다면, 이는 임차인이 임차목적물에 지출한 각종 유익비의 상환청구권을 미리 포기하기로 한 취지의 특약이라고 봄이 상당하다(대법원 1994.09.30. 선고 94다20389,20396 판결).
55) 대법원 2014.03.27. 선고 2011다101209 판결.

전차인이 임대인에게 반환하여야 할 차임 상당 부당이득액을 산정함에 있어서도, 부당이득 당시의 실제 차임액수를 심리하여 이를 기준으로 삼지 아니하고 약정 차임을 기준으로 삼는 경우라면, 전차인이 임대인에 대하여 직접 의무를 부담하는 차임인 변경된 차임을 기준으로 할 것이지, 변경 전 전대차계약상의 차임을 기준으로 할 것은 아니다.

한편 전차인은 전대차계약상의 차임지급시기 전에 전대인에게 차임을 지급한 사정을 들어 임대인에게 대항하지 못하지만, 그 차임지급시기 이후에 지급한 차임으로는 임대인에게 대항할 수 있고(대법원 2008.03.27. 선고 2006다45459 판결 참조), 전대차계약상의 차임지급시기 전에 전대인에게 지급한 차임이라도, 임대인의 차임청구 전에 그 차임지급시기가 도래한 경우에는 그 지급으로 임대인에게 대항할 수 있다.[56]

[참고] 권리금 분쟁의 해결
(1) 2018. 10. 16. 법률 제15791호로 개정되기 전 상가임대차법 제10조의4에 따르면, 임대인은 임대차기간이 끝나기 3개월(위 법 개정으로 '6개월'로 변경되었다) 전부터 임대차 종료 시까지 권리금을 요구하거나 정당한 사유 없이 그와 임대차계약의 체결을 거절하는 등 제1항 각호의 어느 하나에 해당하는 행위를 함으로써, 권리금 계약에 따라 임차인이 주선한 신규임차인이 되려는 자로부터 권리금을 지급받는 것을 방해하여서는 안 된다(제1항 본문). 임대인이 이를 위반하여 임차인에게 손해를 발생하게 한 때에는 그 손해를 배상할 책임이 있다. 이 경우 그 손해배상액은 신규임차인이 임차인에게 지급하기로 한 권리금과 임대차 종료 당시의 권리금 중 낮은 금액을 넘지 못한다(제3항).
(2) 여기서 **권리금**은 임대차 목적물인 상가건물에서 영업을 하는 자 또는 영업을 하려는 자가 영업시설·비품, 거래처, 신용, 영업상의 노하우, 상가건물의 위치에 따른 영업상의 이점 등 유형·무형의 재산적 가치의 양도 또는 이용대가로서 임대인, 임차인에게 보증금과 차임 이외에 지급하는 금전 등의 대가를 말하고(상가임대차법 제10조의3 제1항), 권리금 계약은 신규임차인이 되려는 자가 임차인에게 권리금을 지급하기로 하는 계약을 말한다(제2항).
(3) 상가임대차법 제10조의3, 제10조의4의 문언과 내용, 입법 취지 등을 종합하면, 임차인이 구체적인 인적사항을 제시하면서 신규임차인이 되려는 자를 임대인에게 주선하였는데, 임대인이 제10조의4 제1항에서 정한 기간에 이러한 신규임차인이 되려는 자에게 권리금을 요구하는 등 제1항 각호의 어느 하나에 해당하는 행위를 함으로써 임차인이 신규임차인으로부터 권리금을 회수하는 것을 방해한 때에는 임대인은 임차인이 입은 손해를 배상할 책임이 있고, 이때 권리금 회수 방해를 인정하기 위하여 반드시 임차인과 신규임차인이 되려는 자 사이에 권리금 계약이 미리 체결되어 있어야 하는 것은 아니다.[57]

〈사례 1〉 甲이 乙을 상대로 임대차기간 만료를 이유로 임대건물 인도청구의 소를 제기하였다. 이에 대하여, 乙은 甲이 권리금 회수 방해로 인한 손해배상채무를 이행할 때까지 임차목적물을 인도할 수 없다고 동시이행의 항변을 하였다. 乙의 동시이행의 항변이 받아들여질 것인가?

☞ **동시이행의 항변권**은 공평의 관념과 신의칙에 입각하여 각 당사자가 부담하는 채무가 서로 대가적 의미를 가지고 관련되어 있을 때 그 이행에 견련관계를 인정하여 당사자 일방은 상대방이 채무를 이행하거

---

56) 대법원 2018.07.11. 선고 2018다200518 판결.
57) 대법원 2019.07.10. 선고 2018다239608 판결.

나 이행의 제공을 하지 아니한 채 당사자 일방의 채무의 이행을 청구할 때에는 자기의 채무 이행을 거절할 수 있도록 하는 제도이다. 이러한 제도의 취지에서 볼 때 당사자가 부담하는 각 채무가 쌍무계약에서 고유의 대가관계에 있는 채무가 아니더라도, 양 채무가 동일한 법률요건으로부터 생겨서 대가적 의미가 있거나 공평의 관점에서 보아 견련적으로 이행시킴이 마땅한 경우에는 동시이행의 항변권을 인정할 수 있다.58) 그런데 임차인의 임차목적물 반환의무는 임대차계약의 종료에 의하여 발생하나, 임대인의 권리금 회수 방해로 인한 손해배상의무는 상가임대차법에서 정한 권리금 회수기회 보호의무 위반을 원인으로 하고 있으므로 양 채무는 동일한 법률요건이 아닌 별개의 원인에 기하여 발생한 것일 뿐 아니라 공평의 관점에서 보더라도 그 사이에 이행상 견련관계를 인정하기 어렵다.59) 따라서 乙의 동시이행항변을 배척된다. 乙은 甲에게 임차목적물 인도의무를 먼저 이행하여야 한다.

〈사례 2〉 원고는 2008년경 A회사로부터 이 사건 상가를 임차하고 위 상가를 인도받아 '○○○'이라는 상호로 커피전문점을 운영하다가 2012. 11. 30. 이 사건 상가를 매수한 피고와 위 상가에 관하여 임대차기간 2015. 11. 30.까지, 임대차보증금 7,200만 원, 차임 월 220만 원(부가가치세 포함)으로 정한 임대차계약을 체결하였다.

피고는 임대차기간 만료일이 도래하자 원고를 상대로 이 사건 상가의 인도를 구하는 건물인도 청구의 소를 제기하였고, 법원은 원고와 피고의 임대차계약은 묵시적으로 갱신되어 2016. 11. 30.까지 임대차기간이 연장되었음을 이유로 2016. 7. 13. '원고는 2016. 11. 30.이 도래하면 피고에게 이 사건 상가를 인도하라'는 판결을 선고하였으며, 위 판결은 그 무렵 확정되었다.

피고는 2016. 10. 초경 원고에게 '이 사건 상가를 더 이상 임대하지 않고 아들에게 커피전문점으로 사용하도록 하겠다'는 취지로 말하였다. 원고는 2016. 10. 17. 피고에게 '원고가 주선하는 신규임차인과 임대차계약을 체결하여 줄 것을 요청하고, 만약 원고가 주선하는 신규임차인과 임대차계약을 체결하지 아니하고 피고의 아들이 직접 커피전문점을 운영할 계획이면 그 뜻을 확실히 밝혀 주기 바라며, 2016. 10. 20.까지 아무런 답변을 하지 아니할 경우 원고는 피고에게 신규임차인을 주선하겠다'는 취지의 내용증명 우편을 보냈다. 이에 대하여 피고는 2016. 10. 21. 원고에게 '피고는 원고로부터 이 사건 상가를 인도받은 후 직접 사용할 계획이다'는 취지의 답변서를 발송하였다.

원고는 창업컨설팅 회사를 통해 권리금 6,000만 원을 지급받고 신규임차인을 소개받기로 협의를 진행하였으나 피고가 위와 같이 이 사건 상가를 직접 사용하겠다는 의사를 분명히 밝히자 신규임차인 물색을 중단하고, 2016. 10. 27. 피고에게 '피고가 이 사건 상가를 인도받은 후 직접 운영할 뜻임을 명확히 밝혔기 때문에 원고는 무익한 절차를 밟을 필요가 없다고 생각되어 피고에게 신규임차인을 주선하지 아니하고 임대차기간 만료일인 2016. 11. 30. 이 사건 상가를 인도하겠다'는 취지의 내용증명 우편을 발송하였다. 원고는 2016. 11. 30. 피고에게 이 사건 상가를 인도하였고, 피고는 2016. 12. 10. 위 상가에 커피전문점을 개업하였다.

원고는 피고를 상대로 권리금회수방해로 인한 손해배상청구를 할 수 있는가?

---

58) 대법원 2018.07.24. 선고 2017다291593 판결 등 참조.
59) 대법원 2019.07.10. 선고 2018다242727 판결.
60) 대법원 2019.07.04. 선고 2018다284226 판결.

☞ 상가임대차법이 2015. 5. 13. 법률 제13284호 개정으로 신설한 제10조의3 내지 제10조의7은 임차인이 상가건물에 투자한 비용이나 영업활동으로 형성한 지명도나 신용 등 경제적 이익이 임대인에 의해 부당하게 침해되는 것을 방지하기 위한 것으로서, 임차인이 그러한 경제적 이익을 자신이 주선한 신규임차인 예정자로부터 권리금 형태로 회수할 수 있도록 하고 임대인이 정당한 사유 없이 이를 방해하는 경우 손해배상책임을 지도록 하고 있다.

이러한 상가임대차법 관련 규정의 내용과 입법 취지에 비추어 보면, 임차인이 임대인에게 권리금 회수 방해로 인한 손해배상을 구하기 위해서는 원칙적으로 임차인이 신규임차인이 되려는 자를 주선하였어야 한다. 그러나 임대인이 정당한 사유 없이 임차인이 신규임차인이 되려는 자를 주선하더라도 그와 임대차계약을 체결하지 않겠다는 의사를 확정적으로 표시하였다면 이러한 경우까지 임차인에게 신규임차인을 주선하도록 요구하는 것은 불필요한 행위를 강요하는 결과가 되어 부당하다. 이와 같은 특별한 사정이 있다면 임차인이 실제로 신규임차인을 주선하지 않았더라도 임대인의 위와 같은 거절행위는 상가임대차법 제10조의4 제1항 제4호에서 정한 거절행위에 해당한다고 보아야 한다. 따라서 임차인은 같은 조 제3항에 따라 임대인에게 권리금 회수 방해로 인한 손해배상을 청구할 수 있다.

임대인이 위와 같이 정당한 사유 없이 임차인이 주선할 신규임차인이 되려는 자와 임대차계약을 체결할 의사가 없음을 확정적으로 표시하였는지 여부는 임대차계약이 종료될 무렵 신규임차인의 주선과 관련해서 임대인과 임차인이 보인 언행과 태도, 이를 둘러싼 구체적인 사정 등을 종합적으로 살펴서 판단하여야 한다.[60]

위 사례에서 피고가 원고에게 임대차 종료 후에는 신규임차인과 임대차계약을 체결하지 않고 자신이 상가를 직접 이용할 계획이라고 밝힘으로써 원고의 신규임차인 주선을 거절하는 의사를 명백히 표시하였고, 이러한 경우 원고에게 신규임차인을 주선하도록 요구하는 것은 부당하다고 보이므로 특별한 사정이 없는 한 원고는 실제로 신규임차인을 주선하지 않았더라도 임대인의 권리금 회수기회 보호의무 위반을 이유로 피고에게 손해배상을 청구할 수 있다.

〈사례 3〉 원고는 피고로부터 2010. 10. 8.부터 이 사건 상가건물을 임차하여 음식점을 운영하였고, 위 임대차계약은 2회 갱신되어 임대차기간 만료일이 2015. 10. 7.이다.
원고는 임대차기간 만료 전인 2015. 7. 16. A와 권리금 1억 4,500만 원에 이 사건 상가건물의 시설, 거래처 등 모든 재산적 가치를 양도하는 권리금계약을 체결하고 피고에게 A와 새로운 임대차계약을 체결해 줄 것을 요청하였으나, 피고는 노후화된 상가건물을 재건축하거나 대수선할 계획을 가지고 있다는 등의 이유로 이를 거절하였다.
이에 원고는 피고를 상대로 구 상가임대차법(2018. 10. 16.법률 제15791호로 개정되기 전의 것) 제10조의4 제1항, 제3항에 따라 권리금 회수 방해로 인한 손해배상을 청구하였다.
원심은 구 상가임대차법 제10조(계약갱신 요구 등)의 입법취지와 제10조의4(권리금 회수기회 보호 등)의 신설 취지에 비추어 전체 임대차기간이 5년을 초과하여 임차인이 계약갱신요구권을 행사할 수 없는 경우에는 임대인에게 권리금 회수기회 보호의무가 발생하지 않는다고 판단하였다.

---

61) 상가임대차법 제10조의4의 문언과 내용, 입법 취지에 비추어 보면, 상가임대차법 제10조 제2항에 따라 최초의

> ☞ 〈대법원 2019.05.16. 선고 2017다225312,2017다225329 판결〉
> (1) **사건의 쟁점** : 구 상가임대차법 제10조 제2항에 따라 최초의 임대차기간을 포함한 전체 임대차기간이 5년(개정법에 의하면 10년)을 초과하여 임차인이 계약갱신요구권을 행사할 수 없는 경우에도, 임대인이 같은 법 제10조의4에서 정한 권리금 회수기회 보호의무를 부담하는지 여부
> (2) **판결 결과** : 파기환송 (피고는 권리금 회수기회 보호의무를 부담함)
> 　구 상가임대차법 제10조의4의 문언과 내용, 입법 취지에 비추어 보면, 구 상가임대차법 제10조 제2항에 따라 최초의 임대차기간을 포함한 전체 임대차기간이 5년을 초과하여 임차인이 계약갱신요구권을 행사할 수 없는 경우에도 임대인은 같은 법 제10조의4 제1항에 따른 권리금 회수기회 보호의무를 부담한다고 보아야 한다.61)
> (3) **판결의 의의** : 2015년 신설된 상가건물 임대차보호법상 임대인의 권리금 회수기회보호의무에 관하여 판시한 첫 대법원 판결로서, 임차인의 계약갱신요구권 행사기간이 지난 경우에도 임대인에게 권리금 회수기회 보호의무가 있음을 명확히 밝혔다는 점에서 의의가 있음.

임대차기간을 포함한 전체 임대차기간이 5년을 초과하여 임차인이 계약갱신요구권을 행사할 수 없는 경우에도 임대인은 같은 법 제10조의4 제1항에 따른 권리금 회수기회 보호의무를 부담한다고 보아야 한다. 또한 상가임대차법 제10조의4 제1항 제4호, 제3항 및 제10조의3 내지 제10조의7 등 관련 규정의 내용과 입법 취지에 비추어 보면, 임차인이 임대인에게 권리금 회수 방해로 인한 손해배상을 구하기 위해서는 원칙적으로 임차인이 신규임차인이 되려는 자를 주선하였어야 하나, 임대인이 정당한 사유 없이 임차인이 신규임차인이 되려는 자를 주선하더라도 그와 임대차계약을 체결하지 않겠다는 의사를 확정적으로 표시하였다면, 임차인이 실제로 신규임차인을 주선하지 않았더라도 임대인의 위와 같은 거절행위는 상가임대차법 제10조의4 제1항 제4호에서 정한 거절행위에 해당한다고 보아야 하고, 임차인은 같은 조 제3항에 따라 임대인에게 권리금 회수방해로 인한 손해배상을 청구할 수 있다(대법원 2019.07.25. 선고 2018다252823,252830 판결).

[참고] 주택임대차와 상가건물임대차의 비교

	주택임대차(2018.9.18. 이후)	상가건물 임대차(2019.4.17. 이후)
적용범위 (보증금)	제한 없음	서울특별시 9억원 이하 수도권과밀억제권역(서울제외) 부산 6억9천만원 이하 광역시(수도권과밀억제권역과 군 제외) 세종시, 파주, 화성, 안산, 용인 5억원 이하 기타 지역 3억7천만원 이하
대항력 요건	주택의 인도와 주민등록 전입신고 다음날부터 효력	건물의 인도와 사업자등록 다음날부터 효력
임대차기간	최소 2년	최소 1년 10년 존속 보장
계약의 갱신	묵시의 갱신(기간 2년 + 2년)62)	갱신요구에 의한 갱신 (기간은 전 임대차와 동일) 묵시의 갱신(기간 1년)
차임증액 청구	1/20(5%) 이내63)	5/100(5%) 이내
보증금의 월차임 전환시 산정률	은행법에 따른 대출금리 등을 고려한 연1할(10%)과 한국은행에서 공시한 기준금리(2020.7.31. 기준금리 0.5%)에 3.5%를 더한 비율(4%) 중 낮은 비율을 곱한 월차임의 범위64)	대출금리 12%와 한국은행에서 공시한 기준금리(2020.7.31. 기준금리 0.5%)의 4.5배 중 낮은 비율(2.25%)을 곱한 월차임의 범위
소액보증금 우선변제권	서울특별시 1억1천만원이하(A) /3,700만원 이하(B) 수도권과밀억제권역, 수원, 화성 1억원이하(A) /3,400만원 이하(B) 광역시(군 제외), 안산, 김포, 광주, 파주 6,000만원이하(A) /2,000만원 이하(B) 기타 지역 5,000만원이하(A) /1,700만원 이하(B)	서울특별시 6,500만원 이하(A)/2,200만원 이하(B) 수도권과밀억제권역(서울제외) 5,500만원 이하(A)/1,900만원 이하(B) 광역시(군 제외), 안산, 용인, 김포, 광주 3,800만원 이하(A)/1,300만원 이하(B) 기타 지역 3,000만원 이하(A)/1,000만원 이하(B)

A = 우선변제를 받을 수 있는 소액임차인의 범위
B = 우선변제를 받을 소액보증금의 범위

62) 2020. 7. 31. 개정 주택임대차보호법 제6조의3 제1항 및 제2항은 임차인의 계약갱신요구권을 보장하여 종전 2년에서 4년으로 임대차 보장기간을 연장하였다.
63) 2020. 7. 31. 개정 주택임대차보호법 제7조 제2항은 차임 등의 증액청구의 상한을 약정한 차임이나 보증금의 20분의 1의 금액으로 하되, 특별시·광역시·특별자치시·도 및 특별자치도는 관할 구역 내의 지역별 임대차 시장 여건 등을 고려하여 20분의 1의 범위에서 증액청구의 상한을 조례로 달리 정할 수 있도록 하였다.
64) 2020. 7. 31. 기준 보증금을 월세로 전환할 경우 산정률은 4%를 초과할 수 없다. 보증금 2억 원 중 1억 원을 월세로 전환할 경우 1억 원 × 4%/12개월 = 약 33만 3천원이 매월 납입하여야 할 월세가 된다. '기준금리+3.5% (=4%)'인 현행 전·월세전환율을 낮추는 방안이 논의되고 있다.

⟨기초사례 연습⟩

⟨사례 1⟩ 임대인 甲과 임차인 乙은 임대차계약을 체결하면서 임대인이 임대 후 일정 기간이 경과할 때마다 물가상승 등 경제사정의 변경을 이유로 임차인과의 협의에 의하여 차임을 조정할 수 있도록 약정하였다. 그런데 乙은 차임 인상요인이 생겼는데도 甲의 인상협의를 거부하여 협의가 성립하지 않는 경우 甲은 어떻게 하여야 하는가?

☞ 임대차계약을 할 때에 임대인이 임대 후 일정 기간이 경과할 때마다 물가상승 등 경제사정의 변경을 이유로 임차인과의 협의에 의하여 그 차임을 조정할 수 있도록 약정하였다면, 그 취지는 임대인에게 일정 기간이 지날 때마다 물가상승 등을 고려하여 상호 합의에 의하여 차임을 증액할 수 있는 권리를 부여하되 차임 인상요인이 생겼는데도 임차인 그 인상을 거부하여 협의가 성립하지 않는 경우에는 법원이 물가상승 등 여러 요인을 고려하여 정한 적정한 액수의 차임에 따르기로 한 것으로 보아야 한다.
　한편 임대인이 민법 제628조에 의하여 장래에 대한 차임의 증액을 청구하였을 때에 당사자 사이에 협의가 성립되지 아니하여 법원이 결정해 주는 차임은 그 증액청구의 의사표시를 한 때에 소급하여 그 효력이 생기는 것이므로, 특별한 사정이 없는 한 증액된 차임에 대하여는 법원 결정 시가 아니라 증액청구의 의사표시가 상대방에게 도달한 때를 그 이행기로 보아야 한다.65)

⟨사례 2⟩ 임대차계약의 당사자와 관련된 문제
1. 甲이 乙로부터 건물을 임차한 후 건축업을 하다가 사업이 부진하여 자금난을 겪고 있었으므로 乙에게 임차인 명의를 자신의 처인 A 명의로 변경하여 줄 것을 요청하여 乙과 임차인이 A로 된 임대차계약서를 다시 작성하였다. 甲의 채권자인 B는 甲의 乙에 대한 임대차보증금반환채권을 가압류할 수 있는가? 임대인 乙은 이 사건 건물의 임차인은 甲이 아닌 A라고 주장할 수 있는가?
2. 甲이 乙 주식회사로부터 상가 점포와 그 점포 내에 설치된 수영장 시설을 매수하려고 乙 회사의 부회장인 A와 여러 차례 협의하였으나 매수자금을 마련하지 못하자, A에게 '자력이 있는 丙을 계약자로 하여 임대차계약을 체결하여 달라'고 부탁하여 乙 회사가 丙과 위 상가 점포와 수영장 시설에 관한 임대차계약을 체결하였는데, 상가의 관리인인 丁 주식회사가 丙에게 관리비를 청구하자, 丙이 자신은 명의대여자일 뿐이고 실제 임차인은 甲이라며 관리비 납부를 거부하였다. 누가 상가관리비를 납부하여야 하는가?
3. 甲은 乙, 丙으로부터 보증금 1억 원에 그들 공유의 점포를 임차하였다. 그 후 甲은 乙, 丙을 상대로 위 임대차계약이 임대인의 채무불이행으로 해지되었음을 이유로 보증금반환을 하면서 乙에게 보증금 1억 원 전액의 반환을 구할 수 있는가?
4. 임대인 乙과의 임대차계약서에 부부인 A와 B가 공동임차인으로 기재되어 있었는데, 남편인 A가 보증금 전액을 甲에게 양도하고, 임대인인 乙에게 그 양도사실을 통지하였다. 甲이 乙을 상대로 임대차기간이 만료되었음을 이유로 A로부터 양도받은 보증금 전액의 반환청구를 할 수 있는가? A와 B가 乙에게 월 100만원의 월세(차임)지급의무를 부담하는 경우 A와 B의 채무는 분할채무인가, 불가분(연대)채무인가?

---

65) 대법원 2018.03.15. 선고 2015다239508,239515 판결.

5. 甲이 乙로부터 건물을 임차하였는데, 그 임차기간이 **만료된** 이후 乙이 사망하여 A, B가 재산상속인이 된 경우, 甲이 A, B를 상대로 임차기간이 만료되었음을 이유로 보증금 1억 원 전액의 반환청구를 할 수 있는가? 임대차계약의 **존속 중**에 乙이 사망하여 A, B가 재산상속인이 된 경우는 어떠한가?
6. 임차인 甲이 임대차계약의 존속 중에 임대인의 지위를 공동승계한 공동상속인 A, B를 상대로 임대차기간만료를 이유로 보증금 전액의 반환청구를 하였다. 이 경우 A는 임대인 사망 이후 B와의 사이에 임대차목적물을 포함한 모든 상속재산에 관하여 **협의분할**이 이루어짐으로써 임대차목적물 및 이에 수반하는 제반채무는 상속개시일에 소급하여 B의 몫으로 확정되었으므로 자신은 보증금에 대하여 아무런 책임이 없다고 항변할 수 있는가?
7. 甲이 乙, 丙으로부터 점포를 임차하였는데, **본소로써** 乙과 丙을 상대로 위 임대차계약이 채무불이행으로 해지되었음을 이유로 보증금반환과 손해배상청구를 하였다. 乙이 **반소로써** 甲을 상대로 위 임대차계약이 차임연체로 인하여 해지되었다고 주장하면서 위 점포의 인도를 구할 수 있는가?

〈포인트〉
1. 임대차계약의 존속 중에 임대차계약서상의 임차인 명의가 변경된 경우의 임차인 확정방법에 관하여 임차인과 임대인이 제3자와의 합의에 의하여 임대차계약서상의 임차인 명의를 제3자로 변경한 경우에는 제3자에게 임차인의 지위가 승계되었거나 보증금반환채권의 양도가 이루어진 것으로 볼 수 있을 것이나, 임차인인 남편이 채권자의 강제집행에 대비하기 위하여 형식적으로 임대차계약서상의 임차인 명의를 처로 변경한 경우 등과 같은 특별한 사정이 있는 경우에는 임차인 명의가 변경되었다는 사정만으로 제3자에게 임차인지위가 승계되었거나 보증금반환채권의 양도가 이루어진 것으로 볼 수 없을 것이다. 이 경우에는 임차인이 여전히 남편이고 임대인 乙은 임차인이 甲이 아닌 A라고 주장할 수 없다.
2. 대법원은 계약당사자 사이에 작성된 처분문서인 임대차계약서에는 임차인이 丙이라고 명시되어 있는 점, 丙이 임대인인 乙 회사 명의의 계좌로 임대료 등을 송금하였고, 임대차계약서의 초안에 직접 서명하였으며, 상가 점포에 설치된 수영장 시설을 운영하기 위해 설립된 법인의 공동대표이사로 취임하는 등 임대차계약에 따른 임차인으로서 행동한 점, 乙 회사의 부회장인 A는 자력이 있는 丙을 계약자로 하여 임대차계약을 체결하기로 하였고, 乙 회사의 직원은 丙에게 요청하여 임대차계약서의 초안에 丙의 서명을 받았으며, 乙 회사는 丙을 상대로 상가 점포 등의 인도를 구하는 소를 제기하는 등 임대차계약의 임차인이 丙임을 전제로 행동한 점, 甲은 임대차계약서에 丙의 대리인으로 되어 있을 뿐이고 이와 달리 임대차계약 당시 계약 명의와 관계없이 임차인을 甲으로 한다거나 계약에 따른 법률효과를 甲에게 귀속시키기로 한다는 의사의 합치가 있었다고 보기 어려운 점 등에 비추어 보면, 위 임대차계약의 임차인은 丙이라고 보아야 하므로 丙은 임대차계약에 기초하여 집합건물의 전유부분인 상가 점포를 점유하는 사람으로서 집합건물의 소유 및 관리에 관한 법률 제42조 제2항에 따라 구분소유자가 규약에 따라 부담하는 관리비 부담의무와 동일한 의무를 진다고 판시하였다.[66]
3. 건물의 공유자가 공동으로 건물을 임대하고 보증금을 수령한 경우, 특별한 사정이 없는 한 그 임대는 각자 공유지분을 임대한 것이 아니고 임대목적물을 다수의 당사자로서 공동으로 임대한 것이고 그 보증금 반환채무는 성질상 **불가분채무**에 해당된다고 보아야 할 것이다. 따라서 임차인은 공동임대인인 공유자 모두에 대하여 그 지분에 상관없이 임차인의 권리를 주장할 수 있다.[67] 결국 甲은 乙에 대하여

보증금 1억 원 전액의 반환을 구할 수 있다.
4. A, B 두 사람이 공동임차인이라면 임대인 乙은 A의 보증금반환채권을 양수한 甲에 대하여 보증금의 1/2을 지급할 의무가 있다. 공동임차인이 부담하는 차임지급의무 등의 성질은 **연대채무가 된다**(민법 제654조, 제616조 참조). 따라서 공동임차인 A와 B가 乙에게 연대하여 월 100만원의 월세(차임)지급의무를 부담한다. 단 이 규정은 임의규정이므로 계약을 달리 정할 수 있다.
5. 금전채무와 같이 급부의 내용이 **가분인 채무가 공동상속된 경우**, 이는 상속 개시와 동시에 당연히 법정상속분에 따라 공동상속인에게 분할되어 귀속되는 것이므로, 상속재산 분할의 대상이 될 여지가 없다.[68] 따라서 甲은 A, B를 상대로 각 상속분(1/2)인 5,000만 원의 반환을 구할 수 있다. 임대차계약의 존속 중에 乙이 사망한 경우 A와 B는 乙의 사망으로 그의 甲에 대한 임대인으로서의 지위를 공동으로 승계하였고, 위 임대인으로서의 지위는 불가분의 관계에 있으므로 A와 B는 공동하여 보증금전액을 지급할 의무가 있다.
6. 채무가 공동상속된 경우 공동상속인 사이에 특정의 1인 또는 수인이 이를 부담하기로 하는 약정이 있었다 하더라도 이에 대한 甲의 승낙이 있었다는 주장·증명이 없는 이상 위와 같은 합의는 채권자인 甲을 구속하지 않는다. 금전채무와 같이 급부의 내용이 가분인 채무가 공동상속된 경우, 이는 상속 개시와 동시에 당연히 법정상속분에 따라 공동상속인에게 분할되어 귀속되는 것이므로, 상속재산 분할의 대상이 될 여지가 없다.[69]
7. 민법 제547조 제1항은 "당사자의 일방 또는 쌍방이 수인인 경우에는 계약의 해지나 해제는 그 전원으로부터 또는 전원에 대하여 하여야 한다."라고 규정하고 있다(해제·해지 불가분의 원칙). 여러 사람이 공동임대인으로서 임차인과 하나의 임대차계약을 체결한 경우에는 민법 제547조 제1항의 적용을 배제하는 특약이 있다는 등의 특별한 사정이 없는 한 공동임대인 전원의 해지의 의사표시에 따라 임대차계약 전부를 해지하여야 한다. 이러한 법리는 임대차계약의 체결 당시부터 공동임대인이었던 경우뿐만 아니라 임대차목적물 중 일부가 양도되어 그에 관한 임대인의 지위가 승계됨으로써 공동임대인으로 되는 경우에도 마찬가지로 적용된다.[70] 당사자 사이에 별다른 특약이 없는 사례에서 임대인 중의 1인인 丙의 계약해제의 의사표시가 없으므로 乙의 해지의 의사표시만으로 위 임대차계약이 적법하게 해지되었다고 볼 수 없다(乙의 반소청구 기각).

---

66) 대법원 2019.09.10. 선고 2016다237691 판결. '기준금리+3.5%'인 현행 전·월세전환율을 낮추는 방안이 논의되고 있다.
67) 대법원 1998.12.08. 선고 98다43137 판결.
68) 대법원 1997.06.24. 선고 97다8809 판결.
69) 따라서 위와 같이 상속재산 분할의 대상이 될 수 없는 상속채무에 관하여 공동상속인들 사이에 분할의 협의가 있는 경우라면 이러한 협의는 민법 제1013조에서 말하는 상속재산의 협의분할에 해당하는 것은 아니지만, 위 분할의 협의에 따라 공동상속인 중의 1인이 법정상속분을 초과하여 채무를 부담하기로 하는 약정은 **면책적채무인수**의 실질을 가진다고 할 것이어서, 채권자에 대한 관계에서 위 약정에 의하여 다른 공동상속인이 법정상속분에 따른 채무의 일부 또는 전부를 면하기 위하여는 민법 제454조의 규정에 따른 **채권자의 승낙**을 필요로 한다. 여기에 상속재산 분할의 소급효를 규정하고 있는 민법 제1015조가 적용될 여지는 전혀 없다(대법원 1997.06.24. 선고 97다8809 판결).
70) 대법원 2015.10.29. 선고 2012다5537 판결.

⟨사례 3⟩ 원상회복의무 관련
1. 甲이 乙의 점포를 임차하여 커피전문점 영업에 필요한 시설 설치공사를 하고 프랜차이즈 커피전문점을 운영하였고, 丙이 이전 임차인으로부터 위 커피전문점 영업을 양수하고 乙로부터 점포를 임차하여 커피전문점을 운영하였다. 임대차 종료 시 丙이 인테리어시설 등을 철거하지 않은 경우 乙이 비용을 들여 철거하고 반환할 보증금에서 시설물 철거비용을 공제할 수 있는가? 丙은 자기가 설치하지 않은 시설물에 대하여는 철거의무가 없다고 주장할 수 있는가?
2. 甲은 2015. 2. 1. 乙에게 이 사건 점포를 보증금 5,000만 원, 월차임 150만 원(부가세 별도), 기간 2015. 2. 1.부터 2016. 2. 27.까지로 정하여 임대하는 내용의 임대차계약을 체결하되, 월 임대료를 3회 이상 연체 시 임대인은 계약을 해지할 수 있다는 등의 특약사항을 정했다. 乙은 2015. 3. 3. 및 2015. 4. 7. 甲에게 각 1,500,000원을 차임 명목으로 지급하였을 뿐 그 외에는 차임을 지급하지 않았다. 甲은 2015. 12. 2. 乙에게 차임 연체를 이유로 임대차계약 해지통고를 하였고, 위 해지통고가 2015. 12. 3. 乙에게 송달되었다.
乙은 이 사건 점포에서 커피전문점 영업을 하다가 2016. 9. 28. 폐업신고를 하였고, 이후에도 이 사건 점포에 영업비품들을 그대로 비치하는 등 이 사건 점포를 계속하여 점유하였다. 甲은 2017. 8. 31. A에게 이 사건 건물에 관하여 매매를 원인으로 한 소유권이전등기를 마쳐주었다.
甲의 乙에 대한 점포인도 및 부당이득반환을 구하는 본소 청구에 대하여 乙은 임대차보증금에서 연체차임 등을 공제한 2,750만 원의 지급을 구하는 반소를 제기하였다. 甲의 본소청구와 乙의 반소청구는 인용될 것인가? 甲은 乙이 현실적으로 커피전문점 영업을 하지 않았다 하더라도 이 사건 점포에 영업비품과 시설을 그대로 남겨 둔 이상 본래의 임대차계약상의 목적에 따른 사용·수익을 한 것으로 보아야 한다는 취지로 주장하고 있을 뿐, 피고가 폐업신고를 한 이후 더 이상 커피전문점 영업을 하지 않은 사실에 대하여는 다투지 않고 있다.

⟨포인트⟩
1. 임대차계약서에 임대차 종료 시 甲의 원상회복의무를 정하고 있으므로 乙이 철거한 시설물이 점포에 부합되었다고 할지라도 임대차계약의 해석상 甲이 원상회복의무를 부담하지 않는다고 보기 어렵고, 乙이 철거한 시설은 프랜차이즈 커피전문점의 운영을 위해 설치된 것으로서 점포를 그 밖의 용도로 사용할 경우에는 불필요한 시설이고, 甲이 비용상환청구권을 포기하였다고 해서 乙이 위와 같이 한정된 목적으로만 사용할 수 있는 시설의 원상회복의무를 면제해 주었다고 보기 어려우므로, 乙이 비용을 들여 철거한 시설물이 丙의 전 임차인이 설치한 것이라고 해도 丙이 철거하여 원상회복할 의무가 있다고 보아 乙이 丙에게 반환할 보증금에서 甲이 지출한 시설물 철거비용이 공제되어야 한다.
2. 법률상 원인 없이 이익을 얻고 이로 인하여 타인에게 손해를 가한 때에는 그 이익을 반환하여야 한다(민법 제741조), 여기에서 이익이라 함은 실질적인 이익을 의미하므로, 임대차계약관계가 소멸된 이후에 임차인이 임차건물 부분을 계속 점유하기는 하였으나 이를 본래의 임대차계약상의 목적에 따라 사용·수익하지 아니하여 실질적인 이득을 얻은 바 없는 경우에는, 그로 인하여 임대인에게 손해가 발생하였다고 하더라도 임차인의 부당이득반환의무는 성립하지 않는다. 이는 임차인의 사정으로 인하여 임차건물 부분을 사용·수익하지 못하였거나 임차인이 자신의 시설물을 반출하지 않았다고 하더라도 마찬가지이다. 피고가 이 사건 점포에 대한 폐업신고를 한 이후에는 비록 그 점유를 계속하고 있었다 하

더라도 본래의 임대차계약상의 목적에 따른 사용·수익을 한 것이 아니어서 실질적인 이익을 얻은 바 없으므로, 그로 인하여 원고들에게 손해가 발생하였다 하더라도 피고의 부당이득반환의무는 성립하지 않는다. 甲의 乙에 대한 본소 청구 중 점포인도청구는 인용될 것이나 부당이득반환청구는 기각될 것이고, 乙의 반소청구는 임차보증금에서 폐업신고 이후의 부당이득부분은 공제할 수 없다.

〈사례 4〉 甲은 乙을 상대로 제주시 소재 X 건물 인도청구의 소를 제기하였다. 위 소송에서 甲과 乙의 주장내용은 다음과 같다.

[원고 甲의 주장]
(1) 甲은 2015. 10. 1. 그 소유의 X 건물을 乙에게 임대차보증금 1억 원, 월차임 100만 원, 임대차기간 2년으로 정하여 임대하면서 같은 날 임대차보증금을 수령함과 동시에 위 건물을 인도하여 乙이 이 건물에서 음식점 영업을 하고 있다.
(2) 乙은 2016. 9월까지의 차임만 지급하고 그 이후의 차임은 연체하였고, 이에 甲은 2016. 11. 1. 차임연체를 이유로 위 임대차계약을 해지한다는 내용을 담은 내용증명우편을 발송하였으며, 그 우편은 2016. 11. 3. 乙에게 도착하였다.
(3) 그럼에도 불구하고 乙은 임대차계약이 종료된 이후에도 X 건물을 甲에게 인도하지 아니하고 계속 점유·사용하였고, 이에 甲은 부득이 2018. 4. 1. 법원에 위 건물의 인도와 미지급 차임 및 차임상당의 부당이득반환을 구하는 소를 제기하였다.
(4) 乙이 동시이행을 구하는 위 임대차보증금에서 연체된 날인 2016. 10. 1.부터 이 사건 상가의 인도완료일까지 약정에 따른 월 100만원의 차임 내지 부당이득금은 공제되어야 한다. 또한 乙이 교체하였다는 실내 난방 파이프 및 화장실 문짝 공사는 위 건물의 가치증대에 기여한 바가 없으므로 이에 관한 유익비 주장은 배척되어야 하고, 가사 인정된다고 하더라도 乙이 지출한 비용이 아닌 그 해당 가치 증가액만이 인정되어야 한다.

[피고 乙의 주장]
(1) 乙은 X 건물을 인도받아 식당을 운영해 왔는데, 현재까지 위 건물을 식당으로 계속 점유사용하고 있는 것은 임대차가 종료되었음에도 甲이 임대차보증금을 반환하지 아니한 탓일 뿐 乙이 위 건물을 점유하고 싶어서 한 것이 아니므로 임대차 종료일 이후에는 부당이득금을 지급할 의무가 없고, 무엇보다도 乙의 입장에서는 임대차보증금 1억 원을 반환받을 때까지는 위 건물을 인도할 수 없다.
(2) 또한 乙은 위 임대차계약의 해지통고서를 받기 전에 이미 2016. 11. 3.까지 차임을 모두 甲에게 지급하였다.
(3) 나아가, 乙은 임대차가 존속 중이던 2016. 8. 15.부터 같은 달 20.까지 사이에 노후된 위 건물의 난방효율을 높이기 위하여 실내 바닥 난방파이프를 바꾸고 화장실 문짝을 새것으로 교체하였으며, 그 공사를 하면서 합계 500만원의 공사비를 지출하였는데, 현재 이로 인한 가치 증대분 400만원 상당이 존재하고 있는 만큼 乙이 지출한 500만원을 유익비로 상환받을 때까지 위 상가를 인도할 수 없다.

1. 甲의 건물인도청구의 청구원인을 소유권에 기한 청구와 임대차계약에 기한 청구로 나누어 각 요건사실을 기재하시오.
2. 〈기초사실〉을 토대로 원고 甲의 청구취지와 청구원인을 기재하시오.
3. 乙의 동시이행의 항변권 행사에 관한 요건사실을 기재하시오.
4. 甲의 부당이득금 공제 재항변에 관한 요건사실을 기재하시오.
5. 乙의 차임지급 재재항변에 관한 요건사실을 기재하시오.
6. 乙의 공사비지출금액 및 가치증가액이 乙의 주장대로 인정되는 것으로 전제하여 乙의 유치권 항변에 대한 법원의 판단을 설시하시오.

〈포인트〉 (1 내지 5는 기본문제이므로 생략)
6. 피고는 이 사건 건물의 유익비 500만원을 지출하였으므로 이를 상환받을 때까지 위 건물을 유치할 권리가 있다고 항변한다. (관련 증거를 종합하면) 피고가 위 임대차기간 중인 2016. 8. 15.부터 같은 달 20.까지 사이에 위 건물의 난방효율을 높이기 위한 실내 바닥 난방 파이프와 화장실 문짝을 모두 새것으로 교체하는 공사를 하면서 그 공사비용으로 합계 600만원을 지출하였고, 이로 인하여 변론종결일 현재 위 건물의 가치가 400만원 상당 증가한 사실을 인정할 수 있으므로 원고는 피고에게 원고의 선택에 따라 위 400만원을 유익비를 상환할 의무가 있고, 피고는 위 돈을 상환받을 때까지 위 건물을 유치할 권리가 있으므로 피고의 위 항변은 위 인정범위 내에서 이유 있다.

제18장 공사대금청구 소송

1 청구취지

☞ 피고는 원고에게 1억 원 및 이에 대한 2020. 4. 1.부터 이 사건 소장부본 송달일까지는 연 5%, 그 다음날부터 다 갚는 날까지 연 12%의 비율로 계산한 돈을 지급하라.

2 요건사실

❶ 공사도급계약의 체결
❷ 건축공사를 전부 또는 일부 완성한 사실[1]

3 주요 항변

가. 동시이행 항변

(1) 전부 또는 일부 완성된 건물을 인도받을 때까지 공사대금지급 거절의 동시이행항변[2]
(2) 완공된 목적물이나 기성고 부분에 하자[3]가 있음과 상당한 기간을 정하여 하자보수청구를

---

[1] 도급계약에 있어 일의 완성에 관한 주장·입증책임은 일의 결과에 대한 보수의 지급을 구하는 수급인에게 있으므로, 도급인이 도급계약상의 공사 중 미시공 부분이 있다고 주장한 바가 없다고 하더라도 그 공사의 완성에 따른 보수금의 지급을 구하는 수급인으로서는 공사의 완성에 관한 주장·입증을 하여야 한다(대법원 1994.11.22. 선고 94다26684,94다26691 판결).

[2] 민법 제665조 제1항은 도급계약에서 보수는 완성된 목적물의 인도와 동시에 지급해야 한다고 정하고 있다. 이때 목적물의 인도는 단순한 점유의 이전만을 의미하는 것이 아니라 도급인이 목적물을 검사한 후 목적물이 계약 내용대로 완성되었음을 명시적 또는 묵시적으로 시인하는 것까지 포함하는 의미이다. 도급계약의 당사자들이 '수급인이 공급한 목적물을 도급인이 검사하여 합격하면, 도급인은 수급인에게 그 보수를 지급한다.'고 정한 경우 도급인의 수급인에 대한 보수지급의무와 동시이행관계에 있는 수급인의 목적물 인도의무를 확인한 것에 불과하고 '검사 합격'은 법률행위의 효력 발생을 좌우하는 조건이 아니라 보수지급시기에 관한 불확정기한이다. 따라서 수급인이 도급계약에서 정한 일을 완성한 다음 검사에 합격한 때 또는 검사 합격이 불가능한 것으로 확정된 때 보수지급청구권의 기한이 도래한다(대법원 2019.09.10. 선고 2017다272486,272493 판결).

[3] 신축건물에 하자가 발생하였는지 여부는 공사시공자가 건축법 및 위 법에 따른 명령이나 처분, 그 밖의 관계 법령에 맞지 아니하거나 공사의 여건상 불합리하다고 인정되는 사항이 아님에도 건축주나 공사감리자의 동의도 받지 않은 채 임의로 설계도서를 변경한 것이라는 등의 특별한 사정이 없는 한 공사시공자와 건축주 사이의 명시적 또는 묵시적 합의에 의한 설계변경을 거쳐 최종적으로 확정된 도면을 기준으로 판단하여야 한다(대법원 2014.12.1

하였음을 들어 하자보수가 완료될 때까지의 공사대금지급 거절의 동시이행항변
(3) 완공된 목적물이나 기성고 부분에 하자가 있음과 하자보수에 갈음하거나 또는 하자보수에 추가하여 손해배상을 청구한 사실을 들어 그 배상을 받을 때까지의 동시이행항변

⇨ 원고의 **재항변** : 목적물의 하자가 피고가 제공한 재료의 성질이나 피고의 지시 때문에 발생하였음을 주장·증명하여 담보책임소멸 또는 감경의 재항변

⇨ 하자보수이행의 동시이행항변에 대하여 하자가 중요하지 아니하고 그 보수에 과다한 비용이 드는 사실을 주장·증명하여 하자보수의무가 없음을 재항변 ← 피고가 하자보수에 갈음하는 손해배상청구로 항변을 바꾸면 실효성 없음

나. 계약해제 항변 :

목적물에 계약의 목적을 달성할 수 없을 정도의 중대한 하자가 있음을 이유로 도급계약을 해제하였음을 항변(제척기간 1년 도과 주장은 직권조사사항에 관한 것이어서 항변사항이 아님)[4]

다. 상계 항변

피고가 지체상금 약정과 지체일수를 주장하여 지체상금(손해배상액예정)을 청구하면서 공사대금과의 상계항변

[참고]
(1) 공동수급인(건축주)이 동업(조합)으로 도급계약을 체결한 경우
　→ 공사대금청구는 필수적 공동소송
(2) 공동도급인이 동업(조합)으로 도급계약을 체결한 경우
　→ 공사대금채무는 불가분채무 또는 상법 제57조 제1항의 연대채무
(3) 당사자들이 공동이행방식의 공동수급체를 구성하여 도급인으로부터 공사를 수급받는 경우 공동수급체는 원칙적으로 민법상 조합에 해당한다.[5]
(4) 건물 신축공사의 공정이 종료되고 주요 구조 부분이 약정한 대로 시공되었다면 그 공사는 완성된 것이고, 일부 미시공된 부분이 있다고 하더라도 이는 건물에 하자가 있는 것에 불과하다. 이와 같이 공사가 완성된 때에는 일부 미시공된 하자 부분에 관하여도 수급인의 공사대금채권은 성립하고, 도급인은 위 하자 부분에 관하여 하자보수청구 또는 하자보수에 갈음하는 손해배상청구를 할 수 있을 뿐이다. 또한, 도급인이 부가가치세를 부담하기로 약정한 경우 수급인의 세금계산서 발급 여부나 부가가치세 납부 여부는 도급인의 부가가치세 상당액 지급의무에 영향을 미치지 아니한다.[6]
(5) 공사도급계약상 도급인의 지체상금채권과 수급인의 공사대금채권은 특별한 사정이 없는 한 동시이행

---

1. 선고 2013다92866 판결).
4) 도급계약에서 목적물의 주요구조부분이 약정된 대로 시공되어 사회통념상 일반적으로 요구되는 성능을 갖추었고 당초 예정된 최후의 공정까지 마쳤다면 일이 완성되었다고 보아야 한다. 목적물이 완성되었다면 목적물의 하자는 하자담보책임에 관한 민법 규정에 따라 처리하도록 하는 것이 당사자의 의사와 법률의 취지에 부합하는 해석이다. 개별 사건에서 예정된 최후의 공정을 마쳤는지는 당사자의 주장에 구애받지 않고 계약의 구체적 내용과 신의성실의 원칙에 비추어 객관적으로 판단해야 한다(대법원 2019.09.10. 선고 2017다272486,272493 판결).
5) 대법원 2018.01.24. 선고 2015다69990 판결. 공동이행방식의 공동수급체는 원칙적으로 민법상 조합의 성질을

(6) 도급계약에 따라 완성된 목적물에 하자가 있는 경우, 수급인의 하자담보책임과 채무불이행책임은 별개의 권원에 의하여 경합적으로 인정된다. 목적물의 하자를 보수하기 위한 비용은 수급인의 하자담보책임과 채무불이행책임에서 말하는 손해에 해당한다. 따라서 도급인은 하자보수비용을 민법 제667조 제2항에 따라 하자담보책임으로 인한 손해배상으로 청구할 수도 있고, 민법 제390조에 따라 채무불이행으로 인한 손해배상으로 청구할 수도 있다. 하자보수를 갈음하는 손해배상에 관해서는 민법 제667조 제2항에 따른 하자담보책임만이 성립하고 민법 제390조에 따른 채무불이행책임이 성립하지 않는다고 볼 이유가 없다.[8]

(7) 건축공사도급계약이 수급인의 채무불이행을 이유로 해제될 당시 공사가 상당한 정도로 진척되어 이를 원상회복하는 것이 중대한 사회적·경제적 손실을 초래하고 완성된 부분이 도급인에게 이익이 된다면, 해당 도급계약은 미완성 부분에 대하여만 실효되어 수급인은 해제한 상태 그대로 건물을 도급인에게 인도하고 도급인은 특별한 사정이 없는 한 인도받은 미완성 건물에 대한 보수를 지급하여야 하는 권리의무관계가 성립한다. 이와 같은 경우 <u>도급인이 지급하여야 할 미완성 건물에 대한 보수는 특별한 사정이 없는 한 당사자 사이에 약정한 총공사비에 기성고 비율을 적용한 금액</u>이 되는 것이지, 수급인이 실제로 지출한 비용을 기준으로 할 것은 아니다. 이때의 기성고 비율은 공사대금 지급의무가 발생한 시점, 즉 수급인이 공사를 중단할 당시를 기준으로 이미 완성된 부분에 들어간 공사비에다 미시공 부분을 완성하는 데 들어갈 공사비를 합친 전체 공사비 가운데 완성된 부분에 들어간 비용이 차지하는 비율을 산정하여 확정하여야 한다. 다만 당사자 사이에 기성고 비율 산정에 관하여 특약이 있는 등 특별한 사정이 인정되는 경우라면 그와 달리 산정할 수 있다.[9]

가진다. 조합채무가 특히 조합원 전원을 위하여 상행위가 되는 행위로 부담하게 되었다면, 하도급계약을 체결할 때 공동수급체가 아닌 개별 구성원으로 하여금 지분비율에 따라 직접 하수급인에 대하여 채무를 부담하게 하는 약정을 한 경우와 같은 특별한 사정이 없는 한 상법 제57조 제1항에 따라 조합원들이 연대책임을 진다(대법원 2018.12.13. 선고 2018두51485 판결).

6) 대법원 2015.10.29. 선고 2015다214691 판결.
7) 대법원 2015.08.27. 선고 2013다81224 판결.
8) 대법원 2020.06.11. 선고 2020다201156 판결. 민법 제669조 본문은 완성된 목적물의 하자가 도급인이 제공한 재료의 성질 또는 도급인의 지시에 기인한 때에는 수급인의 하자담보책임에 관한 규정이 적용되지 않는다고 정하고 있다. 그러나 이 규정은 수급인의 하자담보책임이 아니라 민법 제390조에 따른 채무불이행책임에는 적용되지 않는다(대법원 2020.01.30. 선고 2019다268252 판결). 원고들이 손해배상을 구하는 근거는 수급인의 하자담보책임이 아니라 채무불이행책임이므로 민법 제669조는 적용될 여지가 없다.
9) 대법원 2019.12.19. 선고 2016다24284 전원합의체 판결; 대법원 2019.07.11. 선고 2018다208338,208345 판결.

제19장 부당이득금반환 청구소송

민사실무 핵심 요건사실

1 청구취지와 청구원인

〈기초사실〉 제주시 아라동 100 전 1,000㎡에 관하여 1970. 3. 5. 甲 명의로 소유권이전등기가 마쳐져 있다. 위 토지에서 1980. 3. 1. 아라동 100-1 도로 300㎡(이하 '이 사건 토지')가 분할되어 그 지목이 도로로 변경되었다. 제주시는 위 지목변경일 무렵부터 이 사건 토지를 도로로 관리하면서 점유사용하고 있다.

☞ **청구취지**

1. 피고는 원고에게

가. 10,000,000원과 이에 대하여 이 사건 소장부본 송달 다음날부터 다 갚는 날까지 연 12%의 비율로 계산한 돈을 지급하고,

나. 2018. 3. 1.부터 제주시 아라동 100-1 도로 300㎡에 대한 피고의 점유상실일 까지[1] 매월 500,000원의 비율로 계산한 돈을 지급하라.

☞ **청구원인** : 피고는 법률상 원인 없이 원고 소유의 이 사건 토지를 도로부지로 점유사용함으로써 이익을 얻고 이로 인하여 원고에게 손해를 주고 있다고 할 것이므로 피고는 원고에게 위 이익을 부당이득으로 반환하여야 할 의무가 있다.

이 사건 토지는 종전에는 일반 공중의 교통에 공용되지 않고 전으로 이용되다가 도로로 편입되어 그때부터 도로로 사용되었으므로 임료 상당의 부당이득액은 그 지목이 도로로 변경되기 전의 지목을 기준으로 산정하여야 한다.

감정인의 감정결과에 의하면 이 사건 토지의 지목이 도로로 변경되기 전 상태로 평가할 경우 2013. 3. 1.부터 2018. 2. 28.까지의 임료 합계가 10,000,000원이고, 2018. 3. 1.부터 월 임료 상당액이 500,000원이므로 피고는 원고에게 10,000,000원과 이에 대하여 소장부본 송달 다음날부터 다 갚는 날까지 소송촉진 등에 관한 특례법이 정한 연 12%의 비율로 계산한 지연손해금을 지급하고, 2018. 3. 1.부터 이 사건 토지에 대한 피고의 점유상실일까지 매월 500,000원의 비율로 계산한 돈을 지급할 의무가 있다.

---

[1] 대법원 2019.02.14. 선고 2015다244432 판결 : 사실심의 재판실무에서 장래의 부당이득금의 계속적・반복적 지급을 명하는 판결의 주문에 '**원고의 소유권 상실일까지**'라는 표시가 광범위하게 사용되고 있으나 '원고의 소유권 상실일까지'라는 기재는 이행판결의 주문 표시로서 바람직하지 않고, "**피고의 점유 상실일**"은 부당이득반환의 무를 부담하는 피고의 임의의 이행과 관련되는 의무자 측의 사정으로서, 장래의 부당이득금의 지급을 명하는 판결

2 소송물

(1) 부당이득반환청구의 소송물은 부당이득반환청구권 자체
(2) 부당이득반환청구에 있어서 법률상 원인이 없음에 해당하는 사유를 달리하더라도 이는 소송물의 변경이 아니라 단순한 공격방법의 변경에 불과
(3) 부당이득반환청구권과 불법행위로 인한 손해배상청구권은 별개의 소송물[2]
(4) 부당이득반환청구의 소 제기로 채무불이행으로 인한 손해배상청구권의 소멸시효가 중단되는 것이 아님.

3 요건사실

❶ 수익자의 이득(수익)과 손실자의 손해(손실) : 원고에게 손실이 발생하고 피고에게 이득이 발생한 사실
❷ 이득과 손해 사이의 인과관계 → 사회관념상의 인과관계
❸ 법률상 원인의 결여 : 이득의 발생에 법률상 원인이 없는 사실
❹ 이득을 얻은 물건의 가액(가액반환을 구하는 경우)

4 주요 항변

(1) **법률상 원인의 존재 항변**
(2) **불법원인급여 항변** : 피고가 불법한 원인(도박계약, 부첩계약 등)으로 이익을 취득하였다는 항변
⇨ 원고의 재항변 : 불법원인이 피고에게만 있다는 재항변
(3) **악의의 변제 또는 도의관념에 적합 항변** : 원고가 채무 없음을 알면서 변제한 것이라는 점 또는 그 변제가 도의관념이 적합함을 들어 반환의무가 없다는 항변
⇨ 원고의 재항변 : 원고는 자기가 채무 없음을 알면서 변제하였더라도 변제를 강제당한 경우나 강제집행이나 변제거절로 인한 사실상의 손해를 피하기 위하여 부득이 변제하였다는 재항변
(4) **선의점유자 항변** : 선의의 점유자는 이익의 현존여부와 상관없이 점유사용으로 인한 이득반환의무가 없다(제201조 제1항). → 피고는 자신에게 민법 제210조 제1항에 의한 과실수취권

의 주문에 그 의무의 종료 시점으로 기재할 수 있는 최소한의 표현에 해당한다고 볼 수 있다.
[2] 부당이득반환청구권과 불법행위로 인한 손해배상청구권은 서로 실체법상 별개의 청구권으로 존재하고 그 각 청구권에 기초하여 이행을 구하는 소는 소송법적으로도 소송물을 달리하므로, 채권자로서는 어느 하나의 청구권에 관한 소를 제기하여 승소 확정판결을 받았다고 하더라도 아직 채권의 만족을 얻지 못한 경우에는 다른 나머지 청구권에 관한 이행판결을 얻기 위하여 그에 관한 이행의 소를 제기할 수 있다. 그리고 채권자가 먼저 부당이득반환청구의 소를 제기하였을 경우 특별한 사정이 없는 한 손해 전부에 대하여 승소판결을 얻을 수 있었을 것임에도 우연히 손해배상청구의 소를 먼저 제기하는 바람에 과실상계 또는 공평의 원칙에 기한 책임제한 등의 법리에 따라 그 승소액이 제한되었다고 하여 그로써 제한된 금액에 대한 부당이득반환청구권의 행사가 허용되지 않는 것도 아니다(대법원 2013.09.13. 선고 2013다45457 판결).

이 있음을 주장하기만 하면 됨.
⇨ 원고의 재항변 : 피고가 악의 점유자임을 주장·증명
(5) 배타적 사용·수익권의 포기 : 원고가 자신의 토지를 주민의 통행로로 스스로 제공하거나 주민의 통행을 용인하여 원고가 소유자로서의 배타적 사용수익권을 포기 또는 상실한 사실이 있다면 피고에 대하여 그 점유로 인한 부당이득의 반환을 청구할 수는 없다.3)

[참고]
(1) 부당이득 일반
① 법정채권 : 甲이 乙에게 건물을 임대하였는데 임대차계약이 종료된 이후에도 乙이 계속하여 건물을 사용·수익하고 있다면 甲은 乙에게 임대차계약상의 차임지급청구권은 없지만 민법 제741조에 따라 그 차임상당의 부당이득반환을 청구할 수 있다.4)
② 민법 제741조 : 재화가 정당한 권리자에게 귀속되지 않은 경우 그 부당성을 시정하기 위한 일반조항.
③ 부당이득반환의무 : 기한의 정함이 없는 채무이므로 수익자는 이행청구를 받은 다음 날부터 이행지체로 인한 지연손해금을 배상할 책임(지체책임).5)
④ 부당이득반환청구권 : 그 발생시부터 시효 진행(시효기간 : 10년).
(2) 부당이득의 반환범위와 현존이익
① 수익자의 반환범위(민법 제748조)
 ☞ 선의 수익자 : 그 받은 이익이 현존하는 한도에서 부당이득반환책임(현존이익은 실제로 반환할 때를 기준으로 결정)
 ☞ 악의 수익자 : 그 받은 이익에 이자를 붙여 반환하고 손해가 있으면 손해배상책임6)
② 현존이익의 증명책임 : 수익자가 그 이익이 현존하지 않는 다는 점을 증명7)
③ 부당이득 반환의무자가 악의의 수익자라는 점의 증명책임 : 이를 주장하는 측에서 증명.
④ 부당이득반환청구소송을 당하여 패소확정판결을 받았을 때에는 수익자로서는 소장부본을 송달받은 날부터 악의 수익자로 본다.

---

3) 대법원 2019.11.14. 선고 2015다211685 판결 : 토지소유자가 그 소유 토지를 도로, 수도시설의 매설 부지 등 일반 공중을 위한 용도로 제공한 경우 소유자가 토지를 공공의 사용에 제공한 경위 등 여러 사정을 종합적으로 고찰하고, 토지소유자의 소유권 보장과 공공의 이익 사이의 비교형량을 한 결과, 토지소유자가 그 소유 토지에 대한 독점적·배타적 사용·수익권을 포기한 것으로 볼 수 있다면, 토지소유자는 그 토지 부분에 대하여 독점적이고 배타적인 사용·수익권을 행사할 수 없다. 그리고 원소유자의 독점적·배타적 사용·수익권 행사가 제한되는 토지의 소유권을 특정승계한 자는, 특별한 사정이 없는 한 그와 같은 사용·수익의 제한이라는 부담이 있다는 사정을 용인하거나 적어도 그러한 사정이 있음을 알고서 그 토지의 소유권을 취득하였다고 봄이 타당하므로, 그러한 특정승계인도 그 토지 부분에 대하여 독점적이고 배타적인 사용·수익권을 행사할 수 없다(대법원 2019.01.24. 선고 2016다264556 전원합의체 판결 참조). 그러나 이러한 토지소유자의 독점적·배타적 사용·수익권 행사 제한의 법리는 토지가 도로, 수도시설의 매설 부지 등 일반 공중을 위한 용도로 제공된 경우에 적용되는 것이어서, 토지가 건물의 부지 등 지상 건물의 소유자들만을 위한 용도로 제공된 경우에는 적용되지 않는다. 따라서 토지소유자가 그 소유 토지를 건물의 부지로 제공하여 지상 건물소유자들이 이를 무상으로 사용하도록 허락하였다고 하더라도, 그러한 법률관계가 물권의 설정 등으로 특정승계인에게 대항할 수 있는 것이 아니라면 채권적인 것에 불과하여 특정승계인이 그러한 채권적 법률관계를 승계하였다는 등의 특별한 사정이 없는 한 특정승계인의 그 토지에 대한 소유권 행사가 제한된다고 볼 수 없다.

(3) **비채변제를 이유로 부당이득반환을 구하는 경우** 채무가 존재하지 않는 사실만 주장·증명하면 족하고 그 채무가 존재하지 아니함을 알지 못하고 지급하였음을 주장·증명할 필요는 없다.
(4) 피고가 취득한 이익의 전부와 그 이익을 취득한 날부터의 법정이자를 구하는 경우에는 피고가 악의의 취득자(법률상 원인 없음을 아는 취득자)임을 원고가 주장·증명하여야 한다.
(5) **급부부당이득**의 경우에는 부당이득반환을 구하는 측에서 급부행위의 무효, 취소, 해제 등의 사유를 주장·증명하여야 하나, **침해부당이득**의 경우에는 부당이득반환청구의 상대방이 법률상 원인의 존재를 주장·증명하여야 한다.[8]

[참고] 급부부당이득과 침해부당이득
(1) 급부부당이득
① 급부원인인 채무의 부존재, 무효, 취소, 해제 또는 사후적인 소멸 등에도 불구하고 그 급부가 아무런 법률상 원인 없이 이루어진 경우 당해 계약을 근거로 이루어진 급부는 부당이득으로 반환되어야 함. → 계약법의 보충규범
② 계약의 무효·취소의 경우 물권변동도 효력을 상실하게 되어 급부자는 그 물권을 다시 보유하게 되고 이때 급부자는 **부당이득반환청구권과 물권적 청구권**(소유권에 기한 반환청구권 또는 방해배제청구권)을 행사할 수 있음.[9]
③ 부당이득반환을 구하는 자가 급부의 근거되는 채권행위가 효력을 가지지 않는다는 점을 주장, 증명.
④ 유동적 무효 상태의 매매계약을 체결하고 이에 기하여 임의로 지급한 계약금 등은 그 계약이 유동적 무효 상태로 있는 한 이를 부당이득으로서 반환을 구할 수는 없고, 유동적 무효 상태가 확정적

---

4) 타인 소유의 토지 위에 권한 없이 건물이나 공작물 등을 소유하고 있는 사람은 그 자체로서 특별한 사정이 없는 한 법률상 원인 없이 타인의 재산으로 토지의 차임에 상당하는 이익을 얻고, 이로 인하여 타인에게 동액 상당의 손해를 주고 있다고 보아야 한다(대법원 2019.08.30. 선고 2017다213180 판결).
5) 대법원 2018.07.19. 선고 2017다242409 전원합의체 판결.
6) 부당이득의 경우에 악의의 수익자는 그 받은 이익에 이자를 붙여 반환하고 손해가 있으면 이를 배상하여야 하는데(민법 제748조 제2항), 부당이득의 수익자가 악의라는 점에 대하여는 이를 주장하는 측에서 증명책임을 진다. 여기서 '악의'는, 민법 제749조 제2항에서 악의로 의제하는 경우 등은 별론으로 하고, 자신의 이익 보유가 법률상 원인 없는 것임을 인식하는 것을 말하고, 그 이익의 보유를 법률상 원인이 없는 것이 되도록 하는 사정, 즉 부당이득반환의무의 발생요건에 해당하는 사실이 있음을 인식하는 것만으로는 부족하다(대법원 2018.04.12. 선고 2017다229536 판결).
7) 법률상 원인 없이 타인의 재산 또는 노무로 인하여 이익을 얻고 그로 인하여 타인에게 손해를 가한 경우, 그 취득한 것이 금전상의 이득인 때에는 그 금전은 이를 취득한 자가 소비하였는가의 여부를 불문하고 현존하는 것으로 추정된다(대법원 2009.05.28. 선고 2007다20440,20457 판결).
8) 당사자 일방이 자신의 의사에 따라 일정한 급부를 한 다음 급부가 법률상 원인 없음을 이유로 반환을 청구하는 이른바 급부부당이득의 경우에는 법률상 원인이 없다는 점에 대한 증명책임은 부당이득반환을 주장하는 사람에게 있다. 이 경우 부당이득의 반환을 구하는 자는 급부행위의 원인이 된 사실의 존재와 함께 그 사유가 무효, 취소, 해제 등으로 소멸되어 법률상 원인이 없게 되었음을 주장·증명하여야 하고, 급부행위의 원인이 될 만한 사유가 처음부터 없었음을 이유로 하는 이른바 착오 송금과 같은 경우에는 착오로 송금하였다는 점 등을 주장·증명하여야 한다. 이는 타인의 재산권 등을 침해하여 이익을 얻었음을 이유로 부당이득반환을 구하는 이른바 침해부당이득의 경우에는 부당이득반환 청구의 상대방이 이익을 보유할 정당한 권원이 있다는 점을 증명할 책임이 있는 것과 구별된다(대법원 2018.01.24. 선고 2017다37324 판결).
9) 물권적 청구권을 행사하는 경우 소멸시효의 적용을 받지 않고 상대방의 점유권원에 대한 증명책임도 상대방에게

으로 무효가 되었을 때 비로소 부당이득으로 그 반환을 구할 수 있음.
(2) **침해부당이득**
① 본래 법질서에 따라서 특정인에게 **배타적으로 귀속**하여야 하는 이익이 그 권리내용에 대한 **침해**에 의하여 다른 사람에게 귀속된 경우, 예컨대 乙이 아무런 권한 없이 甲의 건물을 점유, 사용하는 경우 乙은 甲에게 침해부당이득을 반환하여야 함.
② **침해부당이득**으로 인한 반환청구권과 **불법행위**로 인한 손해배상청구권은 경합하여 **병존**.
③ 채권의 준점유자에 대한 변제 등으로 **무권리자에 대한 변제**가 유효한 것으로 되어 본래의 채권자가 그 권리를 상실하게 되었다면 무권리자는 본래의 채권자에게 그가 변제로 수령한 금원을 부당이득으로 반환하여야 함.
④ 건물의 유치권자가 건물을 사용하였을 경우에는 특별한 사정이 없는 한 그 차임 상당액을 건물소유자에게 부당이득으로 반환할 의무가 있음.
⑤ 부동산의 공유자 중 1인이 타 공유자의 동의 없이 그 부동산을 타에 임대한 경우 이로 인한 수익 중 자신의 지분을 초과하는 부분에 대하여는 법률상 원인 없이 취득한 부당이득이 되어 이를 반환할 의무가 있음.
⑥ 타인의 물건을 선의로 점유하면서 사용한 경우에 그 사용이익은 과실에 준한 것으로서 **선의점유자의 과실수취권**의 대상이 되므로(제201조) 부당이득으로 반환할 필요가 없음.

(6) 민법 제746조는 "불법의 원인으로 인하여 재산을 급여하거나 노무를 제공한 때에는 그 이익의 반환을 청구하지 못한다."라고 하여 **불법원인급여**에 해당하면 부당이득반환청구를 할 수 없도록 규정하고 있다. 여기서 말하는 '불법'이 있다고 하려면, 급부의 원인이 된 행위가 그 내용이나 성격 또는 목적이나 연유 등으로 볼 때 선량한 풍속 기타 사회질서에 위반될 뿐 아니라 반사회성·반윤리성·반도덕성이 현저하거나, 급부가 강행법규를 위반하여 이루어졌지만 이를 반환하게 하는 것이 오히려 규범 목적에 부합하지 아니하는 경우 등에 해당하여야 한다.10)

그러나 불법원인급여에 있어서도 그 불법원인이 수익자에게만 있는 경우이거나 수익자의 불법성이 급여자의 그것보다 현저히 커서 급여자의 반환청구를 허용하지 않는 것이 오히려 공평과 신의칙에 반하게 되는 경우에는 급여자의 반환청구가 허용된다.11)

전가할 수 있다. 금전급부의 경우에는 물권적 청구권을 행사할 수 없고 부당이득반환만 가능.
10) 대법원 2017.03.15. 선고 2013다79887,79894 판결. 농지임대차가 구 농지법에 위반되어 계약의 효력을 인정받을 수 없다고 하더라도, 임대 목적이 농지로 보전되기 어려운 용도에 제공하기 위한 것으로서 농지로서의 기능을 상실하게 하는 경우라거나 임대인이 자경할 의사가 전혀 없이 오로지 투기의 대상으로 취득한 농지를 투하자본 회수의 일환으로 임대하는 경우 등 사회통념으로 볼 때 헌법 제121조 제2항이 농지 임대의 정당한 목적으로 규정한 농업생산성의 제고 및 농지의 합리적 이용과 전혀 관련성이 없고 구 농지법의 이념에 정면으로 배치되어 반사회성이 현저하다고 볼 수 있는 특별한 사정이 있는 경우가 아니라면, 농지 임대인이 임대차기간 동안 임차인의 권원 없는 점용을 이유로 손해배상을 청구한 데 대하여 임차인이 불법원인급여의 법리를 이유로 반환을 거부할 수는 없다.
11) 대법원 2007.02.15. 선고 2004다50426 전원합의체 판결. 대주가 사회통념상 허용되는 한도를 초과하는 이율의 이자를 약정하여 지급받은 것은 그의 우월한 지위를 이용하여 부당한 이득을 얻고 차주에게는 과도한 반대급부 또는 기타의 부당한 부담을 지우는 것으로서 그 불법의 원인이 수익자인 대주에게만 있거나 또는 적어도 대주의

(7) 집행권원에 기한 금전채권에 대한 강제집행의 일환으로 채권압류 및 전부명령이 확정된 후 그 집행권원상의 집행채권이 소멸한 것으로 판명된 경우 → 그 소멸한 부분에 관하여는 집행채권자가 집행채무자에 대한 관계에서 부당이득을 한 셈이 되므로, 집행채권자는 그가 위 전부명령에 따라 전부받은 채권 중 실제로 추심한 금전 부분에 관하여는 그 상당액을, 추심하지 아니한 부분에 관하여는 그 채권 자체를 집행채무자에게 양도하는 방법으로 반환하여야 한다.12)

(8)   배당절차에 참가한 채권자가 배당기일에서 이의하지 않아 배당표가 확정되었더라도 그 배당절차에서 배당금을 수령한 다른 채권자를 상대로 부당이득반환 청구를 할 수 있다.13)

[참고 1] 다수당사자가 관련된 부당이득

(1) **전용물소권** : 甲과 乙 사이의 계약에 기한 급부가 제3자인 丙에게도 이득이 되는 경우 甲은 丙을 상대로 법률상 원인 없이 이득을 취하였다는 이유로 부당이득반환을 구할 수 있는가?14)

(2) **삼각관계에서의 부당이득(단축급부)** : 甲은 乙에게 부동산을 매도하고 乙은 다시 이를 丙에게 전매하였다. 이때 乙이 丙으로 하여금 甲에게 직접 매매대금을 지급하도록 지시하여 실제 대금지급은 丙 → 甲의 형태로 하여 3자간의 대금지급관계를 한꺼번에 처리하였다. 그런데 乙과 丙 사이의 계약이 무효, 취소 등의 사유로 효력이 없게 되었다면 丙은 甲을 상대로 급부부당이득의 반환을 구할 수 있는가?15)

(3) **횡령·편취 등 범죄행위로 취득한 금전에 의한 변제와 부당이득** : 乙이 甲으로부터 금전을 편취하거나 횡령한 뒤에 이로써 자신의 채권자인 丙에 대한 채무를 변제한 경우 甲은 丙을 상대로 부당이득반환청구를 할 수 있는가?16)

불법성이 차주의 불법성에 비하여 현저히 크다고 할 것이어서 차주는 그 이자의 반환을 청구할 수 있다.
12) 대법원 2010.12.23. 선고 2009다37725 판결.
13) 대법원 2019.07.18. 선고 2014다206983 전원합의체 판결.
14) 계약상의 급부가 계약의 상대방뿐만 아니라 제3자의 이익으로 된 경우에 급부를 한 계약당사자가 계약 상대방에 대하여 계약상의 반대급부를 청구할 수 있는 이외에 그 제3자에 대하여 직접 부당이득반환청구를 할 수 있다고 보면, 자기 책임 하에 체결된 계약에 따른 위험부담을 제3자에게 전가시키는 것이 되어 계약법의 기본원리에 반하는 결과를 초래할 뿐만 아니라, 채권자인 계약당사자가 채무자인 계약 상대방의 일반채권자에 비하여 우대받는 결과가 되어 일반채권자의 이익을 해치게 되고, 수익자인 제3자가 계약 상대방에 대하여 가지는 항변권 등을 침해하게 되어 부당하므로, 위와 같은 경우 계약상의 급부를 한 계약당사자는 이익의 귀속 주체인 제3자에 대하여 직접 부당이득반환을 청구할 수는 없다(대법원 2002.08.23. 선고 99다66564,66571 판결).
15) 대법원 2018.07.12. 선고 2018다204992 판결 : 계약의 일방당사자가 계약상대방의 지시 등으로 급부과정을 단축하여 계약상대방과 또 다른 계약관계를 맺고 있는 제3자에게 직접 급부한 경우(이른바 삼각관계에서의 급부가 이루어진 경우), 그 급부로써 급부를 한 계약당사자의 상대방에 대한 급부가 이루어질 뿐 아니라 그 상대방의 제3자에 대한 급부도 이루어지는 것이므로 계약의 일방당사자는 제3자를 상대로 하여 법률상 원인 없이 급부를 수령하였다는 이유로 부당이득반환청구를 할 수 없다(대법원 2015.04.23. 선고 2014다77956 판결). 이러한 경우에 계약의 일방당사자가 계약상대방에 대하여 급부를 한 원인관계인 법률관계에 무효 등의 흠이 있거나 그 계약이 해제되었다는 이유로 제3자를 상대로 하여 직접 부당이득반환청구를 할 수 있다고 보면 자기 책임 하에 체결된 계약에 따른 위험부담을 제3자에게 전가하는 것이 되어 계약법의 원리에 반하는 결과를 초래할 뿐만 아니라 수익자인 제3자가 계약상대방에 대하여 가지는 항변권 등을 침해하게 되어 부당하다(대법원 2017.07.11. 선고 2013다55447 판결).
16) 부당이득제도는 이득자의 재산상 이득이 법률상 원인을 결여하는 경우에 공평·정의의 이념에 근거하여 이득자에게 그 반환의무를 부담시키는 것인바, 채무자가 피해자로부터 횡령한 금전을 그대로 채권자에 대한 채무변제에

[참고 2] 명의신탁과 부당이득
(1) **양자 간 등기명의신탁** 〈수탁자의 처분 : 횡령죄 성립17)〉
　명의신탁약정 무효, 수탁자 명의의 등기 무효 → 신탁자는 수탁자를 상대로 명의신탁약정이 유효임을 전제로 명의신탁해지를 원인으로 한 소유권이전등기청구나 말소청구 불가. 수탁자는 신탁자는 물론 제3자에 대한 관계에서도 수탁된 부동산에 대한 소유권자임을 주장할 수 없고, 소유권에 기한 물권적 청구권 행사 불가. 그러나 수탁자명의의 등기는 원인무효의 등기가 되므로 원칙적으로 신탁자는 수탁자를 상대로 원인무효를 이유로 그 등기의 말소를 구할 수도 있고, 명의신탁대상 부동산에 관하여 자기 명의로 소유권이전등기를 경료한 적이 있었던 신탁자로서는 수탁자를 상대로 진정명의회복을 원인으로 한 이전등기를 구할 수도 있음.
　⇨ 무효인 명의신탁등기 명의자 즉 명의수탁자가 신탁부동산을 임의로 처분한 경우, 특별한 사정이 없는 한 그 제3취득자는 유효하게 소유권을 취득하게 되고, 이로써 명의신탁자는 신탁부동산에 대한 소유권을 상실한다.18)

(2) **제3자 간 등기명의신탁** 〈수탁자의 처분 : 횡령죄 불성립〉
　명의신탁약정 무효, 수탁자 명의의 등기 무효 → 명의신탁약정과 그에 의한 등기가 무효로 되면 명의신탁 부동산은 매도인 소유로 복귀하므로 매도인은 명의수탁자에게 무효인 명의수탁자 명의의 등기의 말소를 구할 수 있게 되고, 명의신탁자는 매매계약에 기한 매도인에 대한 소유권이전등기청구권을 보전하기 위하여 매도인을 대위하여 명의수탁자에게 무효인 명의수탁자 명의의 등기의 말소를 구할 수 있고, 매도인에게는 위 매매계약을 원인으로 한 소유권이전등기청구를 할 수 있음.
　⇨ 명의신탁자는 명의수탁자를 상대로 부당이득반환을 원인으로 한 소유권이전등기를 구할 수 없음.
　⇨ 명의수탁자가 신탁부동산을 임의로 처분하거나 강제수용이나 공공용지 협의취득 등을 원인으로 제3취득자 명의로 이전등기가 마쳐진 경우, 특별한 사정이 없는 한 그 제3취득자는 유효하게 소유권을 취득하게 되므로(법 제4조 제3항), 그로 인하여 매도인의 명의신탁자에 대한 소유권이전등기의무는 **이행불능**으로 되고 그 결과 명의신탁자는 신탁부동산의 소유권을 이전받을 권리를 상실하는 손해를 입게 되는 반면, 명의수탁자는 신탁부동산의 처분대금이나 보상금을 취득하는 이익을 얻게 되므로, 명의수탁자는 명의신탁자에게 그 이익을 **부당이득으로 반환할 의무**가 있음.19)

(3) **계약명의신탁** 〈수탁자의 처분 : 횡령죄/배임죄 불성립〉
　〈매도인 선의시〉 수탁자 명의의 등기 **유효**20) → 신탁자는 수탁자에 대하여 명의신탁약정에 기한 이전등기청구 불가. 수탁자에 대한 부당이득반환의 문제만 남음.21)
　〈매도인 악의시〉 수탁자 명의의 등기 **무효** → 매도인과 수탁자 간의 매매계약 무효. 매도인은 수탁자에 대하여 계약 무효로 인한 원상회복 또는 소유권에 기한 말소등기청구 또는 진정명의회복을 원인으로 한 이전등기청구(수탁자는 매도인에 대하여 기지급 매매대금반환청구)
　⇨ 신탁자는 수탁자에 대한 부당이득반환청구권을 보전하기 위하여 매도인 상대로 수탁자의 매매대금반환청구권 대위행사(수탁자의 무자력 필요)
　⇨ 명의수탁자가 자신의 명의로 소유권이전등기를 마친 부동산을 제3자에게 처분한 경우 소유자인 매

사용하는 경우 피해자의 손실과 채권자의 이득 사이에 인과관계가 있음이 명백하고, 한편 채무자가 횡령한 금전으로 자신의 채권자에 대한 채무를 변제하는 경우 채권자가 그 변제를 수령함에 있어 악의 또는 중대한 과실이 있는 경우에는 채권자의 금전 취득은 피해자에 대한 관계에 있어서 법률상 원인을 결여한 것으로 봄이 상당하나, 채권자가 그 변제를 수령함에 있어 단순히 과실이 있는 경우에는 그 변제는 유효하고 채권자의 금전 취득이 피해자에 대한 관계에 있어서 법률상 원인을 결여한 것이라고 할 수 없다(대법원 2003.06.13. 선고 2003다8862 판결).

> 도인으로서는 특별한 사정이 없는 한 명의수탁자의 처분행위로 인하여 어떠한 손해도 입은 바가 없다.22)

17) 대법원판례는 양자 간 명의신탁에서 수탁자의 처분을 횡령죄로 판단하고 있으나, 최근 일부 하급심(서울중앙지법 2019고합511)에서 '중간생략 명의신탁'에 있어 횡령죄 성립을 부정한 대법원 판결의 법리를 '양자 간 명의신탁'의 경우에도 적용하여 무죄를 선고한 사례가 있다(법률신문 2020. 2. 20.자).
18) 양자 간 등기명의신탁에서 명의수탁자가 신탁부동산을 처분하여 제3취득자가 유효하게 소유권을 취득하고 이로써 명의신탁자가 신탁부동산에 대한 소유권을 상실하였다면, 명의신탁자의 소유권에 기한 물권적 청구권, 즉 말소등기청구권이나 진정명의회복을 원인으로 한 이전등기청구권도 더 이상 그 존재 자체가 인정되지 않는다. 그 후 명의수탁자가 우연히 신탁부동산의 소유권을 다시 취득하였다고 하더라도 명의신탁자가 신탁부동산의 소유권을 상실한 사실에는 변함이 없으므로, 여전히 물권적 청구권은 그 존재 자체가 인정되지 않는다(대법원 2013.02.28. 선고 2010다89814 판결). → 불법행위를 이유로 소유권 상실로 인한 손해배상 청구
19) 대법원 2011.09.08. 선고 2009다49193,49209 판결.
20) 부동산실명법 제4조 제1항, 제2항에 의하면, 명의신탁자와 명의수탁자가 이른바 계약명의신탁 약정을 맺고 명의수탁자가 당사자가 되어 명의신탁약정이 있다는 사실을 알지 못하는 소유자와의 사이에 부동산에 관한 매매계약을 체결한 후 매매계약에 따라 당해 부동산의 소유권이전등기를 수탁자 명의로 마친 경우에는 명의신탁자와 명의수탁자 사이의 명의신탁약정의 무효에도 불구하고 명의수탁자는 당해 부동산의 완전한 소유권을 취득하게 되고, 다만 명의수탁자는 명의신탁자에 대하여 부당이득반환의무를 부담하게 될 뿐이다. 그런데 계약명의신탁약정이 부동산실명법 시행 후에 이루어진 경우에는 명의신탁자는 애초부터 당해 부동산의 소유권을 취득할 수 없었으므로 위 명의신탁약정의 무효로 명의신탁자가 입은 손해는 당해 부동산 자체가 아니라 명의수탁자에게 제공한 매수자금이고, 따라서 명의수탁자는 당해 부동산 자체가 아니라 명의신탁자로부터 제공받은 매수자금만을 부당이득한다. 그 경우 계약명의신탁의 당사자들이 명의신탁약정이 유효한 것, 즉 명의신탁자가 이른바 내부적 소유권을 가지는 것을 전제로 하여 장차 명의신탁자 앞으로 목적 부동산에 관한 소유권등기를 이전하거나 부동산의 처분대가를 명의신탁자에게 지급하는 것 등을 내용으로 하는 약정을 하였다면 이는 명의신탁약정을 무효라고 정하는 부동산실명법 제4조 제1항에 좇아 무효이다. 그러나 명의수탁자가 앞서 본 바와 같이 명의수탁자의 완전한 소유권 취득을 전제로 하여 사후적으로 명의신탁자와의 사이에 위에서 본 매수자금반환의무의 이행에 갈음하여 명의신탁된 부동산 자체를 양도하기로 합의하고 그에 기하여 명의신탁자 앞으로 소유권이전등기를 마쳐준 경우에는 그 소유권이전등기는 새로운 소유권 이전의 원인인 대물급부의 약정에 기한 것이므로 약정이 무효인 명의신탁약정을 명의신탁자를 위하여 사후에 보완하는 방책에 불과한 등의 다른 특별한 사정이 없는 한 유효하고, 대물급부의 목적물이 원래의 명의신탁부동산이라는 것만으로 유효성을 부인할 것은 아니다.대법원 2014.08.20. 선고 2014다30483 판결
21) 명의신탁자와 명의수탁자가 계약명의신탁약정을 맺고 명의수탁자가 당사자가 되어 매도인과 부동산에 관한 매매계약을 체결하는 경우 그 계약과 등기의 효력은 매매계약을 체결할 당시 매도인의 인식을 기준으로 판단해야 하고, 매도인이 계약 체결 이후에 명의신탁약정 사실을 알게 되었다고 하더라도 위 계약과 등기의 효력에는 영향이 없다. 매도인이 계약 체결 이후 명의신탁약정 사실을 알게 되었다는 우연한 사정으로 인해서 위와 같이 유효하게 성립한 매매계약이 소급적으로 무효로 된다고 볼 근거가 없다. 만일 매도인이 계약 체결 이후 명의신탁약정 사실을 알게 되었다는 사정을 들어 매매계약의 효력을 다툴 수 있도록 한다면 매도인의 선택에 따라서 매매계약의 효력이 좌우되는 부당한 결과를 가져올 것이다.(대법원 2018.04.10. 선고 2017다257715 판결). 〈사례〉 원고가 자신의 딸 A와 명의신탁약정을 맺은 다음 계약 당사자가 되어 명의신탁약정 사실을 모르는 피고로부터 이 사건 부동산을 매수하였는데, 피고가 이후 명의신탁약정 사실을 알고 매매계약이 무효라고 주장한 사안에서, 원고와 피고 사이에 체결된 이 사건 매매계약은 부동산실명법 제4조 제2항 단서에 따라 유효하고, 피고가 이후 위와 같은 명의신탁약정 사실을 알았는지 여부는 이러한 결론에 영향이 없으므로, 피고는 원고에게 이 사건 매매계약에 따른 소유권이전등기절차를 이행할 의무가 있다고 판단한 원심을 수긍한 사례.
22) 대법원 2013.09.12. 선고 2010다95185 판결.

〈사례 1〉 A(명의신탁자)는 농지인 이 사건 부동산의 소유자였는데, 농지법상 처분명령을 회피하기 위해 B(명의수탁자)와 명의신탁약정을 체결하고 B에게 소유권이전등기를 마쳐 주었음. A가 사망함에 따라 원고가 이 사건 부동산에 관한 A의 권리를 상속하였고, 피고는 B가 사망함에 따라 상속을 원인으로 이 사건 부동산에 관한 소유권이전등기를 마쳤음. 원고는 피고를 상대로 이 사건 부동산에 관해 진정명의회복을 원인으로 한 소유권이전등기절차의 이행을 구함.
원심은, 부동산실명법에 위반하여 등기가 마쳐졌다는 것만으로 당연히 불법원인급여에 해당한다고 보기는 어렵다는 종래의 대법원 판례에 따라 원고 전부 승소의 판결을 하였음. 피고는 이에 불복하여 상고를 제기함

〈대법원 2019.06.20. 선고 2013다218156 전원합의체 판결〉
대법원 전원합의체 판결은 부동산실명법 규정의 문언, 내용, 체계와 입법목적 등을 이유로, '부동산실명법에 위반하여 명의수탁자 명의로 등기를 하였다는 이유만으로 당연히 불법원인급여에 해당한다고 단정할 수는 없다'고 한 종래 판례의 타당성을 다시 확인한 판결임.
(1) 다수의견(9명) : 부동산실명법을 위반하여 무효인 명의신탁약정에 따라 명의수탁자 명의로 등기를 하였다는 이유만으로 그것이 당연히 불법원인 급여에 해당한다고 단정할 수 없음 → 상고기각
  ▷ 부동산실명법은 부동산 소유권을 실권리자에게 귀속시키는 것을 전제로 명의신탁약정과 그에 따른 물권변동을 규율하고 있음.
  ▷ 명의신탁에 대하여 불법원인급여 규정을 적용한다면 재화 귀속에 관한 정의 관념에 반하는 불합리한 결과를 가져올 뿐만 아니라 그간 판례의 태도에도 합치되지 않음.
  ▷ 명의신탁을 금지하겠다는 목적만으로 부동산실명법에서 예정한 것 이상으로 명의신탁자의 신탁부동산에 대한 재산권의 본질적 부분을 침해할 수는 없음.
  ▷ 농지법에 따른 제한을 회피하고자 명의신탁을 한 사안이라고 해서 불법원인급여 규정의 적용 여부를 달리 판단할 이유는 없음.
(2) 반대의견(4명) : 부동산실명법을 위반하여 무효인 명의신탁약정에 따라 명의수탁자에게 마친 등기는 특별한 사정이 없는 한 민법 제746조의 불법원인급여에 해당한다고 보아야 함 → 파기환송 의견
  ▷ 부동산 명의신탁을 근절하기 위한 사법적 결단이 필요함.
  ▷ 부동산실명법을 위반한 명의신탁은 불법원인급여에 해당함.
  ▷ 이렇게 하는 것이 사법부가 사회질서를 바로잡는 책임을 다하는 길임.

〈사례 2〉 A가 이 사건 X 토지를 B로부터 매수하면서 2002. 3. 27. 乙과 명의신탁약정을 체결하고 2002. 3. 28. X 토지에 관하여 乙 명의로 소유권이전등기를 마쳤다. 위 명의신탁 약정 당시 乙은 A가 요구하는 경우 A가 지정한 甲에게 X 토지에 관한 소유권이전등기를 마쳐 주기로 아울러 약정하였고, A는 명의수탁자인 乙이 X 토지를 임의로 처분하는 것에 대비하고 위 약정에 따른 소유권이전등기청구권을 확보하기 위하여 乙과 합의하여 甲과 乙 사이의 매매예약의 형식을 취하여 2002. 3. 28. 乙 명의의 소유권이전등기에 연이어 甲 명의로 이 사건 각 가등기를 마쳤다.

甲은 A가 X 토지의 명의신탁자이고 乙은 명의수탁자에 불과하며, A는 乙의 위 토지에 대한 처분 제한 등을 목적으로 위 토지에 관하여 乙과 합의 하에 甲 명의로 이 사건 가등기를 마쳤으므로 乙은 甲에게 이 사건 가등기에 기한 본등기 절차를 이행할 의무가 있다고 주장하였다.

원심은 위 사실관계 하에서 乙은 가등기권리자인 甲에게 이 사건 X 토지에 관하여 이 사건 가등기에 기한 본등기절차를 이행하여 줄 의무가 있다고 판단하였다.

〈대법원 2015.02.26. 선고 2014다63315 판결〉
부동산실명법 시행 이후 부동산을 매수함에 있어 매수대금의 실질적 부담자와 명의인 간에 명의신탁관계가 성립한 경우, 그들 사이에 매수대금의 실질적 부담자의 요구에 따라 부동산의 소유 명의를 이전하기로 하는 등의 약정을 하였다고 하더라도, 이는 부동산실명법에 의하여 무효인 명의신탁약정을 전제로 명의신탁 부동산 자체 또는 그 처분대금의 반환을 구하는 범주에 속하는 것이어서 역시 무효라고 보아야 한다. 나아가 명의신탁자와 명의수탁자가 위와 같이 무효인 명의신탁약정을 함과 아울러 그 약정을 전제로 하여 이에 기한 명의신탁자의 명의수탁자에 대한 소유권이전등기청구권을 확보하기 위하여 명의신탁 부동산에 명의신탁자 명의의 가등기를 마치고 향후 명의신탁자가 요구하는 경우 본등기를 마쳐 주기로 약정하였더라도, 이러한 약정 또한 부동산실명법에 의하여 무효인 명의신탁약정을 전제로 한 것이어서 무효이고, 위 약정에 의하여 마쳐진 가등기는 원인무효라 할 것이다.

한편 설령 명의신탁자가 명의신탁약정과는 별개의 적법한 원인에 기하여 명의수탁자에 대하여 소유권이전등기청구권을 가지게 되었다 하더라도, 이를 보전하기 위하여 자신의 명의가 아닌 제3자 명의로 가등기를 마친 경우 위 가등기는 명의신탁자와 그 제3자 사이의 명의신탁약정에 기하여 마쳐진 것으로서 그 약정의 무효로 말미암아 효력이 없다.

[참고] 부당이득반환의무의 성립여부가 문제되는 사례들)[23]

유 형	부당이득 여부/범위	주요 쟁점
임대차관계 종료 이후의 임차목적물 점유	임차목적물에 관한 차임상당의 부당이득	· 임차인 동시이행항변권과는 무관 · 건물임대인 건물소유자가 건물부지에 관한 소유권을 상실한 경우 건물소유자의 부당이득반환의무 · 임차인이 임대차계약의 목적에 따른 사용수익을 하지 않아 실질적인 이득을 얻지 않은 경우 부당이득반환의무 없음
장차 법정지상권을 취득할 건물양수인에 의한 건물 점유	토지에 관한 차임상당의 부당이득	· 장차 법정지상권을 취득할 지위에 있어 건물철거나 대지인도를 거부할 수 있음 · 법정지상권자로 지료지급의무가 있으므로 토지의 점유사용에 따른 이득의 반환의무.
유치권에 기한 건물의 점유	건물에 관한 차임상당의 부당이득	점유사용이 불법행위가 되는지 여부와 그에 따른 부당이득 성립 여부는 별개임
타인 소유의 토지 위에 건물 소유, 공작물 설치	토지에 관한 차임상당의 부당이득	· 특별한 사정이 없는 한 그 자체로서 부당이득반환의무 성립 · 불법점유가 없었더라도 토지의 소유자 등에게 임료 상당 이익이나 기타 소득이 발생할 여지가 없는 특별한 사정이 있는 때에는 부당이득반환의무 없음
계약에 따른 급부가 제3자의 이익으로 된 경우	제3자에 대한 관계에서 부당이득 불성립	· 급부의 원인관계가 적법하게 실효되지 않는 이상 부당이득에 해당하지 않음
잘못된 배당절차	잘못 배당된 금액의 한도 내에서 제대로 배당된 경우에 배당받을 금액	· 확정된 배당표에 의하여 배당을 실시하는 것은 실체법상의 권리를 확정하는 것이 아님 · 배당에 관한 이의 여부 또는 형식상 배당절차의 확정여부에 관계없이 배당을 받지 못한 우선채권자는 부당이득반환청구권이 있음
소유권이전등기청구권보전의 가등기가 마쳐진 부동산에 관한 매각허가결정	배당채권자에 대한 관계에서 부당이득 불성립	· 그 가등기에 기한 본등기가 마쳐짐에 따라 경매절차의 매수인이 소유권을 취득하지 못하더라도 매각허가결정이 무효로 되는 것은 아님 · 배당이 무효로 되는 것은 아니므로 부당이득 불성립
부동산에 관한 점유취득시효를 완성한 점유자의 부동산 점유	부동산의 소유자에 대한 관계에서 부당이득 불성립	· 점유취득시효의 완성 이후에 소유권이전등기를 마치기 전이라도 점유자가 소유자에 대하여 소유권이전등기절차의 이행을 청구할 수 있는 이상 부당이득반환의무 불성립
공유자 중 일부가 공유토지를 배타적으로 사용·수익하는 경우	다른 공유자의 지분에 상응하는 사용이익 부당이득	· 공유자들은 공유지분의 비율에 따라 공유토지를 사용·수익할 수 있다는 전제에 있음.

---

[23] 안철상 외 2, p.222~224 참조.

제20장 일반 불법행위 소송

1 청구취지

☞ 피고는 원고에게 1억 원 및 이에 대한 2020. 2. 1.부터 이 사건 소장부본 송달일까지는 연 5%의, 그 다음날부터 다 갚는 날까지는 연 12%의 각 비율로 계산한 돈을 지급하라.
〈공동불법행위의 경우〉 부진정연대 : "공동하여"

2 요건사실

❶ 가해자의 고의 또는 과실[1]
❷ 위법행위
❸ 손해의 발생
❹ 위법행위와 손해 사이의 인과관계
❺ 손해액[2]

---

1) 불법행위가 실화인 경우 : 실화가 중대한 과실로 인한 것이 아닌 경우 연소로 인한 부분에 대한 손해배상청구에 한하여 그로 인한 손해배상의무자는 법원에 손해배상액의 감경을 청구할 수 있음.
2) 불법행위로 인하여 손해가 발생한 사실이 인정되는 경우에는 법원은 손해액에 관한 당사자의 주장과 입증이 미흡하더라도 적극적으로 석명권을 행사하여 입증을 촉구하여야 하고, 경우에 따라서는 직권으로라도 손해액을 심리·판단하여야 한다(대법원 2011.07.14. 선고 2010다103451 판결). 그러나 법원의 증명 촉구에도 불구하고 원고가 이에 응하지 아니하면서 손해액에 관하여 나름의 주장을 펴고 그에 관하여만 증명을 다하고 있는 경우라면, 법원이 굳이 스스로 적정하다고 생각하는 손해액 산정 기준이나 방법을 적극적으로 원고에게 제시할 필요까지는 없다(대법원 2010.03.25. 선고 2009다88617 판결).

[참고]

(1) 일반적으로 불법행위로 인한 손해배상청구사건에서 가해자의 가해행위, 피해자의 손해발생, 가해행위와 피해자의 손해발생 사이의 인과관계에 관한 증명책임은 청구자인 피해자가 부담한다.3)
(2) 불법행위로 인한 손해배상채무는 특별한 사정이 없는 한 채무 성립과 동시에 지연손해금이 발생한다.4) 불법행위에 기한 손해배상채권에서 민법 제766조 제2항의 소멸시효의 기산점이 되는 '불법행위를 한 날'이란 가해행위가 있었던 날이 아니라 현실적으로 손해의 결과가 발생한 날을 의미하나, 그 손해의 결과발생이 현실적인 것으로 되었다면 그 소멸시효는 피해자가 손해의 결과발생을 알았거나 예상할 수 있는지 여부에 관계없이 가해행위로 인한 손해가 현실적인 것으로 되었다고 볼 수 있는 때부터 진행한다(대법원 2018.12.27. 선고 2016다43872 판결).
(3) 법인의 적법한 대표권을 가진 자가 하는 법률행위는 성립상 효과뿐만 아니라 위반의 효과인 채무불이행책임까지 법인에 귀속될 뿐이고, 다른 법령에서 정하는 등의 특별한 사정이 없는 한 법인이 당사자인 법률행위에 관하여 대표기관 개인이 손해배상책임을 지려면 민법 제750조에 따른 불법행위책임 등이 별도로 성립하여야 한다.5)
(4) 인신사고로 인한 손해배상청구의 소송물 : 손해3분설, 후유증으로 인한 손해는 별개의 소송물
(5) 위자료의 보완적 기능과 그 한계6)
(6) 손해배상청구와 일부청구 : 명시적 일부청구설

3 주요 항변

(1) **책임무능력 항변** : 행위의 책임을 변식할 지능이 없는 미성년자, 심신상실 상태
(2) **위법성조각 항변** : 정당방위, 긴급피난, 자력구제, 피해자의 승낙 등
(3) **소멸시효 항변**7)8)

---

3) 대법원 2019.11.28. 선고 2016다233538,233545 판결.
4) 대법원 2020.01.30. 선고 2018다204787 판결.
5) 대법원 2019.05.30. 선고 2017다53265 판결.
6) 불법행위로 입은 비재산적 손해에 대한 위자료 액수에 관하여는 사실심법원이 여러 사정을 참작하여 그 직권에 속하는 재량에 의하여 이를 확정할 수 있고, 법원이 그 위자료 액수 결정의 근거가 되는 제반 사정을 판결 이유 중에 빠짐없이 명시해야만 하는 것은 아니다. 그러나 이것이 위자료 액수를 법관이 마음대로 산정해도 된다는 것을 의미하지는 않는다. 위자료 액수의 산정에도 그 시대와 일반적인 법감정에 부합되어야 한다는 한계가 당연히 존재하고, 그 한계를 넘어 손해의 공평한 분담이라는 이념과 형평의 원칙에 현저히 반하는 액수의 위자료를 산정하는 것은 사실심법원이 갖는 재량의 한계를 일탈한 것이라고 보아야 한다(대법원 2017.05.31. 선고 2017다202166 판결).
7) 불법행위로 인한 손해배상의 청구권은 피해자나 그 법정대리인이 손해 및 가해자를 안 날로부터 소멸시효가 시작된다. 가해행위와 이로 인한 현실적인 손해의 발생 사이에 시간적 간격이 있는 불법행위의 경우 소멸시효의 기산점이 되는 불법행위를 안 날은 단지 관념적이고 부동적인 상태에서 잠재하고 있던 손해에 대한 인식이 있었다는 정도만으로는 부족하고 그러한 손해가 그 후 현실화된 것을 안 날을 의미한다(대법원 2019.07.25. 선고 2016다1687 판결).
8) 불법행위로 인한 손해배상청구권의 단기소멸시효의 기산점이 되는 민법 제766조 제1항의 '손해 및 가해자를 안 날'이라고 함은 손해의 발생, 위법한 가해행위의 존재, 가해행위와 손해의 발생 사이에 상당인과관계가 있다는 사실 등 불법행위의 요건사실에 대하여 현실적·구체적으로 인식하였을 때를 의미한다. 피해자가 언제 불법행위의 요건사실을 현실적·구체적으로 인식하였는지는 개별 사건에서 여러 객관적 사정을 참작하고 손해배상청구가

⇨ 소멸시효 중단의 재항변
(4) 과실상계[9]
(5) 손익공제[10]

4 책임능력 없는 미성년자의 불법행위와 감독의무자의 책임

가. 요건사실

> ❶ 피감독자의 위법한 가해행위의 존재
> ❷ 손해발생
> ❸ 가해행위와 손해 사이의 인과관계
> ❹ 피감독자가 미성년자로서 책임을 변식할 지능이 없거나 심신상실자에 해당한다는 사실 : 가해자에게 책임능력이 없다는 사실은 감독자를 상대로 그 책임을 추궁하는 피해자가 증명하여야 함.
> ❺ 손해액

나. 주요 항변

(1) 감독의무자가 감독의무를 게을리 하지 않은 사실
(2) 대리감독자의 경우 사고가 그 생활범주에서 통상 발생할 수 있다고 예측될 수 없고 예측가능성이 없다는 사실[11]

사실상 가능한 상황을 고려하여 합리적으로 인정하여야 한다(대법원 2019.12.13. 선고 2019다259371 판결).
9) 불법행위에서 과실상계는 공평이나 신의칙의 견지에서 피해자의 과실을 고려하여 손해배상액을 정하는 것으로, 이때 고려할 사항에는 가해자와 피해자의 고의·과실의 정도, 위법행위의 발생과 손해의 확대에 관하여 어느 정도의 원인이 되어 있는지 등을 포함한다. 과실상계 사유에 관한 사실인정이나 비율을 정하는 것은 형평의 원칙에 비추어 현저히 불합리하다고 인정되지 않는 한 사실심의 전권사항에 속한다(대법원 2018.07.26. 선고 2018다227551 판결).
10) 손해배상액의 산정에 있어 손익공제를 허용하기 위하여는, 손해배상책임의 원인인 행위로 인하여 피해자가 새로운 이득을 얻었고 그 이득과 행위 사이에 상당인과관계가 있어야 한다(대법원 2007.08.23. 선고 2007다26455,26462 판결). 불법행위에서 과실상계는 공평이나 신의칙의 견지에서 피해자의 과실을 고려하여 손해배상액을 정하는 것으로, 이때 고려할 사항에는 가해자와 피해자의 고의·과실의 정도, 위법행위의 발생과 손해의 확대에 관하여 어느 정도의 원인이 되어 있는지 등을 포함한다. 과실상계 사유에 관한 사실인정이나 그 비율을 정하는 것은 형평의 원칙에 비추어 현저히 불합리하다고 인정되지 않는 한 사실심의 전권사항에 속한다(대법원 2019.04.03. 선고 2018다291958 판결).
11) 민법 제755조에 의하여 책임능력 없는 미성년자를 감독할 친권자 등 법정감독의무자의 보호·감독책임은 미성년자의 생활 전반에 미치는 것이고, 법정감독의무자에 대신하여 보호·감독의무를 부담하는 교사 등의 보호·감독책임은 학교 내에서의 학생의 모든 생활관계에 미치는 것이 아니라 학교에서의 교육활동 및 이와 밀접 불가분의 관계에 있는 생활관계에 한하며, 이와 같은 대리감독자가 있다는 사실만 가지고 곧 친권자의 법정감독책임이 면탈된다고는 볼 수 없다(대법원 2007.04.26. 선고 2005다24318 판결).

5 책임능력 있는 미성년자의 감독의무자의 불법행위책임

가. 요건사실

> ❶ 피감독자의 위법한 가해행위의 존재
> ❷ 손해의 발생
> ❸ 가해행위와 손해 사이의 인관관계
> ❹ 손해액
> ❺ 감독의무자의 감독의무위반 사실
> ❻ 감독의무위반과 손해발생 사이의 상당인과관계

나. 항변

(1) 감독의무자가 감독의무를 게을리 하지 않은 사실
(2) 대리감독자의 경우 사고가 그 생활범주에서 통상 발생할 수 있다고 예측될 수 없고 예측가능성도 없는 사실[12]

다. 증명책임

미성년자가 책임능력이 있어 그 스스로 불법행위책임을 지는 경우에도 그 손해가 당해 미성년자의 감독의무자의 의무위반과 상당인과관계가 있으면 감독의무자는 일반불법행위자로서 손해배상책임이 있고 이 경우에 그러한 감독의무위반사실 및 손해발생과의 상당인과관계의 존재는 이를 주장하는 자가 증명하여야 한다.[13]

6 공동불법행위

가. 유형

(1) 협의의 공동불법행위 : 객관적 행위공동설[14]

---

[12] 민법 제755조에 의하여 책임능력 없는 미성년자를 감독할 친권자 등 법정감독의무자의 보호·감독책임은 미성년자의 생활 전반에 미치는 것이고, 법정감독의무자에 대신하여 보호·감독의무를 부담하는 교사 등의 보호·감독책임은 학교 내에서의 학생의 모든 생활관계에 미치는 것이 아니라 학교에서의 교육활동 및 이와 밀접 불가분의 관계에 있는 생활관계에 한하며, 이와 같은 대리감독자가 있다는 사실만 가지고 곧 친권자의 법정감독책임이 면탈된다고는 볼 수 없다(대법원 2007.04.26. 선고 2005다24318 판결).
[13] 대법원 1994.02.08. 선고 93다13605 전원합의체 판결.
[14] 대법원 2016.04.12. 선고 2013다31137 판결 : 민법상 공동불법행위는 객관적으로 관련공동성이 있는 수인의 행위로 타인에게 손해를 가하면 성립하고, 행위자 상호 간에 공모는 물론 의사의 공통이나 공동의 인식을 필요로 하는 것이 아니다. 또한 공동의 행위는 불법행위 자체를 공동으로 하거나 교사·방조하는 경우는 물론 횡령행위로 인한 장물을 취득하는 등 피해의 발생에 공동으로 관련되어 있어도 인정될 수 있다. 그리고 이러한 법리는 범죄수익은닉의 규제 및 처벌 등에 관한 법률에서 정하는 특정범죄로 취득한 재산인 것을 인식하면서 은닉·보존 등에 협력하는 등으로 특정범죄로 인한 피해회복을 곤란 또는 불가능하게 함으로써 손해가 지속되도록 한 경우에도 마찬가지로 적용된다.

(2) 가해자 불명의 공동불법행위
(3) 교사나 방조에 의한 불법행위15)

나. 책임 및 구상관계

(1) **부진정연대책임** : 공동불법행위자 상호간에는 불법행위에 기여한 정도를 불문하고 피해자에게는 전액 배상책임16)
(2) 변제는 절대적 효력이 있으나 한 채무자에 대한 채무면제는 절대적 효력이 없음.
(3) 공동불법행위자 상호간에는 과실의 정도에 따라 일정한 부담부분이 있음.
(4) 공동불법행위자 중 1인이 자기의 부담부분 이상을 변제하여 공동면책을 얻게 되었다면 다른 공동불법행위자에게 그 부담부분의 비율에 따라 구상권 행사
(5) 부진정연대채무자 1인이 한 상계는 다른 부진정연대채무자에 대한 관계에서도 공동면책의 효력 내지 절대적 효력. 다만 부진정연대채무자 1인이 채권자에 대하여 상계할 채권을 가지고 있음에도 상계를 하지 않는 경우 다른 부진정연대채무자가 그 채권을 가지고 상계를 하는 것은 불가.
(6) 민법 제750조, 제755조, 제756조에 의한 불법행위책임은 별개이므로 청구원인에서 이를 명백히 밝혀야 함.
(7) 금액이 다른 채무가 서로 부진정연대 관계에 있을 때 다액채무자가 일부 변제를 하는 경우 변제로 인하여 먼저 소멸하는 부분은 당사자의 의사와 채무 전액의 지급을 확실히 확보하려는 부진정연대채무 제도의 취지에 비추어 볼 때 다액채무자가 단독으로 채무를 부담하는 부분으로 보아야 한다. 이러한 법리는 사용자의 손해배상액이 피해자의 과실을 참작하여 과실상계를 한 결과 타인에게 직접 손해를 가한 피용자 자신의 손해배상액과 달라졌는데 다액채무자인 피용자가 손해배상액의 일부를 변제한 경우에 적용되고, 공동불법행위자들의 피해자에 대한 과실비율이 달라 손해배상액이 달라졌는데 다액채무자인 공동불법행위자가 손해배상액의 일부를 변제한 경우에도 적용된다.17)

---

15) 민법 제760조 제1항의 공동불법행위는 여러 사람이 공동의 불법행위로 타인에게 손해를 입힌 경우에 성립한다. 또한 민법 제760조 제3항의 방조라 함은 불법행위를 용이하게 하는 직접·간접의 모든 행위를 가리키는 것으로서 작위에 의한 경우뿐만 아니라 작위의무 있는 자가 그것을 방지하여야 할 여러 조치를 취하지 않는 부작위로 인하여 불법행위자의 실행행위를 가능하게 하거나 용이하게 하는 경우도 포함하고, 형법과 달리 손해의 전보를 목적으로 하여 과실을 원칙적으로 고의와 동일시하는 민법의 해석으로는 과실에 의한 방조도 가능하다. 이 경우 과실의 내용은 불법행위에 도움을 주지 않아야 할 주의의무가 있음을 전제로 하여 이 의무를 위반하는 것을 말한다(대법원 2017.09.26. 선고 2014다27425 판결).
16) 공동불법행위책임은 가해자 각 개인의 행위에 대하여 개별적으로 그로 인한 손해를 구하는 것이 아니라 그 가해자들이 공동으로 가한 불법행위에 대하여 그 책임을 추궁하는 것이므로, 공동불법행위로 인한 손해배상책임의 범위는 피해자에 대한 관계에서 가해자들 전원의 행위를 전체적으로 함께 평가하여 정하여야 하고, 그 손해배상액에 대하여는 가해자 각자가 그 금액의 전부에 대한 책임을 부담하는 것이며, 가해자 1인이 다른 가해자에 비하여 불법행위에 가공한 정도가 경미하다고 하더라도 피해자에 대한 관계에서 그 가해자의 책임 범위를 위와 같이 정하여진 손해배상액의 일부로 제한하여 인정할 수는 없다(대법원 2005.11.10. 선고 2003다66066 판결).
17) 대법원 2018.03.22. 선고 2012다74236 전원합의체 판결. 또한 중개보조원을 고용한 개업공인중개사의 공인중개사법 제30조 제1항에 따른 손해배상액이 과실상계를 한 결과 거래당사자에게 직접 손해를 가한 중개보조원 자신

[참고] 채무불이행책임과 불법행위책임의 비교[18]

항목	불법행위	채무불이행
요건 면		
귀책사유 필요 여부	귀책사유 요구(750)	귀책사유 요구(390)
책임능력	요구됨(753, 754)	요구되지 않으나, 의사능력과 행위능력의 문제가 있음
태아에 관한 특칙	있음(762)	없음
정당방위, 긴급피난	위법성 조각사유(761)	없음(유추적용 가능)
귀책사유 증명책임	피해자(750)	채무자(390)
제3자의 행위로 인한 책임	사용자책임(756)-면책가능	이행보조자책임-면책불가능
효과 면		
손해배상의 방법	금전배상의 원칙(394, 763), 명예훼손에 관한 특칙(764)	금전배상의 원칙(394)
정신적 손해	배상가능(751), 배우자 등 일정한 근친에게는 고유의 위자료청구권 인정(752)	규정 없음 불법행위 관련 규정 유추적용
배상범위	통상손해배상, 특별손해는 예견가능한 경우에만 배상(393, 763)	통상손해배상, 특별손해는 예견가능한 경우에만 배상(393)
과실상계	가능(396, 763)	가능(396)
손해배상액의 예정	규정 없음. 그러나 계약자유의 원칙상 가능하고 제398조 유추적용도 가능	가능(398)
공동행위자의 책임	공동불법행위자의 연대책임(760)	분할책임의 원칙(408)
소멸시효	3년 또는 10년(766)	일반적으로 10년(162)
상계의 가부	고의의 불법행위로 인한 손해배상채권을 자동채권으로 하는 상계불가(496)	없음
지연손해금의 기산일	불법행위 당일(판례)	기한의 유형에 따라 다름(387)

의 손해배상액과 달라졌는데 다액채무자인 중개보조원이 손해배상액의 일부를 변제한 경우에도 마찬가지이다.
18) 양창수/권영준, 「민법Ⅱ 권리의 변동과 구제」(제2판), 박영사(2015), p.576~578 참조.

제21장 특수 불법행위 소송

1 사용자책임

가. 청구취지

☞ 피고들은 공동하여 원고에게 1억 원 및 이에 대한 2020. 4. 1.부터 이 사건 소장부본 송달일까지는 연 5%의, 그 다음날부터 다 갚는 날까지는 연 12%의 각 비율에 의한 돈을 지급하라.

나. 요건사실

❶ 피용자의 고의, 과실로 원고가 손해를 입은 사실
❷ 피고가 사용자인 사실 : (실질적인) 사용관계(외형이론) → 피용자가 그 사무집행에 관하여 제3자에게 손해를 가한 사실[1]
❸ 손해액

[참고]
(1) 사용자와 피용자 사이의 책임관계는 부진정연대채무관계
(2) 피용자와 제3자의 공동불법행위의 경우 피용자와 제3자는 부진정연대채무관계 → 사용자는 피용자의 부담부분에 대하여 사용자책임을 부담하고 사용자가 이를 초과하여 손해를 배상한 때에는 제3자에 대하여 구상권 행사.
(3) 사용자가 피용자의 과실에 의한 불법행위로 인한 사용자책임을 부담하는 경우와 마찬가지로 피용자의 고의에 의한 불법행위로 인하여 사용자책임을 부담하는 경우에도 피해자에게 그 손해의 발생과 확대에 기여한 과실이 있다면 사용자책임의 범위를 정함에 있어서 이러한 피해자의 과실을 고려하여 그 책임을 제한할 수 있음.[2]

---

1) 민법 제756조에 규정된 사용자책임의 요건인 '사무집행에 관하여'라는 뜻은 피용자의 불법행위가 외형상 객관적으로 사용자의 사업활동, 사무집행행위 또는 그와 관련된 것이라고 보일 때에는 행위자의 주관적 사정을 고려하지 않고 이를 사무집행에 관하여 한 행위로 본다는 것이다. 외형상 객관적으로 사용자의 사무집행에 관련된 것인지는 피용자의 본래 직무와 불법행위의 관련 정도와 사용자에게 손해발생에 대한 위험창출과 방지조치 결여의 책임이 어느 정도 있는지를 고려하여 판단하여야 한다. 또한 민법 제756조의 사용자와 피용자의 관계는 반드시 유효한 고용관계가 있는 경우에 한하는 것이 아니고, 사실상 어떤 사람이 다른 사람을 위하여 그 지휘·감독 아래 그 의사에 따라 사업을 집행하는 관계에 있을 때에도 그 두 사람 사이에 사용자와 피용자의 관계가 있다(대법원 2017. 09.26. 선고 2014다27425 판결).

다. 주요 항변

(1) 사용자가 피용자의 선임 및 그 사무감독에 상당한 주의를 한 사실
(2) 사용자가 상당한 주의를 하여도 손해가 발생하였을 것이라는 사실
(3) 피해자가 피용자의 행위가 사무집행에 해당하지 않음을 잘 알았거나 중과실로 알지 못한 사실[3]
(4) 과실상계
(5) 손익공제
(6) 소멸시효 항변

2 공작물책임

가. 요건사실

> ❶ 피고가 설치한 공작물로 인하여 손해가 발생한 사실
> ❷ 공작물에 설치 또는 보존의 하자[4]가 존재하는 사실[5]
> ❸ 손해액

---

[2] 대법원 2002.12.26. 선고 2000다56952 판결. 따라서 불법행위로 인한 손해의 발생에 관한 피해자의 과실을 참작하여 과실상계를 한 결과 피용자와 사용자가 피해자에게 배상하여야 할 손해액의 범위가 각기 달라질 수 있다.

[3] 피용자의 불법행위가 외관상 사무집행의 범위 내에 속하는 것으로 보이는 경우에도 피용자의 행위가 사용자나 사용자에 갈음하여 그 사무를 감독하는 자의 사무집행행위에 해당하지 않음을 피해자 자신이 알았거나 또는 중대한 과실로 알지 못한 때에는 사용자 또는 사용자에 갈음하여 사무를 감독하는 자에게 사용자책임을 물을 수 없는데, 이 경우 **중대한 과실**은 거래의 상대방이 조금만 주의를 기울였더라면 피용자의 행위가 그 직무권한 내에서 적법하게 행하여진 것이 아니라는 사정을 알 수 있었음에도, 만연히 이를 직무권한 내의 행위라고 믿음으로써 일반인에게 요구되는 주의의무에 현저히 위반하는 것으로 거의 고의에 가까운 정도의 주의를 결여하고, 공평의 관점에서 상대방을 구태여 보호할 필요가 없다고 인정되는 상태를 말한다(대법원 2011.11.24. 선고 2011다41529 판결 등 참조).

[4] 민법 제758조 제1항은 "공작물의 설치 또는 보존의 하자로 인하여 타인에게 손해를 가한 때에는 공작물점유자가 손해를 배상할 책임이 있다. 그러나 점유자가 손해의 방지에 필요한 주의를 해태하지 아니한 때에는 그 소유자가 손해를 배상할 책임이 있다."라고 규정하고 있다. 위 규정의 입법 취지는 공작물을 관리·소유하는 사람은 위험의 방지에 필요한 주의를 다하여야 하고, 만일에 위험이 현실화하여 손해가 발생한 경우에는 그들에게 배상책임을 부담시키는 것이 공평하다는 데 있다. 따라서 '공작물의 설치·보존상의 하자'란 공작물이 그 용도에 따라 통상 갖추어야 할 안전성을 갖추지 못한 상태에 있음을 말하고, 위와 같은 안전성의 구비 여부를 판단할 때에도 당해 공작물을 설치·보존하는 사람이 그 공작물의 위험성에 비례하여 사회통념상 일반적으로 요구되는 정도의 방호조치의무를 다하였는지 여부를 기준으로 판단하여야 한다. 위와 같은 공작물책임 규정의 내용과 입법 취지, '공작물의 설치·보존상의 하자'의 판단 기준 등에 비추어 보면, 공작물의 하자로 인해 어떠한 손해가 발생하였다고 하더라도, 손해가 공작물의 하자와 관련한 위험이 현실화되어 발생한 것이 아니라면 이는 '공작물의 설치 또는 보존상의 하자로 인하여 발생한 손해'라고 볼 수 없다(대법원 2018.07.12. 선고 2015다68348 판결).

[5] 대법원 2015.02.12. 선고 2013다61602 판결 : 민법 제758조 제1항에서 말하는 공작물의 설치 또는 보존상의 하자란 공작물이 그 용도에 따라 통상 갖추어야 할 안전성을 갖추지 못한 상태에 있음을 말한다. 이와 같은 안전성을 갖추었는지는 당해 공작물의 설치 또는 보존자가 그 공작물의 위험성에 비례하여 사회통념상 일반적으로 요구되는 정도의 방호조치의무를 다하였는지 여부를 기준으로 판단하여야 한다. 또한 공작물의 설치 또는 보존상의 하자로 인한 사고는 공작물의 설치 또는 보존상의 하자만이 손해발생의 원인이 되는 경우만을 말하는 것이 아니

[참고]
(1) 공작물의 설치 또는 보존의 하자는 해당 공작물이 그 용도에 따라 갖추어야 할 안전성을 갖추지 못한 상태에 있다는 것을 의미한다. 여기에서 안전성을 갖추지 못한 상태, 즉 타인에게 위해를 끼칠 위험성이 있는 상태라 함은 해당 공작물을 구성하는 물적 시설 자체에 물리적·외형적 결함이 있거나 필요한 물적 시설이 갖추어져 있지 않아 이용자에게 위해를 끼칠 위험성이 있는 경우뿐만 아니라, 그 공작물을 본래의 목적 등으로 이용하는 과정에서 일정한 한도를 초과하여 제3자에게 사회통념상 일반적으로 참아내야 할 정도(이하 '참을 한도'라고 한다)를 넘는 피해를 입히는 경우까지 포함된다. 이 경우 참을 한도를 넘는 피해가 발생하였는지 여부는 구체적으로 피해의 성질과 정도, 피해이익의 공공성, 가해행위의 종류와 태양, 가해행위의 공공성, 가해자의 방지조치 또는 손해 회피의 가능성, 공법상 규제기준의 위반 여부, 토지가 있는 지역의 특성과 용도, 토지이용의 선후 관계 등 모든 사정을 종합적으로 고려하여 판단하여야 한다.6)
(2) 민법 제758조 제1항에서 말하는 공작물의 설치·보존상 하자라 함은 공작물이 그 용도에 따라 통상 갖추어야 할 안전성을 갖추지 못한 상태에 있음을 말하는 것으로서, 이와 같은 안전성의 구비 여부를 판단함에 있어서는 당해 공작물의 설치·보존자가 그 공작물의 위험성에 비례하여 사회통념상 일반적으로 요구되는 정도의 방호조치의무를 다하였는지 여부를 기준으로 판단하여야 한다. 공작물의 설치·보존상 하자의 존재에 관한 증명책임은 피해자에게 있다.7)
(3) 건물을 타인에게 임대한 소유자가 건물을 적합하게 유지·관리할 의무를 위반하여 임대목적물에 필요한 안전성을 갖추지 못한 설치·보존상의 하자가 생기고 그 하자로 인하여 임차인에게 손해를 입힌 경우, 건물의 소유자 겸 임대인은 임차인에게 공작물책임과 수선의무 위반에 따른 채무불이행 책임을 진다.8)
(4) 공작물의 점유자 또는 소유자가 공작물의 설치·보존상의 하자로 인하여 생긴 화재에 대하여 손해배상책임을 지는지는 다른 법률에 달리 정함이 없는 한 일반 민법의 규정에 의하여 판단하여야 한다. 따라서 공작물의 설치·보존상의 하자에 의하여 직접 발생한 화재로 인한 손해배상책임뿐만 아니라 그 화재로부터 연소한 부분에 대한 손해배상책임에 관하여도 공작물의 설치·보존상의 하자와 손해 사이에 상당인과관계가 있는 경우에는 민법 제758조 제1항이 적용되고, 실화가 중대한 과실로 인한 것이 아닌 한 그 화재로부터 연소한 부분에 대한 손해의 배상의무자는 개정 실화책임법 제3조에 의하여 손해배상액의 경감을 받을 수 있다.9)

고, 공작물의 설치 또는 보존상의 하자가 사고의 공동원인의 하나가 되는 이상 사고로 인한 손해는 공작물의 설치 또는 보존상의 하자에 의하여 발생한 것이라고 보아야 한다. 그리고 화재가 공작물의 설치 또는 보존상의 하자가 아닌 다른 원인으로 발생하였거나 화재의 발생원인이 밝혀지지 않은 경우에도 공작물의 설치 또는 보존상의 하자로 인하여 화재가 확산되어 손해가 발생하였다면 공작물의 설치 또는 보존상의 하자는 화재사고의 공동원인의 하나가 되었다고 볼 수 있다.
6) 대법원 2019.11.28. 선고 2016다233538,233545 판결.
7) 대법원 2019.07.10. 선고 2019다222522 판결. 〈사례〉 甲이 아파트 지하주차장에 주차한 차량에서 원인불명의 화재가 발생하여 불길이 뒤에 주차된 乙의 차량까지 옮겨붙어 乙의 차량이 전소된 사안에서, 甲이 사회통념상 일반적으로 요구되는 정도의 방호조치의무를 다하지 않았다는 점이 증명되었다고 볼 수 없는데도, 甲이 공작물의 소유자로서 손해배상책임을 부담한다고 본 원심판결에 법리오해의 잘못이 있다고 한 사례
8) 대법원 2017.08.29. 선고 2017다227103 판결.
9) 대법원 2013.03.28. 선고 2010다71318 판결.

나. 주요 항변

(1) 점유자 면책항변 : 점유자가 손해의 방지에 필요한 주의를 게을리 하지 않은 사실[10]

(2) 과실상계

(3) 손익공제

(4) 소멸시효항변

3 교통사고로 인한 손해배상

가. 청구취지

☞ 피고는 원고에게 1억 원 및 이에 대한 2020. 3. 1.부터 이 사건 소장부본 송달일까지는 연 5%, 그 다음날부터 다 갚는 날까지는 연 12%의 각 비율로 계산한 돈을 지급하라.

나. 요건사실

❶ 자동차의 운행 중 교통사고가 발생하여 원고의 피상속인이 사망하거나 원고가 상해를 입은 사실
❷ 피고가 자기를 위하여 자동차를 운행한 사실
❸ 망인이나 원고가 입은 손해액

다. 주요 항변

(1) 면책항변

(2) 운행자 지위상실 항변

(3) 위법성 조각 항변

(4) 소멸시효 항변

(5) 과실상계

(6) 손익상계

---

10) 민법 제758조에 따라 공작물의 설치 또는 보존의 하자로 인하여 타인에게 가한 손해를 배상할 책임은 제1차적으로 공작물을 직접적·구체적으로 지배하면서 사실상 점유관리하는 공작물의 점유자에게 있고, 공작물의 점유자가 손해의 방지에 필요한 주의를 해태하지 아니하였음을 입증함으로써 면책될 때에 제2차적으로 공작물의 소유자가 손해를 배상할 책임을 지게 된다(대법원 1993.01.12. 선고 92다23551 판결).

제22장 가족법상의 소송

1 민사사건과 가사사건의 구별

가. 가정법원의 관장사항 : 가사소송법은 가정법원의 관장 사항으로 가사소송사건을 가류, 나류, 다류 사건으로 나누고, 가사비송사건을 라류, 마류 사건으로 나누고 있다.[1]

> ☞ 가사소송법 제2조(가정법원의 관장 사항)
> ① 다음 각 호의 사항(이하 "가사사건"이라 한다)에 대한 심리와 재판은 가정법원의 전속관할로 한다.[2]
>   1. 가사소송사건
>   가. 가류(類) 사건
>   1) 혼인의 무효 2) 이혼의 무효 3) 인지의 무효 4) 친생자관계 존부 확인
>   5) 입양의 무효 6) 파양의 무효
>   나. 나류(類) 사건
>   1) 사실상 혼인관계 존부 확인 2) 혼인의 취소 3) 이혼의 취소 4) 재판상 이혼
>   5) 아버지의 결정 6) 친생부인 7) 인지의 취소 8) 인지에 대한 이의 9) 인지청구 10) 입양의 취소 11) 파양의 취소 12) 재판상 파양 13) 친양자 입양의 취소 14) 친양자의 파양
>   다. 다류(類) 사건
>   1) 약혼 해제 또는 사실혼관계 부당 파기로 인한 손해배상청구(제3자에 대한 청구를 포함한다) 및 원상회복의 청구
>   2) 혼인의 무효·취소, 이혼의 무효·취소 또는 이혼을 원인으로 하는 손해배상청구(제3자에 대한 청구를 포함한다) 및 원상회복의 청구
>   3) 입양의 무효·취소, 파양의 무효·취소 또는 파양을 원인으로 하는 손해배상청구(제3자에 대한 청구를 포함한다) 및 원상회복의 청구
>   4) 민법 제839조의3에 따른 재산분할청구권 보전을 위한 사해행위 취소 및 원상회복의 청구
>   2. 가사비송사건
>   가. 라류(類) 사건(생략)

---

[1] 가사소송사건이란 가사소송절차에 의해 처리되는 가사사건으로 가사소송법에 의한 특별절차로 가정법원에서 처리되는 사건이다. 현재 서울, 부산, 대전, 대구, 광주, 수원, 인천, 울산가정법원이 설치돼 있고, 그 외의 지역에서는 지방법원 및 지원에 가사부(합의부 및 단독)가 설치돼 있다.
[2] 현행 가사소송법상의 '가/나/다/라/마류 가사사건' 분류방식은 법률전문가조차 그 내용을 알기 어려워 가사소송법

> 나. 마류(類) 사건(생략)
> ② 가정법원은 다른 법률이나 대법원규칙에서 가정법원의 권한으로 정한 사항에 대하여도 심리·재판한다.
> ③ 제2항의 사건에 관한 절차는 법률이나 대법원규칙으로 따로 정하는 경우를 제외하고는 라류 가사비송사건의 절차에 따른다.3)

(1) **다류 가사소송사건** : 순수한 재산상의 청구로서 본질상 민사사건이나 가류 또는 나류 가사소송사건에 속하는 분쟁이 청구의 기초를 이루고 있는 사건들.4)
(2) **가사비송사건** : 재판상 이혼에 따른 재산분할, 자녀 양육에 관한 처분, 면접교섭권의 제한 또는 배제, 기여분결정, 상속재산의 분할에 관한 처분5)은 마류 비송사건이다.

나. 민사법원이 관할하는 민사사건 : 상속회복청구소송, 유언무효확인소송, 유류분반환청구소송, 상속인의 순위 및 상속분에 관한 청구 등 상속사건은 가정법원에서 관할하는 가사소송사건이 아니라 지방법원에서 관할하는 일반 민사소송사건이다.

2 혼인무효확인

(1) 청구취지

〈부부의 일방이 타방 상대의 소〉 원고 피고 사이에 2020. 1. 5. 부산광역시 북구청장에게 신고하여 한 혼인은 무효임을 확인한다.

〈제3자의 부부 쌍방 상대의 소〉 피고들 사이에 2020. 2. 5. 서울특별시 송파구청장에게 신고하

개정안은 국민들이 직관적으로 사건의 내용을 추론할 수 있도록 가사사건을 분류하고 그 특징을 다음과 같이 명칭에 반영하였다.
가/나류 가사소송사건 ⇨ **가족관계**(혼인관계/부모와 자녀 관계) 가사소송사건
다류 가사소송사건 ⇨ **재산관계** 가사소송사건
라/마류 가사비송사건 ⇨ **상대방이 없는/상대방이 있는** 가사비송사건

3) 가사소송규칙 제2조는 제1항 제2호는 상속사건 중 민법 제1014조의 규정에 의한 피인지자 등의 상속분에 상당한 가액의 지급청구를 가정법원의 관장사항으로 규정하고 있으므로 현재 상속사건 중 유일한 소송사건은 바로 피인지자 등의 상속분에 상당한 가액지급청구사건 뿐이고, 가사비송사건 중 상속재산분할심판사건이 가정법원의 전속관할이다. 상속재산분할청구는 비송사건으로 가정법원이 관장하고 유류분반환청구소송은 민사소송으로 일반 민사법원이 관장하고 있어 실무상의 혼란이 초래되고 있다. 상속재산분할청구는 제소기간의 제한이 없으나, 유류분반환청구는 소멸시효의 적용이 있다(민법 제1117조).
4) 배우자의 부정행위를 원인으로 그 배우자 또는 상간자를 상대로 하는 손해배상청구소송은 다류 가사소송사건이나, 배우자의 부정행위를 원인으로 자녀들이 그 부정행위의 상대방인 제3자를 상대로 하는 손해배상청구소송은 불법행위에 의한 손해배상청구소송으로 가사사건이 아니고 민사사건이다.
5) 상속재산분할청구는 가사소송법 제2조 제1항 제2호 나목 10)에서 정한 마류 가사비송사건으로서 **가정법원의 전속관할**에 속한다. 한편 공동상속인은 상속재산의 분할에 관하여 공동상속인 사이에 협의가 성립되지 아니하거나 협의할 수 없는 경우에 가사소송법이 정하는 바에 따라 가정법원에 상속재산분할심판을 청구할 수 있을 뿐이고, 그 상속재산에 속하는 개별 재산에 관하여 민법 제268조의 규정에 의한 공유물분할청구의 소를 제기하는 것은 허용되지 않는다(대법원 2015.08.13. 선고 2015다18367 판결).

여 한 혼인은 무효임을 확인한다.

〈생존 중인 부부 일방의 검사 상대의 소〉 원고와 소외 망 A(1971. 5. 5.생, 등록기준지 제주시 아라동 123) 사이에 2020. 2. 1. 제주시장에게 신고하여 한 혼인은 무효임을 확인한다.

(2) 요건사실

❶ 2020. 1. 5. 혼인신고
❷ 혼인무효사유

〈청구원인〉 피고는 혼인신고를 마치고 10개월이 지난 후에야 입국하여 혼인생활을 시작하였으나 그로부터 불과 8일이 지난 후인 2020. 1. 13. 함께 살 수 없어 떠나니 이해해 달라는 메모를 남고 가출하여 2020. 1. 22. 출국한 후 현재까지 돌아오지 않고 있습니다. 위와 같은 사정들에 비추어 피고에게는 혼인신고 당시 원고와 혼인할 의사가 없었다고 볼 것입니다.

[참고]
(1) 민법 제815조 제1호가 혼인무효의 사유로 규정하는 '당사자 간에 혼인의 합의가 없는 때'란 당사자 사이에 사회관념상 부부라고 인정되는 정신적·육체적 결합을 생기게 할 의사의 합치가 없는 경우를 의미하므로, 당사자 일방에게만 그와 같은 참다운 부부관계의 설정을 바라는 효과의사가 있고 상대방에게는 그러한 의사가 결여되었다면 비록 당사자 사이에 혼인신고 자체에 관하여 의사의 합치가 있어 일응 법률상의 부부라는 신분관계를 설정할 의사는 있었다고 하더라도 그 혼인은 당사자 간에 혼인의 합의가 없는 것이어서 무효라고 보아야 한다.6)
(2) 민법 제815조 제1호는 당사자 사이에 혼인의 합의가 없는 때에는 그 혼인을 무효로 한다고 규정하고 있고, 이 혼인무효 사유는 당사자 사이에 사회관념상 부부라고 인정되는 정신적·육체적 결합을 할 의사를 가지고 있지 않은 경우를 가리킨다. 그러므로 비록 당사자 사이에 혼인의 신고가 있었더라도, 그것이 단지 다른 목적을 달성하기 위한 방편에 불과한 것으로서 그들 사이에 참다운 부부관계의 설정을 바라는 효과의사가 없을 때에는 그 혼인은 무효라고 할 것이다. 그리고 형법 제354조, 제328조 제1항에 의하면 배우자 사이의 사기죄는 이른바 친족상도례에 의하여 형을 면제하도록 되어 있으나, 사기죄를 범하는 자가 금원을 편취하기 위한 수단으로 피해자와 혼인신고를 한 것이어서 그 혼인이 무효인 경우라면, 그러한 피해자에 대한 사기죄에서는 친족상도례를 적용할 수 없다.7)
(3) 혼인의 무효에 관하여는 그 사유만을 제815조에 규정하고 있을 뿐이므로, 혼인무효사유가 있는 경우 혼인무효의 소를 제기할 수 있음은 물론, 이러한 소가 제기되지 않은 상태에서도 이해관계인은 다른 소송에서 선결문제로서 혼인의 무효를 주장할 수 있다.8)
(4) 혼인신고가 한쪽 당사자가 모르는 사이에 이루어져 무효인 혼인이 추인에 의해 유효하게 될 수 있다.9)
(5) 망인이 혼수상태로 입원해 있다가 사망하기 하루 전에 접수된 혼인신고는 당사자 간에 혼인의 합의가 없이 이루어진 것이어서 무효이고, 망인의 자녀로서는 그 혼인무효의 확인을 구할 법률상 이익이 있다.10)

[참고] 혼인취소 관련
(1) 출산경력의 불고지가 사기에 의한 혼인취소사유가 되는가?[11]
(2) 부부의 일방이 사망하여 상대방 배우자가 상속받은 후 그 혼인이 중혼으로 취소된 경우 이미 이루어진 상속관계가 소급하여 무효로 되는가?[12]
(3) 중혼 성립 후 10여 년 동안 혼인취소청구권을 행사하지 아니하였다 하여 권리가 소멸되었다고 할 수 없으나 그 행사가 권리남용에 해당한다고 본 사례.[13]

---

6) 대법원 2010.06.10. 선고 2010므574 판결 : 외국인 乙이 甲과의 사이에 참다운 부부관계를 설정하려는 의사 없이 단지 한국에 입국하여 취업하기 위한 방편으로 혼인신고에 이르렀다고 봄이 상당한 사안에서, 설령 乙이 한국에 입국한 후 한 달 동안 甲과 계속 혼인생활을 해왔다고 하더라도 이는 乙이 진정한 혼인의사 없이 위와 같은 다른 목적의 달성을 위해 일시적으로 혼인생활의 외관을 만들어 낸 것이라고 보일 뿐이므로, 甲과 乙 사이에는 혼인의사의 합치가 없어 그 혼인은 민법 제815조 제1호에 따라 무효라고 판단한 사례.
7) 대법원 2015.12.10. 선고 2014도11533 판결.
8) 대법원 2013.09.13. 선고 2013두9564 판결.
9) 대법원 1965.12.28. 선고 65므61 판결.
10) 부산가정법원 2018.07.04. 선고 2018드단203308 판결.
11) 혼인의 당사자 일방 또는 제3자가 위법한 수단으로 상대방 당사자를 기망하였고, 이로 말미암아 상대방이 혼인의사를 결정하는 데 있어 중대한 영향을 미치는 사항에 관하여 착오에 빠졌으며, 그러한 기망행위가 없었더라면 사회통념상 혼인의 의사표시를 하지 아니하였을 것이라고 인정되는 경우, 그 상대방은 법원에 혼인의 취소를 청구할 수 있고, 또한 귀책사유가 있는 당사자나 제3자를 상대로 손해배상을 청구할 수 있다. 민법 제816조 제3호가 규정하는 '사기'에는 혼인의 당사자 일방 또는 제3자가 적극적으로 허위의 사실을 고지한 경우뿐만 아니라 소극적으로 고지를 하지 아니하거나 침묵한 경우도 포함된다. 그러나 불고지 또는 침묵의 경우에는 법령, 계약, 관습 또는 조리상 사전에 그러한 사정을 고지할 의무가 인정되어야 위법한 기망행위로 볼 수 있다. 관습 또는 조리상 고지의무가 인정되는지 여부는 당사자들의 연령, 초혼인지 여부, 혼인에 이르게 된 경위와 그때까지 형성된 생활관계의 내용, 당해 사항이 혼인의 의사결정에 미친 영향의 정도, 이에 대한 당사자 또는 제3자의 인식 여부, 당해 사항이 부부가 애정과 신뢰를 형성하는 데 불가결한 것인지, 또는 당사자의 명예 또는 사생활 비밀의 영역에 해당하는지, 상대방이 당해 사항에 관련된 질문을 한 적이 있는지, 상대방이 당사자 또는 제3자로부터 고지받았거나 알고 있었던 사정의 내용 및 당해 사항과의 관계 등의 구체적·개별적 사정과 더불어 혼인에 대한 사회일반의 인식과 가치관, 혼인의 풍속과 관습, 사회의 도덕관·윤리관 및 전통문화까지 종합적으로 고려하여 판단하여야 한다.
따라서 혼인의 당사자 일방 또는 제3자가 출산의 경력을 고지하지 아니한 경우에 그것이 상대방의 혼인의 의사결정에 영향을 미칠 수 있었을 것이라는 사정만을 들어 일률적으로 고지의무를 인정하고 제3호 혼인취소사유에 해당한다고 하여서는 아니 되고, 출산의 경위와 출산한 자녀의 생존 여부 및 그에 대한 양육책임이나 부양책임의 존부, 실제 양육이나 교류가 이루어졌는지 여부와 그 시기 및 정도, 법률상 또는 사실상으로 양육자가 변경될 가능성이 있는지, 출산 경력을 고지하지 않은 것이 적극적으로 이루어졌는지 아니면 소극적인 것에 불과하였는지 등을 면밀하게 살펴봄으로써 출산의 경력이나 경위가 알려질 경우 당사자의 명예 또는 사생활 비밀의 본질적 부분이 침해될 우려가 있는지, 사회통념상 당사자나 제3자에게 그에 대한 고지를 기대할 수 있는지와 이를 고지하지 아니한 것이 신의성실 의무에 비추어 비난받을 정도라고 할 수 있는지까지 심리한 다음, 그러한 사정들을 종합적으로 고려하여 신중하게 고지의무의 인정 여부와 그 위반 여부를 판단함으로써 당사자 일방의 명예 또는 사생활 비밀의 보장과 상대방 당사자의 혼인 의사결정의 자유 사이에 균형과 조화를 도모하여야 한다. 특히 당사자가 성장과정에서 본인의 의사와 무관하게 아동성폭력범죄 등의 피해를 당해 임신을 하고 출산까지 하였으나 이후 그 자녀와의 관계가 단절되고 상당한 기간 동안 양육이나 교류 등이 전혀 이루어지지 않은 경우라면, 이러한 출산의 경력이나 경위는 개인의 내밀한 영역에 속하는 것으로서 당사자의 명예 또는 사생활 비밀의 본질적 부분에 해당한다고 할 것이고, 나아가 사회통념상 당사자나 제3자에게 그에 대한 고지를 기대할 수 있다거나 이를 고지하지 아니한 것이 신의성실 의무에 비추어 비난받을 정도라고 단정할 수도 없으므로, 단순히 출산의 경력을 고지하지 않았다고 하여 그것이 곧바로 민법 제816조 제3호 소정의 혼인취소사유에 해당한다고 보아서는 아니 된다. 그리고 이는 국제결혼의 경우에도 마찬가지이다(대법원 2016.02.18. 선고 2015므654,661 판결).

3 이혼청구

(1) 청구취지

☞ 1. 원고와 피고는 이혼한다.
2. 원고를 사건본인의 친권자 및 양육자로 지정한다.
3. 피고는 원고에게 위자료로 1억 원을 지급하라.
4. 피고는 원고에게 별지목록 기재 부동산에 관하여 이 판결확정일자 재산분할을 원인으로 한 소유권이전등기절차를 이행하라.

(2) 요건사실

❶ 원고와 피고가 혼인신고를 한 사실
❷ 민법 제840조 제1호 내지 제6호에 해당하는 사유가 있는 사실
❸ 피고의 부정행위로 원고가 정신적 고통을 입은 사실 및 손해액
❹ 원고와 피고가 그 협력에 의하여 취득한 재산이 있는 사실

[참고]
(1) 유책배우자의 이혼청구, 특별한 사정이 있는 경우 예외적 허용[14]
(2) 자의에 의하지 않은 행위는 부정행위가 될 수 없다.[15]
(3) 제3자가 부부의 일방과 부정행위를 한 경우의 손해배상책임[16]
(4) 특별한 사정이 없는 한 임신가능 여부는 민법 제816조 제2호의 부부생활을 계속할 수 없는 악질 기타 중대한 사유에 해당한다고 볼 수 없다.[17]
(5) 재판상 이혼의 경우에 당사자의 청구가 없다 하더라도 법원은 직권으로 미성년자인 자녀에 대한 친권자 및 양육자를 정하여야 하며, 따라서 법원이 이혼 판결을 선고하면서 미성년자인 자녀에 대한 친권자 및 양육자를 정하지 아니하였다면 재판의 누락이 있다.[18]
(6) 부모가 이혼하는 경우 법원이 친권자를 정하거나 양육자를 정할 때 반드시 단독의 친권자나 양육자를 정하도록 한 것은 아니므로 이혼하는 부모 모두를 공동양육자로 지정하는 것도 가능하다. 그러나, 재판상 이혼에서 이혼하는 부모 모두를 공동양육자로 정할 때에는 그 부모가 부정행위, 유기, 부당한 대우 등 첨예한 갈등이나 혼인을 계속하기 어려운 사유로 이혼하게 된 것이라는 점을 고려하여 그 허용 여부는 신중하게 판단할 필요가 있다.[19]
(7) 협의 또는 심판에 의하여 구체화되지 않은 재산분할청구권을 혼인이 해소되기 전에 미리 포기하는 것은 그 성질상 허용되지 아니한다.[20]

---

12) 민법 제824조는 "혼인의 취소의 효력은 기왕에 소급하지 아니한다."고 규정하고 있을 뿐 재산상속 등에 관해 소급효를 인정할 별도의 규정이 없는바, 혼인 중에 부부 일방이 사망하여 상대방이 배우자로서 망인의 재산을 상속받은 후에 그 혼인이 취소되었다는 사정만으로 그 전에 이루어진 상속관계가 소급하여 무효라거나 또는 그 상속재산이 법률상 원인 없이 취득한 것이라고는 볼 수 없다(대법원 1996.12.23. 선고 95다48308 판결).
13) 대법원 1993.08.24. 선고 92므907 판결.

(8) 법률혼관계가 사망으로 종료된 경우 생존배우자에게 재산분할청구권이 인정되지 않고, 단지 망인의 재산에 대한 상속권만이 인정된다. 사실혼관계가 일방 당사자의 사망으로 인하여 종료된 경우에는 망인의 재산에 대한 상속권도 인정되지 않고 그 상대방에게 재산분할청구권도 인정되지 않는다.21)
(9) 이혼 당시 부부 일방이 아직 공무원으로 재직 중이어서 실제 퇴직급여 등을 수령하지 않았더라도 이혼소송의 사실심 변론종결 시에 이미 잠재적으로 존재하여 경제적 가치의 현실적 평가가 가능한 재산인 퇴직급여 및 퇴직수당 채권은 이에 대하여 상대방 배우자의 협력이 기여한 것으로 인정되는 한 재산분할의 대상에 포함시킬 수 있으며, 구체적으로는 이혼소송의 사실심 변론종결 시를 기준으로 그 시점에서 퇴직할 경우 수령할 수 있을 것으로 예상되는 퇴직급여 및 퇴직수당 상당액의 채권이 그 대상이 된다.22)
(10) 위자료청구권은 3년의 소멸시효, 재산분할청구권은 2년의 제척기간에 걸린다.23)
(11) 재판상 이혼 시 친권자와 양육자로 지정된 부모의 일방은 상대방에게 양육비를 청구할 수 있고, 이 경우 가정법원으로서는 자녀의 양육비 중 양육자가 부담해야 할 양육비를 제외하고 상대방이 분담해야 할 적정 금액의 양육비만을 결정하는 것이 타당하다.24)

---

14) 대법원 2015.09.15. 선고 2013므568 전원합의체 판결 : 민법 제840조 제6호 이혼사유에 관하여 유책배우자의 이혼청구를 원칙적으로 허용하지 아니하는 종래의 대법원판례를 변경하는 것이 옳다는 주장은 그 주장이 들고 있는 여러 논거를 감안하더라도 아직은 받아들이기 어렵다. 그러나 대법원판례가 유책배우자의 이혼청구를 허용하지 아니하는 것은 앞서 본 바와 같이 혼인제도가 요구하는 도덕성에 배치되고 신의성실의 원칙에 반하는 결과를 방지하려는 데에 있으므로, 혼인제도가 추구하는 이상과 신의성실의 원칙에 비추어 보더라도 그 책임이 반드시 이혼청구를 배척해야 할 정도로 남아 있지 아니한 경우에는 그러한 배우자의 이혼청구는 혼인과 가족제도를 형해화할 우려가 없고 사회의 도덕관 윤리관에도 반하지 아니한다고 할 것이므로 허용될 수 있다고 보아야 한다. 그리하여 대법원판례에서 이미 허용하고 있는 것처럼 상대방 배우자도 혼인을 계속할 의사가 없어 일방의 의사에 의한 이혼 내지 축출이혼의 염려가 없는 경우는 물론, 나아가 이혼을 청구하는 배우자의 유책성을 상쇄할 정도로 상대방 배우자 및 자녀에 대한 보호와 배려가 이루어진 경우, 세월의 경과에 따라 혼인파탄 당시 현저하였던 유책배우자의 유책성과 상대방 배우자가 받은 정신적 고통이 점차 약화되어 쌍방의 책임의 경중을 엄밀히 따지는 것이 더 이상 무의미할 정도가 된 경우 등과 같이 혼인생활의 파탄에 대한 유책성이 그 이혼청구를 배척해야 할 정도로 남아 있지 아니한 특별한 사정이 있는 경우에는 예외적으로 유책배우자의 이혼청구를 허용할 수 있다. 이와 같이 유책배우자의 이혼청구를 예외적으로 허용할 수 있는지를 판단할 때에는, 유책배우자의 책임의 태양·정도, 상대방 배우자의 혼인계속의사 및 유책배우자에 대한 감정, 당사자의 연령, 혼인생활의 기간과 혼인 후의 구체적인 생활관계, 별거기간, 부부간의 별거 후에 형성된 생활관계, 혼인생활의 파탄 후 여러 사정의 변경 여부, 이혼이 인정될 경우의 상대방 배우자의 정신적·사회적·경제적 상태와 생활보장의 정도, 미성년 자녀의 양육·교육·복지의 상황, 그 밖의 혼인관계의 여러 사정을 두루 고려하여야 한다.
15) 민법 제840조 제1호 소정 배우자에 부정(부정)한 행위가 있었을 때의 부정한 행위라고 함은 객관적으로 그것이 부정한 행위에 해당한다고 볼만한 사실이 있어야 하고 또 이것이 내심의 자유로운 의사에 의하여 행하여 졌다는 두 가지의 요소를 필요로 하는 것으로서 비록 객관적으로는 부정한 행위라고 볼 수 있는 사실이 있다고 하더라도 그것이 자유로운 의사에 의하여 이루어지지 않은 경우는 여기에서 말하는 부정한 행위라고 할 수는 없다(대법원 1976.12.14. 선고 76므10 판결).
16) 대법원 2015.05.29. 선고 2013므2441 판결 : 부부의 일방이 부정행위를 한 경우에 부부의 일방은 그로 인하여 배우자가 입은 정신적 고통에 대하여 불법행위에 의한 손해배상의무를 진다. 한편 제3자도 타인의 부부공동생활에 개입하여 그 부부공동생활의 파탄을 초래하는 등 그 혼인의 본질에 해당하는 부부공동생활을 방해하여서는 아니 된다. 제3자가 부부의 일방과 부정행위를 함으로써 혼인의 본질에 해당하는 부부공동생활을 침해하거나 그 유지를 방해하고 그에 대한 배우자로서의 권리를 침해하여 배우자에게 정신적 고통을 가하는 행위는 원칙적으로 불법행위를 구성한다. 그리고 부부의 일방과 제3자가 부담하는 불법행위책임은 공동불법행위책임으로서 부진정연대채무 관계에 있다.
한편, 부부가 장기간 별거하는 등의 사유로 실질적으로 부부공동생활이 파탄되어 실체가 더 이상 존재하지 아니

4 친생부인의 소

(1) 청구취지
☞ 피고는 원고의 친생자임을 부인한다.
사건본인은 원고의 친생자임을 부인한다.

하게 되고 객관적으로 회복할 수 없는 정도에 이른 경우에는 혼인의 본질에 해당하는 부부공동생활이 유지되고 있다고 볼 수 없다. 따라서 비록 부부가 아직 이혼하지 아니하였지만 이처럼 실질적으로 부부공동생활이 파탄되어 회복할 수 없을 정도의 상태에 이르렀다면, 제3자가 부부의 일방과 성적인 행위를 하더라도 이를 두고 부부공동생활을 침해하거나 그 유지를 방해하는 행위라고 할 수 없고 또한 그로 인하여 배우자의 부부공동생활에 관한 권리가 침해되는 손해가 생긴다고 할 수도 없으므로 불법행위가 성립한다고 보기 어렵다. 그리고 이러한 법률관계는 재판상 이혼청구가 계속 중에 있다거나 재판상 이혼이 청구되지 않은 상태라고 하여 달리 볼 것은 아니다(대법원 2014.11.20. 선고 2011므2997 전원합의체 판결).

17) 대법원 2015.02.26. 선고 2014므4734,4741 판결.
18) 대법원 2015.06.23. 선고 2013므2397 판결 : 재판을 누락한 경우에 그 부분 소송은 원심에 계속 중이라고 보아야 하므로, 민사소송법 제212조에 따라 원심이 계속하여 재판하여야 하고, 적법한 상고의 대상이 되지 아니하여 그 부분에 대한 상고는 부적법하다.
19) 대법원 2020.05.14. 선고 2018므15534 판결.
20) 대법원 2016.01.25. 자 2015스451 결정 : 아직 이혼하지 않은 당사자가 장차 협의상 이혼할 것을 합의하는 과정에서 이를 전제로 재산분할청구권을 포기하는 서면을 작성한 경우, 부부 쌍방의 협력으로 형성된 공동재산 전부를 청산분배하려는 의도로 재산분할의 대상이 되는 재산액, 이에 대한 쌍방의 기여도와 재산분할 방법 등에 관하여 협의한 결과 부부 일방이 재산분할청구권을 포기하기에 이르렀다는 등의 사정이 없는 한 성질상 허용되지 아니하는 '재산분할청구권의 사전포기'에 불과할 뿐이므로 쉽사리 '재산분할에 관한 협의'로서의 '포기약정'이라고 보아서는 아니 된다.
21) 대법원 2006.03.24. 선고 2000두15595 판결.
22) 대법원 2019.09.25. 선고 2017므11917 판결; 대법원 2014.07.16. 선고 2013므2250 전원합의체 판결 등 참조. 공무원연금법 제28조는 '공무원이 퇴직할 경우 △ 퇴직급여(퇴직연금, 퇴직연금일시금 등)와 △ 퇴직수당 등을 지급한다'고 규정하고 있다. 퇴직연금이란 '10년 이상 재직한 공무원이 퇴직한 경우 65세가 되는 때부터 사망할 때까지 매달 지급하는 돈'이고, 퇴직연금일시금은 '퇴직연금을 받을 권리가 있는 사람이 본인이 원하는 경우 퇴직연금을 한꺼번에 지급하는 돈'이다. 퇴직수당은 '퇴직급여와는 별도로 1년 이상 재직한 공무원이 퇴직하거나 사망한 경우 재직기간과 월소득액을 기준으로 계산해 지급하는 돈'이다. 법원은 퇴직급여를 재산분할대상에 포함시켜 그 액수와 방법을 정할 수도 있고, 반대로 재산분할대상에 포함시키지 않고 이혼 당사자들끼리 공무원연금법이 정한 분할연금청구권 등에 관한 규정을 따르도록 할 수 있다. 그러나 (퇴직급여와 달리) 퇴직수당은 이혼배우자의 분할청구권 규정이 적용되지 않으므로 재산분할의 대상이 된다.
23) 민법 제839조의2 제3항, 제843조에 따르면 재산분할청구권은 협의상 또는 재판상 이혼한 날부터 2년이 지나면 소멸한다. 2년 제척기간 내에 재산의 일부에 대해서만 재산분할을 청구한 경우 청구 목적물로 하지 않은 나머지 재산에 대해서는 제척기간을 준수한 것으로 볼 수 없으므로, 재산분할청구 후 제척기간이 지나면 그때까지 청구 목적물로 하지 않은 재산에 대해서는 청구권이 소멸한다. 재산분할재판에서 분할대상인지 여부가 전혀 심리된 바 없는 재산이 재판확정 후 추가로 발견된 경우에는 이에 대하여 추가로 재산분할청구를 할 수 있다. 다만 추가 재산분할청구 역시 이혼한 날부터 2년 이내라는 제척기간을 준수하여야 한다(대법원 2018.06.22. 자 2018스18 결정).
24) 대법원 2020.05.14. 선고 2019므15302 판결. 가정법원이 이혼사건에서 부부 중 일방 당사자를 미성년 자녀의 양육권자로 지정하면서 양육권자에게 향후 상대방으로부터 받는 양육비의 사용내역을 정기적으로 공개하도록 명령할 수는 없고(양육권자의 재량을 지나치게 제한하는 조치라는 것이다), 양육권자로 지정된 양육친에게 비양육친과 같이 매달 일정금액의 양육비를 내도록 하는 것도 위법하다.

(2) 요건사실

> ❶ 원고와 피고가 혼인 중에 피고가 A를 출산한 사실
> ❷ A와 원고 사이에는 부자관계가 존재하지 아니하는 사실

(3) 항변 :

① 원고가 A의 출생을 안 사실 및 그 날
② 원고가 A의 출생을 안 날부터 2년이 경과하여 친생부인의 소를 제기한 사실

> [참고]
> (1) 친생추정을 번복하기 위하여는 친생자관계부존재확인의 소를 제기할 수 없다.[25]
> (2) 친생부인의 소를 제기할 수 있는 처는 자의 생모를 의미한다.[26]
> (3) 제3자는 친생부인의 소에 의한 확정판결에 의하여 그 친생관계의 추정이 깨어지기 전에는 타인의 자를 인지할 수 없다.[27]
> (4) 친생부인의 소 제척기간에 대한 합헌결정[28]

〈친생추정 및 인지에 관한 개정 규정〉

☞ 민법 제844조(남편의 친생자의 추정)
　① 아내가 혼인 중에 임신한 자녀는 남편의 자녀로 추정한다.
　② 혼인이 성립한 날부터 200일 후에 출생한 자녀는 혼인 중에 임신한 것으로 추정한다.
　③ 혼인관계가 종료된 날부터 300일 이내에 출생한 자녀는 혼인 중에 임신한 것으로 추정한다.[29]

☞ 민법 제854조의2(친생부인의 허가 청구)
　① 어머니 또는 어머니의 전(前) 남편은 제844조 제3항의 경우에 가정법원에 친생부인의 허가를 청구할 수 있다. 다만, 혼인 중의 자녀로 출생신고가 된 경우에는 그러하지 아니하다.
　② 제1항의 청구가 있는 경우에 가정법원은 혈액채취에 의한 혈액형 검사, 유전인자의 검사 등 과학적 방법에 따른 검사결과 또는 장기간의 별거 등 그 밖의 사정을 고려하여 허가 여부를 정한다.

---

25) 민법 제844조 제1항의 친생추정은 반증을 허용하지 않는 강한 추정이므로, 처가 혼인 중에 포태한 이상 그 부부의 한쪽이 장기간에 걸쳐 해외에 나가 있거나, 사실상의 이혼으로 부부가 별거하고 있는 경우 등 동거의 결여로 처가 부(夫)의 자를 포태할 수 없는 것이 외관상 명백한 사정이 있는 경우에만 그 추정이 미치지 않을 뿐이고, 이러한 예외적인 사유가 없는 한 누구라도 그 자가 부의 친생자가 아님을 주장할 수 없는 것이어서, 이와 같은 추정을 번복하기 위하여는 부가 민법 제846조, 제847조에서 규정하는 친생부인의 소를 제기하여 그 확정판결을 받아야 하고, 이러한 친생부인의 소가 아닌 민법 제865조 소정의 친생자관계부존재확인의 소에 의하여 그 친생자관계의 부존재확인을 구하는 것은 부적법하다(대법원 2000.08.22. 선고 2000므292 판결)
26) 대법원 2014.12.11. 선고 2013므4591 판결 : 민법 제846조, 제847조 제1항에서 정한 친생부인의 소의 원고적격이 있는 '부(夫), 처(妻)'는 자의 생모에 한정되고, 여기에 친생부인이 주장되는 대상자의 법률상 부(夫)와 '재혼한 처(妻)'는 포함되지 않는다.
27) 대법원 1987.10.13. 선고 86므129 판결.
28) 헌법재판소 2015.03.26. 선고 2012헌바357 결정 : 민법 제847조 제1항 중 "부(夫)가 그 사유가 있음을 안 날부터 2년 내" 부분은 헌법에 위반되지 아니한다.
29) [전문개정 2017.10.31.][2017.10.31. 법률 제14965호에 의하여 2015. 4. 30. 헌법재판소에서 헌법불합치 결정

③ 제1항 및 제2항에 따른 허가를 받은 경우에는 제844조 제1항 및 제3항의 추정이 미치지 아니한다. [본조신설 2017.10.31.]

☞ 민법 제855조의2(인지의 허가 청구)
① 생부(生父)는 제844조 제3항의 경우에 가정법원에 인지의 허가를 청구할 수 있다. 다만, 혼인 중의 자녀로 출생신고가 된 경우에는 그러하지 아니하다.
② 제1항의 청구가 있는 경우에 가정법원은 혈액채취에 의한 혈액형 검사, 유전인자의 검사 등 과학적 방법에 따른 검사결과 또는 장기간의 별거 등 그 밖의 사정을 고려하여 허가 여부를 정한다.
③ 제1항 및 제2항에 따라 허가를 받은 생부가 「가족관계의 등록 등에 관한 법률」 제57조 제1항에 따른 신고를 하는 경우에는 제844조 제1항 및 제3항의 추정이 미치지 아니한다. [본조신설 2017.10.31.]

5 친생자관계부존재확인의 소

(1) 청구취지

〈자가 부모의 일방(또는 쌍방) 상대의 소제기〉 원고와 피고(들) 사이에는 친생자관계가 존재하지 아니함을 확인한다.

〈부모의 일방(또는 쌍방)이 자 상대의 소제기〉 원고(들)와 피고 사이에는 친생자관계가 존재하지 아니함을 확인한다.

〈자가 검사 상대의 소제기〉 원고와 소외 망 A 사이에는 친생자관계가 존재하지 아니함을 확인한다.

[참고]
(1) 민법 제844조 제1항에 의한 친생추정을 번복하기 위하여 민법 제865조 소정의 친생자관계부존재확인의 소를 제기할 수 없다.30)
(2) 친생자관계존부 확인소송은 소송물이 일신전속적인 것이지만, 당사자 일방이 사망한 때에는 일정한 기간 내에 검사를 상대로 하여 그 소를 제기할 수 있으므로(민법 제865조 제2항), 당초에는 원래의 피고 적격자를 상대로 친생자관계존부 확인소송을 제기하였으나 소송 계속 중 피고가 사망한 경우 원고의 수계신청이 있으면 검사로 하여금 사망한 피고의 지위를 수계하게 하여야 한다. 그러나 그 경우에도 가사소송법 제16조 제2항을 유추적용하여 원고는 피고가 사망한 때로부터 6개월 이내에 수계신청을 하여야 하고, 그 기간 내에 수계신청을 하지 않으면 그 소송절차는 종료된다고 보아야 한다. 이와 같은 법리는 친생자관계존부 확인소송 계속 중 피고에 대하여 실종선고가 확정되어 피고가 사망한 것으로 간주되는 경우에도 마찬가지로 적용된다.31)
(3) 민법 제865조의 규정에 의하여 이해관계 있는 제3자가 친생자관계 부존재확인을 청구하는 경우 친자 쌍방이 다 생존하고 있는 경우는 친자 쌍방을 피고로 삼아야 하고, 친자 중 어느 한편이 사망하였을

된 이 조를 개정함.]

때에는 생존자만을 피고로 삼아야 하며, 친자가 모두 사망하였을 경우에는 검사를 상대로 소를 제기할 수 있다. 친생자관계존부 확인소송은 소송물이 일신전속적인 것이므로, 제3자가 친자 쌍방을 상대로 제기한 친생자관계 부존재확인소송이 계속되던 중 친자 중 어느 한편이 사망하였을 때에는 생존한 사람만 피고가 되고, 사망한 사람의 상속인이나 검사가 절차를 수계할 수 없다. 이 경우 사망한 사람에 대한 소송은 종료된다.32)

[참고] 친생자관계를 부정할 수 있는 방법

친생자관계를 부정할 수 있는 방법으로 '친생부인의 소'와 '친생자관계부존재확인의 소' 2가지가 있음. 친생부인의 소는 친생자로 추정되는 자녀에 대한 것으로서, 2년의 제소기간 제한이 있음. 반면 친생자관계부존재확인의 소는 친생자로 추정되지 않는 자녀에 대한 것으로서, 제소기간의 제한이 없음.

따라서 아버지가 자녀와의 친생자관계를 부정하고자 하는 경우, 그 자녀가 친생자로 추정되는 자녀인지 아닌지에 따라 아래와 같은 차이가 있음.

❶ 친생자로 추정되는 자녀에 대하여는 '친생부인의 소'에 의해서만 친생자관계를 부정할 수 있음('친생자관계부존재확인의 소' 불가) ☞ 이 경우 친생부인의 소는 제소기간 2년의 제한이 있으므로, 반드시 '친생자가 아님을 안 날로부터 2년' 내에 소를 제기해야 함. 만일 2년의 제소기간이 경과하였다면, 제소기간을 규정한 취지상 더 이상 친생부인의 소를 제기하는 것은 불가능하므로, (그 반사적 효과로) 설령 친생자가 아님이 명백하다 하더라도 친생자관계는 그대로 확정되게 됨.

❷ 친생자로 추정되지 않는 자녀에 대하여는 '친생자관계부존재확인의 소'에 의하여 친생자관계를 부정할 수 있음 ☞ 친생자관계부존재확인의 소는 제소기간의 제한이 없으므로, '친생자가 아님을 안 날로부터 2년'이 경과하였더라도 얼마든지 소를 제기할 수 있음.

결국 친생추정의 예외를 인정한다는 것은, 위와 같은 경우 아버지가 '친생자가 아님을 안 날로부터 2년'이 경과한 후에도 (친생부인의 소가 아닌 친생자관계부존재확인의 소를 제기함으로써) 친생자관계를 부정할 수 있게 된다는 것을 의미함.

〈사실관계〉

(1) 원고(남편)는 A(아내)와 혼인신고를 마친 법률상 부부로서 무정자증으로 자녀가 생기지 않자 제3자로부터 정자를 제공받아 자녀를 갖기로 하였고, 이에 따라 A는 1993년경 제3자의 정자를 사용한 인공수정(AID)을 통하여 피고 1.을 출산하였고, 원고는 자신과 A의 자녀로 피고 1.의 출생신고를 마쳤음.33)

(2) 이후 A는 1997년경 혼외 관계를 통해 피고 2.를 출산하였고, 원고는 자신과 A의 자녀로 피고 2.의 출생신고를 마쳤음.

(3) 원고와 A는 2013년경 부부갈등으로 협의이혼신청을 하였다가 취하하였으나, 그 후 이혼소송을

---

30) 대법원 2000.08.22. 선고 2000므292 판결.
31) 대법원 2014.09.04. 선고 2013므4201 판결.
32) 대법원 2018.05.15. 선고 2014므4963 판결.
33) 참고로 남편이 배우자 아닌 여성과의 성관계를 통하여 임신을 유발시키고 자녀를 낳게 하는 고전적인 대리모의

하면서 상호간 이혼조정 성립. 피고들은 위 과정에서 원고와 A가 다투면서 자신들이 친자가 아니라고 말하는 것을 듣고 비로소 사정을 알게 되었음.
(4) 원고는 2013년경 피고들을 상대로 친생자관계 부존재확인을 구하는 이 사건 소를 제기함. 제1심 소송과정에서 유전자 검사를 실시한 결과, 원고와 피고들 사이에는 혈연관계가 없다는 점이 확인되었음.

⟨재판의 경과⟩
(1) 1심 : 소각하
- 원고의 아내가 혼인 중에 피고들을 임신한 이상 피고들은 원고의 친생자로 추정됨.
- 무정자증 진단이 있다고 하여 친생추정의 예외를 인정할 수는 없음.
- 결국 친생자로 추정되는 피고들에 대한 친생자관계부존재확인의 소는 부적법함.
(2) 원심 : 항소기각
- 제3자의 정자를 사용한 인공수정에 원고가 동의한 이상 출생한 자녀는 원고의 친생자로 추정되므로, 친생자관계부존재 확인을 구하는 것은 부적법함
- 원고와 피고 2.의 유전자형이 서로 달라 친생추정의 예외가 인정되지만, 원고와 피고 2. 사이에 유효한 양친자관계가 성립되었으므로, 결국 친생자관계부존재확인의 소는 확인의 이익이 없어 부적법함.

⟨대법원 2019.10.23. 선고 2016므○○○○ 전원합의체 판결⟩
(1) 다수의견(9명) : ① 아내가 혼인 중 남편의 동의에 따라 제3자의 정자를 제공받아 인공수정으로 자녀를 출산한 경우에도 친생추정 규정이 적용되어 출생한 자녀가 남편의 자녀로 추정됨. ② 혼인 중 아내가 임신하여 출산한 자녀가 유전자 검사 등을 통하여 남편과 혈연관계가 없다는 점이 밝혀졌더라도 친생추정이 미침. → 상고기각
(2) 별개의견(3명) : ① 인공수정 자녀의 친자관계는 민법상 친생추정 규정의 적용이 아니라 남편과 아내의 합치된 의사와 시술에 대한 동의를 근거로 인정되어야 함. ② 자녀가 남편과 혈연관계가 없음이 증명되고, 사회적 친자관계가 형성되지 않았거나 파탄된 경우에는 친생추정의 예외가 인정되어야 함 → 상고기각
(3) 별개·반대의견(1명) : ① 모든 인공수정이 아니라 아내가 혼인 중 '남편의 동의'를 받아 '제3자 제공 정자'로 인공수정을 한 경우에 한정하여 친생추정 규정이 적용된다고 보아야 함, ② 동거의 결여뿐만 아니라 외관상 명백한 '다른 사정'이 있는 경우에도 친생추정의 예외가 인정되어야 함. → 피고 1. 부분 상고기각 별개의견, 피고 2. 부분 파기환송 반대의견

경우뿐만 아니라, 부부의 정자와 난자로 만든 수정체를 다른 여성의 자궁에 착상시킨 후 출산케 하는 이른바 '자궁(출산)대리모'도 우리 법령의 해석상 허용되지 아니한다고 할 것이고, 이러한 대리모를 통한 출산을 내용으로 하는 계약은 선량한 풍속 기타 사회질서에 위반하는 것으로써 민법 제103조에 의하여 무효라는 하급심판결이 있다(서울가정법원 2018.05.09. 자 2018브15 결정).

〈친생자관계존부확인의 소의 원고적격에 관한 대법원 전원합의체 판결〉
(1) 대법원 1981.10.13. 선고 80므60 전원합의체 판결 이후 약 40년간 대법원은 민법 제777조의 친족(8촌 이내의 혈족, 4촌 이내의 인척, 배우자)이라는 신분관계만 있어도 친생자관계존부확인의 소의 원고적격이 인정된다고 해왔다.
(2) 대법원 2020.06.18. 선고 2015므0000 전원합의체 판결은 민법 제777조의 친족이라는 신분관계에 있다는 사실만으로 당연히 친생자관계존부확인의 소를 제기할 수 있다고 한 종전 대법원 판례는 더 이상 유지될 수 없고, 친생자관계존부확인의 소는 민법 제865조 제1항이 정한 제소권자만 제기할 수 있는 것으로 변경하였다.34)
(3) 친생자관계존부확인의 소의 제기권자를 구체적으로 보면 다음과 같다.
   ① 친생자관계의 당사자인 '부, 모, 자녀'는 물론 '자녀의 직계비속과 그 법정대리인'은 친생자관계존부확인의 소를 당연히 제기할 수 있음(민법제845조, 제846조, 제862조, 제863조 참조).
   ② '성년후견인, 유언집행자, 부(夫) 또는 처(妻)의 직계존속이나 직계비속'은 민법 제848조, 제850조, 제851조가 정한 요건을 갖춘 경우에는 친생자관계존부확인의 소를 제기할 수 있지만, 그렇지 못한 경우에는 원고적격이 당연히 있는 것은 아님.
   ③ 이해관계인은 민법 제865조 제1항 및 제862조에 따라 친생자관계존부확인의 소를 제기할 수 있음. 이해관계인은 다른 사람들 사이에 친생자관계가 존재하거나 존재하지 않는다는 내용의 판결이 확정됨으로써 일정한 권리를 얻거나 의무를 면하는 등 법률상 이해관계가 있는 제3자로서 상속이나 부양 등에 관한 자신의 권리나 의무, 법적 지위에 구체적인 영향을 받게 되는 경우라야 함. 가족관계등록부에 아무런 친족관계가 나타나지 않지만 스스로 생부나 생모라고 주장하는 경우에는 이해관계인에 해당함.
   ④ 이해관계인에 해당하는지 여부는 원고의 주장과 변론에 나타난 제반사정을 토대로 원고의 권리나 의무, 법적 지위에 미치는 구체적인 영향이 무엇인지 등을 개별적으로 심리하여 판단해야 함.

---

34) 2010. 8. 15. 건국훈장 4등급 애국장 포상대상자로 결정된 A(1909. 8. 10. 사망)의 장녀 B(사망)의 자녀인 C가 행정소송을 통해 구 독립유공자예우에 관한 법률(2012. 2. 17. 법률 제11332호로 개정되기 전의 것, 이하 '구 독립유공자예우법'이라 한다)에 따른 독립유공자 유족으로 인정되자, A의 장남 D(사망)의 손자인 원고가 검사를 상대로 A와 B 사이에 친생자관계가 존재하지 않는다는 확인을 구하는 등의 소를 제기한 사안에서, 원심은 원고가 위와 같은 친생자관계부존재확인판결을 받더라도 구 독립유공자예우법에 따른 독립유공자의 유족으로 등록될 수 없고(구 독립유공자예우법 제5조 제1항, 제12조 제2항, 제4항 제1호에 따르면, 독립유공자와 그 유족 중 선순위자 1명에게만 보상금을 지급하는데 보상을 받는 유족의 범위는 독립유공자의 배우자, 자녀, 손자녀 및 며느리 순으로 한정되어 있고 그 중 같은 순위자가 2명 이상이면 나이가 많은 자를 우선하게 되어 있음) 달리 친생자관계부존재확인을 구할 법률상 이해관계가 없다는 이유로 소를 각하하였고, 이에 원고는 자신이 A와 민법 제777조에서 정한 친족관계에 있으므로 종전 대법원 판례에 따라 당연히 친생자관계존부확인의 소를 제기할 이익이 있다고 주장하면서 상고하였음. 대법원은 민법 제865조에 의한 친생자관계존부확인의 소의 원고적격에 관한 구체적 범위를 제시하면서 민법 제777조에서 정한 친족은 그와 같은 신분관계에 있다는 사실만으로 당연히 친생자관계존부확인의 소를 제기할 수 있다고 한 종전 대법원 판례를 변경한 다음, 이 사건의 원고는 민법 제865조 제1항이 정한 당연 제소권자가 아니고, 법률상 이해관계를 가진 사람도 아니어서 친생자관계존부확인의 소를 제기할 수 없다고 판단하여 원고의 소를 각하한 원심판결에 관련 법리를 오해한 잘못이 없다고 보아 상고를 기각하였음.

6 인지청구의 소

(1) 청구취지

〈자의 생부 상대 소제기〉 원고는 피고의 친생자임을 인지한다.

〈자의 검사 상대 소제기〉 원고는 소외 망 A(1965. 3. 1. 생, 등록기준지, 제주시 이하 생략)의 친생자임을 인지한다.

[참고]
(1) 인지청구권은 포기 불가.[35]
(2) 생모가 혼인외 출생자를 상대로 혼인외 출생자와 사망한 父 사이의 친생자관계존재확인을 구하는 소 불허.[36]
(2) 인지청구 등의 소에서 제소기간의 기산점이 되는 '사망을 안 날'은 사망이라는 객관적 사실을 아는 것을 의미하고, 사망자와 친생자관계에 있다는 사실까지 알아야 하는 것은 아니라고 해석함이 타당하다.[37]
(3) 인지의 소 확정판결에 의하여 일단 부와 자 사이에 친자관계가 창설된 이상, 재심의 소로 다투는 것은 별론으로 하고, 그 확정판결에 반하여 친생자관계부존재확인의 소로써 당사자 사이에 친자관계가 존재하지 않는다고 다툴 수는 없다.[38]
(4) 친생자관계 부존재확인의 소를 제기하여 그 친생자관계 부존재의 판결이 확정된 바 있다 하더라도 동 판결의 기판력은 이 사건 인지청구에는 미치지 아니한다.[39]
(5) 민법 제844조의 친생추정을 받는 자는 친생부인의 소에 의하여 그 친생추정을 깨뜨리지 않고서는 다른 사람을 상대로 인지청구를 할 수 없으나, 호적상의 부모의 혼인중의 자로 등재되어 있는 자라 하더라도 그 생부모가 호적상의 부모와 다른 사실이 객관적으로 명백한 경우에는 그 친생추정이 미치지 아니하므로, 그와 같은 경우에는 곧바로 생부모를 상대로 인지청구를 할 수 있다.[40]
(6) 민법 제860조는 본문에서 "인지는 그 자의 출생 시에 소급하여 효력이 생긴다."고 하면서 단서에서 "그러나 제3자의 취득한 권리를 해하지 못한다."라고 하여 인지의 소급효를 제한하고 있고, 민법 제1014조는 "상속개시 후의 인지 또는 재판의 확정에 의하여 공동상속인이 된 자가 상속재산의 분할을 청구할 경우에 다른 .공동상속인이 이미 분할 기타 처분을 한 때에는 그 상속분에 상당한 가액의 지급을 청구할 권리가 있다."라고 규정하고 있다. 그런데 혼인 외의 출생자와 생모 사이에는 생모의 인지나 출생신고를 기다리지 아니하고 자의 출생으로 당연히 법률상의 친자관계가 생기고, 가족관계등록부의 기재나 법원의 친생자관계존재확인판결이 있어야만 이를 인정할 수 있는 것이 아니다. 따라서 인지를 요하지 아니하는 모자관계에는 인지의 소급효 제한에 관한 민법 제860조 단서가 적용 또는 유추적용되지 아니하며, 상속개시 후의 인지 또는 재판의 확정에 의하여 공동상속인이 된 자의 가액지급청구권을 규정한 민법 제1014조를 근거로 자가 모의 다른 공동상속인이 한 상속재산에 대한 분할 또는 처분의 효력을 부인하지 못한다고 볼 수도 없다. 이는 비록 다른 공동상속인이 이미 상속재산을 분할 또는 처분한 이후에 모자관계가 친생자관계존재확인판결의 확정 등으로 비로소 명백히 밝혀졌다 하더라도 마찬가지이다.[41]

7 상속회복청구의 소

(1) 요건사실

> ❶ A가 이 사건 부동산을 소유하고 있었던 사실
> ❷ A가 사망한 사실
> ❸ A의 상속인으로 자 甲과 乙이 있는 사실
> ❹ 이 사건 부동산이 피고의 점유에 속하고 원고의 재산상속권이 침해된 사실

(2) 항변

① 甲이 상속권침해사실은 안 사실 및 그 날 + 위 날부터 3년이 경과한 사실
② A가 사망한 날 + 위 날부터 10년이 경과한 사실

> [참고]
> (1) 상속회복을 청구하는 자는 <u>자신이 상속권을 가지는 사실과 청구의 목적물이 상속개시 당시 피상속인의 점유에 속하였던 사실</u>뿐만 아니라, 나아가 <u>참칭상속인에 의하여 그의 재산상속권이 침해되었음을 주장·증명하여야 한다.</u>42)
> (2) 자신이 진정한 상속인임을 전제로 그 상속으로 인한 소유권 또는 지분권 등 재산권의 귀속을 주장하면서 참칭상속인 또는 참칭상속인으로부터 상속재산에 관한 권리를 취득하거나 새로운 이해관계를 맺은 제3자를 상대로 상속재산인 부동산에 관한 등기의 말소 등을 청구하는 경우에는, 그 소유권 또는 지분권이 귀속되었다는 주장이 상속을 원인으로 하는 것인 이상 그 청구원인 여하와 관계없이 이는 민법 제999조가 정한 상속회복청구의 소에 해당한다. 그리고 상속회복청구의 상대방이 되는 참칭상속

---

35) 인지청구권은 본인의 일신전속적인 신분관계상의 권리로서 포기할 수도 없으며 포기하였더라도 그 효력이 발생할 수 없는 것이고, 이와 같이 인지청구권의 포기가 허용되지 않는 이상 거기에 실효의 법리가 적용될 여지도 없다(대법원 2001.11.27. 선고 2001므1353 판결).
36) 대법원 1997.02.14. 선고 96므738 판결.
37) 대법원 2015.02.12. 선고 2014므4871 판결.
38) 대법원 2015.06.11. 선고 2014므8217 판결.
39) 대법원 1982.12.14. 선고 82므46 판결.
40) 대법원 2000.01.28. 선고 99므1817 판결.
41) 대법원 2018.06.19. 선고 2018다1049 판결. 〈사례〉A(母)는 B와 혼인하여 피고 乙을 출산한 다음, B와 이혼하고 C와 사실혼관계를 유지하며 원고 甲 등을 출산하였다. A가 2015. 1. 27. 사망하자, 피고 乙은 가족관계등록부에 자신만 자녀로 등록되어 있음을 기화로 단독 상속등기를 마치고 2015년 6월 25일 A의 상속재산인 부동산을 피고 丙에게 매도하고 피고 丙 앞으로 소유권이전등기를 마쳐주었다. 이후 원고 甲 등이 2016. 2. 12. 친생자관계존재확인청구의 소를 제기하여 2016. 7. 1. 인용판결이 확정되었다. 원고 甲 등은 피고 乙 명의의 상속등기 및 피고 丙 명의의 소유권이전등기 중 원고 甲 등 법정상속분 상당의 말소등기를 구하였다. 원심은 ① 상속개시 후 친자관계존재확인판결에 의하여 상속인으로 판명된 자가 발생한 경우 민법 제860조 단서를 적용하여야 하는 바 위 처분이 이에 해당하므로 ② 원고 등은 민법 제1014조의 '상속개시 후의 재판의 확정에 의하여 공동상속인이 된 자'에 해당한다면서, 피고 乙을 상대로 매매대금 상당의 가액지급청구권을 행사할 수는 있으나 피고 丙에게 소유권이 확정적으로 귀속된 부동산의 처분의 효력을 부인하지는 못한다는 이유를 들어 원고 甲 등의 청구를 기각하였다. 그러나 대법원은 판시와 같은 이유로 원심판결을 파기하고 사건을 원심에 환송하였다.

인은 정당한 상속권이 없음에도 재산상속인임을 신뢰케 하는 외관을 갖추고 있는 사람이나 상속인이라고 참칭하여 상속재산의 전부 또는 일부를 점유하는 사람을 가리키는 것이므로, 상속재산인 부동산에 관하여 공동상속인 중 1인 명의로 소유권이전등기가 경료된 경우, 그 등기가 상속을 원인으로 경료된 것이라면 등기명의인의 의사와 무관하게 경료된 것이라는 등의 특별한 사정이 없는 한 그 등기명의인은 재산상속인임을 신뢰케 하는 외관을 갖추고 있는 사람으로서 참칭상속인에 해당한다.

따라서 공동상속인 중 1인이 협의분할에 의한 상속을 원인으로 하여 상속부동산에 관한 소유권이전등기를 마친 경우에 그 협의분할이 다른 공동상속인의 동의 없이 이루어진 것으로 무효라는 이유로 다른 공동상속인이 그 등기의 말소를 청구하는 소 역시 상속회복청구의 소에 해당한다.[43]

(3) 상속개시 후 상속재산분할이 완료되기 전까지 상속재산으로부터 발생하는 과실(이하 '상속재산 과실'이라 한다)은 상속개시 당시에는 존재하지 않았던 것이다. 상속재산분할심판에서 이러한 상속재산 과실을 고려하지 않은 채, 분할의 대상이 된 상속재산 중 특정 상속재산을 상속인 중 1인의 단독소유로 하고 그의 구체적 상속분과 그 특정 상속재산의 가액과의 차액을 현금으로 정산하는 방법(이른바 대상분할의 방법)으로 상속재산을 분할한 경우, 그 특정 상속재산을 분할 받은 상속인은 민법 제1015조 본문에 따라 상속개시된 때에 소급하여 이를 단독소유한 것으로 보게 되지만, 그 상속재산 과실까지도 소급하여 그 상속인이 단독으로 차지하게 된다고 볼 수는 없다. 이러한 경우 그 상속재산 과실은 특별한 사정이 없는 한, 공동상속인들이, 수증재산과 기여분 등을 참작하여 상속개시 당시를 기준으로 산정되는 '구체적 상속분'의 비율에 따라, 이를 취득한다고 보는 것이 타당하다.[44]

8 유언무효확인의 소

(1) 청구취지

☞ 망 소외 A가 2020. 1. 3. 구수증서에 의하여 한 '유언자 소유의 별지 목록 기재 재산을 유언자의 배우자인 소외 B에게 모두 상속한다. 별지 목록에 기재되어 있지 않은 유언자의 기타 소유재산도 모두 소외 B에게 상속한다.'라는 취지의 유언이 무효임을 확인한다.

[참고]
(1) 법정된 요건과 방식에 어긋난 유언은 그것이 유언자의 진정한 의사에 부합되더라도 무효.[45]
(2) 자필증서 유언 중 날인, 주소, 작성연월일의 기재가 없는 경우 무효[46]
(3) 공정증서 유언의 경우 구수능력이 없는 경우 무효[47]
(4) 유증은 유언으로 수증자에게 일정한 재산을 무상으로 주기로 하는 단독행위로서 유증에 따라 보험계약자의 지위를 이전하는 데에도 보험자의 승낙이 필요하다.[48]
(5) 일단 유증을 하였더라도 유언자가 사망하기까지 수유자는 아무런 권리를 취득하지 않는다.[49]
(6) 유증의 포기는 사해행위취소의 대상이 되지 않음.[50]

---

42) 대법원 2011.07.28. 선고 2009다64635 판결.
43) 대법원 2014.01.23. 선고 2013다68948 판결.
44) 대법원 2018.08.30. 선고 2015다27132(본소),2015다27149(반소) 판결.

(7) 유증의 목적물이 유언자의 사망 당시에 제3자의 권리의 목적인 경우에는 그와 같은 제3자의 권리는 특별한 사정이 없는 한 유증의 목적물이 수증자에게 귀속된 후에도 그대로 존속하는 것으로 보아야 한다.51)

9 유류분반환청구

(1) 요건사실

❶ A가 이 사건 부동산을 소유하고 있던 사실
❷ A는 피고에게 이 사건 부동산을 무상으로 증여하는 계약을 체결한 사실
❸ A가 사망한 사실
❹ 원고가 A의 자인 사실
❺ A의 증여가 A의 사망 전 1년 이내인 사실
❻ 피고가 이 사건 부동산에 대하여 소유권이전등기를 마친 사실
❼ 원고가 피고에게 유류분반환청구의 의사표시를 한 사실

---

45) 민법 제1065조 내지 제1070조가 유언의 방식을 엄격하게 규정한 것은 유언자의 진의를 명확히 하고 그로 인한 법적 분쟁과 혼란을 예방하기 위한 것이므로, 법정된 요건과 방식에 어긋난 유언은 그것이 유언자의 진정한 의사에 합치하더라도 무효라고 하지 않을 수 없다(대법원 2014.10.06. 선고 2012다29564 판결).
46) 자필증서에 의한 유언은 민법 제1066조 제1항의 규정에 따라 유언자가 그 전문과 연월일, 주소, 성명을 모두 자서하고 날인하여야만 효력이 있다고 할 것이므로 유언자가 주소를 자서하지 않았다면 이는 법정된 요건과 방식에 어긋난 유언으로서 그 효력을 부정하지 않을 수 없고, 유언자의 특정에 아무런 지장이 없다고 하여 달리 볼 것도 아니다.(대법원 2014.10.06. 선고 2012다29564 판결).
47) 민법 제1068조에 정한 공정증서에 의한 유언은 유언자가 증인 2인이 참여한 공증인의 면전에서 유언의 취지를 구수하고 공증인이 이를 필기 낭독하여 유언자와 증인이 그 정확함을 승인한 후 각자 서명 또는 기명날인하여야 하는 것인바, 여기서 '유언취지의 구수'라고 함은 말로써 유언의 내용을 상대방에게 전달하는 것을 뜻하는 것으로서 이를 엄격하게 제한 해석하는 것이 원칙이므로 어떠한 형태이든 유언자의 구수는 존재하여야 하나, 실질적으로 구수가 이루어졌다고 보기 위하여 어느 정도의 진술이 필요한지는 획일적으로 정하기 어렵고 구체적인 사안에 따라 판단하여야 한다(대법원 2008.02.28. 선고 2005다75019,75026 판결).
48) 대법원 2018.07.12. 선고 2017다235647 판결.
49) 대법원 2015.08.19. 선고 2012다94940 판결.
50) 대법원 2019.01.17. 선고 2018다260855 판결.
51) 대법원 2018.07.26. 선고 2017다289040 판결.

[참고]
(1) 유류분반환청구권의 행사는 재판상 또는 재판 외에서 상대방에 대한 의사표시의 방법으로 할 수 있다. 그 의사표시는 침해를 받은 유증 또는 증여행위를 지정하여 이에 대한 반환청구의 의사를 표시하면 그것으로 충분하고, 그로 인하여 생긴 목적물의 이전등기청구권이나 인도청구권 등을 행사하는 것과는 달리 그 목적물을 구체적으로 특정하여야 하는 것은 아니다. 유류분권리자가 위와 같은 방법으로 유류분반환청구권을 행사하면 민법 제1117조 소정의 소멸시효 기간 안에 권리를 행사한 것이 된다. 한편 유류분권리자가 유류분반환청구권을 행사한 경우 그의 유류분을 침해하는 범위 내에서 유증 또는 증여는 소급적으로 효력을 상실하고, 상대방은 그와 같이 실효된 범위 내에서 유증 또는 증여의 목적물을 반환할 의무를 부담한다. 유류분반환청구권을 행사함으로써 발생하는 목적물의 이전등기청구권 등은 유류분반환청구권과는 다른 권리이므로, 그 이전등기청구권 등에 대하여는 민법 제1117조 소정의 유류분반환청구권에 대한 소멸시효가 적용될 여지가 없고, 그 권리의 성질과 내용 등에 따라 별도로 소멸시효의 적용 여부와 기간 등을 판단하여야 한다.52)

(2) 유류분반환의 범위는 상속개시 당시 피상속인의 순재산과 문제 된 증여재산을 합한 재산을 평가하여 그 재산액에 유류분청구권자의 유류분비율을 곱하여 얻은 유류분액을 기준으로 산정하는데, 증여받은 재산의 시가는 상속개시 당시를 기준으로 하여 산정하여야 한다. 다만 증여 이후 수증자나 수증자에게서 증여재산을 양수한 사람이 자기 비용으로 증여재산의 성상 등을 변경하여 상속개시 당시 가액이 증가되어 있는 경우, 변경된 성상 등을 기준으로 상속개시 당시의 가액을 산정하면 유류분권리자에게 부당한 이익을 주게 되므로, 이러한 경우에는 그와 같은 변경을 고려하지 않고 증여 당시의 성상 등을 기준으로 상속개시 당시의 가액을 산정하여야 한다.53)

(3) 민법 제1008조의2제1항은 "공동상속인 중에 상당한 기간 동거·간호 그 밖의 방법으로 피상속인을 특별히 부양하거나 피상속인의 재산의 유지 또는 증가에 특별히 기여한 자가 있을 때에는 상속개시 당시의 피상속인의 재산가액에서 공동상속인의 협의로 정한 그자의 기여분을 공제한 것을 상속재산으로 보고 제1009조 및 제1010조에 의하여 산정한 상속분에 기여분을 가산한 액으로써 그 자의 상속분으로 한다."라고 규정하고, 제2항은 "제1항의 협의가 되지 아니하거나 협의할 수 없는 때에는 가정법원은 제1항에 규정된 기여자의 청구에 의하여 기여의 시기·방법 및 정도와 상속재산의 액 기타의 사정을 참작하여 기여분을 정한다."라고 규정하며, 제3항은 "기여분은 상속이 개시된 때의 피상속인의 재산가액에서 유증의 가액을 공제한 액을 넘지 못한다."라고 규정하고, 제4항은 제2항의 규정에 의한 청구는 상속재산분할청구가 있거나 피인지자 등의 상속분상당가액지급청구가 있는 경우에 할 수 있다고 규정하고 있다.

한편 유류분과 관련하여, 민법 제1112조는 상속인의 유류분은 피상속인의 직계비속이나 배우자의 경우는 그 법정상속분의 2분의 1, 피상속인의 직계존속이나 형제자매의 경우는 그 법정상속분의 3분의 1이라고 규정하고 있고, 민법 제1113조 제1항은 "유류분은 피상속인의 상속개시시에 있어서 가진 재산의 가액에 증여재산의 가액을 가산하고 채무의 전액을 공제하여 이를 산정한다."라고 규정하고 있으며, 민법 제1118조는 "제1001조(대습상속), 제1008조(특별수익자의 상속분), 제1010조(대습상속분)의 규정은 유류분에 이를 준용한다."라고 규정하여 기여분에 관한 민법 제1008조의2를 유류분에 준용하고 있지 아니하다. 위와 같은 규정들에 비추어 보면, 기여분은 상속재산분할의 전제 문제로서의 성격을 가지는 것으로서,상속인들의 상속분을 일정 부분 보장하기 위하여 피상속인의 재산처분의 자유를 제한하는 유류분과는 서로 관계가 없다고 할 것이다. 따라서 공동상속인 중에 상당한 기간 동거·간호 그 밖의 방법으로 피상속인을 특별히 부양하거나 피상속인의 재산의 유지 또는 증가에 특별히 기여한 사람이 있을지라도 공동상속인의 협의 또는 가정법원의 심판으로 기여분이 결정되지 않은 이상 유류분 반환청구소송에서 자신의 기여분을 주장할 수 없음은 물론이거니와, 설령 공동상속인의 협의 또는 가정법원의 심판으로 기여분이 결정되었다고 하더라도 유류분을 산정함에 있어 기여분을 공제할 수 없고, 기여분으로 인하여 유류분에 부족이 생겼다고 하여 기여분에 대하여 반환을 청구할 수도 없다.[54]

(4) 19977년 개정 민법 시행(1979. 1. 1.) 전에 이행이 완료된 증여 재산이 유류분 산정을 위한 기초재산에서 제외된다고 하더라도, 위 재산은 당해 유류분 반환청구자의 유류분 부족액 산정 시 특별수익으로 공제되어야 한다.[55]

(5) 적법한 상속포기로 유류분반환청구권도 소멸한다.[56]

(6) 상속개시 전 유류분을 포함한 상속포기 약정은 무효.[57]

〈기초사례〉 K는 2000. 4.경 X아파트를 장남인 甲에게 증여하고, 甲 명의로 소유권이전등기를 마쳤다. K는 2013. 10.경 현금 1억 원을 A 장학재단에 기부하였고, 2014. 2. 1. Y건물을 B대학교에 기부하는 내용을 자필증서 유언장을 작성하였다.
암으로 투병 중이던 K가 2015. 10. 1. 사망하였고, K의 유언장이 국민은행 대여금고에서 발견되자 자신의 유류분이 침해되었음을 알게 된 K의 딸인 乙은 누구를 상대로 얼마의 유류분 반환을 구할 수 있는가? K에게 사망 당시 재산으로는 Y 건물이 있고, 상속인으로는 甲과 乙이 있다. K의 사망 당시 X 아파트와 Y 건물의 가액은 각 5억 원이고, K의 자필증서 유언장은 유효하게 작성되었다.

〈포인트〉
판례에 의하면 공동상속인에 대한 수십 년 전의 증여도 유류분산정의 기초재산에 산입된다. 상속인의 특별수익분은 1년 전 이전의 것도 유류분 산정의 기초재산에 산입되나, 공동상속인이 아닌 제3자에 대한 증여는 상속개시 1년 전에 행한 것에 한한다.
위 사례에서 K의 상속인으로는 직계비속인 甲과 乙이 있고, 아무런 재산을 상속받지 못한 乙은 자신의 상속분의 1/2에 해당하는 유류분을 받을 권리가 있으므로 乙의 유류분은 1/4(1/2 × 1/2)이다. 유류분 산정의 기초재산은 K의 사망 당시 가진 재산의 가액에 증여재산 가액을 가산하고 채무의 전액을 공제하는 방법으로 산정한다. 따라서 K가 甲에게 증여한 X아파트와 사망 당시 보유한 Y건물의 가액만이 유류분산정의 기초재산이 된다. K가 A 장학재단에 기부한 1억 원은 상속개시 1년 전의 것이므로 유류분 산정의 기초재산이 될 수 없다. 결국 유류분 산정의 기초재산의 가액은 10억 원이고, 乙은 2억 5,000만 원(10억 원 × 1/4)의 유류분이 있다.
증여 또는 유증이 복수인 경우 증여에 대하여는 유증을 반환받은 후가 아니면 반환을 청구할 수 없으므

---

52) 대법원 2015.11.12. 선고 2011다55092 판결.
53) 대법원 2015.11.12. 선고 2010다104768 판결.
54) 대법원 2015.10.29. 선고 2013다60753 판결.
55) 대법원 2018.07.12. 선고 2017다278422 판결.
56) 대법원 2012.04.16. 자 2011스191,192 결정.
57) 대법원 1998.07.24. 선고 98다9021 판결.
58) 대법원 2014.08.26. 선고 2012다77594 판결 : 유류분권리자가 유류분반환청구를 함에 있어 증여 또는 유증을

로(제1116조) 乙이 유류분반환을 청구하기 위하여는 먼저 유증을 받은 B 대학교에게 반환을 청구해야 하고, 그것으로 유류분 전부를 반환받을 수 없는 경우에 한하여 증여를 받은 甲에게 반환을 청구할 수 있다.[58]

다만 甲에 대하여 유류분반환을 구하는 경우에는 甲이 특별수익으로 취득한 5억 중 甲의 유류분 2억 5,000만 원을 공제한 2억 5,000만 원에 대해서만 반환을 구할 수 있다. 그런데 乙의 유류분액이 2억 5,000만 원이므로 Y건물을 유증받은 B 대학교가 유증받은 범위 내에서 2억 5,000만 원을 반환받을 수 있고, 甲에 대하여는 유류분반환을 청구할 수 없게 된다.

받은 다른 공동상속인이 수인일 때에는 각자 증여 또는 유증을 받은 재산 등의 가액이 자기 고유의 유류분액을 초과하는 상속인에 대하여 그 유류분액을 초과한 가액의 비율에 따라서 반환을 청구할 수 있다. 한편 민법 제1116조에 의하면, 유류분반환청구의 목적인 증여와 유증이 병존하고 있는 경우 유류분권리자는 먼저 유증을 받은 자를 상대로 유류분 침해액의 반환을 구하여야 하고, 그 이후에도 여전히 유류분 침해액이 남아 있는 경우에 한하여 증여를 받은 자에 대하여 그 부족분을 청구할 수 있다. 따라서 증여 또는 유증을 받은 재산 등의 가액이 자기 고유의 유류분액을 초과하는 수인의 공동상속인이 유류분권리자에게 반환하여야 할 재산과 그 범위를 정함에 있어서, 수인의 공동상속인이 유증받은 재산의 총 가액이 유류분권리자의 유류분 부족액을 초과하는 경우에는 그 유류분 부족액의 범위 내에서 각자의 수유재산을 반환하면 되는 것이지 이를 놓아두고 수증재산을 반환할 것은 아니다. 이 경우 수인의 공동상속인이 유류분권리자의 유류분 부족액을 각자의 수유재산으로 반환함에 있어서 분담하여야 할 액은 각자 증여 또는 유증을 받은 재산 등의 가액이 자기 고유의 유류분액을 초과하는 가액의 비율에 따라 안분하여 정하되, 그중 어느 공동상속인의 수유재산의 가액이 그의 분담액에 미치지 못하여 분담액 부족분이 발생하더라도 이를 그의 수증재산으로 반환할 것이 아니라, 다른 공동상속인들 중 자신의 수유재산의 가액이 자신의 분담액을 초과하는 공동상속인들이 위 분담액 부족분을 위 비율에 따라 다시 안분하여 그들의 수유재산으로 반환하여야 한다(대법원 2013.03.14. 선고 2010다42624,42631 판결 등 참조).

제23장 집행 관련 소송

민사실무 핵심 요건사실

〈강제집행절차에 관한 재판의 불복방법〉
(1) 소송 아닌 절차
   ① 즉시항고(특별규정이 있는 경우)
   ② 집행(방법)에 관한 이의(집행이의)
   ③ 집행문부여거부처분에 대한 채권자의 이의신청
   ④ 집행문부여에 대한 채무자의 이의신청
(2) 소송절차
   ① 채권자의 채무자에 대한 집행문부여의 소
   ② 채무자의 집행문부여에 대한 이의의 소
   ③ 채무자의 청구이의의 소
   ④ 제3자의 제3자 이의의 소
(3) 보전처분에 대한 불복절차
   ① 가압류·가처분결정에 대한 이의신청
   ② 가압류·가처분의 취소

〈강제집행절차에 있어서의 구제절차 개요〉

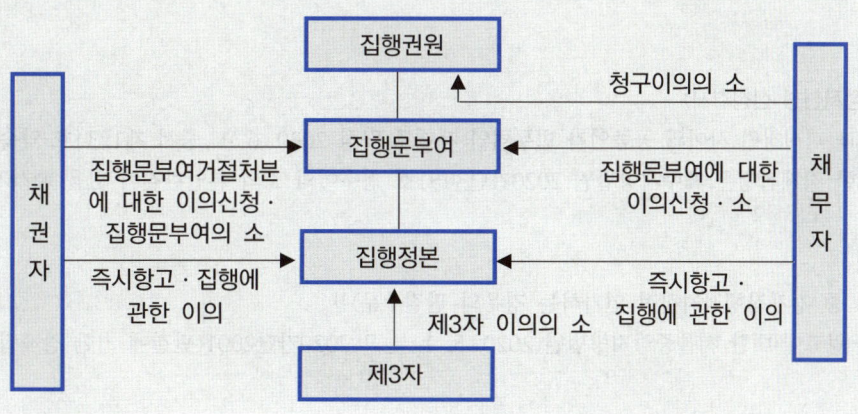

⟨집행관계소송의 의의⟩
(1) 집행기관의 집행행위가 집행법상 위법인 경우(위법집행)의 구제방법이 즉시항고와 집행에 관한 이의이고, 집행법상으로는 적법하나 실체법상 위법인 경우(부당집행)의 구제방법이 청구이의의 소와 제3자이의의 소이다.
(2) 이 구제방법 중 집행문부여에 대한 이의의 소, 청구이의의 소, 제3자이의의 소와 같이 집행채권의 존부나 집행대상재산의 권리귀속관계 등 실체상의 문제가 있어 별도의 소를 제기하여 구제를 받는 절차를 집행관계소송이라고 한다.
(3) 부당집행이 끝난 뒤에는 손해배상·부당이득의 문제가 남는다.

1 청구이의의 소

가. 요건사실

❶ 유효한 집행권원의 존재 : 집행권원인 확정판결의 존재
❷ 집행권원에 표시된 청구권의 전부 또는 일부가 소멸된 사실

나. 청구취지

⟨판결의 경우⟩
☞ 피고의 원고에 대한 서울중앙지방법원 2020. 5. 1. 선고 2020가합 279호 대여금청구사건의 확정판결에 기한 강제집행은 이를 불허한다.
⟨집행증서의 경우⟩
☞ 피고의 원고에 대한 공증인가 법무법인 제대로 2020. 6. 1. 작성 증서 2020년 제1234호 약속어음 공정증서에 기한 강제집행은 이를 불허한다.
⟨지급명령의 경우⟩
☞ 피고의 원고에 대한 서울중앙지방법원 2020. 3. 5.자 2020차2345 지급명령에 기한 강제집행을 불허한다.

⟨강제집행정지신청 신청취지⟩
☞ 신청인과 피신청인 사이의 공증인가 법무법인 제대로 작성 2020. 6. 1. 증서 제1234호 약속어음 공정증서에 기한 강제집행은 제주지방법원 2020가단3451호 청구이의 소의 본안판결이 있을 때까지 이를 정지한다.

⟨잠정처분 중 강제집행정지결정 인가하는 경우의 판결주문⟩[1])
1. 피고의 원고에 대한 서울중앙지방법원 2020. 5. 1. 선고 2020가단2001 판결에 기한 강제집행을 불허한다.
2. 이 법원이 2020카기2345호 강제집행정지 신청사건에 관하여 2020. 10. 1. 한 강제집행정지결정을 인

> 가한다.
> 3. 소송비용은 피고가 부담한다.
> 4. 제2항은 가집행할 수 있다.[2]

다. 주요 항변

(1) **본안전 항변**(직권조사사항) : 강제집행이 종료된 사실(소의 이익 흠결로 소각하)[3] → 부당이득반환청구, 손해배상청구 등으로 청구취지 변경

(2) **본안의 항변**

① 청구원인인 청구권 소멸사실로부터 발생하는 법률효과를 배척할 수 있는 사실(변제, 공탁금 부족 항변 등)

② 반사회질서, 권리남용 항변[4]

라. 청구이의의 소의 포인트

(1) 구별 :

청구이의의 소 : 채무자가 집행권원에 표시된 사법상의 청구권에 관하여 생긴 실체상의 사유를 내세워 그 집행권원이 가지는 추상적인 집행력 자체의 배제를 구하는 소(민집 제44조, 제57조, 제58조 제3항, 제59조 제3항).[5]

→ **미확정판결에 대한 불복인 상소와 구별.**

---

1) 별도로 강제집행정지결정이 없는 경우 판결선고를 하면서 직권으로 위와 같은 잠정처분을 함.
〈주문예시〉 이 판결이 확정될 때까지 제1항 기재 판결의 집행력 있는 정본에 기한 강제집행을 정지한다.
2) 청구기각의 경우 잠정처분 취소(→ 가집행선고 불가) 〈주문예시〉 이 법원이 2020카기2345호 강제집행정지 신청사건에 관하여 2020. 5. 1. 한 강제집행정지결정을 취소한다.
3) 부동산강제경매의 경우 배당절차가 종료되기 전까지는 청구이의의 소 제기 가능.
4) 확정판결의 기판력은, 법원이 당사자 간의 법적 분쟁에 관하여 판단하여 소송이 종료된 이상, 법적 안정성을 위해 당사자와 법원 모두 분쟁해결의 기준으로서 확정판결의 판단을 존중하여야 한다는 요청에 따라 인정된 것이다. 민사소송법은 확정판결을 그대로 유지할 수 없는 정도로 중대한 흠이 있는 예외적인 경우에만 확정판결을 취소하고 이미 종결된 사건을 다시 심판할 수 있도록 특별한 불복신청의 방법으로서 재심 제도를 두고 있다. **재심은 민사소송법이 열거하고 있는 사유가 있는 경우에 한하여**(민소법 제451조, 제452조), **일정한 기간 내에**(민소법 제456조, 다만 제457조의 예외가 있다) **별도로 소를 제기하는 방식으로만 허용된다. 따라서 확정판결에 따른 강제집행이 권리남용에 해당한다고 쉽게 인정하여서는 안 되고, 이를 인정하기 위해서는 확정판결의 내용이 실체적 권리관계에 배치되는 경우로서 그에 기초한 집행이 현저히 부당하고 상대방으로 하여금 집행을 받아들이도록 하는 것이 정의에 반함이 명백하여 사회생활상 용인할 수 없다고 인정되는 것과 같은 특별한 사정이 있어야 한다**(대법원 2018.03.27. 선고 2015다70822 판결).
5) 청구이의의 소는 집행권원이 가지는 집행력의 배제를 목적으로 하는 것으로서 판결이 확정되더라도 당해 집행권원의 원인이 된 실체법상 권리관계에 기판력이 미치지 않는다. 따라서 채무자가 채권자에 대하여 채무부담행위를 하고 그에 관하여 강제집행승낙문구가 기재된 공정증서를 작성하여 준 후, 공정증서에 대한 청구이의의 소를 제기하지 않고 공정증서의 작성원인이 된 채무에 관하여 채무부존재확인의 소를 제기한 경우, 그 목적이 오로지 공정증서의 집행력 배제에 있는 것이 아닌 이상 청구이의의 소를 제기할 수 있다는 사정만으로 채무부존재확인소송이 확인의 이익이 없어 부적법하다고 할 것은 아니다(대법원 2013.05.09. 선고 2012다108863 판결).

→ 집행권원이 가지는 집행력 자체의 배제를 구하는 것이 아니라 집행권원(기판력) 자체를 배제시키는 **재심**과 **구별**.[6]
→ 이미 집행된 개개의 구체적인 집행행위의 불허를 구하는 **제3자이의**의 소와 **구별**.
→ 이미 개시된 구체적 집행절차를 전제로 하는 **집행에 대한 이의**와도 **구별**
→ 전체로서 집행력의 배제를 목적으로 하는 것이므로 여러 압류 부동산 중 일부만을 배제시킬 목적의 청구이의 불가.

(2) 적용범위

☞ 모든 종류의 집행권원에 대하여 인정됨.
→ 확정판결, 조정·화해조서, 지급명령, 이행권고결정, 집행증서,[7] 부동산인도명령, 소송비용액 확정결정, 간접강제결정[8] 등.
→ 외국중재판정에 집행판결을 받은 경우에도 이 소의 적용대상임.[9]
☞ 다음과 같은 경우는 본소 적용이 배제됨.
→ 집행력이 없는 확인판결이나 형성판결
→ 담보권실행을 위한 경매(임의경매)[10]
→ 가집행선고 있는 판결[11]

---

[6] 민사소송법 제461조에 의하여 준용되는 같은 법 제451조의 재심은 확정된 종국판결에 재심사유에 해당하는 중대한 하자가 있는 경우에 그 판결의 취소와 이미 종결된 소송을 부활시켜 재심판을 구하는 비상의 불복신청방법으로서 확정된 종국판결이 갖는 기판력, 형성력, 집행력 등 판결의 효력의 배제를 주된 목적으로 하는 것이다. 그러므로 기판력을 가지지 아니하는 **확정된 이행권고결정**에 설사 재심사유에 해당하는 하자가 있다고 하더라도 이를 이유로 민사소송법 제461조가 정한 준재심의 소를 제기할 수는 없고, **청구이의의 소를 제기하거나** 또는 전체로서의 강제집행이 이미 완료된 경우에는 **부당이득반환청구의 소** 등을 제기할 수 있을 뿐이다(대법원 2009.05.14. 선고 2006다34190 판결).

[7] 집행증서상의 채무자는 청구이의의 소 외에 채무부존재확인의 소를 제기할 수도 있고, 집행증서 성립의 무효를 주장하는 경우에는 증서의 진정여부를 확인하는 소도 제기할 수 있다. 〈참고〉 청구이의의 소는 집행권원이 가지는 집행력의 배제를 목적으로 하는 것으로서 판결이 확정되더라도 당해 집행권원의 원인이 된 실체법상 권리관계에 기판력이 미치지 않는다. 따라서 채무자가 채권자에 대하여 채무부담행위를 하고 그에 관하여 강제집행승낙문구가 기재된 공정증서를 작성하여 준 후, 공정증서에 대한 청구이의의 소를 제기하지 않고 공정증서의 작성원인이 된 채무에 관하여 채무부존재확인의 소를 제기한 경우, 그 목적이 오로지 공정증서의 집행력 배제에 있는 것이 아닌 이상 청구이의의 소를 제기할 수 있다는 사정만으로 채무부존재확인소송이 확인의 이익이 없어 부적법하다고 할 것은 아니다(대법원 2013.05.09. 선고 2012다108863 판결).

[8] 다만, 부작위채무에 대한 간접강제결정의 집행력 배제를 구하는 청구이의의 소에서 채무자에게 부작위의무위반이 없었다는 주장을 청구이의사유로 내세울 수 없다(대법원 2012.04.13. 선고 2011다92916 판결).

[9] **외국 중재판정**은 확정판결과 동일한 효력이 있어 기판력이 있으므로 대상이 된 청구권의 존재가 확정되고, **집행판결**을 통하여 집행력을 부여받으면 우리나라 법률상의 강제집행절차로 나아갈 수 있게 된다. 집행판결은 변론종결시를 기준으로 하여 집행력의 유무를 판단하는 재판이므로, 중재판정의 성립 이후 집행법상 청구이의의 사유가 발생하여 중재판정문에 터잡아 강제집행절차를 밟아 나가도록 허용하는 것이 우리나라 법의 기본적 원리에 반한다는 사정이 집행재판의 변론과정에서 드러난 경우에 법원은 외국중재판정의 승인 및 집행에 관한 유엔협약 제5조 제2항 (b)호의 공공질서 위반에 해당하는 것으로 보아 중재판정의 집행을 거부할 수 있다(대법원 2018.12.13. 선고 2016다49931 판결).

[10] 담보권의 부존재와 소멸은 **경매개시결정에 대한 이의사유**가 되고, 피담보채무의 존재나 담보권의 효력을 다투는 소송은 **채무부존재확인소송**이나 **저당권설정등기말소소송** 등 채무이의의 소로 해결할 수 있다.

[11] 상소에 의하여 다툴 수 있으므로 확정된 후가 아니면 이 소를 제기할 수 없다.

→ 가압류·가처분명령12)
→ 의사의 진술을 명한 재판13)
→ 대체집행의 수권결정(민집 제260조 제1항)14)
→ 검사의 집행명령
→ 구체적 집행처분의 취소15)

(3) 이의사유

☞ 집행권원이 확정판결 등과 같이 **기판력이 있는 경우** : 확정판결의 변론이 종결된 뒤에 생긴 이의사유의 존재16)
→ 청구권의 소멸사유 : 변제, 대물변제, 상계, 공탁, 更改, 소멸시효의 완성, 면제, 포기, 착오·사기·강박에 의한 취소, 화해, 이행불능, 계약해제, 해제조건의 성취 등 집행권원에 표시된 청구권의 소멸로 그 집행력의 배제를 구할 이유가 될 사실. 채권양도, 채권의 압류 및 전부, 면책적 채무인수 등 청구권의 귀속주체의 변동의 경우에도 청구이의사유가 됨.
→ 청구권의 행사를 저지할 수 있는 이유 : 기한의 유예, 정지조건, 파산·개인회생·회생절차에서의 면책 등 청구권의 효력정지 또는 제한사유. 不執行의 합의, 집행신청취하의 합의
☞ 변론종결 전에 생긴 사유
→ 변론종결 전에 취소, 해제의 원인이 있었으나 변론종결 후에 취소, 해제의 의사표시를 한 경우 청구이의 사유가 되지 않음.
→ 변론종결 전에 상계적상에 있었으나 변론종결 후에 상계의 의사표시를 한 경우에는 청구이의사유, 건물매수청구권의 경우도 동일.
→ 변론종결 전에 소멸시효가 완성되었음에도 불구하고 변론종결 후에 시효완성을 주장한 경우 청구이의사유가 되지 않음.
☞ 집행권원이 집행증서, 지급명령, 이행권고결정과 같이 **기판력이 없는 경우** : 집행권원발령 **전**의 청구권의 불성립이나 무효도 이의이유가 됨.
☞ 집행력 있는 판결정본을 가진 채권자에 대한 배당에 관하여 이의한 경우 → 배당이의의 소가 아닌 청구이의의 소로.
☞ 이의사유가 여러 개인 때에는 동시에(동일 소송에서) 주장17) → 제2심의 변론종결시까지 이의사유를 추가할 수 있음.

---

12) 별도로 이의나 사정변경에 의한 취소신청이 인정되므로 이 소를 제기할 수 없다.
13) 확정과 동시에 집행이 종료되므로 이 소를 제기할 수 없다.
14) 수권결정이 아닌 기본 집행권원에 대하여 다투어야 한다. 그러나 민사집행법 제260조 제2항에 의한 수거비용지급명령은 이 소가 적용된다.
15) 청구이의의 소는 집행권원의 집행력자체의 배제를 구하는 것이므로 이미 집행된 개개의 집행행위의 불허를 구하는 것은 부적법하다.
16) 변론종결 후의 사유라면 항소를 제기하지 않고 판결확정 후 청구이의의 소를 제기할 수도 있다.
17) 전소와 다른 이의사유를 내세워 동일한 집행권원에 대하여 청구이의의 소를 제기한 경우 전소가 계속 중이면 중복제소가 되고, 전소가 확정되었다면 전소 기판력에 저촉된다.

마. 소송절차

(1) 소의 제기

① 집행권원이 성립하여 유효하게 존속하는 이상 그 집행권원에 기한 강제집행이 개시될 위험이 있으므로 언제라도 제기할 수 있으나, 강제집행이 이미 완료되어 채권자가 권리의 만족을 얻은 뒤에는 집행 불허를 구할 이익이 없음. → 이때에는 부당이득반환청구나 손해배상청구의 소 제기

② 부동산강제경매의 경우 배당절차가 종료되기 전까지는 소 제기[18]

☞ 청구이의의 소 계속 중 **전부명령 확정** → 소의 이익 흠결, 각하(손해배상청구로 청구변경)

☞ **추심명령은 확정**되더라도 추심 후 배당절차가 종료된 때에 집행 종료.

(2) 당사자적격

① 원고 : 집행권원 또는 집행문에 표시된 채무자이거나 그 승계인 또는 그 집행권원의 효력을 받는 의무자. 집행채무자의 채권자가 채권자대위권에 기하여 청구이의의 소를 제기할 수 있음.

② 피고 : 집행권원 또는 집행문에 표시된 채권자나 그 승계인 또는 그 집행권원의 효력을 받는 권리자

(3) 관할법원(전속관할)

① 확정판결 : 제1심 판결법원
② 소송상 화해조서, 조정조서, 인낙조서 등 : 제1심 수소법원[19]
③ 지급명령 : 그 명령을 발한 법원
④ 집행증서 : 채무자의 보통재판적이 있는 곳(채무자의 주소지)의 지방법원
⑤ 가사조정조서나 가사판결 : 가정법원의 전속관할

(4) 대리
판결절차의 대리인이 강제집행절차에서 대리권을 갖는다고 하여(민소법 제90조) 청구이의의 대상인 판결의 소송절차에서 소송대리인이 당연히 청구이의의 소의 소송대리권이 있는 것은 아님. → 판결의 소송절차와 달리 새로이 대리인을 선임하여야 함.

(5) 소송물
집행력의 배제를 구하는 1개의 이의권 → 이의사유가 여러 개라도 소송물은 1개(이의사유는 공격방법)

(6) 증명책임
원고인 채무자가 청구원인인 권리소멸 등의 사실에 대한 증명책임[20] → 피고는

---

18) ☞ 부동산강제경매절차 : 경매개시결정 → 매각허가결정 → 매각대금 완납 → 배당
매각대금 완납 후에는 집행이의 또는 즉시항고 등을 제기할 수 없고 집행취소신청도 할 수 없다.
→ 매수인의 소유권취득의 효력을 부인할 수 없다. 그러나 배당절차가 종료되기 전까지는 청구이의의 소를 제기할 수 있다.
19) 항소심인 고등법원에서 화해가 성립된 경우에도 청구이의의 소는 그 소송사건의 제1심 법원이 관할한다.
20) 확정된 지급명령에 대한 청구이의 소송에서 원고가 피고의 채권이 성립하지 아니하였음을 주장하는 경우에는 피고에게 채권의 발생원인 사실을 증명할 책임이 있고, 원고가 그 채권이 통정허위표시로서 무효라거나 변제에 의하여 소멸되었다는 등 권리 발생의 장애 또는 소멸사유에 해당하는 사실을 주장하는 경우에는 원고에게 그 사실을 증명할 책임이 있다(대법원 2010.06.24. 선고 2010다12852 판결).

청구권 소멸사실로부터 발생하는 법률효과를 배척할 수 있는 사실에 대한 항변.
(7) **판결과 잠정처분** : 청구이의의 소는 강제집행의 개시 및 속행에 영향이 없으므로(민집 제46조 제1항) 채무자가 강제집행의 속행을 저기하기 위해서는 청구이의의 소를 제기한 후 법원으로부터 강제집행의 정지를 명하는 잠정처분을 받아 집행기관에 이를 제출하여야 함.[21] → 일반적 가처분의 방법에 의한 강제집행정지 불허.

2 제3자이의의 소

가. 요건사실

❶ 집행권원에 기하여 (구체적인) 특정 물건에 대한 집행행위가 개시된 사실[22]
❷ 집행 목적물에 대하여 원고가 소유권을 가지거나 목적물의 양도나 인도를 막을 수 있는 권리가 있는 사실

나. 청구취지

☞ 피고의 원고에 대한 서울중앙지방법원 2020. 9. 1. 선고 2020가합2343호 손해배상청구사건의 판결의 집행력 있는 정본에 기하여 2020. 10. 1. 별지목록 기재 물건에 대하여 한 강제집행은 이를 불허한다.[23]

〈가압류 등 보전집행인 경우〉[24]
☞ 피고가 소외 A에 대한 서울중앙지방법원 2020카단12381호 가압류결정 정본에 기하여 A의 한국토지공사에 대한 별지 목록 기재 부동산에 관한 소유권이전등기청구권에 대하여 한 가압류집행을 불허한다.

〈강제집행정지신청 신청취지〉
☞ 상대방이 신청외 A에 대한 공증인가 법무법인 제대로 작성 2020. 6. 1. 증서 제1234호 약속어음 공정증서에 기하여 2020. 6. 1. 제주지방법원 소속 집행관에게 위임하여 별지목록 기재 유체동산에 대하여 실시한 강제집행은 제주지방법원 2020가단3451호 제3자이의 소의 본안판결시까지 이를 정지한다.

〈잠정처분 중 강제집행정지결정 인가하는 경우의 판결주문〉
☞ 1. 피고가 소외 A에 대한 제주지방법원 2020. 4. 1. 선고 2018가단15830 판결의 집행력 있는 정본에

---

21) 민사집행법 제46조 제2항의 잠정처분은 확정판결 또는 이와 동일한 효력이 있는 집행권원의 실효를 구하거나 집행력 있는 정본의 효력을 다투거나 목적물의 소유권을 다투는 구제절차 등에서 수소법원이 종국판결을 선고할 때까지 잠정적인 처분을 하도록 하는 것으로서, 청구이의 판결 등의 종국재판이 해당 물건에 대한 강제집행을 최종적으로 불허할 수 있음을 전제로 강제집행을 일시정지시키는 것이다. 따라서 승소하더라도 그와 같은 효력이 인정되지 않는 채무부존재확인의 소를 제기한 것만으로는 위 조항에 의한 잠정처분을 할 요건이 갖추어졌다고 할 수 없다(대법원 2015.01.30. 자 2014그553 결정).
22) 금전채권이나 비금전채권에 기초한 강제집행, 유체동산, 부동산, 채권집행에 대하여도 제3자이의의 소를 제기할 수 있고, 담보권실행을 위한 경매절차에서도 이 소를 제기할 수 있다.

기하여 2018. 6. 1. 별지 목록 기재 물건에 대하여 한 강제집행을 불허한다.
2. 이 법원이 2020카기9468 강제집행정지 신청사건에 관하여 2020. 6. 1. 한 강제집행정지결정을 인가한다.
3. 소송비용은 피고가 부담한다.
4. 제2항은 가집행할 수 있다.

다. 주요 항변

(1) **본안전 항변** : 강제집행이 개시되지 아니하였거나 종료된 사실
☞ 집행종료(배당절차) 종료 이전에 잠정처분을 받지 않음에 따라 소송계속 중에 집행이 종료된 경우[25] → 소의 이익 흠결(소각하) → 부당이득반환청구나 손해배상청구로 소 변경
(2) **본안의 항변** : 반사회질서, 권리남용 항변

〈포인트〉
(1) 집행의 목적물에 대하여 제3자가 소유권을 가지거나 목적물의 양도 또는 인도를 막을 수 있는 권리를 가진 때 제3자가 이를 침해하는 채권자의 강제집행에 대하여 이의를 주장하여 집행의 배제를 구하는 소(민집 제48조).
→ 강제집행이 **종료된 후에** 제3자이의의 소가 제기되거나 또는 제3자이의의 소가 제기된 당시 존재하였던 **강제집행이 소송 계속 중 종료된 경우**에는 소의 이익이 없어 부적법.
→ 매각절차가 종료되었다고 하더라도 **배당절차가 종료되지 않은 이상** 제3자이의의 소는 여전히 소의 이익이 있음.
(2) 이 소는 제3자의 재산에 대한 침해 가능성이 있는 한 모든 재산권을 대상으로 하는 집행에 대하여 적용됨.
→ 대상이 유체동산이든 부동산이든 채권 기타 재산권이든 묻지 아니함.[26]
→ 본집행은 물론 **가집행도** 대상이 됨.
→ **가압류** 또는 가처분명령에 기한 집행에 대하여도 적용.[27]
→ 금전채권의 집행이든 비금전채권의 집행이든 불문하고 제기할 수 있음.

---

23) 이 소는 제3자의 집행목적물에 대한 소유권의 존부를 확정하는 것이 아니라 특정재산에 대한 구체적 집행을 배제하려는 것일 뿐이므로 청구이의의 소와 같이 집행권원 자체의 집행력의 배제를 구할 수 없다.
24) 당해 가압류의 효력이 존속하는 한 제3자이의의 소를 제기할 수 있음. 가압류집행에 대하여 제3자이의의 소가 제기되고 있는 동안 가압류가 본압류로 이행한 때에는 원고는 본집행(강제집행)의 배제를 구하는 소로 변경.
25) 제3자이의의 소는 강제집행의 목적물에 대하여 소유권이나 양도 또는 인도를 저지하는 권리를 가진 제3자가 그 권리를 침해하여 현실적으로 진행되고 있는 강제집행에 대하여 이의를 주장하고 집행의 배제를 구하는 소이므로, 당해 강제집행이 종료된 후에 제3자이의의 소가 제기되거나 또는 제3자이의의 소가 제기된 당시 존재하였던 강제집행이 소송 계속 중 종료된 경우에는 소의 이익이 없어 부적법하다. 물건에 대한 매각절차는 종료되었으나 배당절차는 아직 종료되지 아니한 경우, 경매목적물의 매수인이 유효하게 소유권을 취득한다면 경매절차에서 집행관이 영수한 매득금은 경매목적물의 대상물로서 제3자이의의 소에서 승소한 자가 그 대상물에 대하여 권리를 주장할 수 있다고 할 것이므로, 매각절차가 종료되었다고 하더라도 배당절차가 종료되지 않은 이상 제3자이의의 소는 여전히 소의 이익이 있다(대법원 1997.10.10. 선고 96다49049 판결).

→ 청구이의의 소와 달리 담보권실행을 위한 **임의경매절차**에서도 본소를 제기할 수 있음.
→ 국세나 지방세 체납처분으로서 납세자가 아닌 제3자의 재산에 대하여 압류한 경우 과세관청을 상대로 **압류처분무효확인**의 소를 제기하여야 하고 이 소를 제기할 수 없음.
(3) 제3자이의의 소 계속 중 그 집행목적물에 대한 원고의 소유권취득원인이 사해행위에 해당할 경우 피고는 채권자취소권을 행사하여 원인행위의 취소를 구하는 반소를 제기할 수 있음.

라. 제3자의 권리(이의원인)28)

(1) 제3자의 권리는 집행채권자에게 대항할 수 있는 것이어야 하므로 단순히 매매로 인한 **소유권이전등기청구권**만을 취득한 제3자는 이 소를 제기할 수 없음.
→ 제3자 앞으로 등기 또는 인도 등 물권변동의 성립요건을 갖추고 있어야 함.
→ 채권의 경우 양도통지 등 대항요건을 갖추고 있어야 함.
(2) **등기를 마친 소유자**라고 하더라도 예외적으로 그 소유권취득을 집행채권자에게 대항할 수 있는 특별한 사유가 있는 경우에만 이를 제기할 수 있음.29)
→ 부동산가압류 후에 그 부동산을 양수한 제3취득자가 피보전채권을 변제한 경우30)
→ 압류 후에 소유권을 취득한 제3자는 집행채권이 변제 기타 사유로 소멸된 경우에도 청구이의의 소에 의하여 집행권원의 집행력이 배제되지 아니한 이상 그 경매개시결정은 취소될 수 없고 제3자이의 소 불가.31)

---

26) 제3자이의의 소는 모든 재산권을 대상으로 하는 집행에 대하여 적용되는 것이므로, 금전채권에 대하여 압류 및 추심명령이 있은 경우에 집행채무자 아닌 제3자가 자신이 진정한 채권자로서 자신의 채권의 행사에 있어 압류 등으로 인하여 사실상 장애를 받았다면 그 채권이 자기에게 귀속한다고 주장하여 집행채권자에 대하여 제3자이의의 소를 제기할 수 있다(대법원 1997.08.26. 선고 97다4401 판결).
27) 당해 가압류가 존속하는 한 제3자이의의 소를 제기할 수 있다.
28) 제3자이의의 소의 원고적격은 강제집행의 목적물에 대하여 양도 또는 인도를 막을 권리가 있다고 주장하는 제3자에게 있고, 여기서 제3자는 집행권원 또는 집행문에 채권자, 채무자 또는 그 승계인으로 표시된 사람 이외의 사람을 말한다. 그리고 집행의 채무자가 누구인지는 집행문을 누구에 대하여 내어 주었는지에 의하여 정하여지고, 집행권원의 채무자와 동일성이 없는 사람 등 집행의 채무자적격을 가지지 아니한 사람이라도 그에 대하여 집행문을 내어 주었으면 집행문부여에 대한 이의신청 등에 의하여 취소될 때까지는 그 집행문에 의한 집행의 채무자가 된다(대법원 2016.08.18. 선고 2014다225038 판결).
29) 제3자이의의 소는 이미 개시된 집행의 목적물에 대하여 소유권 또는 목적물의 양도나 인도를 막을 수 있는 권리를 주장함으로써 그에 대한 집행의 배제를 구하는 소이므로 그 소의 원인이 되는 권리는 집행채권자에게 대항할 수 있는 것이어야 하고, 그 대항 여부는 그 권리의 취득과 집행의 선후에 의하여 결정되는 것이 보통이므로 그 권리가 집행 당시에 이미 존재하여야 하는 것이 일반적이라고 할 것이지만, 집행 후에 취득한 권리라고 하더라도 특별히 권리자가 이로써 집행채권자에게 대항할 수 있는 경우라면 그 권리자는 그 집행의 배제를 구하기 위하여 제3자이의 소를 제기할 수 있다(대법원 2014.10.27. 선고 2012다76744 판결).
30) **가압류된 부동산을 취득한 자**는 채무자를 대위하여 그 피보전채권을 변제함으로써 그 채권자에 대하여 가압류의 제한을 받지 아니하는 완전한 소유권을 주장할 수 있으므로 강제집행에 대하여 이의를 주장할 수 있는 법률상 이유가 있다 할 것이나 이를 이유로 제3자 이의소송을 제기한 경우에 있어서 당사자의 신청에 의하여 강제집행 정지를 명함에 있어서는 피보전채권에 대한 변제사실의 소명이 있음을 요한다(대법원 1982.09.30. 자 82그19 결정).
31) **강제집행 개시결정 후 소유권을 취득한 제3자**는 집행채권이 변제 기타사유로 소멸된 경우에도 청구에 관한 이의의 소에 의하여 집행권원의 집행력이 배제되지 아니한 이상 그 경매개시 결정은 취소 될 수 없고 그 결정이 취소

(3) 공유자 중 1인에 대한 집행권원으로 공유물 전부에 대하여 집행하는 경우 다른 공유자는 이 소를 제기할 수 있음.
(4) 동산의 양도담보권자는 가등기담보법이 적용되는지 여하에 따라 달라짐.
   → **가등기담보법이 적용되는 경우** 양도담보설정자에게 소유권이 있고, 양도담보권자는 일종의 담보물권자로 취급됨.
   → 양도담보권자의 일반채권자가 목적물을 압류한 경우 : 양도담보설정자는 소유자로서 제3자이의의 소 가능
   → 양도담보설정자의 일반채권자가 목적물을 압류한 경우 : 양도담보권자는 소유자로서 제3자이의의 소 불가
   → **가등기담보법이 적용되지 않는 경우** 양도담보권자에게 소유권이 신탁적으로 이전됨.
   → 양도담보권자의 일반채권자가 목적물을 압류한 경우 : 양도담보설정자는 소유자로서 제3자이의의 소 불가
   → 양도담보설정자의 일반채권자가 목적물을 압류한 경우 : 양도담보권자는 소유자로서 제3자의의 소 가능
   → **동산양도담보의 경우**32) 양도담보권자는 제3자에 대하여 소유권을 주장할 수 있으므로 그 목적물에 대하여 설정자의 일반채권자가 집행을 한 경우에는 이 소를 제기할 수 있다.
(5) 집행목적물이 집행채무자의 소유가 아닌 경우에는 집행채무자와의 사이에 임대차, 위임, 임치 등의 계약관계에 기하여 채무자에 대하여 목적물의 반환을 구하는 **채권적 청구권을 가지고 있는 제3자**도 이 소를 제기할 수 있음.33)
(6) **명의신탁자는 신탁부동산에 관하여 제3자이의의 소를 제기할 수 없음.**34)
   → 양자 간 등기명의신탁 : 소유권이 신탁자에게 있으나 신탁자가 신탁무효를 들어 제3자인 집행채권자에게 대항할 수 없으므로 제3자이의의 소 불허35)
   → 제3자간 등기명의신탁 : 소유권이 매도인에게 있음
   → 계약명의신탁 : 매도인이 악의인 경우 소유권이 매도인에게 있고, 매도인이 선의인 경우 소유권이 수탁자에게 있음
(7) 민법상 조합에서 조합의 채권자가 조합재산에 대하여 강제집행을 하려면 **조합원 전원에 대한 집행권원을 필요로 함.**36)

되지 않는 동안에는 집행채권이 변제되었다는 사유만으로 소유권을 집행채권자에게 대항할 수 없으므로 제3자이의의 소에 의하여 그 강제집행의 배제를 구할 수 없다(대법원 1982.09.14. 선고 81다527 판결).
32) 가등기담보법은 부동산에 대하여만 적용되고, 동산의 경우에는 적용되지 아니한다.
33) 대법원 2013.03.28. 선고 2012다112381 판결.
34) 수탁자를 채무자로 하는 강제집행에서 명의신탁자가 제3자로서 제3자이의의 소를 제기할 수 있는지 문제되는 경우는 양자 간 등기명의신탁에 한한다.
35) 〈명의신탁이 허용되는 종중명의신탁의 경우〉 부동산을 명의신탁한 경우에는 소유권이 대외적으로 수탁자에게 귀속하므로 명의신탁자는 신탁을 이유로 제3자에 대하여 그 소유권을 주장할 수 없고 특별한 사정이 없는 한 신탁자가 수탁자에 대해 가지는 명의신탁해지를 원인으로 한 소유권이전등기청구권은 집행채권자에게 대항할 수 있는 권리가 될 수 없으므로 결국 명의신탁자인 종중은 명의신탁된 부동산에 관하여 제3자이의의 소의 원인이 되는 권리를 가지고 있지 않다(대법원 2007.05.10. 선고 2007다7409 판결).

(8) 유체동산집행의 경우 **점유권자**는 직접점유, 간접점유를 불문하고 점유가 방해되는 한 이 소를 제기할 수 있으나, 부동산강제경매의 경우 제3자의 점유권은 이의원인이 되지 않음.
(9) 점유이전금지가처분의 경우 간접점유자에 불과한 소유자는 제3자이의 소를 제기할 수 없음.37)
(10) 저당권자, 전세권자(전세기간이 만료된 전세권), 확정일자를 갖춘 주택·상가건물 임차권자는 이 소를 제기할 수 없음.38)

마. 소송절차

(1) 소의 제기 : 목적물에 대한 개별집행이 완료한 후에는 소의 이익이 없게 되어 집행개시 후 종료 전에 강제집행정지결정(잠정처분)을 받고 본소송을 제기해야 함.
→ 본소를 제기하지 아니하고 잠정처분만 신청할 수 없음.

(2) 당사자적격
① **원고** : 강제집행의 목적물에 대하여 양도 또는 인도를 저지할 권리가 있음을 주장하는 제3자 (제3자의 채권자도 제3자를 대위하여 본소를 제기할 수 있음)39)
② **피고** : 목적물에 대하여 집행을 하는 압류채권자
③ **집행채무자** : 원칙적으로 원고나 피고가 될 수 없으나 채무자가 집행 목적물의 귀속 또는 목적물에 대한 제3자의 권리의 존부를 다투는 때에는 제3자는 채권자와 채무자를 공동피고로 하여 자기에게 소유권이 있다는 확인의 소를 병합 제기할 수 있음.
④ **한정승인을 한 상속인** : 자기의 고유재산에 대하여 집행을 받은 경우 유한책임이 있다는 것이 집행권원상 명백한 경우에는 이 소를 제기할 수 있음.

(3) 관할법원(전속관할) : 집행법원의 전속관할.40)
→ 대체집행의 경우 대체집행결정을 한 수소법원이 아니고 대체집행을 실시할 강제집행의 목적물 소재지를 관할하는 지방법원
→ 부동산가압류, 채권가압류, 부동산처분금지가처분의 경우 보전처분을 한 법원

---

36) 조합재산에 대한 강제집행의 보전을 위한 가압류의 경우에도 마찬가지로 조합원 전원에 대한 가압류명령이 있어야 하므로, 조합원 중 1인만을 가압류채무자로 한 가압류명령으로써 조합재산에 가압류집행을 할 수는 없다(대법원 2015.10.29. 선고 2012다21560 판결).
37) 대법원 2002.03.29. 선고 2000다33010 판결.
38) 매각대금에서 우선변제를 받으면 됨.
39) 제3자란 집행권원 또는 집행문에 채권자, 채무자 또는 그의 승계인으로 표시된 자 이외의 자를 말하며, 승계집행문으로 인하여 피고의 승계인으로 표시된 자가 그 집행권원의 집행력의 배제를 구하는 소는 제3자이의의 소가 아니다. 〈참고〉 제3자이의의 소의 **원고적격**은 강제집행의 목적물에 대하여 양도 또는 인도를 막을 권리가 있다고 주장하는 제3자에게 있고, 여기서 제3자는 집행권원 또는 집행문에 채권자, 채무자 또는 그 승계인으로 표시된 사람 이외의 사람을 말한다. 그리고 집행의 채무자가 누구인지는 집행문을 누구에 대하여 내어 주었는지에 의하여 정하여지고, 집행권원의 채무자와 동일성이 없는 사람 등 집행의 채무자적격을 가지지 아니한 사람이라도 그에 대하여 집행문을 내어 주었으면 집행문부여에 대한 이의신청 등에 의하여 취소될 때까지는 집행문에 의한 집행의 채무자가 된다(대법원 2016.08.18. 선고 2014다225038 판결).
40) 소송목적의 값에 따라 집행법원이 있는 곳을 관할하는 지방법원의 합의부 또는 단독판사의 관할로 된다.

(4) **심리** : 심리절차는 통상의 판결절차에 따르며, 본안의 심리는 제3자가 주장하는 이의의 존부에 한정되고 집행의 적법여부는 심리의 대상이 아님.
→ 이의사유가 있느냐 여부의 판단 기준시는 변론종결시
(5) **증명책임** : 원고인 제3자가 이의원인에 대한 증명책임을 부담하고, 피고는 제3자의 권리취득의 불성립, 무효, 소멸 등을 항변으로 제출할 수 있음.
(6) **판결과 잠정처분**
☞ 법원은 심리결과 이의의 이유가 있으면 강제집행의 불허를 선언하는 판결을 선고하고, 이의의 이유가 없으면 원고청구 기각판결을 선고함.
→ 이 판결은 제3자의 집행이의권의 존부를 확정하는 것이고, 제3자의 소유권에 대한 존부를 확정하는 것이 아님.
☞ 원고 승소판결이 확정되면 그 재판의 정본을 집행기관에 제출하여야 집행이 종국적으로 정지되고 기왕의 집행처분이 취소됨. 청구이의의 소와 같이 집행정지·속행·취소 등의 잠정처분이 인정되고, 이 잠정처분에 대하여는 불복을 할 수 없음.

[참고] 청구이의의 소와 제3자이의의 소의 비교

구 분	원고적격	관할 법원	이의 사유	효 력
청구이의	채무자	제1심 판결법원 등	청구권의 멸각·저지사유, 예외적으로 불발생 사유	집행력자체의 배제
제3자이의	제3자	집행법원	소유권 등 집행채권자에 대항할 수 있는 사유	부당집행행위의 배제

〈기초사실〉
(1) 甲은 2018. 6. 20. A로부터 제주시 아라동 123 대 120㎡(이하 '이 사건 토지'라 함)를 매매대금 1억 2,000만원에 매수하고 대금을 전액 지급하였으나 아직 등기를 넘겨오지 못하였다.
(2) 그런데 乙이 A에 대하여 공증인가 제주합동법률사무소 2018. 7. 14. 작성 2018년 증서 제914호 공정증서에 의한 5,000만 원의 약속어음금채권이 있다고 주장하면서, 위 공정증서를 집행권원으로 하여 이 사건 토지에 대하여 제주지방법원 2019타경50393호로 부동산강제경매를 신청하여 2019. 6. 9. 강제경매개시결정이 내려지고 매각절차가 진행 중이다.
(3) 그러나 위 공정증서의 작성과 촉탁은 A의 아들 B가 권한 없이 한 것이다. 즉, A의 아들인 B는 아버지인 A의 주민등록증과 인감도장을 몰래 훔치고 이를 이용하여 A의 인감증명서를 발급받은 다음, A가 자신에게 5,000만 원의 차용 및 그와 관련한 공정증서 작성의 촉탁 등을 위임한다는 내용의 위임장을 위조하였다. 그 뒤 B는 A의 대리인으로 행세하여, 乙로부터 2018. 7. 14.경 4,000만 원을 빌리고 그 담보로 액면금 5,000만 원, 발행일 2018. 7. 14., 지급기일 2018. 8. 14.로 된 약속어음 1장을 A의 명의로 발행·교부하였고, 위 어음금 지급을 지체하면 즉시 강제

집행을 받더라도 이의가 없음을 인낙하는 취지의 약속어음 공정증서 작성을 촉탁하였다. B는 A에게 용서를 바란다는 편지를 남기고 행방불명되었다.
(4) 한편, 甲은 2018. 3. 13. 丙에게 1억 원을 대여하고, 그 담보로 丙이 제주시 애월읍 소길리 100 소재 '케렌시아 양돈장'에서 사육 중이던 돼지 100두를 점유개정의 방법으로 양도받았다.
(5) 그런데 乙은 2019. 9. 17. 제주지방법원 2019카합32103호로 채무자를 丙으로 한 유체동산가압류결정을 받은 뒤 같은 달 19. 위 양돈장의 돼지들에 대한 가압류집행을 하였다. 집행관은 위 가압류된 돼지들을 민사집행법 제296조 제5항 단서에 의해 2019. 10. 하순경 경매할 예정이라고 한다.
(6) 乙은 2018. 8. 25. 丙에게 1억 5,000만 원을 대여하고 위 목장에서 사육 중이던 돼지를 점유개정의 방법으로 담보를 위하여 양도받았다고 주장하고 있다.

〈문제〉 甲은 乙의 부동산강제경매와 유체동산가압류의 집행을 막기 위하여 2019. 10. 14. 제주지방법원에 소를 제기하려고 한다. 어떤 내용의 소를 제기하여야 하는가? 결론(청구취지)과 근거(청구원인)을 기재하시오.

1. 결론
甲은 A를 대위하여 이 사건 공정증서에 기한 강제집행의 배제를 구하는 청구이의의 소와 양도담보권자로서 소유권에 기하여 가압류의 집행의 불허를 구하는 제3자이의의 소를 제기하여야 한다.

2. 청구취지
가. 소외 A에 대한 공증인가 제주합동법률사무소 2018. 7. 14. 작성 2018년 증서 제914호 약속어음 공정증서에 기한 강제집행을 불허한다.
나. 소외 丙에 대한 제주지방법원 2019카합31203 유체동산가압류결정에 기초하여 2019. 9. 19. 별지 목록 기재 물건에 대하여 한 가압류집행을 불허한다.

3. 청구원인
가. 청구이의
(1) 원고는 2018. 6. 20. 소외 A와 제주시 아라동 123 대 120㎡(이하 '이 사건 토지'라 함)를 매매대금 1억 2,000만원으로 하는 토지매매계약을 체결하였습니다. 따라서 원고는 A에 대하여 이 사건 토지에 관하여 2018. 6. 20. 매매를 원인으로 한 소유권이전등기청구권이 있습니다.
(2) 피고는 A에 대하여 공증인가 제주합동법률사무소 2018. 7. 14. 작성 2018년 증서 제914호 공정증서에 의한 5,000만 원의 약속어음금채권이 있다고 주장하면서, 위 공정증서를 집행권원으로 하여 이 사건 토지에 대하여 제주지방법원 2019타경50393호로 부동산강제경매를 신청하여 2019. 6. 9. 강제경매개시결정이 내려졌습니다.
(3) 그러나 위 약속어음의 발행 및 공정증서 작성 촉탁은 무권대리인에 의한 것으로서 무효입니다. 즉, A의 아들인 소외 B는 A의 주민등록증과 인감도장을 몰래 훔치고 이를 이용하여 A의 인감증명서를 발급받은 다음, A가 자신에게 5,000만 원의 차용 및 그와 관련한 공정증서 작성의 촉탁 등을 위임한다

는 내용의 위임장을 위조하였습니다.
(4) B는 그 뒤 A의 대리인으로 행세하여, 피고에게서 2018. 7. 14.경 4,000만 원을 빌리고 그 담보로 액면금 5,000만 원, 발행일 2018. 7. 14., 지급기일 2018. 8. 14.로 된 약속어음 1장을 A의 명의로 발행·교부하였고, 위 어음금 지급을 지체하면 즉시 강제집행을 받더라도 이의가 없음을 인낙하는 취지의 약속어음 공정증서 작성을 촉탁하였습니다. 따라서 A는 피고에게 위 어음금을 지급할 채무가 없고, 위 공정증서는 정당한 대리권이 없는 자의 촉탁에 의한 것이어서 효력이 없고, 공정증서가 무효인 경우 집행채무자는 청구이의의 소로써 집행력의 배제를 구할 수 있습니다.
(5) 원고는 A에 대하여 이 사건 토지에 관한 소유권이전등기청구권을 가진 채권자로서 그 청구권을 보전하기 위하여 A를 대위하여 위 공정증서에 기한 강제집행의 불허를 구합니다.

나. 제3자이의
(1) 원고는 2018. 3. 13. 소외 丙에게 1억 원을 대여하고, 그 담보로 丙이 제주시 한림읍 명월리 100 소재 '케렌시아 양돈장'에서 사육 중이던 돼지 100두를 점유개정의 방법으로 양도받았습니다. 즉, 丙은 원고에게 위 양돈장의 돼지 전부를 담보의 목적으로 양도하고 점유개정의 방법으로 인도함으로써, 대외적인 관계에서 원고가 그 소유권을 취득하고 丙은 소유권을 상실하여 무권리자가 되었습니다.
(2) 위와 같이 양돈장에서 사육되는 돼지를 '유동집합물'로서 양도담보의 목적물로 삼은 경우에는 번식, 사망, 판매, 구입(신규입식) 등에 따른 증감변동에 불구하고 별도의 양도담보설정계약이나 점유개정이 없더라도 양도담보권은 그 증감 변동된 돼지 전부에 미칩니다.
(3) 그런데 피고는 2019. 9. 17. 제주지방법원 2019카합32103호로 채무자를 丙으로 한 유체동산가압류결정을 받은 뒤 같은 달 19. 별지 목록 기재 돼지에 대한 가압류집행을 하였습니다.
(4) 피고는 자신이 2018. 8. 25. 丙에게 1억 5,000만 원을 대여하고 위 양돈장에서 사육 중이던 돼지를 점유개정의 방법으로 담보를 위하여 양도받았다고 주장할지 모르나, 원고가 위 돼지를 양도받은 후 피고가 丙과 양도담보계약을 체결하였다고 하더라도 선의취득이 인정되지 않는 한 피고는 무권리자인 丙과의 양도담보약정에 기하여 양도담보권을 유효하게 취득할 수가 없습니다. 피고는 현실의 인도가 아닌 점유개정의 방법으로 돼지를 인도받았으므로 선의취득이 성립할 여지가 없고, 따라서 피고는 위 돼지에 대한 아무런 권리를 취득하지 못합니다.
(5) 원고는 별지 목록 기재 돼지에 대한 양도담보권자로서 그 소유권에 기하여 그에 관한 2019. 9. 19.자 가압류집행의 불허를 구할 권리가 있습니다.

3 배당이의의 소

가. 요건사실

❶ (채권자 또는 채무자가) 배당기일에 출석하여 배당이의를 한 사실
❷ 배당순위 오류 또는 배당채권의 불발생·소멸 사실 : 배당표의 변경을 가져오게 하는 모든 사유[41]
❸ (원고에게) 배당수령권이 있는 사실 : 원고에게 배당받을 권리가 있는 사실[42]
❹ 이의가 인용되면 이의자의 배당액이 증가되는 사실[43]

나. 청구취지

<원고가 채권자인 경우>
☞ 서울중앙지방법원 2020타경1234 부동산 강제경매사건에 관하여 같은 법원이 2020. 10. 1. 작성한 배당표 중 피고에 대한 배당액 10,000,000원을 0원으로, 원고에 대한 배당액 10,000,000원을 20,000,000원으로 각 경정한다.44)

<원고가 채무자인 경우>
☞ 서울중앙지방법원 2020타경1234 부동산강제경매사건에 관하여 같은 법원이 2020. 10. 1. 작성한 배당표 중 피고에 대한 배당액 10,000,000원을 삭제하고, 각 채권자의 채권순위 및 채권액에 비례하여 이를 배당한다.45)

다. 주요 항변

(1) **본안전 항변** : 제소기간 도과(배당기일부터 1주일) → 부적법 각하 ← 부당이득반환청구로 변경
(2) **본안의 항변** : 자기 채권이 선순위에 있다거나 자신이 정당한 채권자라는 점, 원고와 사이에 배당에 관한 특약이 있다는 점 등 배당수령권에 대한 장애, 소멸, 저지 항변46)

<포인트>
(1) 배당표에 대한 이의를 진술한 자가 그 이의를 관철하기 위하여 배당표의 변경을 구하는 소
→ 배당기일에 이의한 채권자나 채무자는 배당기일로부터 7일 이내에 배당이의의 소를 제기

---

41) 채권자가 받은 가압류결정이 취소되었다면 채권자는 가압류채권자로서의 배당받을 지위를 상실하므로 가압류결정의 취소는 배당이의의 소에서 가압류채권자에 대한 배당이의의 사유가 될 수 있다. 나아가 배당이의의 소에서 원고는 배당기일 후 사실심 변론종결 시까지 발생한 사유도 이의사유로 주장할 수 있으므로, 배당기일 후 배당이의 소송 중에 가압류결정이 취소된 경우에도 이를 이의사유로 주장할 수 있다(대법원 2015.06.11. 선고 2015다10523 판결).
42) 배당이의의 소는 배당표에 배당받는 것으로 기재된 자의 배당액을 줄여 자신에게 배당되도록 하기 위하여 배당표의 변경 또는 새로운 배당표의 작성을 구하는 것이므로, 원고가 배당이의의 소에서 승소하기 위해서는 피고의 채권이 존재하지 아니함을 주장·증명하는 것만으로 충분하지 않고 자신이 피고에게 배당된 금원을 배당받을 권리가 있다는 점까지 주장·증명하여야 하며, 피고는 배당기일에서 원고에 대하여 이의를 하지 아니하였다 하더라도 원고의 청구를 배척할 수 있는 사유로서 원고의 채권 자체의 존재를 부인할 수 있다(대법원 2012.07.12. 선고 2010다42259 판결).
43) 피고에 대한 배당이 위법하다 할지라도 그로 인하여 원고에게 배당할 금액이 증가하는 것이 아니라면 이러한 사유는 배당액의 증가를 구하는 배당이의의 소의 사유로 삼을 수 없고, 피고가 배당에서 제외된다면 소유자에게 돌아갈 금액을 원고가 경매절차와는 별도로 가압류할 수 있는지 여부는 경매절차의 배당과는 무관할 것이어서 그에 의하여 결론을 달리할 바도 아니다(대법원 1994.01.25. 선고 92다50270 판결).
44) 배당표에 기재된 채권자의 배당액 중 감액할 액수를 명시하여야 한다. 피고의 배당액을 삭제 또는 감액함과 동시에 그만큼을 원고의 배당액에 추가하는 내용으로 배당표의 경정을 구한다.
45) 배당표를 바꾸어야 하므로(민집 제161조 제2항 제2호) 배당표상 피고 배당액의 삭제 또는 감액을 구하는 것으로 족하다(배당이의의 소 확정 후 원칙적으로 배당표를 재조제하여 추가배당 실시).
46) 피고의 채권이 부존재하는 경우 원고의 채권보다 다른 선순위채권자가 있어서 그 채권자의 채권에 배당되어야 하고 원고에게는 배당되어서는 안 된다는 항변 불가.

하여야 함.
→ 배당이의의 소 제소기간 도과의 경우 부당이득반환청구로 소 변경.
(2) 배당이의소송의 청구취지는 배당기일에 신청한 이의의 범위 내에서 배당표에 기재된 채권자(피고)의 배당액 중 부인할 범위를 명확히 표시할 것이 요구됨.
(3) 배당이의 소에서 패소판결을 받은 당사자가 **부당이득반환청구의 소를 제기한 경우** → 그 배당수령권 존부에 관해 다른 판단을 할 수 없음.[47]
(4) 배당의의와 공탁[48]
(5) 소송실무상 가장 **임차인의 배당이의** 여부를 둘러싸고 문제되는 경우가 많음.

〈대상 및 유형〉
(1) 집행력 있는 집행권원의 정본을 가지지 아니한 채권자(저당권·전세권 등 담보권)에 대하여 하는 채무자의 이의 → 배당이의
(2) 다른 채권자에 대하여 어느 채권자가 하는 이의 → 배당이의
(3) 집행력 있는 집행권원의 정본을 가진 채권자에 대하여 하는 채무자의 이의 → **청구이의의 소**.[49] 채무자가 채권의 존부와 범위가 아닌 채권자의 순위에 대하여 이의하는 경우에는 집

---

[47] 채권자가 제기한 배당이의의 소의 본안판결이 확정된 때에는 이의가 있었던 배당액에 관한 실체적 배당수령권의 존부의 판단에 기판력이 생긴다고 할 것이고, 위 배당이의의 소에서 패소의 본안판결을 받은 당사자가 그 판결이 확정된 후 상대방에 대하여 위 본안판결에 의하여 확정된 배당액이 부당이득이라는 이유로 그 반환을 구하는 소송을 제기한 경우에는, 전소인 배당이의의 소의 본안판결에서 판단된 배당수령권의 존부가 부당이득반환청구권의 성립 여부를 판단하는 데에 있어서 선결문제가 된다고 할 것이므로, 당사자는 그 배당수령권의 존부에 관하여 위 배당이의의 소의 본안판결의 판단과 다른 주장을 할 수 없고, 법원도 이와 다른 판단을 할 수 없다(대법원 2000.01.21. 선고 99다3501 판결).

[48] 대법원 2018.03.27. 선고 2015다70822 판결 : 부동산 경매절차에서 배당기일에 출석한 채권자는 자기의 이해에 관계되는 범위 안에서 다른 채권자를 상대로 그의 채권 또는 그 채권의 순위에 대하여 이의할 수 있고(민집 제151조 제3항), 이 경우 이의한 채권자는 배당이의의 소를 제기하여야 한다(민집 제154조 제1항). 배당표에 대한 이의가 있는 채권에 관하여 적법한 배당이의의 소가 제기된 때에는 그에 대한 배당액을 공탁하여야 하고(민집 제160조 제1항 제5호), 이의된 부분에 대해서는 배당표가 확정되지 않는다(민집 제152조 제3항). 위와 같이 배당액이 공탁된 뒤 배당이의의 소에서 이의된 채권에 관한 전부 또는 일부 승소의 판결이 확정되면 이의된 부분에 대한 배당표가 확정된다. 이때 공탁의 사유가 소멸하게 되므로, 그러한 승소 확정판결을 받은 채권자가 집행법원에 그 사실 등을 증명하여 배당금의 지급을 신청하면, 집행법원은 판결의 내용에 따라 종전의 배당표를 경정하고 공탁금에 관하여 다시 배당을 실시하여야 한다(민집 제161조 제1항).

[49] 집행력 있는 집행권원을 가진 채권자에 대하여 이의한 채무자는 배당기일부터 1주 이내에 **청구이의의 소 제기** 사실 증명서류와 아울러 그 소에 기한 집행정지재판의 정본을 집행법원에 제출하여야 하고, 채무자가 그 중 어느 하나라도 제출하지 않으면, 집행법원으로서는 채무자가 실제로 위 기간 내에 청구이의의 소를 제기하고 그에 따른 집행정지재판을 받았는지 여부와 관계없이 채권자에게 당초 배당표대로 배당을 실시하여야 하고, 배당을 실시하지 않고 있는 동안에 청구이의의 소에서 채권자가 패소한 판결이 확정되었다고 하여 달리 볼 것이 아니다. 그러한 경우 채무자는 채권자를 상대로 **부당이득반환** 등을 구하는 방법으로 구제받을 수 있을 뿐이다. 배당기일부터 1주 이내에 청구이의의 소 제기 사실 증명서류와 그 소에 기한 집행정지재판의 정본이 제출되지 않았는데도 집행법원이 채권자에 대한 배당을 중지하였다가 청구이의의 소 결과에 따라 추가배당절차를 밟는 경우, 채권자는 추가배당절차의 개시가 위법함을 이유로 민사집행법 제16조에 따라 집행에 관한 이의신청을 할 수 있으나, 채권자가 집행에 관한 이의 대신 추가배당표에 대하여 배당이의를 하고 당초 배당표대로 배당을 실시해 달라는 취지로 배당이의의 소를 제기하였다면, 배당이의의 소를 심리하는 법원은 소송경제상 당초 배당표대로 채권자에게 배당을 실시할 것을 명한다는 의미에서 추가배당표상 배당할 금액을 당초 배당표와 동일하게 배당하는 것으

행정본을 가진 채권자에 대하여도 배당이의 가능.50)
(4) 가압류채권자에 대하여 하는 채무자의 이의 → 채권자가 채무자를 상대로 **본안소송**을 제기하여야 한다(채무자의 가압류이의·취소소송).51)

〈배당이의와 부당이득반환청구〉
(1) 확정된 배당표에 의하여 배당을 실시하는 것은 실체법상의 권리를 확정하는 것이 아니므로, 배당을 요구한 배당요구권자나 배당을 요구하지 않아도 당연히 배당에 참가할 수 있는 우선채권자(경매개시결정 전 등기된 저당권자 등)는 배당기일에 출석하지 아니하였거나 출석하여 이의를 진술하지 않았다 하더라도, 형식상 배당절차의 확정여부에 관계없이 배당표에 실체적으로 부당한 것이 있다면 부당이득반환청구를 할 수 있는 것이 원칙임.
→ 민사집행법 제148의 **배당받을 채권자의 범위에 해당하는** 채권자는 배당받은 채권자를 상대로 배당이의 여부에 불구하고 부당이득반환청구를 할 수 있음.
→ 다만, 임금채권자나 임차보증금반환채권자와 같이 민사집행법 제88조 제1항에서 규정하는 **배당요구를 하여야만 배당절차에 참여할 수 있는 채권자가 배당요구를 하지 아니한 경우에는 부당이득반환청구를 할 수 없다는 것이 확립된 판례의 입장임**.52)
(2) 판례의 기본적 태도에 따르면 원칙적으로 배당을 받지 못한 우선채권자는 배당을 받은 자에 대하여 부당이득반환청구권이 있으나, **배당요구채권자**는 배당요구의 종기까지 배당요구를 한 경우에 한하여 비로소 배당을 받을 수 있고, 위 배당요구채권자에는 포함되지 않는 경매개시결정등기 전에 등기되어 있는 저당권자나 전세권을 가지고 있는 채권자는 배당요구를 하지 않더라도 당연히 순위에 따라 배당을 받을 수 있다.

로 추가배당표를 경정하여야 한다(대법원 2011.05.26. 선고 2011다16592 판결).
50) 집행력 있는 판결 정본을 가진 채권자에 대한 배당에 관하여 이의한 채무자는 배당이의의 소가 아닌 청구이의의 소를 제기하여야 하지만, 집행력 있는 판결 정본을 가진 채권자가 우선변제권을 주장하며 담보권에 기하여 배당요구를 한 경우에는 배당의 기초가 되는 것은 담보권이지 집행력 있는 판결 정본이 아니므로, 채무자가 담보권에 대한 배당에 관하여 우선변제권이 미치는 피담보채권의 존부 및 범위 등을 다투고자 하는 때에는 배당이의의 소로 다투면 되고, 집행력 있는 판결 정본의 집행력을 배제하기 위하여 필요한 청구이의의 소를 제기할 필요는 없다. 따라서 집행력 있는 판결 정본을 가진 채권자가 채권을 담보하기 위한 근저당권을 가지고 있어 경매법원이 근저당권의 채권최고액 범위 내에서 우선순위에 따라 배당을 실시하였다면, 그 배당에 관하여 이의한 채무자는 배당이의의 소로 다툴 수 있다(대법원 2012.09.13. 선고 2012다45702 판결).
51) 대법원 2015.06.11. 선고 2015다10523 판결 : 채권자가 받은 가압류결정이 취소되었다면 그 채권자는 가압류채권자로서의 배당받을 지위를 상실하므로 가압류결정의 취소는 배당이의의 소에서 가압류채권자에 대한 배당이의의 사유가 될 수 있다. 나아가 배당이의의 소에서 원고는 배당기일 후 그 사실심 변론종결시까지 발생한 사유도 이의사유로 주장할 수 있으므로, 배당기일 후 배당이의 소송 중에 가압류결정이 취소된 경우에도 이를 이의사유로 주장할 수 있다.
52) 집행력 있는 정본을 가진 채권자, 경매개시결정이 등기된 뒤에 가압류를 한 채권자, 민법·상법 그 밖의 법률에 의하여 우선변제청구권이 있는 채권자는 배당요구의 종기까지 배당요구를 한 경우에 한하여 배당을 받을 수 있고, 적법한 배당요구를 하지 아니한 경우에는 실체법상 우선변제청구권이 있는 채권자라 하더라도 그 매각대금으로부터 배당을 받을 수 없다. 그리고 배당요구의 종기까지 배당요구한 채권자라 할지라도 채권의 일부 금액만을 배당요구한 경우 배당요구의 종기 이후에는 배당요구하지 아니한 채권을 추가하거나 확장할 수 없다(대법원 2015.06.11. 선고 2015다203660 판결).

(3) 최근의 대법원 전원합의체판결의 다수의견은 종전 판례의 입장을 재확인하였다.

> ⟨대법원 2019.07.18. 선고 2014다206983 전원합의체 판결⟩
> 대법원은 배당받을 권리 있는 채권자가 자신이 배당받을 몫을 받지 못하고 그로 인해 권리 없는 다른 채권자가 그 몫을 배당받은 경우에는 배당이의 여부 또는 배당표의 확정 여부와 관계없이 배당받을 수 있었던 채권자가 배당금을 수령한 다른 채권자를 상대로 부당이득반환 청구를 할 수 있다는 입장을 취해 왔다.
> 이러한 법리의 주된 근거는 배당절차에 참가한 채권자가 배당이의 등을 하지 않아 배당절차가 종료되었더라도 그의 몫을 배당받은 다른 채권자에게 그 이득을 보유할 정당한 권원이 없는 이상 잘못된 배당의 결과를 바로잡을 수 있도록 하는 것이 실체법 질서에 부합한다는 데에 있다.
> 나아가 위와 같은 부당이득반환 청구를 허용해야 할 현실적 필요성(배당이의의 소의 한계나 채권자취소소송의 가액반환에 따른 문제점 보완), 현행 민사집행법에 따른 배당절차의 제도상 또는 실무상 한계로 인한 문제, 민사집행법 제155조의 내용과 취지, 입법 연혁 등에 비추어 보더라도, 종래 대법원 판례는 법리적으로나 실무적으로 타당하므로 유지되어야 한다.[53]

라. 소송절차

(1) 제소요건 : 배당기일부터 1주 이내 → 제소기간을 도과한 경우 배당이의의 소는 부적법하나 부당이득반환청구로 청구취지변경 가능.

(2) 관할 : 배당을 실시한 집행법원이 속한 지방법원의 전속관할
→ 여러 개의 배당이의의 소가 제기된 경우 한 개의 소를 합의부가 관할하는 때에는 그 밖의 소도 함께 관할함(민집 제156조 제2항).

(3) 원고적격

① 채권자 : 배당기일에 출석하여 적법한 이의를 한 채권자
→ 배당기일에 출석하지 아니하거나 이의신청을 하지 아니한 채권자는 배당이의의 소의 원고가 될 자격이 없음.
→ 채권자는 배당요구의 종기까지 적법하게 배당요구를 한 경우에만 배당표에 대한 실체상의 이의를 신청할 권한이 있음.[54]

---

[53] ⟨대법관 3인의 반대의견⟩ 종래 대법원 판례와 같이 배당절차 종료 후 배당이의 등을 하지 않은 채권자의 부당이득반환 청구를 허용하는 것은 민사집행법 제155조의 문언은 물론이고 민사집행법의 전체적인 취지에 반할 뿐만 아니라, 확정된 배당절차를 민사집행법이 예정하지 않은 방법으로 사후에 실질적으로 뒤집는 것이어서 배당절차의 조속한 확정과 집행제도의 안정 및 효율적 운영을 저해하는 문제점을 드러내고 있다. 그리고 배당절차에서 이의할 기회가 있었음에도 배당이의 등을 하지 않은 채권자는 더 이상 해당 절차로 형성된 실체적 권리관계를 다투지 않을 의사를 소극적으로 표명한 것이므로, 그러한 채권자의 자주적인 태도결정은 배당금의 귀속에 관한 법률상 원인이 될 수 있다. 그런데도 배당절차 종료 후 배당이의 등을 하지 않은 채권자의 부당이득반환 청구를 허용하는 것은 금반언의 원칙에 반하는 것일 뿐만 아니라, 일련의 배당절차와 이에 투입된 집행법원과 절차 참가자들의 노력을 무시하는 결과를 초래한다. 따라서 채권자가 적법한 소환을 받아 배당기일에 출석하여 자기의 의견을 진술할 기회를 부여받고도 이러한 기회를 이용하지 않은 채 배당절차가 종료된 이상, 배당절차에서 배당받은 다른 채권자를 상대로 부당이득반환 청구의 소를 제기하여 새삼스럽게 자신의 실체법적 권리를 주장하는 것을 허용해서는 안 된다고 봄이 타당하다.

[54] 배당이의 소의 원고적격이 있는 자는 배당기일에 출석하여 배당표에 대한 실체상의 이의를 신청한 채권자 또는

→ 소액임차인도 적법한 배당요구가 없었다면 배당이의의 소를 제기할 수 없음.

② **채무자**55) : 배당기일에 출석하여 또는 배당기일 끝날 때까지 서면으로 이의를 제기한 채무자 (경매목적물의 소유자로 등기되어 있는 사람)

→ 집행권원의 정본을 가지지 아니한 채권자(피고)에 대하여만 제소 가능.56)

→ 집행권원의 정본을 가진 채권자(피고)에 대하여는 청구이의의 소로.57)

(4) **피고적격** : 배당이의의 상대방 채권자 또는 채무자로서 그 이의를 정당한 것으로 승인하지 아니한 자(배당이의에 의하여 자기에 대한 배당액이 줄어드는 자)

(5) **첫 변론기일 불출석에 의한 소 취하 간주** : 배당이의의 소를 제기한 원고가 배당이의소송(제1심)의 첫 변론기일에 출석하지 아니한 때에는 소를 취하 간주(제158조).58)

→ 쌍방이 모두 불출석한 경우도 원고가 출석하지 아니한 이상 피고의 출석여부를 불문하고 취하간주.

→ 여기의 첫 변론기일에는 제1심의 최초 변론기일을 말하고, 첫 변론준비기일은 불포함.

채무자에 한하고, 제3자 소유의 물건이 채무자의 소유로 오인되어 강제집행목적물로서 경락된 경우에도 그 제3자는 경매절차의 이해관계인에 해당하지 아니하므로 배당기일에 출석하여 배당표에 대한 실체상의 이의를 신청할 권한이 없으며, 따라서 제3자가 배당기일에 출석하여 배당표에 대한 이의를 신청하였다고 하더라도 이는 부적법한 이의신청에 불과하고, 그 제3자에게 배당이의 소를 제기할 원고적격이 없다(대법원 2002.09.04. 선고 2001다63155 판결).

55) 배당표에 대한 이의는 그 배당표에 배당받는 것으로 적힌 채권자를 상대로 하여야 하는데, 배당절차에서 선정당사자가 선정되면 선정자들이 아닌 선정당사자만이 이러한 채권자 지위에 있으므로, 선정당사자만이 배당표에 대한 이의의 상대방이 된다. 그리고 채무자나 다른 채권자가 선정당사자를 상대로 그가 배당받는 것으로 적힌 금액 전체에 대하여 이의를 한 경우에, 이로 인하여 선정당사자와 선정자들 사이의 공동의 이해관계가 소멸하는 것이 아니므로, 선정자들이 집행법원에 대하여 선정행위를 취소하였다거나 선정당사자가 사망하였다는 등의 특별한 사정이 없는 한, 선정자들이 아닌 선정당사자가 배당표에 대한 이의의 상대방이 된 채권자로서 배당이의의 소의 피고적격을 가진다. 따라서 위와 같은 특별한 사정이 없는 한, 선정당사자를 상대로 그가 배당받는 것으로 적힌 금액 전체에 대하여 이의를 한 채무자나 다른 채권자는 선정당사자를 피고로 하여 배당이의의 소를 제기하여 선정자들에게 귀속될 부분을 포함한 선정당사자가 배당받는 것으로 적힌 금액 전체에 대하여 경정을 구할 수 있다(대법원 2015.10.29. 선고 2015다202490 판결).

56) 가압류채권자도 가압류 이의 또는 가압류취소청구 등을 하여야 하므로 피고적격이 없음.

57) 대법원 2015.04.23. 선고 2013다86403 판결 : 배당절차에서 작성된 배당표에 대하여 채무자가 이의하는 경우, 집행력 있는 집행권원의 정본을 가진 채권자의 채권 자체, 즉 채권의 존재 여부나 범위에 관하여 이의한 채무자는 그 집행권원의 집행력을 배제시켜야 하므로, 청구이의의 소를 제기해야 하고 배당이의의 소를 제기할 수 없다(민집 제154조 제2항). 가집행선고 있는 판결에 대하여는 그 판결이 확정된 후가 아니면 청구이의의 소를 제기할 수 없으나(민집 제44조 제1항) 채무자는 상소로써 채권의 존재 여부나 범위를 다투어 그 판결의 집행력을 배제시킬 수 있고 집행정지결정을 받을 수도 있으므로, 확정되지 아니한 가집행선고 있는 판결에 대하여 청구이의의 소를 제기할 수 없다고 하여 채무자가 이러한 판결의 정본을 가진 채권자에 대하여 채권의 존재 여부나 범위를 다투기 위하여 배당이의의 소를 제기할 수 있는 것이 아니다. 그리고 채무자가 채권자의 채권 자체가 아니라 채권의 순위, 즉 그 채권에 대하여 '다른 채권자'의 채권보다 우선하여 배당하는 것 등에 관하여 이의하는 경우, 채무자의 이러한 이의는 위 '다른 채권자'가 민사집행법의 규정에 따라 배당받을 채권자에 해당함을 전제로 하는 것인데, 민사집행법 제148조 각 호에 해당하지 아니하여 배당에 참가하지 못하는 채권자는 배당표에 대하여 이의할 수 없으므로, 채무자 역시 배당에 참가하지 못하는 위와 같은 채권자의 채권에 배당해야 한다는 이유로 배당이의의 소를 제기할 수는 없다.

58) 배당이의의 소송을 제기한 원고가 최초 변론기일에 불출석하고, 그러한 변론기일변경신청이 받아들여지지 아니하여 소취하간주로 종전의 배당표가 확정되더라도, 원고는 후에 부당이득반환청구를 통하여 권리구제를 받을 수 있다.

→ 항소심기일이나 제1심의 제2회 이후의 변론기일에는 적용되지 아니함.
(6) **증명책임** : 원고가 먼저 피고의 채권이 성립하지 않았음을 주장 → 피고가 채권발생원인사실을 증명 → 원고가 그 채권이 무효·소멸사실을 주장·증명[59)60)]
(7) **판결의 효력**
① 법원은 원고가 구하는 청구의 양적 범위를 넘어서 판단하지 못함.
  → 배당이의의 소를 인용하는 판결에는 가집행을 붙이지 못함.
  → 배당이의의 소에 관한 판결에서는 배당액에 대한 다툼이 있는 부분에 관하여 배당을 받을 채권자와 그 액수를 정하여야 하고, 이를 정하는 것이 적당하지 아니하다고 인정한 때에는 판결에서 배당표를 다시 만들고 다른 배당절차를 밟도록 명하여야 함(제157조).
② 배당이의의 소의 판결은 **채권자가 소를 제기한 경우에는** 원·피고 사이에서만 미치고 그 밖의 채권자와 채무자에게는 미치지 않음. **채무자가 소를 제기한 경우에는** 판결의 효력은 배당이의를 하지 아니한 다른 모든 채권자에게도 영향을 미치므로 배당이의소송의 승소판결 확정 후 배당표를 바꾸어 다른 채권자에게 다시 배당함.
③ 배당이의의 소의 당사자인 원고와 피고 사이의 전소에서 원고 채권의 존부에 대한 판결이 확정되었다면, 그 판결의 기판력은 원고 채권의 존부를 선결문제로 하는 배당이의의 소에 미친다고 할 것이므로, 배당이의의 소에서 전소의 확정판결과 모순·저촉되는 판단을 할 수 없음. 또한
  → 이러한 전소의 확정판결의 효력은 그 표준시인 사실심 변론종결시를 기준으로 하여 발생하므로, 그 이후에 새로운 사유가 발생한 경우까지 전소의 확정판결의 기판력이 미치는 것은 아니지만, 이와 같은 새로운 사유는 원칙적으로 사실관계 자체가 변론종결 이후에 새로이 발생한 경우에 한하고, 다른 사건의 판결 이유에서 전소 판결의 기초가 된 사실관계를 달리 인정하였다는 것은 변론종결 이후에 새로이 발생한 사유라고 볼 수 없음.[61)]

---

59) 배당이의소송에 있어서의 배당이의사유에 관한 증명책임도 일반 민사소송에서의 증명책임 분배의 원칙에 따라야 하므로, 원고가 피고의 채권이 성립하지 아니하였음을 주장하는 경우에는 피고에게 채권의 발생원인사실을 입증할 책임이 있고, 원고가 그 채권이 통정허위표시로서 무효라거나 변제에 의하여 소멸되었음을 주장하는 경우에는 원고에게 그 장애 또는 소멸사유에 해당하는 사실을 증명할 책임이 있다(대법원 2007.07.12. 선고 2005다39617 판결).
60) 대법원 2015.04.23. 선고 2014다53790 판결 : 채권자는 자기의 이해에 관계되는 범위 안에서만 다른 채권자를 상대로 그의 채권 또는 그 채권의 순위에 대하여 이의할 수 있으므로(민집 제151조 제3항), 채권자가 제기한 배당이의의 소에서 승소하기 위하여는 피고의 채권이 존재하지 아니함을 주장·증명하는 것만으로 충분하지 아니하고 원고 자신이 피고에게 배당된 금원을 배당받을 권리가 있다는 점까지 주장·증명하여야 한다. 그러나 채무자나 소유자에게는 위와 같은 제한이 없을 뿐만 아니라(민집 제151조 제1항), 채무자나 소유자가 배당이의의 소에서 승소하면 집행법원은 그 부분에 대하여 배당이의를 하지 아니한 채권자를 위하여서도 배당표를 바꾸어야 하므로(민집 제161조 제2항 제2호), 채무자나 소유자가 제기한 배당이의의 소에서는 피고로 된 채권자에 대한 배당액 자체만 심리대상이고, 원고인 채무자나 소유자로서도 피고의 채권이 존재하지 아니함을 주장·증명하는 것으로 충분하다.
61) 대법원 2012.07.12. 선고 2010다42259 판결.

〈기초사실〉 甲은 2020. 4. 26. A로부터 X 부동산을 1억 원에 매수하되 소유권이전등기는 乙 명의로 마치기로 하는 매매계약을 체결하고, 乙과는 명의신탁약정을 체결하였다. 위 계약에 따라 乙은 2020. 6. 11. 자신의 명의로 X 부동산에 관하여 소유권이전등기를 마치고 甲 명의로 채권최고액 2억 원의 근저당권설정등기를 마쳤다. 이후 乙은 丙과 X 부동산에 관하여 매매계약을 체결하고 丙에게 소유권이전등기를 마쳤으나, 甲은 위 매매계약이 기망에 의한 것이라는 이유로 취소하고 매매대금 상당액의 부당이득반환을 구하는 소를 제기하여 승소판결을 받고 확정되었다.

그런데 미처 丙 명의의 소유권이전등기가 말소되지 않은 상태에서, 甲은 위 근저당권을 기초로 丙을 소유자로 하여 X 부동산에 관하여 임의경매신청을 하였고 법원으로부터 경매개시결정을 받았다. 丙은 甲을 상대로 위 근저당권설정등기의 말소소송을 제기하였다가 그 청구를 기각하는 판결이 선고되고 이 판결이 확정되었다.

집행법원은 X 부동산의 매각대금 1억 5,000만원 중 1억 4,000만원을 근저당권자로 되어 있는 甲에게, 잉여금 1,000만 원을 소유자로 되어 있는 丙에게 각 배당하는 내용의 배당표를 작성하였다. 이에 丙은 배당기일에 출석하여 甲에 대한 배당액 전액에 대하여 이의를 제기한 후 그로부터 7일 이내에 이 사건 배당이의 소를 제기하였다. 이에 甲은 丙이 X 부동산의 소유자가 아니므로 배당이의의 소를 제기할 수 없고, 丙의 청구는 위 확정판결의 기판력에 저촉된다고 항변하였다.

〈문제〉 위 배당이의의 소에서 법원은 어떻게 판단할 것인가? 소각하, 청구인용, 청구 일부인용에 따른 결론과 근거를 설시하시오.

〈포인트〉
1. 결론 : 원고 청구 전부 인용
2. 근거(대법원 2015.04.23. 선고 2014다53790 판결)
가. 배당이의의 소의 적부
(1) 배당이의 소의 원고적격이 있는 사람은 배당기일에 출석하여 배당표에 대하여 이의를 진술한 채권자 또는 채무자에 한하고, 다만 담보권 실행을 위한 경매에서 경매목적물의 소유자는 여기의 채무자에 포함된다. 그런데 진정한 소유자이더라도 경매개시결정기입등기 당시 소유자로 등기되어 있지 아니하였다면 민사집행법 제90조 제2호의 '소유자'가 아니고, 그 후 등기를 갖추고 집행법원에 권리신고를 하지 아니하였다면 같은 조 제4호의 '부동산 위의 권리자로서 그 권리를 증명한 사람'도 아니므로, 경매절차의 이해관계인에 해당하지 아니한다. 따라서 이러한 사람에게는 배당표에 대하여 이의를 진술할 권한이 없고, 그 이의를 진술하였더라도 이는 부적법한 것에 불과하여 배당이의의 소를 제기할 원고적격이 없다.62)
(2) 반면에, 경매개시결정기입등기 당시 소유자로 등기되어 있는 사람은 설령 진정한 소유자가 따로 있는 경우일지라도 그 명의의 등기가 말소되거나 이전되지 아니한 이상 경매절차의 이해관계인에 해당하므로, 배당표에 대하여 이의를 진술할 권한이 있고, 나아가 그 후 배당이의의 소를 제기할 원고적격도 있다.
(3) 한편 채권자는 자기의 이해에 관계되는 범위 안에서만 다른 채권자를 상대로 그의 채권 또는 그 채권의 순위에 대하여 이의할 수 있으므로(민사집행법 제151조 제3항), 채권자가 제기한 배당이의의 소에서 승소하기 위하여는 피고의 채권이 존재하지 아니함을 주장·증명하는 것만으로 충분하지 아니하고 원

고 자신이 피고에게 배당된 금원을 배당받을 권리가 있다는 점까지 주장·증명하여야 한다.63)
(4) 그러나 채무자나 소유자에게는 위와 같은 제한이 없을 뿐만 아니라(민사집행법 제151조 제1항), 채무자나 소유자가 배당이의의 소에서 승소하면 집행법원은 그 부분에 대하여 배당이의를 하지 아니한 채권자를 위하여서도 배당표를 바꾸어야 하므로(민사집행법 제161조 제2항 제2호), 채무자나 소유자가 제기한 배당이의의 소에서는 피고로 된 채권자에 대한 배당액 자체만 심리대상이고, 원고인 채무자나 소유자로서도 피고의 채권이 존재하지 아니함을 주장·증명하는 것으로 충분하다.
(5) 결국 이 사건 부동산의 소유자로 등기되어 있는 丙이 배당기일에서 배당이의를 진술하고 제기한 이 사건 배당이의의 소는 丙이 진정한 소유자인지 여부와 관계없이 적법하다.

나. 명의신탁자 甲 앞으로 마쳐진 근저당권설정등기의 효력
(1) 부동산실명법 제4조 제1항, 제2항에 의하면 명의신탁약정은 무효로 하고, 명의신탁 약정에 따른 등기로 이루어진 물권변동은 무효로 한다.
(2) 동조 제3항은 위 무효는 제3자에게 대항하지 못하도록 하고 있는데 여기서 '제3자'란 명의신탁 약정의 당사자 및 포괄승계인 이외의 사람으로서 명의수탁자가 물권자임을 기초로 그와 사이에 직접 새로운 이해관계를 맺은 사람을 말하므로, 명의신탁자는 여기의 제3자에 해당하지 아니하고, 한편 명의수탁자로부터 명의신탁된 부동산에 관한 등기를 받은 사람이 위 규정의 제3자에 해당하지 아니하면 그는 부동산실명법 제4조 제3항의 규정을 들어 무효인 명의신탁등기에 터 잡아 마쳐진 자신의 등기의 유효를 주장할 수 없다.64) 따라서 무효인 명의신탁등기에 터 잡아 명의신탁자 앞으로 마쳐진 근저당권설정등기는 무효이다.
(3) 사안에서 甲이 2020. 4. 26. 이 사건 부동산의 소유자인 A와 '甲이 A로부터 이 사건 X 부동산을 매수하되, 소유권이전등기는 乙 명의로 한다'는 내용의 매매계약을 체결하고, 또한 乙과 위와 같은 내용의 명의신탁약정을 체결하여, 이 사건 부동산에 관하여 2020. 6. 11. 乙 앞으로 소유권이전등기가 마쳐졌고, 이어서 이 사건 부동산에 관하여 甲 앞으로 근저당권설정등기가 마쳐졌으므로, 명의수탁자인 乙 앞으로 마쳐진 소유권이전등기는 부동산실명법 제4조 제2항 본문에 따라 무효이므로, 이에 터 잡아 명의신탁자인 甲 앞으로 마쳐진 근저당권설정등기도 무효라고 보아야 한다.
(4) 丙이 甲을 상대로 위 근저당권설정등기의 말소를 청구하는 소를 제기하였다가 그 청구를 기각하는 판결이 선고되어 확정되었으나, 위 확정판결의 기판력은 소송물로 주장된 근저당권설정등기 말소등기청구권의 존부에 관한 판단의 결론에만 미치는 것이므로65) 이 사건에서 위 근저당권설정등기가 무효라고 판단하는 것이 위 확정판결의 기판력에 저촉되지 않는다.

다. 결론
丙의 이 사건 배당이의의 소는 적법하고, 甲 앞으로 마쳐진 근저당권설정등기가 무효이므로 甲에 대한 배당액은 모두 삭제되어야 한다(원고 청구 전부 인용).

---

62) 대법원 2002.09.04. 선고 2001다63155 판결 참조.
63) 대법원 2012.07.12. 선고 2010다42259 판결 참조.
64) 대법원 2005.11.10. 선고 2005다34667,34674 판결 참조.
65) 대법원 2005.12.23. 선고 2004다55698 판결 등 참조.

[참고] 청구이의, 제3자이의, 배당이의의 비교

구분	청구이의	제3자이의	배당이의
전속 관할	제1심판결법원 (확정판결) 제1심수소법원 (화해조서) 집행증서 (채무자 주소지 지방법원)	집행법원이 속한 지방법원	배당을 실시한 집행법원이 속한 지방법원
청구 취지	(채권자에 대해) '집행권원의 (추상적) 집행력 배제'를 구하는 형성의 소 ☞ 피고의 원고에 대한 제주지방법원 OO판결에 기한 강제집행을 불허한다.	집행목적물에 관하여 '구체적인 집행력 배제'를 구하는 형성의 소 ☞ 피고가 소외 A에 대한 제주지방법원 OO판결의 집행력 있는 정본에 기하여 별지 목록 기재 물건에 대하여 한 강제집행을 불허한다.	배당표 경정을 구하는 형성의 소 ☞ 서울중앙지방법원 2018타경1234부동산강제경매사건에 관하여 같은 법원이 2018. 6. 1. 작성한 배당표 중 피고에 대한 배당액 금 10,000,000원을 0원으로 하고, 원고에 대한 배당액 10,000,000원을 20,000,000원으로 각 경정한다."
주의 사항	집행정지의 잠정처분	1. 집행정지의 잠정처분 2. 원고가 소유권 기타 양도·인도 등 막을 권리가 있을 것(집행채권자에게 대항 가능해야 함).	제소기간 : 배당기일로부터 1주일 (도과시 부당이득반환청구 가능)

〈금전채권에 대한 강제집행(채권집행) 개요〉
(1) 금전채권에 대한 집행은 채무자의 재산 중 채무자가 제3채무자에 대하여 금전의 급여를 구할 수 있는 각종의 청구권에 대하여 하는 강제집행이다. 채권집행 중 금전채권에 대한 집행은 채무자의 재산 중 채무자가 제3채무자에 대하여 금전의 급여를 구할 수 있는 각종의 청구권에 대하여 하는 강제집행이다.
(2) 채권자를 甲, 채무자를 乙, 제3채무자를 丙으로 한다면 甲은 우선 집행보전조치로서 乙의 丙에 대한 채권을 가압류한 후, 乙에 대한 지급명령이나 확정판결 등 집행권원을 취득하여 위 가압류를 본압류로 이전하면서 채권압류 및 추심명령이나 전부명령을 신청한다. 집행채권의 만족을 얻기 위한 현금화 절차가 추심명령이나 전부명령이다. 추심명령이나 전부명령을 얻기 위하여는 채권자의 채무자에 대한 집행권원(이 집행권원은 확정되었음을 전제로 함)과 피압류채권에 대한 압류명령을 전제로 한다.
(3) 추심명령은 채무자의 채권자들을 대표하여 추심권능을 부여받은 것이어서 배당절차가 예정되어 있고, 추심채권자의 우선변제가 보장되지 않으나, 전부명령과 달리 제3채무자의 무자력의 위험을 감수하지 않는다. 그러나 전부명령의 경우 전부명령에 따른 채권의 이전만으로 즉 실제로 전부채권자가 제3채무자로부터 피전부채권을 현실적으로 추심하였는지 여부와 상관없이 채권자의 집행채권이 소멸하므로 제3채무자의 무자력의 경우 채권자가 현실적인 만족을 얻지 못할 위험이 있다. 반면에 전부명령의 경우 추심명령과 달리 경합하는 다른 채권자를 배제하고 전부채권자만이 독점적 만족을 얻을 수 있는

이점이 있다. 전부명령은 실질적으로 채권자평등주의 원칙의 예외를 이루는 집행방법이다.66)

(4) 전부명령은 (가)압류의 경합이나 배당요구가 없을 것을 전제로 한다. 이 점에서 전부명령은 채권양도와 유사하나, 채권양도는 '채무변제를 위한 담보'로 양도되는 것인 반면, 전부명령은 '채무의 변제를 갈음하여' 이루어진다.

(5) 채권자가 받은 압류 및 추심명령으로 집행채권에 관하여 시효중단의 효력이 있으나, 피압류채권에 대한 확정적인 시효중단효는 없고, 최고로서의 효력만이 인정된다. 따라서 시효소멸하기 전에 압류 및 추심명령이 제3채무자에게 송달된 때부터 6개월 내에 추심금 소송을 제기하면 시효소멸하지 않는다.67)

(6) 제3채무자에게 추심명령이나 전부명령이 송달되었음에도 불구하고 제3채무자가 이행을 하지 않으면 추심명령이나 전부명령이 제3채무자에 대한 집행권원이 되는 것은 아니므로 채권자가 제3채무자에 대한 집행권원을 얻기 위한 소송절차가 바로 추심금 소송과 전부금 소송이다. 추심금 소송과 전부금 소송에서 제3채무자는 집행채권의 부존재나 소멸을 항변사유로 할 수 없고 이는 채무자의 청구이의의 소의 대상이 된다.

(7) 채권압류명령은 비록 강제집행절차에 나아간 것이기는 하나 채권추심명령이나 채권전부명령과는 달리 집행채권의 현금화나 만족적 단계에 이르지 아니하는 보전적 처분으로서 집행채권을 압류한 채권자를 해하는 것이 아니기 때문에 집행채권에 대한 압류의 효력에 반하는 것은 아니라고 할 것이므로, 집행채권에 대한 압류는 집행채권자가 그 채무자를 상대로 한 채권압류명령에는 집행장애사유가 될 수 없다.68)

(8) 채권자대위소송이 제기되고 대위채권자가 채무자에게 대위권 행사사실을 통지하거나 채무자가 이를 알게 된 이후에는 민사집행법 제229조 제5항이 유추적용되어 피대위채권에 대한 전부명령은, 우선권 있는 채권에 기초한 것이라는 등의 특별한 사정이 없는 한, 무효이다. 채권자대위소송에서 제3채무자로 하여금 직접 대위채권자에게 금전의 지급을 명하는 판결이 확정되었더라도 판결에 기초하여 금전을 지급받는 것 역시 대위채권자의 제3채무자에 대한 추심권능 내지 변제수령권능에 속하므로, 채권자대위소송에서 확정된 판결에 따라 대위채권자가 제3채무자로부터 지급받을 채권에 대한 압류명령 등도 무효이다.69)

(9) 집행권원상의 청구권('집행채권')이 양도되어 대항요건을 갖춘 경우에는 집행당사자적격이 양수인으로 변경되며, 양수인이 승계집행문을 부여받음에 따라 집행채권자가 양수인으로 확정된다. 승계집행문의 부여로 인하여 양도인에 대한 기존 집행권원의 집행력은 소멸한다.70)

(10) 금전채권에 대한 압류·추심명령이 있더라도 압류채권자에게 채무자의 제3채무자에 대한 채권이 이전되거나 귀속되는 것이 아니라 채권을 추심할 권능만 부여될 뿐이고 이러한 추심권능은 압류의 대상이 될 수 없다.71)

---

66) 대법원 2016.03.24. 선고 2014다13280,13297 판결.
67) 대법원 2019.07.25. 선고 2019다212945 판결 : 채무자의 제3채무자에 대한 금전채권에 대하여 압류 및 추심명령이 있더라도, 이는 추심채권자에게 피압류채권을 추심할 권능만을 부여하는 것이고, 이로 인하여 채무자가 제3채무자에게 가지는 채권이 추심채권자에게 이전되거나 귀속되는 것은 아니다. 따라서 채무자가 제3채무자를 상대로 금전채권의 이행을 구하는 소를 제기한 후 채권자가 위 금전채권에 대하여 압류 및 추심명령을 받아 제3채무자를 상대로 추심의 소를 제기한 경우, 채무자가 권리주체의 지위에서 한 시효중단의 효력은 집행법원의 수권에 따라 피압류채권에 대한 추심권능을 부여받아 일종의 추심기관으로서 그 채권을 추심하는 추심채권자에게도

[참고] 추심명령과 전부명령의 비교

구 분	전부명령	추심명령
법률효과 (이전되는 권리)	피전부채권 자체 (집행채권의 소멸)	추심채권에 대한 추심권능 (채무자는 추심채권의 이행을 구하는 소의 당사자적격 상실)
효력발생시점	확정시 (제3채무자 송달시 소급)	제3채무자 송달시 (추심명령 확정은 요건사실이 아님)
대상채권	권면액 있는 금전채권	금전채권에 한하지 않음
(가)압류의 경합	무효(전부명령 효력상실)	유효(제3채무자는 정당한 추심권자 누구에게라도 유효한 변제)
제3채무자의 무자력	채권자위험부담	재집행
즉시항고	집행정지의 효력	집행정지효력 없음
관련 제도	채권양도	채권자대위권

[참고] 채권집행의 구조

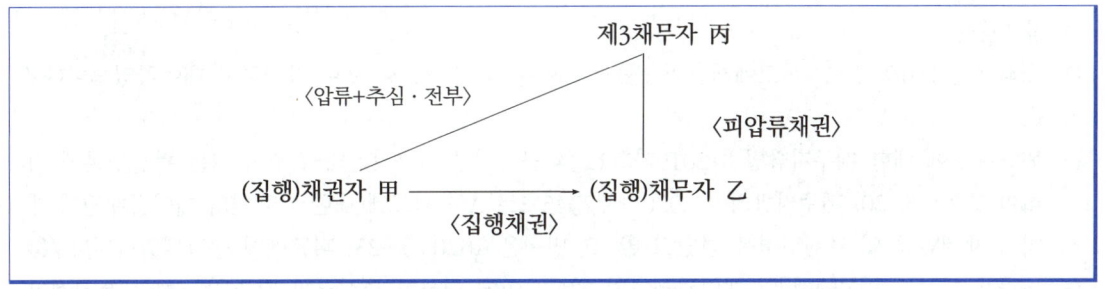

미친다.
한편 재판상의 청구는 소송의 각하, 기각 또는 취하의 경우에는 시효중단의 효력이 없지만, 그 경우 6개월 내에 재판상의 청구, 파산절차참가, 압류 또는 가압류, 가처분을 한 때에는 시효는 최초의 재판상 청구로 인하여 중단된 것으로 본다(민법 제170조). 그러므로 채무자가 제3채무자를 상대로 제기한 금전채권의 이행소송이 압류 및 추심명령으로 인한 당사자적격의 상실로 각하되더라도, 위 이행소송의 계속 중에 피압류채권에 대하여 채무자에 갈음하여 당사자적격을 취득한 추심채권자가 위 각하판결이 확정된 날로부터 6개월 내에 제3채무자를 상대로 추심의 소를 제기하였다면, 채무자가 제기한 재판상 청구로 인하여 발생한 시효중단의 효력은 추심채권자의 추심소송에서도 그대로 유지된다고 보는 것이 타당하다.

68) 대법원 2016.09.28. 선고 2016다205915 판결. 채권자대위소송에서 제3채무자로 하여금 직접 대위채권자에게 금전의 지급을 명하는 판결이 확정되더라도, 대위의 목적인 권리, 즉 채무자의 제3채무자에 대한 피대위채권이 그 판결의 집행채권으로서 존재하는 것이고 대위채권자는 채무자를 대위하여 피대위채권에 대한 변제를 수령하게 될 뿐 자신의 채권에 대한 변제로서 수령하게 되는 것이 아니므로, 그 피대위채권이 변제 등으로 소멸하기 전이라면 채무자의 다른 채권자는 이에 대하여 압류 또는 가압류, 처분금지가처분을 할 수 있다. 그리고 이러한 경우에는 앞에서 본 바와 같이 집행채권자의 채권자가 집행권원에 표시된 집행채권을 압류 또는 가압류, 처분금지가처분을 한 경우에 관한 법리가 그대로 적용된다.
69) 대법원 2016.08.29. 선고 2015다236547 판결.
70) 대법원 2019.01.31. 선고 2015다26009 판결.
71) 대법원 2019.01.31. 선고 2015다26009 판결.

4 추심금 청구의 소

가. 요건사실

❶ 피압류채권(피추심채권)의 존재(발생)
❷ 원고가 피압류채권에 압류 및 추심명령을 받은 사실
❸ 압류 및 추심명령의 제3채무자에의 송달[72]

나. 청구취지와 청구원인

☞ 청구취지 : 피고는 원고에게 1억 원 및 이에 대한 2020. 5. 25.부터 이 사건 소장부본 송달일까지는 연 5%, 그 다음날부터 다 갚는 날까지는 연 12%의 각 비율로 계산한 돈을 지급하라.

〈참고〉 지연손해금 기산점 : 추심명령이 발령된 후 압류채권자로부터 추심금 청구를 받은 다음날[73]

☞ 청구원인 :
(1) 소외 A는 2019. 5. 1. 피고에게 1억 원을, 변제기 2020. 4. 30.으로 약정하여 대여하였습니다./❶
(2) 원고는 A에 대한 제주지방법원 2019가합1234 공사대금 청구사건의 집행력 있는 판결정본에 기하여 2020. 5. 20. 제주지방법원 2020타채2345호로 A의 피고에 대한 1억 원의 대여금채권에 대하여 채권압류 및 추심명령을 받았고/❷ 그 명령은 2020. 5. 25. 피고에게 송달되었습니다./❸
(3) 따라서 피고는 원고에게 위 대여원금 1억 원 및 이에 대하여 추심금의 지급을 구하는 통고서가 피고에게 송달된 다음날인 2020. 5. 25.부터 이 사건 소장부본 송달일까지는 민법이 정한 연 5%의, 그 다음날부터 다 갚는 날까지는 소송촉진 등에 관한 특례법이 정한 연 12%의 각 비율로 계산한 지연손해금을 지급할 의무가 있습니다.

〈포인트〉
(1) 추심명령의 존재와 송달 → 원고적격의 문제(각하)[74]
(2) 집행채권은 요건사실도 항변사실도 아니다.

---

[72] 추심명령은 제3채무자에게 송달된 때 효력이 발생하므로 채무자에 대한 송달사실과 확정사실은 추심금청구의 요건사실이 아니다.
[73] 추심명령은 압류채권자에게 채무자의 제3채무자에 대한 채권을 추심할 권능을 수여함에 그치고, 제3채무자로 하여금 압류채권자에게 압류된 채권액 상당을 지급할 것을 명하거나 그 지급 기한을 정하는 것이 아니므로, 제3채무자가 압류채권자에게 압류된 채권액 상당에 관하여 지체책임을 지는 것은 집행법원으로부터 추심명령을 송달받은 때부터가 아니라 추심명령이 발령된 후 압류채권자로부터 추심금 청구를 받은 다음날부터라고 하여야 한다(대법원 2012.10.25. 선고 2010다47117 판결).
[74] 채권에 대한 압류 및 추심명령이 있으면 제3채무자에 대한 이행의 소는 추심채권자만이 제기할 수 있고 채무자는 피압류채권에 대한 이행소송을 제기할 당사자적격을 상실한다. 위와 같은 당사자적격에 관한 사항은 소송요건에 관한 것으로서 법원이 이를 직권으로 조사하여 판단하여야 하고, 비록 당사자가 사실심 변론종결 시까지 이에 관하여 주장하지 않았다 하더라도 상고심에서 새로이 이를 주장·증명할 수 있다. 한편 판결 결과에 따라

다. 주요 항변

(1) **집행채권의 부존재·소멸 항변** : 추심명령에 영향이 없음.[75] → 피고(제3채무자)는 추심소송에서 집행채권의 부존재·소멸을 항변으로 주장할 수 없고 이는 청구이의의 소에서 주장할 사유이다.

(2) **압류금지채권 항변** : 피고는 피추심채권이 압류금지채권임을 들어 추심명령이 실체법상 무효임을 항변할 수 있다.

(3) **추심명령의 무효 및 피압류채권(피추심채권)의 부존재·소멸·기한유예 항변** : 제3채무자는 추심명령의 무효도 추심금 소송에서 다툴 수 있고, 피추심채권의 부존재·소멸·기한유예, 동시이행 등은 제3채무자의 항변사유가 된다.

(4) **피추심채권의 양도 항변** : 제3채무자가 채권양수인에게 채무변제를 한 후에 채권압류 및 추심명령이 송달된 경우 → 이미 피추심채권 소멸로 압류 및 추심명령은 무효[76]

(5) **상계항변** : 자동채권의 변제기 ≥ 수동채권의 변제기

[참고] 추심명령이 무효로 되는 경우

① 채권의 추심명령은 압류한 금전채권을 대위절차 없이 추심할 수 있게 해주는 것으로서 유효한 압류명령이 있음을 전제하는 것이므로, 압류할 채권이 특정되지 않아 압류명령에 따른 압류의 효력이 발생하지 않는 경우에는 그에 따른 추심명령도 무효.
② 피압류채권이 이미 변제 등으로 소멸한 경우에는 그 후에 그 채권에 관한 채권압류 및 추심명령이 송달되더라도 그 채권압류 및 추심명령은 존재하지 아니하는 채권에 대한 것으로서 무효.[77]
③ 무권대리인에 의하여 작성된 집행증서에 기한 채권압류 및 추심명령은 무효.
④ 추심권능에 대한 (가)압류는 무효.
⑤ 회생절차 개시 후 회생채권을 집행채권으로 한 추심명령이 발령되었다면 그 추심명령은 무효.

제3채무자가 채무자에게 지급하여야 하는 금액을 피압류채권으로 표시한 경우 해당 소송의 소송물인 실체법상 채권이 채권압류 및 추심명령의 피압류채권이 된다고 볼 수 있다(대법원 2018.12.27. 선고 2018다268385 판결).

75) 집행채권의 소멸은 추심명령의 제3채무자가 집행채권자에게 추심금의 지급을 거절할 수 있는 사유가 되지 못하고, 나아가 강제집행정지결정이 있더라도 그 정지결정의 정본을 집행기관에 제출하여야 비로소 집행정지의 효력이 발생한다(대법원 2018.10.25. 선고 2016다223067 판결).

76) 민법 제450조 제2항 소정의 지명채권양도의 제3자에 대한 대항요건은 양도된 채권이 존속하는 동안에 그 채권에 관하여 양수인의 지위와 양립할 수 없는 법률상의 지위를 취득한 제3자가 있는 경우에 적용되는 것이므로, 양도된 채권이 이미 변제 등으로 소멸한 경우에는 그 후에 그 채권에 관한 채권압류 및 추심명령이 송달되더라도 그 채권압류 및 추심명령은 존재하지 아니하는 채권에 대한 것으로서 무효이고, 위와 같은 대항요건의 문제는 발생될 여지가 없다(대법원 2003.10.24. 선고 2003다37426 판결).

77) 민법 제450조 제2항이 정하는 지명채권 양도의 제3자에 대한 대항요건은 양도된 채권이 존속하는 동안에 채권에 관하여 양수인의 지위와 양립할 수 없는 법률상의 지위를 취득한 제3자가 있는 경우에 적용하므로, 임대차보증금 반환채권이 양도되거나 임대차보증금 반환채권에 대하여 채권가압류명령, 채권압류 및 추심명령 등(이하 '채권가압류명령 등'이라 한다)이 이루어지기에 앞서 임대차계약의 종료 등을 원인으로 한 변제, 상계, 정산합의 등에 의하여 임대차보증금 반환채권이 이미 소멸하였다면, 채권양도나 채권가압류명령 등은 모두 존재하지 아니하는 채권에 대한 것으로서 효력이 없고, 대항요건의 문제는 발생할 여지가 없다(대법원 2017.01.25. 선고 2014다529

라. 추심금 소송의 특질

(1) **추심금소송의 소송물** : 추심금소송의 소송물은 피압류채권(피추심채권)에 기초한 청구권(채무자의 제3채무자에 대한 청구권)의 유무 및 그 범위이며, 청구채권(집행채권)에 기초한 청구권(압류채권자의 채무자에 대한 청구권)의 유무에 대한 것이 아니다. 추심명령이 있더라도 <u>채권의 귀속주체는 여전히 집행채무자이다</u>. 따라서 채무자는 집행채권자의 권리를 해하지 않는 범위 내에서 피압류채권에 관하여 채권자로서의 권리를 갖는다.

(2) **당사자적격** : 추심명령을 받은 압류채권자만이 이 소를 제기할 수 있다(제3자의 법정소송담당).[78] 압류가 경합하는 경우에도 압류채권자 중 1인은 추심명령을 얻어 단독으로 추심의 소를 제기할 수 있다. 동일한 채권에 대하여 추심명령이 여러 차례 발부되더라도 추심명령은 모두 유효하다(추심권자가 다시 전부명령을 받는 것도 가능하다). 피압류채권(피추심채권)의 채무자인 제3채무자가 피고가 된다.[79]

(3) **공동소송참가 등** : 집행력 있는 정본을 가진 모든 채권자는 공동소송인으로 원고 쪽에 참가할 권리가 있고(자발참가), 소를 제기당한 제3채무자는 집행력 있는 정본을 가진 모든 채권자를 공동소송인으로 원고 쪽에 참가하도록 명할 것(강제참가)을 첫 변론기일까지 신청할 수 있다(민사집행법 제249조 제2항, 제3항). <u>원고와 소송참가한 압류채권자는 합일확정을 요하는 유사필수적공동소송관계</u>로 된다. 참가명령을 받은 다른 채권자는 참가 여부에 관계없이 추심소송의 판결의 효력을 받는다(제249조 제4항).

(4) **추심금소송의 기판력** : 추심금소송의 기판력이 압류채무자에게 미치는가에 관하여 법정소송담당설의 입장에서 <u>그 판결의 효력은 승소·패소를 불문하고 채무자에게 미친다</u>고 보는 것이 일반적이다. 그러나 추심금소송의 기판력은 채권자대위소송과 같이 소송의 고지 등 어떠한 방법으로든지 압류채무자가 그 소송의 계속사실을 알게 되었을 때에만 미치고 그렇지 않은 경우에는 미치지 않는 것으로 보는 것이 추심채권자와 압류채무자의 이해관계를 합리적으로 조정하는 것이 될 것이라는 견해가 유력하다

(5) **채권자대위소송과 경합** : 추심소송과 채권자대위소송이 경합하는 경우 다수설은 추심소송이 계속 중일 때에는 국가가 수권한 추심권에 기한 추심소송을 우선시켜 채권자대위소송은 부적법한 것으로 본다.[80] 판례는 채무자가 제3채무자를 상대로 제기한 이행의 소가 법원에 계속되어 있는 상태에서 압류채권자가 제3채무자를 상대로 추심의 소를 제기하는 것이 민사소송법 제259조에서 금지하는 중복된 소제기에 해당하지 않는다고 본다.[81]

---

33 판결).
78) 따라서 채무자가 소를 제기하는 경우 당사자적격 상실로 소 각하. 채권 일부에 대한 압류 및 추심명령의 경우 그 부분에 대해서만 당사자적격 상실로 소가 각하된다. 다만, 추심채권자가 별도 소 제기 없이 채무자의 소에 승계인으로 참가할 수 있다(인수승계).
79) 외국국가를 제3채무자로 한 채권압류 및 추심명령이나, 외국국가를 피고로 한 추심금 청구는 부적법하다(대법원 2011.12.13. 선고 2009다16766 판결).
80) 채무자에 대한 채권자로서 집행권원 없이 채권자대위권을 행사하는 채권자와 채무자에 대한 집행권원을 획득하고 추심권능을 얻은 압류채권자는 법적 지위가 엄연히 다르므로 추심금소송이 채권자대위소송에 우선한다고 본다.

(6) 추심명령에 대한 청구이의 : 집행법원이 채권압류 및 추심명령의 결정을 함에 있어서는 집행권원의 유무 및 그 송달 여부, 선행하는 압류명령의 존부, 집행장애의 유무 및 신청의 적식 여부 등 채권압류 및 추심명령의 요건을 심리하여 결정하면 되고, 비록 그 집행권원인 집행증서가 무권대리인의 촉탁에 의하여 작성되어 당연무효라고 할지라도 그러한 사유는 형식적 하자이기는 하지만 집행증서의 기재 자체에 의하여 용이하게 조사·판단할 수 없는 것이므로 청구이의의 소에 의하여 그 집행을 배제할 수 있다.[82]

(7) 제3채무자 지위 승계 : 주택임대차보호법상 대항력을 갖춘 임차인의 임대차보증금반환채권이 가압류된 상태에서 임대주택이 양도된 경우, 양수인이 채권가압류의 제3채무자 지위를 승계하고, 이 경우 가압류채권자는 양수인에 대하여만 가압류의 효력을 주장할 수 있다.[83]

5 전부금 청구의 소

가. 요건사실

❶ 피전부채권(대상채권)의 존재(발생)[84]
❷ 원고가 피전부채권에 대하여 압류 및 전부명령을 받은 사실
❸ 전부명령의 제3채무자에 대한 송달 + 전부명령의 확정 사실[85]

나. 청구취지와 청구원인

☞ 청구취지 : 피고는 원고에게 1억 원 및 이에 대한 2020. 5. 26.부터 이 사건 소장부본 송달일까지는 연 5%, 그 다음날부터 다 갚는 날까지는 연 12%의 각 비율로 계산한 돈을 지급하라.

〈참고〉 지연손해금 기산점 : 전부명령이 제3채무자에게 송달된 다음날

---

81) 대법원 2013.12.18. 선고 2013다202120 전원합의체 판결.
82) 대법원 1998.08.31. 자 98마1535 결정.
83) 대법원 2013.01.17. 선고 2011다49523 전원합의체 판결.
84) 원고는 피전부채권의 발생사실만 주장증명하면 되고 권리장애·소멸·저지사실의 부존재까지 주장·증명할 필요가 없다.
85) 추심명령과 달리 확정을 요건으로 하는 이유는 전부명령에 따라 전부권자(채권자)에게 권리이전효와 변제효가 발생하기 때문에 법률관계를 명확하게 하기 위함이다.

☞ **청구원인 :**
(1) 소외 A는 2018. 5. 1. 피고에게 1억 원을, 변제기 2019. 4. 30.으로 정하여 대여하였습니다./❶
(2) 원고는 A에 대한 제주지방법원 2019가합1234 공사대금 청구사건의 집행력 있는 판결정본에 기하여 2020. 5. 20. 제주지방법원 2020타채2345호로 A의 피고에 대한 1억 원의 대여금채권에 대하여 채권압류 및 전부명령을 받았고/❷ 그 명령은 2020. 5. 25. 피고에게 송달되어 그 무렵 확정되었습니다./❸
(3) 따라서 피고는 원고에게 위 대여원금과 전부명령 송달일 다음날인 2020. 5. 26.부터 이 사건 소장부본 송달일까지는 민법이 정한 연 5%의, 그 다음날부터 다 갚는 날까지는 소송촉진 등에 관한 특례법이 정한 연 12%의 각 비율로 계산한 지연손해금을 지급할 의무가 있습니다.

〈포인트〉
(1) 전부명령은 압류된 금전채권을 집행채권의 변제에 갈음하여 압류채권자에게 이전시키는 집행법원의 명령으로 권리이전효와 변제효는 제3채무자에게 송달된 때에 발생하나 전부명령이 효력(집행채권 소멸)은 전부명령 확정시에 발생한다.
(2) 피전부채권으로서의 적격 → 권면액을 갖는 금전채권이라면 임대차보증금반환채권이나 매매계약이 해제되는 경우 발생하는 매수인의 매도인에 대한 매매대금반환청구권과 같이 장래채권이나 조건부채권도 피전부채권적격이 있음.86)
(3) 전부명령의 존재와 송달 및 확정 → 본안의 문제(기각)
(4) **전부명령의 확정**을 위해 채무자에게 송달된 사실도 주장·증명 ← 전부명령은 즉시항고권자인 채무자에게 송달되지 않으면 확정될 수 없음.
(5) 확정을 요건으로 하지만 확정에 의해 발생하는 집행채권 소멸의 효력은 제3채무자 송달시점임.
(6) 집행채권은 요건사실도 아니고 항변사실도 아님. → 집행채권의 부존재/소멸 시에도 원칙적으로 전부명령에 의한 권리이전효 인정87)
   → 집행채권이 존재하지 않으면 집행채무자가 채권자를 상대로 청구이의의 소 제기.
   → 집행채권이 존재하지 않음에도 채권자가 제3채무자로부터 금전지급을 받으면 집행채무자가 채권자를 상대로 부당이득반환청구
(6) **피전부채권의 부존재/소멸 시** 전부명령에 의한 집행채권 소멸의 효력 부정 → 집행채권 부활에 따라 종전의 집행권원이 인정되어 집행문의 재도부여를 받아 또 다른 강제집행 가능88)
(7) 양도금지특약부 채권에 대한 압류 및 전부명령도 유효 → 특약사실에 대한 선·악 불문 → 전부채권양수인에게 대항불가89)
(8) 사해행위취소의 소에서 수익자가 원상회복으로서 채권자취소권을 행사하는 채권자에게 가액배상을 할 경우, 수익자 자신이 사해행위취소소송의 채무자에 대한 채권자라는 이유로 채무자에 대하여 가지는 자기의 채권과 상계하거나 채무자에게 가액배상금 명목의 돈을 지급하였다는 점을 들어 채권자취소권을 행사하는 채권자에 대해 이를 가액배상에서 공제할 것을 주장할 수 없다. 그러나 수익자가 채권자취소권을 행사하는 채권자에 대해 가지는 별개의 다른 채권을 집행하기 위하여 그에 대한 집행권원을 가지고 위 채권자의 수익자에 대한 가액배상채권을 압류하고 전부명령을 받는 것은 허용된다.90)

---
86) 전부명령이 확정되면 피압류채권은 전부명령이 제3채무자에게 송달된 때에 소급하여 집행채권의 범위 안에서

다. 주요 항변

(1) 개요

전부금소송의 피고(제3채무자)는 전부명령 자체의 무효사유를 들어 항변하거나 채권 (가)압류 전에 집행채무자에 대하여 가지고 있었던 **피전부채권 발생의 장애·소멸·저지의 일반적인 항변사유**로 전부채권자에게 대항할 수 있다.[91]

당연히 전부채권자에게 이전하고 동시에 집행채권 소멸의 효력이 발생하는 것이며, 이 점은 피압류채권이 그 존부 및 범위를 불확실하게 하는 요소를 내포하고 있는 장래의 채권인 경우에도 마찬가지라고 할 것이고, 따라서 장래의 채권에 관하여 압류 및 전부명령이 확정되면 그 부분 피압류채권은 이미 전부채권자에게 이전된 것이므로 그 이후 동일한 장래의 채권에 관하여 다시 압류 및 전부명령이 발하여졌다고 하더라도 압류의 경합은 생기지 않고, 다만 장래의 채권 중 선행 전부채권자에게 이전된 부분을 제외한 나머지 중 해당 부분 피압류채권이 후행 전부채권자에게 이전될 뿐이다(대법원 2004.09.23. 선고 2004다29354 판결).

[87] 채무자 또는 그 대리인의 유효한 작성촉탁과 집행인낙의 의사표시에 터잡아 작성된 공정증서를 집행권원으로 하는 금전채권에 대한 강제집행절차에서, 비록 그 공정증서에 표시된 청구권의 기초가 되는 법률행위에 무효사유가 있다고 하더라도 그 강제집행절차가 청구이의의 소 등을 통하여 적법하게 취소·정지되지 아니한 채 계속 진행되어 채권압류 및 전부명령이 적법하게 확정되었다면, 그 강제집행절차가 반사회적 법률행위의 수단으로 이용되었다는 등의 특별한 사정이 없는 한, 단지 이러한 법률행위의 무효사유를 내세워 확정된 전부명령에 따라 전부채권자에게 피전부채권이 이전되는 효력 자체를 부정할 수는 없고, 다만 위와 같이 전부명령이 확정된 후 그 집행권원인 집행증서의 기초가 된 법률행위 중 전부 또는 일부에 무효사유가 있는 것으로 판명된 경우에는 그 무효 부분에 관하여는 집행채권자가 부당이득을 한 셈이 되므로, 그 집행채권자는 집행채무자에게, 위 전부명령에 따라 전부받은 채권 중 실제로 추심한 금전 부분에 관하여는 그 상당액을 반환하여야 하고, 추심하지 아니한 나머지 부분에 관하여는 그 채권 자체를 양도하는 방법에 의하여 반환하여야 한다. 한편, 이러한 집행채무자의 채권자가 그 집행채권자를 상대로 위 부당이득금 반환채권을 대위행사하는 경우 집행채무자에게 그 반환의무를 이행하도록 청구할 수도 있지만, 직접 대위채권자에게 이행하도록 청구할 수도 있다고 보아야 하는데, 이와 같이 채권자대위권을 행사하는 채권자에게 변제수령의 권한을 인정하더라도 그것이 채권자 평등의 원칙에 어긋난다거나 제3채무자를 이중 변제의 위험에 빠뜨리게 하는 것이라고 할 수 없다(대법원 2005.04.15. 선고 2004다70024 판결).

[88] 채권자가 가집행선고부 판결에 기한 집행문을 부여받아 채무자가 장래에 받게 될 봉급 등의 채권에 대하여 압류 및 전부명령을 받았다면 위 전부명령이 무효가 되지 않는 한 가집행선고부 판결에 기한 강제집행은 이미 종료되었다고 할 것이므로, 채무자의 봉급 등의 장래 채권이 발생하지 않는다거나 채권자가 변제받아야 할 채권액의 일부만에 한정하여 압류 및 전부명령을 받았다는 등의 사정이 주장·입증되지 않는 한, 같은 내용의 집행력 있는 판결정본을 채권자에게 재도부여한 것은 위법하다(대법원 1999.04.28. 자 99그21 결정).

[89] 당사자 사이에 양도금지의 특약이 있는 채권이더라도 전부명령에 의하여 전부되는 데에는 지장이 없고, 양도금지의 특약이 있는 사실에 관하여 집행채권자가 선의인가 악의인가는 전부명령의 효력에 영향을 미치지 못하는 것인바, 이와 같이 양도금지특약부 채권에 대한 전부명령이 유효한 이상, 그 전부채권자로부터 다시 그 채권을 양수한 자가 그 특약의 존재를 알았거나 중대한 과실로 알지 못하였다고 하더라도 채무자는 위 특약을 근거로 삼아 채권양도의 무효를 주장할 수 없다(대법원 2003.12.11. 선고 2001다3771 판결).

[90] 이는 수익자의 채무자에 대한 채권을 기초로 한 상계나 임의적인 공제와는 그 내용과 성질이 다르다. 또한 채권자가 채무자의 제3채무자에 대한 채권을 압류하는 경우 제3채무자가 채권자 자신인 경우에도 이를 압류하는 것이 금지되지 않으므로 단지 채권자와 제3채무자가 같다고 하여 채권압류 및 전부명령이 위법하다고 볼 수 없다. 나아가 상계가 금지되는 채권이라고 하더라도 압류금지채권에 해당하지 않는 한 강제집행에 의한 전부명령의 대상이 될 수 있다. 대법원 2017.08.21. 자 2017마499 결정

[91] 원래의 채권이 임차보증금반환채권인 경우 임대인인 피고는 임목적물반환과의 동시이행항변, 연체차임, 차임상당 부당이득, 손해배상 등의 공제항변 등을 할 수 있다. → 임차보증금반환채권에 대한 전부명령은 임대인의 채권을 공제한 잔액에 대해서만 유효하다.

(2) 전부명령 자체의 무효항변

① 집행권원의 무효 주장[92]
② 압류경합 주장 : 각 압류명령의 총 압류액 > 피압류채권의 채권액[93] → (가)압류의 경합이나 배당요구가 전부명령 송달 후에 있었다면 그 확정이전이라도 전부명령의 효력에는 영향이 없음.[94] ← (가)압류의 경합으로 무효로 된 전부명령이 그 이후 경합상태를 벗어난 경우 다시금 효력을 발생하는 것은 아님.[95]

(3) 피전부채권에 관한 항변

① 동시이행의 항변 : 매매계약이나 임대차계약 등에 따른 소유권이전등기의무나 목적물 인도의무 등의 동시이행항변[96] → 동시이행관계에 있는 경우 전부금에 대한 지연손해금 청구는 불가
② 채권양도 항변 : 피전부채권이 제3자에게 양도되어 이미 확정일자 있는 양도통지가 제3채무자에게 도달한 사실[97] → 양도금지특약은 유효한 항변이 될 수 없음.[98]

---

[92] 채무자 또는 그 대리인의 유효한 작성촉탁과 집행인낙의 의사표시에 터잡아 작성된 공정증서를 집행권원으로 하는 금전채권에 대한 강제집행절차에서, 비록 그 공정증서에 표시된 청구권의 기초가 되는 법률행위에 무효사유가 있다고 하더라도 그 강제집행절차가 청구이의의 소 등을 통하여 적법하게 취소·정지되지 아니한 채 계속 진행되어 채권압류 및 전부명령이 적법하게 확정되었다면, 그 강제집행절차가 반사회적 법률행위의 수단으로 이용되었다는 등의 특별한 사정이 없는 한, 단지 이러한 법률행위의 무효사유를 내세워 확정된 전부명령에 따라 전부채권자에게 피전부채권이 이전되는 효력 자체를 부정할 수는 없다(대법원 2016.03.24. 선고 2015다248137 판결).

[93] 동일한 채권에 대하여 두 개 이상의 채권압류 및 전부명령이 발령되어 제3채무자에게 동시에 송달된 경우 당해 전부명령이 채권압류가 경합된 상태에서 발령된 것으로서 무효인지의 여부는 그 각 채권압류명령의 압류액을 합한 금액이 피압류채권액을 초과하는지를 기준으로 판단하여야 하므로 전자가 후자를 초과하는 경우에는 당해 전부명령은 모두 채권의 압류가 경합된 상태에서 발령된 것으로서 무효로 될 것이지만 그렇지 않은 경우에는 채권의 압류가 경합된 경우에 해당하지 아니하여 당해 전부명령은 모두 유효하게 된다고 할 것이며, 그 때 동일한 채권에 관하여 확정일자 있는 채권양도통지가 그 각 채권압류 및 전부명령 정본과 함께 제3채무자에게 동시에 송달되어 채권양수인과 전부채권자들 상호간에 우열이 없게 되는 경우에도 마찬가지라고 할 것이다(대법원 2002.07.26. 선고 2001다68839 판결).

[94] 동일한 채권에 관하여 확정일자 있는 채권양도통지와 두 개 이상의 채권압류 및 전부명령 정본이 동시에 송달된 경우 채권의 양도는 채권에 대한 압류명령과는 그 성질이 다르므로 당해 전부명령이 채권의 압류가 경합된 상태에서 발령된 것으로서 무효인지의 여부를 판단함에 있어 압류액에 채권양도의 대상이 된 금액을 합산하여 피압류채권액과 비교하거나 피압류채권액에서 채권양도의 대상이 된 금액 부분을 공제하고 나머지 부분만을 압류액의 합계와 비교할 것은 아니다(대법원 2002.07.26. 선고 2001다68839 판결).

[95] 압류가 경합된 상태에서 발령되어 한번 무효로 된 전부명령은 그 후 채권가압류의 집행해제로 압류의 경합 상태에서 벗어났다고 하여 되살아나지 않는다(대법원 2008.01.17. 선고 2007다73826 판결).

[96] 임차인의 임차보증금반환청구채권이 전부된 경우에도 채권의 동일성은 그대로 유지되는 것이어서 동시이행관계도 당연히 그대로 존속한다고 해석할 것이므로 임대차계약이 해지된 후에 임대인이 잔존임차보증금반환청구채권을 전부받은 자에게 그 채무를 현실적으로 이행하였거나 그 채무이행을 제공하였음에도 불구하고 임차인이 목적물을 명도하지 않음으로써 임차목적물반환채무가 이행지체에 빠지는 등의 사유로 동시이행의 항변권을 상실하게 되었다는 점에 관하여 임대인이 주장·입증을 하지 않은 이상 임차인의 목적물에 대한 점유는 동시이행의 항변권에 기한 것이어서 불법점유라고 볼 수 없다(대법원 2002.07.26. 선고 2001다68839 판결).

[97] 동일한 채권에 관하여 확정일자 있는 채권양도통지와 두 개 이상의 채권압류 및 전부명령 정본이 동시에 송달된 경우 채권의 양도는 채권에 대한 압류명령과는 그 성질이 다르므로 당해 전부명령이 채권의 압류가 경합된 상태에서 발령된 것으로서 무효인지의 여부를 판단함에 있어 압류액에 채권양도의 대상이 된 금액을 합산하여 피압류채권액과 비교하거나 피압류채권액에서 채권양도의 대상이 된 금액 부분을 공제하고 나머지 부분만을 압류액의 합계와 비교할 것은 아니다(대법원 2002.07.26. 선고 2001다68839 판결).

[98] 당사자 사이에 양도금지의 특약이 있는 채권이더라도 전부명령에 의하여 전부되는 데에는 지장이 없고, 양도금

③ 채권발생원인인 법률관계 처분에 기한 항변 → 채권압류에는 채권의 발생원인인 법률관계에 대한 채무자의 처분(해제, 해지, 취소 등)까지 구속하는 효력이 없음.99)
④ 상계 항변 : 피전부채권과의 상계를 주장하기 위하여는 피고는 자동채권의 압류명령 송달 전 발생사실과 더불어 자동채권이 수동채권과 상계적상에 있거나 수동채권의 변제기와 동시에 또는 그보다 먼저 변제기 도래사실까지 증명하여야 함.100) 적어도 제3채무자에게 (가)압류명령 송달시 자동채권은 존재하여야 함.

> [참고] 전부명령이 무효로 되는 경우101)
> (1) 압류금지채권에 대한 압류 및 전부명령은 무효.
> (2) 압류 등이 경합한 상태에서 발령된 전부명령은 무효.102)
> (3) 무효인 집행권원에 기한 압류 및 전부명령은 무효.103)
> (4) 피전부채권이 존재하지 아니하는 경우에는 전부명령은 무효.104)
> (5) 피전부채권을 특정하지 아니한 경우에는 집행의 범위가 명확하지 아니하므로 그 전부명령은 무효.

지의 특약이 있는 사실에 관하여 집행채권자가 선의인가 악의인가는 전부명령의 효력에 영향을 미치지 못하는 것인바, 이와 같이 양도금지특약부 채권에 대한 전부명령이 유효한 이상, 그 전부채권자로부터 다시 그 채권을 양수한 자가 그 특약의 존재를 알았거나 중대한 과실로 알지 못하였다고 하더라도 채무자는 위 특약을 근거로 삼아 채권양도의 무효를 주장할 수 없다(대법원 2003.12.11. 선고 2001다3771 판결).
99) 채권에 대한 가압류는 제3채무자에 대하여 채무자에게의 지급 금지를 명하는 것이므로 채권을 소멸 또는 감소시키는 등의 행위는 할 수 없고 그와 같은 행위로 채권자에게 대항할 수 없는 것이지만, 채권의 발생원인인 법률관계에 대한 채무자의 처분까지도 구속하는 효력은 없다 할 것이므로 채무자와 제3채무자가 아무런 합리적 이유 없이 채권의 소멸만을 목적으로 계약관계를 합의해제한다는 등의 특별한 경우를 제외하고는, 제3채무자는 채권에 대한 가압류가 있은 후라고 하더라도 채권의 발생원인인 법률관계를 합의해제하고 이로 인하여 가압류채권이 소멸되었다는 사유를 들어 가압류채권자에 대항할 수 있다(대법원 2001.06.01. 선고 98다17930 판결).
100) 금전채권에 대한 압류 및 전부명령이 있는 때에는 압류된 채권은 동일성을 유지한 채로 압류채무자로부터 압류채권자에게 이전되고, 제3채무자는 채권이 압류되기 전에 압류채무자에게 대항할 수 있는 사유로써 압류채권자에게 대항할 수 있는 것이므로, 제3채무자의 압류채무자에 대한 자동채권이 수동채권인 피압류채권과 동시이행의 관계에 있는 경우에는, 압류명령이 제3채무자에게 송달되어 압류의 효력이 생긴 후에 자동채권이 발생하였다고 하더라도 제3채무자는 동시이행의 항변권을 주장할 수 있다. 이 경우에 자동채권이 발생한 기초가 되는 원인은 수동채권이 압류되기 전에 이미 성립하여 존재하고 있었던 것이므로, 그 자동채권은 민법 제498조 소정의 "지급을 금지하는 명령을 받은 제3채무자가 그 후에 취득한 채권"에 해당하지 않는다고 봄이 상당하고, 제3채무자는 그 자동채권에 의한 상계로 압류채권자에게 대항할 수 있다(대법원 2010.03.25. 선고 2007다35152 판결).
101) 이 경우 집행채권자는 집행권원에 기하여 채무자의 다른 재산에 대하여 다시 집행이 가능하다.
102) 동일한 채권에 대하여 두 개 이상의 채권압류 및 전부명령이 발령되어 제3채무자에게 동시에 송달된 경우 당해 전부명령이 채권압류가 경합된 상태에서 발령된 것으로서 무효인지의 여부는 그 각 채권압류명령의 압류액을 합한 금액이 피압류채권액을 초과하는지를 기준으로 판단하여야 하므로 전자가 후자를 초과하는 경우에는 당해 전부명령은 모두 채권의 압류가 경합된 상태에서 발령된 것으로서 무효로 될 것이지만 그렇지 않은 경우에는 채권의 압류가 경합된 경우에 해당하지 아니하여 당해 전부명령은 모두 유효하게 된다고 할 것이며, 그 때 동일한 채권에 관하여 확정일자 있는 채권양도통지가 그 각 채권압류 및 전부명령 정본과 함께 제3채무자에게 동시에 송달되어 채권양수인과 전부채권자들 상호간에 우열이 없게 되는 경우에도 마찬가지라고 할 것이다(대법원 2002.07.26. 선고 2001다68839 판결).
103) 공정증서가 집행권원으로서 집행력을 가질 수 있도록 하는 집행인낙의 표시는 공증인에 대한 소송행위이므로, 무권대리인의 촉탁에 의하여 공정증서가 작성된 때에는 집행권원으로서의 효력이 없고, 이러한 공정증서에 기초하여 채권압류 및 전부명령이 발령되어 확정되었더라도 채권압류 및 전부명령은 무효인 집행권원에 기초한

라. 전부금 소송의 특질

(1) 전부금 소송은 집행절차의 일환으로 이루어지는 추심금 소송과는 성질이 다르다. 전부금 소송은 집행절차의 종료 후의 이행소송으로 전부명령이라는 집행절차(환가절차)와는 전혀 별개의 절차이다. 즉, 추심명령의 경우에는 추심채권자가 추심권능에 따라 이행청구를 하여 채권을 추심하거나, 추심금 소송을 제기하여 추심금액을 지급받더라도 채권집행절차가 종료되지 않고 그 금액을 공탁한 후 배당절차를 거쳐 다른 채권자들과 함께 배당을 받아야 채권집행절차가 종료되므로, 추심금 소송은 추심명령에 기초한 집행절차의 일환으로 볼 수 있다.105) 그러나 전부명령의 경우에는 전부명령의 발령에 의한 피전부채권의 이전으로 집행절차가 바로 종료되고 다른 별개의 후속 집행절차가 없으므로 전부금 소송에 의한 전부금의 지급 등은 집행절차와는 전혀 무관한 절차이다. 따라서 전부금 소송절차는 집행절차가 아닌 이상 집행절차에 관한 민사집행법이 적용될 여지가 없다.

(2) 추심명령의 경우에는 제3채무자에 대한 송달만으로 효력이 발생하므로 제3채무자에 대한 송달 후 바로 추심금청구가 가능하나, 전부명령의 경우에는 제3채무자에 대한 송달 외에 채무자에 대한 송달 및 전부명령의 확정이 요건사실이므로 전부채권자는 전부명령 확정 전에는 전부금 소송을 제기할 수 없다.106) 따라서 전부명령이 확정되기 전에 전부금의 지급을 청구한 경우에는 지연손해금이 발생하지 않는다.

(3) 피전부채권이 임대차보증금반환채권의 경우 임대인과 임차인을 공동피고로 하여 임대인에게는 채권양도 또는 추심·전부명령을 원인으로 임대차보증금의 지급을, 임차인에게는 임대인을 대위하여 임대목적물의 인도를 구한다.

것으로서 강제집행의 요건을 갖추지 못하여 실체법상 효력이 없다. 따라서 제3채무자는 채권자의 전부금 지급 청구에 대하여 그러한 실체법상의 무효를 들어 항변할 수 있다(대법원 2016.12.29. 선고 2016다22837 판결).

104) 전부명령이 확정되면 피압류채권은 제3채무자에게 송달된 때에 소급하여 집행채권의 범위 안에서 당연히 전부채권자에게 이전하고 동시에 집행채권 소멸의 효력이 발생하는 것으로, 이 점은 피압류채권이 그 존부 및 범위를 불확실하게 하는 요소를 내포하고 있는 장래의 채권인 경우에도 마찬가지라고 할 것이나 장래의 채권에 대한 전부명령이 확정된 후에 그 피압류채권의 전부 또는 일부가 존재하지 아니한 것으로 밝혀졌다면 민사집행법 제231조 단서에 의하여 그 부분에 대한 전부명령의 실체적 효력은 소급하여 실효된다(대법원 2001.09.25. 선고 99다15177 판결).

105) 추심명령의 경우 추심권자는 채권을 이전받는 것이 아니라 추심권능만 이전받는 것이고, 추심권을 행사하여 실제로 변제받은 한도 내에서 집행채권이 소멸하게 된다. 그러나 전부명령의 경우 압류채권은 집행채권액과 집행비용을 한도로 동일성을 가진 채 채무자로부터 집행채권자에게 이전되고(권리이전효), 집행채권은 전부된 채권의 권면액의 범위 내에서 즉시 소멸한다(변제효). 전부권자는 채권양도에 있어서 양수인의 지위와 유사하다(채권자 지위의 승계).

106) 따라서 채권압류 및 전부명령이 확정되기 전에 제3채무자(피고)에게 전부금지급청구를 한 것은 전부금의 이행을 구할 적법한 권원이 없는 상태에서 한 것이어서 유효한 이행청구라고 할 수 없으므로, 위와 같은 이행청구로 인하여 피고가 이행지체책임을 지지 않는다(대법원 2014.10.30. 선고 2014다21346 판결).

[참고 1] 피압류채권의 압류·가압류
① 피압류채권이 압류, 가압류되면 그 채무자인 집행채권자는 집행채권에 대한 처분과 수령을 할 수 없고 제3채무자는 집행채권자에 대한 지급이 금지되나, 그 효력은 당해 압류, 가압류채권자에 대한 관계에서만 상대적, 개별적으로 발생하며 피압류채권의 처분도 집행채권자와 상대방 사이에서는 유효함.
  → 피압류채권에 대한 압류, 가압류가 있는 것만으로는 집행채권자가 피압류채권을 상실하는 것은 아니므로 일정한 범위 내에서는 채권을 행사할 수 있음.
  → 제3채무자에 대한 이행의 소 제기 가능. 다만 집행권원을 얻더라도 이에 기하여 제3채무자에 대한 강제집행은 불가(추심권능 상실).
  → 집행채권자는 피압류채권에 대하여 **압류명령**은 받을 수 있으나(보전처분이므로), **추심명령**이나 **전부명령**은 받을 수 없음(보전처분에서 나아가 환가나 만족적 단계에 이르는 것이므로). ← 청구이의
② 압류, 가압류된 채권도 이를 **양도**할 수 있으나, 다만 양수인은 그러한 압류, 가압류에 의하여 권리가 제한된 상태의 채권을 양수받을 뿐이므로 양수인은 제3채무자를 상대로 이행청구의 소 제기 가능.
③ 피압류채권에 대한 **압류 및 추심명령**이 있는 경우 → 제3채무자에 대한 이행의 소는 추심채권자만 제기할 수 있고, 채무자는 피압류채권에 대한 이행소송을 제기할 당사자적격 상실, **소 각하**
④ 피압류채권에 대한 **압류 및 전부명령**이 확정되면 피압류채권이 전부채권자에게 이전하므로 제3채무자에 대한 이행의 소는 전부채권자만이 제기할 수 있음 → **청구기각**
⑤ **소유권이전등기청구권에 대한 압류나 가압류**는 청구권의 목적물인 부동산 자체의 처분을 금지하는 대물적 효력은 없고, 제3채무자나 채무자로부터 소유권이전등기를 넘겨받은 제3자에 대하여는 취득한 등기가 원인무효라고 주장하여 말소를 청구할 수 없음.
  → 부동산소유권이전등기청구권의 가압류는 채무자 명의로 소유권을 이전하여 이에 대하여 강제집행을 할 것을 전제로 하고 있으므로 소유권이전등기청구권을 가압류하였다 하더라도 어떠한 경로로 제3채무자로부터 채무자 명의로 소유권이전등기가 마쳐졌다면 채권자는 부동산 자체를 가압류하거나 압류하면 될 것이지 등기를 말소할 필요는 없음.
  → 소유권이전등기청구권이 가압류된 경우 가압류의 해제를 조건으로 하지 아니하는 한 법원은 이를 인용하여서는 안 되고, 제3채무자가 임의로 이전등기의무를 이행하고자 한다면 민사집행법 제244조에 의하여 정하여진 보관인에게 권리이전을 하여야 할 것이고, 이 경우 보관인은 채무자의 법정대리인의 지위에서 이를 수령하여 채무자 명의로 소유권이전등기를 마치면 됨.
  → 원고에 대하여 법원이 가압류의 해제를 조건으로 하여 이전등기를 구하는지 여부에 관하여 석명의무가 있는 것이 아니므로 무조건의 이행을 구하는 경우 청구기각 무방.

[참고 2] 집행채권의 양도
① 강제집행절차에서는 권리관계의 공권적인 확정 및 그 신속·확실한 실현을 도모하기 위하여 절차의 명확·안정을 중시하여야 하므로, **집행권원을 가진 채권자의 지위를 승계**한 자라고 하더라도 기존 집행권원에 기하여 강제집행을 신청하려면 민사집행법 제31조 제1항(같은 법 제57조의 규정에 따라 준용되는 경우 포함)에 의하여 **승계집행문**을 부여받아야 하고, 집행권원에 의한 강제집행이 개시된 후 신청채권자의 지위를 승계한 경우라도 승계인이 자기를 위하여 강제집행 속행을 신청하기 위하여는 민사집행규칙 제23조가 정한 바와 같이 승계집행문이 붙은 집행권원의 정본을 제출하여야 하며 그 경우 법원

사무관등 또는 집행관은 그 취지를 채무자에게 통지하도록 하고 있다. 따라서 채권자가 집행권원에 기하여 채권압류 및 추심명령을 받은 후 그 집행권원상의 채권을 양도하였다고 하더라도 **양수인은 승계집행문을 부여받음으로써 비로소 집행채권자로 확정되는** 것이므로, 양수인이 기존 집행권원에 대하여 승계집행문을 부여받지 않았다면, 양도인이 여전히 집행채권자의 지위에서 압류채권을 추심하거나 압류명령 신청을 취하할 수 있다.107)

② 청구권이 양도되어 대항요건을 갖춘 경우 집행당사자적격이 집행권원상의 양수인으로 변경되고, 양수인이 승계집행문을 부여받음에 따라 집행채권자는 양수인으로 확정되는 것이므로, **승계집행문의 부여로 인하여 양도인에 대한 기존 집행권원의 집행력은 소멸한다**. 따라서 그 후 양도인을 상대로 제기한 청구이의의 소는 피고적격이 없는 자를 상대로 한 소이거나 이미 집행력이 소멸한 집행권원의 집행력 배제를 구하는 것으로 권리보호의 이익이 없어 부적법하고, 이러한 법리는 소액사건심판법상의 확정된 이행권고결정과 같이 위 법 제5조의8 제1항에 의하여 **집행문을 별도로 부여받을 필요 없이 이행권고결정서의 정본에 의하여 강제집행이 가능한 경우에도 마찬가지이다**(집행권원상의 청구권을 양도한 채권자가 집행력이 소멸한 이행권고결정서의 정본에 기하여 강제집행절차에 나아간 경우에 채무자는 민사집행법 제16조의 집행이의의 방법으로 이를 다툴 수 있다).108)

〈기초사실〉 甲은 乙에 대하여 1억 원의 구상금채권이 있고, 乙은 丙에 대하여 1억 원의 물품대금채권이 있다. 甲은 乙에 대한 구상금채권을 피보전채권으로 하여 乙을 대위하여 丙을 상대로 1억 원의 물품대금의 지급을 구하는 소를 제기하였다.
법원은 丙은 甲에게 1억 원 및 이에 대한 지연손해금의 지급을 명하는 판결(이하 '이 사건 판결'이라 함)을 선고하였고 이 판결은 확정되었다.
아래 각 문제에 대하여 결론과 근거를 제시하시오.

〈문 1〉 甲의 채권자 A가 甲에 대한 집행력 있는 지급명령정본에 기초하여 이 사건 판결에 따라 甲이 丙으로부터 지급받을 채권에 대하여 채권압류 및 추심명령 또는 전부명령을 받았고, 위 명령은 확정되었다. A의 위 및 추심명령 또는 전부명령은 유효한가?

〈문 2〉 乙의 채권자 B가 乙에 대한 집행력 있는 공정증서정본에 기하여 乙의 丙에 대한 물품대금채권에 대하여 채권압류 및 전부명령을 받았고, 위 명령은 확정되었다. B의 위 압류 및 전부명령은 유효한가?

〈문 1〉
☞ 결론 : B의 전부명령이나 추심명령은 무효이다.
☞ 근거 :
1. 집행적격
(1) **전부명령**은 압류채권의 집행에 갈음하여 피전부채권이 압류채권자에게 이전하는 효력을 갖는 것이므

---

107) 대법원 2014.11.13. 선고 2010다63591 판결.
108) 대법원 2008.02.01. 선고 2005다23889 판결

로 전부명령의 전제가 되는 압류 자체가 무효라면 이에 기한 전부명령도 역시 무효이다. 여기서 집행의 대상이 되는 금전채권은 집행채무자가 제3채무자에 대하여 가지는 금전의 지급을 목적으로 하는 채권을 말하고, 금전채권이 재산적 가치가 있더라도 독립성이 없어 그 자체로 처분하여 현금화할 수 없는 권리는 집행의 목적이 될 수 없다.
(2) 추심명령은 압류한 채권을 제3채무자부터 추심하는 권능을 집행채권자에게 수여하는 집행법원의 결정이므로 추심명령의 전제가 되는 압류가 무효인 경우 그 압류에 기한 추심명령은 절차법상으로는 당연무효라고 할 수 없다 하더라도 실체법상으로는 그 효력을 발생하지 아니하는 의미의 무효라고 할 것이고, 따라서 제3채무자는 압류채권자의 추심금 지급청구에 대하여 위와 같은 실체법상의 무효를 들어 항변할 수 있다(대법원 2008.06.12. 선고 2008다11702 판결).

2. 추심권능에 대한 (가)압류의 효력

(1) 금전채권에 대하여 압류 및 추심명령이 있었다고 하더라도 이는 강제집행절차에서 압류채권자에게 채무자의 제3채무자에 대한 채권을 추심할 권능만을 부여하는 것으로서 강제집행절차상의 환가처분의 실현행위에 지나지 아니한 것이며, 이로 인하여 채무자가 제3채무자에 대하여 가지는 채권이 압류채권자에게 이전되거나 귀속되는 것이 아니므로, 이와 같은 추심권능은 그 자체로서 독립적으로 처분하여 환가(현금화)할 수 있는 것이 아니어서 압류할 수 없는 성질의 것이고, 따라서 이러한 추심권능에 대한 (가)압류결정은 무효이다. 이러한 추심권능에 대한 압류 및 추심명령은 역시 무효라고 보아야 한다(대법원 1988.12.13. 선고 88다카3465 판결).
(2) 추심권능을 소송상 행사하여 승소확정판결을 받았다 하더라도 그 판결에 기하여 금원을 지급받는 것 역시 추심권능에 속하는 것이므로, 이러한 판결에 기하여 지급받을 채권에 대한 (가)압류결정도 무효라고 보아야 한다(대법원 1997.03.14. 선고 96다54300 판결; 대법원 2016.08.29. 선고 2015다236547 판결).

3. 대위소송판결에 기한 채권을 피압류채권으로 한 채권압류 및 전부명령·추심명령의 효력

(1) 채권자대위소송에서 제3채무자로 하여금 직접 대위채권자에게 금전의 지급을 명하는 판결이 확정되었더라도 대위권행사로 인하여 피대위채권이 대위채권자에게 이전되거나 귀속되는 것은 아니고, 판결에 기초하여 금전을 지급받는 것 역시 대위채권자의 제3채무자에 대한 추심권능 내지 변제수령권능에 속한다(거기에 대위소송판결의 집행력이 부여된 것이다). 대위소송판결에 기한 집행완료시까지 대위채권자의 채무자에 대한 피보전채권과 채무자의 제3채무자에 대한 피대위채권이 여전히 존재하는 것이지, 피대위채권이 대위채권자에게 이전·귀속되거나 대위채권자가 제3채무자에 대하여 어떠한 독자적 권리를 취득하는 것은 아니다. 대위채권자는 피대위채권에 대하여 집행력이 부여된 추심권능 내지 변제수령권능을 가질 뿐이다.
(2) 따라서 채권자대위소송에서 확정된 판결에 따라 대위채권자가 제3채무자로부터 지급받을 채권에 대한 압류명령을 받고 나아가 전부명령이나 추심명령을 받았더라도 이는 모두 무효이다. 결국 A의 전부명령이나 추심명령은 무효이다.
(3) 이 경우 제3채무자는 위 압류 및 전부명령이나 추심명령에 대하여 즉시항고를 제기하여 이를 취소할 수 있고, 설사 즉시항고기간이 도과하여 압류명령 등이 형식상 확정된 경우에도 제3채무자는 그것이 실체상 효력이 없는 무효라는 이유를 들어 대위채권자의 채권자(乙)의 전부금청구나 추심금청구에 대항할 수 있다.
(4) 참고로 압류 및 전부명령이 효력을 발생한 이후에 채권자대위소송이 제기된 경우에는 피대위채권이

전부채권자에게 이전된 것이므로 채권자대위소송은 기각될 것이다. 채권자대위소송 판결확정 후 채권자가 압류 및 추심명령을 받아 추심금소송을 제기한 경우 채권자대위소송 및 추심금소송을 법정소송담당으로 보는 이상 위 추심금소송은 기판력에 의해 각하 또는 기각될 것이다.

〈문 2〉
☞ 결론 : B의 전부명령은 무효이나 압류명령은 유효하다.
☞ 근거 :

1. 대위소송판결의 효력
(1) 채권자대위권 행사의 효과는 채무자에게 귀속되어 모든 채권자의 공동담보로 된다. 즉 대위채권자가 목적물에 대하여 우선변제권을 취득하는 것은 아니고 다른 채권자와 평등비율로 배당을 받을 수 있음에 불과하다. 채권자가 자기의 금전채권을 보전하기 위하여 채무자의 금전채권을 대위행사하는 경우 제3채무자로 하여금 채무자에게 지급의무를 이행하도록 청구할 수도 있지만, 직접 대위채권자 자신에게 이행하도록 청구할 수도 있다.
(2) 민사소송법 제218조 제3항은 '다른 사람을 위하여 원고나 피고가 된 사람에 대한 확정판결은 그 다른 사람에 대하여도 효력이 미친다.'고 규정하고 있으므로, 채권자가 채권자대위권을 행사하는 방법으로 제3채무자를 상대로 소송을 제기하고 판결을 받은 경우 채권자가 채무자에 대하여 민법 제405조 제1항에 의한 보존행위 이외의 권리행사의 통지, 또는 민사소송법 제84조에 의한 소송고지 혹은 비송사건절차법 제49조 제1항에 의한 법원에 의한 재판상 대위의 허가를 고지하는 방법 등 어떠한 사유로 인하였든 적어도 채권자대위권에 의한 소송이 제기된 사실을 채무자가 알았을 때에는 그 판결의 효력이 채무자에게 미친다고 보아야 한다.
(3) 이때 채무자에게도 기판력이 미친다는 의미는 채권자대위소송의 소송물인 피대위채권의 존부에 관하여 채무자에게도 기판력이 인정된다는 것이고, 채권자대위소송의 소송요건인 피보전채권의 존부에 관하여 당해 소송의 당사자가 아닌 채무자에게 기판력이 인정된다는 것은 아니다.

2. 피대위채권이 변제 등으로 소멸하기 전에 마쳐진 (가)압류의 효력
(1) 채권자대위소송에서 제3채무자로 하여금 직접 대위채권자에게 금전의 지급을 명하는 판결이 확정되더라도, 대위의 목적인 권리, 즉 채무자의 제3채무자에 대한 피대위채권이 판결의 집행채권으로서 존재하는 것이고 대위채권자는 채무자를 대위하여 피대위채권에 대한 변제를 수령하게 될 뿐 자신의 채권에 대한 변제로서 수령하게 되는 것이 아니므로, 피대위채권이 변제 등으로 소멸하기 전이라면 채무자의 다른 채권자는 이에 대하여 압류 또는 가압류, 처분금지가처분을 할 수 있다.
(2) 그리고 이러한 경우에는 집행채권자의 채권자가 집행권원에 표시된 집행채권을 압류 또는 가압류, 처분금지가처분을 한 경우에 관한 법리가 그대로 적용된다(대법원 2016.09.28. 선고 2016다205915 판결).

3. 민법 제405조 제2항에 위반한 채무자의 처분행위의 효력
(1) 민법 제405조 제2항은 '채무자가 채권자대위권행사의 통지를 받은 후에는 그 권리를 처분하여도 이로써 채권자에게 대항하지 못한다.'고 규정하고 있다. 위 조항의 취지는 채권자가 채무자에게 대위권 행사사실을 통지하거나 채무자가 채권자의 대위권 행사사실을 안 후에 채무자에게 대위의 목적인 권리의 양도나 포기 등 처분행위를 허용할 경우 채권자에 의한 대위권행사를 방해하는 것이 되므로 이를 금지하는 데에 있다(대법원 2012.05.17. 선고 2011다87235 전원합의체 판결).

(2) 채권자가 채권자대위권에 기하여 채무자의 권리를 행사하고 있는 경우 그 사실을 채무자에게 통지하였거나 채무자가 그 사실을 알고 있었던 때에는 채무자가 그 권리를 처분하여도 채권자에게 대항하지 못한다(대법원 2007.09.06. 선고 2007다34135 판결).
(3) 채무자의 처분행위는 금지되나, 관리·보존행위까지 금지되는 것은 아니다. 따라서 채무자는 변제수령을 할 수 있고, 채무자 명의로 소유권이전등기를 할 수 있다.

4. 피대위채권에 대한 (가)압류명령이 민법 제405조 제2항에 의하여 제한되는지 여부

(1) 제한되는 처분행위는 처분권자의 의사에 기초하여 법률관계의 변동을 가져오는 법률행위로 채권자의 대위권 행사와 저촉되는 범위의 채무자의 행위 또는 채무자의 처분행위와 동일시할 수 있는 제3자의 처분행위가 된다. 채무자의 채무불이행 그 자체는 처분행위로 볼 수 없다.
(2) 피대위채권에 대한 압류명령이 제3채무자에게 송달되어 효력이 발생하면 채무자와 제3채무자에 대하여 처분금지 및 지급금지의 효력이 발생할 뿐, 채무자의 제3채무자에 대한 권리변동의 효력은 발생하지 아니한다(피대위채권에 대한 가압류명령이 제3채무자에게 지급금지명령만을 한다는 점에서 본압류와 차이가 있으나 채권확보 목적에서 보면 그 효력에 차이가 없다). 따라서 피대위채권에 대한 (가)압류명령은 민법 제405조 제2항에 의해 제한되는 처분행위에 해당하지 않는다.

5. 피대위채권에 대한 전부명령이 민법 제405조 제2항에 의하여 제한되는지 여부

(1) 채권자대위소송이 제기되고 대위채권자가 채무자에게 대위권 행사사실을 통지하거나 채무자가 이를 알게 되면 민법 제405조 제2항에 따라 채무자는 피대위채권을 양도하거나 포기하는 등 채권자의 대위권 행사를 방해하는 처분행위를 할 수 없게 되고 이러한 효력은 제3채무자에게도 그대로 미치는데, 그럼에도 그 이후 대위채권자와 평등한 지위를 가지는 채무자의 다른 채권자가 피대위채권에 대하여 전부명령을 받는 것도 가능하다고 하면, 채권자대위소송의 제기가 채권자의 적법한 권리행사방법 중 하나이고 채무자에게 속한 채권을 추심한다는 점에서 추심소송과 공통점도 있음에도 그것이 무익한 절차에 불과하게 될 뿐만 아니라, 대위채권자가 압류·가압류나 배당요구의 방법을 통하여 채권배당절차에 참여할 기회조차 가지지 못하게 한 채 전부명령을 받은 채권자가 대위채권자를 배제하고 전속적인 만족을 얻는 결과가 되어, 채권자대위권의 실질적 효과를 확보하고자 하는 민법 제405조 제2항의 취지에 반하게 된다. 따라서 채권자대위소송이 제기되고 대위채권자가 채무자에게 대위권 행사사실을 통지하거나 채무자가 이를 알게 된 이후에는 민사집행법 제229조 제5항이 유추적용되어 피대위채권에 대한 전부명령은, 우선권 있는 채권에 기초한 것이라는 등의 특별한 사정이 없는 한, 무효라고 보는 것이 타당하다(대법원 2016.08.29. 선고 2015다236547 판결).
(2) 위와 같은 피전부적격 상실설을 따르는 판결에 대하여는 대위채권자의 지위를 압류·추심명령을 받은 채권자와 같이 볼 수 없고 채권자가 전부명령을 얻는 것을 채무자의 처분행위로 볼 수 없다는 이유 등으로 피전부적격 유지설을 따르는 견해가 있다.

6. 결어

(1) 채권자대위소송에서 제3채무자로 하여금 직접 대위채권자에게 금전의 지급을 명하는 판결이 확정되었더라도 피대위채권이 변제 등으로 소멸하기 전이라면 채무자의 다른 채권자는 피대위채권을 (가)압류할 수 있고 추심명령을 받을 수도 있다. 압류·추심명령은 피압류채권이 소멸하지 않은 이상 다른 채권자가 압류·가압류·배당요구를 하였는지 여부와 관계없이 유효하나(배당절차 속행), 전부명령은 제3채무자 송달시까지 그 피압류채권에 관하여 다른 채권자가 압류·가압류·배당요구를 하면 무효가 되

는 점(민집 제229조 제5항)(배당절차가 없고 전부채권자에게 전속적 만족)에서 차이가 있다.
(2) 판례에 따르면 전부명령의 효력 발생 시점 이전에 피압류채권에 대하여 다른 채권자가 이미 채권자대위권을 행사하였다면 (가)압류채권자 또는 배당요구채권자와 마찬가지로 압류채권에 관하여 권리행사를 한 것으로 볼 수 있고 결국 B의 전부명령은 무효라고 보게 된다. 다만 B의 채권이 우선권 있는 채권에 기하여 전부명령을 받은 경우에는 형식상 압류가 경합하더라도 그 전부명령은 유효하다.

7. 보론

(1) 전부명령이 무효라도 압류명령은 유효하고 따라서 그 압류가 해제되지 않는 이상 압류명령에 의하여 제3채무자의 채무자에 대한 변제가 금지되므로 대위소송판결이 확정되더라도 대위채권자가 대위소송판결에 기한 채권추심은 불가능하다. 결국 판례의 입장에 따르는 경우에도 대위채권자는 대위소송판결에 의한 채권회수를 할 수 없다.
(2) B는 위 압류명령을 기초로 다시 추심명령을 받은 다음 추심신고에 나아갈 수 있고, 대위채권자는 배당요구의 종기(공탁사유신고나 추심신고시)까지 압류·가압류·배당요구를 하여 배당절차에 참가할 수 있다.

제24장 채무부존재확인

민사실무 핵심 요건사실

1 청구취지

☞ 원고의 피고에 대한 공증인가 동아합동법률사무소 2018. 5. 1. 작성 2018년 증서 제1234호 약속어음 공정증서에 기한 약속어음금 채무는 존재하지 아니함을 확인한다.

2 요건사실

❶ 소송물인 특정채무의 발생원인사실이 아예 없거나, 있었지만 그것이 무효, 취소, 해제되었다거나, 발생한 채무가 변제되었다는 등의 주장
❷ 확인의 이익이 있음을 인정할 수 있는 사실

[참고]
(1) 소송물 : 원고가 주장하는 특정한 권리 또는 법률관계의 부존재 → 청구취지만으로 소송물 특정, 채권의 경우 발생원인과 금액 명시, 불법행위의 경우 사고일시와 장소, 원인 특정
(2) 당사자 : 채무자(원고) → 채권자(피고)
(3) 주장·증명책임의 분배 : 채무자인 원고가 먼저 청구를 특정하여 채무발생원인사실을 부정하는 주장 → 채권자인 피고가 권리관계의 요건사실에 관한 주장·증명책임[1]
(4) 소송물인 특정채무의 발생원인이 있었지만 그것이 무효·취소되었다거나 또는 발생한 채무가 사후에 소멸되었다는 주장을 하는 경우에는 소멸원인 사실이 요건사실이다.

[참고] 일정 금액을 초과한 채무부존재확인소송의 소송물

(1) 원고의 피고에 대한 2017. 10. 1.자 대여금채무 1억 원 중 5,000만 원을 초과해서는 존재하지 아니함을 확인한다.
→ 원고가 자인하는 5,000만 원을 초과하는 채무가 있다고 인정되는 경우 그 부분을 특정해서 판단

---

[1] 소극적 확인소송에 있어서는, 원고가 먼저 청구를 특정하여 채무발생원인 사실을 부정하는 주장을 하면 채권자인 피고는 그 권리관계의 요건사실에 관하여 주장·입증책임을 부담하므로 이 사건 유치권부존재확인소송에서 유치권의 요건사실인 유치권의 목적물과 견련관계 있는 채권의 존재에 대해서는 피고가 주장·입증하여야 한다(대법원 2016.03.10. 선고 2013다99409 판결).
[2] 대법원 1994.01.25. 선고 93다9422 판결.

가능
　→ 원고가 자인하는 5,000만 원의 채무보다 적게 인정하는 것은 처분권주의 위배.
(2) 원고의 피고에 대한 2017. 10. 1.자 대여금채무는 존재하지 아니함을 확인한다.
　원고의 피고에 대한 2017. 10. 1.자 대여금채무는 5,000만 원을 초과해서는 존재하지 아니함을 확인한다.
　→ 잔존채무가 1억 원이라고 판단되는 경우 → 소송물이 가분적이고 분량적인 판단이 가능한 경우 특단의 사정이 없는 한 잔존 채무액수를 특정하여 판단함으로써 일부패소판결 가능[2]

[참고] 유치권부존재확인의 소

① 근저당권자에게 담보목적물에 관하여 각 유치권의 부존재 확인을 구할 법률상 이익이 있다고 보는 것은 경매절차에서 유치권이 주장됨으로써 낮은 가격에 입찰이 이루어져 근저당권자의 배당액이 줄어들 위험이 있다는 데에 근거가 있고, 이는 소유자가 그 소유의 부동산에 관한 경매절차에서 유치권의 부존재 확인을 구하는 경우에도 마찬가지이다. 위와 같이 경매절차에서 유치권이 주장되었으나 소유부동산 또는 담보목적물이 매각되어 그 소유권이 이전되어 소유권을 상실하거나 근저당권이 소멸하였다면, 소유자와 근저당권자는 유치권의 부존재 확인을 구할 법률상 이익이 없다. 경매절차에서 유치권이 주장되지 아니한 경우에는, 담보목적물이 매각되어 그 소유권이 이전됨으로써 근저당권이 소멸하였더라도 채권자는 유치권의 존재를 알지 못한 매수인으로부터 민법 제575조, 제578조 제1항, 제2항에 의한 담보책임을 추급당할 우려가 있고, 위와 같은 위험은 채권자의 법률상 지위를 불안정하게 하는 것이므로, 채권자인 근저당권자로서는 위 불안을 제거하기 위하여 유치권 부존재 확인을 구할 법률상 이익이 있다. 반면 채무자가 아닌 소유자는 위 각 규정에 의한 담보책임을 부담하지 아니하므로, 유치권의 부존재 확인을 구할 법률상 이익이 없다.[3]
② 근저당권자는 유치권 신고를 한 사람을 상대로 유치권 전부의 부존재뿐만 아니라 경매절차에서 유치권을 내세워 대항할 수 있는 범위를 초과하는 유치권의 부존재 확인을 구할 법률상 이익이 있고, 심리 결과 유치권 신고를 한 사람이 유치권의 피담보채권으로 주장하는 금액의 일부만이 경매절차에서 유치권으로 대항할 수 있는 것으로 인정되는 경우에는 법원은 특별한 사정이 없는 한 그 유치권 부분에 대하여 일부패소의 판결을 하여야 한다.[4]
③ 경매개시결정등기(압류) 후에 유치권을 취득한 경우 매각절차의 매수인에게 대항할 수 없으나, 저당권설정등기 후나 가압류, 체납처분압류 후의 유치권자는 매수인에게 대항할 수 있다.

---

3) 대법원 2020.01.16. 선고 2019다247385 판결.
4) 대법원 2016.03.10. 선고 2013다99409 판결.

제25장 특별소송

민사실무 핵심 요건사실

1 어음·수표소송

가. 청구취지

☞ 피고들은 합동하여 원고에게 100,000,000원 및 이에 대한 2018. 2. 1.부터 이 사건 소장부본 송달일까지는 연 6%, 그 다음날부터 다 갚는 날까지는 연 15%의 각 비율로 계산한 돈을 지급하라.

나. 요건사실(발행인에 대한 청구)

❶ 어음이 적법하게 발행된 사실[1]
❷ 어음상의 배서가 형식적으로 연속된 사실[2] : 배서의 연속이 일부 흠결된 경우에는 그 흠결부분에 대한 실질적인 권리승계가 있는 사실[3]
❸ 원고가 어음을 소지한 사실
❹ (법정이자나 지연손해금을 청구하는 경우) 원고가 지급제시기간 내에 적법하게 지급제시를 한 사실[4]

〈배서인에 대한 청구〉
❶ 피고의 어음 배서사실
❷ 어음상의 권리가 원고에게 귀속된 사실 : 어음상의 배서가 형식적으로 연속된 사실, 배서의 연속이 일부 흠결된 경우에는 그 흠결부분에 대한 실질적인 권리승계가 있는 사실
❸ 지급제시기간 내의 적법한 지급제시 및 지급거절된 사실

---

1) 백지어음발행인에 대한 어음금 청구의 경우에는 어음이 필요적 기재사항의 전부 또는 일부를 백지로 한 채 발행된 사실과 어음의 백지부분이 그 후에 보충된 사실이 요건사실이 된다.
2) 배서의 형식적 연속이 있는 경우에는 적법한 어름소지인으로 추정된다(어음법 제16조). 위조된 배서나 허무인 배서가 있어도 배서의 연속이 흠결되는 것은 아니고, 배서인이나 어음소지인이 배서의 위조사실을 알았거나 중대한 과실로 알지 못한 채 어음을 취득한 사실을 어음발행인이 주장·증명함으로써 그 책임을 면할 수 있을 뿐이다.
3) 어음의 교부 또는 지명채권양도방식에 따른 승계취득이 있거나 선의취득 등 실질적인 권리승계사실을 증명하여야 한다.
4) 어음금의 지급을 구하는 소장부본의 송달을 지급제시로 볼 수 있다.

❹ 지급거절증서의 작성면제의 특약[5)]
❺ 원고가 어음을 소지한 사실

〈어음의 선의취득의 요건〉
(1) 적극적 요건 :
① 무권리자로부터 취득
② 어음법적 유통방법에 의한 어음취득
③ 양도인에게 배서연속에 의한 권리외관이 있을 것
(2) 소극적 요건 : 취득자에게 악의 또는 중과실이 없을 것 ← 항변사항

다. 주요 항변

(1) **물적 항변** : 어음요건 흠결 등 어음상의 기재에 관한 항변, 어음행위의 효력에 관한 항변(증권상의 항변)[6)]
① 강행규정에 위반하여 어음을 발행한 경우
② (발행인의 서명 또는 기명날인의) 위조·변조 주장의 경우[7)]
③ 교부행위 흠결의 항변[8)]
④ 백지보충권의 남용 항변
⑤ 융통어음 항변 : 융통어음에 관한 항변은 그 어음을 양수한 제3자에 대하여는 선의·악의를 불문하고 대항할 수 없음.[9)]

(2) **인적 항변**[10)]

---

5) 통상 은행도 어음 용지의 배서란에 이미 지급거절증서 작성 면제특약이 부동문자로 인쇄되어 있으므로 지급거절증서가 작성되었다는 형식적 요건은 사실상 유명무실하고 원고가 적법한 지급제시를 하였는데 만기에 지급되지 아니하였다는 실질적 소구요건만 있으면 된다.
6) 모든 어음채권자에 대하여 그 악의나 과실 여부를 불문하고 대항할 수 있는 항변이다.
7) 적법한 발행사실은 어음소지인이 증명하여야 하므로 위조주장은 항변이 아니라 부인이고, 어음면상의 변조사실이 명백한 경우에 변조주장은 부인이나 변조사실이 명백하지 않은 경우에 변조주장은 항변이다.
8) 어음의 교부행위(의사에 따른 교부)는 어음발행의 요건이고, 어음소지인이 악의 내지 중과실에 의하여 그 어음을 취득하였음을 주장·증명하지 아니하는 한 어음발행인은 어음상의 채무를 부담한다.
9) 융통어음은 타인으로 하여금 어음에 의하여 제3자로부터 금융을 얻게 할 목적으로 수수되는 어음을 말한다. 융통어음의 발행자는 피융통자로부터 그 어음을 양수한 제3자에 대하여는 선의이거나 악의이거나, 또한 그 취득이 기한 후 배서에 의한 것이라 하더라도 대가 없이 발행된 융통어음이라는 항변으로 대항할 수 없으나, 피융통자에 대하여는 어음상의 책임을 부담하지 아니한다. 그리고 어떠한 어음이 융통어음에 해당하는지는 당사자의 주장만에 의할 것은 아니고 구체적 사실관계에 따라 판단하여야 한다. 한편 어음의 발행인 또는 배서인이 어음할인을 의뢰하면서 어음을 교부한 것이라면 이는 원인관계 없이 교부된 어음에 불과할 뿐 이를 악의의 항변에 의한 대항을 인정하지 아니하는 이른바 융통어음이라고는 할 수 없다(대법원 2012.11.15. 선고 2012다60015 판결).
10) 원칙적으로 어음발행인은 배서인 등에 대한 인적 관계로 인한 항변으로서 어음소지인에게 대항하지 못한다. 어음에 의하여 청구를 받은 자는 종전의 소지인에 대한 인적 관계로 인한 항변으로써 소지인에게 대항하지 못하는 것이 원칙이지만, 이와 같이 인적항변을 제한하는 법의 취지는 어음거래의 안전을 위하여 어음취득자의 이익을 보호하기 위한 것이므로 자기에 대한 배서의 원인관계가 흠결됨으로써 어음소지인이 그 어음을 소지할 정당한 권원이 없어지고 어음의 지급을 구할 경제적 이익이 없게 된 경우에는 인적항변 절단의 이익을 향유할 지위에 있지 아니하다고 보아야 한다(대법원 2012.11.15. 선고 2012다60015 판결).

① 당사자 간의 원인관계 흠결에 기한 항변
② 어음행위에 관한 의사표시 하자의 항변
③ 어음 외의 특약에 기한 항변
④ 어음에 기재되지 아니한 어음상의 권리의 소멸항변
⑤ 대리권·대표권 남용의 항변 → 해의(害意)의 항변 : 항변사유의 존재를 아는 것만으로는 부족하고 자기가 어음을 취득함으로써 항변이 절단되고 채무자가 손해를 입게 될 사정이 객관적으로 존재한다는 사실까지 알았다는 것을 의미

(3) 백지어음에 관한 항변[11]
① 백지보충권의 남용 항변 : 백지보충권의 범위에 제한이 있는 사실 + 그 제한을 넘는 보충이 있는 사실 + 어음소지인이 악의 또는 중과실로 어음을 취득한 사실
② 백지보충권의 시효소멸 항변 : 만기를 백지로 한 경우 백지보충권을 행사할 수 있는 때부터 3년[12]

[참고] 어음채권과 원인채권의 관계

(1) 어음교부의 구분
  ① 기존채권의 지급에 갈음하여 어음이 수수된 경우
  ② 기존채권의 지급을 위하여 어음이 수수된 경우
  ③ 기존채무의 지급을 담보하기 위하여 어음이 수수된 경우
(2) 어음채권을 먼저 행사할 것인지는 당사자의 의사에 따른다.
(3) 당사자의 의사가 불분명한 경우 두 채권 병존 : 지급을 위하여 어음채권 → 먼저 행사, 담보를 위하여 → 선택

---

11) 약속어음의 소지인이 어음요건의 일부를 흠결한 이른바 백지어음에 기하여 어음금 청구소송(이하 '전소'라고 한다)을 제기하였다가 위 어음요건의 흠결을 이유로 청구기각의 판결을 받고 위 판결이 확정된 후 위 백지 부분을 보충하여 완성한 어음에 기하여 다시 전소의 피고에 대하여 어음금 청구소송(이하 '후소'라고 한다)을 제기한 경우에는, 원고가 전소에서 어음요건의 일부를 오해하거나 그 흠결을 알지 못했다고 하더라도, 전소와 후소는 동일한 권리 또는 법률관계의 존부를 목적으로 하는 것이어서 그 소송물은 동일한 것이라고 보아야 한다. 그리고 확정판결의 기판력은 동일한 당사자 사이의 소송에 있어서 변론종결 전에 당사자가 주장하였거나 주장할 수 있었던 모든 공격 및 방어방법에 미치는 것이므로, 약속어음의 소지인이 전소의 사실심 변론종결일까지 백지보충권을 행사하여 어음금의 지급을 청구할 수 있었음에도 위 변론종결일까지 백지 부분을 보충하지 않아 이를 이유로 패소판결을 받고 그 판결이 확정된 후에 백지보충권을 행사하여 어음이 완성된 것을 이유로 전소 피고를 상대로 다시 동일한 어음금을 청구하는 경우에는, 위 백지보충권 행사의 주장은 특별한 사정이 없는 한 전소판결의 기판력에 의하여 차단되어 허용되지 않는다(대법원 2008.11.27. 선고 2008다59230 판결).
12) 만기를 백지로 한 약속어음을 발행한 경우, 그 보충권의 소멸시효는 다른 특별한 사정이 없는 한 그 어음발행의 원인관계에 비추어 어음상의 권리를 행사하는 것이 법률적으로 가능하게 된 때부터 진행하고, 백지약속어음의 보충권 행사에 의하여 생기는 채권은 어음금 채권이며 어음법 제77조 제1항 제8호, 제70조 제1항, 제78조 제1항에 의하면 약속어음의 발행인에 대한 어음금 채권은 만기의 날로부터 3년간 행사하지 아니하면 소멸시효가 완성되는 점 등을 고려하면, <u>만기를 백지로 하여 발행된 약속어음의 백지보충권의 소멸시효기간은 백지보충권을 행사할 수 있는 때로부터 3년으로 봄이 상당하고</u>(다만, 만기 이외의 어음요건이 백지인 경우 그 백지보충권을 행사할 수 있는 시기는 다른 특별한 사정이 없는 한 만기를 기준으로 할 것이다)(대법원 2003.05.30. 선고 2003다16214 판결).

(4) 어음금의 이행지체와 동시이행항변
(5) 어음채권이 시효소멸하였다고 하여 원인채권이 당연히 소멸하는 것이 아니다.13)

[참고] 법정이자와 지연손해금

(1) 지급제시기간 내에 지급제시를 한 경우
  ① 발행인에 대한 청구 : 만기 이후(만기 당일 포함) 연 6%의 비율에 의한 법정이자
  ② 배서인에 대한 청구 : 만기 이후(만기 당일 포함) 연 6%의 비율에 의한 법정이자
(2) 지급제시기간 내에 지급제시를 하지 않은 경우
  ① 발행인에 대한 청구 : 실제 이행청구일(지급제시일) 다음날부터 연 6%의 비율에 의한 지연손해금
  ② 배서인에 대한 청구 : 배서인에 대하여는 상환청구 불가(지연손해금 문제가 발생하지 않음)

[참고] 어음·수표시효 기산일

(1) 발행인에 대한 어음상의 청구권 : 만기의 날부터 3년
(2) 어음소지인의 전자에 대한 소구권 : 1년
(3) 수표의 시효기간 : 지급제시기간 경과 후부터 6월
(4) 장래 발생할 구상채권을 담보하기 위하여 발행된 약속어음상 청구권의 소멸시효기산일 : 구상채권이 현실적으로 발생하여 그 약속어음상의 청구권을 행사하는 것이 법률적으로 가능하게 된 때부터 진행

2 보험금청구소송

〈기초사실〉 원고(보험계약자)는 2017. 6. 1. 피고(보험자)와 보험가입금액 1억 원의 상해보험계약을 체결하였다. 보험기간 내인 2018. 5. 1. 보험사고를 당하여 2018. 5. 20. 피고에게 보험금청구를 하였으나 피고는 면책사고임을 주장하며 보험금을 지급하지 않고 있다.

(1) 청구취지

☞ 피고는 원고에게 100,000,000원 및 이에 대한 2018. 6. 1.부터 이 사건 소장부본 송달일까지는 연 6%, 그 다음날부터 다 갚는 날까지는 연 15%의 각 비율로 계산한 돈을 지급하라.

---

13) 원인채권의 지급을 확보하기 위한 방법으로 어음이 수수된 경우에 원인채권과 어음채권은 별개로서 채권자는 그 선택에 따라 권리를 행사할 수 있고, 원인채권에 기하여 청구를 한 것만으로는 어음채권 그 자체를 행사한 것으로 볼 수 없어 어음채권의 소멸시효를 중단시키지 못하는 것이지만, 다른 한편, 이러한 어음은 경제적으로 동일한 급부를 위하여 원인채권의 지급수단으로 수수된 것으로서 그 어음채권의 행사는 원인채권을 실현하기 위한 것일 뿐만 아니라, 원인채권의 소멸시효는 어음금 청구소송에 있어서 채무자의 인적항변 사유에 해당하는 관계로 채권자가 어음채권의 소멸시효를 중단하여 두어도 채무자의 인적항변에 따라 그 권리를 실현할 수 없게 되는 불합리한 결과가 발생하게 되므로, 채권자가 어음채권에 기하여 청구를 하는 반대의 경우에는 원인채권의 소멸시효를 중단시키는 효력이 있다고 봄이 상당하고, 이러한 법리는 채권자가 어음채권을 피보전권리로 하여 채무자의 재산을 가압류함으로써 그 권리를 행사한 경우에도 마찬가지로 적용된다고 할 것이다(대법원 1999.06.11. 선고 99다16378 판결).

(2) 요건사실

❶ 보험계약체결 사실
❷ 보험사고 발생사실

(3) 주요 항변

① 고의·중과실 항변
② 보험계약해지 항변 : 고지의무 위반, 보험료미납, 위험의 변경증가의 통지의무 위반
⇨ 고지의무위반 해지에 대한 **재항변** :
  * 피고가 그 중요한 사실을 알았거나 중대한 과실로 알지 못한 사실
  * 고지의무위반과 보험사고발생 사이에 인과관계가 없는 사실[14]
  * 피고가 보험계약체결 시에 고지의무가 기재된 보험약관의 명시·설명의무를 위반한 사실
③ 소멸시효 항변[15] : 3년

[참고]
(1) 피해자의 직접청구권에 따라 보험자와 피보험자를 공동피고로 한 경우 : 부진정연대 → "공동하여"
(2) 지연손해금 : 약정기한이 있으면 그 다음날부터, 약정기한이 없으면 원고의 보험사고발생통지일(상법 제657조)부터 10일 이상이 지난 다음날(상법 제658조)부터 발생
(3) 증명책임 : 보험약관에서 정한 보험사고의 요건인 '급격하고도 우연한 외래의 사고' 중 '외래의 사고'라는 것은 상해 또는 사망의 원인이 피보험자의 신체적 결함 즉 질병이나 체질적 요인 등에 기인한 것이 아닌 외부적 요인에 의해 초래된 모든 것을 의미하고, 이러한 사고의 외래성 및 상해 또는 사망이라는 결과와 사이의 인과관계에 관하여는 보험금 청구자에게 그 증명책임이 있다.[16]
  ☞ 면책사유의 증명책임은 보험자에게 있음.[17]
  ☞ 고지의무 위반의 증명책임은 보험자에게 있음.[18] → 고지의무 위반사실이 보험사고 발생에 영향을 미치지 않았다는 점에 관한 주장·증명책임은 이를 주장하는 보험계약자 또는 피보험자에게 있음.
(4) 타인의 사망을 보험사고로 하는 보험계약 : 서면동의[19] → 설명의무[20]

---

[14] 보험계약을 체결함에 있어 고지의무 위반사실이 보험사고의 발생에 영향을 미치지 아니하였다는 점, 즉 보험사고의 발생이 보험계약자가 불고지하였거나 불실고지한 사실에 의한 것이 아니라는 것이 증명된 때에는 상법 제655조 단서의 규정에 의하여 보험자는 위 불실고지를 이유로 보험계약을 해지할 수 없는 것이지만 위와 같은 고지의무 위반사실과 보험사고 발생과의 인과관계의 부존재의 점에 관한 입증책임은 보험계약자에게 있다(대법원 1994.02.25. 선고 93다52082 판결).

[15] 보험사고가 발생한 것인지의 여부가 객관적으로 분명하지 아니하여 보험금액청구권자가 과실 없이 보험사고의 발생을 알 수 없었던 경우에도 보험사고가 발생한 때부터 보험금액청구권의 소멸시효가 진행한다고 해석하는 것은, 보험금액청구권자에게 너무 가혹하여 사회정의와 형평의 이념에 반할 뿐만 아니라 소멸시효제도의 존재이유에 부합된다고 볼 수도 없으므로, 객관적으로 보아 보험사고가 발생한 사실을 확인할 수 없는 사정이 있는 경우에는, 보험금액청구권자가 보험사고의 발생을 알았거나 알 수 있었던 때로부터 보험금액청구권의 소멸시효가 진행한다(대법원 2015.09.24. 선고 2015다30398 판결).

[16] 대법원 2010.09.30. 선고 2010다12241,12258 판결.

[17] 보험계약의 보험약관에서 '피보험자가 고의로 자신을 해친 경우'를 보험자의 면책사유로 규정하고 있는 경우 보험자가 보험금 지급책임을 면하기 위하여는 위 면책사유에 해당하는 사실을 증명할 책임이 있다. 이 경우 보험자

는 자살의 의사를 밝힌 유서 등 객관적인 물증의 존재나, 일반인의 상식에서 자살이 아닐 가능성에 대한 합리적인 의심이 들지 않을 만큼 명백한 주위 정황사실을 증명하여야 한다(대법원 2010.05.13. 선고 2010다6857 판결). 사망을 보험사고로 하는 보험계약에서 자살을 보험자의 면책사유로 규정하고 있는 경우에, 그 자살은 자기의 생명을 끊는다는 것을 의식하고 그것을 목적으로 의도적으로 자기의 생명을 절단하여 사망의 결과를 발생케 한 행위를 의미하고, 피보험자가 정신질환 등으로 자유로운 의사결정을 할 수 없는 상태에서 사망의 결과를 발생케 한 경우까지 포함하는 것은 아니므로, 피보험자가 자유로운 의사결정을 할 수 없는 상태에서 사망의 결과를 발생케 한 직접적인 원인행위가 외래의 요인에 의한 것이라면, 그 사망은 피보험자의 고의에 의하지 않은 우발적인 사고로서 보험사고인 사망에 해당할 수 있다(대법원 2015.09.24. 선고 2015다30398 판결). 다만 면책약관에서 피보험자의 정신질환을 피보험자의 고의나 피보험자의 자살과 별도의 독립된 면책사유로 규정하고 있는 경우, 이러한 면책사유를 둔 취지는 피보험자의 정신질환으로 인식능력이나 판단능력이 약화되어 상해의 위험이 현저히 증대된 경우 증대된 위험이 현실화되어 발생한 손해는 보험보호의 대상으로부터 배제하려는 데에 있고 보험에서 인수하는 위험은 보험상품에 따라 달리 정해질 수 있는 것이어서 이러한 면책사유를 규정한 약관조항이 고객에게 부당하게 불리하여 공정성을 잃은 조항이라고 할 수 없으므로, 만일 피보험자가 정신질환에 의하여 자유로운 의사결정을 할 수 없는 상태에 이르렀고 이로 인하여 보험사고가 발생한 경우라면 위 면책사유에 의하여 보험자의 보험금지급의무가 면제된다(대법원 2015.06.23. 선고 2015다5378 판결).

18) 보험계약자나 피보험자가 보험계약 당시에 보험자에게 고지할 의무를 지는 상법 제651조에서 정한 '중요한 사항'이란, 보험자가 보험사고의 발생과 그로 인한 책임부담의 개연율을 측정하여 보험계약의 체결 여부 또는 보험료나 특별한 면책조항의 부가와 같은 보험계약의 내용을 결정하기 위한 표준이 되는 사항으로서, 객관적으로 보험자가 그 사실을 안다면 계약을 체결하지 않든가 적어도 동일한 조건으로는 계약을 체결하지 않으리라고 생각되는 사항을 말한다. 보험자가 고지의무 위반을 이유로 보험계약을 해지하기 위해서는 보험계약자 또는 피보험자가 고지의무가 있는 사항에 대한 고지의무의 존재와 그러한 사항의 존재에 대하여 이를 알고도 고의로 또는 중대한 과실로 인하여 이를 알지 못하여 고지의무를 다하지 않은 사실이 증명되어야 한다. 여기서 '중대한 과실'이란 고지하여야 할 사실은 알고 있었지만 현저한 부주의로 인하여 그 사실의 중요성의 판단을 잘못하거나 그 사실이 고지하여야 할 중요한 사실이라는 것을 알지 못하는 것을 말한다(대법원 2011.04.14. 선고 2009다103349,103356 판결).

19) 상법 제731조 제1항이 타인의 사망을 보험사고로 하는 보험계약의 체결 시 그 타인의 서면동의를 얻도록 규정한 것은 동의의 시기와 방식을 명확히 함으로써 분쟁의 소지를 없애려는 데 취지가 있으므로, 피보험자인 타인의 동의는 각 보험계약에 대하여 개별적으로 서면에 의하여 이루어져야 하고 포괄적인 동의 또는 묵시적이거나 추정적 동의만으로는 부족하다. 그리고 상법 제731조 제1항에 의하면 타인의 생명보험에서 피보험자가 서면으로 동의의 의사표시를 하여야 하는 시점은 '보험계약 체결 시까지'이고, 이는 강행규정으로서 이에 위반한 보험계약은 무효이므로, 타인의 생명 보험계약 성립 당시 피보험자의 서면동의가 없다면 그 보험계약은 확정적으로 무효가 되고, 피보험자가 이미 무효로 된 보험계약을 추인하였다고 하더라도 그 보험계약이 유효로 될 수는 없다(대법원 2015.10.15. 선고 2014다204178 판결).

20) 타인의 사망을 보험사고로 하는 보험계약의 체결에 있어서 보험모집인은 보험계약자에게 피보험자의 서면동의 등의 요건에 관하여 구체적이고 상세하게 설명하여 보험계약자로 하여금 그 요건을 구비할 수 있는 기회를 주어 유효한 보험계약이 체결되도록 조치할 주의의무가 있고, 그럼에도 보험모집인이 위와 같은 설명을 하지 아니하는 바람에 위 요건의 흠결로 보험계약이 무효가 되고 그 결과 보험사고의 발생에도 불구하고 보험계약자가 보험금을 지급받지 못하게 되었다면 보험자는 보험업법 제102조 제1항에 기하여 보험계약자에게 그 보험금 상당액의 손해를 배상할 의무가 있다(대법원 2007.09.06. 선고 2007다30263 판결).

민사실무 핵심 요건사실

부록　각종 항변의 소송상 취급

[1] 항변권과 소송상의 항변

〈訴와 소송상 請求의 처리〉

	판단 대상	판단 결과	처 리
소[1]	소송요건의 존부	구비 → 적법한 소	⇨ 본안판단
		요건 흠결 → 부적법한 소	⇨ 소 각하
소송상의 청구[2]	실체법상 권리의 인정 여부	이유 있는 청구	⇨ 청구인용
		이유 없는 청구	⇨ 청구기각

1 소송요건과 본안심리

(1) **소송의 성립** : 방식에 맞는 소장이 제출되면(소장의 適式) 소송이 성립되고 법원의 심리가 개시된다. 소송의 성립요건을 갖추지 못한 경우 → 소장각하명령

(2) **소의 적법성 심사** : 소송이 성립된 경우에 법원은 원고의 소가 적법한가 여부를 따지고(訴의 適法), 소 자체가 부적법한 경우에는 청구의 당부에 관한 판단에 들어갈 필요가 없이 소를 부적법 각하한다. 즉, 소송요건의 존재를 확실히 한 연후에 본안판결을 하여야 한다(요건심리의 선순위성). 소송요건은 소가 제기된 경우에 본안재판을 받을 수 있기 위한 **본안심리요건**인 동시에 **본안판결요건**이다. 소송요건은 소 전체가 적법한 취급을 받기 위한 요건이므로 개개의 소송행위의 적법요건과는 구별되어야 한다.

(3) **청구의 당부 심사** : 원고의 소가 소송요건을 갖추어 적법한 경우에는 원고가 소로서 구하는 청구의 당부를 심리한다. 이 본안심리단계에서 먼저 **원고의 청구가 주장 자체로서 이유 없는 경우**에는 원고주장 사실의 진위여부를 가릴 필요가 없이 원고의 청구를 기각하고("주장 자체의 정당성", "일관성", 有理性),[3] **원고의 청구가 주장 자체로 이유 있는 경우**에는 원고 주장 사실이 증명되면(주장사실의 증명) 원고의 청구를 인용하는 승소판결 또는 기각하는 패소판결

---

[1] 원고가 피고를 상대로 하는 특정 청구의 당부에 대하여 법원에 본안재판을 해달라라고 요구하는 소송행위. 따라서 소의 상대방은 법원이고 그 내용은 피고에 대한 사법상의 청구가 아니라 법원에 대한 판결청구 내지 신청이다. 소의 주관적 요소가 당사자이고, 소의 객관적 요소가 소송상 청구이다. 호문혁, 민사소송법[제13판], p.70~71 참조.
[2] 소송상 청구는 소에 의해 특정되는 심판의 대상 내지 객체(소송물)이다. 즉 상대방 당사자에 대하여 급부의 이행, 법률관계의 존부 확인, 법률관계의 형성을 구하는 사법(실체법)상의 권리행사를 말한다.
[3] 도박자금으로 빌려준 대여금청구, 의료기관에 건네준 리베이트반환청구 등.

을 하고, 원고의 청구가 일부만 이유 있을 때에는 일부 승소판결을 하게 된다. 이는 청구의 당부에 관한 본안판결이다.

(4) **본안심리 및 본안판결 요건** : 법원으로부터 원고의 소송상 청구의 당부에 관한 본안판결을 받으려면 먼저 순수한 형식적 요건으로서의 <u>당사자능력, 소송능력, 재판권, 관할권</u> 등이 필요함은 물론이요, 그밖에도 ① 청구의 내용이 민사소송절차에 의한 판결로 확정할 수 있는 자격을 갖추어야 하고[권리보호의 자격 또는 청구적격], ② 그 청구에 관하여 판결을 받을만한 법적 이익 또는 필요가 있어야 하며[<u>권리보호의 이익 또는 필요</u>], ③ 당사자가 제대로 소송수행을 하고 본안판결을 받기에 적합한 자격[당사자적격]을 갖추어야 한다.[4]

각종의 소에 공통적으로 요구되는 **권리보호의 자격**(소송제도를 이용할 수 있는 자격)과 각종의 소에서 요구하는 **권리보호이익**(소의 이익)을 구별하여야 한다.

2 직권조사사항과 항변사항

(1) **직권조사사항** : 본안전 항변 → 법원의 직권조사 촉구 의미. 판례는 부제소합의를 직권조사사항으로 본다.[5] 이의권의 포기·상실의 대상이 되지 않고, 답변서 부제출의 경우에도 무변론 판결을 할 수 없다.

소송요건에 흠이 있고 보정불능이거나 보정불응일 때 → 소각하 판결

(2) **판단자료의 수집방법** : 직권조사사항의 경우 <u>조사의 개시는 직권으로 하지만</u> 그 **판단자료의 수집방법**에 관하여는 **직권탐지형**(재판권, 재심사유의 존재 등)과 **변론주의형**(당사자의 자격, 소의 이익 등)이 있다.

소송상 대리권(대표권), 당사자능력 유무와 같은 **직권조사사항** 자체는 자백이나 자백간주의 대상이 될 수 없다.

☞ 민사소송에 있어서 **기판력의 저촉여부**와 같은 권리보호요건의 존부는 법원의 직권조사사항이나 이는 소위 직권탐지사항과 달라서 그 요건 유무의 근거가 되는 구체적인 사실에 관하여 <u>사실심의 변론종결 당시까지 당사자의 주장이 없는 한 법원은 이를 고려할 수 없</u>고, 또 다툼이 있는 사실에 관하여는 당사자의 입증을 기다려서 판단함이 원칙이다.[6]

---

4) ①과 ②는 소송상의 청구의 측면에서 본 객관적 이익의 문제이고, ③은 당사자의 측면에서 본 주관적 이익의 문제이다. 권리보호요건으로서의 위 3자는 서로 얽혀있는 경우가 많다(확인의 이익과 당사자적격 등).
5) 판례는 부제소합의와 불상소합의를 직권조사사항으로 보고 있다. 대법원 2013.11.28. 선고 2011다80449 판결 : 부제소 합의는 소송당사자에게 헌법상 보장된 재판청구권의 포기와 같은 중대한 소송법상의 효과를 발생시키는 것으로서 그 합의 시에 예상할 수 있는 상황에 관한 것이어야 유효하고, 그 효력의 유무나 범위를 둘러싸고 이견이 있을 수 있는 경우에는 당사자의 의사를 합리적으로 해석한 후 이를 판단하여야 한다. 따라서 당사자들이 부제소 합의의 효력이나 그 범위에 관하여 쟁점으로 삼아 소의 적법 여부를 다투지 아니하는데도 <u>법원이 직권으로 부제소 합의에 위배되었다는 이유로 소가 부적법하다고 판단하기 위해서는 그와 같은 법률적 관점에 대하여 당사자에게 의견을 진술할 기회를 주어야 하고</u>, 부제소 합의를 하게 된 동기 및 경위, 그 합의에 의하여 달성하려는 목적, 당사자의 진정한 의사 등에 관하여도 충분히 심리할 필요가 있다. 법원이 그와 같이 하지 않고 직권으로 부제소 합의를 인정하여 소를 각하하는 것은 예상외의 재판으로 당사자 일방에게 불의의 타격을 가하는 것으로서 석명의무를 위반하여 필요한 심리를 제대로 하지 아니하는 것이다.
6) 대법원 1981.06.23. 선고 81다124 판결.

☞ 채권자대위소송에서 대위에 의하여 보전될 채권자의 채무자에 대한 권리(피보전채권)가 부존재할 경우 당사자적격을 상실하고, 이와 같은 **당사자적격의 존부**는 소송요건으로서 법원의 직권조사사항이기는 하나, 그 피보전채권에 대한 주장·증명책임이 채권자대위권을 행사하려는 자에게 있으므로, 사실심 법원은 원고가 피보전채권으로 주장하지 아니한 권리에 대하여서까지 피보전채권이 될 수 있는지 여부를 판단할 필요가 없다.[7]

(3) **항변사항(妨訴항변, 소송장애사유)** : 임의관할위반, 중재합의, 소송비용담보제공위반의 주장 등[8] 피고의 주장을 기다려 판단하는 경우 → 소송절차에 관한 이의권의 포기·상실의 대상
(4) **증명책임** : 소송요건의 증명책임은 원칙적으로 본안판결을 받을 이익이 있는 원고에게 있다.[9] 소송요건 중 항변사항(방소항변)의 경우에는 원칙적으로 피고에게 증명책임이 있다. 소송요건도 엄격한 증명을 요한다.
(5) **소송요건 판단표준시** : 사실심변론종결시(관할권의 존부는 제소시)

3 민법상의 항변권

(1) 민법상의 청구권의 실현을 저지할 수 있는 실체법상의 권리로서 이행거절권. 그 실현을 일시적으로 저지하는가, 영구적으로 저지하는가에 따라 **일시적 항변권**[10]과 **영구적 항변권**[11]으로 구분된다.
(2) 항변권의 존재만으로는 청구권의 실현을 저지할 수 없고[12] 권리자가 항변권을 실제로 행사하여야 한다. 실제로는 청구권자가 청구권을 행사하여 급부를 청구하여 올 때 특히 이를 소송으로 청구할 때 그에 대한 **소송상 방어수단**으로 행사되는 경우가 많다.[13] 예컨대, 매수인이 매도인에 대하여 매매를 원인으로 한 소유권이전등기청구소송에서 매도인이 잔금상환과의 동시이행항변권을 소송상 행사하지 않으면 매도인에게 무조건적으로 소유권이전등기절차의 이행을 명하는 전부승소판결을 선고한다.[14]

---

7) 대법원 2014.10.27. 선고 2013다25217 판결.
8) 임의관할, 소송비용담보제공위반, 중재합의 항변은 본안에 관한 최초변론 전까지 제출하여야 한다.
9) 다만 사해행위취소소송에서 **제척기간 도과여부에 관한 증명책임**은 사해행위취소소송의 상대방에게 있다.
10) 동시이행의 항변권(제536조), 보증인의 최고·검색의 항변권(제437조), 수탁보증인의 사전구상권에 대한 주채무자의 담보제공청구권(제437조), 권리주장자가 있는 경우의 매수인의 대금지급거절권(제588조) 등.
11) 상속인의 한정승인의 항변권(제1028조) 등.
12) 채무자에게 동시이행의 항변권이 있으면 이행지체에 빠지지 않는 것과 같이 그 존재만으로 일정한 법률효과가 발생하는 경우도 있다(당연효).
13) 물론 항변권은 반드시 소송상으로 행사되어야만 하는 것은 아니고 소송 외에서도 얼마든지 행사될 수 있다.
14) 매도인의 잔금청구에 대하여 매수인이 소유권이전등기와의 동시이행항변권을 행사하지 않고 매도인의 청구대로 잔금을 지급하였다면 이는 자신의 채무를 적법하게 이행한 것으로 매도인으로부터 소유권이전등기를 받지 못했다고 그 반환을 구할 수 없다.

4 소송법상의 항변

(1) 원고의 청구를 이유 없게 하기 위하여 제출하는 적극적인 방어방법인 사실상의 주장.

(2) 소송법상의 항변은 소송절차에 관한 항변인 **소송상의 항변(실체법상의 효과에 관계없는 항변)** 과 청구기각을 목적으로 하는 **실체관계에 관한 본안의 항변**15)으로 나누어지고, 소송상의 항변은 **본안전 항변**(妨訴抗辯)16)과 증거항변17)으로 나누어진다.18) 좁은 의미의 항변은 본안의 항변을 가리킨다. 본안의 항변으로 중요한 것이 민사실무의 4대 항변으로 일컬어지는 변제항변, 소멸시효의 항변, 상계항변, 동시이행의 항변 등이다.

(3) 본안의 항변은 피고가 자기에게 증명책임이 있는 사실을 적극적으로 주장함으로써 원고의 청구를 배척하기 위한 진술이다. 항변은 상대방이 주장하는 권리근거사실은 인정하면서 이와 반대효과를 생기게 하는 별개의 요건사실 즉, 권리장애사실, 권리행사저지사실, 권리소멸사실을 주장함으로써 상대방의 주장을 배척하게 하려는 공격방어방법을 말한다. 항변사실은 항변을 제출하는 자가 증명하여야 한다.

(4) 원고는 **청구원인**, 즉 실체법상의 권리 또는 법률관계의 발생요건에 해당하는 권리근거사실을 주장·증명하여야 하고, 피고는 **항변**, 즉 청구원인으로부터 발생하는 법률효과를 배척할 수 있는 권리장애19)·소멸20)·저지사실21)을 주장·증명하여야 한다.22) 이에 대하여 원고는 **재항변**, 즉 항변으로부터 발생하는 법률효과를 배척할 수 있는 구체적 사실을, 피고는 **재재항변** 즉, 재항변으로부터 발생하는 법률효과를 배척할 수 있는 구체적 사실을 각 주장·증

---

15) 원고의 청구를 배척하기 위하여 원고주장사실이 진실임을 전제로 하여 이와 양립 가능한 별개의 사항에 대해 피고가 하는 사실상의 주장을 말한다.
16) 원고가 제기한 소에 소송요건의 흠이 있다는 이유로 부적법 각하를 구하는 피고의 주장이다. 그러나 기판력 항변, 소송계속의 항변 등 소송요건의 **대부분은 직권조사사항**으로서 피고의 주장이 없더라도 법원이 직권으로 고려하여야 하므로 이것은 **법원의 직권발동을 촉구**하는 것에 지나지 않고 따라서 엄밀한 의미의 항변으로 보기 어렵다. **소송대리권의 존재**는 소송요건으로서 법원의 직권조사사항이므로, 이에 관한 당사자의 주장은 직권발동을 촉구하는 의미밖에 없어 그 주장에 대하여 판단하지 아니하였다 하더라도 판단유탈의 상고이유로 삼을 수 없다(대법원 1994.11.08. 선고 94다31549 판결).
17) 상대방의 증거신청에 대하여 부적법 등의 사유로 각하를 구하는 신청을 말한다. 증거의 채부와 증명력의 판단은 법원의 자유심증에 맡겨져 있으므로 증거항변은 엄격한 의미의 항변이라고 할 수는 없다.
18) 소송요건 중 피고의 주장을 기다려서 비로소 고려되는 사항인 임의관할 위반, 중재계약, 소송비용담보제공의 항변을 진정한 의미의 항변으로 볼 수 있는지에 관하여는 논란이 있다. 원고의 주장과 양립할 수 있는 것은 아니므로 항변이라고 할 수 없다는 견해와 진정한 의미의 항변이라고 하는 견해가 있다.
19) **권리장애항변**(권리불발생항변)은 원고가 주장하는 권리가 처음부터 성립될 수 없게 하는 사실을 주장하는 것이다. 의사능력의 흠, 허위표시, 강행법규 위반 등 법률행위의 무효사유가 이에 해당한다.
20) **권리소멸**(멸각)**항변**은 원고가 주장하는 권리가 일단 성립한 뒤에 이를 소멸시키는 사실을 주장하는 것이다. 변제, 공탁, 상계, 면제, 소멸시효완성, 계약해제, 의사의 흠으로 인한 취소 등이 이에 해당한다.
21) **권리행사저지항변**(연기적 항변)은 원고가 주장하는 권리가 발생하여 존속하고 있으나 그 권리의 행사를 저지시킬 수 있는 사실을 주장하는 것이다. 유치권, 보증인의 최고·검색의 항변, 동시이행의 항변 등이 이에 해당한다. 이 경우는 민법상의 항변권이 성립하는 것만으로는 부족하고 소송상 또는 소송 외에서 행사하여야 한다. 유치권항변이나 동시이행항변이 이유 있는 경우 다른 항변과 같이 청구기각판결을 할 것이 아니라 동시이행판결을 하여야 한다.
22) '무자력 항변'은 원고의 청구를 배척할 법률상 사유가 아니므로 항변이라고 할 수 없다.

명하여야 한다. 청구원인 사실에 대하여 다툼이 없거나 증명이 없다면 더 이상 항변사실에 대하여 판단할 필요가 없다. 항변과 재항변, 재항변과 재재항변의 관계도 마찬가지다.

(5) 항변은 **제한부자백**과 **가정항변(예비적 항변)**의 형태로 행사될 수 있다. 전자는 상대방의 주장사실을 인정하고 이에 부가하여 이와 양립할 수 있는 별개의 사실을 진술하는 형태이고, 후자는 상대방의 주장사실을 다투면서 예비적으로 항변을 제출하는 형태이다.[23] 가정주장[24]이나 가정항변 등 예비적 주장이 수개 있을 때에는 그 상호간의 이론적 관계나 역사적 선후에 관계없이 법원은 그 어느 것을 선택하여 승소시켜도 무방하다.[25] 다만 예외적으로 상계항변은 다른 항변이 이유 없을 때 비로소 판단하여야 하는 후순위 예비적 항변으로 취급한다.

(6) 항변사유는 민사집행법의 청구이의사유도 된다.[26]

이하에서 당사자의 자격 및 소의 이익을 중심으로 소송요건 중 본안전 항변사항에 관하여 판례의 입장을 정리하고, 민사실무의 주요 항변에 관하여 살펴보기로 한다.

[참고] 대표적인 항변들의 판단순서[27]

> ☞ **무효항변** → **취소항변** → **해제항변**(합의해제 항변 → 약정해제권에 기한 해제항변 → 법정해제권에 기한 해제항변) → **변제항변, 소송외 상계항변** → **시효소멸 항변** → **기한유예 항변** → **소송상 상계의 항변** → **동시이행의 항변**

---

23) 예컨대 피고가 금전의 차용사실을 인정하면서 이를 변제하였다고 진술하는 것은 전자의 예이고, 금전의 차용사실을 다투면서 설사 차용하였다고 하더라도 변제 또는 시효로 소멸하였다고 진술하는 것은 후자의 예이다.
24) 소유권확인청구에서 그 취득원인으로 매매를 먼저 주장하고 예비적으로 시효취득을 주장하는 경우.
25) 임대차계약의 해지를 주장하면서 임차인의 차임체불을 해지사유로 내세우고 그것이 이유 없다고 하더라도 기한의 정함이 없는 임대차로서 해지통지에 따라 해지되었다는 주장은 서로 양립 가능한 것으로서 이를 선택적 주장으로 볼 수 있으므로 어느 하나의 해지사유를 인용하면 다른 주장에 관하여 심리, 판단할 필요가 없다(대법원 1989.02.28. 선고 87다카823,87다카824 판결).
26) 변제, 대물변제, 상계, 공탁, 更改, 소멸시효의 완성, 면제, 포기, 착오 · 사기 · 강박에 의한 취소, 화해, 이행불능, 계약해제, 해제조건의 성취, 채무자회생법에 의한 면책결정의 확정 등 집행권원에 표시된 청구권의 소멸사유나 기한의 유예, 정지조건 등 청구권행사의 저지사유가 청구이의사유가 된다.
27) 논리적 순서에 따라 권리장애사유(무효) → 권리소멸사유(취소, 해제, 변제, 소멸시효, 소송상 상계) → 권리행사저지사유(동시이행) 순으로 판단한다. 보다 유리한 사유 → 불리한 사유, 일반요건 → 특별요건, 시간적 선후관계, 소송상 상계항변은 최후에(동시이행항변보다는 먼저, 소송외 상계항변은 변제와 같은 권리소멸사유 항변)

[2] 본안전 항변

1 당사자능력의 흠결[1]

가. 자연인

(1) 태아나 死者, 虛無人 등의 경우에는 당사자능력이 없어 소가 각하된다.
(2) 실종선고가 확정되기 전의 실종자는 당사자능력이 있다.[2]

나. 법인

(1) 법인의 기관이나 조직, 내부부서(국회, 학교장, 읍·면 등)는 당사자능력이 없으므로 소가 각하된다.[3]
(2) 청산종결등기가 있어도 청산사무가 종결되기 전까지는 당사자능력이 있다.

다. 비법인사단[4]

(1) 종중,[5] 교회, 아파트입주자대표회의, 집합건물관리단, 설립중의 회사와 같은 비법인사단은

---

1) 당사자능력이 없는 자의 또는 당사자능력이 없는 자에 대한 소송행위는 무효이다. 당사자능력이 없는 자에 의하여 제기된 소는 부적법하여 각하되어야 한다. 〈참고〉 원고가 당사자를 정확히 표시하지 못하고 당사자능력이나 당사자적격이 없는 자를 당사자로 잘못 표시하였다면 법원은 당사자를 소장의 표시만에 의할 것이 아니고 청구의 내용과 원인사실을 종합하여 확정한 후 확정된 당사자가 소장의 표시와 다르거나 소장의 표시만으로 분명하지 아니한 때에는 당사자의 표시를 정정보충시키는 조치를 취하여야 하고 이러한 조치를 취함이 없이 단지 원고에게 막연히 보정명령만을 명한 후 소를 각하하는 것은 위법하다(대법원 2013.08.22. 선고 2012다68279 판결).
2) 부재자의 생사가 분명하지 아니한 경우, 부재자는 법원의 실종선고가 없는 한 사망자로 간주되지 아니하며, 부재자의 재산관리인이 부재자의 대리인으로서 소를 제기하여 그 소송계속 중에 부재자에 대한 실종선고가 확정되어 그 소 제기 이전에 부재자가 사망한 것으로 간주되는 경우에도, 실종선고의 효력이 발생하기 전에는 실종기간이 만료된 실종자라 하여도 소송상 당사자능력을 상실하는 것은 아니므로, 실종선고가 확정된 때에 소송절차가 중단되어 부재자의 상속인 등이 이를 수계할 수 있을 뿐이고, 위 소 제기 자체가 소급하여 당사자능력이 없는 사망한 자가 제기한 것으로 되는 것은 아니다(대법원 2008.06.26. 선고 2007다11057 판결).
3) 서울특별시장은 행정청에 불과하여 당사자능력이 없다(대법원 2016.12.27. 선고 2014두5637 판결).
4) 대법원 2018.08.01. 선고 2018다227865 판결 : 권리능력이 있는 자연인과 법인은 원칙적으로 민사소송의 주체가 될 수 있는 당사자능력이 있으나, 법인이 아닌 사단과 재단은 대표자 또는 관리인이 있는 경우에 한하여 당사자능력이 인정된다. 노인요양원이나 노인요양센터는 일반적으로 노인성질환 등으로 도움을 필요로 하는 노인을 위하여 급식·요양과 그 밖에 일상생활에 필요한 편의를 제공함을 목적으로 하는 시설, 즉 노인의료복지시설을 가리킨다. 이는 법인이 아님이 분명하고 대표자 있는 비법인 사단 또는 재단도 아니므로, 원칙적으로 민사소송에서 당사자능력이 인정되지 않는다.
5) 소송당사자인 종중의 법적 성격에 관한 당사자의 법적 주장이 무엇이든 실체에 관하여 당사자가 주장하는 사실관계의 기본적 동일성이 유지되고 있다면 법적 주장의 추이를 가지고 당사자변경에 해당한다고 할 것은 아니다. 그 경우에 법원은 직권으로 조사한 사실관계에 기초하여 당사자가 주장하는 단체의 실질이 고유한 의미의 종중인지 혹은 종중 유사의 단체인지, 공동선조는 누구인지 등을 확정한 다음 법적 성격을 달리 평가할 수 있고, 이를 기초로 당사자능력 등 소의 적법 여부를 판단하여야 한다(대법원 2016.07.07. 선고 2013다76871 판결). 종중이나 종중 유사단체가 당사자능력을 가지는지 여부에 관한 사항은 법원의 직권조사사항이므로, 그 당사자능력 판단의 전제가 되는 사실에 관하여는 법원이 당사자의 주장에 구속될 필요 없이 직권으로 조사하여야 하며, 그 사실에 기하여 당사자능력의 유무를 판단함에 있어서는, 당사자가 내세우는 종중이나 단체의 목적, 조직, 구성원 등 단체를 사회

당사자능력이 있다.

(2) 다른 단체의 하부조직 또는 내부조직에 불과한 단체는 당사자능력이 없다.

라. 비법인재단

(1) 장학회, 보육원 등 비법인재단은 당사자능력이 있다.
(2) **학교는 당사자능력이 없다.**6)7)

마. 조합

(1) 동업체(partnership), 공동수급체(consortium) 등 민법상 조합의 실체를 갖는 것에 당사자능력을 부인한다.8)
(2) **영농조합법인**의 실체를 민법상의 조합으로 보면서 협업적 농업경영을 통한 농업생산성의 향상 등을 도모하기 위해 일정한 요건을 갖춘 조합체에게 특별히 법인격을 부여한 것이라고 이해된다. 따라서 영농조합법인에 대하여는 구 농어업경영체법 등 관련 법령에 특별한 규정이 없으면 법인격을 전제로 한 것을 제외하고는 민법의 조합에 관한 법리가 적용된다.9)

적 실체로서 규정짓는 요소를 갖춘 실체가 실재하는지의 여부를 가려서, 그와 같은 의미의 단체가 실재한다면 그로써 소송상 당사자능력이 있는 것으로 볼 것이고, 그렇지 아니하다면 소를 각하하여야 할 것이다(대법원 2010.04.29. 선고 2010다1166 판결). 원고가 주장하는 원고 종중의 성격이 고유의미의 종중이므로 원심으로서는 이와 같은 의미의 원고 종중이 실재하는지, 그 대표자에게 원고 종중의 대표자로서의 대표자격이 있는 것인지 여부를 판단하여야 할 것이고, 만일 그와 같은 의미의 종중이 실재하지 아니하거나 대표자의 대표자격이 인정되지 아니하면 소는 부적법한 것으로서 각하하여야 할 것이라고 한 사례(대법원 1992.09.22. 선고 92다15048 판결).

6) 학교는 교육시설의 명칭으로서 일반적으로 법인도 아니고 대표자 있는 법인격 없는 사단 또는 재단도 아니기 때문에, 원칙적으로 민사소송에서 당사자능력이 인정되지 않는다(대법원 2019.03.25. 자 2016마5908 결정).

7) 국립대학교는 당사자능력이 없으나(대한민국이 당사자) 국립대학법인에게는 독립된 당사자능력이 인정된다. 사립대학교 및 사립초·중·고는 사립학교를 설치·경영하는 학교법인이 당사자가 되고, 지방자치단체가 설립·경영하는 학교(공립초·중·고)는 당해 지방자치단체가 당사자가 된다.

8) 〈참고〉 조합계약으로 조합원 중 일부 또는 제3자를 업무집행자로 정하지 않은 경우에는 모든 조합원이 원칙적으로 업무집행권을 가진다. 업무를 집행하는 조합원은 조합계약의 내용에 따라 선량한 관리자의 주의로써 조합사무를 처리하여야 한다(민법 제707조, 제681조). 조합관계에서는 일반적으로 조합계약에서 정한 사유의 발생, 조합원 전원의 합의, 조합의 목적인 사업의 성공 또는 성공 불능, 해산청구 등에 의하여 조합관계가 종료된다. 2인으로 구성된 조합의 조합원 중 1인이 선량한 관리자의 주의의무 위반 또는 불법행위 등으로 인하여 조합에 대하여 손해배상책임을 지게 되고 또한 그로 인하여 조합관계마저 그 목적 달성이 불가능하게 되어 종료되고 달리 조합의 잔여업무가 남아 있지 않은 상황에서 조합재산의 분배라는 청산절차만이 남게 될 경우에, 다른 조합원은 조합에 손해를 가한 조합원을 상대로 선량한 관리자의 주의의무 위반 또는 불법행위에 따른 손해배상채권액 중 자신의 출자가액 비율에 의한 몫에 해당하는 돈을 청구하는 형식으로 조합관계의 종료로 인한 잔여재산의 분배를 청구할 수 있다(대법원 2018.08.30. 선고 2016다46338,2016다46345 판결).

9) 영농조합법인의 채권자가 조합원에 대하여 권리를 행사하는 경우에 관하여는 구 농어업경영체법 등에 특별히 규정된 것이 없으므로 민법 중 조합에 관한 법리가 적용되고, 결국 영농조합법인의 채권자는 민법 제712조에 따라 그 채권 발생 당시의 각 조합원에 대하여 당해 채무의 이행을 청구할 수 있다. 한편 조합의 채무는 조합원의 채무로서 특별한 사정이 없는 한 조합의 채권자는 각 조합원에 대하여 지분의 비율에 따라 또는 균일적으로 변제의 청구를 할 수 있을 뿐이나, 조합채무가 특히 조합원 전원을 위하여 상행위가 되는 행위로 인하여 부담하게 된 것이라면 상법 제57조 제1항을 적용하여 조합원들의 연대책임을 인정함이 상당하다(대법원 2018.04.12. 선고 2016다39897 판결). 〈사례〉 원고가 영농조합법인에 계란을 공급한 후 그 대금을 받지 못하자 조합원들을 상대로 대금지급을 구하는 사건에서, 원심은 법인격 있는 영농조합법인만이 채무를 부담할 뿐 그 조합원인 피고들이 개인적으로 책임을 부담하지 않는다고 보아 원고의 청구를 기각하였으나 대법원은 구 농어업경영체법의 규정에 비추어 피고

2 당사자적격의 흠결

가. 이행의 소

(1) 주장 자체로 당사자적격이 가려진다. 이행청구권이 있음을 주장하는 자가 원고적격을 가지고 그로부터 이행의무자로 주장된 자가 피고적격을 가지고 실제로 이행청구권자나 의무자일 것을 요하지 않는다. 본안심리 후 이행청구권자나 의무자가 아님이 판명되면 **청구기각판결**을 하고 소각하판결을 해서는 안 된다.[10]

(2) 그러나 다음과 같은 **예외**가 있다.

① 파산재단에 관한 소송에서는 **파산관재인**이 당사자가 되고,[11] 채무자는 당사자적격이 없으므로, 채무자가 원고가 되어 제기한 소[12] → 부적법 각하

② 회생회사의 재산에 관한 소에서 회생회사에는 당사자적격이 없고 **관리인**에게만 당사자적격이 있다.[13]

③ 채권에 대한 압류 및 추심명령이 있으면 제3채무자에 대한 이행의 소는 **추심채권자**만이 제기할 수 있고 채무자는 피압류채권에 대한 이행소송을 제기할 당사자적격을 상실한다.[14] → 소

들은 민법상 조합원으로서의 책임을 부담할 뿐만 아니라 영농조합법인이 피고들을 비롯한 조합원 전원을 위하여 상행위가 되는 행위로 인하여 채무를 부담하게 된 경우에 해당하여 조합원인 피고들은 연대책임을 부담한다고 판단하여 파기환송한 사안임.

10) 불법점유자를 상대로 한 인도청구에서 간접점유자나 점유보조자를 피고로 한 경우 이들이 당사자적격은 인정되나 이유 없는 청구가 될 뿐이다. → '소 각하'가 아니라 '청구기각'

11) 대법원 2017.02.09. 선고 2016다45946 판결 : 채무자회생법에 의하여 채무자가 파산선고를 받고 파산관재인이 선임된 때에는 파산재단을 관리 및 처분하는 권한은 파산관재인에게 속하고(채무자회생법 제384조), 파산재단에 관한 소송에서는 파산관재인이 당사자가 된다(채무자회생법 제359조). 그런데 채무자에 대한 파산선고 후에 파산폐지의 결정이 내려지고 그대로 확정되면, 채무자는 파산재단의 관리처분권과 파산재단에 관한 소송의 당사자적격을 회복한다. 이러한 사정은 직권조사사항으로서 당사자가 주장하지 않더라도 법원이 직권으로 조사하여 판단하여야 하고, 사실심 변론종결 이후에 당사자적격 등 소송요건이 흠결되거나 그 흠결이 치유된 경우 상고심에서도 이를 참작하여야 한다.

12) 대법원 2018.06.15. 선고 2017다289828 판결 : 원고와 피고의 대립당사자 구조를 요구하는 민사소송법의 기본원칙상 사망한 사람을 피고로 하여 소를 제기하는 것은 실질적 소송관계가 이루어질 수 없어 부적법하다. 소 제기 당시에는 피고가 생존하였으나 소장 부본이 송달되기 전에 사망한 경우에도 마찬가지이다. 사망한 사람을 원고로 표시하여 소를 제기하는 것 역시 특별한 경우를 제외하고는 적법하지 않다. 파산선고 전에 채권자가 채무자를 상대로 이행청구의 소를 제기하거나 채무자가 채권자를 상대로 채무 부존재 확인의 소를 제기하였더라도, 만약 그 소장 부본이 송달되기 전에 채권자나 채무자에 대하여 파산선고가 이루어졌다면 이러한 법리는 마찬가지로 적용된다. 파산재단에 관한 소송에서 채무자는 당사자적격이 없으므로, 채무자가 원고가 되어 제기한 소는 부적법한 것으로서 각하되어야 하고(채무자 회생법 제359조), 이 경우 파산선고 당시 법원에 소송이 계속되어 있음을 전제로 한 파산관재인의 소송수계신청 역시 적법하지 않으므로 허용되지 않는다.

13) 회생절차개시결정이 있는 때에는 채무자의 업무의 수행과 재산의 관리 및 처분을 하는 권리는 관리인에게 전속하고, 채무자의 재산에 관한 소송에서는 관리인이 당사자가 되며, 이 조항의 '재산에 관한 소송'에는 회생회사와 관련된 특허의 등록무효를 구하는 심판도 포함되므로, 그러한 심판에서 회생회사에는 당사자적격이 없고 관리인에게만 당사자적격이 있다(대법원 2016.12.29. 선고 2014후713 판결).

14) 대법원 2010.08.19. 선고 2009다70067 판결; 대법원 2000.04.11. 선고 99다23888 판결 등 참조. 다만 채권압류 및 전부명령이 있는 경우에는 실체법상의 청구권이 이전되었기 때문에 청구기각사유가 된다. 가압류가 있는 것만으로는 청구기각사유가 될 수 없고, 소유권이전등기청구권이 가압류된 경우에는 가압류의 해제를 조건으로 이전등기를 명한다.

각하

④ 등기의무자나 등기상 이해관계 있는 제3자 아닌 자를 상대로 한 등기말소청구의 소는 피고 적격이 없는 자를 상대로 부적법한 소이다.15) → 소 각하

> 〈사례〉 甲 소유의 부동산에 관하여 A가 서류를 위조하여 乙 앞으로 소유권이전등기(①)을 마치고, 이어서 丙 명의의 소유권이전등기(②)가 마쳐졌다. 이 부동산에 관하여 丙의 채권자 丁이 처분금지가처분등기(③)를 마쳤다.
> ☞ 甲 → A 상대로 ① 등기의 말소를 구하는 경우 ⇨ 소 각하
> ☞ 甲 → 乙 상대로 ① 등기의 말소를 구하는 경우 ⇨ 청구인용
> ☞ 甲 → 丙 상대로 ② 등기의 말소를 구하는 경우 ⇨ 청구인용
> ☞ 甲 → 丁 상대로 ③ 등기의 말소를 구하는 경우 ⇨ 소 각하 ⇦ 말소 승낙

(3) 근저당권설정등기의 말소등기청구는 **양수인만을** 상대로 하면 족하고 양도인은 그 말소등기청구에 있어서 피고 적격이 없다. → 소 각하

(4) 불법하게 말소된 것을 이유로 한 근저당권설정등기 회복등기 청구를 그 등기말소 당시의 소유자를 상대로 하지 않고 현재의 소유자를 상대로 한 경우 → 소 각하

(5) 강제경매개시결정 기입등기가 법원의 촉탁에 의하여 말소된 경우 강제경매 신청채권자가 말소된 강제경매개시결정 기입등기의 회복등기절차의 이행을 구하는 소 → 소 각하16)

대법원 2015.05.28. 선고 2013다1587 판결 : 채권에 대한 압류 및 추심명령이 발령되면 제3채무자에 대한 이행의 소는 추심채권자만이 제기할 수 있고 채무자는 피압류채권에 대하여 이행소송을 제기할 당사자적격을 상실한다. 한편 채권압류명령은 제3채무자에게 송달된 때에 그 효력이 발생하고(민사집행법 제227조 제3항), 이러한 채권압류의 효력은 종된 권리에도 미치므로 압류의 효력이 발생한 뒤에 생기는 이자나 지연손해금에도 당연히 미치지만, 그 효력 발생 전에 이미 생긴 이자나 지연손해금에는 미치지 아니한다.
(대법원 2015.12.10. 선고 2014다87878 판결) : 2인 이상의 불가분채무자 또는 연대채무자(이하 '불가분채무자 등'이라 한다)가 있는 금전채권의 경우에, 그 불가분채무자 등 중 1인을 제3채무자로 한 채권압류 및 추심명령이 이루어지면 그 채권압류 및 추심명령을 송달받은 불가분채무자 등에 대한 피압류채권에 관한 이행의 소는 추심채권자만이 제기할 수 있고 추심채무자는 그 피압류채권에 대한 이행소송을 제기할 당사자적격을 상실하지만, 그 채권압류 및 추심명령의 제3채무자가 아닌 나머지 불가분채무자 등에 대하여는 추심채무자가 여전히 채권자로서 추심권한을 가지므로 나머지 불가분채무자 등을 상대로 이행을 청구할 수 있고, 이러한 법리는 위 금전채권 중 일부에 대하여만 채권압류 및 추심명령이 이루어진 경우에도 마찬가지이다(대법원 2013.10.31. 선고 2011다98426 판결).

15) 부동산등기법 제52조 단서 제5호는 "등기상 이해관계 있는 제3자의 승낙이 없는 경우에는 권리의 변경이나 경정의 등기를 부기등기로 할 수 없다."라고 규정하고 있는데, 이때 등기상 이해관계 있는 제3자란 기존 등기에 권리변경등기나 경정등기를 허용함으로써 손해를 입게 될 위험성이 있는 등기명의인을 의미하고, 그와 같은 손해를 입게 될 위험성은 등기의 형식에 의하여 판단하며 실질적으로 손해를 입을 염려가 있는지는 고려의 대상이 되지 아니한다. 따라서 등기명의인이 아닌 사람은 권리변경등기나 경정등기에 관하여 등기상 이해관계 있는 제3자에 해당하지 않음이 명백하고, 권리변경등기나 경정등기를 부기등기로 하기 위하여 등기명의인이 아닌 사람의 승낙을 받아야 할 필요는 없으므로, 등기명의인이 아닌 사람을 상대로 권리변경등기나 경정등기에 대한 승낙의 의사표시를 청구하는 소는 당사자적격이 없는 사람을 상대로 한 부적법한 소이다.

16) 대법원 2019.05.16. 선고 2015다253573 판결 : 부동산 강제경매개시결정 기입등기는 채권자나 채무자가 직접 등기공무원에게 이를 신청하여 행할 수는 없고 반드시 법원의 촉탁에 의하여 행하여지는데, 이와 같이 당사자가 신청할 수 없는 강제경매개시결정 기입등기가 법원의 촉탁에 의하여 말소된 경우에는 그 회복등기도 법원의 촉탁에 의하여 행하여져야 하므로, 이 경우 강제경매 신청채권자가 말소된 강제경매개시결정 기입등기의 회복등기절차의 이행을 소구할 이익은 없고, 다만 강제경매개시결정 기입등기가 말소될 당시 그 부동산에 관하여 소유권

> 〈사례〉 甲 소유의 부동산에 관하여 乙 앞으로 근저당권설정등기(①)을 마치고, 이어서 丙 명의의 근저당권 이전의 부기등기(②)가 마쳐졌다.
> ☞ 甲 → 乙 상대로 ① 주등기의 말소를 구하는 경우 ⇨ 소 각하(피고 적격자는 丙)
> ☞ 甲 → 丙 상대로 ② 부기등기의 말소를 구하는 경우 ⇨ 소 각하(말소대상 등기는 ① 주등기)
> ∴ 甲 → 丙을 상대로 ① 주등기의 말소를 구해야 한다.
> (② 등기이전의 무효를 다투는 경우 → 丙을 상대로 ② 부기등기의 말소를 구할 수 있음)

(5) 합유자 중의 일부가 사망한 경우 사망한 합유자의 상속인들을 상대로 하여 합유등기의 말소를 청구하는 소는 당사자적격이 없는 자를 상대로 한 부적법한 소이다.[17] → 소 각하

(6) 집행권원상의 채권양도와 당사자적격의 승계[18]

채권압류 및 추심명령	⇨ 소각하(실체법상 청구권은 있지만 소송법상 추심권능이 이전되었기 때문)
채권압류 및 전부명령	⇨ 청구기각(실체법상 청구권이 이전되었기 때문)
채권(가)압류명령	⇨ 원고 승소판결
부동산(가)압류명령	⇨ 원고 승소판결
소유권이전등기청구권 (가)압류	⇨ 해제조건부 원고 승소판결

이전등기를 경료하고 있는 사람은 법원이 강제경매개시결정 기입등기의 회복을 촉탁함에 있어서 등기상 이해관계가 있는 제3자에 해당하므로, 강제경매 신청채권자로서는 그 사람을 상대로 하여 법원의 촉탁에 의한 강제경매개시결정 기입등기의 회복절차에 대한 승낙청구의 소를 제기할 수는 있다.

17) 대법원 1994.02.25. 선고 93다39225 판결. 합유자 사이에 특별한 약정이 없는 한, 사망한 합유자의 상속인은 합유자로서의 지위를 승계하는 것이 아니다.

18) 집행권원상의 청구권이 양도되어 대항요건을 갖춘 경우 집행당사자적격이 양수인으로 변경되고, 양수인이 승계집행문을 부여받음에 따라 집행채권자는 양수인으로 확정되는 것이므로, 승계집행문의 부여로 인하여 양도인에 대한 기존 집행권원의 집행력은 소멸한다. 따라서 그 후 양도인을 상대로 제기한 청구이의의 소는 피고적격이 없는 자를 상대로 한 소이거나 이미 집행력이 소멸한 집행권원의 집행력 배제를 구하는 것으로 권리보호의 이익이 없어 부적법하고, 이러한 법리는 소액사건심판법상의 확정된 이행권고결정과 같이 위 법 제5조의8 제1항에 의하여 집행문을 별도로 부여받을 필요 없이 이행권고결정서의 정본에 의하여 강제집행이 가능한 경우에도 마찬가지이다(집행권원상의 청구권을 양도한 채권자가 집행력이 소멸한 이행권고결정서의 정본에 기하여 강제집행절차에 나아간 경우에 채무자는 민사집행법 제16조의 집행이의의 방법으로 이를 다툴 수 있다)(대법원 2008.02.01. 선고 005다23889 판결). 채권자가 집행권원에 기하여 채권압류 및 추심명령을 받은 후 그 집행권원상의 채권을 양도하였다고 하더라도 양수인은 승계집행문을 부여받음으로써 비로소 집행채권자로 확정되는 것이므로, 양수인이 기존 집행권원에 대하여 승계집행문을 부여받지 않았다면, 양도인이 여전히 집행채권자의 지위에서 압류채권을 추심하거나 압류명령 신청을 취하할 수 있다(대법원 2014.11.13. 선고 2010다63591 판결).

피담보채권의 소멸 또는 설정원인의 무효를 주장하는 경우	(근)저당권설정등기 말소청구	양수인만 피고적격, 양도인에 대한 청구 → 부적법 각하
	(근)저당권 부기등기 말소청구	소의 이익 없어 부적법 각하
	피담보채권부존재확인청구를 추가한 경우	확인의 이익 없어 부적법 각하
(근)저당권이전의 무효임을 다투는 경우	양수인 상대로 (근)저당권설정등기말소청구	불허(청구기각)
	양수인 상대로 (근)저당권이전등기말소청구	적법[19]

나. 확인의 소

(1) 단체 내부분쟁의 일종인 단체의 대표자선출결의 무효 또는 부존재확인의 소에서 **단체**를 피고로 하지 않고 결의에 의하여 선출된 개인을 피고로 함은 부적법 **각하**된다.[20]
  ☞ 주총결의·이사회결의 무효확인의 소 → 회사
  ☞ 종중대의원결의부존재·무효를 이유로 한 종중대표자지위확인의 소 → 종중
  ☞ 노조임원선거 후 당선자결정무효확인의 소 → 노동조합

(2) 미등기**건물**의 경우 국가를 상대로 소유권확인을 구할 이익이 없다. → 부적법 각하

(3) 토지대장이나 임야대장상 소유자로 등록되어 있는 자가 있는 경우 국가를 상대로 소유권확인을 구할 이익이 없다. → 부적법 각하

(4) 절대적 불확지 공탁의 경우 국가를 상대로 공탁금출급청구권의 확인을 구하는 경우 → 부적법 각하.[21]

---

19) 근저당권이전의 부기등기가 기존의 주등기인 근저당권설정등기에 종속되어 주등기와 일체를 이룬 경우에는 부기등기만의 말소를 따로 인정할 아무런 실익이 없지만, 근저당권의 이전원인만이 무효로 되거나 취소 또는 해제된 경우, 즉 근저당권의 주등기 자체는 유효한 것을 전제로 이와는 별도로 근저당권이전의 부기등기에 한하여 무효사유가 있다는 이유로 부기등기만의 효력을 다투는 경우에는 그 부기등기의 말소를 소구할 필요가 있으므로 예외적으로 소의 이익이 있다(대법원 2005.06.10. 선고 2002다15412,15429 판결).

20) 다만 위 소를 본안으로 한 직무집행정지가처분 신청사건에서 회사를 피신청인으로 하는 것은 피고적격이 없는 자를 상대로 한 것으로 부적법 각하된다.

21) 대법원 2007.02.09. 선고 2006다68650,68667 판결 : 보상금을 받을 자가 주소불명으로 인하여 그 보상금을 수령할 수 없는 때에 해당함을 이유로 하여 공익사업을 위한 토지 등의 취득 및 보상에 관한 법률 제40조 제2항 제1호의 규정에 따라 사업시행자가 보상금을 공탁한 경우에 있어서는, 변제공탁제도가 본질적으로는 사인 간의 법률관계를 조정하기 위한 것이라는 점, 공탁공무원은 형식적 심사권을 가질 뿐이므로 피공탁자와 정당한 보상금수령권자라고 주장하는 자 사이의 동일성 등에 관하여 종국적인 판단을 할 수 없고, 이는 공탁공무원의 처분에 대한 이의나 그에 대한 불복을 통해서도 해결될 수 없는 점, 누가 정당한 공탁금수령권자인지는 공탁자가 가장 잘 알고 있는 것으로 볼 것인 점, 피공탁자 또는 정당한 공탁금수령권자라고 하더라도 직접 국가를 상대로 하여 민사소송으로써 그 공탁금의 지급을 구하는 것은 원칙적으로 허용되지 아니하는 점 등에 비추어 볼 때, 정당한 공탁금수령권자이면서도 공탁공무원으로부터 공탁금의 출급을 거부당한 자는 그 법률상 지위의 불안·위험을 제거하기 위하여 공탁자인 사업시행자를 상대방으로 하여 그 공탁금출급권의 확인을 구하는 소송을 제기할 이익이 있다.

[참고] 공탁관련소송과 확인의 이익

① 피공탁자가 제3자를 상대로 한 공탁금출급청구권 확인의 소 → 확인의 이익 없다.[22]
② 피공탁자 아닌 제3자가 피공탁자를 상대로 한 공탁금출급청구권 확인의 소 → 확인의 이익 없다.[23]
③ 상대적 불확지공탁에 있어서 피공탁자 중의 1인을 채무자로 그의 공탁금출급청구권에 대하여 채권압류 및 추심명령을 받은 추심채권자가 자기 이름으로 다른 피공탁자를 상대로 하여 공탁금출급청구권이 추심채권자에게 있음의 확인을 구하는 소 → 확인의 이익 있다.[24]
④ 상대적 불확지공탁에 있어서 피공탁자가 피공탁자 아닌 제3자를 상대로 공탁금출급청구권 확인의 소 → 확인의 이익 없다.[25]
⑤ 채권양도계약의 효력이 다툼이 있어 채무자가 '양도인 또는 양수인'을 피공탁자로 하여 채무금액을 공탁한 경우 → 피공탁자들이 원고 또는 피고가 된다.[26]
⑥ 피공탁자인 망인의 상속인의 공탁자를 상대로 한 공탁금출급청구권 확인의 소 → 확인의 이익 있다.[27]
⑦ 사업시행자가 보상금수령권자의 절대적 불확지를 이유로 수용보상금을 공탁한 경우 자기가 진정한 보상금수령권자라고 주장하는 사람이 공탁자(사업시행자)를 상대로 한 공탁금출급청구권 확인의 소 → 확인의 이익 있다.[28]

---

[22] 공탁금의 출급청구권의 귀속과 관련하여 피고가 다투고 있다고 하더라도, 원고로서는 직접 공탁공무원에 대하여 이 사건 공탁금의 출급청구권을 행사하여 이를 수령하면 되는 것이고, 구태여 피공탁자가 될 수 없는 피고를 상대로 이 사건 공탁금의 출급청구권이 원고에게 있다는 확인을 구할 필요는 없다고 할 것이므로, 원고의 이 사건 소는 그 권리보호의 이익이 없어 부적법하다(대법원 2001.06.26. 선고 2001다19776 판결).

[23] 대법원 2016.03.24. 선고 2014다3122 판결 : 변제공탁의 공탁물출급청구권자는 피공탁자 또는 그 승계인이고 피공탁자는 공탁서의 기재에 의하여 형식적으로 기재되므로, 실체법상의 채권자라고 하더라도 피공탁자로 지정되어 있지 않으면 공탁물출급청구권을 행사할 수 없고, 따라서 피공탁자가 아닌 제3자가 피공탁자를 상대로 하여 공탁물출급청구권 확인판결을 받았더라도 그 확인판결을 받은 제3자가 직접 공탁물출급청구를 할 수 없으므로, 피공탁자 중 1인을 채무자로 하여 그의 공탁물출급청구권에 대하여 채권압류 및 추심명령을 받은 추심채권자라는 등의 특별한 사정이 없는 한 피공탁자가 아닌 제3자는 피공탁자를 상대로 하여 공탁물출급청구권의 확인을 구할 이익이 없다.

[24] 민법 제487조 후단에 따른 채권자의 상대적 불확지를 원인으로 하는 변제공탁의 경우 피공탁자 중의 1인은 다른 피공탁자의 승낙서나 그를 상대로 받은 공탁물출급청구권확인 승소확정판결을 제출하여 공탁물출급청구를 할 수 있는데, 민사집행법 제229조 제2항에 의하면 채권압류 및 추심명령을 받은 추심채권자는 추심에 필요한 채무자의 권리를 대위절차 없이 자기 이름으로 재판상 또는 재판 외에서 행사할 수 있으므로, 상대적 불확지 변제공탁의 피공탁자 중 1인을 채무자로 하여 그의 공탁물출급청구권에 대하여 채권압류 및 추심명령을 받은 추심채권자는 공탁물을 출급하기 위하여 자기의 이름으로 다른 피공탁자를 상대로 공탁물출급청구권이 추심채권자의 채무자에게 있음을 확인한다는 확인의 소를 제기할 수 있다(대법원 2011.11.10. 선고 2011다55405 판결).

[25] 피공탁자가 아닌 제3자를 상대로 공탁물출급청구권의 확인을 구하는 것은 확인의 이익이 있다고 볼 수 없다(대법원 2008.10.23. 선고 2007다35596 판결).

[26] ☞ 청구취지 : A(채무자)가 2020. 4. 1. 서울중앙지방법원 2020금제1234호로 공탁한 1억 원에 대한 공탁금출급청구권이 원고에게 있음을 확인한다.

[27] 대법원 2014.04.24. 선고 2012다40592 판결 : 채권자가 사망하고 과실 없이 그 상속인을 알 수 없는 경우 채무자는 민법 제487조 후문에 따라 변제공탁을 할 수 있고, 피공탁자인 상속인은 가족관계증명서, 제적등본 등 상속을 증명하는 서류를 첨부하여 공탁관에게 공탁물출급을 청구할 수 있다. 한편 공탁관은 공탁물출급청구서와 그 첨부서류만으로 공탁당사자의 공탁물지급청구가 공탁관계 법령에서 규정한 절차적, 실체적 요건을 갖추고 있는지 여부를 심사하여야 하는 형식적 심사권만을 가지고 있으므로, 공탁관이 가족관계증명서, 제적등본 등의 첨부서류만으로는 출급청구인이 진정한 상속인인지 여부를 심사할 수 없는 경우에는 공탁물출급청구를 불수리할 수밖에 없다. 그러한 경우에는 공탁물출급청구권확인을 구하는 것이 출급청구인이 진정한 상속인이라는 실질적 권

다. 형성의 소

형성의 소의 경우 법률에 원고 및 피고적격을 규정하고 있는데, 원고적격의 흠결은 '기각'으로, 피고적격의 흠결은 '소각하'로 구분한다.

(1) 주주총회결의취소소송에서 주주, 이사, 감사 아닌 자의 소의 제기 → **청구기각**(원고적격의 흠결)
(2) 주주총회결의취소소송에서 회사 아닌 자에 대한 소의 제기는 부적법 → **소 각하**(피고적격의 흠결)
(3) 이사와 회사 사이의 소 → **감사가 원고**(상법 제394조 제1항)[29]
(4) 사해행위취소소송에서 채무자에 대한 소의 제기 → **소 각하**(피고적격의 흠결)
　　사해행위취소소송에서 수익자와 전득자 간의 법률행위의 취소를 구하는 소 → **소 각하**[30]
(5) 상호명의신탁에서 그 중 1인의 공유물분할청구를 한 경우 → **청구기각**(원고적격의 흠결)

라. 고유필수적 공동소송[31]

(1) 매매예약완결권을 준공유하는 경우[32]
(2) 공유물분할청구의 소는 분할을 청구하는 공유자가 원고가 되어 다른 공유자 전부를 공동피고로 하여야 하는 필수적 공동소송으로서 공유자 전원에 대하여 판결이 합일적으로 확정되어야 하므로, 공동소송인 중 1인에 소송요건의 흠이 있으면 전 소송이 부적법하게 된다.[33]

　　리관계를 확정하는 데 가장 유효, 적절한 수단이 되고, 정당한 공탁물수령권자는 그 법률상 지위의 불안이나 위험을 제거하기 위하여 공탁자를 상대방으로 하여 그 공탁물출급청구권의 확인을 구하는 소송을 제기할 이익이 있다.

28) ☞ 청구취지 : 피고(사업시행자)가 2020. 4. 1. 서울중앙지방법원 2020금제1234호로 공탁한 1억 원에 대한 공탁금출급청구권이 원고에게 있음을 확인한다.

29) 상법 제394조 제1항은 이사와 회사 사이의 소에 관하여 감사로 하여금 회사를 대표하도록 규정하고 있는데, 이는 이사와 회사 양자 간에 이해의 충돌이 있기 쉬우므로, 그 충돌을 방지하고 공정한 소송수행을 확보하기 위한 것이다(대법원 2018.03.15. 선고 2016다275679 판결).

30) 채권자가 채권자취소권을 행사하려면 사해행위로 인하여 이익을 받은 자나 전득한 자를 상대로 그 법률행위의 취소를 청구하는 소송을 제기하여야 되는 것으로서 채무자를 상대로 그 소송을 제기할 수는 없고, 채권자가 전득자를 상대로 하여 사해행위의 취소와 함께 책임재산의 회복을 구하는 사해행위취소의 소를 제기한 경우에 그 취소의 효과는 채권자와 전득자 사이의 상대적인 관계에서만 생기는 것이고 채무자 또는 채무자와 수익자 사이의 법률관계에는 미치지 않는 것이므로, 이 경우 취소의 대상이 되는 사해행위는 채무자와 수익자 사이에서 행하여진 법률행위에 국한되고, 수익자와 전득자 사이의 법률행위는 취소의 대상이 되지 않는다고 할 것이다(대법원 2004.08.30. 선고 2004다21923 판결).

31) 관계 당사자 전원이 공동원고나 공동피고가 되지 않으면 부적법한 소. 단 민사소송법 제68조에 의하여 누락된 공동소송인의 추가가 허용된다.

32) 수인의 채권자가 각기 그 채권을 담보하기 위하여 채무자와 채무자 소유의 부동산에 관하여 수인의 채권자를 공동매수인으로 하는 1개의 매매예약을 체결하고 그에 따라 수인의 채권자 공동명의로 그 부동산에 가등기를 마친 경우, 수인의 채권자가 공동으로 매매예약완결권을 가지는 관계인지 아니면 채권자 각자의 지분별로 별개의 독립적인 매매예약완결권을 가지는 관계인지는 매매예약의 내용에 따라야 하고, 매매예약에서 그러한 내용을 명시적으로 정하지 않은 경우에는 수인의 채권자가 공동으로 매매예약을 체결하게 된 동기 및 경위, 그 매매예약에 의하여 달성하려는 담보의 목적, 담보 관련 권리를 공동 행사하려는 의사의 유무, 채권자별 구체적인 지분권의 표시 여부 및 그 지분권 비율과 피담보채권 비율의 일치 여부, 가등기담보권 설정의 관행 등을 종합적으로 고려하여 판단하여야 한다(대법원 2012.02.16. 선고 2010다82530 전원합의체 판결).

33) 대법원 2012.06.14. 선고 2010다105310 판결. 민사소송에서 소송당사자의 존재나 당사자능력은 소송요건에

마. 제3자의 소송담당

(1) 채권자대위소송에서 피보전채권이나 보전의 필요성이 존재하지 않는 경우 당사자적격의 흠결 → 부적법 각하
(2) 채권자대위소송에서 피대위채권이 존재하지 않거나 변제기 미도래의 경우 → 청구기각

바. 기타

(1) 가압류등기, 처분금지가처분등기 등 등기관의 직권이나 법원의 촉탁에 의해 기입된 등기의 말소등기나 말소의 회복등기를 구하는 경우 → 부적법 각하
(2) 가등기 후 제3자 명의의 소유권이전등기가 원인무효의 본등기로 인해 말소된 경우 제3자가 소유권이전등기의 회복을 구하는 소송 → 부적법 각하
(3) 순차로 마쳐진 소유권이전등기에 관하여 그 중 어느 한 등기명의자만을 상대로 말소등기를 구하는 경우 → 최종 등기명의자에게 등기말소를 구할 수 있는지와 관계없이 중간의 등기명의자에게 등기말소를 구할 소의 이익이 있음.[34]

3 소의 이익 흠결(소송물에 관한 소송요건의 흠)

가. 법률에 규정이 없는 형성의 소

비법인사단의 총회결의취소의 소 또는 조합의 이사해임 취소의 소와 같이 법률에 규정이 없는 유형의 형성의 소를 제기한 경우 → 부적법 각하

나. 채권자대위소송

(1) 채권자대위소송 제기 후 **채무자가** 제기한 소가 후소에 해당하는 경우 채무자의 지·부지를 불문하고 중복 소제기에 해당 → 부적법 각하
(2) 채무자가 제3채무자를 상대로 본래 이행의 소를 제기한 후 **채권자가** 제3채무자를 상대로 채권자대위소송을 제기한 경우 → 부적법 각하[35]
(3) 채권자대위소송 계속 중 **다른 채권자가** 채권자대위소송을 제기한 경우(채무자의 知·不知 불문) → 부적법 각하
(4) 채권자대위소송에서 채무자가 대위소송 제기사실을 안 이상 그 대위소송의 제1심판결 후 항소심에서 소가 취하된 후 **채무자가** 제기한 소 → 재소금지규정 적용으로 부적법 각하
(5) 채무자가 제3채무자를 상대로 제기한 이행의 소 계속 중 압류채권자가 제3채무자를 상대로 압류된 채권의 이행을 구하는 **추심의 소**를 제기한 경우 → 적법[36]

해당하고, 이미 사망한 자를 상대로 한 소의 제기는 소송요건을 갖추지 않은 것으로서 부적법하며, 상고심에 이르러서는 당사자표시정정의 방법으로 그 흠결을 보정할 수 없다.
34) 대법원 2017.09.12. 선고 2015다242849 판결.
35) 중복제소에 해당하여 부적법 각하한 판결도 있고, 채권자대위권의 행사요건을 충족하지 못한다는 이유로 부적법 각하한 판결도 있다.

다. 기판력

(1) 확정판결이 원고 **승소판결**의 경우 동일 내용으로 제기된 신소 → 권리보호의 이익이 없어 **각하**(모순금지설).37) 단, 확정판결에 의한 채권의 소멸시효완성이 임박한 상황에서 시효중단을 위한 재소 긍정38)

(2) 확정판결이 원고 **패소판결**의 경우 → 각하가 아니고 **기각**(전소와 모순되는 판단 금지)

(3) 물권적 청구권에 기한 승소확정판결을 받은 원고가 변론종결 후의 목적물 승계인을 상대로 제기한 소 → 권리보호의 이익이 없어 각하

(4) 승소 확정판결을 받은 당사자가 피고의 주소가 등기기록상 주소로 기재된 판결을 받기 위하여 전소의 상대방이나 그 포괄승계인을 상대로 동일한 소유권이전등기청구의 소를 다시 제기한 경우 → 부적법39)

---

36) 채무자가 제3채무자를 상대로 제기한 이행의 소가 법원에 계속되어 있는 경우에도 압류채권자는 제3채무자를 상대로 압류된 채권의 이행을 청구하는 추심의 소를 제기할 수 있고, 제3채무자를 상대로 압류채권자가 제기한 추심의 소는 채무자가 제기한 이행의 소에 대한 관계에서 민사소송법 제259조가 금지하는 중복된 소제기에 해당하지 않는다고 봄이 타당하다(출처 : 대법원 2013.12.18. 선고 2013다202120 전원합의체 판결).

37) 대법원 2017.11.14. 선고 2017다23066 판결 : 확정된 승소판결에는 기판력이 있으므로 승소 확정판결을 받은 당사자가 전소의 상대방을 상대로 다시 승소 확정판결의 전소와 동일한 청구의 소를 제기하는 경우, 특별한 사정이 없는 한 후소는 권리보호의 이익이 없어 부적법하다.

38) 대법원 2018.07.19. 선고 2018다22008 전원합의체 판결 : 확정된 승소판결에는 기판력이 있으므로, 승소 확정판결을 받은 당사자가 그 상대방을 상대로 다시 승소 확정판결의 전소와 동일한 청구의 소를 제기하는 경우 그 후소는 권리보호의 이익이 없어 부적법하다. 하지만 예외적으로 확정판결에 의한 채권의 소멸시효기간인 10년의 경과가 임박한 경우에는 그 시효중단을 위한 소는 소의 이익이 있다. 나아가 이러한 경우에 후소의 판결이 전소의 승소 확정판결의 내용에 저촉되어서는 아니 되므로, 후소 법원으로서는 그 확정된 권리를 주장할 수 있는 모든 요건이 구비되어 있는지 여부에 관하여 다시 심리할 수 없다.

대법원 2019.01.17. 선고 2018다24349 판결 : 확정된 승소판결에는 기판력이 있으므로 승소 확정판결을 받은 당사자가 전소의 상대방을 상대로 다시 승소 확정판결의 전소와 동일한 청구의 소를 제기하는 경우, 특별한 사정이 없는 한 후소는 권리보호의 이익이 없어 부적법하다. 하지만 예외적으로 확정판결에 의한 채권의 소멸시효기간인 10년의 경과가 임박한 경우에는 그 시효중단을 위한 소는 소의 이익이 있다. 이는 승소판결이 확정된 후 그 채권의 소멸시효기간인 10년의 경과가 임박하지 않은 상태에서 굳이 다시 동일한 소를 제기하는 것은 확정판결의 기판력에 비추어 권리보호의 이익을 인정할 수 없으나, 그 기간의 경과가 임박한 경우에는 시효중단을 위한 필요성이 있으므로 후소를 제기할 소의 이익을 인정하는 것이다.

한편 시효중단을 위한 후소의 판결은 전소의 승소 확정판결의 내용에 저촉되어서는 아니 되므로, 후소 법원으로서는 그 확정된 권리를 주장할 수 있는 모든 요건이 구비되어 있는지에 관하여 다시 심리할 수 없으나, 위 후소 판결의 기판력은 후소의 변론종결 시를 기준으로 발생하므로, 전소의 변론종결 후에 발생한 변제, 상계, 면제 등과 같은 채권소멸사유는 후소의 심리대상이 된다. 따라서 채무자인 피고는 후소 절차에서 위와 같은 사유를 들어 항변할 수 있고 심리 결과 그 주장이 인정되면 법원은 원고의 청구를 기각하여야 한다. 이는 채권의 소멸사유 중 하나인 소멸시효 완성의 경우에도 마찬가지이다.

이처럼 판결이 확정된 채권의 소멸시효기간의 경과가 임박하였는지 여부에 따라 시효중단을 위한 후소의 권리보호이익을 달리 보는 취지와 채권의 소멸시효 완성이 갖는 효과 등을 고려해 보면, 시효중단을 위한 후소를 심리하는 법원으로서는 전소 판결이 확정된 후 소멸시효가 중단된 적이 있어 그 중단사유가 종료한 때로부터 새로이 진행된 소멸시효기간의 경과가 임박하지 않아 시효중단을 위한 재소의 이익을 인정할 수 없다는 등의 특별한 사정이 없는 한, 후소가 전소 판결이 확정된 후 10년이 지나 제기되었다 하더라도 곧바로 소의 이익이 없다고 하여 소를 각하해서는 아니 되고, 채무자인 피고의 항변에 따라 원고의 채권이 소멸시효 완성으로 소멸하였는지에 관한 본안판단을 하여야 한다.

39) 소유권이전등기를 신청하는 경우에는 등기의무자의 주소 또는 사무소 소재지를 증명하는 정보를 첨부정보로 제공

라. 등기상 이해관계 있는 제3자의 승낙의 의사표시

원인무효의 이전등기가 있은 후 이에 터잡아 가압류 내지 가처분등기가 마쳐진 경우 원래의 소유자가 현재의 가압류, 가처분권리자를 상대로 가압류나 가처분의 말소를 구한 경우 → 소의 이익이 없어 각하40)

마. 장래이행판결

(1) 미리 청구할 필요가 인정되지 않을 경우41) → 소의 이익이 없어 각하
(2) 공유물분할판결이 확정되기 전에 공유물이 분할될 것을 전제로 한 소유권이전등기청구의 소나 소유권확인의 소 → 미리 청구할 필요가 없어 각하42)
(3) 공유물분할청구에 병합된 분필등기 내지 지분이전등기청구의 소 → 소의 이익이 없어 각하
(4) 지명채권양도의 대항요건을 갖추지 못한 채권양수인이 채무자를 상대로 '채권양도인으로부

하여야 한다(부동산등기규칙 제46조 제1항 제6호). 등기권리자가 판결에 의하여 단독으로 소유권이전등기를 신청하는 때에 판결에 기재된 피고의 주소가 등기기록에 기록된 등기의무자의 주소와 다르고 주민등록등·초본에 의하여 피고와 등기의무자가 동일인임을 증명할 수 없는 경우, 등기신청인은 피고와 등기의무자가 동일인임을 증명할 수 있는 자료의 하나로 동일인임을 확인하는 데 상당하다고 인정되는 자의 보증서면과 인감증명, 기타 보증인의 자격을 인정할 만한 서면(예컨대 공무원재직증명서, 변호사등록증서사본, 법무사자격증사본 등)을 제출할 수 있다(등기선례요지집 제7권 제75항, 제77항). 다만 구체적인 사안에서 판결에 기재된 피고와 등기기록에 있는 등기의무자가 동일인임이 인정된다고 보아 등기신청을 수리할 것인지는 등기신청을 심사하는 등기관이 판단할 사항이다.

이와 같이 판결에 기재된 피고가 등기의무자와 동일인이라면 등기권리자는 등기절차에서 등기의무자의 주소에 관한 자료를 첨부정보로 제공하여 등기신청을 할 수 있고, 등기관이 등기신청을 각하하면 등기관의 처분에 대한 이의신청의 방법으로 불복할 수 있다. 등기신청에 대한 각하결정이나 이의신청에 대한 기각결정에는 기판력이 발생하지 않으므로 각하결정 등을 받더라도 추가 자료를 확보하여 다시 등기신청을 할 수 있다. 그리고 확정된 승소판결에는 기판력이 있으므로, 승소 확정판결을 받은 당사자가 위와 같은 절차를 거치는 대신 피고의 주소가 등기기록상 주소로 기재된 판결을 받기 위하여 전소의 상대방이나 그 포괄승계인을 상대로 동일한 소유권이전등기청구의 소를 다시 제기하는 경우 그 소는 권리보호의 이익이 없어 부적법하다(대법원 2017.12.22. 선고 2015다73753 판결).

40) 이 경우에는 가압류권자나 가처분권자에게 승낙의 의사표시를 구해야 한다.
41) 장래이행을 청구하는 소는 미리 청구할 필요가 있는 경우에 한하여 제기할 수 있는바, 여기서 미리 청구할 필요가 있는 경우라 함은 이행기가 도래하지 않았거나 조건 미성취의 청구권에 있어서는 채무자가 미리부터 채무의 존재를 다투기 때문에 이행기가 도래되거나 조건이 성취되었을 때에 임의의 이행을 기대할 수 없는 경우를 말한다(대법원 2004.09.03. 선고 2002다37405 판결). 장래에 채무의 이행기가 도래할 예정인 경우에도 채무불이행 사유가 언제까지 존속할 것인지가 불확실하여 변론종결 당시에 확정적으로 채무자가 책임을 지는 기간을 예정할 수 없다면 장래의 이행을 명하는 판결을 할 수 없다. 그러나 채무의 이행기가 장래에 도래할 예정이고 그때까지 채무불이행 사유가 계속 존속할 것이 변론종결 당시에 확정적으로 예정되어 있다면, 장래의 이행을 명하는 판결을 할 수 있다(대법원 2018.07.26. 선고 2018다227551 판결). 예컨대, 피고 명의의 소유권이전등기가 채무담보를 위해 마쳐졌는데도 피고가 이를 다투면서 변제하더라도 등기말소를 해주지 않겠다고 하는 경우, 물건의 불법점유 시 물건인도시까지의 차임상당의 부당이득이나 손해배상을 구하는 경우 장래이행의 소에서 미리 청구할 필요가 있는 것으로 본다.
42) 〈참고〉 가처분의 피보전권리는 가처분 신청 당시 확정적으로 발생한 것이어야 하는 것은 아니고 이미 그 발생의 기초가 존재하는 한 장래에 발생할 권리도 가처분의 피보전권리가 될 수 있다. 따라서 부동산의 공유자는 공유물분할청구의 소를 본안으로 제기하기에 앞서 장래에 그 판결이 확정됨으로써 취득할 부동산의 전부 또는 특정 부분에 대한 소유권 등의 권리를 피보전권리로 하여 다른 공유자의 공유지분에 대한 처분금지가처분도 할 수 있다(대법원 2013.06.14. 자 2013마396 결정).

터 양도통지를 받은 다음에 채무를 이행하라'는 소 → 미리 청구할 필요가 없어 각하
(5) 제권판결에 대한 취소판결의 확정을 조건으로 한 수표금 청구 → 장래이행의 소 불허

바. 확인의 이익[43]

(1) 근저당권설정등기말소청구의 소와 채무부존재확인의 소를 병합하여 제기한 경우 → 후소는 확인의 이익이 없어 각하[44]
(2) 대여금청구의 본소에 대하여 채무부존재확인의 반소를 제기한 경우 → 반소는 소의 이익이 없어 각하
(3) 보험금채무부존재확인의 본소에 대하여 보험금청구의 반소를 제기한 경우 → 본소는 적법
(4) 지상권설정등기에 관한 피담보채무의 범위 확인을 구하는 청구 → 확인의 이익이 없어 부적법 각하[45]
(5) 채무인수자를 상대로 한 채무이행청구소송이 계속 중 채무인수자가 별소로 그 채무의 부존재 확인을 구하는 청구 → 소의 이익이 없어 각하[46]
(6) 甲 소유의 부동산에 관하여 乙 명의의 소유권이전등기청구권가등기가 마쳐진 후 위 부동산에 관하여 가압류등기를 마친 丙이 위 가등기가 담보목적 가등기인지 확인을 구한 경우 → 확인의 이익 없음[47]

---

43) 확인의 소는 현재의 권리 또는 법률상 지위에 관한 위험이나 불안을 제거하기 위하여 허용되지만, 과거의 법률관계도 현재의 권리 또는 법률상 지위에 영향을 미치고 있고 현재의 권리 또는 법률상 지위에 대한 위험이나 불안을 제거하기 위하여 그 법률관계에 관한 확인판결을 받는 것이 유효·적절한 수단이라고 인정될 때에는 확인의 이익이 있다(대법원 2018.05.30. 선고 2014다9632 판결).
44) 확인의 소에서 확인의 대상은 현재의 권리 또는 법률관계일 것을 요하므로 특별한 사정이 없는 한 과거의 권리 또는 법률관계의 존부확인은 인정되지 아니하는바, 근저당권의 피담보채무에 관한 부존재확인의 소는 근저당권이 말소되면 과거의 권리 또는 법률관계의 존부에 관한 것으로서 확인의이익이 없게 된다(대법원 2013.08.23. 선고 2012다17585 판결).
45) 지상권은 용익물권으로서 담보물권이 아니므로 피담보채무라는 것이 존재할 수 없다. 근저당권 등 담보권 설정의 당사자들이 담보로 제공된 토지에 추후 용익권이 설정되거나 건물 또는 공작물이 축조·설치되는 등으로 그 토지의 담보가치가 줄어드는 것을 막기 위하여 담보권과 아울러 설정하는 지상권을 이른바 **담보지상권**이라고 하는데, 이는 당사자의 약정에 따라 담보권의 존속과 지상권의 존속이 서로 연계되어 있을 뿐이고, 이러한 경우에도 지상권의 피담보채무가 존재하는 것은 아니다. 따라서 지상권설정등기에 관한 피담보채무의 범위 확인을 구하는 원고의 청구 부분은 원고의 권리 또는 법률상의 지위에 관한 청구라고 보기 어려우므로, 확인의 이익이 없어 이 부분 소는 부적법하다(대법원 2017.10.31. 선고 2015다65042 판결).
46) 대법원 2001.07.24. 선고 2001다22246 판결.
47) 가등기가 담보 목적인지 여부와 상관없이 그 본등기가 이루어지면 가등기 후의 가압류등기는 말소될 수밖에 없다. 즉 이 사건 가등기에 의한 본등기로 인하여 원고의 위 가압류등기가 직권으로 말소되는지 여부가 이 사건 가등기가 순위보전을 위한 가등기인지 담보가등기인지 여부에 따라 결정되는 것이 아니므로, 원고의 법률상 지위에 현존하는 불안·위험이 존재한다고 볼 수 없다(대법원 2017.06.29. 선고 2014다30803 판결).

〈補論 1〉 조합소송의 포인트

1 조합의 당사자능력 및 조합과 비법인사단의 구별

(1) 판례는 조합의 당사자능력 부인 ⇒ 조합원 개인을 상대로 청구하여야 함
(2) 학설과 판례가 조합으로 보는 단체 : 발기인 조합, 공동광업권자 및 공동광업출원인, 공유수면 매립법상의 면허가 여러 사람 명의로 된 경우, 주류공동면허가 여러 사람 명의로 된 경우 등
(3) 명칭은 조합이지만 당사자능력이 있는 경우 : 농협, 수협, 축협, 재건축조합 등
(4) 조합과 비법인사단의 구별 기준
   ○ 민법상의 조합과 법인격은 없으나 사단성이 인정되는 비법인사단을 구별함에 있어서는 일반적으로 그 단체성의 강약을 기준으로 판단하여야 하는바, **조합**은 2인 이상이 상호간에 금전 기타 재산 또는 노무를 출자하여 공동사업을 경영할 것을 약정하는 계약관계에 의하여 성립하므로(민법 제703조) 어느 정도 단체성에서 오는 제약을 받게 되는 것이지만 구성원의 개인성이 강하게 드러나는 인적 결합체인 데 비하여 **비법인사단**은 구성원의 개인성과는 별개로 권리·의무의 주체가 될 수 있는 독자적 존재로서의 단체적 조직을 가지는 특성이 있다 하겠는데, 어떤 단체가 고유의 목적을 가지고 사단적 성격을 가지는 규약을 만들어 이에 근거하여 의사결정기관 및 집행기관인 대표자를 두는 등의 조직을 갖추고 있고, 기관의 의결이나 업무집행방법이 다수결의 원칙에 의하여 행하여지며, 구성원의 가입, 탈퇴 등으로 인한 변경에 관계없이 단체 그 자체가 존속되고, 그 조직에 의하여 대표의 방법, 총회나 이사회 등의 운영, 자본의 구성, 재산의 관리 기타 단체로서의 주요사항이 확정되어 있는 경우에는 비법인사단으로서의 실체를 가진다고 할 것이다. 또한, 민사소송법 제48조가 비법인의 당사자능력을 인정하는 것은 법인이 아닌 사단이나 재단이라도 사단 또는 재단으로서의 실체를 갖추고 대표자 또는 관리인을 통하여 사회적 활동이나 거래를 하는 경우에는, 그로 인하여 발생하는 분쟁은 그 단체의 이름으로 당사자가 되어 소송을 통하여 해결하게 하고자 함에 있다 할 것이므로 여기서 말하는 사단이라 함은 일정한 목적을 위하여 조직된 다수인의 결합체로서 대외적으로 사단을 대표할 기관에 관한 정함이 있는 단체를 말한다.[48]

2 조합채무에 대한 이행청구 방법

(1) 조합의 채무는 각 조합원의 채무로서 그 채무가 불가분채무이거나 연대의 특약이 없는 한 조합에 대한 금전채권 등 대체성 있는 채권을 가지고 있는 채권자는 각 조합원에 대하여 지분의 비율에 따라 또는 균일적으로 변제를 청구할 수 있을 뿐이지(균일적으로 청구하는 경우는 민법 제712조에 해당하는 경우임) 달리 그 금원 전부난 연대의 지급을 구할 수 없다. 다만 그 조합채무가 특히 조합원 전원을 위하여 상행위가 되는 행위로 부담하게 된 것이라면 그 채무에 관하여

---
[48] 대법원 1999.04.23. 선고 99다4504 판결

조합원원들에게 상법 제57조 제1항을 적용하여 연대책임을 물을 수도 있다.
○ 민법상 다수당사자가 함께 채무자가 되는 경우 특별한 의사표시가 없으면 그 다수의 채무자는 분할채무를 부담하는 것이 원칙이기는 하지만, 당사자들의 의사표시에 의해 채권관계가 발생할 경우 그 급부의 성질·거래의 관행·당사자들의 의사·당사자들의 관계·거래경위 등에 비추어 복수의 채무자가 불가분적인 채무를 부담하기로 한 것으로 해석함이 상당한 경우도 있으므로, 법원으로서는 다수당사자가 계약에 의해 함께 채무자가 되는 구체적 사건의 해석에 있어서 위와 같은 사정을 잘 살펴서 그 다수의 채무자가 분할하여 채무를 부담하기로 한 것인지 혹은 불가분적인 채무로서 채무전액에 대하여 중첩적으로 책임을 지기로 한 것인지를 구별하여야 할 것이며, 또 조합을 구성하는 다수의 사람들이 그들의 공동사업을 위하여 거래상대방과 계약을 체결할 경우에도 그 조합원들은 원칙적으로는 민법 제712조에 따라 그 지분의 비율에 따라 상대방에게 그 계약에 따른 책임을 부담하여야 하는 것이지만, 구체적인 사건에 있어서는 그 거래관계에서 부담하게 되는 급부의 성질이나 거래경위 등 위에서 본 바와 같은 사정 여하에 따라 조합원들이 상대방에 대해 불가분적으로 채무전액에 대하여 책임을 부담하기로 한 것으로 해석함이 상당한 경우도 있다. 조합의 채무는 조합원의 채무로서 특별한 사정이 없는 한 조합채권자는 각 조합원에 대하여 지분의 비율에 따라 또는 균일적으로 변제의 청구를 할 수 있을 뿐이나, 조합채무가 특히 조합원 전원을 위하여 상행위가 되는 행위로 인하여 부담하게 된 것이라면 상법 제57조 제1항을 적용하여 조합원들의 연대책임을 인정함이 상당하다.[49]
○ 공동이행방식의 공동수급체는 민법상 조합의 성질을 가지는데, 조합의 채무는 조합원의 채무로서 특별한 사정이 없는 한 조합채권자는 각 조합원에 대하여 지분의 비율에 따라 또는 균일적으로 권리를 행사할 수 있지만, 조합채무가 조합원 전원을 위하여 상행위가 되는 행위로 인하여 부담하게 된 것이라면 상법 제57조 제1항을 적용하여 조합원들의 연대책임을 인정함이 타당하므로, 공동수급체의 구성원들이 상인인 경우 탈퇴한 조합원에 대하여 잔존 조합원들이 탈퇴 당시의 조합재산상태에 따라 탈퇴 조합원의 지분을 환급할 의무는 구성원 전원의 상행위에 따라 부담한 채무로서 공동수급체의 구성원들인 잔존 조합원들은 연대하여 탈퇴한 조합원에게 지분환급의무를 이행할 책임이 있다.[50]
○ 구 농어업경영체 육성 및 지원에 관한 법률(2015. 1. 6. 법률 제12961호로 개정되기 전의 것, 이하 '구 농어업경영체법'이라고 한다) 제16조는, 제1항에서 협업적 농업경영을 통하여 생산성을 높이고 농산물의 출하·유통·가공·수출 등을 공동으로 하려는 농업인 등은 5인 이상을 조합원으로 하여 영농조합법인을 설립할 수 있다고 하면서, 제3항과 제7항에서 영농조합법인은 법인으로 하되 영농조합법인에 관하여 위 법에서 규정한 사항 외에는 민법 중 조합에 관한 규정을 준용한다고 정하고 있다. 그리고 이러한 규정은 구 농어업경영체 육성 및 지원에 관한 법률(2009. 4. 1. 법률 제9620호로 제정된 것) 부칙 제3조에 의하여 위 법 제정 전에

---

49) 대법원 2014.08.20. 선고 2014다26521 판결.
50) 대법원 2016.07.14. 선고 2015다233098 판결.

설립된 영농조합법인의 경우에도 그대로 적용된다.

이러한 규정 내용과 어떤 단체에 법인격을 줄 것인지 여부는 입법정책의 문제라는 점 등을 종합하여 보면, 구 농어업경영체법은 영농조합법인의 실체를 민법상의 조합으로 보면서 협업적 농업경영을 통한 농업생산성의 향상 등을 도모하기 위해 일정한 요건을 갖춘 조합체에게 특별히 법인격을 부여한 것이라고 이해된다. 따라서 영농조합법인에 대하여는 구 농어업경영체법 등 관련 법령에 특별한 규정이 없으면 법인격을 전제로 한 것을 제외하고는 민법의 조합에 관한 법리가 적용된다.

그런데 영농조합법인의 채권자가 조합원에 대하여 권리를 행사하는 경우에 관하여는 구 농어업경영체법 등에 특별히 규정된 것이 없으므로 민법 중 조합에 관한 법리가 적용되고, 결국 영농조합법인의 채권자는 민법 제712조에 따라 그 채권 발생 당시의 각 조합원에 대하여 당해 채무의 이행을 청구할 수 있다.

이처럼 구 농어업경영체법상 영농조합법인의 조합원이 민법상 조합원으로서의 책임을 부담한다는 점은 아래와 같은 사정에 의해서도 뒷받침된다. 구 농어업경영체법 제18조 제2항과 제7항은 영농조합법인이 조합원의 일부를 유한책임사원으로 하거나 유한책임사원을 새로 가입시켜 합자회사인 농업회사법인으로 조직변경을 할 수 있도록 하면서 그 경우 종전 조합원으로서 유한책임사원으로 된 자는 일정 기간 동안 기존의 영농조합법인 채무에 대하여 조합원으로서의 책임을 지도록 하고 있다. 이는 유한책임사원으로 되기 전에는 민법상 조합원으로서의 책임을 부담하고 있었음을 전제로 한 것이라고 보인다. 또한 구 농어업경영체법이 2015. 1. 6. 개정되면서 영농조합법인 조합원의 책임을 그 납입한 출자액의 한도로 제한하는 규정(제17조 제3항)이 신설되었는데, 그 부칙 제3조에서 이 규정은 개정법 시행 후 최초로 발생하는 채무부터 적용된다고 하였다. 이 역시 구 농어업경영체법상 영농조합법인의 조합원은 민법상 조합원으로서의 책임을 부담하고 있었음을 전제로 하는 것이라고 볼 수밖에 없다.

한편 조합의 채무는 조합원의 채무로서 특별한 사정이 없는 한 조합의 채권자는 각 조합원에 대하여 지분의 비율에 따라 또는 균일적으로 변제의 청구를 할 수 있을 뿐이나, 조합채무가 특히 조합원 전원을 위하여 상행위가 되는 행위로 인하여 부담하게 된 것이라면 상법 제57조 제1항을 적용하여 조합원들의 연대책임을 인정함이 상당하다.[51]

(2) 조합에 대한 금전채권 등 대체성 있는 채권을 가지고 있는 채권자가 조합재산에 대한 공동책임을 묻는 것이 아니라 각 조합원의 개인적 책임에 기하여 조합채무의 이행을 구하는 소송의 경우에는 각 조합원 개인에게 청구할 수 있고, 이 경우는 필수적 공동소송이 아니다.

  ○ 조합의 채권자가 조합원에 대하여 조합재산에 의한 공동책임을 묻는 것이 아니라 각 조합원의 개인적 책임에 기하여 당해 채권을 행사하는 경우에는 조합원 각자를 상대로 하여 그 이행의 소를 제기할 수 있고, 한편 그 조합채무가 특히 조합원 전원을 위하여 상행위가 되는 행위로 인하여 부담하게 된 것이라면 그 채무에 관하여 조합원들에 대하여 상법 제57조

---

51) 대법원 2018.04.12. 선고 2016다39897 판결.

제1항을 적용하여 연대책임을 인정함이 마땅하다.52)
(3) 조합에 대하여 대체성이 없는 채권을 가진 채권자는 조합원 전원에 대하여 하나의 소로서 그 이행을 구하여야 한다.

3 조합채권의 행사방법

(1) 합유이므로 **원칙적으로** 조합원 전원이 필수적 공동소송으로 행사
    ○ 동업약정에 따라 동업자 공동으로 토지를 매수하였다면 그 토지는 동업자들을 조합원으로 하는 동업체에서 토지를 매수한 것이므로 그 동업자들은 토지에 대한 소유권이전등기청구권을 준합유하는 관계에 있고, 합유재산에 관한 소는 이른바 고유필요적공동소송이라 할 것이므로 그 매매계약에 기하여 소유권이전등기의 이행을 구하는 소를 제기하려면 동업자들이 공동으로 하지 않으면 안 된다.53)
    ○ 합유로 소유권이전등기가 된 부동산에 관하여 명의신탁 해지를 원인으로 한 소유권이전등기절차의 이행을 구하는 소송은 조합재산인 합유물의 처분에 관한 소송으로서 합유자 전원을 피고로 하여야 할 뿐 아니라 합유자 전원에 대하여 합일적으로 확정되어야 하는 고유필수적 공동소송에 해당하며, 그 명의신탁 해지를 구하는 당사자가 합유자 중의 1인이라는 사유만으로 달리 볼 것은 아니다.54)
(2) **예외적으로** 보존행위에 관한 소송은 필수적 공동소송이 아님. ⇒ 단독 행사 가능
    ○ 합유물에 관하여 경료된 원인무효의 소유권이전등기의 말소를 구하는 소송은 합유물에 관한 보존행위로서 합유자 각자가 할 수 있다.55)

4 2인 조합에서 1인이 탈퇴한 경우의 법률관계

(1) 2인 조합에서 조합원 1인이 탈퇴하면 조합관계는 종료되지만 특별한 사정이 없는 한 조합이 해산되지 아니하고, 조합원의 합유에 속하였던 재산은 남은 조합원의 단독소유에 속하게 되어 기존의 공동사업은 청산절차를 거치지 않고 잔존자가 계속 유지할 수 있다.56)
(2) 2인 조합에서 조합원 1인이 탈퇴하는 경우, 탈퇴자와 잔존자 사이에 탈퇴로 인한 계산을 함에 있어서는 특단의 사정이 없는 한 민법 제719조 제1항, 제2항의 규정에 따라 '탈퇴 당시의 조합재산상태'를 기준으로 평가한 조합재산 중 탈퇴자의 지분에 해당하는 금액을 금전으로 반환하여야 할 것이고, 이러한 계산은 사업의 계속을 전제로 하는 것이므로 조합재산의 가액은 단순한 매매가격이 아닌 '영업권의 가치를 포함하는 영업가격'에 의하여 평가하되, 당해 조합원의 지분비율은 조합청산의 경우에 실제 출자한 자산가액의 비율에 의하는 것과는 달리 '조합

---

52) 대법원 1991.11.22. 선고 91다30705 판결.
53) 대법원 1994.10.25. 선고 93다54064 판결.
54) 대법원 2015.09.10. 선고 2014다73794,73800 판결.
55) 대법원 1997.09.09. 선고 96다16896 판결.
56) 대법원 2013.05.23. 선고 2010다102816,102823 판결.

내부의 손익분배 비율'을 기준으로 계산하여야 하는 것이 원칙이다.[57]
(3) 2인 조합에서 조합원 1인이 탈퇴하는 경우, 조합의 탈퇴자에 대한 채권은 잔존자에게 귀속되므로 잔존자는 이를 자동채권으로 하여 탈퇴자에 대한 지분 상당의 조합재산 반환채무와 상계할 수 있다.[58]
(4) 조합채무는 조합원들이 조합재산에 의하여 합유적으로 부담하는 채무이고, 두 사람으로 이루어진 조합관계에 있어 그 중 1인이 탈퇴하면 탈퇴자와의 사이에 조합관계는 종료된다 할 것이나 특별한 사정이 없는 한 조합은 해산되지 아니하고, 조합원들의 합유에 속한 조합재산은 남은 조합원에게 귀속하게 되므로, 이 경우 조합채권자는 잔존 조합원에게 여전히 그 조합채무 전부에 대한 이행을 청구할 수 있다.[59]

5 조합관계의 종료로 인한 잔여재산의 분배 기준

○ 조합관계가 종료된 경우 당사자 사이에 별도의 약정이 없는 이상 청산절차를 밟는 것이 통례이나, 조합의 잔무로서 처리할 일이 없고, 다만 잔여재산의 분배만이 남아 있을 때에는 따로 청산절차를 밟을 필요가 없으며, 잔여재산은 조합원 사이에 별도의 특약이 없는 이상 각 조합원의 출자가액에 비례하여 분배하도록 되어 있으므로, 비록 조합채무의 변제 사무가 완료되지 아니한 사정이 있더라도 그 채권자가 조합원인 경우에는 동업체 자산을 보유하는 자가 동업체 자산에서 채권자 조합원에 대한 조합채무를 공제하여 분배대상 잔여재산액을 산출한 다음, 다른 조합원들에게 잔여재산 중 각 조합원의 출자가액에 비례한 몫을 반환함과 아울러 채권자 조합원에게 조합채무를 이행함으로써 별도의 청산절차를 거침이 없이 간이한 방법으로 공평한 잔여재산의 분배가 가능하다. 위와 같이 별도로 청산절차를 거치지 않고 간이한 방법에 의하여 잔여재산을 분배하는 것은, 2인으로 구성된 조합의 조합원 중 1인을 채무자로 하는 조합채권의 추심 사무가 완료되지 아니하는 등의 경우에도 일정 요건 하에 허용될 수 있다.

가령 2인으로 구성된 조합의 조합원 중 1인이 선량한 관리자의 주의의무 위반 또는 불법행위 등으로 인하여 조합에 대하여 손해배상책임을 지게 되고 또한 그로 인하여 조합관계마저 그 목적 달성이 불가능하게 되어 종료되고 달리 조합의 잔여업무가 남아 있지 않은 상황에서 조합재산의 분배라는 청산절차만이 남게 된 경우에, 다른 조합원은 조합에 손해를 가한 조합원을 상대로 선량한 관리자의 주의의무 위반 또는 불법행위에 따른 손해배상채권액 중 자신의 출자가액 비율에 의한 몫에 해당하는 돈을 청구하는 형식으로 조합관계의 종료로 인한 잔여재산의 분배를 청구할 수 있다.

나아가 2인으로 구성된 조합의 조합원 중 1인에 대한 조합채권 이외에 다른 동업체 자산이 존재하는 경우에도, 전체 잔여재산의 내역과 그 정당한 분배비율 및 조합원 각자의 현재의 잔여재산 보유내역 등이 정확하게 확정됨으로써 조합원들 사이에서 공평한 잔여재산의 분배가 가

---

[57] 대법원 2006.03.09. 선고 2004다49693,49709 판결.
[58] 대법원 2006.03.09. 선고 2004다49693,49709 판결.
[59] 대법원 1999.05.11. 선고 99다1284 판결.

능하다면, 동업체 자산을 보유하는 자로서는 채무자 조합원 등에 대한 조합채권을 포함하여 분배대상 잔여재산액을 산출한 다음 잔여재산 중 각 조합원의 출자가액에 비례한 몫을 채무자 조합원을 포함한 다른 조합원들에게 반환함과 아울러, 채무자 조합원으로부터 조합채권을 이행받는 방법으로 별도의 청산절차를 거침이 없이 간이하게 잔여재산을 분배할 수 있다. 이 과정에서 채무자인 조합원과의 관계에서 분배할 잔여재산액과 지급받을 조합채권을 상계하거나 공제하는 것도 조합계약 내지 당사자 간의 별도 약정에서 이를 제한하기로 정하였다는 등의 특별한 사정이 없는 한 허용되고, 2인으로 구성된 조합의 조합원 중 1인으로부터 잔여재산분배청구권을 양수받은 자가 조합채권의 채무자인 경우에도 이와 마찬가지라고 봄이 타당하다.[60]

6 조합원들이 공동사업을 위하여 매수한 부동산에 관하여 합유등기를 하지 않고 조합원 중 1인 명의로 소유권이전등기를 한 경우

○ 부동산 실권리자명의 등기에 관한 법률 제4조에 따르면 부동산에 관한 명의신탁약정과 그에 따른 부동산 물권변동은 무효이고, 다만 부동산에 관한 물권을 취득하기 위한 계약에서 명의수탁자가 어느 한쪽 당사자가 되고 상대방 당사자는 명의신탁약정이 있다는 사실을 알지 못한 경우 명의수탁자는 부동산의 완전한 소유권을 취득하되 명의신탁자에 대하여 부당이득반환의무를 부담하게 될 뿐이다.
조합원들이 공동사업을 위하여 매수한 부동산에 관하여 합유등기를 하지 않고 조합원 중 1인 명의로 소유권이전등기를 한 경우 조합체가 조합원에게 명의신탁한 것으로 보아야 한다(대법원 2006.04.13. 선고 2003다25256 판결 등 참조). 조합체가 조합원에게 명의신탁한 부동산의 소유권은 위에서 본 법리에 따라 물권변동이 무효인 경우 매도인에게, 유효인 경우 명의수탁자에게 귀속된다. 이 경우 조합재산은 소유권이전등기청구권 또는 부당이득반환채권이고, 신탁부동산 자체는 조합재산이 될 수 없다.[61]

〈사례〉 A, B, C, D는 부동산에 대한 투자개발을 목적으로 하는 조합을 결성하여 X 임야를 매수하였는데, 매수인을 D로 한 매매계약서를 작성하였고 D 앞으로 소유권이전등기를 마쳤다. A는 조합계약을 해지한다는 의사표시를 함으로써 조합에서 탈퇴하였다. 이로써 이 사건 임야의 소유권은 남은 조합원들의 합유로 귀속되었다. A는 남은 조합원들과 민법 제719조에 따라 탈퇴 당시의 조합재산 상태를 기준으로 계산을 해야 하고 그러한 계산을 하지 않은 채 조합재산인 이 사건 임야의 1/4 지분에 관한 이전등기절차의 이행을 구할 수는 없다.
A와 D 등이 결성한 조합체가 이 사건 임야를 매수하여 D 앞으로 이전등기를 마쳤으므로, 조합체가 D에게 임야를 명의신탁한 것으로 보아야 한다. 이 경우 조합재산은 D에 대한 매매대금에 해당하는 부당이득반환채권 등이고 신탁부동산인 이 사건 임야는 조합재산이 될 수 없다. 따라서 A의

---

60) 대법원 2019.07.25. 선고 2019다205206,205213 판결.
61) 대법원 2019.06.13. 선고 2017다246180 판결.

탈퇴 또는 해산으로 조합관계가 종료되었다고 해도 A는 이 사건 임야가 조합재산임을 전제로 지분이전등기를 청구할 수 없다.

〈補論 2〉 소송요건과 소의 이익에 관한 기초사례

1. 甲 소유의 부동산에 관하여 乙 명의의 소유권이전등기청구권가등기가 마쳐진 후 위 부동산에 관하여 가압류등기를 마친 丙이 위 가등기가 담보목적 가등기인지 확인을 구할 이익이 있는가?[62]

2. 소유권이전등기를 명하는 승소 확정판결을 받은 당사자가 피고의 주소가 등기기록상 주소로 기재된 판결을 받기 위하여 전소의 상대방이나 그 포괄승계인을 상대로 동일한 소유권이전등기 청구의 소를 다시 제기할 수 있는가?[63]

3. 甲과 乙이 사실혼 관계에 있다가 乙이 사망하였다. 甲은 누구를 상대로 乙과의 과거의 사실혼관계에 대한 존부확인청구를 할 수 있는가?[64]

4. A의 사망으로 甲과 乙이 공동상속인이 되었다. 甲은 공유재산인 상속재산에 속하는 개별재산에 관하여 乙을 상대로 공유물분할청구를 할 수 있는가?[65]

---

[62] 대법원 2017.06.29. 선고 2014다30803 판결 : 부동산등기법 제92조 제1항에 따라 丙 회사의 위 가압류등기가 직권으로 말소되는지가 위 가등기가 순위보전을 위한 가등기인지 담보가등기인지에 따라 결정되는 것이 아니므로, 丙 회사의 법률상 지위에 현존하는 불안·위험이 존재한다고 볼 수 없고, 만약 위 가등기가 담보가등기임에도 乙이 청산절차를 거치지 않은 채 본등기를 마친다면, 丙 회사로서는 甲을 대위하여 본등기의 말소를 구할 수 있고 그에 따라 위 가압류등기도 회복시킬 수 있을 것이므로, 담보가등기라는 확인의 판결을 받는 것 외에 달리 구제수단이 없다고 보기 어려운데도, 丙 회사의 청구가 확인의 이익이 있다고 본 원심판단에 법리오해의 잘못이 있다고 한 사례.

[63] 대법원 2017.12.22. 선고 2015다73753 판결 : 판결에 기재된 피고가 등기의무자와 동일인이라면 등기권리자는 등기절차에서 등기의무자의 주소에 관한 자료를 첨부정보로 제공하여 등기신청을 할 수 있고, 등기관이 등기신청을 각하하면 등기관의 처분에 대한 이의신청의 방법으로 불복할 수 있다. 등기신청에 대한 각하결정이나 이의신청에 대한 기각결정에는 기판력이 발생하지 아니하므로 각하결정 등을 받더라도 추가 자료를 확보하여 다시 등기신청을 할 수 있다. 그리고 확정된 승소판결에는 기판력이 있으므로, 승소 확정판결을 받은 당사자가 위와 같은 절차를 거치는 대신 피고의 주소가 등기기록상 주소로 기재된 판결을 받기 위하여 전소의 상대방이나 그 포괄승계인을 상대로 동일한 소유권이전등기청구의 소를 다시 제기하는 경우 그 소는 권리보호의 이익이 없어 부적법하다.

[64] 대법원 1995.11.14. 선고 95므694 판결 : 사실혼 배우자의 일방이 사망한 경우 생존하는 당사자가 혼인신고를 하기 위한 목적으로서는 사망자와의 과거의 사실혼관계 존재확인을 구할 소의 이익이 있다고는 할 수 없고, 이러한 과거의 사실혼관계가 생존하는 당사자와 사망자와 제3자 사이의 현재적 또는 잠재적 분쟁의 전제가 되어 있어 그 존부확인청구가 이들 수많은 분쟁을 일거에 해결하는 유효·적절한 수단일 수 있는 경우에는 확인의 이익이 인정될 수 있는 것이지만, 그러한 유효·적절한 수단이라고 할 수 없는 경우에는 확인의 이익이 부정되어야 한다.

[65] 대법원 2015.08.13. 선고 2015다18367 판결 : 공동상속인은 상속재산의 분할에 관하여 공동상속인 사이에 협의가 성립되지 아니하거나 협의할 수 없는 경우에 가사소송법이 정하는 바에 따라 가정법원에 상속재산분할심판을 청구할 수 있을 뿐이고, 상속재산에 속하는 개별 재산에 관하여 민법 제268조의 규정에 따라 공유물분할청구의 소를 제기하는 것은 허용되지 않는다.

5. 甲은 乙에 대하여 X 토지에 관하여 점유취득시효완성을 원인으로 한 소유권이전등기청구권을 가지고 있는데, 乙에서 丙 앞으로 소유권이전등기가 마쳐졌다. 甲이 사망하고 甲의 상속인으로는 A와 B가 있다. A가 甲의 상속인으로서 甲의 乙에 대한 소유권이전등기청구권을 보전하기 위하여 乙을 대위하여 丙을 상대로 소유권이전등기의 전부 말소청구를 할 수 있는가?[66]

6. 甲이 乙을 대위하여 丙을 상대로 채권자대위소송을 제기하였다.

   (1) 丙은 乙이 甲에 대하여 가지는 항변권이나 형성권 등의 사유를 들어 甲의 乙에 대한 권리가 인정되는지 여부를 다툴 수 있는가?
   (2) 丙은 甲의 乙에 대한 권리의 발생원인이 된 법률행위가 무효라든가 위 권리가 변제 등으로 소멸하였다는 등의 사실을 주장하여 甲의 乙에 대한 권리가 인정되는지 여부를 다툴 수 있는가?[67]

7. 학교법인 설립자 甲의 학교법인의 설립자임의 확인을 구하는 소가 허용되는가?[68]

8. 甲은 乙을 상대로 1억 원의 대여금청구를 하였는데, 乙은 파산 및 면책신청을 하였고, 당시 甲의 이 사건 대여금을 채권자목록에 기재하였다. 서울회생법원이 乙을 면책하는 결정을 하였고, 면책결정이 확정되었다. 甲의 소는 어떻게 되는가? 乙은 甲을 상대로 면책된 채무 그 자체의 부존재확인을 구할 수 있는가?[69]

---

66) 대법원 2014.10.27. 선고 2013다25217 판결 : 채무자 소유의 부동산을 시효취득한 채권자의 공동상속인이 채무자에 대한 소유권이전등기청구권을 피보전채권으로 하여 제3채무자를 상대로 채무자의 제3채무자에 대한 소유권이전등기의 말소등기청구권을 대위행사하는 경우, 공동상속인은 자신의 지분 범위 내에서만 채무자의 제3채무자에 대한 소유권이전등기의 말소등기청구권을 대위행사할 수 있고, 지분을 초과하는 부분에 관하여는 채무자를 대위할 보전의 필요성이 없다.
67) 대법원 2015.09.10. 선고 2013다55300 판결 : 채권자가 채권자대위소송을 제기한 경우, 제3채무자는 채무자가 채권자에 대하여 가지는 항변권이나 형성권 등과 같이 권리자에 의한 행사를 필요로 하는 사유를 들어 채권자의 채무자에 대한 권리가 인정되는지 여부를 다툴 수 없지만, 채권자의 채무자에 대한 권리의 발생원인이 된 법률행위가 무효라거나 위 권리가 변제 등으로 소멸하였다는 등의 사실을 주장하여 채권자의 채무자에 대한 권리가 인정되는지 여부를 다투는 것은 가능하고, 이 경우 법원은 제3채무자의 주장을 고려하여 채권자의 채무자에 대한 권리가 인정되는지 여부에 관하여 직권으로 심리·판단하여야 한다.
68) 대법원 1989.02.14. 선고 88다카4710 판결 : 甲이 학교법인의 설립자임의 확인을 구하는 청구는 학교법인의 설립자는 일단 학교법인을 설립하고 난 다음에는 비록 사실상으로 그 운영에 영향력을 행사할 수 있다 하더라도 학교법인과는 현재 구체적인 권리 내지 법률관계가 성립될 수는 없다고 할 것이고, 설립 당시에 법률관계가 존재할 여지가 있었다 하더라도 이는 과거의 법률관계에 대한 확인이므로 특히 설립자임이 확인되더라도 현재의 권리 또는 법률관계에 구체적인 영향을 미칠만한 사정이 없는 이상 확인의 이익이 없다.
69) 대법원 2019.03.14. 선고 2018다281159 판결 : 채무자회생법 제251조는 "회생계획인가의 결정이 있는 때에는 회생계획이나 이 법의 규정에 의하여 인정된 권리를 제외하고는 채무자는 모든 회생채권과 회생담보권에 관하여 그 책임을 면한다."라고 규정하고 있다. 여기서 말하는 면책이란 채무 자체는 존속하지만 회사에 대하여 이행을 강제할 수 없다는 의미이다. 따라서 면책된 회생채권은 통상의 채권이 가지는 소 제기 권능을 상실하게 된다. 채무자가 채무자회생법 제251조에 따라 회생채권에 관하여 책임을 면한 경우에는, 그 면책된 회생채권의 존부나 효력이 다투어지고 그것이 채무자의 해당 회생채권자에 대한 법률상 지위에 영향을 미칠 수 있는 특별한 사정이 없는 한, 채무자의 회생채권자에 대한 법률상 지위에 현존하는 불안·위험이 있다고 할 수 없어 그 회생채권자를 상대로 면책된 채무 그 자체의 부존재확인을 구할 확인의 이익을 인정할 수 없다(다만 채무자의 다른 법률상 지위와 관련하여 면책된 채무의 부존재확인을 구할 확인의 이익이 있는지는 별도로 살펴보아야 한다).

9. 甲이 乙로부터 미등기인 건물을 매수하는 계약을 체결하였을 뿐 아직 乙로부터 그 소유권이전 의무의 이행을 받지도 아니한 상태에서 그 이행을 소구하지 아니한 채 이 사건 건물 부분에 대한 사용·수익·처분권이 자기에게 있음의 확인을 구할 수 있는가?70)

10. 근저당권설정자가 근저당권설정계약에 기한 피담보채무가 존재하지 아니함의 확인을 구할 수 있는가?71)

11. 근저당권 등 담보권 설정의 당사자들이 담보로 제공된 토지에 추후 용익권이 설정되거나 건물 또는 공작물이 축조·설치되는 등으로 그 토지의 담보가치가 줄어드는 것을 막기 위하여 담보권과 아울러 설정하는 지상권을 이른바 담보지상권이라고 한다. 지상권설정등기에 관한 피담보 채무의 범위 확인을 구하는 소는 허용되는가?72)

12. 매매계약해제의 효과로서 이미 이행한 것의 반환을 구하는 이행의 소를 제기할 수 있는 경우에 계약이 해제되었음의 확인을 구할 수 있는가?73)

13. 무허가건물대장상의 건물주 명의 기재의 말소를 구하는 청구가 허용되는가?74)

---

70) 대법원 2008.07.10. 선고 2005다41153 판결 : 미등기 건물의 양수인이라도 그 소유권이전등기를 경료받지 않는 한 그 건물에 대한 소유권을 취득할 수 없고, 현행법상 사실상의 소유권이라거나 소유권에 준하는 사용·수익·처분권이라는 어떤 포괄적인 권리 또는 법률상의 지위를 인정하기도 어렵다. 원고가 미등기인 이 사건 각 건물을 피고 등으로부터 매수하는 계약을 체결하였을 뿐 아직 피고 등으로부터 그 소유권이전의무의 이행을 받지도 아니한 상태에서 그 이행을 소구하지 아니한 채 이 사건 각 건물 부분에 대한 사용·수익·처분권이 자기에게 있음의 확인을 구하는 것은 현행법상 허용될 수 없는 권리의 확인을 구하는 것이거나, 원고의 권리 또는 법률상의 지위에 현존하는 불안·위험을 제거하는 유효·적절한 수단이 될 수 없는 것이다.

71) 대법원 2000.04.11. 선고 2000다5640 판결 : 근저당권설정자가 근저당권설정계약에 기한 피담보채무가 존재하지 아니함의 확인을 구함과 함께 그 근저당권설정등기의 말소를 구하는 경우에 근저당권설정자로서는 피담보채무가 존재하지 않음을 이유로 근저당권설정등기의 말소를 구하는 것이 분쟁을 유효·적절하게 해결하는 직접적인 수단이 될 것이므로 별도로 근저당권설정계약에 기한 피담보채무가 존재하지 아니함의 확인을 구하는 것은 확인의 이익이 있다고 할 수 없다.

72) 대법원 2017.10.31. 선고 2015다65042 판결 : 지상권은 용익물권으로서 담보물권이 아니므로 피담보채무라는 것이 존재할 수 없다. 근저당권 등 담보권 설정의 당사자들이 담보로 제공된 토지에 추후 용익권이 설정되거나 건물 또는 공작물이 축조·설치되는 등으로 그 토지의 담보가치가 줄어드는 것을 막기 위하여 담보권과 아울러 설정하는 지상권을 이른바 담보지상권이라고 하는데, 이는 당사자의 약정에 따라 담보권의 존속과 지상권의 존속이 서로 연계되어 있을 뿐이고, 이러한 경우에도 지상권의 피담보채무가 존재하는 것은 아니다. 따라서 지상권설정등기에 관한 피담보채무의 범위 확인을 구하는 원고의 청구 부분은 원고의 권리 또는 법률상의 지위에 관한 청구라고 보기 어려우므로, 확인의 이익이 없어 이 부분 소는 부적법하다.

73) 대법원 1982.10.26. 선고 81다108 판결 : 매매계약해제의 효과로서 이미 이행한 것의 반환을 구하는 이행의 소를 제기할 수 있을지라도 그 기본되는 매매계약의 존부에 대하여 다툼이 있어 즉시 확정의 이익이 있는 때에는 계약이 해제되었음의 확인을 구할 수도 있는 것이므로 매매계약이 해제됨으로써 현재의 법률관계가 존재하지 않는다는 취지의 소는 확인의 이익이 있다.

74) 대법원 1998.06.26. 선고 97다48937 판결 : 무허가건물대장이 건물의 물권 변동을 공시하는 법률상의 등록원부가 아니라고 하더라도 그 건물주 명의 기재의 말소를 구하는 청구가 일률적으로 법률상 소의 이익이 없다고 볼 것은 아니고 개별적 사건에 있어 구체적 사정을 고려하여 이를 판단하여야 한다.

14. 이혼한 후에 혼인무효나 혼인취소의 소를 제기할 수 있는가?[75] 파양 후에도 입양의 무효를 구할 수 있는가?[76]

15. 건축물대장에 건축물 대지로 잘못 기재된 지번의 토지 소유자라고 주장하는 자가 지번의 정정신청을 거부하는 건축물 소유자를 상대로 건축물대장 지번의 정정을 신청하라는 의사의 진술을 구하는 소를 제기할 수 있는가?[77]

16. 유언집행자가 자필 유언증서상 유언자의 자서와 날인의 진정성을 다투는 상속인들에 대하여 '유언 내용에 따른 등기신청에 이의가 없다'는 진술을 구하는 소는 적법한가?[78]

17. 종중의 종원 중 누가 제사를 주재할 것인지 등과 관련하여 제사주재자 지위의 확인을 구하는 소는 확인의 이익이 있는가?[79]

---

75) 대법원 1978.07.11. 선고 78므7 판결 : 혼인당사자 중 일방이 사망하면 그 혼인관계는 해소되고 따라서 기왕의 혼인관계는 과거의 관계로 된다고 볼 수 있는데 이러한 경우에도 검사를 상대방으로 하여 그 과거의 혼인관계의 무효확인을 구할 수 있도록 규정한 (구)인사소송법 제27조 1항 내지 3항을 둔 근거도 바로 위와 같은 점에 있다고 생각되는데다 같은 과거의 혼인관계의 무효확인을 구하는 소의 이익문제에 있어서 그 혼인관계 당사자 일방이 사망함으로써 해소된 경우와 당사자의 협의이혼으로 인하여 해소된 경우와를 구별하여 취급할 합리적 이유를 찾아 볼 수 없다.

76) 대법원 1995.09.29. 선고 94므1553,1560(반소) 판결 : 과거의 법률관계라 할지라도 현재의 권리 또는 법률관계의 기초를 이루는 것이어서 현재의 권리 또는 법률상의 지위에 대한 위험이나 불안의 근원이 되고 그리하여 과거의 기본적 법률관계를 확정하는 것이 이를 전제로 하는 일체의 지분적 분쟁을 직접적이고 발본적으로 해결하는 유효적절한 수단이 되는 경우에는 그 법률관계에 대한 확인을 구할 수 있는 것인바, 원·피고 간의 입양이 무효임의 확인을 구하는 이 사건 반소청구는 이미 협의파양신고로 인하여 원·피고 간에 양친자관계가 해소된 이후에 제기된 것이므로 위 협의파양의 무효를 구하는 본소청구가 인용되어 원·피고 간에 양친자관계가 회복되지 아니하는 한 이는 과거의 법률관계에 대한 확인을 구하는 것이라 하겠지만, 위 입양은 원·피고 간의 모든 분쟁의 근원이 되는 것이어서 이의 효력 유무에 대한 판단결과는 당사자 간의 분쟁을 발본적으로 해결하거나 예방하여 주는 효과가 있다 할 것이므로 이를 즉시 확정할 법률상의 이익이 있다.

77) 대법원 2014.11.27. 선고 2014다206075 판결 : 건축물대장에 건축물 대지로 잘못 기재된 지번의 토지 소유자라고 주장하는 자가 지번의 정정신청을 거부하는 건축물 소유자를 상대로 건축물대장 지번의 정정을 신청하라는 의사의 진술을 구하는 소는 토지 소유권의 방해배제를 위한 유효하고도 적절한 수단으로서 소의 이익이 있다.

78) 대법원 2014.02.13. 선고 2011다74277 판결 : 유언집행자로서는, 자필 유언증서상 유언자의 자서와 날인의 진정성을 다투는 상속인들이 유언 내용에 따른 등기신청에 관하여 이의가 없다는 진술서의 작성을 거절하는 경우에는 그 진술을 소로써 구할 것이 아니라, 그 상속인들을 상대로 유언효력확인의 소나 포괄적 수증자 지위 확인의 소 등을 제기하여 승소 확정판결을 받은 다음, 이를 부동산등기규칙 제46조 제1항 제1호 및 제5호의 첨부정보로 제출하여 유증을 원인으로 하는 소유권이전등기를 신청할 수 있을 것이다.

79) 대법원 2012.09.13. 선고 2010다88699 판결 : 당사자 사이에 제사용 재산의 귀속에 관하여 다툼이 있는 등으로 구체적인 권리 또는 법률관계와 관련성이 있는 경우에 다툼을 해결하기 위한 전제로서 제사주재자 지위의 확인을 구하는 것은 법률상의 이익이 있다고 할 것이지만, 그러한 권리 또는 법률관계와 무관하게 공동선조에 대한 제사를 지내는 종중 내에서 단순한 제사주재자의 자격에 관한 시비 또는 제사 절차를 진행할 때에 종중의 종원 중 누가 제사를 주재할 것인지 등과 관련하여 제사주재자 지위의 확인을 구하는 것은 그 확인을 구할 법률상 이익이 있다고 할 수 없다. 제사주재자와 제3자 사이에 제사용 재산의 소유권 등에 관한 다툼이 있는 경우 이는 공동상속인들 사이의 민법 제1008조의3에 의한 제사용 재산의 승계 내지 그 기초가 되는 제사주재자 지위에 관한 다툼이 아니라 일반적인 재산 관련 다툼에 지나지 않으므로, 제사주재자로서는 제3자를 상대로 민법 제1008조의3에서 규정하는 제사주재자 지위 확인을 구할 것이 아니라 제3자를 상대로 직접 이행청구나 권리관계 확인청구를 하여야 한다.

18. 甲은 X 건물을 신축 중인 공동건축주 乙, 丙으로부터 건축 중인 건물을 양도받았다. 乙은 甲으로의 건축주 명의변경에 동의하고 있으나 丙이 동의하지 않는 경우 甲은 어떠한 방식으로 X 건물 건축주로서의 지위를 확보할 수 있는가?[80]

19. 교회 재산의 관리처분과 관련하여 교회 대표자 지위의 부존재 확인을 구할 수 있는가?[81]

20. 피고는 A교회(교단)에 속한 교회이고(이하 '피고 교회'), 원고는 피고 교회의 정회원이다. A교단의 헌법 규정에 의하면, 장로는 당회에서 추천한 자를 사무총회에서 투표하여 재석 2/3 이상의 득표로 선출하도록 하고 있다. 그런데 피고 교회 사무총회는 투표가 아니라 참석한 정회원들로 하여금 박수를 치도록 하여 3인의 장로 선출 건에 대하여 전원이 찬성한 것으로 보고 가결처리 했다. 원고는 피고 교회의 사무총회에서 3인을 장로로 선출한 결의의 무효확인을 구하는 소를 제기할 수 있는가?[82]

21. 소를 제기하지 않기로 한 특약에 반하여 소를 제기한 경우 상대방은 어떻게 대응할 수 있는가? 甲과 乙은 2020. 7. 5. 甲과 乙 사이에 진행되고 있는 소송 등을 종결하기로 하는 내용의 합의하였으나, 위 합의에서는 乙이 甲에 대하여 300억 원을 현금으로 직접 지급하거나 대물변제하기로 하고, 乙이 그 의무를 이행함과 동시에 甲이 소취하서를 제출하기로 약정한 경우 乙은 甲과 乙의 소취하 합의에 따라 이 사건 소가 부적법하게 되었다는 항변을 할 수 있는가?[83]

---

[80] 대법원 2015.09.10. 선고 2012다23863 판결 : 건축 중인 건물을 양도한 자가 건축주 명의변경에 동의하지 아니한 경우에 양수인으로서는 의사표시에 갈음하는 판결을 받을 필요가 있다. 그리고 허가 등에 관한 건축주 명의가 수인으로 되어 있을 경우에, 허가 등은 해당 건축물의 건축이라는 단일한 목적을 달성하기 위하여 이루어지고 허가 등을 받은 지위의 분할청구는 불가능하다는 법률적 성격 등에 비추어 보면, 공동건축주 명의변경에 대하여는 변경 전 건축주 전원에게서 동의를 얻어야 한다. 다만 명의변경에 관한 동의의 표시는 변경 전 건축주 전원이 참여한 단일한 절차나 서면에 의하여 표시될 필요는 없고 변경 전 건축주별로 동의의 의사를 표시하는 방식도 허용되므로, 동의의 의사표시에 갈음하는 판결도 반드시 변경 전 건축주 전원을 공동피고로 하여 받을 필요는 없으며 부동의하는 건축주별로 피고로 삼아 판결을 받을 수 있다.

[81] 대법원 2007.11.16. 선고 2006다41297 판결 : 교회의 헌법 등에 다른 정함이 있는 등의 특별한 사정이 없는 한, 교회의 대표자(담임목사)는 예배 및 종교활동을 주재하는 종교상의 지위와 아울러 비법인사단의 대표자 지위를 겸유하면서 교회 재산의 관리처분과 관련한 대표권을 가지므로, 재산의 관리처분과 관련한 교회 대표자 지위에 관한 분쟁은 구체적인 권리 또는 법률관계를 둘러싼 분쟁에 해당하여 그 대표자 지위의 부존재 확인을 구하는 것은 소의 이익이 있다.

[82] 대법원 2015.04.23. 선고 2013다20311 판결 : 일반 국민으로서의 특정한 권리의무나 법률관계와 관련된 분쟁에 관한 것이 아닌 이상 종교단체의 내부관계에 관한 사항은 원칙적으로 법원에 의한 사법심사의 대상이 되지 않는다. 그런데 피고 교회의 정회원에 불과한 원고는 위 결의에 의하여 장로의 지위가 부여되는 직접적인 당사자가 아니므로, 소외인 등에게 장로의 지위가 부여됨으로써 소외인 등이 피고 교회에서 누리는 개인적 지위가 영향을 받는다는 것은 원고가 위 결의의 무효 확인을 구할 법률상 이익의 근거가 될 수 없고, 그 밖에 위 결의와 관련하여 원고의 구체적인 권리 또는 법률관계를 둘러싼 분쟁이 존재하지도 아니한다. 따라서 위 결의의 무효 확인을 구하는 이 사건 소는 사법심사의 대상이 되지 않는 사항에 대한 것으로서 부적법하다.

[83] 대법원 2013.07.12. 선고 2013다19571 판결 : 당사자 사이에 그 소를 취하하기로 하는 합의가 이루어졌다면 특별한 사정이 없는 한 소송을 계속 유지할 법률상의 이익이 없어 그 소는 각하되어야 하는 것이지만, 조건부 소취하의 합의를 한 경우에는 조건의 성취사실이 인정되지 않는 한 그 소송을 계속 유지할 법률상의 이익을 부정할 수 없다.

22. 甲이 乙에 대한 물품대금채권에 관하여 민·형사상 법적 절차를 취하지 않겠다는 취지의 합의 각서를 작성하였는데, 그 후 甲이 위 채권을 피보전채권으로 하여 丙을 상대로 사해행위취소의 소를 제기할 수 있는가?[84]

23. 甲과 乙 사이에 물품판매계약 관련 분쟁이 있을 때에는 대한상사중재원의 중재에 회부하기로 약정하였음에도 불구하고 소를 제기할 수 있는가?[85]

24. 행정대집행의 절차를 밟지 않고 따로 민사소송의 방법으로 공작물의 철거, 수거 등을 구할 수 있는가? 위법한 건물의 철거대집행과정에서 건물의 점유자를 상대로 건물퇴거청구의 소를 제기할 수 있는가?[86]

25. 국유 행정재산이나 일반재산의 사용료를 일반 민사소송의 방법으로 그 이행을 구할 수 있는가? 공유 일반재산의 대부료를 일반 민사소송의 방법으로 그 이행을 구할 수 있는가?[87]

26. 가압류·가처분의 기입등기가 법원의 촉탁에 의하여 말소된 경우 가압류·가처분 채권자가 말소된 가압류·가처분 기입등기의 회복등기절차의 이행을 소구할 수 있는가?[88]

---

84) 대법원 2012.03.29. 선고 2011다81541 판결 : 원고가 이 사건 합의각서로 인하여 乙에 대한 물품대금채권을 소송상 행사할 수 없다면 원고는 이를 피보전채권으로 하여 乙과 피고 사이에 이루어진 사해행위의 취소를 구할 수는 없다.

85) 대법원 2011.12.22. 선고 2010다76573 판결 : 장래의 분쟁을 중재에 의하여 해결하겠다는 중재합의가 있는 것으로 인정되는 경우, 중재합의의 대상인 분쟁의 범위를 명확하게 특정하여 한정하였다는 등의 특별한 사정이 없는 한 당사자들 사이의 특정한 법률관계에서 비롯되는 모든 분쟁을 중재에 의하여 해결하기로 정한 것으로 봄이 상당하다.

86) 대법원 2017.04.28. 선고 2016다213916 판결 : 관계 법령상 행정대집행의 절차가 인정되어 행정청이 행정대집행의 방법으로 건물의 철거 등 대체적 작위의무의 이행을 실현할 수 있는 경우에는 따로 민사소송의 방법으로 그 의무의 이행을 구할 수 없다. 한편 건물의 점유자가 철거의무자일 때에는 건물철거의무에 퇴거의무도 포함되어 있는 것이어서 별도로 퇴거를 명하는 집행권원이 필요하지 않다. 따라서 행정청이 행정대집행의 방법으로 건물철거의무의 이행을 실현할 수 있는 경우에는 건물철거 대집행 과정에서 부수적으로 그 건물의 점유자들에 대한 퇴거 조치를 할 수 있는 것이고, 그 점유자들이 적법한 행정대집행을 위력을 행사하여 방해하는 경우 형법상 공무집행방해죄가 성립하므로, 필요한 경우에는 경찰관 직무집행법에 근거한 위험발생 방지조치 또는 형법상 공무집행방해죄의 범행방지 내지 현행범체포의 차원에서 경찰의 도움을 받을 수도 있다.

87) 대법원 2017.04.13. 선고 2013다207941 판결 : 국유재산의 관리청이 행정재산의 사용·수익을 허가한 다음 그 사용·수익허가를 받은 자에 대하여 사용료를 부과하는 행위는 순전히 사경제주체로서 행하는 사법상의 이행청구가 아니고, 관리청이 공권력을 가진 우월적 지위에서 행하는 행정처분이다. 사용·수익허가를 받은 자가 적법한 사용료 부과처분을 받고도 이를 체납하는 경우에는 관리청은 국유재산법 제73조 제2항에 의하여 국세징수법 제23조와 같은 법의 체납처분에 관한 규정에 따라 사용료와 연체료를 징수할 수 있으므로 민사소송의 방법으로 그 이행을 구하는 것은 허용되지 아니한다. 공유 일반재산의 대부료의 징수에 관하여도 지방세 체납처분의 예에 따른 간이하고 경제적인 특별한 구제절차가 마련되어 있으므로, 특별한 사정이 없는 한 민사소송으로 공유 일반재산의 대부료의 지급을 구하는 것은 허용되지 아니한다.

88) 대법원 2002.04.12. 선고 2001다84367 판결 : 부동산가압류의 기입등기는 채권자나 채무자가 직접 등기공무원에게 이를 신청하여 행할 수는 없고 반드시 법원의 촉탁에 의하여 행하여지는바, 이와 같이 당사자가 신청할 수 없는 가압류의 기입등기가 법원의 촉탁에 의하여 말소된 경우에는 그 회복등기도 법원의 촉탁에 의하여 행하여져야 하므로, 이 경우 가압류 채권자가 말소된 가압류기입등기의 회복등기절차의 이행을 소구할 이익은 없고, 다만 그 가압류기입등기가 말소될 당시 그 부동산에 관하여 소유권이전등기를 경료하고 있는 자는 법원이 그 가압류기입등기의 회복을 촉탁함에 있어서 등기상 이해관계가 있는 제3자에 해당하므로, 가압류 채권자로서는 그 자를 상대로 하여 법원의 촉탁에 의한 그 가압류기입등기의 회복절차에 대한 승낙청구의 소를 제기

27. 강제경매개시결정 기입등기가 법원의 촉탁에 의하여 말소된 경우, 강제경매 신청채권자가 말소된 기입등기의 회복등기절차 이행을 소구할 수 있는가?[89]

28. 매각대금을 완납한 매수인이 종전 소유자 등을 상대로 매각을 원인으로 한 소유권이전등기절차의 이행을 구할 수 있는가?[90]

29. 주위적 청구를 배척하면서 예비적 청구에 대하여 판단하지 아니한 항소심판결에 관하여 상고를 제기하지 아니하고 그 항소심판결을 확정시킨 후 그 예비적 청구의 전부나 일부를 소송물로 하는 별도의 소송을 새로 제기할 수 있는가?[91]

30. 확정판결에 의한 채권자의 승계인이 채무자를 상대로 하여 또는 채권자가 채무자의 승계인을 상대로 이행의 소를 제기할 수 있는가?[92]

31. 국유재산의 무단점유자에게 변상금부과징수가 가능한 경우에도 별도로 민사상의 부당이득반환청구를 할 수 있는가?[93]

32. 근로자가 부당해고 구제신청을 기각한 재심판정의 취소를 구하는 행정소송을 제기하였다가 패소판결을 선고받아 그 판결이 확정된 경우 근로자는 그와 별도로 민사소송을 제기하여 해고의 무효 확인을 구할 이익이 있는가?[94]

할 수는 있다.

[89] 대법원 2019.05.16. 선고 2015다253573 판결 : 부동산 강제경매개시결정 기입등기는 채권자나 채무자가 직접 등기공무원에게 이를 신청하여 행할 수는 없고 반드시 법원의 촉탁에 의하여 행하여지는데, 이와 같이 당사자가 신청할 수 없는 강제경매개시결정 기입등기가 법원의 촉탁에 의하여 말소된 경우에는 그 회복등기도 법원의 촉탁에 의하여 행하여져야 하므로, 이 경우 강제경매 신청채권자가 말소된 강제경매개시결정 기입등기의 회복등기절차의 이행을 소구할 이익은 없고, 다만 강제경매개시결정 기입등기가 말소될 당시 그 부동산에 관하여 소유권이전등기를 경료하고 있는 사람은 법원이 강제경매개시결정 기입등기의 회복을 촉탁함에 있어서 등기상 이해관계가 있는 제3자에 해당하므로, 강제경매 신청채권자로서는 그 사람을 상대로 하여 법원의 촉탁에 의한 강제경매개시결정 기입등기의 회복절차에 대한 승낙청구의 소를 제기할 수는 있다.

[90] 대법원 1999.07.09. 선고 99다17272 판결 : 매각대금을 완납한 매수인은 집행법원이 매각된 부동산에 대하여 매수인 앞으로의 소유권이전등기를 촉탁함으로써 소유권이전등기를 경료받을 수 있는 것이므로 굳이 종전 소유자 등을 상대로 매각을 원인으로 한 소유권이전등기절차의 이행을 소구할 이익이 없다

[91] 대법원 2002.09.04. 선고 98다17145 판결 : 항소심판결상 예비적 청구에 관하여 이루어져야 할 판단이 누락되었음을 알게 된 당사자로서는 상고를 통하여 그 오류의 시정을 구하였어야 함에도 상고로 다툴 수 없는 특별한 사정이 없었음에도 상고로 다투지 아니하여 그 항소심판결을 확정시켰다면 그 후에는 그 예비적 청구의 전부나 일부를 소송물로 하는 별도의 소송을 새로 제기함은 위의 법리에서 보아 부적법한 소제기이어서 허용되지 않는다.

[92] 대법원 1972.07.25. 선고 72다935 판결 : 승계집행문을 부여받아 즉시 강제집행할 수 있음에도 채권자가 승계인을 상대로 신소를 제기하는 것은 권리보호의 이익이 없다.

[93] 대법원 2014.07.16. 선고 2011다76402 전원합의체 판결 : 변상금 부과·징수권은 민사상 부당이득반환청구권과 법적 성질을 달리하므로, 국가는 무단점유자를 상대로 변상금 부과·징수권의 행사와 별도로 국유재산의 소유자로서 민사상 부당이득반환청구의 소를 제기할 수 있다.

[94] 대법원 2011.03.24. 선고 2010다21962 판결 : 노동위원회의 구제명령은 사용자에게 구제명령에 복종하여야 할 공법상 의무를 부담시킬 뿐 직접 근로자와 사용자 간의 사법상 법률관계를 발생 또는 변경시키는 것은 아니므로, 설령 근로자가 부당해고 구제신청을 기각한 재심판정의 취소를 구하는 행정소송을 제기하였다가 패소판결을 선고받아 그 판결이 확정되었다 하더라도, 이는 재심판정이 적법하여 사용자가 구제명령에 따른 공법상 의무를 부담하지 않는다는 점을 확정하는 것일 뿐 해고가 유효하다거나 근로자와 사용자 간의 사법상 법률관계에 변동을 가져오는 것은 아니어서, 근로자는 그와 별도로 민사소송을 제기하여 해고의 무효 확인을 구할 이익이

33. 채권자가 일단 사해행위 취소 및 원상회복으로서 원물반환 청구를 하여 승소 판결이 확정되었으나 어떠한 사유로 원물반환의 목적을 달성할 수 없게 된 경우 원상회복청구권을 행사하여 가액배상을 청구할 수 있는가?[95]

34. 공정증서가 있음에도 공정증서의 내용과 동일한 청구를 소로 제기할 이익이 있는가?[96]

35. 채무자가 채권자에 대하여 채무부담행위를 하고 그에 관하여 강제집행승낙문구가 기재된 공정증서를 작성하여 준 후, 공정증서에 대한 청구이의의 소를 제기하지 않고 공정증서의 작성원인이 된 채무에 관하여 채무부존재확인의 소를 제기할 수 있는가?[97]

36. 甲 → 乙 → 丙으로 소유권이전등기가 순차 이전된 사안에서 甲이 丙을 상대로 소유권이전등기의 말소를 구하는 소를 제기하였으나 패소확정되었다. 甲이 중간등기명의자인 乙을 상대로 소유권이전등기의 말소를 구할 이익이 있는가?[98]

37. 甲이 채권자이고, 乙이 채무자, 丙이 제3채무자이다.
    (1) 甲에 의해 乙의 丙에 대한 채권이 가압류 또는 가처분된 경우 乙이 丙을 상대로 이행의 소를 제기할 수 있는가?[99]
    (2) 乙의 丙에 대한 채권이 甲에 의해 압류된 경우 乙이 丙을 상대로 이행의 소를 제기할 수 있는가?[100]

있다.
95) 대법원 2018.12.28. 선고 2017다265815 판결 : 채권자가 일단 사해행위취소 및 원상회복으로서 수익자 명의 등기의 말소를 청구하여 승소판결이 확정되었다면, 어떠한 사유로 수익자 명의 등기를 말소하는 것이 불가능하게 되었다고 하더라도 다시 수익자를 상대로 원상회복청구권을 행사하여 가액배상을 청구하거나 원물반환으로서 채무자 앞으로 직접 소유권이전등기절차를 이행할 것을 청구할 수는 없으므로, 그러한 청구는 권리보호의 이익이 없어 허용되지 않는다.
96) 대법원 1996.03.08. 선고 95다22795,22801 판결 : 공정증서는 집행력이 있을 뿐이고 기판력이 없기 때문에 기판력 있는 판결을 받기 위하여 공정증서의 내용과 동일한 청구를 소로 제기할 이익이 있다.
97) 대법원 2013.05.09. 선고 2912다108863 판결 : 청구이의의 소는 집행권원이 가지는 집행력의 배제를 목적으로 하는 것으로서 판결이 확정되더라도 당해 집행권원의 원인이 된 실체법상 권리관계에 기판력이 미치지 않는다. 따라서 채무자가 채권자에 대하여 채무부담행위를 하고 그에 관하여 강제집행승낙문구가 기재된 공정증서를 작성하여 준 후, 공정증서에 대한 청구이의의 소를 제기하지 않고 공정증서의 작성원인이 된 채무에 관하여 채무부존재확인의 소를 제기한 경우, 그 목적이 오로지 공정증서의 집행력 배제에 있는 것이 아닌 이상 청구이의의 소를 제기할 수 있다는 사정만으로 채무부존재확인소송이 확인의 이익이 없어 부적법하다고 할 것은 아니다.
98) 대법원 2017.09.12. 선고 2015다242849 판결 : 순차로 마쳐진 소유권이전등기에 관하여 각 말소등기절차의 이행을 청구하는 소송은 보통공동소송이므로 그중 어느 한 등기명의자만을 상대로 말소를 구할 수 있고, 최종 등기명의자에게 등기말소를 구할 수 있는지와 관계없이 중간의 등기명의자에게 등기말소를 구할 소의 이익이 있다.
99) 대법원 2002.04.26. 선고 2001다59033 판결 : 일반적으로 채권에 대한 가압류가 있더라도 이는 채무자가 제3채무자로부터 현실로 급부를 추심하는 것만을 금지하는 것일 뿐 채무자는 제3채무자를 상대로 그 이행을 구하는 소송을 제기할 수 있고 법원은 가압류가 되어 있음을 이유로 이를 배척할 수는 없는 것이 원칙이다.
100) 대법원 2016.09.28. 선고 2016다205915 판결 : 집행채권자의 채권자가 집행권원에 표시된 집행채권을 압류 또는 가압류, 처분금지가처분을 한 경우에는 압류 등의 효력으로 집행채권자의 추심, 양도 등의 처분행위와 채무자의 변제가 금지되고 이에 위반되는 행위는 집행채권자의 채권자에게 대항할 수 없게 되므로 집행기관은 압류 등이 해제되지 않는 한 집행할 수 없으니 이는 집행장애사유에 해당한다. 다만 채권압류명령은 비록 강제집행절차에 나아간 것이기는 하나 채권추심명령이나 채권전부명령과는 달리 집행채권의 현금화나 만족적 단계

(3) 甲이 위 채권에 대한 압류 및 추심명령을 얻은 경우는 어떠한가?[101]

(4) 甲이 위 채권에 대한 압류 및 전부명령을 얻은 경우는 어떠한가?[102]

(5) 乙의 丙에 대한 채권이 소유권이전등기청구권이고 甲이 이 소유권이전등기청구권을 가압류한 경우 乙이 丙을 상대로 소유권이전등기청구의 소를 제기할 수 있는가?[103]

38. 원고가 취득시효 완성을 원인으로 하는 소유권이전등기청구권을 피보전권리로 하는 부동산처분금지가처분을 받아 그 등기를 마친 후, 가처분채무자로부터 소유권이전등기를 넘겨받은 제3자를 상대로 가처분채무자와 제3자의 법률행위가 원인무효임을 들어 가처분채무자를 대위하여 제3자 명의의 소유권이전등기의 말소를 구할 수 있는가?[104]

39. 폐쇄등기 자체를 대상으로 하여 말소등기절차의 이행을 구할 소의 이익이 있는가?[105]

40. 甲은 乙로부터 1억 원을 차용하면서 X 토지에 대해 채권최고액 1억 2,000만원의 근저당권(서울중앙지방법원 2020. 2. 1. 접수 제1254호)을 설정하였다. 그 후 甲은 위 피담보채무가 전액 변제되었다고 주장하면서 乙을 상대로 근저당권설정등기말소청구의 소를 제기하였다. 이 소송에서 피고 乙은 피담보채무가 5,000만원이 변제되지 않았다고 다투었으나, 법원의 심리결과 피담보채무 1억 원 중 3,000만원이 변제되지 않은 것으로 판단되었다. 법원은 어떤 판결을 하여야 하는가? 판결주문을 기재하시오.[106]

에 이르지 아니하는 보전적 처분으로서 집행채권을 압류한 채권자를 해하는 것이 아니기 때문에 집행채권에 대한 압류의 효력에 반하는 것은 아니므로, 집행채권에 대한 압류는 집행채권자가 채무자를 상대로 한 채권압류명령에는 집행장애사유가 될 수 없다.

101) 대법원 2018.12.27. 선고 2018다268385 판결 : 채권에 대한 압류 및 추심명령이 있으면 제3채무자에 대한 이행의 소는 추심채권자만이 제기할 수 있고 채무자는 피압류채권에 대한 이행소송을 제기할 당사자적격을 상실한다.

102) 대법원 2004.09.23. 선고 2004다29354 판결 : 전부명령이 확정되면 피전부채권은 전부채권자에게 이전되고, 피전부채권이 존재하는 한 집행채권은 소멸하는데, 위와 같은 효력은 전부명령이 제3채무자에게 송달된 때로 소급하여 발생하고, 이는 피전부채권이 장래의 채권인 경우에도 마찬가지이다.

103) 대법원 2011.08.18. 선고 2009다60077 판결 : 소유권이전등기를 명하는 판결은 의사의 진술을 명하는 판결이어서 이것이 확정되면 채무자는 일방적으로 이전등기를 신청할 수 있고 제3채무자는 이를 저지할 방법이 없으므로, 가압류의 해제를 조건으로 하지 않는 한 법원은 이를 인용하여서는 안 되며, 가처분이 있는 경우에도 이와 마찬가지이다.

104) 대법원 2017.12.05. 선고 2017다237339 판결 : 취득시효 완성을 원인으로 하는 소유권이전등기청구권을 피보전권리로 하는 부동산처분금지가처분 등기가 마쳐진 후에 가처분채권자가 가처분채무자를 상대로 가처분의 피보전권리에 기한 소유권이전등기를 청구함과 아울러 가처분 등기 후 가처분채무자로부터 소유권이전등기를 넘겨받은 제3자를 상대로 가처분채무자와 제3자 사이의 법률행위가 원인무효라는 사유를 들어 가처분채무자를 대위하여 제3자 명의 소유권이전등기의 말소를 청구하는 경우, 가처분채권자가 채무자를 상대로 본안의 승소판결을 받아 확정되면 가처분에 저촉되는 처분행위의 효력을 부정할 수 있다고 하여, 그러한 사정만으로 위와 같은 제3자에 대한 청구가 소의 이익이 없어 부적법하다고 볼 수는 없다. 가처분채권자가 대위 행사하는 가처분채무자의 위 제3자에 대한 말소청구권은 가처분 자체의 효력과는 관련이 없을 뿐만 아니라, 가처분은 실체법상의 권리관계와 무관하게 효력이 상실될 수도 있어, 가처분채권자의 입장에서는 가처분의 효력을 원용하는 외에 별도로 가처분채무자를 대위하여 제3자 명의 등기의 말소를 구할 실익도 있기 때문이다.

105) 대법원 2017.09.12. 선고 2015다242849 판결 : 폐쇄등기 자체를 대상으로 하여 말소등기절차의 이행을 구할 소의 이익은 없다. 그러나 새로운 등기기록에 옮겨 기록되지는 못하였지만 진정한 권리자의 권리실현을 위해서 말소등기를 마쳐야 할 필요가 있는 때에는 등기가 폐쇄등기로 남아 있다는 이유로 말소등기절차의 이행을 구하는 소의 이익을 일률적으로 부정할 수 없다.

41. 다음 각 경우에 장래이행청구는 허용되는가?
   (1) 학교법인의 기본재산에 관하여 관할청의 처분허가를 조건으로 한 소유권이전등기청구의 소107)
   (2) 부동산거래신고 등에 관한 법률상의 토지거래허가를 조건으로 한 소유권이전등기청구의 소108)
   (3) 농지법상 농지취득자격증명이 발급되는 것을 조건으로 미리 농지에 관한 소유권이전등기절차이행청구의 소109)
   (4) 채권양도통지를 받을 것을 조건으로 한 양수금청구의 소110)
   (5) 채무자가 피담보채무를 변제하는 것을 조건으로 한 근저당권설정등기의 말소청구의 소111)

---

106) 대법원 2008.04.10. 선고 2007다83694 판결 : 원고가 피담보채무 전액을 변제하였다고 주장하면서 근저당권설정등기에 대한 말소등기절차의 이행을 청구하였으나 그 원리금의 계산 등에 관한 다툼 등으로 인하여 변제액이 채무 전액을 소멸시키는데 미치지 못하고 잔존채무가 있는 것으로 밝혀진 경우에는 특별한 사정이 없는 한 원고의 청구 중에는 확정된 잔존채무를 변제하고 그 다음에 위 등기의 말소를 구한다는 취지도 포함되어 있는 것으로 해석함이 상당하고, 이는 장래 이행의 소로서 미리 청구할 이익도 인정된다고 할 것이다. 따라서 원심으로서는 이 사건 근저당권설정등기의 피담보채무 중 잔존원금 및 지연손해금의 액수를 심리·확정한 다음, 그 변제를 조건으로 이 사건 근저당권설정등기의 말소를 명하였어야 한다고 할 것이다. 〈주문〉 피고는 원고로부터 3,000만 원을 지급받은 다음 별지목록 기재 부동산에 관하여 서울중앙지방법원 2020. 2. 1. 접수 제1254호로 마친 근저당권설정등기의 말소등기절차를 이행하라.
107) 대법원 1995.05.09. 선고 93다62478 판결 : 어떤 부동산이 학교법인에게 명의신탁된 것이라 하여도 그 부동산이 학교법인의 기본재산에 편입된 것이라면 명의신탁자로서는 사립학교법 제28조 제1항 소정의 관할청의 허가 없이는 명의수탁자인 학교법인을 상대로 하여 명의신탁 해지를 원인으로 하는 소유권이전등기를 청구할 수 없으나, 관할청의 허가가 있으면 명의신탁자는 이를 반환받을 수 있는 것이므로 명의신탁자가 명의신탁을 해지한 경우에는 명의수탁자인 학교법인으로서는 관할청에 대하여 위와 같은 명의신탁 부동산 반환에 관하여 관할청의 허가를 신청할 의무를 부담하고, 명의수탁자가 이러한 의무를 이행하지 않는 경우에는 명의신탁자로서는 민법 제389조 제2항에 의하여 그러한 허가신청의 의사표시에 갈음하는 재판을 청구할 수 있으며, 관할청이 반드시 그와 같은 허가를 하여야 하는 것은 아니라는 이유만으로 위와 같은 재판의 청구가 권리보호의 이익이 없는 것이라고는 할 수 없다
108) 대법원 2010.08.26. 자 2010마818 결정 : 토지거래계약 허가구역 내의 토지에 관하여 관할관청의 허가를 받을 것을 전제로 한 매매계약은 법률상 미완성의 법률행위로서 허가받기 전의 상태에서는 아무런 효력이 없어, 그 매수인이 매도인을 상대로 하여 권리의 이전 또는 설정에 관한 어떠한 이행청구도 할 수 없고, 이행청구를 허용하지 않는 취지에 비추어 볼 때 그 매매계약에 기한 소유권이전등기청구권 또는 토지거래계약에 관한 허가를 받을 것을 조건으로 한 소유권이전등기청구권을 피보전권리로 한 부동산처분금지가처분신청 또한 허용되지 않는다.
109) 대법원 1994.07.29. 선고 94다9986 판결 : 소재지 관서의 증명이 없어도 농지매매 당사자 사이에 채권계약으로서의 효력이 발생하지 않는 것은 아니고 단지 매매로 인한 소유권이전의 효과가 발생하지 않는 것뿐이므로, 농지를 매수한 자는 매도인에 대하여, 그 필요가 있는 한 농지매매증명(현 농지취득자격증명)이 발급되는 것을 조건으로 미리 농지에 관한 소유권이전등기절차의 이행을 청구할 수 있다.
110) 대법원 1992.08.18. 선고 90다9452,9469 판결 : 채권을 양수하기는 하였으나 아직 양도인에 의한 통지 또는 채무자의 승낙이라는 대항요건을 갖추지 못하였다면 채권양수인은 현재는 채무자와 사이에 아무런 법률관계가 없어 채무자에 대하여 아무런 권리주장을 할 수 없기 때문에 채무자에 대하여 채권양도인으로부터 양도통지를 받은 다음 채무를 이행하라는 청구는 장래이행의 소로서의 요건을 갖추지 못하여 부적법하다.
111) 대법원 1992.01.21. 선고 91다35175 판결 : 채무자는 자신의 채무를 먼저 변제하여야만 비로소 그 채무를 담보하기 위하여 경료되었던 가등기 및 그 가등기에 기한 본등기의 말소나 새로운 소유권이전등기를 청구할 수 있는 것이기는 하지만, 채권자가 그 가등기 등이 채권담보의 목적으로 경료된 것임을 다툰다든지 피담보채무의 액수를 다투기 때문에 채무자가 채무를 변제하더라도 채권자가 위와 같은 소유권의 공시에 협력할 의무를 이행

(6) 제권판결에 대한 취소판결의 확정을 조건으로 한 수표금청구의 소[112]

(7) 공유물분할청구와 함께 분할판결이 날 경우에 대비한 분할부분에 대한 소유권확인청구[113]

(8) 향후 30년의 생존을 조건으로 한 정기금청구[114]

42. 토지의 소유자 甲이 법률상 원인 없이 토지를 점유하고 있는 乙을 상대로 임료 상당의 부당이득금반환청구를 함에 있어서 사실심변론종결 뒤의 장래 기한을 어떻게 정할 것인가?[115]

43. 다음 각 확인의 소는 권리보호의 이익이 있는가?

(1) 저당권의 실행으로 이미 소멸된 근저당권의 피담보채권의 부존재확인의 소[116]

(2) 조세부과처분에 따라 부과된 세액을 이미 납부한 후에 위 부과처분의 무효 또는 부존재확인의 소[117]

(3) 주식양도·양수계약의 부존재 또는 무효확인을 구하는 소[118]

(4) 기간을 정하여 임용된 사립학교 교원이 임용기간 만료 이전에 해임·면직·파면 등의 불이익 처분을 받은 후 그 임용기간이 만료된 경우 임용기간 만료 전에 행해진 직위해제 또는 면직처분의 무효확인을 구하는 소[119]

할 것으로 기대되지 않는 경우에는 미리 청구할 필요가 있다고 보아 채무의 변제를 조건으로 채권담보의 목적으로 경료된 가등기 및 그 가등기에 기한 본등기의 말소나 새로운 소유권이전등기를 청구하는 장래이행의 소를 허용하여야 할 것이다.

112) 대법원 2013.09.13. 선고 2012다36661 판결 : 제권판결 불복의 소와 같은 형성의 소는 그 판결이 확정됨으로써 비로소 권리변동의 효력이 발생하게 되므로 이에 의하여 형성되는 법률관계를 전제로 하는 이행소송 등을 병합하여 제기할 수 없는 것이 원칙이다. 또한 제권판결에 대한 취소판결의 확정 여부가 불확실한 상황에서 그 확정을 조건으로 한 수표금 청구는 장래이행의 소의 요건을 갖추었다고 보기 어려울 뿐만 아니라, 제권판결 불복의 소의 결과에 따라서는 수표금 청구소송의 심리가 무위에 그칠 우려가 있고, 제권판결 불복의 소가 인용될 경우를 대비하여 방어하여야 하는 수표금 청구소송의 피고에게도 지나친 부담을 지우게 된다는 점에서 이를 쉽사리 허용할 수 없다.

113) 대법원 1969.12.29. 선고 68다2425 판결 : 공유물분할청구소송의 판결이 확정되기 전에는 분할물의 급부를 청구할 권리나 그 부분에 대한 소유권의 확인을 청구할 권리가 없다.

114) 대법원 1967.08.29. 선고 67다1021 판결 : 정기금청구는 청구하는 정기금의 지급청구권의 발생요건과 그 필요성을 심리판단하여 그 청구의 필요가 있다면 이의 지급을 명하여야 할 것이며 그 집행단계에 있어서 원고의 생존 여부의 심조가 용이치 아니하다는 점만 가지고서는 위 정기금청구가 특정되지 아니한 청구라고는 볼 수 없다.

115) 대법원 2019.02.14. 선고 2015다244432 판결 : 장래의 부당이득금의 계속적·반복적 지급을 명하는 판결의 주문에 '원고의 소유권 상실일까지'라는 표시가 광범위하게 사용되고 있으나 '원고의 소유권 상실일까지'라는 기재는 이행판결의 주문 표시로서 바람직하지 않다. "피고의 점유 상실일"은 부당이득반환의무를 부담하는 피고의 임의의 이행과 관련되는 의무자 측의 사정으로서, 장래의 부당이득금의 지급을 명하는 판결의 주문에 그 의무의 종료 시점으로 기재할 수 있는 최소한의 표현에 해당한다('인도 완료일'도 마찬가지).

116) 대법원 2013.08.23. 선고 2012다17585 판결 : 근저당권의 피담보채무에 관한 부존재확인의 소는 근저당권이 말소되면 과거의 권리 또는 법률관계의 존부에 관한 것으로서 확인의 이익이 없게 된다.

117) 대법원 1982.03.23. 선고 80누476 전원합의체 판결 : 부과된 세액을 이미 납부한 후에는 위 부과처분이 부존재함을 이유로 그 납부세금에 대한 부당이득반환청구를 함은 별문제로 하고, 위 부과처분의 부존재확인을 독립한 소송으로 구할 확인의 이익은 없다.

118) 대법원 1987.07.07. 선고 86다카2675 판결 : 주식양도·양수계약의 부존재 또는 무효확인을 구하는 소는 과거의 법률행위인 주식양도계약 자체의 부존재 또는 무효확인을 구하는 것으로 볼 것이 아니라, 그 계약이 존재하지 아니하거나 무효임을 내세워 그 계약에 터잡아 이루어진 현재의 법률관계의 부존재 내지 무효의 확인을 구하는 취지라고 보아야 할 것이다.

(5) 상속개시 전의 유류분확인을 구하는 소[120]
(6) 근저당권자가 물상보증인을 상대로 피담보채무의 확정을 위한 확인의 소[121]
(7) 제3자가 매도인을 상대로 매도인의 소유권을 다투고 있는 경우 매수인이 매도인을 대위하여 제3자를 상대로 제기한 소유권확인의 소[122]
(8) 실질적인 주주가 형식상의 주주명의인을 상대로 주주권확인의 소[123]
(9) 주식회사의 채권자가 제기한 주주총회결의의 부존재확인의 소[124]
(10) 주식회사의 주주가 직접 제3자와의 회사가 체결한 계약의 무효확인을 구하는 소[125]

44. 다음 각 공탁 관련 확인의 소는 확인의 이익이 있는가?[126]
  (1) 채권자불확지 공탁의 경우 국가를 상대로 직접 민사소송으로 공탁금지급청구를 할 수 있는가?
  (2) 피공탁자가 제3자를 상대로 한 공탁금출급청구권 확인의 소
  (3) 피공탁자 아닌 제3자가 피공탁자를 상대로 한 공탁금출급청구권 확인의 소
  (4) 상대적 불확지공탁에 있어서 피공탁자 중의 1인을 채무자로 그의 공탁금출급청구권에 대하여 채권압류 및 추심명령을 받은 추심채권자가 자기이름으로 다른 피공탁자를 상대로 하여 공탁금출급청구권이 추심채권자에게 있음의 확인을 구하는 소

---

119) 대법원 2000.05.18. 선고 95재다199 전원합의체 판결 : 구 사립학교법(1990. 4. 7. 법률 제4226호로 개정되기 전의 것) 제53조의2 제2항의 규정에 의하여 기간을 정하여 임용된 사립학교 교원이 임용기간 만료 이전에 해임·면직·파면 등의 불이익 처분을 받은 후 그 임용기간이 만료된 때에는 그 불이익 처분이 무효라고 하더라도 학교법인의 정관이나 대학교원의 인사규정상 임용기간이 만료되는 교원에 대한 재임용의무를 부여하는 근거규정이 없다면 임용기간의 만료로 당연히 교원의 신분을 상실한다고 할 것이고, 따라서 임용기간 만료 전에 행해진 직위해제 또는 면직 처분이 무효라고 하더라도 교원의 신분을 회복할 수 없는 것으로서 그 무효확인청구는 과거의 법률관계의 확인청구에 지나지 않는다.
120) 장래의 법률관계 확인(불가)
121) 대법원 2004.03.25. 선고 2002다20742 판결 : 근저당권자가 근저당권의 피담보채무의 확정을 위하여 스스로 물상보증인을 상대로 확인의 소를 제기하는 것이 부적법하다고 볼 것은 아니며, 물상보증인이 근저당권자의 채권에 대하여 다투고 있을 경우 그 분쟁을 종국적으로 종식시키는 유일한 방법은 근저당권의 피담보채권의 존부에 관한 확인의 소라고 할 것이므로, 근저당권자가 물상보증인을 상대로 제기한 확인의 소는 확인의 이익이 있어 적법하다.
122) 대법원 1971.12.28. 선고 71다1116 판결 : 피고가 위 소외인들에 대한 위 임야의 소유권을 부인하고 오히려 자기의 소유권을 주장하면서 그 등기회복을 방해하였다 하여도 피고의 위 행위가 곧 위 소외인들에 대한 원고의 그 소유권이전등기 청구권을 부인 방해 내지 침해한 것이 아니고 따라서 원고가 이로 인하여 직접적인 위협을 받고 있는 것도 아니므로 이를 전제로 한 원고의 본소확인 청구는 그 주장 자체에 있어 확인의 이익이 없다.
123) 대법원 2013.02.14. 선고 2011다109708 판결 : 주권발행 전 주식에 관하여 주주명의를 신탁한 사람이 수탁자에 대하여 명의신탁계약을 해지하면 그 주식에 대한 주주의 권리는 해지의 의사표시만으로 명의신탁자에게 복귀하는 것이고, 이러한 경우 주주명부에 등재된 형식상 주주명의인이 실질적인 주주의 주주권을 다투는 경우에 실질적인 주주가 주주명부상 주주명의인을 상대로 주주권의 확인을 구할 이익이 있다.
124) 대법원 1992.08.14. 선고 91다45141 판결 : 주식회사의 채권자는 그 주주총회의 결의가 그 채권자의 권리 또는 법적 지위를 구체적으로 침해하고 또 직접적으로 이에 영향을 미치는 경우에 한하여 주주총회결의의 부존재 확인을 구할 이익이 있다.
125) 대법원 2016.07.22. 선고 2015다66397 판결 : 주식회사의 주주는 주식의 소유자로서 회사의 경영에 이해관계를 가지고 있다고 할 것이나, 회사의 재산관계에 대하여는 단순히 사실상, 경제상 또는 일반적, 추상적인 이해관계만을 가질 뿐, 구체적 또는 법률상의 이해관계를 가진다고는 할 수 없다
126) 〈공탁관련소송과 확인의 이익〉 참조.

(5) 상대적 불확지공탁에 있어서 피공탁자가 피공탁자 아닌 제3자를 상대로 한 공탁금출급청구권 확인의 소
(6) 절대적 불확지공탁에 있어서 피공탁자인 망인의 상속인이 공탁자를 상대로 한 공탁급출급청구권 확인의 소
(7) 사업시행자가 보상금수령권자의 절대적불확지를 이유로 수용보상금을 공탁한 경우 자기가 진정한 보상금수령권자라고 주장하는 사람이 공탁자(사업시행자)를 상대로 한 공탁금출급청구권 확인의 소

45. 국가를 상대로 한 미등기토지에 대한 소유권확인의 소와 관련하여
    (1) 토지소유자와 국가 사이에 토지소유권에 다툼이 없어도 국가를 상대로 소유권확인의 소를 제기할 수 있는가?127)
    (2) 국가가 미등기 토지를 20년간 점유하여 취득시효가 완성된 경우, 그 미등기 토지의 소유자가 국가를 상대로 토지에 대한 소유권의 확인을 구할 수 있는가?128)
    (3) 토지대장상 토지소유자의 채권자가 소유권보존등기의 신청을 위하여 토지소유자를 대위하여 국가를 상대로 소유권확인을 구할 수 있는가?129)

46. 원고가 본소로서 피고에 대하여 보험금지급채무의 부존재확인을 구하자, 피고가 그 후에 그 보험금채무의 이행을 구하는 반소를 제기한 경우 본소청구에 대한 확인의 이익이 소멸하여 본소가 부적법하게 되는가?130)

---

127) 대법원 1979.04.10. 선고 78다2399 판결 : 멸실 임야대장 복구시 소유자란이 공백이 되어 토지 소유자임을 임야대장으로 증명할 수 없는 경우에는, 부동산등기법 제130조에 의하면 판결에 의하여 소유자임을 증명하고 보존등기를 할 수밖에 없으니 보존등기를 위한 소유권 증명 때문에 토지 소유자가 국가를 상대로 제기한 소유권 확인의 소는, 가사 관계당사자 간에 다툼이 없다 할지라도, 확인의 이익이 있다.
128) 대법원 2008.05.15. 선고 2008다13432 판결 : 국가가 미등기 토지를 20년간 점유하여 취득시효가 완성된 경우, 그 미등기 토지의 소유자로서는 국가에게 이를 원인으로 하여 소유권이전등기절차를 이행하여 줄 의무를 부담하고 있는 관계로 국가에 대하여 그 소유권을 행사할 지위에 있다고 보기 어렵고, 또 그가 소유권확인판결을 받는다고 하여 이러한 지위에 변동이 생기는 것도 아니라고 할 것이므로, 이와 같은 사정 하에서는 그 소유자가 굳이 국가를 상대로 토지에 대한 소유권의 확인을 구하는 것은 무용, 무의미하다고 볼 수밖에 없어 확인판결을 받을 법률상 이익이 있다고 할 수 없다
129) 대법원 2019.05.16. 선고 2018다242246 판결 : 국가를 상대로 한 토지소유권확인청구는 토지가 미등기이고 토지대장이나 임야대장상에 등록명의자가 없거나 등록명의자가 누구인지 알 수 없을 때와 그 밖에 국가가 등기 또는 등록명의자인 제3자의 소유를 부인하면서 계속 국가소유를 주장하는 등 특별한 사정이 있는 경우에 한하여 확인의 이익이 있다. 공간정보의 구축 및 관리 등에 관한 법률 제87조 제4호에 의하면 채권자는 자기의 채권을 보전하기 위하여 채무자인 토지소유자가 위 법에 따라 하여야 하는 신청을 대위할 수 있으나, 같은 법 제84조에 따른 지적공부의 등록사항 정정은 대위하여 신청할 수 없다. 토지대장상의 소유자 표시 중 주소 기재의 일부가 누락된 경우는 등록명의자가 누구인지 알 수 없는 경우에 해당하여 토지대장에 의하여 소유권보존등기를 신청할 수 없고, 토지대장상 토지소유자의 채권자는 토지소유자를 대위하여 토지대장상 등록사항을 정정할 수 없으므로, 토지대장상 토지소유자의 채권자는 소유권보존등기의 신청을 위하여 토지소유자를 대위하여 국가를 상대로 소유권확인을 구할 이익이 있다고 보아야 한다.
130) 대법원 2010.07.15. 선고 2010다2428,2435 판결 : 소송요건을 구비하여 적법하게 제기된 본소가 그 후에 상대방이 제기한 반소로 인하여 소송요건에 흠결이 생겨 다시 부적법하게 되는 것은 아니므로, 원고가 피고에 대하여 손해배상채무의 부존재확인을 구할 이익이 있어 본소로 그 확인을 구하였다면, 피고가 그 후에 그 손해배상채무의 이행을 구하는 반소를 제기하였다 하더라도 그러한 사정만으로 본소청구에 대한 확인의 이익이 소멸하여 본소가 부적법하게 된다고 볼 수는 없다.

47. 다음 각 채무부존재확인의 소는 확인의 이익이 있는가?
   (1) 甲 지방자치단체가 토지소유자 乙을 상대로 일반 공중의 통행에 무상으로 제공하는 토지임을 이유로 배타적 사용·수익권의 부존재 확인을 구할 수 있는가?[131]
   (2) A, B가 서로 자기가 甲에 대하여 채권자라고 경합적으로 주장하는 경우 A는 B를 피고로 하여 甲의 B에 대한 채무부존재확인을 구할 수 있는가?[132]
   (3) 甲과 乙이 서로 자신이 받은 압류 및 전부명령에 기하여 채무자의 제3채무자에 대한 금전채권이 자신에게 전부되었다고 주장하는 사건에서 甲이 乙을 상대로 그 금전채권이 乙에게 귀속되지 아니하였음의 확인을 구할 수 있는가?[133]

48. 학교법인 이사장에 대하여 불법행위를 이유로 그 해임을 청구하는 소송이나 이사장직무집행정지 및 직무집행대행자 선임의 가처분이 허용되는가?[134]

49. 당해 강제집행이 종료된 후에 청구이의의 소나 제3자이의의 소를 제기할 수 있는가?[135]

50. 甲이 乙 주식회사를 상대로 자신이 주주명부상 주식의 소유자인데 위조된 주식매매계약서에 의해 타인 앞으로 명의개서가 되었다며 주주권 확인을 구할 수 있는가?[136]

---

[131] 대법원 2012.06.28. 선고 2010다81049 판결 : 민법 제211조는 "소유자는 법률의 범위 내에서 그 소유물을 사용, 수익, 처분할 권리가 있다."고 규정하고 있으므로, 소유자가 채권적으로 상대방에 대하여 사용·수익의 권능을 포기하거나 사용·수익권 행사에 제한을 설정하는 것 외에 소유권의 핵심적 권능에 속하는 배타적인 사용·수익 권능이 소유자에게 존재하지 아니한다고 하는 것은 물권법정주의에 반하여 특별한 사정이 없는 한 허용될 수 없다.

[132] 대법원 2004.03.12. 선고 2003다49092 판결 : 일반적으로 채권은 채무자로부터 급부를 받는 권능이기 때문에 소송상으로도 채권자는 통상 채무자에 대하여 채권의 존재를 주장하고 그 급부를 구하면 되는 것이지만, 만약 하나의 채권에 관하여 2인 이상이 서로 채권자라고 주장하고 있는 경우에 있어서는 그 채권의 귀속에 관한 분쟁은 채무자와의 사이에 생기는 것이 아니라 스스로 채권자라고 주장하는 사람들 사이에 발생하는 것으로서 참칭채권자가 채무자로부터 변제를 받아버리게 되면 진정한 채권자는 그 때문에 자기의 권리가 침해될 우려가 있어 그 참칭채권자와의 사이에서 그 채권의 귀속에 관하여 즉시 확정을 받을 필요가 있고, 또 그들 사이의 분쟁을 해결하기 위하여는 그 채권의 귀속에 관한 확인판결을 받는 것이 가장 유효 적절한 권리구제 수단으로 용인되어야 할 것이므로 스스로 채권자라고 주장하는 어느 한쪽이 상대방에 대하여 그 채권이 자기에게 속한다는 채권의 귀속에 관한 확인을 구하는 청구는 그 확인의 이익이 있다.

[133] 대법원 2004.03.12. 선고 2003다49092 판결 : 자기의 권리 또는 법률상의 지위를 부인하는 상대방이 자기주장과는 양립할 수 없는 제3자에 대한 권리 또는 법률관계를 주장한다고 하여 상대방 주장의 그 제3자에 대한 권리 또는 법률관계가 부존재한다는 것만의 확인을 구하는 것은, 설령 그 확인의 소에서 승소판결을 받는다고 하더라도 그 판결로 인하여 상대방에 대한 관계에서 자기의 권리가 확정되는 것도 아니고 그 판결의 효력이 제3자에게 미치는 것도 아니어서 그와 같은 부존재확인의 소는 자기의 권리 또는 법률적 지위에 현존하는 불안·위험을 해소시키기 위한 유효적절한 수단이 될 수 없으므로 확인의 이익이 없다

[134] 대법원 1997.10.27. 자 97마2269 결정 ; 학교법인 이사장에 대하여 불법행위를 이유로 그 해임을 청구하는 소송은 형성의 소에 해당하는바, 이를 허용하는 법적 근거가 없으므로 이를 피보전권리로 하는 이사장에 대한 직무집행정지 및 직무집행대행자 선임의 가처분은 허용되지 않는다.

[135] 대법원 1997.10.10. 선고 96다49049 판결 : 당해 강제집행이 종료된 후에 제3자이의의 소가 제기되거나 또는 제3자이의의 소가 제기된 당시 존재하였던 강제집행이 소송 계속중 종료된 경우에는 소의 이익이 없어 부적법하다.

[136] 대법원 2019.05.16. 선고 2016다240338 판결 : 주식을 취득한 자는 특별한 사정이 없는 한 점유하고 있는 주권의 제시 등의 방법으로 자신이 주식을 취득한 사실을 증명함으로써 회사에 대하여 단독으로 그 명의개서를 청구할 수 있다. 〈사례〉甲이 乙 주식회사를 상대로 자신이 주주명부상 주식의 소유자인데 위조된 주식매매계약서에 의해 타인 앞으로 명의개서가 되었다며 주주권 확인을 구한 사안에서, 甲이 乙 회사를 상대로 직접 자신이

[3] 변제(충당) 항변의 소송상 취급

<변제항변과 관련된 소송 진행의 구도>
☞ (대여금)반환청구 ⇨
　　　　　　　　⇦ 변제 항변
* 원고에게 일정 금원을 지급한 사실
* 그 급부가 원고에 대한 채무의 변제를 위하여 지급된 사실
　⇦ 표현수령권자에 대한 변제 항변
* 피고가 채권자 아닌 제3자에게 채무의 내용에 따른 급부를 한 사실
* 그 급부를 수령한 자에게 수령권한에 관한 외관(채권의 준점유자, 영수증 소지자)이 존재한 사실
* 피고가 선의로 과실 없이 위 제3자에게 변제한 사실
변제충당의 재항변 ⇨
* 피고가 원고에 대하여 별개의 동종 채무 부담 사실
* 피고가 지급한 급부가 채무 전부를 소멸시키기에 부족한 사실
* 피고가 제공한 급부가 합의, 지정, 법정충당 등에 의하여 다른 채무에 충당된 사실
⇦ 다른 채무의 무효, 소멸의 재재항변

1 변제항변

(1) 채무자의 변제로 채권은 소멸한다. 채권이 채무자 스스로의 의사에 따른 '이행행위'에 의하여 그 내용이 실현되는 것을 '변제'라 한다.[1] 여기서의 변제는 채무자의 임의변제 뿐만 아니라 담보권실행이나 강제집행에 의한 변제도 포함된다.[2]

(2) 채권자가 제한능력자, 채권질권 설정,[3] 채권압류, 채권자 파산의 경우에는 변제수령권한이

　　　주주임을 증명하여 명의개서절차의 이행을 구할 수 있으므로, 甲이 乙 회사를 상대로 주주권 확인을 구하는 것은 甲의 권리 또는 법률상 지위에 현존하는 불안·위험을 제거하는 유효·적절한 수단이 아니거나 분쟁의 종국적 해결방법이 아니어서 확인의 이익이 없다고 한 사례.

1) 변제제공의 방법은 채무의 내용에 좇은 **현실제공**이 원칙적인 방법이나, 채권자가 미리 변제받기를 거절한 경우, 등기이전채무 등 채무의 이행에 채권자의 협력을 요하는 경우에는 언제든지 현실로 채무를 이행할 수 있는 준비를 완료하고 그 뜻을 채권자에게 통지하여 그 수령을 최고하는 방법으로 할 수 있다(구두제공, 민법 제460조). 쌍무계약에서 상대방이 미리 이행을 하지 아니할 의사를 표시한 경우, 당사자 일방이 이행을 제공하더라도 상대방이 자신의 채무를 이행하지 않거나 상당한 기간 내에 그 채무를 이행할 수 없음이 객관적으로 명백한 경우에는 구도제공조차 필요하지 않다.

2) **대법원 2020.01.30. 선고 2018다204787 판결** : 가집행이 붙은 제1심판결 선고 이후 채무자가 제1심판결에 기한 강제집행을 피하기 위해 돈을 지급한 경우 그에 따라 확정적으로 변제의 효과가 발생하는 것이 아니므로 채무자가 항소심에서 위와 같이 돈을 지급한 사실을 주장하더라도 항소심법원은 그러한 사유를 참작하지 않고 청구의 당부를 판단해야 한다.

3) 질권설정자가 제3채무자에게 질권설정의 사실을 통지하거나 제3채무자가 이를 승낙한 때에는 제3채무자가 질권자의 동의 없이 질권의 목적인 채무를 변제하더라도 이로써 질권자에게 대항할 수 없고, 질권자는 민법 제353조 제2항에 따라 여전히 제3채무자에 대하여 직접 채무의 변제를 청구할 수 있다(대법원 2018.12.27. 선고 2016다265689 판결).

없다.4)
(3) 변제사실은 채무자가 증명해야 한다(권리소멸항변). 피고의 **변제항변**에 대하여
  → 원고는 ① 피고는 원고에 대하여 청구원인상의 이 사건 채무와는 별개의 또 다른 채무를 부담하고 있는 사실, ② 피고가 지급한 급부가 이 사건 채무와 동종의 다른 채무를 포함한 총채무를 소멸시키기에는 부족한 사실, ③ 그에 따라 피고가 제공한 급부의 전부 또는 일부가 합의충당, 지정충당, 법정충당 등의 방식에 의해 다른 채무에 충당되고 이 사건 채무에는 충당되지 않은 사실을 **재항변**할 수 있다.
  → 피고는 이에 대하여 원고가 주장하는 동종의 채무의 발생원인이 무효사유에 해당하여 그 채무가 아예 발생하지 않았다는 사실, 급부 이전에 이미 변제하여 소멸한 사실 등을 주장하여 **재재항변**할 수 있다.
(4) 채무변제와 영수증교부의무는 동시이행관계에 있으나, 채권증서반환청구권은 채권 전부를 변제한 경우에만 인정된다.5)
(5) 금전채권의 채무자가 채권자에게 담보를 제공한 경우 특별한 사정이 없는 한 채권자는 채무자로부터 채무를 모두 변제받은 다음 담보를 반환하면 될 뿐 채무자의 변제의무와 채권자의 담보 반환의무가 동시이행관계에 있다고 볼 수 없다.6)
(6) 채무의 일부 변제제공은 채무의 본지에 따른 이행의 제공이라 할 수 없고 이행제공의 효력이 발생할 수 없다. 일부 변제공탁은 원고가 이를 출급하지 아니하면 일부 변제의 효력도 없다.

2 변제충당항변

가. 변제충당의 순서

> ☞ 합의충당 → 채무자의 지정변제충당 → 채권자의 지정변제충당 → 법정변제충당

(1) 채무자가 채무의 전액에 미치지 못하는 변제를 하였을 경우 어떠한 채무가 어떠한 비율로 소멸한 것으로 볼 것인가 하는 문제가 변제충당의 문제이다.
(2) 당사자 사이에 변제충당에 관한 약정 내지 합의가 있는 경우[**합의충당(약정변제충당)**]에는 민법규정에 관계없이 제1차적으로 이러한 변제충당에 관한 약정이 적용된다.
(3) 합의충당약정이 없는 경우 민법은 제1차적으로는 변제자가 이를 지정할 수 있고, 변제자가

---

4) 제한능력자의 법정대리인, 채권질권자, 추심채권자, 파산관재인, 채권의 준점유자, 영수증소지자 등 채권자 이외의 사람이 변제수령권을 가지는 경우가 있다.
5) 지불각서와 같은 채권증서는 채무자가 작성하여 채권자에게 교부하는 것이고, 채무자가 채무 전부를 변제하거나 그 밖의 사유로 채권이 소멸한 때에는 채권자에게 채권증서의 반환을 청구할 수 있고(민법 제475조 참조), 이러한 채권증서 반환청구권은 채무 전부를 변제하는 등 채권이 소멸한 경우에 인정되므로, 채권자가 채무자로부터 채권증서를 교부받은 후 이를 다시 채무자에게 반환하였다면 특별한 사정이 없는 한 그 채권은 변제 등의 사유로 소멸하였다고 추정할 수 있다(대법원 2011.11.24. 선고 2011다74550 판결).
6) 대법원 2019.10.31. 선고 2019다247651 판결. 따라서 채권자가 채무자로부터 제공받은 담보를 반환하기 전에도 특별한 사정이 없는 한 채무자는 이행지체 책임을 진다.

지정을 하지 아니하면 변제수령자가 지정할 수 있으며[**지정충당**](제476조), 당사자가 이러한 지정을 하지 않는 경우에는 민법이 정한 순서에 따라 충당된다[**법정충당**](제477조). 또한 비용, 이자 및 원본의 관계에 있어서는 비용, 이자, 원본의 순서로 변제에 충당된다(제479조).7)

(4) 합의충당이나 지정충당이 있었다는 사실은 이를 주장하는 자가 증명하여야 하며, 이를 증명하지 못한 때에는 역시 법정충당의 방법에 의하게 된다. 채무자가 아닌 제3자가 변제를 한 경우에는 제3자가 충당약정을 승인하지 않는 이상 제3자는 이 약정에 구속을 받는 것은 아니므로 민법의 규정에 의한 변제충당이 이루어진다.

(5) 판례는 강제경매나 담보권실행을 위한 경매의 경우에는 임의변제의 경우와 달리 협의에 의한 변제충당의 지정이나 지정 변제충당은 허용될 수 없고 획일적으로 가장 공평 타당한 충당방법인 민법 제477조의 규정에 의한 법정 변제충당의 방법에 따라 충당을 하여야 할 것이라고 한다.

(6) 법정변제충당의 순서를 정함에 있어 기준이 되는 이행기나 변제이익에 관한 사항 등은 구체적 사실로서 자백의 대상이 될 수 있으나, 법정변제충당의 순서 자체는 법률 규정의 적용에 의하여 정하여지는 법률상의 효과여서 그에 관한 진술이 비록 그 진술자에게 불리하더라도 이를 자백이라고 볼 수는 없다.8)

나. 합의충당

(1) 변제충당에 관한 민법 제476조 내지 제479조의 규정은 임의규정이므로 변제자와 변제받는 자 사이에 위 규정과 다른 약정이 있다면 그 약정에 따라 변제충당의 효력이 발생하고, 위 규정과 다른 약정이 없는 경우에 변제의 제공이 그 채무 전부를 소멸하게 하지 못하는 때에는 민법 제476조의 지정변제충당에 의하여 변제충당의 효력이 발생하고 보충적으로 민법 제477조의 법정변제충당의 순서에 따라 변제충당의 효력이 발생한다.9)

(2) 다수의 채무 중 보증인에 의하여 담보되고 있는 채무와 그렇지 않은 채무가 있는 경우에, 채

---

7) 대법원 2020.01.30. 선고 2018다204787 판결 : 비용, 이자, 원본에 대한 변제충당에 관해서는 민법 제479조에 충당 순서가 법정되어 있고 지정변제충당에 관한 민법 제476조는 준용되지 않으므로 당사자가 법정 순서와 다르게 일방적으로 충당 순서를 지정할 수 없다. 민법 제479조에 따라 변제충당을 할 때 지연손해금은 이자와 같이 보아 원본보다 먼저 충당된다. 당사자 사이에 명시적·묵시적 합의가 있다면 법정변제충당의 순서와 달리 인정할 수 있지만 이러한 합의가 있는지는 이를 주장하는 자가 증명할 책임이 있다.
8) 대법원 1998.07.10. 선고 98다6763 판결.
9) 대법원 2010.03.10. 자 2009마1942 결정. 〈참고〉 대법원 2015.06.11. 선고 2012다10386 판결 : 변제충당에 관한 민법 제476조 내지 제479조의 규정은 임의규정이므로 변제자인 채무자와 변제수령자인 채권자는 약정에 의하여 이를 배제하고 제공된 급부를 어느 채무에 어떤 방법으로 충당할 것인가를 결정할 수 있고, 이는 민법 제499조에 의하여 위 규정이 준용되는 상계의 경우에도 마찬가지라고 할 것이다. 변제충당지정은 상대방에 대한 의사표시로써 하여야 하는 것이기는 하나, 채권자와 채무자 사이에 미리 변제충당에 관한 약정이 있고, 그 약정내용이 변제가 채권자에 대한 모든 채무를 소멸시키기에 부족한 때에는 채권자가 적당하다고 인정하는 순서와 방법에 의하여 충당하기로 한 것이라면, 변제수령권자인 채권자가 그 약정에 터 잡아 스스로 적당하다고 인정하는 순서와 방법에 좇아 변제충당을 한 이상 변제자에 대한 의사표시와 관계없이 그 충당의 효력이 있는 것이라고 해석하는 것이 타당하다. 그리고 이러한 법리는 민법 제499조에 의하여 변제충당에 관한 규정이 준용되는 상계의 경우에도 마찬가지로 적용된다.

권자와 채무자가 충당의 합의를 함에 있어서 보증인이 있는 채무를 반드시 먼저 변제하여야 한다고 볼 근거가 없고, 계약자유의 원칙에 의하여 채권자와 채무자는 제공된 급부를 어느 채무에 어떤 방법으로 충당할 것인가를 결정할 수 있으며, 다만 그러한 충당이 보증인에게 현저히 부당하고 신의칙에 반하는 때에는 합의충당의 효력이 부정된다.[10]
  (3) 묵시적 합의충당도 있을 수 있다.[11]
  (4) 변제수령자가 합의충당을 주장할 경우 타 채권의 존재와 변제충당합의의 존재를 증명하여야 한다. 변제자는 **재항변**으로 합의의 무효와 변제자의 지정충당사실을 주장할 수 있다.

다. 지정충당

  (1) 변제자의 지정권 행사(제476조 제1항)
  (2) 변제수령자의 지정권 행사(제476조 제2항)
  (3) 지정충당에 대한 제한(제479조) : 비용, 이자, 원본의 순서로 충당(변경불가)[12]

라. 법정충당

  (1) 변제기의 도래(제477조 제1호)
  (2) 변제이익(제477조 제2호)

> ▷ 보증인이 있는 채무 = 보증인이 없는 채무[13]
> ▷ 이자 있는 채무〉이자 없는 채무, 고율의 이자채무〉저율의 이자채무
> ▷ 물적 담보가 있는 채무〉무담보채무
> ▷ 단순채무〉연대채무[14]
> ▷ 주채무〉보증채무
> ▷ 집행권원이 있는 채무〉그것이 없는 채무
> ▷ 단순한 채무〉동시이행의 항변권이 부착된 채무
> ▷ 어음채무〉원인채무

---

10) 대법원 2010.10.28. 선고 2010다55187 판결.
11) 비용, 이자, 원본에 대한 변제충당에 있어서는 민법 제479조에 그 충당 순서가 법정되어 있고 지정 변제충당에 관한 민법 제476조는 준용되지 않으므로 원칙적으로 비용, 이자, 원본의 순서로 충당하여야 하고, 채무자는 물론 채권자라 할지라도 위 법정 순서와 다르게 일방적으로 충당의 순서를 지정할 수는 없다. 그러나 당사자 사이에 특별한 합의가 있는 경우이거나 당사자의 일방적인 지정에 대하여 상대방이 지체 없이 이의를 제기하지 아니함으로써 묵시적인 합의가 되었다고 보이는 경우에는 그 법정충당의 순서와는 달리 충당의 순서를 인정할 수 있다 (대법원 2009.06.11. 선고 2009다12399 판결).
12) 변제충당지정은 상대방에 대한 의사표시로써 하여야 하나, 채권자와 채무자 사이에 변제충당에 관한 약정이 있고, 그 약정내용이 변제가 채권자에 대한 모든 채무를 소멸시키기에 부족한 때에는 채권자가 적당하다고 인정하는 순서와 방법에 의하여 충당하기로 한 것이라면, 변제수령권자인 채권자가 위 약정에 터 잡아 스스로 적당하다고 인정하는 순서와 방법에 좇아 변제충당을 한 이상 변제자에 대한 의사표시와 관계없이 충당의 효력이 있다고 해석하는 것이 타당하다(대법원 2012.04.13. 선고 2010다1180 판결).
13) 변제자가 주채무자인 경우 보증인이 있는 채무와 보증인이 없는 채무 사이에 전자가 후자에 비하여 변제이익이 더 많다고 볼 근거는 전혀 없으므로 양자는 변제이익의 점에서 차이가 없다고 보아야 한다. 마찬가지로 변제자가 채무자인 경우 물상보증인이 제공한 물적 담보가 있는 채무와 그러한 담보가 없는 채무 사이에도 변제이익의

(3) 이행기가 먼저 도래하였거나 도래할 채무(제477조 제3호)
(4) 안분비례(제477조 제4호)15)

〈사례〉 甲은 乙에게 대여금 1,000만원의 지급을 구하였다. 乙이 위 금원의 변제를 주장하자, 甲은 위 금원의 수령을 인정하면서 위 금원은 甲의 乙에 대한 매매대금채권이 변제된 것이라고 다투는 경우 주장·증명책임의 소재는?
甲의 대여금청구에 대하여 乙이 위 금원의 수령사실은 인정하나, 대여금이 아니라 乙의 甲에 대한 물품대금의 변제조로 수령하였다고 주장하는 경우는 어떠한가?

〈판단〉 채무자가 특정한 채무의 변제조로 금원 등을 지급한 사실을 주장함에 대하여, 채권자가 이를 수령한 사실을 인정하고서 다만 타 채무의 변제에 충당하였다고 주장하는 경우에는, 채권자는 타 채권이 존재하는 사실과 타 채권에 대한 변제충당의 합의가 있었다거나 타 채권이 법정충당의 우선순위에 있다는 사실을 주장·증명하여야 한다.16)

채무자가 동일한 채권자에 대하여 같은 종류를 목적으로 한 수개의 채무를 부담한 경우에 변제를 제공하면서 당사자가 변제에 충당할 채무를 지정하지 아니한 때에는 민법 제477조의 규정에 따라 법정변제충당되고, 특히 민법 제477조 제4호에 의하면 법정변제충당의 순위가 동일한 경우에는 각 채무액에 안분비례하여 각 채무의 변제에 충당된다. 따라서 위 안분비례에 의한 법정변제충당과는 달리, 그 법정변제충당에 의하여 부여되는 법률효과 이상으로 자신에게 유리한 변제충당의 지정 또는 변제충당의 합의가 있다거나 당해 채무가 법정변제충당에서 우선순위에 있으므로 당해 채무에 전액 변제충당되었다고 주장하는 자는 그 사실을 주장·증명할 책임을 부담하고, 이 경우 위 사실을 주장하는 자가 그 증명을 다하지 못하였다면 당연히 각 채무액에 안분비례하여 법정충당이 행하여지는 것이다.17)

점에서 차이가 없다(대법원 2014.04.30. 선고 2013다8250 판결)
14) 특별한 사정이 없는 한 변제자가 타인의 채무에 대한 보증인으로서 부담하는 보증채무(연대보증채무도 포함)는 변제자 자신의 채무에 비하여 변제자에게 그 변제의 이익이 적다고 보아야 한다(대법원 2002.07.12. 선고 99다68652 판결).
15) 대법원 2013.09.12. 선고 2012다118044 판결 : 채무자가 동일한 채권자에 대하여 같은 종류를 목적으로 한 수개의 채무를 부담한 경우에 변제의 제공에 있어서 당사자가 변제에 충당할 채무를 지정하지 아니한 때에는 민법 제477조의 규정에 따라 법정변제충당되는 것이고 특히 민법 제477조 제4호에 의하면 법정변제충당의 순위가 동일한 경우에는 각 채무액에 안분비례하여 각 채무의 변제에 충당되는 것이므로, 위 안분비례에 의한 법정변제충당과는 달리, 그 법정변제충당에 의하여 부여되는 법률효과 이상으로 자신에게 유리한 변제충당의 지정, 당사자 사이의 변제충당의 합의가 있다거나 또는 당해 채무가 법정변제충당에 있어 우선순위에 있어서 당해 채무에 전액 변제충당되었다고 주장하는 자는 그 사실을 주장·증명할 책임을 부담하고, 이 경우 위 사실을 주장하는 자가 변제충당의 지정 또는 변제충당의 합의가 있었다거나 당해 채무가 법정변제충당에 있어 우선순위에 있어서 당해 채무에 전액 변제되었다는 점에 관하여 증명을 다하지 못하였다면 당연히 각 채무액에 안분비례하여 법정충당이 행하여지는 것이다. 한편 변제자(채무자)와 변제수령자(채권자)는 변제로 소멸한 채무에 관한 보증인 등 이해관계 있는 제3자의 이익을 해하지 않는 이상 이미 급부를 마친 뒤에도 기존의 충당방법을 배제하고 제공된 급부를 어느 채무에 어떤 방법으로 다시 충당할 것인가를 약정할 수 있다고 할 것이다.
16) 대법원 2014.01.23. 선고 2011다108095 판결.
17) 대법원 2013.02.15. 선고 2012다81913 판결.

> [참고] 가지급금과 변제충당
> ① 가집행선고가 붙은 판결에 기한 가지급금의 지급에 의하여 채권이 소멸되는 효과는 그 판결이 확정된 때에 비로소 발생한다. 가집행선고로 인한 변제의 효력은 상소심에서 그 가집행의 선고 또는 본안판결이 취소되는 것을 해제조건으로 하여 발생한다.
> ② 가집행선고로 인한 가지급물은 원래 종국적인 변제의 효과가 있는 것이 아닌데도 원고 스스로 그 공제를 주장하는 이상 그 공제방법은 법정변제충당의 법리에 따를 것이 아니라 원고의 주장에 따라야 한다.18)
> ③ 가집행선고로 인한 강제집행을 면하기 위하여 채무자가 채권자에게 금원을 지급하였으나 그 가지급금의 액수가 채무자가 채권자에게 지급하여야 할 정당한 금원(최종적으로 확정된 금원)인 원본 및 지연손해금 합계액에 미치지 못하였다면, 그 가지급금으로는 특별한 사정이 없는 한, 민법 소정의 변제충당의 법리에 따라 채무자가 채권자에게 지급하여야 할 정당한 금원에 관하여 지연손해금, 원본의 순서로 변제에 충당되어야 한다.19)

3 변제공탁의 항변

가. 요건사실

> ❶ 공탁원인의 존재(민법 제487조) : 수령거절, 수령불능, (상대적)채권자불확지20)
> ❷ 채무 전부에 대한 공탁이 있는 사실

나. 일부공탁 및 조건부 공탁

(1) 원칙적으로 유효한 공탁이 될 수 없고 이러한 공탁의 주장은 항변이 아닌 부인에 불과하다.
(2) 일부공탁의 경우 → 채권자가 공탁금을 채권의 일부에 충당한다는 유보의 의사표시를 하고 이를 수령한 경우에는 일부 변제의 효력이 발생하고, 채무자가 채무 전액을 밝히고 공탁하였으나 채권자가 별다른 이의 없이 그 공탁금을 수령한 경우에는 전부 변제의 효력이 발생한다.
(3) 조건부 공탁의 경우 → 채무자가 채권자에 대하여 동시이행의 항변권을 가지는 등 채권자에게 반대급부 등의 조건을 이행할 의무가 있는 경우, 채권자가 별다른 이의 없이 조건을 이행하고 공탁금을 수령한 경우에는 유효한 변제가 된다.

---

18) 대법원 1994.07.29. 선고 92다30801 판결.
19) 대법원 2010.01.28. 선고 2009다40349 판결.
20) 권자가 누구인지 전혀 알 수 없는 절대적 채권자불확지를 원인으로 한 변제공탁은 민법상 인정되지 않는다.

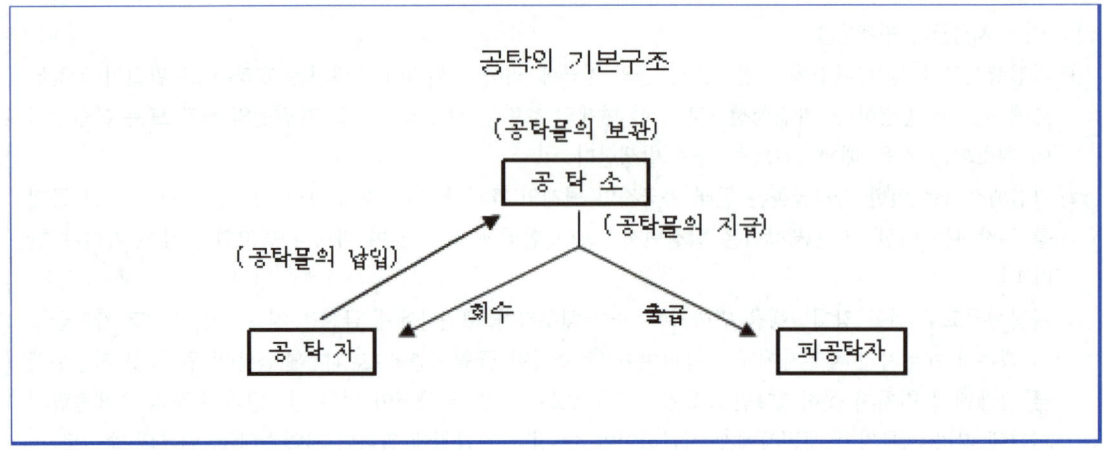

⟨공탁 관련 주요 판례⟩

(1) 공탁관의 처분에 대하여 불복이 있는 때에는 공탁법이 정한 바에 따라 이의신청과 항고를 할 수 있고, 공탁관에 대하여 공탁법이 정한 절차에 의하여 공탁금지급청구를 하지 아니하고 직접 민사소송으로써 국가를 상대로 공탁금지급청구를 할 수는 없다.[21]

(2) 공탁은 반드시 법령에 근거하여야 하고 당사자가 임의로 할 수 없는 것이므로, 금전채권의 채무자가 공탁의 방법에 의한 채무의 지급을 약속하더라도 채권자가 채무자에게 이러한 약정에 기하여 공탁할 것을 청구하는 것은 허용되지 않는다.[22]

(3) 일단 공탁관의 공탁금 출급인가처분이 있고 그에 따라 공탁금이 출급되었다면 설사 이를 출급받은 자가 진정한 출급청구권자가 아니라 하더라도 이로써 공탁법상의 공탁절차는 종료되었다 할 것이고, 따라서 원래의 진정한 공탁금 출급청구권자라 하더라도 공탁사무를 관장하는 국가를 상대로 하여 민사소송으로 그 공탁금의 지급을 구할 수는 없다.[23]

(4) 변제공탁이 적법한 경우에는 채권자가 공탁물 출급청구를 하였는지 여부와는 관계없이 공탁을 한 때에 변제의 효력이 발생하나, 변제공탁자가 공탁물 회수권의 행사에 의하여 공탁물을 회수한 경우에는 공탁하지 아니한 것으로 보아 채권소멸의 효력은 소급하여 없어진다.[24]

(5) 가집행선고부 판결에 기한 공탁은 채무를 확정적으로 소멸시키는 원래의 변제공탁이 아니고 상소심에서 가집행선고 또는 본안판결이 취소되는 것을 해제조건으로 하는 것이므로 가집행선고부 판결이 선고된 후 피고가 판결인용금액을 변제공탁하였다 하더라도 원고가 이를 수령하지 아니한 이상, 그와 같이 공탁된 돈 자체를 가집행선고로 인한 지급물이라고 할 수 없다.[25]

---

21) 대법원 2013.07.25. 선고 2012다204815 판결.
22) 대법원 2014.11.13. 선고 2012다52526 판결.
23) 대법원 1993.07.13. 선고 91다39429 판결.
24) 대법원 2014.05.29. 선고 2013다212295 판결. 이와 같이 채권소멸의 효력을 소급적으로 소멸시키는 공탁물의 회수에는 공탁자에 의하여 이루어진 경우뿐만 아니라, 제3자가 공탁자에게 대하여 가지는 별도 채권의 집행권원으로써 공탁자의 공탁물 회수청구권에 대하여 압류 및 추심명령을 받아 그 집행으로 공탁물을 회수한 경우도 포함된다.

(6) 채권가압류명령과 채권양도통지가 동시에 제3채무자에게 송달된 경우, 제3채무자는 송달의 선후가 불명한 경우에 준하여 채권자를 알 수 없다는 이유로 **변제공탁**을 할 수도 있고, 또한 민사집행법 제291조, 제248조 제1항에 의하여 가압류에 관련된 금전채권에 대한 **집행공탁**을 할 수도 있으며, 위와 같은 사유를 들어 채권자 불확지 변제공탁과 집행공탁을 합한 **혼합공탁**을 할 수도 있다. 한편 공탁자는 자기의 책임과 판단 하에 변제공탁이나 집행공탁 또는 혼합공탁을 선택하여 할 수 있으므로, 제3채무자가 그중 어느 공탁을 한 것인지는 피공탁자의 지정 여부, 공탁의 근거조문, 공탁사유, 공탁사유신고 등을 종합적·합리적으로 고려하여 판단할 것이다.26)

(7) 채무자가 공탁원인이 있어서 공탁에 의하여 그 채무를 면하려면 채무액 전부를 공탁하여야 할 것이고, 일부의 공탁은 그 채무를 변제함에 있어서 일부의 제공이 유효한 제공이라고 시인될 수 있는 특별한 사정이 있는 경우를 제외하고는 채권자가 이를 수락하지 아니하는 한 그에 상응하는 효력을 발생할 수 없다. 또한 변제공탁이 적법한 경우에는 채권자가 공탁물 출급청구를 하였는지의 여부와는 관계없이 그 공탁을 한 때에 변제의 효력이 발생한다고 할 것이고, 그 후 공탁물 출급청구권에 대하여 가압류 집행이 되더라도 그 변제의 효력에 영향을 미치지 아니한다.27)

(8) 금전채권에 대한 가압류를 원인으로 제3채무자가 민사집행법 제291조, 제248조 제1항에 따라 공탁을 하면 공탁에 따른 채무변제 효과로 당초의 피압류채권인 채무자의 제3채무자에 대한 금전채권은 소멸하고, 대신 채무자는 공탁금출급청구권을 취득하며, 가압류의 효력은 그 청구채권액에 해당하는 공탁금액에 대한 채무자의 공탁금출급청구권에 대하여 존속한다 (민사집행법 제297조).28)

---

25) 대법원 2011.09.29. 선고 2011다17847 판결. 따라서 피고가 가집행선고부 제1심판결에 기한 판결인용금액을 변제공탁한 후 항소심에서 제1심판결의 채무액이 일부 취소되었다 하더라도 그 차액이 가집행선고의 실효에 따른 반환대상이 되는 가지급물이라고 할 수 없다. 다만 그 차액에 대해서는 공탁원인이 소멸된 것이므로 공탁자인 피고로서는 공탁원인의 소멸을 이유로 그에 해당하는 공탁금을 회수할 수 있다. 그리고 이러한 법리는 판결금채권에 대하여 채권가압류가 있어 제3채무자인 피고가 민사집행법 제291조에 의해 준용되는 같은 법 제248조 제1항에 근거하여 가압류를 원인으로 한 공탁을 한 경우에도 마찬가지로 적용된다.
26) 대법원 2013.04.26. 선고 2009다89436 판결. 변제공탁사유와 집행공탁사유가 함께 발생한 경우 채무자는 혼합공탁을 할 수 있다. 혼합공탁은 변제공탁에 관련된 새로운 채권자에 대해서는 변제공탁으로서 효력이 있고 집행공탁에 관련된 압류채권자 등에 대해서는 집행공탁으로서 효력이 있으며, 이 경우에도 적법한 공탁으로 채무자의 채무는 소멸한다(대법원 2018.10.12. 선고 2017다221501 판결).
27) 대법원 2012.03.15. 선고 2011다83776 판결 : 변제공탁이 유효하려면 채무 전부에 대한 변제의 제공 및 채무 전액에 대한 공탁이 있음을 요하고 채무 전액이 아닌 일부에 대한 공탁은 그 부분에 관하여서도 효력이 생기지 않으나, 채권자가 공탁금을 채권의 일부에 충당한다는 유보의 의사표시를 하고 이를 수령한 때에는 그 공탁금은 채권의 일부의 변제에 충당된다.
28) 대법원 2019.01.31. 선고 2015다26009 판결.

4 변제자대위

> ☞ 요건사실
> ❶ 일정한 채무의 존재 사실
> ❷ 대위변제자가 변제 등 자기의 출재로 채무자의 채무를 면하게 한 사실
> ❸ 대위변제에게 변제할 정당한 이익이 있는 사실(법정대위)
> ❸ 대위변제자가 변제와 동시에 채권자의 승낙을 얻은 사실 + 대위변제자가 임의대위 사실을 채무자에게 통지하거나 채무자의 승낙을 받은 사실(임의대위)

가. 의 의

채무자 아닌 사람이 채무자를 위하여 변제하는 등으로 채권자에게 만족을 준 경우에 채무자에 대하여 가는 구상권을 확보하기 위하여, 본래 변제 등에 의하여 소멸한 채권자의 채권(원채권) 및 담보권을 법의 힘으로 그대로 존속하는 것으로 의제하고 이를 구상권자로 하여금 행사시키는 것.[29]

나. 요 건

(1) 변제에 의하여 채권자에게 만족을 주어야 한다.
(2) 변제자가 채무자에 대하여 구상권을 취득하여야 한다.[30]
(3) 변제할 정당한 이익이 있거나(법정대위)[31] 채권자의 승낙이 있어야 한다(임의대위).[32]

---

[29] 민법 제481조, 제482조에서 규정하고 있는 변제자대위는 제3자 또는 공동채무자의 한 사람이 주채무를 변제함으로써 채무자 또는 다른 공동채무자에 대하여 갖게 된 구상권의 효력을 확보하기 위한 제도이므로, 대위에 의한 원채권 및 담보권의 행사 범위는 구상권의 범위로 한정된다(대법원 2020.02.06. 선고 2019다270217 판결).

[30] 변제자대위에 관한 민법 제481조, 제482조에 의하면 물상보증인은 자기의 권리에 의하여 구상할 수 있는 범위에서 채권 및 담보에 관한 권리를 행사할 수 있으므로, 물상보증인이 채무를 변제하거나 저당권의 실행으로 저당물의 소유권을 잃었더라도 다른 사정에 의하여 채무자에 대하여 구상권이 없는 경우에는 채권자를 대위하여 채권자의 채권 및 담보에 관한 권리를 행사할 수 없다. 따라서 실질적인 채무자와 실질적인 물상보증인이 공동으로 담보를 제공하여 대출을 받으면서 실질적인 물상보증인이 저당권설정등기에 자신을 채무자로 등기하도록 한 경우, 실질적 물상보증인인 채무자는 채권자에 대하여 채무자로서의 책임을 지는지와 관계없이 내부관계에서는 실질적 채무자인 물상보증인이 변제를 하였더라도 그에 대하여 구상의무가 없으므로, 실질적 채무자인 물상보증인이 채권자를 대위하여 실질적 물상보증인인 채무자에 대한 담보권을 취득한다고 할 수 없다. 그리고 이러한 법리는 실질적 물상보증인인 채무자와 실질적 채무자인 물상보증인 소유의 각 부동산에 공동저당이 설정된 후에 실질적 채무자인 물상보증인 소유의 부동산에 후순위저당권이 설정되었다고 하더라도 다르지 아니하다. 이와 같이 물상보증인이 채무자에게 구상권이 없어 변제자대위에 의하여 채무자 소유의 부동산에 대한 선순위공동저당권자의 저당권을 대위취득할 수 없는 경우에는 물상보증인 소유의 부동산에 대한 후순위저당권자는 물상대위할 대상이 없으므로 채무자 소유의 부동산에 대한 선순위공동저당권자의 저당권에 대하여 물상대위를 할 수 없다(대법원 2015.11.27. 선고 2013다41097,41103 판결).

[31] 민법 제481조에 의하여 법정대위를 할 수 있는 '변제할 정당한 이익이 있는 자'라고 함은 변제함으로써 당연히 대위의 보호를 받아야 할 법률상의 이익을 가지는 자를 의미한다. 그런데 이행인수인이 채무자와의 이행인수약정에 따라 채권자에게 채무를 이행하기로 약정하였음에도 불구하고 이를 이행하지 아니하는 경우에는 채무자에 대하여 채무불이행의 책임을 지게 되어 특별한 법적 불이익을 입게 될 지위에 있다고 할 것이므로, 이행인수

다. 효 과

(1) 대위자와 채무자의 관계 : 대위자는 자기의 권리에 기하여 구상할 수 있는 범위에서 채권 및 그 담보에 관한 권리를 행사할 수 있고, 채무자는 종전의 채권자에 대항할 수 있었던 모든 사유를 가지고 대위자에게 대항할 수 있다.33)

(2) 대위자 상호간의 관계 : 제482조 제2항

(3) 대위자와 채권자의 관계 : 채권자는 대위자에 대하여 대위로 취득한 권리의 행사와 실현에 협력할 의무를 부담한다(제485조).

> [참고] 물상보증인과 제3취득자 사이의 변제자대위
>
> 민법 제481조는 "변제할 정당한 이익이 있는 자는 변제로 당연히 채권자를 대위한다."라고 규정하고, 민법 제482조 제1항은 "전조의 규정에 의하여 채권자를 대위한 자는 자기의 권리에 의하여 구상할 수 있는 범위에서 채권 및 그 담보에 관한 권리를 행사할 수 있다."라고 규정하며, 같은 조 제2항은 "전항의 권리행사는 다음 각 호의 규정에 의하여야 한다."라고 규정하고 있으나, 그중 물상보증인과 제3취득자 사이의 변제자대위에 관하여는 명확한 규정이 없다.
>
> 그런데 보증인과 제3취득자 사이의 변제자대위에 관하여 민법 제482조 제2항 제1호는 "보증인은 미리 전세권이나 저당권의 등기에 그 대위를 부기하지 아니하면 전세물이나 저당물에 권리를 취득한 제3자에 대하여 채권자를 대위하지 못한다."라고 규정하고, 같은 항 제2호는 "제3취득자는 보증인에 대하여 채권자를 대위하지 못한다."라고 규정하고 있다. 한편 민법 제370조, 제341조에 의하면 물상보증인이 채무를 변제하거나 담보권의 실행으로 소유권을 잃은 때에는 '보증채무'에 관한 규정에 의하여 채무자에 대한 구상권을 가지고, 민법 제482조 제2항 제5호에 따르면 물상보증인과 보증인 상호 간에는 그 인원수에 비례하여 채권자를 대위하게 되어 있을 뿐 이들 사이의 우열은 인정하고 있지 아니하다.
>
> 위와 같은 규정 내용을 종합하여 보면, 물상보증인이 채무를 변제하거나 담보권의 실행으로 소유권을 잃은 때에는 보증채무를 이행한 보증인과 마찬가지로 채무자로부터 담보부동산을 취득한 제3자에 대하여

인은 그 변제를 할 정당한 이익이 있다(대법원 2012.07.16. 자 2009마461 결정).

32) 채무자를 위하여 변제한 자는 변제와 동시에 채권자의 승낙을 얻어 채권자를 대위할 수 있는바(제480조 제1항), 여기에서 채권자의 승낙은 반드시 명시적일 필요가 없고, 변제의 동기 내지 이유와 그 과정, 변제받음에 있어 채권자가 보인 태도, 변제 후의 사정 등 여러 사정을 두루 참작하여 그 승낙이 있은 것으로 추단될 수 있으면 된다. 그리고 이 경우 채권자가 그 변제 내지 대위 사실을 채무자에게 통지하거나 채무자가 승낙하지 않으면 채무자 기타 제3자에게 대항하지 못하는 것이나(제480조 제2항, 제450조 제1항), 그 채무자의 승낙은 법률행위의 일반원칙에 따라 대리인이 대리할 수 있다. 또한 그 통지나 승낙은 확정일자 있는 증서에 의하지 아니하면 채무자 이외의 제3자에게 대항하지 못하는 것이지만(제480조 제1항, 제450조 제2항), 그 제3자는 대위변제의 목적인 채권 그 자체에 관하여 대위변제자와 양립할 수 없는 법률상 지위에 있는 자만을 가리킨다(대법원 2011.04.15. 자 2010마1447 결정).

33) 대법원 2014.05.16. 선고 2013다202755 판결 : 채권의 일부에 대하여 대위변제가 있는 경우에 대위자는 민법 제483조 제1항에 따라 그 변제한 가액에 비례하여 종래 채권자가 가지고 있던 채권 및 담보에 관한 권리를 취득하고, 수인이 시기를 달리하여 근저당권 피담보채무의 일부씩을 대위변제하여 피담보채무액을 모두 대위변제한 후 근저당권 일부이전의 부기등기를 각 경료한 경우에 대위변제자들은 그 변제한 가액에 비례하여 근저당권 전체를 준공유하므로, 그들이 근저당권을 실행하여 배당받는 경우에는 구상채권액 범위 내에서 대위변제가 없었다면 종전의 근저당권자가 배당받을 수 있는 금액을 각 변제채권액에 비례하여 안분 배당받아야 한다.

34) 대법원 2014.12.18. 선고 2011다50233 전원합의체 판결.

> 구상권의 범위 내에서 출재한 전액에 관하여 채권자를 대위할 수 있는 반면, 채무자로부터 담보부동산을 취득한 제3자는 채무를 변제하거나 담보권의 실행으로 소유권을 잃더라도 물상보증인에 대하여 채권자를 대위할 수 없다고 보아야 한다. 만일 물상보증인의 지위를 보증인과 다르게 보아서 물상보증인과 채무자로부터 담보부동산을 취득한 제3자 상호 간에는 각 부동산의 가액에 비례하여 채권자를 대위할 수 있다고 한다면, 본래 채무자에 대하여 출재한 전액에 관하여 대위할 수 있었던 물상보증인은 채무자가 담보부동산의 소유권을 제3자에게 이전하였다는 우연한 사정으로 이제는 각 부동산의 가액에 비례하여서만 대위하게 되는 반면, 당초 채무 전액에 대한 담보권의 부담을 각오하고 채무자로부터 담보부동산을 취득한 제3자는 그 범위에서 뜻하지 않은 이득을 얻게 되어 부당하다.34)

5 대물변제와 대물변제예약

(1) 대물변제가 채무소멸의 효력을 발생하려면 채무자가 본래의 이행을 갈음하여 행하는 다른 급부가 현실적인 것이어야 하고 그 경우 다른 급부가 부동산소유권이전인 경우에는 소유권이전등기를 마쳐야 한다.
(2) 민법 제806조, 제708조는 소비대차계약 또는 준소비대차계약에 의하여 차주가 반환할 차용물에 관하여 대물반환의 예약이 있는 경우에 모두 적용된다.
(3) 대물변제의 경우에는 그 시가가 그 채무의 원리금을 초과하더라도 민법 제607조, 제608조가 적용되지 아니한다.

[4] 소멸시효 항변의 소송상 취급

<소멸시효항변과 관련된 소송 진행의 구도>

☞ 이행청구 ⇨
　　　　　　⇦ 소멸시효완성 항변
　재항변 ⇨
○ 소멸시효의 중단 ⇦ 재재항변
▷ 재판상 청구 ← 소 각하·취하, 청구 기각된 사실.
▷ 최고 ← 6월 내 재판상의 청구, 압류 또는 가압류, 가처분을 하지 않은 사실.
▷ 압류, 가압류, 가처분 ← 압류 등 명령이 이의신청의 결과 취소된 사실.
▷ 승인 ← 상대방의 권리에 관한 '관리'능력이나 권한 없는 자에 의한 승인이라는 사실.
○ 소멸시효이익의 포기 ← 시효완성사실을 모르고 한 포기
　← 처분권한이나 능력이 없는 자에 의한 시효이익의 포기 사실

<소멸시효완성 항변의 요건사실>
❶ 권리자가 당해 권리를 행사할 수 있었던 때(기산점)로부터
❷ 일정한 시효기간이 경과한 사실

1 소멸시효의 항변과 변론주의

가. 변론주의가 적용되는 경우

(1) 소멸시효에 있어서 그 시효기간이 만료되면 권리는 시효원용 없이도 당연히 소멸하지만(소위 '절대적 소멸설') 그 시효의 이익을 받는 자가 소송에서 소멸시효의 주장을 하지 아니하면 그 의사에 반하여 재판할 수 없다.[1]

(2) <u>소멸시효의 기산일은 변론주의의 적용대상이고</u>,[2] 따라서 본래의 소멸시효 기산일과 당사자가 주장하는 기산일이 서로 다른 경우에는 <u>변론주의의 원칙상 법원은 당사자가 주장하는 기산일을 기준으로 소멸시효를 계산하여야 한다</u>.[3]

---

1) 대법원 1991.07.26. 선고 91다5631 판결. '상대방에 대한 시효 원용의 의사표시'가 소멸시효의 실체법적 요건사실은 아니나, 변론주의 원칙상 소송에서 '소멸시효 항변'의 주장은 있어야 한다. 소멸시효 항변은 권리항변으로 주장공통의 원칙의 예외.
2) 소멸시효 기산일이 원고의 청구원인사실로서 주장된 경우에는 피고의 소멸시효 항변 단계에서 다시 주장할 필요는 없으나 그렇지 않은 경우에는 시효이익을 주장하는 채무자가 주장·증명책임을 진다.
3) 이는 당사자가 본래의 기산일보다 뒤의 날짜를 기산일로 하여 주장하는 경우는 물론이고, 특별한 사정이 없는 한 그 반대의 경우에 있어서도 마찬가지다(대법원 2009.12.24. 선고 2009다60244 판결). <u>피고는 위 물품대금 채무에 대하여 거래 종료 시점인 1990. 9. 30.을 기산점으로 하여 소멸시효 완성의 항변을 하고 있음이 명백하다. 그런데도 원심은 그로부터 6개월 후인 1991. 3. 30.을 기산점으로 하여 소멸시효 기간을 산정하였는바, 위 양 기간 사이에</u>

(3) 소멸시효 중단 후 시효의 재진행에 관하여도 변론주의가 적용된다.[4]
(4) 시효기간이 경과되지 않았다는 주장은 **부인**에 불과하다.
(5) 동일한 목적을 달성하기 위하여 복수의 채권을 가진 채권자가 어느 하나의 채권만을 행사하는 것이 명백한 경우, 채무자의 소멸시효 완성 항변은 채권자가 행사하는 당해 채권에 대한 항변으로 본다.[5]
(6) 주채무의 소멸시효완성으로 보증채무 소멸[6]
(7) 소멸시효가 완성된 채권을 자동채권으로 한 상계는 허용된다(제495조).[7]

나. 변론주의가 적용되지 않는 경우

(1) 어떤 권리의 소멸시효기간이 얼마나 되는지에 관한 주장은 단순한 법률상의 주장에 불과하므로 변론주의의 적용대상이 되지 않고 법원이 직권으로 판단할 수 있다.[8]
(2) 그 권리가 소멸시효에 걸린다거나 걸리지 않는다는 주장은 법률문제에 관한 주장으로 법원이 직권으로 판단한다.

다. 소멸시효 항변과 신의칙

(1) 소멸시효 완성 주장이 권리남용에 해당하여 허용되지 않는 경우[9]

동일성이 있다고는 볼 수 없다 할 것이므로 이는 당사자가 주장하지 아니한 사실을 인정한 것이어서 변론주의에 위배되고 나아가 판결 결과에도 영향을 미쳤다 할 것이다(대법원 1995.08.25. 선고 94다35886 판결).
4) 대법원 2006.09.22. 선고 2006다22852 판결.
5) 대법원 2013.02.15. 선고 2012다68217 판결. 채권자가 동일한 채무자에 대하여 수 개의 손해배상채권을 가지고 있다고 하더라도 그 손해배상채권들이 발생시기와 발생원인 등을 달리하는 별개 채권인 이상 이는 별개 소송물에 해당하고, 그 손해배상채권들은 각각 소멸시효 기산일이나 채무자가 주장할 수 있는 항변이 다를 수도 있으므로, 이를 소송으로 청구하는 채권자로서는 손해배상채권별로 청구금액을 특정하여야 하고, 법원도 이에 따라 손해배상채권별로 인용금액을 특정하여야 하며, 이러한 법리는 채권자가 수 개의 손해배상채권들 중 일부만을 청구하고 있는 경우에도 마찬가지이다(대법원 2017.11.23. 선고 2017다251694 판결).
6) 대법원 2018.05.15. 선고 2016다211620 판결 : 보증채무에 대한 소멸시효가 중단되는 등의 사유로 완성되지 아니하였다고 하더라도 주채무에 대한 소멸시효가 완성된 경우에는 시효완성의 사실로 주채무가 소멸하므로 **보증채무의 부종성**에 따라 보증채무 역시 당연히 소멸되는 것이 원칙이다. 다만 **보증채무의 부종성을 부정하여야 할 특별한 사정이 있는 경우**에는 예외적으로 보증인은 주채무의 시효소멸을 이유로 보증채무의 소멸을 주장할 수 없으나, 특별한 사정을 인정하여 보증채무의 본질적인 속성에 해당하는 부종성을 부정하려면 보증인이 주채무의 시효소멸에도 불구하고 보증채무를 이행하겠다는 의사를 표시하거나 채권자와 그러한 내용의 약정을 하였어야 하고, 단지 보증인이 주채무의 시효소멸에 원인을 제공하였다는 것만으로는 보증채무의 부종성을 부정할 수 없다.
7) 매도인이나 수급인의 담보책임을 기초로 한 손해배상채권의 제척기간이 지난 경우에도 제척기간이 지나기 전 상대방의 채권과 상계할 수 있었던 경우에는 매수인이나 도급인은 민법 제495조를 유추적용해서 위 손해배상채권을 자동채권으로 해서 상대방의 채권과 상계할 수 있다(대법원 2019.03.14. 선고 2018다255648 판결).
8) 대법원 2017.03.22. 선고 2016다258124 판결. 당사자가 민법에 따른 소멸시효기간을 주장한 경우에도 법원은 직권으로 상법에 따른 소멸시효기간을 적용할 수 있다.
9) 대법원 2018.05.15. 선고 2016다269964,269971 판결. 채무자의 소멸시효에 기초한 항변권의 행사도 우리 민법의 대원칙인 신의성실의 원칙과 권리남용금지의 원칙의 지배를 받는 것이어서, ① 채무자가 시효완성 전에 채권자의 권리행사나 시효중단을 불가능 또는 현저히 곤란하게 하였거나, ② 그러한 조치가 불필요하다고 믿게 하는 행동을 하였거나, ③ 객관적으로 채권자가 권리를 행사할 수 없는 장애사유가 있었거나, 또는 ④ 일단 시효완성 후에 채무자가 시효를 원용하지 아니할 것 같은 태도를 보여 권리자로 하여금 그와 같이 신뢰하게 하였거나, ⑤ 채권자보호의 필요성이 크고 같은 조건의 다른 채권자가 채무의 변제를 수령하는 등의 사정이 있어 채무이행의 거절을

(2) 채권자에게 권리의 행사를 기대할 수 없는 객관적인 사실상의 장애사유가 있었던 경우에도 그러한 장애가 해소된 때에는 그로부터 상당한 기간 내에 권리를 행사하여야만 채무자의 소멸시효의 항변을 저지할 수 있다. 다만 위와 같이 신의성실의 원칙을 들어 시효 완성의 효력을 부정하는 것은 법적 안정성의 달성, 입증곤란의 구제, 권리행사의 태만에 대한 제재를 그 이념으로 삼고 있는 소멸시효 제도에 대한 대단히 예외적인 제한에 그쳐야 할 것이므로, 위 권리행사의 '상당한 기간'은 특별한 사정이 없는 한 민법상 시효정지의 경우에 준하여 단기간으로 제한되어야 하고, 특히 불법행위로 인한 손해배상청구 사건에서는 매우 특수한 개별 사정이 있어 그 기간을 연장하여 인정하는 것이 부득이한 경우에도 민법 제766조 제1항이 규정한 단기소멸시효기간인 3년을 넘어서는 아니 된다.[10]

(3) 국가기관의 위법행위로 유죄확정판결을 받았으나 재심절차에서 무죄판결이 확정될 때까지 채무자인 국가의 소멸시효 완성 항변은 신의성실의 원칙에 반하여 권리남용으로 허용될 수 없다.[11]

2 시효의 원용권자

가. 시효원용권자가 될 수 있는 경우

(1) 사해행위의 수익자[12]
(2) 가등기에 기한 소유권이전등기청구권이 시효의 완성으로 소멸되었다면 그 가등기 이후에 그 부동산을 취득한 제3자(채권담보의 목적으로 매매예약의 형식을 빌어 소유권이전청구권 보전을 위한 가등기가 경료된 부동산을 양수하여 소유권이전등기를 마친 제3자)는 그 소유권에 기한 방해배제청구로서 그 가등기권자에 대하여 본등기청구권의 소멸시효를 주장하여 그 등기의 말소를 구할 수 있다.[13]
(3) 유치권이 성립된 부동산의 매수인은 피담보채권의 소멸시효가 완성되면 시효로 인하여 채무가 소멸되는 결과 직접적인 이익을 받는 자에 해당하므로 소멸시효의 완성을 원용할 수 있는 지위에 있다.[14]

인정함이 현저히 부당하거나 불공평하게 되는 등의 특별한 사정이 있는 경우에는 채무자가 소멸시효의 완성을 주장하는 것이 신의성실의 원칙에 반하여 권리남용으로서 허용될 수 없다. 다만 실정법에 정하여진 개별 법제도의 구체적 내용에 좇아 판단되는 바를 신의칙과 같은 법원칙을 들어 배제 또는 제한하는 것은 법의 해석·적용에서 구현되어야 할 중요한 기본적인 법가치의 하나인 법적 안정성을 후퇴시킬 우려가 없지 않다. 특히 소멸시효 제도는 법률관계에 불명확한 부분이 필연적으로 내재할 수밖에 없는 점을 감안하여 그 법률관계의 주장에 일정한 시간적 한계를 설정함으로써 그에 관한 당사자 사이의 다툼을 종식시키려는 것을 취지로 하므로, 애초 그 제도가 누구에게나 무차별적·객관적으로 적용되는 시간의 경과가 1차적인 의미를 가지는 것임을 고려하면, 법적 안정성의 요구는 더욱 뚜렷하게 제기된다. 따라서 신의칙을 들어 소멸시효의 적용을 배제하거나 제한하는 데에는 신중할 필요가 있다(대법원 2016.10.27. 선고 2016다224183,224190 판결).

10) 대법원 2017.12.05. 선고 2017다252987,252994 판결.
11) 대법원 2019.01.31. 선고 2016다258148 판결.
12) 대법원 2007.11.29. 선고 2007다54849 판결.
13) 대법원 1991.03.12. 선고 90다카27570 판결.
14) 다만 유치권이 성립된 부동산의 매수인은 피담보채권의 소멸시효가 완성되면 시효로 인하여 채무가 소멸되는

(4) 물상보증인[15]

〈사례〉 乙 소유의 부동산에 丙 앞으로 채권담보의 목적으로 가등기가 마쳐진 후 甲이 위 부동산을 취득하였다. 이 사건 가등기담보권의 피담보채권에 대한 소멸시효가 완성된 후에 乙이 丙 앞으로 위 가등기에 기하여 본등기를 마쳐줌으로써 피담보채권에 대한 소멸시효이익을 포기하였다.
甲이 위 피담보채권의 소멸시효를 주장하면서 소유권에 기하여 丙을 상대로 위 부동산의 인도를 구할 수 있는가?

☞ 소멸시효를 원용할 수 있는 사람은 권리의 소멸에 의하여 직접 이익을 받는 사람에 한정되는바, 채권담보의 목적으로 매매예약의 형식을 빌어 소유권이전청구권 보전을 위한 가등기가 경료된 부동산을 양수하여 소유권이전등기를 마친 제3자는 당해 가등기담보권의 피담보채권의 소멸에 의하여 직접 이익을 받는 자이므로, 그 가등기담보권에 의하여 담보된 채권의 채무자가 아니더라도 그 피담보채권에 관한 소멸시효를 원용할 수 있고, 이와 같은 직접수익자의 소멸시효 원용권은 채무자의 소멸시효 원용권에 기초한 것이 아닌 독자적인 것으로서 채무자를 대위하여서만 시효이익을 원용할 수 있는 것은 아니며, 가사 채무자가 이미 그 가등기에 기한 본등기를 경료하여 시효이익을 포기한 것으로 볼 수 있다고 하더라도 그 시효이익의 포기는 상대적 효과가 있음에 지나지 아니하므로 채무자 이외의 이해관계자에 해당하는 담보부동산의 양수인으로서는 여전히 독자적으로 소멸시효를 원용할 수 있다.[16]

나. 시효원용권자가 될 수 없는 경우

(1) 채무자에 대한 (일반)채권자는 자기의 채권을 보전하기 위하여 필요한 한도 내에서 채무자를 대위하여 이를 원용할 수 있을 뿐이므로 채권자의 지위에서 독자적으로 소멸시효의 주장을 할 수 없고,[17] 채무자에 대하여 무슨 채권이 있는 것도 아닌 자는 소멸시효 주장을 대위 원용할 수 없다.[18]

(2) 채권자대위소송의 제3채무자[19]

결과 직접적인 이익을 받는 자에 해당하므로 소멸시효의 완성을 원용할 수 있는 지위에 있다. 대법원 2009.09.24. 선고 2009다39530 판결.

15) 대법원 2018.11.09. 선고 2018다38782 판결 : 타인의 채무를 담보하기 위하여 자기의 물건에 담보권을 설정한 물상보증인은 채권자에 대하여 물적 유한책임을 지고 있어 그 피담보채권의 소멸에 의하여 직접 이익을 받는 관계에 있으므로 소멸시효의 완성을 주장할 수 있고, 소멸시효 이익의 포기는 상대적 효과가 있을 뿐이어서 채무자가 시효이익을 포기하더라도 물상보증인에게는 효력이 없다.

16) 대법원 1995.07.11. 선고 95다12446 판결.

17) 대법원 2012.05.10. 선고 2011다109500 판결.

18) 대법원 2007.03.30. 선고 2005다11312 판결.

19) 대법원 2009.09.10. 선고 2009다34160 판결. 다만, 채권자가 채무자에 대한 채권을 보전하기 위하여 제3채무자를 상대로 채무자의 제3채무자에 대한 채권에 기한 이행청구의 소를 제기하는 한편, 채무자를 상대로 피보전채권에 기한 이행청구의 소를 제기한 경우, 채무자가 그 소송절차에서 소멸시효를 원용하는 항변을 하였고, 그러한 사유가 현출된 채권자대위소송에서 심리를 한 결과, 실제로 피보전채권의 소멸시효가 적법하게 완성된 것으로 판단되면, 채권자는 더 이상 채무자를 대위할 권한이 없게 된다(대법원 2008.01.31. 선고 2007다64471 판결).

3 소멸시효가 문제되는 권리

가. 소유권이전등기청구권

(1) 매수인이 목적 부동산을 인도받아 계속 점유하는 경우에는 그 소유권이전등기청구권의 소멸시효가 진행하지 않는다.[20] 부동산의 매수인이 그 부동산을 인도받은 이상 이를 사용·수익하다가 그 부동산에 대한 보다 적극적인 권리 행사의 일환으로 다른 사람에게 그 부동산을 처분하고 그 점유를 승계하여 준 경우에도 이전등기청구권의 소멸시효는 진행되지 않는다.[21]

(2) 토지에 대한 취득시효 완성으로 인한 소유권이전등기청구권은 그 토지에 대한 점유가 계속되는 한 시효로 소멸하지 아니하고, 그 후 점유를 상실하였다고 하더라도 이를 시효이익의 포기로 볼 수 있는 경우가 아닌 한 이미 취득한 소유권이전등기청구권은 바로 소멸되는 것은 아니나,[22] 취득시효가 완성된 점유자가 점유를 상실한 경우 취득시효 완성으로 인한 소유권이전등기청구권 의 소멸시효는 이와 별개의 문제로서, 그 점유자가 점유를 상실한 때로부터 10년간 등기청구권을 행사하지 아니하면 소멸시효가 완성한다.[23]

(3) 계약명의신탁에서 명의신탁자가 당해 부동산의 회복을 위해 명의수탁자에 대해 가지는 소유권이전등기청구권은 그 성질상 법률의 규정에 의한 부당이득반환청구권으로서 민법 제162조 제1항에 따라 10년의 기간이 경과함으로써 시효로 소멸한다.[24] 〈비교〉 3자간 등기명의신탁에 의한 등기가 유효기간 경과로 무효로 된 경우, 목적 부동산을 인도받아 점유하고 있는 명의신탁자의 매도인에 대한 소유권이전등기청구권의 소멸시효가 진행되지 않는다.[25]

(4) 등기부가 멸실된 경우에는 멸실회복등기를 할 수가 있을 것이나 그 회복등기를 하지 아니하고 그 부동산에 관하여 매도인의 상속인 명의로 이미 소유권보존등기가 되어 있다면 매수인 또는 그 상속인은 위 매도인의 상속인을 상대로 위 등기의 멸실회복에 대신하여 소유권이전등기절차의 이행을 구할 수 있고 이는 진정한 명의의 회복을 구하는 것으로서 시효로 인하여 소멸하는 권리가 아니다.[26]

(5) 부동산 양도담보의 경우에 있어서 피담보채무가 변제된 이후에 양도담보권설정자가 행사하는 등기청구권은 양도담보권설정자의 실질적 소유권에 기한 물권적 청구권이므로 따로 시효소멸되지 아니한다.[27]

---

20) 대법원 2010.01.28. 선고 2009다73011 판결; 대법원 1976.11.06. 선고 76다148 전원합의체 판결.
21) 대법원 1999.03.18. 선고 98다32175 전원합의체 판결.
22) 대법원 1995.03.28. 선고 93다4775 전원합의체 판결. 시효완성 당시의 점유자로부터 부동산을 양수하여 점유를 승계한 자는 전점유자의 소유권이전등기청구권을 대위행사할 수 있을 뿐이고 전점유자의 취득시효완성의 효과를 주장하여 직접 자기에게 소유권이전등기를 청구할 권한은 없다(명석, 서정우, "취득시효 완성 후 점유를 이전받은 자의 지위", 민사판례연구, 18집, p.113 이하).
23) 대법원 1996.03.08. 선고 95다34866,34873 판결.
24) 대법원 2009.07.09. 선고 2009다23313 판결. 대법원 2016.09.28. 선고 2015다65035 판결.
25) 대법원 2013.12.12. 선고 2013다26647 판결.
26) 대법원 1993.08.24. 선고 92다43975 판결.

(6) 매매계약이 합의해제된 경우에도 매수인에게 이전되었던 소유권은 당연히 매도인에게 복귀하는 것이므로 합의해제에 따른 매도인의 원상회복청구권은 소유권에 기한 물권적 청구권이라고 할 것이고 이는 소멸시효의 대상이 되지 아니한다.[28]

나. 집합건물 분양자에 대한 손해배상청구권

집합건물 분양자의 담보책임은 분양계약에 기한 책임이 아니라 집합건물의 분양자가 집합건물의 현재의 구분소유자에 대하여 부담하는 법정책임이므로, 이에 따른 손해배상청구권에 대해서는 민법 제162조 제1항에 따라 10년의 소멸시효기간이 적용된다.[29]

다. 하자담보에 기한 매수인의 손해배상청구권

하자담보에 기한 매수인의 손해배상청구권은 권리의 내용·성질 및 취지에 비추어 민법 제162조 제1항의 채권 소멸시효의 규정이 적용되고, 민법 제582조의 제척기간 규정으로 인하여 소멸시효 규정의 적용이 배제된다고 볼 수 없으며, 이때 다른 특별한 사정이 없는 한 무엇보다도 매수인이 매매 목적물을 인도받은 때부터 소멸시효가 진행한다.[30]

라. 수급인의 담보책임에 기한 하자보수에 갈음하는 손해배상청구권

수급인의 담보책임에 기한 하자보수에 갈음하는 손해배상청구권에 권리의 내용·성질 및 취지에 비추어 민법 제162조 제1항의 채권 소멸시효의 규정 또는 도급계약이 상행위에 해당하는 경우에는 상법 제64조의 상사시효의 규정이 적용되고, 민법 제670조 또는 제671조의 제척기간 규정으로 인하여 위 각 소멸시효 규정의 적용이 배제된다고 볼 수 없다.[31]

마. 과거의 양육비청구권

당사자의 협의 또는 가정법원의 심판에 의하여 구체적인 지급청구권으로서 성립하기 전에는 과거의 양육비에 관한 권리는 양육자가 그 권리를 행사할 수 있는 재산권에 해당한다고 할 수 없고, 따라서 이에 대하여는 소멸시효가 진행할 여지가 없다.[32]

---

27) 대법원 1979.02.13. 선고 78다2412 판결.
28) 대법원 1982.07.27. 선고 80다2968 판결. 법정해제의 경우 해제권은 10년의 제척기간에 걸리는 형성권이고, 그에 따른 원상회복청구권 또한 그 제척기간 내에 이루어져야 한다.
29) 대법원 2009.05.28. 선고 2009다9539 판결.
30) 대법원 2011.10.13. 선고 2011다10266 판결 : 甲이 乙 등에게서 부동산을 매수하여 소유권이전등기를 마쳤는데 위 부동산을 순차 매수한 丙이 부동산 지하에 매립되어 있는 폐기물을 처리한 후 甲을 상대로 처리비용 상당의 손해배상청구소송을 제기하였고, 甲이 丙에게 위 판결에 따라 손해배상금을 지급한 후 乙 등을 상대로 하자담보책임에 기한 손해배상으로서 丙에게 기지급한 돈의 배상을 구한 사안에서, 甲의 하자담보에 기한 손해배상청구권은 甲이 乙 등에게서 부동산을 인도받았을 것으로 보이는 소유권이전등기일로부터 소멸시효가 진행하는데, 甲이 그로부터 10년이 경과한 후 소를 제기하였으므로, 甲의 하자담보책임에 기한 손해배상청구권은 이미 소멸시효 완성으로 소멸되었다고 한 사례.
31) 대법원 2012.11.15. 선고 2011다56491 판결.
32) 대법원 2011.07.29. 자 2008스67 결정.

4 시효기간의 기산점

가. 기산점 일반

(1) 소멸시효는 객관적으로 권리가 발생하고 그 권리를 행사할 수 있는 때로부터 진행하고 그 권리를 행사할 수 없는 동안에는 진행하지 아니한다.[33] 여기서 '권리를 행사할 수 없다'라고 함은 그 권리행사에 **법률상의 장애사유**, 예컨대 기간의 미도래나 조건불성취 등이 있는 경우를 말하는 것이고, 사실상 그 권리의 존부나 권리행사의 가능성을 알지 못하였거나 알지 못함에 과실이 없다고 하여도 이러한 사유는 법률상 장애사유에 해당한다고 할 수 없다.[34]

(2) 이행기가 정해진 채권은 그 기한이 도래한 때(도래한 날의 다음날)부터 소멸시효가 진행한다.[35]

(3) 계속적 물품공급계약에 의한 외상대금채권의 소멸시효의 기산점은 개별 거래로 인한 각 외상대금채권 발생 시이다.[36]

(4) 형성권적 기한이익 상실의 특약이 있는 할부채무에 있어서 소멸시효의 기산점은 각 변제기의 도래 시 또는 잔존 채무 전액의 변제를 구하는 취지의 의사를 표시한 때이다.[37]

(5) 부동산매매계약에 있어서 소유권이전등기청구권과 동시이행 관계에 있는 매매대금채권의 소멸시효의 기산일은 매매대금의 지급기일이다.[38]

(6) 계약의 해제로 인한 원상회복청구권의 소멸시효는 해제시, 즉 원상회복청구권이 발생한 때부터 진행한다.[39]

나. 채무불이행으로 인한 손해배상청구권

(1) 채무불이행으로 인한 손해배상청구권의 소멸시효는 채무불이행 시부터 진행하는 것이 원칙이다. 다만 채무불이행으로 인한 손해배상청구권은 현실적으로 손해가 발생한 때에 성립하는 것이므로 손해가 현실적으로 발생하였다고 볼 수 있어야 그때부터 소멸시효가 진행한다.[40]

---

33) 기산일은 오전 0시를 의미하지 않는 한 소멸시효기간에 산입하지 않는다.
34) 대법원 2015.09.10. 선고 2015다212220 판결. 건물에 관한 소유권이전등기청구권에 있어서 그 목적물인 건물이 완공되지 아니하여 이를 행사할 수 없었다는 사유는 법률상의 장애사유에 해당한다. 대법원 2007.08.23. 선고 2007다28024 판결. 신축중인 건물에 관한 소유권이전등기청구권의 소멸시효 기산점은 건물 완공시가 된다.
35) 대법원 1982.01.19. 선고 80다2626 판결. 채무의 변제를 유예해 주었다고 인정되는 경우, 만약 그 유예기간을 정하지 않았다면 변제유예의 의사를 표시한 때부터, 그리고 유예기간을 정하였다면 그 유예기간이 도래한 때부터 다시 소멸시효가 진행된다(대법원 2006.09.22. 선고 2006다22852 판결).
36) 대법원 2007.01.25. 선고 2006다68940 판결.
37) 대법원 2002.09.04. 선고 2002다28340 판결.
38) 대법원 1991.03.22. 선고 90다9797 판결 : 부동산에 대한 매매대금 채권이 소유권이전등기청구권과 동시이행의 관계에 있다고 할지라도 매도인은 매매대금의 지급기일 이후 언제라도 그 대금의 지급을 청구할 수 있는 것이며, 다만 매수인은 매도인으로부터 그 이전등기에 관한 이행의 제공을 받기까지 그 지급을 거절할 수 있는 데 지나지 아니하므로 매매대금 청구권은 그 지급기일 이후 시효의 진행에 걸린다.
39) 대법원 2009.12.24. 선고 2009다63267 판결.
40) 대법원 2018.11.09. 선고 2018다240462 판결. 이때 현실적으로 손해가 발생하였는지 여부는 사회통념에 비추

(2) 매매로 인한 부동산소유권이전채무가 이행불능됨으로써 매수인이 매도인에 대하여 갖게 되는 손해배상채권은 그 부동산소유권의 이전채무가 이행불능된 때에 발생하는 것이고 그 계약체결일에 생기는 것은 아니므로 위 손해배상채권의 소멸시효는 계약체결일 아닌 소유권이전채무가 이행불능된 때부터 진행한다.41)

(3) 소유권이전등기 말소등기의무의 이행불능으로 인한 전보배상청구권의 소멸시효는 말소등기의무가 이행불능 상태에 돌아간 때로부터 진행된다.42)

(4) 대상청구권의 소멸시효 기산점은 특별한 사정이 없는 한 매매 목적물의 수용 또는 국유화로 인하여 매도인의 소유권이전등기의무가 이행불능 되었을 때부터 진행한다.43)

다. 불법행위로 인한 손해배상청구권

(1) 불법행위로 인한 손해배상청구권의 단기소멸시효의 기산점이 되는 민법 제766조 제1항에 정한 '손해 및 가해자를 안 날'이란 손해의 발생, 위법한 가해행위의 존재, 가해행위와 손해의 발생과의 사이에 상당인과관계가 있다는 사실 등 불법행위의 요건사실에 대하여 현실적이고도 구체적으로 인식하였을 때를 의미하고, 피해자 등이 언제 불법행위의 요건사실을 현실적이고도 구체적으로 인식한 것으로 볼 것인지는 개별 사건에서의 여러 객관적 사정을 참작하고 손해배상청구가 사실상 가능하게 된 상황을 고려하여 합리적으로 인정하여야 한다.44)45)

어 객관적이고 합리적으로 판단하여야 한다(대법원 2017.06.19. 선고 2017다215070 판결 참조). 변호사가 소송위임계약상 채무를 불이행한 경우, 위임의 대상이 된 소송이 의뢰인에게 불리한 내용으로 확정될 때까지는 손해의 발생 여부가 불확실하고 손해의 구체적인 내용이나 범위 등을 확정하기도 어렵다. 따라서 특별한 사정이 없는 한 대상소송이 의뢰인에게 불리하게 확정되거나 이에 준하는 상태가 된 때에 비로소 의뢰인에게 현실적으로 손해가 발생한다고 볼 수 있고, 손해배상청구권의 소멸시효도 그때부터 진행한다고 봄이 타당하다.

41) 대법원 1990.11.09. 선고 90다카22513 판결.
42) 대법원 2005.09.15. 선고 2005다29474 판결.
43) **대법원 2018.11.15. 선고 2018다248244 판결**. 이러한 대상청구권의 소멸시효 기산점에 관한 법리는 매매 목적물의 이중매매로 인하여 매도인의 소유권이전등기의무가 이행불능된 경우와 같이 그 대상청구권이 채무자의 귀책사유로 발생한 때에도 마찬가지로 적용된다.
44) 이 사건 화재의 원인이나 발화지점, 그 책임의 주체 등 그 위법행위 여부를 판단하기 위해서는 전문적인 지식이 필요하고, 원고의 대표이사 甲에 대하여 구상금 청구에 관한 소가 진행 중이었던 사정, 위 구상금 청구 소송의 진행경과 등에 비추어, 원고의 입장에서 관련사건 제1심 판결 선고 무렵에 이 사건 화재의 원인 및 공작물 설치·보존상의 하자에 기한 손해배상책임의 요건사실에 관하여 현실적·구체적으로 인식하였다고 단정할 수 없고, 다만 원고는 관련사건 판결이 확정된 때에 비로소 이 사건 화재로 인한 위법한 손해의 발생, 위법한 가해행위의 존재, 가해행위와 손해의 발생 사이에 상당인과관계가 있다는 사실 등 불법행위의 요건사실을 현실적·구체적으로 인식하였다고 볼 여지가 있다(대법원 2019.12.13. 선고 2019다259371 판결). 불법행위로 인한 손해배상청구권은 피해자나 그 법정대리인이 그 손해 및 가해자를 안 날부터 3년간 행사하지 아니하면 시효로 인하여 소멸하는 것인바, 여기에서 '손해를 안 날'이라 함은 피해자나 그 법정대리인이 손해를 현실적이고도 구체적으로 인식하는 것을 뜻하고 손해발생의 추정이나 의문만으로는 충분하지 않으며, 통상의 경우 상해의 피해자는 상해를 입었을 때 그 손해를 알았다고 볼 수가 있지만, 그 후 후유증 등으로 인하여 불법행위 당시에는 전혀 예견할 수 없었던 새로운 손해가 발생하였다거나 예상 외로 손해가 확대된 경우에는 그러한 사유가 판명된 때에 새로이 발생 또는 확대된 손해를 알았다고 보아야 하고, 이와 같이 새로이 발생 또는 확대된 손해 부분에 대하여는 그러한 사유가 판명된 때로부터 시효소멸기간이 진행된다.
45) 대법원 2018.09.13. 선고 2018다241403 판결 : 사용자의 손해배상책임은 사용자와 피용관계에 있는 자가 사용

(2) 가해행위와 이로 인한 현실적인 손해의 발생 사이에 시간적 간격이 있는 불법행위의 경우 소멸시효의 기산점이 되는 불법행위를 안 날은 단지 관념적이고 부동적인 상태에서 잠재하고 있던 손해에 대한 인식이 있었다는 정도만으로는 부족하고 그러한 손해가 그 후 현실화된 것을 안 날을 의미한다.46)47) 이때 신체에 대한 가해행위가 있은 후 상당한 기간 동안 치료가 계속되는 과정에서 어떠한 증상이 발현되어 그로 인한 손해가 현실화된 사안이라면, 법원은 피해자가 담당의사의 최종 진단이나 법원의 감정 결과가 나오기 전에 손해가 현실화된 사실을 알았거나 알 수 있었다고 인정하는 데 매우 신중할 필요가 있다.48)

자의 사무집행에 관하여 제3자에게 손해를 가한 때에 발생하고, 이 경우 피해자가 가해자를 안다는 것은 피해자가 사용자 및 그 사용자와 불법행위자 사이에 사용관계가 있다는 사실을 인식하는 것 외에 일반인이 그 불법행위가 사용자의 사무집행과 관련하여 행하여진 것이라고 판단할 수 있는 사실까지도 인식하는 것을 말한다.

46) 18년 전 초등학생 때 운동 코치에게 성폭행을 당한 여성이 성년이 된 뒤 코치를 상대로 손해배상 소송을 내 승소했다. 13세 미만 아동에 대한 성폭행 범죄의 공소시효가 2012년 폐지된 점을 이용, 먼저 형사고소를 해 유죄 판결을 이끌어낸 뒤 이를 근거로 민사소송을 낸 것이다. 법원은 유죄 판결 선고된 때와 성폭행에 따른 외상 후 스트레스 진단(PTSD)을 받은 시점을 불법행위로 인한 손해배상청구권의 기산점으로 해석해 가해자의 소멸시효 항변을 배척했다. 의정부지법 민사1부(재판장 조규설 부장판사)는 지난 7일 '스포츠계 첫 미투'로 알려진 전 테니스 선수 A씨가 초등학생 시절 자신을 성폭행했다며 코치 B씨를 상대로 낸 손해배상 청구소송(2018나214488)에서 최근 "피고는 1억 원을 지급하라"며 원고일부승소 판결했다. 재판부는 "A씨는 B씨에 대한 유죄 판결이 선고된 때에야 비로소 불법행위의 요건사실에 대해 현실적이고도 구체적으로 인식하게 돼 손해배상청구가 가능했다"고 설명했다. 또 "A씨가 겪고 있던 PTSD도 최초 진단을 받은 2016. 6.에 관념적이고 부동적 상태에서 잠재하고 있던 손해가 현실화됐다고 봐야 한다"고 지적했다. 그러면서 "A씨가 '손해 및 가해자를 안 날'은 형사재판의 1심 판결 선고일인 2017. 10. 13.이고, '불법행위를 한 날'은 PTSD 진단을 받은 2016. 6.이라고 봐야 한다"면서 "A씨는 3년, 10년의 소멸시효가 각 도과하기 전인 2018. 6. 소를 제기했으므로 B씨의 손해배상책임이 인정된다"고 판시했다(법률신문 입력 : 2019-11-13 오후 5:04:39).

47) 의정부지법 민사4-3부(재판장 정다주 부장판사)는 성추행 피해자 A씨가 가해자인 대학교수 B씨를 상대로 낸 손해배상 청구소송(2018나212116)에서 "B씨는 3000만원을 지급하라"며 최근 원고 일부승소 판결했다. A씨의 대학 지도교수였던 B씨는 자신의 직위를 이용해 A씨를 성추행 해왔다. 참다못한 A씨는 2014. 11. 28. B씨를 경찰에 고소했고 그로부터 9개월 후인 2015. 9. B씨에 대한 공소가 제기됐다. 형사재판에서 B씨는 줄곧 자신의 범행을 부인했다. 증인신문이 길어지면서 2017. 1.에야 1심 법원이 유죄를 선고했고 그 해 10월 형이 최종 확정됐다. 한 달 뒤인 11월 A씨는 형사판결을 근거로 민사소송을 제기했다. B씨는 "3년이 이미 지났으므로 손해배상 청구권의 소멸시효가 완성됐다"고 주장하며 맞섰다. 재판부는 "민법 제766조 1항은 불법행위로 인한 손해배상 청구권이 손해 및 가해자를 안 날로부터 3년간 행사하지 않으면 시효로 소멸된다고 규정하고 있는데, '손해 및 가해자를 안 날'은 피해자가 손해와 가해자를 현실적이고도 구체적으로 인식한 날을 의미한다"며 "손해의 발생뿐만 아니라 위법한 가해 행위의 존재, 가해 행위와 손해 사이의 인과관계 등 불법행위 요건 사실까지 인식한 날을 의미하며, 이는 손해배상 청구가 사실상 가능하게 된 상황을 고려해 합리적으로 인정해야 한다"고 설명했다. 그러면서 "B씨가 범행을 계속 부인하면서 최초로 고소장을 접수하고 공소가 제기된 후 시간이 꽤 경과해 B씨에 대한 유죄판결이 확정됐다"며 "이 같은 정황을 고려했을 때 A씨는 형사재판 제1심 판결이 있던 2017년 1월에야 비로소 B씨의 불법행위 요건 사실에 대해 현실적이고 구체적으로 인식했다고 보는 것이 맞고, 따라서 소멸시효가 완성됐다고 볼 수 없다"고 판시했다(법률신문 입력 : 2020-03-26 오전 9:13:17).

48) 대법원 2019.07.25. 선고 2016다1687 판결. 특히 가해행위가 있을 당시 피해자의 나이가 왕성하게 발육·성장 활동을 하는 때이거나, 최초 손상된 부위가 뇌나 성장판과 같이 일반적으로 발육·성장에 따라 호전가능성이 매우 크거나(다만 최초 손상의 정도나 부위로 보아 장차 호전가능성이 전혀 없다고 단정할 수 있는 경우는 제외한다), 치매나 인지장애 등과 같이 증상의 발현 양상이나 진단 방법 등으로 보아 일정한 연령에 도달한 후 전문가의 도움을 받아야 정확하게 진단할 수 있는 등의 특수한 사정이 있는 때에는 더욱 그러하다. 〈사례〉 甲이 만 15개월 무렵에 교통사고를 당하여 뇌 손상 등을 입은 후 약간의 발달지체 등의 증세를 보여 계속 치료를 받던 중 만 6세 때 처음으로 의학적으로 언어장애 등의 장애진단이 내려지고 제1심에서의 신체감정 결과 치매, 주요 인지장애의 진단이 내려진 사안에서, 치료경과나 증상의 발현시기, 정도와 함께 사고 당시 甲의 나이, 최초 손상의 부위 및

(2) 불법행위에 기한 손해배상채권에서 제766조 제2항에 의한 소멸시효의 기산점이 되는 '**불법행위를 한 날**'이란 가해행위가 있었던 날이 아니라 현실적으로 손해의 결과가 발생한 날을 의미하나, 그 손해의 결과발생이 현실적인 것으로 되었다면 그 소멸시효는 피해자가 손해의 결과발생을 알았거나 예상할 수 있는지 여부에 관계없이 가해행위로 인한 손해가 현실적인 것으로 되었다고 볼 수 있는 때부터 진행한다.[49] 손해를 안 시기에 대한 증명책임은 소멸시효 완성으로 인한 이익을 주장하는 자에게 있다.[50]

(3) 불법행위의 피해자가 미성년자로 행위능력이 제한된 자인 경우에는 다른 특별한 사정이 없는 한 그 법정대리인이 손해 및 가해자를 알아야 제766조 제1항의 소멸시효가 진행한다.[51]

(4) 하자보수에 갈음한 손해배상청구권의 소멸시효기간은 각 하자가 발생한 시점부터 별도로 진행되는 것이다.[52]

(5) 이혼을 원인으로 한 손해배상 청구권은 이혼 시점에 확정, 평가될 수 있는 것이므로 통상 그 소멸시효는 이혼이 성립된 때에 진행한다.

라. 보험금청구권

(1) 보험금청구권은 보험사고가 발생하기 전에는 추상적인 권리에 지나지 않고 보험사고의 발생으로 인하여 구체적인 권리로 확정되어 그때부터 권리를 행사할 수 있게 되는 것이므로, 보험금청구권의 소멸시효는 특별한 다른 사정이 없는 한 보험사고가 발생한 때부터 진행하는 것이 원칙이지만, 보험사고가 발생하였는지 여부가 객관적으로 분명하지 아니하여 보험금청구권자가 과실 없이 보험사고의 발생을 알 수 없었던 경우에도 보험사고가 발생한 때부터 보험금청구권의 소멸시효가 진행한다고 해석하는 것은 보험금청구권자에게 가혹한 결과를 초래하게 되어 정의와 형평의 이념에 반하고 소멸시효제도의 존재이유에도 부합하지 않는다. 따라서 객관적으로 보아 보험사고가 발생한 사실을 확인할 수 없는 사정이 있는 경우에는 보험금청구권자가 보험사고의 발생을 알았거나 알 수 있었던 때부터 보험금청구권의 소멸시효가 진행한다.[53]

(2) 보험자대위에 의하여 피보험자 등의 제3자에 대한 권리는 동일성을 잃지 않고 그대로 보험자에게 이전되므로, 이 때 보험자가 취득하는 채권의 소멸시효 기간과 그 기산점 또한 피보험자 등이 제3자에 대하여 가지는 채권 자체를 기준으로 판단하여야 한다.[54]

정도, 최종 진단경위나 병명 등을 종합적으로 고려하면, 사고 직후에 언어장애 등으로 인한 손해가 현실화되었다고 단정하기 어렵고, 나아가 甲이나 그 법정대리인으로서도 그 무렵에 혹시라도 장차 상태가 악화되면 甲에게 어떠한 장애가 발생할 수도 있을 것이라고 막연하게 짐작할 수 있었을지언정 뇌 손상으로 인하여 발생할 장애의 종류나 정도는 물론 장애가 발생할지 여부에 대해서조차 확실하게 알 수 없었을 것으로 볼 여지가 충분한데도, 교통사고 당시 甲이 손해의 발생 사실을 알았다고 인정한 다음 그에 따라 교통사고가 발생한 날이 불법행위에 기한 손해배상청구권의 소멸시효의 기산점이 된다고 본 원심판단에 법리오해 등의 잘못이 있다고 한 사례.

49) 대법원 2019.08.29. 선고 2017다276679 판결; 대법원 2018.12.27. 선고 2016다43872 판결.
50) 대법원 2013.07.12. 선고 2006다17553 판결.
51) 대법원 2010.02.11. 선고 2009다79897 판결.
52) 대법원 2009.02.26. 선고 2007다83908 판결.
53) 대법원 2015.11.26. 선고 2013다62490 판결.

(3) 보험금을 지급한 보험자가 보험자대위에 의하여 다른 공동불법행위자 및 그의 보험자에 대하여 가지는 구상권의 소멸시효 기간은 일반채권과 같이 10년이고, 그 기산점은 구상권이 발생한 시점, 즉 구상권자가 현실로 피해자에게 손해배상금을 지급한 때이다.55)

마. 위임·도급 및 근로관계채권

(1) 성공보수 약정이 제1심에 대한 것으로 인정되는 이상 보수금의 지급시기에 관하여 당사자 사이에 특약이 없는 한, 심급대리의 원칙에 따라 수임한 소송사무가 종료하는 시기인 제1심 판결을 송달받은 때부터 그 소멸시효 기간이 진행된다.56)
(2) 의사의 진료비채권의 소멸시효기산점은 개개의 진료행위의 종료시이다.57)
(3) 저당권설정청구권은 공사대금채권을 담보하기 위하여 저당권설정등기절차의 이행을 구하는 채권적 청구권으로서 공사에 부수되는 채권에 해당하므로 그 소멸시효기간 역시 3년이라고 보아야 한다. 건물신축공사에서 하수급인의 수급인에 대한 저당권설정청구권은 객관적으로 하수급인이 저당권설정청구권을 행사할 수 있음을 알 수 있게 된 때부터 소멸시효가 진행한다.58)
(4) 근로자의 사망 또는 퇴직으로 인한 퇴직금청구권의 소멸시효는 사망 또는 퇴직한 다음날부터 기산한다.59)

바. 소멸시효가 중단된 채권

(1) 경매절차에 참가하여 소멸시효가 중단된 채권에 대한 소멸시효가 다시 진행하는 시기는 배당표가 확정된 때이다.60)
(2) 소송고지에 시효중단사유로서의 최고의 효력이 인정되는 경우 당해 소송이 종료된 때로부터

---

54) 대법원 2011.01.13. 선고 2010다67500 판결 : 무면허 운전자가 음주 상태로 가해차량을 운전하다가 진행방향 맞은 편 도로에 정차해 있던 피해차량을 들이받아 피해차량을 운전하던 피해자를 다치게 하고 피해차량을 손괴하자, 피해차량에 관하여 피해자와 자동차종합보험계약을 체결한 보험회사가 피보험자인 피해자에게 제3자의 불법행위로 인한 손해의 배상으로 보험금을 지급한 사안에서, 이 경우 공동불법행위자 상호간의 구상권 문제는 생길 여지가 없고, 보험회사는 보험금을 지급한 보험자로서 보험자대위의 법리에 따라 피보험자의 가해차량 소유자 및 보험자에 대한 손해배상채권 자체를 취득하는 것이므로, 보험회사가 취득한 가해차량 소유자 및 보험자에 대한 손해배상채권은 피보험자가 그 손해 및 가해자를 안 때부터 민법 제766조 제1항에서 정한 3년의 소멸시효가 진행한다고 한 사례.
55) 대법원 1999.06.11. 선고 99다3143 판결.
56) 대법원 1995.12.26. 선고 95다24609 판결.
57) 대법원 2001.11.09. 선고 2001다52568 판결 : 민법 제163조 제2호 소정의 '의사의 치료에 관한 채권'에 있어서는, 특약이 없는 한 그 개개의 진료가 종료될 때마다 각각의 당해 진료에 필요한 비용의 이행기가 도래하여 그에 대한 소멸시효가 진행된다고 해석함이 상당하고, 장기간 입원 치료를 받는 경우라 하더라도 다른 특약이 없는 한 입원 치료 중에 환자에 대하여 치료비를 청구함에 아무런 장애가 없으므로 퇴원시부터 소멸시효가 진행된다고 볼 수는 없다.
58) 대법원 2016.10.27. 선고 2014다211978 판결. 〈참고〉 저당권이 존속하고 있는 동안에도 피담보채권의 소멸시효는 진행한다. 근저당권설정등기청구의 소의 제기는 그 피담보채권의 재판상의 청구에 준하는 것으로서 피담보채권에 대한 소멸시효 중단의 효력을 생기게 한다(대법원 2004.02.13. 선고 2002다7213 판결).
59) 대법원 2001.10.30. 선고 2001다24051 판결.
60) 대법원 2009.03.26. 선고 2008다89880 판결.

6월의 기간이 기산된다.[61]

(3) 시효이익 포기 후 새로운 소멸시효가 진행되는 경우 시효이익 포기시가 소멸시효 기산점이 된다.[62]

5 소멸시효기간

가. 채권과 소유권을 제외한 그 밖의 재산권(제162조 제2항) : 20년

나. 일반 민사채권(제162조 제1항) : 10년

(1) 일반채권의 지연이자는 금전채무불이행에 따른 손해배상채권으로서 10년.
(2) 금융기관의 대출금채무에 대한 지연이자는 상사채권으로서 5년의 소멸시효기간.
(3) 새마을금고나 신용협동조합의 대출금채권은 10년이다. 다만 피고가 상인으로서 영업자금조달을 위하여 대출을 받을 때는 5년.
(4) 금전채무의 이행지체로 인하여 발생하는 **지연손해금채권**은 그 성질이 손해배상금이지 이자가 아니며, 제163조 제1호가 규정한 '1년 이내의 기간으로 정한 채권'도 아니므로 3년간의 단기소멸시효의 대상이 되지 아니한다.[63] → 10년

다. 상사채권(상법 제64조)[64] : 5년

(1) 일방적 상행위, 보조적 상행위[65] 모두 포함.[66]

---

61) 대법원 2009.07.09. 선고 2009다14340 판결. 당해 소송이 계속중인 동안은 최고에 의하여 권리를 행사하고 있는 상태가 지속되는 것으로 보아 민법 제174조에 규정된 6월의 기간은 당해 소송이 종료된 때로부터 기산되는 것으로 해석하여야 한다.
62) 대법원 2009.07.09. 선고 2009다14340 판결 : 채무자가 소멸시효 완성 후에 채권자에 대하여 채무를 승인함으로써 그 시효의 이익을 포기한 경우에는 그때부터 새로이 소멸시효가 진행한다.
63) 대법원 2010.09.09. 선고 2010다24435 판결 등. 은행이 영업행위로서 한 대출금에 대한 변제기 이후의 지연손해금은 그 원본채권과 마찬가지로 상행위로 인한 채권으로서 5년의 소멸시효를 규정한 상법 제64조가 적용된다.
64) 대법원 2010.03.11. 선고 2009다100098 판결 : 당사자 쌍방에 대하여 모두 상행위가 되는 행위로 인한 채권뿐만 아니라 당사자 일방에 대하여만 상행위에 해당하는 행위로 인한 채권도 상법 제64조 소정의 5년의 소멸시효기간이 적용되는 상사채권에 해당하는 것이고, 그 상행위에는 상법 제46조 각 호에 해당하는 기본적 상행위뿐만 아니라, 상인이 영업을 위하여 하는 보조적 상행위도 포함되는 것이며, 상인의 행위는 영업을 위하여 하는 것으로 추정된다(상법 제47조 제2항).
65) 대법원 2018.04.24. 선고 2017다205127 판결 : 상인은 상행위에서 생기는 권리·의무의 주체로서 상행위를 하는 것이고, 영업을 위한 행위가 보조적 상행위로서 상법의 적용을 받기 위해서는 행위를 하는 자 스스로 상인 자격을 취득하는 것을 당연한 전제로 한다. 회사가 상법에 의해 상인으로 의제된다고 하더라도 회사의 기관인 대표이사 개인이 상인이 되는 것은 아니다. 대표이사 개인이 회사의 운영 자금으로 사용하려고 돈을 빌리거나 투자를 받더라도 그것만으로 상행위에 해당하는 것은 아니다. 또한 상인이 영업과 상관없이 개인 자격에서 돈을 투자하는 행위는 상인의 기존 영업을 위한 보조적 상행위로 볼 수 없다.
66) 대법원 2018.06.15. 선고 2018다10920 판결 : 당사자 쌍방에 대하여 모두 상행위가 되는 행위로 인한 채권뿐만 아니라 당사자 일방에 대하여만 상행위가 되는 행위로 인한 채권도 상법 제64조에 정한 5년의 소멸시효기간이 적용되는 상사채권에 해당하고, 그 상행위에는 상법 제46조 각호에 해당하는 기본적 상행위뿐만 아니라, 상인이 영업을 위하여 하는 보조적 상행위도 포함되며, 상인의 행위는 영업을 위하여 하는 것으로 추정된다(상법 제47조 제2항). 〈사례〉 세탁업체를 운영하던 피고가 2009. 6. 1. 소외인으로부터 그 사업 자금으로 1억 원을 이자 월 2%로 정해 차용한 경우 피고는 상법 제46조 제3호에 정한 제조·가공 또는 수선에 관한 행위를 영업으로 하는

(2) 상행위로부터 생긴 채권뿐 아니라 이에 준하는 채권[67]
(3) 상행위인 계약의 **해제**로 인한 원상회복청구권 : 5년[68]
(4) 단 상인이 판매한 상품의 대가채권 : 3년.[69]
(5) 통상적인 상거래에서의 채무불이행으로 인한 손해배상청구권 : 5년
(6) 보험계약에 기하여 지급한 보험금에 대한 부당이득반환청구권 : 5년[70]
(7) 상사관계에서 발생한 **불법행위**로 인한 손해배상청구나 상사계약의 **무효**로 인한 부당이득반환청구권 : 10년[71]

라. 3년의 단기소멸시효(제163조)

(1) 1년 이내의 기간으로 정한 금전 또는 물건의 지급을 목적으로 한 채권[72]
(2) 공사대금채권[73]
(3) 물품대금채권

상인이고, 피고의 위와 같은 금전차용 행위는 그 영업을 위한 행위로서 상행위에 해당하므로, 이 사건 차용금 채권은 상사채권으로서 5년의 소멸시효기간이 적용된다고 판시한 사례.

[67] 대법원 2018.06.15. 선고 2017다248803,248810 판결. 〈사례〉 가맹점사업자인 甲 등이 가맹본부인 乙 유한회사를 상대로 乙 회사가 가맹계약상 근거를 찾을 수 없는 'SCM Adm'(Administration Fee)이라는 항목으로 甲 등에게 매장 매출액의 일정 비율에 해당하는 금액을 청구하여 지급받은 것은 부당이득에 해당한다며 그 금액 상당의 반환을 구한 사안에서, 甲 등이 청구하는 부당이득반환채권은 甲 등과 乙 회사 모두에게 상행위가 되는 가맹계약에 기초하여 발생한 것일 뿐만 아니라, 乙 회사가 정형화된 방식으로 가맹계약을 체결하고 가맹사업을 운영해 온 탓에 수백 명에 달하는 가맹점사업자들에게 甲 등에게 부담하는 것과 같은 내용의 부당이득반환채무를 부담하는 점 등 채권 발생의 경위나 원인 등에 비추어 볼 때 그로 인한 거래관계를 신속하게 해결할 필요가 있으므로, 위 부당이득반환채권은 상법 제64조에 따라 5년간 행사하지 않으면 소멸시효가 완성된다고 한 사례.
[68] 대법원 1993.09.14. 선고 93다21569 판결 : 상행위인 계약의 해제로 인한 원상회복청구권도 상법 제64조의 상사시효의 대상이 된다.
[69] 전기업자가 공급하는 전력의 대가인 전기요금채권은 민법 제163조 제6호의 '생산자 및 상인이 판매한 생산물 및 상품의 대가'에 해당하므로, 3년간 이를 행사하지 아니하면 소멸시효가 완성된다(대법원 2014.10.06. 선고 2013다84940 판결). 수도요금도 마찬가지다.
[70] 대법원 2008.12.11. 선고 2008다47886 판결.
[71] 판례는 상행위에 해당하는 보증보험계약에 기초한 급부가 이루어짐에 따라 발생한 부당이득반환청구권에 대하여 5년의 상사소멸시효가 적용된다고 한다(대법원 2007.05.31. 선고 2006다63150 판결). 상행위로부터 생긴 채권뿐 아니라 이에 준하는 채권(부당이득반환채권)에도 상법 제64조가 적용되거나 유추적용될 수 있다(대법원 2018.06.15. 선고 2017다248803,248810 판결).
[72] 대법원 2018.02.28. 선고 2016다45779 판결 : 민법 제163조 제1호는 이자, 부양료, 급료, 사용료 기타 1년 이내의 기간으로 정한 금전 또는 물건의 지급을 목적으로 한 채권은 3년간 행사하지 아니하면 소멸시효가 완성된다고 규정하고 있다. 이는 기본 권리인 정기금채권에 기하여 발생하는 지분적 채권의 소멸시효를 정한 것으로서, 여기서 '1년 이내의 기간으로 정한 채권'이란 1년 이내의 정기로 지급되는 채권을 말한다. 그리고 채무불이행으로 인한 손해배상채권은 본래의 채권이 확장된 것이거나 본래의 채권의 내용이 변경된 것이므로 본래의 채권과 동일성을 가진다. 따라서 본래의 채권이 시효로 소멸한 때에는 손해배상채권도 함께 소멸한다. 한편 어떠한 계약상의 채무를 채무자가 이행하지 않았다고 하더라도 채권자는 여전히 해당 계약에서 정한 채권을 보유하고 있으므로, 특별한 사정이 없는 한 채무자가 채무를 이행하지 않고 있다고 하여 채무자가 법률상 원인 없이 이득을 얻었다고 할 수는 없고, 설령 채권이 시효로 소멸하게 되었다 하더라도 달리 볼 수 없다.
[73] 민법 제163조 제3호에서 3년의 단기소멸시효에 걸리는 것으로 규정한 '도급받은 자의 공사에 관한 채권'은 수급인이 도급인에 대하여 갖는 공사에 관한 채권을 말하는 것이므로, 공동수급체 구성원들 상호 간의 정산금 채권 등에 관하여는 위 규정이 적용될 수 없다(대법원 2016.08.29. 선고 2015다5811 판결).

(4) 월차임채권

(5) 저당권설정등기청구권[74]

마. 1년의 단기소멸시효(제164조)[75]

바. 기타

(1) 판결 등에 의해 확정된 채권(제165조)[76] : 10년[77]

(2) 금전의 급부를 목적으로 하는 국가 또는 지방자치단체의, 국가 또는 지방자치단체에 대한 권리(국가재정법 제96조, 지방재정법 제82조) : 5년

(3) 보험금채권(상법 제662조) : 3년[78]

(4) 임금채권(근로기준법 제49조), 퇴직금채권(근로자퇴직급여 보장법 제10조) : 3년

(5) 산재보험법에 따른 보험급여를 받을 권리(산재보험법 제112조) : 3년

(6) 유류분반환청구권(제1117조)[79] : 상속개시와 반환하여야 할 증여 또는 유증을 한 사실을 안 때로부터 1년 또는 상속개시한 때로부터 10년

(7) 불법행위로 인한 손해배상청구권(제766조) : 그 손해 및 가해자를 안 날로부터 3년 또는 불법행위를 한 날로부터 10년

(8) 국가배상청구권 : 피해자나 법정대리인이 그 손해와 가해자를 안 날부터 3년 또는 불법행위를 한 날부터 5년

☞ 헌법재판소는 2018. 8. 30. 선고 2014헌바148 등 결정은 민법 제166조 제1항, 제766조 제2항 중 진실·화해를 위한 과거사정리 기본법('과거사정리법') 제2조 제1항 제3호의 '민간인 집단 희생사건', 같은 항 제4호의 '중대한 인권침해사건·조작의혹사건'에 적용되는

---

74) 대법원 2016.10.27. 선고 2014다211978 판결.
75) 일정한 채권의 소멸시효기간에 관하여 이를 특별히 1년의 단기로 정하는 민법 제164조는 그 각 호에서 개별적으로 정하여진 채권의 채권자가 그 채권의 발생원인이 된 계약에 기하여 상대방에 대하여 부담하는 반대채무에 대하여는 적용되지 아니한다. 따라서 그 채권의 상대방이 그 계약에 기하여 가지는 반대채권은 원칙으로 돌아가, 다른 특별한 사정이 없는 한 민법 제162조 제1항에서 정하는 10년의 일반소멸시효기간의 적용을 받는다(대법원 2013.11.14. 선고 2013다65178 판결).
76) 대법원 2009.09.24. 선고 2009다39530 판결 : 지급명령에서 확정된 채권은 단기의 소멸시효에 해당하는 것이라도 그 소멸시효기간이 10년으로 연장된다.
77) 대법원 1981.03.24. 선고 80다1888 판결 : 민법 제165조의 규정은 단기의 소멸시효에 걸리는 것이라도 확정판결을 받은 권리의 소멸시효는 10년으로 한다는 뜻일 뿐 10년보다 장기의 소멸시효를 10년으로 단축한다는 의미도 아니고 본래 소멸시효의 대상이 아닌 권리가 확정판결을 받음으로써 10년의 소멸시효에 걸린다는 뜻도 아니다.
78) 2014. 3. 11. 상법개정(2015. 3. 11. 시행)으로 보험금청구권은 3년간(종전 2년), 보험료 또는 적립금의 반환청구권은 3년간(종전 2년), 보험료청구권은 2년(종전 1년)간 행사하지 아니하면 시효의 완성으로 소멸한다. 2019년 11월 말 기준 주인을 찾지 못해 남겨진 숨은 보험금은 10조7340억 원 규모로 집계됐다고 발표했다. 여기에는 지급사유가 발생한 중도보험금이 7조8600억원, 보험 계약 만기 도래 후 소멸 시효 완성 전인 만기보험금 1조7800억원, 소멸시효가 지나 보험사 등이 갖고 있는 휴면보험금 1조1000억원 등이 포함됐다(조선일보 2020. 1. 13.자)..
79) 대법원 2008.07.10. 선고 2007다9719 판결 : '민법' 제1117조의 유류분반환청구권은 상속이 개시한 때부터 10년이 지나면 시효에 의하여 소멸하고, 이러한 법리는 상속재산의 증여에 따른 소유권이전등기가 이루어지지 아니한 경우에도 달리 그 소멸시효 완성의 항변이 신의성실의 원칙에 반한다고 하는 등의 특별한 사정이 존재하지 아니하는 이상 달리 볼 것이 아니다.

부분은 헌법에 위반된다는 결정을 선고함에 따라, 그 손해배상청구권에 대해서는 민법 제166조 제1항, 제766조 제2항에 따른 '객관적 기산점을 기준으로 하는 소멸시효'(이하 '장기소멸시효'라 한다)는 적용되지 않고, 국가에 대한 금전 급부를 목적으로 하는 권리의 소멸시효기간을 5년으로 규정한 국가재정법 제96조 제2항(구 예산회계법 제96조 제2항) 역시 이러한 객관적 기산점을 전제로 하는 경우에는 적용되지 않는다.[80]

[참고] 제척기간
(1) 제척기간의 의의 및 내용
  ① 일정한 권리에 대하여 법이 정하는 존속기간으로 소멸시효와 달리 중단이나 정지, 시효이익포기가 인정되지 않는다.
  ② 항변사항인 소멸시효와 달리 직권조사사항이다.
  ③ 형성권(매매예약완결권, 특별법상의 환매권 등)은 10년의 제척기간에 걸린다.[81]
  ④ "시효로 인하여 소멸한다.", "소멸시효가 완성한다." → 소멸시효[82]
(2) 제소기간(출소기간)으로서의 제척기간
  ① 점유보호청구권(제205조)[83]
  ② 채권자취소권 : 취소원인을 안 날부터 1년, 법률행위 있은 날부터 5년(제406조 제2항)

---

80) 대법원 2019.11.14. 선고 2018다233686 판결 : 국가배상법 제8조, 민법 제166조 제1항, 제766조 제1항, 제2항, 국가재정법 제96조 제2항, 제1항(구 예산회계법 제96조 제2항, 제1항)에 따르면, 국가배상청구권에 대해서는 피해자나 법정대리인이 그 손해와 가해자를 안 날(민법 제166조 제1항, 제766조 제1항에 따른 주관적 기산점)로부터 3년 또는 불법행위를 한 날(민법 제166조 제1항, 제766조 제2항에 따른 객관적 기산점)로부터 5년의 소멸시효가 적용됨이 원칙이다.
그런데 헌법재판소는 2018. 8. 30. 민법 제166조 제1항, 제766조 제2항 중 진실·화해를 위한 과거사정리 기본법(이하 '과거사정리법'이라 한다) 제2조 제1항 제3호의 '민간인 집단 희생사건', 같은 항 제4호의 '중대한 인권침해사건·조작의혹사건'에 적용되는 부분은 헌법에 위반된다는 결정을 선고하였다(헌법재판소 2014헌바148 등 결정, 이하 '이 사건 위헌결정'이라 한다). 헌법재판소 위헌결정의 효력은 위헌제청을 한 당해 사건만 아니라 위헌 결정이 있기 전에 이와 동종의 위헌 여부에 관하여 헌법재판소에 위헌여부심판제청이 되어 있거나 법원에 위헌여부심판제청신청이 되어 있는 경우의 당해 사건과 별도의 위헌제청신청 등은 하지 않았지만 당해 법률 또는 법조항이 재판의 전제가 되어 법원에 계속된 모든 일반 사건에까지 미친다(대법원 1996.04.26. 선고 96누1627 판결 등 참조). 따라서 이 사건 위헌결정의 효력은 과거사정리법 제2조 제1항 제3호의 '민간인 집단 희생사건'이나 같은 항 제4호의 '중대한 인권침해사건·조작의혹사건'에서 공무원의 위법한 직무집행으로 입은 손해에 대한 배상을 청구하는 소송이 위헌결정 당시까지 법원에 계속되어 있는 경우에도 미친다고 할 것이어서, 그 손해배상청구권에 대해서는 민법 제166조 제1항, 제766조 제2항에 따른 '객관적 기산점을 기준으로 하는 소멸시효'(이하 '장기소멸시효'라 한다)는 적용되지 않고, 국가에 대한 금전 급부를 목적으로 하는 권리의 소멸시효기간을 5년으로 규정한 국가재정법 제96조 제2항(구 예산회계법 제96조 제2항) 역시 이러한 객관적 기산점을 전제로 하는 경우에는 적용되지 않는다.
〈사례〉 피고(대한민국)로부터 구로 일대 농지를 분배받았던 수분배자들의 후손인 원고들이 피고를 상대로 분배 농지와 관련하여 불법행위로 인한 손해배상을 청구하는 사안에서, 원고들의 손해배상청구는 과거사정리법 제2조 제1항 제4호에서 말하는 중대한 인권침해·조작의혹사건에서 공무원의 위법한 직무집행으로 인하여 입은 재산상 손해에 대한 국가배상청구에 해당하고, 이 사건 위헌결정의 효력에 따라 원고들의 손해배상청구권에 대해서는 민법 제166조 제1항, 제766조 제2항, 구 예산회계법 제96조 제2항, 제1항에 따른 장기소멸시효가 적용되지 않는다고 판단한 사례.
81) 매매의 일방예약에서 예약자의 상대방이 매매예약 완결의 의사표시를 하여 매매의 효력을 생기게 하는 권리,

③ **상속회복청구권** : 침해를 안 날부터 3년, 침해행위가 있은 날부터 10년(제999조 제2항)[84]
④ **친생부인권** : 부인사유를 안 날부터 2년(제847조)

(3) 재판상·재판외의 행사기간으로서의 제척기간
① **법률행위 취소권** : 추인할 수 있는 날부터 3년, 법률행위가 있은 날부터 10년(제146조)
② **매도인의 하자담보책임** : 사실을 안 날부터 6월 또는 1년(제573조, 제575조 제3항, 제582조)[85]
③ **수급인의 하자담보책임** : 목적물의 인도를 받은 날 또는 일을 종료한 날. 목적물이 멸실·훼손된 날부터 1년(제670조, 제671조 제2항) 토지, 건물 기타 공작물의 수급인의 경우 특칙(제671조 제1항)[86]
④ **재산분할청구권** : 이혼한 날부터 2년(제839조의2 제3항)
⑤ **존속기간의 정함이 없는 형성권**(유치권소멸청구권, 계약의 해제·해지권, 매매예약완결권, 임차인의 매수청구권)[87] : 권리가 발생한 때부터 10년[88]

즉 매매예약의 완결권은 일종의 형성권으로서 당사자 사이에 그 행사기간을 약정한 때에는 그 기간 내에, **그러한 약정이 없는 때에는 그 예약이 성립한 때로부터 10년 내에 이를 행사하여야 하고 그 기간을 지난 때에는 예약완결권은 제척기간의 경과로 인하여 소멸하는 것이다.** 제척기간은 권리자로 하여금 당해 권리를 신속하게 행사하도록 함으로써 법률관계를 조속히 확정시키려는 데 그 제도의 취지가 있는 것으로서, **소멸시효가 일정한 기간의 경과와 권리의 불행사라는 사정에 의하여 권리소멸의 효과를 가져 오는 것과는 달리** 그 기간의 경과 자체만으로 곧 권리소멸의 효과를 가져 오게 하는 것이므로 **그 기간 진행의 기산점은 특별한 사정이 없는 한 원칙적으로 권리가 발생한 때이고,** 당사자 사이에 위와 같이 위 매매예약 완결권을 행사할 수 있는 시기를 특별히 약정한 경우에도 그 제척기간은 **당초 권리의 발생일로부터 10년간의 기간이 경과되면** 만료되는 것이지 그 기간을 넘어서 위 약정에 따라 권리를 행사할 수 있는 때로부터 10년이 되는 날까지로 연장된다고 볼 수 없다(대법원 1995.11. 10. 선고 94다22682,22699(반소) 판결).

82) 제1024조(승인, 포기의 취소금지)
① 상속의 승인이나 포기는 제1019조 제1항의 기간 내에도 이를 취소하지 못한다.
② 전항의 규정은 총칙편의 규정에 의한 취소에 영향을 미치지 아니한다. 그러나 그 취소권은 추인할 수 있는 날로부터 3월, 승인 또는 포기한 날로부터 1년 내에 행사하지 아니하면 시효로 인하여 소멸된다. → 시효기간이 아닌 제척기간으로 해석

83) 민법 제204조 제3항과 제205조 제2항에 의하면 점유를 침탈당하거나 방해를 받은 자의 침탈자 또는 방해자에 대한 청구권은 그 점유를 침탈당한 날 또는 점유의 방해행위가 종료된 날로부터 1년 내에 행사하여야 하는 것으로 규정되어 있는데, 위의 제척기간은 재판 외에서 권리 행사하는 것으로 족한 기간이 아니라 반드시 그 기간 내에 소를 제기하여야 하는 이른바 출소기간으로 해석함이 상당하다(대법원 2002.04.26. 선고 2001다8097,8103 판결).

84) 대법원은 피상속인인 남한주민으로부터 상속을 받지 못한 북한주민의 경우, 상속권이 침해된 날부터 10년이 경과하면 민법 제999조 제2항에 따라 상속회복청구권이 소멸한다고 한다(대법원 2016.10.19. 선고 2014다46648 전원합의체 판결).

85) 대법원 2012.04.12. 선고 2010다65399 판결 : '구 집합건물법' 제9조에 의하여 준용되는 민법 제667조 내지 제671조에 규정된 하자담보책임기간은 재판상 또는 재판외의 권리행사기간인 제척기간이므로 그 기간의 도과로 하자담보추급권은 당연히 소멸한다. 한편 채권양도의 통지는 그 양도인이 채권이 양도되었다는 사실을 채무자에게 알리는 것에 그치는 행위이므로, 그것만으로 제척기간의 준수에 필요한 권리의 재판외 행사에 해당한다고 할 수 없다(대법원 2012.03.22. 선고 2010다28840 전원합의체 판결 참조). 따라서 집합건물인 아파트의 입주자대표회의가 스스로 하자담보추급에 의한 손해배상청구권을 가짐을 전제로 하여 직접 아파트의 분양자를 상대로 손해배상청구소송을 제기하였다가, 그 소송 계속 중에 정당한 권리자인 구분소유자들로부터 그 손해배상채권을 양도받고 분양자에게 그 통지가 마쳐진 후 그에 따라 소를 변경한 경우에는, 그 채권양도통지에 채권양도의 사실을 알리는 것 외에 그 이행을 청구하는 뜻이 별도로 덧붙여지거나 그 밖에 구분소유자들이 재판외에서 그 권리를 행사하였다는 등의 특별한 사정이 없는 한, 위 손해배상청구권은 입주자대표회의가 위와 같이 소를 변경한 시점에 비로소 행사된 것으로 보아야 할 것이다.

86) 집합건물법 제9조에 의하여 준용되는 민법 제667조 내지 제671조의 수급인의 하자담보책임기간은 재판상 또는 재판외의 권리행사기간인 제척기간이므로, 그 기간의 도과로 하자담보추급권은 당연히 소멸한다. 한편 이 사건

6 소멸시효 중단

가. 재판상 청구

(1) 시효중단 사유로서 재판상 청구에는 소멸시효 대상인 권리 자체의 이행청구나 확인청구를 하는 경우만이 아니라, 권리가 발생한 기본적 법률관계를 기초로 하여 소의 형식으로 주장하는 경우에도 권리 위에 잠자는 것이 아님을 표명한 것으로 볼 수 있을 때에는 이에 포함된다고 보아야 하고, 시효중단 사유인 재판상 청구를 기판력이 미치는 범위와 일치하여 고찰할 필요는 없다.[89]

(2) 소의 제기, 청구변경, 중간확인의 소, 반소, 재심의 소제기 불문. 이행소송, 확인소송, 형성소송을 불문하고, 형사소송이나 행정처분의 취소나 무효확인을 구하는 행정소송은 원칙적으로 시효중단사유가 되지 못한다.[90] 보조참가는 소의 제기도 아니고 당사자로서 소송에 참가하는 것도 아니므로 재판상 청구에 해당하지 않는다.

(3) 확정된 승소판결에는 기판력이 있으므로, 승소 확정판결을 받은 당사자가 그 상대방을 상대로 다시 승소 확정판결의 전소와 동일한 청구의 소를 제기하는 경우 그 후소는 권리보호의 이익이 없어 부적법하다. 하지만 예외적으로 확정판결에 의한 채권의 소멸시효기간인 10년의 경과가 임박한 경우에는 그 시효중단을 위한 소는 소의 이익이 있다.[91] 한편 대법원 전원합의체판결은 소멸시효 중단을 위한 후소로서, 종전부터 인정되어 오던 '이행소송' 외에 전소 판결로 확정된 채권의 시효를 중단시키기 위한 '재판상의 청구'가 있다는 점에 대하여만 확인을 구하는 이른바 '새로운 방식의 확인소송'도 허용된다고 본다.[92]

(4) 재판상 청구에 따른 시효중단의 효력발생시점은 원칙적으로 소 제기시 또는 청구취지변경신청서 제출시이다(민소법 제265조).[93]

아파트와 같은 콘크리트 구조물에 대해서는 민법 제671조 제1항 단서가 적용되어 그 하자담보책임기간은 인도 후 10년이다(대법원 2009.05.28. 선고 2008다86232 판결).

87) 권리자의 의사표시만으로 바로 형성의 효과가 발생하고 이로써 권리 자체가 소멸하므로 굳이 재판상 행사를 요구할 필요가 없고, 법률의 규정도 특별한 규정이 없는 이상 재판상 행사를 요구하지 않는다.

88) 대법원 2017.01.25. 선고 2016다42077 판결 : 매매예약의 완결권은 일종의 형성권으로서 당사자 사이에 그 행사기간을 약정한 때에는 그 기간 내에, 그러한 약정이 없는 때에는 그 예약이 성립한 때로부터 10년 내에 이를 행사하여야 하고, 그 기간을 지난 때에는 예약 완결권은 제척기간의 경과로 인하여 소멸한다. 한편 당사자 사이에 약정하는 예약 완결권의 행사기간에 특별한 제한은 없다.

89) 대법원 2011.07.14. 선고 2011다19737 판결 : 매매계약에 기한 소유권이전등기청구권의 소멸시효기간 만료 전에 매매계약을 원인으로 건축주명의변경을 구하는 소도 소멸시효를 중단시키는 재판상 청구에 포함된다고 한 사례.

90) 일반적으로 위법한 행정처분의 취소, 변경을 구하는 행정소송은 사권을 행사하는 것으로 볼 수 없으므로 사권에 대한 시효중단사유가 되지 못하는 것이나, 다만 오납한 조세에 대한 부당이득반환청구권을 실현하기 위한 수단이 되는 과세처분의 취소 또는 무효확인을 구하는 소가 비록 행정소송이라고 할지라도 조세환급을 구하는 부당이득반환청구권의 소멸시효중단사유인 재판상 청구에 해당한다고 볼 수 있다(대법원 1992.03.31. 선고 91다32053 전원합의체 판결). 형사소송에서의 피해자의 배상명령신청도 재판상 청구로서의 시효중단효가 있는 것으로 본다.

91) 대법원 2018.07.19. 선고 2018다22008 전원합의체 판결.
92) 대법원 2018.10.18. 선고 2015다232316 전원합의체 판결 〈補論-1 참조〉
93) 대법원 2015.02.12. 선고 2014다228440 판결 : 지급명령 사건이 채무자의 이의신청으로 소송으로 이행되는

(5) **일부청구**의 경우 하나의 채권 중 일부에 관하여만 판결을 구한다는 취지를 명백히 하여 소송을 제기한 경우에는 소제기에 의한 소멸시효중단의 효력이 그 일부에 관하여만 발생하고, 나머지 부분에는 발생하지 아니하나, 소장에서 청구의 대상으로 삼은 채권 중 일부만을 청구하면서 소송의 진행경과에 따라 장차 청구금액을 확장할 뜻을 표시하고 당해 소송이 종료될 때까지 실제로 청구금액을 확장한 경우에는 소제기 당시부터 채권 전부에 관하여 판결을 구한 것으로 해석되므로, 이러한 경우에는 소제기 당시부터 채권 전부에 관하여 재판상 청구로 인한 시효중단의 효력이 발생한다. 소장에서 청구의 대상으로 삼은 채권 중 일부만을 청구하면서 소송의 진행경과에 따라 장차 청구금액을 확장할 뜻을 표시하였으나 당해 소송이 종료될 때까지 실제로 청구금액을 확장하지 않은 경우에는 소송의 경과에 비추어 볼 때 채권 전부에 관하여 판결을 구한 것으로 볼 수 없으므로, 나머지 부분에 대하여는 재판상 청구로 인한 시효중단의 효력이 발생하지 아니한다. 그러나 이와 같은 경우에도 소를 제기하면서 장차 청구금액을 확장할 뜻을 표시한 채권자로서는 장래에 나머지 부분을 청구할 의사를 가지고 있는 것이 일반적이라고 할 것이므로, 다른 특별한 사정이 없는 한 당해 소송이 계속 중인 동안에는 나머지 부분에 대하여 권리를 행사하겠다는 의사가 표명되어 최고에 의해 권리를 행사하고 있는 상태가 지속되고 있는 것으로 보아야 하고, 채권자는 당해 소송이 종료된 때부터 6월내에 민법 제174조에서 정한 조치를 취함으로써 나머지 부분에 대한 소멸시효를 중단시킬 수 있다.[94]

(6) 이미 사망한 자를 피고로 하여 제기된 소는 부적법하여 이를 간과한 채 본안 판단에 나아간 판결은 당연무효로서 그 효력이 상속인에게 미치지 않고, 채권자의 이러한 제소는 권리자의 의무자에 대한 권리행사에 해당하지 않으므로, 상속인을 피고로 하는 당사자표시정정이 이루어진 경우와 같은 특별한 사정이 없는 한, 거기에는 애초부터 시효중단 효력이 없어 민법 제170조 제2항이 적용되지 않는다고 봄이 타당하고, 법원이 이를 간과하여 본안에 나아가 판결을 내린 경우에도 마찬가지라고 보아야 한다.[95]

(7) 채권자가 동일한 목적을 달성하기 위하여 복수의 채권을 갖고 있는 경우, 채권자로서는 그 선택에 따라 권리를 행사할 수 있되, 그 중 어느 하나의 청구를 한 것만으로는 다른 채권 그 자체를 행사한 것으로 볼 수는 없으므로, 특별한 사정이 없는 한 그 다른 채권에 대한 소멸시효 중단의 효력은 없다.[96]

(8) 원인채권의 지급을 확보하기 위한 방법으로 어음이 수수된 경우에 원인채권과 어음채권은

경우에 지급명령에 의한 시효중단의 효과는 소송으로 이행된 때가 아니라 지급명령을 신청한 때에 발생한다.

94) 대법원 2020.02.06. 선고 2019다223723 판결. 한편 대법원은, 보통의 **최고**와는 달리 법원의 행위를 통해 이루어지는 **소송고지**로 인한 **최고**에 대하여는 당해 소송이 계속 중인 동안 최고에 의해 권리를 행사하고 있는 상태가 지속되는 것으로 보아 당해 소송이 종료된 때부터 6월내에 민법 제174조에 정한 조치를 취함으로써 소멸시효를 중단시킬 수 있다는 점을 밝혀 왔다(대법원 2009.07.09. 선고 2009다14340 판결 등 참조).
95) 대법원 2014.02.27. 선고 2013다94312 판결.
96) 대법원 2011.02.10. 선고 2010다81285 판결 : 甲이 乙을 상대로 부당이득반환청구의 소를 제기함으로써 甲의 乙에 대한 채무불이행으로 인한 손해배상청구권의 소멸시효가 중단되는지 여부가 문제된 사안에서, 부당이득반환청구의 소 제기로 채무불이행으로 인한 손해배상청구권의 소멸시효가 중단되었다고 본 원심판결을 파기한 사례.

별개로서 채권자는 그 선택에 따라 권리를 행사할 수 있고, 원인채권에 기하여 청구를 한 것만으로는 어음채권 그 자체를 행사한 것으로 볼 수 없어 어음채권의 소멸시효를 중단시키지 못한다. 채권자가 원인채권에 기하여 청구를 한 것이 아니라 어음채권에 기하여 청구를 하는 반대의 경우에는 원인채권의 소멸시효를 중단시키는 효력이 있다고 봄이 상당하고, 이러한 법리는 채권자가 어음채권을 피보전권리로 하여 채무자의 재산을 가압류함으로써 그 권리를 행사한 경우에도 마찬가지로 적용된다.[97]

(9) 점유자가 소유자를 상대로 소유권이전등기 청구소송을 제기하면서 그 청구원인으로 '취득시효 완성'이 아닌 '매매'를 주장함에 대하여, 소유자가 이에 응소하여 원고 청구기각의 판결을 구하면서 원고의 주장 사실을 부인하는 경우에는, 이는 원고 주장의 매매 사실을 부인하여 원고에게 그 매매로 인한 소유권이전등기청구권이 없음을 주장함에 불과한 것이고 소유자가 자신의 소유권을 적극적으로 주장한 것이라 볼 수 없으므로 시효중단사유의 하나인 재판상의 청구에 해당한다고 할 수 없다.[98]

(10) **피고의 응소와 시효중단**

① 민법 제168조 제1호, 제170조 제1항에서 시효중단사유의 하나로 규정하고 있는 재판상의 청구라 함은, 통상적으로는 권리자가 원고로서 시효를 주장하는 자를 피고로 하여 소송물인 권리를 소의 형식으로 주장하는 경우를 가리키지만, 이와 반대로 시효를 주장하는 자가 원고가 되어 소를 제기한 데 대하여 피고로서 응소하여 그 소송에서 적극적으로 권리를 주장하고 그것이 받아들여진 경우도 이에 포함되고, 위와 같은 응소행위로 인한 시효중단의 효력은 피고가 현실적으로 권리를 행사하여 응소한 때에 발생한다.

② 권리자인 피고가 응소하여 권리를 주장하였으나 그 소가 각하되거나 취하되는 등의 사유로 본안에서 그 권리주장에 관한 판단 없이 소송이 종료된 경우에도 민법 제170조 제2항을 유추적용하여 그때부터 6월 이내에 재판상의 청구 등 다른 시효중단조치를 취하면 응소시에 소급하여 시효중단의 효력이 있는 것으로 봄이 상당하다.[99]

③ 변론주의 원칙상 피고가 응소행위를 하였다고 하여 바로 시효중단의 효과가 발생하는 것은 아니고 시효중단의 주장을 하여야 그 효력이 생기는 것이지만, 시효중단의 주장은 반드시 응소시에 할 필요는 없고 소멸시효기간이 만료된 후라도 사실심 변론종결 전에는 언제든지 할 수 있다.[100]

(11) 담보가등기가 설정된 후에 그 목적 부동산의 소유권을 취득한 제3취득자나 물상보증인 등 시효를 원용할 수 있는 지위에 있으나 직접 의무를 부담하지 아니하는 자가 제기한 소송에서의 응소행위는 권리자의 의무자에 대한 재판상 청구에 준하는 행위에 해당한다고 볼 수 없다.[101]

---

[97] 대법원 1999.06.11. 선고 99다16378 판결. 다만 이미 시효로 소멸한 어음채권을 피보전권리로 한 가압류 결정에 의하여 그 원인채권의 소멸시효가 중단되는 것은 아니다(대법원 2007.09.20. 선고 2006다68902 판결).
[98] 대법원 1997.12.12. 선고 97다30288 판결.
[99] 대법원 2019.03.14. 선고 2018두56435 판결.
[100] 대법원 2010.08.26. 선고 2008다42416,42423 판결.

(12) 물상보증인이 그 피담보채무의 부존재 또는 소멸을 이유로 제기한 저당권설정등기 말소등기절차이행청구소송에서 채권자 겸 저당권자가 청구기각의 판결을 구하고 피담보채권의 존재를 주장하였다고 하더라도 이로써 직접 채무자에 대하여 재판상 청구를 한 것으로 볼 수는 없는 것이므로 피담보채권의 소멸시효에 관하여 규정한 민법 제168조 제1호 소정의 '청구'에 해당하지 아니한다.[102]

(13) 민법 제174조에 규정된 시효중단사유로서의 최고의 경우, 채무이행을 최고받은 채무자가 그 이행의무의 존부 등에 대하여 조사를 해 볼 필요가 있다는 이유로 채권자에 대하여 그 이행의 유예를 구한 경우에는 채권자가 그 회답을 받을 때까지는 최고의 효력이 계속된다고 보아야 하고, 따라서 같은 조에 정한 6월의 기간은 채권자가 채무자로부터 회답을 받은 때로부터 기산되는 것이라고 해석하여야 한다.[103]

(14) 위자료청구로서 재산상 손해배상청구권의 시효중단사유가 되는 것은 아니다.

(15) 개인회생절차에서 개인회생채권자목록이 제출되거나 그 밖에 개인회생채권자가 개인회생절차에 참가한 경우에는 시효중단의 효력이 있고(채무자회생법 제32조 제3호, 제589조 제2항), 시효중단의 효력은 특별한 사정이 없는 한 개인회생절차가 진행되는 동안에는 그대로 유지된다.[104]

(16) 조세채권자인 국가의 납세의무자의 제3자에 대한 채권자대위소송제기도 소멸시효중단사유가 된다.[105]

(17) 대항요건을 갖추지 못하여 채무자에게 대항하지 못하는 채권의 양수인이 채무자를 상대로 재판상 청구를 한 경우에도 소멸시효 중단사유인 재판상 청구에 해당한다.[106]

(18) 채무자가 제3채무자를 상대로 금전채권의 이행을 구하는 소를 제기한 후 채권자가 위 금전채권에 대하여 압류 및 추심명령을 받아 제3채무자를 상대로 추심의 소를 제기한 경우, 채무자가 권리주체의 지위에서 한 시효중단의 효력은 집행법원의 수권에 따라 피압류채권에 대한 추심권능을 부여받아 일종의 추심기관으로서 그 채권을 추심하는 추심채권자에게도 미친다.[107]

---

101) 대법원 2007.01.11. 선고 2006다33364 판결.
102) 대법원 2004.01.16. 선고 2003다30890 판결.
103) 대법원 2006.04.28. 선고 2004다16976 판결.
104) **대법원 2019.08.30. 선고 2019다235528 판결.** 개인회생절차에서 변제계획인가결정이 있더라도 변제계획에 따른 권리의 변경은 면책결정이 확정되기까지는 생기지 않으므로(채무자회생법 제615조 제1항), 변제계획인가결정만으로는 시효중단의 효력에 영향이 없다.
105) **대법원 2019.04.11. 선고 2017다269862 판결.**
106) **대법원 2018.06.15. 선고 2018다10920 판결.**
107) 대법원 2019.07.25. 선고 2019다212945 판결.

[참고 1] 관련 청구 간 시효중단의 효력
① 근저당권설정등기청구권 행사 ⇨ 피담보채권 시효중단[108]
   피담보채권 행사 ↛ 근저당권설정등기청구권 시효중단
② 어음채권 행사 ⇨ 원인채권 시효중단
   원인채권 행사 ↛ 어음채권 시효중단
③ 주채권의 시효중단 ⇨ 보증채권의 시효중단
   보증채권의 시효중단 ↛ 주채권의 시효중단
④ 어음채권의 시효이익의 포기 ⇨ 원인채권 승인
⑤ 주채무자에 대한 압류, 가압류, 가처분 ⇨ 보증채무 시효중단
   보증채무자에 대한 압류, 가압류, 가처분 ⇨ 주채무 시효중단

[참고 2] 재판상 청구로 인한 시효중단의 물적 범위
① **채권자대위소송** → 피대위채권에 대하여 시효가 중단되나, 피보전채권(대위채권)에 대하여는 시효가 중단되지 않는다.
② **채권자취소소송** → 피보전채권에 대하여 시효가 중단되지 않는다.
③ **압류 및 추심명령** → 압류명령신청시에 채권자의 채무자에 대한 채권에 시효중단효가 있으나, 채무자의 제3채무자에 대한 채권에 대하여 확정적인 시효중단효가 없고 압류 및 추심명령 송달시에 최고의 효력만 인정된다.[109]
④ **개개의 권리가 그로부터 유출되는 기본적 법률관계에 관한 확인청구소송의 제기**
   → 그 개개의 권리에 대한 소멸시효 중단사유가 된다.
⑤ **대등한 권리가 동일한 사실관계로부터 발생한 경우 그 중 하나의 권리에 기한 소제기** → 다른 권리에 대하여 시효중단효가 미치지 않는다. 불법행위와 계약위반

나. 압류 · 가압류 · 가처분

(1) 강제집행절차 또는 보전절차에서의 권리행사도 시효중단사유가 된다. 담보권실행을 위한 경매의 경우에도 피담보채권에 대한 시효중단의 효력이 인정된다. 배당요구, 채권신고도 압류에 준하여 시효중단의 효력이 있다.

(2) 가압류에 관해서도 위 민사소송법 규정을 유추적용하여 '재판상의 청구'와 유사하게 <u>가압류를 신청한 때 시효중단의 효력이 생긴다고 보아야 한다.</u>[110]

(3) 가압류에 의한 시효중단의 효력은 가압류의 집행보전의 효력이 존속하는 동안 계속된다. 가압류에 의한 시효중단은 경매절차에서 부동산이 매각되어 가압류등기가 말소되기 전에 배당절차가 진행되어 가압류채권자에 대한 배당표가 확정되는 등의 특별한 사정이 없는 한, 채권자가 가압류집행에 의하여 권리행사를 계속하고 있다고 볼 수 있는 <u>가압류등기가 말소</u>

---

[108] 일단 근저당권설정 후에는 근저당권이 있다는 사정이 피담보채권의 소멸시효중단사유가 되는 것은 아니다.
[109] 대법원 2003.05.13. 선고 2003다16238 판결. 따라서 시효소멸 전에 채권압류 및 추심명령이 제3채무자에게 송달되고 그로부터 6월내에 추심금청구의 소를 제기하면 시효소멸하지 않는다.
[110] 대법원 2017.04.07. 선고 2016다35451 판결.

된 때 그 중단사유가 종료되어, 그때부터 새로 소멸시효가 진행한다.111)
(4) 유체동산에 대한 가압류결정을 집행한 경우 가압류에 의한 시효중단 효력은 가압류 집행보전의 효력이 존속하는 동안 계속된다. 그러나 유체동산에 대한 가압류 집행절차에 착수하지 않은 경우에는 시효중단 효력이 없고, 집행절차를 개시하였으나 가압류할 동산이 없기 때문에 집행불능이 된 경우에는 집행절차가 종료된 때로부터 시효가 새로이 진행된다.112)
(5) 1개의 채권의 일부에 대한 가압류·압류는 유효한 채권 부분을 대상으로 한 것이고, 유효한 채권 부분이 남아 있는 한 거기에 가압류·압류의 효력이 계속 미친다. 따라서 1개의 채권 중 일부에 대하여 가압류·압류를 하였는데, 채권의 일부에 대하여만 소멸시효가 중단되고 나머지 부분은 이미 시효로 소멸한 경우, 가압류·압류의 효력은 시효로 소멸하지 않고 잔존하는 채권 부분에 계속 미친다.113)
(6) 사망한 사람을 피신청인으로 한 가압류신청은 부적법하고 그 신청에 따른 가압류결정이 내려졌다고 하여도 그 결정은 당연 무효로서 그 효력이 상속인에게 미치지 않으며, 이러한 당연 무효의 가압류는 소멸시효의 중단사유에 해당하지 않는다.114)
(7) 금전채권의 보전을 위하여 채무자의 금전채권에 대하여 가압류가 행하여진 경우에 그 후 채권자의 신청에 의하여 그 집행이 취소되었다면, 다른 특별한 사정이 없는 한 가압류에 의한 소멸시효 중단의 효과는 소급적으로 소멸된다.115)
(8) 법률의 규정에 따른 적법한 가압류가 있었으나 제소기간의 도과로 인하여 가압류가 취소된 경우에는 소멸시효 중단의 효력이 없는 경우에 해당한다고 볼 수 없다. 또한, 가압류를 시효중단사유로 규정하고 있는 것은 가압류에 의하여 권리자가 권리를 행사하였기 때문인데 가압류에 의한 집행보전의 효력이 존속하는 동안은 가압류채권자에 의한 권리행사가 계속되고 있다고 보아야 할 것이므로, 가압류에 의한 시효중단의 효력은 가압류의 집행보전의 효력이 존속하는 동안 계속된다.116)
(9) 경매신청이 취하되면 특별한 사정이 없는 한 압류로 인한 소멸시효 중단의 효력이 소멸하는 것과 마찬가지로 위와 같이 첫 경매개시결정등기 전에 등기되었고 매각으로 소멸하는 저당권을 가진 채권자의 채권신고로 인한 소멸시효 중단의 효력도 소멸한다고 봄이 상당하

---

111) 대법원 2013.11.14. 선고 2013다18622 판결. 매각대금 납부 후의 배당절차에서 가압류채권자의 채권에 대하여 배당이 이루어지고 배당액이 공탁되었다고 하여 가압류채권자가 그 공탁금에 대하여 채권자로서 권리행사를 계속하고 있다고 볼 수는 없으므로 그로 인하여 가압류에 의한 시효중단의 효력이 계속된다고 할 수 없다.
112) 대법원 2011.05.13. 선고 2011다10044 판결. 대법원 2000.04.25. 선고 2000다11102 판결 : 민법 제168조에서 가압류와 재판상의 청구를 별도의 시효중단사유로 규정하고 있는데 비추어 보면, 가압류의 피보전채권에 관하여 본안의 승소판결이 확정되었다고 하더라도 가압류에 의한 시효중단의 효력이 이에 흡수되어 소멸된다고 할 수 없다.
113) 대법원 2016.03.24. 선고 2014다13280 판결.
114) 대법원 2006.08.24. 선고 2004다26287,26294 판결.
115) 대법원 2010.10.14. 선고 2010다53273 판결.
116) 대법원 2011.01.13. 선고 2010다88019 판결 : 가압류결정 후 제소기간 도과를 이유로 가압류가 취소된 사안에서, 채권의 소멸시효가 가압류로 인하여 중단되었다가 제소기간의 도과로 가압류가 취소된 때로부터 다시 진행된다고 한 원심의 판단을 수긍한 사례.

다.117) 한편, 이러한 채권신고에 채무자에 대하여 채무의 이행을 청구하는 의사가 직접적으로 표명되어 있다고 보기 어렵고 채무자에 대한 통지 절차도 구비되어 있지 않으므로 별도의 소멸시효 중단 사유인 최고의 효력은 인정되지 않는다고 할 것이므로, 경매신청이 취하된 후 6월 내에 위와 같은 채권신고를 한 채권자가 소제기 등의 재판상의 청구를 하였다고 하더라도 민법 제170조 제2항에 의하여 소멸시효 중단의 효력이 유지된다고 할 수 없다.118)

(10) 임차권등기명령에 따른 임차권등기에는 소멸시효 중단사유인 압류 또는 가압류, 가처분에 준하는 효력이 있다고 볼 수 없다.119)

(11) 민법 제168조 제2호에서 정하는 '압류 또는 가압류'는 금전채권의 강제집행을 위한 수단이거나 그 보전수단에 불과하여 취득시효기간의 완성 전에 부동산에 압류 또는 가압류 조치가 이루어졌다고 하더라도 이로써 종래의 점유상태의 계속이 파괴되었다고는 할 수 없으므로 이는 취득시효의 중단사유가 될 수 없다.120)

다. 승 인

(1) 소멸시효 중단사유인 승인은 시효이익을 받을 당사자인 채무자가 소멸시효의 완성으로 권리를 상실하게 될 자 또는 그 대리인에게 권리가 존재함을 인식하고 있다는 뜻을 표시함으로써 성립한다. 표시의 방법은 아무런 형식을 요구하지 않고, 명시적이든 묵시적이든 상관없다. 묵시적인 승인의 표시는 채무자가 채무의 존재와 액수를 인식하고 있음을 전제로 상대방으로 하여금 채무자가 채무를 인식하고 있음을 표시를 통해 추단하게 할 수 있는 방법으로 하면 충분하다.121) 이자의 지급, 시효완성 전에 채무의 일부를 변제하거나 담보를 제공한 경우, 채권자가 채무자를 상대로 변제를 독촉하자 채무자가 그 지급기한을 연기하여 달라고 요청한 사실이 있는 경우 등에는 채무승인이 있는 것으로 볼 것이다.122)

---

117) 이와 달리 민사집행법 제102조 제2항에 따라 경매절차가 취소된 경우에는 압류로 인한 소멸시효 중단의 효력이 소멸하지 않고, 마찬가지로 첫 경매개시결정등기 전에 등기되었고 매각으로 소멸하는 저당권을 가진 채권자의 채권신고로 인한 소멸시효 중단의 효력도 소멸하지 않는다(대법원 2015.02.26. 선고 2014다228778 판결).
118) 대법원 2010.09.09. 선고 2010다28031 판결.
119) 대법원 2019.05.16. 선고 2017다226629 판결. 〈사례〉 임차인인 원고가 임대차기간 만료 후 임대인이던 망인에게 보증금반환을 요구하였으나 망인이 반환해 주지 않아 원고가 임차권등기명령을 원인으로 한 주택임차권등기를 마쳤고 그로부터 10년이 더 지나서 망인의 상속인인 피고들을 상대로 임대차보증금반환을 청구하였는데 피고보조참가인이 그 소멸시효 완성의 항변을 한 사건에서, 원고의 임차권등기명령에 따른 임차권등기가 소멸시효의 진행에 아무런 영향이 없다는 것을 전제로 하여 이 사건 임대차보증금반환채권은 시효가 완성되어 소멸하였다고 한 원심이 타당하다고 판단하고 원고의 상고를 기각한 사례.
120) 대법원 2019.04.03. 선고 2018다296878 판결.
121) 대법원 2018.04.24. 선고 2017다205127 판결.
122) 회생절차 내에서 이루어진 변제기 유예 합의도 채무에 대한 승인이 전제된 것이므로 채무승인의 효력이 있다(대법원 2016.08.29. 선고 2016다208303 판결). 그러나 당사자 간에 계속적 거래관계가 있다고 하더라도 물품 등을 주문하고 공급하는 과정에서 기왕의 미변제 채무에 대하여 서로 확인하거나 확인된 채무의 일부를 변제하는 등의 절차가 없었다면 기왕의 채무의 존부 및 액수에 대한 당사자 간의 인식이 다를 수도 있는 점에 비추어 볼 때, 피고가 단순히 기왕에 공급받던 것과 동종의 물품을 추가로 주문하고 공급받았다는 사실만으로는 기왕의 채무의 존부 및 액수에 대한 인식을 묵시적으로 표시하였다고 보기 어렵다(대법원 2005.02.17. 선고 2004다599

(2) 시효완성의 이익 포기의 의사표시를 할 수 있는 자는 시효완성의 이익을 받을 당사자 또는 그 대리인에 한정된다고 할 것이고, 그 밖의 제3자가 시효완성의 이익 포기의 의사표시를 하였다 하더라도 이는 시효완성의 이익을 받을 자에 대한 관계에서 아무 효력이 없다.123)

(3) 소멸시효중단사유로서의 승인은 소멸시효의 진행이 개시된 이후에만 가능하고 그 이전에 승인을 하더라도 시효가 중단되지 않는다. 현존하지 아니하는 장래의 채권을 미리 승인하는 것도 허용되지 않는다.

(4) 승인으로 인한 시효중단의 효력은 그 승인의 통지가 상대방에게 도달하는 때에 발생한다.124)

(5) 소멸시효의 중단사유로서 채무자에 의한 채무승인이 있었다는 사실은 이를 주장하는 채권자 측에서 증명하여야 하고,125) 채무자 아닌 자가 채무승인을 한 경우 그에게 채무를 승인할 권한이 있었다는 점 역시 채권자가 증명하여야 한다.

(6) 형사재판절차에서 피해자를 위하여 손해배상금의 공탁이 이루어진 경우 그와 같은 공탁이 공탁금액을 넘는 손해배상채무에 관한 묵시적 승인에 해당하는지 여부는 공탁서에 기재된 공탁원인사실의 내용을 중심으로, 공탁의 경위와 목적 및 공소사실의 다툼 여부, 인정되는 손해배상채무의 성격 및 액수와 공탁금액과의 차이, 그 밖의 공탁 전후의 제반 사정을 종합하여 판단하여야 한다.126)

라. 최고와 소멸시효중단

(1) 최고는 6월내에 재판상 청구 등을 하지 않으면 시효중단의 효력이 없는 잠정적 시효중단사유이다. 소가 취하되거나 각하된 경우에는 그로부터 6월내에 다시 재판상 청구를 하지 않는 한 시효중단의 효력이 없고 다만 재판외의 최고의 효력만을 갖게 된다.127)

(2) 시효중단 사유로서의 최고에 있어, 채무이행을 최고받은 채무자가 그 이행의무의 존부 등에 대하여 조사를 해 볼 필요가 있다는 이유로 채권자에 대하여 그 이행의 유예를 구한 경우에는 채권자가 그 회답을 받을 때까지는 최고의 효력이 계속된다고 보아야 하고, 따라서 같은 조에 규정된 6월의 기간은 채권자가 채무자로부터 회답을 받은 때로부터 기산되는 것이라고 해석하여야 한다.128)

(3) 소송고지의 요건이 갖추어진 경우에 소송고지서에 고지자가 피고지자에 대하여 채무의 이행을 청구하는 의사가 표명되어 있으면 민법 제174조에 정한 시효중단사유로서의 최고의 효력이 인정된다. 소송고지에 의한 최고의 경우에는 민사소송법 제265조를 유추 적용하여 당사자가 소송고지서를 법원에 제출한 때에 시효중단의 효력이 발생한다.129) → 당해 소송이

---

59 판결).
123) 대법원 2014.01.23. 선고 2013다64793 판결.
124) 대법원 1995.09.29. 선고 95다30178 판결.
125) 대법원 2005.02.17. 선고 2004다59959 판결.
126) 대법원 2010.09.30. 선고 2010다36735 판결.
127) 대법원 2019.03.14. 선고 2018두56435 판결.
128) 대법원 2014.12.24. 선고 2012다35620 판결.

계속 중인 동안은 최고에 의하여 권리를 행사하고 있는 상태가 지속되는 것으로 보아 민법 제174조에 규정된 6월의 기간은 당해 소송이 종료된 때로부터 기산되는 것으로 해석하여야 한다.130)

(4) 최고를 여러 번 거듭하다가 재판상 청구 등을 한 경우에 있어서의 시효중단의 효력은 항상 최초의 최고시에 발생하는 것이 아니라 재판상 청구 등을 한 시점을 기준으로 하여 이로부터 소급하여 6월 이내에 한 최고시에 발생한다.131)

(5) 채권자가 확정판결에 기한 채권의 실현을 위하여 채무자에 대하여 민사집행법 소정의 **재산명시신청**을 하고 그 결정이 채무자에게 송달되었다면 거기에 소멸시효의 중단사유인 '최고'로서의 효력만이 인정되므로, 재산명시결정에 의한 소멸시효 중단의 효력은, 그로부터 6월 내에 다시 소를 제기하거나 압류 또는 가압류, 가처분을 하는 등 민법 제174조에 규정된 절차를 속행하지 아니하는 한, 상실된다.132)

마. 소멸시효중단의 효력

(1) 시효가 중단된 때에는 중단까지에 경과한 시효기간은 이를 산입하지 아니하고 중단사유가 종료한 때로부터 새로이 진행하는데, 소멸시효의 중단사유 중 '압류'에 의한 시효중단의 효력은 압류가 해제되거나 집행절차가 종료될 때 그 중단사유가 종료한 것으로 볼 수 있다.133)

(2) 채권자대위권 행사의 효과는 채무자에게 귀속되는 것이므로 채권자대위소송의 제기로 인한 소멸시효 중단의 효과 역시 채무자에게 생긴다.134)

(3) 보증채무에 대한 소멸시효가 중단되었다고 하더라도 이로써 주채무에 대한 소멸시효가 중단되는 것은 아니고, 주채무가 소멸시효 완성으로 소멸된 경우에는 보증채무도 그 채무 자체의 시효중단에 불구하고 부종성에 따라 당연히 소멸된다.135)

(4) 채권자와 주채무자 사이의 확정판결에 의하여 주채무가 확정되어 그 소멸시효기간이 10년으로 연장되었다 할지라도 그 보증채무까지 당연히 단기소멸시효의 적용이 배제되어 10년

---

129) 대법원 2015.05.14. 선고 2014다16494 판결.
130) 대법원 2009.07.09. 선고 2009다14340 판결.
131) 대법원 2019.03.14. 선고 2018두56435 판결. 〈사례〉 정부지원금 반환채무의 채무자인 원고가 협약에 따라 정부지원금을 지급한 **중소기업기술정보진흥원장**을 상대로 정부지원금 반환처분의 무효확인을 구하는 취지의 소를 제기하였으나 각하되었고, 원고가 **중소기업기술정보진흥원**을 상대로 정부지원금 반환채무의 부존재확인의 소를 제기하였으나 다시 각하된 후, 이 사건에서 피고(대한민국)를 상대로 정부지원금 반환채무의 부존재확인의 소를 제기한 사안에서, 선행소송에서 이루어진 두 차례의 응소에는 민법 제168조 제1호에 따른 시효중단의 효력이 인정되지 않고, 민법 제170조 제2항의 유추적용에 따른 재판 외 최고의 효력만 인정되므로, 이 사건에서 피고의 응소는 두 번째 응소로부터 6월이 경과한 후에 그리고 정부지원금 반환채권의 소멸시효가 완성된 후에 이루어졌다고 판단하고, 이와 달리 소멸시효가 첫 번째 응소 시에 소급하여 중단되었다고 본 원심을 파기한 사례.
132) 대법원 2012.01.12. 선고 2011다78606 판결.
133) 대법원 2017.04.28. 선고 2016다239840 판결.
134) 대법원 2011.10.13. 선고 2010다80930 판결.
135) 대법원 2018.05.15. 선고 2016다211620 판결.

의 소멸시효기간이 적용되는 것은 아니고, 채권자와 연대보증인 사이에 있어서 연대보증채무의 소멸시효기간은 여전히 종전의 소멸시효기간에 따른다.136)

(5) 민법 제169조는 시효중단의 효력이 당사자 및 그 승계인 간에 미친다고 규정하고 있다. 여기서 당사자라 함은 중단행위에 관여한 당사자를 가리키고 시효의 대상인 권리 또는 청구권의 당사자는 아니며, 승계인이라 함은 시효중단에 관여한 당사자로부터 중단의 효과를 받는 권리 또는 의무를 그 중단 효과 발생 이후에 승계한 자를 뜻하고 포괄승계인은 물론 특정승계인도 이에 포함된다.137)

(6) 채무자가 제3채무자를 상대로 금전채권의 이행을 구하는 소를 제기한 후 채권자가 위 금전채권에 대하여 압류 및 추심명령을 받아 제3채무자를 상대로 추심의 소를 제기한 경우, 채무자가 권리주체의 지위에서 한 시효중단의 효력은 집행법원의 수권에 따라 피압류채권에 대한 추심권능을 부여받아 일종의 추심기관으로서 그 채권을 추심하는 추심채권자에게도 미친다. 그러므로 채무자가 제3채무자를 상대로 제기한 금전채권의 이행소송이 압류 및 추심명령으로 인한 당사자적격의 상실로 각하되더라도, 위 이행소송의 계속 중에 피압류채권에 대하여 채무자에 갈음하여 당사자적격을 취득한 추심채권자가 위 각하판결이 확정된 날로부터 6개월 내에 제3채무자를 상대로 추심의 소를 제기하였다면, 채무자가 제기한 재판상 청구로 인하여 발생한 시효중단의 효력은 추심채권자의 추심소송에서도 그대로 유지된다고 보는 것이 타당하다.138)

> [참고] 산재보험법상의 보험급여를 받을 권리의 소멸시효와 중단
>
> 소멸시효 중단사유인 채무 승인은 시효이익을 받는 당사자인 채무자가 소멸시효 완성으로 채권을 상실하게 될 상대방 또는 그 대리인에 대하여 상대방의 권리 또는 자신의 채무가 있음을 알고 있다는 뜻을 표시함으로써 성립하며, 그 표시의 방법은 특별한 형식이 필요하지 않고 묵시적이든 명시적이든 상관없다. 또한 승인은 시효이익을 받는 채무자가 상대방의 권리 등의 존재를 인정하는 일방적 행위로서, 권리의 원인·내용이나 범위 등에 관한 구체적 사항을 확인하여야 하는 것은 아니고, 채무자가 권리 등의 법적 성질까지 알고 있거나 권리 등의 발생원인을 특정하여야 할 필요는 없다. 그리고 그와 같은 승인이 있는지는 문제가 되는 표현행위의 내용·동기와 경위, 당사자가 그 행위 등으로 달성하려고 하는 목적과 진정한 의도 등을 종합적으로 고찰하여 논리와 경험의 법칙, 그리고 사회일반의 상식에 따라 객관적이고 합리적으로 이루어져야 한다.
>
> 산재보험법은 산재보험법에 따른 보험급여를 받을 권리는 3년간 행사하지 않으면 시효로 말미암아 소멸하고(제112조 제1항 제1호), 산재보험법 제112조에 따른 소멸시효는 산재보험법 제36조 제2항에 따른 수

---

136) 대법원 2006.08.24. 선고 2004다26287,26294 판결.
137) 대법원 2015.05.28. 선고 2014다81474 판결.
138) 대법원 2019.07.25. 선고 2019다212945 판결. 〈사례〉 채무자가 제3채무자를 상대로 금전채권의 이행을 구하는 소를 제기한 후 채권자가 위 금전채권에 대하여 압류 및 추심명령을 받았고, 그로 인하여 채무자의 소송이 당사자적격이 없음을 확인한다는 내용의 화해권고결정으로 확정된 경우, 추심채권자가 그로부터 6개월 내에 제3채무자를 상대로 추심금청구소송을 제기하였다면 채무자가 제기한 재판상 청구로 인하여 발생한 시효중단의 효력은 추심채권자의 추심소송에서도 그대로 유지된다고 본 사례.
139) 대법원 2019.04.25. 선고 2015두39897 판결.

급권자의 보험급여 청구로 중단된다(제113조)고 정하고 있다. 이러한 규정의 문언과 입법 취지, 산재보험법상 보험급여 청구의 성격 등에 비추어 보면, 산재보험법 제113조는 산재보험법 제36조 제2항에 따른 보험급여 청구를 민법상의 시효중단 사유와는 별도의 고유한 시효중단 사유로 정한 것으로 볼 수 있다(대법원 2018.06.15. 선고 2017두49119 판결 참조).

산재보험법 제112조 제2항은 '산재보험법에서 정한 소멸시효에 관하여 산재보험법에 규정된 것 외에는 민법에 따른다.'고 정하고 있고, 민법 제178조 제1항은 '시효가 중단된 때에는 중단까지에 경과한 시효기간은 이를 산입하지 않고 중단사유가 종료한 때부터 새로이 진행한다.'고 정하고 있는데, 이 조항은 산재보험법에서 정한 소멸시효에도 적용된다. 시효중단제도의 취지에 비추어 볼 때 시효중단 사유인 보험급여 청구에 대한 근로복지공단의 결정이 있을 때까지는 청구의 효력이 계속된다고 보아야 한다. 따라서 보험급여 청구에 따른 시효중단은 근로복지공단의 결정이 있은 때 중단사유가 종료되어 새로이 3년의 시효기간이 진행된다.

산재보험법 제111조는 "제103조 및 제106조에 따른 심사 청구 및 재심사 청구의 제기는 시효의 중단에 관하여 민법 제168조에 따른 재판상의 청구로 본다."라고 정하고 있다. 그리고 민법 제170조는 제1항에서 "재판상의 청구는 소송의 각하, 기각 또는 취하의 경우에는 시효중단의 효력이 없다."라고 정하고, 제2항에서 "전항의 경우에 6월 내에 재판상의 청구, 파산절차참가, 압류 또는 가압류, 가처분을 한 때에는 시효는 최초의 재판상의 청구로 인하여 중단된 것으로 본다."라고 정하고 있다.

그러나 산재보험법이 보험급여 청구에 대하여는 재판상의 청구로 본다는 규정을 두고 있지 않은 점, 보험급여 청구에 따라 발생한 시효중단의 효력이 보험급여 결정에 대한 임의적 불복절차인 심사 청구 등에 따라 소멸한다고 볼 근거가 없는 점을 고려하면, 산재보험법상 고유한 시효중단 사유인 보험급여 청구에 따른 시효중단의 효력은 심사 청구나 재심사 청구에 따른 시효중단의 효력과는 별개로 존속한다고 보아야 한다. 따라서 심사 청구 등이 기각된 다음 6개월 안에 다시 재판상의 청구가 없어 심사 청구 등에 따른 시효중단의 효력이 인정되지 않는다고 하더라도, 보험급여 청구에 따른 시효중단의 효력은 이와 별도로 인정될 수 있다.[139]

7 소멸시효이익의 포기

(1) 소멸시효의 이익은 시효가 완성되기 전에는 미리 포기하지 못하므로(민법 제184조 제1항) 소멸시효완성 후의 포기만이 문제된다. 소멸시효이익의 포기는 시효완성 사실을 알면서 포기의 의사표시를 할 것이 요구된다.

(2) 채권에 대한 소멸시효가 완성되었다면 그 뒤에는 더 이상 소멸시효의 중단 문제가 생길 여지가 없다. 또한 채무자가 소멸시효 완성 후 채무를 승인하였다면 시효 완성의 사실을 알고 그 이익을 포기한 것이라고 추정할 수 있을 것이나,[140] 그 시효 이익의 포기는 상대적 효과가 있음에 지나지 아니하므로 저당부동산의 제3취득자에게는 효력이 없다.[141] 시효완성사실을 모른 채 시효이익을 포기하는 행위를 하였다는 점은 이를 주장하는 자에게 그 증명책

---

140) 대법원 2015.03.26. 선고 2012다25432 판결.
141) 대법원 2010.03.11. 선고 2009다100098 판결.

임이 있다.

(3) 시효이익을 받을 채무자는 소멸시효가 완성된 후 시효이익을 포기할 수 있고, 이것은 시효의 완성으로 인한 법적인 이익을 받지 않겠다고 하는 의사표시이다. 그리고 그러한 시효이익포기의 의사표시가 존재하는지의 판단은 표시된 행위 내지 의사표시의 내용과 동기 및 경위, 당사자가 의사표시 등에 의하여 달성하려고 하는 목적과 진정한 의도 등을 종합적으로 고찰하여 사회정의와 형평의 이념에 맞도록 논리와 경험의 법칙, 그리고 사회일반의 상식에 따라 객관적이고 합리적으로 이루어져야 한다.[142]

(4) 시효완성의 이익 포기의 의사표시를 할 수 있는 자는 시효완성의 이익을 받을 당사자 또는 그 대리인에 한정되고, 그 밖의 제3자가 시효완성의 이익 포기의 의사표시를 하였다 하더라도 이는 시효완성의 이익을 받을 자에 대한 관계에서 아무 효력이 없다.[143]

(5) 채무자가 소멸시효 완성 후 채무를 일부 변제한 때에는 그 액수에 관하여 다툼이 없는 한 그 채무 전체를 묵시적으로 승인한 것으로 보아야 하고, 이 경우 시효완성의 사실을 알고 그 이익을 포기한 것으로 추정되므로, 소멸시효가 완성된 채무를 피담보채무로 하는 근저당권이 실행되어 채무자 소유의 부동산이 매각되고 그 대금이 배당되어 채무의 일부 변제에 충당될 때까지 채무자가 아무런 이의를 제기하지 아니하였다면, 경매절차의 진행을 채무자가 알지 못하였다는 등 다른 특별한 사정이 없는 한, 채무자는 시효완성의 사실을 알고 그 채무를 묵시적으로 승인하여 시효의 이익을 포기한 것으로 보아야 한다.[144] 소멸시효 이익의 포기는 가분채무의 일부에 대하여도 가능하다.[145].

(6) 동일 당사자 간에 계속적인 거래로 같은 종류를 목적으로 하는 수개의 채권관계가 성립되어 있는 경우에 채무자가 특정채무를 지정하지 아니하고 그 일부의 변제를 한 때에도 다른 특별한 사정이 없다면 잔존 채무에 대하여도 승인을 한 것으로 보아 시효중단이나 포기의 효

---

142) 대법원 2017.07.11. 선고 2014다32458 판결. 소멸시효 중단사유로서의 채무승인은 시효이익을 받는 당사자인 채무자가 소멸시효의 완성으로 채권을 상실하게 될 자에 대하여 상대방의 권리 또는 자신의 채무가 있음을 알고 있다는 뜻을 표시함으로써 성립하는 이른바 관념의 통지로 여기에 어떠한 효과의사가 필요하지 않다. 이에 반하여 시효완성 후 시효이익의 포기가 인정되려면 시효이익을 받는 채무자가 시효의 완성으로 인한 법적인 이익을 받지 않겠다는 효과의사가 필요하기 때문에 시효완성 후 소멸시효 중단사유에 해당하는 채무의 승인이 있었다 하더라도 그것만으로는 곧바로 소멸시효 이익의 포기라는 의사표시가 있었다고 단정할 수 없다. 채무자가 소멸시효 완성 후 채무를 일부 변제한 때에는 액수에 관하여 다툼이 없는 한 채무 전체를 묵시적으로 승인한 것으로 보아야 하고, 이 경우 시효완성의 사실을 알고 이익을 포기한 것으로 추정되므로, 소멸시효가 완성된 채무를 피담보채무로 하는 근저당권이 실행되어 채무자 소유의 부동산이 경락되고 대금이 배당되어 채무의 일부 변제에 충당될 때까지 채무자가 아무런 이의를 제기하지 아니하였다면, 경매절차의 진행을 채무자가 알지 못하였다는 등 다른 특별한 사정이 없는 한, 채무자는 시효완성의 사실을 알고 채무를 묵시적으로 승인하여 시효의 이익을 포기한 것으로 볼 수 있기는 하다. 그러나 소멸시효가 완성된 경우 채무자에 대한 일반채권자는 채권자의 지위에서 독자적으로 소멸시효의 주장을 할 수는 없지만 자기의 채권을 보전하기 위하여 필요한 한도 내에서 채무자를 대위하여 소멸시효 주장을 할 수 있으므로 채무자가 배당절차에서 이의를 제기하지 아니하였다고 하더라도 채무자의 다른 채권자가 이의를 제기하고 채무자를 대위하여 소멸시효 완성의 주장을 원용하였다면, 시효의 이익을 묵시적으로 포기한 것으로 볼 수 없다.
143) 대법원 2014.01.23. 선고 2013다64793 판결.
144) 대법원 2001.06.12. 선고 2001다3580 판결 ;
145) 대법원 2012.05.10. 선고 2011다109500 판결.

력을 인정할 수 있을 것이나, 그 채무가 별개로 성립되어 독립성을 갖고 있는 경우에는 일률적으로 그렇게만 해석할 수는 없을 것이고, 특히 채무자가 근저당권설정등기를 말소하기 위하여 피담보채무를 변제하는 경우에는 특별한 사정이 없는 한 피담보채무가 아닌 별개의 채무에 대하여서까지 채무를 승인하거나 소멸시효의 이익을 포기한 것이라고 볼 수는 없다.146)

(7) 채무자가 소멸시효 완성 후에 한 소멸시효이익의 포기행위는 소멸하였던 채무가 소멸하지 않았던 것으로 되어 결과적으로 채무자가 부담하지 않아도 되는 채무를 새롭게 부담하게 되는 것이므로 채권자취소권의 대상인 사해행위가 될 수 있다.147)

(8) 취득시효 완성으로 인한 권리변동의 당사자는 시효취득자와 취득시효 완성 당시의 진정한 소유자이므로, 시효이익의 포기는 특별한 사정이 없는 한 시효취득자가 취득시효 완성 당시의 진정한 소유자에 대하여 하여야 그 효력이 발생한다.148)

(9) 채무자가 소멸시효 완성 후에 채권자에 대하여 채무를 승인함으로써 그 시효의 이익을 포기한 경우에는 그때부터 새로이 소멸시효가 진행한다.149)

(10) 소멸시효 이익의 포기는 상대적 효과가 있을 뿐이어서 다른 사람에게는 영향을 미치지 아니함이 원칙이나, 소멸시효 이익의 포기 당시에는 그 권리의 소멸에 의하여 직접 이익을 받을 수 있는 이해관계를 맺은 적이 없다가 나중에 시효이익을 이미 포기한 자와의 법률관계를 통하여 비로소 시효이익을 원용할 이해관계를 형성한 자는 이미 이루어진 시효이익 포기의 효력을 부정할 수 없다.150)

(11) 소송에서의 상계항변은 일반적으로 소송상의 공격방어방법으로 피고의 금전지급의무가 인정되는 경우 자동채권으로 상계를 한다는 예비적 항변의 성격을 갖는다. 따라서 이 사건과 같이 상계항변이 먼저 이루어지고 그 후 대여금채권의 소멸을 주장하는 소멸시효항변이 있었던 경우에, 상계항변 당시 채무자인 피고에게 수동채권인 대여금채권의 시효이익을 포기하려는 효과의사가 있었다고 단정할 수 없다. 그리고 항소심 재판이 속심적 구조인 점을 고려하면 제1심에서 공격방어방법으로 상계항변이 먼저 이루어지고 그 후 항소심에서 소멸시효항변이 이루어진 경우를 달리 볼 것은 아니다. 결론적으로 피고가 원심에서 소멸시효항변을 하기에 앞서 제1심에서 상계항변을 하였다는 사정만으로 피고에게 이 사건 대여금채권의 시효완성으로 인한 법적인 이익을 받지 않겠다고 하는 의사표시가 있었다고 단정할 수 없다.151)

---

146) 대법원 2014.01.23. 선고 2013다64793 판결.
147) 대법원 2013.05.31. 자 2012마712 결정.
148) 대법원 2009.12.10. 선고 2006다19177 판결.
149) 대법원 2009.07.09. 선고 2009다14340 판결.
150) 대법원 2015.06.11. 선고 2015다200227 판결.
151) 대법원 2013.02.28. 선고 2011다21556 판결.
152) 대법원 2017.07.18. 선고 2016다35789 판결.

〈사례연습 1〉
(1) 피고의 어머니 A가 2001. 11. 22. 원고에게 1억4,000만원을 지급하기로 약정하였다. 이후 A가 2003. 9. 19. 사망하였고 피고가 2003. 12. 12. 상속의 한정승인을 하였다.
(2) 원고가 2011. 6. 20. 피고를 상대로 이 사건 약정금 1억4,000만원의 지급을 구하는 소(이하 '전소')를 제기하였는데, 원고는 전소 계속 중이던 2011. 9. 26. 이 사건 약정금채권을 2011. 7. 13. 여동생 B에게 양도하였다고 주장하면서 민사소송법 제82조에 따라 B로 하여금 위 소송을 인수하게 할 것을 신청하였고, 제1심법원은 이를 받아들여 2011. 9. 30. B로 하여금 위 소송을 인수하도록 결정하였으며, 원고는 2011. 9. 30. 위 소송에서 탈퇴하였다.
(3) 제1심 법원은 2012. 6. 8. 원고가 2011. 7. 13. B에게 이 사건 약정금채권을 양도한 것은 B로 하여금 소송행위를 하게 하는 것을 주된 목적으로 하는 신탁으로서 무효라는 이유로 원고 인수참가인 B의 소를 각하하였다.
(4) 제2심 법원은 2013. 5. 23. 원고 인수참가인 B의 항소를 기각하였고, 대법원은 2014. 10. 27. "원고와 B 사이의 채권양도가 무효라 하더라도 그러한 사유만으로 원고의 인수참가 신청이나 B의 소가 부적법하게 되는 것은 아니므로, 무효의 채권양도를 원인으로 하는 B의 청구는 기각되었어야 함에도 항소심이 B의 소가 부적법하다고 판단한 것은 잘못이나, 불이익변경금지의 원칙상 B에게 더 불리한 청구기각의 판결을 선고할 수는 없다"고 인정하여 상고를 기각하였다.
(5) 원고가 2015. 1. 19. 피고를 상대로 이 사건 약정금 1억4,000만원의 지급을 구하는 소(이하 '후소')를 다시 제기하였다.

〈원고의 주장〉 A가 2001. 11. 22. 원고에게 1억4,000만원을 지급하기로 약정하였는데 2003. 9. 19. 사망하여 딸인 피고가 상속의 한정승인을 하였으므로, 피고는 특별한 사정이 없는 한 원고에게 A로부터 상속받은 재산의 범위 내에서 이 사건 약정금 1억4,000만원 및 이에 대한 지연손해금을 지급하여야 한다.
〈피고의 항변〉 이 사건 약정금채권은 변제기를 정하지 아니한 채권으로서 이 사건 약정을 한 2001. 11. 22.부터 바로 행사할 수 있으므로 2001. 11. 22.부터 소멸시효가 진행하고(민법 제166조 제1항) 그로부터 10년의 소멸시효기간(민법 제162조 제1항)이 경과한 2011. 11. 22. 소멸시효가 완성되었다.
〈원고의 재항변〉 원고가 소멸시효 완성 전인 2011. 6. 20. 피고를 상대로 이 사건 약정금 1억4,000만원의 지급을 구하는 소송을 제기하여 민법 제168조 제1호에 따라 소멸시효의 진행이 중단되었고, 원고 인수참가인 B의 소를 각하하는 판결이 확정된 2014. 10. 27. 민법 제170조 제1항에 따라 시효중단의 효력이 소멸하였으나, 원고가 그로부터 6개월 이내인 2015. 1. 19. 다시 이 사건 소송을 제기하였으므로 민법 제170조 제2항에 따라 소멸시효 완성 전인 2011. 6. 20. 소멸시효의 진행이 중단된 것으로 보아야 한다.
원고가 전소 탈퇴 전에 제기한 재판상 청구로 인하여 발생한 시효중단의 효력이 그대로 유지되는가?

〈재판의 경과〉
(1) 제1심 법원은 공시송달로 진행되어 원고의 청구를 인용하였다.

(2) 원심법원은 피고의 소멸시효항변을 받아들이고 원고의 시효중단 재항변을 배척하여 제1심판결을 취소하고 원고의 청구를 기각하였다. 그 이유는 원고가 2011. 6. 20. 피고를 상대로 이 사건 약정금 1억 4,000만 원의 지급을 구하는 소송을 제기하여 민법 제168조 제1호에 따라 소멸시효의 진행이 중단되었으나, 원고가 2011. 9. 30. 위 소송에서 탈퇴하여 이를 취하함으로써 민법 제170조 제1항에 따라 시효중단의 효력이 소멸하였고(이 사건 약정금채권의 권리자가 아닌 B가 위 소송을 인수하였다고 하여 시효중단의 효력이 유지된다고 할 수도 없다), 원고가 그로부터 6개월이 경과한 후인 2015. 1. 19. 이 사건 소송을 제기하였으므로 민법 제170조 제2항을 적용하여 소멸시효 완성 전인 2011. 6. 20. 소멸시효의 진행이 중단된 것으로 볼 수는 없다는 것이다.

(3) 대법원은 다음과 같은 이유로 원심을 파기하였다.152)

"재판상의 청구는 소송의 각하, 기각 또는 취하의 경우에는 시효중단의 효력이 없고(민법 제170조 제1항), 다만 그로부터 6개월 내에 다시 재판상의 청구 등을 한 때에는 시효는 최초의 재판상 청구로 인하여 중단된 것으로 본다(민법 제170조 제2항).

한편 소송이 법원에 계속되어 있는 동안에 제3자가 소송목적인 권리의 전부나 일부를 승계한 때에는 법원은 당사자의 신청에 따라 그 제3자로 하여금 소송을 인수하게 할 수 있고(민사소송법 제82조 제1항), 법원이 소송인수 결정을 한 경우에는 소송이 법원에 처음 계속된 때에 소급하여 시효중단의 효력이 생긴다(민소법 제82조 제3항, 제81조). 소송목적인 권리를 양도한 원고는 법원이 소송인수 결정을 한 후 피고의 승낙을 받아 소송에서 탈퇴할 수 있는데(민소법 제82조 제3항, 제80조), 그 후 법원이 인수참가인의 청구의 당부에 관하여 심리한 결과 인수참가인의 청구를 기각하거나 소를 각하하는 판결을 선고하여 그 판결이 확정된 경우에는 원고가 제기한 최초의 재판상 청구로 인한 시효중단의 효력은 소멸한다. 다만 소송탈퇴는 소취하와는 그 성질이 다르며, 탈퇴 후 잔존하는 소송에서 내린 판결은 탈퇴자에 대하여도 그 효력이 미친다(민소법 제82조 제3항, 제80조 단서). 이에 비추어 보면 인수참가인의 소송목적 양수 효력이 부정되어 인수참가인에 대한 청구기각 또는 소각하 판결이 확정된 날부터 6개월 내에 탈퇴한 원고가 다시 탈퇴 전과 같은 재판상의 청구 등을 한 때에는, 탈퇴 전에 원고가 제기한 재판상의 청구로 인하여 발생한 시효중단의 효력은 그대로 유지된다고 봄이 타당하다.

원고가 제기한 이 사건 전소에서 B가 채권 양수인으로서 소송을 인수하고 원고가 탈퇴하였는데 그 후의 심리 결과 B의 채권 양수사실이 무효로 인정된 결과 B의 소를 각하하는 판결이 2014. 10. 27. 확정되었으나, 그 확정된 날부터 6개월 내인 2015. 1. 19. 원고가 이 사건 전소와 같은 이 사건 소를 제기하였으므로 원고가 이 사건 전소를 제기함으로써 발생한 시효중단의 효력은 위와 같은 확정판결에도 불구하고 그대로 유지된다고 보아야 한다."

〈분석〉153)

(1) 재판상 청구에 따른 소멸시효 중단의 종국적 운명은 재판상 청구의 결과에 따라 달라진다. 원고가 승소 확정판결을 받으면 그 판결확정시점으로부터 다시 10년의 소멸시효기간이 진행되고(민법 제165조 제1항), 원고가 소를 취하하거나 소 각하 또는 청구기각판결을 받으면 재판상 청구에 따른 시효중단의 효력은 소멸한다(제170조 제1항). 소취하·각하·청구기각 판결이 확정154)된 시점부터 6개월 내에 다시 재판상 청구를 하면 최초 재판상 청구로 시효로 중단되었다고 본다(제170조 제2항).

(2) 원고가 소를 제기하였다가 제3자가 참가 또는 인수의 방법으로 소송을 승계함에 따라 소송을 탈퇴한

경우 원심은 원고의 소송탈퇴를 소취하와 동일하게 취급하여 소송탈퇴의 경우에도 소송탈퇴시점으로부터 6개월 내에 재판상 청구를 하여야 당초 재판상 청구로 인한 시효중단의 효력을 유지할 수 있는 것으로 보았다. 이에 따라 그 요건을 충족하지 못한 원고의 청구를 기각하였다.

(3) 소취하는 소송물에 대한 소송계속을 소멸시키는 행위이지만 소송탈퇴는 소송물에 대한 소송계속의 연장을 염두에 둔 행위이다. 소송탈퇴와 연결된 소송승계를 함께 보면 권리행사는 계속된다. 소송탈퇴는 소송승계와 결별될 수 없는 동반자이고 소송승계를 통하여 권리행사와 밀접한 관련성을 가진다. 결국 제3자에게 승계된 소송이 각하나 기각판결로 확정된 경우에도 그 확정시점으로부터 6개월 내에 재판상 청구가 있으면 원래의 시효중단효가 유지된다. 소송탈퇴를 한 당사자는 권리행사를 포기한 자라기보다는 소송승계인에게 권리행사를 담당시킨 자(소송담당)이다. 그런 이유로 소송 당사자도 아닌데 제3자가 수행하여 내려진 판결의 효력을 받는 것이다(민소법 제80조 단서, 제82조).

(4) 대법원은 권리양도를 이유로 소송에서 탈퇴하였으나 그 양도가 무효임이 종국적으로 확정된 경우 양도인에게 시효중단상태를 유지할 수 있는 기회를 부여하였다. 다만 대상판결은 권리 자체가 아니라 권리의 양도가 부정된 사안에 관한 판결이다. 만약 권리 자체가 부정되어 청구기각판결이 확정되었다면 소송탈퇴 당사자와 승계인은 모두 기판력 때문에 다시 재판상 청구를 할 수 없다.

〈사례연습 2〉[155]

(1) 甲은 식료품 도소매업을 하면서 음식점을 운영하는 乙에게 식자재를 공급하여 왔다.

(2) 乙이 음식점의 임대차보증금을 3,000만원 인상하여 주어야 하는데 이를 마련할 길이 없다고 하소연하면서 2014. 1. 10. 甲에게 자금을 융통하여 줄 것을 간청하자, 甲은 여유자금 1,000만 원 정도는 빌려줄 수 있다고 하면서 같은 날 乙에게 1,000만 원을 이자를 정하지 아니하고 변제기를 2014. 7. 31.로 정하여 대여하였다.

(3) 그 후 변제기가 지났음에도 乙이 위 차용금채무를 변제하지 아니하자 甲은 2019. 5. 1. 乙에게 내용증명우편으로 위 차용금을 같은 달 말일까지 갚을 것을 최고하였고, 위 우편은 2019. 5. 6. 乙에게 도달하였다. 甲은 위 기일이 지나서도 乙이 위 차용금을 변제하지 아니하므로 2019. 9. 1. 채무자를 乙, 청구금액을 1,000만원으로 하여 乙 소유의 별지목록 기재 부동산에 관하여 제주지방법원 2019카단1234호로 부동산가압류신청을 하였으며, 같은 달 2. 부동산가압류결정이, 같은 달 3. 위 부동산에 관하여 가압류 기입등기가 마쳐졌다.

(4) 甲은 2020. 1. 20. 乙을 상대로 위 대여금 1,000만원 및 이에 대하여 그 변제기 다음날인 2014. 8. 1부터 다 갚는 날까지 상법이 정한 연 6%의 비율에 의한 지연손해금의 지급을 구하는 소를 제기하였다.

(5) 그 소송에서 乙은 甲으로부터 그 주장과 같이 1,000만원을 차용한 사실은 인정하나 위 대여금채권은 변제기로부터 5년의 상사소멸시효기간이 경과하여 소멸하였다고 항변하였고, 甲은 위 대여

---

153) 권영준, "소송탈퇴와 소멸시효 중단의 효력", 민법판례연구 Ⅰ, 박영사(2019), p.32 이하 참조.
154) 청구기각판결이 확정되면 기판력으로 다시 재소를 해도 기각될 것이나, 권리의 부존재가 아니라 권리의 승계의 부존재로 인한 청구기각판결의 경우에는 진정한 권리자가 다시 재판상 청구를 하도록 허용할 실익이 있다.
155) 서울중앙지방법원, 「민사집중심리재판부 사건유형별 업무매뉴얼(참여관)」, 2010, p.25이하 참조.

금채권의 시효가 중단되었다고 재항변하였다.
(6) 이에 대하여 乙은 위 차용금채무가 시효소멸되어 부존재한다는 사유로 위 가압류결정에 이의신청을 하였고 위 가압류결정이 피보전채권의 소명부족을 이유로 2019. 12.경 취소되었다고 재재항변을 하였으나, 이에 관한 증거를 제출하지 못하였다.

문1. 원고가 피고에 대한 청구원인으로 아래와 같이 주장한 경우 요건사실로 불필요한 부분은 삭제하고 밑줄 친 부분은 보충하시오.

> 원고가 2014. 1. 10. 피고에게 10,000,000원을 ~~이자의 약정 없이~~[156] ① _____[157]로 정하여 대여한 사실, 피고는 ② _____[158]하기 위하여 원고로부터 위 금원을 차용한 사실

문2. 위 소송에서 원고가 1,000만원 및 이에 대한 대여일인 2014. 1. 10.부터 다 갚는 날까지 연 6%의 비율에 의한 금원의 지급을 청구한 경우 그 청구원인으로 추가되어야 할 요건사실을 기재하시오.

> 위 대여당시 ③ _____[159]을 각 운영한 사실[160]

문3. 피고의 항변, 원고의 재항변 및 피고의 재재항변에 대한 아래의 판결이유 중 밑줄 친 부분을 보충하시오.

> 피고는 위 대여금채권이 시효로 소멸하였다고 **항변**하므로 살피건대, 피고가 _____④ _____[161]하기 위하여 원고로부터 위와 같이 금원을 차용한 사실, 위 대여금채권의 변제기가 2014. 7. 31.인 사실은 앞서 본 바와 같으므로, 위 대여금채권은 상행위로 인한 채권에 해당하여 그 소멸시효는 5년이라 할 것인데, 이 사건 소가 ⑤ _____[162]로부터 5년이 경과된 후인 2013. 1. 20. 제기되었음은 기록상 명백하나, 한편 (증거들)을 종합하면, 원고가 소멸시효기간 만료전인 ⑥ _____[163] 2019. 5. 6. 위 내용증명우편이 피고에게 도달하였고, 그로부터 ⑦ ____[164]내인 2019. 9. 1 원고가 위 대여금채권을 청구채권으로 하여 피고 소유의 별지목록 기재 부동산에 관하여 제주지방법원 2019카단1234호로 부동산가압류신청을 하고 같은 달 2. 그 결정을 받아 같은 달 3. 그 기입등기가 마쳐진 사실을 인정할 수 있으므로 이로써 ⑧ _____[165] 할 것이니, 결국 ⑨ _____[166]은 이유 없다.
> 피고는 위 가압류결정에 대하여 피고가 이의신청을 한 결과 2019. 12.경 피보전채권에 대한 소명이 부족하다는 이유로 위 가압류결정이 ⑩ _____[167]고 **재재항변**하나, 이를 인정할 만한 아무런 증거가 없으므로 피고의 위 재재항변은 이유 없다.

---

156) 이자의 약정은 이자채권의 발생요건이므로 이자 또는 약정이율에 의한 지연손해금의 지급을 구하는 경우에는 그 주요사실이 되나, 위 사례에서는 이자의 약정이 없어 이자 또는 약정이율에 의한 지연손해금의 지급을 구하는 경우가 아니므로 '이자의 약정 없이'는 기재할 필요가 없다.
157) '변제기 2007. 7. 31.'
158) '자신이 운영하는 음식점의 임대차보증금을 마련' 상인의 행위는 영업을 위한 행위로 추정되므로(상법 제47조

〈소멸시효 補論 1〉 기판력의 존재와 시효중단을 위한 재소

1.
　모든 소는 소송요건을 갖추어야 본안심리를 받을 수 있고 본안판결을 받을 수 있다. 소송요건은 소 전체가 적법한 취급을 받기 위해 갖추어야 할 요건이다. 소송요건 중 소송물에 관한 소송요건으로 '소의 이익'이 있다("이익이 없으면 소권도 없다."는 법언이 있다). 소의 이익이란 청구의 내용이 '권리보호의 자격'을 갖추어야 하고 그 '권리보호의 이익 내지 필요성'이 있어야 한다. 권리보호의 자격이란 본안판결을 받을 자격을 말하고, 권리보호의 이익 내지 필요성이란 본안판결에 의하여 보호받을 이익 내지 필요성을 말한다. 소의 이익을 권리보호요건으로 부르는 까닭이다.
　소의 이익(권리보호요건) 중에는 모든 소에 공통되는 것과 각종의 소에 공통되는 것이 있다. 이중 후자에는 교과서에 나와 있는 대로 ① 청구가 소구할 수 있는 구체적인 권리 또는 법률관계일 것, ② 법률상 또는 계약상 제소금지사유가 없을 것(중복된 소제기의 금지 등), ③ 제소장애사유가 없을 것, ④ 동일한 청구에 대하여 확정판결이 존재하지 않을 것, ⑤ 신의칙 위반의 제소가 아닐 것 다섯 가지다. 여기서 문제되는 것이 전소 확정판결의 존재이다.
　하나의 판결이 확정되면 기판력이 생긴다. 그런데 기판력의 존속기간이라는 것이 정해져 있지 않다. 기판력은 시효에 의해 소멸하지도 않는 영구히 존속하는 것이다. 예컨대 甲이 乙을 상대로 매매를 원인으로 한 소유권이전등기절차의 이행을 구하는 소를 제기하여 승소확정판결을 받은 경우 甲은 이 판결을 가지고 언제까지 소유권이전등기를 마쳐야 하는지 정해진 기간이라는 것이 없다. 당사자의 권리관계의 변동이 없는 한 甲은 10년 아니 20년이 지나서도 이 판결을 가지고 甲 앞으로 이전등기를 마칠 수 있다.[1]

　　제2항) 원고로서는 이에 갈음하여 원고 또는 피고의 상인성을 인정할 수 있는 사실 즉, 위 대여당시 피고가 음식점을 운영한 사실 또는 원고가 식료품 도소매업을 하고 있는 사실만을 주장·증명하여도 무방하다.
159) '원고는 식료품 도소매업을, 피고는 음식점'
160) 상법 제55조 제1항은 "상인 간에서 금전의 소비대차를 한 때에는 대주는 법정이자를 청구할 수 있다."고 규정하고 있으므로, 위 대여일부터 연6%의 비율에 의한 금원의 부대청구를 하였다면, 양 당사자의 상인성 판단의 근거가 되는 사실, 즉 대여당시 원고는 식료품 도소매업을, 피고는 음식점을 운영한 사실이 추가되어야 한다.
161) '자신이 운영하는 음식점의 임대차보증금을 마련'
162) '변제기'
163) '2012. 5. 1. 피고에게 내용증명우편으로 위 차용금채무의 이행을 청구하여'
164) '6월'
165) '위 대여금채권의 소멸시효는 중단되었다고'
166) '피고의 위 항변'
167) '취소되었기 때문에 소멸시효 중단의 효력은 상실되었다'
1) 부동산등기특별조치법 제2조에 의하면 부동산의 소유권이전을 내용으로 하는 계약을 체결한 자는 계약의 당사자가 서로 대가적인 채무를 부담하는 경우에는 반대급부의 이행이 완료된 날 또는 계약당사자의 일방만이 채무를 부담하는 경우에는 그 계약의 효력이 발생한 날부터 60일 이내에 소유권이전등기를 신청하여야 하고(다만, 그 계약이 취소·해제되거나 무효인 경우에는 그러하지 아니하다), 이에 위반한 경우 과태료의 제재가 있고(동법 제11조), 부동산실명법 제10조는 장기미등기자에 특례규정을 두어 계약당사자가 서로 대가적인 채무를 부담하는 경우에는 반대급부의 이행이 사실상 완료된 날 또는 계약당사자의 어느 한쪽만이 채무를 부담하는 경우에는 그 계약의 효력이

그렇다고 하여 확정판결에 포함된 채권자의 실체법상의 권리가 소멸시효의 대상이 될 수 없다는 것은 아니다. 확정판결에 의한 채권도 10년의 시효기간의 경과로 소멸한다. 그렇다고 하여 이 확정판결의 기판력도 함께 소멸하는 것은 아니다. 기판력과 실체법상의 권리는 별개의 것이다. 채권자가 확정판결을 가지고 10년의 경과한 뒤에 채무자의 재산을 압류할 수 있는가? 집행권원이 되는 이행판결에는 기판력과 집행력이 있고, 이 기판력과 집행력의 존속기간이라는 것이 없으므로 채권자는 10년이 지난 뒤에도 이 판결을 가지고 채무자의 재산을 압류할 수 있다. 이 경우 채무자는 이 확정판결에 의한 실체법상의 채권이 시효소멸 하였음을 들어 청구이의의 소를 제기할 수 있다(민사집행법 제44조). 채무자가 집행권원에 표시된 사법상의 청구권에 관하여 생긴 실체상의 사유를 들어 그 집행권원이 가지는 집행력의 배제를 구하는 소가 바로 청구이의의 소이다. 그 청구이의 사유는 어디까지나 채권의 시효소멸이지 그 판결의 기판력이나 집행력에 대한 것은 아니다. 채무자가 이러한 청구이의를 제기하지 않는 이상 채권자의 압류나 그에 이은 강제경매절차를 취할 수 있다.

2.
기판력의 본질에 관하여 판례의 모순금지설에 의하면 전소에서 승소확정판결을 받은 원고가 동일한 소를 제기하는 것은 이미 권리보호를 받았음에도 불구하고 다시 이를 구하는 것이므로 권리보호이익 흠결을 이유로 소각하를 하게 된다. 그렇다면 기판력 있는 확정판결의 존재에도 불구하고 채권자가 시효중단을 위한 소의 제기는 소의 이익이 있는 것일까? 기판력 있는 확정판결이 존재하지 않을 것이 소송요건의 하나인데 기판력이 존재하는 데도 무슨 근거로 이 경우에만 소송요건을 결하지 않는 것으로 말할 수 있을까?

주지하는 바와 같이 판례는 확정판결을 받은 채권자의 시효중단을 위한 재소를 허용해왔다. 대법원은 다음과 같은 사례에서 최근 전원합의체 판결을 통하여 이 문제에 관하여 다시 천착할 수 있는 기회를 가졌다.

〈사례 1〉 보험회사인 원고는 A와 사이에 피보험자를 자동차판매회사인 B회사로 하는 할부판매보증 보험계약을 체결하였다. 피고는 위 보증보험계약에 따라 원고에게 부담하는 모든 채무에 관하여 연대보증을 하였다. 이후 A가 B회사에 할부금을 납부하지 아니하여 원고는 1996. 7. 23. 약 760만 원을 보험금으로 B회사에게 지급하였다.

원고는 주채무자인 A와 연대보증인인 피고를 상대로 구상금청구의 소를 제기하였고, 이 소송에서 원고는 1997. 4. 8. 승소판결을 받았고, 그대로 확정되었다.

이후 원고는 시효연장을 위하여 2007년에 다시 피고를 상대로 같은 내용의 구상금청구의 소를 제기하여 이행권고결정을 받았고, 그 결정은 2007. 2. 23. 그대로 확정되었다. 그로부터 10년이 다 되

발생한 날부터 3년 이내에 소유권이전등기를 신청하지 아니한 등기권리자에게 이행강제금의 제재를 두고 있으나, 계약이 아닌 확정판결을 받은 경우 언제까지 등기를 신청하여야 한다는 특별규정이 없다.

어가던 2016. 8. 19. 원고는 또다시 시효연장을 위하여 같은 내용의 구상금청구의 소를 제기하였다. 법원은 어떻게 판단할 것인가?

제1심법원과 원심법원은 모두 확정판결에 의한 채권의 소멸시효기간인 10년의 경과가 임박한 경우 그 시효중단을 위한 재소는 소의 이익이 인정된다는 기존 판례에 따라 원고의 청구를 인용하였다. 대법원은 '확정된 승소판결의 기판력에도 불구하고 예외적으로 확정판결에 의한 채권의 소멸시효기간인 10년의 경과가 임박한 경우에는 그 시효중단을 위한 소는 소의 이익이 있다'는 입장을 취해 왔다. 대법원 2018.07.19. 선고 2018다22008 전원합의체 판결은 기존 판례를 유지하는 다수의견과 이를 변경하자는 입장인 대법관 4인의 반대의견으로 나뉘었다.

다수의견의 요지는 다음과 같다. 확정된 승소판결에는 기판력이 있으므로, 승소 확정판결을 받은 당사자가 그 상대방을 상대로 다시 승소 확정판결의 전소와 동일한 청구의 소를 제기하는 경우 그 후소는 권리보호의 이익이 없어 부적법하다. 하지만 예외적으로 확정판결에 의한 채권의 소멸시효기간인 10년의 경과가 임박한 경우에는 그 시효중단을 위한 소는 소의 이익이 있다. 나아가 이러한 경우에 후소의 판결이 전소의 승소 확정판결의 내용에 저촉되어서는 아니 되므로, 후소 법원으로서는 그 확정된 권리를 주장할 수 있는 모든 요건이 구비되어 있는지 여부에 관하여 다시 심리할 수 없다. 대법원은 종래 확정판결에 의한 채권의 소멸시효기간인 10년의 경과가 임박한 경우에는 그 시효중단을 위한 재소는 소의 이익이 있다는 법리를 유지하여 왔다. 이러한 법리는 현재에도 여전히 타당하다. 다른 시효중단사유인 압류·가압류나 승인 등의 경우 이를 1회로 제한하고 있지 않음에도 유독 재판상 청구의 경우만 1회로 제한되어야 한다고 보아야 할 합리적인 근거가 없다. 또한 확정판결에 의한 채무라 하더라도 채무자가 파산이나 회생제도를 통해 이로부터 전부 또는 일부 벗어날 수 있는 이상, 채권자에게는 시효중단을 위한 재소를 허용하는 것이 균형에 맞다.

반대의견의 요지는 다음과 같다. 다수의견은 판결로 확정된 채권이 변제 등으로 만족되지 않는 한 시효로 소멸되는 것은 막아야 한다는 것을 당연한 전제로 하고 있는데, 이는 채권의 소멸과 소멸시효제도를 두고 있는 민법의 기본 원칙과 확정판결의 기판력을 인정하는 민사소송의 원칙에 반하므로 동의할 수 없고, 다수의견이 따르고 있는 종전 대법원판례는 변경되어야 한다.

① 소멸시효가 완성하면 채권은 소멸한다. 채권은 '소멸'을 전제로 하는 한시성을 기본적 성질로 하고 있고, 민법은 만족되지 않은 채권의 소멸도 인정하고 있으므로, 소멸시효제도를 해석하고 적용함에 있어 만족되지 않은 채권이 소멸되는 것은 막아야 하고 이를 위해 채권이 만족될 때까지 존속기간을 연장해야 한다는 당위성이 인정되는 것은 아니다. 오히려 채권이 만족될 때까지 시효소멸을 방지해야 한다는 다수의견은 채권의 본질과 민법 규정에 어긋난다.

② 민법이 소멸시효와 시효중단 제도를 두고 있는 취지에 비추어 보면, 판결이 확정된 채권의 시효기간을 10년으로 정하고 있는 제165조 제1항과 '청구'를 시효중단사유로 규정하고 있는 제168조 제1호의 두 규정을 무한히 반복, 순환하면서 영원히 소멸하지 않는 채권을 상정하고 있다고 볼 수 없다. 그러나 다수의견에 따르면 1년의 단기소멸시효에 해당하는 채권도 10년마다 주기적으로 소송을 제기하여 판결을 받으면 영구적으로 존속하는 채권이 될 수 있다. 이러한 결론은 소멸시효제도를 두고 있는 우리 민법이 의도한 결과라고 할 수 없다.

③ 민사소송법상 이미 이행판결을 선고받아 유효한 집행권원을 가지고 있는 원고에게 다시 동일한 소

송을 제기할 법적 이익은 인정되지 않는다. 민법이 제170조를 둠으로써 이러한 민사소송법의 원칙을 전제로 하여 적법한 재판상 청구만 시효중단사유로 삼은 이상, 승소의 확정판결이 이미 존재한다면 그 기판력 때문에 재판상 청구는 다시 주장할 수 없는 시효중단사유라고 보는 것이 논리적으로도 일관성이 있다.

④ 시효중단사유 중 승인은 채무자가 자신의 채무를 이행하겠다는 의사이므로 이를 제한할 이유는 없다. 이와 달리 이미 유효한 압류, 가압류, 가처분이 있다면 이와 동일한 신청을 중복하여 제기하는 것은 부적법하므로 허용되지 않는다. 또한 민법은 제174조에서 최고를 아무리 여러 번 하더라도 시효중단의 효력을 반복적으로 인정하지 않겠다고 단호히 선언하고 있다. 이러한 점에서 시효중단을 위한 재소를 허용하지 않는 것이 민법 제168조에서 정한 다른 시효중단사유와 재판상 청구를 달리 취급하는 것이 아니다.

⑤ 시효중단을 위한 재소를 허용하여 영구적으로 소멸하지 않는 채권의 존재를 인정하게 되면, 각종 채권추심기관의 난립과 횡행을 부추겨 충분한 변제능력이 없는 경제적 약자가 견뎌야 할 채무의 무게가 더욱 무거워지는 사회적 문제도 따른다.2)

위와 같은 다수의견에 찬동하는 것이 학설의 다수이고, 다수의견을 따르는데 실무상의 별다른 문제는 없었다. 위 대법원 전원합의체 판결은 민법의 영역에서 '채권'과 '소멸시효', 민사소송법의 영역에서 '기판력'과 '소의 이익'의 본질을 각각 다루고 있다. 채권은 소멸을 전제로 하는 한시성을 가진 권리인지, 10년마다 되풀이되는 재판상 청구가 채무자의 법적 평화를 깨뜨리는 것인지, 재판상 청구에 수반될 수 있는 불법 채권추심행위를 우리의 법 감정에 비추어 온당한 것인지 등의 문제는 각자의 법률관에 따라 다를 수 있다. 여기서는 기판력과 소의 이익에 관한 민사소송법의 쟁점만을 간단히 생각해보기로 한다.

앞서 본 바와 같이 기판력의 본질에 관하여는 실체법설과 소송법설이 있고, 학설로는 소송법설만 주장되고 있다. 소송법설은 모순금지설과 반복금지설로 나뉘는데, 우리 판례는 소위 모순금지설을 따르고 있고 위 전원합의체 판결의 다수의견이나 반대의견 모두 모순금지설에 기초하여 논리를 전개하고 있다. 모순금지설에 따르면 대상판결에서 중요한 민사소송법상의 쟁점은 기판력이 아니라 일반적인 소의 이익의 관점에서 접근하게 될 것이다.

판례는 판결원본이 멸실된 경우, 판결내용이 구체적으로 특정되지 않아 집행할 수 없는 경우뿐만 아니라 시효중단을 위하여 후소를 제기하는 경우에는 확정판결의 존재에도 불구하고 예외적으로 소의 이익을 인정하여 왔다. 반대의견은 "소멸시효 중단을 위한 재소는 이미 승소한 확정판결이 있는 경우이므로 권리보호의 이익이 없어 부적법하고 더 이상 시효중단은 불가능하다고 보아야 한다."고 하거나, "민사소송법상 이미 이행판결을 선고받아 유효한 집행권원을 가지고 있는 원고에게 다시 동일한 소송을 제기할 법적 이익은 인정되지 않는다."고 지적하고 있다. 그러나 확정판결을 통해 채무의 존재와 범위가 확정되었는데도 채무자가 임의이행 하지 않고 버티면 채권자는 부득불 자신의 권리를 유지하기 위하여 시효중단조치를 취할 수밖에 없다. 이때 채무자에게 책임재산이 없다면 채무자 스스로 자신의 채무를 승인하지 않는 이상 채권자로서는 재판상 청구를 통해 시효중단조치를 취할 수밖에 없고, 이처럼 시효중단조치를 취하여 권리를 존속시킬 이익은 법적으로 보호받아야 할 이익이다.3)

대법원은 최근에도 이와 같은 다수의견의 입장을 이어가고 있다.4)

---

2) 위 전원합의체 판결에는 다수의견에 대한 보충의견이 2개, 반대의견에 대한 보충의견도 있다.
3) 반대의견은 이러한 경우 소의 이익이 부정되어야 한다고 하지만 왜 그런지에 대해서는 자세히 설명하지 않고 있다. 반대의견은 확정판결 후 일정한 기간 동안에는 재소의 권리보호의 이익이 없다가 시효기간이 임박해서 권리보호이익이 생기는 것이 이상하다고 하지만 권리보호이익은 시간이 흐름에 따라 변동할 수 있고 바로 그 이유 때문

3.

대법원은 위 대법원 2018다22998 전원합의체 판결의 후속 전원합의체 판결인 대법원 2018.10.18. 선고 2015다232316 전원합의체 판결에서 확정판결 후에도 시효중단을 위해 이행소송을 제기할 수 있다는 종전 판례의 법리를 재확인하면서 이행소송 외에도 재판상 청구가 있었다는 점에 대한 확인을 구하는 새로운 방식의 확인소송을 허용하는 판결을 선고하였다.

〈사례 2〉 원고는 피고를 상대로, 원고가 피고에게 1997. 2.말경 6,000만 원을, 1997. 4.초경 1억 원을 각 대여하였다고 주장하며 대여금 1억 6,000만 원 및 이에 대한 지연손해금 청구를 하여, 2004. 11. 11. 원고 전부승소 판결을 선고받고 2004. 12. 7. 그 판결이 확정되었다.

원고는 2014. 11. 4. 위 대여금 채권의 시효연장, 즉 시효중단을 위하여 후소로서 피고에 대하여 1억 6,000만 원 및 그 지연손해금의 지급을 구하는 이 사건 이행의 소를 제기하였다. 피고는 이 소송에서 '파산절차에서 면책결정이 확정되었으므로 이 사건 판결금 채권에 대하여도 면책되었다'는 취지로 항변하였다.

원심은, 이 사건 판결금 채권은 채무자 회생 및 파산에 관한 법률 제566조 제7호에서 정한 '채무자가 악의로 채권자목록에 기재하지 아니한 청구권'에 해당하므로, 피고에 대한 면책허가결정에 불구하고 피고는 원고에 대한 이 사건 판결금 채무에 관하여 책임이 면제되지 않는다고 판단하였고, 원고의 청구를 전부 인용한 제1심판결의 결론을 유지하였다. 피고는 이에 불복하여 상고를 제기하였다.

대법원은 어떻게 판단할 것인가?

대법원 전원합의체는 원심의 판단은 타당하고 피고의 상고는 받아들일 수 없다는 이 사건의 결론(상고

에 권리보호이익의 판단시점이 논의되는 것이다. 권영준, 민법판례연구 Ⅰ, 박영사, 2019. p.44~45 참조.
4) 대법원 2019.01.17. 선고 2018다24349 판결 : 확정된 승소판결에는 기판력이 있으므로 승소 확정판결을 받은 당사자가 전소의 상대방을 상대로 다시 승소 확정판결의 전소와 동일한 청구의 소를 제기하는 경우, 특별한 사정이 없는 한 후소는 권리보호의 이익이 없어 부적법하다. 하지만 예외적으로 확정판결에 의한 채권의 소멸시효기간인 10년의 경과가 임박한 경우에는 그 시효중단을 위한 소는 소의 이익이 있다. 이는 승소판결이 확정된 후 그 채권의 소멸시효기간인 10년의 경과가 임박하지 않은 상태에서 굳이 다시 동일한 소를 제기하는 것은 확정판결의 기판력에 비추어 권리보호의 이익을 인정할 수 없으나, 그 기간의 경과가 임박한 경우에는 시효중단을 위한 필요성이 있으므로 후소를 제기할 소의 이익을 인정하는 것이다. 한편 시효중단을 위한 후소의 판결은 전소의 승소 확정판결의 내용에 저촉되어서는 아니 되므로, 후소 법원으로서는 그 확정된 권리를 주장할 수 있는 모든 요건이 구비되어 있는지에 관하여 다시 심리할 수 없으나, 위 후소 판결의 기판력은 후소의 변론종결시를 기준으로 발생하므로, 전소의 변론종결 후에 발생한 변제, 상계, 면제 등과 같은 채권소멸사유는 후소의 심리대상이 된다. 따라서 채무자인 피고는 후소 절차에서 위와 같은 사유를 들어 항변할 수 있고 심리결과 그 주장이 인정되면 법원은 원고의 청구를 기각하여야 한다. 이는 채권의 소멸사유 중 하나인 소멸시효 완성의 경우에도 마찬가지이다. 이처럼 판결이 확정된 채권의 소멸시효기간의 경과가 임박하였는지 여부에 따라 시효중단을 위한 후소의 권리보호이익을 달리 보는 취지와 채권의 소멸시효 완성이 갖는 효과 등을 고려해 보면, 시효중단을 위한 후소를 심리하는 법원으로서는 전소 판결이 확정된 후 소멸시효가 중단된 적이 있어 그 중단사유가 종료한 때로부터 새로이 진행된 소멸시효기간의 경과가 임박하지 않아 시효중단을 위한 재소의 이익을 인정할 수 없다는 등의 특별한 사정이 없는 한, 후소가 전소 판결이 확정된 후 10년이 지나 제기되었다 하더라도 곧바로 소의 이익이 없다고 하여 소를 각하해서는 아니 되고, 채무자인 피고의 항변에 따라 원고의 채권이 소멸시효 완성으로 소멸하였는지에 관한 본안판단을 하여야 한다.

기각)과 그 이유에 대해서는 의견이 일치하였다. 다만 대법원은 직권으로, 소멸시효 중단을 위한 후소의 형태를 심리하였는데, 종전에 허용되던 '이행소송' 외에 이른바 '새로운 방식의 확인소송'도 허용할 것인지 여부가 이 사건의 쟁점이었다.

대법원은 종래 시효중단을 위한 후소가 전소와 동일한 '이행소송'이라 하더라도 소의 이익이 있다는 입장을 유지하여 왔고, 이러한 법리는 위 2018다22008 전원합의체 판결을 통해서도 재확인되었다. 이 사건에서는 시효중단을 위한 후소로서 위와 같은 '이행소송' 외에 이른바 '새로운 방식의 확인소송'을 허용할 것인지 여부가 문제되었다.

대법관 7인의 **다수의견**은 새로운 방식의 확인소송을 허용하고 있다. 종전의 '이행소송'에 따른 판례와 실무의 모습은 아래와 같다.

① 후소의 소송물은 원칙적으로 전소의 소송물과 같다. 본래 이러한 후소는 권리보호의 이익이 없어 부적법하지만, 예외적으로 소멸시효기간인 10년의 경과가 임박한 경우에는 소의 이익이 인정된다.

② 후소 판결은 이미 확정된 전소 판결의 내용에 저촉되어서는 아니 되므로, 후소 법원으로서는 그 확정된 권리를 주장할 수 있는 모든 요건이 구비되어 있는지에 관하여 다시 심리할 수는 없다.

③ 후소 판결의 기판력은 후소의 변론종결시를 기준으로 발생하므로, 채무자는 전소 판결의 변론종결 이후에 발생한 사유를 후소에서 주장할 수 있고 후소 법원은 이에 관하여 심리 및 판단을 하여야 한다.

후소로서 '이행소송'이 제기되는 경우 아래와 같은 문제점이 있다.

① 후소 변론종결시를 기준으로 청구권의 존부와 범위를 새로 심사하여 판단하는 결과, 불필요한 심리가 이루어지게 된다. 즉 채권자는 시효중단만을 원할 뿐인데 청구권의 실체적 존부와 범위까지 다시 심리하게 되고, 채무자가 자신의 필요에 따라 청구이의의 소를 제기하여 주장하면 될 사항을 굳이 시효 중단을 위한 후소에서 심리하여야 하므로 이로 인하여 사법자원이 낭비된다.

② 후소에서 집행권원이 추가로 발생하여 이중집행의 위험이 높아진다.

③ 후소의 적법 여부가 불분명한 기준에 의하여 좌우됨. '소멸시효기간인 10년의 경과가 임박한 시점'이라는 기준이 모호하다.

④ 채무자의 채권관리·보전비용에 해당하는 후소의 소송비용을 채무자가 부담하여야 하는 불합리한 결과가 발생한다.

위와 같은 '이행소송'의 문제점을 해결하기 위하여 '새로운 방식의 확인소송'을 허용할 필요가 있다. 이는 전소판결로 확정된 채권의 시효를 중단시키기 위한 조치, 즉 '재판상의 청구'가 있다는 점에 대하여만 확인을 구하는 형태이다. 채권자는 두 가지 형태의 소송 중 자신의 상황과 필요에 보다 적합한 것을 선택하여 제기할 수 있다. ☞ '새로운 방식의 확인소송'의 구체적 내용은 아래와 같다.

① 전소와 달리, 후소의 소송물은 '실체법상 구체적 청구권의 존부'가 아니다. 후소 판결은 '시효를 중단시키기 위한 재판상 청구가 있었다'는 점에 대해서만 효력이 있다.

② 소멸시효 완성 등을 포함한 청구권의 존부 및 범위와 같은 실체적 법률관계에 관한 심리를 할 필요가 없다. 채권자는 청구원인으로 전소판결이 확정되었다는 점과 그 청구권의 시효중단을 위해 후소가 제기되었다는 점만 주장하고 전소판결의 사본과 확정증명서 등으로 이를 증명하면 되며 법원도 이 점만 심리하면 된다. 채무자는 전소판결의 변론종결 후에 발생한 청구이의사유가 있더라도 이를 주장할 필요가 없고, 법원은 채무자가 이를 주장하더라도 심리할 필요가 없다.

③ 채권자는 전소 판결이 확정되고 적당한 시점에 이와 같은 후소를 제기할 수 있고, 그 시기에 관하여

판결이 확정된 청구권의 소멸시효기간인 10년의 경과가 임박할 것을 요하지 않는다.

다수의견은 '새로운 방식의 확인소송'에 의할 경우 '이행소송'의 문제점이 모두 해결된다고 한다.[5]

대법관 5인의 **반대의견**은 '새로운 방식의 확인소송'은 허용할 수 없다는 의견이다. 이행소송을 허용하는 현재의 실무에 문제가 많다고 보이지 않고, '새로운 방식의 확인소송'에는 법리적으로 많은 문제점이 있고, 굳이 이를 인정할 실익도 크지 않다. 구체적인 권리의무에 관한 분쟁이 아니라 '시효중단을 위한 재판상 청구가 있었다'는 사실 자체를 대상으로 하는 것이어서 '소송'이라고 보기 어렵고, 확인소송으로서의 '확인의 이익'이 있다고 보기도 어려우며, 또한 시효중단 사유인 '재판상 청구'라고 보는 것도 무리이다. 다수의견은 당사자의 편리보다는 혼란만 가중될 우려가 있음을 지적하고 있다.

다른 형태의 소송을 허용한다면 '새로운 방식의 확인소송'보다는 '청구권 확인소송'이 타당하다는 김재형 대법관의 **반대의견**이 있다. 새로운 방식의 확인소송은 입법을 통해서만 받아들일 수 있고, 이행소송 외에 현행법의 해석으로 다른 형태의 소송을 허용한다면, 전소 판결로 확정된 채권 그 자체를 확인의 대상으로 삼는 '청구권 확인소송'만이 가능하다는 견해이다.

위 대법원 전원합의체 판결의 다수의견에 대하여는 많은 비판이 제기되고 있다. 특히 호문혁 교수는 다음과 같이 대법원판결을 '셀카봉' 판결에 빗대어 辛辣하게 비판하고 있다.[6]

① 다수의견의 내용은 명백한 위헌적 발상에 터잡았다. 법원은 재판하는 곳이지 새로운 제도를 창안해내는 곳이 아니다. 현행법상 인정될 수 없는 새로운 형태의 소송을 제시하고 이를 이용하도록 하는 것은 재판기관인 법원이 할 일이 아니다.

② 다수의견은 민사소송법의 기본원리를 무시하였다. 본래 재판이란 구체적인 사건이 있어서 그 사건에 관한 법적 판단을 하는 것이다. 그렇기 때문에 원고의 소송상 청구도 구체적 분쟁에 관한 청구, 즉 '사건성'이 있을 것을 요구하는 것이다. 이를 표현한 것이 권리보호요건 중 권리보호자격의 첫 번째로 등장하는 '구체적 권리, 법률관계에 관한 청구일 것'이다. 단지 추상적인 법적 의문을 풀려는 소송상청구는 권리보호자격이 없고 따라서 그 소는 부적법하여 각하해야 한다. 법원의 재판도 구체적 사건에 관하여 원고 청구의 당부를 판단하는 것이다. 아무리 법령해석의 통일을 책무로 하는 대법원이라도 그 사건에서 문제되지 않은 논점에 관하여 판시할 권한은 없다. 문제가 된 이 사건에서 이러한 신종 확인소송을 허용할 것인지에 관하여 당사자가 주장한 것도, 당사자 사이에서 다투어진 적도 없는데, 대법원이 직권으로 스스로 이런 확인소송을 허용해야 한다고 판단하였다. 당사자들이 주장하거나 다툰 것이 아니고 직권조사사항도 아닌데, 대법관들 끼리 주장하고 다툰 것에 관해서 다수결로 판단한 것이다. 이러한 판단을 '판례'라고 할 수는 없다.

③ 다수의견은 '소송'의 기본 개념에 반하는 판단을 하였다. 소송의 본래 개념이 '법적 쟁송'이다. 다수의견은 원고가 시효중단을 위하여 소를 제기한 것을 확인해달라는 것이 사실 확인이 아니라 권리, 법률관계 확인이라고 열심히 주장하지만, 이는 견강부회에 불과하다. 시효중단이라는 소제기의 효과는 문자 그대로 권리행사라는 법적 행위의 효과에 불과한 것이다. '시효중단을 위한 소'라는 소의 형태가 따로 있는 것이 아니다. 이행의 소든 확인의 소든 통상적인 권리행사 방법의 하나로 소를 제기하면 법규정에 의하여 시효중단이라는 효과가 생긴다. 그렇기 때문에 원고가 소를 제기하였음의 확인을 구하는 것은 그 내용이 실체법상의 권리행사와는 아무런 관계가 없고 어디까지나 사실 확인에 지나지 않다. '시효중단을 위하여'라는 목적이 있다고 해서 사실의 확인청구가 권리나 법률관계 확인청구로 둔갑하는 것이 아니다. 이러한 소는 권리, 법률관계에 관한 청구가 아니므로 위에서 말한 권리보호자격이 불비되어 부적법, 각하되는 전

형적인 경우이다.

④ 다수의견은 시효중단을 위한 후소송에서는 채권자의 채권 존부 등 실체적 심리를 해서는 안 된다는 것을 당연한 전제로 하고 있다. 기판력의 시적 범위 밖에 있는 변제 등 전소송 변론종결 이후에 생긴 새로운 사정을 이유로 해서는 당연히 실체적 심리를 할 수 있다. 채권자의 후소 제기가 시효중단이라는 목적이 있더라도 그 후소송에서 채무자는 변제 등 채권의 소멸사유를 주장할 수 있는 것은 당연하다. 다수의견은 시효중단을 위한 채권자의 후소송에서 이미 변제한 채무자가 방어할 기회를 가져서는 안 되고, 채무자 스스로 청구이의의 소를 제기할 시기를 선택할 여유는 주겠다는 말인데, 이것은 우리 소송법 체계와 너무 멀리 동떨어진 발상이다.

⑤ 반대의견 중에는 이 문제는 입법사항이고 법원이 새로운 제도를 만들 수는 없다는 지적이 있지만, 입법으로도 이런 우리 소송법 체계를 파괴하는 기형적인 소의 형태를 인정해서는 안 된다.

전소에서 채무의 이행을 명하는 확정판결 후에 시효완성에 임박하여 시효중단을 위한 후소를 제기하는 경우 각 소에 따른 청구취지는 다음과 같이 정리할 수 있다.[7]

		청구취지
전소		피고는 원고에게 1억 원을 지급하라. (기판력의 표준시는 전소 변론종결일)
후소	이행의 소 (반대의견 1)	피고는 원고에게 1억 원을 지급하라. (기판력의 표준시는 후소 변론종결일)
	새로운 방식의 확인의 소 (다수의견)	원고의 피고에 대한 2010. 2. 1. 금전소비대차계약에 기한 채권에 관하여 시효중단을 위한 소제기가 있음을 확인한다.[8]
	청구권확인의 소 (반대의견 2)	원고의 피고에 대한 2010. 2. 1. 금전소비대차계약에 기한 채권이 있음을 확인한다.

위 대법원 전원합의체 판결의 다수의견은 승소판결 확정 후 시효중단을 위한 이행소송은 다양한 실무상의 문제를 야기한다고 지적하고 있으나, 다수의견이 지적하는 실무상의 문제가 그리 대단한 것들이 아니다. 시효중단을 위한 재소에 대하여는 모순금지설에 따라 전소의 확정판결대로 판결하면 그만이다. 실제로 확정판결 후 재소는 별다른 다툼 없이 종결되는 경우가 대부분이다. 다수의견은 시효완성이 임박했는지 판단할 기준이 불명확하다고 하지만 법적 판단에 흔히 수반되는 불명확성이다. 다수의견은 종래의 이행소송 방식을 그대로 인정하면서 새로운 방식의 확인소송이라는 선택지를 채권자에게 던져 놓았으나 앞으로 이러한 형태의 새로운 방식의 확인소송이 애용될 지는 두고 볼 일이다.

---

5) 민사소송 등 인지규칙(2019. 1. 29.개정, 시행) 제18조의3은 대법원 전원합의체 판결의 다수의견에 따라 시효중단을 위한 재판상 청구 확인소송을 신설하였다.
6) 호문혁, "셀카소송과 셀카봉판결", 법률신문 입력 : 2019-03-20 오후 4:46:21
7) 정다영, "시효중단을 위한 재판상 청구", 재산법연구(제36권 제1호), 한국재산법학회(2019), p.142 참조.
8) 정확한 청구취지는 다음과 같이 될 것이다. ☞ 원고와 피고 사이의 서울중앙지방법원 2010. 2. 1. 선고 2009가합1234 대여금 청구사건의 판결로 확정된 채권의 소멸시효 중단을 위한 재판상의 청구가 있음을 확인한다.

민사소송법상 사실관계확인의 소는 증서의 진정여부를 확인하는 소(제250조)만 명문으로 인정할 뿐 법률관계가 아닌 사실관계 확인을 구하는 소송은 현행법상 허용되지 않는다. 그럼에도 불구하고 다수의견이 변종 사실관계확인의 소를 해석으로 인정하는 것은 온당하지 못하다. 재판상 청구가 있었다는 사실을 확인하는 소송이 가지는 근본적인 한계는 그러한 소송유형이 인정되는 순간 그 소송은 더 이상 소송이 아니게 된다는 점이다. 재판상 청구, 즉 소제기 사실 확인은 소제기 증명으로 하면 될 일이다. 다수의견이 말하는 확인판결은 실질에 있어서는 법적 쟁송에 관한 재판이 아니라 특정 사실에 대한 공증일 뿐이다.9)

대법원 전원합의체가 '어처구니' 없는 平地風波의 판결을 내놓은 셈이다. 대법원 전원합의체가 대법관들의 소신을 밝히고 끝내는 자리가 아니다.

4.
소송촉진 등에 관한 특례법('소송촉진법')상의 지연손해금이율이 다음과 같이 수차례 변경되었고 2019. 6. 1. 소제기시점부터는 연 12%이다. 그렇다면 전소 확정판결이 변경된 지연손해금 이율에 영향을 미치는가?

> [참고] 소송촉진법상의 지연손해금 이율의 변경
> □ 1981. 3. 1.~ 2003. 2. 28.   연 25%
> □ 2003. 6. 1. ~ 2015. 9. 30.   연 20%
> □ 2015. 10. 1. ~ 2019. 5. 31.   연 15%
> □ 2019. 6. 1. ~   연 12%

〈사례 3〉 원고가 피고를 상대로 대여금의 지급을 구하는 전소를 제기하여 피고는 원고에게 대여금 1억 원에 대하여 2005. 12. 30.부터 다 갚는 날까지 당시 시행 중이던 소송촉진법에 따른 연 20%의 비율로 계산한 지연손해금을 지급하라는 내용의 전소 판결이 2009. 12. 1. 확정되었다. 원고가 2019. 10. 1. 위 채권의 시효중단을 위하여 대여금청구의 소를 제기하였다. 그런데 전소 변론종결 이후 소송촉진법상의 지연손해금 이율이 연 15%에서 연 12%로 인하되었다.

그렇다면 후소 법원은 전소 변론종결 이후 새로운 사유가 발생하여 전소의 기판력이 미치지 않는다는 이유로 전소 확정판결에서 적용한 연 20%의 이율이 아니라 변경된 이율인 연 12%의 이율을 적용하여 그에 따라 산정된 지연손해금의 지급을 명해야 하는가?

☞ 확정판결은 주문에 포함한 것에 대하여 기판력이 있고, 변론종결 시를 기준으로 이행기가 장래에 도래하는 청구권이더라도 미리 청구할 필요가 있는 경우에는 장래이행의 소를 제기할 수 있다. 따라서 이행

---

9) 권영준, 앞의 책, p.55 참조.
10) 대법원 2018.04.24. 선고 2017다293858 판결 참조.

판결의 주문에서 그 변론종결 이후 기간까지의 급부의무의 이행을 명한 이상 그 확정판결의 기판력은 그 주문에 포함된 기간까지의 청구권의 존부에 대하여 미친다.

이러한 확정판결의 기판력에 의하여 당사자는 그 확정판결과 동일한 소송물에 기하여 신소를 제기할 수 없는 것이 원칙이나, 시효중단 등 특별한 사정이 있는 경우에는 예외적으로 신소가 허용된다. 그러나 이러한 경우에도 신소의 판결이 전소의 승소확정판결의 내용에 저촉되어서는 안 되므로, 후소 법원으로서는 그 확정된 권리를 주장할 수 있는 모든 요건이 구비되어 있는지 여부에 관하여 다시 심리할 수 없다.10)

다만 전소의 변론종결 후에 새로 발생한 변제, 상계, 면제 등과 같은 채권소멸사유는 후소의 심리대상이 되어 채무자인 피고는 후소 절차에서 위와 같은 사유를 들어 항변할 수 있으나,11) 법률이나 판례의 변경은 전소 변론종결 후에 발생한 새로운 사유에 해당한다고 할 수 없다.

따라서 승소판결이 확정된 후 소송촉진법의 변경으로 소송촉진법 소정의 지연손해금 이율이 달라졌다고 하더라도 그로 인하여 선행승소확정판결의 효력이 달라지는 것은 아니고, 확정된 선행판결과 달리 변경된 소송촉진법상의 이율을 적용하여 선행판결과 다른 금액을 원고의 채권액으로 인정할 수 있는 것도 아니다.12)

5.

국세 등 조세채권은 국세부과의 제척기간(국세기본법 제26조)과 국세징수의 소멸시효(국세기본법 제27조)가 따로 규정돼 있다. 국세부과의 제척기간은 일반적으로 **5년**이지만(무신고의 경우, 7년, 탈세의 경우 10년), 상속·증여세의 경우 **10년**(탈세·무신고·허위신고의 경우 15년)이다. 국세징수권의 소멸시효는 국가가 세금을 고지했으나, 납세자에게 재산이 없는 등의 사유로 세금을 징수할 수 없어 체납상태로 남아있는 경우 국가가 독촉, 교부청구, 압류 등 세금을 징수하기 위한 조치를 일정기간 내에 행사하지 않는 경우 세금을 징수할 수 있는 권리가 소멸하는 것을 말한다. 국세징수권은 이를 행사할 수 있는 때부터 **5년**(5억 원 이상인 국세는 10년)간 행사하지 않으면 국세징수권은 소멸한다. 여기서 '행사할 수 있는 때'란 소득세와 같은 신고과세방식의 조세인 경우에는 신고납부기한의 다음날(6. 1.)부터, 상속·증여세와 같은 부과과세방식의 조세의 경우에는 그 납세고지서에 의한 납부기한의 다음 날을 말한다.

최근 대법원은 확정된 조세채권의 소멸시효 중단을 위하여 납세의무자를 상대로 제기한 소세채권존재확인의 소는 공법상 당사자소송으로 소의 이익이 있다고 선언하였다(대법원 2020.03.02. 선고 2017두41771 판결).

"구 국세기본법(2013. 1. 1. 법률 제11604호로 개정되기 전의 것, 이하 같다) 제27조 제2항은 국세징수권의 소멸시효에 관하여 국세기본법 또는 세법에 특별한 규정이 있는 것을 제외하고는 민법에 따른다고 규정하고 있고, 제28조 제1항은 납세고지(제1호), 독촉 또는 납부최고(제2호), 교부청구(제3호), 압류(제4호)를 국세징수권의 소멸시효 중단사유로 규정하고 있다.

---

11) 대법원 2019.01.17. 선고 2018다24349 판결 참조.
12) 대법원 2019.08.29. 선고 2019다215272 판결.

위 납세고지, 독촉 또는 납부최고, 교부청구, 압류는 국세징수를 위해 국세징수법에 규정된 특유한 절차들로서 국세기본법이 규정한 특별한 국세징수권 소멸시효 중단사유이기는 하다. 그러나 구 국세기본법은 민법에 따른 국세징수권 소멸시효 중단사유의 준용을 배제한다는 규정을 두지 않고 있고, 조세채권도 민사상 채권과 비교하여 볼 때 그 성질상 민법에 정한 소멸시효 중단사유를 적용할 수 있는 경우라면 그 준용을 배제할 이유도 없다. 따라서 구 국세기본법 제28조 제1항 각 호의 소멸시효 중단사유를 제한적·열거적 규정으로 보아 구 국세기본법 제28조 제1항 각 호가 규정한 사유들만이 국세징수권의 소멸시효 중단사유가 된다고 볼 수는 없다. 이와 같은 관련 규정의 체계와 문언 내용 등에 비추어, 민법 제168조 제1호가 소멸시효의 중단사유로 규정하고 있는 '청구'도 그것이 허용될 수 있는 경우라면 구 국세기본법 제27조 제2항에 따라 국세징수권의 소멸시효 중단사유가 될 수 있다고 봄이 타당하다.

한편 조세는 국가존립의 기초인 재정의 근간으로서, 세법은 공권력 행사의 주체인 과세관청에 부과권이나 우선권 및 자력집행권 등 세액의 납부와 징수를 위한 상당한 권한을 부여하여 그 공익성과 공공성을 담보하고 있다. 따라서 조세채권자는 세법이 부여한 부과권 및 자력집행권 등에 기하여 조세채권을 실현할 수 있어 특별한 사정이 없는 한 납세자를 상대로 소를 제기할 이익을 인정하기 어렵다.

다만 납세의무자가 무자력이거나 소재불명이어서 체납처분 등의 자력집행권을 행사할 수 없는 등 구 국세기본법 제28조 제1항이 규정한 사유들에 의해서는 조세채권의 소멸시효 중단이 불가능하고 조세채권자가 조세채권의 징수를 위하여 가능한 모든 조치를 충실히 취하여 왔음에도 조세채권이 실현되지 않은 채 소멸시효기간의 경과가 임박하는 등의 특별한 사정이 있는 경우에는, 그 시효중단을 위한 재판상 청구는 예외적으로 소의 이익이 있다고 봄이 타당하다. 그리고 국가 등 과세주체가 당해 확정된 조세채권의 소멸시효 중단을 위하여 납세의무자를 상대로 제기한 조세채권존재확인의 소는 공법상 당사자소송에 해당한다."

확정판결에 의한 시효중단을 위한 재소가 허용된다고 하여 제척기간의 중단을 위한 재소가 허용되는 것이 아님을 주의해야 한다. 제척기간은 일정한 권리에 대하여 법이 정하는 족속기간으로 소멸시효와 달리 중단이나 정지, 시효이익 포기가 인정되지 않는다. 소멸시효는 항변사항인데 제척기간은 법원의 직권조사사항이다. 제척기간에는 사해행위취소권과 같이 제소기간(출소기간)으로서의 제척기간도 있고, 재산분할청구권과 같이 재판상·재판외의 행사기간으로서의 제척기간도 있다.

〈소멸시효 補論 2〉 소멸시효와 법적 평화[1]

1.

'민주화운동 관련자 명예회복 및 보상 등에 관한 법률' 등 과거사 청산에 관한 여러 법률들이 시행되면서 그로 인한 법적 갈등도 표출되고 있다. 특히 과거사 사건 관련 민사소송에서의 소멸시효의 주장이 신의칙에 위반되는지 여부에 관하여 대법원은 대부분 소멸시효의 주장이 신의칙상 허용될 수 없다는 입장을 밝혀왔다. 양 교수는 이와 같은 신의칙의 무분별한 적용에 대하여 '지금도 마음이 평온하지 못하다는 것을 솔직히 고백'하고 있다.

시효제도라는 것을 얼핏 생각하면 "빌린 돈도 일정 기간 지나면 갚지 않아도 된다"는 것이 되어 인간의 도덕률에 반하는 부도덕한 제도라고 볼 여지도 있다. 그러나 양 교수는 사비니의 말을 빌려 소멸시효는 법적 평화를 위하여 분쟁을 종식시키고자 하는 그 합리성과 정당성이 확증된 제도라고 평가하고 있다. 대륙법계의 여러 나라가 모두 소멸시효제도를 오히려 강화하는 방향으로, 시효기간을 대폭적으로 단축하는 내용으로(독일의 경우 2002년 개정법으로 일반소멸시효기간을 종전의 30년에서 3년으로 대폭 감축하였다) 나아갔다고 한다. 일본 역시 최근의 개정법으로 소멸시효가 인정되는 범위를 현저히 확대하고 있다.

대법원은 소멸시효 완성의 주장을 신의칙을 들어 허용하지 아니할 것인지는 매우 신중하게 판단되어야 한다는 원칙을 견지하면서도 특별한 사정이 있는 경우에는 채무자가 소멸시효의 완성을 주장하는 것이 신의칙에 반하여 허용할 수 없다는 입장이다.

2.

양창수 교수가 대법관 재직 시절 주심 대법관으로 관여하여 쓴 다음의 대법원판결에서 양 교수의 입장이 극명하게 나타나 있다.

"채무자가 소멸시효의 완성으로 인한 채무의 소멸을 주장하는 것에 대하여도 신의성실의 원칙이 적용된다고 할 것이므로, 그러한 주장을 하는 것이 신의칙 위반을 이유로 허용되지 아니할 수 있다. 그러나 실정법에 정하여진 개별 법제도의 구체적 내용에 좇아 판단되는 바를 신의칙과 같은 법원칙을 들어 말하자면 당해 법제도의 외부로부터 배제 또는 제한하는 것은 법의 해석·적용에서 구현되어야 할 기본적으로 중요한 법가치의 하나인 법적 안정성을 후퇴시킬 우려가 없지 않다. 특히 법률관계에는 불명확한 부분이 필연적으로 내재하는바 그 법률관계의 주장에 일정한 시간적 한계를 설정함으로써 그에 관한 당사자 사이의 다툼을 종식시키려는 것을 취지로 하는 소멸시효 제도에 있어서는, 애초 그 제도가 누구에게나 무차별적·객관적으로 적용되는 시간의 경과가 1차적인 의미를 가지는 것으로 설계되었음을 고려하면, 위와 같은 법적 안정성의 요구는 더욱 선명하

---
[1] 이 글은 양창수 교수(전 대법관)의 「민법연구 제10권」(박영사, 2019) 중 〈이 시대 사법부의 위상과 과제〉 관련 부분을 읽으면서 소멸시효와 관련하여 생각의 일단을 적어본 것이다.

게 제기된다. 따라서 소멸시효에 관하여 신의칙을 원용함에는 신중을 기할 필요가 있다.

특히 채권자에게 객관적으로 자신의 권리를 행사할 수 없는 장애사유가 있었다는 사정을 들어 그 채권에 관한 소멸시효 완성의 주장이 신의성실의 원칙에 반하여 허용되지 아니한다고 평가하는 것은 소멸시효의 기산점에 관하여 변함없이 적용되어 왔던 법률상 장애/사실상 장애의 기초적인 구분기준을 내용이 본래적으로 불명확하고 개별 사안의 고유한 요소에 열려 있는 것을 특징으로 하는 일반적인 법원칙으로서의 신의칙을 통하여 아예 무너뜨릴 위험이 있으므로 더욱 주의를 요한다."(대법원 2010.09.09. 선고 2008다15865 판결)

양 대법관은 "소멸시효는 객관적으로 권리가 발생하고 그 권리를 행사할 수 있는 때로부터 진행하고 그 권리를 행사할 수 없는 동안에는 진행하지 아니한다. 여기서 '권리를 행사할 수 없다'라고 함은 그 권리행사에 법률상의 장애사유, 예컨대 기간의 미도래나 조건불성취 등이 있는 경우를 말하는 것이고, 사실상 그 권리의 존부나 권리행사의 가능성을 알지 못하였거나 알지 못함에 과실이 없다고 하여도 이러한 사유는 법률상 장애사유에 해당한다고 할 수 없다. 대법원이 2004. 4. 22. 선고 2000두7735 전원합의체 판결로 임용기간이 만료된 국공립대학 교원에 대한 재임용거부처분에 대하여 이를 다툴 수 없다는 종전의 견해를 변경하였다고 하더라도, 그와 같은 대법원의 종전 견해는 국공립대학 교원에 대한 재임용거부처분이 불법행위임을 원인으로 한 손해배상청구에 대한 법률상 장애사유에 해당하지 아니한다. 국가에게 국민을 보호할 의무가 있다는 사유만으로 국가가 소멸시효의 완성을 주장하는 것 자체가 신의성실의 원칙에 반하여 권리남용에 해당한다고 할 수는 없으므로, 국가의 소멸시효 완성 주장이 신의칙에 반하고 권리남용에 해당한다고 하려면 일반 채무자의 소멸시효 완성 주장에서와 같은 특별사정이 인정되어야 한다."고 판단하면서 소멸시효에 관하여 신의칙을 원용함에는 신중을 기할 필요가 있다는 점을 방론으로 설시하였다.

3.
그러나 대법원은 "채무자의 소멸시효에 기초한 항변권의 행사도 우리 민법의 대원칙인 신의성실의 원칙과 권리남용금지의 원칙의 지배를 받는 것"임을 전제로 하여 구체적으로

① 채무자가 시효완성 전에 채권자의 권리행사나 시효중단을 불가능 또는 현저히 곤란하게 하였거나, 그러한 조치가 불필요하다고 믿게 하는 행동을 하였거나,

② 객관적으로 채권자가 권리를 행사할 수 없는 장애사유가 있었거나, 또는

③ 일단 시효완성 후에 채무자가 시효를 원용하지 아니할 것 같은 태도를 보여 권리자로 하여금 그와 같이 신뢰하게 하였거나,

④ 채권자보호의 필요성이 크고 같은 조건의 다른 채권자가 채무의 변제를 수령하는 등의 사정이 있어 채무이행의 거절을 인정함이 현저히 부당하거나 불공평하게 되는 등의 특별한 사정이 있는 경우에는 채무자가 소멸시효의 완성을 주장하는 것이 신의성실의 원칙에 반하여 권리남용으로서 허용될 수 없다."고 판시하여 그 예외가 적용되는 기준을 설정하였다(대법원 2009.08.20. 선고 2006다22968 판결; 대법원 2016.10.27. 선고 2016다224183,224190 판결 등).

양 교수는 당신은 어떻게 해서 과거사 민사사건에서 시효소멸 항변이 신의칙에 반한다는 판단

을 적지 않게 내렸느냐고 묻는다면, 정부가 '진실·화해를 위한 과거사 정리 기본법'('과거사정리법')에서 정하여진 자신의 책임에 관하여 전적으로 손을 놓고 있었다는 점을 무겁게 고려하였고, 그것이 과거사 민사사건에 한해서만, 또한 그것도 일정한 사안유형에서 일정한 기간 안에 제기된 소송에서만 예외적으로 인정된다는 점을 들고 있다.

그러나 전범기업에 대한 손해배상사건이나 국가의 공권력에 의한 인권침해로 인한 손해배상사건 등 소위 '과거사' 민사사건의 아닌 경우에도 판례가 신의칙으로 소멸시효 항변을 배척하는 경우가 왕왕 있어 이는 예외적으로만 인정되는 것이 아니라 흔히 인정되고 있다는 느낌을 지울 수 없다. 신의칙에 의해 소멸시효제도는 상당 부분 형해화(形骸化)되고 있는 것은 아닌지 의문이 들 때가 많다. 소멸시효제도 운영에 관한 세계적 조류(Global Standard)와 점점 멀어지고 있다.

다음과 같은 사례를 보자.

A는 원고의 아버지인 B의 위임에 따라 1990. 11.경 이 사건 부동산을 대금 10억 1,800만 원에 매도하였다. B는 사망하기 직전 원고에게 위 매매대금 반환채권을 증여하고, 이를 A에게 통지하였다. A는 위 매매대금의 반환을 요구하는 원고에게 '매매대금 7억여 원에서 양도소득세 등을 제외하면 6억 원 정도가 남는다'고 말하면서 그 중 5억 원을 반환한 후, 1992. 12. 1. 원고와의 사이에 나머지 1억 원에 대하여 준소비대차 계약을 체결하고, 그에 관한 차용금증서를 작성하여 주었다. 원고는 B의 사망 직전에 매매대금 반환채권을 양도받아 이 사건 부동산의 매매에 관하여 잘 알지 못하였고, 일본에서만 거주하여 한국어에 미숙하고 국내 사정에도 어두웠으며, A가 이 사건 부동산의 매매에 관련된 절차 일체를 위임받아 처리한데다가 친척으로서 아버지의 장례까지 주관한 관계로, A를 전적으로 신뢰할 수밖에 없었다. 그 결과 원고는 준소비대차 계약에 따른 채권의 회수에만 매달리면서 준소비대차 계약의 대상으로 삼지 않은 나머지 채권에 관하여는 어떠한 권리행사나 조치를 취하지 못하였고, 이 사건 소 제기 당시에도 A가 원고를 속였으리라고는 생각하지 못하여 준소비대차 계약으로 인한 채권 중 미지급 금액만을 청구하였다가, 제1심에서 이 사건 부동산의 매수인인 토지공사에 사실조회를 실시하여 비로소 매매대금의 실제 액수를 알게 됨에 따라 그 차액 상당의 이 사건 채권까지 구하는 것으로 청구취지를 확장하였다.

원심은 위 사안에서 "피고가 이 사건 매매대금 액수를 기망하였다는 사정 또는 피고가 원고에게 이 사건 약정에 기하여 2,000만원을 변제하였다는 사정만으로 시효이익을 포기하였거나 시효를 원용하지 아니할 것 같은 태도를 보인 것이라거나 시효완성 전에 채권자인 원고의 권리행사나 시효중단을 불가능 또는 현저히 곤란하게 하였거나, 그러한 조치가 불필요하다고 믿게 하는 행동을 하였다고 평가할 수 없고, 오히려 원고로서는 언제든지 이 사건 토지의 매수인인 토지공사에 그 매매대금액수를 확인할 수 있었던 사정이 보일 뿐이며, 그 외 원고가 이 사건 매매액수를 정확히 몰랐고, 일본국에 거주하고 있었다는 사정은 <u>원고가 손해배상청구권을 행사할 수 없는 장애사유가 있었다거나 권리행사를 기대할 수 없는 상당한 사정이 있었다고는 보이지 아니하므로 피고가 소멸시효 완성을 이유로 채무이행을 거절하는 것이 현저히 부당하거나 불공평하게 되는 경우에 해당한다고 볼 수도 없다고 할 것이어서</u>, 피고의 소멸시효완성 주장이 신의칙에 반하는 권리남용으로서 또는 형평의 원칙상 허용될 수 없다고는 보이지 아니한다."고 판시하여 피고의 소멸시효 항변을 배척하였다.

그러나 대법원은 "원고가 이 사건 채권의 소멸시효기간이 경과하기까지 그에 관한 권리행사나 시효중단 조치를 취하지 못한 것은 이 사건 채권의 존재 자체를 인식하지 못하였기 때문인데, 이는 원고와 전적인 신뢰관계를 형성하고 있던 A의 위와 같은 기망행위에 따른 것으로서 채무자가 시효완성 전에 채권자의 권리행사나 시효중단을 현저히 곤란하게 한 경우에 해당하므로, A의 소멸시효 항변은 신의성실의 원칙에 반하여 권리남용으로 허용될 수 없다."고 판시하여 원심을 파기환송하였다(대법원 2009.08.20. 선고 2006다22968 판결).

동일한 사안을 두고 원심과 대법원이 정반대의 판단을 하고 있다. 법률심인 대법원이 원심의 사실인정에 과도하게 개입하고 있는 것은 아닌지 의문이 들기도 한다. 이 사건은 대법원을 두 번이나 들락거린 사건인데, 위 대법원판결의 사건기록을 토대로 기록형 문제를 만들어 학생들에게 제시한 적이 있는데 제대로 포인트를 포착한 답안이 거의 없었다.

4.
헌법재판소는 '과거사' 사건의 내용을 이루는 중요한 사건들에 대하여는 더 이상 장기시효는 적용되지 않는다고 판단하였다. 헌법재판소 2018. 8. 30. 선고 2014헌마148 결정은 재판관 6 : 3의 의견으로, 민법 제166조 제1항, 제766조 제2항 중 과거사정리법 제2조 제1항 제3호, 제4호에 규정된 사건에 적용되는 부분은 헌법에 위반된다는 결정을 선고하였다.[일부위헌] 이에 대하여, 이 사건 심판청구는 심판대상조항의 단순한 포섭·적용에 관한 법원의 해석·적용이나 재판결과를 다투는 것에 불과하므로 재판소원을 금지한 헌법재판소법 제68조 제1항의 취지에 비추어 부적법하다는 재판관 3인의 반대의견이 있다.

헌법재판소가 위 결정의 의의로 든 것을 보면 다음과 같다.

○ 과거사정리법이 2005. 5. 31. 제정된 이후, 이에 따라 설치된 '진실·화해를 위한 과거사정리 위원회'('위원회')의 진실규명결정이 있으면 그에 기하여 국가를 상대로 손해배상을 청구하는 것이 하나의 정형으로 정착되었는데, 주로 문제가 되었던 것은 한국전쟁 전후의 시기에 불법적으로 이루어진 민간인 집단희생사건(과거사정리법 제2조 제1항 제3호), 권위주의 통치시까지 헌정질서 파괴행위 등 위법 또는 현저히 부당한 공권력의 행사로 인하여 발생한 사망·상해·실종사건, 그 밖에 중대한 인권침해사건과 조작의혹사건이다(과거사정리법 제2조 제1항 제4호).

○ 위와 같은 국가기관에 의한 인권침해 사안은 공무원에 의해 이루어진 불법행위이고, 이에 대한 손해배상청구권은 불법행위가 있던 날부터 5년, 피해자나 그 법정대리인이 손해 및 가해자를 안 날로부터 3년간 행사하지 않으면 시효로 소멸함이 원칙이다. 그런데 위와 같은 인권침해는 수십 년 전에 있었던 일이므로, 피해자 및 그 유족의 국가배상청구시 ⓐ 소멸시효 완성 여부, ⓑ 소멸시효항변의 권리남용 인정 여부, ⓒ 피해자의 상당한 기간(시효정지기간 6개월) 내에 권리행사 여부 등이 문제되어 왔다.

○ 헌법재판소는 이 사건 결정에서, ⑴ 심판대상조항들이 '일반적인' 공무원의 직무상 불법행위

로 손해를 받은 국민의 국가배상청구권에 관한 소멸시효 기산점과 시효기간을 정하고 있는 것은 합리적인 이유가 있으나, ⑵ 민법 제166조 제1항, 제766조 제2항의 객관적 기산점을 과거사정리법 제2조 제1항 제3, 4호의 '민간인 집단희생사건, 중대한 인권침해·조작의혹사건'에 적용하도록 규정하는 것은 청구인들의 국가배상청구권을 침해하여 헌법에 위반된다는 점을 선언하였다.

○ 이에 따라 ㉠ 민간인 집단 희생사건, 중대한 인권침해·조작의혹사건에 대해서는 민법 제166조 제1항, 제766조 제2항의 객관적 기산점의 적용이 배제되고(위헌), ㉡ 이러한 객관적 기산점을 전제로 한 국가재정법 제96조 제2항(구 예산회계법 제96조 제2항)의 장기소멸시효기간의 적용도 당연히 배제된다. ㉢ 따라서 과거사정리법이 정한 위 사건에 대해서는 민법 제766조 제1항이 정한 주관적 기산점 및 이를 기초로 한 단기소멸시효만 적용되므로, 이러한 경우 사건 유형별 구체적 기산점이 문제될 수 있다.

- 과거사정리법 제2조 제1항 제3호의 '민간인 집단 희생사건'의 경우에 위원회로부터 진실규명결정을 받은 피해자 등은 특별한 사정이 없는 한 그 진실규명결정이 있었던 때에 손해 및 가해자를 알았다고 볼 수 있으므로, 피해자 등은 진실규명결정을 안 날로부터 3년 이내에 국가배상을 청구하여야 민법 제766조 제1항의 단기소멸시효 완성을 저지할 수 있을 것이다.

- 한편, 과거사정리법 제2조 제1항 제4호의 '중대한 인권침해사건과 조작의혹사건' 중 유죄확정판결을 받았던 사건의 경우에는 유죄확정판결의 존재라는 특별한 사정이 있어 재심으로 기존의 유죄확정판결이 취소된 이후에야 비로소 손해의 발생, 위법한 가해행위의 존재, 가해행위와 손해 발생 사이의 상당인과관계 등 불법행위의 요건사실에 대하여 현실적이고도 구체적으로 인식하였다고 봄이 상당하므로, 피해자 등은 재심판결 확정을 안 날로부터 3년 이내에 국가배상을 청구하여야 민법 제766조 제1항의 단기소멸시효 완성을 저지할 수 있을 것이다.

○ 향후 이 사건 위헌결정에 의한 법원의 재심개시와 민법 제766조 제1항의 적용을 통해 과거사 민간인 집단희생사건과 중대한 인권침해·조작의혹사건의 피해자들의 국가배상청구권이 보장될 것으로 기대된다.

5.
대법원은 최근 구로동농지분배사건에서 위 헌법재판소결정의 효력범위를 분명히 밝혔다(대법원 2019.11.14. 선고 2018다233686 판결). 대법원은 피고(대한민국)로부터 구로 일대 농지를 분배받았던 수분배자들의 후손인 원고들이 피고를 상대로 분배 농지와 관련하여 불법행위로 인한 손해배상을 청구하는 사안에서, 원고들의 손해배상청구는 과거사정리법 제2조 제1항 제4호에서 말하는 중대한 인권침해·조작의혹사건에서 공무원의 위법한 직무집행으로 인하여 입은 재산상 손해에 대한 국가배상청구에 해당하고, 이 사건 위헌결정의 효력에 따라 원고들의 손해배상청구권에 대해서는 민법 제166조 제1항, 제766조 제2항, 구 예산회계법 제96조 제2항, 제1항에 따른 장기소멸시효가 적용되지 않는다고 판단하였다.

"국가배상법 제8조, 민법 제166조 제1항, 제766조 제1항, 제2항, 국가재정법 제96조 제2항, 제1항(구 예산회계법 제96조 제2항, 제1항)에 따르면, 국가배상청구권에 대해서는 피해자나 법정대리인이 그 손해와 가해자를 안 날(민법 제166조 제1항, 제766조 제1항에 따른 주관적 기산점)로부터 3년 또는 불법행위를 한 날(민법 제166조 제1항, 제766조 제2항에 따른 객관적 기산점)로부터 5년의 소멸시효가 적용됨이 원칙이다. 그런데 헌법재판소는 2018. 8. 30. 민법 제166조 제1항, 제766조 제2항 중 진실·화해를 위한 과거사정리 기본법(이하 '과거사정리법'이라 한다) 제2조 제1항 제3호의 '민간인 집단 희생사건', 같은 항 제4호의 '중대한 인권침해사건·조작의혹사건'에 적용되는 부분은 헌법에 위반된다는 결정을 선고하였다(헌법재판소 2014헌바148 등 결정, 이하 '이 사건 위헌결정'이라 한다).

헌법재판소 위헌결정의 효력은 위헌제청을 한 당해 사건만 아니라 위헌 결정이 있기 전에 이와 동종의 위헌 여부에 관하여 헌법재판소에 위헌여부심판제청이 되어 있거나 법원에 위헌여부심판제청신청이 되어 있는 경우의 당해 사건과 별도의 위헌제청신청 등은 하지 않았지만 당해 법률 또는 법조항이 재판의 전제가 되어 법원에 계속된 모든 일반 사건에까지 미친다(대법원 1996.04.26. 선고 96누1627 판결 등 참조).

따라서 이 사건 위헌결정의 효력은 과거사정리법 제2조 제1항 제3호의 '민간인 집단 희생사건'이나 같은 항 제4호의 '중대한 인권침해사건·조작의혹사건'에서 공무원의 위법한 직무집행으로 입은 손해에 대한 배상을 청구하는 소송이 위헌결정 당시까지 법원에 계속되어 있는 경우에도 미친다고 할 것이어서, 그 손해배상청구권에 대해서는 민법 제166조 제1항, 제766조 제2항에 따른 '객관적 기산점을 기준으로 하는 소멸시효'(이하 '장기소멸시효'라 한다)는 적용되지 않고, 국가에 대한 금전 급부를 목적으로 하는 권리의 소멸시효기간을 5년으로 규정한 국가재정법 제96조 제2항(구 예산회계법 제96조 제2항) 역시 이러한 객관적 기산점을 전제로 하는 경우에는 적용되지 않는다."

6.

의정부지법 민사1부는 2019. 11. 7. '스포츠계 첫 미투'로 알려진 전 테니스 선수 A가 초등학생 시절 자신을 성폭행했다며 코치 B를 상대로 낸 손해배상 청구소송(2018나214488)에서 "피고는 원고에게 1억 원을 지급하라"며 원고 일부승소판결을 선고했다.[2] 18년 전 초등학생 때 운동 코치에게 성폭행을 당한 A는 성년이 된 뒤 13세 미만 아동에 대한 성폭행 범죄의 공소시효가 2012년 폐지된 점을 이용, 먼저 형사고소를 해 유죄 판결을 이끌어낸 뒤 이를 근거로 손해배상청구소송을 냈다. 법원은 유죄 판결 선고된 때와 성폭행에 따른 외상 후 스트레스 진단(PTSD)을 받은 시점을 불법행위로 인한 손해배상청구권의 기산점으로 해석해 가해자의 소멸시효 항변을 배척했다.

A는 2001년 7월부터 2002년 8월까지 B로부터 테니스 지도를 받으면서 학교와 합숙소 등에서 4회에 걸쳐 성폭행을 당해 정신적 장애에 시달렸다. 성인이 된 A는 2016년 테니스 대회에서 우연히 B와 마주쳤고, 성폭력 피해 기억이 되살아나면서 악몽과 위장장애, 두통, 수면장애 등 이상증세를 겪었다. 그러다 그해 6월 A는 PTSD 진단을 받았고 그 다음달 B를 고소했다. B는 강간치상 혐의로 기소돼 지난해 7월 대법원에서 징역 10년형이 확정됐다.

---

2) 법률신문 2019. 11. 13.자 참조.

A가 제기한 손해배상청구소송에서 B는 강간치상죄로 복역 중이어서 1심에서 무변론으로 승소판결을 받았다. 이후 B가 항소하여 소멸시효 항변을 하자 소멸시효의 기산일을 언제로 볼지가 쟁점이 됐다. A가 성폭행을 당한 날로부터 17년이나 지난 2018년 6월에야 손해배상소송을 냈기 때문에 소멸시효가 완성됐다고 볼 수도 있다.

재판부는 "민법 제766조 1항의 '손해 및 가해자를 안 날'이란 불법행위의 요건사실을 현실적이고도 구체적으로 인식했을 때를 의미하고, 2항의 '불법행위를 한 날'은 객관적·구체적으로 손해가 발생한 때, 즉 손해의 발생이 현실적인 것으로 돼 있다고 할 수 있는 때를 의미한다."고 밝히고, "A는 B에 대한 유죄판결이 선고된 때에야 비로소 불법행위의 요건사실에 대해 현실적이고도 구체적으로 인식하게 돼 손해배상청구가 가능했다."고 설명했다. 또 "A가 겪고 있던 PTSD도 최초 진단을 받은 2016년 6월에 관념적이고 부동적 상태에서 잠재하고 있던 손해가 현실화됐다고 봐야 한다"고 지적했다. 그러면서 "A가 '손해 및 가해자를 안 날'은 형사재판의 1심 판결 선고일인 2017. 10. 13.이고, '불법행위를 한 날'은 PTSD 진단을 받은 2016년 6월이라고 봐야 한다."면서 "A는 3년, 10년의 소멸시효가 각 도과하기 전인 2018년 6월 소를 제기했으므로 B의 손해배상책임이 인정된다."고 판시했다.

위 판결이 상급심에서 확정될지 두고 볼 일이나, 이 사건을 통해 성폭행 피해여성들이 겪고 있는 트라우마가 어떤 것인지를 알 수 있다. PTSD(Post-traumatic Stress Disorder, 외상 후 스트레스 장애)란 생명을 위협할 정도의 극심한 스트레스(정신적 외상)를 경험하고 나서 발생하는 심리적 반응이다.

〈소멸시효 補論 3〉 채무자의 시효이익 포기는 그 후의 저당부동산 제3취득자에 대하여도 효력이 미치는가?[1]

1.

양창수 교수는 대법관 퇴직 후 2015년에 발표한 글에서 적어도 1990년대 초까지 판례가 소멸시효의 완성의 효과에 대하여 이른바 절대적 소멸설을 취하여 왔으나, 그 이후 어느 사이엔가 재판실무는 상대적 소멸설로써만 이해할 수 있는 태도를 보이고 있다고 언명하고 있다. 무수히 많은 재판례에서 "소멸시효를 원용할 수 있는 사람은 그 권리의 소멸에 의하여 직접 이익을 받는 사람에 한정된다는 것"을 직접 내세우거나 전제로 판시하고 있고, 이는 소송상의 시효소멸을 주장할 수 있는 사람의 범위를 한정하는 취지가 아니라 실제적으로 권리의 소멸을 주장할 수 있는 권리(즉 시효원용권)에 관한 것으로 보는 것이 상당하다고 지적하고 있다.

그렇다면 소멸시효 완성의 효과에 관한 종래 통설의 절대적 소멸설의 도그마는 타파되어야 하지 않을까?

2.

채권에 대한 소멸시효가 완성하였다면 그 뒤에는 더 이상 소멸시효의 중단 문제가 생길 여지가 없다. 시효이익을 받을 채무자는 소멸시효가 완성된 후 시효이익을 포기할 수 있고, 이것은 시효완성으로 인한 법적인 이익을 받지 않겠다고 하는 의사표시이다.

판례는 채무자가 소멸시효 완성 후 채무를 승인하였다면 시효완성의 사실을 알고 그 이익을 포기한 것이라고 추정할 수 있을 것이나 그 시효이익의 포기는 상대적 효과가 있음에 지나지 아니하므로 저당부동산의 제3취득자에게는 효력이 없다고 한다. 다음과 같은 사례에서 대법원은 소멸시효이익 포기의 상대적 효력에 관한 입장을 분명히 밝히고 있다.

이 사건 부동산의 소유자인 A는 1992. 8. 25. 피고로부터 5,000만 원(이하 '이 사건 차용금채무'라 한다)을 변제기 <u>1993. 8. 25.</u>, 이자는 매월 10일자에 90만 원을 지급하기로 하여 차용하였고, 그 담보로 같은 날 피고 앞으로 이 사건 부동산에 관하여 채권최고액 6,000만 원의 근저당권설정등기(이하 '이 사건 제1근저당권설정등기'라 하고, 이에 기한 근저당권을 '이 사건 제1근저당권'이라 한다)를 마쳐주었다. A는 2004. 4. 16. 피고와 사이에 이 사건 차용금채무와는 별도로 그 때까지의 미지급 이자 등을 3,000만 원으로 확정하고, 이에 관해 변제기 <u>2004. 9. 16.</u>, 이자 월 1.5%로 약정한 후 이를 담보하기 위하여 <u>2004. 4. 20.</u> 피고 앞으로 이 사건 부동산에 관하여 채권최고액 4,000만 원의 근저당권설정등기(이하 '이 사건 제2근저당권설정등기'라 하고, 이에 기한 근저당권을 '이 사건 제2근저

---

[1] 이 글은 양창수 교수(전 대법관)의 「민법연구 제10권」(박영사, 2019) 중 관련 부분을 읽으면서 소멸시효와 관련하여 생각의 일단을 적어본 것이다.

당권'이고 한다)를 마쳐주었다.

원고는 2013. 12. 6. A로부터 이 사건 부동산 및 그 지상 4층 공동주택을 매수하여 같은 날 소유권을 취득한 후 2014년 초에 피고를 상대로 이 사건 제1근저당권설정등기 및 제2근저당권설정등기의 말소를 구하는 소를 제기하였다. 제1심판결문에는 나타나 있지 않으나, 양 교수의 글에는 A가 2011년에 피고를 상대로 위 각 채무의 변제소멸 또는 소멸시효의 완성을 이유로 하여 위 각 근저당권설정등기의 말소를 구하는 소를 제기하였다가 원고의 청구를 기각하는 원심판결에 대하여 2013. 11. 원고의 상고를 기각하는 대법원판결이 확정되었다고 한다.

원고의 주장: 이 사건 차용금채무는 이미 그 소멸시효가 완성되었다. A가 피고와 사이의 2004. 4. 16.자 약정 및 그에 따른 채무의 담보를 위하여 이 사건 제2근저당권을 설정하여 줌으로써 이 사건 차용금채무의 소멸시효완성의 이익을 포기하였으나, 소멸시효이익의 포기는 상대적인 효력이 있을 뿐이므로 이 사건 부동산의 제3취득자인 원고에게는 효력이 없고, 원고는 소멸시효를 원용할 독자적인 이익이 있다. 따라서 이 사건 제1, 2근저당권은 그 피담보채권이 이미 시효로 소멸하였으므로 이를 말소하여야 한다.

피고의 주장: A가 2004. 4. 20.경 이 사건 차용금채무에 대한 시효이익을 포기할 당시에는 원고는 아직 이 사건 부동산을 매수하지 않았으므로 독자적으로 시효이익을 원용할 수 있는 이해관계인에 해당하지 않아 A가 한 시효이익 포기의 효력을 부정할 수 없다.

제1심은 다음과 같은 이유로 원고의 청구를 기각하였다.

"A가 2004. 4. 16.자 약정 및 2004. 4. 20. 이 사건 제2근저당권의 설정을 통하여 이 사건 차용금채무의 시효완성이익을 포기하였다고 할 것이고 이에 관하여는 당사자 사이에 다툼이 없다.

이 사건의 쟁점은 A가 한 시효이익 포기의 효력이 사후적으로 이 사건 부동산을 취득한 원고에게도 미치는 것인지(아니면 원고는 피고에 대해 독자적으로 시효이익을 주장할 수 있는지) 여부라고 할 것이므로 이에 관하여 보건대, 시효이익의 포기는 상대적인 효과가 있을 뿐이기는 하나, 이는 어디까지나 문제된 시효이익의 포기 당시 이미 권리의 소멸에 의하여 직접 이익을 받을 수 있는 이해관계를 형성한 자들 사이에 그러하다는 것일 뿐, 시효이익의 포기 당시까지는 전혀 그러한 이해관계를 맺은 바 없다가 사후적으로 시효이익을 원용할 이해관계를 형성한 자에 대한 관계에까지 상대적인 효과가 있다는 것은 아니라고 할 것이다.

왜냐하면 당초 시효이익의 포기에 관해 상대적인 효과만을 부여하고자 하는 뜻은 이미 다수의 시효원용권자들이 존재함을 전제로 그들 사이에 각자 자신의 의사와는 무관하게 타방의 의사만으로 시효원용권을 박탈당하게 되는 부당한 결과의 발생을 방지하려는 데에 있는 것이지 사후적인 이해관계인들로 하여금 이미 이루어진 시효이익 포기의 효력을 부정할 수 있게 함으로써 시효완성을 둘러싼 법률관계를 사후적으로 불안정하게 만들자는 데에 있는 것은 아니기 때문이다(원고가 원용하고 있는 대법원 1995.07.11. 선고 95다12446 판결은 문제된 시효이익의 포기 시점에 이미 시효원용에 관한 이해관계를 형성하고 있는 경우에 관한 판결례로서 사안을 달리하는 이 사건에 그대로 적용하기에는 부적절하다).

그런데 원고는 A가 이 사건 차용금채무에 관한 소멸시효완성의 이익을 포기한 2004. 4. 16.에는 시효를 원용할 이해관계를 전혀 맺고 있지 않다가 이 사건 부동산을 취득한 2013. 12. 6.에 이르러서야 비로소 이 사건 차용금채무의 소멸에 관한 이해관계를 취득하였다고 할 것인바, 결국 원고는 사후적인 이해관계인에 불과하여 그 이전에 이루어진 A의 시효이익 포기의 효과를 부정할 수 없고 오히려 A의 시효이익 포기의 효력을 전제로 한 근저당권의 제한을 받는 소유권을 취득한 자에 불과하다고 할 것이다."

항소심은 제1심판결을 인용하여 원고의 항소를 기각하였고, 대법원도 제1심판결과 같은 논지로 원고의 상고를 기각하였다(대법원 2015.06.11. 선고 2015다200227 판결).

"소멸시효 이익의 포기는 상대적 효과가 있을 뿐이어서 다른 사람에게는 영향을 미치지 아니함이 원칙이나, 소멸시효 이익의 포기 당시에는 그 권리의 소멸에 의하여 직접 이익을 받을 수 있는 이해관계를 맺은 적이 없다가 나중에 시효이익을 이미 포기한 자와의 법률관계를 통하여 비로소 시효이익을 원용할 이해관계를 형성한 자는 이미 이루어진 시효이익 포기의 효력을 부정할 수 없다. 왜냐하면, 시효이익의 포기에 대하여 상대적인 효과만을 부여하는 이유는 그 포기 당시에 시효이익을 원용할 다수의 이해관계인이 존재하는 경우 그들의 의사와는 무관하게 채무자 등 어느 일방의 포기 의사만으로 시효이익을 원용할 권리를 박탈당하게 되는 부당한 결과의 발생을 막으려는 데 있는 것이지, 시효이익을 이미 포기한 자와의 법률관계를 통하여 비로소 시효이익을 원용할 이해관계를 형성한 자에게 이미 이루어진 시효이익 포기의 효력을 부정할 수 있게 하여 시효완성을 둘러싼 법률관계를 사후에 불안정하게 만들자는 데 있는 것은 아니기 때문이다."

3.

양 교수는 대법원의 판시에 반대하고 있다. 즉, 소멸시효 완성의 효과에 관한 상대적 소멸설을 전제로 한다면, 시효이익의 포기는 각자의 시효원용권을 포기하는 것이고, 따라서 시효의 원용이 그 권리자 각자에게 상대적인 것과 마찬가지로 그 이익의 포기도 상대적인 것이라면, 저당부동산의 제3취득자가 그 부동산을 피담보채무의 채무자가 시효이익을 원용할 권리를 가진다고 하는 이상, 자신이 가지는 권리의 포기도 일반적으로 그의 자유로운 의사에 좇아 할 수 있고, 그가 저당부동산을 다른 시효원용권자의 시효이익 포기 후에 그 자와의 법률관계를 통하여 취득하였다고 해서 이제는 그 포기에 구속되어야 할 이유가 없다고 하는 것이 자연스럽다는 것이다.

양 교수는 우리 학설은 애초부터 저당부동산 제3취득자의 시효원용권을 긍정하여 왔고, 판례도 담보가등기가 이미 경료되어 있는 부동산을 양수한 자가 그 피담보채권을 소멸시효를 원용할 수 있다고 판시한 대법원 1995.07.11. 선고 95다12446 판결에 의하여 이를 긍정하였다고 보아야 할 것이고, "시효이익의 포기는 상대적 효과가 있음에 지나지 아니하므로 저당부동산의 제3취득자에 효력이 없다"고 설시한 대법원 2010.03.11. 선고 2009다100098 판결 역시 제3취득자의 시효원용권의 독자성과 시효이익 포기의 독자성을 직결시키고 있는 점에서 대상판결의 판시에 찬성할 수 없음을 밝히고 있다.

그러나 이 사건 사안에서는 양 교수의 입장보다 대법원의 견해가 타당하다고 생각된다. 이미 채무자가 소멸시효의 이익을 포기하여 채권자의 근저당권이 존재하는 마당에 채무자로부터 그 저당

부동산을 양수한 제3취득자가 그 시효이익 포기의 효력을 부정하여 그 근저당권이 피담보채무가 소멸시효완성으로 소멸하였으니 말소하라고 요구하는 것은 시효완성을 둘러싼 법률관계를 불안정하게 만들기 때문이다.

그리고 이 사건에서 A가 2011년에 피고를 상대로 위 각 채무의 변제소멸 또는 소멸시효의 완성을 이유로 하여 위 각 근저당권설정등기의 말소를 구하는 소를 제기하였다가 원고의 청구를 기각하는 판결이 확정된 후에 원고가 A로부터 저당부동산을 양수한 것이므로 원고는 위 확정판결의 변론종결 후의 승계인으로 기판력에도 저촉되어 원고의 청구가 인용될 수 없음은 당연한 것이라고 보아야 할 것이다.

[5] 상계 항변의 소송상 취급

<상계항변의 주요 포인트>
☞ **상계항변의 요건사실**
❶ 자동채권의 존재사실[1]
❷ 상계적상 : 쌍방의 채무가 이행기에 있을 것(자동채권의 변제기 도래)
❸ 상계의 의사표시 및 그 도달사실
❹ 상계가 금지되지 않을 것
☞ **상계적상의 시점**
① 자동채권 변제기 〉수동채권 변제기 〉상계 의사표시 → 수동채권 변제기[2]
② 수동채권 변제기 〉자동채권 변제기 〉상계 의사표시 → 자동채권 변제기[3]
③ 자동채권 변제기 〉상계 의사표시 〉수동채권 변제기 → 자동채권 변제기
④ 수동채권 변제기 〉상계 의사표시 〉자동채권 변제기 → 상계불가

☞ **상계항변의 포인트**
① 상계는 단독행위로서 상계를 할지는 채권자의 의사에 따른 것이고 상계적상에 있는 자동채권이 있다고 하여 반드시 상계를 해야 할 것은 아니다.[4]
② 상계의 효력이 발생하는 시기는 상계적상이 있었던 때까지 소급하므로(민법 제493조 제2항), 소멸된 수동채권에 대한 상계적상 이후의 이자 및 지연손해금은 발생하지 않는다. 이와 같이 상계의 항변은 수동채권의 원본뿐만 아니라 상계적상 이후의 이자 및 지연손해금에 대한 항변으로도 된다.
③ 상계적상이 되는 '채무의 이행기가 도래한 때'라 함은 채권자가 채무자에게 이행청구를 할 수 있는 시기가 도래하였음을 의미하는 것이지 채무자가 이행지체에 빠지는 시기를 말하는 것은 아니다.[5] 따라서 이행기가 기간으로 정하여져 있는 경우에는 그 기간의 초일부터 상계를 주장할 수 있고, 이행기의 정함이 없는 채권은 언제든지 청구할 수 있으므로 채권의 성립과 동시에 이행기가 도래한 것으로 된다.[6]
④ 수동채권은 그 이행기가 도래하고 있지 않더라도 그 채무자가 기한의 이익을 포기하고 자신의 반대채권으로 상계할 수 있다.
⑤ 상계충당의 경우에도 변제충당의 법리가 유추적용되어 수동채권 중 이자채권이 원금채권에 우선 상계

---

1) 수동채권의 존재 사실은 청구원인사실에서 인정되었음.
2) 상계의사표시 시점을 기준으로 양 채권의 변제기가 모두 도래하고 있는 경우에는 나중에 도래한 채권의 변제기가 상계적상일이다.
3) 상계의사표시 시점을 기준으로 자동채권의 변제기는 도래했으나 수동채권의 변제기가 도래하지 않은 경우 기한의 이익을 포기하여 상계할 수 있으므로 자동채권의 변제기가 상계적상일이다. 기한의 이익을 포기하여 상계하는 경우 수동채권이 이자부 채권이라면 상대방의 이익을 해하지 못하는 법리상(민법 제135조 제2항 단서) 수동채권의 변제기까지 약정이자를 지급하여야 하므로 변제기까지의 약정이자를 합한 금액을 수동채권으로 계산하여야 한다.

되어 소멸한다.[7] 상계의 의사표시가 있는 경우, 채무는 상계적상 시에 소급하여 대등액에서 소멸한 것으로 보게 되므로, 상계에 의한 양 채권의 차액 계산 또는 상계충당은 상계적상의 시점을 기준으로 하게 된다. 따라서 그 시점 이전에 수동채권의 변제기가 이미 도래하여 지체가 발생한 경우에는 상계적상 시점까지의 수동채권의 지연손해금을 계산한 다음 자동채권으로 그 지연손해금을 먼저 소각하고 잔액을 가지고 원본을 소각하여야 한다. 그리고 상계를 주장하면 그것이 받아들여지든 아니하든 상계하자고 대항한 액수에 대하여 기판력이 생기므로(민소법 제216조 제2항), 상계의 항변이 이유 있고 일견하여 자동채권의 수액이 수동채권의 수액을 초과한 것이 명백해 보이는 경우라도, 상계적상의 시점 이전에 수동채권의 변제기가 이미 도래하여 지체가 발생한 상태라고 인정된다면, 법원으로서는 상계에 의하여 소멸되는 채권의 금액을 일일이 계산할 것까지는 없다고 하더라도, 최소한 상계적상의 시점 및 수동채권의 지연손해금 기산일과 이율 등을 구체적으로 특정해 줌으로써 자동채권에 대하여 어느 범위에서 상계의 기판력이 미치는지 판결 이유 자체로 당사자가 분명하게 알 수 있을 정도까지는 밝혀 주어야 한다.[8]

⑥ 당사자 쌍방의 채무가 서로 상계적상에 있다 하더라도 그 자체만으로 상계로 인한 채무소멸의 효력이 생기는 것은 아니고, 상계의 의사표시를 기다려 비로소 상계로 인한 채무소멸의 효력이 생기는 것이므로, 채무자가 집행권원인 확정판결의 변론종결 전에 상대방에 대하여 상계적상에 있는 채권을 가지고 있었다 하더라도 집행권원인 확정판결의 변론종결 후에 이르러 비로소 상계의 의사표시를 한 때에는 민사집행법 제44조 제2항이 규정하는 '이의원인이 변론종결 후에 생긴 때'에 해당하는 것으로서, 당사자가 집행권원인 확정판결의 변론종결 전에 자동채권의 존재를 알았는가 몰랐는가에 관계없이 적법한 청구이의 사유로 된다.[9]

⑦ 상계 주장에 관한 판단에 기판력이 인정되는 경우는, 상계 주장의 대상이 된 수동채권이 소송물로서 심판되는 소구(訴求)채권이거나 그와 실질적으로 동일하다고 보이는 경우(가령 원고가 상계를 주장하면서 청구이의의 소를 제기하는 경우 등)로서 상계를 주장한 반대채권과 그 수동채권을 기판력의 관점에서 동일하게 취급하여야 할 필요성이 인정되는 경우를 말한다.

한편, 소송상 방어방법으로서의 상계항변은 통상 그 수동채권의 존재가 확정되는 것을 전제로 하여 행하여지는 일종의 예비적 항변으로서, 소송상 상계의 의사표시에 의해 확정적으로 그 효과가 발생하는 것이 아니라 당해 소송에서 수동채권의 존재 등 상계에 관한 법원의 실질적 판단이 이루어지는 경우에 비로소 실체법상 상계의 효과가 발생한다. 따라서 원고의 소구채권 자체가 인정되지 않는 경우 더 나아가 피고의 상계항변의 당부를 따져볼 필요도 없이 원고 청구가 배척될 것이므로, '원고의 소구채권 그 자체를 부정하여 원고의 청구를 기각한 판결'과 '소구채권의 존재를 인정하면서도 상계항변을 받아들인 결과 원고의 청구를 기각한 판결'은 민소법 제216조에 따라 기판력의 범위를 서로 달리하고, 후자의 판결에 대하여 피고는 상소의 이익이 있다.[10]

---

4) 채권자가 주채무자에 대하여 상계적상에 있는 자동채권을 상계하지 않았다고 하여 이를 이유로 보증채무자가 보증한 채무의 이행을 거부할 수 없으며 나아가 보증채무자의 책임이 면책되는 것도 아니다(대법원 2018.09.13. 선고 2015다209347 판결).
5) 대법원 1981.12.22. 선고 81다카10 판결.
6) 대법원 1968.08.30. 선고 67다1166 판결.
7) 상계의 의사표시가 있는 경우, 채무는 상계적상시에 소급하여 대등액에 관하여 소멸한 것으로 보게 되므로, 상계에 의한 양 채권의 차액 계산 또는 상계 충당은 상계적상의 시점을 기준으로 하게 되고, 따라서 그 시점 이전에

1 상계와 상계적상

가. 상계11)

(1) 상계란 채권자와 채무자가 서로 상대방에 대하여 동종의 채권(주로 금전채권)을 가지고 있는 경우에 그 채권을 대등액에 있어서 소멸시키는 채무자의 일방적 의사표시를 말한다. 상계는 단독행위인 점에서 계약인 상계계약과 구별된다.12) 예컨대 채권자 甲이 채무자 乙에게 1,000만원의 대여금채권을 가지고 있고, 乙이 甲에 대하여 2,000만원의 물품대금채권이 있

수동채권의 변제기가 이미 도래하여 지체가 발생한 경우에는 상계적상 시점까지의 수동채권의 약정이자 및 지연손해금을 계산한 다음 자동채권으로써 먼저 수동채권의 약정이자 및 지연손해금을 소각하고 잔액을 가지고 원본을 소각하여야 한다(대법원 2005.07.08. 선고 2005다8125 판결).
〈설시례〉 원고의 위 (대여금)채권 중 상계적상일까지의 이자 및 지연손해금   원(계산근거 설시)과 원금   원은 위 상계적상일에 소급하여 피고의 (물품대금)채권의 변제기까지의 원리금   원(계산근거 설시)과 대등액의 범위에서 순차로 소멸하였다.

8) 대법원 2013.11.14. 선고 2013다46023 판결. 여러 개의 자동채권이 있고 수동채권의 원리금이 자동채권의 원리금 합계에 미치지 못하는 경우에는 우선 자동채권의 채권자가 상계의 대상이 되는 자동채권을 지정할 수 있고, 다음으로 자동채권의 채무자가 이를 지정할 수 있으며, 양 당사자가 모두 지정하지 아니한 때에는 법정변제충당의 방법으로 상계충당이 이루어지게 된다. 따라서 여러 개의 자동채권이 있는 경우에 법원으로서는 그중 어느 자동채권에 대하여 어느 범위에서 상계의 기판력이 미치는지 판결 이유 자체로 당사자가 분명하게 알 수 있을 정도까지는 밝혀 주어야 한다. 그러므로 상계항변이 이유 있는 경우에는, 상계에 의하여 소멸되는 채권의 금액을 일일이 계산할 것까지는 없다고 하더라도, 최소한 상계충당이 지정충당에 의하게 되는지 법정충당에 의하게 되는지 여부를 밝히고, 지정충당이 되는 경우라면 어느 자동채권이 우선 충당되는지를 특정하여야 할 것이며, 자동채권으로 이자나 지연손해금채권이 함께 주장되는 경우에는 그 기산일이나 이율 등도 구체적으로 특정해 주어야 할 것이다(대법원 2013.02.28. 선고 2012다94125 판결).
9) 대법원 2005.11.10. 선고 2005다41443 판결.
10) 대법원 2013.11.14. 선고 2013다46023 판결 참조.
11) 일본 민법상은 相殺, 판례 중에 "회생채권자와 회생채무자 상호 간에 상대방에 대한 채권·채무를 가지고 있는 경우에는 상계함으로써 상쇄할 수 있다는 당사자의 기대를 보호하고자 하는 것이다."(대법원 2017.03.15. 선고 2015다252501 판결)는 동어반복적인 표현이 있다. 상법상의 상호계산은 "상인 간 또는 상인과 비상인 간에 상시 거래관계가 있는 경우에 일정한 기간의 거래로 인한 채권채무의 총액에 관하여 상계하고 그 잔액을 지급할 것을 약정함으로써 그 효력이 생긴다."(상법 제72조). 근로기준법상의 전차금상계금지는 "사용자는 전차금이나 그 밖에 근로할 것을 조건으로 하는 전대채권과 임금을 상계하지 못한다."(근로기준법 제21조)
〈참고〉 영국법상의 상계 제도는 보통법상 상계(legal set-off, 법률상 상계라고도 한다)와 형평법상 상계(equitable set-off)가 있는데, 그중 보통법상 상계는 양 채권 사이의 견련관계를 요구하지 않는 등 형평법상 상계와 비교하여 상계의 요건을 완화하고 있지만 소송상 항변권으로만 행사할 수 있어 절차법적인 성격을 가진다고 해석된다. 그러나 영국 보통법상 상계 역시 상계권의 행사에 의하여 양 채권이 대등액에서 소멸한다는 점에서는 실체법적인 성격도 아울러 가진다고 할 것이므로 상계의 요건과 효과에 관하여 준거법으로 적용될 수 있다(대법원 2015.01.29. 선고 2012다108764 판결).
12) 상계계약은 당사자 사이에 서로 대립하는 채권이 유효하게 존재하는 것을 전제로 서로 채무를 대등액 또는 대등의 평가액에 관하여 면제시키는 것을 내용으로 하는 계약이다. 두 채권의 소멸은 서로 인과관계가 있으므로 한쪽 당사자의 채권이 불성립 또는 무효이어서 그 면제가 무효가 되면 상대방의 채무면제도 당연히 무효가 된다. 이때 상대방의 채권이 유효하게 존재하였던 경우라면, 그 채권은 여전히 존재하는 것이 되므로 채무자는 그 채무를 이행할 의무를 부담한다. 채무자가 이를 이행하지 않았다고 하더라도 그가 법률상 원인 없이 채무를 면하는 이익을 얻었다고 볼 수 없다. 그리고 상대방의 채권도 불성립 또는 무효이어서 존재하지 않았던 경우라면, 채무자는 부존재하는 채무에 관하여 무효인 채무면제를 받은 것에 지나지 않으므로 채무를 이행할 의무도 없고 채무를 면하는 이익을 얻은 것도 아니다(대법원 2017.12.05. 선고 2017다225978,225985 판결).

는데 양 채권이 모두 변제기에 있는 경우 甲은 일방적으로 상계의 의사표시를 함으로써 자신의 乙에 대한 채권이 1,000만원의 범위에서 소멸되는 반면으로 자신의 乙에 대한 물품대금채무도 그 범위에서 소멸되는 것이다. 위와 같이 상계의 의사표시를 하는 당사자가 가지는 채권을 **자동채권(능동채권)**, 상대방이 가지는 채권을 **수동채권(반대채권)**이라고 한다.13)

(2) 수동채권이 될 수 있는 채권은 상대방이 상계자에 대하여 가지는 채권이어야 하고, 상대방이 제3자에 대하여 가지는 채권과는 상계할 수 없다.14)

나. 상계의 상대방

상계의 의사표시는 수동채권의 채권자에게 하여야 하고, 압류채권자가 전부명령을 받을 때까지는 압류채무자에게, 전부명령을 받은 후에는 전부채권자에게 상계의 의사표시를 하여야 한다.15)

다. 상계의 기능

상계는 제1차적으로 **간이한 변제수단**으로서의 기능을 하고 있으나, 금융거래의 실제에 있어서는 상계의 의사표시를 하는 채권자가 상계의 자동채권에 관하여 다른 강제집행 등의 수단에 의존하지 않고서도 바로 자신의 채무소멸이라는 형태로 만족을 얻음으로써 결과적으로 우선변제를 받는 이른바 **상계의 담보적 기능**이 중요한 의미를 가지고 있다. 수동채권이 자동채권의 담보로서 기능한다. 그러나 상계의 담보적 기능도 압류채권자나 채권양수인의 정당한 이익을 고려하여야 한다.

라. 상계적상(相計適狀)

상계적상이란 채무자가 유효하게 상계를 할 수 있는 상태를 말한다. 상계를 하기 위하여는 동종의 채권이 서로 대립하고 있을 것, 양 채권이 전부 변제기에 있을 것, 채권의 성질상 상계가 허용되는 것일 것 등의 요건이 필요하다. 상계적상에 있는 채무자가 채권자에게 상계의 의사표시를 하

---

13) 반대채권이라는 용어는 각자 자신의 입장에서 상대방의 채권을 의미할 수 있어 통상 자동채권, 수동채권이라는 용어를 사용한다.
14) 상계는 당사자 쌍방이 서로 같은 종류를 목적으로 한 채무를 부담한 경우에 서로 같은 종류의 급부를 현실로 이행하는 대신 어느 일방 당사자의 의사표시로 그 대등액에 관하여 채권과 채무를 동시에 소멸시키는 것이고, 이러한 상계제도의 취지는 서로 대립하는 두 당사자 사이의 채권·채무를 간이한 방법으로 원활하고 공평하게 처리하려는 데 있으므로, 수동채권으로 될 수 있는 채권은 상대방이 상계자에 대하여 가지는 채권이어야 하고, 상대방이 제3자에 대하여 가지는 채권과는 상계할 수 없다고 보아야 한다. 그렇지 않고 만약 상대방이 제3자에 대하여 가지는 채권을 수동채권으로 하여 상계할 수 있다고 한다면, 이는 상계의 당사자가 아닌 상대방과 제3자 사이의 채권채무관계에서 상대방이 제3자에게서 채무의 본지에 따른 현실급부를 받을 이익을 침해하게 될 뿐 아니라, 상대방의 채권자들 사이에서 상계자만 독점적인 만족을 얻게 되는 불합리한 결과를 초래하게 되므로, 상계의 담보적 기능과 관련하여 법적으로 보호받을 수 있는 당사자의 합리적 기대가 이러한 경우에까지 미친다고 볼 수는 없다(대법원 2011.04.28. 선고 2010다101394 판결).
15) 가분적인 금전채권의 일부에 대한 전부명령이 확정되면 특별한 사정이 없는 한 전부명령이 제3채무자에 송달된 때에 소급하여 전부된 채권 부분과 전부되지 않은 채권 부분에 대하여 각기 독립한 분할채권이 성립하게 되므로, 그 채권에 대하여 압류채무자에 대한 반대채권으로 상계하고자 하는 제3채무자로서는 전부채권자 혹은 압류채무자 중 어느 누구도 상계의 상대방으로 지정하여 상계하거나 상계로 대항할 수 있고, 그러한 제3채무자의 상계 의사표시를 수령한 전부채권자는 압류채무자에 잔존한 채권 부분이 먼저 상계되어야 한다거나 각 분할채권액의 채권 총액에 대한 비율에 따라 상계되어야 한다는 이의를 할 수 없다(대법원 2010.03.25. 선고 2007다35152 판결).

면 그로 인한 채권소멸의 효과는 상계할 수 있는 때로 소급한다. 즉 상계의 의사표시가 아닌 상계적상일을 시점으로 상계의 효력이 발생하고, 상계적상일 이후로는 이행지체가 소멸한다.

마. 부진정연대채무자 중 1인의 상계 :

부진정연대채무자 중 1인이 자신의 채권자에 대한 반대채권으로 상계를 한 경우에도 채권은 변제, 대물변제, 또는 공탁이 행하여진 경우와 동일하게 현실적으로 만족을 얻어 그 목적을 달성하는 것이므로, 그 상계로 인한 채무소멸의 효력은 소멸한 채무 전액에 관하여 다른 부진정연대채무자에 대하여도 미친다고 보아야 한다. 이는 부진정연대채무자 중 1인이 채권자와 상계계약을 체결한 경우에도 마찬가지이다. 나아가 이러한 법리는 채권자가 상계 내지 상계계약이 이루어질 당시 다른 부진정연대채무자의 존재를 알았는지 여부에 의하여 좌우되지 아니한다.[16]

바. 임대차보증금반환채권을 수동채권으로 한 상계

부동산 임대차에서 수수된 임대차보증금은 차임채무, 목적물의 멸실·훼손 등으로 인한 손해배상채무 등 임대차에 따른 임차인의 모든 채무를 담보하는 것이고, 특별한 사정이 없는 한, 임대인의 임대차보증금반환채무는 장래에 실현되거나 도래할 것이 확실한 임대차계약의 종료시점에 이행기에 도달한다. 그리고 임대인으로서는 임대차보증금 없이도 부동산 임대차계약을 유지할 수 있으므로, 임대차계약이 존속 중이라도 임대차보증금반환채무에 관한 기한의 이익을 포기하고 임차인의 임대차보증금반환채권을 수동채권으로 하여 상계할 수 있고, 임대차 존속 중에 그와 같은 상계의 의사표시를 한 경우에는 임대차보증금반환채무에 관한 기한의 이익을 포기한 것으로 볼 수 있다.[17]

사. 채권양도와 상계

채권양도에 의하여 채권은 그 동일성을 유지하면서 양수인에게 이전되고, 채무자는 양도통지를 받은 때까지 양도인에 대하여 생긴 사유로써 양수인에게 대항할 수 있다(제451조 제2항). 따라서 채무자의 채권양도인에 대한 자동채권이 발생하는 기초가 되는 원인이 양도 전에 이미 성립하여 존재하고 그 자동채권이 수동채권인 양도채권과 동시이행의 관계에 있는 경우에는, 양도통지가 채무자에게 도달하여 채권양도의 대항요건이 갖추어진 후에 자동채권이 발생하였다고 하더라도 채무자는 동시이행의 항변권을 주장할 수 있고, 따라서 그 채권에 의한 상계로 양수인에게 대항할 수 있다.[18]

---

16) 대법원 2010.09.16. 선고 2008다97218 전원합의체 판결.
17) 대법원 2017.03.15. 선고 2015다252501 판결; 대법원 2016.11.25. 선고 2016다211309 판결.
18) 대법원 2015.04.09. 선고 2014다80945 판결. 대법원 2019.06.27. 선고 2017다222962 판결 : 지명채권의 양도는 양도인이 채무자에게 통지하거나 채무자가 승낙하지 않으면 채무자에게 대항하지 못한다(민법 제450조 제1항). 채무자가 채권양도 통지를 받은 경우 채무자는 그때까지 양도인에 대하여 생긴 사유로써 양수인에게 대항할 수 있고(제451조 제2항), 당시 이미 상계할 수 있는 원인이 있었던 경우에는 아직 상계적상에 있지 않더라도 그 후에 상계적상에 이르면 채무자는 양수인에 대하여 상계로 대항할 수 있다.

아. 자동채권의 부존재와 수동채권

상계의 원인되는 자동채권이 존재하지 않는 것으로 확정되어 상계의 효력이 없다면 수동채권은 여전히 존재하는 것이어서 단순히 그 채무를 이행하지 않고 있다는 점만으로 법률상 원인 없이 이득을 얻었다 할 수 없는 것이고, 가사 수동채권이 시효로 소멸하게 되었다 하더라도 달리 볼 것은 아니다.19)

자. 소멸시효 완성된 채권/제척기간 경과된 채권과 상계

민법 제495조는 "소멸시효가 완성된 채권이 그 완성 전에 상계할 수 있었던 것이면 그 채권자는 상계할 수 있다."라고 정하고 있다. 이는 당사자 쌍방의 채권이 상계적상에 있었던 경우에 당사자들은 채권·채무관계가 이미 정산되어 소멸하였거나 추후에 정산될 것이라고 생각하는 것이 일반적이라는 점을 고려하여 당사자들의 신뢰를 보호하기 위한 것이다. 매도인의 담보책임을 기초로 한 매수인의 손해배상채권 또는 수급인의 담보책임을 기초로 한 도급인의 손해배상채권이 각각 상대방의 채권과 상계적상에 있는 경우에 당사자들은 채권·채무관계가 이미 정산되었거나 정산될 것으로 기대하는 것이 일반적이므로, 그 신뢰를 보호할 필요가 있다. 이러한 손해배상채권의 제척기간이 지난 경우에도 그 기간이 지나기 전에 상대방에 대한 채권·채무관계의 정산 소멸에 대한 신뢰를 보호할 필요성이 있다는 점은 소멸시효가 완성된 채권의 경우와 아무런 차이가 없다. 따라서 매도인이나 수급인의 담보책임을 기초로 한 손해배상채권의 제척기간이 지난 경우에도 제척기간이 지나기 전 상대방의 채권과 상계할 수 있었던 경우에는 매수인이나 도급인은 민법 제495조를 유추적용해서 위 손해배상채권을 자동채권으로 해서 상대방의 채권과 상계할 수 있다고 봄이 타당하다.20)

2 상계항변의 쟁점

가. 소송상 방어방법

(1) 상계항변은 원고의 청구를 기각시키기 위한 방어방법에 불과하고 별도의 소제기가 아니라는 점에서 소송계속 중에 피고가 그 소송절차를 이용하여 원고에게 소를 제기하는 반소와 구별된다.
(2) 자동채권액이 수동채권액보다 큰 경우에는 원고 청구기각판결에 그치고 자동채권의 잔존액에 관하여는 반소를 제기하지 않는 한, 별소 제기를 통해 집행권원을 얻어야 한다.

나. 예비적 항변

소송상 방어방법으로서의 상계항변은 통상 그 수동채권의 존재가 확정되는 것을 전제로 하여

---

19) 대법원 1992.05.12. 선고 91다28979 판결. 즉 이러한 경우에는 채권자로서는 채무자에게 수동채권에 기한 채무의 이행을 구하여야 하고, 부당이득반환청구를 할 수 없다.
20) 대법원 2019.03.14. 선고 2018다255648 판결

행하여지는 일종의 예비적 항변으로서 소송상 상계의 의사표시에 의해 확정적으로 그 효과가 발생하는 것이 아니라 당해 소송에서 수동채권의 존재 등 상계에 관한 법원의 실질적 판단이 이루어지는 경우에 비로소 실체법상 상계의 효과가 발생한다.[21] 법원은 변제 등 다른 항변을 인정할 수 없는 경우에 비로소 상계항변의 유효 여부를 판단한다.[22]

다. 소송상 상계항변에 대한 상계의 재항변

피고의 소송상 상계항변에 대하여 원고가 다시 피고의 자동채권을 소멸시키기 위하여 소송상 상계의 재항변을 하는 경우에, 법원이 원고의 소송상 상계의 재항변과 무관한 사유로 피고의 소송상 상계항변을 배척하는 때에는 소송상 상계의 재항변을 판단할 필요가 없고, 피고의 소송상 상계항변이 이유 있다고 판단하는 때에는 원고의 청구채권인 수동채권과 피고의 자동채권이 상계적상 당시에 대등액에서 소멸한 것으로 보게 될 것이므로 원고가 소송상 상계의 재항변으로써 상계할 대상인 피고의 자동채권이 그 범위에서 존재하지 아니하게 되어 이때에도 역시 원고의 소송상 상계의 재항변에 관하여 판단할 필요가 없게 된다. 또한 원고가 소송물인 청구채권 외에 피고에 대하여 다른 채권을 가지고 있다면 소의 추가적 변경에 의하여 그 채권을 당해 소송에서 청구하거나 별소를 제기할 수 있다. 그렇다면 원고의 소송상 상계의 재항변은 일반적으로 이를 허용할 이익이 없다고 할 것이다. 따라서 피고의 소송상 상계항변에 대하여 원고가 소송상 상계의 재항변을 하는 것은 다른 특별한 사정이 없는 한 허용되지 않는다고 보는 것이 타당하다.[23]

〈사안〉 원고는 서울 강남구 소재 오피스텔 263세대의 관리를 위하여 구분소유자들에 의해 구성된 관리단이고, 피고는 2005. 8. 11. 원고의 회장 겸 이사로 선임된 자인데, 2007. 8. 10. 2년의 임기가 종료하였음에도 관리단집회를 소집하지 않고 계속하여 직무를 수행하였고, 2008. 5. 26. 일부 구분소유자들에 의해 개최된 임시총회에서 해임되었다. ① 피고가 원고의 회장직에서 해임되어 원고의 대표로서의 자격을 상실하였음에도 그 뒤, 2008. 8.경부터 2008. 10.경까지 사이에 원

---

[21] 해제, 해제권, 취소권 등 다른 형성권 행사의 경우에는 소취하, 소각하 등의 경우에도 여전히 형성권 행사의 실체법상 효력이 발생하나, 소송상 상계권 행사의 경우에는 수동채권의 존재 등 상계항변에 대하여 실질적 판단이 이루어지지 아니한 경우에는 달리 본다(신병존설). 판례는 소송절차 진행 중 당사자 사이에 조정이 성립됨으로써 수동채권의 존재에 관한 법원의 실질적 판단이 이루어지지 아니한 경우에는 그 소송절차에서 행하여진 소송상 상계항변의 사법상 효과도 발생하지 않는 것으로 본다(대법원 2013.03.28. 선고 2011다3329 판결).
[22] 소송에서의 상계항변은 일반적으로 소송상의 공격방어방법으로 피고의 금전지급의무가 인정되는 경우 자동채권으로 상계를 한다는 예비적 항변의 성격을 갖는다. 따라서 이 사건과 같이 상계항변이 먼저 이루어지고 그 후 대여금채권의 소멸을 주장하는 소멸시효항변이 있었던 경우에, 상계항변 당시 채무자인 피고에게 수동채권인 대여금채권의 시효이익을 포기하려는 효과의사가 있었다고 단정할 수 없다. 그리고 항소심 재판이 속심적 구조인 점을 고려하면 제1심에서 공격방어방법으로 상계항변이 먼저 이루어지고 그 후 항소심에서 소멸시효항변이 이루어진 경우를 달리 볼 것은 아니다. 결론적으로 피고가 원심에서 소멸시효항변을 하기에 앞서 제1심에서 상계항변을 하였다는 사정만으로 피고에게 이 사건 대여금채권의 시효완성으로 인한 법적인 이익을 받지 않겠다고 하는 의사표시가 있었다고 단정할 수 없다(대법원 2013.02.28. 선고 2011다21556 판결).
[23] 이러한 법리는 원고가 2개의 채권을 청구하고, 피고가 그중 1개의 채권을 수동채권으로 삼아 소송상 상계항변을 하자, 원고가 다시 위 청구채권 중 다른 1개의 채권을 자동채권으로 소송상 상계의 재항변을 하는 경우에도 마찬가지로 적용된다. 대법원 2015.03.20. 선고 2012다107662 판결; 대법원 2014.06.12. 선고 2013다95964 판결

고의 예금을 권한 없이 임의로 인출하였음을 이유로 원고는 피고를 상대로 불법행위로 인한 손해배상청구로서 3억8000만원의 지급을 구하였다. ② 피고는 이사회의 결의에 따라 위 자금을 인출하였으므로 적법하다는 등의 주장을 하였으나, 이는 받아들여지지 않았고, 다만, 원고가 지출하여야 할 관리비 등을(피고가 해임된 상태에서 적법한 사무관리로 보아) 피고가 원고를 위하여 지출한 것으로 해당 금원 및 나아가 피고가 원고에게 대여금 명목으로 지급한 금원의 공제 주장은 인정되었다. ③ 이에 대하여 원고는, 2008. 8.경 이전에 피고가 이미 원고 명의 통장에서 피고 명의 통장으로 이체하는 등의 방법으로 임의로 5억3000만원을 가져갔으므로 위 금액 상당의 불법행위에 의한 손해배상채권을 위 ②에서 피고가 주장한 금원과 대등액에서 상계하면 위 ② 공제할 금원은 존재하지 않는다고 주장하였다.

이 사건의 쟁점은 피고의 소송상 상계항변(위 ② 부분)에 대하여 원고가 다시 피고의 자동채권을 소멸시키기 위하여 소송상 상계의 재항변(위 ③ 부분)을 하는 것이 허용되는지 여부이다.[24]

다. 상계권 비실권설

사실심 변론종결시까지 상계권을 행사하지 않았다 하더라도 그 주장이 차단되지 않으나, 소송상 상계항변이 실기한 공격방어방법에 해당하는 경우가 있다.[25]

라. 상계항변과 중복제소

상계의 항변을 제출할 당시 이미 자동채권과 동일한 채권에 기한 소송을 별도로 제기하여 계속 중인 경우, 사실심의 담당재판부로서는 전소와 후소를 같은 기회에 심리·판단하기 위하여 이부, 이송 또는 변론병합 등을 시도함으로써 기판력의 저촉·모순을 방지함과 아울러 소송경제를 도모함이 바람직하였다고 할 것이나, 그렇다고 하여 특별한 사정이 없는 한 별소로 계속 중인 채권을 자동채권으로 하는 소송상 상계의 주장이 허용되지 않는다고 볼 수는 없다.[26]

마. 상계항변과 기판력[27]

(1) 주문 기판력의 원칙 : 민사소송법 제216조는, 제1항에서 확정판결은 주문에 포함된 것에 한

---

24) 대상판결의 원심은 원고의 위 ③ 불법행위에 의한 손해배상채권을 인정할 수 없다는 이유로 원고의 소송상 상계의 재항변을 배척하였다.
25) 대법원 2005.10.07. 선고 2003다44387 판결 : 환송 전 원심 소송절차에서 상계항변을 할 기회가 있었음에도 불구하고 환송 후 원심 소송절차에서 비로소 주장하는 상계항변은 실기한 공격방어방법에 해당한다고 한 원심판결을 수긍한 사례.
26) 대법원 2001.04.27. 선고 2000다4050 판결.
27) 여기서 말하는 기판력이 미치는 상계는 민법 제492조 이하에 규정된 단독행위로서의 상계를 의미하고 '상계하여 정산하기로 하는 합의'를 하였다는 취지의 항변은 본래 의미의 상계를 주장하는 것이 아니므로 이 부분 판단에 관하여는 기판력이 미치지 않는다(대법원 2014.04.10. 선고 2013다54390 판결). 상계항변이 배척된 경우에는 자동채권의 부존재에 관하여 기판력이 생긴다. 자동채권의 존부에 대하여 기판력이 미친다고 하여도 이로써 집행력이 생기는 것은 아니므로 만일 채무자가 상계를 하고도 남는 자동채권이 있으면 반소나 별소로 이행을 구하여야 비로소 이를 집행권원으로 하여 집행이 가능하다.

하여 기판력을 가진다고 규정함으로써 판결 이유 중의 판단 예컨대 사실인정, 법규의 해석·적용, 항변, 선결적 법률관계 등에 대한 판단에는 원칙적으로 기판력이 미치지 않는다고 하는 한편 그 유일한 예외로서 제2항에서 상계를 주장한 청구가 성립되는지 아닌지의 판단은 상계하고자 대항한 액수에 한하여 기판력을 가진다고 규정하고 있다. 위와 같이 판결 이유 중의 판단임에도 불구하고 상계 주장에 관한 법원의 판단에 기판력을 인정한 취지는, 만일 이에 대하여 기판력을 인정하지 않는다면, 원고의 청구권의 존부에 대한 분쟁이 나중에 다른 소송으로 제기되는 반대채권의 존부에 대한 분쟁으로 변형됨으로써 상계 주장의 상대방은 상계를 주장한 자가 그 반대채권을 이중으로 행사하는 것에 의하여 불이익을 입을 수 있게 될 뿐만 아니라 상계 주장에 대한 판단을 전제로 이루어진 원고의 청구권의 존부에 대한 전소의 판결이 결과적으로 무의미하게 될 우려가 있게 되므로, 이를 막기 위함이라고 보인다. 따라서 상계 주장에 관한 판단에 기판력이 인정되는 경우는, 상계 주장의 대상이 된 수동채권이 소송물로서 심판되는 소구채권이거나 그와 실질적으로 동일하다고 보이는 경우(가령 원고가 상계를 주장하면서 청구이의의 소송을 제기하는 경우 등)로서 상계를 주장한 반대채권과 그 수동채권을 기판력의 관점에서 동일하게 취급하여야 할 필요성이 인정되는 경우를 말한다고 봄이 상당하므로 만일 상계 주장의 대상이 된 수동채권이 동시이행항변에 행사된 채권일 경우에는 그러한 상계 주장에 대한 판단에는 기판력이 발생하지 않는다고 보아야 할 것이다. 위와 같이 해석하지 않을 경우 동시이행항변이 상대방의 상계의 재항변에 의하여 배척된 경우에 그 동시이행항변에 행사된 채권을 나중에 소송상 행사할 수 없게 되어 민사소송법 제216조가 예정하고 있는 것과 달리 동시이행항변에 행사된 채권의 존부나 범위에 관한 판결 이유 중의 판단에 기판력이 미치는 결과에 이르기 때문이다.28)

(2) **항변과 기판력** : 판결이유에서 판단되는 피고의 항변에 대하여는 그것이 설령 판결의 기초가 되었다고 하더라도 기판력이 생기지 않는다.29)

〈예〉 원고의 물건인도청구에서 피고가 1,000만 원의 반대채권이 있음을 이유로 동시이행항변을 하여 판결주문에서 동시이행판결이 선고된 경우 → 그 반대채권의 존재 및 액수에 대하여는 기판력이 생기지 않는다.30)

(3) **상계항변** : '주문 기판력의 원칙'의 예외로 피고가 상계항변을 제출하여 판결이유 중에서 상계를 주장한 청구의 성립 또는 불성립에 관하여 판단한 경우에는 상계로 대항한 액수에 대하여는 기판력이 생긴다.31) 상계항변을 배척한 경우에는 반대채권의 불성립이 확정된다. 상계항변의 기판력은 청구의 당부를 판단하면서 '자동채권의 존부를 실질적으로 판단'할 필요가 있는 경우에만 생긴다. 자동채권의 존부에 관계없이 소구채권의 존재가 부정되거나,

---

28) 대법원 2005.07.22. 선고 2004다17207 판결.
29) 항변에 소송계속이 생기지 않는 것과 같다.
30) 따라서 피고가 판결이유 중의 '항변'에 대한 판단에 기판력이 생기기를 바란다면 반소를 제기하여 판결주문에서 이에 대한 판단을 받아야 한다.
31) 판례의 표현 중 "상계를 주장하면 그것이 받아들여지든 아니하든 상계하자고 대항한 액수에 대하여 기판력이 생기므로"(대법원 2013.11.14. 선고 2013다46023 판결)가 이에 해당한다.

상계항변이 실기한 공격방어방법으로 각하된 경우 또는 성질상 상계가 허용되지 않거나 상계부적상으로 배척된 경우는 기판력이 생기지 않는다.
자동채권이 수동채권을 초과하는 경우에 자동채권 전액이 아니라 그중 일부, 즉 상계적상일까지의 수동채권 원리금을 한도로 해서 기판력이 발생한다. 소구채권 자체가 인정되지 않는데도 상계항변을 받아들인 경우 피고는 상소의 이익이 있고, 그 경우 원심판결에는 파기사유가 있게 된다.

〈예〉 원고가 피고를 상대로 1,000만 원의 대여금청구의 소를 제기하자 피고가 1,500만원의 물품대금채권을 자동채권으로 하여 상계항변을 한 경우, 법원이 청구원인 단계에서 1,000만 원 중 600만 원만 인정하고 400만 원은 대여사실을 인정할 증거가 없음을 이유로 배척하였다면, 피고가 주장하는 자동채권 1,500만 원 전액의 존재가 인정되더라도 상계항변을 나아가 판단할 수 있는 부분은 그중 600만 원에 그친다. 원고의 나머지 청구(400만 원 부분) 기각 주문에 대응하는 판결이유는 '상계'가 아니라 '대여사실을 인정할 증거가 없음'이다. → 이 경우 법원이 피고가 주장하는 자동채권 전액 1,500만 원을 인정할 증거가 없다고 판단한 경우에도 상계의 기판력에 의한 차단효가 생기는 부분은 그중 법원이 상계항변에 나아가 판단할 수 있었던(= 자동채권 인정 시 '자동채권과 수동채권 양자를' 대등액에서 소멸시킬 수 있었던) 600만 원에 그친다.
여러 개의 자동채권이 있고 수동채권의 원리금이 자동채권의 원리금 합계에 미치지 못하는 경우에는 우선 자동채권의 채권자가 상계의 대상이 되는 자동채권을 지정할 수 있고, 다음으로 자동채권의 채무자가 이를 지정할 수 있으며, 양 당사자가 모두 지정하지 아니한 때에는 법정변제충당의 방법으로 상계충당이 이루어지게 된다.
따라서 여러 개의 자동채권이 있는 경우에 법원으로서는 그 중 어느 자동채권에 대하여 어느 범위에서 상계의 기판력이 미치는지 판결이유 자체로 당사자가 분명하게 알 수 있을 정도까지는 밝혀 주어야 한다.32)

〈기초사실〉33)
장난감 제조업에 종사하는 甲은 2012. 6. 1. 乙에 대하여 물품대금 채권 2,500만원이 있는데 乙이 甲에게 지급하여야 할 물품대금을 제대로 확인하지 않은 해 甲의 은행계좌로 5,000만 원을 송금하였다. 乙이 甲을 상대로 2,500만 원의 부당이득반환청구의 소(이하 '전소')를 제기하자 甲은 乙이 2013. 10. 30. 甲 소유의 자동차를 손괴하였고, 이로 인하여 甲은 위 자동차 수리비 800만 원 상당의 손해를 입었다고 주장하면서 甲의 乙에 대한 손해배상채권 800만 원 및 이에 대한 지연손해금채권으로 위 부당이득반환채권과 상계한다고 항변하고, 또 甲은 乙에 대한 또 다른 물품대금채권 7,000만 원 및 이에 대한 지연손해금채권으로 위 부당이득반환채권과 상계한다고 항변함과 아울러 반소로서 나머지 물품대금 4,640만 원과 이에 대한 지연손해금의 지급을 구하였다.

---

32) 대법원 2011.08.25. 선고 2011다24814 판결.

전소 법원은 甲의 항변 중 乙이 甲 소유의 자동차를 손괴한 사실을 인정할 증거가 없다는 이유로 이 부분 상계항변을 배척하고, 물품대금채권 상계항변 및 반소청구에 관하여 甲이 乙과 체결한 납품계약에 따라 2013. 6. 30.까지 乙에게 물품을 납품하고 乙은 위 계약에 따라 2013. 7. 31.까지 甲에게 7,000만 원을 지급하기로 약정한 사실을 인정한 후, 다음과 같이 乙의 甲에 대한 본소 청구를 기각하고 乙의 甲에 대한 반소를 인용하는 판결을 선고하고 이 판결은 확정되었다.

"甲은 乙에 대하여 물품대금 7,000만 원 및 이행기 다음날인 2013. 8. 1.부터 다 갚는 날까지 상법에 따른 연 6%의 비율로 계산한 지연손해금채권이 있음을 인정할 수 있고, 위 부당이득금채권의 변제기가 2013. 11. 30.이 도래함으로써 위 양 채권은 모두 변제기에 도달하여 같은 날 상계적상에 있었다 할 것이며, 甲이 2014. 1. 18. 이 사건 제3차 변론기일에서 乙에 대하여 위 양 채권을 대등액에서 상계한다는 의사를 표시한 사실은 기록상 분명하다.
이로써 乙의 위 부당이득반환채권 2,500만 원은 위 상계적상일인 2013. 11. 30.에 소급하여 甲의 물품대금채권의 위 상계적상일까지 지연손해금 1,400,000원(=물품대금채권 7,000만 원에 대한 2013. 8. 1.부터 2013. 11. 30.까지 연6%의 지연손해금) 및 물품대금채권 원금 23,600,000원과 대등액의 범위에서 소멸하였다.
따라서 乙은 甲에게 나머지 물품대금 46,400,000원(=70,000,000원 - 23,600,000원)과 이에 대하여 상계적상일 다음날인 2013. 12. 1.부터 이 판결선고일 2014. 3. 17.까지는 상법에서 정한 연6%, 그 다음날부터 다 갚는 날까지는 소송촉진 등에 관한 특례법에서 정한 연 20%의 각 비율로 계산한 지연손해금을 지급할 의무가 있다."

甲은 2020. 7. 2. 乙을 상대로 乙이 2013. 10. 30. 甲 소유의 자동차를 손괴하였고 甲은 이로 인하여 위 자동차 수리비 800만 원 상당의 손해를 입었다는 이유로 乙은 甲에게 불법행위를 원인으로 한 손해배상금 800만 원 및 이에 대하여 불법행위일인 2013. 10. 30.부터 다 갚는 날까지의 지연손해금의 지급을 구하는 소(이하 '후소')를 제기하였다.
乙은 甲이 구하는 손해배상채권이 이미 전소 판결에서 상계항변으로 주장되었다가 배척된 바 있으므로 甲의 손해배상청구는 전소 판결의 기판력에 저촉되고, 법원은 이미 전소 판결에서 인정된 사실과 모순된 판단을 할 수 없다고 주장하였다.
후소 법원은 어떻게 판단할 것인가?

> ☞ 피고가 상계항변으로 2개 이상의 반대채권을 주장하였는데 법원이 그중 어느 하나의 반대채권의 존재를 인정하여 수동채권의 일부와 대등액에서 상계하는 판단을 하고, 나머지 반대채권들은 모두 부존재한다고 판단하여 그 부분 상계항변은 배척한 경우에, 수동채권 중 위와 같이 상계로 소멸하는 것으로 판단된 부분은 피고가 주장하는 반대채권들 중 그 존재가 인정되지 않은 채권들에 관한 분쟁이나 그에 관한 법원의 판단과는 관련이 없어 기판력의 관점에서 동일하게 취급할 수 없으므로, 그와 같이 <u>반대채권들이 부존재한다는 판단에 대하여 기판력이 발생하는 전체 범위는 위와 같이 상계를 마친 후의 수동채권의 잔액을 초과할 수 없다.</u>[34]

따라서 전소 판결의 기판력은 전소 판결의 본소에서 인정된 부당이득반환채권 2,500만 원의 범위 내에서만 인정되고, 전소 중 자동채권의 존재가 인정된 물품대금채권 7,000만 원이 위 인정된 수동채권의 범위를 초과하여 수동채권의 잔액이 없으므로 전소에서 상계항변이 배척된 甲의 위 손해배상채권에는 기판력이 미치지 않는다.35)

그렇다면 乙은 甲에게 불법행위를 원인으로 한 손해배상금 800만 원 및 이에 대하여 불법행위일인 2013. 10. 30.부터 이 사건 소장부본송달일까지는 민법에서 정한 연 5%, 그 다음날부터 다 갚는 날까지는 소송촉진 등에 관한 특례법이 정한 연 12%의 각 비율로 계산한 지연손해금을 지급할 의무가 있다.

〈상계항변과 기판력 기초사례 연습 - 1〉
다음의 〈기초사실〉을 전제로 하여 다음 각 문제에 대하여 결론과 판례에 의한 근거를 제시하시오.
〈기초사실〉 甲은 乙에게 甲 소유의 X 토지를 대금 1억 원에 매도하면서 잔금지급 시까지 X 토지상에 건립되어 있던 A 소유의 건물을 철거해주기로 약정하고, 乙로부터 계약금 1,000만원 및 중도금 4,000만원을 지급받았고 잔금지급기일에 잔금의 이행제공을 받았으나, 甲은 잔금 지급시까지 위 철거약정을 이행하지 아니하였다.

〈추가된 사실관계 1〉 乙은 甲을 상대로 위 건물철거 약정불이행을 이유로 위 매매계약을 해제한다고 주장하면서 해제에 의한 원상회복으로 위 계약금 및 중도금의 반환을 구하는 소를 제기하였다. 乙이 위 계약금 및 중도금 반환청구를 하였을 당시 甲은 다른 법원에 乙을 상대로 대여금 3,000만원의 반환을 구하는 소송을 제기하고 있었다. 乙은 위 계약금 및 중도금의 반환청구소송을 계속 유지하는 한편, 甲의 위 대여금반환청구소송에서는 위 계약금 및 중도금 반환채권을 자동채권으로 삼아 위 대여금채권과의 상계를 주장하여, 다음 각 경우와 같이 대여금청구소송의 판결이 확정되었다면 乙의 계약금 및 중도금 반환청구소송에 어떠한 영향을 미치는가?

1. 법원은 乙의 상계항변을 받아들여 甲의 대여금반환청구를 기각하였고, 그 판결은 확정되었다.36)
2. 법원은 乙이 주장하는 매매계약 해제사실이 인정되지 않는다는 이유로 상계항변을 배척하며 甲의 대여금청구를 전부 인용하였고, 그 판결은 확정되었다.37)

---

33) 2020년 제1차 변호사시험 모의시험-논술형(기록형) 문제에서 관련 부분을 원용한 문제임.
34) 대법원 2018.08.30. 선고 2016다46338,2016다46345 판결. 〈사례〉 원고가 피고를 상대로 제기한 전소에서 피고가 상계항변을 하면서 5개의 자동채권(그 합계는 원고 주장의 소구채권의 액수를 초과함)을 주장하였고, 전소 법원은 그중 A채권이 존재한다고 보아 원고의 수동채권과 대등액에서 상계하는 판단을 하고 나머지 4개의 자동채권들은 모두 부존재한다고 판단하였는데, 원고가 제기한 후소에서 피고가 위 4개의 자동채권들 중 B채권으로 다시 상계항변을 한 사안에서, 피고가 주장하는 위 B채권 중 전소 확정판결의 기판력에 의해 차단되는 범위는 전소의 소구채권(수동채권) 중 위와 같이 실제 상계를 한 후의 원금 잔액을 초과할 수 없다고 판시한 사례.
35) 또한 민사재판에 있어서 이와 관련된 다른 민·형사사건 등의 확정판결에서 인정된 사실은 특별한 사정이 없는 한 유력한 증거자료가 되는 것이나, 다른 한편 당해 민사재판에서 제출된 다른 증거내용에 비추어 관련 민·형사사건의 확정판결에서의 사실 판단을 그대로 채용하기 어렵다고 인정될 경우에는 이를 배척할 수 있고(대법원 2005.01.13. 선고 2004다19647 판결), 甲이 전소에서 제출할 수 없었던 乙에 대한 유죄의 형사판결 확정증명원 등 새로운 증거를 제출한 경우에는 乙의 불법행위를 인정할 수 있다.

3. 법원은 乙이 주장하는 매매계약 해제사실은 인정되나 乙의 자동채권은 乙이 매매계약에 따라 인도받았던 X 토지의 인도(반환)의무와 동시이행관계에 있어 상계가 허용되지 않는다는 이유로 상계항변을 배척하며 甲의 대여금청구를 전부 인용하였고, 그 판결은 확정되었다.38)

〈추가된 사실관계 2〉 甲이 乙을 상대로 위 매매계약이 해제되었음을 이유로 乙에게 인도하였던 X 토지의 인도를 구하는 소송을 제기하였다. 이 소송에서 乙은 계약금 및 중도금 합계 5,000만원의 지급과의 동시이행항변을 하였고, 이에 대하여 甲은 乙에게 대여한 3,000만원의 대여금채권을 자동채권으로 하여 乙의 위 계약금 및 중도금 지급채권과의 상계를 주장하였다. 법원은 乙과 甲의 주장을 모두 받아들여 위 계약금 및 중도금 지급채권 중 상계하고 남은 2,000만원의 지급과 동시이행으로 X 토지의 인도를 명하는 판결을 선고하였고, 그 판결은 그대로 확정되었다.

4. 그 후 甲이 乙을 상대로 위 대여금 3,000만원의 지급을 구하는 소를 제기한 경우 위 소송은 위 확정판결의 기판력에 저촉되는가?39)

〈상계항변과 기판력 기초사례 연습 - 2〉
1. 甲은 乙을 상대로 5,000만 원의 대여금청구의 소를 제기하였다(이하 '전소'). 乙은 甲에 대한 물품대금채권 4,000만 원으로 상계항변을 하였다. 법원은 甲과 乙의 주장을 모두 인정하여 乙은 甲에게 1,000만 원을 지급하라는 판결을 선고하고 이 판결이 확정되었다. 후에 乙이 甲을 상대로 전소에서 주장한 4,000만 원의 대여금청구의 소를 제기하였다. 법원은 어떠한 판결을 할 것인가?40)

2. 전소판결 확정 후 甲이 乙의 상계항변은 잘못된 것이라고 주장하여 乙을 상대로 4,000만 원의 부당이득반환청구의 소를 제기하였다. 법원은 어떠한 판결을 할 것인가?41)

3. 전소에서 법원은 甲의 청구는 일부만이 이유 있고 乙의 甲에 대한 채권은 인정되지 않는다는 이유로 乙은 甲에게 3,000만 원을 지급하라는 판결을 선고하고 이 판결이 확정되었다. 후에 乙이 甲을 상대로 전소에서 주장하였던 4,000만 원의 물품대금청구의 소를 제기하였다. 법원은 어떠한 판결을 할 것인가?42)

---

36) 〈해결〉 乙의 위 소송에서는 乙이 甲의 소송에서 상계항변으로 대항한 3,000만원을 제외한 나머지 2,000만원의 한도 내에서만 乙의 위 계약금 및 중도금 반환채권의 존부를 심리, 판단할 수 있고, 위 3,000만원 부분에 대하여는 청구기각판결을 선고하여야 한다.
37) 〈해결〉 상계항변이 배척되더라도 상계로써 대항한 액수 한도 내에서 자동채권의 부존재에 관하여 기판력이 생긴다.
38) 〈해결〉 자동채권의 성립은 인정되나 성질상 상계를 허용할 수 없다고 하여 상계항변을 배척하는 것은 상계항변에서 들고 나온 자동채권을 부정하여 그 항변을 배척하는 것과 형식면에서는 같지만, 후자의 경우 기판력이 있는 것과는 달리 전자의 경우에는 자동채권의 존부에 관하여 기판력이 없다.
39) 〈해결〉 상계 주장의 대상이 된 수동채권이 동시이행항변에 행사된 채권일 경우에는 그러한 상계 주장에 대한 판단에는 기판력이 발생하지 않는다.

4. 전소에서 법원이 乙의 자동채권의 존재는 인정하지만 甲의 청구를 이유 없다고 판단한 경우 법원은 어떠한 판결을 할 것인가?[43]

5. 전소에서 甲이 청구한 대여금채권이 3,000만 원이었는데, 乙이 4,000만 원의 물품대금채권으로 상계하였으나, 그것이 배척되어 법원은 乙은 甲에게 3,000만 원을 지급하라는 판결을 선고하고 이 판결이 확정되었다. 乙이 4,000만 원의 지급을 구하는 후소에 대하여 법원은 어떠한 판결을 할 것인가?[44]

바. 일부청구와 상계항변

(1) 불법행위의 피해자가 일부청구임을 명시하여 그 손해의 일부만을 청구한 경우 그 일부청구에 대한 판결의 기판력은 청구의 인용 여부에 관계없이 청구의 범위에 한하여 미치는 것이고, 잔액 부분 청구에는 미치지 아니한다.

(2) 판례는 원고가 채권의 일부가 상계로 소멸되었음을 자인하면서 이를 공제한 나머지 채권액만의 이행을 구하는 소를 제기한 경우에도 명시적 일부청구에 해당하는 것으로 본다. 따라서 이 경우 소송물은 이행을 구하는 잔액부분에 한정되고, 기판력도 잔액부분의 존부에만 미치며, 원고가 공제를 자인하는 부분에는 미치지 아니한다는 점을 명백히 하고 있다.

(3) 외측설 : 원고가 피고에게 합계금 5,151,900원의 금전채권 중 그 일부인 금 3,500,000원을

---

[40] ⟨해결⟩ 판결은 주문과 이유로 구성되는데, 전소 판결 주문에는 乙의 상계항변이 이유 있다고 한 판단도 없고, 甲이 乙에게 4,000만 원의 지급을 명하지도 않았다. 다만 판결이유에서 乙의 상계항변이 이유 있다고 판단하여 이를 근거로 甲의 청구액 5,000만 원에서 4,000만 원을 공제한 1,000만 원을 지급할 의무가 있다고 판단하였을 뿐이다. 이 경우에 乙의 상계항변에 기판력이 인정되지 않는다면 乙이 별소로 자동채권을 주장하여도 기판력에 저촉되지 않아 乙이 이중만족을 얻게 된다. 따라서 민사소송법은 상계항변의 경우에는 이유 중의 판단에 기판력이 생기지 않는다는 원칙의 예외를 정하고 있다. 상계항변에 기판력이 생기는 결과 이미 확정판결에서 이 판단을 하였으면 나중에 다른 소송에서 그 자동채권을 주장하여 청구하는 것은 기판력에 저촉된다. 판례는 모순금지설에 따라 상계항변이 받아들여졌을 경우 다른 소송에서 자동채권 청구는 소의 이익이 없어 부적법 각하할 것이라도 한다.

[41] ⟨해결⟩ 상계항변에 관한 판단에 기판력이 없다고 하면 甲의 소는 적법하고 심리결과에 따라 후소 법원이 甲의 청구를 인용할 수도 있고 이렇게 되면 전소 판결이 무의미해질 우려가 있다. 따라서 이 경우에는 판결이유 중의 판단에도 상계로 주장한 청구(자동채권)의 성립의 판단에 기판력이 생기도록 하였다. 판례는 상계항변이 배척되었으면 별도의 자동채권 청구는 기각할 것이라는 입장이다.

[42] ⟨해결⟩ 乙이 甲에게 지급하여야 하는 3,000만 원은 乙의 甲에 대한 채권을 상계한 결과가 아니므로 乙의 4,000만원 채권이 존재하지 않는다고 판단한 것이 주문에 나타나 있지 않다. 그렇다고 하여 그 판단에 기판력이 생기지 않는다면 乙이 다시 제소하는 것이 가능하고 결국 전소 판단이 무의미하게 되고 분쟁이 반복될 우려가 있다. 따라서 상계를 주장한 청구의 '불성립'의 판단에도 기판력이 생기도록 한 것이다.⟨청구기각⟩

[43] ⟨해결⟩ 이 경우 법원이 乙의 반소가 없는 한 甲이 乙에게 4,000만 원을 지급하라고 판결하는 것은 불가능하다. 乙의 상계항변은 소송물이 아니고 甲의 수동채권이 인정되지 않아 양 당사자의 채권이 상계적상에 있지도 않기 때문이다. 이 경우 법원은 乙의 상계항변에 대하여는 판단하지 않고 甲의 청구를 기각하게 된다. 따라서 乙의 항변에 대한 이러한 판단에는 기판력이 생기지 않는다.

[44] ⟨해결⟩ 乙의 채권액은 4,000만 원이지만 상계로써 대항한 금액은 3,000만 원이므로 법원도 그 범위에서만 배척한 것이다. 따라서 기판력도 3,000만 원의 액수로 상계한 판단에만 생긴다. 따라서 3,000만 원은 기판력에 저촉되나, 나머지 1,000만 원에 대하여는 후소 법원이 심판할 수 있다.

소송상 청구하는 경우에 이를 피고의 반대채권으로써 상계함에 있어서는 위 금전채권 전액에서 상계를 하고 그 잔액이 청구액을 초과하지 아니할 경우에는 그 잔액을 인용할 것이고 그 잔액이 청구액을 초과할 경우에는 청구의 전액을 인용하는 것으로 해석하는 것이 일부청구를 하는 당사자의 통상적인 의사이고 원고의 청구액을 기초로 하여 피고의 반대채권으로 상계하여 그 잔액만을 인용한 원심판결은 상계에 관한 법리를 오해한 위법이 있다.45)

<기초사실 1> 甲은 乙에게 1억 원의 대여금채권이 있다. 그런데 乙은 甲에서 2억 원의 손해배상채권이 있다고 주장하면서 위 손해배상채권과 甲의 乙에 대한 대여금채권 1억 원을 대등액에서 상계하고 남은 1억 원의 지급을 구하는 소(전소)를 제기하였다.
제1심 법원은 乙의 손해배상채권은 7,000만원이라고 확정한 다음 乙의 위 손해배상채권과 甲의 乙에 대한 대여금채권은 乙의 상계의사표시(소장)에 의하여 상계적상시에 그 대등액인 7,000만원의 범위에서 소멸하고 甲의 대여금채권은 3,000만원이 남는다는 이유로 乙의 위 손해배상청구를 기각하였다. 乙의 항소로 위 사건이 항소심계속 중 甲은 乙을 상대로 1억 원의 대여금청구의 소(후소)를 제기하였다. 전소는 乙의 항소취하로 확정되었다. 후소 법원은 乙의 과실이 인정되지 않는다는 이유로 乙의 손해배상채권액을 2억 원으로 확정한 다음 甲의 대여금채권은 위 손해배상채권과 대등액에서 상계되어 전액 소멸되었다고 판단하여 甲의 청구를 기각하였다.
1. 甲은 후소판결에 대하여 상고를 제기하면서 확정된 전소판결에서 乙의 손해배상채권이 7,000만원이 되고 이를 초과하는 손해배상채권은 부존재로 확정되었으므로 위 손해액을 초과하는 부분에 대한 乙의 상계주장은 기판력에 저촉되어 허용될 수 없다고 주장할 수 있는가?
2. 乙이 전소에서 채권의 일부가 상계로 소멸되었음을 이유로 이를 공제한 나머지 채권액만의 지급을 구하지 아니하고 乙 주장의 전체 손해배상채권 2억 원의 구한 경우, 전소의 계속 중 甲이 후소로 1억 원의 대여금청구소송을 제기하였다면 乙은 후소에서 전소에서 소구하고 있는 위 손해배상채권을 자동채권으로 하여 상계항변을 할 수 있는가?

<포인트>
1. 乙은 이 사건 이전의 소송에서 손해배상청구를 함에 있어 甲의 乙에 대한 대여금 채권과 상계하고 남은 잔액만을 청구하였고, 그 후 제기된 이 사건 소송에서 위 대여금 채권이 위와 같이 상계되어 소멸되었다고 주장하였음을 알 수 있는바, 사실관계가 이러하다면, 전 소송의 소송물은 위 손해배상채권의 전액에서 乙이 스스로 공제한 부분을 제외한 잔액 부분으로서 그 판결의 기판력은 위 잔액 부분의 존부에만 미치고, 위와 같이 공제한 부분에 대하여는 미치지 아니하므로 피고의 위 상계 주장이 전 소송 판결의 기판력에 저촉된다고 할 수 없다.46) 원고의 채권의 일부가 상계로 소멸되었음을 이유로 이를 공제한 나머지 채권액만의 이행을 구하는 경우에 관한 판례의 입장은 상계 이외에 일부를 변제받았거나 면제하였다고 자인하면서 이를 공제한 나머지만을 구하는 소송에서도 같은 논리가 적용될 것이다.
2. 상계의 항변을 제출할 당시 이미 자동채권과 동일한 채권에 기한 소송을 별도로 제기하여 계속 중인

---

45) 대법원 1984.03.27. 선고 83다323 판결.

경우, 사실심의 담당재판부로서는 전소와 후소를 같은 기회에 심리·판단하기 위하여 이부, 이송 또는 변론병합 등을 시도함으로써 기판력의 저촉·모순을 방지함과 아울러 소송경제를 도모함이 바람직하였다고 할 것이나, 그렇다고 하여 특별한 사정이 없는 한 별소로 계속 중인 채권을 자동채권으로 하는 소송상 상계의 주장이 허용되지 않는다고 볼 수는 없다.47)

〈기초사실 2〉
(1) 甲과 乙은 乙이 건축하고자 하는 빌딩에 대하여 관할 관청의 허가를 받음과 동시에 공사도급계약을 체결하기로 약정하면서 甲은 乙에게 빌딩 건축에 수반한 관리운영비로 7억 원을 대여하였고, 본 계약이 이루어지지 않을 경우 乙이 甲에게 위 대여금을 즉시 반환하기로 하였음. 그런데 乙과 甲 사이에 위 빌딩에 대한 공사도급계약을 체결하지 못한 상태에서 甲이 도급계약의 체결을 일방적으로 지체하여 그 불성립에 이르게 하는 바람에 위 건축허가가 취소됨에 따라 乙과 甲 사이에는 위 빌딩에 대한 공사도급계약이 이루어지지 않을 것이 확정되었으므로 乙은 甲에게 위 대여금 7억 원을 반환할 의무가 발생함.
(2) 乙은 甲과 사이에 위 빌딩에 대한 공사도급계약이 체결될 것으로 믿고 지출한 비용이거나 부담하게 된 채무 또는 얻을 수 있을 수입을 상실한 손해로서 765,868,260원의 손해가 발생함.
(3) 乙은 甲을 상대로 이 사건 약정의 불이행으로 인하여(계약해제 또는 계약체결상의 과실을 원인으로 하여) 875,791,261원의 손해를 입었다고 주장하며 위 손해배상채권과 甲의 乙에 대한 대여금채권 7억 원을 대등액에서 상계하고 그 나머지 175,791,261원의 지급을 구하는 소를 제기함.
(4) 제1심 법원은 乙의 손해배상채권액은 365,296,356원이라고 확정한 다음 乙의 손해배상채권과 甲의 乙에 대한 대여금채권은 乙의 상계의사표시(소장)에 의하여 상계적상시에 그 대등액인 365,296,356원의 범위에서 소멸하고, 원고의 대여금채권은 334,703,644원이 남는다는 이유로 위 손해배상청구를 기각함.
(5) 乙은 위 판결에 대하여 항소를 제기하였다가 이 사건 원심판결의 변론종결 이전에 항소를 취하여 위 판결이 확정됨.
(6) 甲은 전소가 계속 중인 시점에서 乙을 상대로 7억 원의 대여금청구의 소를 제기함.

〈재판의 경과〉
(1) 제1심 : 甲의 대여금채권은 乙의 甲에 대한 손해배상채권 365,296,356원과 대등액에서 상계되어 소멸하고 334,703,644원이 남았다고 판단(원고 일부승소).
(2) 원심 : 乙의 손해배상채권액을 765,868,260원으로 확정한 다음, 甲의 대여금채권은 위 손해배상채권과 그 대등액에서 상계되어 전액 소멸되었다고 판단(제1심 판결 중 乙 패소부분 취소하고 甲의 청구 모두 기각).

---

46) 대법원 2000.02.11. 선고 99다10424 판결.
47) 대법원 2001.04.27. 선고 2000다4050 판결.

(3) 상고이유 : 甲은 상고심에 이르러 처음으로 乙의 상계주장이 전소의 기판력에 저촉된다는 주장을 함. 이 사건 원심판결의 변론종결 이전에 乙이 甲을 상대로 제기한 손해배상청구의 소에 대한 판결이 乙의 항소취하로 확정되어 그 손해배상채권이 365,296,356원이 되고 이를 초과하는 손해배상채권은 부존재로 확정되었으므로 위 손해액을 초과하는 부분에 대한 乙의 상계주장은 기판력에 저촉되어 허용될 수 없다.

〈대법원 2000.02.11. 선고 99다10424 판결〉
불법행위의 피해자가 일부청구임을 명시하여 그 손해의 일부만을 청구한 경우 그 일부청구에 대한 판결의 기판력은 청구의 인용 여부에 관계없이 청구의 범위에 한하여 미치는 것이고, 잔액 부분 청구에는 미치지 아니하는 것이다(대법원 1989.06.27. 선고 87다카2478 판결 참조).
기록에 의하면 피고는 이 사건 이전의 소송에서 손해배상청구를 함에 있어 원고의 피고에 대한 대여금 채권과 상계하고 남은 잔액만을 청구하였고, 그 후 제기된 이 사건 소송에서 위 대여금 채권이 위와 같이 상계되어 소멸되었다고 주장하였음을 알 수 있는바, 사실관계가 이러하다면, 전 소송의 소송물은 위 손해배상채권의 전액에서 피고가 스스로 공제한 부분을 제외한 잔액 부분으로서 그 판결의 기판력은 위 잔액 부분의 존부에만 미치고, 위와 같이 공제한 부분에 대하여는 미치지 아니하므로 피고의 위 상계 주장이 전 소송 판결의 기판력에 저촉된다고 할 수 없다.
따라서 피고의 위 상계 주장을 받아들인 원심판결에 확정판결의 기판력에 관한 법리오해 등의 위법은 없다.

〈평가〉
(1) 대법원은 피고가 채권의 일부가 상계로 소멸되었음을 자인하면서 이를 공제한 나머지 채권액만의 이행을 구하는 소를 제기한 경우에도 명시적 일부청구에 해당하고, 따라서 소송물은 이행을 구하는 잔부부분에 한정되고, 기판력도 잔액부분의 존부에만 미치며, 피고가 공제를 자인하는 부분에는 미치지 않는다는 점을 명백히 하였다.
(2) 피고는 전소송에서 손해배상청구를 함에 있어서 원고의 피고에 대한 대여금채권과 상계하고 남은 잔액만을 청구하였으므로 전소송의 소송물은 위 손해배상채권의 전액에서 피고가 스스로 공제한 부분을 제외한 부분을 제외한 잔액부분에 한정되고, 종전 판결의 기판력은 그 소송물인 상계 후의 잔부채권 175,791,261원이 존재하지 아니한다는 판단에만 미치고, 그 청구에서 상계로 소멸하였다고 자인하면서 유보한 7억 원의 손해배상채권에 대하여는 전소판결의 이유에서 그 존부를 판단하고 아울러 인정된 손해배상채권이 대여금채권과 대등액에서 상계되어 소멸되었다고 판단하였지만, 이는 소송물에 대한 판단(주문)이 아니라 판결이유에서의 판단에 불과하므로 그 판단에 기판력이 인정되지 않는다.
(3) 이 사건 소송에서 피고의 상계항변은 종전 소송에서 유보한 부분, 즉 대여금채권에 상응한 7억 원의 손해배상채권에 대하여는 종전 확정판결의 기판력이 미치지 아니하므로 이 부분 손해배상채권에 대하여는 종전 확정판결의 기판력이 미치지 아니하고, 피고의 상계항변이 위 기판력에 저촉된다고 할 수 없다.
(4) 위 판례의 결론은 원고의 채권 일부가 상계 이외에 일부를 변제받았거나 면제하였다고 자인하면서 이를 공제한 나머지만을 구하는 소송에서도 같은 논리가 적용된다.

3 상계의 금지와 제한

가. 항변권이 붙어있는 자동채권에 의한 상계의 금지

(1) 항변권이 붙어있는 채권을 자동채권으로 하는 상계는 허용되지 않는다. 항변권이 붙어 있는 채권을 자동채권으로 하여 다른 채무(수동채권)와의 상계를 허용한다면 상계자 일방의 의사표시에 의하여 상대방의 항변권 행사의 기회를 상실시키는 결과가 되므로 그러한 상계는 허용될 수 없다.[48]

(2) 자동채권에 동시이행의 항변권이 붙어 있는 경우에는 채무자가 반대의무의 이행을 하여 동시이행의 항변권을 소멸시켰다는 사실은 상계항변을 하는 채무자가 주장·증명을 하여야 한다.

(3) 금융기관이 예금자에 대하여 금원을 대출하면서 그 담보 목적으로 약속어음을 발행, 교부받았으나 이를 타인에게 배서, 양도한 경우, 금융기관으로서는 약속어음을 소지하고 있지 않는 한 그 원인관계에 있는 대출금 채권만을 분리하여 따로 행사할 수는 없으며, 이를 자동채권으로 하여 예금반환채무와 상계할 수도 없다.[49]

(4) 자동채권에 항변권이 붙어있다는 **재항변**에 대하여 채무자는 반대채무의 이행 또는 이행제공을 하였거나, 채권자가 그 항변권을 포기하였다는 **재재항변**을 할 수 있다.

> [참고] 동시이행항변권과 상계
> ① 자동채권에 동시이행항변권이 붙어 있는 경우 → 성질상 불허
> ② 수동채권에 동시이행항변권이 붙어 있는 경우 → 상계 가능
> ③ 자동채권과 수동채권이 서로 상대방 채권에 대한 동시이행관계에 있는 경우 → 상계 가능

나. 지급금지 명령과 상계

(1) 여기서 지급을 금지하는 명령이란 민사집행법에 의한 압류나 가압류 또는 국세징수법에 의한 압류 등을 말한다.

(2) 판례는 가압류 명령을 받은 제3채무자가 가압류채무자에 대한 반대채권을 가지고 가압류채권자에게 상계로써 대항하기 위한 요건으로
   ① 가압류의 효력발생 당시에 양 채권이 상계적상에 있거나
   ② 자동채권이 압류당시 변제기에 달하지 아니한 경우에는 피압류채권인 수동채권의 변제기와 동시에 또는 그 보다 먼저 변제기에 도달하는 경우,[50][51]

---

[48] 대법원 2019.02.14. 선고 2017다274703 판결. 특히 수탁보증인이 주채무자에 대하여 가지는 민법 제442조의 사전구상권에는 민법 제443조의 면책 및 담보제공청구권이 항변권으로 부착되어 있는 만큼 이를 자동채권으로 하는 상계는 허용될 수 없으며, 다만 민법 제443조는 임의규정으로서 주채무자가 사전에 담보제공청구권의 항변권을 포기한 경우에는 보증인은 사전구상권을 자동채권으로 하여 주채무자에 대한 채무와 상계할 수 있다(대법원 2004.05.28. 선고 2001다81245 판결). 다만 위와 같은 면책 및 담보제공청구권이 붙어있는 사전구상권을 자동채권으로 한 상계는 허용되지 않지만 상계약정에 기한 상계는 허용된다.

[49] 대법원 2001.05.08. 선고 2000다58880 판결.

③ 자동채권이 수동채권인 피압류채권과 동시이행관계에 있어야 한다.

> ☞ 수동채권에 대한 (가)압류명령이 제3채무자에게 송달된 당시를 기준으로(제3채무자는 이미 채무자에게 채권발생의 원인이 있음을 전제로 함)
> ① 자동채권과 수동채권의 변제기가 모두 도래한 경우 → 상계적상이 있었으므로 제3채무자는 제한 없이 상계 가능. 상계적상일(쌍방의 채권 중 변제기가 마지막으로 도래한 날)에 상계효과 발생.
> ② 자동채권의 변제기가 도래한 경우 → 제3채무자는 제한 없이 상계 가능. 상계적상일(통상 수동채권의 변제기)에 상계효과 발생.
> ③ 자동채권의 변제기는 도래하지 않았으나 자동채권의 변기기가 수동채권의 변제기보다 동시에 또는 먼저 도래하는 경우 → 상계 가능. 상계적상일(통상 수동채권의 변제기)에 상계효과 발생

(3) 금전채권에 대한 압류 및 전부명령이 있는 때에는 압류된 채권은 동일성을 유지한 채로 압류채무자로부터 압류채권자에게 이전되고, 제3채무자는 채권이 압류되기 전에 압류채무자에게 대항할 수 있는 사유로써 압류채권자에게 대항할 수 있는 것이므로, 제3채무자의 압류채무자에 대한 자동채권이 수동채권인 피압류채권과 동시이행의 관계에 있는 경우에는, 압류명령이 제3채무자에게 송달되어 압류의 효력이 생긴 후에 자동채권이 발생하였다고 하더라도 제3채무자는 동시이행의 항변권을 주장할 수 있다. 이 경우에 자동채권이 발생한 기초가 되는 원인은 수동채권이 압류되기 전에 이미 성립하여 존재하고 있었던 것이므로, 그 자동채권은 민법 제498조의 '지급을 금지하는 명령을 받은 제3채무자가 그 후에 취득한 채권'에 해당하지 않는다고 봄이 상당하고, 제3채무자는 그 자동채권에 의한 상계로 압류채권자에게 대항할 수 있다.52)

〈기초사실〉
(1) 乙은 2007. 4. 12. A 회사에게 이 사건 공사를 공사대금 30억 8,000만 원, 공사기간 2007. 5. 21.부터 2007. 12. 30.까지로 정하여 도급을 주었다. 乙은 2008. 4. 22.경 A 회사로부터 약속어음 1장(액면금 1억 원, 지급기일 2008. 7. 25., 배서인 A)을 할인하여 교부받으면서 A 회사에 8,300만 원을 지급하였다. A 회사는 2008. 6. 10. 경 공장을 완공하여 乙에게 인도하였다.
(2) 한편, 甲은 2008. 1. 19. A 회사와 이 사건 공사 중 창호 등 공사를 공사대금 2억 5,850만 원에 하도급받기로 하는 공사도급계약을 체결하고, 2008. 5. 30. 위 창호 등 공사를 완성하였으나, 공사대금 중 일부인 2억 1,250만 원을 지급받지 못하자 이 사건 하도급채권의 보전을 위하여

---

50) 대법원 2003.06.27. 선고 2003다7623 판결 : 채권가압류결정을 받은 제3채무자는 그 후에 취득한 채권에 의한 상계로 그 가압류채권자에게 대항하지 못하지만 수동채권이 가압류될 당시 자동채권과 수동채권이 상계적상에 있거나 자동채권의 변제기가 수동채권의 그것과 동시에 또는 그보다 먼저 도래하는 경우에는 제3채무자는 자동채권에 의한 상계로 가압류채권자에게 대항할 수 있다.
51) 판례의 〈제한설〉의 입장이다. 이에 대해 지급금지명령이 있기 전에 취득한 채권이라면 양 채권의 변제기의 선후를 가리지 않고 압류 후에 상계적상에 이르면 제3채무자는 상계로서 대항할 수 있다는 〈무제한설〉이 있다.
52) 대법원 2010.03.25. 선고 2007다35152 판결.

2008. 6. 23. 채무자를 A, 제3채무자를 乙, 청구금액을 212,500,000원으로 하여 이 사건 공사대금 지급채권을 가압류한다는 **채권가압류 결정**을 받았고, 위 결정은 2008. 6. 30. 乙에게 송달되었다.
(3) 甲은 위 공사대금의 지급을 구하는 **지급명령**을 신청하였고, 위 법원은 2008. 7. 1. 'A는 甲에게 212,500,000원 및 이에 대한 지연손해금을 지급하라'는 지급명령을 하였으며, 위 명령은 2008. 7. 23. 확정되었다.
(4) 甲은 위 지급명령에 기하여 2008. 8. 6. 위 가압류를 본압류로 이전하고, 이 사건 공사대금 중 215,758,495원(지연이자 등을 포함한 금액임)을 추심하기로 하는 **채권압류 및 추심명령**을 받았고, 이 사건 추심명령은 2008. 8. 11. 乙에게 송달되었다.
(5) 甲이 乙을 상대로 **추심금청구**의 소를 제기하자 乙은 A에게 추가로 할인하여 준 액면금 1억 원의 약속어음에 관한 채권으로 A의 공사대금 채권과 **상계**한다고 항변하고, 甲은 위 채권의 변제기는 가압류의 효력 발생 당시 아직 도래하지 않아 상계적상에 있지 아니하였고, 자동채권의 변제기가 수동채권의 변제기 이후이므로 乙은 압류채권자인 甲에게 위 상계로써 대항할 수 없다고 주장한다.
(6) 법원은 다음과 같은 판결을 선고하였다.
"乙은 2008. 4. 22. A에게 변제기를 2008. 7. 25.로 하여 89,480,822원(= 83,000,000 + (83,000,000 × 95/365 × 이자제한법에서 정한 연 30%의 제한이율))을 대여하였고, 이를 담보하기 위하여 액면금 1억 원의 약속어음을 교부받았다고 볼 것이다. 금전채권에 대한 가압류로부터 본압류로 전이하는 압류 및 추심명령이 있는 때에는 제3채무자는 채권이 가압류되기 전에 압류채무자에게 대항할 수 있는 사유로써 압류채권자에게 대항할 수 있으므로, 가압류 당시 반대채권이 성립 또는 취득되어 있는 한, 제3채무자는 상계적상이 생기면 상계로써 압류채권자에게 대항할 수 있다[무제한설].
가압류 효력 발생 당시 반대채권이 성립 또는 취득되어 있는 한, 제3채무자는 상계적상이 생기면 상계로써 압류채권자에게 대항할 수 있다고 봄이 타당하므로, 乙은 A에 대한 1억 원 약속어음을 담보로 한 대여금 채권을 자동채권으로 하여 이를 A의 공사대금 채권과 상계할 수 있다 할 것이다. 乙의 상계 의사표시가 담긴 2009. 9. 25.자 답변서가 2009. 9. 30. 甲에게 송달된 사실은 기록상 명백하므로, 위 대여금 채권과 공사대금 채권은 상계적상일인 2008. 7. 25.에 대등액의 범위 내에서 소멸하게 된다. 상계적상일을 기준으로 한 A의 乙에 대한 공사대금 채권은 99,577,317원(= 95,852,515 + 95,852,515 × 46/365 × 상법에서 정한 연 6%의 지연손해금)이므로, 乙의 A에 대한 대여금 채권 89,480,822원은 위 상계적상일에 상계로써 모두 소멸되고, A의 乙에 대한 공사대금 채권은 10,095,495원(= 99,577,317 - 89,480,822)이 남게 되었다."
〈문제〉 법원의 판결은 정당한가?

☞ 민법 제498조는 "지급을 금지하는 명령을 받은 제3채무자는 그 후에 취득한 채권에 의한 상계로 그 명령을 신청한 채권자에게 대항하지 못한다"라고 규정하고 있다. 위 규정의 취지, 상계제도의 목적 및 기능, 채무자의 채권이 압류된 경우 관련 당사자들의 이익상황 등에 비추어 보면, 채권압류명령 또는 채권가압류명령(이하 채권압류명령의 경우만을 두고 논의하기로 한다)을 받은 제3채무자가 압류채무

자에 대한 반대채권을 가지고 있는 경우에 상계로써 압류채권자에게 대항하기 위하여는, 압류의 효력 발생 당시에 대립하는 양 채권이 상계적상에 있거나, 그 당시 반대채권(자동채권)의 변제기가 도래하지 아니한 경우에는 그것이 피압류채권(수동채권)의 변제기와 동시에 또는 그보다 먼저 도래하여야 한다.[53]

이 사건에서 가압류의 효력이 발생할 당시 피압류채권인 공사대금채권은 이미 변제기가 도래하였으나 이 사건 반대채권은 변제기가 도래하지 아니하였기 때문에 그 당시 양 채권이 상계적상에 있었다고 할 수 없고, 나아가 이 사건 반대채권의 변제기가 공사대금채권의 변제기보다 나중에 도래하므로, 피고는 이 사건 반대채권에 의한 상계로써 압류채권자인 원고에게 대항할 수 없다고 보아야 한다. 따라서 원심판결에는 지급이 금지된 채권을 수동채권으로 하는 상계에 관한 법리를 오해하여 판결에 영향을 미친 위법이 있다.[54]

다. 고의의 불법행위로 인한 채무를 수동채무로 하는 상계의 금지

(1) 고의의 불법행위로 인한 손해배상채권에 대하여 상계를 허용한다면 고의로 불법행위를 한 사람까지도 상계권 행사로 현실적으로 손해배상을 지급할 필요가 없게 되어 보복적 불법행위를 유발하게 될 우려가 있다. 또 고의의 불법행위로 인한 피해자가 가해자의 상계권 행사로 현실의 변제를 받을 수 없는 결과가 됨은 사회적 정의관념에 맞지 않는다. 따라서 고의에 의한 불법행위의 발생을 방지함과 아울러 고의의 불법행위로 인한 피해자에게 현실의 변

---

53) 대법원 2015.01.29. 선고 2012다108764 판결. 대법원 2014.09.25. 선고 2012다58609 판결 : 동산 양도담보권자는 양도담보 목적물이 소실되어 양도담보 설정자가 보험회사에 대하여 화재보험계약에 따른 보험금청구권을 취득한 경우 담보물 가치의 변형물인 화재보험금청구권에 대하여 양도담보권에 기한 물상대위권을 행사할 수 있는데, 동산 양도담보권자가 물상대위권 행사로 양도담보 설정자의 화재보험금청구권에 대하여 압류 및 추심명령을 얻어 추심권을 행사하는 경우 특별한 사정이 없는 한 제3채무자인 보험회사는 양도담보 설정 후 취득한 양도담보 설정자에 대한 별개의 채권을 가지고 상계로써 양도담보권자에게 대항할 수 없다. 그리고 이는 보험금청구권과 본질이 동일한 공제금청구권에 대하여 물상대위권을 행사하는 경우에도 마찬가지이다.
54) 대법원 2012.02.16. 선고 2011다45521 전원합의체 판결. [대법관 3인의 반대의견] 지급을 금지하는 명령을 받을 당시에 반대채권과 피압류채권 모두의 이행기가 도래한 때에는 제3채무자가 당연히 반대채권으로써 상계할 수 있고, 반대채권과 피압류채권 모두 또는 그 중 어느 하나의 이행기가 아직 도래하지 아니하여 상계적상에 놓이지 아니하였더라도 그 이후 제3채무자가 피압류채권을 채무자에게 지급하지 아니하고 있는 동안에 반대채권과 피압류채권 모두의 이행기가 도래한 때에도 제3채무자는 반대채권으로써 상계할 수 있고, 이로써 지급을 금지하는 명령을 신청한 채권자에게 대항할 수 있다. 〈참고〉 대법원 2019.02.14. 선고 2017다274703 판결 : 채권압류명령을 받은 제3채무자가 압류채무자에 대한 반대채권을 가지고 있는 경우에 상계로써 압류채권자에게 대항하기 위하여는, 압류의 효력 발생 당시에 대립하는 양 채권이 상계적상에 있거나, 그 당시 반대채권(자동채권)의 변제기가 도래하지 아니한 경우에는 그것이 피압류채권(수동채권)의 변제기와 동시에 또는 그보다 먼저 도래하여야 한다. 이러한 법리는 채권압류명령을 받은 제3채무자이자 보증채무자인 사람이 압류 이후 보증채무를 변제함으로써 담보제공청구의 항변권을 소멸시킨 다음, 압류채무자에 대하여 압류 이전에 취득한 사전구상권으로 피압류채권과 상계하려는 경우에도 적용된다고 봄이 타당하다. 결국 제3채무자가 압류채무자에 대한 사전구상권을 가지고 있는 경우에 상계로써 압류채권자에게 대항하기 위해서는, ① 압류의 효력 발생 당시 사전구상권에 부착된 담보제공청구의 항변권이 소멸하여 사전구상권과 피압류채권이 상계적상에 있거나, ② 압류 당시 여전히 사전구상권에 담보제공청구의 항변권이 부착되어 있는 경우에는 제3채무자의 면책행위 등으로 인해 위 항변권을 소멸시켜 사전구상권을 통한 상계가 가능하게 될 때가 피압류채권의 변제기보다 먼저 도래하여야 한다.

제를 받게 하려는 데 이 규정의 취지가 있다.55)

(2) 고의에 의한 불법행위를 한 자는 피해자의 손해배상채권을 수동채권으로 하여 상계하지 못한다. 이때 '고의'에 대한 증명책임은 채권자(피해자)에게 있다. 과실 또는 중과실의 불법행위로 인한 손해배상채권을 수동채권으로 상계하거나,56) 고의의 불법행위의 피해자가 그 손해배상채권을 자동채권으로 하여 상계하는 것은 허용된다.57)

(3) 그런데 판례는 은행의 피용자의 고의의 불법행위로 인한 은행의 사용자책임이 인정되는 사안에서, 은행이 이를 수동채무로 하여 대출금채무와 상계하려고 한 데 대하여 은행의 상계를 허용하지 않았다.58)

(4) 부당이득의 원인이 고의의 불법행위에 기인함으로써 불법행위로 인한 손해배상채권과 부당이득반환채권이 모두 성립하여 양채권이 경합하는 경우 피해자가 부당이득반환채권만을 청구하고 불법행위로 인한 손해배상채권을 청구하지 아니한 때에도, 그 청구의 실질적 이유, 즉 부당이득의 원인이 고의의 불법행위였다는 점은 불법행위로 인한 손해배상채권을 청구하는 경우와 다를 바 없다 할 것이어서, 고의의 불법행위에 의한 손해배상채권은 현실적으로 만족을 받아야 한다는 상계금지의 취지는 이러한 경우에도 타당하므로, 민법 제496조를 유추적용함이 상당하다.59)

라. 압류금지채권과 상계

(1) 압류금지채권60)을 수동채권으로 하는 상계는 허용되지 않는다.

---

55) 대법원 2017.02.15. 선고 2014다19776 판결. 이 규정은 고의의 불법행위로 인한 손해배상채권을 수동채권으로 한 상계에 관한 것이고 고의의 채무불이행으로 인한 손해배상채권에는 적용되지 않는다. 다만 고의에 의한 행위가 불법행위를 구성함과 동시에 채무불이행을 구성하여 불법행위로 인한 손해배상채권과 채무불이행으로 인한 손해배상채권이 경합하는 경우에는 이 규정을 유추적용할 필요가 있다. 이러한 경우에 고의의 채무불이행으로 인한 손해배상채권을 수동채권으로 한 상계를 허용하면 이로써 고의의 불법행위로 인한 손해배상채권까지 소멸하게 되어 고의의 불법행위에 의한 손해배상채권은 현실적으로 만족을 받아야 한다는 이 규정의 입법 취지가 몰각될 우려가 있기 때문이다. 따라서 이러한 예외적인 경우에는 민법 제496조를 유추적용하여 고의의 채무불이행으로 인한 손해배상채권을 수동채권으로 하는 상계를 한 경우에도 채무자가 상계로 채권자에게 대항할 수 없다고 보아야 한다.
56) 판례는 민법 제496조로부터 중과실의 불법행위로 인한 손해배상채권을 수동채권으로 한 상계도 금지된다고 확장해석을 할 수는 없다고 한다. 대법원 1994.08.12. 선고 93다52808 판결.
57) 대법원 1994.02.25. 선고 93다38444 판결 : 고의의 불법행위로 인한 손해배상채권을 수동채권으로 하는 상계는 허용되지 않는 것이며, 이는 그 자동채권이 동시에 행하여진 싸움에서 서로 상해를 가한 경우와 같이 동일한 사안에서 발생한 고의의 불법행위로 인한 손해배상채권인 경우에도 마찬가지이다(쌍방 폭행에 의한 손해배상채권은 고의에 의한 불법행위로 인한 채권이므로 서로 상계 불가).
58) 대법원 2006.10.26. 선고 2004다63019 판결 : 민법 제756조에 의한 사용자의 손해배상책임은 피용자의 배상책임에 대한 대체적 책임이고, 민법 제756조 제1항에서 사용자가 피용자의 선임 및 그 사무감독에 상당한 주의를 한 때 또는 상당한 주의를 하여도 손해가 있을 경우에는 책임을 면할 수 있도록 규정함으로써 사용자책임에서의 사용자의 과실은 직접의 가해행위가 아닌 피용자의 선임·감독에 관련된 것으로 해석되는바, 이러한 점에 비추어 볼 때 피용자의 고의의 불법행위로 인하여 사용자책임이 성립하는 경우에도, 불법행위의 피해자에게 현실의 변제에 의하여 손해를 전보케 하려는 취지에서 규정된 민법 제496조의 적용을 배제하여야 할 이유는 없다고 할 것이므로, 사용자책임이 성립하는 경우 사용자는 자신의 고의의 불법행위가 아니라는 이유로 민법 제496조의 적용을 면할 수는 없다
59) 대법원 2002.01.25. 선고 2001다52506 판결.

(2) 압류금지채권을 자동채권으로 하는 상계는 허용되고,[60] 상계계약도 허용된다.
(3) 임금채권을 수동채권으로 한 상계가 허용되는가?[62]

마. 기타

(1) 민법 제495조는 "소멸시효가 완성된 채권이 그 완성 전에 상계할 수 있었던 것이면 그 채권자는 상계할 수 있다."라고 규정하고 있다. 이는 당사자 쌍방의 채권이 상계적상에 있었던 경우에 당사자들은 채권·채무관계가 이미 정산되어 소멸하였다고 생각하는 것이 일반적이라는 점을 고려하여 당사자들의 신뢰를 보호하기 위한 것이다. 다만 이는 '자동채권의 소멸시효 완성 전에 양 채권이 상계적상에 이르렀을 것'을 요건으로 하는데, 임대인의 임대차보증금 반환채무는 임대차계약이 종료된 때에 비로소 이행기에 도달하므로, 임대차 존속 중 차임채권의 소멸시효가 완성된 경우에는 소멸시효 완성 전에 임대인이 임대차보증금 반환채무에 관한 기한의 이익을 실제로 포기하였다는 등의 특별한 사정이 없는 한 양 채권이 상계할 수 있는 상태에 있었다고 할 수 없다. 그러므로 그 이후에 임대인이 이미 소멸시효가 완성된 차임채권을 자동채권으로 삼아 임대차보증금 반환채무와 상계하는 것은 민법 제495조에 의하더라도 인정될 수 없지만, 임대차 존속 중 차임이 연체되고 있음에도 임대차보증금에서 연체차임을 충당하지 않고 있었던 임대인의 신뢰와 차임연체 상태에서 임대차관계를 지속해 온 임차인의 묵시적 의사를 감안하면 연체차임은 민법 제495조의 유추적용에 의하여 임대차보증금에서 공제할 수는 있다.[63]

---

60) 압류금지채권의 목적물이 채무자의 예금계좌에 입금된 경우에는 그 예금채권에 대하여 더 이상 압류금지의 효력이 미치지 아니하므로, 그 예금은 압류금지채권에 해당하지 아니하는 것이지만, 이러한 경우에도 원래의 압류금지의 취지는 참작되어야 할 것이므로 민사집행법 제246조 제2항이 정하는 바에 따라 집행법원이 채무자의 신청에 의하여 채무자와 채권자의 생활 상황 기타의 사정을 고려하여 압류명령의 전부 또는 일부를 취소할 수 있다(대법원 2008.12.12. 자 2008마1774 결정).
61) 가정법원의 심판에 의하여 구체적인 청구권의 내용과 범위가 확정된 후의 양육비채권 중 이미 이행기에 도달한 후의 양육비채권은 완전한 재산권(손해배상청구권)으로서 친족법상의 신분으로부터 독립하여 처분이 가능하고, 권리자의 의사에 따라 포기, 양도 또는 상계의 자동채권으로 하는 것도 가능하다(대법원 2006.07.04. 선고 2006므751 판결). 〈사례〉 이혼한 부부 사이에 자의 양육자인 일방이 상대방에 대하여 가지는 양육비채권을 상대방의 양육자에 대한 위자료 및 재산분할청구권과 상계한다고 주장한 사안에서, 가정법원의 심판에 의하여 구체적으로 확정된 양육비채권 중 이미 이행기가 도달한 부분에 한하여 이를 자동채권으로 하는 상계가 허용된다고 한 사례.
62) 계산의 착오 등으로 임금을 초과 지급한 경우에, 근로자가 퇴직 후 그 재직 중 받지 못한 임금이나 퇴직금을 청구하거나, 근로자가 비록 재직 중에 임금을 청구하더라도 위 초과 지급한 시기와 상계권 행사의 시기가 임금의 정산, 조정의 실질을 잃지 않을 만큼 근접하여 있고 나아가 사용자가 상계의 금액과 방법을 미리 예고하는 등으로 근로자의 경제생활의 안정을 해할 염려가 없는 때에는, 사용자는 위 초과 지급한 임금의 반환청구권을 자동채권으로 하여 근로자의 임금채권이나 퇴직금채권과 상계할 수 있다. 그리고 이러한 법리는 사용자가 근로자에게 이미 퇴직금 명목의 금원을 지급하였으나 그것이 퇴직금 지급으로서의 효력이 없어 사용자가 같은 금원 상당의 부당이득반환채권을 갖게 된 경우에 이를 자동채권으로 하여 근로자의 퇴직금채권과 상계하는 때에도 적용된다. 한편 민사집행법 제246조 제1항 제5호는 근로자인 채무자의 생활보장이라는 공익적, 사회 정책적 이유에서 '퇴직금 그 밖에 이와 비슷한 성질을 가진 급여채권의 2분의 1에 해당하는 금액'을 압류금지채권으로 규정하고 있고, 민법 제497조는 압류금지채권의 채무자는 상계로 채권자에게 대항하지 못한다고 규정하고 있으므로, 사용자가 근로자에게 퇴직금 명목으로 지급한 금원 상당의 부당이득반환채권을 자동채권으로 하여 근로자의 퇴직금채권을 상계하는 것은 퇴직금채권의 2분의 1을 초과하는 부분에 해당하는 금액에 관하여만 허용된다고 봄이 상당하다(대법원 2010.05.20. 선고 2007다90760 전원합의체 판결).

(2) 채권양도에 있어서 채무자가 양도인에게 이의를 보류하지 아니하고 승낙을 하였다는 사정이 없거나 또는 이의를 보류하지 아니하고 승낙을 하였더라도 양수인이 악의 또는 중과실의 경우에 해당하는 한, 채무자의 승낙 당시까지 양도인에 대하여 생긴 사유로써 양수인에게 대항할 수 있다고 할 것인데, 승낙 당시 이미 상계를 할 수 있는 원인이 있었던 경우에는 아직 상계적상에 있지 아니하였다 하더라도 그 후에 상계적상이 생기면 채무자는 양수인에 대하여 상계로 대항할 수 있다.64)

(3) 양도 또는 대위되는 채권이 원래 압류가 금지되는 것이었던 경우에는, 처음부터 이를 수동채권으로 한 상계로 채권자에게 대항하지 못하던 것이어서 그 채권의 존재가 채무자의 자동채권에 대한 담보로서 기능할 여지가 없고 따라서 그 담보적 기능에 대한 채무자의 합리적 기대가 있다고도 할 수 없으므로, 그 채권이 양도되거나 대위의 요건이 구비된 이후에 있어서도 여전히 이를 수동채권으로 한 상계로써 채권양수인 또는 대위채권자에게 대항할 수 없다.65)

(4) 채권의 일부 양도가 이루어지면 특별한 사정이 없는 한 각 분할된 부분에 대하여 독립한 분할채권이 성립하므로 그 채권에 대하여 양도인에 대한 반대채권으로 상계하고자 하는 채무자로서는 양도인을 비롯한 각 분할채권자 중 어느 누구도 상계의 상대방으로 지정하여 상계할 수 있고, 그러한 채무자의 상계 의사표시를 수령한 분할채권자는 제3자에 대한 대항요건을 갖춘 양수인이라 하더라도 양도인 또는 다른 양수인에 귀속된 부분에 대하여 먼저 상계되어야 한다거나 각 분할채권액의 채권 총액에 대한 비율에 따라 상계되어야 한다는 이의를 할 수 없다.66)

(5) 공동저당에 제공된 채무자 소유의 부동산과 물상보증인 소유의 부동산 가운데 물상보증인 소유의 부동산이 먼저 경매되어 그 매각대금에서 선순위공동저당권자가 변제를 받은 때에는 물상보증인은 채무자에 대하여 구상권을 취득함과 동시에 변제자대위에 의하여 채무자 소유의 부동산에 대한 선순위공동저당권을 대위취득한다. 그 물상보증인 소유의 부동산에 대한 후순위저당권자는 물상보증인이 대위취득한 채무자 소유의 부동산에 대한 선순위공동저당권에 대하여 물상대위를 할 수 있다.67) 이 경우에 채무자는 물상보증인에 대한 반대채권이 있더라도 특별한 사정이 없는 한 물상보증인의 구상금 채권과 상계함으로써 물상보증인 소유의 부동산에 대한 후순위저당권자에게 대항할 수 없다. 채무자는 선순위공동저당권

---

63) 대법원 2016.11.25. 선고 2016다211309 판결.
64) 대법원 1999.08.20. 선고 99다18039 판결. 지명채권의 양도통지를 한 후 양도계약이 해제 또는 합의해제된 경우에 채권양도인이 해제 등을 이유로 다시 원래의 채무자에 대하여 양도채권으로 대항하려면 채권양도인이 채권양수인의 동의를 받거나 채권양수인이 채무자에게 위와 같은 해제 등 사실을 통지하여야 한다. 이 경우 위와 같은 대항요건이 갖추어질 때까지 양도계약의 해제 등을 알지 못한 선의인 채무자는 해제 등의 통지가 있은 다음에도 채권양수인에 대한 반대채권에 의한 상계로써 채권양도인에게 대항할 수 있다(대법원 2012.11.29. 선고 2011다17953 판결).
65) 대법원 2009.12.10. 선고 2007다30171 판결.
66) 대법원 2002.02.08. 선고 2000다50596 판결.
67) 대법원 1994.05.10. 선고 93다25417 판결 등 참조.

자가 물상보증인 소유의 부동산에 대해 먼저 경매를 신청한 경우에 비로소 상계할 것을 기대할 수 있는데, 이처럼 우연한 사정에 의하여 좌우되는 상계에 대한 기대가 물상보증인 소유의 부동산에 대한 후순위저당권자가 가지는 법적 지위에 우선할 수 없다.[68]

(6) 채무자회생법 제145조 제4호 본문은 회생절차가 개시된 회생채무자의 채무자가 지급의 정지, 회생절차개시의 신청 등 회생채무자의 위기상태의 존재를 알면서 회생채권을 취득한 때에는 그 회생채권을 자동채권으로 하는 상계를 할 수 없도록 제한하고 있다. 그리고 다시 그에 대한 예외로서, 같은 조 제4호 단서, 제2호 단서 (나)목에서는 회생채무자의 채무자가 회생채무자의 지급의 정지, 회생절차개시의 신청 등이 있은 것을 알기 전에 생긴 원인에 의하여 회생채권을 취득한 때에는 그 회생채권을 자동채권으로 하는 상계를 허용하고 있다. 이처럼 채무자회생법이 예외적으로 상계를 허용한 취지는 회생채권을 취득한 것은 회생채무자에게 위기상태가 생긴 이후이지만 그 이전에 이미 채권발생의 원인이 형성되어 있었던 경우에는 상계에 대한 회생채권자의 기대를 보호해 줄 필요가 있으므로, 그러한 경우에는 예외적으로 상계를 할 수 있도록 한 것이다. 이러한 규정 취지를 고려해 보면, 제145조 제2호 단서 (나)목에서의 '원인'은 채권자에게 상계의 기대를 발생시킬 정도로 직접적인 것이어야 할 뿐 아니라 구체적인 사정을 종합하여 상계의 담보적 작용에 대한 회생채권자의 신뢰를 보호할 가치가 있는 정당한 것으로 인정되는 경우를 의미한다. 그런데 채무자회생법은 파산절차에서도 마찬가지로 제422조 제4호 본문에서 파산선고를 받은 채무자의 채무자가 지급정지 또는 파산신청이 있었음을 알고 파산채권을 취득한 때에는 그 파산채권을 자동채권으로 하는 상계를 할 수 없도록 제한하면서, 같은 조 제4호 단서, 제2호 단서 (나)목에서 파산채무자의 채무자가 지급정지 또는 파산신청이 있었음을 알기 전에 생긴 원인에 의하여 파산채권을 취득한 때에는 예외적으로 그 파산채권을 자동채권으로 하는 상계를 허용하고 있다. 이처럼 파산절차에서 예외적으로 상계를 허용하고 있는 취지는 회생절차에서의 그것과 마찬가지로 위기 이전에 존재한 파산채권자의 상계에 대한 정당한 기대를 보호하기 위한 것이므로, 채무자회생법 제145조 제2호 단서 (나)목에서의 '원인'에 관한 법리는 제422조 제2호 단서 (나)목에서의 '원인'에 관하여도 마찬가지로 적용되어야 한다.[69]

(7) 조합에 대한 채무자는 그 채무와 조합원에 대한 채권으로 상계할 수는 없는 것이므로(민법 제715조), 조합으로부터 부동산을 매수하여 잔대금 채무를 지고 있는 자가 조합원 중의 1인에 대하여 개인 채권을 가지고 있다고 하더라도 그 채권과 조합과의 매매계약으로 인한 잔대금 채무를 서로 대등액에서 상계할 수는 없다.[70]

(8) 질권설정자가 제3채무자에게 질권설정의 사실을 통지하거나 제3채무자가 이를 승낙한 때에는 제3채무자가 질권자의 동의 없이 질권의 목적인 채무를 변제하더라도 이로써 질권자에게 대항할 수 없고, 질권자는 민법 제353조 제2항에 따라 여전히 제3채무자에 대하여 직접

---

[68] 대법원 2017.04.26. 선고 2014다221777,221784 판결.
[69] 대법원 2019.01.31. 선고 2015다240041 판결.
[70] 대법원 1998.03.13. 선고 97다6919 판결.

채무의 변제를 청구할 수 있다. 제3채무자가 질권자의 동의 없이 질권설정자와 상계합의를 함으로써 질권의 목적인 채무를 소멸하게 한 경우에도 마찬가지로 질권자에게 대항할 수 없고, 질권자는 여전히 제3채무자에 대하여 직접 채무의 변제를 청구할 수 있다.[71]

(9) 부동산 매수인의 매매잔대금 지급의무와 매도인의 가압류기입등기말소의무가 동시이행관계에 있었는데 위 가압류에 기한 강제경매절차가 진행되자 매수인이 강제경매의 집행채권액과 집행비용을 변제공탁한 경우 매도인은 매수인에 대해 대위변제로 인한 구상채무를 부담하게 되고, 그 구상채무는 가압류기입등기말소의무의 변형으로서 매수인의 매매잔대금 지급의무와 여전히 대가적인 의미가 있어 서로 동시이행관계에 있으므로, 매수인은 매도인의 매매잔대금채권에 대해 가압류로부터 본압류로 전이하는 압류 및 추심명령을 받은 채권자에게 가압류 이후에 발생한 위 구상금채권에 의한 상계로 대항할 수 있다고 한 사례.[72]

[참고] 상계금지채권의 유형 요약

유 형	자동채권	수동채권	근 거
동시이행의 항변권	상계금지	상계허용	자동채권 → 상계자 일방의 의사에 기한 상대방의 항변권 행사 기회 박탈은 부당 수동채권 → 항변권 포기 가능
부작위채무, 하는 채무	상계금지	상계금지	채무의 성질상 양 채권 중 어느 하나라도 해당하면 상계 불가
고의의 불법행위로 인한 손해배상채권	상계허용	상계금지	민법 제496조
압류금지채권		상계금지	민법 제497조

4 상계권의 행사

가. 상계의 의사표시

(1) 상계는 상대방에 대한 의사표시로 하고, 수동채권과 자동채권이 대립하고 있다는 사실만으로 당연히 채권소멸의 효과가 생기는 것은 아니다.[73] 상계의 의사표시는 묵시적으로도 가능하고,[74] 재판상으로도 할 수 있다.[75]

(2) 상계의 의사표시는 채무자(수동채권의 채권자)에게 하여야 하나, 수동채권이 양도된 경우에는

---

71) 대법원 2018.12.27. 선고 2016다265689 판결.
72) 대법원 2001.03.27. 선고 2000다43819 판결.
73) 대법원 2000.09.08. 선고 99다6524 판결 : 당사자 쌍방의 채무가 서로 상계적상에 있다 하더라도, 별도의 의사표시 없이도 상계된 것으로 한다는 특약이 없는 한, 그 자체만으로 상계로 인한 채무 소멸의 효력이 생기는 것은 아니고 상계의 의사표시를 기다려 비로소 상계로 인한 채무 소멸의 효력이 생긴다.
74) 채권자가 제기한 이행청구소송에서 채무자가 반대채권의 존재를 주장하고 이 채권만큼을 공제하여야 한다고 다툰 것은 상계의 주장을 한 것으로 본다(대법원 1980.07.08. 선고 80다118 판결).
75) 상계의 의사표시가 기재된 소장이나 답변서, 준비서면을 상대방에서 송달하는 방식으로 상계를 하는 경우가 많다.

양수인에게, 수동채권이 제3자에 의하여 압류되고 아직 추심명령이나 전부명령이 내려지지 아니한 경우에는 채무자나 압류채권자 어느 쪽에 대하여 하더라도 무방하다. 전부명령까지 내려진 경우에는 수동채권이 압류채권자에게 이전하므로 전부채권자가 상대방이 될 것이고, 추심명령이 내려진 경우에는 다툼이 있으나 채권을 행사할 권한을 가진 추심권자도 상대방이 된다.

(3) 어음채권을 자동채권으로 하는 상계에 있어서 어음의 제시와 교부를 필요로 하는가에 관하여 재판 외의 상계의 경우에는 어음의 제시와 교부가 상계의 효력발생요건이나,[76] 재판상의 상계의 경우에는 판례는 어음을 서증으로 법정에 제출하여 상대방에게 제시되게 함으로써 충분하다는 입장이다.[77]

나. 상계의 예약

(1) 판례는 당사자의 특약으로 상계의 의사표시 없이 장래 일정한 사유가 발생한 때에는 별도의 의사표시가 없어도 당연히 상계되는 것으로 약정한 경우 이러한 특약의 효력을 인정한다.[78]
(2) 상계의 특약이 없는 경우에는 상계적상이 발생한 것만으로 상계의 의사표시 없이 당연히 상계의 효과가 생기는 것은 아니다.[79]
(3) 은행여신거래기본약관에 의한 상계예약의 유효성을 인정하면 수동채권의 채권자인 예금주의 채권자가 예금채권을 압류한 경우 나아가 전부명령까지 받은 경우에도 은행은 예금주에 대한 대출금채권 등을 자동채권으로 한 상계가 가능한 것이 된다.

다. 상계권의 남용

(1) 일반적으로 당사자 사이에 상계적상이 있는 채권이 병존하는 경우 이를 상계할 수 있는 것이 원칙이다. 이러한 상계권자의 지위가 법률상 보호를 받는 것은 상계제도가 서로 대립하는 채권, 채무를 간이한 방법으로 결제함으로써 양자의 채권관계를 원활하고 공평하게 처리함을 목적으로 하고, 상계권을 행사하려고 하는 자에 대하여는 수동채권의 존재가 사실상 자동채권에 대한 담보로서의 기능을 하는 것이어서 그 담보적 기능에 대한 당사자의 합리적 기대가 법적으로 보호받을 만한 가치가 있음에 근거하는 것이다. 따라서 당사자가 상계의

---

[76] 소송 외에서 어음채권을 자동채권으로 하여 상계의 의사표시를 하는 경우에는 어음채무자의 승낙이 있다는 등의 사정이 없는 이상 어음의 교부가 필요불가결하고 어음의 교부가 없으면 상계의 효력이 생기지 않으며, 이때 어음의 교부는 상계의 효력발생요건이라 할 것이므로 상계의 의사표시를 하는 자가 이를 주장·입증하여야 한다(대법원 2008.07.10. 선고 2005다24981 판결).
[77] 대법원 1991.04.09. 선고 91다2892 판결.
[78] 상계의 경우에도 쌍방의 채무가 상계적상에 이르면 별도의 의사표시 없이도 상계된 것으로 한다는 특약을 할 수 있다. 그러나 공제 약정이 있으면 별도의 의사표시 없이도 당연히 공제되는 것이 원칙이다(대법원 2018.01.24. 선고 2015다69990 판결).
[79] 공사도급계약에 있어서 수수되는 이른바 선급금은 구체적인 기성고와 관련하여 지급된 공사대금이 아니라 전체 공사와 관련하여 지급된 공사대금이고, 이러한 점에 비추어 선급금을 지급한 후 계약이 해제 또는 해지되는 등의 사유로 수급인이 도중에 선급금을 반환하여야 할 사유가 발생하였다면, 특별한 사정이 없는 한 별도의 상계 의사표시 없이도 그때까지의 기성고에 해당하는 공사대금 중 미지급액은 선급금으로 당연히 충당된다(대법원 2016.01.28. 선고 2013다74110 판결).

대상이 되는 채권을 취득하거나 채무를 부담하게 된 목적과 경위, 상계권을 행사함에 이른 구체적, 개별적 사정에 비추어, 그것이 위와 같은 상계제도의 목적이나 기능을 일탈하고 법적으로 보호받을 만한 가치가 없는 경우에는 그 상계권의 행사는 신의칙에 반하거나 상계에 관한 권리를 남용하는 것으로서 허용되지 않는다고 하여야 하고, 상계권의 행사를 제한하는 위와 같은 근거에 비추어 일반적인 권리 남용의 경우에 요구되는 주관적 요건을 필요로 하는 것은 아니다.[80]

(2) **사고신고담보금**은 어음 채무자가 지급은행에 하는 일종의 예금이기는 하지만 일반의 예금채권과는 달리 어음 발행인이 어음금 지급자금 부족을 은폐하고 거래정지처분을 면탈하기 위한 것이 아님을 보장하여 부도 제재 회피를 위한 사고 신고의 남용을 방지함과 아울러, 어음 소지인의 어음상의 권리가 확인되는 경우에는 당해 어음채권의 지급을 담보하려는 데 그 제도의 취지가 있으므로, 사고신고담보금을 예치받은 지급은행으로서는 어음 소지인이 정당한 어음상의 권리자임이 판명된 경우에는 언제든지 그의 지급 청구에 따라 사고신고담보금을 반환하는 것이 원칙이고, 어음 소지인이 정당한 권리자가 아니라고 판명되기도 전에 이를 어음 발행인에게 반환하거나 그에 대한 반대채권과 상계하는 것은 사고신고담보금을 별단예금으로 예치하게 한 취지에 어긋난다고 할 것이므로, 그 예금채권을 수동채권으로 한 지급은행의 상계는 정당한 어음상의 권리자임이 판명된 당해 어음 채권자에 대한 관계에서는 상계에 관한 권리를 남용하는 것으로서 무효이고, 이는 비록 어음 소지인이 약속어음의 지급제시일로부터 6개월 이내에 소송 계속 중임을 입증하는 서면을 지급은행에 제출한 바가 없고, 지급은행이 상계 처리를 한 이후에 사고신고담보금의 지급을 청구하였다고 하여도 마찬가지이다.[81]

(3) 송금의뢰인이 착오송금임을 이유로 거래은행을 통하여 혹은 수취은행에 직접 송금액의 반환을 요청하고 수취인도 송금의뢰인의 착오송금에 의하여 수취인의 계좌에 금원이 입금된 사실을 인정하고 수취은행에 그 반환을 승낙하고 있는 경우, 수취은행이 수취인에 대한 대출채권 등을 자동채권으로 하여 수취인의 계좌에 착오로 입금된 금원 상당의 예금채권과 상계하는 것은, 수취은행이 선의인 상태에서 수취인의 예금채권을 담보로 대출을 하여 그 자동채권을 취득한 것이라거나 그 예금채권이 이미 제3자에 의하여 압류되었다는 등의 특별한 사정이 없는 한, 공공성을 지닌 자금이체시스템의 운영자가 그 이용자인 송금의뢰인의 실수를 기화로 그의 희생 하에 당초 기대하지 않았던 채권회수의 이익을 취하는 행위로서 상계제도의 목적이나 기능을 일탈하고 법적으로 보호받을 만한 가치가 없으므로, 송금의뢰인에 대한 관계에서 신의칙에 반하거나 상계에 관한 권리를 남용하는 것이다.[82]

---

[80] 대법원 2013.04.11. 선고 2012다105888 판결.
[81] 대법원 1998.01.23. 선고 97다37104 판결.
[82] 대법원 2013.12.12. 선고 2012다72612 판결.

5 상계의 효과

(1) **채권의 소멸** : 상계의 의사표시에 의하여 자동채권과 수동채권은 대등액에서 소멸하고, 상계로 인한 채권소멸의 효과는 각 채무가 상계할 수 있는 때, 즉 상계적상이 발생한 때로 소급된다(제493조 제2항).[83]

(2) **상계의 철회** : 일단 상계의 의사표시에 의하여 채권채무가 소멸한 다음에는 상계의 철회는 허용되지 않는다. 다만 상계의 의사표시 후에 상계자의 상대방이 상계가 없었던 것으로 하기로 한 약정은 제3자에게 손해를 미치지 않는 한 계약자유의 원칙상 유효한 것으로 본다.[84]

[참고] 상계적상의 시점[85]

유 형	상계 적상일	내용 및 이유
양 채권의 변제기가 모두 도래한 이후에 상계의 의사표시를 한 경우	양 채권의 변제기가 도래한 날	원칙
자동채권의 변제기만 도래한 때 상계의 의사표시를 한 경우	자동채권 변제기가 도래한 날	채무자가 수동채권에 대한 기한이익을 포기할 수 있다.
양수금채권이나 전부금채권을 자동채권으로 하여 상계하는 경우	채권양도의 대항요건을 갖는 날 또는 전부명령이 효력을 발생한 날	채권양도나 전부명령이 대항력이나 효력을 갖추어야 비로소 채권의 대립이 있음.
양도되거나 전부된 채권을 수동채권으로 하여 상계하는 경우	양 채권의 변제기가 모두 도래한 날	양 채권의 변제기가 도래한 이후에 채권양도나 전부명령의 대항력이나 효력이 생겼다면 이를 이유로 채무자나 제3채무자의 이익을 해할 수 없다.

〈상계항변 사례연습 1〉

다음의 각 사례에서 상계항변에 대한 요건사실을 설시하고 판결주문을 기재하시오.

1. 甲은 2018. 10. 1. 乙에게 2,000만을 이자 월 1%, 변제기 2019. 9. 30.으로 정하여 대여하였다. 그런데 乙은 甲에게 변제기가 2019. 8. 31.인 물품대금 채권 1,000만원이 있다. 乙이 변제기가 지나도록 대여원리금을 지급하지 아니하여 甲이 乙을 상대로 대여금청구의 소를 제기하자, 乙은 2020. 2. 1. 위 물품대금채권과 甲의 대여금채권을 대등액에서 상계하는 의사표시를 하였다.(자동채권변제기〉수동채권변제기(상계적상일)〉상계의사표시)

2. 甲은 2018. 10. 1. 乙에게 2,000만을 이자 월 1%, 변제기 2019. 9. 30.으로 정하여 대여하였다.

---

[83] 대법원 2015.10.29. 선고 2015다32585 판결 : 상계의 의사표시에 의하여 각 채무는 상계할 수 있는 때에 대등액에 관하여 소멸한 것으로 보게 되지만(민법 제493조 제2항), 위와 같은 상계의 소급효는 양 채권 및 이에 관한 이자나 지연손해금 등을 정산하는 기준시기를 소급하는 것일 뿐이고 특별한 사정이 없는 한 상계의 의사표시 전에 이미 발생한 사실을 복멸시키지는 아니한다.
[84] 대법원 1995.06.16. 선고 95다11146 판결.
[85] 안철상 외2, p.203~204 참조.

그런데 乙은 甲에게 변제기가 2019. 10. 31.인 물품대금 채권 1,000만원이 있다. 乙이 변제기가 지나도록 대여원리금을 지급하지 아니하여 甲이 乙을 상대로 대여금청구의 소를 제기하자, 乙은 2020. 2. 1. 위 물품대금채권과 甲의 대여금채권을 대등액에서 상계하는 의사표시를 하였다.(수동채권변제기>자동채권변제기(상계적상일)>상계의사표시)

3. 甲은 2018. 12. 1. 乙에게 3,000만원을 이자 월 1%, 변제기 2019. 11. 30.으로 정하여 대여하였다. 乙은 2019. 9. 1. 甲에게 별지목록 기재 건물을 대금 2,000만원에 매도하여 같은 날 甲에게 위 건물을 인도하고 甲 명의로 소유권이전등기를 마쳐준 후 대금은 2019. 9. 30. 지급받기로 약정하였다. 乙이 위 대여금채무의 이행을 지체하자 甲은 乙을 상대로 대여금청구의 소를 제기하였고, 乙은 2019. 11. 1. 甲에 대하여 위 양 채권을 대등액에서 상계한다는 의사를 표시하고 같은 날 그 의사표시가 甲에게 도달하였다.(자동채권변제기>상계의사표시>수동채권변제기)

〈요건사실 설시례〉

1.
(1) **자동채권의 존재** : 乙이 甲에게 물품을 공급하고 변제기가 2019. 8. 31.인 1,000만원의 물품대금채권이 존재한 사실
(2) **상계적상** : 甲의 乙에 대한 대여금채권의 변제기인 2019. 9. 30. 도래함으로써 甲과 乙의 양 채권은 모두 변제기에 도달하여 같은 날 상계적상이 있었던 사실
(3) **상계의 의사표시 및 도달** : 乙이 2020. 2. 1. 甲에 대하여 위 양 채권을 대등액에서 상계한다는 의사표시를 하여 같은 날 그 의사표시가 甲에게 도달한 사실
(4) **판단** : 이로써 甲의 대여금채권 원리금 22,400,000원{2,000만원 + (2,000만원 × 0.12)}은 위 상계적상일인 2019. 9. 30.에 소급하여 乙의 물품대금채권의 위 상계적상일까지의 원리금 10,041,666원{1,000만원 + (1,000만원× 0.05 × 1/12)}과 대등액의 범위에서 소멸하였다. 따라서 乙이 지급해야 할 대여금채무는 12,358,334원(22,400,00원-10,041,666원)과 상계적상일 다음날인 2019. 10. 1.부터 지연손해금 채권이 남게 된다.

☞ 〈주문〉 피고는 원고에게 12,358,334원 및 이에 대한 2019. 10. 1.부터 다 갚는 날까지 연 12%의 비율에 의한 돈을 지급하라.

2.
(1) **자동채권의 존재** : 乙이 甲에게 물품을 공급하고 변제기가 2019. 10. 31.인 1,000만원의 물품대금채권이 존재한 사실
(2) **상계적상** : 甲의 乙에 대한 대여금채권의 변제기가 2019. 10. 31. 도래함으로써 甲과 乙의 양 채권은 모두 변제기에 도달하여 같은 날 상계적상이 있었던 사실
(3) **상계의 의사표시 및 도달** : 乙이 2020. 2. 1. 甲에 대하여 위 양 채권을 대등액에서 상계한다는 의사표시를 하여 같은 날 그 의사표시가 甲에게 도달한 사실
(4) **판단** : 이로써 甲의 대여금채권 중 상계적상일까지의 이자 및 지연손해금 520만 원(2,000만원 × 0.01 × 13)}과 그 원금 2,000만 원은 위 상계적상일에 소급하여 乙의 물품대금채권의 상계적상일까지의 원

리금 10,000,000원과 대등액의 범위에서 순차로 소멸하였다. 따라서 乙이 지급하여야 할 대여금채무는 원금 중 15,200,000원{20,000,000원-(10,000,000원-5,200,000원)}과 이에 대한 위 상계적상일 다음날인 2019. 11. 1.부터 지연손해금이 남게 된다.

☞ 〈주문〉 피고는 원고에게 15,200,000원 및 이에 대한 2019. 11. 1.부터 다 갚는 날까지 연 12%의 비율에 의한 돈을 지급하라.

3.
(1) 자동채권의 존재 : 乙이 2019. 9. 1. 甲에게 별제목록 기재 건물을 매도하고 매매대금 2,000만 원은 2019. 9. 30. 지급받기로 약정한 사실
(2) 상계적상 : 乙이 甲의 대여금채권에 대한 기한의 이익을 포기하고 상계한다는 의사를 표시함으로써 위 매매대금채권의 변제기인 2019. 9. 30. 상계적상에 있었던 사실
(3) 상계의 의사표시 및 도달 : 乙이 2019. 11. 1. 甲에 대하여 위 양 채권을 대등액에서 상계한다는 의사표시를 하여 같은 날 그 의사표시가 甲에게 도달한 사실
(4) 판단 : 이로써 甲의 대여금채권에 대한 위 변제기까지의 월 1%에 의한 약정이자 300만 원(3,000만원 × 0.01 × 10)과 그 원금 3,000만 원은 위 상계적상일에 소급하여 乙의 위 상계적상일까지의 매매대금채권 2,000만 원과 대등액의 범위에서 순차로 소멸하였다. 따라서 乙이 지급하여야 할 대여금채무는 원금 중 13,000,000원{3,000만원-(20,000,000원-3,000,000원)}과 이에 대한 위 상계적상일 다음날인 2019. 10. 1.부터 지연손해금이 남게 된다.

☞ 〈주문〉 피고는 원고에게 13,000,000원 및 이에 대한 2019. 10. 1.부터 다 갚는 날까지는 연 12%의 비율에 의한 돈을 지급하라.

〈상계항변 사례연습 2〉
다음과 같은 기초사실을 전제로 다음 물음에 답하시오.
〈기초사실〉 甲은 2018. 3. 1. 가구점을 운영하는 乙에게 1억 원을 이자 월2%, 변제기 2019. 2. 28.로 정하여 대여하였다.
乙은 2018. 12. 1. 甲과의 사이에 乙 소유의 사무용 의자 100개를 3,000만 원에 甲에게 매도하되, 甲은 그 대금을 2019. 3. 31.까지 지급하고, 이를 위반한 경우에는 그 다음날부터 월 2%의 비율에 의한 지연손해금을 지급하기로 약정하고, 2019. 3. 31.까지 위 매매계약에 따라 甲에게 사무용 의자 100개를 전부 인도하였다.
甲은 2019. 2. 1. 乙에 대한 위 대여금채권을 丙에게 양도하고 같은 날 내용증명으로 乙에게 이를 통지하였고, 그 통지는 2019. 2. 5. 乙에게 도달하였다.
丙이 2019. 6. 1. 乙을 상대로 양수금청구의 소를 제기하였다.
☞ 청구취지 : 피고는 원고에게 1억 원 및 이에 대한 2018. 3. 1.부터 다 갚는 날까지 연 24%의

비율로 계산한 돈을 지급하라.

　乙은 2019. 6. 10. 법원에 답변서를 제출하면서 위 사무용 의자 물품대금채권을 자동채권으로 하여 甲의 위 대여원리금채권과 서로 대등액에서 상계한다는 의사표시를 하였고, 그 의사표시가 기재된 답변서가 2019. 6. 10. 丙에게 송달되었다.

　〈문제〉 乙의 상계항변에 대한 요건사실을 설시하고, 乙의 상계항변이 인용될 경우를 대비한 丙의 변경된 청구취지를 기재하시오.

〈요건사실 설시례〉
(1) 자동채권의 존재 : 乙이 甲에게 사무용 의자 100개를 공급하고 변제기가 2019. 3. 31.인 3,000만 원의 물품대금채권이 존재한 사실
(2) 상계적상 : 甲의 乙에 대한 대여금채권의 변제기인 2019. 3. 31.이 도래함으로써 甲과 乙의 양 채권은 모두 변제기에 도달하여 날 상계적상에 있었던 사실
(3) 상계의 의사표시 및 도달 : 乙이 2019. 6. 10. 甲에 대하여 위 양 채권을 대등액에서 상계한다는 의사표시가 기재된 답변서를 제출하여 2019. 6. 15. 그 의사표시가 기재된 답변서가 甲에게 도달한 사실
(4) 판단 : 이로써 甲의 대여금채권 중 상계적상일까지(2018. 3. 1.부터 2019. 3. 31.까지) 의 이자 및 지연손해금 26,000,000원(1억 원 × 0.02 × 13)과 그 원금 1억 원은 위 상계적상일에 소급하여 상계적상일까지의 乙의 물품대금채권 30,000,000원과 대등액의 범위에서 순차로 소멸하였다. 그런데 乙의 채권액이 甲의 채권을 전부 소멸시킬 수 없으므로 법정변제충당의 법리에 따라 甲의 대여원리금 중 위 상계적상일까지의 이자와 지연손해금 합계 26,000,000원과 원금 중 4,000,000원은 위 상계적상일에 소급하여 乙의 위 물품대금채권과 대등액의 범위에서 순차로 소멸하였다.
(5) 결론 : 따라서 乙은 丙에게 양수금 96,000,000원{1억 원-(30,000,000원-26,000,000원)} 및 이에 대한 위 상계적상일 다음날인 2019. 4. 1.부터 다 갚는 날까지 약정이율에 의한 연 24%의 비율로 계산한 지연손해금을 지급할 의무가 있다.

〈변경된 청구취지〉
☞ 피고는 원고에게 96,000,000원 및 이에 대한 2019. 4. 1.부터 다 갚는 날까지 연 24%의 비율로 계산한 돈을 지급하라.

〈참고판례 1〉 지명채권의 양도는 양도인이 채무자에게 통지하거나 채무자가 승낙하지 않으면 채무자에게 대항하지 못한다(민법 제450조 제1항). 채무자가 채권양도 통지를 받은 경우 채무자는 그때까지 양도인에 대하여 생긴 사유로써 양수인에게 대항할 수 있고(제451조 제2항), 당시 이미 상계할 수 있는 원인이 있었던 경우에는 아직 상계적상에 있지 않더라도 그 후에 상계적상에 이르면 채무자는 양수인에 대하여 상계로 대항할 수 있다.
민법 제451조 제1항 본문은 "채무자가 이의를 보류하지 아니하고 전조의 승낙을 한 때에는 양도인에게 대항할 수 있는 사유로써 양수인에게 대항하지 못한다."라고 정하고 있다. 이 조항은 채무자의 이의를 보류하지 않은 승낙이라는 사실에 공신력을 주어 양수인을 보호하고 거래의 안전을 꾀하기 위한 것이다. 여기에서 양도인에게 대항할 수 있지만 양수인에게는 대항하지 못하는 사유는 협의의 항변권에 한정되지

않고 넓게 채권의 성립·존속·행사를 저지하거나 배척하는 사유를 포함한다(대법원 1997.05.30. 선고 96다22648 판결 등 참조).

채무자가 이 조항에 따른 이의를 보류하지 않은 승낙을 할 때에 명시적으로 항변사유를 포기한다거나 양도되는 채권에 대하여 이의가 없다는 뜻을 표시할 것까지 요구하지는 않는다. 그러나 이의를 보류하지 않은 승낙으로 말미암아 채무자가 양도인에 대하여 갖는 대항사유가 단절되는 점을 감안하면, 채무자가 이 조항에 따라 이의를 보류하지 않은 승낙을 했는지 여부는 문제 되는 행위의 내용, 채무자가 그 행위에 이른 동기와 경위, 채무자가 그 행위로 달성하려고 하는 목적과 진정한 의도, 그 행위를 전후로 채무자가 보인 태도 등을 종합적으로 고려하여 양수인으로 하여금 양도된 채권에 대하여 대항사유가 없을 것을 신뢰하게 할 정도에 이르렀는지를 감안하여 판단해야 한다(대법원 2019.06.27. 선고 2017다222962 판결).

〈참고판례 2〉 상계의 의사표시가 있는 경우, 채무는 상계적상 시에 소급하여 대등액에서 소멸한 것으로 보게 되므로, 상계에 의한 양 채권의 차액 계산 또는 상계충당은 상계적상의 시점을 기준으로 하게 된다. 따라서 그 시점 이전에 수동채권의 변제기가 이미 도래하여 지체가 발생한 경우에는 상계적상 시점까지의 수동채권의 지연손해금을 계산한 다음 자동채권으로 그 지연손해금을 먼저 소각하고 잔액을 가지고 원본을 소각하여야 한다. 그리고 상계를 주장하면 그것이 받아들여지든 아니하든 상계하자고 대항한 액수에 대하여 기판력이 생기므로(민사소송법 제216조 제2항), 상계의 항변이 이유 있고 일견하여 자동채권의 수액이 수동채권의 수액을 초과한 것이 명백해 보이는 경우라도, 상계적상의 시점 이전에 수동채권의 변제기가 이미 도래하여 지체가 발생한 상태라고 인정된다면, 법원으로서는 상계에 의하여 소멸되는 채권의 금액을 일일이 계산할 것까지는 없다고 하더라도, 최소한 상계적상의 시점 및 수동채권의 지연손해금 기산일과 이율 등을 구체적으로 특정해 줌으로써 자동채권에 대하여 어느 범위에서 상계의 기판력이 미치는지 판결 이유 자체로 당사자가 분명하게 알 수 있을 정도까지는 밝혀 주어야 한다(대법원 2013.11.14. 선고 2013다46023 판결).

〈상계항변 사례연습 3〉
〈기초사실〉 甲은 2016. 12. 20. 乙에 대한 3,000만 원의 대여금채권의 집행보전을 위하여 乙의 丙에 대하여 가지고 있는 2,000만 원의 물품대금채권(발생일 2016. 6. 1. 별도 이자 약정 없음)에 대하여 가압류신청을 하고 그 가압류결정은 2016. 12. 23. 丙에게 송달되었다. 그 후 甲은 乙에 대한 대여금청구사건의 집행력 있는 판결정본에 기하여 채권압류 및 전부명령신청을 하여 2017. 3. 10. 위 가압류를 본압류로 전이함과 동시에 위 압류채권에 대한 전부명령을 받았고, 그 전부명령은 2017. 3. 12. 乙 및 丙에게 각 송달되었으며 그 무렵 위 전부명령이 확정되었다.
甲은 2017. 3. 25. 丙을 상대로 위 2,000만 원의 전부금청구의 소를 제기하였다. 한편, 丙은 2016. 12. 21. 乙에 대하여 4,000만 원의 보수금채권을 취득하여 가지고 있다.
1. 乙의 丙에 대한 채권의 변제기가 2017. 6. 1.이고, 丙의 乙에 대한 채권의 변제기가 2017. 4. 1.이었는데, 丙이 위 소송 진행 중인 2017. 4. 7. 변론기일에서 위 보수금채권을 자동채권으로 하여 위 2,000만 원의 물품대금채권과 대등액에서 상계한다는 항변을 하였다.

(1) 위 상계항변의 인용 여부와 근거를 밝히시오(장래이행의 소의 요건은 갖춘 것으로 전제할 것).[86]
  (2) 丙의 상계항변에 대한 판단을 설시하시오.[87]
  (3) 丙의 乙에 대한 채권의 변제기가 2017. 5. 1.인 경우에는 어떻게 되는가?[88]
2. 乙의 丙에 대한 채권의 변제기가 2017. 4. 5.이고, 丙의 乙에 대한 채권의 변제기가 2017. 4. 1.인데 丙의 상계항변이 없는 상태에서 2017. 4. 7. 변론이 종결되어 2017. 4. 14. 丙은 甲에게 2,000만 원을 지급하라는 甲 승소판결이 선고되고 그 판결이 확정되었다. 丙은 2017. 4. 20. 甲에 대하여 丙의 乙에 대한 보수금채권을 자동채권으로 하여 판결이 확정된 甲의 위 2,000만 원의 채권과 상계한다는 의사표시를 하였다.
  (1) 丙의 甲에 대한 위 2,000만 원의 채무가 소멸하는가?[89]
  (2) 소멸한다면 丙은 어떠한 소송을 통하여 이를 주장할 수 있는가?[90]
  (3) 丙이 상계의 의사표시를 乙에게 하는 경우는 어떻게 되는가?[91]

〈상계항변 사례연습 4〉 다음 각 경우에 상계가 허용되는가?
1. 항변권이 붙어 있는 채권을 자동채권으로 하여 다른 채무(수동채권)와의 상계가 허용되는가?[92]
2. 자동채권과 수동채권이 동시이행관계에 있는 경우에도 상계가 허용되는가?[93]

---

86) 가압류명령을 받은 제3채무자가 가압류 채무자에 대한 자동채권을 가지고 있는 경우에 가압류 채권자에게 상계로서 대항하기 위하여는 가압류의 효력 발생 당시에 양 채권이 상계적상에 있거나, 자동채권이 압류 당시 변제기에 달하지 아니한 경우에는 피압류채권인 수동채권의 변제기와 동시에 또는 그보다 먼저 변제기에 도달하는 경우이어야 한다. 따라서 사례의 경우 자동채권의 변제기(2017. 4. 1.)가 수동채권의 변제기(2017. 6. 1.)보다 먼저 도달하는 경우이므로 丙의 상계항변이 인용되어야 한다.
87) 피고는 소외 乙에 대한 4,000만 원의 보수금채권으로 위 대여금채권과 상계한다고 항변한다. 채권가압류명령을 받은 제3채무자가 가압류 채무자에 대한 자동채권을 가지고 있고 가압류 당시 수동채권인 피압류채권과 자동채권이 상계적상에 있거나 자동채권의 변제기가 피압류채권의 변제기와 동시에 또는 그보다 먼저 변제기에 도달하는 경우에 제3채무자는 수동채권에 대한 상계로 가압류 채권자에게 대항할 수 있고, 그 가압류에 기하여 압류 및 전부명령이 발하여진 경우에는 제3채무자는 전부채권자에 대하여 직접 상계의 의사표시를 할 수 있다.
피고는 2016. 12. 21. 소외 乙과 사이에 피고가 위 乙로부터 2017. 4. 1. 4,000만 원의 보수금을 지급받기로 약정한 사실을 인정할 수 있고, 피고의 보수금채권의 변제기가 2017. 4. 1. 도래함으로써 피고와 원고의 양 채권은 모두 변제기가 도래하여 같은 날 상계적상에 있었다 할 것이고, 피고가 2017. 4. 7. 변론기일에서 위 양 채권을 대등액에서 상계한다는 의사를 표시하였으므로 이로써 원고의 위 대여금채권과 피고의 보수금채권은 원금과 대등액의 범위에서 모두 소멸하였다 할 것이니 피고의 위 항변은 이유 있다.
88) 자동채권이 압류 당시 변제기에 달하지 아니한 경우에는 피압류채권인 수동채권의 변제기와 동시에 또는 그보다 먼저 변제기에 도달하는 경우이기는 하지만, 상계의 의사표시를 한 2017. 4. 7. 현재 자동채권의 변제기가 도래하지 않아 상계의 요건을 갖추지 못하였으므로 피고의 상계항변은 이유 없다.
89) 당사자 쌍방의 채무가 서로 상계적상에 있다 하더라도 그 자체만으로 상계로 인한 채무소멸의 효력이 생기는 것은 아니고, 상계의 의사표시를 기다려 비로소 상계로 인한 채무소멸의 효력이 생긴다.
90) 채무자가 집행권원인 확정판결의 변론종결 전에 상대방에 대하여 상계적상에 있는 채권을 가지고 있었다 하더라도 집행권원인 확정판결의 변론종결 후에 이르러 비로소 상계의 의사표시를 한 때에는 적법한 청구이의의 사유가 된다. 따라서 사례의 경우 채무는 소멸하고 丙은 청구이의의 소를 제기하여 확정판결의 집행력을 배제할 수 있다.
91) 전부명령이 있는 경우 압류채권이 전부채권자에게 이전되는 것이므로 제3채무자는 전부채권자에게 상계의 의사표시를 하여야 하고, 乙에게 상계의 의사표시를 하면 상계의 효력이 발생하지 않는다.

3. 금전채권에 대한 가압류로부터 본압류로 전이하는 압류 및 추심명령이 있는 경우 제3채무자의 채무자에 대한 자동채권이 수동채권인 피압류채권과 동시이행관계에 있는 경우에도 상계가 허용되는가?[94]
4. 부진정연대채무자 중 1인이 자신의 채권자에 대한 반대채권으로 상계를 한 경우 그 상계로 인한 채무소멸의 효력은 다른 부진정연대채무자에 대하여도 미치는가?[95] 부진정연대채무에 있어서 1인의 부진정연대채무자가 채권자에 대하여 상계할 채권을 가지고 있음에도 상계를 하지 않고 있는 경우에 다른 부진정연대채무자가 그 채권을 가지고 상계를 할 수 있는가?[96]
5. 소송상 방어방법으로 상계항변이 제출되었으나, 조정이 성립된 경우에 상계항변의 사법상 효력은 어떻게 되는가?[97]
6. 피고의 소송상 상계항변에 대하여 원고가 소송상 상계의 재항변을 할 수 있는가?[98]
7. 고의의 불법행위로 인한 손해배상채권을 자동채권이나 수동채권으로 한 상계가 허용되는가?[99]
8. 상대방이 제3자에 대하여 가지는 채권을 수동채권으로 하는 상계항변이 허용되는가?[100]
9. 상계의 의사표시에 조건 또는 기한을 붙일 수 있는가?[101]
10. 어음채권을 자동채권으로 하여 상계항변을 하였으나 어음의 교부가 없는 경우에는 어떻게 되는가?[102]
11. 양도 또는 대위되는 채권이 원래 압류금지채권인 경우에도 이를 수동채권으로 한 상계로써 양수인 또는 대위채권자에게 대항할 수 있는가?[103]
12. 근로자의 임금채권 또는 퇴직금채권과 불법행위나 채무불이행을 원인으로 손해배상채권과 상계할 수 있는가?[104]
13. 수동채권의 압류 및 추심명령이나 전부명령 전에 취득한 자동채권으로 상계할 수 있는가?[105]

---

92) 대법원 2001.11.13. 선고 2001다55222 판결〈불허〉
93) 동시이행의 항변권의 대항을 받는 채권을 자동채권으로 하여 상대방의 채권과의 상계를 허용하면 상계자 일방의 의사표시에 의하여 상대방의 항변권 행사의 기회를 상실시키는 결과가 되어서 그러한 상계는 허용될 수 없는 것이 원칙이다(대법원 2014.04.30. 선고 2010다11323 판결). 그러나 자동채권과 수동채권이 서로 동시이행관계에 있는 경우에는 이러한 우려가 없으므로 상계가 허용된다(대법원 2001.03.27. 선고 2000다43819 판결).
☞ 자동채권에 동시이행의 항변권이 붙어있는 때에는 성질상 상계가 허용되지 않는다. 일반적으로 채무의 성질상 상계가 허용되지 않는다는 사실은 **상계항변에 대한 재항변사유**이므로 상계의 효과를 다투는 원고가 자동채권에 동시이행의 항변권이 붙어있다는 사실의 주장증명책임을 진다.
☞ 자동채권의 발생에 관한 피고의 주장 자체에서 자동채권에 항변권이 붙어있는 것이 드러나는 경우에는 피고가 그 항변권의 발생장애사실 또는 소멸사실까지도 함께 주장하지 않으면 주장 자체로서 이유 없다.
94) 대법원 2001.03.27. 선고 2000다43819 판결〈상계허용〉 압류 및 전부명령의 경우 대법원 2010.03.25. 선고 2007다35152 판결 참조.
95) 대법원 2010.09.16. 선고 2008다97218 전원합의체 판결〈상계의 효력 긍정〉
96) 대법원 1994.05.27. 선고 93다21521 판결〈상계 불허〉
97) 수동채권의 존재에 관한 법원의 실질적인 판단이 이루어지지 아니한 경우에는 그 소송절차에서 행하여진 소송상 상계항변의 사법상 효과도 발생하지 않는다(대법원 2013.03.28. 선고 2011다3329 판결).
98) 대법원 2014.06.12. 선고 2013다95964 판결〈불허〉
99) 민법 제496조는 고의의 불법행위로 인한 손해배상채권을 수동채권으로 하는 상계를 금지하는 것일 뿐 이를 자동채권으로 하여 상계하는 것까지 금지하는 것은 아니다.
☞ 청구원인 단계에서 인정된 채권이 고의의 불법행위로 인한 손해배상채권인 경우와 같이 상계가 허용되지

않는 채권임이 드러난 경우에는 이를 수동채권으로 한 피고의 상계항변은 주장 자체로 이유 없다.
100) 대법원 2011.04.28. 선고 2010다101394 판결〈불허〉
101) 민법 제493조 제1항 후문 참조. 상계의 의사표시에 조건 또는 기한이 붙어있다는 사실은 상계항변에 대한 재항변사유.
102) 어음채권을 자동채권으로 하여 상계의 의사표시를 하는 경우 ① 재판상 상계의 경우에는 어음을 서증으로 법정에 제출하여 상대방에게 제시함으로써 충분하나, ② 재판 외 상계의 경우에는 어음채무자의 승낙이 없는 이상 어음의 교부가 필요불가결하고 어음의 교부가 없으면 상계의 효력이 생기지 않는다. 이 때 어음의 교부는 상계의 효력발생요건이라 할 것이어서 상계의 의사표시를 하는 자가 이를 주장·증명하여야 한다(대법원 2008.07.10. 선고 2005다24981 판결).
103) 양도 또는 대위되는 채권이 원래 압류가 금지되는 것이었던 경우에는, 처음부터 이를 수동채권으로 한 상계로 채권자에게 대항하지 못하던 것이어서 그 채권의 존재가 채무자의 자동채권에 대한 담보로서 기능할 여지가 없고 따라서 그 담보적 기능에 대한 채무자의 합리적 기대가 있다고도 할 수 없으므로, 그 채권이 양도되거나 대위의 요건이 구비된 이후에 있어서도 여전히 이를 수동채권으로 한 상계로써 채권양수인 또는 대위채권자에게 대항할 수 없다고 봄이 상당하다(대법원 2009.12.10. 선고 2007다30171 판결).
104) 근로기준법 제42조 제1항 본문에서 "임금은 통화로 직접 근로자에게 그 전액을 지급하여야 한다."라고 규정하여 이른바 임금 전액지급의 원칙을 선언한 취지는 사용자가 일방적으로 임금을 공제하는 것을 금지하여 근로자에게 임금 전액을 확실하게 지급 받게 함으로써 근로자의 경제생활을 위협하는 일이 없도록 그 보호를 도모하려는 데 있으므로, 사용자가 근로자에 대하여 가지는 채권을 가지고 일방적으로 근로자의 임금채권을 상계하는 것은 금지된다고 할 것이지만, 사용자가 근로자의 동의를 얻어 근로자의 임금채권에 대하여 상계하는 경우에 그 동의가 근로자의 자유로운 의사에 터잡아 이루어진 것이라고 인정할 만한 합리적인 이유가 객관적으로 존재하는 때에는 근로기준법 제42조 제1항 본문에 위반하지 아니한다고 보아야 할 것이고, 다만 임금 전액지급의 원칙의 취지에 비추어 볼 때 그 동의가 근로자의 자유로운 의사에 기한 것이라는 판단은 엄격하고 신중하게 이루어져야 한다(대법원 2001.10.23. 선고 2001다25184 판결).
구 근로기준법(2005. 1. 27. 법률 제7379호로 개정되기 전의 것) 제42조 제1항 본문에 의하면 임금은 통화로 직접 근로자에게 그 전액을 지급하여야 하므로 사용자가 근로자에 대하여 가지는 채권으로써 근로자의 임금채권과 상계를 하지 못하는 것이 원칙이고, 이는 경제적·사회적 종속관계에 있는 근로자를 보호하기 위한 것인바, 근로자가 받을 퇴직금도 임금의 성질을 가지므로 역시 마찬가지이다. 다만 계산의 착오 등으로 임금을 초과 지급한 경우에, 근로자가 퇴직 후 그 재직 중 받지 못한 임금이나 퇴직금을 청구하거나, 근로자가 비록 재직 중에 임금을 청구하더라도 위 초과 지급한 시기와 상계권 행사의 시기가 임금의 정산, 조정의 실질을 잃지 않을 만큼 근접하여 있고 나아가 사용자가 상계의 금액과 방법을 미리 예고하는 등으로 근로자의 경제생활의 안정을 해할 염려가 없는 때에는, 사용자는 위 초과 지급한 임금의 반환청구권을 자동채권으로 하여 근로자의 임금채권이나 퇴직금채권과 상계할 수 있다. 그리고 이러한 법리는 사용자가 근로자에게 이미 퇴직금 명목의 금원을 지급하였으나 그것이 퇴직금 지급으로서의 효력이 없어 사용자가 같은 금원 상당의 부당이득반환채권을 갖게 된 경우에 이를 자동채권으로 하여 근로자의 퇴직금채권과 상계하는 때에도 적용된다. 한편 민사집행법 제246조 제1항 제5호는 근로자인 채무자의 생활보장이라는 공익적, 사회 정책적 이유에서 '퇴직금 그 밖에 이와 비슷한 성질을 가진 급여채권의 2분의 1에 해당하는 금액'을 압류금지채권으로 규정하고 있고, 민법 제497조는 압류금지채권의 채무자는 상계로 채권자에게 대항하지 못한다고 규정하고 있으므로, 사용자가 근로자에게 퇴직금 명목으로 지급한 금원 상당의 부당이득반환채권을 자동채권으로 하여 근로자의 퇴직금채권을 상계하는 것은 퇴직금채권의 2분의 1을 초과하는 부분에 해당하는 금액에 관하여만 허용된다고 봄이 상당하다(대법원 2010.05.20. 선고 2007다90760 전원합의체 판결).
105) 추심명령이나 전부명령은 압류명령을 전제로 발령되는 것이므로 압류명령에 의하여 압류된 채권 즉 민법 498조의 지급금지채권을 대상으로 하는 하는 것이고 따라서 제3채무자로서는 압류명령 송달 후(가압류에서 본압류로 전이된 경우에는 가압류명령 송달 후) 취득한 채무자에 대한 채권을 자동채권으로 하여 추심채권이나 피전부채권과의 상계를 주장할 수 없다.
나아가 압류명령 송달 전에 이미 취득한 채무자에 대한 채권인 경우에도 양 채권이 상계적상에 있거나 자동채권이 변제기에 달하지 않은 경우에는 그것이 수동채권의 변제기와 동시에 또는 그보다 먼저 변제기에 도달하는 경우에만 상계할 수 있으므로, 채무자에 대한 채권을 자동채권으로 하여 추심채권 또는 피전부채권과의 상계를 주장하기 위하여는 피고는 압류명령 송달 전에 자동채권이 발생한 사실과 더불어 위 변제기에 관한 사실(양 채권이 상계적상에 있거나 자동채권이 수동채권의 변제기와 동시에 또는 그보다 먼저 변제기에 도달하는 사실)까지 증명하

[6] 동시이행 항변의 소송상 취급

〈동시이행항변과 관련된 소송 진행의 구도〉
☞ 이행청구 ⇨
　　　　　⇦ 동시이행항변
　재항변 ⇨
* 반대채권의 이행기 미도래
* 이행 또는 이행의 제공의 계속
* 권리남용
* 항변권포기
* 불안의 항변권

〈동시이행항변의 요건사실〉
❶ 동일한 쌍무계약에 기하여 발생하는 대립하는 채무가 존재할 것
❷ 상대방의 채무가 변제기에 있을 것
❸ 항변권 행사 사실

1 동시이행항변권의 법적 취급

(1) **연기적 항변권** : 쌍무계약에서 상대방이 그 채무이행을 제공할 때까지 자기의 채무이행을 거절할 수 있는 당사자 일방의 권리. 채무의 부담 자체는 인정하면서 그 이행을 거절할 수 있도록 하는 법적 장치. 상대방의 성실한 채무이행에 대한 가장 효과적이 압력수단이면서 상대방의 채무불이행 등에 대비하여 자신의 피해를 최소화할 수 있는 안전장치. 판례는 공평의 관점에서 동시이행항변권의 적용범위를 확장하고 있다.

(2) **이행상의 견련관계** : 동시이행의 항변권은 공평의 관념과 신의칙에 입각하여 각 당사자가 부담하는 채무가 서로 대가적 의미를 가지고 관련되어 있을 때 그 이행에 있어서 견련관계를 인정하여 당사자 일방은 상대방이 채무를 이행하거나 이행의 제공을 하지 아니한 채 당사자 일방의 채무의 이행을 청구할 때에는 자기의 채무이행을 거절할 수 있도록 하는 제도인바, 이러한 제도의 취지에서 볼 때 당사자가 부담하는 각 채무가 쌍무계약에 있어 고유의 대가

여야 한다.
다만, 위와 같이 자동채권, 즉 채무자에 대한 채권은 압류명령 송달 당시에 적어도 발생은 하고 있어야 함이 원칙이나, 자동채권으로 삼으려는 채무자에 대한 채권이 그때까지 아직 발생되어 있지 않았더라도 그 발생과 동시에 수동채권과 동시이행관계에 놓이는 경우에는 그 자동채권의 발생기초가 되는 원인이 수동채권의 압류 이전부터 이미 성립하여 존재하고 있었다 할 것이므로 그러한 채권은 자동채권이 될 수 있다. 이러한 경우 자동채권은 발생과 동시에 수동채권과 상계적상에 있게 되므로 피고로서는 자동채권의 발생사실과 자동채권이 수동채권과 동시이행관계에 있는 사실만 주장·증명하면 된다.

관계에 있는 채무가 아니라고 하더라도, 구체적인 계약관계에서 각 당사자가 부담하는 채무에 관한 약정 내용에 따라 그것이 대가적 의미가 있어 이행상의 견련관계를 인정하여야 할 사정이 있는 경우에는 동시이행의 항변권을 인정할 수 있다.[1]

(3) **소송상 동시이행의 항변** : 매매를 원인으로 한 소유권이전등기청구에 있어서 매수인이 매매계약 사실을 주장, 증명하면, 특단의 사정이 없는 한, 매도인은 소유권이전등기의무가 있게 되는 것이며, 매도인이 매매잔대금을 수령한 바 없다면 동시이행의 항변을 제기하여야 하는 것이고 법원은 매도인의 이와 같은 항변이 있을 때에 비로소 매수인의 매매잔대금지급 사실의 유무를 심리하여 매수인이 매매잔대금을 지급하지 않았다면 매도인에 대하여 매수인으로부터 매매잔대금을 지급받음과 동시에 소유권이전등기절차를 이행하라는 판결을 할 수 있는 것이다.[2]

(4) **동시이행판결** : 소송에서 각 당사자는 상대방이 동시이행의 항변권을 행사하지 않는 한 자신의 이행청구권을 아무 제한 없이 행사하고 관철할 수 있으며,[3] 피고가 항변권을 행사하면 원고가 피고의 선이행의무를 증명하지 못하는 한 법원은 원고에 대하여 상환(동시)이행판결을 하게 된다. 이 경우 동시이행판결을 하는 것이 처분권주의에 반하는 것은 아니다.

(5) **간접적 주장** : 동시이행의 항변권에 관하여 간접적 주장을 인정하여 주장책임을 완화하고 석명권 행사를 강조하는 경우가 있다.[4]

(6) **유치권과의 관계** : 동시이행의 항변권은 쌍무계약의 계약 상대방에 대하여만 주장할 수 있으나, 유치권은 누구에 대하여도 그 점유물의 인도를 거절할 수 있는 담보물권이다.[5] 유치권

---

1) 대법원 2018.07.24. 선고 2017다291593 판결; 대법원 2019.07.10. 선고 2018다242727 판결 : 임차인의 임차목적물 반환의무는 임대차계약의 종료에 의하여 발생하나, 임대인의 권리금 회수 방해로 인한 손해배상의무는 상가건물 임대차보호법에서 정한 권리금 회수기회 보호의무 위반을 원인으로 하고 있으므로 양 채무는 동일한 법률요건이 아닌 별개의 원인에 기하여 발생한 것일 뿐 아니라 공평의 관점에서 보더라도 그 사이에 이행상 견련관계를 인정하기 어렵다. 따라서 피고들의 동시이행항변을 배척한 원심판단은 정당하다.
2) 매매계약이 해제 또는 무효로 되었다는 매도인의 항변에 매도인의 소유권이전등기의무와 매수인의 잔대금지급의무가 동시이행관계에 있다는 항변이 포함되어 있다고 볼 수 없다(대법원 1993.12.28. 선고 93다777 판결).
3) 이 사건 시계 납품계약이 유상쌍무계약의 성질을 띠고 있어 원고의 위 시계 인도의무와 피고의 대금 지급의무가 서로 동시이행관계에 있으나, 원고가 피고에 대하여 시계대금을 청구하기 위하여는 위 시계들에 대한 납품계약 체결사실을 주장·입증하면 족하고 시계를 피고에게 인도한 것까지 주장·입증할 필요는 없으며, 다만 피고로서는 시계 인도의무의 이행의 제공이 있을 때까지 그 대금의 지급을 거절한다는 취지의 동시이행항변을 주장할 수 있다 할 것인바, 피고는 원심 변론종결시까지 시계의 인도의무이행의 제공이 있을 때까지 그 대금의 지급을 거절한다는 취지의 동시이행항변을 한 바가 없음이 분명하므로, 원고의 피고에 대한 위 시계 인도의무의 이행의 제공이 이루어졌는지 여부에 구애됨이 없이 이 사건 시계 납품계약 체결사실을 확정하여 피고에게 그 대금의 지급을 명할 수 있다(대법원 1994.10.28. 선고 94다8679 판결).
4) 대법원 1995.02.28. 선고 93다53887 판결 : 원고는 민법 제536조 제2항을 들거나 동시이행의 항변권 또는 불안의 항변권을 행사하였다고 명확히 주장하지는 아니하였지만, 피고가 종전의 임가공비 지급을 지체하였기 때문에 가공원단을 납품하지 아니한 것이어서 자기의 납품거부행위가 채무불이행이 되지 아니하기 때문에 손해배상책임이 없다는 취지로 주장하였다면, 원고의 위 주장에는 자신의 납품거부행위가 동시이행의 항변권 또는 불안의 항변권의 행사로서 위법하지 아니하다는 주장을 포함하는 것으로 해석할 수 있어, 변론주의 위반의 위법이 없다고 본 사례.
5) 제한물권은 이해관계인의 이익을 부당하게 침해하지 않는 한 자유로이 포기할 수 있는 것이 원칙이다. 유치권은 채권자의 이익을 보호하기 위한 법정담보물권으로서, 당사자는 미리 유치권의 발생을 막는 특약을 할 수 있고 이러한 특약은 유효하다. 유치권 배제 특약이 있는 경우 다른 법정요건이 모두 충족되더라도 유치권은 발생하지 않

에 관한 규정은 강행규정이나 동시이행의 항변권에 관한 규정은 임의규정이다. 유치권이 소송상 행사된 경우에도 상환이행판결을 하는 점에서는 같다. 유치권과 동시이행의 항변권은 **병존할 수 있다.**[6]

(7) **권리남용** : 동시이행의 항변권의 행사가 권리남용이나 신의칙에 반하여 허용될 수 없는 경우가 있다.[7]

2 동시이행관계의 유추 및 확장

가. 매도인의 소유권이전등기의무(인도의무 포함)와 매수인의 잔금지급의무

(1) 부동산매매계약에서 발생하는 매도인의 소유권이전등기의무와 매수인의 매매잔대금지급의무는 동시이행관계에 있고, 동시이행의 항변권은 상대방의 채무이행이 있기까지 자신의 채무이행을 거절할 수 있는 권리이므로, 매수인이 매도인을 상대로 매매목적 부동산 중 일부에 대해서만 소유권이전등기의무의 이행을 구하고 있는 경우에도 매도인은 특별한 사정이 없는 한 그 매매잔대금 **전부**에 대하여 동시이행의 항변권을 행사할 수 있다.[8]

(2) 부동산의 매매계약이 체결된 경우에는 매도인의 소유권이전등기의무, 인도의무와 매수인의 잔대금 지급의무는 동시이행의 관계에 있는 것이 원칙이고, 이 경우 매도인은 특별한 사정이 없는 한 제한이나 부담이 없는 완전한 소유권이전등기의무를 지는 것이므로 매매목적 부동산에 지상권이 설정되어 있고 가압류등기가 되어 있는 경우에는 비록 매매가액에 비하여 소액인 금원의 변제로써 언제든지 말소할 수 있는 것이라 할지라도 매도인은 이와 같은 등기를 말소하여 완전한 소유권이전등기를 해 주어야 한다.[9] 부동산 매수인의 매매잔대금 지

는데, 특약에 따른 효력은 특약의 상대방뿐 아니라 그 밖의 사람도 주장할 수 있다(대법원 2018.01.24. 선고 2016다234043 판결).

[6] 〈사례〉 甲이 부친 乙의 스마트폰의 수리를 丙에게 의뢰하였는데 甲이 스마트폰의 반환을 구한 경우 丙은 동시이행의 항변권을 행사하여 보수의 지급이 있을 때까지 그 인도를 거절할 수도 있고(민법 제665조), 유치권을 행사하여 스마트폰의 반환을 거절할 수 있다. 乙이 시계의 반환을 구한 경우 丙은 계약관계가 없는 乙에 대하여 동시이행의 항변권을 내세워 그 반환을 거절할 수 없으나, 그 보수채권은 스마트폰에 관하여 생긴 채권이므로 丙은 그 스마트폰에 대하여 갖고 있는 유치권을 행사하여 乙에게 스마트폰의 반환을 거절할 수 있다.

[7] 동시이행의 항변권은 근본적으로 공평의 관념에 따라 인정되는 것인데, 임차인이 불이행한 원상회복의무가 사소한 부분이고 그로 인한 손해배상액 역시 근소한 금액인 경우에까지 임대인이 그를 이유로, 임차인이 그 원상회복의무를 이행할 때까지, 혹은 임대인이 현실로 목적물의 명도를 받을 때까지 원상회복의무 불이행으로 인한 손해배상액 부분을 넘어서 거액의 잔존 임대차보증금 전액에 대하여 그 반환을 거부할 수 있다고 하는 것은 오히려 공평의 관념에 반하는 것이 되어 부당하고, 그와 같은 임대인의 동시이행의 항변은 신의칙에 반하는 것이 되어 허용할 수 없다(대법원 1999.11.12. 선고 99다34697 판결). 임차인이 금 326,000원이 소요되는 전기시설의 원상회복을 하지 아니한 채 건물의 명도 이행을 제공한 경우, 임대인이 이를 이유로 금 125,226,670원의 잔존 임대차보증금 전액의 반환을 거부할 동시이행의 항변권을 행사할 수 없다고 한 사례.

[8] 대법원 2006.02.23. 선고 2005다53187 판결. 부동산 매매계약에 있어 매수인이 부가가치세를 부담하기로 약정한 경우, 부가가치세를 매매대금과 별도로 지급하기로 했다는 등의 특별한 사정이 없는 한 부가가치세를 포함한 매매대금 전부와 부동산의 소유권이전등기의무가 동시이행의 관계에 있다고 봄이 상당하다(대법원 2006.02.24. 선고 2005다58656,58663 판결).

[9] 대법원 2000.11.28. 선고 2000다8533 판결 : 매매목적 부동산에 가압류등기 등이 되어 있는 경우에는 매도인은 이와 같은 등기도 말소하여 완전한 소유권이전등기를 해 주어야 하는 것이고, 따라서 가압류등기 등이 있는 부동

급의무와 매도인의 가압류기입등기말소의무가 동시이행관계에 있었는데 위 가압류에 기한 강제경매절차가 진행되자 매수인이 강제경매의 집행채권액과 집행비용을 변제공탁한 경우 매도인은 매수인에 대해 대위변제로 인한 구상채무를 부담하게 되고, 그 구상채무는 가압류기입등기말소의무의 변형으로서 매수인의 매매잔대금 지급의무와 여전히 대가적인 의미가 있어 서로 동시이행관계에 있다.10)

(3) 매매목적물인 부동산에 근저당권설정등기나 가압류등기가 있는 경우에 매도인으로서는 위 근저당권설정등기나 가압류등기를 말소하여 완전한 소유권이전등기를 해 주어야 할 의무를 부담한다고 할 것이지만, 매매목적물인 부동산에 대한 근저당권설정등기나 가압류등기가 말소되지 아니하였다고 하여 바로 매도인의 소유권이전등기의무가 이행불능으로 되었다고 할 수 없고, 매도인이 미리 이행하지 아니할 의사를 표시한 경우가 아닌 한, 매수인이 매도인에게 상당한 기간을 정하여 그 이행을 최고하고 그 기간 내에 이행하지 아니한 때에 한하여 계약을 해제할 수 있다.11)

(4) 매수인이 선이행의무 있는 중도금을 지급하지 않았다 하더라도 계약이 해제되지 않은 상태에서 잔대금 지급일이 도래하여 그 때까지 중도금과 잔대금이 지급되지 아니하고 잔대금과 동시이행관계에 있는 매도인의 소유권이전등기 소요서류가 제공된 바 없이 그 기일이 도과하였다면, 다른 특별한 사정이 없는 한, 매수인의 중도금 및 잔대금의 지급과 매도인의 소유권이전등기 소요서류의 제공은 동시이행관계에 있다 할 것이어서 그 때부터는 매수인은 중도금을 지급하지 아니한 데 대한 이행지체의 책임을 지지 아니한다.12)

(5) 부동산매매에 있어서는 당사자가 특히 부동산 명도책임과 관계없이 잔대금 지급기일을 정한 것이거나 다른 특약이 있는 등 특별한 사정이 없다면 매매부동산의 인도 및 명도의무도 그 잔대금지급의무와 동시이행의 관계에 있다.13)

나. 임대차목적물 반환의무와 임대차보증금 반환의무

(1) 임대차계약의 기간이 만료된 경우에 임차인이 임차목적물을 명도할 의무와 임대인이 보증금 중 연체차임 등 당해 임대차에 관하여 명도시까지 생긴 모든 채무를 청산한 나머지를 반환할 의무는 동시이행의 관계가 있다.14)

(2) 임대차계약의 종료에 의하여 발생된 임차인의 목적물반환의무와 임대인의 연체차임 등을 공

산의 매매계약에 있어서는 매도인의 소유권이전등기 의무와 아울러 가압류등기의 말소의무도 매수인의 대금지급의무와 동시이행 관계에 있다.
10) 대법원 2001.03.27. 선고 2000다43819 판결. 따라서 매수인은 매도인의 매매잔대금채권에 대해 가압류로부터 본압류로 전이하는 압류 및 추심명령을 받은 채권자에게 가압류 이후에 발생한 위 구상금채권에 의한 상계로 대항할 수 있다.
11) 대법원 2003.05.13. 선고 2000다50688 판결.
12) 대법원 2002.03.29. 선고 2000다577 판결. ☞ 매수인의 〈미지급 중도금 + 미지급 중도금에 대한 중도금지급일 다음날부터 잔금지급일까지의 지연손해금(미지급 중도금 × 약정 지연손해금율 또는 연 5%·6%의 민·상사 법정이율 × 기간) + 잔금〉지급의무와 매도인의 소유권이전등기 및 인도의무가 동시이행관계에 놓이게 된다.
13) 대법원 1980.07.08. 선고 80다725 판결.
14) 대법원 1977.09.28. 선고 77다1241,1242 전원합의체 판결.

제한 나머지 보증금의 반환의무는 동시이행의 관계에 있으므로, 임대차계약 종료 후에도 임차인이 동시이행의 항변권을 행사하여 임차건물을 계속 점유하여 온 것이라면, 임대인이 임차인에게 보증금반환의무를 이행하였다거나 현실적인 이행의 제공을 하여 임차인의 건물명도의무가 지체에 빠지는 등의 사유로 동시이행의 항변권을 상실하지 않는 이상, 임차인의 건물에 대한 점유는 불법점유라고 할 수 없으며, 따라서 임차인으로서는 이에 대한 손해배상의무도 없다.15)

(3) 임대인과 임차인이 임대차계약을 체결하면서 임대차보증금을 전세금으로 하는 전세권설정등기를 경료한 경우 임대차보증금은 전세금의 성질을 겸하게 되므로, 당사자 사이에 다른 약정이 없는 한 임대차보증금 반환의무는 민법 제317조에 따라 전세권설정등기의 말소의무와도 동시이행관계에 있다.16)

(4) <u>임대인의 임대차보증금의 반환의무가 임차인의 임차권등기 말소의무보다 먼저 이행되어야 할 의무이다.</u>17)

(5) 임차인의 임차보증금반환청구채권이 전부된 경우에도 채권의 동일성은 그대로 유지되는 것이어서 동시이행관계도 당연히 그대로 존속한다고 해석할 것이므로 임대차계약이 해지된 후에 임대인이 잔존 임차보증금반환청구채권을 전부받은 자에게 그 채무를 현실적으로 이행하였거나 그 채무이행을 제공하였음에도 불구하고 임차인이 목적물을 명도하지 않음으로써 임차목적물반환채무가 이행지체에 빠지는 등의 사유로 동시이행의 항변권을 상실하게 되었다는 점에 관하여 임대인이 주장·입증을 하지 않은 이상 임차인의 목적물에 대한 점유는 동시이행의 항변권에 기한 것이어서 불법점유라고 볼 수 없다.18)

〈사례〉 甲은 2017. 4. 1. 乙에게 X 건물을 보증금 1억 원, 차임 월 100만원, 임대차기간 1년으로 정하여 임대하였다가 임대차기간만료를 이유로 X 건물의 인도청구를 하였다. 乙은 임대보증금반환과의 동시이행 항변을 하면서 위 임대보증금 1억 원의 반환을 구하는 반소를 제기하였다. 위 임대차 종료 당시 甲의 채권은 목적물 훼손으로 인한 손해배상금 500만원 및 2019. 3. 1. 이후 연체된 차임 또는 차임 상당의 부당이득금인데, 2019. 10. 31. 변론이 종결되었다. 본안에 관한 주문을 설시하시오.19)

---

15) 대법원 2017.10.12. 선고 2017다224630,224647 판결.
16) 대법원 2011.03.24. 선고 2010다95062 판결.
17) 대법원 2005.06.09. 선고 2005다4529 판결.
18) 대법원 2002.07.26. 선고 2001다68839 판결.
19) 〈주문 예시〉
  1. 피고(반소원고)는 원고(반소피고)로부터 87,000,000원에서 2019. 11. 1.부터 별지목록 기재 건물의 인도완료일까지 월 1,000,000원의 비율에 의한 금액을 공제한 나머지 금원을 지급받음과 동시에 원고(반소피고)에게 X 건물을 인도하라.
  2. 원고(반소피고)는 피고(반소원고)로부터 제1항 기재 건물을 인도받음과 동시에 87,000,000원에서 2019. 11. 1. 부터 별지목록 기재 건물의 인도완료일까지 월 1,000,000원의 비율에 의한 금액을 공제한 나머지 금원을 지급하라.
  3. 원고(반소피고)의 나머지 본소청구 및 피고(반소원고)의 나머지 반소청구를 각 기각한다.

다. 계약해제 시 일방의 손해배상의무와 상대방의 원상회복의무

(1) 계약이 해제되면 계약당사자는 상대방에 대하여 원상회복의무와 손해배상의무를 부담하는데, 이 때 계약당사자가 부담하는 원상회복의무뿐만 아니라 손해배상의무도 함께 동시이행의 관계에 있다.[20]

(2) 법정해제권 행사의 경우 당사자 일방이 그 수령한 금전을 반환함에 있어 그 받은 때로부터 법정이자를 부가함을 요하는 것은 민법 제548조 제2항이 규정하는 바로서, 이는 원상회복의 범위에 속하는 것이며 일종의 부당이득반환의 성질을 가지는 것이고 반환의무의 이행지체로 인한 것이 아니므로, 부동산 매매계약이 해제된 경우 매도인의 매매대금 반환의무와 매수인의 소유권이전등기말소등기 절차이행의무가 동시이행의 관계에 있는지 여부와는 관계없이 매도인이 반환하여야 할 매매대금에 대하여는 그 받은 날로부터 민법 소정의 법정이율인 연 5푼의 비율에 의한 법정이자를 부가하여 지급하여야 하고, 이와 같은 법리는 약정된 해제권을 행사하는 경우라 하여 달라지는 것은 아니다.[21]

(3) 부동산에 관한 매매계약을 체결한 후 매수인 앞으로 소유권이전등기를 마치기 전에 매수인으로부터 그 부동산을 다시 매수한 제3자의 처분금지가처분신청으로 매매목적부동산에 관하여 가처분등기가 이루어진 상태에서 매도인과 매수인 사이의 매매계약이 해제된 경우, 매도인만이 가처분이의 등을 신청할 수 있을 뿐 매수인은 가처분 당사자가 아니어서 가처분이의 등에 의하여 가처분등기를 말소할 수 있는 법률상의 지위에 있지 않고, 제3자가 한 가처분을 매도인의 매수인에 대한 소유권이전등기의무의 일부이행으로 평가할 수 없어 그 가처분등기를 말소하는 것이 매매계약 해제에 따른 매수인의 원상회복의무에 포함된다고 보기도 어려우므로, 위와 같은 가처분등기의 말소와 매도인의 대금반환의무는 동시이행의 관계에 있다고 할 수 없다.[22]

라. 매매계약의 무효·취소 시 쌍방의 원상회복의무

(1) 동시이행의 항변권을 규정한 민법 제536조의 취지는 공평의 관념과 신의칙에 합당하기 때문이며, 동조가 민법 제549조에 의하여 계약해제의 경우 각 당사자의 원상회복의무에 준용되고 있는 점을 생각할 때, 쌍무계약이 무효로 되어 각 당사자가 서로 취득한 것을 반환하여야 하는 경우에도 동시이행관계가 있다고 보아 민법 제536조를 준용함이 옳다.[23]

---

20) 대법원 1996.07.26. 선고 95다25138,25145 판결.
21) 대법원 2000.06.09. 선고 2000다9123 판결.
22) 대법원 2009.07.09. 선고 2009다18526 판결.
23) 대법원 1993.09.10. 선고 93다16222 판결. 계약무효의 경우 각 당사자가 상대방에 대하여 부담하는 반환의무는 성질상 부당이득반환의무로서 악의의 수익자는 그 받은 이익에 법정이자를 붙여 반환하여야 하므로(민법 제748조 제2항), 매매계약이 무효로 되는 때에는 매도인이 악의의 수익자인 경우 특별한 사정이 없는 한 그 매도인은 반환할 매매대금에 대하여 민법이 정한 연 5%의 법정이율에 의한 이자를 붙여 반환하여야 한다. 그리고 위와 같은 법정이자의 지급은 부당이득반환의 성질을 가지는 것이지 반환의무의 이행지체로 인한 손해배상이 아니므로, 매도인의 매매대금 반환의무와 매수인의 소유권이전등기 말소등기절차 이행의무가 동시이행의 관계에 있는지 여부와는 관계가 없다(대법원 2017.03.09. 선고 2016다47478 판결).

(2) 쌍무계약이 무효로 되어 각 당사자가 서로 취득한 것을 반환하여야 할 경우, 어느 일방의 당사자에게만 먼저 그 반환의무의 이행이 강제된다면 공평과 신의칙에 위배되는 결과가 되므로 각 당사자의 반환의무는 동시이행관계에 있다고 봄이 상당하다. 이에 따라 어느 당사자 일방이 무효로 된 계약의 목적물을 점유하더라도 상대방이 동시이행의 관계에 있는 자신의 반환의무를 이행하거나 적법하게 이행제공하는 등으로 당사자 일방의 동시이행 항변권을 상실시키지 아니한 이상, 그 점유는 불법점유라 할 수 없으므로 이로 인한 손해배상책임을 지지 아니하고, 이러한 효과는 손해배상책임이 없다고 주장하는 자가 반드시 동시이행의 항변권을 행사하여야만 발생하는 것이 아니다.24)

(3) 매매계약이 취소된 경우에 당사자 쌍방의 원상회복의무는 동시이행의 관계에 있고, 쌍무계약에서 쌍방의 채무가 동시이행관계에 있는 경우 일방의 채무의 이행기가 도래하더라도 상대방 채무의 이행제공이 있을 때까지는 그 채무를 이행하지 않아도 이행지체의 책임을 지지 않는 것이며, 이와 같은 효과는 이행지체의 책임이 없다고 주장하는 자가 반드시 동시이행의 항변권을 행사하여야만 발생하는 것은 아니다.25)

마. 기 타

(1) 민법 제665조 제1항은 도급계약에서 보수는 완성된 목적물의 인도와 동시에 지급해야 한다고 정하고 있다. 이때 목적물의 인도는 단순한 점유의 이전만을 의미하는 것이 아니라 도급인이 목적물을 검사한 후 목적물이 계약 내용대로 완성되었음을 명시적 또는 묵시적으로 시인하는 것까지 포함하는 의미이다. 도급계약의 당사자들이 '수급인이 공급한 목적물을 도급인이 검사하여 합격하면, 도급인은 수급인에게 보수를 지급한다.'고 정한 경우 도급인의 수급인에 대한 보수지급의무와 동시이행관계에 있는 수급인의 목적물 인도의무를 확인한 것에 불과하고 '검사 합격'은 법률행위의 효력 발생을 좌우하는 조건이 아니라 보수지급시기에 관한 불확정기한이다. 따라서 수급인이 도급계약에서 정한 일을 완성한 다음 검사에 합격한 때 또는 검사 합격이 불가능한 것으로 확정된 때 보수지급청구권의 기한이 도래한

---

24) 대법원 2019.06.13. 선고 2019다208533,208540 판결. 하나의 계약 혹은 그 계약에 추가된 약정으로 둘 이상의 민법상의 전형계약 내지 민법상의 채권적 권리의무관계(이하 '민법상의 전형계약 등'이라고 한다)가 포괄되어 있고, 이에 따른 당사자 사이의 여러 권리의무가 동일한 경제적 목적을 위하여 서로 밀접하게 연관되어 있는 경우에는, 이를 민법상의 전형계약 등에 상응하는 부분을 서로 분리하여 그 각각의 전형계약 등의 범위 안에서 대가관계에 있는 의무만을 동시이행관계에 있다고 볼 것이 아니고, 당사자 일방의 여러 의무가 포괄하여 상대방의 여러 의무와 사이에 대가관계에 있다고 인정되는 한, 이러한 당사자 일방의 여러 의무와 상대방의 여러 의무는 동시이행의 관계에 있다고 할 것인데, 이러한 법리는 앞서 본 쌍무적인 계약관계가 무효로 되어 각 당사자가 원상회복의무로서 취득한 것을 반환하여야 할 경우에도 동일하게 적용된다고 보아야 한다.
25) 대법원 2010.10.14. 선고 2010다47438 판결 : 甲이 乙과 사이의 A 토지에 관한 매매계약을 기망을 이유로 취소함으로써 그 원상회복으로서 甲이 乙에게 A 토지에 관하여 소유권이전등기의 말소등기절차를 이행할 의무가 있고, 또한 乙은 甲에게 수령한 매매대금을 반환할 의무가 있는바, 甲과 乙 사이의 이러한 각 의무는 동시이행의 관계에 있는 것이므로, 乙은 甲으로부터 소유권이전등기의 말소등기절차를 이행받음과 동시에 위 매매대금을 반환할 의무가 있는 것이어서 甲이 乙을 이행지체에 빠뜨리기 위해서는 소유권이전등기의 말소등기에 필요한 서류 등을 현실적으로 제공할 필요까지는 없으나, 최소한 위 서류 등을 준비하여 두고 그 뜻을 乙에게 통지하여 매매대금의 반환과 아울러 이를 수령하여 갈 것을 최고함을 요한다고 한 사례.

다.[26]
(2) 전세권설정자는 전세권이 소멸한 경우 전세권자로부터 그 목적물의 인도 및 전세권설정등기의 말소등기에 필요한 서류의 교부를 받는 동시에 전세금을 반환할 의무가 있을 뿐이므로, 전세권자가 그 목적물을 인도하였다고 하더라도 전세권설정등기의 말소등기에 필요한 서류를 교부하거나 그 이행의 제공을 하지 아니하는 이상, 전세권설정자는 전세금의 반환을 거부할 수 있고, 이 경우 다른 특별한 사정이 없는 한 그가 전세금에 대한 이자 상당액의 이득을 법률상 원인 없이 얻는다고 볼 수 없다.[27]
(3) 하나의 계약 혹은 그 계약에 추가된 약정으로 둘 이상의 민법상의 전형계약 내지 민법상의 채권적 권리의무관계(이하 '민법상의 전형계약 등'이라 한다)가 포괄되어 있고, 이에 따른 당사자 사이의 여러 권리의무가 동일한 경제적 목적을 위하여 서로 밀접하게 연관되어 있는 경우에는, 이를 민법상의 전형계약 등에 상응하는 부분으로 서로 분리하여 그 각각의 전형계약 등의 범위 안에서 대가관계에 있는 의무만을 동시이행관계에 있다고 볼 것이 아니고, 당사자 일방의 여러 의무가 포괄하여 상대방의 여러 의무와 사이에 대가관계에 있다고 인정되는 한, 이러한 당사자 일방의 여러 의무와 상대방의 여러 의무는 동시이행의 관계에 있다고 볼 수 있다.[28]
(4) 기존의 원인채권과 어음채권이 병존하는 경우에 채권자가 원인채권을 행사함에 있어서 채무자는 원칙적으로 어음과 상환으로 지급하겠다고 하는 항변으로 채권자에게 대항할 수 있다. 그러나 채무자가 어음의 반환이 없음을 이유로 원인채무의 변제를 거절할 수 있는 것은 채무자로 하여금 무조건적인 원인채무의 이행으로 인한 이중지급의 위험을 면하게 하려는 데 그 목적이 있고, 기존의 원인채권에 터잡은 이행청구권과 상대방의 어음반환청구권 사이에 민법 제536조에 정하는 쌍무계약상의 채권채무관계나 그와 유사한 대가관계가 있기 때문은 아니다. 따라서 어음상 권리가 시효완성으로 소멸하여 채무자에게 이중지급의 위험이 없고 채무자가 다른 어음상 채무자에 대하여 권리를 행사할 수도 없는 경우에는 채권자의 원인채권 행사에 대하여 채무자에게 어음상환의 동시이행항변을 인정할 필요가 없으므로 결국 채무자의 동시이행항변권은 부인된다.[29]
(5) 원인채무 이행의무와 어음 반환의무가 동시이행의 관계에 있다 하더라도 이는 어음의 반환과 상환으로 하지 아니하면 지급을 할 필요가 없으므로 이를 거절할 수 있다는 것을 의미하는 것에 지나지 아니하는 것이며, 따라서 채무자가 어음의 반환이 없음을 이유로 원인채무의 변제를 거절할 수 있는 권능을 가진다고 하여 채권자가 어음의 반환을 제공하지 아니하면 채무자에게 적법한 이행의 최고를 할 수 없다고 할 수는 없고, 채무자는 원인채무의 이행기를 도과하면 원칙적으로 이행지체의 책임을 진다.[30]

---

26) 대법원 2019.09.10. 선고 2017다272486,272493 판결.
27) 대법원 2002.02.05. 선고 2001다62091 판결.
28) 대법원 2010.03.25. 선고 2007다35152 판결.
29) 대법원 2010.07.29. 선고 2009다69692 판결.
30) 대법원 1999.07.09. 선고 98다47542,47559 판결.

(6) 회원 가입 시에 일정한 금액을 예탁하였다가 탈퇴의 경우 예탁금을 반환받을 수 있는 이른바 예탁금제 골프회원권에 있어서, 골프장 운영에 관한 회칙에 따라 탈퇴의 경우 회원도 회원증을 반납할 의무를 부담하는 때에는 이중지급의 위험을 방지하기 위하여 공평의 관념과 신의칙상 골프장 시설업자의 회원에 대한 예탁금 반환의무와 회원의 회원증 반납의무 사이에 동시이행관계가 인정된다. 그러나 이는 민법 제536조에 정하는 쌍무계약상의 채권채무관계나 그와 유사한 대가관계가 있어서 그러는 것이 아니므로 골프장 시설업자의 예탁금 반환의무에 관하여는 탈퇴 의사표시와 반환청구를 받은 때부터 이행지체의 책임을 진다.[31]

(7) 도급계약에 있어서 완성된 목적물에 하자가 있는 때에는 도급인은 수급인에 대하여 하자의 보수를 청구할 수 있고, 그 하자의 보수에 갈음하여 또는 보수와 함께 손해배상을 청구할 수 있는바, 이들 청구권은 특별한 사정이 없는 한 수급인의 보수지급청구권과 동시이행의 관계에 있다.[32] 공사도급계약상 도급인의 지체상금채권과 수급인의 공사대금채권은 특별한 사정이 없는 한 동시이행의 관계에 있다고 할 수 없다.[33]

(8) 쌍무계약에서 쌍방의 채무가 동시이행 관계에 있는 경우 일방의 채무의 이행기가 도래하더라도 상대방 채무의 이행제공이 있을 때까지는 그 채무를 이행하지 않아도 이행지체의 책임을 지지 않는 것인바, 사실심 변론종결일까지 수급인이 도급인에게 건물의 인도를 위한 이행제공 또는 이행을 하였다고 볼 수 없는 경우 건물의 인도의무와 동시이행관계에 있는 공사대금 지급의무에 관하여 도급인에게 이행지체의 책임이 있다고 할 수 없으므로 위 공사대금에 대한 위 건물 인도일 이후의 지연손해금을 인정함에 있어서는 소송촉진 등에 관한 특례법 제3조 제1항 단서에 의하여 같은 조항 본문에 정한 이율이 적용되지 아니한다.[34]

(9) 공사도급계약의 도급인이 자신 소유의 토지에 근저당권을 설정하여 수급인으로 하여금 공사에 필요한 자금을 대출받도록 한 사안에서, 수급인의 근저당권 말소의무는 도급인의 공사대금채무에 대하여 공사도급계약상 고유한 대가관계가 있는 의무는 아니지만, 담보제공의 경위와 목적, 대출금의 사용용도 및 그에 따른 공사대금의 실질적 선급과 같은 자금지원 효과와 이로 인하여 도급인이 처하게 될 이중지급의 위험 등 구체적인 계약관계에 비추어 볼 때, 이행상의 견련관계가 인정되므로 양자는 서로 동시이행의 관계에 있고, 나아가 수급인이 근저당권 말소의무를 이행하지 아니한 결과 도급인이 위 대출금 및 연체이자를 대위변제함으로써 수급인이 지게 된 구상금채무도 근저당권 말소의무의 변형물로서 그 대등액의 범위 내

---

31) 대법원 2015.01.29. 선고 2013다100750 판결.
32) 대법원 2015.04.09. 선고 2014다80945 판결; 대법원 2014.01.16. 선고 2013다30653 판결 : 수급인의 공사대금채권이 도급인의 하자보수청구권 내지 하자보수에 갈음한 손해배상채권 등과 동시이행의 관계에 있는 점 및 피담보채권의 변제기 도래를 유치권의 성립요건으로 규정한 취지 등에 비추어 보면, 건물신축 도급계약에서 수급인이 공사를 완성하였더라도, 신축된 건물에 하자가 있고 그 하자 및 손해에 상응하는 금액이 공사잔대금액 이상이어서, 도급인이 수급인에 대한 하자보수청구권 내지 하자보수에 갈음한 손해배상채권 등에 기하여 수급인의 공사잔대금 채권 전부에 대하여 동시이행의 항변을 한 때에는, 공사잔대금 채권의 변제기가 도래하지 아니한 경우와 마찬가지로 수급인은 도급인에 대하여 하자보수의무나 하자보수에 갈음한 손해배상의무 등에 관한 이행의 제공을 하지 아니한 이상 공사잔대금 채권에 기한 유치권을 행사할 수 없다고 보아야 한다.
33) 대법원 2015.08.27. 선고 2013다81224 판결.
34) 대법원 2002.10.25. 선고 2002다43370 판결.

에서 도급인의 공사대금채무와 동시이행의 관계에 있다고 한 사례.[35]
(10) 지상권자, 전세권자, 임차인 등이 매수청구권을 행사한 경우[36] 그로 인하여 발생하는 대금지급채무와 소유권이전 및 인도채무 사이에는 동시이행관계가 있다.[37]
(11) 도시정비법 제47조에 의하여 사업시행자가 분양신청을 하지 아니하거나 분양신청을 철회한 토지 등 소유자에게 청산금 지급의무를 부담하는 경우에, 공평의 원칙상 토지 등 소유자는 권리제한등기가 없는 상태로 토지 등의 소유권을 사업시행자에게 이전할 의무를 부담하고, 이러한 권리제한등기 없는 소유권 이전의무와 사업시행자의 청산금 지급의무는 동시이행관계에 있다.[38]

3 동시이행항변권의 효과

가. 상대방의 청구 저지효 : 항변사항

(1) 동시이행의 항변권의 행사여부는 채무자의 의사에 달려있고, 채무자가 동시이행의 항변권을 행사한 경우에만 상대방이 그 채무이행을 제공할 때까지 상대방이 가지는 청구권의 실현을 저지할 수 있다. 동시이행의 항변권은 당사자가 이를 원용하여야 그 인정 여부에 대하여 심리할 수 있다.[39]
(2) 원고는 자기의 의무이행 또는 이행의 제공 없이 매매계약에 기한 일방의 청구권을 행사할 수 있으며, 채무자(피고)가 동시이행의 항변권을 행사하지 않는 한 원고승소판결을 하고, 피고가 동시이행의 항변권을 주장하는 경우에는 동시(상환)이행판결을 하게 된다.[40] 따라서 원고가 단순청구를 관철시키기 위하여는 자기채무를 이행하였거나 이행의 제공을 하였음을 증명하여야 한다.
(3) 동시이행할 원고의 채무에 관하여 반소가 제기되어 본소청구와 반소청구를 모두 인용하는 경우에는 본소와 반소 양쪽 주문에 모두 동시이행의무의 내용을 표시하여야 한다.[41][42]

---

35) 대법원 2010.03.25. 선고 2007다35152 판결.
36) 대법원 1995.07.11. 선고 94다34265 전원합의체 판결 : 토지임대인이 그 임차인에 대하여 지상물철거 및 그 부지의 인도를 청구한 데 대하여 임차인이 적법한 지상물매수청구권을 행사하게 되면 임대인과 임차인 사이에는 그 지상물에 관한 매매가 성립하게 되므로 임대인의 청구는 이를 그대로 받아들일 수 없게 된다. 이 경우에 법원으로서는 임대인이 종전의 청구를 계속 유지할 것인지, 아니면 대금지급과 상환으로 지상물의 명도를 청구할 의사가 있는 것인지(예비적으로라도)를 석명하고 임대인이 그 석명에 응하여 소를 변경한 때에는 지상물명도의 판결을 함으로써 분쟁의 1회적 해결을 꾀하여야 한다.
37) 대법원 1991.04.09. 선고 91다3260 판결 : 민법 제643조의 규정에 의한 토지임차인의 매수청구권행사로 지상건물에 대하여 시가에 의한 매매유사의 법률관계가 성립된 경우에 토지임차인의 건물명도 및 그 소유권이전등기의무와 토지임대인의 건물대금지급의무는 서로 대가관계에 있는 채무이므로 토지임차인은 토지임대인의 건물명도청구에 대하여 대금지급과의 동시이행을 주장할 수 있다.
38) 대법원 2018.09.28. 선고 2016다246800 판결.
39) 대법원 2006.02.23. 선고 2005다53187 판결.
40) 〈주문 예시〉 피고는 원고로부터 1억 원을 지급받음과 동시에(또는 상환으로) 원고에게 별지목록 기재 건물을 인도하라. 원고의 나머지 청구를 기각한다.
41) 그렇게 하여야 각 청구에 기판력과 집행력이 생긴다.
42) 대법원 2006.02.23. 선고 2005다53187 판결.

(4) 매매계약 체결과 대금완납을 청구원인으로 하여(무조건) 소유권이전등기를 구하는 청구취지에는 대금 중 미지급금이 있을 때에는 위 금원의 수령과 상환으로 소유권이전등기를 구하는 취지도 포함되어 있다.[43] 매수인이 단순히 소유권이전등기청구만을 하고 매도인이 동시이행의 항변을 한 경우 법원이 대금수령과 상환으로 소유권이전등기절차를 이행할 것을 명하는 것은 그 청구중에 대금지급과 상환으로 소유권이전등기를 받겠다는 취지가 포함된 경우에 한하므로 그 청구가 반대급부 의무가 없다는 취지임이 분명한 경우에는 청구를 기각하여야 한다.[44]

(5) 상환이행판결이 확정된 경우 동시이행관계에 있는 반대채권의 존재 및 액수 등에 대하여서는 기판력이 생길 여지가 없으나, 위 동시이행의 조건이 붙어 있다는 점에 관하여는 기판력이 미친다.[45] 예컨대, 甲은 乙로부터 A부동산에 관하여 매매를 원인으로 하는 소유권이전등기절차를 이행받음과 동시에 丙에게 B부동산에 관하여 같은날 매매를 원인으로 하는 소유권이전등기절차를 이행하라는 확정판결에 있어서 乙이 반대의무의 이행을 하지 않더라도 甲은 丙에게 B부동산에 대한 소유권이전등기를 이행할 의무가 있는 것이라고 하는 주장은 위 확정판결의 기판력에 저촉되는 것이다.[46]

(6) 동시이행관계에 있는 반대급부의 이행은 집행문부여의 요건이 아니고 집행개시의 요건이므로 채권자는 집행 전에 집행기관에 반대급무의 이행의 제공을 하였음을 증명하면 된다. 다만 의사의 진술을 명하는 판결에 있어서는 동시이행은 집행문부여의 요건이다.

나. 이행지체 저지효 : 당연효

(1) 쌍무계약에서 쌍방의 채무가 동시이행관계에 있는 경우 일방의 채무의 이행기가 도래하더라도 상대방 채무의 이행제공이 있을 때까지는 그 채무를 이행하지 않아도 이행지체의 책임을 지지 않는다.[47] 따라서 상대방은 이행지체를 이유로 손해배상을 청구하거나 계약을 해제할 수 없다.

---

43) 대법원 1979.10.10. 선고 79다1508 판결.
44) 대법원 1980.02.26. 선고 80다56 판결. 따라서 그러한 명시적 의사표시가 없는 경우에는 원고의 단순이행청구에는 동시이행을 구하는 취지도 포함된 것으로 본다.
45) 대법원 1996.07.12. 선고 96다19017 판결 : 제소전화해의 내용이 채권자 등은 대여금 채권의 원본 및 이자의 지급과 상환으로 채무자에게 부동산에 관한 가등기의 말소등기절차를 이행할 것을 명하고, 채무자는 가등기담보 등에 관한 법률 소정의 청산금 지급과 상환으로 채권자 등에게 가등기에 기한 소유권이전의 본등기절차를 이행할 것과 그 부동산의 인도를 명하고 있는 경우, 그 제소전화해는 가등기말소절차 이행이나 소유권이전의 본등기절차 이행을 대여금 또는 청산금의 지급을 그 조건으로 하고 있는 데 불과하여 그 기판력은 가등기말소나 소유권이전의 본등기절차 이행을 명한 화해내용이 대여금 또는 청산금 지급의 상환이 조건으로 붙어 있다는 점에 미치는 데 불과하고, 상환이행을 명한 반대채권의 존부나 그 수액에 기판력이 미치는 것이 아니다.
46) 대법원 1975.05.27. 선고 74다2074 판결.
47) 대법원 2019.10.31. 선고 2019다247651 판결 : 당사자 쌍방의 채무가 동시이행관계에 있는 경우 일방 채무의 이행기가 도래하더라도 상대방 채무의 이행제공이 있을 때까지는 채무를 이행하지 않아도 이행지체의 책임을 지지 않는다. 금전채권의 채무자가 채권자에게 담보를 제공한 경우 특별한 사정이 없는 한 채권자는 채무자로부터 채무를 모두 변제받은 다음 담보를 반환하면 될 뿐 채무자의 변제의무와 채권자의 담보 반환의무가 동시이행관계에 있다고 볼 수 없다. 따라서 채권자가 채무자로부터 제공받은 담보를 반환하기 전에도 특별한 사정이 없는 한 채무자는 이행지체 책임을 진다.

(2) 동시이행의 관계에 있는 쌍무계약에 있어서 상대방의 채무불이행을 이유로 계약을 해제하려고 하는 자는 동시이행관계에 있는 자기 채무의 이행을 제공하여야 하고, 그 채무를 이행함에 있어 상대방의 행위를 필요로 할 때에는 언제든지 현실로 이행을 할 수 있는 준비를 완료하고, 그 뜻을 상대방에게 통지하여 그 수령을 최고하여야만 상대방으로 하여금 이행지체에 빠지게 할 수 있는 것이며, 단순히 이행의 준비태세를 갖추고 있는 것만으로는 안 된다.48)

(3) 원고의 이 사건 토지대금 지급의무와 피고의 소유권이전등기의무 등이 동시이행관계에 있다. 따라서 피고가 소유권이전등기의무 등 자신의 채무에 관하여 이행의 제공을 함으로써 원고가 이행지체로 인한 채무불이행 상태에 있었다는 피고의 주장·증명이 없는 이상, 원고가 위 약정기한까지 이 사건 토지대금을 지급하지 못하였다는 사정만으로 바로 이행지체로 인한 채무불이행책임을 부담한다고 볼 수 없다.49)

(4) 이와 같은 이행지체 저지효과는 이행지체의 책임이 없다고 주장하는 자가 반드시 동시이행의 항변권을 행사하여야만 발생하는 것은 아니다.50)

다. 기 타

(1) 동시이행의 항변권이 붙은 채권은 이를 자동채권으로 하여 상계하지 못한다.51)

(2) 동시이행의 항변권을 가지는 채무자는 비록 이행기에 이행을 하지 않더라도 그것만으로 채무불이행이 되지 않는다. 따라서 상대방이 그 채무자를 이행지체에 빠뜨리려면 우선 자기채무의 이행을 제공하여 채무자의 동시이행의 항변권을 소멸시켜야 한다.

(3) 민법 제587조는 "매매계약이 있은 후에도 인도하지 아니한 목적물로부터 생긴 과실은 매도인에게 속한다. 매수인은 목적물의 인도를 받은 날로부터 대금의 이자를 지급하여야 한다."라고 규정하고 있다. 그러나 매수인의 대금 지급의무와 매도인의 근저당권설정등기 내지 가압류등기 말소의무가 동시이행관계에 있는 등으로 매수인이 대금 지급을 거절할 정당한 사

---

48) 대법원 2017.09.26. 선고 2015다11984 판결 : 원고의 이 사건 토지대금 지급의무와 피고의 소유권이전등기의무 등이 동시이행관계에 있다. 따라서 피고가 소유권이전등기의무 등 자신의 채무에 관하여 이행의 제공을 함으로써 원고가 이행지체로 인한 채무불이행 상태에 있었다는 피고의 주장·증명이 없는 이상, 원고가 위 약정기한까지 이 사건 토지대금을 지급하지 못하였다는 사정만으로 바로 이행지체로 인한 채무불이행책임을 부담한다고 볼 수 없다.
49) 대법원 2017.09.26. 선고 2015다11984 판결.
50) 대법원 1998.03.13. 선고 97다54604,54611 판결 : 원고가 구하는 이 사건 잔대금 채권은 쌍무계약인 매매에 의하여 발생하는 것으로서 피고에 대하여 소유권이전등기절차를 이행할 채무와 동시이행의 관계에 있음이 분명하므로, 같은 취지에서 원심이 매도인인 원고가 매수인인 피고에게 소유권이전등기에 필요한 서류를 제공하였음을 인정할 아무런 자료가 없다는 이유로 잔대금 지급기일의 경과로 바로 피고가 이행지체에 빠진다고 할 수는 없다고 판단한 것은 정당하다.
51) 항변권의 대항을 받는 채권을 자동채권으로 하여 상대방의 채권과의 상계를 허용하면 상계자 일방의 의사표시에 의하여 상대방의 항변권 행사의 기회를 상실시키는 결과가 되어서 그러한 상계는 허용될 수 없는 것이 원칙이다(대법원 2014.04.30. 선고 2010다11323 판결). 동시이행의 항변권이 붙어 있는 임차인인 피고의 보증금반환채권을 자동채권으로 하여 임대인인 원고들의 차임 등 채권과 상계할 수 없다(대법원 2019.04.03. 선고 2015다247745,247752 판결).

유가 있는 경우에는 매매목적물을 미리 인도받았다 하더라도 위 민법 규정에 의한 이자를 지급할 의무는 없다고 보아야 한다.52)

4 소멸

(1) 채무자가 수령지체에 빠진 경우에도 동시이행의 항변권을 영구히 상실시키는 것은 아니다. 상대방은 자신의 채무를 소멸시키거나 이행제공을 계속함으로써 채무자가 언제든지 이를 수령할 수 있는 상태가 유지된 경우에만 채무자는 상대방의 이행청구에 대하여 동시이행의 항변권을 행사할 수 없다(계속적 이행제공설).

(2) 쌍무계약의 당사자 일방이 먼저 한번 현실의 제공을 하고 상대방을 수령지체에 빠지게 하였다 하더라도 그 이행의 제공이 계속되지 않는 경우는 과거에 이행의 제공이 있었다는 사실만으로 상대방이 가지는 동시이행의 항변권이 소멸하는 것은 아니므로, 일시적으로 당사자 일방의 의무의 이행제공이 있었으나 곧 그 이행의 제공이 중지되어 더 이상 그 제공이 계속되지 아니하는 기간 동안에는 상대방의 의무가 이행지체 상태에 빠졌다고 할 수는 없다고 할 것이고, 따라서 그 이행의 제공이 중지된 이후에 상대방의 의무가 이행지체되었음을 전제로 하는 손해배상청구도 할 수 없다.53)

5 선이행 항변

가. 거래의 실제

거래의 실제는 쌍무계약의 경우에도 동시이행보다는 당사자의 특약 또는 법률의 규정에 의하여 일방이 상대방보다 먼저 이행할 의무(선이행의무)를 부담하는 경우가 많다.54)

나. 선이행의무와 동시이행의 항변권

(1) 선이행의무를 부담하는 자는 동시이행의 항변권을 가지지 못한다. 다만 선이행의무를 이행하지 않고 있는 동안에 상대방의 채무가 변제기에 도달하면 비록 선이행의무자라도 그때부터 동시이행의 항변권을 갖는다.

(2) 쌍무계약의 일방 당사자가 선이행의무를 부담하는 경우에도 상대방의 이행이 곤란할 현저한 사유가 있는 때에는 이러한 채무의 이행불안사유가 해소될 때까지 자신의 선이행의무를 거절할 수 있는 **불안의 항변권**이 인정된다(민법 제536조 제2항).55)

---

52) 대법원 2018.09.28. 선고 2016다246800 판결.
53) 대법원 1999.07.09. 선고 98다13754,13761 판결.
54) 부동산매매에서도 중도금지급은 매수인의 선이행의무가 되고, 임차인의 차임지급의무(민법 제663조), 수급인의 일의 완성의무(민법 제665조), 수임인의 위임사무처리의무(민법 제686조) 등도 선이행의무이다.
55) 대법원 2012.03.29. 선고 2011다93025 판결 : 민법 제536조 제2항은 쌍무계약의 당사자 일방이 상대방에게 먼저 이행을 하여야 하는 의무를 지고 있는 경우에도 "상대방의 이행이 곤란할 현저한 사유가 있는 때"에는 동시이행의 항변권을 가진다고 하여, 이른바 **'불안의 항변권'**을 규정한다. 여기서 '상대방의 이행이 곤란할 현저한 사유'란 선이행채무를 지게 된 채무자가 계약 성립 후 채권자의 신용불안이나 재산상태의 악화 등의 사정으로

(3) 매수인이 매매의 목적이 된 부동산을 명도받기 전에 잔대금을 먼저 지급하기로 약정한 매매의 경우에, 매수인이 잔대금지급채무를 이행하지 아니하였다고 하더라도 매매계약이 해제되지 아니한 상태에서 부동산의 명도기일이 지날 때까지 부동산이 명도되지 아니하였다면, 그 때부터는 매수인의 잔대금지급채무와 매도인의 부동산명도의무는 동시이행의 관계에 있게 된다.56)

(4) 아파트 수분양자의 중도금 지급의무는 아파트를 분양한 건설회사가 수분양자를 아파트에 입주시켜 주어야 할 의무보다 선이행하여야 하는 의무이나, 건설회사의 신용불안이나 재산상태의 악화 등은 민법 제536조 제2항의 건설회사의 의무이행이 곤란할 현저한 사유가 있는 때 또는 민법 제588조의 매매의 목적물에 대하여 권리를 주장하는 자가 있는 경우에 매수인이 매수한 권리의 전부나 일부를 잃을 염려가 있는 때에 해당하여, 아파트 수분양자는 건설회사가 그 의무이행을 제공하거나 매수한 권리를 잃을 염려가 없어질 때까지 자기의 의무이행을 거절할 수 있고, 수분양자에게는 이러한 거절권능의 존재 자체로 인하여 이행지체책임이 발생하지 않으므로, 수분양자가 건설회사에 중도금을 지급하지 아니하였다고 하더라도 그 지체책임을 지지 않는다.57)

반대급부를 이행받을 수 없는 사정변경이 생기고 이로 인하여 당초의 계약내용에 따른 선이행의무를 이행하게 하는 것이 공평과 신의칙에 반하게 되는 경우를 말하고, 이와 같은 사유가 있는지 여부는 당사자 쌍방의 사정을 종합하여 판단되어야 한다. 민법 제536조 제2항의 이른바 불안의 항변권을 발생시키는 사유에 관하여 신용불안이나 재산상태 악화와 같이 채권자측에 발생한 객관적·일반적 사정만이 이에 해당한다고 제한적으로 해석할 이유는 없다. 특히 상당한 기간에 걸쳐 공사를 수행하는 도급계약에서 일정 기간마다 이미 행하여진 공사부분에 대하여 기성공사금 등의 이름으로 그 대가를 지급하기로 약정되어 있는 경우에는, 수급인의 일회적인 급부가 통상 선이행되어야 하는 일반적인 도급계약에서와는 달리 위와 같은 공사대금의 축차적인 지급이 수급인의 장래의 원만한 이행을 보장하는 것으로 전제된 측면도 있다고 할 것이어서, 도급인이 계약 체결 후에 위와 같은 약정을 위반하여 정당한 이유 없이 기성공사금을 지급하지 아니하고 이로 인하여 수급인이 공사를 계속해서 진행하더라도 그 공사내용에 따르는 공사금의 상당 부분을 약정대로 지급받을 것을 합리적으로 기대할 수 없게 되어서 수급인으로 하여금 당초의 계약내용에 따른 선이행의무의 이행을 요구하는 것이 공평에 반하게 되었다면, 비록 도급인에게 신용불안 등과 같은 사정이 없다고 하여도 수급인은 민법 제536조 제2항에 의하여 계속공사의무의 이행을 거절할 수 있다고 할 것이다

56) 대법원 1991.08.13. 선고 91다13144 판결. 대법원 1992.04.14. 선고 91다43107 판결 : 매수인이 약정대로 중도금을 지급하지 않음으로써, 매도인이 소유권이전등기의무의 이행을 제공하지 않은 것과 관계없이 매수인이 이행지체에 빠졌다고 하더라도, 매도인이 매수인의 중도금지급의무의 불이행을 이유로 매매계약을 해제하지 않고 있는 상태에서 잔금지급기일이 도래하였는데도 매수인이 약정대로 잔금을 지급하지 않았다면, 매수인의 중도금을 포함한 매매잔대금의 지급의무와 매도인의 소유권이전등기의무는, 특별한 다른 사정이 없는 한 동시이행의 관계에 있는 것이라고 봄이 상당하므로 매도인으로서는 소유권이전등기의무의 이행을 제공하지 아니한 채 매수인의 매매잔대금지급의무의 불이행을 이유로 매매계약을 해제할 수 없다.
57) 대법원 2006.10.26. 선고 2004다24106,24113 판결.

〈사례 1〉 甲은 乙과 부동산매매계약을 체결하였으나 마침 그 부동산에 관하여 제3자 앞으로 원인무효인 소유권이전등기가 현존하고 있으므로 甲은 자신의 잔대금채무를 이행하더라도 소유권이전등기를 이행받을 수 있을지 여부가 상당히 불안하다며 대금지급을 지체하였다. 그러나 乙은 계약상 甲의 잔대금지급채무가 선이행의무로 되어 있고 각 분할잔대금 지급기일로부터 30일 이상 지체하였을 때에는 최고 없이 계약을 해제할 수 있다는 특약을 내세워 甲에게 매매계약을 해제할 수 있는가?

〈대법원 1995.06.29. 선고 94다22071 판결〉
부동산매매계약에서 매수인이 잔대금채무를 이행하더라도 매도인이 소유권이전등기의무를 이행하지 않을 것을 미리 명백히 표시하였고, 뿐만 아니라 그 부동산에 관하여 이미 제3자 앞으로 소유권이전등기가 경료되어 있지만 그 등기가 원인무효의 등기이어서 매도인이 다시 그 등기의 말소를 한 뒤 매수인에게 이전하여 줄 수 있으므로 매도인의 위 등기이전의무가 이행불능 상태에 빠졌다고 할 수 없으나, 그와 같은 등기가 현존하고 있는 이상 매수인의 입장에서는 자신의 잔대금채무를 이행하더라도 소유권이전등기를 이행받을 수 있을지 여부가 상당히 불안한 지위에 있다고 할 수밖에 없는 등 특별한 사정이 있는 경우, 매도인이 매수인의 잔대금 지급의무의 불이행을 이유로 계약을 해제하려면, 비록 매수인의 잔대금 지급의무가 선이행의무이고 매수인의 분할잔대금 지급의무의 불이행시 각 지급기일로부터 30일 이상 지체하였을 때에는 최고 없이 계약을 해제할 수 있다는 특약이 체결되어 있었다고 하더라도, 공평과 신의성실의 원칙상 부동산에 관한 소유권이전등기의 명의를 회복하여 이를 매수인에게 언제든지 현실적으로 이전하여 줄 수 있는 준비를 완료하고 그 뜻을 상대방에게 통지하여 그 수령을 최고한 다음에야, 비로소 계약을 해제할 수 있다

〈사례 2〉 원고는 2012. 8. 13. 피고와 이 사건 영화관을 임대차보증금 1억 원, 차임 월 800만 원, 임대차기간 2012. 8. 13.부터 2021. 8. 12.까지로 정하여 임대하기로 하는 이 사건 임대차계약을 체결하면서 2012. 8. 13.부터 2012. 9. 12.까지 1회차 차임을 면제해 주었다. 이 사건 영화관의 위층인 8, 9층에서 2013. 10. 10. 화재가 발생하였다.
피고는 2013. 10. 11.경 A에게 위 화재로 훼손된 이 사건 영화관의 보수 공사를 도급하였다. A는 전선을 교체하는 등 전기시설을 보수하였고, 석고보드 등 마감재를 교체하였으며, 오염된 벽면을 새로이 도장하는 공사를 하였다. 피고는 위 화재로 훼손된 이 사건 영화관을 사용·수익할 수 있는 상태로 회복하기 위해 보수공사비 1,500만 원을 지출하였다. 원고는 피고가 2기 이상의 차임을 연체하였다는 이유로 이 사건 임대차계약을 해지한다고 통지하였고, 위 통지는 2014. 8. 8. 피고에게 도달하였다. 피고는 2014. 8. 8.을 기준으로 약정 차임액과 지급액의 차액 2,700만 원 중 1,500만 원에 대해서는 위 필요비의 상환과 동시이행을 주장할 수 있어 그 지급을 연체한 것으로 볼 수 없고, 연체한 차임은 1,200만 원(= 2,700만 원 - 1,500만 원)에 불과하다.

〈대법원 2019.11.14. 선고 2016다227694 판결〉
임대차는 타인의 물건을 빌려 사용·수익하고 그 대가로 차임을 지급하기로 하는 계약이다(민법 제618조). 임대차계약에서 임대인은 목적물을 계약존속 중 사용·수익에 필요한 상태를 유지하게 할 의무를 부담한다(민법 제623조). 임대인이 목적물을 사용·수익하게 할 의무는 임차인의 차임지급의무와 서로 대응하는

관계에 있으므로, 임대인이 이러한 의무를 불이행하여 목적물의 사용·수익에 지장이 있으면 임차인은 지장이 있는 한도에서 차임의 지급을 거절할 수 있다. 임차인이 임차물의 보존에 관한 필요비를 지출한 때에는 임대인에게 상환을 청구할 수 있다(민법 제626조 제1항). 여기에서 '필요비'란 임차인이 임차물의 보존을 위하여 지출한 비용을 말한다. 임대차계약에서 임대인은 목적물을 계약존속 중 사용·수익에 필요한 상태를 유지하게 할 의무를 부담하고, 이러한 의무와 관련한 임차물의 보존을 위한 비용도 임대인이 부담해야 하므로, 임차인이 필요비를 지출하면, 임대인은 이를 상환할 의무가 있다. 임대인의 필요비상환의무는 특별한 사정이 없는 한 임차인의 차임지급의무와 서로 대응하는 관계에 있으므로, 임차인은 지출한 필요비 금액의 한도에서 차임의 지급을 거절할 수 있다.

피고는 2014. 8. 8.을 기준으로 약정 차임액과 지급액의 차액 2,700만 원 중 1,500만 원에 대해서는 위 필요비의 상환과 동시이행을 주장할 수 있어 그 지급을 연체한 것으로 볼 수 없고, 연체한 차임은 1,200만 원(= 2,700만 원 - 1,500만 원)에 불과하다. 따라서 피고가 2기 이상의 차임을 연체한 것이 아니어서 원고의 이 사건 임대차계약 해지는 부적법하다.

> [참고] 선이행의무와 선이행판결
> ① 원고가 피담보채무 전액을 변제하였다고 주장하면서 근저당권설정등기에 대한 말소등기절차의 이행을 청구하였으나 그 원리금의 계산 등에 관한 다툼 등으로 인하여 변제액이 채무 전액을 소멸시키는데 미치지 못하고 잔존채무가 있는 것으로 밝혀진 경우에는 특별한 사정이 없는 한 원고의 청구 중에는 확정된 잔존채무를 변제하고 그 다음에 위 등기의 말소를 구한다는 취지도 포함되어 있는 것으로 해석함이 상당하고, 이는 장래 이행의 소로서 미리 청구할 이익도 인정된다. → 법원으로서는 이 사건 근저당권설정등기의 피담보채무 중 잔존원금 및 지연손해금의 액수를 심리·확정한 다음, 그 변제를 조건으로 이 사건 근저당권설정등기의 말소를 명하여야 한다(피담보채무의 변제를 선이행으로 하는 근저당권설정등기말소).[58]
> ② 선이행의무가 있음에도 무조건의 이행을 청구하거나 동시이행판결을 구한 경우 원고의 반대 의사표시가 없는 한 선이행판결.[59]

---

58) 대법원 2008.04.10. 선고 2007다83694 판결.
59) 근저당권이 담보하는 피담보채권액의 범위에 관하여 당사자 사이에 다툼이 있어 잔존 피담보채권이라고 주장하는 금원의 수령과 상환으로 근저당권설정등기의 말소를 구하는 경우, 소송과정에서 밝혀진 잔존 피담보채권액의 지급을 조건으로 말소를 구하는 취지도 포함되었다고 봄이 상당하고, 이는 장래이행의 소로서 미리 청구할 이익이 있다(대법원 1993.04.27. 선고 92다5249 판결).

[7] 한정승인 항변의 소송상 취급

〈한정승인항변과 관련된 소송 진행의 구도〉

☞ 상속채무의 이행청구 ⇨
　　　　　　　　⇦ 한정승인 항변
　　　　　　재항변 ⇨
* 한정승인의 무효사유
* 법정 단순승인 의제 등

1 한정승인의 신고 및 심판

가. 한정승인의 의의 및 신고

(1) 한정승인이란 상속인이 상속으로 취득한 적극재산의 한도 내에서만 피상속인의 채무와 유증을 변제할 것을 조건으로 상속을 승인하는 의사표시이다(제1028조). 적극재산이 전혀 없는 경우에도 한정승인신고를 할 수 있다. 피상속인의 상속재산 범위 내에서만 채무를 변제하기를 원하는 상속인은 상속개시 있음을 안 날부터 3월내에 상속재산의 목록을 첨부하여 가정법원에 한정승인심판청구를 하면 된다.

(2) 상속인은 상속개시 있음을 안 날부터 3개월 이내에 한정승인심판청구를 하여야 하고, 위 3개월의 '고려(숙려)기간'은 **제척기간**이다. 상속인이 이 기간 내에 한정승인이나 포기를 하지 않으면 단순승인을 한 것으로 본다(제1026조 제2호). 숙려기간 경과 후의 포기신고는 부적법 각하된다.

(3) 여기서 '상속개시 있음을 안 날'이란 상속개시의 원인이 되는 사실의 발생을 알고 이로써 자기가 상속인이 되었음을 안 날을 말하고, 상속재산 또는 상속채무의 존재나 상속포기제도에 대하여 안 날이 아니다.

나. 한정승인신고수리심판

(1) 한정승인신고가 있으면 가정법원은 그 요건을 심사하여 형식적 요건을 갖춘 경우 이를 수리하게 된다. 가정법원은 신고서에 법정기재사항이 기재되어 있는지 등 형식적 요건의 구비 여부만을 조사할 권한이 있을 뿐 실질적 내용을 조사할 권한은 없다. 가정법원이 하는 신고의 수리는 상속의 한정승인에 관한 적법한 신고가 있었고, 이를 수리하였다는 사실을 증명하는 일종의 공증행위라고 할 수 있으나, 그 신고의 수리는 반드시 심판으로 하고 심판서를 작성하도록 되어 있으므로(가소 제39조) 일종의 재판이기도 하다.

(2) 한정승인신고가 신고기간을 도과한 것이 명백한 경우, 본인의 의사에 의한 것이 아님이 명

백한 경우, 신고서에 상속재산목록이 첨부되어 있지 않고 보정명령에도 불응하는 경우와 같이 신고가 부적법한 것이 명백한 경우에는 그 신고를 각하하여야 한다.
(3) 한정승인신고는 가정법원의 수리심판이 효력을 발생한 때, 즉 심판이 당사자에게 고지된 때에 효력이 발생한다(가사소송법 제40조).[1] 신고를 수리하지 않은 심판에 대하여는 청구인이 즉시항고를 할 수 있으나(가소규칙 제27조), 수리심판에 대하여는 상속채권자라 하여도 불복할 수 없다. 그러나 가정법원의 한정승인신고수리의 심판은 일응 한정승인의 요건을 구비한 것으로 인정한다는 것일 뿐 그 효력을 확정하는 것이 아니고 상속의 한정승인의 효력이 있는지 여부의 최종적인 판단은 실체법에 따라 민사소송에서 결정될 문제이다. 한정승인은 그 신고를 수리한다는 가정법원의 심판의 고지에 의해 효력이 생기지만, 그 수리심판에 의하여 한정승인이 유효한 것으로 확정되는 것은 아니고, 이해관계인은 한정승인신고가 수리된 경우에도 다른 소송의 전제문제로서 한정승인의 무효를 주장할 수 있다.

다. 한정승인심판의 효과

(1) 한정승인을 한 상속인은 '상속으로 인하여 취득할 재산의 한도'에서 피상속인의 채무와 유증의 변제책임을 지게 되는 유한책임을 부담한다(물적 유한책임). 여기서 '상속으로 인하여 취득할 재산의 한도'라 함은 피상속인의 재산에 속한 권리의무 중 권리에 한정되는 것으로 '적극재산'을 의미한다. 따라서 상속재산 중 적극재산이 소극재산을 초과하는지 여부와 관계없이 한정상속인의 고유재산에 대하여는 강제집행을 할 수 없다. 한정승인을 하여도 상속재산의 한도에서 채무를 승계하는 것이 아니라 채무는 전액을 승계하지만 채무와 책임이 분리되어 채무의 담보로 되는 것은 상속재산에 한정된다.
(2) 상속인이 한정승인을 한 경우에도 피상속인에 대한 상속인의 재산상 권리의무는 소멸하지 아니한다(제1031조). 즉, 상속인의 책임이 상속재산의 범위 내에 한정될 뿐이고, 상속채무 자체가 축소되거나 소멸되는 것은 아니다.[2] 따라서 상속인이 상속채권자에게 임의변제를 하면 그 변제는 유효하고, 비채변제가 되지도 않고 부당이득반환청구를 할 수도 없다.
(3) 한정승인을 한 상속인은 상속재산에 대하여 자기의 고유재산에 대한 것과 동일한 주의로 상속재산을 관리하여야 한다. 한정승인을 한 상속인이 여럿 있는 경우 가정법원은 각 상속인 기타 이해관계인의 청구에 의하여 공동상속인 중에서 상속재산관리인을 선임할 수 있다(제1040조).

라. 한정승인 후 청산

(1) 한정승인심판을 받은 상속인은 피상속인의 채권자를 대상으로 상속받은 재산에 대하여 배당을 하여 청산절차를 마무리해야 한정승인절차가 종료된다.

---

1) 대법원 2016.12.29. 선고 2013다73520 판결.
2) 피상속인이 부동산을 매수인에게 매도하고 이전등기를 넘겨주지 않은 상태에서 사망하였으나, 그 상속인이 한정승인을 한 경우, 그 상속인은 매도인의 지위를 승계하고 매수인에 대하여 소유권이전등기의무를 부담하고 그 등기의무가 소멸하는 것은 아니다.

(2) 한정승인을 한 상속인이 제1032조의 규정에 따른 공고나 최고를 게을리 하거나 그 기간이 만료되기 전에 또는 우선순위를 위반하여 변제를 함으로써 다른 상속채권자나 유증을 받은 자에 대하여 변제할 수 없게 된 경우 이 때문에 생긴 손해를 자기의 고유자산으로 배상하여야 한다(제1038조 제1항).

2 한정승인 항변과 판결주문

가. 한정승인 항변의 구조

(1) 실무상 한정승인신고수리심판이 있은 후 법이 정한 청산절차가 거의 이루어지지 않고 상속채권자는 개별적으로 상속인을 상대로 상속채권을 행사하고 상속재산에 대하여 강제집행을 하는 방법으로 상속채권의 만족을 얻는 관행이 정착돼 있다. 이에 따라 상속채권자가 상속인을 상대로 상속채무의 이행을 구하는 소를 제기한 경우 상속인이 한정승인신고수리심판서를 제출하는 방식으로 한정승인 항변을 하면서 한정승인이 소송절차에서 문제된다.

(2) 상속의 한정승인은 실체법상의 항변권으로 청구권의 실현을 저지할 수 있는 실체법상의 권리이다. 따라서 상속채권자에 의해 상속인을 상대로 상속채무의 이행을 구하는 소가 제기되었을 경우 상속인은 유한책임의 항변인 한정승인의 항변을 하여야 판결의 집행력을 상속재산으로 한정시킬 수 있다. 한정승인 항변을 하지 않으면 법원은 통상과 같은 무유보의 무색·투명한 이행판결을 할 수밖에 없다. 한정승인에 의한 책임의 제한은 상속채무의 존재 및 범위의 확정과는 관계가 없고 다만 판결의 집행대상을 상속재산의 한도로 한정함으로써 판결의 집행력을 제한할 뿐이다. 따라서 상속인이 한정승인심판을 받은 경우 고유재산으로써 변제할 책임을 지지 않게 되는 것일 뿐 상속채무 자체가 소멸하는 것은 아니다.

(3) 한정승인 항변을 본안의 항변(실체법상의 효과에 관계있는 항변) 중 권리저지사실의 항변으로 보는 예가 있으나,3) 한정승인항변은 유치권이나 동시이행의 항변권 등과 같이 권리근거규정에 기하여 이미 발생한 권리의 행사를 못하게 저지시키는 권리저지규정의 요건사실의 주장이라기보다는 상속채무의 존재는 인정하면서 책임재산의 범위만을 상속재산에 한정시킬 것을 주장하는 것으로 전통적 의미의 권리저지사실의 항변과는 성질이 다르고, 상속인의 책임만을 제한하는 실체법상의 특수한 항변권으로 이해한다. 상속채무이행소송에서 피고가 한정승인의 항변을 하지 않으면 한정승인에 의한 책임제한이 심판대상이 되지 않는 점에서 본안의 항변과 유사한 기능을 한다.

(4) 한정승인 항변의 심리구조와 관련하여 한정승인에 의한 책임제한을 주장하는 경우 주장·증명의 대상은 한정승인신고가 적법하게 수리된 사실이고, 이는 가정법원의 한정승인신고 수리심판서에 의하여 쉽게 증명할 수 있을 것이고, 한정승인은 그 수리심판에 의하여 유효로 확정되는 것은 아니므로 상속채권자는 한정승인의 무효사유나 법정단순승인사유(제1026조)를 주장하여 한정승인의 효력을 다툴 수 있다. 한정승인이 효력이 있는지 여부의 최종적인

---
3) 이시윤, 『신민사소송법』, 제10판, 박영사(2016), p.389 참조.

판단은 실체법에 따라 민사소송에서 결정할 문제이고, 상속인이 한정승인의 실체적 요건을 증명하여야 한다.4)

나. 판결주문

상속채권자가 한정승인을 한 상속인을 상대로 상속채무의 이행을 청구하는 경우 법원은 상속채무 전부에 대한 이행판결을 선고하여야 하지만 상속인의 한정승인항변이 인정되는 경우 그 판결주문에 '**상속재산의 한도에서**'만 집행할 수 있다는 취지를 명시하여야 한다.5) ☞ 판결주문 : "피고는 원고에게 1억 원을 소외 망 A로부터 상속받은 재산의 한도(범위)에서 지급하라."6)

3 책임제한과 소송물

상속채무이행소송에서 채무자의 한정승인 항변이 있는 경우 책임의 범위도 소송물에 포함되는지에 관하여 논란이 있다. 판례는 아래에서 보는 바와 같이 상속채무이행소송의 소송물은 직접적으로는 채권(상속채무)의 존재 및 그 범위이지만 한정승인의 존재 및 효력도 이에 준하는 것으로 심리·판단되었다고 판시하고 있어 한정승인에 의한 책임의 범위를 '소송물에 준하는 것'으로 성격 규명을 하고 있다.

4 기판력과 차단효

판례는 채무자가 한정승인사실을 주장하지 않으면 현실의 심판대상으로 등장하지 아니하여 주문에서는 물론 이유에서도 판단되지 않으므로 그에 관하여 기판력이 미치지 않는다고 하면서〈판례 1〉, 상속포기의 경우에는 한정승인과는 달리 채무의 존재 자체가 문제된다고 하여 전소의 기판력에 의해 차단되어 청구이의의 사유가 안 된다는 입장이다〈판례 2〉. 한편, 한정승인항변에 의한 집행제한판결(유보부판결)이 확정되면 사실심의 변론종결시 이전에 존재한 법정단순승인 등 한정승인과 양립할 수 없는 사실을 주장하여 위 채권에 대해 책임의 범위에 관한 유보가 없는 판결을 구하는 것은 허용되지 아니한다고 하여〈판례 3〉 일관되지 않은 입장을 보여주고 있다.

---

4) 민법 제1019조 제3항에서 말하는 상속채무가 상속재산을 초과하는 사실을 중대한 과실로 알지 못한다 함은 '상속인이 조금만 주의를 기울였다면 상속채무가 상속재산을 초과한다는 사실을 알 수 있었음에도 이를 게을리 함으로써 그러한 사실을 알지 못한 것'을 의미하고, 상속인이 상속채무가 상속재산을 초과하는 사실을 중대한 과실 없이 민법 제1019조 제1항의 기간 내에 알지 못하였다는 점에 대한 입증책임은 상속인에게 있다(대법원 2011.11.24. 선고 2011다64331 판결 등).
5) 상속의 한정승인은 채무의 존재를 한정하는 것이 아니라 단순히 그 책임의 범위를 한정하는 것에 불과하기 때문에, 상속의 한정승인이 인정되는 경우에도 상속채무가 존재하는 것으로 인정되는 이상, 법원으로서는 상속재산이 없거나 그 상속재산이 상속채무의 변제에 부족하다고 하더라도 상속채무 전부에 대한 이행판결을 선고하여야 하고, 다만, 그 채무가 상속인의 고유재산에 대해서는 강제집행을 할 수 없는 성질을 가지고 있으므로, 집행력을 제한하기 위하여 이행판결의 주문에 상속재산의 한도에서만 집행할 수 있다는 취지를 명시하여야 한다(대법원 2003.11.14. 선고 2003다30968 판결).
6) 위와 같은 판결을 '유보부판결' 또는 '집행제한판결'이라고 한다. 집행권원에 책임제한의 취지가 기재되지 않으면 채무자 무한책임의 원칙에 따라 채무자의 모든 재산이 강제집행의 대상이 된다.

〈판례 1〉 채권자가 피상속인의 금전채무를 상속한 상속인을 상대로 그 상속채무의 이행을 구하여 제기한 소송에서 채무자가 한정승인 사실을 주장하지 않으면 책임의 범위는 현실적인 심판대상으로 등장하지 아니하여 주문에서는 물론 이유에서도 판단되지 않으므로 그에 관하여 기판력이 미치지 않는다. 그러므로 채무자가 한정승인을 하고도 채권자가 제기한 소송의 사실심 변론종결시까지 그 사실을 주장하지 아니하여 책임의 범위에 관한 유보가 없는 판결이 선고되어 확정되었다고 하더라도, 채무자는 그 후 위 한정승인 사실을 내세워 청구에 관한 이의의 소를 제기할 수 있다.[7]

〈판례 2〉 채무자가 한정승인을 하였으나 채권자가 제기한 소송의 사실심 변론종결시까지 이를 주장하지 아니하는 바람에 책임의 범위에 관하여 아무런 유보 없는 판결이 선고·확정된 경우라 하더라도 채무자가 그 후 위 한정승인 사실을 내세워 청구에 관한 이의의 소를 제기하는 것이 허용되는 것은, 한정승인에 의한 책임의 제한은 상속채무의 존재 및 범위의 확정과는 관계없이 다만 판결의 집행 대상을 상속재산의 한도로 한정함으로써 판결의 집행력을 제한할 뿐으로, 채권자가 피상속인의 금전채무를 상속한 상속인을 상대로 그 상속채무의 이행을 구하여 제기한 소송에서 채무자가 한정승인 사실을 주장하지 않으면 책임의 범위는 현실적인 심판대상으로 등장하지 아니하여 주문에서는 물론 이유에서도 판단되지 않는 관계로 그에 관하여는 기판력이 미치지 않기 때문이다. 위와 같은 기판력에 의한 실권효 제한의 법리는 채무의 상속에 따른 책임의 제한 여부만이 문제되는 한정승인과 달리 상속에 의한 채무의 존재 자체가 문제되어 그에 관한 확정판결의 주문에 당연히 기판력이 미치게 되는 상속포기의 경우에는 적용될 수 없다.[8]

〈판례 3〉 피상속인에 대한 채권에 관하여 채권자와 상속인 사이의 전소에서 상속인의 한정승인이 인정되어 상속재산의 한도에서 지급을 명하는 판결이 확정된 때에는 그 채권자가 상속인에 대하여 새로운 소에 의해 위 판결의 기초가 된 전소 사실심의 변론종결시 이전에 존재한 법정단순승인 등 한정승인과 양립할 수 없는 사실을 주장하여 위 채권에 대해 책임의 범위에 관한 유보가 없는 판결을 구하는 것은 허용되지 아니한다. 왜냐하면 전소의 소송물은 직접적으로는 채권(상속채무)의 존재 및 그 범위이지만 한정승인의 존재 및 효력도 이에 준하는 것으로서 심리·판단되었을 뿐만 아니라 한정승인이 인정된 때에는 주문에 책임의 범위에 관한 유보가 명시되므로 한정승인의 존재 및 효력에 대한 전소의 판단에 기판력에 준하는 효력이 있다고 해야 하기 때문이다. 그리고 이러한 법리는 채권자의 급부청구에 대하여 상속인으로부터의 한정승인의 주장이 받아들여져 상속재산의 한도 내에서 지급을 명하는 판결이 확정된 경우와 채권자 스스로 위와 같은 판결을 구하여 그에 따라 판결이 확정된 경우 모두에 마찬가지로 적용된다.[9]

---

7) 대법원 2006.10.13. 선고 2006다23138 판결.
8) 대법원 2009.05.28. 선고 2008다79876 판결.
9) 대법원 2012.05.09. 선고 2012다3197 판결.

5 상속재산의 경매(배당)절차에서 상속채권자와 한정상속인의 채권자의 우열

가. 한정상속인의 채권자가 담보권자인 경우

〈사례 1〉 망 A가 2002. 11. 7. 사망하자 A의 상속인들 중 자녀들은 상속을 포기하고 A의 처인 B는 이 사건 부동산이 포함된 상속재산목록을 첨부해 한정승인신고를 하여 2003. 4. 30. 수리되었다. 그 후 B는 2003. 5. 29. 이 사건 부동산에 관하여 상속을 원인으로 한 소유권이전등기를 마치고, 2003. 7. 28. 피고에게 채권최고액 1,000만 원의 근저당권을 설정하였다.

한편, A에게 금원을 대여하였던 원고는 B를 상대로 대여금청구의 소를 제기하여 2004. 4. 27. "B는 원고에게 5억 원 및 이에 대한 지연손해금을 망인으로부터 상속받은 재산의 한도 내에서 지급하라."는 취지의 판결을 선고받고, 위 판결의 가집행선고에 기하여 그 판결금 중 2억 원을 청구채권으로 하여 2004. 9. 16. 이 사건 부동산 등에 관하여 강제경매를 신청하였다. 집행법원은 2006. 5. 3. 배당기일에서 실제 배당할 금액 중 근저당권자인 피고에게 채권최고액 1,000만 원을 우선 배당하고 나머지 금원은 원고를 포함한 일반채권자들에게 안분하여 배당하는 내용의 배당표를 작성하였다.

원고는 배당기일에 피고에 대한 배당액 전부에 관하여 이의를 제기하고 이 사건 배당이의의 소를 제기하였다. 원고는 상속인이 한정승인을 하면 상속재산이 고유재산으로부터 분리, 독립됨과 동시에 상속재산으로써 상속채무를 변제하기 위하여 일종의 청산절차를 거치도록 되어 있으며, 이는 일종의 파산적 청산으로서 상속재산과 상속인의 고유재산은 별개의 재산을 구성하므로, 상속인의 채권자는 상속재산에 대하여 강제집행을 할 수 없다. 따라서 상속인 B의 채권자인 피고가 이사건 부동산에 관한 경매절차에서 배당받는 것은 부당하고, 상속채권자인 원고가 우선적으로 배당받아야 한다고 주장하였다

〈대법원 2010.03.18. 선고 2007다77781 전원합의체 판결〉

법원이 한정승인신고를 수리하게 되면 피상속인의 채무에 대한 상속인의 책임은 상속재산으로 한정되고, 그 결과 상속채권자는 특별한 사정이 없는 한 상속인의 고유재산에 대하여 강제집행을 할 수 없다. 그런데 민법은 한정승인을 한 상속인(이하 '한정승인자'라 한다)에 관하여 그가 상속재산을 은닉하거나 부정소비한 경우 단순승인을 한 것으로 간주하는 것(제1026조 제3호) 외에는 상속재산의 처분행위 자체를 직접적으로 제한하는 규정을 두고 있지 않기 때문에, 한정승인으로 발생하는 위와 같은 책임제한 효과로 인하여 한정승인자의 상속재산 처분행위가 당연히 제한된다고 할 수는 없다.

또한 민법은 한정승인자가 상속재산으로 상속채권자 등에게 변제하는 절차는 규정하고 있으나(제1032조 이하), 한정승인만으로 상속채권자에게 상속재산에 관하여 한정승인자로부터 물권을 취득한 제3자에 대하여 우선적 지위를 부여하는 규정은 두고 있지 않으며, 민법 제1045조 이하의 재산분리 제도와 달리 한정승인이 이루어진 상속재산임을 등기하여 제3자에 대항할 수 있게 하는 규정도 마련하고 있지 않다.

따라서 <u>한정승인자로부터 상속재산에 관하여 저당권 등의 담보권을 취득한 사람과 상속채권자 사이의 우열관계는 민법상의 일반원칙에 따라야 하고, 상속채권자가 한정승인의 사유만으로 우선적 지위를 주장할 수는 없다</u>. 그리고 이러한 이치는 한정승인자가 그 저당권 등의 피담보채무를 상속개시 전부터 부담하고 있었다고 하여 달리 볼 것이 아니다.

나. 한정상속인의 채권자가 일반채권자인 경우

〈사례 2〉 망 A는 2002. 9. 5. 사망하였는데, 그 상속인 중 B를 제외한 나머지 상속인들은 모두 상속을 포기하였고, B는 한정승인 신고를 하여 수리되었다. 원고는 망인에 대한 채권자로서, B를 상대로 제기한 소송에서 2014. 5. 2. 'B는 망인으로부터 상속받은 재산의 범위 내에서 원고에게 81,138,332원 및 그중 31,544,723원에 대하여 2014. 2. 25.부터 2014. 3. 29.까지는 연 12%의, 그 다음날부터 다 갚는 날까지는 연 20%의 각 비율로 계산한 돈을 지급한다.'는 취지의 화해권고결정을 받았고, 이는 그 무렵 확정되었다. 원고는 망인의 소유였던 이 사건 부동산에 관하여 B 앞으로 상속등기를 대위신청하여 2014. 9. 1. 그 소유권이전등기를 마친 다음, 2014. 9. 15. 위 화해권고결정에 기초하여 위 부동산에 대하여 강제경매신청을 하였다. 피고는 B에 대한 부가가치세 등 조세채권자로서 위 강제경매절차에서 교부청구를 하였는데, 그 조세가 상속부동산 자체에 대하여 부과된 당해세는 아니다.

집행법원은 배당할 금액 88,588,000원 중 1순위로 3,000만 원을 근저당권자 C에게, 2순위로 58,588,000원을 원고에 우선하여 피고에게 배당하는 내용으로 배당표를 작성하였고, 원고는 2015. 4. 2. 배당기일에 피고에 대한 배당액 전부에 대하여 이의를 진술한 다음 이 사건 배당이의의 소를 제기하였다.

〈대법원 2016.05.24. 선고 2015다250574 판결〉
민법 제1028조는 "상속인은 상속으로 인하여 취득할 재산의 한도에서 피상속인의 채무와 유증을 변제할 것을 조건으로 상속을 승인할 수 있다."라고 규정하고 있다. 상속인이 위 규정에 따라 한정승인의 신고를 하게 되면 피상속인의 채무에 대한 한정승인자의 책임은 상속재산으로 한정되고, 그 결과 상속채권자는 특별한 사정이 없는 한 상속인의 고유재산에 대하여 강제집행을 할 수 없으며 상속재산으로부터만 채권의 만족을 받을 수 있다. 상속채권자가 아닌 한정승인자의 고유채권자가 상속재산에 관하여 저당권 등의 담보권을 취득한 경우, 그 담보권을 취득한 채권자와 상속채권자 사이의 우열관계는 민법상 일반원칙에 따라야 하고 상속채권자가 우선적 지위를 주장할 수 없다(대법원 2010.03.18. 선고 2007다77781 전원합의체 판결 참조). 그러나 위와 같이 상속재산에 관하여 담보권을 취득하였다는 등 사정이 없는 이상, 한정승인자의 고유채권자는 상속채권자가 상속재산으로부터 그 채권의 만족을 받지 못한 상태에서 상속재산을 고유채권에 대한 책임재산으로 삼아 이에 대하여 강제집행을 할 수 없다고 보는 것이 형평의 원칙이나 한정승인제도의 취지에 부합하며, 이는 한정승인자의 고유채무가 조세채무인 경우에도 그것이 상속재산 자체에 대하여 부과된 조세나 가산금, 즉 당해세에 관한 것이 아니라면 마찬가지라고 할 것이다.

상속재산인 위 부동산의 매각대금은 한정승인자인 B의 고유채권자로서 그로부터 위 부동산에 관하여 저당권 등의 담보권을 취득한 바 없는 피고보다 상속채권자인 원고에게 우선 배당되어야 하고, 이는 피고가 조세채권자라고 하더라도 마찬가지이다.

판례색인

민사실무 핵심 요건사실

[대법원 판결]

대법원 1965.12.28. 선고 65므61 판결 ·················· 369
대법원 1967.08.29. 선고 67다1021 판결 ················ 466
대법원 1968.08.30. 선고 67다1166 판결 ················ 537
대법원 1968.09.30. 선고 68다1496 판결 ················· 41
대법원 1969.12.29. 선고 68다2425 판결 ········ 128, 466
대법원 1970.07.24. 선고 70다729 판결 ··················· 48
대법원 1970.12.29. 선고 70다2449 판결 ················ 297
대법원 1971.12.28. 선고 71다1116 판결 ················ 467
대법원 1972.07.25. 선고 72다935 판결 ·················· 462
대법원 1975.05.27. 선고 74다2074 판결 ········· 96, 582
대법원 1975.08.19. 선고 74다2229 판결 ················ 171
대법원 1976.04.27. 선고 76다297,298 판결 ············ 269
대법원 1976.10.26. 선고 76다1184 판결 ················ 321
대법원 1976.11.06. 선고 76다148 전원합의체 판결 · 485
대법원 1976.12.14. 선고 76므10 판결 ···················· 371
대법원 1977.09.28. 선고 77다1241,1242 전원합의체 판결
 ··· 575
대법원 1978.06.13. 선고 78다468 판결 ·················· 283
대법원 1978.07.11. 선고 78므7 판결 ······················ 459
대법원 1979.02.13. 선고 78다2412 판결 ················ 486
대법원 1979.04.10. 선고 78다2399 판결 ········ 123, 468
대법원 1979.05.22. 자 77마427 결정 ······················ 23
대법원 1979.10.10. 선고 79다1508 판결 ········· 90, 582
대법원 1979.11.13. 선고 79다483 전원합의체 판결
 ··· 170, 177
대법원 1980.02.26. 선고 80다56 판결 ············ 90, 582
대법원 1980.06.24. 선고 80다756 판결 ················· 139
대법원 1980.07.08. 선고 80다118 판결 ················· 561
대법원 1980.07.08. 선고 80다725 판결 ········· 268, 575
대법원 1980.07.22. 선고 80다791 판결 ················· 110
대법원 1981.03.24. 선고 80다1888 판결 ················ 494
대법원 1981.06.23. 선고 81다124 판결 ················· 434
대법원 1981.10.13. 선고 80므60 전원합의체 판결 ··· 377

대법원 1981.12.22. 선고 81다카10 판결 ················ 537
대법원 1982.01.19. 선고 80다2626 판결 ················ 487
대법원 1982.03.23. 선고 80누476 전원합의체 판결 · 466
대법원 1982.05.11. 선고 80다916 판결 ················· 269
대법원 1982.07.27. 선고 80다2968 판결 ················ 486
대법원 1982.09.14. 선고 81다527 판결 ················· 394
대법원 1982.09.14. 선고 82다카707 판결 ·············· 106
대법원 1982.09.30. 자 82그19 결정 ······················ 393
대법원 1982.10.12. 선고 82다129 판결 ············ 24, 87
대법원 1982.10.26. 선고 81다108 판결 ················· 458
대법원 1982.11.23. 선고 81다카1110 판결 ············· 274
대법원 1982.12.14. 선고 82므46 판결 ··················· 379
대법원 1982.12.28. 선고 82다카984 판결 ·············· 150
대법원 1983.03.22. 선고 80다1416 판결 ················ 170
대법원 1983.04.26. 선고 83다카57 판결 ········· 161, 170
대법원 1984.03.27. 선고 83다323 판결 ················· 550
대법원 1985.04.09. 선고 84다카1131,1132 전원합의체
판결 ·· 49
대법원 1985.04.09. 선고 84다카130,84다카131 판결
 ··· 273
대법원 1986.02.11. 선고 84다카2454 판결 ············· 83
대법원 1987.01.20. 선고 86다카1372 판결 ············· 59
대법원 1987.07.07. 선고 86다카2675 판결 ············ 466
대법원 1987.10.13. 선고 86므129 판결 ················· 373
대법원 1987.11.24. 선고 87다카257,258 판결 ········· 50
대법원 1988.01.19. 선고 87다카1315 판결 ············ 320
대법원 1988.02.23. 선고 87다카1989 판결 ············ 236
대법원 1988.02.23. 선고 87다카777 판결 ······· 171, 174
대법원 1988.03.08. 선고 86다148(본소),149(반소),
150(참가),86다카762(본소),763(반소),764(참가) 판결 · 171
대법원 1988.04.25. 선고 87다카1682 판결 ······· 55, 98
대법원 1988.06.28. 선고 87다카2895 판결 ············· 98
대법원 1988.11.08. 선고 88다3253 판결 ··············· 145
대법원 1988.12.13. 선고 88다카3465 판결 ············ 421

대법원 1989.02.14. 선고 88다카4710 판결 ············ 457
대법원 1989.02.28. 선고 87다카823,87다카824 판결
··· 437
대법원 1989.04.25. 선고 88다카4253,4260 판결 ······ 182
대법원 1989.05.09. 선고 88다카6754 판결 ·············· 34
대법원 1989.06.27. 선고 87다카2478 판결 ············ 552
대법원 1989.10.24. 선고 89다카10552 판결 ············ 27
대법원 1990.02.27. 선고 89다카25776 판결 ············ 27
대법원 1990.08.14. 선고 90다카7569 판결 ············ 155
대법원 1990.10.30. 선고 89다카35421 판결 ·········· 223
대법원 1990.11.09. 선고 90다카22513 판결 ·········· 488
대법원 1990.11.13. 선고 89다카12602 판결 ·········· 186
대법원 1991.03.12. 선고 90다카27570 판결 ·········· 483
대법원 1991.03.22. 선고 90다9797 판결 ················ 487
대법원 1991.04.09. 선고 89다카1305 판결 ·············· 73
대법원 1991.04.09. 선고 91다2892 판결 ················ 562
대법원 1991.04.09. 선고 91다3260 판결 ················ 581
대법원 1991.06.25. 선고 91다10329 판결 ··············· 53
대법원 1991.06.25. 선고 91다11476 판결 ··············· 23
대법원 1991.07.26. 선고 91다5631 판결 ················ 481
대법원 1991.08.13. 선고 91다13144 판결 ············· 585
대법원 1991.08.27. 선고 91다11308 판결 ············· 271
대법원 1991.11.22. 선고 91다30705 판결 ············· 453
대법원 1991.12.24. 선고 90다12243 전원합의체 판결
··· 36, 99
대법원 1991.12.27. 선고 91다23486 판결 193, 196, 201
대법원 1992.01.21. 선고 91다35175 판결 ············· 465
대법원 1992.02.14. 선고 91다29347 판결 ··············· 32
대법원 1992.03.31. 선고 91다32053 전원합의체 판결
··· 497
대법원 1992.04.14. 선고 91다39986 판결 ··············· 35
대법원 1992.04.14. 선고 91다43107 판결 ············· 585
대법원 1992.05.12. 선고 91다28979 판결 ············· 541
대법원 1992.05.22. 선고 92다3892 판결 ················ 177
대법원 1992.08.14. 선고 91다45141 판결 ············· 467
대법원 1992.08.14. 선고 92다2028 판결 ················ 155
대법원 1992.08.18. 선고 90다9452 판결 ················· 29
대법원 1992.08.18. 선고 90다9452,9469 판결 ······· 465
대법원 1992.09.22. 선고 92다15048 판결 ············· 439
대법원 1992.12.22. 선고 92다28549 판결 ············· 268
대법원 1993.01.12. 선고 92다23551 판결 ············· 365
대법원 1993.02.23. 선고 92다49218 판결 ············· 139
대법원 1993.03.09. 선고 92다56575 판결 ············· 202
대법원 1993.04.23. 선고 92다41719 판결 ············· 242

대법원 1993.04.27. 선고 92다5249 판결 ················ 587
대법원 1993.05.14. 선고 92다45025 판결 ··············· 61
대법원 1993.06.11. 선고 93다6034 판결 ················ 124
대법원 1993.07.13. 선고 91다39429 판결 ············· 476
대법원 1993.08.24. 선고 92다43975 판결 ············· 485
대법원 1993.08.24. 선고 92므907 판결 ·················· 370
대법원 1993.09.10. 선고 93다16222 판결 ············· 577
대법원 1993.09.14. 선고 93다12268 판결 ············· 177
대법원 1993.09.14. 선고 93다21569 판결 ············· 493
대법원 1993.10.08. 선고 93다25738,93다25745(반소)
판결 ·· 328
대법원 1993.11.09. 선고 93다28928 판결 ············· 269
대법원 1993.11.23. 선고 93다37328 판결 ············· 298
대법원 1993.12.28. 선고 93다777 판결 ·················· 573
대법원 1994.01.25. 선고 92다50270 판결 ············· 399
대법원 1994.01.25. 선고 93다9422 판결 ········ 249, 425
대법원 1994.02.08. 선고 93다13605 전원합의체 판결
··· 359
대법원 1994.02.08. 선고 93다42986 판결 ············· 136
대법원 1994.02.08. 선고 93다53092 판결 ······ 193, 196
대법원 1994.02.25. 선고 93다38444 판결 ············· 557
대법원 1994.02.25. 선고 93다39225 판결 ············· 442
대법원 1994.02.25. 선고 93다52082 판결 ············· 431
대법원 1994.03.16. 자 93마1822,1823 결정 ············ 279
대법원 1994.03.22. 선고 93다9392,93다9408 전원합의체
판결 ·· 138, 139
대법원 1994.04.26. 선고 93다24223 전원합의체 판결
·· 279, 282
대법원 1994.04.26. 선고 93다31825 판결 ··············· 30
대법원 1994.04.29. 선고 93다35551 판결 ············· 277
대법원 1994.05.10. 선고 93다25417 판결 ············· 559
대법원 1994.05.27. 선고 93다21521 판결 ············· 570
대법원 1994.06.28. 선고 93다55777 판결 ············· 110
대법원 1994.07.29. 선고 92다30801 판결 ············· 475
대법원 1994.07.29. 선고 94다9986 판결 ················ 465
대법원 1994.08.12. 선고 93다52808 판결
·· 193, 196, 557
대법원 1994.09.30. 선고 94다20389,20396 판결 ····· 330
대법원 1994.10.25. 선고 93다54064 판결 ············· 453
대법원 1994.10.28. 선고 94다8679 판결 ················ 573
대법원 1994.11.08. 선고 94다31549 판결 ············· 436
대법원 1994.11.11. 선고 94다35008 판결 ············· 135
대법원 1994.11.22. 선고 94다26684,94다26691 판결
··· 342

대법원 1995.01.12. 선고 94다30348,30355 판결 ····· 129
대법원 1995.02.28. 선고 93다53887 판결 ················ 573
대법원 1995.03.03. 선고 94다7348 판결 ················· 115
대법원 1995.03.24. 선고 94다10061 판결 ··············· 271
대법원 1995.03.28. 선고 93다47745 전원합의체 판결
··· 67, 69
대법원 1995.03.28. 선고 93다4775 전원합의체 판결
·· 485
대법원 1995.05.09. 선고 93다62478 판결 ········ 37, 465
대법원 1995.06.16. 선고 95다11146 판결 ··············· 564
대법원 1995.06.29. 선고 94다22071 판결 ······· 97, 586
대법원 1995.06.30. 선고 95다14190 판결 ··············· 294
대법원 1995.07.11. 선고 94다34265 전원합의체 판결
·· 329, 581
대법원 1995.07.11. 선고 95다12446 판결
··· 484, 533, 534
대법원 1995.08.25. 선고 94다35886 판결 ··············· 482
대법원 1995.09.05. 선고 95다22917 판결 ··············· 184
대법원 1995.09.29. 선고 94므1553,1560(반소) 판결
·· 459
대법원 1995.09.29. 선고 95다30178 판결 ··············· 504
대법원 1995.10.13. 선고 95다33047 판결 ················· 70
대법원 1995.11.10. 선고 94다22682,22699(반소) 판결
·· 496
대법원 1995.11.14. 선고 95므694 판결 ···················· 456
대법원 1995.12.26. 선고 95다24609 판결 ··············· 491
대법원 1995.12.26. 선고 95다42195 판결 ··············· 329
대법원 1996.02.09. 선고 94다50274 판결 ··············· 251
대법원 1996.02.09. 선고 94다61649 판결 ··············· 172
대법원 1996.03.08. 선고 95다15087 판결 ··············· 314
대법원 1996.03.08. 선고 95다22795,22801 판결 ···· 463
대법원 1996.03.08. 선고 95다34866,34873 판결
··· 70, 485
대법원 1996.04.12. 선고 95다49882 판결 ··············· 284
대법원 1996.04.26. 선고 96누1627 판결 ········ 495, 530
대법원 1996.06.07. 자 96마27 결정 ···························· 51
대법원 1996.07.12. 선고 96다19017 판결 ······· 96, 582
대법원 1996.07.26. 선고 95다25138,25145 판결 ···· 577
대법원 1996.08.20. 선고 94다44705,44712 판결 ···· 328
대법원 1996.08.20. 선고 94다58988 판결 ··············· 112
대법원 1996.08.21. 자 96그8 결정 ····························· 185
대법원 1996.10.25. 선고 96다29151 판결 ··············· 170
대법원 1996.10.29. 선고 95다56910 판결
·· 29, 151, 248, 267

대법원 1996.10.29. 선고 96다23573,23580 판결 ······· 70
대법원 1996.12.06. 선고 95다24982 판결 ··············· 271
대법원 1996.12.10. 선고 96다23238 판결 ··············· 141
대법원 1996.12.23. 선고 95다48308 판결 ··············· 370
대법원 1997.02.14. 선고 96므738 판결 ···················· 379
대법원 1997.03.11. 선고 96다44747 판결 ··············· 283
대법원 1997.03.14. 선고 96다54300 판결 ··············· 421
대법원 1997.04.22. 선고 97다3408 판결 ················· 177
대법원 1997.04.25. 선고 95다19591 판결 ················· 34
대법원 1997.04.25. 선고 96다10867 판결 ··············· 273
대법원 1997.05.30. 선고 96다22648 판결 ··············· 568
대법원 1997.06.24. 선고 97다8809 판결 ················· 338
대법원 1997.07.25. 선고 97다5541 판결 ················· 295
대법원 1997.08.26. 선고 97다4401 판결 ················· 393
대법원 1997.09.09. 선고 96다16896 판결 ··············· 453
대법원 1997.09.26. 선고 96다54997 판결 ················· 60
대법원 1997.10.10. 선고 95다46265 판결 ··············· 308
대법원 1997.10.10. 선고 96다49049 판결 ····· 392, 469
대법원 1997.10.10. 선고 97다8687 판결 ··················· 40
대법원 1997.10.27. 자 97마2269 결정 ····················· 469
대법원 1997.11.14. 선고 97다32239 판결 ··············· 200
대법원 1997.12.09. 선고 96다47586 판결 ················· 60
대법원 1997.12.12. 선고 97다30288 판결 ··············· 499
대법원 1998.01.23. 선고 97다37104 판결 ··············· 563
대법원 1998.02.10. 선고 96다42277,96다42284 판결
·· 134
대법원 1998.02.27. 선고 97다49251 판결 ··············· 100
대법원 1998.02.27. 선고 97다50985 판결 ··············· 216
대법원 1998.03.13. 선고 97다54604,54611 판결 ···· 583
대법원 1998.03.13. 선고 97다6919 판결 ················· 560
대법원 1998.04.10. 선고 97다56822 판결 ················· 67
대법원 1998.04.14. 선고 97다44089 판결 ················· 67
대법원 1998.04.14. 선고 97다4420 판결 ················· 229
대법원 1998.05.08. 선고 98다2389 판결 ················· 328
대법원 1998.05.15. 선고 97다58316 판결 ··············· 229
대법원 1998.05.29. 선고 96다11648 판결 ················· 92
대법원 1998.06.26. 선고 97다42823 판결 ················· 48
대법원 1998.06.26. 선고 97다48937 판결 ······· 33, 458
대법원 1998.07.10. 선고 98다6763 판결 ················· 472
대법원 1998.07.14. 선고 96다17202 판결 ··············· 321
대법원 1998.07.24. 선고 98다9021 판결 ················· 383
대법원 1998.08.31. 자 98마1535 결정 ····················· 413
대법원 1998.11.24. 선고 98다33765 판결 ··············· 290
대법원 1998.12.08. 선고 98다43137 판결 ··············· 338

대법원 1999.01.26. 선고 97다39520 판결 ················ 155
대법원 1999.02.09. 선고 98다42615 판결 ·········· 92, 93
대법원 1999.02.24. 선고 97다46955 판결 ······ 171, 173
대법원 1999.03.18. 선고 98다32175 전원합의체 판결
 ··· 485
대법원 1999.03.23. 선고 98다59118 판결 ················ 51
대법원 1999.04.23. 선고 99다4504 판결 ················ 450
대법원 1999.04.27. 선고 98다56690 판결 171, 214, 229
대법원 1999.04.28. 자 99그21 결정 ······················ 415
대법원 1999.05.11. 선고 99다1284 판결 ················ 454
대법원 1999.05.28. 선고 99다2188 판결 ········ 118, 123
대법원 1999.06.11. 선고 98다22963 판결 ················ 93
대법원 1999.06.11. 선고 99다16378 판결 ······ 430, 499
대법원 1999.06.11. 선고 99다3143 판결 ················ 491
대법원 1999.07.09. 선고 98다13754,13761 판결 ····· 584
대법원 1999.07.09. 선고 98다29575 판결 ············ 177
대법원 1999.07.09. 선고 98다29875 판결 ············ 177
대법원 1999.07.09. 선고 98다47542,47559 판결 ··· 579
대법원 1999.07.09. 선고 99다15184 판결 ············ 145
대법원 1999.07.09. 선고 99다17272 판결 ············ 462
대법원 1999.08.20. 선고 99다18039 판결 ············ 559
대법원 1999.09.17. 선고 98다63018 판결 ············ 111
대법원 1999.11.12. 선고 99다34697 판결 ············ 574
대법원 1999.11.26. 선고 99다23093 판결 ············ 285
대법원 2000.01.14. 선고 99다40937 판결 ············ 272
대법원 2000.01.21. 선고 99다3501 판결 ·············· 400
대법원 2000.01.28. 선고 99므1817 판결 ·············· 379
대법원 2000.02.11. 선고 99다10424 판결 ····· 551, 552
대법원 2000.02.11. 선고 99다49644 판결 ······ 148, 242
대법원 2000.03.16. 선고 97다37661 전원합의체 판결
 ··· 66, 69
대법원 2000.04.11. 선고 2000다5640 판결 ············ 458
대법원 2000.04.11. 선고 99다23888 판결 90, 278, 440
대법원 2000.04.11. 선고 99다51685 판결 ········ 92, 273
대법원 2000.04.21. 선고 2000다584 판결 ············ 272
대법원 2000.04.25. 선고 2000다11102 판결 ········ 502
대법원 2000.05.12. 선고 2000다12259 판결 ········ 263
대법원 2000.05.18. 선고 95재다199 전원합의체 판결
 ··· 467
대법원 2000.06.09. 선고 2000다9123 판결 ·········· 577
대법원 2000.07.06. 선고 2000다11584 판결 ········ 173
대법원 2000.08.22. 선고 2000므292 판결 ····· 373, 375
대법원 2000.09.08. 선고 99다6524 판결 ·············· 561
대법원 2000.11.24. 선고 2000다38718,38725 판결 · 152

대법원 2000.11.28. 선고 2000다8533 판결 ······ 94, 574
대법원 2000.12.22. 선고 2000다55904 판결 ········ 281
대법원 2000.12.26. 선고 99다19278 판결 ·············· 42
대법원 2001.01.05. 선고 2000다49091 판결 ···· 31, 32
대법원 2001.02.09. 선고 2000다60708 판결 ········ 101
대법원 2001.02.27. 선고 2000다44348 판결 ··· 209, 222
대법원 2001.03.13. 선고 99다26948 판결 ·············· 38
대법원 2001.03.15. 선고 99다48948 전원합의체 판결
 ··· 114
대법원 2001.03.27. 선고 2000다43819 판결
 ·· 561, 570, 575
대법원 2001.04.27. 선고 2000다4050 판결 ····· 543, 551
대법원 2001.05.08. 선고 2000다58880 판결 ········ 553
대법원 2001.06.01. 선고 98다17930 판결 ············ 417
대법원 2001.06.12. 선고 2000다70989 판결 ·········· 31
대법원 2001.06.12. 선고 2001다3580 판결 ·········· 508
대법원 2001.06.12. 선고 99다20612 판결 ············ 218
대법원 2001.06.26. 선고 2001다19776 판결 ········ 444
대법원 2001.07.10. 선고 99다34390 판결 ············ 117
대법원 2001.07.24. 선고 2001다22246 판결 ········ 449
대법원 2001.07.27. 선고 2001다27784 판결 ·········· 95
대법원 2001.09.04. 선고 2000다66416 판결 ··· 222, 229
대법원 2001.09.04. 선고 2001다14108 판결 ········ 211
대법원 2001.09.20. 선고 99다37894 전원합의체 판결
 ·· 173, 200
대법원 2001.09.25. 선고 99다15177 판결 ············ 418
대법원 2001.10.09. 선고 2000다51216 판결 ········ 279
대법원 2001.10.23. 선고 2001다25184 판결 ········ 571
대법원 2001.10.30. 선고 2001다24051 판결 ········ 491
대법원 2001.11.09. 선고 2001다52568 판결 ········ 491
대법원 2001.11.13. 선고 2001다55222 판결 ········ 570
대법원 2001.11.22. 선고 2000다71388,71395 전원합의체
판결 ·· 108
대법원 2001.11.27. 선고 2000다33638,33645 판결 · 137
대법원 2001.11.27. 선고 2001므1353 판결 ·········· 379
대법원 2001.12.11. 선고 2000다13948 판결 ········ 134
대법원 2001.12.11. 선고 2001다45355 판결 ·········· 98
대법원 2001.12.27. 선고 2000다73049 판결 ········ 184
대법원 2002.01.25. 선고 2001다52506 판결 ········ 557
대법원 2002.02.05. 선고 2001다62091 판결 ········ 579
대법원 2002.02.08. 선고 2000다50596 판결 ········ 559
대법원 2002.02.08. 선고 99다23901 판결 ············ 151
대법원 2002.02.26. 선고 2001다77697 판결 ········ 319
대법원 2002.03.29. 선고 2000다33010 판결 ········ 395

대법원 2002.03.29. 선고 2000다577 판결
.... 96, 296, 575
대법원 2002.04.12. 선고 2000다63912 판결 … 208, 214
대법원 2002.04.12. 선고 2001다84367 판결 ………… 461
대법원 2002.04.26. 선고 2001다59033 판결 ………… 463
대법원 2002.04.26. 선고 2001다8097,8103 판결 …… 496
대법원 2002.05.10. 선고 2000다55171 판결 ………… 193
대법원 2002.05.14. 선고 2000다62476 판결 ………… 307
대법원 2002.05.14. 선고 2002다9738 판결 ………… 136
대법원 2002.06.14. 선고 2002다11441 판결 ………… 144
대법원 2002.06.20. 선고 2002다9660 전원합의체 판결
.... 56
대법원 2002.07.12. 선고 99다68652 판결 ………… 474
대법원 2002.07.26. 선고 2001다68839 판결
.... 416, 417, 576
대법원 2002.08.23. 선고 99다66564,66571 판결 …… 350
대법원 2002.09.04. 선고 2001다63155 판결 … 403, 406
대법원 2002.09.04. 선고 2001다64615 판결 ………… 320
대법원 2002.09.04. 선고 2001다80778 판결 ………… 157
대법원 2002.09.04. 선고 2002다28340 판결 ………… 487
대법원 2002.09.04. 선고 98다17145 판결 …… 251, 462
대법원 2002.10.11. 선고 2001다10113 판결 ………… 258
대법원 2002.10.25. 선고 2002다23598 판결 ………… 251
대법원 2002.10.25. 선고 2002다43370 판결 ………… 580
대법원 2002.11.22. 선고 2001다6213 판결 …… 49, 56
대법원 2002.12.06. 선고 2002다44014 판결 ………… 173
대법원 2002.12.26. 선고 2000다56952 판결 ………… 363
대법원 2003.01.24. 선고 2000다22850 판결 … 273, 283
대법원 2003.01.24. 선고 2000다5336,5343 판결 …… 280
대법원 2003.03.14. 선고 2000다32437 판결 ………… 160
대법원 2003.03.28. 선고 2003다5917 판결 ………… 44
대법원 2003.05.13. 선고 2000다50688 판결 … 95, 575
대법원 2003.05.13. 선고 2002다64148 판결 … 181, 193
대법원 2003.05.13. 선고 2003다16238 판결 ………… 501
대법원 2003.05.30. 선고 2003다16214 판결 ………… 429
대법원 2003.06.13. 선고 2003다8862 판결 ………… 351
대법원 2003.06.27. 선고 2003다7623 판결 ………… 554
대법원 2003.08.19. 선고 2003다24215 판결 ………… 146
대법원 2003.08.22. 선고 2001다64073 판결 ………… 218
대법원 2003.10.24. 선고 2003다37426 판결 ………… 411
대법원 2003.11.13. 선고 2002다57935 판결 ………… 137
대법원 2003.11.14. 선고 2003다30968 판결 ………… 591
대법원 2003.12.11. 선고 2001다3771 판결
.... 280, 415, 417

대법원 2004.01.15. 선고 2002다3891 판결 ………… 19
대법원 2004.01.16. 선고 2003다30890 판결 ………… 500
대법원 2004.02.13. 선고 2002다7213 판결 ………… 491
대법원 2004.02.13. 선고 2003다43490 판결 ………… 277
대법원 2004.02.13. 선고 2003다43858 판결 ………… 308
대법원 2004.03.12. 선고 2003다49092 판결 … 247, 469
대법원 2004.03.25. 선고 2002다20742 판결 ………… 467
대법원 2004.04.23. 선고 2004다8210 판결 ………… 269
대법원 2004.05.28. 선고 2001다81245 판결 ………… 553
대법원 2004.06.25. 선고 2004다6764 판결 ………… 110
대법원 2004.07.09. 선고 2004다16181 판결 ………… 65
대법원 2004.07.22. 선고 2002다51586 판결 … 151, 152
대법원 2004.08.30. 선고 2004다21923 판결 … 223, 445
대법원 2004.09.03. 선고 2002다37405 판결 ………… 448
대법원 2004.09.23. 선고 2004다29354 판결 … 415, 464
대법원 2004.09.24. 선고 2004다27273 판결 ………… 68
대법원 2004.12.10. 선고 2002다73852 판결 ………… 242
대법원 2004.12.24. 선고 2003다43858 판결 ………… 308
대법원 2005.01.13. 선고 2004다19647 판결 ………… 547
대법원 2005.01.14. 선고 2003다33004 판결 ………… 273
대법원 2005.02.17. 선고 2004다59959 판결 ………… 504
대법원 2005.03.10. 선고 2004다67653 판결 ………… 91
대법원 2005.04.15. 선고 2004다70024 판결 … 179, 415
대법원 2005.04.29. 선고 2004다71409 판결 ………… 132
대법원 2005.05.12. 선고 2005다1827 판결 ………… 133
대법원 2005.05.26. 선고 2002다43417 판결 ………… 177
대법원 2005.05.26. 선고 2002다43417 판결 …… 67, 73
대법원 2005.06.09. 선고 2005다4529 판결 ………… 576
대법원 2005.06.09. 선고 2005다6341 판결 ………… 271
대법원 2005.06.10. 선고 2002다15412,15429 판결 · 443
대법원 2005.06.23. 선고 2004다29279 판결 ………… 284
대법원 2005.06.24. 선고 2004다30279 판결 ………… 134
대법원 2005.07.08. 선고 2005다8125 판결 ………… 538
대법원 2005.07.14. 선고 2004다36215 판결 ………… 250
대법원 2005.07.22. 선고 2004다17207 판결 ………… 544
대법원 2005.09.09. 선고 2005다23773 판결 ………… 320
대법원 2005.09.15. 선고 2004다44971 전원합의체 판결
.... 142
대법원 2005.09.15. 선고 2005다29474 판결 ………… 488
대법원 2005.09.28. 선고 2004다50044 판결 ………… 111
대법원 2005.09.28. 선고 2005다8323,8330 판결 …… 318
대법원 2005.09.29. 선고 2003다40651 판결 ………… 110
대법원 2005.10.07. 선고 2003다44387 판결 ………… 543
대법원 2005.10.27. 선고 2005다35554,35561 판결 · 309

대법원 2005.11.10. 선고 2003다66066 판결 ………… 360
대법원 2005.11.10. 선고 2005다34667,34674 판결 · 406
대법원 2005.11.10. 선고 2005다41443 판결 ………… 538
대법원 2005.11.10. 선고 2005다41818 판결 ………… 29
대법원 2005.11.25. 선고 2005다51457 판결 ………… 212
대법원 2005.12.23. 선고 2004다55698 판결 ………… 406
대법원 2006.01.27. 선고 2005다59871 판결 ………… 65
대법원 2006.02.23. 선고 2005다53187 판결 … 574, 581
대법원 2006.02.24. 선고 2005다58656,58663 판결
……………………………………………………… 89, 574
대법원 2006.03.09. 선고 2004다49693,49709 판결 · 454
대법원 2006.03.24. 선고 2000두15595 판결 ………… 372
대법원 2006.04.13. 선고 2003다25256 판결 ………… 455
대법원 2006.04.14. 선고 2006다5710 판결 ………… 216
대법원 2006.04.28. 선고 2004다16976 판결 ………… 500
대법원 2006.06.16. 선고 2005다39211 판결 …… 95, 150
대법원 2006.06.29. 선고 2004다5822 판결 …… 213, 286
대법원 2006.07.04. 선고 2006므751 판결 ………… 558
대법원 2006.08.24. 선고 2004다26287,26294 판결
……………………………………………………… 502, 506
대법원 2006.09.22. 선고 2006다22852 판결 … 482, 487
대법원 2006.09.22. 선고 2006다32569 판결 ………… 143
대법원 2006.09.28. 선고 2004다44506 판결 ………… 152
대법원 2006.09.28. 선고 2006다24353 판결 ………… 145
대법원 2006.10.13. 선고 2006다23138 판결 ………… 592
대법원 2006.10.26. 선고 2004다24106,24113 판결 · 585
대법원 2006.10.26. 선고 2004다63019 판결 ………… 557
대법원 2006.12.07. 선고 2004다54978 판결 … 213, 234
대법원 2006.12.07. 선고 2006다43620 판결 ………… 219
대법원 2007.01.11. 선고 2006다33364 판결 ………… 500
대법원 2007.01.25. 선고 2006다68940 판결 ………… 487
대법원 2007.02.09. 선고 2006다68650 판결 ………… 125
대법원 2007.02.09. 선고 2006다68650,68667 판결
……………………………………………………… 126, 443
대법원 2007.02.15. 선고 2004다50426 전원합의체 판결
……………………………………………………………… 349
대법원 2007.03.15. 선고 2006다73072 판결 ………… 253
대법원 2007.03.30. 선고 2005다11312 판결 ………… 484
대법원 2007.04.26. 선고 2005다19156 판결 ………… 272
대법원 2007.04.26. 선고 2005다24318 판결 … 358, 359
대법원 2007.05.10. 선고 2006다82700,82717 판결
……………………………………………………… 182, 183
대법원 2007.05.10. 선고 2007다7409 판결 ………… 394
대법원 2007.05.11. 선고 2006다6836 판결 ………… 45

대법원 2007.05.31. 선고 2006다63150 판결 ………… 493
대법원 2007.06.15. 선고 2007다4196 판결 ………… 145
대법원 2007.06.28. 선고 2004다69741 판결 ………… 313
대법원 2007.06.28. 선고 2007다12173 판결 ………… 155
대법원 2007.06.28. 선고 2007다25599 판결 ………… 274
대법원 2007.07.12. 선고 2005다39617 판결 ………… 404
대법원 2007.07.26. 선고 2006다64573 판결 ………… 177
대법원 2007.08.23. 선고 2005다43081,43098 판결 · 171
대법원 2007.08.23. 선고 2006다15755 판결 ………… 243
대법원 2007.08.23. 선고 2007다26455,26462 판결 · 358
대법원 2007.08.23. 선고 2007다28024 판결 ………… 487
대법원 2007.08.24. 선고 2006다40980 판결 ………… 131
대법원 2007.09.06. 선고 2007다30263 판결 ………… 432
대법원 2007.09.06. 선고 2007다34135 판결 ………… 423
대법원 2007.09.20. 선고 2006다68902 판결 ………… 499
대법원 2007.09.21. 선고 2005다44886 판결 ………… 92
대법원 2007.09.21. 선고 2006다69479 판결 ………… 291
대법원 2007.10.11. 선고 2007다45364 판결 ………… 218
대법원 2007.11.16. 선고 2006다41297 판결 ………… 460
대법원 2007.11.29. 선고 2007다54849 판결 … 210, 483
대법원 2007.11.30. 자 2005마1130 결정 ………… 183
대법원 2007.12.13. 선고 2007다18959 판결 ………… 156
대법원 2007.12.27. 선고 2006다9408 판결 ………… 244
대법원 2007.12.28. 선고 2005다38843 판결 ………… 259
대법원 2008.01.17. 선고 2007다73826 판결 ………… 416
대법원 2008.01.31. 선고 2007다64471 판결 ………… 484
대법원 2008.02.01. 선고 005다23889 판결 ………… 442
대법원 2008.02.01. 선고 2005다23889 판결 ………… 420
대법원 2008.02.14. 선고 2006다37892 판결 … 243, 270
대법원 2008.02.14. 선고 2006다37982 판결 ………… 60
대법원 2008.02.28. 선고 2005다75019,75026 판결 · 381
대법원 2008.02.28. 선고 2007다77446 판결 ………… 215
대법원 2008.03.13. 선고 2007다54627 판결 ………… 291
대법원 2008.03.13. 선고 2007다73765 판결 ………… 217
대법원 2008.03.27. 선고 2006다45459 판결 ………… 331
대법원 2008.03.27. 선고 2007다82875 판결 … 161, 170
대법원 2008.04.10. 선고 2007다76986,76993 판결
……………………………………………………………… 47, 321
대법원 2008.04.10. 선고 2007다83694 판결 … 465, 587
대법원 2008.05.15. 선고 2007다37721 판결 ………… 157
대법원 2008.05.15. 선고 2008다13432 판결
……………………………………………………… 118, 123, 468
대법원 2008.06.12. 선고 2007다36445 판결 ………… 109
대법원 2008.06.12. 선고 2007다37837 판결 ………… 220

대법원 2008.06.12. 선고 2008다11702 판결 ············ 421
대법원 2008.06.12. 선고 2008다8690,8706 판결 ····· 213
대법원 2008.06.26. 선고 2007다11057 판결 ············ 438
대법원 2008.07.10. 선고 2005다24981 판결 ··· 562, 571
대법원 2008.07.10. 선고 2005다41153 판결 ············ 458
대법원 2008.07.10. 선고 2007다12364 판결 ············· 68
대법원 2008.07.10. 선고 2007다9719 판결 ············· 494
대법원 2008.09.11. 선고 2005다9760 판결 ············· 143
대법원 2008.09.18. 선고 2007두22320 전원합의체 판결
·· 40
대법원 2008.10.09. 선고 2008다34903 판결 ············ 325
대법원 2008.10.23. 선고 2007다35596 판결 ············ 444
대법원 2008.11.13. 선고 2006다1442 판결 ············· 208
대법원 2008.11.27. 선고 2008다59230 판결 ············ 429
대법원 2008.12.11. 선고 2007다69162 판결 ··· 219, 223
대법원 2008.12.11. 선고 2008다47886 판결 ············ 493
대법원 2008.12.12. 자 2008마1774 결정 ················ 558
대법원 2008.12.24. 선고 2008다51649 판결 ············ 156
대법원 2009.01.15. 선고 2007다51703 판결 ············ 104
대법원 2009.01.15. 선고 2008다58367 판결 ············ 258
대법원 2009.01.15. 선고 2008다72394 판결 ············ 212
대법원 2009.01.15. 선고 2008다74130 판결 ··· 126, 248
대법원 2009.02.26. 선고 2006다72802 판결 ··· 104, 110
대법원 2009.02.26. 선고 2007다83908 판결 ············ 490
대법원 2009.03.12. 선고 2006다28454 판결 ············· 34
대법원 2009.03.26. 선고 2007다63102 판결 ············ 215
대법원 2009.03.26. 선고 2008다89880 판결 ············ 491
대법원 2009.04.09. 선고 2006다30921 판결 ··· 107, 173
대법원 2009.04.09. 선고 2008다27721 판결 ············ 158
대법원 2009.04.09. 선고 2008다93384 판결 ············ 150
대법원 2009.05.14. 선고 2006다34190 판결 ············ 388
대법원 2009.05.28. 선고 2007다20440,20457 판결 · 348
대법원 2009.05.28. 선고 2008다79876 판결 ············ 592
대법원 2009.05.28. 선고 2008다86232 판결 ············ 497
대법원 2009.05.28. 선고 2009다9539 판결 ············· 486
대법원 2009.06.11. 선고 2009다12399 판결 ············ 473
대법원 2009.07.09. 선고 2009다14340 판결
·· 492, 498, 505, 509
대법원 2009.07.09. 선고 2009다18526 판결 ··· 270, 577
대법원 2009.07.09. 선고 2009다23313 판결 ············ 485
대법원 2009.07.16. 선고 2007다15172,15189 전원합의체
판결 ·· 73
대법원 2009.08.20. 선고 2006다22968 판결 ··· 526, 528
대법원 2009.09.10. 선고 2006다609 판결 ················ 73

대법원 2009.09.10. 선고 2009다23283 판결 ··· 161, 170
대법원 2009.09.10. 선고 2009다28462 판결 ············· 46
대법원 2009.09.10. 선고 2009다34160 판결 ············ 484
대법원 2009.09.24. 선고 2009다37107 판결 ············ 214
대법원 2009.09.24. 선고 2009다37831 판결 ············· 97
대법원 2009.09.24. 선고 2009다39530 판결 ··· 484, 494
대법원 2009.10.15. 선고 2009다48633 판결 ············ 119
대법원 2009.11.26. 선고 2009다58692 판결 ············ 242
대법원 2009.12.10. 선고 2006다19177 판결 ··· 68, 509
대법원 2009.12.10. 선고 2007다30171 판결 ··· 559, 571
대법원 2009.12.10. 선고 2009다54706 판결 ············ 157
대법원 2009.12.24. 선고 2009다60244 판결 ············ 481
대법원 2009.12.24. 선고 2009다63267 판결 ············ 487
대법원 2010.01.14. 선고 2008다69169 판결 ············ 250
대법원 2010.01.14. 선고 2009다67429 판결 ············ 106
대법원 2010.01.28. 선고 2009다40349 판결 ············ 475
대법원 2010.01.28. 선고 2009다66990 판결 ············· 33
대법원 2010.01.28. 선고 2009다73011 판결 ············ 485
대법원 2010.02.11. 선고 2009다40264 판결 ············· 62
대법원 2010.02.11. 선고 2009다79897 판결 ············ 490
대법원 2010.02.11. 선고 2009다90740 판결 ············ 277
대법원 2010.02.25. 선고 2009다83797 판결 ············ 242
대법원 2010.03.10. 자 2009마1942 결정 ················ 472
대법원 2010.03.11. 선고 2009다100098 판결
·· 492, 507, 534
대법원 2010.03.18. 선고 2007다77781 전원합의체 판결
·· 593, 594
대법원 2010.03.25. 선고 2007다35152 판결
································ 417, 539, 554, 570, 579, 581
대법원 2010.03.25. 선고 2009다88617 판결 ············ 356
대법원 2010.04.29. 선고 2008다50691 판결 ············ 131
대법원 2010.04.29. 선고 2009다99129 판결 ············ 149
대법원 2010.04.29. 선고 2010다1166 판결 ············· 439
대법원 2010.05.13. 선고 2009다105222 판결 ·········· 291
대법원 2010.05.13. 선고 2010다6857 판결 ············· 432
대법원 2010.05.20. 선고 2007다90760 전원합의체 판결
·· 558, 571
대법원 2010.05.27. 선고 2006다84171 판결 ············ 132
대법원 2010.05.27. 선고 2009다93992 판결 ············ 183
대법원 2010.06.10. 선고 2010므574 판결 ··············· 369
대법원 2010.06.24. 선고 2007다63997 판결 ············ 245
대법원 2010.06.24. 선고 2010다12852 판결 ············ 390
대법원 2010.06.24. 선고 2010다17284 판결 ············ 188
대법원 2010.07.15. 선고 2010다2428 판결 ············· 158

대법원 2010.07.15. 선고 2010다2428,2435 판결 ··· 248, 468
대법원 2010.07.29. 선고 2009다69692 판결 ············ 579
대법원 2010.08.19. 선고 2009다70067 판결 ············ 440
대법원 2010.08.19. 선고 2010다43801 판결 ······· 46, 56
대법원 2010.08.26. 자 2010마818 결정 ······ 36, 99, 465
대법원 2010.08.26. 선고 2008다42416,42423 판결 · 499
대법원 2010.08.26. 선고 2009다95769 판결 ············ 183
대법원 2010.09.09. 선고 2008다15865 판결 ············ 526
대법원 2010.09.09. 선고 2010다24435 판결 ············ 492
대법원 2010.09.09. 선고 2010다28031 판결 ············ 503
대법원 2010.09.09. 선고 2010다37141 판결 ············ 225
대법원 2010.09.16. 선고 2008다97218 전원합의체 판결 ··· 540, 570
대법원 2010.09.30. 선고 2007다2718 판결 ············· 216
대법원 2010.09.30. 선고 2010다12241,12258 판결 · 431
대법원 2010.09.30. 선고 2010다36735 판결 ············ 504
대법원 2010.10.14. 선고 2010다47438 판결 ··· 264, 319, 578
대법원 2010.10.14. 선고 2010다53273 판결 ············ 502
대법원 2010.10.28. 선고 2010다53754 판결 ············ 290
대법원 2010.10.28. 선고 2010다55187 판결 ············ 473
대법원 2010.10.28. 선고 2010다57213,57220 판결 · 285
대법원 2010.12.23. 선고 2009다37725 판결 ····· 38, 350
대법원 2011.01.13. 선고 2010다67500 판결 ············ 491
대법원 2011.01.13. 선고 2010다88019 판결 ············ 502
대법원 2011.01.20. 선고 2008도10479 전원합의체 판결 ··· 159
대법원 2011.02.10. 선고 2010다81285 판결 ··· 144, 498
대법원 2011.02.10. 선고 2010다90708 판결 ············· 39
대법원 2011.02.24. 선고 2010다96911 판결 ············ 277
대법원 2011.03.10. 선고 2010다52416 판결 ············ 286
대법원 2011.03.10. 선고 2010다87641 판결 ············ 124
대법원 2011.03.24. 선고 2010다100711 판결 · 276, 278
대법원 2011.03.24. 선고 2010다21962 판결 ············ 462
대법원 2011.03.24. 선고 2010다95062 판결 ············ 576
대법원 2011.04.14. 선고 2008다14633 판결 ············ 144
대법원 2011.04.14. 선고 2009다103349,103356 판결 ··· 432
대법원 2011.04.15. 자 2010마1447 결정 ················· 479
대법원 2011.04.28. 선고 2009다98652 판결 ············ 157
대법원 2011.04.28. 선고 2010다101394 판결 ··· 93, 539, 571
대법원 2011.04.28. 선고 2010다89036 판결 ············ 146

대법원 2011.05.13. 선고 2011다10044 판결 ············ 502
대법원 2011.05.26. 선고 2011다16592 판결 ············ 401
대법원 2011.06.09. 선고 2011다29307 판결 ············ 217
대법원 2011.06.24. 선고 2011다1323 판결 ·············· 131
대법원 2011.06.30. 선고 2009다30724 판결 ············ 270
대법원 2011.06.30. 선고 2011다24340 판결 ············ 118
대법원 2011.07.14. 선고 2010다103451 판결 ··········· 356
대법원 2011.07.14. 선고 2010다107064 판결 ··········· 105
대법원 2011.07.14. 선고 2011다19737 판결 ····· 34, 497
대법원 2011.07.28. 선고 2009다64635 판결 ············ 380
대법원 2011.07.29. 자 2008스67 결정 ····················· 486
대법원 2011.08.18. 선고 2009다60077 판결 ····· 36, 464
대법원 2011.08.25. 선고 2011다24814 판결 ············ 545
대법원 2011.09.08. 선고 2009다49193,49209 판결 ··· 100, 352
대법원 2011.09.08. 선고 2010다35367 판결 ·············· 69
대법원 2011.09.21. 자 2011마1258 결정 ·················· 183
대법원 2011.09.29. 선고 2011다17847 판결 ············ 477
대법원 2011.10.13. 선고 2010다80930 판결 ··· 188, 505
대법원 2011.10.13. 선고 2011다10266 판결 ············ 486
대법원 2011.10.13. 선고 2011다28045 판결 ············ 286
대법원 2011.11.10. 선고 2009다93428 판결 ··· 119, 123
대법원 2011.11.10. 선고 2011다55405 판결 ············ 444
대법원 2011.11.24. 선고 2011다41529 판결 ············ 363
대법원 2011.11.24. 선고 2011다64331 판결 ············ 591
대법원 2011.11.24. 선고 2011다74550 판결 ············ 471
대법원 2011.12.8. 선고 2011다66849,66856 판결 ··· 153
대법원 2011.12.08. 선고 2011다55542 판결 ············ 208
대법원 2011.12.13. 선고 2009다16766 판결 ············ 412
대법원 2011.12.22. 선고 2010다76573 판결 ············ 461
대법원 2011.12.22. 선고 2011다64669 판결 ············ 261
대법원 2012.01.12. 자 2011마2380 결정 ················· 102
대법원 2012.01.12. 선고 2011다78606 판결 ············ 505
대법원 2012.02.016. 선고 2010다82530 전원합의체 판결 ··· 75
대법원 2012.02.16. 선고 2010다82530 전원합의체 판결 ··· 297, 445
대법원 2012.02.16. 선고 2011다45521 전원합의체 판결 ··· 556
대법원 2012.02.23. 선고 2011다86720 판결 ·············· 31
대법원 2012.03.15. 선고 2011다73021 판결 ·············· 25
대법원 2012.03.15. 선고 2011다83776 판결 ············ 477
대법원 2012.03.22. 선고 2010다28840 전원합의체 판결 ··· 284, 496

대법원 2012.03.29. 선고 2011다100527 판결 ········ 183
대법원 2012.03.29. 선고 2011다101308 판결 ········ 286
대법원 2012.03.29. 선고 2011다74932 판결 ········ 129
대법원 2012.03.29. 선고 2011다81541 판결 ········ 461
대법원 2012.03.29. 선고 2011다93025 판결 ········ 584
대법원 2012.04.12. 선고 2010다65399 판결 ········ 496
대법원 2012.04.13. 선고 2010다1180 판결 ········ 473
대법원 2012.04.13. 선고 2011다92916 판결 ········ 388
대법원 2012.04.16. 자 2011스191,192 결정 ········ 383
대법원 2012.05.09. 선고 2012다3197 판결 ········ 592
대법원 2012.05.10. 선고 2011다109500 판결
·· 183, 484, 508
대법원 2012.05.17. 선고 2010다28604 전원합의체 판결
·· 110, 115
대법원 2012.05.17. 선고 2011다87235 전원합의체 판결
·· 185, 422
대법원 2012.05.24. 선고 2009다88303 판결 ········ 291
대법원 2012.06.14. 선고 2010다105310 판결 · 131, 445
대법원 2012.06.28. 선고 2010다54535,54542 판결 · 248
대법원 2012.06.28. 선고 2010다71431 판결 ··· 151, 235
대법원 2012.06.28. 선고 2010다81049 판결 ········ 469
대법원 2012.07.05. 선고 2010다80503 판결 ········ 211
대법원 2012.07.12. 선고 2010다42259 판결
·· 399, 404, 406
대법원 2012.07.16. 자 2009마461 결정 ········ 479
대법원 2012.08.17. 선고 2010다87672 판결 ········ 223
대법원 2012.08.30. 선고 2010다52072 판결 ········ 37
대법원 2012.08.30. 선고 2011다32785,32792 판결 · 287
대법원 2012.09.13. 선고 2010다88699 판결 ········ 459
대법원 2012.09.13. 선고 2012다45702 판결 ········ 401
대법원 2012.10.11. 선고 2011다82995 판결 ········ 286
대법원 2012.10.25. 선고 2010다47117 판결 ········ 410
대법원 2012.11.15. 선고 2011다56491 판결 ········ 486
대법원 2012.11.15. 선고 2012다60015 판결 ········ 428
대법원 2012.11.29. 선고 2011다17953 판결 ··· 283, 559
대법원 2012.12.26. 선고 2010다49892 판결 ··· 32, 35
대법원 2012.12.27. 선고 2012다60954 판결 ········ 242
대법원 2012.12.27. 선고 2012다75239 판결 ········ 183
대법원 2013.01.17. 선고 2011다49523 전원합의체 판결
·· 321, 413
대법원 2013.02.14. 선고 2011다109708 판결 ········ 467
대법원 2013.02.15. 선고 2012다68217 판결 ········ 482
대법원 2013.02.15. 선고 2012다81913 판결 ········ 474
대법원 2013.02.28. 선고 2010다89814 판결 ········ 352

대법원 2013.02.28. 선고 2011다21556 판결 ··· 509, 542
대법원 2013.02.28. 선고 2012다94125 판결 ········ 538
대법원 2013.03.14. 선고 2010다42624,42631 판결 · 384
대법원 2013.03.14. 선고 2011다48711 판결 ········ 105
대법원 2013.03.14. 선고 2011다58701 판결 ········ 133
대법원 2013.03.14. 선고 2012다106003 판결 ········ 286
대법원 2013.03.28. 선고 2010다71318 판결 ········ 364
대법원 2013.03.28. 선고 2011다3329 판결
·· 97, 542, 570
대법원 2013.03.28. 선고 2012다100746 판결 · 189, 202
대법원 2013.03.28. 선고 2012다112381 판결 ········ 394
대법원 2013.04.11. 선고 2009다62059 판결 ········ 48
대법원 2013.04.11. 선고 2011다112032 판결 ········ 245
대법원 2013.04.11. 선고 2012다105888 판결 ········ 563
대법원 2013.04.26. 자 2009마1932 결정 ········ 38
대법원 2013.04.26. 선고 2009다89436 판결 ··· 282, 477
대법원 2013.04.26. 선고 2013다5855 판결 ········ 214
대법원 2013.05.09. 선고 2011다61646 판결 ········ 250
대법원 2013.05.09. 선고 2012다108863 판결
·· 124, 387, 388
대법원 2013.05.09. 선고 2012다40998 판결 ········ 286
대법원 2013.05.09. 선고 2012다4381 판결 ········ 249
대법원 2013.05.09. 선고 2912다108863 판결 ········ 463
대법원 2013.05.23. 선고 2010다102816,102823 판결
·· 453
대법원 2013.05.31. 자 2012마712 결정 ········ 509
대법원 2013.06.13. 선고 2011다73472 판결 ········ 95
대법원 2013.06.13. 선고 2011다83820 판결 ········ 182
대법원 2013.06.14. 자 2013마396 결정 ········ 128, 448
대법원 2013.06.27. 선고 2011다5813 판결 ········ 170
대법원 2013.06.27. 선고 2012다114813 판결 ········ 140
대법원 2013.06.28. 선고 2011다83110 판결 ········ 278
대법원 2013.06.28. 선고 2013다8564 판결 ········ 215
대법원 2013.07.11. 선고 2013다16473 판결 ········ 262
대법원 2013.07.12. 선고 2006다17553 판결 ········ 490
대법원 2013.07.12. 선고 2013다19571 판결 ········ 460
대법원 2013.07.18. 선고 2012다5643 전원합의체 판결
·· 222
대법원 2013.07.25. 선고 2012다204815 판결 ········ 476
대법원 2013.08.22. 선고 2012다68279 판결 ········ 438
대법원 2013.08.23. 선고 2012다17585 판결 ··· 449, 466
대법원 2013.09.12. 선고 2010다95185 판결 ········ 352
대법원 2013.09.12. 선고 2012다118044 판결 ········ 474
대법원 2013.09.13. 선고 2012다36661 판결 ········ 466

대법원 2013.09.13. 선고 2013다43666,43673 판결 ················· 68, 70
대법원 2013.09.13. 선고 2013다45457 판결 ············ 346
대법원 2013.09.13. 선고 2013두9564 판결 ············ 369
대법원 2013.10.11. 선고 2013다7936 판결 ············ 217
대법원 2013.10.31. 선고 2011다98426 판결 ············ 441
대법원 2013.10.31. 선고 2013다59050 판결 ··· 143, 252
대법원 2013.11.14. 선고 2013다18622 판결 ············ 502
대법원 2013.11.14. 선고 2013다46023 판결 ················· 538, 544, 568
대법원 2013.11.14. 선고 2013다65178 판결 ············ 494
대법원 2013.11.21. 선고 2011두1917 전원합의체 판결 ················· 130
대법원 2013.11.28. 선고 2011다80449 판결 ··· 141, 434
대법원 2013.12.12. 선고 2012다72612 판결 ············ 563
대법원 2013.12.12. 선고 2013다26647 판결 ············ 485
대법원 2013.12.18. 선고 2013다202120 전원합의체 판결 ················· 91, 202, 413, 447
대법원 2013.12.26. 선고 2013다21512 판결 ············ 108
대법원 2014.01.16. 선고 2013다30653 판결 ············ 580
대법원 2014.01.16. 선고 2013다64090 판결 ············ 242
대법원 2014.01.23. 선고 2011다108095 판결 ················· 193, 201, 474
대법원 2014.01.23. 선고 2013다64793 판결 ················· 504, 508, 509
대법원 2014.01.23. 선고 2013다68948 판결 ············ 380
대법원 2014.01.29. 선고 2013다78556 판결 ············ 131
대법원 2014.02.13. 선고 2011다74277 판결 ······ 41, 459
대법원 2014.02.13. 선고 2012다112299,112305 판결 ················· 142
대법원 2014.02.13. 선고 2012다204013 판결 ·········· 211
대법원 2014.02.27. 선고 2013다94312 판결 ············ 498
대법원 2014.03.13. 선고 2013다34143 판결 ············ 60
대법원 2014.03.27. 선고 2011다101209 판결 ············ 330
대법원 2014.03.27. 선고 2011다107818 판결 · 215, 287
대법원 2014.04.10. 선고 2012다29557 판결 ············ 146
대법원 2014.04.10. 선고 2013다54390 판결 ············ 543
대법원 2014.04.10. 선고 2013다59753 판결 ············ 262
대법원 2014.04.24. 선고 2012다40592 판결 ············ 444
대법원 2014.04.30. 선고 2010다11323 판결 ··· 570, 583
대법원 2014.04.30. 선고 2013다8250 판결 ············ 474
대법원 2014.05.16. 선고 2011다52291 판결 ············ 41
대법원 2014.05.16. 선고 2012다20604 판결 ············ 184
대법원 2014.05.16. 선고 2012다43324 판결 ············ 139
대법원 2014.05.16. 선고 2013다202755 판결 ············ 479
대법원 2014.05.16. 선고 2013다52233 판결 ············ 35
대법원 2014.05.29. 선고 2011다31225 판결 ············ 23
대법원 2014.05.29. 선고 2013다212295 판결 ············ 476
대법원 2014.06.12. 선고 2011다76105 판결 ············ 309
대법원 2014.06.12. 선고 2012다47548,47555 판결 · 235
대법원 2014.06.12. 선고 2013다95964 판결 ··· 542, 570
대법원 2014.06.26. 선고 2012다25944 판결 ············ 133
대법원 2014.07.10. 선고 2012다26633 판결 ············ 217
대법원 2014.07.10. 선고 2012다89832 판결 ··· 188, 250
대법원 2014.07.10. 선고 2013다50763 판결 ············ 215
대법원 2014.07.10. 선고 2013다74769 판결 ············ 195
대법원 2014.07.16. 선고 2011다76402 전원합의체 판결 ················· 462
대법원 2014.07.16. 선고 2013므2250 전원합의체 판결 ················· 372
대법원 2014.07.24. 선고 2010다58315 판결 ············ 157
대법원 2014.07.24. 선고 2014다202608 판결 ············ 134
대법원 2014.08.20. 선고 2014다26521 판결 ············ 451
대법원 2014.08.20. 선고 2014다28114 판결 ··· 229, 233
대법원 2014.08.20. 선고 2014다30483 판결 ············ 352
대법원 2014.08.20. 선고 2014다30650 판결 ············ 65
대법원 2014.08.26. 선고 2012다77594 판결 ············ 383
대법원 2014.08.26. 선고 2013다49404,49411 판결 · 290
대법원 2014.09.04. 선고 2013다60661 판결 ············ 214
대법원 2014.09.04. 선고 2013므4201 판결 ············ 375
대법원 2014.09.25. 선고 2012다58609 판결 ············ 556
대법원 2014.09.25. 선고 2014다211336 판결 ············ 202
대법원 2014.10.06. 선고 2012다29564 판결 ············ 381
대법원 2014.10.06. 선고 2013다84940 판결 ············ 493
대법원 2014.10.15. 선고 2014두37658 판결 ············ 33
대법원 2014.10.27. 선고 2012다76744 판결 ············ 393
대법원 2014.10.27. 선고 2013다25217 판결 ················· 181, 187, 202, 435, 457
대법원 2014.10.30. 선고 2014다21346 판결 ············ 418
대법원 2014.11.13. 선고 2010다63591 판결 ··· 420, 442
대법원 2014.11.13. 선고 2012다52526 판결 ············ 476
대법원 2014.11.20. 선고 2011므2997 전원합의체 판결 ················· 372
대법원 2014.11.27. 선고 2014다206075 판결 ············ 459
대법원 2014.12.02. 자 2004마1412 결정 ············ 284
대법원 2014.12.11. 선고 2013다14569 판결 ··· 240, 272
대법원 2014.12.11. 선고 2013다28025 판결 ············ 28
대법원 2014.12.11. 선고 2013다71784 판결 ············ 181

대법원 2014.12.11. 선고 2013다92866 판결 ·········· 343
대법원 2014.12.11. 선고 2013므4591 판결 ············ 373
대법원 2014.12.18. 선고 2011다50233 전원합의체 판결
··· 479
대법원 2014.12.24. 선고 2011도11084 판결 ············ 132
대법원 2014.12.24. 선고 2012다35620 판결 ············ 504
대법원 2015.01.12. 선고 2014다46211 전원합의체 판결
··· 158
대법원 2015.01.29. 선고 2012다108764 판결 · 538, 556
대법원 2015.01.29. 선고 2012다111630 판결 ·········· 51
대법원 2015.01.29. 선고 2013다100750 판결 ·········· 580
대법원 2015.01.29. 선고 2013다79870 판결 ············ 209
대법원 2015.01.29. 선고 2014다49425 판결 ············ 135
대법원 2015.01.30. 자 2014그553 결정 ···················· 391
대법원 2015.02.12. 선고 2013다215515 판결 ············ 66
대법원 2015.02.12. 선고 2013다61602 판결 ············ 363
대법원 2015.02.12. 선고 2014다228440 판결 ·········· 497
대법원 2015.02.12. 선고 2014므4871 판결 ············· 379
대법원 2015.02.26. 선고 2014다228778 판결 ·········· 503
대법원 2015.02.26. 선고 2014다63315 판결 ············ 354
대법원 2015.02.26. 선고 2014므4734,4741 판결 ····· 372
대법원 2015.03.20. 선고 2012다107662 판결 ·········· 542
대법원 2015.03.26. 선고 2012다25432 판결 ············ 507
대법원 2015.03.26. 선고 2014다233428 판결 ·········· 128
대법원 2015.03.26. 선고 2014다83242 판결 ············ 306
대법원 2015.04.09. 선고 2012다118020 판결 ·········· 280
대법원 2015.04.09. 선고 2014다80945 판결
·· 277, 540, 580
대법원 2015.04.23. 선고 2013다20311 판결 ············ 460
대법원 2015.04.23. 선고 2013다86403 판결 ············ 403
대법원 2015.04.23. 선고 2014다53790 판결 ··· 404, 405
대법원 2015.04.23. 선고 2014다77956 판결 ············ 350
대법원 2015.05.14. 선고 2014다12072 판결 ············ 287
대법원 2015.05.14. 선고 2014다16494 판결 ············ 505
대법원 2015.05.21. 선고 2012다952 전원합의체 판결
··· 221
대법원 2015.05.28. 선고 2013다1587 판결 ············· 441
대법원 2015.05.28. 선고 2014다24327 판결 ············ 263
대법원 2015.05.28. 선고 2014다81474 판결 ············ 506
대법원 2015.05.29. 선고 2012다84370 판결 ············ 291
대법원 2015.05.29. 선고 2013므2441 판결 ············· 371
대법원 2015.06.11. 선고 2012다10386 판결 ············ 472
대법원 2015.06.11. 선고 2014다237192 판결 ·········· 210
대법원 2015.06.11. 선고 2014므8217 판결 ············· 379

대법원 2015.06.11. 선고 2015다10523 판결 ··· 399, 401
대법원 2015.06.11. 선고 2015다200227 판결 · 509, 534
대법원 2015.06.11. 선고 2015다203660 판결 ·········· 401
대법원 2015.06.23. 선고 2013므2397 판결 ············· 372
대법원 2015.06.23. 선고 2015다5378 판결 ············· 432
대법원 2015.07.09. 선고 2013다43772 판결 ············ 328
대법원 2015.07.23. 선고 2013다30301,2013다30325
판결 ·· 202
대법원 2015.07.23. 선고 2013다30301,30325 판결 · 195
대법원 2015.07.23. 선고 2014다45140 판결 ············· 20
대법원 2015.07.23. 선고 2014다88888 판결 ············ 128
대법원 2015.08.13. 선고 2015다18367 판결
·· 130, 367, 456
대법원 2015.08.19. 선고 2012다94940 판결 ············ 381
대법원 2015.08.21. 자 2015무26 결정 ······················ 43
대법원 2015.08.27. 선고 2013다81224 판결 ··· 344, 580
대법원 2015.09.10. 선고 2012다23863 판결 ····· 34, 460
대법원 2015.09.10. 선고 2013다55300 판결 ··· 184, 457
대법원 2015.09.10. 선고 2014다73794,73800 판결
·· 141, 453
대법원 2015.09.10. 선고 2015다212220 판결 ·········· 487
대법원 2015.09.15. 선고 2013므568 전원합의체 판결
··· 371
대법원 2015.09.24. 선고 2015다30398 판결 ··· 431, 432
대법원 2015.10.15. 선고 2014다204178 판결 ·········· 432
대법원 2015.10.29. 선고 2012다14975 판결 ············ 216
대법원 2015.10.29. 선고 2012다21560 판결 ············ 395
대법원 2015.10.29. 선고 2012다5537 판결 ····· 317, 338
대법원 2015.10.29. 선고 2013다60753 판결 ············ 383
대법원 2015.10.29. 선고 2015다202490 판결 ·········· 403
대법원 2015.10.29. 선고 2015다214691 판결 ·········· 344
대법원 2015.10.29. 선고 2015다32585 판결 ··· 319, 564
대법원 2015.11.12. 선고 2010다104768 판결 ·········· 383
대법원 2015.11.12. 선고 2011다55092 판결 ············ 383
대법원 2015.11.17. 선고 2012다2743 판결 ············· 237
대법원 2015.11.17. 선고 2013다84995 판결 ············ 220
대법원 2015.11.26. 선고 2013다14965 판결 ············· 40
대법원 2015.11.26. 선고 2013다62490 판결 ············ 490
대법원 2015.11.26. 선고 2015다206584 판결 ·········· 137
대법원 2015.11.27. 선고 2012다2743 판결 ····· 202, 287
대법원 2015.11.27. 선고 2013다41097,41103 판결 · 478
대법원 2015.12.10. 선고 2013다56297 판결 ············ 128
대법원 2015.12.10. 선고 2014다87878 판결 ············· 28
대법원 2015.12.10. 선고 2014다87878 판결 ············ 441

대법원 2015.12.10. 선고 2014도11533 판결 ············ 369
대법원 2015.12.10. 선고 2015다229006 판결 ········· 83
대법원 2016.01.25. 자 2015스451 결정 ················ 372
대법원 2016.01.28. 선고 2013다74110 판결 ··· 309, 562
대법원 2016.01.28. 선고 2015다239324 판결 · 243, 246
대법원 2016.02.18. 선고 2014다61814 판결 ············ 73
대법원 2016.02.18. 선고 2015므654,661 판결 ······· 369
대법원 2016.03.10. 선고 2013다99409 판결 ··· 425, 426
대법원 2016.03.24. 선고 2014다13280 판결 ········· 502
대법원 2016.03.24. 선고 2014다13280,13297 판결 · 408
대법원 2016.03.24. 선고 2014다3122 판결 ············ 444
대법원 2016.03.24. 선고 2015다248137 판결 ········ 416
대법원 2016.03.24. 선고 2015다249383 판결 ········ 266
대법원 2016.04.12. 선고 2013다31137 판결 ········· 359
대법원 2016.05.24. 선고 2012다87898 판결 ········· 118
대법원 2016.05.24. 선고 2015다250574 판결 ········ 594
대법원 2016.05.27. 선고 2014다230894 판결 ········ 219
대법원 2016.06.10. 선고 2014다200763,200770 판결
·· 242
대법원 2016.06.28. 선고 2016다1793 판결 ············ 43
대법원 2016.07.07. 선고 2013다76871 판결 ········· 438
대법원 2016.07.07. 선고 2014다2662 판결 ····· 55, 98
대법원 2016.07.14. 선고 2013다82944,82951 판결 · 243
대법원 2016.07.14. 선고 2015다233098 판결 ········ 451
대법원 2016.07.14. 선고 2015다46119 판결 ········· 282
대법원 2016.07.22. 선고 2015다66397 판결 ········· 467
대법원 2016.07.29. 선고 2015다56086 판결 ········· 232
대법원 2016.07.29. 선고 2016다214483,214490 판결
·· 45
대법원 2016.07.29. 선고 2016다220044 판결 ········· 58
대법원 2016.08.18. 선고 2014다225038 판결 · 393, 395
대법원 2016.08.29. 선고 2015다236547 판결
··· 202, 409, 421, 423
대법원 2016.08.29. 선고 2015다5811 판결 ·········· 493
대법원 2016.08.29. 선고 2016다208303 판결 ········ 503
대법원 2016.09.28. 선고 2015다65035 판결 ········· 485
대법원 2016.09.28. 선고 2016다205915 판결
·· 186, 409, 422, 463
대법원 2016.10.13. 선고 2014다2723 판결 ·········· 278
대법원 2016.10.19. 선고 2014다46648 전원합의체 판결
·· 496
대법원 2016.10.27. 선고 2013다7769 판결 ·········· 151
대법원 2016.10.27. 선고 2014다211978 판결 · 491, 494
대법원 2016.10.27. 선고 2015다230815 판결 ········ 118

대법원 2016.10.27. 선고 2015다52978 판결 ········· 133
대법원 2016.10.27. 선고 2016다224183,224190 판결
·· 483, 526
대법원 2016.10.27. 선고 2016다224596 판결 ········· 66
대법원 2016.11.25. 선고 2013다206313 판결 ······· 232
대법원 2016.11.25. 선고 2016다211309 판결 · 540, 559
대법원 2016.12.15. 선고 2015다247325 판결 ········· 42
대법원 2016.12.27. 선고 2014두5637 판결 ·········· 438
대법원 2016.12.29. 선고 2013다73520 판결 ········· 589
대법원 2016.12.29. 선고 2014후713 판결 ············ 440
대법원 2016.12.29. 선고 2016다22837 판결 ········· 418
대법원 2016.12.29. 선고 2016다249816 판결 · 217, 232
대법원 2017.01.12. 선고 2016다208792 판결 ········ 232
대법원 2017.01.25. 선고 2012다72469 판결 ·········· 71
대법원 2017.01.25. 선고 2014다52933 판결 ··· 288, 412
대법원 2017.01.25. 선고 2016다42077 판결 ··· 297, 497
대법원 2017.02.09. 선고 2016다45946 판결 ········· 440
대법원 2017.02.15. 선고 2014다19776 판결 ········· 557
대법원 2017.03.09. 선고 2015다217980 판결
·· 223, 232, 236
대법원 2017.03.09. 선고 2016다47478 판결 ········· 577
대법원 2017.03.15. 선고 2013다79887,79894 판결 · 349
대법원 2017.03.15. 선고 2015다252501 판결 · 538, 540
대법원 2017.03.22. 선고 2016다258124 판결 ········ 482
대법원 2017.03.30. 선고 2016다253297 판결 ········ 146
대법원 2017.03.30. 선고 2016다51989 판결 ········· 232
대법원 2017.04.07. 선고 2016다204783 판결 · 232, 233
대법원 2017.04.07. 선고 2016다35451 판결 ········· 501
대법원 2017.04.13. 선고 2013다207941 판결 ········ 461
대법원 2017.04.26. 선고 2014다221777,221784 판결
·· 560
대법원 2017.04.27. 선고 2016다279206 판결 ········ 232
대법원 2017.04.28. 선고 2013다1211 판결 ············ 43
대법원 2017.04.28. 선고 2016다213916 판결 ········ 461
대법원 2017.04.28. 선고 2016다239840 판결 ········ 505
대법원 2017.05.18. 선고 2012다86895,86901 전원합의체
판결 ·· 321
대법원 2017.05.30. 선고 2017다205073 판결 ········ 232
대법원 2017.05.31. 선고 2016다240 판결 ············ 298
대법원 2017.05.31. 선고 2017다202166 판결 ········ 357
대법원 2017.06.08. 선고 2017다3499 판결 ·········· 110
대법원 2017.06.15. 선고 2015다247707 판결 ········ 232
대법원 2017.06.19. 선고 2017다211528,211535 판결
·· 50

판례색인 607

대법원 2017.06.19. 선고 2017다215070 판결 ········ 488
대법원 2017.06.29. 선고 2014다30803 판결
·· 125, 449, 456
대법원 2017.07.11. 선고 2013다55447 판결 ········ 350
대법원 2017.07.11. 선고 2014다32458 판결 ········ 508
대법원 2017.07.11. 선고 2014다89355 판결 ········ 182
대법원 2017.07.18. 선고 2016다35789 판결 ········ 509
대법원 2017.07.18. 선고 2017다218796 판결 ······· 38
대법원 2017.08.18. 선고 2015다234657 판결 ········ 69
대법원 2017.08.18. 선고 2016다6309 판결 ···· 130, 141
대법원 2017.08.18. 선고 2017다228762 판결 · 242, 302
대법원 2017.08.21. 자 2017마499 결정 ······· 221, 415
대법원 2017.08.29. 선고 2016다212524 판결 ······ 149
대법원 2017.08.29. 선고 2017다227103 판결 ······ 364
대법원 2017.09.07. 선고 2017다228342 판결 ······· 69
대법원 2017.09.12. 선고 2015다242849 판결
·· 115, 446, 463, 464
대법원 2017.09.21. 선고 2015다61286 판결 ······· 279
대법원 2017.09.21. 선고 2016다8923 판결 ········ 236
대법원 2017.09.21. 선고 2017다233931 판결 ······ 128
대법원 2017.09.26. 선고 2014다27425 판결 ··· 360, 362
대법원 2017.09.26. 선고 2015다11984 판결 ······· 583
대법원 2017.09.26. 선고 2015다38910 판결 ······· 220
대법원 2017.09.26. 선고 2017다22407 판결 ······· 302
대법원 2017.10.12. 선고 2017다224630,224647 판결
·· 327, 576
대법원 2017.10.26. 선고 2015다42599 판결 ······· 187
대법원 2017.10.31. 선고 2015다65042 판결 ··· 449, 458
대법원 2017.11.14. 선고 2017다23066 판결 ······· 447
대법원 2017.11.23. 선고 2017다251694 판결 ······ 482
대법원 2017.11.29. 선고 2016다259769 판결 ······ 243
대법원 2017.11.29. 선고 2017다241819 판결 ······ 209
대법원 2017.12.05. 선고 2015다240645 판결 ······ 105
대법원 2017.12.05. 선고 2017다225978,225985 판결
·· 538
대법원 2017.12.05. 선고 2017다237339 판결 ··· 71, 464
대법원 2017.12.05. 선고 2017다252987,252994 판결
·· 483
대법원 2017.12.13. 선고 2016다248424 판결 ·· 67, 135
대법원 2017.12.22. 선고 2015다73753 판결 ··· 448, 456
대법원 2017.12.22. 선고 2017다360,377 판결 ·· 66, 111
대법원 2017.12.28. 자 2017그100 결정 ················ 24
대법원 2017.12.28. 선고 2017다265266 판결 ······ 330
대법원 2018.01.24. 선고 2015다69990 판결 ··· 343, 562

대법원 2018.01.24. 선고 2016다234043 판결 ········ 574
대법원 2018.01.24. 선고 2017다37324 판결
·· 49, 304, 348
대법원 2018.01.25. 선고 2017다260117 판결 ········ 108
대법원 2018.02.28. 선고 2016다45779 판결 ········ 493
대법원 2018.03.15. 선고 2015다239508,239515 판결
·· 336
대법원 2018.03.15. 선고 2016다275679 판결 ······· 445
대법원 2018.03.22. 선고 2012다74236 전원합의체 판결
·· 360
대법원 2018.03.27. 선고 2015다70822 판결 ··· 387, 400
대법원 2018.04.10. 선고 2016다272311 판결 · 209, 222
대법원 2018.04.10. 선고 2017다257715 판결 ······· 352
대법원 2018.04.12. 선고 2016다39897 판결 ··· 439, 452
대법원 2018.04.12. 선고 2017다229536 판결 ······· 348
대법원 2018.04.24. 선고 2017다205127 판결 · 492, 503
대법원 2018.04.24. 선고 2017다287891 판결 ······· 215
대법원 2018.04.24. 선고 2017다293858 판결 ······· 522
대법원 2018.05.15. 선고 2014므4963 판결 ········ 375
대법원 2018.05.15. 선고 2016다211620 판결
·· 309, 482, 505
대법원 2018.05.15. 선고 2016다269964,269971 판결
·· 482
대법원 2018.05.17. 선고 2017도4027 전원합의체 판결
·· 159
대법원 2018.05.30. 선고 2014다9632 판결 ········ 449
대법원 2018.06.15. 선고 2017다248803,248810 판결
·· 493
대법원 2018.06.15. 선고 2017다265129 판결 ······· 224
대법원 2018.06.15. 선고 2017다289828 판결 ······· 440
대법원 2018.06.15. 선고 2017두49119 판결 ········ 507
대법원 2018.06.15. 선고 2018다10920 판결
·· 285, 492, 500
대법원 2018.06.15. 선고 2018다215763,215770 판결
·· 213
대법원 2018.06.19. 선고 2018다1049 판결 ········ 379
대법원 2018.06.19. 선고 2018다201610 판결
·· 291, 317, 320
대법원 2018.06.22. 자 2018스18 결정 ·············· 372
대법원 2018.06.28. 선고 2016다1045 판결 ········ 213
대법원 2018.06.28. 선고 2017다255344 판결 ········ 73
대법원 2018.06.28. 선고 2018다10081 판결 ······· 248
대법원 2018.06.28. 선고 2018다201702 판결 ······· 147
대법원 2018.06.28. 선고 2018다214319 판결 · 222, 232

대법원 2018.07.11. 선고 2014두36518 판결 … 100, 183
대법원 2018.07.11. 선고 2018다200518 판결 ……… 331
대법원 2018.07.12. 선고 2015다36167 판결
　……………………………………………… 71, 91, 279
대법원 2018.07.12. 선고 2015다68348 판결 ……… 363
대법원 2018.07.12. 선고 2017다235647 판결 ……… 381
대법원 2018.07.12. 선고 2017다278422 판결 ……… 383
대법원 2018.07.12. 선고 2018다204992 판결 ……… 350
대법원 2018.07.19. 선고 2017다242409 전원합의체 판결
　……………………………………………………… 348
대법원 2018.07.19. 선고 2018다22008 전원합의체 판결
　………………………………………… 65, 447, 497, 516
대법원 2018.07.20. 선고 2018다222747 판결 ……… 209
대법원 2018.07.24. 선고 2017다291593 판결ㆍ 332, 573
대법원 2018.07.26. 선고 2017다289040 판결 ……… 381
대법원 2018.07.26. 선고 2018다227551 판결ㆍ 358, 448
대법원 2018.08.01. 선고 2018다227865 판결 ……… 438
대법원 2018.08.30. 선고 2015다27132(본소),
　2015다27149(반소) 판결 ……………………… 380
대법원 2018.08.30. 선고 2016다46338,2016다46345
　판결 …………………………………………… 439, 547
대법원 2018.09.13. 선고 2015다209347 판결ㆍ 309, 537
대법원 2018.09.13. 선고 2018다215756 판결ㆍ 209, 232
대법원 2018.09.13. 선고 2018다241403 판결 ……… 488
대법원 2018.09.28. 선고 2016다246800 판결
　………………………………………………… 295, 581, 584
대법원 2018.10.12. 선고 2015다256794 판결 ……… 242
대법원 2018.10.12. 선고 2017다221501 판결 ……… 477
대법원 2018.10.18. 선고 2015다232316 전원합의체 판결
　……………………………………………… 497, 518
대법원 2018.10.25. 선고 2016다223067 판결 ……… 411
대법원 2018.10.25. 선고 2017다272103 판결 ……… 283
대법원 2018.10.25. 선고 2018다210539 판결 ……… 182
대법원 2018.11.09. 선고 2018다240462 판결 ……… 487
대법원 2018.11.09. 선고 2018다38782 판결 ……… 484
대법원 2018.11.15. 선고 2018다248244 판결 ……… 488
대법원 2018.11.29. 선고 2015다19827 판결 ……… 217
대법원 2018.11.29. 선고 2018다240424,240431 판결
　……………………………………………………… 319
대법원 2018.12.13. 선고 2016다49931 판결 ……… 388
대법원 2018.12.13. 선고 2018두51485 판결 ……… 344
대법원 2018.12.27. 선고 2015다73098 판결 ……… 304
대법원 2018.12.27. 선고 2016다265689 판결
　……………………………………………… 320, 470, 561

대법원 2018.12.27. 선고 2016다43872 판결 … 357, 490
대법원 2018.12.27. 선고 2017다290057 판결 ……… 229
대법원 2018.12.27. 선고 2018다268385 판결ㆍ 411, 464
대법원 2018.12.28. 선고 2017다265815 판결
　…………………………………………… 213, 234, 463
대법원 2018.12.28. 선고 2018다272261 판결 ……… 216
대법원 2019.01.17. 선고 2018다24349 판결 ……… 447
대법원 2019.01.17. 선고 2018다24349 판결 … 518, 523
대법원 2019.01.17. 선고 2018다260855 판결ㆍ 217, 381
대법원 2019.01.24. 선고 2016다264556 전원합의체 판결
　……………………………………………………… 50, 347
대법원 2019.01.31. 선고 2015다240041 판결 ……… 560
대법원 2019.01.31. 선고 2015다26009 판결 … 409, 477
대법원 2019.01.31. 선고 2016다258148 판결 ……… 483
대법원 2019.01.31. 선고 2017다228618 판결 ……… 181
대법원 2019.02.14. 선고 2015다244432 판결
　……………………………………………… 61, 345, 466
대법원 2019.02.14. 선고 2017다274703 판결
　……………………………………………… 312, 553, 556
대법원 2019.03.06. 자 2017마5292 결정 …………… 189
대법원 2019.03.14. 선고 2018다255648 판결ㆍ 482, 541
대법원 2019.03.14. 선고 2018다277785,277792 판결
　……………………………………………………… 211, 226
대법원 2019.03.14. 선고 2018다281159 판결 ……… 457
대법원 2019.03.14. 선고 2018다282473 판결 ……… 306
대법원 2019.03.14. 선고 2018두56435 판결
　……………………………………………… 499, 504, 505
대법원 2019.03.25. 자 2016마5908 결정 …………… 439
대법원 2019.04.03. 선고 2015다247745,247752 판결
　……………………………………………………… 318, 583
대법원 2019.04.03. 선고 2015다250413 판결 ………… 42
대법원 2019.04.03. 선고 2018다291958 판결 ……… 358
대법원 2019.04.03. 선고 2018다296878 판결 … 70, 503
대법원 2019.04.11. 선고 2017다269862 판결ㆍ 181, 500
대법원 2019.04.11. 선고 2018다203715 판결 ……… 225
대법원 2019.04.11. 선고 2018다291347 판결 ……… 323
대법원 2019.04.25. 선고 2015두39897 판결 ……… 506
대법원 2019.05.16. 선고 2015다253573 판결
　…………………………………… 29, 105, 185, 441, 462
대법원 2019.05.16. 선고 2016다240338 판결ㆍ 249, 469
대법원 2019.05.16. 선고 2017다225312,2017다225329
　판결 ……………………………………………… 334
대법원 2019.05.16. 선고 2017다226629 판결 ……… 503
대법원 2019.05.16. 선고 2018다242246 판결ㆍ 119, 468

대법원 2019.05.30. 선고 2015다47105 판결 ·········· 105
대법원 2019.05.30. 선고 2016다245562 판결 ········· 133
대법원 2019.05.30. 선고 2017다53265 판결 ·········· 357
대법원 2019.05.30. 선고 2019다202573 판결 ········ 325
대법원 2019.06.13. 선고 2017다246180 판결 ········ 455
대법원 2019.06.13. 선고 2019다208533,208540 판결
·· 578
대법원 2019.06.20. 선고 2013다218156 전원합의체 판결
·· 353
대법원 2019.06.27. 선고 2017다222962 판결 · 540, 568
대법원 2019.07.04. 선고 2018다284226 판결 ········ 332
대법원 2019.07.10. 선고 2015다249352 판결 ··· 72, 109
대법원 2019.07.10. 선고 2017다253522 판결 ········ 132
대법원 2019.07.10. 선고 2018다239608 판결 ········ 331
대법원 2019.07.10. 선고 2018다242727 판결 · 332, 573
대법원 2019.07.10. 선고 2018다299099 판결 ·········· 68
대법원 2019.07.10. 선고 2019다222522 판결 ········ 364
대법원 2019.07.11. 선고 2018다208338,208345 판결
·· 344
대법원 2019.07.18. 선고 2014다206983 전원합의체 판결
·· 350, 402
대법원 2019.07.25. 선고 2016다1687 판결 ····· 357, 489
대법원 2019.07.25. 선고 2018다252823,252830 판결
·· 334
대법원 2019.07.25. 선고 2018다42538 판결 ·········· 301
대법원 2019.07.25. 선고 2019다205206,205213 판결
·· 455
대법원 2019.07.25. 선고 2019다212945 판결
·· 408, 500, 506
대법원 2019.08.29. 선고 2017다276679 판결 ········ 490
대법원 2019.08.29. 선고 2019다215272 판결 · 307, 523
대법원 2019.08.30. 선고 2017다213180 판결 ··· 47, 348
대법원 2019.08.30. 선고 2019다235528 판결 ········ 500
대법원 2019.09.09. 선고 2016다262550 판결 ·········· 43
대법원 2019.09.10. 선고 2016다237691 판결 ········ 338
대법원 2019.09.10. 선고 2017다272486,272493 판결
·· 342, 343, 579
대법원 2019.09.25. 선고 2017므11917 판결 ·········· 372
대법원 2019.10.17. 선고 2015다221033 판결 ········ 140
대법원 2019.10.17. 선고 2016다32841,32858 판결 ··· 71
대법원 2019.10.17. 선고 2019다236620 판결 ·········· 69
대법원 2019.10.18. 선고 2019다14943 판결 ·········· 252
대법원 2019.10.31. 선고 2016다243306 판결 ·········· 72
대법원 2019.10.31. 선고 2017다293582 판결 ········ 242

대법원 2019.10.31. 선고 2019다213368,213375 판결
··· 69
대법원 2019.10.31. 선고 2019다247651 판결 · 471, 582
대법원 2019.11.14. 선고 2015다211685 판결 ··· 50, 347
대법원 2019.11.14. 선고 2016다227694 판결 · 323, 586
대법원 2019.11.14. 선고 2018다233686 판결 · 495, 529
대법원 2019.11.28. 선고 2016다233538,233545 판결
·· 357, 364
대법원 2019.12.13. 선고 2019다259371 판결 · 358, 488
대법원 2019.12.19. 선고 2016다24284 전원합의체 판결
·· 281, 344
대법원 2020.01.16. 선고 2019다247385 판결 ········ 426
대법원 2020.01.30. 선고 2018다204787 판결
·· 357, 470, 472
대법원 2020.01.30. 선고 2019다268252 판결 ········ 344
대법원 2020.02.06. 선고 2019다223723 판결 ········ 498
대법원 2020.02.06. 선고 2019다270217 판결 ········ 478
대법원 2020.02.27. 선고 2019다204869 판결 ········ 287
대법원 2020.03.02. 선고 2017두41771 판결 ·········· 523
대법원 2020.04.09. 선고 2017다20371 판결 ·········· 294
대법원 2020.05.14. 선고 2018므15534 판결 ·········· 372
대법원 2020.05.14. 선고 2019므15302 판결 ·········· 372
대법원 2020.05.21. 선고 2017다220744 전원합의체 판결
·· 134
대법원 2020.05.21. 선고 2018다287522 전원합의체 판결
·· 137
대법원 2020.05.21. 선고 2018다879 전원합의체 판결
·· 128, 184
대법원 2020.06.11. 선고 2020다201156 판결 ········ 344
대법원 2020.06.18. 선고 2015므0000 전원합의체 판결
·· 377
대법원 2020.06.18. 선고 2019도14340 전원합의체 판결
·· 159
대법원 2020.07.09. 선고 2019다212594 판결 ········ 114
대법원 2020.07.09. 선고 2020다208195 판결 ········ 312
대법원 2020.07.23. 선고 2018다42231 판결 ·········· 308

[기 타]

울산지방법원 2015.09.09. 선고 2014나8158 판결 ···· 292
광주고등법원 제주제1민사부 2018.01.10. 선고
2017나10215 판결 ··· 238
헌법재판소 2015.03.26. 선고 2012헌바357 결정 ······ 373
부산가정법원 2018.07.04. 선고 2018드단203308 판결
·· 369

오창수

[학 력]
경희대학교 법과대학 및 동 대학원 졸업(법학석사)
경희대학교 대학원 박사과정 수료

[주요경력]
제25회 사법시험 합격, 제16기 사법연수원 수료
서울지방변호사회 소속 변호사(동아합동법률사무소)
대한변호사협회 법제위원, 서울지방경찰청 행정심판위원
경희대학교 법과대학 및 숙명여대, 한국금융연수원 강사
변호사시험 및 모의시험 출제 및 채점위원
제주특별자치도 및 제주특별자치도교육청 행정심판위원 및 소청심사위원
한국법학교수회 부회장
현재 제주대학교 법학전문대학원 교수

[저 서]
『민사집행법 요해(제2판)』(도서출판 학연, 2020)
『민사소송법 이야기 ① ②』(행인출판사, 2019)
『민사소송법 요해(2018 개정판)』(도서출판 학연, 2018)
『민사실무 요건사실과 증명책임(2018 개정판)』(제주대학교출판부, 2017)
『상속과 유언』(도서출판 학연, 2015)
『민사실무의 주요 쟁점』(한국학술정보, 2012)
『로스쿨 민사소송법 -사례와 판례-』(한국학술정보, 2011)
『로스쿨 민사집행법 -이론과 실무-』(한국학술정보, 2011) 외

[개인홈페이지] http://cafe.naver.com/homoviator

민사실무 핵심 요건사실

2020년 8월 10일 발행

| 저자와 협의하여 인지를 생략함 |

저　　자 : 오 창 수
발 행 인 : 이 인 규
발 행 처 : 도서출판 ㈜학연
주　　소 : 서울시 관악구 호암로 602, 7층
전　　화 : 02-887-4203
팩　　스 : 02-6008-1800
출판등록 : 2012.02.06. 제2012-13호
홈페이지 : www.baracademy.co.kr / e-mail : baracademy@hanmail.net

정가 : 35,000원　　ISBN : 979-11-5824-569-6(93360)

파본은 바꿔드립니다. 본서의 무단전제·복제 행위를 금합니다.

이 도서의 국립중앙도서관 출판시도서목록(CIP)은 서지정보유통지원시스템 홈페이지 (http://seoji.nl.go.kr)와 국가자료공동목록시스템(http://www.nl.go.kr/kolisnet)에서 이용하실 수 있습니다.(CIP제어번호 : CIP2020032349)

ⓒ 오창수, 2020, Printed in Seoul, Korea.